RÉPUBLIQUE FRANÇAISE

LIBERTÉ–ÉGALITÉ–FRATERNITÉ

ADMINISTRATION GÉNÉRALE DE L'ASSISTANCE PUBLIQUE A PARIS

L'Assistance

publique

EN 1900

L'ASSISTANCE PUBLIQUE

EN 1900

4985

Fol...

RÉPUBLIQUE FRANÇAISE
LIBERTÉ-ÉGALITÉ-FRATERNITÉ

ADMINISTRATION GÉNÉRALE DE L'ASSISTANCE PUBLIQUE A PARIS

L'Assistance

publique

EN 1900

Cet ouvrage a été composé, imprimé et broché par les pupilles
de la Seine, élèves de l'École d'Alembert, à Montévrain
(Seine-et-Marne).

M. MARCELIN, Directeur.

MM. FLOGNY, CHEVANCE, DAVID, LECLÈRE, LEPART, LEFRANCIER,
SIMON et PASCAL, Professeurs.

———

Clichés de MM. F. GILLET, Directeur de l'hôpital de la Charité,
et L. MOUTON, Directeur de l'hôpital Laënnec.

———

Photogravures de la maison CUBILLE et DESPRÉAUX.

———

Les plans de masse ont été dressés par MM. BELOUET, LEBRUN,
PETY, RENAUD, ROCHET, HÉNEUX, MICHELIN, MAISTRASSE et
BERGER, Architectes de l'Assistance publique.

INTRODUCTION

Au moment de l'Exposition universelle de 1889, l'Administration générale de l'Assistance publique à Paris, qui, deux ans avant, en 1887, avait déjà publié un important recueil des lois, décrets et ordonnances qui la régissent, décida de faire paraître une sorte de guide pratique des divers services dont elle a la charge. Ce volume, de près de 300 pages in-octavo, eut un véritable succès; il répondait à un besoin réel pour beaucoup de gens qui désiraient connaître le fonctionnement de l'assistance parisienne, et il était, pour ceux qui le connaissaient déjà, un memento commode, souvent utilisable.

Nous avons pensé que ce succès du livre publié en 1889 était une circonstance engageante pour une publication nouvelle, plus étendue, plus complète, plus documentée. Il nous a semblé d'une opportunité certaine de faire coïncider cette publication avec l'Exposition universelle de 1900, c'est-à-dire avec la fin d'un siècle qui, venu après de grands événements novateurs ou rénovateurs de tant de choses et de tant d'idées, avait eu à subir une guerre européenne à son début, avait vu les lettres et les arts orner le milieu de sa route d'une floraison superbe et telle qu'il n'en avait fleuri d'aussi riche depuis la Renaissance, qui s'achevait enfin au milieu d'un grand et rapide mouvement scientifique plein d'étonnements et de surprises pour l'homme, plein d'heureuses et prochaines promesses pour l'humanité.

Montrer ce que l'Assistance publique a fait durant ce siècle dont elle a plus connu les misères que les gloires; indiquer d'un trait discret ce qu'était l'assistance d'autrefois, ce qu'elle est aujourd'hui, en laissant à chacun le soin de la comparaison et de la libre critique; exposer la situation actuelle très simplement, très loyalement, par des faits et par des chiffres : telle est l'œuvre que nous avons tenté de faire en publiant le présent livre.

Dès que le plan en fut dressé, nous en avons partagé l'exécution entre un certain nombre de nos collaborateurs qui, sous la haute surveillance de M. le secrétaire général Derouin et de M. l'inspecteur Gory, avec le concours de M. l'inspecteur Nielly, de MM. les chefs de division Vaillant et Rousseau, de MM. les chefs de bureau Maurin, Borely, Lejars, de M. Parturier, se mirent immédiatement au travail. D'autre part, les architectes et l'ingénieur de l'Administration établissaient les plans des établissements hospitaliers ou de service général, et deux de nos directeurs d'hôpitaux, MM. Gillet et Mouton, commençaient cette collection de photographies qui reproduisent, d'après les tableaux et les gravures, les choses du passé, fixent celles que le temps menace d'une destruction prochaine, montrent ce qui est aujourd'hui le progrès dans les établissements et les services, progrès essentiellement provisoire que la science rejettera peut-être très tôt dans le néant où gisent pêle-mêle les idées mortes ou démodées et où s'élaborent peut-être aussi les découvertes de l'avenir.

Le lecteur qui voudra bien parcourir ce livre y trouvera, après un historique que nous n'avons pas voulu trop long et qui constitue le titre premier, un titre II contenant une brève notice sur chacun des hommes qui ont été placés à la tête de l'Administration depuis 1849; puis, dans deux chapitres distincts, les noms des membres du Conseil de surveillance et aussi ceux des membres du Conseil municipal qui, depuis 1872, ont présidé la Commission permanente chargée des questions intéressant l'Assistance publique, ou qui ont été devant le Conseil les rapporteurs de son budget.

Sous le titre III se trouvent réunis les documents relatifs à la population secourue et à la classification des services.

Le titre IV est consacré au personnel, au service des travaux, au droit des pauvres. — Pour le personnel, nous avons tenu à conserver, à côté des noms des médecins et chirurgiens en exercice, ceux des internes ou externes qui forment la liste glorieuse et triste des victimes du devoir, comme nous avons voulu faire figurer les noms de ceux qui, plus heureux, ont vu le devoir accompli récompensé de distinctions honorifiques; et nous avons pensé qu'il convenait de mettre avec eux les noms des infirmiers et infirmières qui ont mérité des distinctions semblables. Il n'était que juste, en effet, d'associer ces noms sur une liste unique et d'affirmer ainsi la solidarité qui unit, devant le danger comme devant le devoir, le corps médical et ses modestes auxiliaires.

Le titre V est consacré au fonctionnement des services : Administration centrale, hôpitaux, hospices et maisons de retraite, établissements de service général, secours à domicile.

Le titre VI traite du régime financier.

Le titre VII comprend tout l'important service des enfants assistés de la Seine.

Le titre VIII est le plus développé de tous, et forme, à lui seul, près de la moitié du volume ; il comprend la monographie de tous les établissements de l'Assistance publique. Ce qu'il importe de remarquer, c'est que si, pour chacun des plans des établissements, on a pris soin d'employer partout les mêmes lettres indicatrices pour les mêmes services, les monographies, de leur côté, sont rédigées dans un tel ordre que chaque service y figure toujours à la même place. Cette disposition nous paraît heureuse et facilitera, pensons-nous, l'étude que nous souhaitons qu'on fasse du livre que publie aujourd'hui l'Administration à l'occasion de l'Exposition de 1900.

Ce livre, nous voudrions qu'il fût beaucoup lu, non pas seulement pour l'honneur légitime qui en reviendrait à nos collaborateurs, mais parce que, passionnément dévoué à l'Assistance publique, nous voudrions que les critiques qu'on en fait fussent plus documentées, mieux précisées, plus dégagées du parti pris, plus affranchies de la tyrannie des formules toutes faites et des aphorismes acceptés sans contrôle, comme des croyances ; — ainsi peut s'accuser de faire chacun de nous, pour peu qu'il s'examine et se veuille confesser ; — parce que plus sérieuses, et sûres, ces critiques, que nous appelons, loin de les redouter, nous pourraient conduire à des perfectionnements, à des améliorations, à des modifications dont les malheureux seraient, en fin de compte, les bénéficiaires.

Peut-être, en feuilletant ces pages, en examinant ces gravures, le lecteur pensera-t-il que beaucoup d'établissements anciens, intéressants par les faits qui s'y sont autrefois passés et dont quelques-uns appartiennent à l'histoire, sont aujourd'hui plus pittoresques aux yeux de l'artiste qu'hygiéniques aux regards du médecin ; peut-être regrettera-t-il que les établissements et les services nouveaux ne soient pas plus nombreux, mais il lui sera facile de se rendre compte que l'extension rapide de Paris dans la seconde moitié du siècle n'a pas toujours permis à l'Assistance publique de trouver les ressources qu'il lui aurait fallu pour marcher d'un pas égal, et, se souvenant, comme nous, de ce que la Ville de Paris a fait déjà pour son Assistance publique, comme nous il aura la conviction que la Ville de Paris voudra créer les ressources nécessaires pour avoir enfin, dès le commencement du vingtième siècle, des établissements hospitaliers dignes de sa richesse et de sa grandeur, dignes de son amour du progrès, dignes de ses traditions de bonté et de son passé charitable, dignes enfin de ses généreuses aspirations et de son amour de la justice.

Le Directeur de l'Administration de l'Assistance publique,

Dᵣ HENRI NAPIAS

Membre de l'Académie de médecine.

TITRE I

Historique jusqu'en 1849

L'ANCIEN RÉGIME

HOTEL-DIEU. — HOPITAL GÉNÉRAL. — GRAND BUREAU DES PAUVRES

Avant 1789, les secours publics étaient donnés, dans Paris, par trois grands établissements : l'Hôtel-Dieu, le Grand Bureau des pauvres et l'Hôpital général. Créés chacun avec une destination déterminée, ils sont l'origine des trois formes d'assistance aujourd'hui connues : l'hôpital dérive de l'Hôtel-Dieu ; l'hospice, de l'Hôpital général, et les secours à domicile, du Grand Bureau des pauvres.

A côté de ces trois grandes administrations, la charité privée s'exerçait au moyen d'une multitude d'œuvres particulières, écloses sous l'empire d'un sentiment religieux ou humanitaire, dont plusieurs ont subsisté et font encore partie de l'Administration générale de l'Assistance publique à Paris.

FAÇADE DE L'ANCIENNE ENTRÉE DE L'HÔTEL DIEU DE PARIS.

I. — Administration

I. — LES ORIGINES. — L'HÔTEL-DIEU. — Le premier et le plus ancien de ces établissements était l'Hôtel-Dieu, dont les origines obscures remontaient, sans doute, aux premiers siècles de l'Église de Paris.

Les conciles ayant recommandé de pratiquer l'hospitalité envers les pèlerins et les pauvres, les évêques leur avaient ouvert les portes de leur maison, et le palais épiscopal servait ainsi de lieu de refuge.

Cette hospitalité ayant pris, dans la suite, une importance toujours croissante, il était devenu nécessaire de construire un bâtiment séparé, tout à côté de l'église métropolitaine, et les évêques s'étaient déchargés, sur leur chapitre, du soin de la direction de cet hôpital, vers l'an 830.

Le chapitre de Paris conserva jusqu'au xvi⁰ siècle l'administration exclusive de l'Hôtel-Dieu. Il déléguait son autorité à deux de ses membres qui, sous le nom de proviseurs, s'occupaient plus particulièrement des détails du service et qui avaient sous leurs ordres un *maître* et une *prieuse :* le premier, commandant au personnel masculin, religieux et laïque, et la seconde, qui avait la surveillance des salles, au personnel féminin attaché au soin des malades.

II. — De 1505 a 1690. — Sécularisation de l'administration hospitalière au xvi⁰ siècle. — Rôle de la commune. — En 1505, de graves désordres déterminèrent le roi Louis XII à enlever aux chanoines l'administration temporelle de l'Hôtel-Dieu et à la confier à huit notables bourgeois, assistés d'un receveur salarié, nommés par le prévôt des marchands et les échevins. Ces huit bourgeois formèrent le Bureau de l'Hôtel-Dieu, qui fonctionna jusqu'à la Révolution.

La sécularisation de 1505 marquait une orientation nouvelle dans la voie des réformes hospitalières; la commune devenait à la fois et la source et le centre de l'activité charitable.

Lorsque François 1er fonda, en 1544, le Grand Bureau des pauvres, il attribua également au prévôt des marchands et aux échevins la nomination des commissaires qui composèrent ce Grand Bureau.

La prépondérance de la municipalité subsista ainsi pendant toute la durée du xvi⁰ siècle. D'ailleurs, ce fait ne fut point particulier à Paris; il se généralisa dans toute l'étendue du royaume, et l'édit de Charles IX, en 1561, attribua aux communautés des villes le droit de nommer les administrateurs des hôpitaux.

III. — De 1690 a 1789. — Prépondérance du Parlement. — Le Grand Bureau de l'Hôtel-Dieu. — L'Hôpital général. — Au xviii⁰ siècle, la face des choses change, et les différents organes de l'assistance publique passent insensiblement sous la haute surveillance du Parlement.

L'édit de Louis XIV, du 27 avril 1656, confie au premier président et au procureur général du Parlement la direction du nouvel établissement fondé par lui sous le nom d'Hôpital général, pour le « renfermement » des mendiants. Enfin, par ses lettres patentes de janvier 1690, Louis XIV dote l'administration hospitalière de Paris d'une haute direction, confiée à un Grand Bureau, ainsi composé : l'archevêque de Paris, président ; le premier président du Parlement, le premier président de la Chambre des comptes, le premier président de la Cour des aides, le procureur général du Parlement, le lieutenant de police, le prévôt des marchands. Ce Grand Bureau s'assemblait à l'archevêché.

Au-dessous de lui, fonctionnaient séparément les administrations particulières de l'Hôtel-Dieu et de l'Hôpital général.

A l'Hôtel-Dieu, un arrêt du Parlement, du 3 mars 1654, avait porté de huit à douze le nombre des administrateurs.

De plus, le Bureau, dont les membres étaient autrefois nommés par la municipalité, se recrutait désormais lui-même. On y rencontrait des conseillers au Châtelet, des avocats, des fermiers généraux, tous gens appartenant à la bourgeoisie la plus riche et la plus considérée. Ils se réunissaient deux fois par semaine et s'occupaient des détails courants du service : comptabilité, approvisionnement, marchés et adjudications. L'administration de l'Hôpital général était confiée à vingt-six directeurs, nommés à vie, et formait, comme à l'Hôtel-Dieu, un Bureau se recrutant lui-même. Ils s'assemblaient tantôt à l'archevêché, avec les chefs de la direction qui composaient le Grand Bureau dont nous avons parlé plus haut, tantôt à la Pitié, siège de l'administration, où ils tenaient deux fois par semaine leurs assemblées ordinaires, destinées à l'expédition des « affaires communes », les matières importantes étant réservées aux assemblées générales.

ANCIEN HÔTEL-DIEU

IV. — LE GRAND BUREAU DES PAUVRES. — L'administration des secours à domicile était attribuée au Grand Bureau des pauvres, fondé par François Ier le 7 novembre 1544. Ce n'est pas à dire que les secours à domicile ne fussent pas pratiqués avant cette date, mais ils rentraient dans les attributions de police dévolues au Parlement chargé de réprimer les délits de mendicité et de vagabondage. Les lettres patentes de 1544 donnèrent au prévôt des marchands et aux échevins la « superintendance et la conduite des choses requises pour l'entretenement de la communauté des pauvres ».

En vertu de cette superintendance, la municipalité parisienne devait organiser des travaux publics pour les mendiants valides, et nommer les *commissaires* du Grand Bureau des pauvres, qui devenait ainsi l'organe, spécialement investi, de l'administration des secours à domicile.

Ce Grand Bureau des pauvres se composait de trente-deux personnages notables, partagés en deux Bureaux distincts ; les uns, au nombre de seize, portaient le titre de *commissaires honoraires* : c'était là une sorte de Conseil supérieur, analogue au Grand Bureau de l'Hôtel-Dieu et de l'Hôpital général.

Il y avait six conseillers du roi au Parlement, un membre de la Chambre des comptes, deux chanoines de Notre-Dame ou de la Sainte-Chapelle, trois curés docteurs ou bacheliers en théologie et quatre avocats au Parlement ou au Châtelet.

Les seize autres membres formaient le Bureau proprement dit ; on les appelait *commissaires de quartier*, parce qu'ils étaient choisis dans chacun des seize quartiers ou grosses paroisses de Paris où ils devaient procéder à la distribution des secours.

Le Conseil supérieur disparut au XVIIe siècle, et le Grand Bureau ne se composa plus que des *commissaires de quartier*, sous la direction du procureur général du Parlement.

Ils se réunissaient, place de Grève, deux fois par semaine, et aussi à certains jours de fête.

Ainsi, à la veille de la Révolution, les trois administrations que nous venons de décrire sommairement étaient indépendantes les unes des autres. L'institution du Grand Bureau de l'Hôtel-Dieu et de l'Hôpital général donnait bien, à l'administration hospitalière, une apparence d'unité ; mais, en fait, les administrations se jalousaient, au point d'entrer publiquement en lutte les unes contre les autres. De même, le fait que le procureur général du Parlement était à la fois directeur du Grand Bureau des pauvres et membre de droit du Grand Bureau de l'Hôtel-Dieu et de l'Hôpital général ne pouvait créer qu'une ombre d'affinité entre ces trois institutions.

II. — Destination

Ces établissements assistaient une population nombreuse ; leur destination ne s'était point spécialisée tout d'un coup et ce fut lentement, à mesure que des besoins nouveaux se manifestèrent, que la sélection s'opéra entre les diverses catégories de pauvres plus particulièrement secourus par chacun d'eux. Leur fondation s'inspira de préoccupations diverses, nées des circonstances et de l'état social.

I. — L'HÔTEL-DIEU. — LA SPÉCIALISATION PROGRESSIVE. — L'Hôtel-Dieu ne fut, à son origine, qu'un simple lieu de refuge, comme la plupart des établissements hospitaliers du moyen âge, c'est-à-dire une sorte de caravansérail ouvert à toutes les misères humaines. Les malades, les infirmes, les vieillards et même les valides y recevaient l'hospitalité la plus large. Il suffisait que l'on découvrît chez ceux qui venaient frapper à sa porte « l'enseigne de pauvreté et de misère ». Aucune condition n'était imposée, ni de caste, ni de religion, ni de domicile ; tous y entraient sans contrôle, qu'ils fussent chrétiens, juifs ou mahométans, et le règlement voulait que le pauvre y fût traité comme « le maistre de la maison ».

L'Hôtel-Dieu était donc comme une synthèse de tous les établissements hospitaliers aujourd'hui connus ; il était tout à la fois un hôpital, un hospice et un asile de nuit.

La disparition progressive du servage et les troubles de la guerre de Cent ans provoquèrent la désertion des campagnes, dont les habitants affluèrent dans les villes.

Ce fut alors qu'apparut la mendicité, avec l'aspect hideux qu'elle revêtait sous l'ancien régime. Les guerres d'Italie importèrent chez nous le mal de Naples, et les hôpitaux, l'Hôtel-Dieu en particulier, ne suffirent plus à contenir la foule des malheureux. Il lui fallut, dès lors, restreindre sa primitive hospitalité ; les valides furent d'abord exclus, puis les vieillards et les infirmes qui tombèrent, au XVIᵉ siècle, à la charge de l'aumône générale. Les seuls malades attaqués de maladies aiguës continuèrent à y être reçus.

Afin de le dégager, plusieurs établissements furent fondés : d'abord, en 1536, l'hôpital des Enfants-Rouges, dû aux largesses de Marguerite de Navarre, sœur de François Iᵉʳ, recueillit les enfants dont les parents étaient morts à l'Hôtel-Dieu.

En avril 1637, l'hôpital des Incurables, sur la route de Sèvres, ouvrit ses portes aux infirmes qu'on trouvait « languissant dans les rûes et sur les chemins, sans secours ni consolation, au grand desplaisir des âmes chrestiennes ».

L'Hôtel-Dieu était ainsi devenu un hôpital, au sens moderne du mot. Malgré cette sélection, les conditions d'hygiène, dans lesquelles les malades étaient hospitalisés par lui, étaient déplorables. Sans doute, l'hospitalité illimitée, telle qu'on la comprenait au moyen âge et telle qu'elle fut pratiquée à l'Hôtel-Dieu jusqu'au début du XIVe siècle, procédait d'un sentiment d'humanité très élevé, auquel on ne peut que rendre hommage; mais elle devenait bien dangereuse pour ceux qui avaient recours à elle. L'encombrement des malades en était la conséquence presque fatale; de plus, l'usage des lits à plusieurs personnes n'était point pour favoriser leur prompte guérison.

En outre, ils étaient répartis, pour ainsi dire, sans discernement, dans les salles, et on n'avait pas toujours soin de mettre à part les maladies contagieuses (1).

Le règlement de l'hôpital, qui remontait à plusieurs siècles, voulait que les malades, une fois guéris, fussent gardés encore « sept jours sains à la maison ». Qu'en résultait-il ? Les convalescents, qui restaient dans les salles avec les malades, étaient exposés aux rechutes, et, de plus, étaient une cause d'encombrement.

Il est facile de deviner ce que devenaient les malades avec une semblable hygiène; ils étaient la proie d'une mortalité effrayante qui atteignit parfois jusqu'au cinquième de la population de l'hôpital.

Cette situation n'avait pas laissé que de préoccuper vivement les administrateurs. C'est sous l'influence de ces

ANCIEN HÔTEL SCIPION

préoccupations que l'on avait construit, au XVIe siècle, la fameuse *salle du Légat*, due aux libéralités du cardinal Duprat, et fondé, en 1607, deux hôpitaux pour les maladies contagieuses: l'hôpital Sainte-Anne, dans le faubourg Saint-Marceau, et l'hôpital Saint-Louis, dans le faubourg du Temple. Ces deux hôpitaux ne fonctionnaient qu'en cas d'épidémie. A partir de 1647, les femmes convalescentes avaient été envoyées dans une maison située rue de la Bûcherie.

Étaient exclus de la maison, pour éviter la contagion: les lépreux, les vénériens et les teigneux.

En dépit de toutes ces mesures, l'Hôtel-Dieu ne suffisait pas toujours à contenir les malades qui venaient à lui.

Le système d'admission usité alors était la seule cause de cet état de choses: il ne prit fin qu'en 1802, lors de la création du Bureau central d'admission.

---

(1) Pourtant les aliénés et les femmes en couches étaient traités séparément. Deux salles particulières leur étaient réservées. Il y avait même une importante école d'accouchement, qui a été transférée depuis à la Maternité, boulevard de Port-Royal.

L'insalubrité de l'Hôtel-Dieu devint, au xviiie siècle, l'objet des critiques de tous. Après l'incendie de 1772, lorsque fut agitée la question de sa reconstruction, Louis XVI, par ses lettres patentes du 22 avril 1781, rendues sous la poussée de l'opinion publique, ordonna que chaque malade fût désormais couché seul dans un lit, et que les salles fussent aménagées suivant les principaux genres de maladies, en mettant à part les convalescents.

Ces lettres devaient forcément rester sans exécution, puisqu'elles se contentaient de poser un principe, sans fournir les moyens de l'appliquer.

En 1786, une Commission, composée de Lassoune, Daubenton, Tenon, Bailly, Lavoisier, Laplace, Coulomb et Darcet, fut chargée par le roi de présenter un projet pour l'amélioration de l'Hôtel-Dieu. Bailly, dans un rapport devenu célèbre, demanda la création de quatre hôpitaux de 1.200 lits chacun, situés aux extrémités de Paris, dans lesquels devaient être répartis les malades, l'Hôtel-Dieu ne devant plus recevoir que les blessés ou les malades exigeant des soins urgents et prompts.

Une souscription publique fut ouverte pour réaliser ce projet auquel le roi avait donné sa sanction ; elle rapporta la somme énorme de deux millions de livres, mais les fonds furent détournés de leur destination par le ministre Loménie de Brienne, et le projet fut abandonné.

Néanmoins, l'œuvre de cette Commission ne fut pas stérile ; elle hâta certainement la réforme des lits individuels qui fut réalisée en l'an IX, et mit à l'ordre du jour la question des hôpitaux d'isolement, qui devait être reprise dans le cours du xixe siècle.

11. — CARACTÈRE NOUVEAU DE L'ASSISTANCE PUBLIQUE AU XVIe SIÈCLE. — SON RÔLE DE POLICE. — Au xvie siècle, le nombre des mendiants qui infestaient Paris avait fini par inquiéter les pouvoirs publics. Ce n'est pas ici le lieu de retracer le tableau des *Cours de Miracles*, qui ont fait l'objet de descriptions pittoresques de la part des auteurs contemporains. La répression de la mendicité fut comme l'idée fixe et la hantise du Parlement et de la royauté. Elle devint la base et le but de toute l'organisation charitable. Ce fut, avant tout, le souci de la sécurité publique, bien plus encore qu'un sentiment de pitié ou de philanthropie pour les classes pauvres, qui inspira la fondation du Grand Bureau des pauvres et de l'Hôpital général.

Ces deux établissements, à côté de leur mission d'assistance, furent chargés de rechercher et de punir les délits de mendicité ; ils eurent sous leurs ordres un bailli et des sergents des pauvres, pour appréhender et juger les délinquants.

Toutefois, le Grand Bureau des pauvres ne resta investi de ce pouvoir de police que jusqu'en 1656.

Ce caractère nouveau de l'assistance publique, devenue instrument de police, se répercuta sur la législation charitable. L'ordonnance de Charles IX, rendue à Moulins, en février 1566 (art. 13), fit revivre l'ancienne règle canonique sur le domicile de secours, en ordonnant que les pauvres de chaque localité seraient nourris et entretenus par les habitants de ces localités, « sans qu'ils puissent vaguer et demander l'aumône ailleurs qu'au lieu duquel ils sont ».

En même temps que le Parlement redoublait de rigueur contre les mendiants, la municipalité de Paris dut organiser, pour eux, des travaux publics, comme le curage des fossés et égouts, la construction des remparts et fortifications de la ville.

L'Hôpital général, d'abord dépôt de mendicité, puis hospice. — En présence des efforts impuissants tentés par le Grand Bureau des pauvres pour parvenir à l'extinction de la mendicité, Louis XIV décida le « renfermement » de tous les mendiants, sans exception, et fonda le vaste dépôt de mendicité qui prit le nom d'Hôpital général.

L'Hôpital général fut donc ouvert, au début, à tous les pauvres, sauf aux malades qui allaient à l'Hôtel-Dieu.

Le phénomène déjà constaté à l'Hôtel-Dieu se renouvela : l'hospitalité donnée sans contrôle attira à Paris les mendiants des provinces qui entrèrent en foule à l'Hôpital général.

Il fallut alors remettre en vigueur les ordonnances sur le domicile de secours, et Louis XIV, considérant qu'il n'était pas juste que sa bonne ville de Paris fournît seule « la nourriture que les autres villes du royaume doivent chacune, à leurs pauvres, selon l'équité naturelle », ordonna l'établissement d'un Hôpital général dans toutes les villes ou gros bourgs du royaume, pour « y loger, enfermer et nourrir les mendiants et invalides, natifs des lieux, ou qui y auront demeuré pendant un an ». (Déclaration de juin 1662.)

L'entrée de l'Hôpital général ne fut dès lors accessible qu'aux pauvres et aux mendiants de Paris et des localités comprises dans le ressort du Châtelet de Paris.

Les admissions, précédées d'une enquête, furent subordonnées à l'approbation des directeurs assemblés à l'hôpital de la Pitié.

L'Hôtel-Dieu avait cependant la faculté de lui adresser, avec un simple billet d'envoi, ses malades guéris, mais infirmes. C'est ce qu'on appelle aujourd'hui les admissions à l'hospice par translation. Elles avaient lieu pour les paralytiques, les insensés, les épileptiques, les vieillards de plus de 60 ans, les enfants de moins de 12 ans, et les galeux.

L'Hôpital général hospitalisait :

1° Les enfants (les garçons au-dessous de 15 ans et les filles au-dessous de 13) ; 2° les vieillards des deux sexes âgés d'au moins 60 ans ; 3° les épileptiques ; 4° les aveugles et les incurables (mais seulement à titre provisoire en attendant qu'il y eût des places vacantes aux Quinze-Vingts ou aux Incurables) ; 5° les vénériens, soignés à Bicêtre depuis 1690 ; 6° les aliénés, placés sous la curatelle des directeurs ; 7° les mendiants valides, pour lesquels on avait établi des manufactures.

Une déclaration royale du 15 avril 1685 organisa des ateliers publics pour les mendiants valides ayant à Paris leur domicile de secours. Quant aux autres mendiants, on les chassait de Paris en vertu des ordonnances ou édits royaux.

Les pauvres qui tombaient gravement malades étaient dirigés sur l'Hôtel-Dieu ; cette organisation défectueuse occasionnait la mort de beaucoup d'entre eux, pendant leur transport dans des tombereaux non suspendus, ou sur des brancards découverts. Louis XVI, par ses lettres patentes du 22 juillet 1780, ordonna bien la création d'infirmeries dans les maisons dépendant de l'Hôpital général, mais les ordres royaux ne furent exécutés que très lentement, et, lorsque la Révolution éclata, la réforme était encore inachevée.

Les Enfants-Trouvés : leur rattachement à l'Hôpital général. — Les Enfants-Trouvés avaient été rattachés à l'Hôpital général par l'édit du mois de juin 1670. Le premier président et le procureur général du Parlement en avaient la direction.

L'origine de ce service remontait à une époque assez ancienne, puisque les chanoines de l'Église de Paris recueillaient déjà les bâtards, en 1536, époque de la fondation de l'hôpital des Enfants-Rouges ; mais il fonctionnait dans des conditions déplorables, et Vincent Depaul, qui sut émouvoir, au sujet de cette situation, les personnages les plus

2

considérables, et, notamment, les dames de charité de l'Hôtel-Dieu, est considéré comme un des promoteurs de l'amélioration du sort des enfants trouvés.

La charge de ces enfants incombait, en principe, aux seigneurs hauts justiciers, corrélativement à leur droit de déshérence et de bâtardise. Aussi tous les hauts justiciers de Paris, y compris le roi et le chapitre de Notre-Dame, leur devaient-ils une contribution importante, que le roi prit à sa charge exclusive, en décembre 1674, lors de la réunion à la justice royale de toutes les hautes justices de la ville, faubourgs et banlieue de Paris.

Les enfants trouvés étaient portés à la *maison de la Couche*, rue Neuve-Notre-Dame, qui servait alors d'hospice dépositaire. Le tour était inconnu, mais les admissions avaient lieu, comme aujourd'hui, à bureau ouvert, et aucun renseignement n'était demandé aux personnes qui apportaient les enfants.

De la *maison de la Couche*, ces enfants étaient envoyés en nourrice à la campagne ; des meneurs se chargeaient du recrutement des nourrices et emmenaient les enfants dans les localités où ils devaient être placés.

Les enfants mal soignés par les nourrices ou ceux qu'on ne trouvait pas à placer étaient ramenés à la *maison du faubourg Saint-Antoine*, qui les mettait en apprentissage dans Paris ou dans les environs.

Le nombre des enfants trouvés, très faible à l'origine, s'éleva rapidement, surtout au XVIIIe siècle.

III. — LES SECOURS A DOMICILE ET LE GRAND BUREAU DES PAUVRES. — Comme l'Hôpital général au XVIIe siècle, le Grand Bureau des pauvres avait été créé pour éteindre le fléau de la mendicité. Les secours à domicile semblaient, à cette époque, le meilleur mode d'assistance, et, dès le XVIe siècle, on avait trouvé la formule qui a toujours guidé l'administration des secours publics et qui peut s'énoncer ainsi : travail au valide, secours à l'infirme, « suivant l'ordre de charité qui est de nourrir les pauvres invalides et de faire travailler ceux qui peuvent gagner leur vie au labeur de leur corps ».

Les valides n'étaient point secourus par le Grand Bureau ; la municipalité parisienne organisait, pour eux, des travaux publics, et, plus tard, des ateliers de charité. Ces essais d'assistance par le travail ne donnèrent pas de résultats bien appréciables, si l'on en juge par le nombre, sans cesse croissant, des mendiants dans Paris.

Les « pauvres impuissants » étaient seuls admis à participer aux secours. Sous ce vocable, étaient compris les vieillards, les infirmes, les ménages chargés d'enfants et les malades. Il leur était « pourvu à tous selon leurs aages, nécessités, charges et qualités ». Les enfants en âge de travailler étaient mis en apprentissage ou placés à l'hôpital de la Trinité.

Un service médical à domicile était même organisé, et les maîtres barbiers de Paris, sous la direction d'un médecin et d'un chirurgien, étaient obligés à prêter gratuitement leur concours à tour de rôle.

Les pauvres admis à l'aumône étaient tenus de porter la « marque du Bureau », « scavoir une croix de toille rouge et jaulne qu'ils doibvent porter sur l'espaulle droicte afin d'être cogneuz ». Tous les ans, les « rôles » des pauvres inscrits à l'aumône étaient révisés au moment du recensement général.

Paris était divisé en seize circonscriptions correspondant aux grandes paroisses ; dans chaque circonscription, un commissaire des pauvres présidait aux distributions, percevait la taxe établie sur les habitants, faisait les enquêtes sur les personnes qui demandaient leur inscription sur le « rôle des pauvres », en un mot dirigeait tout ce qui avait rapport à la distribution des secours dans la paroisse.

On voit que cette organisation ressemblait assez à celle de nos bureaux de bienfaisance.

L'HÔTEL-DIEU

IV. — POPULATION ASSISTÉE PAR L'HÔTEL-DIEU, L'HÔPITAL GÉNÉRAL ET LE GRAND BUREAU DES PAUVRES. — Embrassons maintenant, d'un coup d'œil, la population secourue par les trois grands établissements dont nous venons de décrire le fonctionnement :

1° A l'Hôtel-Dieu, d'après le rapport des commissaires de l'Académie des sciences, la moyenne des journées était de 2.500 ; il y avait 25 salles, dont 12 pour les hommes et 13 pour les femmes, contenant 733 lits de 4 personnes et 486 petits lits.

Les places disponibles étaient donc au nombre de 3.418. Le prix de journée de chaque malade revenait à 30 sols par jour environ.

2° A l'Hôpital général, on comptait 12.000 individus se partageant de la manière suivante : infirmes et aliénés, 6.930 ; malades, 1.667 ; enfants, 1.655 ; détenus, 1.748.

A ces chiffres, il convient d'ajouter 15.000 enfants trouvés ou abandonnés, placés à la campagne.

3° Le nombre des personnes secourues par le Grand Bureau des pauvres devait être assez grand à l'origine ; mais, depuis la fondation de l'Hôpital général, cette institution n'avait fait que végéter et s'était effacée, du reste, de jour en jour, devant les bureaux de charité des paroisses.

En 1787, le Grand Bureau des pauvres n'assistait plus que 1.664 personnes, savoir : 1.172 vieillards et 492 enfants ; les premiers touchant 12 sols et les seconds 6 sols par semaine, soit 50 sols et 25 sols par mois, et la dépense totale n'excédait pas 46.000 livres.

III. — Ressources

L'AUMÔNE ET L'IMPÔT. — Les ressources de l'Hôtel-Dieu, de l'Hôpital général et du Grand Bureau des pauvres étaient aussi nombreuses que variées. Les exposer en détail serait sortir du cadre de l'ouvrage. D'une façon générale, elles dérivaient toutes de l'aumône, *lato sensu*.

Chaque établissement jouissait d'une personnalité juridique propre et possédait un patrimoine distinct, produit de l'accumulation des aumônes et des libéralités.

On peut classer en plusieurs groupes les sources qui alimentaient alors l'assistance publique.

Les unes étaient communes aux trois établissements : c'étaient les aumônes individuelles, les quêtes dans les églises et à domicile, le produit des troncs et aussi les concessions royales, comme les exemptions d'impôts, les privilèges et certains droits spéciaux.

D'autres profitaient à l'Hôtel-Dieu et à l'Hôpital général, par exemple les confiscations et amendes, les octrois qui tenaient une place importante dans le budget hospitalier, le droit sur les spectacles, créé en faveur de l'Hôpital général par une ordonnance du 25 février 1699 et dont le bénéfice fut étendu à l'Hôtel-Dieu par une ordonnance du 5 février 1716. Des taxes directes étaient aussi prélevées sur tous les habitants dans les circonstances exceptionnelles, comme les hivers rigoureux, les épidémies, etc. Enfin, le Grand Bureau des pauvres et les Enfants-Trouvés avaient des revenus qui leur étaient particuliers ; le premier avait le droit de percevoir, sur les habitants, une taxe directe proportionnelle à la fortune de chacun, comme aujourd'hui la taxe des pauvres en Angleterre. Le produit de cette taxe, centralisé dans la caisse du receveur général, était réparti entre les paroisses suivant le nombre de leurs pauvres.

Un arrêt du Conseil d'État, du 30 juin 1776, avait remplacé par une loterie unique, sous le nom de loterie royale de France, les loteries particulières qui avaient été établies en faveur des Enfants-Trouvés. Le total de ces ressources atteignait un très gros chiffre. Le revenu de l'Hôtel-Dieu montait à près de 1.400.000 livres ; celui de l'Hôpital général à plus de 3.000.000 de livres ; le budget du Grand Bureau des pauvres était beaucoup plus modeste : il n'atteignait pas 400.000 livres. Il est à noter que les impôts ou aumônes forcées occupaient une place de plus en plus prépondérante et avaient une tendance marquée à se substituer aux libéralités particulières dont le nombre et l'importance diminuaient d'année en année.

Ainsi, sur les 3 millions de l'Hôpital général, les octrois et le droit sur les spectacles fournissaient plus de 2 millions et demi.

IV. — Maisons hospitalières dépendant des trois établissements

De ces trois principaux organes de l'assistance publique dépendaient de nombreuses maisons disséminées dans Paris.

I. — DE L'HÔTEL-DIEU. — C'est ainsi que l'Hôtel-Dieu, indépendamment du vaste hôpital qui bordait les deux rives de la Seine, disposait des deux hôpitaux de Sainte-Anne et de Saint-Louis pour hospitaliser les contagieux, le premier situé faubourg Saint-Marceau et le second faubourg du Temple.

L'hôpital des Incurables, dans le faubourg Saint-Germain, contenait 370 lits entretenus au moyen de fondations particulières. Cet hôpital avait un patrimoine distinct de l'Hôtel-Dieu, dont il relevait pourtant administrativement.

II. — DE L'HÔPITAL GÉNÉRAL. — Les pauvres assistés par l'Hôpital général étaient répartis dans cinq maisons :

1° La *Pitié*, située faubourg Saint-Victor, siège de l'administration et magasin d'habillement pour les pauvres. On y hospitalisait 1.000 à 1.200 enfants, envoyés par le service des Enfants-Trouvés, les paroisses de Paris et les localités environnantes.

2° La *maison de Bicêtre*, affectée aux pauvres du sexe masculin. On y trouvait des vieillards, des enfants, des paralytiques, des écrouelleux, des fous, des vénériens, des épileptiques et aussi des individus renfermés en vertu d'ordres royaux et d'arrêts du Parlement. Bicêtre était tout ensemble : hospice, hôpital, maison de retraite, de force et de correction. La population était, en 1790, de 3.874 personnes.

3° La *Salpêtrière*. La plus vaste des maisons de l'Hôpital général, elle était, pour les femmes, à peu près ce que Bicêtre était pour les hommes. Enfants, vieillards, infirmes, aveugles, paralytiques, folles y étaient rassemblées. Les femmes enceintes y entraient aussi pour attendre leurs couches qu'elles allaient ensuite faire à l'Hôtel-Dieu, pour revenir de là à la Salpêtrière y passer leur convalescence.

La Salpêtrière avait, comme Bicêtre, des quartiers de force pour l'emprisonnement des condamnées, des filles de mauvaise vie et des jeunes filles enfermées par mesure de correction.

4° Le *Refuge* ou *Sainte-Pélagie*, à la fois prison pour les femmes et filles de débauche arrêtées en exécution des ordres royaux, et maison de retraite pour les filles repentantes.

5° Le vieil *hôpital du Saint-Esprit*, dont la fondation remontait à l'année 1362 et qui avait été réuni à l'Hôpital général par la déclaration royale du 23 mars 1680. Cet établissement, situé place de Grève, à côté du Grand Bureau des pauvres, recevait des orphelins de père et de mère « procréés en et de loyal mariage ». Il avait depuis longtemps diminué d'importance, et ne contenait, en 1789, que 100 enfants, soit 40 garçons et 60 filles.

Dépendait encore de l'Hôpital général : la *maison de Scipion*, dépôt général des vivres : pain, viande, chandelle, servant à la consommation des autres maisons.

Enfin, le *Mont-de-Piété*, établi rue des Blancs-Manteaux en vertu des lettres patentes de Louis XVI, du 9 décembre 1777, était placé sous l'inspection et l'administration du lieutenant général de police et de quatre commissaires nommés par les directeurs de l'Hôpital général.

Les Enfants-Trouvés possédaient trois maisons :

1° La *maison de la Couche*, rue Neuve-Notre-Dame, qu'on appellerait aujourd'hui l'hospice dépositaire, acquise le 24 février 1672.

2° La *maison du faubourg Saint-Antoine* (aujourd'hui hôpital Trousseau), achetée le 26 septembre 1674 pour les enfants qu'on ne trouvait pas à placer à la campagne.

3° La *maison de Vaugirard*, louée en 1786 pour recevoir les « enfants gastez », c'est-à-dire atteints de maladies vénériennes.

III. — DU GRAND BUREAU DES PAUVRES. — Enfin, le Grand Bureau des pauvres lui-même, bien qu'administration de secours à domicile, pratiquait aussi l'hospitalisation. Deux établissements relevaient de lui :

1° L'*hôpital des Petites-Maisons*, situé dans le faubourg Saint-Germain, presque à côté de l'hôpital des Incurables. Il n'était, à ses débuts, comme l'Hôpital général, qu'un établissement de police, destiné à la claustration des mendiants. Dans la suite, il s'était transformé en hospice, affecté au placement des vieillards inscrits à l'aumône générale et au traitement des teigneux, des vénériens et des aliénés. Il contenait 538 personnes en 1790.

2° L'*hôpital de la Trinité*, rue Saint-Denis, en face de l'église Saint-Sauveur, véritable *école professionnelle* réservée aux enfants des pauvres de « l'aumône ». Des ateliers y étaient installés, et l'enseignement qu'y donnaient les compagnons de métiers formait des ouvriers et des artisans d'une habileté consommée. C'est avec un légitime orgueil que les administrateurs relevaient, parmi les noms des élèves de la Trinité, ceux des Cramoisi, des Maurice Dubourg et des Boulle qui illustrèrent l'industrie française.

L'hôpital de la Trinité, qui avait ses ressources propres, disparut malheureusement en 1789 ; à cette époque, il n'y avait plus que 100 garçons et 36 filles.

ÉTABLISSEMENTS DIVERS

Il nous reste, maintenant, pour compléter le tableau de l'assistance donnée à Paris sous l'ancien régime, à parler des établissements particuliers qui fonctionnaient en dehors de l'organisation que nous venons de décrire. Nous entrons ici dans le domaine de la charité privée. Plusieurs de ces établissements ont survécu et se sont fondus dans l'organisme nouveau de l'Assistance publique à Paris.

Nous avons ainsi deux groupes d'établissements.

1ᵉʳ Groupe. — Établissements faisant partie de l'Administration générale de l'Assistance publique

1° La *maison de Beaujon*, du nom de son fondateur (aujourd'hui hôpital Beaujon), construite en 1784 dans le faubourg du Roule pour recevoir 24 orphelins de la paroisse (12 garçons et 12 filles).

2° La *maison de l'Enfant-Jésus* (aujourd'hui hôpital des Enfants-Malades), fondée en 1751 par Languet de Gergy, curé de Saint-Sulpice. On y donnait l'éducation à 30 jeunes filles nobles et pauvres de 8 à 20 ans.

3° L'*hôpital de la Charité*, fondé en 1637 par les frères de Saint-Jean-de-Dieu, appelés de Florence, en 1605, par Marie de Médicis. Il était spécialement affecté aux hommes atteints de maladies aiguës et comprenait, en 1786, six salles avec 208 lits d'une personne.

4° L'*hospice de Saint-Sulpice* (hôpital Necker), établi en 1778 par Mᵐᵉ Necker dans l'ancien couvent de Notre-Dame-de-Liesse, rue de Sèvres. Il contenait 128 lits individuels, réservés aux indigents malades des paroisses de Saint-Sulpice et du Gros-Caillou.

5° L'*hospice de Saint-Jacques-du-Haut-Pas* (hôpital Cochin), dû aux libéralités de M. Cochin, curé de la paroisse (1780). Il y avait 58 lits.

6° La *maison royale de Santé* (maison de retraite de La Rochefoucauld), ouverte, en 1783, hors de la barrière d'Enfer, pour des officiers infirmes ou indigents, des ecclésiastiques pauvres et des magistrats ayant subi des revers de fortune (23 lits).

L'*hôpital du Saint-Nom de Jésus*, fondé vers 1653 par Vincent Depaul, dans le faubourg Saint-Laurent, hospitalisait 30 ou 40 vieillards. Rattaché d'abord à l'hospice des Incurables, il fut transféré plus tard dans le faubourg Saint-Denis, et prit le nom de Maison municipale de Santé.

2° Groupe.— Établissements supprimés pendant la Révolution

Nous ne pouvons en donner ici une énumération complète ; les principaux étaient :

1° Les *Orphelins de la Mère-de-Dieu*, rue du Vieux-Colombier, renfermant 32 filles et 8 garçons, soit 40 enfants, sous la direction du curé de Saint-Sulpice.

Mme NECKER

2° Les *Cent-Filles*, rue Censier, dans le quartier de la place Maubert. Antoine Séguier, son fondateur, président à mortier au Parlement de Paris, l'avait doté de 16.000 livres de revenus. On y recevait 100 filles orphelines de la ville et des faubourgs de Paris. Le premier président, le procureur général du Parlement et le chef de la famille Séguier en avaient la direction.

3° Les *Orphelins du Saint-Tronc-de-Jésus*, rue des Postes, cul-de-sac des Vignes, dirigé depuis l'année 1754 par la communauté de Saint-Thomas-de-Villeneuve (15 enfants).

4° L'*hôpital des Convalescents*, rue du Bac, fondé en 1642 par Angélique Faure, femme de Claude Bullion, surintendant des finances. Il recevait les convalescents sortant de l'hôpital de la Charité (22 lits).

5° Les quatre maisons, dites des *Hospitalières de la Miséricorde* (rue Mouffetard), de *la Place Royale*, de *la Roquette* et de *Saint-Mandé*, confiées aux soins des religieuses de Saint-Augustin, dont les statuts avaient été approuvés en 1624 par François de Gondy, archevêque de Paris.

Pour terminer cette nomenclature, citons parmi les nombreux établissements et les communautés religieuses voués à un service charitable : le *Bon-Pasteur*, rue du Cherche-Midi ; les *Filles pénitentes de Sainte-Valère*, rue de Grenelle ; le *Sauveur*,

rue de Vendôme ; les *Filles de la Madeleine*, ou Madelonnettes, rue des Fontaines, quartier du Temple, qui hospitalisaient des femmes et des filles qui avaient vécu dans le désordre.

Le *vieil hôpital des Haudriettes*, à l'entrée de la rue de la Mortellerie, destiné à des veuves et fondé, en 1306, par Étienne Haudri, panetier de Philippe le Bel.

Enfin deux asiles de nuit célèbres :

L'*hôpital de Sainte-Catherine*, en la rue Saint-Denis, au coin de la rue des Lombards, dont l'existence remontait au xiiᵉ siècle et qui hébergeait, pendant trois jours et trois nuits, les femmes, filles ou veuves, qui venues de province se trouvaient sans asile et « obligées de coucher dehors avec grande incommodité et péril de leur pudeur ».

L'*hôpital Saint-Gervais*, dont l'origine est indiquée dans une charte de Robert, frère de Louis le Jeune, de l'année 1171. Il logeait les pèlerins et les passants pendant trois nuits consécutives.

Nous ne mentionnons que pour mémoire trois établissements qui existent encore aujourd'hui, mais en dehors de l'Assistance publique.

Les *Quinze-Vingts*, rue Saint-Honoré, vis-à-vis la rue Richelieu, transférés en 1780 dans le faubourg Saint-Antoine.

La *maison de Charenton* et l'*hôtel royal des Invalides*.

Secours à domicile.— Bureaux de charité. — Indépendamment du Grand Bureau des pauvres, fonctionnaient dans les paroisses, sous la direction des curés, des bureaux de charité ayant pour objet le traitement des malades à domicile et les secours aux pauvres honteux. Ces bureaux étaient dotés de personnalité civile. Leur existence était officiellement reconnue et c'était à eux que revenaient les libéralités, faites sans désignation particulière, aux malades et aux pauvres honteux.

Deux *compagnies*, dont l'origine remontait au xviᵉ siècle, apportaient des *secours* moraux et même matériels aux prisonniers; elles étaient sous la haute direction du procureur général du Parlement.

COUP D'ŒIL GÉNÉRAL SUR LA DISTRIBUTION DES SECOURS
A PARIS EN 1789

L'Hôtel-Dieu, le Grand Bureau des pauvres et l'Hôpital général secouraient une population qu'il est permis d'évaluer à plus de 30.000 individus; autour d'eux, les établissements de second ordre, dus à l'initiative privée, avaient, il est vrai, un cercle d'action plus restreint, mais leur nombre compensait leur peu d'importance.

Malheureusement, tous ces établissements qui, réunis et organisés suivant un plan méthodique, auraient pu combattre efficacement la misère, ne donnaient pas tous les résultats ni tout le bien qu'on eût pu espérer. Les administrations opéraient séparément, et, sans s'ignorer réciproquement, tendaient à se rejeter, les unes sur les autres, des fardeaux qu'une entente mieux concertée eût suffi à répartir entre elles sans difficultés. D'autre part, l'inégalité des ressources de chacune d'elles avait son contre-coup sur l'équitable répartition des secours entre les différentes catégories de personnes à secourir. Les établissements n'étaient pas toujours dotés en raison des besoins auxquels ils devaient satisfaire. Les uns étaient trop riches, les autres trop pauvres.

DE 1789 A 1849

I.— Le Comité de mendicité.— Principes de la Révolution en matière d'assistance publique. — L'organisation que nous venons de décrire fut brisée par la Révolution, dont les conceptions, en matière d'assistance publique, étaient pour ainsi dire le contre-pied de l'ancien système charitable, tout entier contenu dans le principe de l'autonomie.

La Révolution partit du principe de la *solidarité sociale*, c'est-à-dire des devoirs et obligations réciproques qui unissent les membres d'une même société, pour échafauder un système de secours publics, concentré entre les mains de l'État et demandant ses ressources à l'impôt. Ce n'était donc plus la bienfaisance, s'exerçant au moyen de corps, dotés chacun d'une vie propre, créés en vue d'une destination étroitement déterminée, et canalisant, en quelque sorte, les aumônes individuelles; c'était l'assistance du pauvre, devenant une préoccupation d'ordre public, comme la police des mendiants, sous l'ancien régime, et, à ce titre, rentrant dans un des objets de l'administration générale de l'État.

Aussi l'Assemblée constituante, « mettant au rang des devoirs les plus sacrés de la nation l'assistance des pauvres dans tous les âges et toutes les circonstances de la vie », avait-elle institué un Comité de mendicité, pour étudier la question de la réorganisation des secours publics.

La Rochefoucauld-Liancourt, président et rapporteur de ce Comité, posa du premier coup, dans son troisième rapport à l'Assemblée nationale, les bases fondamentales sur lesquelles devait reposer l'Assistance publique: « La législation, qui, ayant pour objet l'extinction de la mendicité, veut porter des secours à la véritable indigence, doit poser sur les bases communes de la Constitution, et employer les moyens d'administration indiqués par elle pour l'administration de toutes ses autres parties. » Il en résultait nécessairement que tous les biens, appartenant aux établissements de charité, devaient être réunis au domaine national et répartis par l'État suivant l'exacte proportion des besoins constatés dans les diverses parties du royaume. Cette conséquence n'effraya pas le rapporteur du Comité de mendicité; le législateur se montra plus hésitant: ni la Constituante, ni la Législative n'osèrent en entreprendre l'application; elles reculèrent devant les difficultés pratiques de la tâche et se contentèrent de voter des subsides aux hôpitaux que la suppression presque totale de leurs droits avait à peu près ruinés.

3

La Convention se montra plus hardie. La loi du 23 messidor an II absorba dans le domaine de l'État l'actif et le passif de tous les établissements de bienfaisance, et les trois fameux décrets des 19 mars, 28 juin et 19 août 1793

LE CHASTEAV DE BISSETRE (à present ruyné)

BICÊTRE

organisèrent un vaste système de secours publics, tout entier aux mains de l'État et qui peut se résumer dans cette formule : l'Assistance, dette nationale, droit pour l'indigent puisant dans l'impôt ses ressources nécessaires.

Cette conception devait échouer. Les difficultés intérieures et extérieures avec lesquelles la Convention se trouvait alors aux prises, les dépenses considérables nécessitées par la guerre étrangère, absorbaient la majeure partie des ressources de l'État qui se vit, faute d'argent, dans l'impossibilité matérielle d'assurer le fonctionnement de la nouvelle organisation. Le Directoire fut obligé de rétablir l'ancien ordre de choses, en rendant aux établissements de bienfaisance leur autonomie perdue.

II. — L'Administration hospitalière de 1789 a l'an V. — A Paris, l'Assemblée générale des électeurs de la Commune avait remplacé, en 1789, l'ancien Conseil de ville, présidé par le prévôt des marchands et les échevins, et un décret de l'Assemblée nationale, du 14 décembre 1789, avait placé la nouvelle municipalité à la tête des établissements appartenant à la commune et entretenus de ses deniers.

Dès le 19 août 1789, les deux Bureaux de l'Hôtel-Dieu et de l'Hôpital général donnèrent leur démission, et la municipalité conserva la direction des hôpitaux jusqu'au 11 avril 1791.

Toutefois les anciennes administrations hospitalières restèrent en fonctions jusqu'à cette époque, et le Directoire du département, chargé, par un décret de l'Assemblée nationale, du 22 décembre 1789, de l'inspection et de l'amélioration du régime des hôpitaux, hôtels-Dieu, établissements et ateliers de charité, confia à une Commission de 5 membres la direction des hôpitaux.

C'est alors que s'ouvre, pour l'Administration hospitalière, une période de vicissitudes. Elle passa successivement sous l'autorité du département, de la Commune de Paris, de la Commission nationale des secours publics et du Ministère de l'intérieur jusqu'au moment où le Directoire exécutif, par la loi du 16 vendémiaire an V (7 octobre 1796), rendit aux hôpitaux l'autonomie dont les avait dépouillés la loi du 23 messidor an II.

III. — Les secours a domicile après 1789. — En même temps, les secours à domicile étaient placés sous la direction d'une *Commission municipale de bienfaisance* chargée de percevoir les revenus appartenant aux pauvres de Paris et d'en faire la répartition entre les 33 paroisses. Cette Commission, créée par un arrêté du corps municipal du 5 août 1791, fonctionna jusqu'en 1793. Le 28 mars de cette année, la Convention nationale lui substitua une *Commission centrale de bienfaisance,* dont les membres, élus par chacune des 48 sections de Paris, devaient nommer un Directoire ou Bureau d'agence, composé de 16 membres et d'un trésorier salarié.

La Commission centrale entra en fonctions le 24 août suivant. L'administration des secours à domicile, dans Paris, par une anomalie singulière, continuait à être autonome au moment précis où la Convention traçait pour la France entière un plan d'assistance publique réunissant tous les services hospitaliers et à domicile, sous l'autorité unique de l'Agence nationale des secours. Il est à remarquer, du reste, et c'est ce qui fait l'importance du décret du 28 mars 1793, que cette organisation a subsisté, quant au fond, en dépit des changements ultérieurs.

IV. — L'ŒUVRE DU DIRECTOIRE. — Le Directoire exécutif, en présence des nécessités financières, se hâta, mais presque malgré lui, de rétablir l'administration

LA SALPÊTRIÈRE

des secours publics sur ses anciennes bases ; ce ne fut là, il est vrai, dans l'esprit de ce gouvernement, qu'une simple mesure provisoire et toute d'expectative ; la force des choses et les événements politiques la rendirent, en fait, définitive.

Trois lois furent votées et formèrent comme le code de la nouvelle organisation des secours ; elles sont encore la base du régime actuel.

1° La loi du 16 vendémiaire an V (7 octobre 1796) rendit aux hôpitaux la personnalité civile dont les avaient dépouillés les décrets de la Convention, ainsi que les biens dont la vente n'avait pas été effectuée.

2° La loi du 7 frimaire an V (28 novembre 1796) créa des bureaux de bienfaisance chargés du service des secours à domicile et rétablit à leur profit l'impôt sur les spectacles.

3° Enfin la loi du 27 frimaire an V (17 décembre 1796) et l'arrêté du 30 ventôse de la même année placèrent le service des enfants assistés sous la direction des Commissions administratives des hospices.

Des organes distincts et autonomes assuraient donc le service des secours hospitaliers et à domicile ; le droit au secours disparaissait, ainsi que le caractère obligatoire des dépenses.

En exécution de la loi du 16 vendémiaire, les administrateurs du département de la Seine nommèrent une Commission de 5 membres composée des citoyens : Anson, Touret, Le Camus, Soreau et Levasseur, pour diriger les établissements hospitaliers de Paris. Cette Commission entra en fonctions à la date du 4 frimaire an V (24 novembre 1796).

L'organisation de l'an V subsista, sans grandes modifications, jusqu'à l'installation du Conseil général des hospices, en l'an IX. Des actes postérieurs déterminèrent les attributions respectives des différents organes administratifs, commune, département, État, dans l'administration des hospices. Les renouvellements fréquents auxquels furent assujettis les membres de la Commission des hospices les empêchèrent de mener à bien leur œuvre de restauration. « Ils se succédaient avec tant de rapidité, au dire d'un document officiel, qu'on a vu des administrateurs être là moins longtemps que leurs malades. » « Ils ont eu à peine le temps, disait encore, quelques années plus tard, le préfet de la Seine, Frochot, de rêver la perfection et n'ont jamais pu obtenir le bien, qui, fruit d'une longue culture, ne se mûrit que par le temps, et périt si on l'arrache. »

La loi du 7 frimaire an V, créatrice des bureaux de bienfaisance, ne put être exécutée à Paris ; les 48 comités, établis dans chacune des sections de Paris par le décret de la Convention nationale du 28 mars 1793, continuèrent à fonctionner, et la Commission centrale de bienfaisance fut remplacée par un Comité général de bienfaisance et un agent comptable qui centralisait les revenus des indigents.

Enfin les enfants assistés étaient mis à la charge de la Commission hospitalière et l'État ne contribuait en rien à leur entretien.

Sous le rapport financier, les hospices civils rentraient, à la vérité, en possession des biens qui leur appartenaient avant la loi de messidor, mais cette mesure, qui aurait dû avoir pour effet de faire revivre séparément les anciens établissements dans leur état antérieur, fut complétée par un arrêté du Directoire exécutif, du 23 brumaire an V (13 novembre 1796), qui affecta, indistinctement, à tous les établissements hospitaliers les revenus qui leur étaient restitués, et réalisa ainsi l'unité financière. Pour remédier à la pénurie de leurs ressources, qui ne s'élevaient plus qu'à 1 million 700.000 francs, la loi du 8 thermidor an V (26 juillet 1797) fit revivre, à leur profit, l'ancien droit sur les spectacles, bals et concerts publics, déjà rétabli par la loi du 7 frimaire au profit des bureaux de bienfaisance. Enfin, la loi du 27 vendémiaire an VII (18 octobre 1798) ordonna la perception d'un octroi pour l'acquit des dépenses locales de la ville de Paris et en destina, au moins partiellement, le produit aux dépenses de l'Assistance publique, en donnant à cette dernière une sorte de préciput, sous le nom de prélèvement légal. C'est là l'origine de la subvention municipale.

Ces mesures réparatrices furent impuissantes à remplir le « vide immense » qui se trouvait dans les finances hospitalières.

En l'an IX, la dépense annuelle était estimée à 7.000.000 de francs et il y avait 6.000.000 de francs d'arriéré. La situation était même si critique que les adminis-

ANTIPHONAIRE. — SAINTE CÉCILE (1)

trateurs se virent contraints de recourir au régime des entreprises pour les fournitures, le payement des employés et l'entretien des malades et des indigents.

(1) Tous les antiphonaires reproduits dans l'ouvrage proviennent des archives de l'hôpital de la Charité.

Les réformes projetées, et en voie de réalisation avant 1789, avaient été abandonnées et les efforts tentés au xviiie siècle, pour améliorer les conditions d'hygiène, avaient été perdues. Pourtant un progrès considérable était acquis : l'unité, cherchée en vain dans les siècles précédents, était sur le point d'aboutir, et il ne restait plus au Consulat qu'à mettre la dernière main à l'édifice nouveau, en soudant, à Paris, les deux grandes parties qui avaient, jusqu'alors, vécu séparées.

V. — LE CONSULAT. — RÉALISATION DE L'UNITÉ ADMINISTRATIVE. — Trois arrêtés des consuls accomplirent cette tâche. Le premier, du 27 nivôse an X (17 janvier 1801), signé par Bonaparte, place à la tête des hôpitaux de Paris un Conseil général assisté d'une Commission exécutive.

Le second, du 15 pluviôse an X (4 février 1801), institue le Préfet de la Seine président du Conseil général des hospices et le Préfet de police devient membre-né de ce même Conseil.

Enfin, le plus important de tous, l'arrêté du 27 germinal an IX (19 avril 1801), réunit sous la même administration les établissements hospitaliers et les secours à domicile. Le Conseil général des hospices se composait de 11 membres non rétribués et nommés par le Ministre de l'intérieur (1).

L'exécution de ces décisions, par dérogation au principe de la loi du 28 pluviôse an VIII (agir est le fait d'un seul), fut confiée à une Commission administrative composée de 5 membres salariés, nommés par le Ministre de l'intérieur, sur la proposition du président du Conseil général et la présentation du Préfet de la Seine. L'installation du Conseil général des hospices eut lieu le 5 ventôse an IX (24 février 1801), et le Préfet de la Seine, Frochot, prononça, à cette occasion, un long discours, dont la copie est conservée dans les archives de l'Assistance publique, et qui était un exposé sincère et précis de la situation véritable où se trouvait alors l'administration hospitalière.

Il ne nous appartient pas d'entrer ici dans les détails de toutes les réformes auxquelles le Conseil général des hospices attacha son nom. Qu'il nous suffise de dire qu'il établit une classification rationnelle et méthodique des établissements hospitaliers, en affectant chacun d'eux à une destination particulière ; il créa le Bureau central d'admission chargé de répartir les malades entre les hôpitaux, enfin, et surtout, il réalisa ce que l'on peut appeler la grande réforme hospitalière du xixe siècle, la suppression des lits à deux personnes. Au point de vue financier, il mit fin au système des fournitures par entreprises.

Le budget hospitalier s'élevait alors à plus de 7.000.000 de francs ; il tirait ses

---

(1) Les 11 membres nommés par le Ministre étaient :

MM.

FROCHOT, conseiller d'État, commandeur de la Légion d'honneur, Préfet de la Seine.
DUBOIS, conseiller d'État, commandeur de la Légion d'honneur, Préfet de police.
BIGOT DE PRÉAMENEU, conseiller d'État, grand officier de la Légion d'honneur.
CAMET DE LA BONARDIÈRE, membre de la Légion d'honneur et maire du 11e arrondissement.
D'AGUESSEAU, sénateur, commandeur de la Légion d'honneur.
DE BELLOY, cardinal-archevêque de Paris, grand officier de la Légion d'honneur, sénateur.
DE LESSERT, régent de la Banque de France et membre de la Chambre de commerce.
DUQUESNOY, membre de la Légion d'honneur, maire du 10e arrondissement.
FIEFFÉ, membre du Corps législatif.
MOURGUE, ancien ministre.
PARMENTIER, membre de l'Institut, de la Légion d'honneur, 1er pharmacien des armées.
PASTORET, membre de l'Institut et de la Légion d'honneur.
RICHARD D'AUBIGNY, ancien administrateur général des postes.
THOURET, membre de la Légion d'honneur, tribun, directeur de l'École de médecine.

revenus des biens patrimoniaux pour une somme d'environ 1.700.000 francs ; le reste était fourni par l'octroi. Les dépenses se répartissaient ainsi, en l'an XI :

Hôpitaux et hospices . . . . 6.055.000 fr. »
Secours à domicile . . . . 1.188.636 fr. 21
Bureaux des nourrices . . . . 488.713 fr. 49

Total . . . . 7.732.349 fr. 68

La population secourue s'élevait à 98.795 indigents, savoir :

Hôpitaux (population journalière) . . . . 3.503 ⎫
Hospices . . . . 8.336 ⎬ 11.839
Secours à domicile . . . . 86.956 ⎭

Total 98.795

Si l'on considère que la population totale de Paris était évaluée, à cette époque, à 600.000 âmes, on trouve une proportion de 1 indigent sur 6 habitants.

HÔTEL-DIEU. — FAÇADE DE CLAVAREAU

VI. — L'ADMINISTRATION DES HÔPITAUX, HOSPICES ET SECOURS A DOMICILE DE L'AN IX JUSQU'A LA LOI DU 10 JANVIER 1849. — L'organisation créée par les arrêtés des consuls, en l'an IX, subsista, sauf de légères modifications, jusqu'en 1848. Une ordonnance royale, du 18 février 1818, porta de 11 à 15 le nombre des membres du Conseil général des hospices et les soumit à la nomination du roi.

La Révolution de 1848 eut son contre-coup sur l'administration des hospices et des secours à domicile.

Le Conseil général des hospices et secours fut supprimé le 26 février 1848 ; la direction des secours fut provisoirement remise à la municipalité ; une Commission administrative assura la gestion des services hospitaliers, sous l'autorité du citoyen Thierry, membre du Conseil municipal, délégué par le gouvernement à cet effet.

Moins d'un an après était promulguée la loi du 10 janvier 1849 (1), qui est encore la charte fondamentale de l'Assistance publique.

(1) Loi du 10 janvier 1849.

ARTICLE PREMIER. — L'Administration générale de l'Assistance publique à Paris comprend le service des secours à domicile et le service des hôpitaux et hospices civils.

Cette Administration est placée sous l'autorité du Préfet de la Seine et du Ministre de l'intérieur ; elle est confiée à un Directeur responsable, sous la surveillance d'un Conseil dont les attributions sont ci-après déterminées.

ART. 2. — Le Directeur est nommé par le Ministre de l'intérieur, sur la proposition du Préfet de la Seine.

ART. 3. — Le Directeur exerce son autorité sur les services intérieurs et extérieurs.

Il prépare les budgets, ordonnance toutes les dépenses et présente le compte de son Administration.

Il représente les établissements hospitaliers et de secours à domicile en justice, soit en demandant, soit en défendant.

Il a la tutelle des enfants trouvés, abandonnés et orphelins, et a aussi celle des aliénés.

ART. 4. — Les comptes et budgets sont examinés, réglés et approuvés conformément aux dispositions de la loi du 18 juillet 1837 sur les attributions municipales.

ART. 5. — Le Conseil de surveillance est appelé à donner son avis sur les objets ci-après énoncés :

1° Les budgets, les comptes, et en général toutes les recettes et dépenses des établissements hospitaliers et de secours à domicile ;

2° Les acquisitions, échanges, ventes de propriétés, et tout ce qui concerne leur conservation et leur amélioration ;

3° Les conditions des baux à ferme ou à loyer, des biens affermés ou loués par ces établissements ou pour leur compte ;

4° Les projets de travaux neufs, de grosses réparations ou de démolitions ;

5° Les cahiers des charges des adjudications et exécution des conditions qui y sont insérées ;

6° L'acceptation ou la répudiation des dons et legs faits aux établissements hospitaliers et de secours à domicile ;

7° Les placements de fonds et les emprunts ;

8° Les actions judiciaires et les transactions ;

9° La comptabilité tant en deniers qu'en matières ;

10° Les règlements de service intérieur des établissements et du service de santé, et l'observation desdits règlements ;

11° Toutes les questions de discipline concernant les médecins, chirurgiens et pharmaciens ;

12° Toutes les communications qui lui seraient faites par l'autorité supérieure et par le Directeur.

Les membres du Conseil de surveillance visiteront les établissements hospitaliers et de secours à domicile aussi souvent que le Conseil le jugera nécessaire.

ART. 6. — Les médecins, chirurgiens et pharmaciens des hôpitaux et hospices sont nommés au concours. Leur nomination est soumise à l'approbation du Ministre de l'intérieur. Ils ne peuvent être révoqués que par le même ministre, sur l'avis du Conseil de surveillance et sur la proposition du Préfet de la Seine.

ART. 7. — Les médecins et chirurgiens attachés au service des secours à domicile sont également nommés au concours ou par l'élection de leurs confrères : ils sont institués par le Ministre de l'intérieur. Ils peuvent être révoqués par le même Ministre, sur l'avis du Conseil de surveillance.

ART. 8. — Un règlement d'administration publique déterminera la composition du Conseil de surveillance de l'Administration générale, et l'organisation de l'assistance à domicile.

ÉCOLE DE MÉDECINE CLINIQUE

TITRE II

L'Administration depuis 1849

LES DIRECTEURS DE L'ASSISTANCE

PUBLIQUE

La loi du 10 janvier 1849, organisatrice de l'Administration générale de l'Assistance publique à Paris, a apporté une modification profonde au régime de la bienfaisance publique dans la capitale de la France.

Le Conseil général des hospices et des secours avait été supprimé. Qu'allait-on mettre à sa place ? Puisqu'on faisait table rase, créerait-on deux organes distincts pour le service hospitalier et pour le service des secours à domicile ou les constituerait-on en une seule administration ?

Donnerait-on le pouvoir de direction à une collectivité, comme antérieurement, ou à un fonctionnaire unique ? Tels sont les problèmes que résolut l'Assemblée nationale, en faisant la loi de 1849.

Le législateur maintint l'union des deux grands services d'assistance communale, hospices et secours à domicile, qui avait été réalisée, pour Paris, dès le commencement du siècle. Il estima en même temps que cette dérogation aux lois qui régissent la bienfaisance publique en France devait aussi dorénavant impliquer une dérogation au droit commun dans la direction de ce double service. Il lui sembla que le maniement d'un rouage aussi complexe ne devait plus être confié à une collectivité, dans laquelle les responsabilités s'émiettent fatalement.

Et c'est ainsi qu'il créa la direction de l'Assistance publique de Paris.

Le titulaire de cette direction devait être un fonctionnaire responsable, nommé par le Ministre de l'intérieur, placé sous la double autorité de ce Ministre et du Préfet, assisté par un Conseil de surveillance ne possédant qu'un pouvoir consultatif.

Le régime fondé en 1849 est encore en vigueur, et, depuis ce temps, son application n'a été suspendue que pendant une courte période, du 29 septembre 1870 au 25 juin 1871.

M. DAVENNE

Un arrêté ministériel du 2 février 1849 nommait, aux fonctions de Directeur de l'Assistance publique de Paris, M. Henri-Jean-Baptiste Davenne, chef de division au Ministère de l'intérieur.

Agé alors de soixante ans, rendu prudent et expérimenté par une longue carrière administrative, il sut organiser habilement les rouages nouveaux que venait de créer la loi de 1849 (1).

Dès la première année de sa direction, il eut, avec le concours de ses collaborateurs de tout ordre, à lutter contre une épidémie cholérique. La nouvelle Administration de l'Assistance publique fut à la hauteur de sa tâche périlleuse. 3 directeurs d'hôpitaux, 6 employés, 6 internes, 10 sœurs hospitalières, 1 aumônier et 129 sous-employés et infirmiers des deux sexes trouvèrent la mort dans l'accomplissement de leur mission.

Le même dévouement fut déployé lors d'une deuxième épidémie cholérique, aussi meurtrière, en 1853-1854.

D'importantes créations ou transformations d'hôpitaux parisiens furent réalisées de 1849 à 1859, savoir :

1853. Conversion de l'hôpital général Sainte-Marguerite en un hôpital d'enfants qui reçut le nom d'hôpital Sainte-Eugénie (aujourd'hui hôpital Trousseau) ;

1854. Ouverture de l'hôpital Lariboisière ;

1858. Ouverture de la Maison municipale de Santé, 200, Faubourg-Saint-Denis (2).

Le traitement des enfants scrofuleux à la campagne ou au bord de la mer fut une une des préoccupations de l'administration de M. Davenne. L'envoi, à titre d'essai, d'enfants parisiens atteints de cette affection, à Forges, puis à Berck, devait bientôt aboutir à la construction d'hôpitaux dans ces deux localités. L'hôpital de Forges fut ouvert avec 100 lits le 1er juillet 1859.

La création de 853 pensions représentatives de séjour à l'hospice, qui ont pris depuis une si grande extension, fut réalisée en 1850. — Le taux de la pension, aujour-

---

(1) Discours prononcé le 5 juillet 1869 sur la tombe de M. Davenne, par M. Husson, son successeur.

(2) Cette maison, connue depuis sa création sous le nom de maison Dubois, était installée, depuis 1800, Faubourg-Saint-Denis, n° 112.

d'hui fixé à 360 francs par an, était alors de 253 francs pour les hommes et de 195 francs pour les femmes.

En 1853, intervint une importante réglementation du traitement des malades à domicile par les soins des médecins des Bureaux de bienfaisance. C'était là une innovation considérable. « Comme l'institution du secours d'hospice », disait M. Davenne dans une circulaire en date du 19 novembre 1853, « le traitement des malades à domicile a pour but de favoriser le développement de l'esprit de famille et de resserrer les liens des membres d'une même communauté. Il doit, dans des cas nombreux, substituer, à l'assistance étrangère de l'hôpital, les soins affectueux et empressés des parents. Il doit en outre, à un autre point de vue, restreindre le nombre des admissions dans nos établissements. »

Dans l'ordre économique, le premier Directeur de l'Assistance publique de Paris fut appelé à inaugurer le fonctionnement de la Boucherie centrale des hôpitaux, qui avait été ouverte avant sa nomination, le 1er janvier 1849, et de l'Approvisionnement central des Halles (30 avril 1851), dont le Conseil municipal avait demandé la création depuis plusieurs années déjà.

La perception du droit des pauvres sur les spectacles, confiée auparavant à un régisseur intéressé, fut, en 1855, soumise au régime de la régie directe.

En 1858, le siège de l'Administration centrale fut transféré, du parvis Notre-Dame, à son emplacement actuel, avenue Victoria.

M. Davenne fut admis à faire valoir ses droits à la retraite et nommé Directeur honoraire par un arrêté du Ministre de l'intérieur, du 22 décembre 1859, qui lui donnait, comme successeur, M. Husson.

Il décédait dix ans après, à l'âge de 80 ans, commandeur de la Légion d'honneur et membre de l'Académie de médecine.

De nombreux ouvrages administratifs ont été publiés par M. Davenne.

Nous citerons notamment les suivants :

Recueil méthodique et raisonné des lois et règlements sur la voirie, les alignements et la police des constructions, 1836 ; — *Traité pratique de la voirie urbaine*, 1re édition, 1849 ; 2e édition, 1858 ; — *Régime administratif et financier des communes*, 1858 ; — *Organisation et régime des secours publics*, 2 vol., 1re édition, 1855 ; 2e édition, 1865.

M. HUSSON

M. Husson était chef de division de l'Administration départementale et communale à la Préfecture de la Seine quand il fut appelé à remplacer M. Davenne.

Ce fut un administrateur émérite, un travailleur infatigable, sévère pour ses collaborateurs comme pour lui-même.

Pendant les dix années de sa direction, il sut faire observer les règlements, non seulement par le personnel administratif, mais aussi, ce qui est plus difficile, par le personnel médical, qui ne lui sut pas mauvais gré d'exigences qui s'imposaient avec la même fermeté, même aux plus illustres et aux plus puissants.

Les grandes opérations concernant les établissements hospitaliers ont été les suivantes, sous la direction de M. Husson :

1861. Ouverture d'un hôpital provisoire de 100 lits, construit en baraquements, à Berck-sur-Mer, pour les enfants scrofuleux provenant des hôpitaux d'enfants de Paris et aussi pour les élèves du service des enfants assistés.

1862. Transfert à Auteuil de l'institution Sainte-Périne, dont les anciens bâtiments, rue de Chaillot, avaient été atteints par l'expropriation.

1863. Transfert à Issy de la maison de retraite des Ménages et de la fondation Devillas.

Ouverture, à La Roche-Guyon (Seine-et-Oise), d'une maison de convalescence pour les enfants en exécution d'une fondation du comte Georges de La Rochefoucauld.

1864. Commencement des travaux de construction du nouvel Hôtel-Dieu.

1865. Ouverture, dans le voisinage de l'institution Sainte-Périne, d'une maison de retraite de vieillards, en exécution d'une fondation de M. Chardon-Lagache.

1869. Installation, nécessitée par une violente épidémie de variole, d'un hôpital temporaire, dans les bâtiments de l'ancien hospice des Incurables-femmes, rue de Sèvres. Cet établissement, qui devait n'avoir qu'un caractère provisoire et dont les bâtiments et les terrains devaient être vendus pour contribuer à la dépense de construction du nouvel Hôtel-Dieu, a été définitivement conservé, sur la demande du Conseil municipal, et est devenu l'hôpital Laënnec.

Ouverture, à Ivry-sur-Seine, d'un hospice de 2.000 lits destiné aux incurables des deux sexes et appelé à remplacer l'ancienne maison des Incurables-femmes, rue de Sèvres, dont il vient d'être parlé, ainsi que l'ancien hospice autrefois affecté aux Incurables-hommes, rue des Récollets, vendu à l'État pour être transformé en hôpital militaire.

Ouverture d'un hôpital définitif de 500 lits, à Berck-sur-Mer, pour les enfants rachitiques et scrofuleux.

1870. Commencement des travaux de construction de l'hôpital de Ménilmontant (aujourd'hui hôpital Tenon).

D'autres travaux importants avaient été faits pour l'édification d'un Magasin central des hôpitaux qui fut ouvert en janvier 1867 en même temps qu'était supprimée la Filature des indigents, 35, rue des Tournelles, dont les bâtiments furent affectés au service de la direction municipale des nourrices.

Parmi les autres faits ou événements d'ordres divers de la direction active de M. Husson, nous rappellerons :

La création d'une Commission spéciale chargée d'émettre un avis sur les demandes d'admission gratuite dans les hospices (1860) ;

La codification des dispositions concernant le service des secours à domicile (1860) ;

L'application du système du secours temporaire destiné à prévenir les abandons (1860) ;

La création d'un service régulier de vaccination et revaccination dans les hôpitaux (1865) ;

Les mesures que nécessita une épidémie de choléra, qui sévit à Paris en 1865 et 1866 ;

La réorganisation du Bureau central d'admission des malades dans les hôpitaux et la création à ce bureau de consultations externes avec délivrance de médicaments (1869).

Enfin, dès que la guerre fut déclarée en 1870, M. Husson prit toutes les mesures que commandait la situation ; il assura les approvisionnements dans la mesure du possible (1), et fit ouvrir, dans les divers quartiers de Paris, des fourneaux économiques. Un grand nombre de médecins et d'internes ayant été appelés sous les drapeaux, il demanda et obtint le concours de médecins de la ville et tout d'abord de ceux ayant le titre d'anciens internes, pour soigner les malades ; malgré les réductions qu'avait subies le corps médical hospitalier, il en mit une partie à la disposition des hôpitaux militaires et des ambulances de l'armée.

Les aliénés de Bicêtre furent transférés dans les asiles de province. Les vieillards et incurables d'Ivry et de Bicêtre, ceux des Ménages et de la fondation Boulard, au nombre de 5.000 environ, furent évacués sur les établissements hospitaliers de Paris ou sur des maisons particulières.

Un certain nombre de vieillards consentirent à quitter Paris et à se réfugier en province, chez des parents ou des amis, sur l'offre qui leur fut faite d'une indemnité de 1 fr. 25 par jour. Tel fut le cas de plus de 500 vieillards de Bicêtre.

M. HUSSON

Cliché X...

L'encombrement des établissements hospitaliers devint effroyable, d'autant que, dans la plupart d'entre eux, des ambulances avaient dû être installées pour recevoir les blessés.

Telle était la situation lorsque M. Husson fut relevé de ses fonctions.

En effet, un décret du gouvernement de la Défense nationale, en date du 29 septembre 1870, supprima la direction de l'ensemble des services de l'Assistance publique à Paris et confia exclusivement à l'autorité municipale la charge des secours à domicile. Le service des hôpitaux et hospices civils devenait une administration distincte, placée sous la direction d'un Conseil d'administration, qui avait le titre de Conseil général des hospices du département de la Seine. Ce Conseil était placé sous l'autorité du Préfet de la Seine et du Ministre de l'intérieur.

M. Husson, cependant, n'avait pas achevé sa carrière administrative. Il fut nommé, le 10 juin 1871, secrétaire général de la Préfecture de la Seine, alors confiée à M. Léon Say, et occupa ces hautes fonctions pendant une année.

Il mourut en 1874 à l'âge de 65 ans.

M. Husson était commandeur de la Légion d'honneur, membre de l'Académie des sciences morales et politiques, associé de l'Académie de médecine.

Il avait notamment publié les ouvrages suivants :

Géographie industrielle et commerciale de la France, 1838 ; — *Traité de la législation des travaux publics et de la voirie en France*, 2 vol., 1re édition, 1841 ; 2e édition, 1851 ; — *les Consommations de Paris*, 1re édition, 1856 (récompensée du prix Montyon pour la statistique) ; 2e édition, 1875 ; — *Étude sur les hôpitaux*, 1862 ; — *Note sur le Droit des pauvres*, 1870.

(1) Avant l'investissement, le service de l'approvisionnement des hôpitaux avait fait entrer dans Paris, pour être réservées aux établissements hospitaliers, des quantités considérables de lard, jambon, saindoux, beurre salé et fondu, lait concentré, conserves de légumes, macaroni, etc. (Voir Louis Gallet, *Guerre et Commune*, page 282.)

LE CONSEIL GÉNÉRAL DES HOSPICES
ET M. MICHEL MÖRING

Le décret du 29 septembre 1870 du gouvernement de la Défense nationale avait confié la direction des hôpitaux et hospices à une collectivité; le Conseil général des hospices revenait ainsi au régime antérieur à la loi du 10 janvier 1849. Toutefois, contrairement au système admis sous l'ancien régime, un intermédiaire unique avait été créé entre le Conseil général et les bureaux; cet intermédiaire était l'agent général des hospices, qui devait être nommé par le Ministre sur la présentation d'une liste de trois candidats dressée par le Conseil général.

Par un arrêté, du 26 octobre 1870, du Ministre de l'intérieur par intérim du gouvernement de la Défense nationale, visant une liste de présentation de trois membres, faite par le Conseil général, M. Michel Möring, directeur de l'Administration préfectorale, que le gouvernement avait déjà désigné, avant toute présentation, comme agent intérimaire des hospices (1), par arrêté du 1er octobre précédent, fut nommé, à titre définitif, agent général des hospices.

Le décret du 29 septembre 1870 n'avait constitué le Conseil général des hospices qu'à titre provisoire. Un décret du 18 février 1871 l'organisa définitivement. La présidence en était confiée au Préfet de la Seine.

Sa composition était sensiblement analogue à celle du Conseil de surveillance; toutefois, comme la nouvelle Administration, contrairement à ce qui se passait auparavant, étendait son action sur tout le département de la Seine, on avait introduit dans le Conseil un maire ou un adjoint de la banlieue et deux administrateurs des bureaux de bienfaisance des arrondissements de Sceaux et de Saint-Denis, élus par leurs collègues; quatre membres, n'appartenant à aucune catégorie, devaient être désignés par le Conseil lui-même, à la majorité des voix.

On se rappelle que le décret du 29 septembre 1870 avait retiré le service des secours à domicile à l'Assistance publique, pour le confier à l'Administration municipale. Le décret du 18 février 1871 abrogea cette disposition, qui, d'ailleurs, n'avait pas été appliquée, et attribua au Conseil général des hospices et à l'agent général la direction du service des secours dans le département de la Seine, de sorte que la nouvelle Administration avait des attributions plus étendues que la précédente, puisqu'elle avait dans sa compétence tout ce qui concernait l'Assistance publique dans le département entier, y compris les services d'aliénés et d'enfants assistés.

Le Conseil général des hospices fut composé des membres suivants:

MM. Étienne Arago, maire de Paris; Henri Martin, maire du 16e arrondissement; Carnot, maire du 8e arrondissement; Brisson, adjoint au maire de Paris; Robinet, adjoint au maire de Paris;

---

(1) Avant même de nommer M. Michel Möring agent intérimaire, le gouvernement avait fait remplacer M. Husson, dès le 5 septembre, par M. Flottard, ancien membre du gouvernement de 1848, qui, en 1870, était pensionnaire de Sainte-Périne. Aucune nomination officielle de M. Flottard ne paraît avoir été faite; il occupa cependant pendant quelques jours le cabinet directorial. Il rentrait coucher, chaque soir, à Sainte-Périne et semblait s'étonner de la faveur dont il avait été l'objet de la part de son ami M. Arago. Sa nomination semblait être le résultat d'un malentendu et il fut bientôt remplacé par M. Michel Möring.

MM. les Drs Axenfeld, Millard, Trélat père, Potain, Siredey, médecins des hôpitaux ; les Drs Broca, Lefort, Verneuil, Laugier, chirurgiens des hôpitaux ; les Drs Wurtz, doyen, et Gavarret, professeur de la Faculté de médecine ;

M. Bussy, directeur de l'École supérieure de pharmacie ;

M. Paul Fabre, procureur général à la Cour de cassation ;

M. Leblond, procureur général à la Cour d'appel ;

M. Péan de Saint-Gilles, notaire ;

MM. Baraguet et Diéterle, membres du Conseil des prud'hommes ;

MM. Edmond Adam, ancien conseiller d'État ; Laurent Pichat, publiciste ; André Cochut, publiciste, et Bertillon, président du Comité d'hygiène du 5e arrondissement.

Le fonctionnement de l'Administration dont il s'agit devait être limité au temps de la guerre et de la Commune. Par arrêté du 25 juin 1871 du président du Conseil des ministres, chef du pouvoir exécutif (1), les décrets des 29 septembre 1870 et 18 février 1871 furent abrogés et l'Administration générale de l'Assistance publique fut, à titre provisoire, reconstituée telle qu'elle avait été organisée par la loi du 10 janvier 1849.

L'Administration du Conseil général se borna à assurer le service, dans les conditions difficiles que lui imposaient les circonstances.

Une de ses principales préoccupations fut l'alimentation des hospitalisés et du personnel.

Les médecins titulaires ou suppléants, les élèves internes ou externes, titulaires ou suppléants, les employés de tout ordre recevaient de l'Administration des vivres, dont les quantités furent successivement rationnées, sous l'obligation d'en rembourser la valeur après la fin du siège.

Il fallut réduire d'un tiers les consommations de combustible (2).

Des instructions du gouvernement de la Défense nationale, en date du 20 septembre 1870, avaient désigné les dix principaux hôpitaux comme « répartiteurs de secteurs ». C'est à l'hôpital répartiteur qu'étaient portés les blessés relevés sur le terrain au niveau de la partie de l'enceinte correspondant à leur secteur ; ces blessés, par les soins du directeur, étaient conservés dans l'hôpital même ou répartis entre les ambulances lui ressortissant.

Le Magasin central fut transformé en hôpital de 500 lits. Au surplus, l'Assistance publique, pendant toute la durée du siège, a assumé, pour ainsi dire, à elle seule, la direction du service des ambulances et de secours aux blessés.

Ce sont ses brancards qui ont recueilli les blessés et les morts sur les champs de bataille ; ce sont ses voitures qui les ont transportés dans Paris et ses hôpitaux qui leur ont donné asile ; c'est d'elle que partait le mot d'ordre destiné à assurer une répartition normale des secours sur tous les points où se produisaient des engagements.

Chaque fois qu'une action se préparait, son représentant était mandé au conseil de guerre et recevait des instructions précises qui devaient être militairement exécutées. C'est ainsi qu'au Bourget, aux Quatre-Chemins, à Drancy, au plateau

(1) La légalité de ce décret a été contestée ; aussi la loi du 21 mai 1873 (art. 11) a-t-elle dû consacrer légalement les faits accomplis en abrogeant expressément les décrets des 29 septembre 1870 et 18 février 1871.
(2) Circulaire du 30 décembre 1870.

d'Avron, à Champigny, à Buzenval, c'est à l'Assistance publique que l'on doit d'avoir pourvu, d'accord avec l'intendance, à l'organisation des secours.

Cette Administration avait la haute main même sur les ambulances créées par les particuliers dans les églises ou les locaux administratifs.

Une violente épidémie de variole noire, qui sévit sur Paris pendant le siège, et qui atteignit particulièrement les cinq cent mille réfugiés de la banlieue, contribua encore à l'encombrement des hôpitaux. Notamment, l'hôpital Saint-Antoine renfermait 500 varioleux. Enfin, pendant la période du bombardement, il fallut mettre à l'abri des obus les hospitalisés des maisons voisines des fortifications intra ou extra-muros, non évacuées auparavant. Après le siège, vinrent les événements politiques du 18 mars 1871.

DOUBLE ADMINISTRATION A PARIS ET A VERSAILLES

Quelques jours après la proclamation de la Commune, l'agent général des hospices et les principaux fonctionnaires de l'Administration centrale se retirèrent à Versailles, devenu le siège du gouvernement de M. Thiers.

Le personnel des établissements hospitaliers resta cependant à son poste avec l'autorisation implicite du Préfet de la Seine, M. Jules Ferry, qui avait informé plusieurs directeurs d'hôpitaux ou hospices qu'ils pouvaient rester dans leurs établissements, tant que la Commune ne leur demanderait que des actes administratifs (1). Le personnel hospitalier conserva donc en général ses fonctions, dont il s'acquitta avec dévouement et courage. Il est vrai que certains directeurs furent révoqués par le gouvernement de la Commune et que quelques autres durent s'enfuir lorsqu'ils apprirent qu'ils allaient être arrêtés ; mais ce sont là des exceptions.

Le gouvernement de la Commune de Paris nomma un agent général délégué, le citoyen Treilhard, qui s'installa dans les bâtiments de l'avenue Victoria avec un secrétaire général, M. Laborde, et son fils qu'il nomma chef du personnel. Mais il trouva la maison presque vide (2) ; notamment la caisse de l'Administration de l'Assistance publique avait disparu ; il ne fut trouvé, avenue Victoria, qu'une somme de 4.718 fr. 70 en espèces.

Le receveur de l'Assistance publique, peu rassuré à la nouvelle que des agents du gouvernement de la Commune avaient manifesté l'intention d'apposer des scellés sur la caisse de l'Administration, avait transporté le numéraire et les valeurs dont il avait la garde dans l'appartement de l'économe de la Charité ; ultérieurement, à la suite de vols commis dans cet établissement, il résolut de transférer la caisse à Versailles.

Avec le concours de M. Ventujol, économe de la maison de retraite des Ménages, à Issy, il avait dissimulé le précieux coffre-fort dans une voiture chargée de pain et de denrées diverses. Aux fortifications, à la porte de Versailles, on avait eu beaucoup de peine à passer, bien qu'on affirmât aux gardes nationaux que la voiture devait

---

(1) Louis Gallot, *Guerre et Commune*, page 301.
(2) Quelques employés subalternes seuls étaient restés.

approvisionner les Petits-Ménages. On passa cependant et la voiture, après une courte halte aux Ménages, arriva sans encombre à Versailles.

Dans ces conditions, il fallait que la caisse de Versailles alimentât les établissements de Paris. — C'est ce qui fut fait (1). — Le citoyen Treilhard n'ignorait pas ces relations des hôpitaux avec Versailles. Mais il fermait les yeux et demandait seulement qu'elles fussent aussi rares que possible.

Dans ces conditions, l'Administration hospitalière fonctionna à peu près régulièrement pendant le régime de la Commune. L'action de l'agent général délégué était pour ainsi dire nulle ; il laissait faire. Il était d'ailleurs animé d'excellentes intentions ; il écrivait, le 12 avril 1871, au directeur de la Charité au sujet de gardes nationaux blessés qui avaient été reçus avec peu d'empressement : « L'esprit politique doit être banni de l'hôpital, pour y laisser régner seul l'esprit de dévouement et de solidarité. »

Quoi qu'il en soit, les établissements hospitaliers subirent de dures vicissitudes en mai 1871. Le siège de l'Administration centrale fut lui-même incendié, et, dans cet incendie, disparurent ses plus précieuses archives.

Au moment de l'incendie, Treilhard emporta une somme de 37.440 francs appartenant à l'Assistance publique. Il la déposa chez lui en recommandant à sa femme, s'il ne reparaissait pas, de la remettre au représentant de l'Administration. Il fut pris et fusillé, et deux jours après Mᵐᵉ Treilhard, portant pour la première fois la robe de deuil, rapportait l'argent à l'officier qui avait fait exécuter son mari. Cet officier fit parvenir les 37.440 francs à l'Assistance publique (2).

M. BLONDEL

Immédiatement après les journées de mai 1871, l'Administration, qui devait être soumise de nouveau au régime de la loi du 10 janvier 1849 par l'arrêté de M. Thiers du 25 juin 1871, avait quitté Versailles et repris son siège à Paris, non plus dans les bâtiments incendiés de l'avenue Victoria, mais au Magasin central des hôpitaux.

Le Ministre de l'intérieur appela aux fonctions de Directeur de l'Assistance publique, en remplacement de M. Michel Möring, M. Blondel, qui prit possession de son poste le 1ᵉʳ juillet 1871. Il était déjà inspecteur principal de l'Administration de l'Assistance publique, et avait été nommé à ces fonctions après avoir fait toute sa carrière administrative antérieure dans les services de la Préfecture de la Seine.

Le 29 septembre 1871, le Conseil de surveillance était à son tour reconstitué.

La nouvelle Administration s'empressa de faire réparer les bâtiments de l'avenue Victoria, et les travaux les plus indispensables purent être terminés en quelques semaines, en sorte que tous les bureaux furent bientôt réinstallés à leur siège officiel.

La guerre et la Commune avaient causé l'interruption, non seulement de tous les travaux, mais aussi de tous les projets à l'étude. C'est pourquoi, de 1871 à 1874, aucune grande opération hospitalière n'est à signaler.

---

(1) Il ne faudrait pas croire cependant que l'Administration parisienne fût complètement dénuée de ressources. Elle toucha : 150.000 francs du Trésor, provenant sans doute du compte courant de l'Administration ; d'autre part, elle toucha le produit du droit des pauvres, d'ailleurs minime, le produit de saisies, faites, par ordre de la Commune, dans les maisons de secours desservies par des religieuses, enfin le produit de ventes effectuées au Magasin central.

(2) Drumont, la Fin d'un monde, p. 131.

Les travaux de construction de l'Hôtel-Dieu, arrêtés par les événements, ne devaient être repris que beaucoup plus tard ; on modifia les plans primitifs ; il en résulta de grands retards dans l'exécution des travaux. Ces retards, qui ne provenaient plus du cas de force majeure, mais du fait de l'Administration, donnèrent lieu à un procès avec les entrepreneurs, qui obtinrent des indemnités considérables. Le montant de ces indemnités, s'ajoutant aux dépenses qu'entraîna le recommencement d'une partie des travaux et au prix des coûteuses expropriations qui avaient été faites primitivement pour l'acquisition du terrain, est une des causes du prix de revient excessif de chaque lit au nouvel Hôtel-Dieu.

L'Administration eut à lutter en 1873-1874 contre une épidémie cholérique.

Le service des aliénés de la Seine, longtemps confié à l'Assistance publique, lui avait été repris, puis rendu. Il lui fut définitivement enlevé en décembre 1873. On considéra que la loi du 10 janvier 1849, en confiant au Directeur de l'Assistance publique la tutelle des aliénés de la Seine, ne lui avait conféré ce pouvoir qu'à raison de la situation administrative constatée lors de la promulgation de la loi. Le gouvernement, ayant pu régulièrement modifier cette situation, se crut aussi fondé à suspendre, sans loi nouvelle, l'application des dispositions de la loi de 1849.

M. Blondel fut, sur sa demande, appelé à faire valoir ses droits à la retraite par arrêté ministériel du 17 février 1874 et nommé Directeur honoraire. Il avait en même temps reçu la croix de commandeur de la Légion d'honneur.

Il mourut, le 17 octobre 1877, à l'âge de 70 ans.

M. Blondel avait publié en 1862, en collaboration avec M. Ser, ingénieur de l'Assistance publique, un intéressant rapport sur les hôpitaux de la ville de Londres.

M. DE NERVAUX

Le successeur de M. Blondel fut M. de Nervaux, auparavant directeur de la Sûreté générale au Ministère de l'intérieur.

Nous signalerons sous cette direction les faits suivants :

1874. Réouverture, comme hôpital temporaire (qui devint l'hôpital Laënnec en 1878), de l'ancien hospice des Incurables, rue de Sèvres.

1876. Création de 20 lits nouveaux à la fondation Devillas.

1877. Démolition, par suite des travaux d'agrandissement de l'École de médecine, de l'hôpital des Cliniques, rue Antoine-Dubois.

HÔPITAL LAENNEC

Création, à l'Administration de l'Assistance publique, d'une division des enfants assistés. Cet important service avait auparavant été confié à un chef de bureau, placé sous l'autorité du chef de la division des secours. Un décret du 22 novembre 1876 avait supprimé le service de la direction municipale des nourrices et chargé dorénavant le service départemental des enfants assistés de l'emploi des fonds de secours votés par le Conseil général pour prévenir les abandons. Cette nouvelle organisation avait entraîné corrélativement la réorganisation du service des enfants assistés à l'Administration centrale.

Par arrêté du 4 février 1878, M. de Nervaux fut admis à faire valoir ses droits à la retraite et remplacé par M. Michel Möring.

M. MICHEL MÖRING

Ce Directeur était déjà connu de l'Administration qu'il avait été appelé à diriger à titre d'agent général en 1870-1871 ; ce choix fut agréable au Conseil municipal, avec le concours duquel il était tout disposé à administrer.

Il se mit résolument à l'étude de la laïcisation des hôpitaux, ardemment désirée par le Conseil municipal, qui voulait qu'aux religieuses dévouées, mais inexpérimentées au point de vue technique et toujours animées d'un esprit de prosélytisme peu compatible avec le principe de la liberté de croyance, fut substitué un personnel laïque, également dévoué et plus instruit et, en même temps, tolérant en matière religieuse. C'est pour arri-

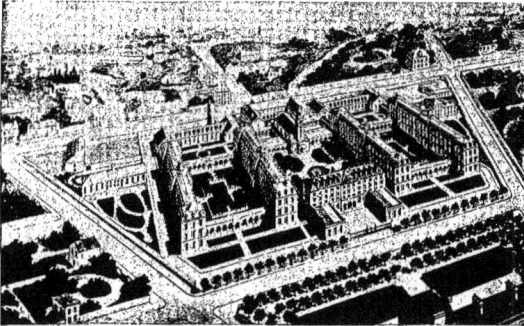

HÔPITAL TENON

ver à ce but que des écoles d'infirmières furent créées en avril et mai 1878 à la Salpêtrière et à Bicêtre ; le 30 décembre suivant, il était procédé à une première laïcisation : celle de l'hôpital Laënnec.

Les autres faits importants de la direction de M. Michel Möring sont :

En 1878, l'inauguration de l'Hôtel-Dieu ; celle de l'hôpital Ménilmontant (1), qui reçut le nom d'hôpital Tenon le 14 février 1879 ; la création d'un service de dames chargées de visiter les mères allaitant les enfants secourus par le service des enfants assistés.

_____

(1) Cet hôpital fut desservi, dès le principe, par un personnel laïque.

En décembre 1879, la création à l'hospice des Enfants-Assistés d'un service de consultations externes et d'une chaire de clinique des maladies des enfants.

En 1880, l'ouverture à Saint-Mandé de l'hospice Lenoir-Jousseran pour les vieillards indigents.

M. Michel Möring décéda le 16 avril 1880 dans l'exercice de ses fonctions. Il laissa à l'Administration le souvenir d'un esprit libéral, ouvert au progrès, ennemi de la routine (1). — M. Michel Möring était officier de la Légion d'honneur.

M. CHARLES QUENTIN

Par arrêté ministériel du 4 mai 1880, M. Charles Quentin, membre du Conseil municipal de Paris, fut nommé Directeur de l'Assistance publique.

Il eut à cœur de continuer la préparation, commencée par son prédécesseur, de la transformation en personnel laïque du personnel congréganiste des hôpitaux, conformément aux vœux réitérés du Conseil municipal.

Par arrêté du 10 mai 1881, il ajouta aux deux écoles d'infirmières laïques, déjà créées par son prédécesseur, une troisième école, celle de la Pitié.

Il réalisa d'ailleurs les laïcisations suivantes :

En 1880, la Pitié ; en 1881, les maisons de retraite des Ménages et de La Rochefoucauld et l'hôpital Saint-Antoine ; en 1882, Tenon et Lourcine.

Dans le même ordre d'idées, il provoqua, à la date du 23 juin 1883, un arrêté préfectoral, supprimant, à partir du 1er juillet de la même année, le service des aumôniers dans les établissements hospitaliers où ce service n'était pas rendu obligatoire par un acte de fondation. Les directeurs des établissements devaient dorénavant recourir, pour leurs administrés qui demanderaient le secours de la religion catholique, à l'église de la circonscription paroissiale dont dépendait leur établissement.

Le système de l'*abonnement avec les paroisses,* qui est encore en vigueur, tout en faisant obstacle aux tentatives de prosélytisme, assure la liberté religieuse dans les hôpitaux.

M. Charles Quentin avait été appelé à procéder, en 1881, conformément à une délibération du Conseil général de la Seine, et avec le concours du chef de division des enfants assistés, M. Loys Brueyre, à l'organisation du service des enfants moralement abandonnés. Le département de la Seine devançait ainsi spontanément l'application d'une loi philanthropique qui ne devait être votée qu'en 1889.

C'est d'ailleurs sous la direction précédente qu'avait été préparée cette organisation, qui avait passionné ses promoteurs, au nombre desquels étaient, avec M. Michel Möring, MM. le Dr Thulié et Lafont, conseillers généraux.

En 1882 et 1883, les hôpitaux sont encombrés par suite d'une épidémie de fièvre typhoïde. Il faut réserver aux typhiques 1.600 lits. On juge nécessaire d'isoler ces malades.

(1) Discours prononcé sur la tombe de M. Michel Möring, le 18 avril 1880, par M. le Dr Hérard, médecin des hôpitaux.

Au cours de l'été de l'année 1883, également, il éclate à Paris une petite épidémie cholérique qui, après avoir disparu pendant l'hiver, renaît en avril 1884.

On construit en six semaines, en 1883, dans le quartier de Plaisance, au moyen d'une subvention spéciale de 480.000 francs votée par le Conseil municipal, des baraquements qui deviennent l'hôpital des Mariniers (1).

En 1884, on élève d'autres baraquements sur les glacis des bastions 30 et 31, voisins d'Aubervilliers (2), et des étuves à désinfection sont installées pour la première fois dans huit hôpitaux. Les hôpitaux Bichat et des Mariniers donnent aux cholériques 540 lits et trois salles leur sont spécialement réservées à l'hospice d'Ivry ; en même temps, un service de 100 lits pour les convalescents du choléra est ouvert dans le château de Bré-

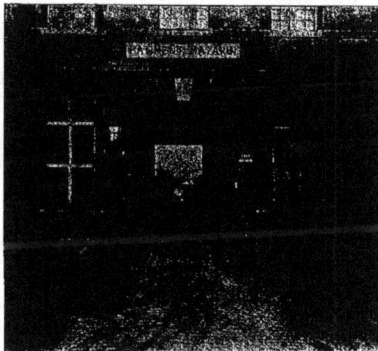

LA SALPÊTRIÈRE

vannes qui vient d'être acheté par l'Administration pour être transformé en hospice de vieillards.

Au cours de cette épidémie, le personnel médical, le personnel administratif et secondaire, depuis le Directeur de l'Administration qui ne ménagea pas ses visites dans les hôpitaux, jusqu'aux infirmiers et infirmières congréganistes ou laïques, firent comme toujours, en pareille occurrence, leur devoir avec le plus grand dévouement. 15 agents de l'Administration furent frappés par le fléau ; 2 infirmières et 1 ouvrier à la journée succombèrent.

Les autres principaux faits accomplis pendant la direction de M. Charles Quentin ont été les suivants :

1880. Ouverture de l'hôpital des Tournelles (3) dans les bâtiments de l'ancienne direction municipale des nourrices.

1881. Création d'un corps d'accoucheurs des hôpitaux. — Ouverture de la Clinique d'accouchement (aujourd'hui Clinique Tarnier). Cet établissement, construit à frais communs par la Ville et l'État, remplaçait l'ancien hôpital des Cliniques, rue Antoine-Dubois.

1882. Création d'une Commission d'hygiène hospitalière. — Ouverture d'écoles professionnelles pour les enfants moralement abandonnés à Montévrain et Villepreux. — Ouverture de l'orphelinat Riboutté-Vitallis dans les dépendances de l'hôpital de Forges-

(1) Cet hôpital, devenu depuis définitif, a reçu en 1885 le nom d'hôpital Broussais.
(2) L'hôpital d'Aubervilliers est devenu depuis définitif et a été affecté aux maladies contagieuses.
(3) Dénommé en 1885 hôpital Andral.

les-Bains. — Ouverture de l'hôpital Bichat, installé dans les bâtiments transformés d'un ancien poste-caserne d'octroi.

1883. Ouverture à Thiais d'un établissement annexe de l'hospice des Enfants-Assistés, pour les enfants en dépôt de 2 à 6 ans. — Transfert à l'hôpital des Enfants-Malades de la clinique des maladies de l'enfance, créée antérieurement à l'hospice des Enfants-Assistés.

1884. Création d'un service de contrôle sur place de la comptabilité en matières, conformément à un avis du Conseil de surveillance du 20 décembre 1883.

Dans les derniers mois de 1884, à la suite de dissentiments politiques avec le Préfet de la Seine, M. Charles Quentin donna sa démission.

M. PEYRON

M. Quentin eut pour successeur, à la date du 7 novembre 1884, alors que l'épidémie cholérique dont il a été parlé plus haut sévissait avec le plus de rigueur, M. Ernest Peyron, docteur en médecine, conseiller général de Seine-et-Oise, qui occupait auparavant les fonctions de directeur de l'Institution des Sourds-Muets de Paris.

Républicain éprouvé comme son prédécesseur, le nouveau Directeur continua la transformation en personnel laïque du personnel congréganiste des établissements hospitaliers. Cette mesure fut appliquée par lui aux établissements suivants : en 1885, Ivry et Cochin ; en 1886, hospice des Enfants-Assistés, Necker, hôpital des Enfants-Malades et hôpital de Forges ; en 1887, Trousseau, Lariboisière, Beaujon ; en 1888, la Charité ; en 1894, Berck-sur-Mer.

Sous sa direction active, de nombreuses réformes ont été réalisées ; les maladies contagieuses ont été isolées ; des salles d'opérations, répondant aux nécessités de la méthode antiseptique, ont été créées dans la plupart des hôpitaux ; des maternités spacieuses et conformes aux progrès de la science moderne ont été aménagées dans les établissements qui en étaient dépourvus (1). Les dépenses considérables que ces améliorations ont entraînées ont eu notamment pour conséquence une diminution de la mortalité dans les services de chirurgie et d'accouchement.

L'œuvre accomplie pendant les quatorze années de la direction de M. Peyron, soit sur l'initiative du Conseil municipal de Paris ou du Conseil général de la Seine, soit sur celle de l'Administration elle-même (Direction et Conseil de surveillance), est si considérable qu'on ne pourrait en donner un résumé complet sans dépasser les cadres de cette étude. Nous énoncerons seulement les principaux faits :

1885. Les femmes sont autorisées à concourir à l'internat en médecine.

Ouverture à Yzeure d'une école de réforme pour les filles indisciplinées du service des enfants assistés.

Ouverture à Brévannes d'un hospice de vieillards dans une propriété acquise le 19 septembre 1883, sous la direction de M. Charles Quentin.

1886. Réorganisation du service des secours à domicile par décret du 12 août 1886,

---

(1) Les accouchements dans les hôpitaux, au nombre de 6.780 en 1886, s'élevaient à 12.800 en 1894.

à la suite d'une longue étude faite par le Conseil de surveillance, le Conseil municipal et le Conseil d'État.

Création à l'hôpital Saint-Louis d'une école externe ou de demi-pensionnat pour les enfants teigneux non hospitalisés.

1887. Création à Yzeure d'une école professionnelle d'enfants assistés, distincte de l'école de réforme. — Affectation au service des varioleux de l'hôpital temporaire d'Aubervilliers installé dans les baraquements édifiés sur les bastions 30 et 31.

1888. Création par le Conseil général de la Seine d'une Commission de surveillance du service des enfants moralement abandonnés.

Ouverture à Ben-Chicao (Algérie) d'une école d'agriculture et de viticulture pour les enfants assistés, en exécution de la donation Roudil.

1889. Ouverture dans les dépendances de Sainte-Périne d'une maison de retraite destinée aux anciens chanteurs français et italiens, en exécution du testament de Mme Rossini.

Création à Neuilly-sur-Seine de la fondation Galignani et ouverture d'un service d'enfants incurables du sexe masculin à l'hospice d'Ivry.

1890. Ouverture de la fondation Fortin à La Roche-Guyon.

1891. Transfert à l'hospice de la Salpêtrière de l'école de réforme d'enfants assistées indisciplinées existant auparavant à Yzeure. L'établissement d'Yzeure demeure exclusivement affecté à une école professionnelle de filles.

ROSSINI

1892. Au printemps de 1892, on constate à Paris une épidémie cholérique qui prit une certaine extension à partir du mois d'août. Plusieurs infirmiers sont atteints de choléra dans le service (1).

Les cholériques parisiens adultes sont traités dans les hôpitaux généraux et particulièrement à l'Hôtel-Dieu annexe, Saint-Antoine et Saint-Louis, où ont été installés des baraquements spéciaux. Les cholériques de la banlieue sont reçus dans les bâtiments du bastion 36, mis à la disposition de l'Administration par l'autorité militaire ; les enfants sont traités dans un service d'isolement, à l'hôpital des Enfants-Malades. Pour désencombrer les hôpitaux, l'Assistance publique ouvre, pour être affecté aux maladies générales, un hôpital de réserve, installé dans des baraquements place du Danube. Cet établissement a reçu ultérieurement le nom d'hôpital Herold.

Pendant la même année, a été ouvert, rue de Bagnolet, l'hospice Debrousse, fondé en exécution du testament de la baronne Alquier, née Debrousse.

---

(1) Dans le personnel attaché aux services de cholériques, ont été atteints de choléra : 1 suppléante et 5 infirmiers ou infirmières décédés ; 1 religieuse, 2 suppléantes, 5 infirmiers ou infirmières guéris. Dans le personnel non affecté aux cholériques, il s'est produit 18 cas, sur lesquels on a compté 4 décès.

Le 27 décembre, a été créée par le Conseil général, d'accord avec le Directeur, la Commission de surveillance des secours préventifs d'abandon.

1893. Quelques cas de typhus se produisent à Paris au printemps de 1893. Ils sont localisés à l'Hôtel-Dieu annexe. Le bastion 29, que le ministère de la guerre consent à remettre, pour la durée de l'épidémie, à l'Assistance publique, est affecté aux convalescents du typhus.

Une épidémie de variole oblige l'Administration à affecter aux malades varioleux le bastion 36. Ultérieurement, ce bastion a été rendu à l'autorité militaire et le bastion 29 a été affecté aux érysipélateux, l'hôpital d'Aubervilliers devant être dorénavant consacré, dans des pavillons isolés, à toutes les autres maladies contagieuses.

Le 23 janvier, a été ouverte à Châtillon une station pour les enfants assistés atteints de syphilis. Le 1er janvier de la même année, a été inaugurée une buanderie centrale dans les dépendances de l'hôpital Laënnec.

1894. Ouverture, à Belle-Isle-en-Mer, de l'école professionnelle maritime de Port-Hallan, pour les enfants assistés, en exécution d'une délibération du Conseil général.

1895. Création d'une quatrième école d'infirmiers et infirmières à l'hôpital Lariboisière.

Réorganisation de l'assistance à domicile à Paris, en exécution d'un décret du 15 novembre 1895 abrogeant les réglementations antérieures.

Dans la même année, interviennent, sous le titre de *réformes hospitalières,* d'importantes modifications dans le service médical des hôpitaux.

Sauf dans les services spéciaux, les consultations sont confiées à des médecins autres que ceux chargés de soigner les malades (1).

D'autre part, il est créé des circonscriptions hospitalières ; d'une manière générale et sauf exception les malades domiciliés dans le territoire de la circonscription ne peuvent être admis que dans un hôpital déterminé (2).

1896. Institution d'une Commission technique pour la recherche des moyens propres à empêcher la contagion de la tuberculose dans les hôpitaux.

La création de cette Commission est la genèse d'importants projets de création de services ayant pour objet l'isolement et le traitement des tuberculeux parisiens. La plupart de ces projets sont encore à l'étude, et leur réalisation a été jusqu'à présent entravée par des obstacles de diverse nature (3).

Création d'un service d'incurables filles à la Salpêtrière.

Ouverture de l'orphelinat Douchin.

En 1896, également, M. Peyron avait saisi le Conseil de surveillance du projet de démolition de l'hôpital Trousseau qui doit être remplacé par trois nouveaux hôpitaux d'enfants : l'un, rues Etex et Carpeaux ; le second, rue Michel-Bizot ; le troisième, sur l'emplacement de l'hôpital Herold, place du Danube (4).

---

(1) Cette mesure a été provoquée par la constatation que souvent les médecins chargés du service des salles s'en remettaient à leurs internes et quelquefois même à leurs externes du soin de la consultation.

(2) Cette réforme avait pour objet d'éviter l'encombrement de certains hôpitaux, en assurant une répartition logique des malades entre les divers établissements. Le malade dirigé sur l'hôpital le plus voisin de son domicile cessait d'être obligé, comme auparavant, de passer par le *Bureau central* installé depuis le commencement du siècle à l'Hôtel-Dieu.

(3) La création d'un hôpital de tuberculeux à Angicourt (Oise) avait été antérieurement votée, et la construction en avait déjà été commencée. Cet hôpital sera ouvert en 1900. D'autre part, des services d'isolement pour tuberculeux ont été créés à l'hôpital Lariboisière et à l'hôpital Boucicaut. Un projet de création de pavillon isolé pour tuberculeux à l'hôpital Saint-Antoine a été abandonné.

(4) Ces trois hôpitaux nouveaux seront ouverts en 1900.

1897. Ouverture de la fondation Parent-de-Rosan.

Inauguration de l'hôpital Boucicaut, à Paris.

Ouverture d'une maternité Boucicaut, à Roubaix.

Ouverture de l'école Lailler pour les enfants teigneux, agrandie et reconstruite dans les dépendances de l'hôpital Saint-Louis.

1898. Ouverture de maternités Boucicaut, à Chalon-sur-Saône et à Mont-Saint-Aignan.

Par arrêté du 3 mai 1898, M. le Dr Peyron, officier de la Légion d'honneur, était admis à faire valoir ses droits à la retraite. Il était nommé Directeur honoraire de l'Assistance publique, le 22 juillet 1898. L'arrêté qui admettait à la retraite M. Peyron nommait Directeur de l'Administration de l'Assistance publique de Paris M. le Dr Henri Napias, membre de l'Académie de médecine, inspecteur général des services administratifs du Ministère de l'intérieur, président de la section des inspecteurs généraux de l'Assistance publique, membre du Comité consultatif d'hygiène publique de France, secrétaire général de la Société de médecine publique et d'hygiène professionnelle, auteur de nombreux ouvrages relatifs à des questions d'assistance et d'hygiène.

HOSPICE SAINT-MICHEL

LE CONSEIL DE SURVEILLANCE

Le Conseil de surveillance est appelé, par la loi du 10 janvier 1849, à émettre son avis sur les objets énumérés à l'article 5 de cette loi; l'avis ainsi émis est purement consultatif au point de vue légal; mais, en fait, le Directeur ne pourrait s'en écarter que dans des circonstances tout à fait exceptionnelles. Aussi, le Conseil de surveillance est-il en droit de revendiquer sa large part de toutes les réformes réalisées dans les services de l'Assistance publique de Paris pendant la seconde moitié du XIXe siècle; il les a parfois même provoquées; toutes les grandes réglementations édictées ont été en réalité, le plus souvent, élaborées par le Conseil, après de longues études de ses Commissions.

Indépendamment des avis qu'ils émettent, les membres du Conseil sont, en outre, chargés individuellement de la visite et de la surveillance des établissements hospitaliers et de secours. — Enfin, abstraction faite du droit de visite sur l'ensemble des établissements, ils sont chargés plus particulièrement, par groupes de deux membres, de la surveillance d'établissements déterminés.

L'action du Conseil de surveillance est toutefois limitée à ce qui touche les services hospitaliers et de secours, réglementés par la loi du 10 janvier 1849.

Il n'a pas à connaître de ce qui concerne le service départemental des enfants assistés et moralement abandonnés, dont la gestion est confiée au Directeur de l'Assistance publique (1).

La composition du Conseil de surveillance, autrefois réglementée par un décret du 24 avril 1849, est déterminée aujourd'hui par un décret du 28 mars 1896, qui accorde au Conseil municipal de Paris dix places au lieu de deux.

L'article premier du décret de 1896 est ainsi conçu :

« Le Conseil de surveillance institué par la loi du 10 janvier 1849, relative à l'Assis-
« tance publique à Paris, est composé ainsi qu'il suit :

« Le Préfet de la Seine, président;

« Le Préfet de police ;

« Dix représentants du Conseil municipal ;

---

(1) Exceptionnellement, en vertu d'une loi spéciale, le Conseil de surveillance est appelé à délibérer sur la vente des valeurs mobilières appartenant aux mineurs placés sous la tutelle du Directeur de l'Assistance publique (loi du 27 février 1880, art. 5).

« Deux maires ou adjoints ;

« Deux administrateurs de bureaux de bienfaisance ;

« Un conseiller d'État ou un maître des requêtes au Conseil d'État ;

« Un membre de la Cour de cassation ;

« Un médecin des hôpitaux et hospices en exercice ;

« Un chirurgien des hôpitaux et hospices en exercice ;

« Un médecin accoucheur des hôpitaux en exercice ;

« Un médecin du service des secours à domicile en exercice ;

« Un professeur de la Faculté de médecine ;

« Un membre de la Chambre de commerce ;

« Un membre patron et un membre ouvrier des Conseils de prud'hommes ;

« Neuf membres pris en dehors des catégories indiquées ci-dessus. »

Le Préfet de la Seine, président de droit du Conseil de surveillance, n'assiste que très exceptionnellement aux séances de ce Conseil ; c'est, en fait, le vice-président, élu par ses collègues, qui préside les séances.

Le premier Conseil de surveillance a été installé à l'Hôtel de Ville, par le Ministre de l'intérieur, le 28 juin 1849. Il se composait, indépendamment des Préfets de la Seine et de police, de MM. Manceau et Ramond de La Croisette, conseillers municipaux ;

SALLE DU CONSEIL DE SURVEILLANCE ?

Monnin, maire du 6ᵉ arrondissement, et Riant, maire du 7ᵉ arrondissement ; Lallemand et Beau, administrateurs de bureaux de bienfaisance ; de Jouvencel, conseiller d'État ; Dupin aîné, procureur général à la Cour de cassation ; Dʳˢ Horteloup, chirurgien, et Monod, médecin des hôpitaux ; Bérard, doyen de la Faculté de médecine ; Hachette, membre de la Chambre de commerce ; Fouché-Lepelletier, membre du Conseil des prud'hommes ; enfin, comme membres n'appartenant à aucune catégorie, de MM. de Breteuil, d'Albert de Luynes, membres de l'Assemblée législative ; Duvergier, ancien bâtonnier de l'ordre des avocats ; Ferdinand Barrot, ancien membre de l'Assemblée nationale, et Hector Lepelletier d'Aunay.

De 1850 à 1870, ont été nommés membres du Conseil de surveillance, en remplacement de membres décédés ou sortants :

Années **MM.**

1850 Dubois d'Avelny, ancien président du Tribunal de commerce ;

— Frottin, maire du 1er arrondissement ;

1851 Ferdinand Barrot, membre de l'Assemblée nationale ;

— Octave Lepelletier d'Aunay, ancien maître des requêtes au Conseil d'État ;

— Auguste Moreau, conseiller à la Cour de cassation ;

1852 Marquis de Pastoret, sénateur ;

— Portalis, premier président de la Cour de cassation ;

— Segalas, membre de la Commission municipale ;

— Herman, membre de la Commission municipale ;

— De Thorigny, conseiller d'État ;

— Baron Paul Dubois, doyen de la Faculté de médecine ;

1853 Varin, maire du 4e arrondissement ;

— Ledagre, président du Tribunal de commerce ;

— Thunot, membre du Conseil des prud'hommes ;

1855 Troplong, premier président de la Cour de cassation ;

— Cullerier, chirurgien des hôpitaux ;

— Cochin, maire du 10e arrondissement ;

— Rataud, administrateur du bureau de bienfaisance du 12e arrondissement ;

1857 Flandin, conseiller d'État ;

— Davillier, membre de la Chambre de commerce ;

Années **MM.**

1860 Velpeau, chirurgien de la Charité, professeur à la Faculté ;

— Grisolle, médecin à l'Hôtel-Dieu ;

— Thayer, sénateur ;

1862 Dupin, procureur général à la Cour de cassation ;

— Lévy, maire du 11e arrondissement ;

— Pereire, banquier, administrateur du bureau de bienfaisance du 8e arrondissement ;

— Picard, membre du Conseil municipal ;

1864 Delapalme, conseiller à la Cour de cassation ;

1865 Delangle, procureur général à la Cour de cassation ;

1866 Roquebert, notaire, administrateur du bureau de bienfaisance du 2e arrondissement ;

1868 Bouchardat, administrateur du bureau de bienfaisance du 4e arrondissement ;

— Cochin, membre de l'Institut ;

— Pagez-Balizot, membre du Conseil des prud'hommes ;

— Denière, président de la Chambre de commerce ;

— Wurtz, doyen de la Faculté de médecine ;

— Guérin, chirurgien des hôpitaux ;

1869 Moissenet, médecin des hôpitaux ;

1870 Genteur, conseiller d'État ;

— Paul Fabre, procureur général à la Cour de cassation ;

— Hellot, membre du Conseil municipal.

Nous avons déjà exposé que le Conseil de surveillance fut dissous du 29 septembre 1870 au 25 juillet 1871. A cette dernière date, il fut reconstitué avec les membres dont les noms suivent :

MM.

Le Préfet de la Seine ;

Le Préfet de police ;

Dʳ Bouchardat, professeur à la Faculté de médecine, administrateur du bureau de bienfaisance du 4ᵉ arrondissement ;

Chardon-Lagache, membre au choix, fondateur d'une institution charitable ;

Dubail, maire du 10ᵉ arrondissement ;

Dʳ Alphonse Guérin, chirurgien des hôpitaux ;

Laborie, président de chambre à la Cour de cassation ;

Thomas, adjoint au maire du 5ᵉ arrondissement ;

Henry Davillier, régent de la Banque de France ;

MM.

Fremyn, notaire, membre du Conseil municipal ;

Nast, ancien adjoint du 9ᵉ arrondissement, membre au choix ;

Thivier, administrateur du bureau de bienfaisance du 2ᵉ arrondissement ;

Toissonnière, membre de la Chambre de commerce ;

Vayssié, avocat, membre au choix ;

Diéterle, membre du Conseil des prud'-hommes ;

Dʳ Moissenet, médecin des hôpitaux ;

Péan de Saint-Gilles, notaire, membre au choix ;

Dʳ Trélat, membre du Conseil municipal ;

Wurtz, membre de l'Institut, doyen de la Faculté de médecine.

De 1873 à 1900, exclusivement, ont été nommés membres du Conseil, en remplacement des membres sortants ou décédés :

Années MM.

1873 Delacour, maire ;

— Saglio, représentant du Conseil d'État ;

1874 Bellaigue, maire ;

1875 De Raynal, représentant de la Cour de cassation ;

— Ferry, maire ;

— Marbeau, représentant du Conseil d'État ;

— Bougrier, représentant de la Chambre des prud'hommes ;

1876 Dʳ Vulpian, représentant de la Faculté de médecine ;

— Lauth, membre du Conseil municipal ;

Années MM.

1876 Clavel, membre du Conseil municipal ;

— Carcenac, maire ;

1877 Dʳ Moutard-Martin, médecin des hôpitaux ;

— Dumon, représentant de la Cour de cassation ;

— Paul Pont, représentant de la Cour de cassation ;

1878 Goupy, représentant de la Chambre des prud'hommes ;

— Lafont, membre du Conseil municipal ;

1879 Nicaise, chirurgien des hôpitaux ;

— Thulié, membre du Conseil municipal ;

Années MM.

1879 De Salverte, représentant du Conseil d'État ;

— Dr Dubrisay, membre au choix ;

1880 Griolet, membre au choix ;

— Leblond, membre au choix ;

1881 Rochard, membre au choix ;

— Dietz-Monnin, représentant de la Chambre de commerce ;

— Félix Voisin, représentant de la Cour de cassation ;

— Thomas, maire ;

1882 Dr Béclard, représentant de la Faculté de médecine ;

— Sigismond Lacroix, membre du Conseil municipal ;

— Bayvet, représentant des bureaux de bienfaisance ;

— Bernheim, membre au choix ;

1883 Robinet, membre du Conseil municipal ;

— G. Martin, membre du Conseil municipal ;

1885 Michelin, membre du Conseil municipal ;

1886 Dr Navarre, membre du Conseil municipal ;

— Risler, maire du 7e arrondissement, membre au choix ;

— Blouet, représentant de la Chambre de commerce ;

— Thuillier, représentant des bureaux de bienfaisance ;

— Pignon, représentant des bureaux de bienfaisance ;

1887 Pr Brouardel, doyen de la Faculté de médecine, membre au choix ;

— Dr Millard, médecin des hôpitaux ;

— Pr Lannelongue, représentant de la Faculté de médecine ;

— Dr Horteloup, chirurgien ;

Années MM.

1887 Dr Chautemps, membre du Conseil municipal ;

1890 Bonthoux, conseiller d'État ;

— Paul Strauss, membre du Conseil municipal ;

— Worms, représentant des bureaux de bienfaisance ;

1891 Jarlauld, représentant de la Chambre de commerce ;

1893 Dr Perier, chirurgien ;

1894 Louvigny, représentant de la Chambre des prud'hommes ;

1895 Henri Mathé, ancien député, membre au choix ;

1896 Masson, président de la Chambre de commerce ;

— Heppenheimer, membre du Conseil des prud'hommes ;

— Pr Potain, médecin des hôpitaux ;

— Mourier, maître des requêtes au Conseil d'État ;

— Dr Gibert, médecin de l'assistance à domicile ;

— Girou, conseiller municipal ;

— Cléry, avocat à la Cour d'appel, membre au choix ;

— Morel, membre patron du Conseil des prud'hommes ;

— Breuillé, membre du Conseil municipal ;

— Louis Lucipia, président du Conseil municipal ;

— Pr Budin, accoucheur des hôpitaux ;

— Dr Dubois, membre du Conseil municipal ;

— Bompard, membre du Conseil municipal ;

— Van Brock, membre au choix ;

— Dr Levraud, membre du Conseil municipal ;

Années **MM.**

1896 Thuillier, membre du Conseil muni-
cipal ;
— Honoré, membre au choix ;
— Gaufrès, membre au choix ;
— Pierre Baudin, membre du Conseil
municipal ;
— Level, maire ;
1898 Opportun, membre du Conseil
municipal ;
— Guadet, représentant des bureaux
de bienfaisance ;
— Dr Brun, chirurgien des hôpitaux ;
— H. Rousselle, membre du Conseil
municipal ;

Années **MM.**

1898 Ranson, membre du Conseil municipal ;
— Faillet, membre du Conseil municipal ;
— A. Lefèvre, membre du Conseil
municipal.
— A. Chérioux, membre du Conseil
municipal ;
1899 Rotillon, médecin des bureaux de
bienfaisance ;
— Goudchaux, membre au choix ;
— Beurdeley, maire ;
— Rebeillard, membre du Conseil
municipal.

Le Conseil se compose actuellement des membres suivants :

MM.

De Selves, Préfet de la Seine, président ;
Lépine, Préfet de police ;
Bernheim, docteur en droit, ancien avoué
à la Cour d'appel de Paris ;
Beurdeley, maire du 8e arrondissement ;
Bompard, député de la Seine ;
Breuillé, membre du Conseil municipal ;
Brouardel, doyen de la Faculté de méde-
cine de Paris ;
Brun, chirurgien chef de service des
hôpitaux ;
Chérioux, membre du Conseil municipal ;
Cléry (Léon), avocat à la Cour d'appel ;
Dubrisay, docteur en médecine ;
Faillet, membre du Conseil municipal ;
Gaufrès, ancien membre du Conseil muni-
cipal ;
Goudchaux, banquier ;
Guadet, administrateur du bureau de
bienfaisance du 6e arrondissement ;
Heppenheimer, membre du Conseil des
prud'hommes ;

MM.

Honoré, négociant ;
Lannelongue, professeur à la Faculté de
médecine ;
Lefèvre (André), membre du Conseil muni-
cipal ;
Lucipia (Louis), membre du Conseil muni-
cipal ;
Masson, membre de la Chambre de
commerce ;
Mathé, ancien député ;
Morel, membre du Conseil des prud'-
hommes ;
Mourier, maître des requêtes au Conseil
d'État ;
Navarre, membre du Conseil municipal ;
Opportun, membre du Conseil muni-
cipal ;
Porak, accoucheur chef de service des
hôpitaux ;
Potain, médecin chef de service des
hôpitaux ;
Ranson, membre du Conseil municipal ;

7

MM.

Risler, maire du 7ᵉ arrondissement ;

Rousselle (Henri), membre du Conseil municipal ;

Rotillon, médecin du bureau de bienfaisance du 10ᵉ arrondissement ;

Rebeillard, membre du Conseil municipal ;

MM.

Voisin (Félix), conseiller à la Cour de cassation ;

Worms, avocat à la Cour d'appel, administrateur du bureau de bienfaisance du 8ᵉ arrondissement ;

Dʳ Millard, membre honoraire.

Les vice-présidents du Conseil de surveillance ont été :

1° De 1849 à 1870 :

MM. Carlier, Préfet de police ; Piétri, Préfet de police ; de Breteuil, sénateur ; Herman, membre de la Commission municipale ; Delangle, vice-président du Sénat.

2° De 1871 à 1900 :

MM. H. Davillier (29 septembre 1871) ; E. Ferry (13 janvier 1881) ; Félix Voisin (14 janvier 1886).

M. Henri Davillier, né à Paris, le 21 février 1813, cinquième fils du baron Jean-Charles Davillier, régent, gouverneur de la Banque de France et pair de France sous la monarchie de 1830, avait été président de la Chambre de commerce de Paris pendant huit années ; c'est sous sa présidence que la Chambre de commerce créa l'École commerciale de l'avenue Trudaine. Régent de la Banque de France, président des Conseils d'administration de la Caisse d'épargne de Paris, de la Compagnie des chemins de fer de l'Est, de la Compagnie d'assurance la « Nationale », de l'orphelinat Fénelon à Vaujours, il reçut la croix de commandeur de la Légion d'honneur après les événements de 1870-1871, au cours desquels il avait rendu des services signalés à la Banque de France.

M. Henri Davillier entra au Conseil de surveillance en 1857, comme représentant de la Chambre de commerce ; il en fut vice-président, du 29 septembre 1871 jusqu'en décembre 1880, date à laquelle il donna sa démission de membre et de vice-président, à titre de protestation contre un arrêté du Préfet de la Seine, M. F. Herold, qui avait prononcé la laïcisation de deux établissements hospitaliers.

Il mourut le 15 avril 1882.

M. Émile Ferry, qui a siégé au Conseil de surveillance de 1875 à 1896 et qui en fut vice-président pendant cinq ans, était né à Paris, le 7 décembre 1821. Après avoir acquis dans l'industrie une situation indépendante, il accepta, en novembre 1870, les fonctions d'adjoint au maire du 9ᵉ arrondissement ; maire de cet arrondissement de juillet 1871 à juin 1896, député de la Seine pendant la législature issue des élections de 1889, M. Émile Ferry témoigna, dans ces diverses fonctions, d'un rare bon sens, d'une grande fermeté de principes, de modération et de raison et d'un dévouement éclairé à la République (1).

Il avait présidé, pendant vingt-cinq ans, les séances du bureau de bienfaisance de

_____

(1) Discours prononcé sur la tombe de M. Ferry par M. Chaîn, maire du 9ᵉ arrondissement.

son arrondissement, et les intérêts des pauvres étaient une de ses principales préoccupations.

Il était président de la Caisse des écoles et de la Société de secours mutuels du 9ᵉ arrondissement.

Il décéda le 8 janvier 1897.

M. Émile Ferry était officier de l'ordre de la Légion d'honneur.

M. Félix Voisin, vice-président du Conseil de surveillance depuis le 14 janvier 1886, est né à Paris le 3 décembre 1832. — Avocat, docteur en droit le 16 juin 1858,

L'HÔPITAL SAINT-LOUIS ET L'ANCIEN PARIS

M. Félix Voisin a occupé successivement les fonctions suivantes : juge suppléant à Versailles, le 22 août 1860 ; substitut à Étampes, le 16 août 1863 ; substitut à Melun, le 24 décembre 1868 ; substitut à Versailles, le 30 décembre 1868 ; procureur impérial à Melun, le 14 juillet 1869.

Le 27 décembre 1870, il était emmené prisonnier en Allemagne. A son retour de captivité, il fut élu, le 8 février 1871, membre de l'Assemblée nationale pour le département de Seine-et-Marne et fut secrétaire de cette assemblée de 1873 à 1876.

Nommé Préfet de police le 9 février 1876, il fut appelé ensuite aux fonctions de conseiller à la Cour de cassation le 17 décembre 1877.

M. Félix Voisin est officier de la Légion d'honneur, membre du Conseil supérieur des prisons et du Conseil supérieur de l'Assistance publique.

Aux termes de l'article 4 de l'arrêté du Président de la République du 24 avril 1849, le secrétaire général de l'Administration remplit les fonctions de secrétaire du Conseil de surveillance.

Ont été, comme secrétaires généraux, secrétaires du Conseil : MM. Dubost (1) de Cambray (17 décembre 1849) ; d'Ynglemare (13 novembre 1870) ; Bailly (1ᵉʳ juillet 1871) ; d'Echérac (16 février 1878) ; Brelet (8 mai 1880) ; Barbier (25 octobre 1886) ; Derouin (1ᵉʳ décembre 1887).

(1) M. Dubost remplissait les mêmes fonctions sous le Conseil général des hospices depuis le 31 mars 1841.

LE CONSEIL MUNICIPAL DE PARIS

ET L'ASSISTANCE PUBLIQUE

Le Conseil municipal intervient à un triple titre dans le fonctionnement de l'Administration de l'Assistance publique.

1° Il désigne à la nomination du Président de la République dix de ses membres pour faire partie du Conseil de surveillance de l'Administration.

2° Il est appelé par la loi à émettre des avis sur tous les actes importants de l'Administration.

3° Il vote en faveur des services de l'Assistance publique des subventions annuelles ordinaires et extraordinaires dont l'importance va toujours croissant et sans lesquelles l'Administration serait dans l'impossibilité d'assurer les services qui lui sont confiés.

Il est donc normal que l'influence de l'assemblée municipale sur l'Assistance publique devienne, chaque jour, de plus en plus considérable. Soit lors du vote de budget, soit, dans les cours de ses sessions, par voie d'interpellation ou au sujet d'un vote sur une question qui lui est soumise, elle indique ses desiderata à l'Administration et elle est souvent l'instigatrice de réformes, d'améliorations, qui d'ailleurs ne pourraient être réalisées, le plus souvent, sans son concours financier.

On peut donc dire que, de même que le Conseil de surveillance, le Conseil municipal exerce un contrôle incessant et actif sur les actes de l'Administration de l'Assistance et sur le fonctionnement de ses établissements.

Une des Commissions permanentes du Conseil municipal (1) est chargée par ce Conseil de lui soumettre toutes les questions concernant l'Assistance publique.

Les présidents de cette Commission, depuis 1872, ont été : MM. Prétet, Massol, François Combes, Asseline, Harant, Thulié, Gabriel Robinet, Cattiaux, Paul Strauss et Louis Lucipia.

Depuis la même époque, les rapporteurs du budget de l'Assistance publique au Conseil municipal ont été : MM. Beudant, Ch. Loiseau, Depaul, Dr Georges Martin ; Delpech, Dr Bourneville, Robinet, Dr Fiaux, Dr Chautemps, Paul Strauss, Dr Navarre (pendant huit années), André Lefèvre.

---

(1) Cette Commission, au 1er décembre 1899, se compose comme il suit : MM. Louis Lucipia, président ; Navarre, vice-président ; Arthur Rozier, secrétaire ; Breuillé, Faillet, André Lefèvre, Pannelier, Félicien Paris, Ranson, Rebeillard, Henri Rousselle, Paul Vivien.

TITRE III

Services dépendant de l'Assistance publique

POPULATION SECOURUE

Aux termes de la loi du 10 janvier 1849, l'Administration générale de l'Assistance publique à Paris comprend le service des secours à domicile et le service des hôpitaux et hospices civils.

L'Administration a donc pour mission propre de traiter les malades, de subvenir aux besoins des vieillards et des infirmes, et de venir en aide aux indigents par des secours permanents et aux nécessiteux par des secours temporaires.

De plus, le Directeur de l'Administration est chargé du service départemental des enfants assistés de la Seine.

Enfin, dans deux hospices, se trouvent des quartiers d'aliénés dont les dépenses sont remboursées à l'Administration de l'Assistance par le département.

Au budget de 1900, on prévoit que l'action de l'Administration devra s'étendre au cours de l'année sur plus de 500.000 personnes :

Services hospitaliers	à la charge de l'Assistance publique	Hôpitaux	185.500	220.840
		Enfants en dépôt	11.000	
		Hospices et maisons de retraite	13.200	
	à la charge du département	Enfants assistés	7.400	
		Aliénés	2.300	
	Services à revenu distinct : fondations		1.440	
Secours à domicile	Indigents		54.500	253.000
	Nécessiteux		73.000	
	Malades traités à domicile		105.000	
	Accouchées à domicile		14.000	
	Accouchées chez les sages-femmes de la ville		6.500	
Enfants assistés Service extérieur	Enfants assistés		34.000	48.000
	Enfants moralement abandonnés		4.000	
	Enfants secourus		10.000	
	Total général			521.840

On est d'abord porté à rapprocher ce chiffre de 521.840 personnes à secourir du nombre total des habitants de Paris (2.536.834) ou des habitants du département de la Seine (3.340.514) (1), mais il faut remarquer que le chiffre que l'on obtiendrait en

_____

(1) Recensement du 20 mars 1896.

faisant la proportion pour 100 entre 521.840 et 2.536.834, par exemple, n'exprimerait pas le rapport réel entre le chiffre de la population parisienne et le chiffre des personnes à secourir.

En effet, le chiffre de 521.840 personnes secourues ne doit pas être considéré comme représentant des individualités différentes. Dans la même année, il peut se faire qu'une même personne soit secourue à titre de nécessiteux, traitée comme malade à domicile, inscrite sur la liste des indigents, et entre à l'hôpital, puis soit admise dans un hospice. D'autre part, au contraire, les services municipaux (1) ou départementaux (2) secourent des personnes de Paris ou du département de la Seine qui ne sont point comptées dans le chiffre de 521.840.

(1) Notamment, à Paris, les services municipaux suivants :

Asile *Léo-Delibes* pour enfants momentanément abandonnés; asile de convalescence *Ledru-Rollin* pour femmes relevant de couches ; asile-ouvroir *Pauline-Roland ;* asile *Michelet,* refuge-dortoir pour femmes enceintes ; asile *George-Sand,* refuge de nuit pour femmes; asile *Nicolas-Flamel,* asile-ouvroir et refuge de nuit pour hommes; asile *Benoît-Malon,* refuge de nuit pour hommes.

(2) Notamment asiles d'aliénés de Sainte-Anne, de Vaucluse, de Ville-Évrard, de Villejuif, etc.

LA SALPÊTRIÈRE

CLASSIFICATION DES SERVICES

L'Administration de l'Assistance publique possède, pour le traitement des malades atteints d'affections susceptibles de guérison : 28 hôpitaux et 1 maison de santé, renfermant ensemble 13.831 lits.

D'autre part, 14.579 lits sont répartis dans 32 établissements ayant le caractère d'hospices, de maisons de retraite ou d'orphelinats, savoir :

4 hospices dans lesquels sont admis gratuitement les vieillards et les infirmes ;

3 maisons de retraite, où sont reçus, moyennant une pension, les vieillards et les infirmes ;

L'hospice des Enfants-Assistés, avec l'annexe de Thiais, où sont recueillis les enfants abandonnés et les enfants dont les parents sont détenus ou en traitement à l'hôpital ;

23 fondations ou établissements à revenu distinct, constituant, soit des hospices, soit des maisons de retraite, soit des orphelinats, soit des maternités.

A ces établissements hospitaliers, il faut ajouter :

L'Administration centrale ;

L'Amphithéâtre d'anatomie ;

6 établissements de service général (Approvisionnement des Halles ; Boucherie ; Boulangerie ; Cave ; Magasin central ; Pharmacie centrale) ;

20 bureaux de bienfaisance chargés du service des secours à domicile ;

38 dispensaires, où les malades viennent prendre les consultations des médecins et recevoir les médicaments prescrits.

Pour la surveillance des enfants assistés et moralement abandonnés, placés en province, il existe 43 directions d'agence.

Il existe en outre 7 établissements spéciaux pour les enfants assistés et moralement abandonnés, savoir :

École d'Alembert ; école Le Nôtre ; école d'Yzeure ; école Roudil ; école maritime de Port-Hallan ; orphelinat Douchin et station de Châtillon pour les enfants athreptiques.

Les 28 hôpitaux se classent en 14 hôpitaux généraux, 8 hôpitaux spéciaux et 6 hôpitaux d'enfants.

8

HOPITAUX GÉNÉRAUX

Les hôpitaux affectés au traitement des maladies générales de médecine et de chirurgie sont :

Hôtel-Dieu, Pitié, Charité, Saint-Antoine, Necker, Cochin, Beaujon, Lariboisière, Tenon, Laënnec, Bichat, Andral, Broussais et *Boucicaut.*

HOPITAUX SPÉCIAUX

3 de ces établissements : *Saint-Louis, Ricord* et *Broca* sont réservés aux maladies de la peau et aux maladies vénériennes. 2 sont affectés aux maladies contagieuses, savoir : *Aubervilliers* et le *Bastion 29.* Enfin, 3 sont destinés aux femmes en couches : la *Maternité*, la *Clinique Baudelocque* et la *Clinique Tarnier.*

HOPITAUX D'ENFANTS

Trousseau et les *Enfants-Malades* sont affectés au traitement des maladies générales de l'enfance.

Berck-sur-Mer, Hendaye et *Forges-les-Bains* sont destinés au traitement de la scrofule et du rachitisme, et enfin *La Roche-Guyon* est réservé aux enfants convalescents du sexe masculin.

Les enfants sont reçus dans ces établissements jusqu'à l'âge de 15 ans.

SERVICES SPÉCIAUX

Des *services d'accouchement* sont installés dans les hôpitaux généraux suivants : *Hôtel-Dieu annexe, Pitié, Charité, Saint-Antoine, Beaujon, Lariboisière, Tenon, Saint-Louis* et *Broca.*

Des *crèches*, destinées à recevoir des mères allaitant leur enfant, fonctionnent dans les hôpitaux ci-après : *Hôtel-Dieu, Pitié, Saint-Antoine, Necker, Beaujon, Lariboisière, Tenon, Laënnec* et la *Maternité.*

Le traitement des *maladies des yeux* est assuré dans des services spéciaux placés, l'un à l'*Hôtel-Dieu* et l'autre à *Lariboisière.*

Les *maladies des voies urinaires* sont traitées à *Necker* dans 2 services : à la clinique des voies urinaires et dans le service Civiale.

L'hôpital *Saint-Antoine* et *Lariboisière* possèdent chacun un service pour le traitement des maladies du larynx, du nez et des oreilles.

A l'hôpital *Saint-Louis* est annexée l'école *Lailler*, où sont traités les enfants atteints de la teigne.

Prochainement, l'hôpital *Trousseau* sera supprimé et remplacé par les 3 établissements suivants : hôpital de la rue Michel-Bizot, hôpital de la rue Carpeaux, hôpital *Herold*, affecté autrefois à des services d'adultes.

Prochainement, aussi, sera ouvert le sanatorium d'Angicourt destiné au traitement de malades (hommes) atteints d'affections de poitrine.

La *Maison de Santé* ne reçoit que des malades payants.

A l'hôpital *Saint-Louis* est annexé un service spécial de malades payants traités en chambres particulières.

L'hôpital *Ricord* possède aussi un service de chambres payantes pour le traitement des maladies spécialement soignées dans cet établissement.

Les 28 hôpitaux et la Maison de Santé comprennent ensemble 13.831 lits réglementaires, ainsi répartis par nature de service :

DÉSIGNATION DES SERVICES		ADULTES		ENFANTS		LITS chambres payantes (Adultes)		ENFANTS au-dessous de 2 ans	TOTAL partiel	TOTAL général
		H.	F.	G.	F.	H.	F.			
Lits de médecine	Lits affectés au traitement des maladies générales...	Maladies aiguës.....	2.337	1.956	450	470	74	80	»	5.367	5.815
		Maladies chroniques...	244	188	»	12	2	2	»	448	
	Lits affectés au traitement des maladies épidémiques et installés dans des salles ou dans des pavillons spéciaux...	Variole.........	30	30	»	»	1	1	»	62	1.740
		Rougeole........	20	24	47	45	»	»	»	136	
		Coqueluche......	»	»	14	11	»	»	»	25	
		Diphtérie et croup....	»	»	46	61	»	»	»	107	
		Scarlatine.......	25	29	39	39	11	7	»	150	
		Érysipèle........	24	45	»	»	»	»	»	69	
		Douteux........	22	21	23	23	»	»	»	89	
		Teigne.........	»	»	241	158	»	»	»	399	
		Dermatologie......	358	263	20	20	29	13	»	703	
	Lits d'enfants scrofuleux............		»	»	»	»	»	»	»	»	»
	Lits d'enfants convalescents..........		»	»	291	180	»	»	»	471	471
	Lits d'isolement...............		107	81	»	»	»	»	»	188	188
	Lits pour maladies vénériennes.	Médecine.......	158	178	»	»	21	»	»	357	461
		Chirurgie.......	104	»	»	»	»	»	»	104	
Lits de chirurgie	Lits affectés au traitement des maladies générales...	Maladies aiguës....	1.449	909	141	115	83	67	»	2.464	2.730
		Maladies chroniques...	162	104	»	»	»	»	»	266	
	Lits affectés au traitement des maladies spéciales...	Maladies des voies urinaires........	102	77	»	»	»	»	»	179	352
		Maladies des yeux....	49	30	20	20	»	»	»	119	
		Larynx.........	27	27	»	»	»	»	»	54	
	Lits d'ovariotomie...............		»	40	»	»	»	»	»	40	40
	Lits pour enfants de 2 à 4 ans..........		»	»	6	6	»	»	»	12	12
Lits d'accouchement	Lits pour femmes enceintes...........		»	194	»	»	»	»	»	194	870
	Lits pour femmes enceintes malades......		»	84	»	»	»	»	»	84	
	Lits pour femmes accouchées.......		»	441	»	»	»	»	»	441	
	Lits pour femmes accouchées malades......		»	59	»	»	»	»	»	59	
	Lits de gynécologie chirurgicale.........		»	92	»	»	»	»	»	92	
Berceaux pour lits d'accouchement, de crèche, couveuses..			»	»	»	»	»	»	822	822	822
Lits de crèche.........	Médecine........		»	118	»	»	»	»	»	118	126
	Chirurgie........		»	8	»	»	»	»	»	8	
Couveuses...............			»	»	»	»	»	»	»	»	»
Lits pour enfants débiles............			»	»	20	20	»	»	»	40	40
Lits pour élèves sages-femmes.	Valides.......		»	105	»	»	»	»	»	105	115
	Malades........		»	10	»	»	»	»	»	10	
Lits pour nourrices sédentaires............			»	49	»	»	»	»	»	49	49
			4.918	5.162	1.358	1.180	221	170	822	13.831	13.831
					13.831						

Les 4 hospices sont : *Bicêtre*, la *Salpétrière*, *Ivry* et *Brévannes*, et les 3 maisons de retraite : *Ménages*, *La Rochefoucauld* et l'institution *Sainte-Périne*.

L'hospice des *Enfants-Assistés* reçoit les enfants trouvés, abandonnés et orphelins, en attendant leur envoi en province, et il recueille les enfants dont les parents sont détenus ou en traitement à l'hôpital.

De l'hospice des *Enfants-Assistés* dépend l'établissement de *Thiais* où sont envoyés les enfants sevrés.

On compte 23 établissements hospitaliers à revenu distinct (1), qui se classent ainsi au point de vue de leur destination.

8 sont des hospices : *Saint-Michel*, *Lenoir-Jousseran*, *Debrousse*, *la Reconnaissance*, *Devillas*, *Rossini*, *Belleville*, *Leprince*.

3 sont des maisons de retraite : *Chardon-Lagache*, *Galignani* et *Dheur*. Toutefois ces 2 derniers établissements ont un certain nombre de places gratuites.

4 sont des orphelinats : *Fortin*, *Riboutté-Vitallis*, *Hartmann* et *Parent-de-Rosan*.

ANTIPHONAIRE. — L'ASSOMPTION

La fondation *Davaine* est une maison de convalescence pour les petites filles sortant des hôpitaux.

La fondation *Lambrechts* est à la fois hospice de vieillards et orphelinat de garçons.

3 fondations sont des maisons où des vieillards sont seulement logés gratuitement : fondations *Lesecq*, *Damet*, *Tisserand*.

Il faut ajouter enfin les 3 maternités fondées par Mme Boucicaut à *Chalon-sur-Saône*, à *Mont-Saint-Aignan*, à *Roubaix*.

---

(1) Non compris la fondation Chemin-Delatour, en cours de construction.

Le tableau suivant donne la répartition des lits d'hospice, de maison de retraite et de fondation, par nature de service :

DÉSIGNATION DES SERVICES	ADULTES		ENFANTS		LITS de pensionnaires payants (Adultes)		ENFANTS au-dessous de 3 ans	TOTAL partiel	TOTAL général
	H.	F.	G.	F.	H.	F.			
Malades									
Service d'hôpital — Maladies nerveuses	38	40	»	»	»	»	»	151	
Accouchement	»	»	»	»	»	»	»		
Services de chirurgie	26	2	2	»	»	»	»		
Services de médecine	22	21	»	»	»	»	»		743
Lits d'infirmerie pour les administrés des hospices	277	309	6	»	»	»	»	592	
TOTAL	363	372	8	»	»	»	»	»	
Vieillards et infirmes									
Hospices maisons de retraite et fondations — Chambres particulières	50	50	»	»	229	508	»	837	
Chambres pour ménages	123	123	»	»	227	227	»	700	
Dortoirs	3.294	3.732	»	»	400	464	»	7.890	
Cancéreux	42	»	»	»	»	»	»	42	
Épileptiques simples	70	183	»	»	»	»	»	253	10.636
Reposants de 1re classe	15	19	»	»	»	»	»		
Reposants de 2e classe	15	29	»	»	»	»	»	178	
Reposants de 3e classe	35	65	»	»	»	»	»		
École de réforme	»	»	»	»	»	»	»	»	
Chroniques de Brévannes	368	368	»	»	»	»	»	736	
TOTAL	4.012	4.569	»	»	856	1.199	»	»	
Enfants									
Épileptiques simples	»	»	20	25	»	»	»	45	
Incurables	»	»	56	20	»	»	»	76	
École de réforme (Salpêtrière)	»	»	»	60	»	»	»	60	
Asiles et orphelinats	»	»	70	32	»	»	»	102	
Hospice des Enfants-Assistés — Malades — Thials (berceaux)	»	»	»	»	»	»	100		
Crèche et sevrés (berceaux)	»	»	»	»	»	»	95		1.263
Divisions	»	»	135	136	»	»	3		
Séparés	»	»	21	21	»	»	»		
Lazarets	»	»	36	30	»	»	»		
Médecine	»	»	42	41	»	»	18		
Médecine (consultation)	»	»	8	8	»	»	»		
Valides — Chirurgie	»	»	24	24	»	»	22	980	
Chirurgie (consultation)	»	»	9	10	»	»	2		
Ophtalmologie	»	»	6	6	»	»	»		
Nourricerie	»	»	»	»	»	»	32		
Rougeole	»	»	5	5	»	»	4		
Coqueluche	»	»	3	3	»	»	2		
Scarlatine	»	»	3	3	»	»	2		
Diphtérie	»	»	5	5	»	»	»		
Douteux	»	»	4	4	»	»	8		
Nourrices et surveillantes	»	75	»	»	»	»	»		
TOTAL	»	75	467	433	»	»	288	»	»
Aliénés									
Aliénés et aliénées	580	604	380	320	»	»	»	1.884	1.937
Lits d'infirmerie pour les jeunes aliénés	»	»	45	8	»	»	»	53	
TOTAL	580	604	425	328	»	»	»	»	»
TOTAL GÉNÉRAL	4.955	5.620	900	761	856	1.199	288	»	14.579

Dans ce tableau ne sont pas compris les lits de la fondation Lambrechts et des maternités Boucicaut.

STATISTIQUES COMPARATIVES

NOMBRE DE LITS

De 1878 à 1900, on constate dans l'ensemble des services une augmentation de 8.884 lits.

DÉSIGNATION DES SERVICES		NOMBRE de lits		DIFFÉRENCES pour 1900	
		1878	1900	EN PLUS	EN MOINS
A la charge de l'Administration	Hôpitaux	8.430	13.831	5.401	»
	Enfants en dépôt.	320	880	560	»
	Hospices et maisons de retraite.	8.814	10.193	1.379	«
A la charge du département	Enfants assistés.	250	160	»	90
	Aliénés	1.202	1.937	735	»
Services à revenu distinct : fondations.		510	1.409	899	»
TOTAL		19.526	28.410	8.974	90
EN PLUS POUR 1900		8.884		8.884	

Hôpitaux. — Si l'on établit la proportion entre la population de Paris et le nombre de lits d'hôpital, on trouve que, en 1878, il y avait 1 lit par 235 habitants, soit 4 l. 24 par 1.000 habitants.

En 1900, on a 1 lit par 183 habitants, soit 5 l. 45 par 1.000 habitants.

Pour maintenir en 1900 entre le nombre d'habitants et le nombre de lits d'hôpital le même rapport qu'en 1878, il eût suffi de la création de 2.332 lits. Or, il a été créé 5.401 lits nouveaux; nous disposons donc aujourd'hui d'une ressource supplémentaire de 3.069 lits, mais cette ressource, qui donne 1 lit pour 826 habitants, est insuffisante. En effet, l'Administration de l'Assistance publique est tenue par traité de recevoir les malades indigents du département de la Seine, et la population du département a augmenté dans une forte proportion. Recensement de 1876 : 2.410.849 habitants; recensement de 1896 : 3.340.514 habitants.

Les Parisiens entrent de plus en plus volontiers à l'hôpital, surtout dans les services de chirurgie, et la province envoie en nombre toujours croissant des malades dans nos hôpitaux et des femmes dans nos maternités.

Les nouveaux lits créés depuis 1878 ont été en grande partie affectés à des services spéciaux (maladies contagieuses, maternités), et, par l'extrême variabilité du mouvement des maladies contagieuses, il y a souvent dans les services qui leur sont consacrés des lits vacants, alors que les brancards encombrent les salles de médecine et de chirurgie générales.

Enfin, une des causes les plus actives de l'encombrement des hôpitaux est l'insuffisance des lits d'hospice qui force à garder à l'hôpital des infirmes, des incurables et des chroniques.

Hospices.— Si on établit la proportion entre la population de Paris et le nombre des lits d'hospice et de maison de retraite à la charge de l'Assistance publique, on trouve que, en 1878, il y avait 1 lit par 225 habitants, soit 4 l. 43 par 1.000 habitants.

En 1900, on compte 1 lit par 248 habitants, soit 4 l. 01 par 1.000 habitants.

Pour que nous disposions aujourd'hui du même nombre de lits par 1.000 habitants qu'en 1878, il nous faudrait 2.436 lits en plus.

Depuis 1878, il est juste de le faire observer, il y a eu de grandes augmentations dans le chiffre des secours représentatifs du séjour à l'hospice. En 1900, une somme de 1.472.000 francs est portée pour l'attribution de 4.088 secours de 360 francs par an. Cependant la création de ces pensions ne peut suppléer entièrement à l'insuffisance des lits d'hospice, car beaucoup de vieillards et d'infirmes ont absolument besoin d'être hospitalisés.

LA SALPÊTRIÈRE. — QUARTIER DES ALIÉNÉES

Dans le tableau suivant, on donne, par établissement, le nombre des lits existant en 1878 et en 1900 : sur les 8.884 lits en plus pour 1900, 2.685 ont été placés dans les établissements ouverts depuis 1878 ; c'est donc un chiffre de 6.199 lits installés dans les anciens établissements.

Dans le nombre des lits ne sont pas compris les 40 lits de vieillards et les 75 lits d'enfants de la fondation Lambrechts, qui a un budget spécial.

DÉSIGNATION DES SERVICES	NOMBRE de lits		DIFFÉRENCE pour 1900	
	1878	1900	EN PLUS	EN MOINS
I.— Services hospitaliers				
HOPITAUX — Hôtel-Dieu	426	828	402	»
Pitié	709	729	20	»
Charité	504	650	146	»
Saint-Antoine et Molana	594	900	306	»
Necker	418	479	61	»
Cochin	201	475	274	»
Beaujon	416	554	138	»
Lariboisière	670	968	298	»
Tenon	600	919	319	»
Laënnec	»	633	633	»
Bichat	»	191	191	»
Andral	»	100	100	»
Broussais	»	270	270	»
Boucicaut	»	206	206	»
Hérold	»	100	100	»
Saint-Louis	823	1.357	534	»
Ricord	336	317	»	19
Broca	243	291	48	»
Accouchement	316	443	127	»
Baudeloque	»	178	178	»
Clinique Tarnier	159	210	51	»
Aubervilliers	»	258	258	»
Bastion 29	»	122	122	»
Enfants-Malades	518	632	114	»
Forges	100	224	124	»
Trousseau	346	506	250	»
La Roche-Guyon	100	111	11	»
Berck-sur-Mer	600	750	150	»
Maison de Santé	351	340	»	11
	8.430	13.831	5.431	30
HOSPICE DES ENFANTS-ASSISTÉS (enfants au dépôt)	320	880	560	»
HOSPICES — Bicêtre	1.794	1.940	146	»
Salpêtrière	3.069	3.028	»	41
Ivry	2.029	2.212	183	»
Brévannes	»	1.037	1.037	»
MAISONS DE RETRAITE — Ménages	1.387	1.443	56	»
La Rochefoucauld	246	246	»	»
Sainte-Périne	289	287	»	2
	8.814	10.193	1.422	43
II.— Services départementaux				
ENFANTS ASSISTÉS (Section des enfants abandonnés) — Hospice	250	100	»	150
Salpêtrière	»	60	60	»
	250	160	60	150
ALIÉNÉS — Bicêtre	540	1.213	673	»
Salpêtrière	662	724	62	»
	1.202	1.937	735	»
III.— Fondations				
HOSPICES MAISONS DE RETRAITE ET ORPHELINATS — Saint-Michel	8	22	14	»
Reconnaissance	258	354	96	»
Devillas	65	68	3	»
Chardon-Lagache	179	160	»	19
Lenoir-Jousseran	»	218	218	»
Galignani	»	100	100	»
Rossini	»	54	54	»
Alquier-Debrousse	»	216	216	»
Dheur	»	60	60	»
Ribouté-Vitallis	»	40	40	»
Forth	»	28	28	»
Hartmann	»	10	10	»
Leprince	»	30	30	»
Belleville	»	25	25	»
Davaine	»	12	12	»
Parent-de-Rosan	»	12	12	»
	510	1.409	918	19
TOTAL GÉNÉRAL	19.526	28.410	9.126	242
DIFFÉRENCE EN PLUS POUR 1900	8.884		8.884	

NOMBRE DE JOURNÉES

C'est le nombre de journées qui, avec les prévisions de prix des denrées et la moyenne de la consommation, sert à déterminer le montant de la plupart des crédits alloués aux établissements hospitaliers.

La fixation de la prévision du nombre de journées dans les hôpitaux n'est point

BRÉVANNES. — QUARTIER DES CHRONIQUES

déterminée d'après le chiffre de lits réglementaires multiplié par le nombre des jours de l'année, mais d'après le nombre des journées effectives de l'année qui vient de s'achever, augmenté ou diminué du nombre de journées devant résulter de la création ou de la suppression des lits réglementaires. Il importe, en effet, de tenir compte, d'un côté, des journées en plus résultant des brancards, et, d'un autre côté, des journées en moins par suite des vacances de lits.

De même pour les hospices, le chiffre de la prévision de journées est calculé d'après le nombre de journées effectives de la dernière année écoulée, de manière à tenir compte des journées en moins correspondant aux jours de congé accordés aux administrés.

DÉSIGNATION DES SERVICES		JOURNÉES PRÉVUES		EN PLUS
		en **1878**	en **1900**	pour **1900**
A la charge de l'Administration	Hôpitaux	2.843.113	4.624.000	1.780.887
	Enfants en dépôt	90.321	162.000	71.679
	Hospices et maisons de retraite	2.913.313	3.500.000	586.687
A la charge du département	Enfants assistés	15.284	60.000	44.716
	Aliénés	450.988	698.000	247.012
		6.313.019	9.044.000	2.730.981
Services à revenu distinct : Fondations		150.510	441.500	290.990
		6.463.529	9.485.500	3.021.971
			3.021.971	

9

	A LA CHARGE DE L'ADMINISTRATION			A LA CHARGE DU DÉPARTEMENT			
ANNÉES	Hôpitaux	Enfants en dépôt	Hospices et maisons de retraite	Enfants assistés	Aliénés	FONDATIONS	TOTAL
1878	2.887.094	87.443	2.965.295	17.445	451.990	159.067	6.568.334
1879	3.185.250	97.102	2.984.855	13.784	472.259	167.942	6.921.192
1880	3.423.011	105.354	3.001.931	12.822	480.206	191.958	7.215.282
1881	3.423.203	98.525	3.008.294	27.300	483.515	215.032	7.255.809
1882	3.561.051	106.436	3.042.501	25.808	497.367	221.227	7.455.042
1883	3.645.563	123.166	3.140.161	20.700	505.667	230.535	7.665.792
1884	3.645.950	121.787	3.097.159	24.800	584.614	243.972	7.718.282
1885	3.702.740	139.387	3.109.676	20.000	570.000	244.562	7.786.565
1886	3.661.467	143.209	3.123.850	18.740	568.800	245.876	7.961.954
1887	3.806.634	138.923	3.131.996	21.690	575.240	251.802	8.019.195
1888	3.904.061	108.251	3.163.161	37.572	580.833	250.266	8.044.144
1889	4.021.208	104.334	3.151.332	41.730	593.992	274.987	8.187.583
1890	4.135.267	126.969	3.144.375	50.566	602.973	299.357	8.359.537
1891	4.367.534	140.136	3.176.746	57.030	634.646	309.868	8.683.930
1892	4.412.160	139.046	3.214.285	54.030	667.544	345.630	8.832.695
1893	4.371.250	130.358	3.237.434	49.049	682.987	391.901	8.863.982
1894	4.343.990	138.872	3.264.894	59.517	702.768	400.599	8.910.590
1895	4.412.101	138.495	3.248.026	67.717	706.435	402.010	8.974.784
1896	4.420.497	139.297	3.275.923	70.105	706.822	400.343	9.021.987
1897	4.457.481	151.239	3.301.485	65.212	700.181	413.775	9.089.373
1898	4.561.423	162.172	3.428.037	58.938	697.807	438.448	9.316.825

NOMBRE DE JOURNÉES EFFECTIVES DE 1878 à 1898

INDIGENTS ET NÉCESSITEUX

D'après le règlement du 20 mars 1860 sur les secours à domicile dans la ville de Paris, il était procédé, tous les 3 ans, à un recensement général des ménages inscrits au contrôle des bureaux de bienfaisance.

La liste des indigents pouvait comprendre non seulement les vieillards, les infirmes, les orphelins, mais aussi les ménages ayant à leur charge au moins 3 enfants au-dessous de 14 ans, et, d'une manière générale, les personnes qui se trouvaient dans les cas extraordinaires et imprévus.

Les 4 derniers recensements effectués sous l'empire de ce règlement accusèrent les résultats suivants :

ANNÉES DE RECENSEMENT	POPULATION DE PARIS	NOMBRE D'INDIGENTS INSCRITS	PROPORTION p. 100 de la population indigente à la population générale
1877	1.988.806	113.317	5,69
1880	1.988.806	123.735	6,22
1883	2.269.023	123.324	5,43
1886	2.269.023	123.649	5,89

Par suite de l'extension même de la liste des indigents, les nécessiteux, c'est-à-dire les personnes recevant des secours, une fois donnés, étaient en petit nombre et ne figuraient pas dans les statistiques publiées à cette époque.

Le décret du 12 août 1886 établit de nouvelles conditions pour l'inscription sur la liste des indigents. On ne pouvait plus inscrire sur la liste que les vieillards âgés de 64 ans, les infirmes et les orphelins. Le nombre des indigents se trouva donc diminué de plus de moitié, et, par contre, les nécessiteux constituèrent une catégorie spéciale de personnes secourues.

Le décret du 12 août 1886 resta en vigueur jusqu'en 1896.

Durant cette période, le recensement annuel de la population secourue par les bureaux de bienfaisance donna les chiffres suivants :

ANNÉES	POPULATION DE PARIS	POPULATION INDIGENTE					Proportion p. 100 de la population indigente à la population générale	NOMBRE des nécessiteux secourus par les bureaux de bienfaisance
		Titulaires des secours représen- tatifs du séjour à l'hospice	Inscrits au contrôle des indigents d'après le recensement			TOTAL de la population indigente		
			Comme orphelins	Par suite de l'âge	Par suite des infirmités			
1889	2.260.945	2.383	996	23.992	15.093	42.464	1,87	50.434
1890	2.260.945	2.395	893	25.017	15.228	43.733	1,93	60.130
1891	2.386.232	2.463	869	26.400	16.588	46.320	1,94	72.139
1892	2.386.232	2.471	845	27.081	17.477	47.874	2 »	65.058
1893	2.386.232	2.407	836	27.792	17.903	48.938	2,05	71.392
1894	2.386.232	2.404	728	28.561	17.211	48.904	2,04	69.271
1895	2.386.232	2.422	716	27.443	19.313	49.894	2,09	85.052

Le décret du 15 novembre 1895 est venu, de nouveau, modifier les conditions d'inscription sur la liste des indigents. En vertu de ce dernier règlement, la liste des indigents comprend les personnes de nationalité française domiciliés à Paris depuis 3 ans au moins, incapables par leur âge ou leur invalidité de pourvoir à leur subsistance par le travail, ainsi que les femmes veuves, séparées, divorcées ou abandonnées, ayant des charges exceptionnelles de famille et qui remplissent les conditions ci-dessus de nationalité et de domicile.

Le nombre des indigents inscrits, en vertu de ces dispositions, s'est élevé aux chiffres suivants :

En **1896**, à. 46.756
En **1897**, à. 45.453
En **1898**, à. 47.854
En **1899**, à. 49.055
En **1900**, à. 50.469

En plus des indigents secourus par les bureaux de bienfaisance, il faut compter les indigents touchant sur les fonds de l'Administration la pension représentative du séjour à l'hospice (360 francs par an), qui étaient en 1896 au nombre de 2.700, et qui depuis 1897 sont au nombre de 4.088.

MALADES TRAITÉS A DOMICILE

D'après le dernier rapport publié sur le traitement des malades à domicile, le nombre de personnes soignées, soit une fois, soit à différentes reprises, à la consultation, a été :

En **1893**, de 82.712
En **1894**, de 83.776
En **1895**, de 84.267

Le nombre total de consultations données à ces personnes a été :

En **1893**, de 274.313
En **1894**, de 273.739
En **1895**, de 239.140

Le nombre réel des personnes qui ont réclamé et obtenu, soit une fois, soit à plusieurs reprises, le traitement à domicile, s'est élevé :

En **1893**, à 76.391
En **1894**, à 73.848
En **1895**, à 80.933

Le nombre réel des inscriptions qui ont été suivies de l'admission au traitement à domicile a été :

En **1893**, de 102.493
En **1894**, de 96.077
En **1895**, de 104.060

ACCOUCHEMENTS

Les femmes indigentes ou nécessiteuses peuvent demander les soins gratuits des sages-femmes des bureaux de bienfaisance, ou faire leurs couches, soit dans les maternités des hôpitaux, soit chez les sages-femmes de la ville payées par l'Administration hospitalière.

Depuis 1886, le nombre des accouchements aux frais de l'Assistance publique s'est beaucoup élevé, et l'augmentation a surtout porté sur les accouchements faits à l'hôpital.

ANNÉES	NOMBRE DES ACCOUCHEMENTS				NOMBRE des accouchements à Paris	Proportion p. 100 des accouchements faits par l'Assistance publique
	dans les hôpitaux	chez les sages-femmes agréées	par les bureaux de bienfaisance	TOTAL		
1886	6.780	8.081	11.923	26.784	65.189	41,06
1887	7.349	7.894	11.417	26.660	65.141	40,92
1888	7.872	7.482	11.618	26.972	64.880	41,57
1889	8.668	7.765	11.698	28.131	66.019	42,59
1890	9.813	6.339	11.234	27.386	62.020	44,15
1891	10.923	6.677	12.489	30.089	65.424	45,99
1892	11.553	6.553	12.296	30.402	65.008	46,76
1893	12.112	6.983	12.195	31.290	65.201	47,99
1894	12.800	6.938	12.096	31.834	65.781	48,40
1895	12.308	6.630	11.560	30.498	65.525	48,09
1896	13.881	5.948	11.822	31.651	64.390	49,15
1897	15.471	5.334	12.056	32.861	64.522	50,92
1898	16.295	5.438	11.886	33.619	64.751	51,92

TITRE IV

Personnel

PERSONNEL ADMINISTRATIF

Le personnel administratif comprend le personnel attaché aux bureaux de l'Administration centrale, des établissements hospitaliers et des bureaux de bienfaisance, le personnel du service extérieur des enfants assistés, et certaines catégories d'agents placés hors cadre (dames visiteuses et surveillantes des dispensaires et des bureaux de bienfaisance, instituteurs et institutrices, maîtres de chant, de gymnastique).

ADMINISTRATION CENTRALE, ÉTABLISSEMENTS HOSPITALIERS ET BUREAUX DE BIENFAISANCE

Le personnel de ces services est nommé par le Préfet sur la proposition du Directeur de l'Assistance publique.

Les cadres du personnel administratif de l'Administration centrale, des hôpitaux et hospices, des établissements de service général, des fondations et des bureaux de bienfaisance, comprennent en tout 512 personnes.

Trois concours donnent accès aux emplois de début :

1° Concours pour l'emploi d'auxiliaire permanent, ouvert aux candidats de 21 à 30 ans, sans condition de diplôme. Ce concours porte sur les matières de l'enseignement primaire : écriture, orthographe, arithmétique, histoire, géographie et rédaction ; il a lieu lorsque les besoins du service l'exigent, en général une fois par an.

HÔPITAL BROCA
SERVICE DE CHIRURGIE

C'est parmi les auxiliaires permanents que sont recrutés, sous certaines conditions d'âge et d'ancienneté, les visiteurs attachés à l'Administration centrale et aux bureaux de bienfaisance, et aussi les enquêteurs dont il est question ci-après dans le personnel du service extérieur des enfants assistés.

2° Concours pour l'emploi d'expéditionnaire. Les candidats civils, admis à en subir les épreuves, doivent être pourvus du diplôme de bachelier.

Le nombre des places d'expéditionnaire mises au concours est peu considérable, les trois quarts de ces vacances d'emplois étant réservés, en vertu de la loi du 18 mars 1889, aux sous-officiers rengagés ; aussi, depuis plusieurs années, n'y a-t-il pas eu lieu de procéder à un concours d'expéditionnaires, et peut-être un long temps s'écoulera-t-il encore avant que l'Administration soit appelée à le faire.

Le programme du concours est, à peu de chose près, le même que celui pour l'emploi d'auxiliaire permanent ; il comprend quatre épreuves : orthographe, arithmétique, narration française, et une rédaction sur une question relative à l'organisation générale de l'Assistance publique, ou à l'organisation administrative de la ville de Paris et du département de la Seine.

HÔPITAL DE BERCK. — LA CUISINE

En outre, aux termes du décret du 28 janvier 1892, les emplois d'expéditionnaire ou d'auxiliaire permanent rétribués sur les fonds du département, c'est-à-dire les emplois ressortissant à la division des enfants assistés, sont réservés aux anciens militaires gradés, comptant au moins 5 ans de service ; ces candidats militaires doivent :

Être présentés par leurs chefs de corps ;

Subir, à l'Assistance publique, un examen dont les épreuves sont les mêmes que celles imposées sous forme de concours aux candidats civils.

Les candidats militaires reconnus admissibles sont nommés avant les candidats civils.

3° Concours pour l'emploi de commis rédacteur.

Sont admis à subir ce concours :

a. Les agents appartenant déjà à l'Administration de l'Assistance publique, soit en qualité d'expéditionnaires, soit en qualité d'auxiliaires permanents, sans conditions de durée de service pour ceux d'entre eux qui sont pourvus d'un diplôme de docteur ou de licencié — après 2 ans de service (stage compris) pour ceux qui sont pourvus du diplôme de bachelier — après 4 ans de service (stage compris) pour ceux qui ne sont pas pourvus de ce diplôme ;

b. Les docteurs en médecine, en droit, ès lettres et ès sciences, les anciens élèves des Écoles polytechnique, Saint-Cyr, Navale, Normale supérieure et Centrale, ayant satisfait aux examens de sortie, et les élèves diplômés de l'École des Chartes.

Les candidats étrangers à l'Administration doivent être âgés de 21 ans au moins et de 30 ans au plus.

Toutefois, pour les trois concours qui précèdent, la limite d'âge est prolongée de la durée des services militaires qui ont pu être accomplis par le candidat en exécution de la loi.

Les épreuves du concours pour l'emploi de commis rédacteur sont au nombre de six, savoir :

Une rédaction sur un sujet de droit administratif ; une rédaction sur un sujet se rapportant aux grands faits de l'histoire politique, administrative, scientifique, littéraire et hospitalière de la France, depuis le xvııe siècle jusqu'à la révolution de 1848 exclusivement ; une rédaction sur un sujet de droit civil ; une épreuve orale sur le droit civil ; une épreuve orale sur le droit administratif ; une épreuve orale sur l'hygiène hospitalière (1).

Les concours d'admission à l'emploi de commis rédacteur ont lieu en général une fois par an.

Les traitements des fonctionnaires et agents du personnel administratif sont les suivants :

PERSONNEL ADMINISTRATIF		TRAITEMENT	PERSONNEL ADMINISTRATIF		TRAITEMENT
Administration centrale			**Bureaux de bienfaisance**		
1 Directeur		15.000 »	Secrétaires-Trésoriers	1re classe	7.000 »
1 Secrétaire général		11.000 »		2e —	6.000 »
2 Inspecteurs et 4 Chefs de division.	1re classe	11.000 »		3e —	5.500 »
	2e —	10.000 »		4e —	5.000 »
	3e —	9.000 »	39 Commis principaux	1re classe	4.800 »
1 Receveur hors classe		9.000 »		2e —	4.400 »
17 Chefs de bureau	1re classe	9.000 »		3e —	4.000 »
	2e —	8.000 »	80 Commis rédacteurs	1re classe	3.900 »
	3e —	7.000 »		2e —	3.500 »
1 Inspecteur des biens ruraux		6.000 »		3e —	3.100 »
17 S.-Chefs de bureau	1re classe	6.000 »		4e —	2.700 »
	2e —	5.500 »		Classe exceptionnelle	3.900 »
	3e —	5.000 »	98 Expéditionnaires	1re classe	3.600 »
Établissements hospitaliers				2e —	3.300 »
				3e —	3.000 »
42 Directeurs	1re classe	7.500 »		4e —	2.700 »
	2e —	7.000 »		5e —	2.400 »
	3e —	6.500 »		6e —	2.100 »
	4e —	6.000 »		7e —	1.800 »
	5e —	5.500 »		Stagiaires	1.800 »
	6e —	5.000 »		Classe exceptionnelle	3.000 »
30 Économes	1re classe	5.200 »	100 Auxiliaires permanents	1re classe	3.000 »
	2e —	4.900 »		2e —	2.700 »
	3e —	4.600 »		3e —	2.400 »
	4e —	4.300 »		4e —	2.100 »
	5e —	4.000 »		5e —	1.800 »
				Stagiaires	1.800 »
			58 Visiteurs	1re classe	3.600 »
				2e —	3.300 »
				3e —	3.000 »
				4e —	2.700 »
			1 Secrétaire de l'inspection départementale des enfants assistés, hors ci..		3.000 »

1) Voir aux Annexes le programme détaillé des matières du concours pour l'emploi de commis rédacteur.

SERVICE EXTÉRIEUR DES ENFANTS ASSISTÉS

Le personnel de ce service est nommé par le Préfet sur la proposition du Directeur de l'Assistance publique.

Il se compose :

a. Des directeurs d'agence ;

b. Des commis d'agence ;

c. Des enquêteurs ;

d. Des dames déléguées chargées de visiter les mères-nourrices secourues mensuellement.

Un concours donne accès à l'emploi de début, celui de commis d'agence. Il est ouvert aux candidats âgés de plus de 21 ans et de moins de 30 ans, sans condition de diplôme. Ce concours comprend cinq épreuves : orthographe, écriture, arithmétique, narration française et géographie générale de la France.

ÉCOLE LE NÔTRE. — UN ATELIER

Aux termes du décret du 28 janvier 1892, la priorité, pour l'obtention des emplois de commis d'agence, est donnée aux anciens militaires gradés, comptant au moins 5 ans passés sous les drapeaux, sous la condition :

1° Qu'ils soient présentés par leurs chefs de corps ;

2° Qu'ils aient satisfait à un examen dont les épreuves sont les mêmes que celles imposées aux candidats civils.

Les directeurs d'agence sont recrutés exclusivement parmi les commis d'agence ayant au moins 3 ans de service, et déclarés admissibles à ces fonctions à la suite d'un nouveau concours, dont le programme comporte cinq épreuves :

Épreuve écrite sur une question technique concernant le service des enfants assistés ; épreuve écrite sur une question de comptabilité publique ; épreuve orale sur un sujet de droit administratif ; épreuve orale sur un sujet de droit civil ; épreuve orale sur la pratique du service.

Les enquêteurs, chargés des visites relatives aux demandes de secours, de retrait ou de placement d'enfants sont, comme les visiteurs, et dans les mêmes conditions que ces derniers, recrutés parmi les auxiliaires permanents.

Les dames déléguées, chargées de la surveillance des mères-nourrices secourues mensuellement, sont nommées au choix, sans concours, ni condition d'âge ou de diplôme.

Les traitements des agents du personnel extérieur du service des enfants assistés sont les suivants :

42 directeurs d'agence :

Classe exceptionnelle	7.000	»
1re classe	6.000	»
2e —	5.600	»
3e —	5.200	»
4e —	4.800	»
5e —	4.400	»
6e —	4.000	»

50 commis d'agence :

1re classe	3.000	»
2e —	2.700	»
3e —	2.400	»
4e —	2.100	»
Stagiaires	1.800	»

16 enquêteurs :

1re classe	3.600	»
2e —	3.300	»
3e —	3.000	»
4e —	2.700	»

27 dames déléguées :

1re classe	2.900	»
2e —	2.800	»
3e —	2.700	»
4e —	2.600	»

Le service extérieur des enfants assistés comprend en tout 135 personnes.

PERSONNEL HORS CADRE

Ce personnel comprend :

Les dames visiteuses et dames surveillantes des dispensaires des bureaux de bienfaisance. Ces dames sont nommées par le Directeur de l'Assistance publique, sans concours; mais les candidates doivent justifier de la possession du diplôme décerné aux élèves des écoles municipales d'infirmiers et d'infirmières ;

Les quelques instituteurs et institutrices attachés aux services d'enfants de nos établissements; ils sont nommés par le Directeur de l'Assistance publique ;

Les maîtres de chant, de gymnastique, attachés aux mêmes services, et désignés également par le Directeur de l'Administration, ainsi que les directeurs ou directrices et divers agents des écoles professionnelles du service des enfants assistés (écoles d'Alembert, Le Nôtre, Ben-Chicao, Yzeure) et de quelques fondations (Douchin, Parent-de-Rosan, Boucicaut) relevant, la première du service des enfants assistés, les autres du service hospitalier.

Ces directeurs et directrices sont nommés par le Préfet sur la proposition du Directeur de l'Administration de l'Assistance publique.

RETRAITES

Les agents du personnel administratif, à l'exception toutefois des dames déléguées, dames surveillantes de dispensaires, dames visiteuses et de quelques autres agents hors cadre, ont droit à une pension de retraite, en vue de laquelle il est prélevé une retenue du vingtième sur le montant de leurs traitements.

Cette pension est calculée à raison d'un soixantième, par année de service, du traitement moyen dont a joui l'employé pendant ses 3 dernières années de service.

Elle peut être accordée :

Avant 30 ans de service, pour maladies ou infirmités incurables ;

Et à partir de 30 ans de service, pour ancienneté de service.

Au delà de 30 ans de service, la pension de retraite s'accroît, par année de service, d'un quarantième du traitement moyen calculé comme il est dit plus haut, sans qu'elle puisse dépasser les deux tiers de ce traitement, ni la somme de 6.000 francs.

Les veuves ont droit au tiers de la pension de retraite dont jouissaient, ou à laquelle auraient pu prétendre leurs maris, et les enfants au-dessous de 15 ans, chacun à un vingtième de la pension de leur père, sous la condition que les parts réunies de la veuve et des enfants ne puissent en aucun cas excéder les deux tiers de la pension de l'employé décédé.

ANTIPHONAIRE

SERVICE DE SANTÉ

HISTORIQUE

C'est en 1802 que parut le premier règlement organisant le service de santé dans les hôpitaux et hospices de Paris.

Ce règlement a été, depuis 1802, modifié, presque chaque année, dans quelques-unes de ses dispositions.

Il a été l'objet de revisions générales en 1810, en 1829 et en 1839.

Le dernier règlement de 1839 a subsisté jusqu'à nos jours; toutefois, en 1856, et tout récemment, en 1899, il a été réimprimé avec les modifications survenues dans l'intervalle.

Les différences existant entre le règlement de 1802 et le règlement actuel peuvent se résumer ainsi :

En 1802, le service médical et le service chirurgical étaient, dans chaque établissement et quel qu'en soit le nombre des lits, placés sous les ordres d'un seul médecin et d'un seul chirurgien, qui avaient le titre de médecin et de chirurgien en chef dans les grands établissements et de médecin et de chirurgien ordinaires dans les autres. Ce médecin et ce chirurgien avaient entièrement la responsabilité et la direction du service; ils étaient cependant assistés dans les grands établissements, les médecins en chef par des médecins ordinaires et les chirurgiens en chef par des chirurgiens de 2e classe; ceux-ci leur étaient hiérarchiquement soumis et agissaient sous leurs ordres.

Depuis 1829, au contraire, chacun des médecins ou chirurgiens, placés à la tête d'un service dans les hôpitaux, est chef responsable et directeur de ce service; ils ont, chacun, les mêmes droits et remplissent les mêmes fonctions.

D'autre part, en 1802, les médecins et chirurgiens étaient nommés au choix, tandis que, depuis 1829, ils sont recrutés au concours.

Règlement du 23 février 1802. — Le 5 ventôse an IX (24 février 1801), M. Frochot, Préfet de la Seine, en installant le Conseil général des hospices, appelait son attention sur la nécessité d'établir un règlement général pour le service de santé des établissements hospitaliers. « Ce service, disait-il, est fait selon le zèle des officiers de santé qui en sont chargés et d'après les règles qu'ils jugent à propos

de se prescrire chacun dans son hospice. Je ne doute pas que, soit pour l'amélioration du service, soit pour les officiers de santé eux-mêmes, un règlement commun ne soit très avantageux; mais, jusqu'à ce jour, on a douté à qui appartenait le pouvoir de le faire et, en conséquence, personne ne l'a tenté. Cet objet, pourtant, importe trop à la régénération des hôpitaux pour être ajourné plus longtemps et vous ne tarderez pas, je pense, à reconnaître la nécessité de vous en occuper, ne fût-ce que sous le rapport des nominations dont la forme est actuellement tout arbitraire et peu propre à encourager les jeunes élèves (1). »

L'élaboration d'un règlement général pour le service de santé des hôpitaux et hospices civils de Paris fut donc l'une des premières préoccupations du Conseil général des hospices, et une année ne s'était pas écoulée que déjà paraissait le règlement du 23 février 1802 (4 ventôse an X).

En même temps qu'il instituait des médecins et des chirurgiens en chef, assistés de médecins ordinaires et de chirurgiens de 2e classe, ce règlement créait dans les hôpitaux des places d'élèves, internes et externes, chargés de tenir les cahiers de visite, de faire les pansements et d'assurer le service de la garde. Ces élèves ont toujours été maintenus depuis.

Les chirurgiens de 2e classe et les élèves internes et externes étaient nommés au concours. Leurs fonctions étaient temporaires : 6 années pour les chirurgiens de 2e classe, 4 années pour les internes et 3 années pour les externes.

Quant aux médecins et chirurgiens, en chef et ordinaires, ils étaient nommés par le Ministre de l'intérieur sur une liste triple de candidats. Pour être portés sur cette liste, les médecins en chef devaient être âgés de 50 ans au moins et avoir été employés dans les hôpitaux civils ou militaires de la France pendant au moins 10 ans; les médecins ordinaires, avoir 40 ans et 12 années de réception; les chirurgiens en chef et ordinaires, être âgés de 30 ans au moins et avoir 10 années de service.

Les dispositions du règlement du 23 février 1802 concernant l'organisation du service de la pharmacie dans les hôpitaux et hospices sont encore les mêmes aujourd'hui. Un pharmacien en chef était chargé de la direction et de la surveillance, tant de la Pharmacie centrale que des pharmacies particulières des hôpitaux et hospices et des comités centraux de bienfaisance. Quant aux pharmacies particulières installées dans chacun des établissements, des pharmaciens, assistés d'élèves internes, étaient placés à leur tête ; à l'Hôtel-Dieu et à Saint-Louis, il était, en outre, attaché un premier élève en pharmacie, dont le service devait être réglé et combiné avec celui du pharmacien, de manière à ce que l'un des deux fût constamment présent dans la maison. Ces emplois de premier élève ont été supprimés par le règlement de 1829.

Le pharmacien en chef était nommé dans les mêmes formes que les médecins et chirurgiens; il devait être membre du Collège de pharmacie de Paris et âgé d'au moins 30 ans; les pharmaciens chefs de service et les élèves étaient recrutés au concours. Les chefs de service étaient nommés par le Ministre de l'intérieur.

Le pharmacien en chef et les pharmaciens des hôpitaux et hospices étaient nommés à vie. Quant aux élèves, leur temps d'exercice était limité à 6 années pour les premiers élèves, et à 4 années pour les élèves ordinaires.

Le 22 mars 1802, le Conseil général des hospices mettait en fonctionnement le

---

(1) Voir Husson, *Étude sur les hôpitaux* (Paul Dupont, 1862).

Bureau central, qu'il avait institué quelques mois auparavant (arrêté du 27 novembre 1801 — 6 frimaire an X) pour les admissions dans les hôpitaux, et où devaient être préalablement examinés tous les malades sollicitant leur hospitalisation. Le service de ce Bureau était assuré par des médecins et des chirurgiens pris hors des hôpitaux et hospices et âgés d'au moins 30 ans. Tout d'abord nommés directement par le Conseil général des hospices, ces médecins et ces chirurgiens furent, à partir de 1818, soumis aux mêmes règles de nomination que leurs collègues des hôpitaux et nommés, comme eux, par le Ministre de l'intérieur, sur une liste quintuple de candidats présentés par le Conseil général des hospices (décision du Ministre de l'intérieur, prise au moment de l'approbation du règlement nouveau du Bureau central, en date du 11 février 1818).

Ce mode de nomination dura jusqu'en 1821, époque à laquelle il fut remplacé par le concours (arrêté du 3 juin 1821, portant ouverture d'un concours public pour une place de chirurgien vacante au Bureau central d'admission).

Les médecins et les chirurgiens du Bureau central ne firent d'abord que le service de l'examen des malades se présentant à ce Bureau; ils ne suppléaient pas les médecins et chirurgiens chefs de service, comme ils le firent plus tard; toutefois, c'était parmi eux que le Conseil général recrutait les médecins et les chirurgiens qui pouvaient être adjoints, en cas de besoin, aux médecins et aux chirurgiens chefs de service.

Dès 1803, le Conseil général adoptait, par un arrêté du 24 frimaire an XI, une pharmacopée pour l'usage spécial des hôpitaux et hospices. Cette pharmacopée, soumise à l'examen de l'École de médecine et approuvée par elle le 15 vendémiaire an XI, constitue le premier formulaire pharmaceutique des hôpitaux (1). Ce formulaire est resté en vigueur jusqu'en 1836, époque à laquelle le Conseil général des hospices en ordonna la revision, afin d'y introduire diverses substances dont l'action thérapeutique venait d'être révélée, et afin aussi d'apporter plus de régularité dans la comptabilité des pharmacies.

De 1836 à 1887, époque à laquelle ce formulaire fut de nouveau revisé, de nombreuses décisions administratives autorisèrent successivement l'adjonction de médicaments nouveaux employés dans la thérapeutique. Enfin, en 1899, une nouvelle liste supplémentaire de médicaments a été adoptée, en attendant la revision actuellement en préparation du Codex français.

Règlement du 21 avril 1810. — Un arrêté ministériel du 21 avril 1810 consacra le premier règlement de 1802, ainsi que les diverses dispositions de détail édictées par le Conseil général des hospices depuis l'institution de ce règlement. Cet arrêté réglemente, en particulier, le mode de suppléance et de remplacement provisoire des médecins en chef par la création de 6 emplois de médecins suppléants, nommés, comme les médecins en chef et ordinaires, par le Ministre de l'intérieur. Ces médecins étaient appelés à faire indistinctement le service de tous les hôpitaux, mais ils pouvaient être particulièrement attachés à chacun des hospices et hôpitaux qui, soit à raison de leur population, soit à raison de leur éloignement, en seraient susceptibles, savoir : 3 à l'Hôtel-Dieu, 2 à la Charité, 1 aux hospices de Bicêtre et de la Salpêtrière. Ils avaient des fonctions gratuites. C'était parmi ces médecins suppléants que le gouvernement

---

(1) Par une circulaire du 7 floréal an XI, le Ministre de l'intérieur transmettait un exemplaire de cette pharmacopée aux Préfets des départements, en les invitant à en faire usage dans les établissements de bienfaisance de leur ressort.

se réservait de choisir les praticiens qu'il deviendrait nécessaire d'envoyer dans les départements pour cause d'épidémies extraordinaires. Cette création de médecins suppléants eut pour effet de supprimer les médecins supplémentaires qui, sous les noms divers d'expectants, d'adjoints ou de suppléants, étaient nommés directement par le Conseil général des hospices.

L'arrêté du 21 avril 1810 stipulait, en outre, que les listes de présentation à adresser au Ministre de l'intérieur pour chacune des places de médecins et de chirurgiens en chef, ordinaires et suppléants, devaient à l'avenir comprendre 5 noms au lieu de 3, comme il était dit au règlement de 1802. Cette augmentation des listes de présentation avait pour but de permettre au Conseil général des hospices de pouvoir s'attacher éventuellement des praticiens étrangers aux hôpitaux et dont les lumières et le savoir avaient consacré la réputation. Il était dit, en effet, que : pour les places de médecins et de chirurgiens en chef, les listes devaient comprendre 2 candidats pris parmi les médecins et les chirurgiens ordinaires, et 3 choisis par le Conseil en dehors du service de l'Administration ; pour les places de médecins et de chirurgiens ordinaires et suppléants, 3 candidats choisis parmi

HÔPITAL BOUCICAUT. — SALLE DE TRAVAIL.

les élèves internes qui, ayant fini leur internat et étant âgés de plus de 40 ans, justifieraient de 5 ans de réception, et 2 autres médecins pris hors du service et qui auraient également plus de 40 ans révolus et 5 ans de réception.

Un arrêté du 24 décembre 1811 créa 5 places d'inspecteurs du service des élèves, lesquels prirent, en 1818 (arrêté du 11 février 1818), le titre de médecins internes, dits médecins surveillants des élèves. Ces 5 inspecteurs, qui devaient être reçus docteurs et choisis de préférence parmi les internes arrivés au terme de leur exercice, étaient attachés aux grands établissements, savoir: 2 à l'Hôtel-Dieu, 1 à la Charité, 1 à Saint-Louis et 1 à la Salpêtrière. Placés entre les chefs de service et les élèves, ces médecins étaient appelés à exercer un contrôle permanent sur le service des étudiants dans les hôpitaux et à maintenir l'ordre et la discipline, là où il eût été dangereux, à raison du nombre et de l'inexpérience de ces élèves, de les abandonner à leurs seules inspirations. Ils étaient chargés de remplacer les chefs dans l'intervalle des visites et d'assurer l'exécution des prescriptions médicales et chirurgicales.

En 1816, il fut décidé que la durée des fonctions des chefs de service, qui, aux termes des règlements de 1802 et de 1810, étaient nommés à vie, serait limitée. Cette situation, qui pouvait être contraire aux véritables intérêts des malades, préoccupait depuis quelque temps le Conseil général des hospices, et, par un arrêté du 3 juillet 1816, il était décidé que « les médecins quitteraient nécessairement leurs fonctions en arrivant à l'âge de 55 ans et les chirurgiens à l'âge de 50 ans », avec ce tempérament, toutefois, pour les médecins et les chirurgiens alors en exercice, que, « ayant été nommés à vie, ils ne prendraient leur retraite, les premiers qu'à l'âge de 65 ans et les seconds qu'à l'âge de 60 ans ». Ce principe de la limitation de la durée des fonctions des chefs de service, bien qu'ainsi nettement formulé, ne fut cependant pas appliqué immédiatement ; il fut de nouveau proposé et discuté en 1821, mais il ne trouva définitivement place que dans le règlement de 1829.

Un arrêté du 20 août 1817 rétablit à l'Hôtel-Dieu le service des consultations externes, service qui jusqu'alors était assuré d'une façon très incomplète. Dans les autres hôpitaux et hospices, ce service n'a été définitivement réglementé qu'en 1825 (arrêté du 14 décembre).

En 1825 (arrêté du 19 octobre), le Conseil général des hospices institua la Commission des médicaments et remèdes nouveaux. Tout en étant désireux d'empêcher que les malades fussent l'objet d'essais qui pouvaient compromettre leur guérison et même leur vie, le Conseil général des hospices ne voulait pas cependant repousser sans examen tout ce qui pouvait contribuer à leur soulagement et aux progrès de la science. Il décida donc qu'aucun médicament ne pourrait être ordonné ou préparé que suivant les prescriptions du Codex, mais que, si un mé-

LA SALPÊTRIÈRE. — SECTION RAMBUTEAU

decin ou un chirurgien avait le désir d'employer d'autres médicaments, il ne pourrait le faire qu'avec une autorisation spéciale donnée sur l'avis d'une Commission de médecins et de chirurgiens désignés à cet effet.

Règlement du 9 décembre 1829. — Le règlement de 1829 a été préparé sur la demande même du Ministre de l'intérieur qui considérait que les additions successives aux règlements de 1802 et de 1810 enlevaient à ceux-ci la précision et la clarté nécessaires, et qui, par une lettre du 23 février 1819, avait fait inviter le Conseil général des hospices à refaire un nouveau règlement.

Ce règlement, adopté par le Conseil général des hospices dans sa séance du 9 décembre 1829, a reçu l'approbation du Ministre le 13 juillet 1830. Il établit, en premier lieu, le mode unique de recrutement par le concours de tous les agents du corps médical, en stipulant qu'à l'avenir les médecins et chirurgiens des hôpitaux seraient exclusivement pris parmi les médecins et chirurgiens du Bureau central, lesquels continuaient, comme il avait été édicté en 1821, à être nommés au concours. Il décide, d'autre part, que tous les médecins et chirurgiens seront nommés pour une période de 5 années, mais qu'ils pourront être réinstitués par périodes successives tant qu'ils n'auront pas accompli : les médecins, leur soixantième année, et les chirurgiens, leur cinquante-cinquième année. La limite d'âge fixée par l'arrêté du 3 juillet 1816 se trouvait ainsi augmentée de 10 années.

Le règlement de 1829 supprima les différentes classes de médecins et de chirurgiens existant dans les hôpitaux, ainsi que les titres de chefs, d'ordinaires, de suppléants ou d'adjoints, affectés aux différentes catégories établies par les règlements de 1802 et de 1810 ; il décida qu'il n'y aurait plus, dans les établissements hospitaliers, que des médecins et des chirurgiens chefs de leur service et des médecins et des chirurgiens du Bureau central, lesquels, en outre de leur service à ce Bureau, seraient appelés à suppléer les médecins et les chirurgiens pendant leurs absences et à devenir,

11

à leur tour, titulaires au fur et à mesure des vacances et selon leur rang d'ancienneté.

Règlement du 26 août 1839. — Le règlement de 1829 fut revisé par le Conseil général des hospices le 1er juillet 1835, mais cette revision ne fut homologuée par le Ministre que le 26 août 1839 ; dans ce nouveau règlement, aucune modification importante n'était apportée à celui de 1829 dont les principes généraux étaient maintenus.

En définitive, l'on a pu dire (1) que, « en augmentant le nombre des praticiens dans les hôpitaux, en les appelant tous à concourir au traitement des malades, en laissant à chacun d'eux son initiative et son indépendance, enfin, en préparant le renouvellement régulier du corps médical, le règlement de 1839 a mieux servi les intérêts de la science et de l'humanité que le principe unitaire et hiérarchique du règlement de 1802, qui avait placé un médecin et un chirurgien en chef à la tête de chaque établissement ».

La loi du 10 janvier 1849, constitutive de l'Administration de l'Assistance publique à Paris, amena un changement assez notable au règlement de 1839 : la suppression des dispositions relatives à la réinvestiture quinquennale des chefs de service. Cette loi n'indiquait, en effet, que le mode de nomination et de destitution des médecins et des chirurgiens des hôpitaux et l'on pouvait en conclure qu'ils étaient nommés à vie.

Aussi, quelques années plus tard, l'Administration, d'accord en cela avec le Ministre et usant des nouveaux pouvoirs que lui conférait la loi du 7 août 1851 sur l'administration des hospices, fut-elle amenée à en rétablir la limitation. Un arrêté du 3 mars 1853 décida que les fonctions des médecins et des chirurgiens des hôpitaux cesseraient de plein droit lorsqu'ils auraient accompli, les médecins, leur soixante-cinquième année, et les chirurgiens, leur soixantième année. Un arrêté du 23 novembre 1868 a porté à 62 ans la limite d'âge des chirurgiens. Le même arrêté du 3 mars 1853 décidait que tout médecin ou chirurgien qui se trouverait empêché par l'état de sa santé, par des infirmités ou par toute autre cause, de faire son service, serait, après un an d'interruption continue et avertissement préalable, considéré comme démissionnaire. Un arrêté du 25 avril 1876 et un arrêté du 22 janvier 1879 ont revisé ces dernières dispositions de l'arrêté du 3 mars 1853 en ce qui touche les médecins et les chirurgiens qui auraient cessé de faire leur service pendant plus d'un an pour cause certaine de maladie, de même que pour ceux qui auraient accepté des fonctions permanentes au service de l'Assistance publique de Paris et incompatibles avec le service régulier et quotidien auquel ils sont tenus. Ces médecins et ces chirurgiens ne sont plus aujourd'hui que mis en disponibilité.

En dehors de cette modification, il n'a guère été apporté, jusqu'à ces dernières années, au règlement de 1839, que des changements en ce qui touche le chapitre des concours. Ce chapitre a été revisé plusieurs fois, notamment en 1842, en 1853, en 1868, en 1869 et en 1871.

En 1875, l'Administration organisa un concours pour la nomination du médecin de l'hôpital de Forges, puis, en 1880, pour celle du médecin de l'hospice de la Reconnaissance, en 1891, pour celle de chirurgien de l'hôpital de Berck, et, en 1897, pour celle de médecin de l'hospice de Brévannes.

En 1879, fut rétabli le concours pour la nomination des médecins des quartiers d'aliénés dépendant de l'Administration dans les hospices de Bicêtre et de la Salpêtrière, concours qui avait été institué en 1840, mais qui avait été supprimé en 1861. L'année

---

(1) Voir Husson, *Étude sur les hôpitaux* (1862).

suivante, en 1880, fut créé, dans chacun de ces hospices, un emploi de médecin adjoint, également nommé au concours, pour être attaché au service des quartiers d'aliénés.

En 1881, intervint la réorganisation générale du service des accouchements dans les hôpitaux et chez les sages-femmes agréées et la création d'un ordre nouveau de praticiens, les accoucheurs, appelés à diriger ce service.

En 1887, fut réorganisé le service du traitement des maladies des dents dans les hôpitaux, et des emplois de dentistes furent créés. Ce service a été de nouveau réorganisé en 1891.

Par un arrêté du 5 janvier 1888, il fut décidé que les fonctions du pharmacien en chef des hôpitaux et celles des pharmaciens des hôpitaux et hospices, qui jusqu'alors n'étaient pas limitées, cesseraient de plein droit lorsque ces agents auraient atteint l'âge de 65 ans.

AMOURS MALADES

En 1888, également, furent revisés les concours de médecins et de chirurgiens des hôpitaux; celui des médecins vient de l'être à nouveau en 1899. En ce qui concerne les concours des élèves, le concours des prix de l'internat en médecine a été réorganisé en 1888 et ceux de l'internat et de l'externat en médecine en 1895.

Dans cette même année 1895 fut également réformé le mode d'admission des malades dans les hôpitaux. Le Bureau central d'admission fut supprimé et il fut décidé que les malades ne seraient plus reçus dans les établissements, en dehors, bien entendu, des cas d'urgence, qu'à la suite des consultations journalières données dans chacun d'eux. Paris fut, à cet effet, divisé en circonscriptions, ressortissant chacune à un hôpital déterminé, et, pour assurer d'une manière plus régulière le service des consul-

AMOURS GUÉRIS

tations, qui devenait ainsi très important, il fut décidé que ce service, qui était jusqu'alors rempli par les médecins et les chirurgiens chefs de service eux-mêmes, serait confié à des médecins et des chirurgiens qui en seraient spécialement chargés.

En 1899, enfin, a été créé, pour la direction des services d'ophtalmologie, un ordre nouveau de praticiens, les ophtalmologistes, nommés à la suite d'un concours spécial. Un premier concours de cette nature va être ouvert au mois de mai 1900.

ORGANISATION ACTUELLE

Le traitement des malades dans les hôpitaux et dans les infirmeries des hospices est confié à des médecins, des chirurgiens, des accoucheurs, des dentistes et des pharmaciens. Ces médecins, ces chirurgiens et ces accoucheurs sont assistés d'élèves internes et externes en médecine; des sages-femmes sont, en outre, adjointes aux accoucheurs. Quant aux pharmaciens, ils sont assistés par des élèves internes.

Les visites des médecins, chirurgiens et accoucheurs sont également suivies par un certain nombre d'étudiants en médecine désignés chaque année par la Faculté pour accomplir, du 1er décembre au 15 juin, dans les hôpitaux, le stage clinique prescrit par les décrets pour l'obtention du diplôme de docteur en médecine, et par des élèves bénévoles n'ayant pas encore commencé ce stage ou l'ayant terminé.

Tous ces emplois sont donnés au concours, à l'exception des emplois de dentistes, de sages-femmes et de quelques postes de médecins attachés à des établissements situés hors Paris et qui ne sont pas desservis par des médecins appartenant au corps médical des hôpitaux (1).

1° Service médical

§ 1er. *Médecins, chirurgiens et accoucheurs chefs de service.* — Il existe actuellement 96 services de médecine, 44 services de chirurgie et 12 services d'accouchement (2).

Les médecins, chirurgiens et accoucheurs titulaires d'un service ont le titre de médecins, chirurgiens et accoucheurs chefs de service.

Ils sont recrutés parmi les médecins, chirurgiens et accoucheurs des hôpitaux nommés par voie de concours.

Les médecins, les chirurgiens et les accoucheurs chefs de service sont nommés par le Ministre de l'intérieur, sur l'avis du Préfet de la Seine et d'après une liste de trois candidats présentés par le Directeur de l'Administration. Ils ne peuvent être destitués que par le Ministre de l'intérieur, après avis du Conseil de surveillance et sur la proposition du Préfet de la Seine.

En cas de vacances, les chefs de service peuvent, sur leur demande et en vertu

(1) Le chirurgien de l'hôpital de Berck, le médecin de l'hôpital de Forges, celui de l'hospice de la Reconnaissance, à Garches, et celui de l'hospice de Brévannes sont nommés à la suite d'un concours spécial.
Pour les fondations Saint-Michel et Lenoir-Jousseran (à Saint-Mandé), pour la fondation Galignani (à Neuilly), pour les deux annexes de l'hospice des Enfants-Assistés (à Thiais et à Châtillon-sous-Bagneux), pour l'hôpital de La Roche-Guyon, pour le sanatorium d'Hendaye et pour les trois maternités Boucicaut de Roubaix, de Mont-Saint-Aignan et de Chalon-sur-Saône, il est fait appel par l'Administration à des médecins domiciliés dans ces localités, et qui sont nommés par le Directeur de l'Administration conformément aux dispositions de la loi du 7 août 1851, article 14.

(2) Les services d'accouchement sont installés dans les hôpitaux suivants : Hôtel-Dieu, Pitié, Charité, Saint-Antoine, Beaujon, Lariboisière, Tenon, Boucicaut, Saint-Louis, Maternité, Baudelocque et Clinique Tarnier.

d'une décision du Directeur de l'Administration, passer, en la même qualité, d'un établissement dans un autre.

Le Directeur a le droit, d'autre part, d'ordonner, avec l'avis préalable du Conseil de surveillance, les mutations qui seraient nécessaires entre les chefs de service, sous réserve toutefois de l'approbation du Préfet.

Les fonctions des médecins, des chirurgiens et des accoucheurs cessent de plein droit lorsqu'ils ont accompli, les médecins, leur soixante-cinquième année, et les chirurgiens et accoucheurs, leur soixante-deuxième année. Les médecins, chirurgiens et accoucheurs, professeurs de clinique dans les hôpitaux et hospices, échappent toutefois à cette limite d'âge. Ils peuvent rester en exercice jusqu'à l'âge de 70 ans, par application du décret du 28 décembre 1895, relatif à l'organisation des Facultés et des Écoles d'enseignement supérieur qui dispose, à l'article 39, que « les professeurs titulaires ne peuvent être admis à la retraite avant l'âge de 70 ans que sur leur demande ou en cas d'impossibilité constatée de remplir les fonctions et que, même les titulaires âgés de 70 ans peuvent être maintenus en exercice, hors cadre, après avis de la section permanente du Conseil supérieur de l'Instruction publique ». Ils peuvent même ne se retirer qu'à l'âge de 75 ans, s'ils sont membres de l'Institut (même décret, article 39, *in fine*).

UN LABORATOIRE

D'autre part, dans le cas où, par suite de maladie, d'infirmités et de toute cause, un médecin, un chirurgien ou un accoucheur se trouverait empêché de faire régulièrement son service, ce médecin, ce chirurgien ou cet accoucheur peut être considéré comme démissionnaire, après une année d'interruption continue et avertissement préalable donné par le Directeur de l'Administration, après avis du Conseil de surveillance.

Lorsqu'il s'agit, toutefois, de maladie bien constatée ou de fonctions officielles mettant le chef de service dans l'impossibilité de remplir momentanément ses fonctions, le Directeur de l'Administration, sur l'avis préalable du Conseil de surveillance, peut, au lieu de considérer ce chef de service comme démissionnaire, le remplacer en prononçant sa mise en disponibilité.

Suivant un usage établi, les médecins, chirurgiens et accoucheurs qui atteignent la limite d'âge ne résignent leurs fonctions qu'à la fin de l'année courante, et c'est à cette époque qu'ont lieu les mutations de service et les nominations provenant du départ de ces médecins, chirurgiens et accoucheurs, de même que celles auxquelles donnent lieu les remplacements des chefs de service décédés, démissionnaires ou mis en disponibilité.

Les médecins, les chirurgiens et les accoucheurs qui se retirent par application de la limite d'âge peuvent obtenir le titre de médecin, chirurgien ou accoucheur honoraire s'ils comptent au moins 20 ans de services. Ce titre peut être également conféré, après 10 ans de services seulement, aux médecins, chirurgiens et accoucheurs qui, pendant l'exercice de leurs fonctions, sont entrés, savoir : les médecins, dans leur soixantième année, les chirurgiens et accoucheurs, dans leur cinquantième année.

Le titre d'honoraire est conféré par le Ministre de l'intérieur, sur la demande faite par le Préfet de la Seine, consécutivement à la proposition du Directeur de l'Administration, après avis du Conseil de surveillance.

Les médecins, chirurgiens et accoucheurs honoraires des hôpitaux continuent, jusqu'à l'âge de 70 ans, à faire partie des jurys des concours.

Les chefs de service sont chargés des visites des malades dans les salles dont le service leur est confié. Ils font tenir, par les élèves, un cahier de visite, sur lequel sont consignées les prescriptions médicamenteuses et alimentaires à délivrer à chaque malade.

Les accoucheurs ont, en outre, chacun dans l'établissement où il est attaché, la pratique des opérations obstétricales dans les services de médecine ou de chirurgie où des accouchements peuvent se présenter.

Ils ont également la direction des services d'accouchement chez les sages-femmes agréées. Ils ont à faire deux visites régulières à chaque pensionnaire envoyée chez ces sages-femmes, après l'accouchement et au moment de la sortie. Ils y pratiquent, en outre, les opérations obstétricales.

Quelques chirurgiens et accoucheurs chefs de service peuvent être autorisés à s'adjoindre des assistants pris parmi les chirurgiens et les accoucheurs des hôpitaux. Ces chirurgiens et ces accoucheurs chefs de service, qui doivent justifier d'au moins 10 années d'exercice, sont désignés par le Directeur de l'Administration, après avis du Conseil de surveillance.

Des assistants, pris en dehors des médecins et des chirurgiens des hôpitaux, peuvent être également adjoints aux services spéciaux de médecine et de chirurgie, par décision du Directeur et après avis du Conseil de surveillance. Ces assistants, qui sont nommés par le Directeur, sont choisis parmi les docteurs en médecine ayant fait 4 années d'internat dans les hôpitaux ; ils sont désignés pour 2 ans, avec faculté d'être prorogés pendant une troisième année.

Les chefs de service doivent faire régulièrement leurs visites tous les jours, le matin, à partir de 9 heures.

En cas d'urgence, ils peuvent être appelés par les directeurs des établissements.

En ce qui touche les opérations chirurgicales qu'il y aurait lieu de pratiquer d'urgence dans l'intervalle des visites, un service de garde permanent est organisé entre les chirurgiens des hôpitaux pour répondre aux appels des directeurs des établissements, à défaut ou en l'absence des chirurgiens chefs de service ou de leurs assistants.

Pour les opérations obstétricales, les hôpitaux ne comportant pas d'accoucheur chef de service sont répartis en circonscriptions, à chacune desquelles est attaché un accoucheur des hôpitaux.

En ce qui concerne le traitement proprement dit des malades, l'Administration laisse aux chefs de service une entière latitude, et elle ne s'immisce en aucune façon dans les méthodes thérapeutiques qu'ils peuvent employer.

Toutefois, il a été dressé un formulaire des hôpitaux, en dehors duquel aucun

médicament ne peut être préparé ni administré sans une autorisation expresse. L'Administration a voulu ainsi donner aux malades la garantie qu'ils ne deviendraient dans aucun cas le sujet d'essais plus ou moins hasardeux. Mais elle n'a pas voulu pour cela les empêcher de profiter des méthodes thérapeutiques nouvelles, et elle institue, chaque année, une Commission spéciale, dite des médicaments et remèdes nouveaux, composée de médecins et de chirurgiens, à laquelle sont soumises toutes les demandes de cette nature faites par les chefs de service et sans l'avis de laquelle les autorisations d'emploi ne peuvent être accordées.

HÔPITAL DE BERCK.— LA CURE D'AIR

Enfin, il est entendu que les chefs de service doivent seuls donner leurs soins aux malades qui leur sont confiés, et il leur est interdit de livrer, sans l'autorisation de l'Administration, leurs malades à l'expérimentation d'un mode quelconque de traitement dirigé, soit par un praticien étranger à ses établissements, soit par le possesseur d'un remède secret.

Depuis 1895, les médecins et les chirurgiens chefs de service sont déchargés du service des consultations, service qu'ils étaient tenus de faire concurremment avec celui de leurs salles, et qu'ils ne pouvaient assurer d'une manière suffisante en raison du grand nombre de malades qui s'y présentaient journellement.

Le service des consultations est, aujourd'hui, assuré par les médecins et les chirurgiens des hôpitaux, et, à défaut d'un nombre suffisant de ceux-ci, par des assistants de consultation, choisis parmi les docteurs en médecine ayant fait 4 années d'internat dans les hôpitaux. Ces assistants sont nommés par le Directeur de l'Administration pour une période de 2 années, à l'expiration de laquelle ils peuvent être prorogés, mais pour une troisième année seulement.

A chacun des médecins et des chirurgiens des hôpitaux chargés de la consultation, de même qu'à chacun des assistants de consultation, est adjoint un assistant de consultation suppléant, pour assurer le service pendant ses absences.

Les assistants de consultation, titulaires ou suppléants, sont nommés par le Directeur de l'Administration sur la présentation d'une Commission spéciale, composée :

Du représentant des médecins ou chirurgiens au Conseil de surveillance, président ;

Du président de la Société des médecins ou chirurgiens chefs de service ;

Et du président de la Société des médecins ou chirurgiens des hôpitaux.

Les listes de présentation doivent être doubles pour chaque place vacante.

Le règlement de 1895 a, toutefois, laissé, dans les hôpitaux et services spéciaux, le service de la consultation entre les mains des médecins, des chirurgiens et des accoucheurs chefs de service attachés à ces hôpitaux et à ces services. Cette mesure a été motivée par l'intérêt même des malades qui, en s'adressant, dans ces consultations spéciales, aux chefs de service eux-mêmes, sont ainsi assurés d'y trouver des soins éclairés et continus, surtout s'ils sont obligés de suivre un traitement externe.

Les médecins et chirurgiens chefs de service dans les hôpitaux affectés au traitement des maladies ordinaires peuvent être autorisés à faire dans ces établissements des consultations externes pour maladies spéciales. Cette autorisation leur est donnée par le Directeur après avis du Conseil de surveillance.

Ces médecins et ces chirurgiens peuvent se faire assister, pour le service de ces consultations spéciales, mais avec l'agrément du Directeur de l'Administration, par un docteur en médecine justifiant, comme les assistants de consultation, de 4 années d'internat dans les hôpitaux.

§ 2. *Médecins, chirurgiens et accoucheurs des hôpitaux.* — Les médecins, les chirurgiens et les accoucheurs des hôpitaux sont nommés au concours.

Pour être admis à prendre part à ce concours, les candidats doivent justifier, indépendamment de la qualité de Français, soit de 5 années de doctorat, soit de 1 année seulement de doctorat s'ils ont passé 4 années entières dans les hôpitaux et hospices de Paris, en qualité d'internes en médecine.

Le nombre des places à mettre à chaque concours ne peut excéder 6 pour les médecins et 3 pour les chirurgiens et les accoucheurs.

Les concours pour les places de médecins, de chirurgiens et accoucheurs des hôpitaux comportent des épreuves d'admissibilité et des épreuves définitives.

Les épreuves d'admissibilité du concours des médecins comprennent :

1° Une composition écrite sur un sujet de pathologie, dont l'élément anatomopathologique fait nécessairement partie et pour laquelle il est accordé trois heures ;

2° Une épreuve clinique sur un malade : Il est accordé au candidat quinze minutes pour faire sa leçon, après quinze minutes dont il peut disposer à son gré pour l'examen du malade et la préparation de sa leçon ;

Et les épreuves définitives :

1° Une épreuve orale théorique sur un sujet de pathologie : Il est accordé au candidat vingt minutes pour réfléchir et un temps égal pour faire sa leçon ;

2° Une épreuve clinique sur un malade : Le candidat dispose de vingt minutes pour l'examen du malade et la préparation de sa leçon, et de vingt minutes pour la dissertation orale devant le jury.

3° Une consultation écrite sur un malade, pour la rédaction de laquelle il est accordé trois quarts d'heure après quinze minutes d'examen, y compris l'analyse des urines.

Le concours pour les places de chirurgien des hôpitaux se compose de trois épreuves d'admissibilité et de trois épreuves définitives.

Les épreuves d'admissibilité comprennent :

1° Une composition écrite sur un sujet d'anatomie normale et de pathologie ; il est accordé trois heures pour cette composition ;

2° Une épreuve clinique sur un malade ; il est accordé au candidat dix minutes pour l'examen du malade et quinze minutes pour la dissertation devant le jury, après cinq minutes de réflexion ;

3° Une consultation écrite sur un malade, pour la rédaction de laquelle il est accordé trois quarts d'heure, après dix minutes d'examen.

Les épreuves définitives comprennent :

1° Deux opérations sur le cadavre ;

2° Une épreuve orale théorique sur un sujet de pathologie ; il est accordé au candidat vingt minutes pour réfléchir et un temps égal pour faire sa leçon ;

3° Une épreuve clinique sur un malade ; il est accordé au candidat dix minutes pour l'examen du malade et quinze minutes pour la dissertation orale devant le jury, après cinq minutes de réflexion.

Le concours pour les places d'accoucheur se compose de quatre épreuves d'admissibilité et de deux épreuves définitives.

Les épreuves d'admissibilité comprennent :

1° Une composition écrite sur un sujet d'anatomie et de physiologie ; il est accordé trois heures pour cette composition ;

2° Une épreuve clinique sur une femme enceinte, en travail, ou récemment accouchée ; il est accordé au candidat dix minutes pour l'examen de la malade, et quinze minutes pour la dissertation devant le jury, après cinq minutes de réflexion.

3° Une leçon théorique sur un sujet d'accouchement, de vingt minutes de durée, après vingt minutes de préparation ;

4° Deux opérations sur le cadavre.

Les épreuves définitives comprennent :

1° Une consultation écrite sur une femme atteinte d'une affection chirurgicale ou sur un enfant nouveau-né ; chaque candidat a dix minutes pour l'examen et quarante-cinq minutes pour la rédaction ;

2° Une épreuve clinique orale sur deux femmes enceintes, en travail, ou récemment accouchées ; il est accordé à chaque candidat vingt minutes, dont il pourra disposer à son gré, pour l'examen de ces deux malades, et trente minutes pour la dissertation, après cinq minutes de réflexion.

HOSPICE DEBROUSSE. — DORTOIR

La durée des fonctions des médecins, des chirurgiens et des accoucheurs des hôpitaux n'est pas limitée ; ils restent en exercice jusqu'à ce qu'ils soient nommés chefs de service.

Les médecins, les chirurgiens et les accoucheurs des hôpitaux sont chargés de suppléer les médecins, les chirurgiens et les accoucheurs chefs de service et de diriger les services ouverts temporairement. Les médecins et les chirurgiens sont, en outre, chargés d'assurer le service des consultations journalières dans les hôpitaux ; ceux d'entre eux qui sont appelés à assurer ce service choisissent, au début de chaque année et suivant l'ordre d'ancienneté, l'hôpital auquel ils désirent être attachés.

Les chirurgiens des hôpitaux sont, enfin, chargés d'assurer le service de garde quotidien pour les opérations d'urgence qu'il y aurait lieu de pratiquer dans les hôpitaux. Deux roulements sont établis entre eux pour assurer ce service : l'un, pour les jours ordinaires de la semaine, l'autre pour les dimanches et les jours de fête.

Un certain nombre de chirurgiens et d'accoucheurs des hôpitaux peuvent être

12

attachés à des chirurgiens et à des accoucheurs chefs de service, en qualité d'assistants. Ces assistants, qui sont désignés par le Directeur de l'Administration, sur la proposition du chef de service, assurent, bien entendu, les suppléances de ces derniers pendant leurs congés. Le règlement limite le nombre de ces chirurgiens et de ces accoucheurs assistants à la moitié des cadres des chirurgiens et des accoucheurs des hôpitaux. Il y a, actuellement, 5 chirurgiens assistants et 1 seul accoucheur assistant.

§ 3. *Médecins des quartiers d'aliénés de Bicêtre et de la Salpêtrière.* — Le service médical, dans les quartiers d'aliénés des hospices de Bicêtre et de la Salpêtrière, est confié à des médecins chefs de service, nommés dans les mêmes formes que les médecins chefs de service des hôpitaux, c'est-à-dire par le Ministre de l'intérieur.

Il est, en outre, attaché à chacun de ces deux hospices, pour le service spécial des quartiers d'aliénés, un médecin adjoint, qui est nommé à la suite d'un concours spécial, analogue à celui des médecins des hôpitaux, et qui se trouve placé, vis-à-vis des médecins chefs de service de ces quartiers, dans la même situation que les médecins des hôpitaux vis-à-vis des médecins chefs de service.

Les médecins adjoints sont appelés, ainsi, à suppléer, pendant leurs congés, chacun dans l'hospice auquel il est attaché, les médecins chefs de service des quartiers d'aliénés, et c'est parmi eux, suivant le rang d'ancienneté, que sont recrutés ces médecins chefs de service, au fur et à mesure des vacances qui se produisent.

Sont admis à concourir, pour les places de médecin adjoint des quartiers d'aliénés des hospices de Bicêtre et de la Salpêtrière, les candidats qui réunissent les conditions suivantes :

1° La qualité de Français ;

2° 28 ans d'âge ;

3° 5 années de doctorat.

Pour les candidats ayant été internes en médecine dans les hôpitaux et hospices de Paris ou dans les asiles publics d'aliénés de la Seine, les années d'internat sont comptées comme années de doctorat.

Les épreuves du concours sont réglées de la manière suivante :

1° Une épreuve écrite sur l'anatomie et la physiologie du système nerveux, pour laquelle il est accordé trois heures ;

2° Une épreuve clinique sur un malade ordinaire ; il est accordé au candidat dix minutes pour l'examen du malade et vingt minutes pour développer oralement son opinion devant le jury, après cinq minutes de réflexion ;

3° Une épreuve clinique sur un malade atteint d'une affection mentale ; il est accordé vingt minutes pour l'examen du malade et vingt minutes pour la dissertation, après cinq minutes de réflexion ;

4° Une épreuve écrite comprenant : *a*, une consultation sur un aliéné, et *b*, un rapport sur un cas d'aliénation mentale ; il est accordé au candidat quinze minutes pour l'examen de chacun des malades et une heure et demie pour la rédaction du rapport et de la consultation ;

5° Une épreuve clinique sur deux aliénés ; le candidat a quinze minutes pour l'examen de chacun des deux malades et trente minutes pour la dissertation orale, après cinq minutes de réflexion.

Les médecins aliénistes des hôpitaux étant assimilés, quant au grade et aux prérogatives, aux médecins des hôpitaux, se trouvent, par suite, avoir à remplir les mêmes fonctions que ceux-ci dans les services qui leur sont confiés. Comme les médecins chefs de service des hôpitaux, ils peuvent, en cas de vacances, passer, sur la demande et en vertu d'une autorisation du Directeur de l'Administration, d'un établissement dans un autre.

Enfin, comme les médecins chefs de service des hôpitaux et hospices, ils son̄ soumis à la limite d'âge de 65 ans.

D'autre part, la loi du 30 juin 1838 sur les aliénés, prescrivant la résidence d'un médecin dans chacun des établissements consacrés à ces malades, il a été décidé que les médecins adjoints des quartiers d'aliénés des hospices de Bicêtre et de la Salpêtrière seraient astreints à la résidence dans ces deux hospices, à moins que celle-ci n'ait été acceptée par l'un des médecins chefs de service attachés à cet établissement.

§ 4. *Dentistes des hôpitaux.* — Le traitement des maladies des dents dans les hôpitaux et hospices est confié à des dentistes titulaires et à des dentistes adjoints, qui sont nommés par le Directeur de l'Administration.

Les candidats à ces emplois doivent justifier de la qualité de Français, être docteurs en médecine d'une Faculté française et âgés de 28 ans au moins et de 56 ans au plus.

Ils doivent, en outre du diplôme de docteur en médecine, être pourvus du diplôme de chirurgien-dentiste, et justifier d'une scolarité d'une année dans une École dentaire reconnue par l'État ou d'un stage d'un an au moins dans un service dentaire de l'un des hôpitaux de Paris.

Les dentistes des hôpitaux sont nommés pour une période de 6 années, avec faculté d'être réinstitués par périodes successives de 6 années, tant qu'ils n'ont pas accompli leur soixante-deuxième année.

À chacun des hôpitaux dont l'importance et la nature l'exigent, est attaché un dentiste titulaire.

Les autres établissements sont répartis en groupes, à chacun desquels est attaché un dentiste adjoint.

Un certain nombre de dentistes adjoints, non chargés de service, sont désignés pour assurer les suppléances des dentistes titulaires et des dentistes adjoints chargés de groupe.

LA SALPÊTRIÈRE. — BATIMENT DES INTERNES EN PHARMACIE

4 des dentistes adjoints chargés des suppléances peuvent être attachés, en qualité d'assistants et dans les mêmes conditions que les chirurgiens et les accoucheurs assistants, à certains dentistes titulaires, savoir : ceux de l'Hôtel-Dieu, de Saint-Antoine, de Lariboisière et de Saint-Louis.

Les dentistes titulaires sont recrutés, au fur et à mesure des vacances, parmi les dentistes adjoints chargés de service, et ces derniers parmi les dentistes adjoints attachés au service des remplacements.

Les dentistes titulaires sont tenus de faire, dans les établissements auxquels ils sont attachés, en dehors des cas urgents pour lesquels ils peuvent être spécialement

appelés, deux consultations par semaine, à la fois pour les malades de l'hôpital qui leur seraient indiqués par les chefs de service et pour les malades du dehors.

Le service des dentistes adjoints ne comporte pas de consultations externes. Ils doivent se rendre une fois par semaine au moins dans chacun des établissements de leur groupe pour donner des soins aux malades qui leur seraient indiqués par les chefs de service.

Les visites des dentistes titulaires et des dentistes adjoints dans les hôpitaux doivent avoir lieu dans la matinée, à l'heure de la visite générale, de manière que les chefs de service soient à même de leur désigner ceux des malades traités dans leurs salles qui auraient besoin de soins.

§ 5. *Élèves internes et externes en médecine.*— Chacun des médecins, des chirurgiens et des accoucheurs chefs de service est assisté par des élèves internes et externes, en nombre proportionné à celui des lits contenus dans leurs salles. Ce nombre est fixé par le Directeur de l'Administration, après avis du Conseil de surveillance, de manière à donner au moins :

Pour chaque chef de service, 1 interne en médecine, et, en ce qui touche les externes : 1 élève par 20 malades dans les services de médecine et 1 élève par 12 malades dans les services de chirurgie et d'accouchement.

Dans les services de chirurgie, le nombre des élèves internes peut être de 2 ou de 3, selon les besoins.

Les internes et les externes sont nommés au concours.

Les candidats doivent justifier :

Pour l'externat, de 4 inscriptions au moins de médecine, prises dans l'une des Facultés de médecine de l'État ;

Pour l'internat, du titre d'externe des hôpitaux de Paris reçu au concours et d'une année au moins d'exercice en cette qualité dans ces hôpitaux. Les élèves externes ne peuvent, toutefois, se présenter au concours de l'internat que pendant les 7 années qui suivent la prise de leur première inscription de médecine, défalcation des années de présence sous les drapeaux qui ne sont pas comptées dans ce délai.

Les étrangers, comme les Français, de l'un et l'autre sexe, peuvent concourir pour les places d'élèves.

Les externes sont nommés pour 3 ans. Ceux d'entre eux qui ont accompli leur temps d'externat et qui n'ont pas été reçus internes peuvent se présenter de nouveau au concours pour les places d'externes, avec cette restriction toutefois qu'ils n'auront pas déjà été admis à accomplir une seconde période d'exercice.

Les internes sont nommés pour 4 ans.

Cette durée d'exercice peut être prolongée pendant une année supplémentaire pour les élèves qui auraient accompli, depuis leur entrée en fonctions, l'année de service militaire exigée par la loi du 15 juillet 1889 sur le recrutement de l'armée, mais sous la condition de justifier, par un certificat régulier, de cette année passée sous les drapeaux.

Les concours pour la nomination aux places d'élèves internes et externes des hôpitaux sont annuels. Les épreuves en sont réglées comme il suit :

Pour l'externat :

1° Une épreuve orale sur une question d'anatomie descriptive ; il est accordé cinq minutes à chaque candidat pour développer cette question, après cinq minutes de réflexion ;

2° Une deuxième épreuve orale sur une question élémentaire de pathologie ou de petite chirurgie. Chaque candidat a également cinq minutes pour traiter cette question, après cinq minutes de réflexion.

Pour l'internat :

1° Une épreuve d'admissibilité consistant en une composition écrite sur l'anatomie et la pathologie, pour laquelle il est accordé deux heures ;

2° Une épreuve orale sur les mêmes sujets ; il est accordé dix minutes à chaque candidat pour développer, après dix minutes de réflexion, la question désignée par le sort.

À la suite du concours de l'internat, le jury dresse une liste supplémentaire d'internes provisoires, appelés à suppléer, dans le courant de l'année, les internes titulaires absents ou démissionnaires.

Depuis longtemps déjà, la question s'est posée de savoir si les internes en médecine des hôpitaux pouvaient être autorisés à passer leur thèse dans le courant de leur exercice. L'Administration s'est jusqu'ici opposée à cette mesure qui lui paraissait grosse d'inconvénients et de difficultés au point de vue des rapports entre chefs et élèves. Il est donc toujours entendu que les élèves internes et externes en médecine qui obtiennent le titre de docteur doivent quitter immédiatement le service. Une exception est faite en faveur des internes de quatrième année qui ont la faculté

LA SALPÊTRIÈRE

de passer leur thèse dans les deux derniers mois de leur exercice et des internes lauréats qui peuvent se faire recevoir docteurs pendant la durée de leur année supplémentaire, sans être obligés de résigner leurs fonctions.

Les fonctions des élèves internes consistent :

À assister, pendant toute la durée des visites, les chefs auxquels ils sont attachés ;

À assister également aux consultations externes, lorsque leurs chefs sont chargés de ces consultations ;

A rédiger les observations particulières qui leur seraient demandées par leurs chefs ;

A faire les pansements importants et à surveiller ceux qui sont confiés aux élèves externes ;

A faire, obligatoirement, chaque jour, de quatre à sept heures, une visite générale des malades traités dans les services auxquels ils sont attachés ;

A visiter une ou plusieurs fois, dans l'intervalle des visites, les malades qui leur sont indiqués par leurs chefs.

Les fonctions des élèves externes consistent :

A assister, comme les élèves internes, pendant toute la durée des visites, les chefs auxquels ils sont attachés ;

A les assister également aux consultations externes, lorsqu'ils sont chargés de ces consultations ;

A tenir les cahiers de visite ;

A faire, sous la surveillance des élèves internes, les pansements qui leur seraient confiés par les chefs de service ;

A recueillir les observations qui leur seraient demandées par leurs chefs.

La présence des élèves externes dans les salles, en dehors des heures de visite, doit être limitée au temps nécessité par les besoins du service.

Les élèves internes et externes sont subordonnés, sous le rapport du service de santé, à leurs chefs respectifs, et, sous le rapport administratif et de police intérieure, aux directeurs et économes des établissements auxquels ils sont attachés.

Les élèves externes sont, de plus, subordonnés aux internes dans tous les cas où ils sont appelés, soit à les aider dans leur service, soit à agir sous leur surveillance.

L'internat a surtout été institué dans le but d'assurer aux malades la permanence des soins et des secours médicaux dont ils pourraient avoir besoin, à toute heure du jour et de la nuit, en l'absence des chefs de service.

C'est ainsi que, dans l'intervalle d'une visite à l'autre, les internes peuvent, en cas d'urgence et dans les services auxquels ils sont attachés, prescrire les médicaments qui leur paraîtraient nécessaires ou modifier le régime alimentaire des malades, d'après les changements survenus dans leur état, à charge, toutefois, d'en rendre compte à leurs chefs le lendemain à la visite.

C'est également pour assurer aux malades la permanence des soins médicaux que les élèves internes en médecine sont tour à tour de garde pendant vingt-quatre heures.

L'interne de garde est chargé d'examiner les malades et les blessés qui se présentent à l'hôpital durant l'intervalle d'une visite à l'autre ; il donne son avis sur leur admission, qui est prononcée, s'il y a lieu, par le directeur.

Il donne ses soins aux malades et aux blessés admis dans l'intervalle des visites, de même qu'aux malades déjà admis et dont l'état se serait aggravé.

Lorsque l'état d'un malade nécessite la présence d'un médecin, l'interne de garde en avise immédiatement le directeur qui fait appeler le médecin chef du service.

Si une intervention chirurgicale est nécessaire, le directeur fait appeler le chirurgien de garde, à moins que le chirurgien chef de service ne se soit réservé le droit d'intervenir personnellement ou n'ait délégué ce droit à son assistant.

Lorsque l'urgence sera telle qu'il y aurait danger imminent pour la vie du malade à retarder l'intervention, l'interne devra en rendre compte au directeur, prendre l'avis du chirurgien de garde, et agir suivant les instructions de ce dernier.

Lorsqu'il s'agit d'une intervention obstétricale, le directeur fait prévenir, soit l'accoucheur chef de service attaché à l'établissement, soit l'accoucheur assistant si l'accoucheur chef de service lui a délégué le droit d'intervenir en son lieu et place, et, dans les établissements ne comportant pas d'accoucheur chef de service, l'accoucheur des hôpitaux chargé de la circonscription.

Dans le cas où, soit l'interne de garde, soit un autre interne, aurait été autorisé à opérer, cette autorisation devra être confirmée dans les vingt-quatre heures par une note écrite qui sera remise entre les mains du directeur.

Ces autorisations données aux élèves internes d'intervenir dans le traitement des malades pendant l'absence de leurs chefs se trouvent aujourd'hui reconnus par la nouvelle loi sur l'exercice de la médecine (1), et, depuis 1896, les internes qui sont munis d'au moins 12 inscriptions, ce qui, à une ou deux exceptions près, est le cas de tous les internes des hôpitaux de Paris, sont, tous les trois mois, autorisés par le Préfet de la Seine à exercer la médecine dans les établissements auxquels ils sont respectivement attachés, durant l'intervalle des visites de leurs chefs et en remplacement de ceux-ci. Ce droit d'exercer la médecine est, bien entendu, limité au service interne de l'hôpital, et il reste formellement interdit aux internes de faire de la clientèle.

Comme on le voit, les internes en médecine sont, dans les hôpitaux, en contact perpétuel avec les malades.

Aussi le corps de l'internat et de l'externat compte-t-il des victimes du devoir ; en voici la liste depuis 1860 :

1860 Gouyet, externe à l'hôpital Trousseau (diphtérie).
1875 Valérian, interne en médecine à l'hôpital temporaire de la rue de Sèvres (variole) ;
— Gipoulou, interne provisoire en médecine à l'hôpital des Enfants-Malades (diphtérie) ;
— Gary, externe à l'hôpital Trousseau (diphtérie).
1876 Beillard, interne en pharmacie à l'hospice de la Salpêtrière (bronchite capillaire) ;
— Poirier, interne provisoire en pharmacie à l'hôpital des Enfants-Malades (angine couenneuse).
1879 Prével, interne provisoire en pharmacie à l'hôpital des Enfants-Malades (variole) ;
— Abbadie-Tourné, interne en médecine à l'hôpital des Enfants-Malades (diphtérie) ;
— Carette, interne en pharmacie à l'hôpital Trousseau (diphtérie).
1880 Reverdy, externe à l'hôpital des Enfants-Malades (angine diphtérique) ;
— Angulo, externe à l'hôpital des Enfants-Malades (angine diphtérique) ;
— Millet, interne provisoire en médecine à l'hôpital Tenon (érysipèle généralisé) ;
— Herhelin, interne en médecine à l'hôpital Trousseau (diphtérie).
1881 Ferrand, externe à l'hôpital Saint-Antoine (fièvre typhoïde) ;
— Crépin, interne en pharmacie à l'Hôtel-Dieu (pleuro-pneumonie) ;
1882 Alfonso, externe provisoire à l'hôpital Trousseau (fièvre typhoïde).

---

(1) Art. 6 de la loi du 30 novembre 1892 : « Les internes des hôpitaux et hospices français, nommés au concours et munis de 12 inscriptions, et les étudiants en médecine dont la scolarité est terminée, peuvent être autorisés à exercer la médecine pendant une épidémie ou à titre de remplaçants de docteur en médecine ou d'officier de santé.
« Cette autorisation, délivrée par le Préfet du département, est limitée à trois mois ; elle est renouvelée dans les mêmes conditions. »

1883 Thomas, interne en pharmacie à l'hospice de la Salpêtrière (fièvre typhoïde).
1884 Rivet, interne en médecine à l'hôpital de la Charité (diphtérie).
1885 Crespin, interne en médecine à l'hôpital Lariboisière (pneumonie).
1886 Wilhien, externe à l'hôpital des Enfants-Malades (diphtérie) ;
— Dussaud, interne provisoire en médecine à l'hôpital des Enfants-Malades (diphtérie).
1887 Courbarien, interne en médecine à l'hôpital de la Charité (fièvre typhoïde).
1888 Kuzmierski, externe à l'hôpital Trousseau (diphtérie).
1892 Combes, externe à l'hôpital Trousseau (diphtérie).
1893 Mariotte, externe provisoire à l'hôpital Lariboisière (diphtérie) ;
— Lallemand, externe à l'Hôtel-Dieu (typhus).
1894 Couraud, stagiaire à l'hôpital Lariboisière (piqûre anatomique) ;
— Danseux, interne en médecine à l'hôpital Lariboisière (fièvre typhoïde).
1898 Toupart, interne en médecine à l'hôpital Tenon (fièvre typhoïde).
1899 Millet, interne en médecine à l'hôpital Beaujon (suites d'une diphtérie contractée à l'hôpital du Bastion 29).

L'Administration tient à honneur de conserver la mémoire de ces victimes du devoir, et elle a fait apposer, dans les hôpitaux, des plaques de marbre sur lesquelles leurs noms sont gravés.

Il convient également de donner la liste des élèves des hôpitaux, auxquels, à la suite de maladies contagieuses contractées dans l'exercice de leurs fonctions, ont été décernées, par le Ministre de l'Intérieur, des médailles d'honneur, sur la proposition de l'Administration :

1892 *Médaille d'argent.* Phulpin, interne en médecine à l'hôpital Trousseau (diphtérie).
1895 *Médaille de bronze.* Aysselin, externe à l'hôpital de Moisselles (ophtalmie) ;
— *Médaille d'argent.* Charry, interne en médecine à l'hôpital Trousseau (diphtérie) ;
— *Médaille d'argent.* Terrien, interne en médecine à l'hôpital temporaire du Bas-
tion 29 (diphtérie) ;
— *Médaille d'argent.* Mangin-Bocquet, interne en médecine à l'hôpital de la Charité
(diphtérie).
1896 *Médaille d'argent.* Levrey, interne en médecine à l'hôpital Trousseau (diphtérie) ;
— *Médaille de bronze.* Audion, externe à l'hôpital Trousseau (diphtérie) ;
— *Médaille de bronze.* Macaud, externe à l'hôpital Trousseau (diphtérie) ;
— *Médaille d'argent.* Hermany, interne en médecine à l'hôpital Trousseau (diphtérie) ;
— *Médaille d'argent.* Grosjean, interne en médecine à l'hôpital maritime de Berck
(scarlatine) ;
— *Médaille d'argent.* Ferron, interne en médecine à l'hôpital Trousseau (diphtérie) ;
— *Médaille de bronze.* Bigot, externe à l'hôpital des Enfants-Malades (diphtérie).
1897 *Médaille de bronze.* Le Damany, interne en médecine à l'hôpital des Enfants-
Malades (diphtérie) ;
— *Médaille d'argent.* Weill (Émile), interne en médecine à l'hôpital Trousseau
(diphtérie) ;
— *Médaille d'argent.* Benoit, interne en médecine à l'hôpital Trousseau (diphtérie) ;
— *Médaille d'argent.* Simon, externe provisoire à l'hôpital des Enfants-Malades
(diphtérie) ;
— *Médaille de bronze.* Bouzanquet, externe à l'hôpital temporaire du Bastion 29
(ophtalmie).

1899 *Médaille de bronze.* Chauveau, externe provisoire à l'hôpital Trousseau (scarlatine) ;

— *Médaille de bronze.* Mettetal, interne en médecine à l'hôpital des Enfants-Malades (scarlatine) ;

— *Médaille de bronze.* Millet, interne en médecine à l'hôpital temporaire du Bastion 29 (diphtérie) ;

— *Médaille de bronze.* Dionis du Séjour, externe à l'hôpital Trousseau (diphtérie) ;

— *Médaille de bronze.* Guihal (Paul), externe à l'hôpital Trousseau (diphtérie) ;

— *Médaille de bronze.* Mainguy, externe à l'hôpital temporaire d'Aubervilliers (scarlatine) ;

— *Médaille de bronze.* Lereboullet, interne en médecine à l'hôpital Saint-Antoine (fièvre typhoïde) ;

— *Médaille de bronze.* Gaultier, interne provisoire en médecine à l'hôpital Trousseau (scarlatine) ;

— *Médaille de bronze.* Poulain, interne en médecine à l'hôpital Broussais (scarlatine) ;

— *Médaille de bronze.* Mⁱⁱᵉ Gaveau, sage-femme à l'hôpital Saint-Antoine (ophtalmie) ;

— *Médaille de bronze.* Mⁱⁱᵉ Andouillé, sage-femme à l'hôpital Saint-Antoine (phlegmon).

Enfin, un certain nombre de médailles d'honneur ont été décernées à des médecins et des élèves, à la suite d'épidémies ; en voici la liste depuis 1885 :

1885 *Médaille d'argent.* Dʳ Lailler, médecin à l'hôpital Saint-Louis (épidémie cholérique de 1884) ;

— *Médaille d'argent.* Dʳ Gérin-Roze, médecin à l'hôpital Lariboisière (épidémie cholérique de 1884) ;

— *Médaille d'argent.* Dʳ Hayem, médecin à l'hôpital Saint-Antoine (épidémie cholérique de 1884) ;

— *Médaille d'argent.* Dʳ Dujardin-Beaumetz, médecin à l'hôpital Cochin (épidémie cholérique de 1884) ;

— *Médaille d'argent.* Duflocq, interne en médecine à l'hôpital Saint-Antoine (épidémie cholérique de 1884) ;

— *Médaille d'argent.* Broca, interne en médecine à l'hôpital Saint-Louis (épidémie cholérique de 1884) ;

— *Médaille d'argent.* Babinski, interne en médecine à l'hôpital Cochin (épidémie cholérique de 1884) ;

— *Médaille d'argent.* De Molènes, interne en médecine à l'hôpital Tenon (épidémie cholérique de 1884) ;

— *Médaille d'argent.* Duchon-Donis, interne en médecine (mission envoyée à Toulon, lors de l'épidémie cholérique de 1885) ;

— *Médaille d'argent.* Lapervenche, interne en médecine (mission envoyée à Toulon, lors de l'épidémie cholérique de 1885) ;

— *Médaille d'argent.* Lesage, interne en médecine (mission envoyée à Toulon, lors de l'épidémie cholérique de 1885) ;

— *Médaille d'argent.* Guillet, interne en médecine (mission envoyée à Toulon, lors de l'épidémie de 1885) ;

13

1887 *Médaille de vermeil.* Wallich, interne en médecine (mission sanitaire envoyée dans le Poitou, lors de l'épidémie de suette miliaire);

— *Médaille d'argent.* Démelin, interne en médecine (mission sanitaire envoyée dans le Poitou, lors de l'épidémie de suette miliaire);

— *Médaille d'argent.* Hontang, interne en médecine (mission sanitaire envoyée dans le Poitou, lors de l'épidémie de suette miliaire);

— *Médaille d'argent.* Louis, interne en médecine (mission sanitaire envoyée dans le Poitou, lors de l'épidémie de suette miliaire);

— *Médaille d'argent.* Parmentier, interne en médecine (mission sanitaire envoyée dans le Poitou, lors de l'épidémie de suette miliaire);

— *Médaille d'argent.* Pozzi, interne en médecine (mission sanitaire envoyée dans le Poitou, lors de l'épidémie de suette miliaire);

1893 *Médaille d'or.* Pr Peter, médecin à l'hôpital Necker (épidémie cholérique de 1892);

— *Médaille d'or.* Dr Fernet, médecin à l'hôpital Beaujon (épidémie cholérique de 1892);

— *Médaille d'or.* Dr Duguet, médecin à l'hôpital Lariboisière (épidémie cholérique de 1892);

— *Médaille d'or.* Dr Barié, médecin à l'hôpital Tenon (épidémie cholérique de 1892);

— *Médaille d'or.* Dr Variot, médecin du Bureau central (Enfants-Malades) (épidémie cholérique de 1892);

— *Médaille d'or.* Pompidou, interne en médecine à l'hôpital des Enfants-Malades (épidémie cholérique de 1892);

— *Médaille d'or.* Jeannin, interne en médecine à l'hôpital Saint-Antoine (épidémie cholérique de 1892);

— *Médaille d'or.* Le Juge de Segrais, externe à l'hôpital Beaujon (épidémie cholérique de 1892);

— *Médaille de vermeil.* Dr Siredey, médecin du Bureau central (Hôtel-Dieu) (épidémie cholérique de 1892);

— *Médaille de vermeil.* Dr Babinski, médecin du Bureau central (Hôtel-Dieu) (épidémie cholérique de 1892);

— *Médaille de vermeil.* Dr Bourcy, médecin du Bureau central (Hôtel-Dieu) (épidémie cholérique de 1892);

— *Médaille de vermeil.* Dr Delpeuch, médecin du Bureau central (hôpital Lariboisière) (épidémie cholérique de 1892);

— *Médaille de vermeil.* Dr Roger, médecin du Bureau central (hôpital Saint-Louis) (épidémie cholérique de 1892);

— *Médaille de vermeil.* Dr Lesage, ancien interne des hôpitaux, chargé du service des cholériques à l'hôpital Saint-Antoine (épidémie cholérique de 1892);

— *Médaille de vermeil.* Lasserre, interne en médecine à l'hôpital Beaujon (épidémie cholérique de 1892);

— *Médaille d'argent.* Damourette, interne en médecine à l'hôpital de la Charité (épidémie cholérique de 1892);

— *Médaille d'argent.* Ettlinger, interne en médecine à l'hôpital de la Charité (épidémie cholérique de 1892);

— *Médaille d'argent.* Dubrisay, interne en médecine à l'hôpital de la Charité (épidémie cholérique de 1892);

— *Médaille d'argent.* Petit, interne en médecine à l'hôpital des Enfants-Malades (épidémie cholérique de 1892);

1893 *Médaille d'argent.* LANDOWSKI, interne en médecine à l'hôpital Trousseau (épidémie cholérique de 1892);

— *Médaille d'argent.* HOBBS, interne provisoire en médecine à l'hôpital Trousseau (épidémie cholérique de 1892);

— *Médaille d'argent.* COLLINET, interne provisoire en médecine à l'hôpital Herold (épidémie cholérique de 1892);

— *Médaille d'argent.* GELLÉ, interne provisoire en médecine à l'hôpital Saint-Louis (épidémie cholérique de 1892);

— *Médaille d'argent.* JOSUÉ, interne provisoire en médecine à l'hôpital Saint-Louis (épidémie cholérique de 1892);

— *Médaille d'argent.* THIERCELIN, interne provisoire en médecine à l'hospice des Enfants-Assistés (épidémie cholérique de 1892);

— *Médaille de bronze.* CARRION, interne en pharmacie à l'hôpital Saint-Antoine (épidémie cholérique de 1892);

— *Médaille de bronze.* BAUD, interne provisoire en pharmacie à l'hôpital temporaire du Bastion 36 (épidémie cholérique de 1892);

— *Médaille de bronze.* PÉJAUDIER, interne provisoire en pharmacie à l'hôpital temporaire du Bastion 36 (épidémie cholérique de 1892);

— *Médaille de bronze.* THOUVENIN, interne provisoire en pharmacie à l'Hôtel-Dieu (épidémie cholérique de 1892);

— *Médaille de bronze.* CADEL, interne provisoire en pharmacie à l'Hôtel-Dieu (épidémie cholérique de 1892);

— *Médaille de bronze.* TRIDON, interne provisoire en pharmacie à l'Hôtel-Dieu (épidémie cholérique de 1892);

— *Médaille de bronze.* BICHET, interne provisoire en pharmacie à l'Hôtel-Dieu (épidémie cholérique de 1892);

— *Médaille de bronze.* BRUNET, externe à l'Hôtel-Dieu (épidémie cholérique de 1892);

— *Médaille de bronze.* DURVILLE, externe à l'hôpital Tenon (épidémie cholérique de 1892);

— *Médaille de bronze.* HULMANN, externe à l'Hôtel-Dieu (épidémie cholérique de 1892);

— *Médaille de bronze.* GRUNBERG, externe à l'hôpital Saint-Louis (épidémie cholérique de 1892);

— *Médaille d'or.* Dr THIBIERGE, médecin du Bureau central (Hôtel-Dieu) (typhus de 1893);

— *Médaille de vermeil.* Dr LANCEREAUX, médecin à l'Hôtel-Dieu (typhus de 1893);

— *Médaille de vermeil.* Dr BUCQUOY, médecin de l'Hôtel-Dieu (typhus de 1893);

— *Médaille de vermeil.* BIGEARD, interne provisoire en médecine à l'Hôtel-Dieu (typhus de 1893);

— *Médaille de vermeil.* VANVERTS, interne provisoire en médecine à l'Hôtel-Dieu (typhus de 1893);

— *Médaille d'argent.* TOUCHARD, interne en médecine à l'Hôtel-Dieu (typhus de 1893);

— *Médaille d'argent.* BERNARD, interne en médecine à l'Hôtel-Dieu (typhus de 1893);

— *Médaille d'argent.* ROUSTAIN, interne provisoire en pharmacie à l'Hôtel-Dieu (typhus de 1893);

— *Médaille d'argent.* MALARTIC, externe à l'Hôtel-Dieu (typhus de 1893);

— *Médaille d'argent.* BERTHELIN, externe à l'Hôtel-Dieu (typhus de 1893);

1893 *Médaille d'argent.* GAROFLID, externe à l'Hôtel-Dieu (typhus de 1893);

— *Médaille d'argent.* BOURG, externe à l'Hôtel-Dieu (typhus de 1893);

— *Médaille de bronze.* COUTURIEUX, interne en pharmacie à l'Hôtel-Dieu (typhus de 1893);

— *Médaille de bronze.* SAVOIRE, interne en pharmacie à l'Hôtel-Dieu (typhus de 1893);

— *Médaille de bronze.* MAUGERY, externe à l'Hôtel-Dieu (typhus de 1893).

§ 6. *Sages-femmes des hôpitaux et sages-femmes agréées.* — Il est adjoint à chacun des chefs des services d'accouchement, indépendamment de leurs élèves internes et externes, des sages-femmes en nombre variable selon les besoins du service.

Des sages-femmes en chef sont attachées à la Maternité et à l'hôpital Beaujon, en raison des écoles de sages-femmes annexées à ces deux établissements, et aux deux cliniques obstétricales de la Faculté, la Maison d'accouchement Baudelocque et la Clinique Tarnier.

La sage-femme en chef de la Maternité est nommée par le Préfet de la Seine, sur la proposition du Directeur de l'Administration et d'après une liste de présentation de trois candidates. Ces candidates sont choisies par le Directeur de l'Administration sur un état de présentation, comprenant cinq noms, dressé par une Commission spéciale composée ainsi qu'il suit :

L'accoucheur en chef de la Maternité ;

Le représentant des accoucheurs des hôpitaux au Conseil de surveillance ;

Le président de la Société des accoucheurs chefs de service des hôpitaux ;

Le vice-président du Conseil de surveillance ;

Deux membres du Conseil de surveillance, désignés par leurs collègues.

HÔPITAL DES ENFANTS-MALADES

Quant aux sages-femmes en chef de Beaujon et des deux cliniques obstétricales, elles sont nommées par le Directeur de l'Administration sur une liste de deux noms présentée par le Conseil de la Faculté de médecine. Elles sont désignées pour une période de 5 années, à l'expiration de laquelle elles peuvent être réinvesties dans les mêmes formes, pour de nouvelles périodes successives de 5 années.

Les sages-femmes attachées aux services d'accouchement et les aides sages-femmes de la Maternité et des cliniques obstétricales de la Faculté sont également nommées par le Directeur de l'Administration ; elles doivent être munies du diplôme de sage-femme de 1re classe et sont choisies, de préférence, parmi les anciennes élèves lauréates de la Maternité.

Les sages-femmes sont subordonnées au chef de service et agissent sous sa direction.

Un certain nombre d'hôpitaux comportent, indépendamment de leur service interne d'accouchement, un service externe chez des sages-femmes de la ville, dites sages-femmes agréées, auxquelles sont envoyées des pensionnaires.

Les sages-femmes agréées sont nommées par le Directeur de l'Administration ; elles doivent être munies du diplôme de sage-femme de 1re classe.

Les sages-femmes agréées ne peuvent recevoir plus de trois femmes à la fois.

Elles sont placées sous la direction médicale de l'accoucheur et la direction administrative du directeur de l'établissement auprès duquel elles sont accréditées.

L'accoucheur fait deux visites à chaque accouchée, après l'accouchement et au moment de la sortie.

Le directeur de l'hôpital fait aux accouchées des visites fréquentes, afin de s'assurer qu'elles se trouvent dans les conditions d'hygiène et de propreté nécessaires.

La durée du séjour des accouchées chez les sages-femmes agréées est fixée à 10 jours, dans lesquels celui de l'entrée et de celui de la sortie ne comptent chacun que pour demi-journée.

2° Service pharmaceutique

§ 1. *Pharmacien en chef et pharmaciens des hôpitaux.* — L'ensemble du service général de la pharmacie dans les établissements hospitaliers est placé sous la surveillance d'un pharmacien en chef, qui est, en outre, chargé de la direction de la Pharmacie centrale des hôpitaux.

Un pharmacien est attaché à chacun des établissements dont la nature et l'importance l'exigent.

Dans les autres établissements, le service de pharmacie est assuré, sous le contrôle du pharmacien en chef et la surveillance immédiate d'un pharmacien d'un hôpital voisin, désigné spécialement, par un interne en pharmacie pourvu du diplôme de pharmacien.

Le pharmacien en chef est nommé dans les mêmes formes que les médecins, chirurgiens et accoucheurs chefs de service.

LA CHARITÉ. — PHARMACIE

Les pharmaciens des hôpitaux et hospices sont nommés par le Ministre de l'intérieur, à la suite d'un concours auquel peuvent se présenter les élèves internes en pharmacie qui ont, en cette qualité, exercé pendant 3 ans au moins dans les hôpitaux et hospices de Paris, ainsi que les pharmaciens pourvus du diplôme de 1re classe. Les internes en pharmacie, qui seraient nommés pharmaciens des hôpitaux avant d'être revêtus du titre de pharmacien de 1re classe, devront en justifier dans un délai de 3 ans.

Les épreuves du concours sont réglées comme il suit :

Épreuves d'admissibilité. — 1° Une épreuve pratique consistant dans la reconnaissance de dix préparations pharmaceutiques proprement dites, et dans une dissertation sur le mode par lequel on doit obtenir un ou plusieurs de ces médicaments désignés par le jury ; il est accordé vingt minutes pour cette épreuve ;

2° Une épreuve écrite qui porte obligatoirement sur la pharmacie, la chimie et l'histoire naturelle ; il est accordé aux candidats, pour cette épreuve, quatre heures au moins et cinq heures au plus.

Épreuves définitives. — 1° Une épreuve verbale sur la pharmacie et la chimie, dont la durée est de vingt minutes, après un temps égal de réflexion ;

2° Une seconde épreuve pratique consistant dans une analyse qualitative d'un mélange de substances pharmaceutiques, et dans une relation écrite des résultats fournis par cette analyse, ainsi que des procédés employés pour les obtenir ; trois heures au moins et cinq heures au plus sont accordées pour l'ensemble de cette épreuve ;

3° Une épreuve pratique, consistant dans la reconnaissance de trente plantes ou substances appartenant à l'histoire naturelle et à la chimie pharmaceutique, et dans une dissertation sur une ou plusieurs de ces substances ou plantes désignées par le jury ; quinze minutes sont accordées pour l'ensemble de cette épreuve.

Comme les médecins, les chirurgiens et les accoucheurs chefs de service, les pharmaciens des hôpitaux peuvent, en cas de vacances, passer d'un établissement dans un autre, après autorisation du Directeur de l'Administration.

Les fonctions du pharmacien en chef et des pharmaciens des hôpitaux et hospices cessent de plein droit lorsqu'ils ont accompli leur soixante-cinquième année, sous la réserve toutefois qu'ils aient 30 ans de service.

Les pharmaciens des hôpitaux et hospices sont chargés, dans leurs établissements respectifs, de la préparation des médicaments et de leur distribution, ainsi que de la comptabilité en matières.

Le pharmacien en chef fait, au moins, tous les six mois, la visite de chacune des pharmacies des hôpitaux et hospices, de concert avec les inspecteurs de l'Administration.

Le pharmacien en chef et les pharmaciens des hôpitaux et hospices sont tenus de résider dans l'établissement auquel ils sont attachés (1).

Ils sont tenus d'être présents à leur pharmacie tous les matins, pendant la durée de la visite médicale, de 8 heures à 11 heures.

Aucun d'eux ne peut avoir de pharmacie en ville, ni faire le commerce de drogues simples ou composées, ou de plantes médicinales, ni même y être intéressé directement ou indirectement.

Ils ne peuvent se livrer à l'exercice de la médecine.

Il leur est également interdit d'avoir d'autres occupations extérieures que celles de l'enseignement officiel ou autorisé par le Directeur de l'Administration.

§ 2. *Élèves internes en pharmacie.* — Les pharmaciens des hôpitaux sont assistés d'élèves internes en pharmacie, à raison de 1 élève pour chaque service hospitalier.

Ces élèves sont nommés au concours. Les candidats doivent justifier qu'ils ont subi avec succès l'examen de validation du stage ; ils doivent être âgés de 20 ans au moins et de 27 ans au plus.

Les épreuves du concours sont réglées comme il suit :

Épreuves d'admissibilité. — 1° Une épreuve pour la reconnaissance de vingt plantes et substances appartenant à l'histoire naturelle et à la chimie pharmaceutique ;

2° Une épreuve consistant dans la reconnaissance de dix préparations pharmaceu-

---

(1) Dans quelques établissements (Pitié, Saint-Antoine, Cochin, Laënnec, Bichat, Ricord, Broca, Maternité et Clinique Tarnier), les localités ne permettent pas de loger les pharmaciens, qui reçoivent en compensation une indemnité représentative de 1.200 francs.

tiques proprement dites, et dans la description du mode par lequel on doit obtenir une ou plusieurs de ces préparations désignées par le jury.

Épreuves définitives. — 1° Une épreuve verbale portant sur la pharmacie proprement dite et la chimie ;

2° Une épreuve écrite embrassant la pharmacie, la chimie et l'histoire naturelle.

Pour la reconnaissance des plantes et substances, il est accordé à chaque candidat cinq minutes ;

Pour la reconnaissance des médicaments et la dissertation pharmaceutique, dix minutes ;

Pour l'épreuve verbale, dix minutes après un temps égal de réflexion ;

Pour l'épreuve écrite, trois heures.

Tout candidat que le jury juge n'avoir pas satisfait, soit à la première, soit à la deuxième de ces épreuves, n'est pas admis à subir les suivantes.

La durée du service des internes en pharmacie est de 2 années à l'expiration desquelles ils

HÔPITAL BOUCICAUT

peuvent être prorogés successivement pendant une troisième et une quatrième années.

Les internes en pharmacie suivent la visite des chefs aux services desquels ils sont attachés.

Ils tiennent le double du cahier de visite et en font chaque jour le relevé en ce qui touche les médicaments.

Ils concourent, sous la responsabilité des pharmaciens, à la préparation de ces médicaments, dont ils sont chargés de faire personnellement la remise aux surveillantes. Celles-ci font prendre directement à la pharmacie les médicaments prescrits pendant l'intervalle des visites.

Comme les internes en médecine, les internes en pharmacie sont, tour à tour, de garde pendant vingt-quatre heures ; et, de même qu'aux pharmaciens des hôpitaux, il leur est interdit d'avoir de pharmacie en ville, de faire le commerce des drogues simples ou composées, ou de plantes médicinales, ou même d'y être intéressés directement ou indirectement.

3° Indemnités allouées au personnel médical

Sauf les pharmaciens, qui ont droit à une pension de retraite, aucun des agents du personnel médical ne reçoit de traitement. Ces agents ne touchent que des indemnités.

Celles des médecins, des chirurgiens et des accoucheurs chefs de service sont calculées, non d'après l'importance du service qui leur est confié, mais d'après le plus ou moins grand éloignement du centre de Paris de l'établissement auquel ils sont attachés. C'est ainsi que les médecins, les chirurgiens et les accoucheurs des hôpitaux du centre de Paris ne reçoivent que 1.200 ou 1.500 francs, alors qu'il est alloué 3.000 francs à ceux des hôpitaux excentriques et exceptionnellement 6.000 francs au chirurgien de l'hôpital de Berck et 5.000 francs au médecin de l'hospice d'Ivry.

L'état ci-après indique le taux des indemnités attribuées à chacun des médecins, chirurgiens et accoucheurs chefs de service :

6.000 francs au chirurgien de l'hôpital de Berck ;

5.000 francs au médecin de l'hospice d'Ivry ;

3.000 francs aux médecins, chirurgiens et accoucheurs de Tenon, Broussais, Boucicaut, Aubervilliers, Bastion 29, Forges, la Reconnaissance, Bicêtre, Ivry, Ménages et Brévannes ;

3.000 francs à l'accoucheur en chef de la Maternité ;

2.400 francs aux médecins de Sainte-Périne, de Debrousse, de l'annexe de l'hospice des Enfants-Assistés à Châtillon-sous-Bagneux, et du sanatorium d'Hendaye ;

2.000 francs au médecin et à l'accoucheur adjoint de la Maternité (l'indemnité de ce dernier pouvant être, d'ailleurs, réduite à 800 francs, si un assistant est adjoint à l'accoucheur en chef de la Maternité, cet assistant devant, lui-même, recevoir une indemnité de 1.200 francs);

2.000 francs aux médecins chefs de service des quartiers d'aliénés de la Salpêtrière ;

1.500 francs aux médecins, chirurgiens et accoucheurs de Saint-Antoine, Necker, Cochin, Beaujon, Lariboisière, Laënnec, Andral, Saint-Louis, Ricord, Broca, Baudelocque, Clinique Tarnier, Enfants-Malades, Trousseau, La Roche-Guyon, Maison de Santé, Enfants-Assistés, Salpêtrière, La Rochefoucauld;

1.200 francs aux médecins, chirurgiens et accoucheurs de l'Hôtel-Dieu, la Pitié, la Charité, Galignani;

500 francs aux médecins des hospices Saint-Michel et Lenoir-Jousseran et de l'annexe de l'hospice des Enfants-Assistés, à Thiais.

Le médecin de l'institution Sainte-Périne reçoit, en outre, une indemnité de 800 francs pour le service de Chardon-Lagache et de 500 francs pour celui de Rossini.

Le médecin de La Roche-Guyon reçoit une indemnité supplémentaire de 100 francs pour le service de la fondation Fortin.

Le chirurgien de l'hôpital de Berck, le médecin de l'hospice de Brévannes et celui de l'hospice de la Reconnaissance sont logés. Le médecin de l'hôpital de Forges reçoit une indemnité représentative du logement, du chauffage et de l'éclairage, de 1.200 francs par an.

L'indemnité allouée aux dentistes titulaires est de 600 francs par an, et celle des dentistes adjoints chargés de service de 500 francs.

L'indemnité allouée aux assistants de chirurgie et d'accouchement et aux assistants des services spéciaux est de 1.200 francs. Celle des dentistes assistants est de 500 francs.

Les deux médecins adjoints du service des aliénés de Bicêtre et de la Salpêtrière reçoivent une indemnité annuelle de 3.000 francs.

Les accoucheurs reçoivent, en outre, une indem-

LA SALPÊTRIÈRE. — UNE COUR INTÉRIEURE

nité pour la surveillance des sages-femmes agréées : 5 francs pour chaque pensionnaire.

Il est alloué des jetons de présence aux médecins et chirurgiens des hôpitaux chargés du service des consultations, ainsi qu'aux assistants de consultation, titulaires ou suppléants, pour chaque séance de consultation :

1 jeton de 5 francs dans les hôpitaux : Hôtel-Dieu, Pitié, Charité, Necker, Beaujon, Laënnec, Andral ;

2 jetons de 5 francs dans les hôpitaux : Saint-Antoine, Cochin, Lariboisière, Tenon, Bichat, Broussais, Boucicaut, Saint-Louis, Salpêtrière.

Des jetons sont également attribués aux chirurgiens de garde pour chacun de

L'HÔTEL-DIEU ET NOTRE-DAME

leurs dérangements : 4 jetons pour les établissements situés dans Paris, 8 jetons pour les établissements extra-muros.

Les diverses indemnités dont il s'agit étant des indemnités de déplacement, l'indemnité allouée au chef de service qui s'absente est acquise de droit à celui qui le remplace pour tout le temps du remplacement.

Les traitements du pharmacien en chef et des pharmaciens des hôpitaux sont fixés ainsi qu'il suit :

Pharmacien en chef, directeur de la Pharmacie centrale, 8.000 francs pouvant être portés à 10.000 francs par périodes successives de 1.000 francs.

Pharmaciens des hôpitaux : 4 classes, déterminées selon l'importance de l'établissement.

1re classe, 7.000 francs : Hôtel-Dieu, Pitié, Saint-Antoine, Saint-Louis, Salpêtrière ;

2e classe, 6.000 francs : Charité, Lariboisière, Tenon, Laënnec, Bicêtre ;

3e classe, 5.000 francs : Necker, Cochin, Beaujon, Maternité, Enfants-Malades, Maison de Santé ;

14

4ᵉ classe, 4.000 francs : Bichat, Ricord, Broca, Clinique Tarnier, Trousseau, Ivry.

L'indemnité des élèves internes en médecine et en pharmacie varie selon l'année d'exercice. Elle est de 600 francs pour la 1ʳᵉ année ; 700 francs pour la 2ᵉ année; 800 francs pour la 3ᵉ année; 1.000 francs pour la 4ᵉ année.

Les internes lauréats et les internes attachés à l'hôpital de Berck et à l'hospice de Brévannes reçoivent une indemnité annuelle de 1.200 francs.

Les internes sont logés dans les établissements auxquels ils sont attachés ; lorsqu'ils ne peuvent y être logés, ils reçoivent une indemnité calculée à raison de 600 francs par an.

Dans les hôpitaux excentriques (Tenon, Bichat, Broussais, Aubervilliers, Bastion 29, Boucicaut, Sainte-Périne, Debrousse) et dans les hospices extra-muros (Bicêtre, Ivry, Ménages), ils reçoivent, en outre, une indemnité de déplacement, calculée à raison de 300 francs par an.

D'autre part, les internes attachés à la Maison de Santé, aux services payants de Saint-Louis, à l'institution Sainte-Périne et aux maisons de retraite Chardon-Lagache et Rossini, reçoivent une indemnité spéciale de 200 francs par an.

Enfin, les internes de l'hôpital d'Aubervilliers et du Bastion 29 ont une indemnité supplémentaire (dite de contagion) de 300 francs par an.

Les internes en pharmacie chargés de la comptabilité et de la tenue des écritures du service de la pharmacie dans les établissements ne comportant pas de pharmacien reçoivent, pour ce service, une indemnité supplémentaire de 800 francs.

Les internes de garde sont nourris pendant la durée de ce service.

Les internes provisoires et les externes remplaçant des internes titulaires reçoivent uniformément l'indemnité attribuée aux internes de 1ʳᵉ année, soit 600 francs.

Les élèves externes ne reçoivent pas, comme les internes, d'indemnité. Néanmoins, il peut en être accordé aux externes attachés aux établissements éloignés du centre de Paris.

Les indemnités allouées aux externes sont fixées ainsi qu'il suit :

1 franc par journée de présence : à Saint-Antoine, Beaujon, Lariboisière, Andral, Saint-Louis, Trousseau, Ivry, Ménages ;

50 francs par mois, payables au prorata des journées de présence : à Tenon, Bichat, Broussais, Boucicaut, Aubervilliers et Bastion 29.

Les externes des hôpitaux d'Aubervilliers, du Bastion 29 et des hospices d'Ivry et des Ménages sont, en outre, logés. Ceux des hôpitaux d'Aubervilliers et du Bastion 29 sont nourris et reçoivent une indemnité supplémentaire, dite de contagion, de 150 francs par an. Ceux des hospices d'Ivry et des Ménages ont une indemnité de déplacement de 100 francs par an.

Les externes de la Maison de Santé jouissent d'une indemnité individuelle de 300 francs par an.

Les indemnités attribuées aux sages-femmes sont les suivantes :

Sage-femme en chef de la Maternité, 2.700 francs ;

Sages-femmes en chef des cliniques Baudelocque et Tarnier, 2.400 francs.

Aides sages-femmes : 800 francs pour la première année ; 1.000 francs pour la seconde année ; 1.200 francs pour les autres années.

L'aide sage-femme de la Maternité attachée au pavillon des enfants débiles est placée hors cadre et reçoit une indemnité fixe de 2.000 francs par an.

La sage-femme de la maternité de l'hôpital Beaujon, qui fait fonctions de sage-femme en chef auprès de l'École externe des sages-femmes de la Faculté, reçoit de cette dernière une indemnité supplémentaire de 1.800 francs par an.

La sage-femme en chef de la Maternité reçoit en outre une rétribution annuelle de 3.600 francs pour le service de l'École.

Les aides sages-femmes jouissent du logement, de la nourriture et des autres prestations en nature allouées par le règlement aux surveillantes de 1re classe.

Les sages-femmes en chef sont logées, chauffées et éclairées, mais ne sont pas nourries.

Les sages-femmes agréées reçoivent, pour chaque pensionnaire qui leur est envoyée, une rémunération fixée à 10 francs pour l'accouchement et à 6 francs pour chaque journée de présence de l'accouchée.

HOSPICE DE BRÉVANNES. — LE PIGEONNIER

Les sages-femmes agréées doivent fournir le linge et les médicaments, sauf les substances antiseptiques et le sulfate de quinine, le laudanum et le sirop de morphine, qui leur sont fournis par la pharmacie de l'hôpital auprès duquel elles sont accréditées.

Au 1er janvier 1900, les cadres du personnel médical attaché aux hôpitaux et hospices comprenaient 1.628 personnes, savoir :

Médecins chefs de service	110
Médecins des hôpitaux	28
Chirurgiens chefs de service	45
Chirurgiens des hôpitaux	21
Accoucheurs chefs de service	12
Accoucheurs des hôpitaux	7
Médecins titulaires du service des aliénés	7
Médecins adjoints du service des aliénés	2
Dentistes titulaires et adjoints	25
Pharmaciens { en chef	1
{ des hôpitaux	22
Internes en médecine	279
Externes	865
Internes en pharmacie	152
Sages-femmes { en chef	4
{ aides	48

Voici, d'autre part, la liste, par ordre d'ancienneté, des médecins, chirurgiens, accoucheurs, dentistes et pharmaciens attachés aux hôpitaux et hospices de Paris à la date du 1er janvier 1900.

A. — Médecins

Médecins honoraires

NOMS	DATE de l'entrée dans les hôpitaux	DATE de l'admission à l'honorariat	NOMS	DATE de l'entrée dans les hôpitaux	DATE de l'admission à l'honorariat
MM.			MM.		
Matice, ✻	9 mai 1855	1er août 1876	Bucquoy, O. ✻	22 mai 1862	1er janvier 1895
Moissenet, ✻	16 juillet 1845	1er janvier 1877	Lancereaux, O. ✻	12 août 1860	1er janvier 1895
Bergeron, C. ✻	1er janvier 1852	1er janvier 1883	Brouardel, C. ✻	12 août 1860	1er janvier 1895
Hervieux, O. ✻	10 juin 1857	1er janvier 1884	Millard, O. ✻	23 juin 1860	1er janvier 1896
Hérard, O. ✻	20 août 1850	1er janvier 1885	Besnier, O. ✻	12 juin 1863	1er janvier 1897
Empis, C. ✻	21 avril 1856	1er janvier 1890	Mauriac, ✻	28 juillet 1862	1er janvier 1898
Cadet de Gassicourt, ✻ .	25 juillet 1865	1er janvier 1892	Rigal, ✻	1er juin 1873	1er janvier 1899
Lécorché, ✻	5 juin 1872	1er nov. 1893	Proust, C. ✻	1er juin 1867	1er janvier 1900
Guyot, O. ✻	14 juin 1864	1er janvier 1894	D'Heilly, ✻	1er juillet 1874	1er janvier 1900

Médecins chefs de service

NOMS	DATE DE LA NOMINATION comme médecin des hôpitaux	comme médecin chef de service	NOMS	DATE DE LA NOMINATION comme médecin des hôpitaux	comme médecin chef de service
MM.			MM.		
Potain, C. ✻	27 avril 1859	6 février 1860	Huchard, ✻	15 juin 1878	1er janvier 1881
Jaccoud, O. ✻	22 mai 1862	1er janvier 1865	Tenneson	1er août 1878	1er janvier 1881
Fournier, O. ✻	12 juin 1865	1er janvier 1867	Raymond, O. ✻	1er août 1878	1er janvier 1882
Descroizilles, ✻	15 juillet 1858	1er janvier 1873	Landrieux, ...	1er août 1878	1er janvier 1882
Cornil, ✻	25 mai 1870	1er janvier 1874	Landouzy, ✻	15 juin 1870	1er déc. 1882
Bouchard, C. ✻	12 août 1870	1er janvier 1884	Hutinel, ✻	15 juin 1879	1er janvier 1883
Fernet, ✻	15 juin 1872	1er février 1876	Troisier, ✻	4 août 1879	1er janvier 1884
Hayem, O. ✻	15 août 1872	1er janvier 1877	Joffroy, ✻	4 août 1879	1er janvier 1884
Aud'houi	1er juin 1873	1er janvier 1878	Labadie-Lagrave, ✻ . .	4 août 1879	1er janvier 1884
Duguet, O. ✻	1er juin 1873	1er janvier 1878	Lacombe	1er juin 1880	1er janvier 1884
Grancher, O. ✻	20 juin 1875	1er janvier 1879	Du Castel	1er juin 1880	1er janvier 1884
Dieulafoy, C. ✻	1er juillet 1876	1er janvier 1879	Dreyfus-Brisac, ✻ . . .	1er août 1880	1er janvier 1884
Rendu, ✻	15 juin 1877	1er janvier 1879	Moutard-Martin, ✻ . . .	1er août 1880	1er janvier 1884
Gouraud, ✻	15 juin 1877	1er avril 1879	Danlos	15 juin 1881	1er janvier 1885
Gouguenheim, ✻	15 août 1877	1er juillet 1879	Cuffer, ✻	15 juin 1881	1er janvier 1885
Hallopeau, ✻	15 août 1877	1er janvier 1880	Robin, O. ✻	1er août 1881	1er janvier 1885
Debove, O. ✻	15 août 1877	1er janvier 1880	Roques	1er août 1881	1er avril 1885
Sevestre, ✻	15 juin 1878	1er janvier 1881	Balzer	1er août 1881	1er janvier 1886

NOMS	DATE DE LA NOMINATION		NOMS	DATE DE LA NOMINATION	
	comme médecin des hôpitaux	comme médecin chef de service		comme médecin des hôpitaux	comme médecin chef de service
MM.			MM.		
Moizard, ❋	15 juin 1882	15 janvier 1886	Babinski, ❋	1er mai 1890	1er janvier 1894
Déjerine, ❋	15 juin 1882	1er janvier 1887	Siredey	1er mai 1890	1er janvier 1894
Gombault, ❋	15 juin 1882	1er janvier 1887	Charrin, ❋	1er mai 1890	1er janvier 1895
Tapret, ❋	3 août 1882	1er janvier 1887	Richardière	20 juillet 1890	1er janvier 1895
Barth, ❋	3 août 1882	1er mars 1887	Thibierge	20 juillet 1890	1er janvier 1895
Letulle	1er juillet 1883	1er janvier 1888	Galliard, ❋	20 juillet 1890	1er janvier 1895
Chauffard, ❋	1er juillet 1883	1er janvier 1888	Mathieu	5 mai 1891	1er janvier 1895
Oulmont, ❋	1er juin 1884	25 janvier 1889	Delpeuch	5 mai 1891	1er janvier 1895
De Beurmann, ❋	1er juin 1884	25 janvier 1889	Lermoyez, ❋	5 mai 1891	1er janvier 1895
Muselier, ❋	1er juin 1884	25 janvier 1889	Œttinger	11 juillet 1891	1er janvier 1895
Brissaud, ❋	1er août 1884	1er janvier 1890	Le Gendre, ❋	11 juillet 1891	1er janvier 1895
Merklen	1er août 1884	1er janvier 1890	Bourcy	1er juin 1892	1er janvier 1895
Faisans, ❋	1er août 1884	25 janvier 1888	Roger	1er juin 1892	1er janvier 1895
Talamon, ❋	1er janvier 1885	1er avril 1890	Marfan	1er juin 1892	1er janvier 1896
Ballet, ❋	1er janvier 1885	1er janvier 1891	Gilles de La Tourette, O. ❋	15 mai 1893	1er janvier 1896
Brault	1er janvier 1885	1er janvier 1891	Béclère	15 mai 1893	1er janvier 1896
Barié	1er juillet 1885	1er janvier 1891	Giraudeau, ❋	15 mai 1893	1er janvier 1896
Renault	1er juillet 1885	1er janvier 1891	Achard	15 juillet 1893	1er janvier 1897
Brocq, ❋	1er juillet 1885	1er janvier 1891	Widal, ❋	15 juillet 1893	1er janvier 1897
Comby	1er août 1885	1er janvier 1892	Darier	16 mai 1894	1er janvier 1897
Chantemesse, O. ❋	1er août 1885	1er janvier 1892	Thoinot, ❋	16 mai 1894	1er janvier 1897
Hirtz, ❋	16 juillet 1886	16 janvier 1892	Ménétrier	16 juillet 1894	1er janvier 1897
Gaucher, ❋	16 juillet 1886	7 juillet 1892	Duflocq	16 juillet 1894	1er janvier 1898
Josias, ❋	16 juillet 1887	1er janvier 1893	Queyrat	15 juillet 1894	1er janvier 1898
Martin	16 juillet 1887	26 janvier 1893	Vaquez	16 mai 1895	1er janvier 1899
Marie	5 juillet 1888	1er janvier 1894	Launois	16 mai 1895	1er janvier 1899
Netter, ❋	5 juillet 1888	1er janvier 1894	Wurtz	16 mai 1895	1er janvier 1900
Gilbert, ❋	5 juillet 1888	1er janvier 1894	Guinon	16 juillet 1895	1er janvier 1899
Petit	1er juin 1889	1er janvier 1894	Morel-Lavallée	16 juillet 1895	20 janvier 1900
Variot	1er juin 1889	1er janvier 1894			

Médecins des hôpitaux

NOMS	DATE de la nomination	NOMS	DATE de la nomination
MM.		MM.	
Dalché	16 juillet 1895	Caussade	1er août 1897
Klippel	1er février 1896	Claisse	1er août 1897
Toupet	1er février 1896	Parmentier	1er juin 1898
Barbier	1er février 1896	Boulloche	1er juin 1898
Jeanselme	16 mai 1896	Méry	1er juin 1898
Florand	16 mai 1896	Thiroloix	15 juillet 1898
Jacquet	16 mai 1896	Souques	15 juillet 1898
Lesage	15 juillet 1896	Triboulet	15 juillet 1898
De Gennes	15 juillet 1896	Dupré	1er avril 1899
Courtois-Suffit	15 juillet 1896	Aviragnet	1er avril 1899
Lion	1er juin 1897	Lamy	1er avril 1899
Le Noir	1er juin 1897	Legry	1er juin 1899
Mosny	1er juin 1897	Teissier	1er juin 1899
Rénon	1er août 1897	Hudelo	1er juin 1899

B. — CHIRURGIENS

Chirurgiens honoraires

NOMS	DATE de l'entrée dans les hôpitaux	DATE de l'admission à l'honorariat	NOMS	DATE de l'entrée dans les hôpitaux	DATE de l'admission à l'honorariat
MM.			MM.		
Cruveilhier, ✱	20 juin 1866	1er nov. 1887	Polaillon, ✱	15 mai 1870	1er janvier 1899
Sée, O. ✱	20 juin 1866	1er janvier 1896	Perier, O. ✱	1er août 1872	1er janvier 1899
Labbé, C. ✱	25 juin 1864	1er janvier 1895	Anger, ✱.	1er août 1872	1er janvier 1899
Guéniot, ✱.	27 juillet 1865	1er janvier 1895			

Chirurgiens chefs de service

NOMS	DATE DE LA NOMINATION comme chirurgien des hôpitaux	comme chirurgien chef de service	NOMS	DATE DE LA NOMINATION comme chirurgien des hôpitaux	comme chirurgien chef de service
MM.			MM.		
Guyon, O. ✱	20 mai 1862	13 avril 1864	Reynier	1er juillet 1882	20 juin 1889
Panas, O. ✱	28 mars 1863	1er janvier 1865	Segond, O. ✱	1er juin 1883	1er janvier 1890
Tillaux, C. ✱.	18 juillet 1863	1er juin 1865	Quénu, ✱	1er juin 1883	1er avril 1890
Duplay, O. ✱	1er juin 1867	1er janvier 1872	Nélaton	1er juin 1884	1er avril 1890
Anger, ✱.	1er juin 1867	1er janvier 1872	Campenon	1er août 1884	1er janvier 1891
Lannelongue, O. ✱ . . .	11 août 1869	1er janvier 1873	Jalaguier	1er août 1884	1er janvier 1893
Le Dentu, O. ✱	1er août 1872	5 janvier 1876	Brun, ✱	1er août 1885	1er janvier 1893
Terrier, O. ✱	13 juin 1873	1er janvier 1877	Routier	1er août 1885	1er août 1893
Delens, ✱	13 juin 1873	1er janvier 1878	Marchant, ✱	1er août 1885	1er janvier 1894
Lucas-Championnière, O. ✱. .	15 juin 1874	1er janvier 1878	Bazy, ✱	1er août 1886	1er janvier 1894
Berger, ✱	1er juillet 1877	1er janvier 1882	Tuffier, ✱	25 juillet 1887	1er janvier 1895
Monod, ✱	1er juillet 1877	1er janvier 1883	Picqué, ✱	25 juillet 1887	1er janvier 1895
Pozzi, O. ✱	1er juillet 1877	1er janvier 1883	Michaux	1er juillet 1888	1er janvier 1896
Humbert, ✱	1er juin 1878	1er janvier 1885	Chaput, ✱	1er juillet 1888	15 février 1896
Peyrot, O. ✱	1er juin 1878	25 janvier 1886	Ricard	1er juin 1889	1er janvier 1897
Bouilly, ✱	15 août 1878	25 janvier 1886	Poirier, ✱	1er juin 1889	1er janvier 1897
Blum, ✱	15 août 1878	1er janvier 1887	Broca	1er juin 1890	1er janvier 1898
Reclus, ✱	1er juillet 1879	1er mai 1887	Walther	1er juin 1890	1er janvier 1898
Félizet, ✱	1er juillet 1880	1er mai 1887	Lejars	1er juin 1891	1er janvier 1899
Richelot, ✱	1er juillet 1880	1er janvier 1888	Potherat	1er juin 1891	1er janvier 1899
Kirmisson, ✱	15 juillet 1881	25 janvier 1889	Guinard	1er juin 1892	1er janvier 1899
Schwartz, ✱	15 juillet 1881	25 janvier 1889	Hartmann	1er juin 1892	1er janvier 1900

Chirurgiens des hôpitaux

NOMS	DATE de la nomination		NOMS	DATE de la nomination	
MM.			MM.		
Delbet	15 juin	1893	Villemin	26 juillet	1896
Rochard, ✿	15 juin	1893	Chevalier	1er juin	1897
Albarran, ✿	1er juin	1894	Mauclaire	1er juin	1897
Beurnier	1er juin	1894	Thiéry	1er août	1897
Demoulin	1er juin	1895	Guillemain	1er août	1897
Legueu	1er juin	1895	Morestin	16 mai	1898
Sébileau	16 juillet	1895	Souligoux	16 mai	1898
Faure	16 juillet	1895	Bouglé	10 juillet	1898
Lyot	16 mai	1896	Launay	1er juin	1899
Arrou	16 mai	1896	Auvray	1er juin	1899
Rieffel	26 juillet	1896			

C. — ACCOUCHEURS

Accoucheurs chefs de service

NOMS	DATE DE LA NOMINATION		NOMS	DATE DE LA NOMINATION	
	comme accoucheur des hôpitaux	comme accoucheur chef de service		comme accoucheur des hôpitaux	comme accoucheur chef de service
MM.			MM.		
Budin, ✿	"	5 juillet 1882	Champetier de Ribes	15 mai 1884	1er juillet 1880
Porak, ✿	"	5 juillet 1882	Doléris, ✿	15 juillet 1885	1er janvier 1895
Pinard, ✿	"	5 juillet 1882	Auvard, ✿	1er juillet 1886	1er avril 1897
Ribemont-Dessaignes, ✿	"	5 juillet 1882	Bonnaire	1er juillet 1889	1er avril 1897
Maygrier	15 mai 1883	1er juin 1884	Boissard	15 juillet 1891	1er mars 1898
Bar, ✿	15 mai 1883	1er nov. 1885	Lepage	11 juin 1894	1er mars 1898

Accoucheurs des hôpitaux

NOMS	DATE de la nomination		NOMS	DATE de la nomination	
MM.			MM.		
Varnier	11 juin	1894	Bouffe de Saint-Blaise	1er juillet	1898
Tissier	5 juin	1896	Baudron	1er juillet	1898
Potocki	5 juin	1896	Brindeau	1er juillet	1899
Démelin	15 juin	1897			

D. — Médecins des quartiers d'aliénés

Médecin honoraire

NOM	DATE de l'entrée dans les hôpitaux	DATE de l'admission à l'honorariat
M. Falret, ✻.	15 mars 1857	1er janvier 1898

Médecins chefs de service

NOMS	DATE DE LA NOMINATION		NOMS	DATE DE LA NOMINATION	
	comme médecin adjoint	comme médecin titulaire		comme médecin adjoint	comme médecin titulaire
MM.			MM.		
Voisin	»	12 sept. 1879	Féré	16 nov. 1884	1er février 1887
Bourneville	»	12 sept. 1879	Séglas	1er août 1886	1er janvier 1896
Charpentier.	1er avril 1881	1er sept. 1884	Chaslin	1er juin 1887	1er janvier 1896
Deny	1er avril 1881	1er août 1886			

Médecins adjoints

NOMS	DATE de la nomination	NOMS	DATE de la nomination
M. Nageotte	1er juin 1898	M. Roubinovitch.	1er janvier 1899

E. — DENTISTES

Dentistes titulaires

NOMS	DATE DE LA NOMINATION		NOMS	DATE DE LA NOMINATION	
	comme dentiste adjoint	comme dentiste titulaire		comme dentiste adjoint	comme dentiste titulaire
MM.			MM.		
Cruet.	»	10 mars 1880	Aguilhon de Sarran . . .	»	1er juin 1892
Pietkiewicz.	»	11 octobre 1887	Combe, ✿	»	1er juin 1893
Gaillard, ✿	»	15 octobre 1887	Rodier	»	1er juin 1893
Galippe, ✿	»	15 octobre 1887	Richer	»	1er juin 1893
Ferrier.	»	15 octobre 1887	Thomas	1er juin 1893	15 janvier 1894
Brochard	»	1er nov. 1890	Quendot	1er juin 1893	1er janvier 1899

Dentistes adjoints chargés de groupes

NOMS	DATE de la nomination	NOMS	DATE de la nomination
MM.		MM.	
Jarre	1er juin 1893	Roy	6 juin 1895
Moireud.	1er juin 1893	Bruneau	1er janvier 1896
Rousseau.	15 janvier 1894	Didsbury	1er janvier 1896
Bouvet	12 avril 1894		

Dentistes adjoints (service des remplacements)

NOMS	DATE de la nomination	NOMS	DATE de la nomination
MM.		MM.	
Sauvez	1er janvier 1896	Gourc	12 octobre 1899
Dumont.	1er janvier 1896	Chompret.	12 octobre 1899
Frey.	12 février 1897	Pitsch	12 octobre 1899

15

Pharmaciens honoraires

NOMS	DATE de l'entrée dans les hôpitaux	DATE de l'admission à l'honorariat	DATE	DATE de l'entrée dans les hôpitaux	DATE de l'admission à l'honorariat
M. Chatin, O. ✳	1er octobre 1840	1er janvier 1874	M. Lutz.	1er juillet 1842	1er mai 1880

Pharmaciens en exercice

NOMS	DATE de la nomination dans les hôpitaux		NOMS	DATE de la nomination dans les hôpitaux	
MM.			MM.		
Prunier.	30 août	1869	Léger	1er février	1886
Portes, ✳	14 février	1874	Grimbert	1er février	1886
Lextreit.	15 novembre	1874	Meillère.	1er juillet	1886
Chastaing.	1er juin	1877	Béhal.	1er juillet	1886
Villejean	1er mars	1878	Berthoud	1er juillet	1886
Bourquelot.	1er décembre	1878	Gasselin.	16 avril	1887
Guinochet.	18 janvier	1881	Héret	1er mai	1888
Leidié	20 avril	1881	Guerbet.	1er mai	1889
Viron	1er décembre	1882	Cousin.	1er mai	1889
Lafont	1er décembre	1882	François	1er octobre	1897
Patein.	15 mai	1883	Richaud.	1er octobre	1897
Sonnié-Moret.	1er avril	1884			

4° Enseignement clinique hospitalier

Par ses services hospitaliers, par la grande variété des maladies qui y sont traitées, l'Administration de l'Assistance publique de Paris constitue une grande école d'enseignement médical.

Indépendamment des professeurs attachés aux cliniques officielles organisées dans quelques établissements et qui relèvent de la Faculté (1), la plupart des médecins, des

(1) Les cliniques de la Faculté existant au 1er janvier 1900, dans les hôpitaux, sont au nombre de 15, savoir : Hôtel-Dieu : 1 clinique médicale (Pr Dieulafoy) ; 1 clinique chirurgicale (Pr Duplay) ; 1 clinique ophtalmologique (Pr Panas).
Pitié : 1 clinique médicale (Pr Jaccoud) ; 1 clinique chirurgicale (Pr Terrier).
Charité : 1 clinique médicale (Pr Potain) ; 1 clinique chirurgicale (Pr Tillaux).
Saint-Antoine : 1 clinique médicale (Pr Hayem).
Necker : 1 clinique chirurgicale (Pr Le Dentu) ; 1 clinique des maladies des voies urinaires (Pr Guyon).
Saint-Louis : 1 clinique des maladies cutanées et syphilitiques (Pr Fournier).
Enfants-Malades : 1 clinique des maladies de l'enfance (Pr Grancher).
Salpêtrière : 1 clinique des maladies nerveuses (Pr Raymond).
Baudelocque : 1 clinique obstétricale (Pr Pinard).
Clinique Tarnier : 1 clinique obstétricale (Pr Budin).

chirurgiens et des accoucheurs chefs de service font, au lit des malades ou dans les amphithéâtres des hôpitaux, des cours libres, parallèles à cet enseignement officiel et qui ne sont pas suivis avec moins d'empressement.

Ces cliniques particulières ont, du reste, existé de tout temps dans les hôpitaux, et il suffit de rappeler les cours faits, au siècle dernier, à l'Hôtel-Dieu, par Baron, Fontaine, Le Hoc, Bourdelin, Belleteste, Cochu et Majault, et, à la Charité, par Verdelet, Maloët, Macquart, Thierry de Bussy et Desbois de Rochefort, de même qu'au commencement du siècle, ceux de Desault à l'Hôtel-Dieu, de Corvisart à la Charité. Ce sont ces deux derniers cours qui, reconnus officiellement, en l'an VII, par la Faculté de médecine, constituèrent les deux premières chaires d'enseignement clinique donné par cette dernière dans les hôpitaux de Paris.

Depuis quelques années, l'Administration réunit, dans une affiche unique, qu'elle publie

HÔPITAL RICORD.— LA PREMIÈRE COUR

vers le mois de février ou de mars, les divers cours et conférences cliniques que les chefs de service se proposent de faire dans le courant de l'année.

Les élèves ont, d'autre part, à leur disposition, dans chacun des hôpitaux auxquels ils sont attachés, des bibliothèques subventionnées par le Conseil municipal.

Certains établissements, enfin, sont pourvus de musées et de laboratoires, où chefs de service et élèves peuvent se livrer à toutes les recherches bactériologiques et histologiques, devenues aujourd'hui si utiles dans la thérapeutique et dans la recherche du diagnostic d'un grand nombre d'affections. Quelques-uns de ces musées et de ces laboratoires sont également subventionnés annuellement par le Conseil municipal. L'Administration étudie, à l'heure actuelle, la création dans chaque hôpital d'un laboratoire central, qui serait commun à tous les services de cet hôpital et à la tête duquel serait placé un chef de laboratoire, choisi parmi les anciens internes ou externes des hôpitaux, assisté, s'il en était besoin, par des préparateurs, indépendamment du du personnel de garçons de service indispensable.

Depuis l'année 1897, l'Administration de l'Assistance publique a obtenu du Conseil municipal une subvention annuelle de 9.000 francs, destinée à être employée en trois bourses de voyage, de 3.000 francs chacune, qu'elle décerne, chaque année, à la suite des concours ouverts entre les internes en médecine et en pharmacie, afin de permettre aux trois lauréats (médailles d'or) de ces concours d'aller étudier à l'étranger la médecine, la chirurgie et la pharmacie.

Pour stimuler le zèle de ses élèves, l'Administration ouvre, en effet, entre eux, à la fin de chaque année, des concours à la suite desquels sont décernés des prix et des accessits, consistant en médailles d'or ou d'argent et en livres, ainsi que des mentions honorables. Des avantages sont, en outre, attribués à quelques-uns de ces lauréats, qui bénéficient de legs ou de fondations spéciales (livres, trousses, etc.). De son côté, l'Administration accorde une année supplémentaire d'exercice aux 3 internes (médecine, chirurgie et pharmacie) qui ont obtenu la médaille d'or.

L'Administration décerne, enfin, chaque année, à l'expiration de leur temps d'exercice dans les hôpitaux, une médaille de bronze, comme témoignage de satisfaction, à ceux de ses élèves qui ont fait un service assidu et régulier. Ces médailles sont accordées par le Directeur de l'Administration sur le vu des notes qui sont données annuellement par les chefs de service et par les directeurs des établissements.

5° Service de l'Amphithéâtre d'anatomie

En même temps que l'enseignement clinique, l'Administration de l'Assistance publique assure à ses élèves l'enseignement anatomique. Elle met, à cet effet, gratuitement à leur disposition un établissement situé rue du Fer-à-Moulin, appelé Amphithéâtre d'anatomie des hôpitaux, et où est transportée une partie des corps non réclamés des malades décédés dans les hôpitaux ; aux termes des conventions intervenues entre la Faculté et l'Administration, les deux tiers de ces corps sont envoyés, d'autre part, à l'École pratique de la Faculté.

De même que l'enseignement clinique, l'enseignement anatomique a, de tout temps, été donné aux élèves des hôpitaux. En 1494, des démonstrations sur le cadavre étaient faites aux élèves qui fréquentaient l'Hôtel-Dieu. Au commencement du siècle, le Conseil général des hospices prescrivit des cours de cette nature dans chaque hôpital.

Pour des considérations d'hygiène et de salubrité publiques, les amphithéâtres particuliers des hôpitaux furent, en 1813, supprimés par une ordonnance de police, à la suite de laquelle le Conseil général des hospices centralisa les exercices anatomiques dans un seul hôpital, celui de la Pitié, qui était alors l'annexe de l'Hôtel-Dieu.

Dix-sept ans plus tard, par un arrêté du 2 juin 1830, le Conseil général des hospices décida la construction d'un établissement spécial d'anatomie, qui devait être édifié sur des terrains sis rue du Fer-à-Moulin, appartenant aux hospices et connus sous le nom de cimetière de Clamart et de cimetière Sainte-Catherine. Le nom d'Amphithéâtre de Clamart est encore fréquemment donné par les étudiants et les chefs de service à cet établissement.

Le service du transport des corps est assuré par les voitures et les chevaux de l'établissement ; chaque matin une voiture passe dans les hôpitaux et hospices ayant signalé des corps à enlever ; ces corps sont, à leur arrivée, nominativement inscrits au bureau, puis versés au dépôt où ils sont injectés au moyen d'un liquide conservateur.

Après les exercices de dissection et de médecine opératoire, les débris des corps sont envoyés, dans les bières, au four crématoire du Père-Lachaise.

Le personnel enseignant se compose de :

1 chirurgien des hôpitaux, directeur, chef des travaux ; 2 prosecteurs ; 2 aides d'anatomie ; 1 chef et 1 sous-chef de laboratoire ; 1 conservateur du musée, en même temps aide préparateur du laboratoire ; 1 répétiteur d'anatomie.

Le personnel administratif se compose de :

1 économe ; 1 concierge et sa femme ; 5 garçons de pavillons (dont 2 non logés) ; 1 garçon de laboratoire (non logé) ; 1 homme de peine (non logé) ; 1 charretier.

Le directeur de l'Amphithéâtre d'anatomie est nommé par le Préfet de la Seine sur la proposition du Directeur de l'Administration. Il dirige l'Amphithéâtre au point de vue administratif et scientifique. Il en a la police et la surveillance.

Les prosecteurs et les aides d'anatomie sont nommés à la suite d'un concours auquel ne peuvent être admis que les élèves en médecine des hôpitaux et hospices en exercice et les anciens élèves, sous la condition, toutefois, en ce qui touche les aides d'anatomie, qu'ils ne seront pas pourvus du diplôme de docteur.

Les épreuves de ces concours sont réglées comme il suit :

Pour les places de prosecteurs :

Épreuves d'admissibilité. — Trois épreuves orales, portant : la première sur l'anatomie, la deuxième sur la physiologie, et la troisième sur la pathologie externe.

Il est accordé à chaque candidat vingt minutes pour traiter chacune de ces questions, après vingt minutes de réflexion.

Épreuves définitives. — 1° Une composition écrite sur une question d'anatomie pathologique, pour laquelle il est accordé trois heures.

2° Une épreuve de dissection extemporanée avec démonstration par le candidat. Il

BICÊTRE

est accordé quatre heures pour la dissection et dix minutes au plus pour la démonstration.

3° Une épreuve de pièces sèches ou conservées, soit dans l'alcool, soit par tous autres moyens, et pour la préparation desquelles le jury fixe le temps accordé.

4° Deux opérations sur le cadavre.

Pour les places d'aides d'anatomie :

1° Une épreuve écrite sur un sujet d'anatomie générale et de physiologie, pour laquelle deux heures sont accordées aux candidats ;

2° Une épreuve orale sur l'anatomie descriptive ; dix minutes de réflexion sont accordées aux candidats et dix minutes pour traiter la question :

3° Une épreuve pratique de dissection, avec démonstration par le candidat. Il est accordé trois heures aux candidats pour la préparation anatomique et cinq minutes pour en faire la description.

La durée des fonctions des prosecteurs est fixée à 4 années ; celle des aides d'anatomie à 3.

Les fonctions de chirurgien des hôpitaux et celles de prosecteur sont incompatibles.

Les prosecteurs et les aides d'anatomie sont chargés, sous la direction du directeur de l'Amphithéâtre, de surveiller les élèves, de les guider dans leurs études anatomiques, de leur donner, à cet effet, tous les conseils, toutes les indications dont ils peuvent avoir besoin, et de leur enseigner le manuel des opérations.

Le directeur de l'Amphithéâtre répartit le service de la surveillance des salles et de la distribution des sujets entre les prosecteurs qui sont alternativement de garde, chaque jour, de 11 heures à 4 heures.

Le chef et le sous-chef du laboratoire, le conservateur du musée et le répétiteur d'anatomie sont nommés par le Directeur de l'Administration, sur la présentation du directeur des travaux scientifiques.

Le chef du laboratoire d'histologie et d'anatomie pathologique de l'Amphithéâtre d'anatomie a, sous l'autorité du directeur des travaux scientifiques, la direction et la surveillance des élèves admis au laboratoire. Le sous-chef qui lui est adjoint est spécialement chargé, sous son autorité, de donner aux élèves les notions premières de l'étude de l'histologie et de l'anatomie pathologique.

Le conservateur du musée de l'Amphithéâtre d'anatomie est chargé, sous l'autorité et la direction du directeur des travaux scientifiques, de préparer et d'entretenir les pièces anatomiques du musée, d'en maintenir en état le catalogue, de communiquer aux élèves, dans la salle d'études, les pièces demandées, en les accompagnant des démonstrations nécessaires. Il remplit, en outre, les fonctions de préparateur d'anatomie et du cours d'anatomie.

Le répétiteur d'anatomie est spécialement chargé, sous la direction du directeur des travaux scientifiques, de l'enseignement préliminaire à donner aux élèves des Écoles dentaires admis à faire leur stage anatomique à l'Amphithéâtre.

L'Amphithéâtre d'anatomie des hôpitaux était primitivement exclusivement réservé aux élèves des hôpitaux, ainsi qu'aux chefs de service qui désiraient y faire des recherches scientifiques.

Depuis 1895, conformément à un accord intervenu entre la Faculté de médecine et l'Administration de l'Assistance publique en raison de l'insuffisance des locaux de l'École pratique, un certain nombre d'étudiants (400 environ), désignés par la Faculté, sont, chaque année, admis à y suivre les travaux de dissection et de médecine opératoire.

Depuis 1895, également, une convention a été prise entre l'Administration et les Écoles dentaires pour faire donner aux élèves de ces Écoles, à l'Amphithéâtre d'anatomie, l'enseignement de l'anatomie, de l'histologie pathologique et de la bactériologie, moyennant un droit d'inscription de 60 francs par élève. Les Écoles dentaires envoient une moyenne de 100 élèves par an à l'Amphithéâtre d'anatomie.

Quant aux élèves internes ou externes des hôpitaux, il faut en compter 600 environ qui prennent part, chaque année, aux travaux de dissection et de médecine opératoire ou qui suivent les cours faits au laboratoire.

Ce qui donne par an un total de 1.100 élèves fréquentant l'Amphithéâtre d'anatomie des hôpitaux.

Les indemnités allouées au personnel médical enseignant de l'Amphithéâtre d'anatomie des hôpitaux sont les suivantes :

Directeur des travaux scientifiques, 6.000 francs ;

Prosecteurs, 3.000 francs, dont 1.800 francs à la charge de l'Administration et 1.200 francs à la charge de la Faculté ;

Aides d'anatomie, 1.000 francs la 1re année, 1.200 la 2e et 1,400 francs la 3e (entièrement à la charge de la Faculté, ces agents étant exclusivement attachés au service des pavillons affectés aux étudiants envoyés par la Faculté) ;

Chef du laboratoire, 1.800 francs ;

Sous-chef du laboratoire, conservateur du musée et répétiteur d'anatomie, 1.200 francs.

6° École d'accouchement (Maternité)

L'École d'accouchement, établie à Paris, boulevard de Port-Royal, n° 119, est destinée à former des sages-femmes de 1re classe pour toute l'étendue du territoire de la République.

Cette École, qui est annexée à la Maternité, a été instituée en 1802.

Ce fut le ministre Chaptal qui conçut le premier le projet de fonder une grande École d'accouchement destinée à recruter et à former des élèves pour toute l'étendue du territoire français ; il annonça aux préfets, par deux circulaires, en date des 28 juillet 1802 et 17 septembre 1803, la création, à l'hospice de la Maternité, d'une École théorique et pratique d'accouchement où les élèves seraient admises, soit à leurs frais, soit aux frais des départements.

Tout ce qui concerne l'École d'accouchement a été réglé par les arrêtés ministériels des 30 juin 1802, 17 janvier 1807, 8 septembre 1810 et par un arrêté du Conseil général des hospices du 26 juin 1811. Les programmes d'enseignement et conditions d'admission en subsistèrent jusqu'en 1805, époque à laquelle l'Administration de l'Assistance publique crut devoir les reviser pour les rendre conformes aux nouvelles conditions d'enseignement prescrites par le décret du 25 juillet 1893, relatif aux aspirantes aux diplômes de sage-femme.

On enseigne à l'École d'accouchement :

La théorie et la pratique des accouchements ; la vaccination ; la saignée ; des notions élémentaires de chimie, portant principalement sur la valeur chimique des antiseptiques utilisés en accouchement.

L'enseignement y est professé par le personnel médical attaché à la Maternité, savoir :

Par l'accoucheur en chef qui est professeur en chef ; par l'accoucheur adjoint, qui est professeur adjoint ; par le médecin ; par la

HOSPICE D'IVRY

sage-femme en chef ; par les aides sages-femmes ; par le pharmacien et par les internes en médecine (1).

L'accoucheur en chef de la Maternité a la direction de l'enseignement théorique et pratique.

Les leçons faites aux élèves sages-femmes sont fixées en nombre, comme il suit :

Accoucheur en chef.... quatre-vingts leçons par année.
Médecin.............. vingt   —
Accoucheur adjoint..... quarante   —

La sage-femme en chef participe à l'enseignement théorique suivant un pro-gramme tracé par l'accoucheur en chef. La sage-femme en chef exerce, en outre, les élèves sages-femmes, sous le contrôle de l'accoucheur en chef, au manuel des accouchements.

En outre, les deux élèves internes en médecine attachés au service d'accou-chement de la Maternité sont chargés d'initier les élèves sages-femmes à la pratique de la saignée et de la vaccination.

Des leçons élémentaires de chimie sont également faites aux élèves de la Maternité par le pharmacien de l'établissement.

La durée des études est de 2 années.

Le cours porte, chaque année, sur toutes les matières du programme. Un certain nombre de leçons sont d'abord consacrées à l'étude des éléments de l'anatomie et de la physiologie du corps humain et à des notions rudimentaires sur la pathologie. Les autres leçons ont pour but l'étude détaillée de l'anatomie et de la physiologie obstétri-cales, de la théorie et de la pratique des accouchements.

Le cours d'anatomie professé aux élèves est complété par des démonstrations faites sur le cadavre. Ces démonstrations, qui portent exclusivement sur des corps de femmes, ont lieu à l'Amphithéâtre d'anatomie des hôpitaux, à des heures de la matinée où il n'y a pas de cours pour les étudiants. Les élèves de la Maternité sont réparties en trois séries, à chacune desquelles sont données de 6 à 8 leçons, à raison d'une leçon par semaine, soit une durée de deux mois pour l'instruction de chaque série. La moitié des leçons porte sur l'anatomie des viscères en général, et l'autre moitié sur l'ana-tomie spéciale des organes génitaux de la femme.

L'année scolaire commence le 1er juillet et finit le 30 juin.

Les examens à la suite desquels est conféré aux élèves le certificat de capacité, contre lequel la Faculté de médecine leur délivre le diplôme de sage-femme, sont subis par les élèves à la fin de leurs deux années d'études.

Toutefois, les professeurs attachés à l'École peuvent, dans le courant de ces 2 années, faire subir aux élèves des examens de passage, à la suite desquels celles d'entre elles qui seraient jugées insuffisantes et incapables de continuer à suivre les cours pourront être renvoyées.

---

(1) Les accoucheurs et chirurgiens professeurs en chef qui ont été attachés successivement à l'École depuis sa fondation, sont :
MM. les Drs Baudelocque, de 1802 à 1810. — Antoine Dubois, de 1810 à 1825. — Paul Dubois, de 1825 à 1855. — Ant. Danyau, de 1857 à 1863. — U. Trélat, de 1864 à 1867. — Tarnier, 1867 à 1889. — Guéniot, 1889 à 1894. — Budin, de 1895 à 1898. — Porak, depuis 1898.
Les diverses sages-femmes en chef de la Maternité ont été successivement :
Mmes Lachapelle, de 1802 à 1822. — Legrand, de 1822 à 1838. — Charrier, de 1839 à 1858. — Alliot, de 1858 à 1868. — Callé, de 1868 à 1881. — Henry, de 1881 à 1895. — Mlle Hénault, depuis 1895.

Les examens de sortie ont lieu dans le courant du mois de mai et de juin. La distribution des prix a lieu dans les derniers jours du mois de juin.

A la fin de chaque année scolaire, les élèves arrivées au terme de leurs 2 années d'études sont examinées par un jury composé de l'accoucheur en chef, de l'accoucheur adjoint, du médecin de la Maternité et de deux commissaires nommés, l'un par le Directeur de l'Administration de l'Assistance publique de Paris, et l'autre par la Faculté de médecine.

L'examen terminé, les membres du jury, après avoir délibéré entre eux, consignent leur décision dans un procès-verbal. Un duplicata de ce procès-verbal est adressé à la Faculté de médecine, qui délivre à chaque élève admise par le jury, en échange du certificat de capacité qui leur est remis par le directeur de la Maison d'accouchement et sans nouvel examen, après versement de la somme de 25 francs, un diplôme de sage-femme de 1re classe, comportant le droit d'exercer dans toute l'étendue de la France.

Après les examens de fin d'année, des concours pour l'obtention de prix sont ouverts entre les élèves déclarées par le jury comme étant les plus instruites et les plus méritantes.

Ces prix consistent, indépendamment des livres qui peuvent y être adjoints, en dix médailles, savoir :

Théorie et pratique des accouchements (4 prix). — 1er prix : Une médaille d'or : 2e, 3e et 4e prix : une médaille d'argent.

Vigilance clinique (3 prix). — 1er, 2e et 3e prix : une médaille d'argent.

Éléments de pathologie et vaccine. — Un prix : une médaille d'argent.

Saignée (anatomie et physiologie). — Un prix : une médaille d'argent.

Bonne conduite. — Un prix : une médaille d'argent.

Des livres sont accordés, en prix, savoir :

Observations cliniques. — Deux prix.

Sciences accessoires (chimie élémentaire). — Un prix.

Des accessits et des mentions peuvent, en outre, être accordés. Les prix de vigilance clinique et d'observations cliniques, ainsi que le prix de bonne conduite, sont donnés sur le témoignage de l'accoucheur en chef, de la sage-femme en chef et du directeur de la Maternité.

Les élèves sont reçues à l'École de la Maternité depuis l'âge de 19 ans révolus jusqu'à celui de 35.

Elles doivent se faire inscrire auprès du directeur

HÔPITAL DE BERCK. — LE LAZARET

de la Maternité, du 1er au 30 juin (passé cette date, il ne peut plus être reçu de demande d'inscription), et produire à l'appui de leur demande :

1° Leur acte de naissance, l'acte de leur mariage si elles sont mariées, ou, si elles sont veuves, l'acte de décès de leur mari ;

2° Un certificat de bonnes vie et mœurs, délivré par le maire de leur commune ; ce certificat doit énoncer l'état des père et mère de l'élève, et, si elle est mariée, l'état de son mari :

3° Un certificat constatant qu'elles ont été revaccinées depuis moins de 2 ans.

Les femmes mariées ont à produire, en outre, une pièce dûment légalisée constatant qu'elles sont autorisées par leur mari à embrasser la profession de sage-femme.

Aucune femme enceinte ne peut être envoyée, comme élève, à l'École de la Maternité.

16

Le médecin de la Maison d'accouchement est chargé de constater, dès l'arrivée des élèves à l'École, si leur constitution peut leur permettre de suivre les cours et de pratiquer les exercices auxquels elles sont astreintes.

Avant d'obtenir leur admission, les élèves subissent devant un jury, composé du directeur de la Maternité, d'une inspectrice de l'enseignement primaire et d'un délégué de l'Administration, un examen destiné à constater leur degré d'instruction et comprenant :

1° Une épreuve d'orthographe, qui sert en même temps d'épreuve d'écriture ;

2° Un problème d'arithmétique, portant sur les quatre règles, y compris les fractions ;

3° Une narration française sur un sujet tiré, soit de l'histoire de France depuis Henri IV, soit de la géographie de la France.

Toutes les élèves (1) subissent cet examen le même jour. Elles sont convoquées à cet effet par les soins du directeur de la Maternité.

Les boursières des départements doivent également subir l'examen dont il s'agit. Le directeur de la Maternité les informe, en temps utile, de la date fixée, afin qu'elles puissent être rendues à l'École la veille de ce jour. Les épreuves devant être jugées immédiatement, celles de ces élèves qui ne sont pas admises sont renvoyées le soir même dans leurs départements.

Le prix de la pension est fixé, par an, à 1.100 francs, frais accessoires et fournitures compris. Cette pension doit être acquittée par trimestre et d'avance. Le trimestre commencé est dû en entier. Pour les élèves boursières, la pension est payable par semestre.

Les élèves payantes ont à verser en entrant :

1° Le montant du premier trimestre de leur pension. . . 250 fr. »
2° Le prix des livres d'étude.   42   »
3° Le prix des instruments indispensables aux élèves . .   10   »
                                                        ──────────
                                                        302 fr. »

Quant aux boursières des départements, elles n'ont qu'à verser le prix des instruments, soit 10 francs, à moins que les frais accessoires n'aient été laissés à leur charge. Une indemnité de 3 francs par mois est allouée pour frais de blanchissage.

Les élèves reçoivent du directeur de la Maison d'accouchement, à leur entrée dans l'hospice, les livres et instruments nécessaires à leurs études.

Les élèves sont logées, nourries, éclairées, chauffées en commun, fournies de linge de lit et de table et de tabliers. Il n'est pas exigé de trousseau. L'uniforme se compose d'une robe en étoffe noire appropriée à la saison, avec nœud de corsage, bleu pour la première année, rouge pour la seconde.

En cas de maladie, elles reçoivent les soins du médecin de la Maternité.

Pendant chacune de leurs 2 années de séjour à l'école, les élèves ne peuvent sortir qu'une fois par mois avec leurs père et mère ou mari, ou sous la surveillance des personnes désignées par leur famille et acceptées par l'Administration.

---

(1) Le brevet de capacité élémentaire de l'enseignement primaire, exigé par le décret du 25 juillet 1893, art. 7, des aspirantes au diplôme de sage-femme de 1re classe, n'est pas exigible pour les élèves qui demandent à faire leurs études à l'École de la Maternité de Paris; celles d'entre elles qui justifieraient de ce brevet peuvent être dispensées de l'examen d'entrée.

PERSONNEL SECONDAIRE

PERSONNEL HOSPITALIER

Le personnel secondaire des hôpitaux, qui se compose de 5.284 agents, comprend :

1° Le personnel attaché au service des malades (surveillantes et infirmières de tous grades) ;

2° Le personnel attaché aux services généraux (cuisine, lingerie, cave, salubrité, etc.).

Il se divise en personnel non gradé et en personnel gradé.

Personnel non gradé. — Le personnel non gradé se compose des infirmiers, infirmières, garçons et filles de service titulaires et stagiaires, et des nourrices.

Les agents stagiaires et les nourrices sont recrutés et congédiés par les directeurs d'établissements.

Pour être admis en qualité d'infirmier, d'infirmière, de garçon ou de fille de service stagiaire et de nourrice, il faut être âgé de 18 ans au moins, de 45 ans au plus, être de nationalité française, savoir lire et écrire, et produire des pièces d'état civil, des références ou certificats, et une attestation délivrée par des médecins désignés à cet effet, et constatant que le candidat présente les aptitudes physiques nécessaires pour faire un bon service.

Il est procédé, en outre, par les soins du bureau du personnel, à une enquête sur les antécédents des candidats, qui sont refusés s'ils ont fait l'objet d'une condamnation infamante.

Il est rigoureusement interdit aux directeurs des hôpitaux et hospices de recruter aucun agent du personnel secondaire parmi les malades sortant de leur établissement.

M⁣ᵐᵉ BOTTARD, SURVEILLANTE

Agents titulaires. — A l'expiration d'un stage dont la durée ne peut être inférieure à 6 mois, et qui doit, en règle générale, être accompli sans interruption dans la même maison, les infirmiers, infirmières, garçons et filles de service dont les notes ont été satisfaisantes, sont titularisés par décision du Directeur de l'Administration, sur l'indication des directeurs des établissements auxquels ils appartiennent, et sur la proposition du Secrétaire général. Ces nominations ont lieu quatre fois par an, dans le courant des mois de janvier, avril, juillet et octobre.

Les infirmiers, infirmières, garçons et filles de service sont répartis en 2 classes.

Le nombre des agents de 1re classe ne peut, en aucun cas, dépasser par établissement le cinquième du nombre total des agents titulaires et stagiaires.

Les simples infirmiers, infirmières, garçons et filles de service de 2e classe sont nommés à la classe supérieure par le Directeur de l'Administration sur la présentation des directeurs des établissements et la proposition du Secrétaire général ; ils doivent avoir au moins 1 an de service comme titulaires pour obtenir cet avancement.

Tout agent titulaire qui a donné lieu à des sujets de plainte peut être, ou révoqué dans la forme indiquée ci-après, et par suite exclu définitivement du personnel des hôpitaux, ou simplement congédié de l'établissement et autorisé à se replacer. Dans ce dernier cas, il ne peut se replacer que comme stagiaire.

En ce qui concerne les agents qui auraient quitté volontairement, et sans l'assentiment préalable du Directeur de l'Administration, l'établissement auquel ils étaient attachés, ils ne peuvent également se replacer que comme stagiaires, et doivent, en outre, produire à nouveau les pièces réglementaires. Cette disposition ne s'applique ni aux agents titulaires dont la mutation aurait pu être autorisée au préalable, à titre exceptionnel, par l'Administration, ni aux agents dont la mutation, à la fin de chaque année scolaire, se fait entre les hôpitaux-écoles et les autres maisons, lesquels conservent de plein droit leur qualité de titulaires.

Les infirmiers, infirmières, garçons et filles de service titulaires sont révoqués par décision du Directeur de l'Administration, sur la proposition du Secrétaire général, soit d'office, soit sur le rapport des directeurs d'établissement.

Toutefois, en cas d'urgence, les directeurs peuvent prononcer l'expulsion immédiate d'un agent titulaire, s'ils estiment que le bon ordre de l'établissement est compromis par sa présence, mais sous la condition d'en donner immédiatement avis au Directeur de l'Administration.

Personnel gradé. — La hiérarchie du personnel gradé est composée comme suit :

Premiers infirmiers et premières infirmières ; suppléants et suppléantes ; sous-surveillants et sous-surveillantes de 1re et 2e classe ; surveillants et surveillantes de 1re et 2e classe ; religieuses.

Ce personnel comprend également :

Les garçons d'amphithéâtre ; les infirmiers panseurs et les infirmières panseuses ; les charretiers et les agents du personnel professionnel fixe assimilés aux sous-employés.

Le nombre des titulaires dans chaque grade et dans chaque classe est fixé par le budget.

Tous les agents gradés sont nommés par le Directeur de l'Administration sur la proposition du Secrétaire général ; les promotions de grades se font sur l'ensemble du personnel de tous les établissements.

Les premiers infirmiers et premières infirmières sont recrutés parmi les simples infirmiers, infirmières, garçons et filles de service titulaires, pourvus du diplôme professionnel, sans condition de durée de service.

Les suppléants et suppléantes sont choisis parmi les premiers infirmiers et premières infirmières pourvus du diplôme professionnel, sans conditions de durée de service.

Les suppléants et suppléantes, sous-surveillants et sous-surveillantes, ne peuvent être promus au grade supérieur qu'autant qu'ils ont passé au moins 2 ans dans le grade immédiatement inférieur.

Aucun agent gradé du personnel secondaire ne peut être promu à la classe supérieure s'il n'a passé au moins 1 an dans la classe inférieure.

Les promotions de classes se font à l'ancienneté sur l'ensemble du personnel de tous les établissements.

Conditions d'avancement spéciales aux garçons d'amphithéâtre, infirmiers panseurs, infirmières panseuses et charretiers. — Les garçons d'amphithéâtre sont répartis en 4 classes :

    1re classe, traitement de surveillant de 2e classe ;
    2e   — — sous-surveillant de 1re classe ;
    3e   — — — 2e —
    4e   — — suppléant.

Les infirmiers panseurs et infirmières panseuses sont répartis en 3 classes :

    1re classe, traitement de sous-surveillant de 2e classe ;
    2e   — — suppléant ;
    3e   — — premier infirmier.

Les charretiers sont répartis en 3 classes :

    1re classe, traitement de sous-surveillant de 1re classe ;
    2e   — — 2e —
    3e   — — suppléant.

Tout agent nommé à l'un des trois emplois qui précèdent prend rang dans la dernière classe de la catégorie à laquelle il appartient, quel que soit l'établissement auquel il est attaché.

La classe est attachée à la personne ; en conséquence, tout garçon d'amphithéâtre, infirmier panseur ou infirmière panseuse, ou charretier, qui passe en la même qualité dans un autre établissement, soit sur sa demande, soit pour raison de service, conserve le rang et le traitement qui lui étaient attribués dans le poste qu'il quitte.

Les promotions à la classe supérieure, dans ces trois catégories d'agents, ont lieu dans la proportion d'un tiers au choix et de deux tiers à l'ancienneté, sauf le cas de démérite.

Aucune promotion ne peut être faite dans une classe que s'il y existe une vacance.

Peuvent seuls en bénéficier les agents qui ont 2 ans au moins de service dans la classe immédiatement inférieure.

Les promotions de classe se font deux fois par an, au 1er janvier et au 14 juillet à l'occasion de la fête nationale.

Femmes de concierge. — Les femmes des concierges des portes principales des établissements n'ont ni grade, ni traitement. Celles dont la loge ne comporte pas le bénéfice de la « vente » (1), sont réparties

SOUS-SURVEILLANTE

---

(1) Pendant longtemps les concierges étaient autorisés à vendre aux administrés des objets de mercerie, des oranges, du tabac, etc., et tiraient de leur vente un petit bénéfice. Le système de la vente par le concierge est maintenant supprimé, au fur et à mesure des mutations de concierges.

en 3 classes et reçoivent, indépendamment des prestations en nature, une indemnité annuelle dont le montant est fixé suivant la classe, savoir :

1re classe, 600 francs ; 2e classe, 500 francs ; 3e classe, 400 francs.

Il est alloué, en outre, à celles qui ne reçoivent pas les prestations en nature, une indemnité annuelle de 600 francs.

Toute femme de concierge nouvellement nommée prend rang dans la 3e classe, quel que soit l'établissement auquel elle est attachée, exception faite toutefois pour le cas où une personne gradée épouse un concierge ; dans ce cas, elle est mise en disponibilité d'office et relevée de ses fonctions d'agent gradé ; mais elle est placée dans la classe des femmes de concierge qui lui assure le traitement le plus en rapport avec celui qu'elle recevait comme agent gradé.

La classe est attachée à la personne ; toute femme de concierge qui passe en la même qualité dans un autre établissement conserve le rang qu'elle occupait et l'indemnité qui lui était attribuée dans le poste qu'elle quitte.

Aucune promotion ne peut être faite dans une classe que s'il y existe une vacance.

Les promotions à la classe supérieure, dans le personnel des femmes de concierge, ont lieu au 1er janvier et au 14 juillet à l'occasion de la fête nationale ; elles se font à l'ancienneté, sauf le cas de démérite.

Peuvent seules en bénéficier les concierges ayant 2 ans au moins de présence dans la classe inférieure.

Appointements. — Les agents du personnel secondaire sont logés, nourris, habillés, chauffés, éclairés et blanchis dans les conditions déterminées par les règlements du service intérieur.

Ils reçoivent, en outre, des appointements en argent fixés ainsi qu'il suit :

Surveillants et surveillantes de 1re classe	900 francs
— — 2e —	800 —
Sous-surveillants et sous-surveillantes de 1re classe	700 —
— — 2e —	600 —
Suppléants et suppléantes	552 —
Premiers infirmiers et premières infirmières	468 —
Infirmiers et infirmières de 1re classe	444 —
— — 2e —	408 —
— — stagiaires	360 —
Nourrices avec leur enfant	456 —
— sans —	654 —

Les agents, qui, par exception, ne reçoivent pas les allocations en nature attribuées à leur grade, ont droit, en sus de leur traitement en argent, à l'indemnité ci-après, savoir :

Surveillants et surveillantes de 1re et 2e classe	1.400 francs
Sous-surveillants et sous-surveillantes de 1re et 2e classe,	1.300 —
Suppléants et suppléantes	1.100 —
Premiers infirmiers et premières infirmières	1.040 —
Infirmiers, infirmières, garçons et filles de service de 1re classe	970 —
Infirmiers, infirmières, garçons et filles de service de 2e classe et stagiaires	940 —

Il peut être alloué aux premiers infirmiers et premières infirmières, aux infirmiers et infirmières, garçons et filles de service titulaires de 1re et de 2e classe, en sus de leur traitement fixe, des hautes payes, dites hautes payes d'ancienneté.

Le nombre de ces hautes payes est fixé à 1.600, savoir :

800 hautes payes de 24 francs par an ;
400   —   30 —
400   —   36 —

La haute paye de 24 francs par an peut être accordée après 3 ans de service, la haute paye de 30 francs après 5 ans de service, et celle de 36 francs après 10 ans de service.

Les promotions et nominations aux hautes payes d'ancienneté ont lieu deux fois par an, au 1er janvier et au 14 juillet.

Le nombre des agents bénéficiant des hautes payes d'ancienneté ne peut, en aucun cas, excéder les chiffres fixés ci-dessus.

Au cas où le nombre des candidats remplissant les conditions réglementaires serait supérieur à celui des vacances, les hautes payes vacantes sont attribuées par ordre rigoureux d'ancienneté.

Il est alloué également à ceux des infirmiers, infirmières, garçons et filles de service, premiers infirmiers, premières infirmières, qui sont pourvus du diplôme professionnel des écoles municipales d'infirmiers et d'infirmières, une indemnité mensuelle de 3 francs.

Enfin les agents de tous grades attachés aux services de contagieux et à ceux d'aliénés reçoivent, en sus de leur traitement fixe, une haute paye dite « haute paye spéciale », qui peut varier, suivant le cas, de 5 à 10 francs par mois.

En cas de maladie, et s'il s'agit d'une affection qui n'a pas été contractée dans le service, le traitement des agents titulaires ou gradés du personnel secondaire peut leur être payé, soit partiellement, soit intégralement, et pendant un laps de temps qui varie avec la durée des services de l'agent intéressé dans l'Administration de l'Assistance publique. S'il s'agit, au contraire, de blessures reçues ou d'affections contagieuses contractées *dans l'exercice de leurs fonctions,* les agents continuent à recevoir leur traitement intégral, pendant la durée du traitement consécutif à ces maladies.

SUPPLÉANTE

Les agents titulaires appelés sous les drapeaux, pour une période d'instruction militaire ne dépassant pas un mois, reçoivent le montant intégral de leur traitement pendant la durée de cette période.

Lorsqu'un agent gradé du personnel secondaire a obtenu, sur sa demande, sa mise en disponibilité, il peut, dans la suite, être réintégré, mais seulement avec le grade inférieur à celui qu'il occupait au moment de sa mise en disponibilité.

Les peines disciplinaires applicables au personnel secondaire sont :

La privation de sortie pour un ou plusieurs jours de congé réglementaire ; la consigne, spéciale au personnel logé ; la retenue de traitement ; la descente de grade ; la mise en disponibilité d'office ; la révocation.

La privation de sortie et la consigne sont appliquées par les directeurs d'établissement ; la retenue de traitement, la descente de grade, la mise en disponibilité d'office et la révocation sont prononcées par décision du Directeur de l'Administration.

Toutefois, les directeurs d'établissement peuvent, pour des motifs graves, suspendre provisoirement de leurs fonctions les agents gradés, mais sous la condition d'en référer immédiatement et par rapport spécial au Directeur de l'Administration.

Après 15 ans de service au moins, les agents du personnel secondaire peuvent prétendre à une pension de retraite en argent dont la quotité varie avec la durée des services et le grade, de 230 à 750 francs.

En outre, après 20 ans de service, ils peuvent, en échange d'une partie de cette pension, obtenir l'admission à Bicêtre pour les hommes, et à la Salpêtrière pour les femmes, à titre de *reposants*. Les agents non gradés y sont hospitalisés en dortoirs ; les agents pourvus du grade de suppléant au moins y jouissent de logements particuliers.

Distinctions honorifiques décernées au personnel hospitalier :

NOMS	GRADES	ÉTABLISSEMENTS	ANNÉE	OBSERVATIONS
		CROIX DE CHEVALIER DE LA LÉGION D'HONNEUR		
Mme Brochard.	surveillante	Saint-Antoine	1893	Choléra (1892).
Mlle Bottard	—	Salpêtrière	1897	Actes de dévouement.
		MÉDAILLE DES ÉPIDÉMIES		
		Médaille d'or		
Mme Barbua	sous-surveillante	Saint-Antoine	1885	Choléra (1884).
Mme Simon, sœur Anastasie.	religieuse	Saint-Louis	—	—
Mlle Bottard	surveillante	Salpêtrière	1891	Services de contagion.
Mme Charvet	sous-surveillante	Pitié	1893	Choléra (1892).
Mme Trépard	surveillante	Maison de Santé	—	—
Mme Gendron, sœur Sainte-Foy. . . .	religieuse	Hôtel-Dieu	—	—
Mme Gigot	surveillante	Trousseau	—	—
		Médaille de vermeil		
Mlle Rosset	sous-surveillante	Necker	1893	Choléra (1892).
M. Fritsch	infirmier	Hôtel-Dieu	—	—
		Médaille d'argent		
Mme Thévenet, sœur Saint-Raphaël .	religieuse	Cochin	1885	Choléra (1884).
Mlle Roblin	sous-surveillante	Saint-Antoine	—	—
Mme Serpin	—	—	—	—
Mme Heim	—	Tenon	—	—
Mme Renaux	infirmière	Saint-Antoine	—	—
Mlle Morey	—	Saint-Louis	—	—
Mlle Gauvin	—	—	—	—
M. Rothlisberger	infirmier	Cochin	—	—
Mme Castets	suppléante	Lariboisière	1893	Choléra (1892).
Mme Culot, sœur Saint-Augustin . .	religieuse	Saint-Louis	—	—
Mme Guillien	sous-surveillante	Saint-Antoine	—	—
Mme Jusselin	suppléante	Necker	—	—
Mlle Tallec	1re infirmière	Bastion 36	—	—

NOMS	GRADES	ÉTABLISSEMENTS	ANNÉE	OBSERVATIONS
Médaille d'argent (suite)				
Mme RAFLIN, sœur Saint-Alexandre .	religieuse	Hôtel-Dieu	1893	Typhus.
M. LIEGEY	infirmier	—	—	—
Mme CATTIN, sœur Saint-Jacques. . .	religieuse	—	1895	Services de contagion.
M. RICHARD	infirmier	Tenon	—	—
Mme CONNORT	surveillante	Enfants-Assistés	1896	—
Mlle MASSON	—	Maternité	1898	—
Mme CHINTRIER	sous-surveillante	Enfants-Malades	1900	—
Médaille de bronze				
Mlle BLANC.	1re infirmière	Bastion 36	1893	Choléra (1892).
M. JABLES	infirmier	Hôtel-Dieu	—	—
M. JULIEN	—	Bastion 36	—	—
M. LAGOUTTE	—	Pitié	—	—
Mlle LALVEY	sous-surveillante	Lariboisière	—	—
Mme LEMOINE, sœur Sainte-Chantal. .	religieuse	Saint-Louis	—	—
Mlle LEYRA	infirmière	Bastion 36	—	—
Mme PLANTEFÈVE	sous-surveillante	Beaujon	—	—
Mme REMONU, sœur Saint-Ignace . .	religieuse	Hôtel-Dieu	—	—
M. ROUSSEL	infirmier	Bichat	—	—
Mme VION, sœur Saint-Dominique. . .	religieuse	Hôtel-Dieu	—	Typhus.
M. BOSCHAT	1er infirmier	—	—	—
M. LECHEVREL	infirmier	Charité	—	—
M. MONNASSON.	—	—	—	—
Mme FOSSET	infirmière	Beaujon	—	—
Mme RIBEL.	—	Hôtel-Dieu	—	—
Mlle LARGE.	—	—	—	—
Mlle RAYMOND	—	Debrousse	—	—
Mlle LEHOUX	—	—	—	—
M. CHAUVEL	infirmier	Tenon	—	—
Mlle COLBE.	surveillante	Saint-Antoine	1895	Services de contagion.
Mlle DUCHER.	sous-surveillante	Lacunne	—	—
Mlle LEPREUX	—	Saint-Antoine	1898	—
Mlle LELUYER	1re infirmière	Trousseau	—	—
Mme SIMON.	sous-surveillante	Bastion 29	—	—
Mlle TRUFFE.	surveillante	Enfants-Malades	—	—
Mme GIGOT.	—	Trousseau	—	—
Mme DEVILLIERS	suppléante	—	—	—
Mlle BLANDIN	infirmière	Enfants-Assistés	—	—
Mlle GÉZÉQUEL (Yvonne).	1re infirmière	Trousseau	1899	—
Mlle BINARD	suppléante	—	—	—
Mlle HUGUIN	1re infirmière	—	—	—
Mlle GÉRARD.	infirmière	Enfants-Malades	—	—
Mme TÉRION	—	—	—	—
Mlle HAAS	1re infirmière	Cochin	1900	—
Mme DEWYMER.	—	Beaujon	—	—
Mme ROBLIN	—	Lariboisière	—	—
Mme JOURDAN	—	Broussais	—	—
Mlle BROSSIER	sous-surveillante	Salpétrière	—	—

NOMS	GRADES	ÉTABLISSEMENTS	ANNÉE	OBSERVATIONS

MÉDAILLE D'HONNEUR DE L'ASSISTANCE PUBLIQUE

Médaille de vermeil

NOMS	GRADES	ÉTABLISSEMENTS	ANNÉE	OBSERVATIONS
M. Petit	surveillant	Bicêtre	1890	Révolte des aliénés.

Médaille d'argent

NOMS	GRADES	ÉTABLISSEMENTS	ANNÉE	OBSERVATIONS
Mme Casteys	suppléante	Lariboisière	1892	Choléra (1892).
Mme Culot, sœur Saint-Augustin	religieuse	Saint-Louis	—	—
M. Jarles	infirmier	Hôtel-Dieu	—	—
M. Julien	—	Bastion 36	—	—
M. Lagouttie	—	Pitié	--	—
M. Roussel	—	Bichat	—	—
Mlle Moreau	infirmière	Pitié	—	—
Mme Jusselin	suppléante	Necker	—	--
M. Rigot	infirmier	Saint-Antoine	—	
Mme Graby	surveillante	Pitié	1895	
Mlle Bouchoux	infirmière	Maison de Santé	—	
M. Saintgeot	surveillant	Bicêtre	1896	
Mlle Lecaer	infirmière	Enfants-Malades	1898	

Médaille de bronze

NOMS	GRADES	ÉTABLISSEMENTS	ANNÉE	OBSERVATIONS
Mlle Cabadec	surveillante	Beaujon	1894	
Mme Cribier	1re infirmière	Maison de Santé	—	
Mme Nivromont	surveillante	Bichat	1895	
Mme Gigot	—	Trousseau	—	
Mme Cuiller	—	Bicêtre	—	
Mlle Bottard	—	Salpêtrière	--	
M. Beyrier	surveillant	Bicêtre	1896	
Mlle Gassout	1re infirmière	Salpêtrière	—	
Mme Aloncle	surveillante	—	—	
Mme Lahaye	sous-surveillante	—	—	
Mme Georges	1re infirmière	—	—	
Mme Agnus	surveillante	Bicêtre	—	
Mme Shelottered	1re infirmière	Lariboisière	1897	
Mme Petit-Barat	—	Salpêtrière	—	
M. Siegel	surveillant	Bicêtre	—	
M. Robbe	—	Ricord	1898	
Mme Pinçon	surveillante	Broca	—	
Mlle Le Hecr	sous-surveillante	Enfants-Malades	—	
Mlle Daniel	infirmière	—	—	

ÉCOLES MUNICIPALES D'INFIRMIÈRES

Il y a une vingtaine d'années, la presque totalité des établissements dépendant de l'Administration de l'Assistance publique étaient desservis par un personnel congréganiste, c'est-à-dire que les emplois occupés actuellement par des surveillantes, sous-surveillantes et suppléantes laïques étaient confiés à des religieuses.

Cette organisation présentait des avantages et des inconvénients : les religieuses, que ne venait distraire aucune préoccupation étrangère, apportaient dans l'exercice de leurs fonctions un dévouement auquel l'Administration s'est toujours plu à rendre hommage ; mais, par contre, leur éducation hospitalière, résultat de traditions fort anciennes, était peu en rapport avec les usages de l'antisepsie moderne.

En outre, quelles que fussent les précautions prises par l'Administration pour assurer la liberté de conscience des administrés, elles ne pouvaient obvier d'une façon complète aux inconvénients qui résultaient du prosélytisme pratiqué, même inconsciemment, par les sœurs, et inhérent à leur origine même.

Enfin, et c'était là un point capital, toutes les places de surveillantes étant occupées par les religieuses, les infirmières étaient condamnées à rester indéfiniment dans les emplois subalternes, et, par suite, l'Administration ne pouvait recruter comme infirmières que des personnes illettrées. Lorsque, par suite de l'application des méthodes antiseptiques, elle eut besoin d'un personnel instruit et intelligent, le cadre du personnel secondaire dont elle disposait alors ne put lui fournir les sujets nécessaires.

Il était donc indispensable de faire du métier d'infirmière, jusqu'alors sans avenir, une profession permettant à celles qui l'embrasseraient d'obtenir, avec le temps, une situation convenable.

C'est principalement pour ce motif que l'Administration de l'Assistance publique décida de laïciser les établissements de son ressort, et se mit en mesure de substituer progressivement le personnel laïque au personnel congréganiste. Cette réforme a été commencée en 1878, et aujourd'hui tous les établissements dépendant de l'Administration sont desservis par un personnel laïque, à l'exception de l'Hôtel-Dieu, de l'hôpital Saint-Louis, de l'hôpital Boucicaut, et de quelques maisons, en général de peu d'importance, désignées sous le nom de fondations, qui doivent, aux termes des volontés exprimées par les fondateurs, être desservies à perpétuité par un personnel congréganiste.

La réalisation de cette mesure entraînait comme conséquence la création d'écoles où les nouvelles hospitalières, pourvues d'une instruction primaire suffisante, pourraient trouver l'instruction professionnelle théorique et pratique qui leur était indispensable. C'est ce qui fut fait.

Il existe aujourd'hui quatre écoles d'infirmiers et d'infirmières : à l'hospice de la Salpêtrière, à l'hospice de Bicêtre, à l'hôpital de la Pitié et à celui de Lariboisière. Le programme de l'enseignement comprend huit cours : administration, anatomie, physiologie, pansement et petite chirurgie, hygiène, soins à donner aux femmes en couches et aux nouveau-nés, petite pharmacie, exercices pratiques, dont le sommaire détaillé est reproduit ci-après.

Ces quatre écoles sont placées sous la direction de M. le Dr Bourneville, médecin

1re INFIRMIÈRE

de l'hospice de Bicêtre, qui, depuis 22 ans, s'est consacré tout entier à l'éducation professionnelle du personnel des hôpitaux, et a su, grâce à son dévouement infatigable,
à sa persévérance qui ne s'est arrêtée devant aucun obstacle, et aux
ressources mises à la disposition de l'Administration par le Conseil municipal, amener, au point de perfection qu'elle atteint aujourd'hui, cette œuvre,
qui constitue un rouage si important de l'organisation hospitalière.

L'enseignement est donné dans les écoles d'infirmières : pour les cours
d'administration, par les directeurs des établissements ; pour les cours pro-
fessionnels théoriques, par des médecins, en général anciens internes des
hôpitaux ; pour les cours pratiques, par des surveillantes expérimentées.

A la fin de chaque année scolaire ont lieu des compositions, à la suite
desquelles l'Administration décerne aux élèves, qui ont fait preuve de
connaissances suffisantes, un diplôme, ou certificat d'aptitude ; il est en
outre distribué aux auteurs des compositions, jugées les meilleures, des
prix consistant en livres, trousses de chirurgie, livrets de Caisse
d'épargne, etc.

En outre, pour parer au manque d'instruction qui se rencontre chez
bon nombre de nos infirmières, l'Administration a institué, dans plusieurs
établissements, des cours primaires, à l'usage spécial du personnel, professés, soit par les institutrices attachées aux hôpitaux d'enfants, soit par
des surveillantes pourvues de brevets universitaires.

SURVEILLANT

Ces cours fonctionnent dans les établissements suivants : Salpêtrière, Lariboisière,
Bicêtre, Tenon, Trousseau, Enfants-Malades, Berck-sur-Mer et Enfants-Assistés. Ces
écoles préparent au certificat d'études, et les résultats obtenus chaque année démontrent
que la bonne volonté des élèves est égale au zèle des maîtresses.

PERSONNEL A LA JOURNÉE

Le personnel à la journée attaché aux établissements hospitaliers
comprend 1.516 agents, répartis en 21 catégories :

Maçons et paveurs ; peintres ; plombiers ; menuisiers et tapissiers ;
serruriers ; fumistes ; charrons ; tonneliers et cavistes ; bourreliers ; tailleurs ; électriciens, mécaniciens et chauffeurs ; cuisiniers et cuisinières ;
jardiniers ; étuvistes ; buandiers et buandières ; garçons de laboratoire ;
charretiers ; lingères ; repasseuses ; éplucheuses ; journaliers et journalières.

Ces agents sont, suivant la catégorie à laquelle ils appartiennent,
recrutés et nommés, soit par le Directeur général de l'Administration,
soit par les directeurs d'établissement.

Leur salaire est en général égal à celui payé par l'industrie privée,
sans que, cependant, à Paris et dans la banlieue, ce salaire puisse
jamais être inférieur à 5 francs pour les hommes et 3 francs pour les
femmes.

SUPPLÉANT

Les agents du personnel à la journée n'ont pas droit à une pension de retraite.

SERVICE DES TRAVAUX

Abstraction faite des travaux de grosses réparations et de constructions neuves dont la dépense varie chaque année, l'Assistance publique de Paris dépense en moyenne, chaque année, 1.600.000 francs pour les travaux d'entretien de ses hôpitaux, hospices, maisons de retraite, fondations, dispensaires, immeubles domaniaux dans Paris et hors Paris.

Au cours de chacune des 3 dernières années, elle a fait en outre exécuter de grands travaux (constructions neuves et grosses réparations) pour une somme de

LES PONTS ET LES CAGNARDS DE L'HÔTEL-DIEU

2.000.000 de francs environ — soit 6.000.000 de francs pour une période de 3 ans — tant sur les fonds subventionnels de la Ville de Paris et du Pari mutuel que sur ses propres capitaux.

Les travaux d'entretien sont confiés à la surveillance de 5 architectes divisionnaires, 4 pour les établissements hospitaliers et dispensaires, 1 pour les immeubles productifs de revenus. Ces 5 architectes ont des appointements fixes et annuels de 5.000 francs. Ils reçoivent en outre une indemnité de 2.000 francs par an, pour frais de bureau et de déplacement.

Un sixième architecte est chargé des travaux à exécuter dans les établissements ressortissant au service départemental des enfants assistés. Il est rémunéré à honoraires proportionnels, calculés à raison de 5 °/₀ sur le premier million (taux moyen) et de 4 °/₀ pour le surplus.

Les 4 architectes divisionnaires chargés des établissements hospitaliers et des dispensaires ont chacun sous leurs ordres 3 inspecteurs. Le nombre des inspecteurs est de 4 pour la division des travaux du domaine productif. Les appointements de ces agents varient entre 2.400 et 3.000 francs par an.

Tout ce personnel constitue l'*agence permanente de l'entretien*.

Les travaux d'entretien sont confiés à l'entreprise ; ils sont mis en adjudication tous les 3 ans. Chaque division d'architecture a ses entrepreneurs particuliers.

Cependant l'Administration fait exécuter en régie presque toute la peinture de ses salles d'hôpitaux et d'hospices. Un conducteur de travaux, attaché d'une façon permanente à l'agence, est chargé de la surveillance de ces travaux et de l'embauchage des ouvriers. Il touche comme appointements fixes 250 francs par mois et reçoit en outre une indemnité mensuelle de 25 francs pour frais de déplacement.

Le salaire quotidien des ouvriers peintres de la régie est de 8 francs pour 9 heures de travail.

Enfin, un grand nombre d'établissements ont 1 ouvrier plombier, 1 menuisier et 1 ouvrier serrurier qui sont chargés des travaux de menu entretien. A l'hôpital Saint-Louis, à Bicêtre, à la Salpêtrière, à Ivry, l'équipe d'ouvriers permanents comprend presque tous les corps d'état.

Les travaux neufs et grosses réparations sont confiés d'une façon générale aux architectes de l'agence de l'entretien. L'Administration s'adresse cependant quelquefois, pour les constructions nouvelles, à des architectes de l'extérieur, choisis par voie de concours.

Pour les travaux neufs, les architectes de l'entretien reçoivent des honoraires nets calculés à raison de 2 °/₀, l'Administration prenant à sa charge tous les autres frais d'agence.

Les architectes étrangers à l'Assistance publique sont généralement rémunérés à raison de 5 °/₀, tous les frais d'agence étant laissés à leur charge.

L'Assistance publique fait encore exécuter des travaux techniques, tels que chauffage à vapeur, éclairage électrique, buanderies, étuves à désinfection, ascenseurs, etc. Pour ces travaux, elle dispose d'une agence spéciale à la tête de laquelle est un ingénieur des arts et manufactures, chargé de l'étude et de l'exécution des projets.

Cet ingénieur assure également l'entretien des installations existantes.

Il a sous ses ordres un inspecteur chef mécanicien, qui a la surveillance immédiate du personnel des mécaniciens et chauffeurs.

Selon les besoins et circonstances, l'Administration adjoint à l'agence technique des inspecteurs temporaires.

Les appointements de l'ingénieur sont de 7.000 francs par an, auxquels vient s'adjoindre une indemnité annuelle de 2.000 francs pour frais de bureau et de déplacement.

Ceux de l'inspecteur mécanicien sont de 3.600 francs, plus une indemnité de déplacement de 400 francs.

6 vérificateurs sont chargés du règlement des mémoires. C'est à eux également que l'Administration s'adresse pour la préparation des devis de grands travaux et grosses réparations.

Ils sont rémunérés à honoraires proportionnels, calculés sur le montant des devis avant rabais, à raison de 9 % pour les établissements dans Paris et le département de la Seine, et à raison de 15 % pour les établissements situés dans les départements autres que la Seine.

Ils sont encore chargés de la confection des devis supérieurs à 20.000 francs et reçoivent, pour ce travail, des honoraires calculés d'après une échelle décroissante, dont le premier terme est 5 % sur les premiers 100.000 francs, pour arriver à 1 % sur les neuvièmes 100.000 francs. Au-dessus de 1.000.000 de francs, l'indemnité n'est plus que de 0,50 %.

2 reviseurs sont également attachés à l'agence d'architecture. Ils sont rémunérés à raison de 4 % sur le montant des mémoires réglés après rabais.

L'agence d'architecture et l'agence technique, les reviseurs et vérificateurs, dépendent d'un service central à la tête duquel est un chef de bureau faisant fonctions de chef de service, et placé sous l'autorité immédiate du Secrétaire général de l'Administration.

Ce service central, outre les sections d'architecture, des travaux techniques, de vérification et de revision, comprend une section administrative chargée de l'instruction des affaires, de leur présentation, s'il y a lieu, devant les Conseils, des ordres d'exécution, de la préparation des cahiers des charges, de la surveillance des crédits, du mouvement et de la liquidation des mémoires. Cette section administrative est également chargée des questions relatives au recrutement du personnel de l'agence.

HÔPITAL TROUSSEAU

CONTROLE DU DROIT DES PAUVRES

Le mode de perception du droit des pauvres dans les théâtres, concerts, bals, etc., au profit de l'Assistance publique de Paris, a subi diverses modifications avant d'arriver à la forme actuelle.

Jusqu'au 1er janvier 1856, cette perception s'est effectuée sous forme de régie intéressée, c'est-à-dire que le régisseur se chargeait, suivant les conditions de l'adjudication lui conférant la régie, de toutes les opérations relatives au recouvrement du droit, moyennant les remises qui lui étaient consenties sur le produit de ce droit.

Par arrêté du 25 juin 1857, la régie directe fut définitivement substituée à la régie intéressée, et le service fut alors confié à un agent portant le titre de directeur du droit des indigents et recevant un traitement annuel, plus des remises pour remboursement de frais de voiture, de bureau, etc.

Enfin, le 21 octobre 1871, l'Administration supprima cette direction, et la perception fut exercée dans les conditions où elle fonctionne encore aujourd'hui.

Dans l'organisation actuelle, c'est l'Administration elle-même qui fait percevoir par ses agents le montant du droit.

Ces agents sont nommés par le Préfet de la Seine sur la proposition du Directeur de l'Administration de l'Assistance publique.

Ils sont astreints à déposer un cautionnement de 2.000 francs avant leur entrée en fonctions ; aucune retenue n'est faite sur leur traitement, mais ils n'ont pas droit à une pension de retraite.

Les indemnités qui leur sont allouées ont été fixées par un arrêté du Préfet de la Seine en date du 28 mai 1897 :

1° Service ordinaire des théâtres exigeant une présence d'une durée moyenne de deux heures et demie (indemnité annuelle de 1.000 francs, calculée au prorata des services effectifs), soit par vacation 2 78

2° Vacation ne finissant pas avant deux heures du matin et d'une durée moyenne de cinq heures. 10 »

3° Vacation ne finissant pas avant minuit et d'une durée d'au moins trois heures 4 50

4° Vacation en matinée d'une durée de quatre à cinq heures. 3 75

5° Vacation en matinée d'une durée de quatre heures au maximum. . . 3 »

6° Vacation de jour ou de soirée d'une durée de deux heures au maximum 1 50

7° Service des abonnements : indemnités mensuelles allouées aux contrô-leurs ambulants chargés des abonnements et des concerts d'artistes, 170 et 180 »

Indépendamment de ces rétributions, il est alloué aux contrôleurs chargés du service des cafés-concerts et autres établissements spéciaux, un supplément mensuel variant de 15 à 25 francs, selon les difficultés du service et la durée des séances.

Le nombre des contrôleurs en exercice est actuellement de 110, mais ce nombre peut varier suivant les besoins du service.

Les contrôleurs du droit des pauvres sont placés sous la surveillance d'un contrôleur principal ayant rang de chef de bureau, et d'un contrôleur principal adjoint, ayant rang de commis principal.

Un arrêté du Directeur de l'Assistance publique du 9 décembre 1898, approuvé par le Préfet de la Seine, a déterminé ainsi qu'il suit les attributions des contrôleurs et le mode de comptabilité :

LA SALPÊTRIÈRE. — LA HAUTEUR

TITRE PREMIER. — Dispositions générales sur le service du contrôle

ARTICLE PREMIER. — Les contrôleurs du droit des pauvres doivent se rendre dans l'établissement auprès duquel ils sont accrédités avant l'ouverture des portes au public, à l'heure qui leur est assignée par l'Administration.

Ils prennent note, avant chaque représentation, du nombre de tickets délivrés aux buralistes et s'assurent que ces tickets, ainsi que ceux qui doivent servir à leur échange au bureau du contrôle, sont numérotés et classés dans l'ordre numérique, pour chaque catégorie de places, depuis le premier jusqu'au dernier.

ART. 2. — Depuis l'ouverture des bureaux de vente jusqu'à leur fermeture, les contrôleurs se tiennent près du bureau du contrôle ou dans le bureau même, si la disposition des locaux le permet, et exercent leur surveillance sur toutes les opérations auxquelles donne lieu l'entrée du public.

Ils doivent notamment :

Faire déposer dans des boîtes fermant à clef tous les tickets ou billets présentés au contrôle et qui doivent y être échangés ;

Empêcher la vente des places au bureau du contrôle.

Et veiller à ce que les sommes payées en supplément par les spectateurs qui quittent une place pour en prendre une autre d'un prix plus élevé soient reçues exclusivement par un buraliste désigné à cet effet.

18

Art. 3. — Après la fermeture des bureaux, les contrôleurs procèdent à la vérification de la feuille de location, en arrêtent le total et la contresignent.

Ils doivent ensuite :

1° Assister à la reddition des comptes des buralistes au directeur de l'établissement ou à son représentant et comparer, pour chacune des différentes catégories de places, les quantités accusées aux bordereaux dressés par ces buralistes, d'une part avec les tickets ou billets déposés au bureau du contrôle et, d'autre part, avec les tickets d'échange remis à l'intérieur de la salle par les spectateurs ;

2° Compter et examiner tous les billets (1), de quelque nature qu'ils soient : billets à droits, de service, d'auteurs, de faveur, d'affiche, de concession, etc., etc. ;

3° Comparer les sommes inscrites au registre des abonnements avec celles qui sont accusées sur les coupons délivrés aux abonnés.

Art. 4. — Lorsque le total de la recette est arrêté, les contrôleurs délivrent quittance de la somme qu'ils ont à percevoir et établissent ensuite, en double expédition, des bordereaux sur lesquels ils doivent mentionner avec le plus grand soin :

1° Le nombre et le produit de chaque catégorie de places, tant pour les places vendues par les buralistes que pour celles qui sont cédées à des concessionnaires (service de claque, auteurs, etc., etc.) ;

2° Le produit et le nombre des places prises en location et par abonnement ;

3° Le montant de la « petite recette » de la veille, c'est-à-dire de la recette réalisée à la représentation précédente, après la fermeture des bureaux ;

4° Le maximum de la recette concédé aux auteurs ;

5° Le nombre des billets de faveur et des entrées personnelles ;

6° Le numéro d'ordre de l'établissement et le numéro de la quittance délivrée ;

7° Et, enfin, l'heure exacte de leur arrivée dans l'établissement, de l'ouverture des bureaux, du commencement et de la fin des comptes, ainsi que de leur départ.

Art. 5. — Les contrôleurs doivent se présenter à l'Administration, de huit heures et demie à neuf heures et demie du matin, le lendemain de chaque représentation, pour soumettre leurs bordereaux à la vérification des contrôleurs principaux et effectuer le versement des sommes perçues.

Toutefois, ceux d'entre eux qui sont placés dans les établissements où la moyenne des prélèvements quotidiens n'excède pas 100 francs pourront être autorisés à faire leurs versements périodiquement, tous les cinq jours.

LA SALPÊTRIÈRE
QUARTIER DES AGITÉES

Dans ce cas, un seul bordereau détaillé sera produit au service de la perception le lendemain de chaque représentation avant neuf heures et demie du matin, et les versements seront reçus sur la présentation de bordereaux récapitulatifs établis en double expédition.

Art. 6. — Les quittances délivrées par les contrôleurs doivent être, sans exception aucune, détachées des registres à souche qui leur sont remis à cet effet par le service de la perception.

Ces registres à souche sont présentés aux contrôleurs principaux à toute réqui-

---

(1) Le droit des pauvres est perçu sur la recette brute réalisée au tarif ordinaire des bureaux pour tous les billets non numérotés et au tarif de la location pour les billets numérotés, sauf, toutefois, en ce qui concerne les billets de service et de concession.

sition de leur part et remis au service de la perception dès que la période de temps pour laquelle ils ont été délivrés est expirée.

Art. 7. — L'enregistrement sur les livres à souche des recettes brutes réalisées et des sommes perçues doit toujours être fait en présence de la personne qui est chargée d'acquitter le droit des pauvres.

Il doit être libellé de telle sorte que la souche et la quittance constatent très distinctement :

1° Le numéro d'ordre d'enregistrement ;
2° L'indication de l'établissement ;
3° La date de la recette ;
4° Le nom du directeur de l'établissement ou de la personne qui a organisé la représentation donnant lieu à la perception du droit.

Il est interdit de signer à l'avance les quittances attenant au registre à souche.

Art. 8. — En cas de refus de payement de la totalité ou d'une partie de l'impôt dû sur le produit d'une représentation, les contrôleurs sont tenus d'en faire faire la constatation par le commissaire de police de service et d'en informer le contrôleur principal le lendemain de cette représentation, avant neuf heures du matin.

Art. 9. — Dans les établissements où le contrôle ne peut être fait à la porte, notamment dans ceux où le prix de la première consommation servie à chaque spectateur représente le prix d'entrée, la place que doivent occuper les contrôleurs leur est assignée par le contrôleur principal.

Art. 10. — Dans tous les cafés-concerts, que l'entrée soit libre ou non, les billets de faveur ne portant pas la mention « consommation facultative » doivent être comptés comme billets à droits, au prix des consommations dites « de renouvellement ».

En outre, dans les cafés-concerts où il n'est pas payé de prix d'entrée, les contrôleurs doivent faire le dénombrement de la salle à chaque représentation et exiger que les billets de faveur leur soient présentés par les personnes qui en sont munies.

Dans aucun cas, les billets dont il s'agit ne peuvent être acceptés comme billets de faveur s'ils sont présentés par le personnel des établissements au cours de la représentation ou au moment de la reddition des comptes.

Art. 11. — Sous aucun prétexte, les contrôleurs ne peuvent se refuser à occuper le poste qui leur est assigné.

Ils ne peuvent se faire suppléer.

En cas de maladie, le contrôleur principal doit être informé sans délai.

Art. 12. — Les contrôleurs sont déplacés suivant les nécessités du service et ils ne peuvent rester attachés à un établissement pendant plus de quatre mois consécutifs, sauf le cas d'exceptions motivées.

Tous les six mois, l'état des exceptions motivées dont il s'agit sera soumis par le chef de division au Directeur de l'Administration qui statuera.

Art. 13. — Il est absolument interdit aux agents du service de la perception :

1° D'intervenir dans les discussions qui peuvent se produire entre le public et le personnel des établissements et de prendre part aux opérations du contrôle autrement que par la surveillance ;

2° De faire connaître à qui que ce soit le montant des recettes réalisées dans les théâtres, bals, concerts, etc., dont le contrôle leur est confié ;

3° D'user de leur situation près des établissements pour assister gratuitement aux représentations théâtrales ;

4° D'accepter des billets de faveur ;

5° De se faire accompagner par des parents ou amis dans les établissements où ils sont appelés à exercer leur mandat.

Art. 14. — Dans le cas où un contrôleur manquerait à une ou plusieurs des prescriptions imposées par le présent règlement, il pourra être suspendu de ses fonctions pendant une durée de temps variant de huit jours à un mois.

En cas de faute grave, il pourra être révoqué.

ART. 15. — La peine de suspension d'emploi ne dépassant pas quinze jours est infligée par le chef de division sur la proposition du contrôleur principal.

La suspension de plus de quinze jours est infligée par le Directeur de l'Administration sur la proposition du Secrétaire général.

En cas d'urgence, la suspension provisoire peut toujours être infligée par le contrôleur principal, à charge d'en référer sans délai au chef de division qui statuera ou qui avisera, s'il y a lieu, le Secrétaire général.

La révocation est prononcée par M. le Préfet de la Seine sur la proposition du Directeur de l'Administration.

TITRE II. — Attributions des contrôleurs principaux

ART. 16. — La surveillance du service de la perception est exercée par un contrôleur principal, assisté d'un contrôleur principal adjoint qui doivent :

1° S'assurer par de fréquentes visites dans les établissements que les contrôleurs se tiennent au poste qui leur est assigné et se conforment strictement aux prescriptions du présent règlement ;

2° Vérifier les livres de comptabilité de tous les établissements soumis au droit et s'assurer que les sommes inscrites à ces livres concordent avec celles qui sont mentionnées sur les bordereaux établis par les contrôleurs, ainsi qu'avec les chiffres qui figurent sur les registres à souche servant à la délivrance des quittances ;

3° Faire la répartition du service entre les contrôleurs ;

4° Vérifier et viser les bordereaux établis par les contrôleurs avant que ceux-ci effectuent leurs versements à la caisse de l'Administration ;

5° Se faire présenter et viser les registres à souche des contrôleurs à chacune de leurs visites dans les établissements ;

6° Adresser au chef de division un rapport écrit faisant connaître les heures auxquelles les établissements ont été visités et, s'il y a lieu, les incidents qui se sont produits.

TITRE III. — Comptabilité du service

ART. 17. — Les écritures relatives aux opérations du service de la perception sont consignées sur les livres suivants :

1° Livres de comptabilité

Registres à souche mensuels ; journal général ; grand-livre.

ART. 18. — *Registres à souche.* Les registres à souche sont destinés à l'enregistrement des recettes effectuées et du droit perçu à chaque représentation et à la délivrance des quittances aux parties versantes.

Ces registres sont tenus par mois ; ils ne peuvent être délivrés aux contrôleurs qu'après avoir été numérotés sur chaque feuillet, puis visés et parafés du premier au dernier feuillet par le chef de division.

ART. 19. — *Journal général.* Le journal général est tenu par exercice ; il sert à l'enregistrement des recettes accusées aux bordereaux établis par les contrôleurs.

L'enregistrement se fait jour par jour en indiquant pour chacun des prélèvements le nom de l'établissement où la représentation a eu lieu, le chiffre des recettes brutes réalisées tant dans les bureaux qu'en dehors des bureaux et le montant du droit perçu sur chaque catégorie des recettes.

Les recettes doivent être totalisées par jour et par nature.

Art. 20. — *Grand-livre.* Le grand-livre, tenu par exercice, est divisé en deux parties : la première est destinée aux établissements contrôlés, la seconde aux établissements abonnés et aux séances accidentelles.

Les enregistrements opérés sur le journal général sont transportés immédiatement aux comptes ouverts au grand-livre pour chaque établissement.

Les comptes sont ouverts conformément aux dispositions adoptées au journal général pour la classification des théâtres, concerts, bals, etc., et dans l'ordre tracé par le répertoire placé en tête du grand-livre.

Chacun des comptes ouverts fait ressortir le chiffre des recettes brutes réalisées, tant dans les bureaux des établissements qu'en dehors de ces bureaux et le montant du droit perçu sur chaque catégorie de recettes.

Aucune opération ne peut être portée au grand-livre sans avoir été préalablement inscrite au journal général. Les opérations consignées au grand livre sont totalisées à la fin de chaque mois.

2° Livres auxiliaires

Livre des crédits; registre des indemnités allouées aux contrôleurs; carnet des permissions de police; livre de dépouillement des registres à souche; carnet d'émargement des registres à souche; registre des abonnements et réductions.

Art. 21. — *Livre des crédits.* Le livre des crédits est tenu par exercice.

Il comporte autant de subdivisions qu'il en existe au sous-chapitre IV du budget (*Frais de perception et de gestion domaniale*, art. 1ᵉʳ), donne la répartition du crédit mis à la disposition du service et présente l'ensemble des dépenses effectuées de manière qu'on puisse à tout instant le consulter pour connaître exactement le montant de ces dépenses et le total des sommes restant disponibles.

Art. 22. — *Registre des indemnités allouées aux contrôleurs.* Ce registre sert au dépouillement des feuilles de décompte établies mensuellement par les contrôleurs. — On y mentionne, en regard du nom de chacun d'eux, le nombre des vacations effectuées pendant le mois, le taux des vacations et le montant de l'indemnité allouée.

Le registre des indemnités est totalisé par page et la récapitulation des diverses catégories de vacations y est faite à la fin de chaque mois.

Art. 23. — *Carnet des permissions de police.* Ce carnet sert à l'inscription des permissions délivrées par la Préfecture de police pour l'ouverture de nouveaux établissements et pour des représentations extraordinaires ou accidentelles.

On y inscrit, pour chaque autorisation accordée, le numéro d'ordre de la permission de police, la date de l'autorisation, la désignation de la séance et la situation de l'établissement et, enfin, le nom et la demeure de l'organisateur ou de l'entrepreneur.

Art. 24. — *Livre de dépouillement des registres à souche.* Ce livre sert à l'inscription des sommes dont la perception est mentionnée aux registres à souche, ainsi que le montant des recettes qui y ont donné lieu.

Il est totalisé à la fin de chaque mois, et les totaux qui y sont obtenus sont rapprochés immédiatement de ceux qui figurent au grand-livre pour chaque nature de recettes.

ART. 25. — *Carnet d'émargement des registres à souche.* Le carnet d'émargement comporte :

1° Les numéros d'ordre des registres à souche ;

2° La désignation des établissements auxquels ils sont destinés ;

3° L'émargement ou accusé de réception, par les contrôleurs, des registres qui leur ont été délivrés.

ART. 26. — *Registre des abonnements et réductions.* Il est tenu un registre pour l'inscription des demandes d'abonnements ou de réductions adressées par les entrepreneurs de petits spectacles ou les organisateurs de fêtes de bienfaisance.

Le montant des abonnements consentis et le taux de perception appliqué pour chaque fête de bienfaisance doit y être mentionné, ainsi que les dates des arrêtés préfectoraux approbatifs.

COUR DE L'HÔPITAL
DE LA CHARITÉ.
N° 68.

TITRE V

Fonctionnement des services

CHAPITRE V

Fonctionnement des organes

ADMINISTRATION CENTRALE

ORGANISATION DES BUREAUX

L'Administration centrale est installée dans un bâtiment situé, 3, avenue Victoria.
Les services de l'Administration centrale sont répartis en divisions, subdivisées
en bureaux, dont les attributions sont déterminées de la manière suivante :

Administration générale

M. Napias, O. ✳, I. ✿, directeur.
M. Denouix, ✳, A. ✿, secrétaire général.

Service de l'inspection et du contrôle

M. Gory, ✳, A. ✿, inspecteur.
M. Nielly, A. ✿, inspecteur.
M. Barbizet, A. ✿, contrôleur général du service des enfants assistés.
M. Lalande, A. ✿, contrôleur du service des secours.

Première division dirigée par le Secrétaire général

1ᵉʳ bureau. *Personnel.*— M. Marot, A. ✿, chef.
Personnel général de l'Administration ; enregistrement et distribution de la
correspondance ; tenue des procès-verbaux du Conseil de surveillance ; service télé-
graphique ; affaires générales.

2ᵉ bureau. *Service de santé.*— M. Lejars, A. ✿, chef.
Concours pour les places de médecins, chirurgiens, accoucheurs, pharmaciens et
élèves internes et externes des hôpitaux et hospices ; inscription des élèves stagiaires.
Amphithéâtre d'anatomie. École d'accouchement. Statistique médicale. Service des
vaccinations dans les hôpitaux. Répartition journalière, entre les hôpitaux, des malades
admis aux consultations.

3e bureau. *Contentieux.*— M. Viginet, sous-chef.

Contentieux ; dons et legs ; tutelle des mineurs ; successions hospitalières et mainlevées.

4e bureau. *Adjudications et marchés.*— M. Borely, chef.

Économat du chef-lieu ; adjudications et marchés pour travaux et fournitures, commissions d'expertise et de réception ; service des impressions ; établissements de service général : Approvisionnement des Halles, Boucherie, Boulangerie, Cave, Magasin central, Pharmacie.

LA SALPÊTRIÈRE. — BOUCHERIE

Bureau central des travaux.— M. Maurin, A. ✿, chef.

Agence des travaux ; direction et contrôle général des travaux de bâtiment ; constructions nouvelles ; reconstructions et travaux d'entretien des divers services hospitaliers ; vérification des mémoires et liquidation des dépenses de bâtiment.

Archives.— M. Mauger, I. ✿, archiviste-bibliothécaire.

Garde et conservation des archives anciennes de l'Administration, remontant à l'année 1157, et des archives modernes. Reconstitution des portions de ces archives et de la bibliothèque détruites par l'incendie de mai 1871. Réimpression de l'inventaire analytique des archives. Publication des cartulaires de l'Hôtel-Dieu dans la collection des documents inédits pour servir à l'histoire de France. Échange avec les départements et avec les pays étrangers des documents administratifs publiés par l'Assistance publique.

Deuxième division

M. Tinière, A. ✿, chef de division.

1er bureau. *Hôpitaux et hospices.*— M. Guillaume, chef.

Administration et surveillance des hôpitaux, hospices, maisons de retraite et fondations ; service intérieur de ces établissements ; liquidation des dépenses ; enquêtes sur la situation des malades admis dans les hôpitaux ; enquêtes pour admission dans les hospices ; délivrance des titres d'admission dans les hospices, les maisons de retraite et les fondations ; placements de fonds par les administrés ; recherche et constatation du domicile de secours ; recouvrement des frais de séjour.

2e bureau. *Droit des pauvres.*— M. Seigneur, contrôleur principal du droit des pauvres, ayant rang de chef de bureau.

Service de la perception du droit des indigents sur les prix des billets de spectacles, bals, concerts, etc.

Troisième division

M. Vaillant, A. ✪, chef de division.

1er bureau. *Affaires générales ; service intérieur ; hospice dépositaire ; service extérieur ; enfants immatriculés et enfants moralement abandonnés.*— M. Riche-bourg, chef.

2e bureau. *Comptabilité générale du service ; ordonnancements ; vérifications ; caisse d'épargne des enfants assistés.*— M. Pixet, chef.

3e bureau. *Service des secours pour prévenir ou faire cesser les abandons.* — M. Catel, chef.

Quatrième division

M. L'Huillier, A. ✪, chef de division.

1er bureau. *Comptabilité en deniers.*— M. Bigre-Dauphin, chef.

Liquidation et ordonnancement des dépenses ; mise en recouvrement des recettes ; délivrance des mandats ; tenue des livres ; liquidation des pensions de retraite ; établissement des budgets et des comptes.

2e bureau. *Comptabilité en matières.*— M. Épinette, chef.

Vérification des comptes mensuels et annuels en matières des hôpitaux, hospices et établissements de service général ; vérification des comptes de pharmacie ; récolements et inventaire des magasins.

3e bureau. *Domaine.*— M. Bonde, chef.

Gestion des biens de ville et des biens ruraux ; établissement du sommier des propriétés et des valeurs appartenant à l'Administration ; ventes, échanges et acquisitions de propriétés.

LA SALPÊTRIÈRE.— SECTION
RAMBUTEAU

Inspection et régie des biens domaniaux.— M. Guil-laume, inspecteur des biens ruraux ; M. Barjonnet, régisseur des biens de ville.

Cinquième division

Secours à domicile.— M. Rousseau, A. ✪, chef de division ; M. Duval, chef de bureau.

Service des secours et du traitement à domicile ; service spécial des enquêtes à domicile ; distribution des bandages : surveillance administrative des vingt bureaux de bienfaisance ; dons et legs aux pauvres des divers arrondissements ; fondation Montyon.

Caisse

M. Marescot du Tilleul, receveur ; M. Salmon, chef de bureau.

Payement des mandats : perception des revenus ; réalisation des cautionnements ; inscriptions et renouvellements hypothécaires.

(Les bureaux de la caisse sont établis dans les bâtiments de l'Administration centrale, avenue Victoria, 3.)

Comité consultatif

Président : M⁰ Bétolaud, O. ✳, avocat à la Cour d'appel, avenue Marceau, 21.

Membres : M⁰ Leven, avocat à la Cour d'appel, rue de Trévise, 45; M⁰ Clunet, avocat à la Cour d'appel, rue Montalivet, 11 ; M⁰ Loustaunau, avocat à la Cour d'appel, rue d'Aumale, 14 ; M⁰ Worms, avocat à la Cour d'appel, rue Miromesnil, 103 ; M⁰ Rendu, A. ◯, avocat à la Cour d'appel, rue de Lille, 36 ; M⁰ Forni, avocat à la Cour d'appel, rue de Turbigo, 6 ; M⁰ Pouillet, avocat à la Cour d'appel, rue de l'Université, 10 ; M⁰ Aubert, avocat au Conseil d'État et à la Cour de cassation, rue de Babylone, 33 ; M⁰ Chaumat, avocat à la Cour d'appel, place du Théâtre-Français ; M⁰ Jeanneney, avocat à la Cour d'appel, place Vendôme, 10.

Membre adjoint : M⁰ Liouville fils, avocat à la Cour d'appel, boulevard Haussmann, 77.

Avocats et officiers ministériels de l'Administration.— M⁰ Aubert, avocat au Conseil d'État et à la Cour de cassation, rue de Babylone, 33 ; M⁰ Charles, avoué près la Cour d'appel, rue Saint-Augustin, 9 ; M⁰ Léger, avoué près le Tribunal civil de 1ʳᵉ instance, rue du Faubourg-Montmartre, 4 ; M⁰ Morel d'Arleux, ✳, notaire, rue des Saints-Pères, 15 ; M⁰ Bonneau, agent de change, rue du Quatre-Septembre, 10 ; M⁰ Tual, A. ◯, commissaire-priseur, rue de la Victoire, 56 ; M⁰ Gadiffert, huissier, rue Notre-Dame-des-Victoires, 14.

Service des travaux.— M. Maurin, A. ◯, chef ; M. Lebrun, architecte, rue Gay-Lussac, 27 ; M. Belouet, architecte, rue de la Cerisaie, 10 ; M. Rochet, architecte, rue de Seine, 34 ; M. Renaud, architecte, rue de la Sablière, 48 ; M. Pety, architecte, rue de Rivoli, 20.

Service des machines et appareils spéciaux.— M. Desbrochers des Loges, ingénieur, boulevard Saint-Germain, 12.

NOTE SUR LES ARCHIVES

Le service des archives de l'Assistance publique était, avant l'incendie du 24 mai 1871, l'un des plus importants pour l'histoire de Paris et de l'Ile-de-France. Le fonds des paroisses existant à l'archevêché de Paris avait été détruit lors du pillage de 1831 ; le fonds du Prévôt et les archives départementales de la Seine avaient été la proie des flammes en même temps que le dépôt constitué à l'avenue Victoria. Un premier classement, commencé à la fin du premier empire et terminé en 1823, avait permis de constater d'inestimables richesses au point de vue documentaire et dont l'inventaire, dressé de 1866 à 1870, a été réimprimé en 1882 par ordre de M. Michel Möring, Directeur de l'Administration, et par les soins de M. Brièle, archiviste.

Il faut bien avouer cependant que la collection des documents fut toujours incomplète. Une partie en avait été versée aux Archives nationales (section administrative) et une autre aux Archives départementales, où elles ont été inventoriées par M. Bordier, archiviste de la Seine.

Les quatre volumes d'inventaire des archives de l'Assistance comprennent les fonds suivants :

Hôtel-Dieu,
Saint-Jacques-aux-Pèlerins,
Hôpital du Saint-Esprit-en-Grève,
Hôpital de la Trinité,
Hôpital des Enfants-Rouges,

Hôpital des Enfants-Trouvés,
Hôpital Saint-Anastase ou Saint-Gervais,
Hôpital Sainte-Catherine,
Hôpital général (Salpêtrière),
Hôpital des Incurables.

L'introduction, placée en tête du premier volume, indique que les fonds suivants n'avaient pas encore été analysés :

Hôpital Beaujon,
Cent-Filles ou la Miséricorde,
La Charité,
Hôpital Cochin,
Orphelins de l'Enfant-Jésus,
Enfant-Jésus (rue de Sèvres),
Communauté de Saint-François-de-Sales,
Hospitalières de la place Royale,
Hospitalières de la Roquette,
Hospitalières de la rue Mouffetard,

Communauté de Saint-Louis, à Saint-Cyr,
Hôpital de Saint-Mandé,
Communauté des Miramionnes,
Hôpital du Nom-de-Jésus (faubourg Saint-Laurent),
Orphelins de Saint-Sulpice,
Indigents des paroisses de Paris,
Bureau des pauvres et des Petites-Maisons,
Filles de la Providence (faubourg Saint-Marcel).

En comparaison de ce que l'Administration a perdu, ce qui reste est peu considérable. Nous y jetterons cependant un rapide coup d'œil.

Hôtel-Dieu. — Ce fonds, le plus ancien et le plus important de nos archives, se composait de 1.452 liasses. L'incendie a détruit les liasses 438 à 863 et 886 à 973. Parmi celles qui subsistent, le plus grand nombre concerne les propriétés de l'hôpital et les droits qui lui ont été attribués.

Le plus ancien de ces titres remonte à 1157 ; c'est l'attribution par le roi Louis VII de 3 sols 8 deniers de cens sur la porte Baudet ou Baudoyer. Les titres de propriété qui s'y trouvent en grand nombre sont d'un haut-intérêt pour la topographie du vieux Paris.

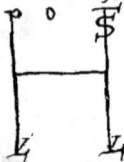

CHARTE DE LOUIS VII (1157)

De censu et dominio de porta Bauderii datis a Rege Ludovico. In nomine sancte et individue Trinitatis Amen. Ludovicus, Dei gratia Francorum rex. Quod regia sancire decrevit auctoritas nullius debet infringi temeritatis arrogantia. Sciant omnes qui viderint presentes litteras nos in puram et perpetuam elemosinam concessisse et contulisse pauperibus Domus Dei Parisiensis tres solidos et octo denarios de censu, Parisius, apud portam Bauderiam sitos; et non tantum censum, sed fundum et omne dominium et quidquid juris et potestatis in censiva illa habebamus, dicte domus dei pauperibus dedimus, nichil nobis aut successoribus nostris retinentes in censiva illa, exceptis tribus denariis qui nobis et successoribus nostris annuatim reddentur pro garandia, quod nos deinceps ratum permanere volontes, sigilli nostri munimine et nominis nostri Karactere subter annotato fecimus confirmari. Actum Parisius, anno Verbi Incarnati. Mo Co LVIIo, astantibus in Palacio nostro quorum apposita sunt nomina et signa. Signum comitis Theobaldi dapiferi. S. Guidonis buticularii. S. Mathei camerarii. S. Radulphi constabularii. Data per manun Hugonis cancellarii.

Au nom de la sainte et indivisible Trinité. Amen Louis, par la grâce de Dieu, roi de France; ce que l'autorité royale a décidé d'ordonner ne doit être brisé par l'arrogance d'aucune témérité. Sachent tous qui les présentes verront que nous, en pure et perpétuelle aumône, avons donné et conféré aux pauvres de la Maison-Dieu de Paris, trois sols et huit deniers de cens à Paris, à la porte Baudoyer, et non seulement le cens, mais le fond et tout le domaine et le pouvoir que nous avions en cette censive, nous l'avons donné à la dite Maison-Dieu, n'en retenant rien pour nous ni pour nos successeurs que trois deniers qui nous seront payés chaque année, à nous et à nos successeurs, à titre de garantie. Voulant que la dite donation demeure ferme et stable à l'avenir, nous l'avons fait confirmer par l'impression de notre sceau et par le monogramme de notre nom ci-dessous placé. Fait à Paris, l'an du Verbe incarné 1157, présents en notre Palais ceux dont les noms apposés ainsi que les seings. Signum du comte Thibault, sénéchal; signum de Guy, bouteiller; signum de Mathieu, camérier; signum de Raoul, connétable. Donné par la main (Monogramme du Roi) de Hugues, chancelier.

Citons encore la collection des cartulaires en trois volumes, le Livre de vie active (1483), orné de belles enluminures de Jehan Petit, la collection des registres de délibérations du Bureau (de 1531 à 1789), la collection des comptes (de 1364 à 1737), et les inventaires des biens et revenus dressés en 1600, 1722, et un autre non daté qui semble, par la date des derniers titres inscrits, appartenir à la seconde moitié du xviie siècle.

L'hôpital Saint-Louis était jusqu'à la Révolution une dépendance de l'Hôtel-Dieu ; on trouve de cet hôpital un certain nombre de plans parmi lesquels on remarque l'ordre d'exécution du plan de Châtillon et de Claude Vellefaux, signé à Fontainebleau par Maximilien de Béthune, duc de Sully.

Hôpital Saint-Jacques-aux-Pèlerins. — Ce fonds, le plus important après celui de l'Hôtel-Dieu, se composait de 719 liasses ou articles. Il a presque complètement échappé à l'incendie.

Le plus ancien titre original de cette belle collection est une constitution de 10 sols

ANTIPHONAIRE. — PRISE DE JÉRUSALEM

parisis de rente par Guillaume de Charny et sa femme, à charge de services annuels. Parmi les actes royaux figure une charte de Louis X, en 1315, accordant comme lieu de réunion aux confrères de Saint-Jacques la maison des Quinze-Vingts de Paris.

Les portefeuilles, dans lesquels ces titres ont été classés, contiennent un très grand nombre de bulles des papes, privées malheureusement presque toutes de leurs sceaux. Les plus anciens comptes de 1319 à 1383 sont écrits sur de longues feuilles de parchemin nommées rotules ; les autres, jusqu'à l'an 1706, forment des registres partie en parchemin et partie en papier.

Comme les titres de propriété de l'Hôtel-Dieu, ceux de l'hôpital Saint-Jacques sont des plus instructifs pour la topographie parisienne. Le seul registre présentant un intérêt artistique est un inventaire des ornements, meubles et livres conservés dans la sacristie. Il est recouvert d'une précieuse reliure aux armes de la confrérie.

La seule pièce iconographique est le dessin de la façade de la chapelle, dont l'emplacement est occupé par une partie de la rue Turbigo. Elle paraît être de la première partie du xviie siècle.

Hôpital du Saint-Esprit-en-Grève. — Le fonds de ce vieil hôpital a complètement disparu. Il se composait de 71 liasses remontant à 1362 ; c'était le titre de fondation, les lettres patentes par lesquelles l'évêque de Paris, Jean de Meulant, donnait son approbation au dessein formé par les confrères de recueillir les enfants abandonnés.

Seules, parmi nos archives, elles comprenaient un fonds moderne formé des 14 dernières liasses et se terminant au xixe siècle par un état général des bienfaiteurs et la table d'un inventaire dressé en 1762.

Hôpital de la Trinité. — Ce fonds, composé de 101 liasses ou articles, n'est plus représenté que par deux volumes et quelques pièces sans lien entre elles ; les deux volumes qui nous restent contiennent, l'un les reconnaissances des cens ou redevances de particuliers à l'hôpital, l'autre un curieux inventaire des biens. Les pièces détachées ont principalement trait à la translation du cimetière de son enclos à la croix de Clamart où se trouve actuellement l'Amphithéâtre des hôpitaux.

Hôpital des Enfants-Rouges. — Bien plus modeste que les fonds précédents, il ne contenait que 8 liasses, détruites par l'incendie.

Cette faible quantité de documents doit être attribuée à ce que la fondation de Marguerite de Navarre n'eut qu'une existence d'un siècle et demi (1524-1772) et fut réunie à l'hôpital des Enfants-Trouvés.

Hospice des Enfants-Trouvés. — Les archives des Enfants-Trouvés comprenaient 78 liasses ou articles commençant à l'année 1642, date de la fondation et se terminant en 1827. Elles ont été complètement détruites, à l'exception d'un reçu signé : Vincent Depaul.

Hôpital Saint-Anastase ou de Saint-Gervais. — Ce fonds se composait de 72 liasses commençant en l'année 1295 et se terminant par un état des bienfaiteurs rédigé en 1827.

Aucune des pièces n'a échappé à la destruction.

Hôpital Sainte-Catherine. — Le fonds de l'hôpital Sainte-Catherine ne se composait déjà plus, au moment où M. Brièle l'inventoria (1888), que d'un unique registre in-folio en papier intitulé inventaire et contenant une curieuse analyse des titres de la maison. Cet inventaire a été conservé et constitue l'un des documents précieux de nos collections.

Hôpital général (Salpêtrière). — Ce fonds n'est également représenté que par un registre in-folio de 183 feuillets contenant l'inventaire analytique des délibérations de 1677 à 1687.

Incurables. — Fonds représenté par 187 cartons de pièces détachées, relatives la plupart aux admissions dans les lits fondés et à la comptabilité de la maison.

Ces cartons ont été versés aux archives postérieurement à l'incendie et ne contiennent que peu de documents intéressants.

Le fonds d'archives modernes se compose :

1° Des délibérations du Conseil général des hospices (1802 à 1849), qui ne présentent qu'une lacune importante, celle des arrêtés pris au cours du 3ᵉ trimestre 1847 ;

2° Les arrêtés des directeurs depuis la mise en vigueur de la loi du 10 janvier 1849 ; les liasses de 1860 à 1871 ont disparu dans l'incendie ; aucun versement n'a été fait au dépôt depuis 1878 ;

3° Les délibérations du Conseil général au temps du siège de Paris ; cette petite liasse est complète et présente un réel intérêt ;

4° La comptabilité du fonds de secours mise à la disposition de M. Treilhard, directeur pendant la Commune de Paris : ce sont les seuls documents qui nous restent de cette époque ;

5° Un certain nombre de cartons de dons et legs de l'époque moderne dont l'exécution est complètement achevée ;

6° Les papiers provenant du legs universel de M. de Montyon : le conseiller d'État a consigné ses pensées dans une très grande quantité de brouillons ; elles constituent une mine inexplorée de renseignements sur la fin de l'ancien régime et l'époque de la Révolution ;

7° Les archives de la direction des nourrices, versées au dépôt après la suppression de cette maison en 1875 ; elles commencent à 1772 ;

8° Les registres d'entrée de la Charité et de Saint-Antoine, de la création de ces établissements jusqu'à 1860 ; la partie postérieure pouvant encore être utilisée à des recherches sollicitées par les familles est restée dans les deux hôpitaux.

SAINT-LOUIS
ÉCOLE LAILLER, DORTOIR

20

HOPITAUX

ADMISSIONS

De l'an X à octobre 1895, les malades étaient reçus dans les hôpitaux de Paris, soit à la consultation de l'hôpital faite par les chefs de service à tour de rôle, soit directement en cas d'urgence, soit par l'intermédiaire du Bureau central, installé, en dernier lieu, à l'Hôtel-Dieu.

Le Bureau central, créé par le Conseil général des hospices en l'an X, avait été institué « pour empêcher que l'on ne reçût, à l'hôpital, les individus qui ne sont pas malades ou qui ne le sont pas assez gravement ; une foule de fainéants, surtout à l'entrée de l'hiver, se faisaient admettre dans les hôpitaux, non pour se faire traiter, mais pour y vivre sans rien faire ; refusés quelquefois à la porte d'un hôpital, ils en trouvaient, presque toujours, un plus facile ».

Les résultats obtenus par la création du Bureau central furent satisfaisants, et la population des hôpitaux accusa bientôt une diminution sensible.

Jusqu'en 1860, le mode de réception des malades dans les hôpitaux, par l'intermédiaire à peu près exclusif du Bureau central, ne souleva aucune critique ; mais, à cette époque, l'annexion à Paris de nouvelles communes vint rendre difficile l'admission des malades par l'intermédiaire unique du Bureau central. Car, par le fait de l'annexion, la ville se trouvait avoir doublé de superficie. Cette difficulté ne fit que s'accroître, à mesure que la population des quartiers périphériques augmentait. Comment, en effet, obliger un malade, demeurant près de la porte Saint-Ouen, à se transporter place du Parvis-Notre-Dame, pour se faire délivrer, par le Bureau central, un bulletin d'admission, peut-être pour l'hôpital Bichat ?

On fit l'essai de divers systèmes, mais chacun d'eux avait ses inconvénients. Voici le procédé qui était suivi avant la division de Paris en circonscriptions hospitalières : la moitié des lits vacants de chaque hôpital était donnée, par le chef de service de l'établissement, aux malades qui se rendaient à sa consultation ; l'autre moitié était réservée au Bureau central et aux cas urgents.

Dans ces conditions, les inconvénients que l'institution du Bureau central avait eu pour but de faire disparaître avaient, naturellement, reparu en partie. Avec le triple mode d'admission en vigueur, des individus réussissaient souvent à entrer dans un hôpital, au moins pour quelques jours, alors qu'ils auraient pu être traités à domicile.

De plus, ainsi que le faisait observer M. Strauss, dans son rapport au Conseil municipal sur le budget de l'Assistance publique pour l'exercice 1891, « en raison du roulement établi entre les chefs de service de chaque hôpital pour la consultation, les médecins traitants, désireux de recevoir dans leurs salles les malades les plus intéressants, attendent le jour de consultation pour signer l'exeat des malades convalescents. Il arrive ainsi qu'un nombre de lits, assez élevé, se trouve occupé par des malades dont la sortie n'est retardée que par les convenances personnelles du médecin. Cet inconvénient, en quelque sorte inévitable, ne disparaîtra que le jour où le service de la consultation externe sera complètement réorganisé. »

Depuis le 14 octobre 1895, Paris est divisé en circonscriptions hospitalières.

Chacun des quartiers de la ville et chaque commune du département de la Seine ayant passé un traité avec l'Assistance publique, pour le traitement de ses malades indigents, ont été rattachés à un hôpital déterminé.

LAENNEC. — PORTE DE LA CHAPELLE

Les malades ne peuvent être reçus, à titre gratuit, que dans l'hôpital de leur circonscription hospitalière. Le Bureau central est supprimé.

D'autre part, dans les hôpitaux généraux, le service de la consultation est séparé du service du traitement des malades dans les salles.

Dans chaque hôpital général, la consultation est faite par un seul médecin et par un seul chirurgien.

Circonscriptions hospitalières

Hôtel-Dieu. - Quartiers rattachés : Arts-et-Métiers (3e), Arsenal (4e), Sainte-Avoie (3e), Bonne-Nouvelle (2e), Enfants-Rouges (3e), Saint-Gervais (4e), Halles (1er), Saint-Merri (4e), Notre-Dame (4e), Archives (3e, chirurgie seulement).

Pitié. — Quartiers rattachés : Jardin-des-Plantes (5e), Salpêtrière (13e), Sorbonne (5e), Saint-Victor (5e). — Communes rattachées : Alfortville, Bonneuil, Charenton, Créteil, Maisons-Alfort, Orly, Saint-Maurice, Chevilly, Choisy-le-Roi, Fresnes, Gentilly, Ivry, L'Hay, Rungis, Thiais, Villejuif, Vitry.

Charité. — Quartiers rattachés : Saint-Germain-l'Auxerrois (1er), Saint-Germain-des-Prés (6e), Gaillon (2e), Mail (2e), Monnaie (6e), Notre-Dame-des-Champs (6e), Odéon (6e), Palais-Royal (1er), Place-Vendôme (1er), Saint-Thomas-d'Aquin (7e, partie comprise entre les rues de Grenelle, de Bellechasse, des Saints-Pères et la Seine), Vivienne (2ᵉ).

Saint-Antoine. — Quartiers rattachés : Bel-Air (12ᵉ), Bercy (12ᵉ), Sainte-Marguerite (11ᵉ), Picpus (12ᵉ), Quinze-Vingts (12ᵉ), La Roquette (11ᵉ), Saint-Ambroise (11ᵉ). — Communes rattachées : Bry-sur-Marne, Champigny, Fontenay-sous-Bois, Joinville-le-Pont, Montreuil, Nogent-sur-Marne, Le Perreux, Saint-Mandé, Saint-Maur, Vincennes.

Necker. — Quartiers rattachés : Grenelle (15ᵉ), Saint-Lambert (15ᵉ), Necker (15ᵉ). — Communes rattachées : Clamart, Issy, Malakoff.

Cochin. — Quartiers rattachés : Croulebarbe (13ᵉ), Gare (13ᵉ), Maison-Blanche (13ᵉ), Montparnasse (14ᵉ), Santé (14ᵉ), Val-de-Grâce (5ᵉ). — Communes rattachées : Antony, Arcueil, Bagneux, Bourg-la-Reine, Châtenay, Fontenay-aux-Roses, Plessis-Piquet, Sceaux.

Saint-Louis (chirurgie seulement). — Quartiers rattachés : Combat (19ᵉ), Folie-Méricourt (11ᵉ), Hôpital-Saint-Louis (10ᵉ), Pont-de-Flandre (19ᵉ), La Villette (19ᵉ).

Lariboisière. — Quartiers rattachés : La Chapelle (18ᵉ), Chaussée-d'Antin (9ᵉ), Clignancourt (18ᵉ), Saint-Georges (9ᵉ), Goutte-d'Or (18ᵉ), Faubourg-Montmartre (9ᵉ), Porte-Saint-Denis (10ᵉ), Porte-Saint-Martin (10ᵉ), Rochechouart (9ᵉ), Saint-Vincent-de-Paul (10ᵉ), Hôpital-Saint-Louis (10ᵉ, médecine seulement). — Communes rattachées : Aubervilliers, Bobigny, Le Bourget, La Courneuve, Bondy, Drancy, Dugny, Ile-Saint-Denis, Pantin, Pré-Saint-Gervais, Pierrefitte, Saint-Denis, Stains.

Tenon. — Quartiers rattachés : Charonne (20ᵉ), Amérique (19ᵉ). Belleville (20ᵉ), Saint-Fargeau (20ᵉ), Père-Lachaise (20ᵉ), Combat, Pont-de-Flandre, La Villette (19ᵉ, médecine seulement). — Communes rattachées : Bagnolet, Noisy-le-Sec, Les Lilas, Romainville, Rosny, Villemomble.

Beaujon. — Quartiers rattachés : Bassins (16ᵉ), Batignolles (17ᵉ), Champs-Élysées (8ᵉ), Europe (8ᵉ), Madeleine (8ᵉ), Plaine-Monceau (17ᵉ), Porte-Dauphine (16ᵉ), Roule (8ᵉ), Ternes (17ᵉ). — Communes rattachées : Asnières, Clichy, Colombes, Courbevoie, Gennevilliers, Levallois-Perret, Nanterre, Neuilly.

Laënnec. — Quartiers rattachés : École-Militaire (7ᵉ), Gros-Caillou (7ᵉ), Invalides (7ᵉ), Saint-Thomas-d'Aquin (7ᵉ, partie comprise entre les rues de Grenelle, de Sèvres, Vaneau et de Bellechasse). — Communes rattachées : Boulogne, Puteaux, Suresnes.

Bichat. — Quartiers rattachés : Épinettes (17ᵉ), Grandes-Carrières (18ᵉ). — Communes rattachées : Épinay, Saint-Ouen, Villetaneuse.

Broussais. — Quartiers rattachés : Petit-Montrouge (14ᵉ), Plaisance (14ᵉ). — Communes rattachées : Vanves, Montrouge, Châtillon.

Boucicaut. — Quartiers rattachés : Javel (15ᵉ), La Muette (16ᵉ), Auteuil (16ᵉ).

Andral (médecine seulement). — Quartiers rattachés : Archives (3ᵉ), Folie-Méricourt (11ᵉ).

Les malades ne peuvent être reçus à titre gratuit que dans l'hôpital de leur circonscription (1). Ils doivent, en se présentant à l'hôpital dans lequel ils viennent se faire admettre, justifier de leur domicile dans la circonscription de l'hôpital, sauf les exceptions ci-après spécifiées.

Cette justification peut se faire, soit par la production de la carte du bureau de bienfaisance, de la carte électorale, d'une quittance de loyer, d'une attestation de personnes connues de la direction de l'hôpital, etc.

Pour les personnes momentanément sans domicile et recueillies par les asiles de nuit, une déclaration signée du directeur de l'asile doit être produite.

Les dispositions ci-dessus ne sont pas applicables :

1° Aux enfants (quel que soit leur domicile), qui continuent à être reçus dans les deux hôpitaux d'enfants (En-fants-Malades et Trous-seau), dans le service de chirurgie infantile de l'hôpital Tenon et dans les services d'orthopédie de l'hospice des Enfants-Assistés.

2° Aux personnes atteintes d'affections spé-ciales qui continuent également, quel que soit leur domicile, à recevoir les consulta-tions et à être admises dans les services spé-ciaux suivants :

LAENNEC

Saint-Louis, Ricord, Broca : maladies de la peau et maladies syphilitiques.
Salpêtrière : maladies nerveuses.
Lariboisière, Hôtel-Dieu : maladies des yeux.
Necker : maladies des voies urinaires.
Cochin : service de gynécologie chirurgicale.

---

(1) Dans la pratique, il est d'ailleurs apporté à ces principes tous les tempéraments que peuvent commander les circonstances. C'est ainsi qu'une circulaire de décembre 1895 a recommandé d'accueillir aux consultations toutes les personnes qui s'y présentent, sauf à leur indiquer d'avoir, à l'avenir, à se rendre à l'hôpital de leur circonscription.

En cas d'admission prononcée par le médecin consultant, le malade doit être accepté et gardé, à moins que, déclaré transportable par le médecin, il ne puisse être évacué sur un hôpital ayant des disponibilités. D'autre part, il est recommandé d'accueillir les malades qui se présentent à fin d'admission, même après l'heure de ferme-ture de la porte de la consultation : l'examen de ces malades devant être assuré par le médecin consultant, ou, en son absence, par l'interne de garde.

La même règle s'applique au service de chirurgie générale des femmes de l'hôpital Broca-Pascal.

Les malades adultes, atteints d'affections contagieuses, continuent à être dirigés sur l'hôpital d'Aubervilliers et le Bastion 29.

3° Aux personnes malades d'accidents subits ou de blessures graves, hors du territoire de leur circonscription hospitalière, qui doivent être reçues dans l'hôpital le plus voisin de l'accident.

4° Aux malades nécessiteux adressés par le médecin du traitement à domicile ou demandés par le chef de service lui-même, dans des cas spéciaux ou exceptionnels.

En dehors des cas d'urgence, l'admission est prononcée par le directeur de l'hôpital sur le vu du bulletin du chef de service de la consultation, en dehors des heures de consultation sur l'avis de l'interne de garde.

Dans le cas d'extrême urgence, l'admission peut être prononcée d'office par le directeur de l'hôpital.

Pour tous les malades admis, non inscrits sur les listes d'indigents, il est procédé à une enquête à leur domicile, en vue d'examiner s'ils sont ou non en situation de rembourser intégralement, ou en partie, le montant des frais occasionnés par leur traitement.

HÔPITAL DE BERCK

Dans l'affirmative, ils sont invités à effectuer ce remboursement ; et, si, au moment de leur sortie ou de leur décès, leur dette n'a pas été acquittée, l'Administration met en recouvrement sa créance contre eux ou contre les membres de leur famille désignés par les articles 205, 206 et 207 du Code civil.

Le tarif des prix de journée dans les hôpitaux a été fixé ainsi qu'il suit, par arrêté du Préfet de la Seine en date du 26 mai 1895 :

Journées d'adultes : en médecine, 3 fr. 30 ; en chirurgie, 5 francs ; dans les maternités, 5 francs.

Journées d'enfants : en médecine, 2 fr. 80 ; en chirurgie, 3 fr. 50 ; à l'hôpital de Berck, 2 fr. 10.

Le prix de 5 francs est également réclamé pour les femmes non indigentes accouchées chez les sages-femmes agréées.

Les malades étrangers au département de la Seine et auxquels ne s'appliquent pas les dispositions de l'article 1er de la loi du 7 août 1851 (c'est-à-dire qui ne sont pas tombés malades à Paris) ne peuvent être reçus, dans les hôpitaux dépendant de l'Administration, qu'à titre payant et sur autorisation spéciale du Directeur de l'Administration.

Le montant de 30 journées de traitement doit toujours être versé, par eux, d'avance, entre les mains de l'économe de l'établissement au moment de leur entrée.

A défaut de ce versement, ils sont tenus de produire une attestation officielle constatant que le département ou la commune où est situé leur domicile prend l'engagement de rembourser intégralement à l'Assistance publique la dépense devant résulter de leur séjour à l'hôpital, quelle qu'en soit la durée.

Leur admission, même à titre payant, ne peut, en outre, avoir lieu que par une autorisation spéciale du Directeur de l'Administration.

Hôpitaux d'enfants

L'hôpital de Berck-sur-Mer comprend un grand et un petit hôpital.

Le grand hôpital reçoit gratuitement les enfants indigents de Paris et ceux du département de la Seine dont les municipalités ont accepté de payer les frais de séjour au taux de l'abonnement.

Les admissions des enfants indigents parisiens ne peuvent être prononcées d'office. Elles sont absolument subordonnées, d'abord à l'avis du médecin consultant de l'un des deux hôpitaux d'enfants : Trousseau, 89, rue de Charenton, et Enfants-Malades, 149, rue de Sèvres, et ensuite à la décision d'une Commission médicale spécialement instituée à l'effet d'examiner les demandes de cette nature.

Les consultations ont lieu tous les jours non fériés, de 8 à 9 heures du matin.

Le petit hôpital est affecté exclusivement aux enfants admis à titre payant.

Les services généraux qui font partie du grand hôpital sont communs aux deux maisons.

En ce qui concerne spécialement les affections scrofuleuses, peuvent être admis : les enfants affectés de scrofule ganglionnaire ; d'abcès froids ; de lupus ; de périostite chronique non suppurée ; de périostite chronique suppurée, avec nécrose ; d'ostéite des os courts, des os plats et du corps des os longs ; de tumeur blanche des membres supérieurs, avec ou sans suppuration ; de tumeur blanche du tarse ; de tumeur blanche des orteils ; de tumeur blanche de la hanche, du genou et de l'articulation tibio-tarsienne, permettant la marche avec ou sans appareil ; d'ostéite ou d'arthrite vertébrales en voie de guérison et sans paralysie.

Mais on ne peut admettre de malades atteints de teigne faveuse, tondante ou pelade ; de syphilis ; de conjonctivite catarrhale ou de conjonctivite granuleuse ; de kérato-conjonctivite aiguë ou chronique ; de blépharite ciliaire ; d'otorrhée ; d'eczéma impétigineux aigu ou chronique ; d'impétigo rodens ; d'idiotie, et d'épilepsie.

Les jeunes malades, non traités dans les hôpitaux de Paris, dont les parents demanderaient l'admission moyennant finance, devront être présentés à l'hôpital Saint-Louis, rue Bichat, 40, où ils seront examinés conformément aux dispositions du règlement du 30 juin 1869 ; leur admission sera prononcée, sur le vu d'un certificat médical, d'un certificat de vaccination et d'un certificat attestant que l'enfant n'est atteint d'aucune maladie de la peau ou du cuir chevelu.

Les enfants sont conduits à Berck par leurs parents et à leurs frais.

Après le traitement achevé, sur l'avis donné par le directeur de l'hôpital de Berck, les malades devront être repris dans le délai qui aura été fixé, et, si les parents négligeaient de le faire, ces malades seraient ramenés, aux frais de ces derniers, par les soins de l'Administration.

Avant l'admission, il doit être versé une somme de 126 francs représentant 2 mois de traitement d'avance. Les payements ont lieu ensuite, mensuellement, de façon à toujours maintenir cette avance de 2 mois.

Tout malade dont la pension n'aurait pas été payée avant le 15 du mois courant, pour le mois suivant, devra être repris ou ramené, à moins que la famille ne fournisse une caution solvable agréée par l'Administration.

Les versements de frais de traitement seront effectués, soit à la caisse de l'hôpital de Paris, où les malades auront été présentés, soit à l'Administration générale.

L'hôpital qui aura reçu le premier versement sera chargé de poursuivre les recouvrements ultérieurs.

Les admissions à l'hôpital de Forges, à la maison de convalescence de La Roche-Guyon, et au sanatorium d'Hendaye, sont prononcées, comme il est dit plus haut, par une Commission médicale fonctionnant chaque mois, soit à Trousseau, soit aux Enfants-Malades.

Services payants

A la Maison de Santé, le prix de journée est fixé ainsi qu'il suit :

Petits appartements : 12 francs par journée; occupés par une deuxième personne, 16 francs;

MAISON DE SANTÉ

Chambres particulières : 9, 8 et 7 francs par jour, en médecine; 9 et 8 francs par jour, en chirurgie.

Chambres à 3 ou 4 lits : 6 et 5 francs par jour, en médecine; 6 francs par jour, en chirurgie.

Dans ces prix de journée, sont compris :

Toutes les visites et opérations, tous les frais de pansements, de nourriture, de médicaments, de linge, de chauffage et d'éclairage;

Les bains de toute nature, d'eau ordinaire, de barèges, de vapeur; les douches et les fumigations de toute espèce; service hydrothérapique complet;

Toutes les opérations, quelle que soit leur importance.

Les maladies mentales et nerveuses, l'épilepsie et la variole ne sont pas traitées dans la Maison municipale de Santé.

Lorsque l'état du malade l'exige, une garde particulière peut être placée près de lui, sur l'ordre du directeur ou du chef de service. Cette garde est à la charge du malade. Elle se paye de 3 à 6 francs par jour, selon le degré de la permanence de la garde auprès du malade.

Aucun malade ne peut être admis qu'en payant d'avance le prix de la première huitaine, au tarif de la chambre choisie.

Le complément des frais de séjour doit être acquitté par quinzaine et d'avance. Restitution est faite, à la sortie du malade, du montant des journées non acquises à l'Administration.

Le jour de l'entrée et celui de la sortie, à quelque heure qu'elles aient lieu, comptent chacun pour un jour entier.

Toute personne qui demandera, à ses frais, l'admission d'un malade dans la maison, et qui effectuera le payement de la première huitaine, contractera, par ce fait même, l'obligation de payer les dépenses occasionnées par le traitement du malade jusqu'au jour de sa sortie

L'admission des malades implique, pour eux, l'engagement de se conformer aux règlements de la maison, dont ils devront avoir pris connaissance à leur entrée, et l'obligation de sortir s'ils contreviennent à ces règlements.

Sont, dès leur entrée, ou durant leur séjour, placés d'office dans les chambres particulières, et tenus d'en payer le prix :

1° Les personnes atteintes de maladies contagieuses ;

2° Les malades atteints de délire et ceux qui, par la nature de leur maladie, peuvent gêner leurs voisins ;

3° Tous les malades dont le médecin, au cours du traitement, jugera l'isolement nécessaire.

HÔPITAL SAINT-LOUIS

A l'hôpital Saint-Louis est annexé un service spécial de malades payants traités en chambres particulières.

Ce service, où sont soignés les maladies de la peau et les affections syphilitiques, est installé dans 2 pavillons isolés, réservés, l'un aux hommes (pavillon Gabrielle), l'autre aux femmes (pavillon Émery).

Le premier comprend 4 chambres à 2 lits et 21 chambres à 1 lit. — Le second, 1 chambre à 2 lits et 11 chambres à 1 lit.

Le prix de journée dans l'un et l'autre des pavillons est payé : 5 francs en chambre à 2 lits et 6 francs en chambre à 1 lit.

Dans ces prix sont compris les soins de toute nature, les médicaments, les bains, le chauffage et la nourriture.

L'hôpital Ricord possède un service de chambres payantes, créé en vue de permettre aux malades possédant des ressources de recourir aux soins spéciaux donnés dans cet établissement.

Ce service se compose de 21 chambres particulières à 1 lit, réparties entre les deux médecins et le chirurgien, chefs de service.

21

On y soigne les maladies vénériennes, les affections de la peau et les affections des voies urinaires.

Le prix réglementaire de la journée de traitement est de 6 francs.

Dans ce prix sont compris les soins de toute nature, les médicaments, les bains, le chauffage et la nourriture.

CONSULTATIONS

Consultations générales

Des consultations de médecine et de chirurgie ont lieu tous les jours dans les hôpitaux suivants :

Médecine : Hôtel-Dieu, Pitié, Charité, Saint-Antoine, Necker, Cochin, Beaujon, Lariboisière, Tenon, Laënnec, Bichat, Andral, Broussais, Boucicaut.

Chirurgie : Hôtel-Dieu, Pitié, Charité, Saint-Antoine, Necker, Cochin, Beaujon, Lariboisière, Tenon, Laënnec, Bichat, Broussais, Boucicaut, Saint-Louis, Salpêtrière.

Ces consultations sont données, dans chacun de ces établissements, par des médecins et des chirurgiens des hôpitaux et, à défaut d'un nombre suffisant de médecins et de chirurgiens des hôpitaux, par des assistants de consultation spécialement désignés et choisis parmi les anciens internes des hôpitaux.

Les personnes qui veulent bénéficier de ces consultations, sans réclamer leur admission, peuvent être, exceptionnellement, dispensées de la justification de leur domicile dans la circonscription de l'hôpital.

Les portes du service des consultations sont, dans chaque hôpital désigné plus haut, ouvertes à 8 heures du matin. Elles sont fermées à 9 heures, heure à laquelle commencent les consultations.

LA SALPÊTRIÈRE. — LABORATOIRE DE RADIOGRAPHIE

Consultations des services spéciaux

Maladies des yeux. — Hôtel-Dieu : Pr Panas ; Lariboisière : Dr Delens (tous les jours de la semaine).

Maladies des voies urinaires. — Necker : Pr Guyon (mardi, jeudi et samedi) ; Dr Routier (hommes : lundi, mercredi, vendredi ; femmes : mercredi, samedi).

Maladies nerveuses. — Salpêtrière : Pr Raymond (mardi) ; Dr Déjerine (mercredi).

Gynécologie. — Cochin : Dr Bouilly (lundi, mercredi, vendredi); Broca : Dr Pozzi (tous les jours de la semaine).

Maladies du larynx, nez, oreilles. — Saint-Antoine : Dr Lermoyez (mardi, jeudi, samedi) ; Lariboisière : Dr Gouguenheim (tous les jours de la semaine).

Maladies mentales. — Salpêtrière : Dr J. Voisin (samedi) ; Dr Charpentier (lundi et jeudi) ; Dr Deny (vendredi).

Maladies cutanées et syphilitiques. — Saint-Louis : 2 consultations par jour, à 9 heures et à 1 heure ; Ricord et Broca : tous les jours de la semaine.

Maladies des enfants. — Enfants-Malades et Trousseau : médecine et chirurgie (tous les jours de la semaine) ; Tenon : chirurgie infantile (tous les jours

LA CHARITÉ. — UNE OPÉRATION

de la semaine) ; Enfants-Assistés : médecine (lundi, mercredi, vendredi) ; chirurgie (mardi, jeudi, samedi).

Accouchements. — Des consultations ont lieu tous les jours de la semaine dans les établissements suivants :

Hôtel-Dieu annexe, Pitié, Charité, Beaujon, Lariboisière, Tenon, Boucicaut, Saint-Louis, Maternité, Baudelocque, Clinique Tarnier.

Consultations externes pour maladies spéciales (1) annexées à des services ordinaires de médecine et de chirurgie

Hôtel-Dieu. — *Maladies du nez et des oreilles :* Pr Duplay (mercredi et samedi) ; *Orthopédie :* Dr Kirmisson (mercredi) ; *Bandages :* un chirurgien des hôpitaux (mardi et samedi).

Pitié. — *Maladies de la peau :* Dr Thibierge (mercredi, samedi) ; *Maladies du système nerveux :* Dr Babinski (jeudi).

Saint-Antoine. — *Maladies de la peau :* Dr Gaucher (lundi, mercredi, samedi) ; *Maladies du système nerveux :* Dr Ballet (mardi) ; Dr Gilles de La Tourette (mercredi, vendredi) ; *Gynécologie médicale :* Dr Siredey (mardi, samedi).

Necker. — *Maladies du cœur :* Dr Huchard (mardi) ; *Maladies du tube digestif :* Dr Rendu (lundi) ; *Maladies du système nerveux :* Dr Cuffer (jeudi) ; *Maladies des organes respiratoires :* Dr Barth (vendredi) ; *Gynécologie chirurgicale :* P^r Le Dentu (lundi, vendredi).

(1) Ces consultations ne comportent pas d'admission de malades à l'hôpital.

Beaujon. — *Voies urinaires :* Dʳ Bazy (lundi, jeudi, samedi).

Lariboisière. — *Goitres :* Dʳ Duguet (mercredi) ; *Gynécologie médicale :* Dʳ Landrieux (jeudi).

Andral. — *Maladies de l'estomac et de la digestion :* Dʳ Mathieu (mercredi).

Saint-Louis. — *Gynécologie :* Dʳ Richelot (dimanche).

Trousseau. — *Maladies des oreilles :* Dʳ Broca (mardi).

La Rochefoucauld. — *Maladies de la peau :* Dʳ Darier (lundi, mercredi, vendredi).

Consultations des hospices de Bicêtre et d'Ivry

Bicêtre. — Consultations de médecine (mardi, jeudi, samedi) ; consultations de chirurgie (lundi, mercredi, vendredi).

Ivry. — Consultations de médecine (mercredi) ; consultations de chirurgie (lundi).

Services dentaires. — Consultations

Hôtel-Dieu : Dʳ Pietkiewicz ; Necker : Dʳ Brochard ; Lariboisière : Dʳ Rodier ; Enfants-Malades : Dʳ Galippe ; Trousseau : Dʳ Queudot ; Enfants-Assistés : Dʳ Thomas, les lundi et vendredi.

Pitié : Dʳ Ferrier ; Saint-Antoine : Dʳ Gaillard, les mardi et vendredi.

Charité : Dʳ Cruet ; Saint-Louis : Dʳ Combe, les mardi et samedi.

Beaujon : Dʳ Aguillon de Sarran, les mercredi et samedi.

Tenon : Dʳ Richer, les mardi et jeudi.

Laënnec : D Rousseau, le mardi.

Ricord et Broca : Dʳ Bruneau ; Bicêtre : Dʳ Bouvet, le mercredi.

Bichat : Dʳ Rousseau ; Salpêtrière : Dʳ Jarre ; Broussais et La Rochefoucauld : Dʳ Roy ; Boucicaut, Ménages et Sainte-Périne : Dʳ Didsbury, le jeudi.

Cochin, Maternité, Baudelocque et Clinique Tarnier : Dʳ Moiroud, le vendredi.

Andral : Dʳ Rousseau ; Ivry : Dʳ Roy, le samedi.

LA SALPÊTRIÈRE. — SERVICE D'ÉLECTROTHÉRAPIE

DU PATRONAGE DANS LES HOPITAUX

Un certain nombre d'œuvres charitables, d'un caractère privé, se sont donné la mission de visiter les malades des hôpitaux et de leur apporter, avec des paroles consolantes, l'assistance morale dont ils ont besoin.

C'est principalement dans les dernières années de ce siècle, et sous la chaude influence des idées nouvelles, qu'ont germé et fleuri les œuvres, aujourd'hui nombreuses, ayant pour objet la visite du malade, la protection de sa famille, l'aide au convalescent, la distraction des souffrants et des petits malades.

Tels sont, en effet, les buts divers que se proposent d'atteindre les œuvres, sociétés ou patronages, dont certaines, comme l'Œuvre de la Visite des malades, l'Œuvre analogue de la Visite des protestants dans les hôpitaux, celle du Comité de Patronage dans les hôpitaux de Paris, s'occupent plus spécialement des malades pendant leur séjour à l'hôpital; d'autres, comme la Caisse de secours de l'hôpital Broca, la Société des dames de l'hôpital Boucicaut, viennent en aide aux convalescents, prêtent leur appui à

HOSPICE DEBROUSSE. — LE PAVILLON HENRI IV

ceux que la diminution des forces rend inaptes au travail ; deux s'occupent uniquement des enfants : l'Œuvre des Enfants malades et l'Œuvre du joyeux Noël ; deux autres, enfin, tendent à amuser et instruire les malades : ce sont la Société des conférences populaires et la Société des concerts Lionnet.

Patronage des hôpitaux. — Bien qu'il soit de fondation récente (année 1897), le *Patronage des hôpitaux* a pris, grâce au dévouement actif, à l'initiative féconde de son auteur, M. Paul Strauss, de ses présidents, MM. Lucipia et Félix Voisin, une importance qui le place au premier rang des auxiliaires de l'Assistance parisienne.

Son but est d'ajouter à l'appui matériel, assuré aux malades par l'Administration, une aide morale dégagée de toute préoccupation politique ou religieuse.

C'est dans cette vue que le règlement du *Comité de ce Patronage* impose à ses membres l'obligation de visiter les malades, de veiller sur leurs familles, de les aider enfin à trouver du travail au moment de leur sortie.

A la différence des œuvres analogues, créées par l'esprit de charité chrétienne, le *Patronage,* dans ses statuts, respectueux de la dignité et de la liberté humaine, recommande à ses adhérents de s'abstenir de tout don en argent aux malades et même, dans l'intérêt de ceux-ci, de tout don en nature. De même, elle les invite, comme le fait l'Administration pour toutes les œuvres auxquelles elle ouvre les portes de ses établissements, à user d'une extrême prudence, à apporter une grande délicatesse dans leurs interventions, surtout en ce qui touche la famille, dans laquelle on ne doit pénétrer qu'autant que sa situation paraît faire l'objet d'une préoccupation évidente de la part du malade et qu'il demande ou consente formellement à ce qu'on en franchisse le seuil. Dans tout autre cas, le foyer doit rester clos et ignoré, et, en cette matière, une discrétion absolue s'impose.

« Sans doute, il est à désirer que les Comités de patronage puissent faire le plus largement possible ce que l'on peut appeler de l'hygiène morale : la tranquillité d'esprit que l'on peut apporter à un malade, l'absence de tout souci sur les besoins matériels des siens pendant qu'il est tenu loin d'eux, sont évidemment les adjuvants les plus précieux du traitement médical, mais encore doivent-ils être primés par un respect absolu de la liberté individuelle, quelque triste que puisse apparaître la vérité matérielle. » (Séance du Comité du 20 juin 1898.)

Tel est le sens des instructions données par le *Comité* à ses membres participants dont l'action vraiment utile et profitable aux malheureux est venue former un lien nouveau entre les diverses branches de secours publics : l'hôpital d'une part, de l'autre le bureau de bienfaisance, l'hospice, l'asile, etc., signalant une misère, facilitant un placement, s'entremettant auprès des bureaux..... Les fruits de cette œuvre toute nouvelle sont déjà remarquables et font apprécier hautement le mérite et le dévouement de ses membres.

Œuvre de la Visite dans les hôpitaux. — De toutes les œuvres dont nous parlons ici, celle de la *Visite dans les hôpitaux* est de beaucoup la plus ancienne et compte un grand nombre de membres.

Réparties en trois groupes, les dames sociétaires vont, les unes, sous le nom de *visitantes,* apporter au malade l'aide matérielle et morale dont il a besoin ; d'autres, sous le nom d'*assistantes,* informées par les premières de la situation des malades visités, portent à domicile des secours, soit à ces malades sortis convalescents de l'hôpital, soit à leur famille, s'ils sont encore en traitement ; d'autres, enfin, appelées *collectrices,* sont chargées de procurer à l'œuvre des ressources.

Organisée en 1636 par Vincent Depaul, interrompue par la Révolution, puis reconstituée d'abord au profit de l'Hôtel-Dieu, et, successivement, étendue à tous les hôpitaux, cette œuvre est, on le voit, une vieille collaboratrice de l'Administration hospitalière parisienne.

L'*Œuvre de la Visite des malades protestants dans les hôpitaux,* œuvre semblable à la précédente, quoique moins ancienne, occupe une place importante dans l'ensemble des œuvres similaires ; fondée en 1860, par deux dames protestantes, elle fut définitivement constituée en 1867.

D'après le règlement de cette œuvre, les malades sont visités, deux fois par semaine, par des dames sociétaires dont la mission consiste à leur apporter des consolations et des secours en nature, à écrire pour eux à leur famille, à faire les démarches qui leur sont utiles.....

Ces deux œuvres entretiennent avec l'Assistance publique des relations qu'un commun désir du bien contribue à rendre profitables aux intérêts des malheureux.

Sans doute leur origine confessionnelle a pu, jadis, influer sur les tendances et les procédés de l'une et l'autre de ces œuvres, dont certains membres ont encouru, dans le passé, le reproche de prosélytisme.

Mises en garde contre les excès d'un tel zèle, ces œuvres ont toujours affirmé, depuis cette époque, leur volonté de borner leur action à la protection et à l'assistance de ceux qu'elles visitent, en s'interdisant toute propagande et en exigeant de leurs

HÔPITAL SAINT-LOUIS

visiteurs la discrétion la plus absolue dans l'exercice de leur mission. L'Administration veille d'ailleurs à ce que les instructions relatives à la liberté de conscience soient partout obéies.

A la suite de ces œuvres d'intérêt général, nous signalerons, par ordre de création, la *Caisse de secours de l'hôpital Broca*, fondée en 1894 par le Dr Pozzi et dirigée par un Comité de dames patronnesses.

Cette Caisse a pour objet : d'abord, d'adoucir le séjour à l'hôpital aux malades qui y sont traitées, en améliorant leur nourriture, en égayant les salles par des fleurs ; ensuite de procurer un asile aux jeunes enfants, du travail aux enfants plus âgés que les malades ont quitté en venant se faire soigner ; enfin, de payer, s'il y a lieu, le loyer, et d'assister par des secours ou des recommandations les anciennes opérées nécessiteuses.

C'est un but à peu près analogue qu'ont voulu atteindre à l'hôpital Boucicaut quelques dames de la Croix-Rouge, groupées depuis 1898 sous la présidence de Mme la générale Voisin.

En ce qui concerne les œuvres spéciales à l'enfance -- œuvres encore toutes récentes, mais dont les bienfaits déjà grands font souhaiter le prompt développement --- nous devons noter, en première ligne, celle fondée en 1897 par Mme Grandeau et quelques-unes de ses amies sous le nom d'*Œuvre du joyeux Noël*.

Elle a pour objet principal de donner aux petits malades des hôpitaux le rayon de joie qui, aux époques consacrées, illumine les petits berceaux. Accessoirement, elle joint à ces dons de jouets une distribution de bons de vêtements.

Une autre œuvre, fondée en 1899 par Mᵐᵉ S. Reinach à l'hôpital des Enfants-Malades dans le service du Dʳ Brun, s'est proposé un autre but non moins touchant : les dames et les jeunes filles qui en font partie se réunissent, chaque après-midi, dans les salles de ce service pour se transformer en servantes des petits malades ; elles leur apportent des jeux, les amusent, les font manger à l'heure du repas et s'occupent de leur toilette.

La distraction des adultes a également tenté la sollicitude d'une Société connue sous le nom d'*Union démocratique pour l'enseignement populaire*, qui, depuis 1897, a organisé dans certains hôpitaux des conférences dont elle augmente le nombre chaque année. Intéresser, distraire et instruire en même temps, tel est le but de ces conférences très appréciées des convalescents comme aussi du personnel infirmier.

Enfin, le *Comité Lionnet*, fondé en 1897 sur l'initiative de M. Ch. Fromentin, a entrepris de continuer l'aimable pensée des deux frères Lionnet qui, depuis de longues années, avaient organisé les concerts pour les aliénés de Bicêtre et de la Salpêtrière. La mort de ces artistes, survenue en 1896, n'a pas privé ces malheureux malades du bienfait de cette distraction. Reprise par le Comité, la tradition se continue, forte du souvenir de ses fondateurs, puissante par la célébrité des talents que ce Comité a su grouper autour de son président d'honneur, M. Roujon, directeur des Beaux-Arts.

LA MATERNITÉ

HOSPICES, MAISONS DE RETRAITE

ET FONDATIONS

CONDITIONS D'ADMISSION DANS LES HOSPICES

Toute demande d'admission gratuite doit être accompagnée des pièces suivantes :

1° L'acte de naissance du postulant. (Un certificat délivré sur papier libre est suffisant.)

2° Un certificat établissant la durée de son domicile à Paris, délivré par le maire de son arrondissement.

3° Un certificat d'indigence délivré par le bureau de bienfaisance, ou, à défaut de ce certificat, et, pour le cas où l'inscription du postulant ne pourrait avoir lieu immédiatement, un certificat d'aptitude à cette inscription.

Toutes les pièces indiquées ci-dessus peuvent être fournies par le bureau de bienfaisance de l'arrondissement du postulant.

Un arrêté du Directeur de l'Administration de l'Assistance publique du 27 août 1860, approuvé par le Préfet de la Seine, a déterminé ainsi qu'il suit les règles pour l'admission des indigents dans les hospices :

ARTICLE PREMIER. — Une Commission est instituée à l'effet d'examiner toutes les demandes d'admission dans les hospices des incurables et de la vieillesse, pour les lits autres que ceux de fondation.

ART. 2. — Cette Commission est composée de sept membres, savoir (1) :

1° Un membre du Conseil de surveillance de l'Administration de l'Assistance publique, président ;

2° Un maire ou adjoint et deux administrateurs des bureaux de bienfaisance (2) ;

3° Le chef de la division des hôpitaux et hospices, le chef de la division des secours et l'un des inspecteurs de l'Administration (3).

---

(1) Par arrêté en date du 12 janvier 1872, approuvé par M. le Préfet de la Seine le 2 février suivant, le nombre des administrateurs des bureaux de bienfaisance faisant partie de la Commission a été porté de 2 à 4, de manière à élever à 9 au lieu de 7 le chiffre total des membres de cette Commission.

(2) Conformément à l'arrêté relaté ci-dessus, le nombre des administrateurs des bureaux de bienfaisance faisant partie de la Commission a été porté de 2 à 4.

(3) Par arrêté en date du 16 février 1875, approuvé par M. le Préfet de la Seine le 25 du même mois, un deuxième inspecteur a été appelé à faire partie de la Commission en remplacement du chef de la division des secours, dont les fonctions ont été supprimées.

22

Le membre du Conseil de surveillance et les maires ou administrateurs appelés à faire partie de la Commission sont nommés par le Préfet de la Seine, le premier pour six mois et les autres pour trois mois. En ce qui concerne ces derniers, le renouvellement a lieu de manière à ne faire sortir qu'un membre à la fois.

Le membre du Conseil de surveillance, les maires et administrateurs qui ont fait partie de la Commission n'y peuvent être appelés qu'après une année d'intervalle.

L'inspecteur délégué pour les mêmes fonctions est désigné par le Directeur de l'Administration de l'Assistance publique.

Le chef du deuxième bureau de la division des hospices remplit auprès de la Commission les fonctions de secrétaire.

Art. 3. — La Commission se réunit au chef-lieu de l'Administration, sur la convocation du Directeur général.

BICÊTRE

Art. 4. — Toutes les demandes d'admission aux places gratuites vacantes dans les hospices de la vieillesse ou des incurables de la ville de Paris sont adressées au Directeur de l'Administration générale de l'Assistance publique. Elles sont accompagnées, pour chaque indigent, d'un certificat établissant la durée du domicile à Paris, délivré par le maire de l'arrondissement, et d'un certificat constatant qu'il est inscrit sur les contrôles des bureaux de bienfaisance et qu'il en reçoit effectivement des secours (1).

Art. 5. — Chacune des demandes, appuyée des pièces qui viennent d'être indiquées, est l'objet d'une enquête effectuée par les soins et conformément aux instructions de l'Administration, dans le but de constater l'âge des pétitionnaires, de vérifier la durée de leur domicile à Paris, l'état réel de leurs ressources, et d'établir en outre s'ils ont des parents qui puissent ou doivent, aux termes de la loi, leur venir en aide.

Art. 6. — Pour être apte à entrer dans un hospice, tout pétitionnaire doit être âgé de 70 ans révolus, et être inscrit au contrôle des indigents secourus par les bureaux de bienfaisance.

L'ancienneté du domicile peut être considérée comme une cause de préférence.

Art. 7. — Sont pareillement admissibles dans les hospices les individus âgés de 20 ans accomplis, remplissant les conditions d'indigence et de domicile imposées par l'article 4, et justifiant en outre, par un certificat des médecins et chirurgiens du Bureau central d'admission, qu'ils sont atteints d'infirmités incurables et réduits à l'impossibilité absolue de travailler.

Art. 8. — La Commission peut, par une disposition motivée, reconnaître l'aptitude

(1) Par arrêté en date du 2 février 1897, approuvé par M. le Préfet de la Seine le 12 du même mois, l'article 4 a été modifié de la façon suivante :

« Toutes les demandes d'admission aux places gratuites vacantes dans les hospices de la vieillesse ou des incurables de la ville de Paris sont adressées au Directeur de l'Administration générale de l'Assistance publique. Elles sont accompagnées, pour chaque indigent, d'un certificat établissant la durée du domicile à Paris, délivré par le maire de l'arrondissement, et d'un certificat constatant qu'il est inscrit sur les contrôles des bureaux de bienfaisance et qu'il en reçoit effectivement des secours, ou, à défaut de ce certificat, et pour le cas où l'inscription de l'indigent n'aurait pu encore avoir lieu, d'un certificat constatant son aptitude à ladite inscription, par suite de son état avéré d'indigence. »

à l'admission dans un hospice des individus qui seraient tombés tout à coup dans l'indigence si, d'ailleurs, ils remplissent les conditions de domicile et de secours exigées par la loi du 24 vendémiaire an II.

Art. 9. — Des admissions d'urgence pourront être autorisées, conformément aux anciens règlements, en faveur des octogénaires, des aveugles, des cancéreux et des épileptiques.

Ces vieillards ou infirmes doivent, dans tous les cas, satisfaire aux conditions d'indigence, de domicile et d'âge prescrites par les articles 6 et 7 du présent règlement.

Les demandes des vieillards ou infirmes qui, après être sortis d'un hospice, réclameraient leur réintégration, doivent être également soumises à l'examen de la Commission.

Art. 10. — Après avoir pris connaissance des demandes, des pièces qui les accompagnent, ainsi que des renseignements recueillis, la Commission peut réclamer une enquête supplémentaire, dans le cas où les premières informations ne lui paraîtraient pas suffisantes.

Art. 11. — La Commission classe par ordre, sur les listes de présentation, les candidats admissibles : le classement a lieu à la majorité des voix des membres présents. En cas de partage, la voix du président est prépondérante.

La présence de quatre membres au moins est nécessaire pour la validité de la délibération.

Les listes successivement dressées par la Commission sont toujours susceptibles de revision.

Art. 12. — Les listes ainsi dressées par la Commission sont remises au Directeur de l'Administration, qui prononce seul l'admission des indigents dans les hospices des incurables et de la vieillesse. Il ne peut choisir, pour occuper les places vacantes, que des indigents compris dans les listes de présentation.

La moitié au moins des indigents dont l'admission est prononcée doit être choisie dans l'ordre de classement établi par la Commission ; l'autre moitié des places vacantes est laissée à la disposition de M. le Directeur de l'Administration pour subvenir, soit aux admissions par voie de translation, soit à toutes autres admissions auxquelles il aurait à pourvoir.

Les admissions prévues en l'article 9 forment une catégorie particulière, et ne comptent pas dans le calcul des propositions indiquées au paragraphe précédent.

Art. 13. — Son Exc. le Ministre de l'intérieur, M. le Préfet de la Seine et M. le Préfet de police conservent, pour la présentation aux lits des hospices, les droits que leur assurent les anciens règlements.

Toutefois, ils ne peuvent présenter pour les places que les indigents compris dans les listes dressées par la Commission, mais ils ne sont pas astreints à suivre l'ordre de classement établi sur ces listes.

Pour fournir à l'exercice de ce droit de présentation, et après le prélèvement des admissions autorisées par l'article 9 ci-dessus, ainsi que les admissions opérées par voie de translation, il est mis sur 52 vacances, dans les hospices de la vieillesse et des incurables, à la disposition, savoir :

De Son Exc. le Ministre de l'intérieur. . . . . 4 lits.
De M. le Préfet de la Seine . . . . 1 —
De M. le Préfet de police . . . . 1 --

Les places attribuées à Son Exc. le Ministre de l'intérieur, sur chaque roulement de 52, seront les 13e, 26e, 39e et 52e, et seront, ainsi que celles qui sont attribuées aux deux Préfets, prélevées sur la moitié réservée par l'article 12, au choix libre du Directeur de l'Administration.

Conformément au règlement du 22 vendémiaire an XII, l'emploi doit être opéré dans un délai de deux mois, à partir du jour de l'envoi du titre de présentation. Après ce délai, les places non employées sont remises à la disposition du Directeur de l'Administration de l'Assistance publique.

La Commission se réunit en séance aux jours indiqués par le président, de mois en mois.

Quelques jours avant chaque séance, le secrétaire de la Commission envoie en communication à chacun de ses membres les demandes d'admission, qui sont soumises à son examen et sur lesquelles il est invité à présenter un rapport.

Ces demandes sont accompagnées des renseignements recueillis par l'Administration, en vue d'apprécier la situation des pétitionnaires. Le membre de la Commission rapporteur en prend connaissance, et, dans un rapport écrit et distinct pour chaque affaire, en constate l'exactitude en se transportant, autant que possible, au domicile des indigents.

Le classement des candidats a lieu en séance, après discussion et à la majorité des voix ; il a pour objet de placer les pétitionnaires dans une des catégories suivantes :

1° Admissions immédiates ;
2° Admissions très urgentes ;
3° Admissions urgentes ;
4° Admissions justifiées.

1° Les admissions immédiates sont prononcées très exceptionnellement. Elles doivent pourvoir sur-le-champ au placement des candidats grabataires, gâteux, affligés d'une impotence complète, et qui d'ailleurs se trouvent sur le point d'être expulsés de leurs demeures, sans famille ou amis pour les assister, même à titre provisoire.

2° Les admissions très urgentes sont proposées en faveur des candidats qui, quoique placés sous le rapport des infirmités et de l'incapacité absolue de travail dans des conditions analogues à celles des indigents de la catégorie précédente, ont encore une famille ou des amis qui peuvent les assister pendant un certain laps de temps.

3° Les admissions urgentes s'appliquent aux indigents que de graves infirmités ou l'âge ne permettent pas de maintenir à leur domicile, mais qui trouvent, soit dans quelques ressources personnelles, soit dans l'assistance de leurs parents, les moyens d'attendre leur tour d'entrée pendant plusieurs mois.

4° Enfin, la catégorie des admissions justifiées comprend les candidats dont la situation répond aux conditions exigées par le règlement, mais sans qu'aucune circonstance vienne appeler sur eux un intérêt particulier.

La Commission prononce également sur l'admissibilité des octogénaires, des cancéreux, des aveugles et des épileptiques. Les indigents rangés sous ces diverses dénominations sont, aux termes des règlements, appelés de préférence à tous autres à occuper les premières places vacantes.

Toutefois, lorsque la Commission estime qu'il y des circonstances qui permettent de refuser ou d'ajourner un peu l'admission, par exemple lorsque les vieillards ont encore quelques ressources, ou lorsqu'il existe des parents qui ont le devoir de secourir le membre de leur famille, elle peut exprimer un avis tendant à ce résultat.

Enfin, la Commission est appelée à émettre un avis à l'égard des indigents admis d'abord en traitement, comme malades dans les hôpitaux, et qui ont été reconnus incurables.

Dans le cas où elle juge l'admission nécessaire, elle se borne à une simple déclaration d'admissibilité, sans indiquer l'ordre de classement ; l'Administration devra rester appréciatrice de l'opportunité des translations.

Les décisions que prend la Commission sont formulées dans les termes suivants:

Pour la 1re catégorie, admissions immédiates :
Pour la 2e catégorie, admissions très urgentes ;
Pour la 3e catégorie, admissions urgentes :
Pour la 4e catégorie, admissions justifiées ;
Pour les octogénaires, cancéreux, aveugles et épileptiques, admissions hors tour ;
Pour les infirmes à transférer des hôpitaux dans les hospices, admissions par translation.

La Commission peut enfin, à l'égard de toute demande qui lui est soumise, se prononcer pour :

1° Le supplément d'enquête ;
2° L'ajournement ;
3° Le rejet pur et simple.

REGLEMENTS DES MAISONS DE RETRAITE

LES MÉNAGES

ARTICLE PREMIER. — La maison des Ménages est destinée à recevoir de vieux époux en ménage et des veufs ou veuves.

Ne peuvent être admis et ultérieurement conservés dans l'établissement que ceux qui, sans être dans un état d'indigence complet, n'ont pas cependant, par eux-mêmes ou par ceux qui, aux termes de la loi, leur doivent des aliments, des moyens suffisants d'existence.

ART. 2. — Les personnes qui désirent être admises dans cette maison doivent adresser au Directeur de l'Administration générale de l'Assistance publique une demande

LES MÉNAGES

tendant à obtenir leur inscription sur le registre spécial tenu dans les bureaux de l'Administration centrale.

Les justifications à faire et les pièces à produire sont indiquées ci-après.

ART. 3. — Les admissions ont lieu invariablement suivant l'ordre des inscriptions; cette règle n'admet aucune exception.

Toutefois, pour les veufs et veuves, un tour de faveur sur deux est réservé aux octogénaires, c'est-à-dire que, sur deux vacances, une admission est accordée au plus ancien octogénaire inscrit, et l'autre à l'expectant le plus anciennement inscrit, sans avoir égard à l'âge.

Art. 4. — Nul n'est admis aux Ménages s'il n'a été constaté par les médecins du Bureau central qu'il n'est atteint d'aucune des maladies ou infirmités qui peuvent faire obstacle à son admission. Ces maladies ou infirmités sont : l'épilepsie, la folie ou l'idiotie, le cancer ou toute autre maladie présentant un caractère contagieux ou un aspect repoussant.

Art. 5. — Toute admission ne peut être faite que moyennant finance.

Art. 6. — La maison de retraite des Ménages comprend : 1° des chambres particulières, affectées, soit à des époux en ménage, soit à des veufs ou veuves ; 2° des lits de dortoirs pour des veufs ou veuves.

Art. 7. — Les admissions en chambres particulières ne peuvent être prononcées qu'au profit des personnes valides : époux en ménage ou veufs et veuves.

Art. 8. — Les époux qui sollicitent leur admission dans une chambre particulière doivent avoir chacun 60 ans, âge minimum, et, en outre, compter au moins 5 années de ménage passées ensemble.

Ils doivent, de plus, justifier qu'ils n'ont, par eux-mêmes ou par ceux qui leur doivent des aliments, d'autres ressources que le capital ou la rente nécessaire à leur admission et leur entretien personnel dans l'établissement.

Les demandes d'inscription doivent être accompagnées des pièces suivantes : 1° l'acte de naissance de chacun des époux ; 2° leur acte de mariage ; 3° un certificat du maire de l'arrondissement ou de la commune constatant que les deux époux habitent ensemble le département de la Seine depuis plus de 2 ans ; qu'ils sont de bonnes vie et mœurs, et qu'ils n'ont pas assez de ressources pour vivre d'une manière indépendante.

L'Administration examine attentivement la situation des pétitionnaires, ainsi que celle des personnes qui peuvent être tenues, aux termes de la loi, de leur fournir des aliments.

Si, d'après le résultat de cette investigation, la demande est accueillie, le ménage est inscrit sur le livre des expectants tenu dans les bureaux de l'Administration centrale. Les pièces déposées sont alors restituées aux époux avec un bulletin indiquant le numéro de leur inscription.

Art. 9. — Les veufs et veuves doivent être âgés de 60 ans accomplis, et avoir vécu au moins 10 ans en ménage.

Les pièces suivantes doivent être jointes à l'appui de chaque demande : 1° acte de naissance ; 2° acte de mariage ; 3° acte de décès de l'époux prédécédé ; 4° certificat du maire, délivré dans la forme de celui qui est exigé pour les époux en ménage.

Si la personne qui sollicite son admission a été mariée plusieurs fois, elle peut être autorisée à justifier de l'existence et de la durée des mariages antérieurs pour compléter les 10 années de ménage exigées aux termes du premier paragraphe de cet article.

Elle est tenue, du reste, dans tous les cas, de prouver qu'elle a passé 5 ans au moins en ménage avec le dernier époux.

L'Administration procède, à l'égard des veufs ou veuves, à la même enquête que pour les époux en ménage ; l'inscription sur le registre d'attente demeure également subordonnée aux résultats de cet examen.

Les pièces déposées leur seront alors restituées avec le numéro d'inscription.

Art. 10. — Les époux en ménage et les veufs ou veuves placées en chambres particulières doivent, en entrant, fournir un mobilier ainsi composé : 1 lit de fer,

1 sommier élastique, 2 matelas, 1 traversin, 2 oreillers, 2 couvertures de laine, 4 draps en toile, 2 chaises, 1 table, 1 commode ou buffet. Le tout en bon état.

Art. 11. — Chaque époux en ménage, veuf ou veuve, admis en chambre particulière, recevra les prestations suivantes : 3 francs en argent tous les dix jours, 55 décagrammes de pain long par jour pour les hommes, et 50 décagrammes pour les femmes ; 50 décagrammes de viande crue le samedi de chaque semaine ; 2 stères de bois par an ; 4 hectolitres de charbon de bois par an.

Le bois pourra être remplacé par du charbon de terre à raison de 400 kilogrammes pour un stère.

Art. 12. — Les époux, veufs ou veuves, sont tenus de pourvoir personnellement aux frais de leur habillement et de leur blanchissage.

Ils doivent donc, avant d'entrer, justifier de ressources suffisantes pour parer à ces dépenses, lesquelles sont évaluées à environ 150 francs par année et par personne.

Art. 13. — Les admissions dans les dortoirs de la maison de retraite des Ménages ne peuvent être autorisées que pour des veufs ou veuves.

Les conditions à remplir pour obtenir l'inscription sur le registre d'attente des dortoirs sont les mêmes que celles

LES MÉNAGES. — LA LINGERIE

qui ont été indiquées ci-dessus pour les veufs ou veuves qui sollicitent leur admission en chambres particulières.

Art. 14. — Les personnes admises dans les dortoirs versent dans la caisse de l'Administration une somme de 200 francs comme représentation de la valeur du mobilier qui est fourni par l'Administration, d'après des modèles uniformes.

Art. 15. — Elles n'ont droit à aucune prestation particulière, soit en nature, soit en argent ; elles sont tenues de prendre leur repas dans les réfectoires communs, hors le cas de maladie ou d'infirmité qui ne leur permettrait pas de s'y rendre.

Cette impossibilité devra, dans tous les cas, être constatée par le médecin de l'établissement.

Art. 16. — Le linge fourni aux administrés placés en dortoirs est blanchi et entretenu par l'établissement.

Art. 17. — Le prix à payer par les administrés de toute catégorie pour leur admission à la maison de retraite des Ménages doit être acquitté au moyen du payement d'une pension annuelle ou du versement d'un capital.

Art. 18. — La pension est fixée à la somme de 250 francs pour les administrés en dortoirs, et à celle de 300 francs pour chacun des époux en ménage, veufs ou veuves, placés en chambres particulières. La pension est payée par semestre et d'avance à partir du jour de l'entrée dans l'établissement, sauf le versement ultérieur de la somme nécessaire pour compléter le second semestre, de manière à faire partir l'échéance du 1er janvier ou du 1er juillet. Tout semestre commencé demeure acquis à l'Administration, quelle que soit l'époque de la sortie ou du décès.

Art. 19. — L'Administration exige, pour la garantie du payement de la pension, le dépôt entre les mains du receveur, soit d'un titre de rente ou de créance sur l'État, les départements, les communes, les administrations publiques, soit des obligations de chemins de fer garanties par l'État.

Art. 20. — Le capital à payer en espèces ayant cours ou en billets de la Banque de France est fixé ainsi qu'il suit : dortoirs, 1.200 francs ; chambres particulières pour pour les veufs ou veuves, ou pour chaque époux en ménage, 1.800 francs.

Art. 21. — Les personnes inscrites peuvent choisir entre les deux modes de payement (payement d'une pension ou d'un capital); elles peuvent aussi être admises en payant partie de la pension, et en même temps partie du capital.

Art. 22. — Les administrés ont la libre jouissance des jardins, des salles de réunion et de la bibliothèque.

Art. 23. — Les administrés malades sont visités par le médecin de l'établissement et soignés aux frais de l'Administration dans des infirmeries particulières.

Les administrés placés en chambres particulières, qui sont traités à l'infirmerie, ou ceux qui vont en congé, ne reçoivent aucune prestation particulière en nature pendant leur maladie ou pendant leur absence.

Art. 24. — Lorsque l'un des époux admis moyennant finance en chambre particulière de ménage vient à décéder, le conjoint survivant ne peut continuer d'occuper une chambre de ménage. Il doit passer dans une de celles qui sont affectées aux veufs ou aux veuves.

Si l'époux survivant est atteint d'infirmités qui exigent des soins particuliers ou qu'il ne puisse être maintenu dans sa chambre sans danger pour la sécurité de l'établissement ou pour sa sûreté personnelle, le directeur de la maison est autorisé à le faire passer à l'infirmerie.

Cette règle s'applique également aux personnes entrées comme veufs ou veuves.

Art. 25. — Toutes les personnes admises à la maison de retraite des Ménages sont soumises aux règlements de la police de l'établissement, faits ou à faire.

Art. 26. — Les administrés qui ne pourraient payer régulièrement leur pension aux échéances ci-dessus indiquées par l'article 18 doivent quitter immédiatement la maison.

L'Administration se réserve le droit d'expulser de la maison ceux des administrés qui ne se conformeraient pas aux règlements, et qui, par leur conduite, seraient une cause de désordre ou de scandale.

Ne pourront pareillement être maintenus dans l'établissement les personnes qui auraient dissimulé, lors de leur admission, le montant véritable de leurs ressources, ou qui, depuis leur admission, auraient acquis par eux-mêmes ou par ceux qui, aux termes de la loi, leur doivent des aliments, des ressources suffisantes pour vivre en dehors de l'établissement.

Art. 27. — En cas d'expulsion ou de sortie volontaire d'un administré admis moyennant le payement d'un capital, ce capital lui sera rendu, sauf déduction des frais de séjour, calculés d'après les prix moyens résultant des comptes de l'Administration.

Art. 28. — En cas de décès, les parents ou héritiers du défunt n'ont droit à aucune restitution, soit du capital, soit des arrérages de la pension versés d'avance, à quelque époque que le décès ait eu lieu.

Art. 29. — Les effets mobiliers, bijoux et deniers comptants laissés après décès par les personnes admises aux Ménages seront recueillis par l'Administration et employés au soulagement des pauvres ; ils ne seront pas rendus aux héritiers.

LA ROCHEFOUCAULD

Cet établissement est destiné à recevoir les personnes, hommes ou femmes, qui, sans être dans un état d'indigence absolue, n'ont cependant pas, par elles-mêmes ou par ceux qui, aux termes de la loi, leur doivent des aliments, des moyens d'existence suffisants.

Pour être admis dans la maison de retraite de La Rochefoucauld, il faut être âgé de 60 ans révolus, ou être perclus de tous ses membres, ou attaqué d'infirmités incurables qui mettent dans l'impossibilité de se livrer à aucun travail, et, dans ces deux derniers cas, avoir au moins 20 ans.

Il faut, dans tous les cas, justifier que l'on n'a, par soi-même ou par ceux qui doivent des aliments, d'autres ressources que le capital ou la rente nécessaire à l'admission et à l'entretien personnel dans l'établissement.

On est reçu dans l'établissement moyennant 250 francs de pension annuelle pour les vieillards valides, et 312 fr. 50 pour les infirmes incurables. Six mois doivent être acquittés d'avance à partir du jour de l'entrée dans l'établissement, sauf versement ultérieur de la somme nécessaire pour compléter un semestre d'avance, à compter, soit du 1er janvier, soit du 1er juillet. Tout semestre commencé demeure acquis à l'Administration, quelle que soit l'époque du décès ou de la sortie.

L'Administration exige, pour la garantie du payement de la pension, le dépôt, entre les mains du receveur, soit d'un titre de rente ou de créance sur l'État, les départements, les communes, les administrations publiques, soit des obligations de chemins de fer garanties par l'État.

La pension peut être remplacée par le versement d'un capital ainsi fixé :

	INFIRMES et INCURABLES	VIEILLARDS	
		Valides	Infirmes et Incurables
	fr.	fr.	fr.
De 20 à 30 ans	4.500	»	»
De 30 à 40 ans	4.125	»	»
De 40 à 50 ans	3.375	»	»
De 50 à 60 ans	2.265	»	»
De 60 à 65 ans	»	2.000	2.400
De 65 à 70 ans	»	1.875	2.250
De 70 à 75 ans	»	1.500	1.800
De 75 à 80 ans	»	1.125	1.350
Au-dessus de 80 ans	»	875	1.050

Avant d'entrer dans la maison, on est libre d'opter entre le payement de la pension et celui du capital ; on peut être aussi admis en payant la demi-pension et en même temps la moitié du capital.

Chaque administré, en entrant dans l'établissement, est tenu, en outre, de verser

23

une somme de 100 francs, une fois payée, représentant la valeur du mobilier qui sera fourni par l'Administration, d'après les modèles uniformes qui ont été adoptés.

L'Administration alloue de plus à chaque pensionnaire une paire de draps et une taie d'oreiller par mois; une chemise, une serviette et un torchon par semaine. Elle ne pourvoit qu'au blanchissage des effets ci-dessus désignés.

Les administrés sont tenus de faire face avec leurs propres ressources à l'acquisition et au blanchissage du reste du linge, ainsi qu'aux frais de leur chaussure et de leur habillement. La somme annuelle nécessaire pour ces menues dépenses est évaluée à 150 francs environ.

Les pièces à produire, pour toute personne qui désire entrer dans la maison de retraite de La Rochefoucauld, sont les suivantes :

LA ROCHEFOUCAULD

1° L'acte de naissance;

2° Un certificat, délivré par le maire de son arrondissement ou de sa commune, constatant qu'elle habite le département de la Seine depuis plus de 2 ans, qu'elle est de bonnes vie et mœurs et n'a pas de moyens d'existence suffisants.

Les infirmités sont constatées par les médecins consultants des hôpitaux, savoir: pour les personnes âgées de moins de 60 ans, au moment où elles forment leur demande d'admission comme infirmes, et, pour les personnes âgées de 60 ans et au delà, au moment de leur entrée dans l'établissement.

Les médecins constateront en outre l'absence des maladies ou infirmités qui peuvent faire obstacle à l'admission. Ces maladies ou infirmités sont: l'épilepsie, l'aliénation mentale, le cancer et toute autre maladie présentant un caractère contagieux ou un aspect repoussant.

Les pétitionnaires devront remettre les pièces indiquées ci-dessus à l'Administration de l'Assistance publique (division des hôpitaux et hospices) qui fera prendre des renseignements à leur domicile pour constater s'ils se trouvent dans les conditions d'admission, et, dans le cas de l'affirmative, ils seront portés comme expectants sur les registres dressés à cet effet. Leurs papiers leur seront restitués avec un bulletin constatant l'ordre de leur inscription.

Les admissions se font au fur et à mesure des vacances, par ordre de numéros.

Lorsqu'il se trouve des octogénaires inscrits sur la liste des expectants, ils sont préférés pour une vacance sur deux, c'est-à-dire que, sur deux vacances, une des admissions est accordée au plus ancien octogénaire inscrit, et l'autre au plus ancien inscrit sans avoir égard à l'âge.

Les anciens serviteurs de l'Administration qui ont obtenu leur repos peuvent, sur leur demande, être admis par préférence et hors tour, jusqu'à concurrence du quart des vacances, en payant le prix de pension ci-dessus fixé.

L'Administration se réserve le droit d'expulser de la maison les personnes qui ne se conforment pas aux règlements intérieurs.

La portion des six mois d'avance de la pension des administrés, devenue libre par leur décès, n'est pas rendue à leurs héritiers ; elle appartient à l'établissement à titre d'indemnité des secours qu'ils y ont reçus.

Lorsqu'une personne admise moyennant capital est autorisée à quitter l'établissement, ou que l'Administration a prononcé son renvoi, il lui est alloué une pension représentative égale à la pension annuelle, déduction faite d'un douzième, c'est-à-dire de 230 ou de 286 francs, selon que cette personne est entrée comme valide ou comme infirme et incurable.

Les effets et objets mobiliers, ainsi que les deniers comptants, laissés après décès par les administrés, sont recueillis par l'établissement pour être employés au soulagement des pauvres, et ne sont pas rendus aux héritiers des décédés.

SAINTE-PÉRINE

Section première. — Conditions d'admission

ARTICLE PREMIER. — L'institution Sainte-Périne est destinée à assurer à des personnes honorables, ayant connu l'aisance, une retraite en rapport avec leurs habitudes et leur éducation.

ART. 2. — On y est admis à partir de l'âge de 60 ans. Cependant, l'Administration prend des pensionnaires à partir de 50 ans, lorsqu'il y a plus de 20 lits vacants, et à partir de 55 ans seulement, lorsque le nombre des vacances est supérieur à 10, mais inférieur à 20.

Lorsque le nombre des lits vacants est supérieur à 20, l'Administration reçoit des pensionnaires, sans exiger de séjour antérieur dans le département de la Seine.

Ces pensionnaires ne peuvent avoir moins de 60 ans et doivent satisfaire aux dispositions de l'art. 18.

ART. 3. — Les candidats devront être domiciliés depuis 2 ans au moins dans le département de la Seine.

Le délai sera réduit à une année seulement pour les candidats qui justifieraient d'un séjour antérieur de 20 à 30 ans dans le département de la Seine, accompli dans les fonctions publiques.

ART. 4. — Les admissions sont prononcées moyennant le payement d'une pension annuelle.

ART. 5. — Les candidats doivent justifier également de ressources suffisantes pour faire face aux dépenses qui sont laissées à leur charge, notamment pour leur habillement, le chauffage et l'éclairage de leurs chambres et leur service particulier. Ces dépenses sont évaluées à 600 francs par année.

ART. 6. — Ne pourront être admises dans l'institution Sainte-Périne :

1° Les personnes qui posséderaient par elles-mêmes, ou du chef de leurs parents ou alliés légalement obligés, des moyens d'existence suffisants pour vivre au dehors d'une manière indépendante ;

2° Celles qui se trouveraient atteintes d'infirmités incurables, de maladies rebutantes ou contagieuses, ou qui pourraient les empêcher de se rendre au réfectoire, et en général de se conformer aux règlements de la maison.

Art. 7. — Les demandes d'inscription pour l'admission doivent être déposées à l'Administration centrale, avenue Victoria, 3.

Ces demandes doivent indiquer :

1° Si le postulant est célibataire, marié ou veuf, et s'il a des enfants ;

2° Les positions qu'il a occupées ;

3° Son âge ;

4° Les domiciles qu'il a occupés successivement dans le département de la Seine pendant le cours des deux dernières années.

Art. 8. — Les demandes doivent en outre être accompagnées des pièces suivantes :

1° L'acte de naissance du postulant, s'il est célibataire, et, dans le cas où il serait veuf, l'acte de mariage et l'acte de décès du conjoint ; à défaut de ces deux dernières pièces à la fois, l'acte de décès sera toujours rigoureusement exigé ;

2° Une déclaration signée par le postulant et indiquant d'une manière détaillée

SAINTE-PÉRINE

et précise ses moyens actuels d'existence, ainsi que les ressources à l'aide desquelles il acquittera la pension et fera face annuellement à ses dépenses d'entretien particulier ;

3° L'engagement également signé par le postulant de se conformer à tous les règlements de la maison faits ou à faire.

Art. 9. — L'Administration examinera soigneusement les témoignages que les postulants donneront de leurs bonnes vie et mœurs, leur situation pécuniaire et celle des personnes qui seront tenues, aux termes de la loi, de leur fournir des aliments. Elle appréciera en même temps si l'état physique des aspirants au pensionnat, leur éducation ou la profession qu'ils auront exercée, ne présentent aucun obstacle à leur admission.

Art. 10. — Si la demande est accueillie, l'aspirant devra justifier, par un certificat du médecin de l'établissement, qu'il n'est atteint d'aucune infirmité de nature à empêcher son admission conformément au paragraphe 2 de l'article 6 ci-dessus.

Art. 11. — L'inscription sera opérée sur le vu de cette pièce, sur un registre d'attente tenu en double dans le bureau de l'établissement et à l'Administration centrale (division des hôpitaux et hospices).

Art. 12. — Dans tous les cas, le postulant sera avisé par lettre de la suite qui a pu être donnée à sa demande.

Art. 13. — Toute personne qui, depuis qu'elle aura signé la déclaration prescrite par le paragraphe 2 de l'article 8, et, soit avant, soit après son admission, aura acquis de nouvelles ressources par voie de succession ou autrement, ou dont les charges se trouveraient diminuées, devra en faire immédiatement une déclaration écrite qu'elle remettra au directeur de l'établissement.

Art. 14. — Les admissions sont prononcées, d'après l'ordre des inscriptions, par le Directeur de l'Administration.

Elles n'ont lieu que sur la production d'un second certificat du médecin de l'établissement, constatant de nouveau que l'état présent de santé de la personne inscrite n'est pas de nature à mettre obstacle à son entrée dans l'établissement.

Art. 15. — Il ne pourra être dérogé à la règle d'antériorité établie en l'article précédent que dans les circonstances et pour des causes tout à fait exceptionnelles, et par une décision motivée, précédée de l'avis du Conseil de surveillance et revêtue de l'approbation de M. le Préfet de la Seine.

Art. 16. — Le prix de la pension annuelle est fixé à 1.400 francs.

Cette pension se paye par trimestre et d'avance, à partir du jour de l'entrée dans l'établissement, sauf le versement ultérieur de la somme nécessaire pour compléter le trimestre suivant, de façon à faire partir l'échéance du 1er janvier, du 1er avril, du 1er juillet et du 1er octobre. Tout trimestre commencé est acquis définitivement à l'Administration.

Art. 17. — Pour la garantie du payement de leur pension, les personnes admises à Sainte-Périne déposeront entre les mains du receveur de l'Administration, en versant le montant de leur premier trimestre, soit des titres de rente, soit des titres de créance sur l'État, les départements, les communes et les administrations publiques, soit des obligations de chemins de fer garanties par l'État, soit encore des titres de rente viagère sur la Caisse des retraites pour la vieillesse ou les grandes Compagnies d'assurance.

Art. 18. — Les personnes qui ne pourraient satisfaire aux conditions énoncées dans l'article précédent auront à fournir l'engagement sous seing privé d'une personne notoirement solvable.

Cet engagement sera enregistré, les frais étant à la charge du candidat. La formule en sera délivrée aux bureaux de l'Administration.

Art. 19. — Si des personnes se trouvant dans la double impossibilité de déposer des valeurs ou titres en garantie, et fournir une caution solvable, offraient néanmoins de sérieuses références, tant comme garantie morale que comme garantie matérielle, consistant en valeurs, titres ou créances ne pouvant être légalement acceptées par le receveur de l'Administration, elles pourraient, après enquête administrative et décision de la Commission spéciale, être admises, sous cette réserve qu'elles devraient, en cas de cessation de payement dans les conditions énoncées à l'article 13, quitter immédiatement Sainte-Périne.

La caution s'obligera solidairement et renoncera au bénéfice de discussion.

Art. 20. — Les personnes admises sans avoir pu justifier d'un séjour de plus d'un an dans le département de la Seine ne peuvent être dispensées de l'obligation d'un dépôt de garantie ou de la justification d'une pension civile ou militaire.

Section II. — Service intérieur

Art. 21. — Le mobilier et le trousseau fournis par l'Administration seront composés des objets suivants :

1 couchette en acajou; 2 matelas; 1 sommier élastique; 1 traversin; 1 oreiller; 2 couvertures de laine; 1 commode en acajou à dessus de marbre; 1 table de nuit en acajou à dessus de marbre; 1 fauteuil en acajou recouvert de velours; 2 chaises;

4 paires de draps en toile; 6 taies d'oreiller en toile; 12 chemises en toile; 12 serviettes en toile; 12 torchons en toile; 1 couvert d'argent pesant 150 grammes; 1 petite cuiller en argent pesant 35 grammes; 1 couteau de table.

ART. 22. — L'Administration pourvoit à la réparation des objets détériorés par l'usage; mais, lorsqu'il est constant que le dommage provient de la négligence du pensionnaire, les frais de réparation restent à sa charge.

ART. 23. — Chaque pensionnaire n'a droit qu'à une chambre et à ses dépendances; deux époux ou deux personnes du même sexe peuvent obtenir l'autorisation de demeurer dans le même logement; mais, au décès ou à la sortie de l'un d'eux. le survivant est tenu, à moins d'autorisation nouvelle et spéciale, de quitter ce logement et d'aller occuper une chambre ordinaire de pensionnaire.

ART. 24. — Les pensionnaires doivent souffrir l'exécution des grosses réparations, quelles qu'en soient la nature et la durée. Les réparations locatives sont à leur charge lorsqu'elles proviennent de leur fait ou de leur faute.

ART. 25. — Lorsqu'une chambre devient vacante et que plusieurs pensionnaires demandent à l'occuper, elle est attribuée, de préférence, à celui d'entre eux qui est le plus ancien dans l'établissement.

Toute cession. même gratuite, de chambre entre pensionnaires est interdite. Les frais d'emménagement et de déménagement, quand le pensionnaire entre dans l'institution ou lorsqu'il change de chambre, sont à sa charge.

SAINTE-PÉRINE

ART. 26. — Les pensionnaires doivent tenir leur chambre avec la plus grande propreté; les ordures qui en proviennent sont déposées chaque jour, par leurs soins, dans les endroits disposés pour les recevoir.

Aucun pensionnaire ne peut entretenir d'animaux dans son logement ou ses dépendances.

Il est formellement défendu de poser sur les fenêtres des pots ou des vases de fleurs.

ART. 27. — Les pensionnaires doivent s'abstenir de toute occupation susceptible d'occasionner du trouble ou du bruit dans la maison, ou d'incommoder leurs voisins.

ART. 28. — La porte de l'établissement est ouverte tous les matins à 7 heures, du 1er novembre au 31 mars. et à 6 heures, du 1er avril au 31 octobre. Elle est fermée toute l'année à 11 heures du soir.

ART. 29. — L'entrée dans l'établissement et la sortie sont entièrement libres, tant pour les pensionnaires que pour les personnes qui viennent les visiter.

Toutefois, il est fait exception :

1° Pour les admis que le médecin reconnaîtrait ne pouvoir. en raison de leurs infirmités, sortir seuls sans danger;

2° Pour les étrangers dont la présence dans la maison pourrait donner lieu à quelque trouble.

Art. 30. — Aucune voiture ne peut entrer dans la maison, si ce n'est pour le service de l'établissement.

Art. 31. — Toute personne sortant avec un paquet ou un panier doit le faire visiter par le concierge. Rien de ce qui appartient à la maison ne peut être emporté au dehors sans une autorisation spéciale du directeur ; cette autorisation doit être remise au concierge, en sortant de l'institution.

Art. 32. — Nulle personne étrangère à l'établissement n'y peut rester après la fermeture des portes.

Art. 33. — Tout visiteur qui se présenterait suivi d'un chien est tenu de le laisser à la garde du concierge ; il ne pourra le reprendre qu'en sortant de l'institution.

Art. 34. — Les pensionnaires ne doivent pas découcher sans en avoir prévenu le directeur et sans lui avoir indiqué le nom et l'adresse d'une personne qui puisse, au besoin, donner de leurs nouvelles.

En cas d'absence momentanée, ils doivent indiquer pareillement le lieu où ils se proposent de résider, et le temps qu'ils comptent passer hors de l'établissement.

ANTIPHONAIRE

Art. 35. — Les pensionnaires ont la jouissance du parc, du salon et de la bibliothèque.

Art. 36. — La bibliothèque est ouverte tous les jours, de 1 heure à 4 heures du soir. Il est permis aux pensionnaires d'emporter deux volumes dont le bibliothécaire fait inscription sur le compte ouvert à cet effet au nom des emprunteurs.

Chaque prêt ne peut être gardé plus d'un mois.

Les pensionnaires sont responsables des livres qui leur sont confiés ; ils doivent faire réparer ou remplacer à leurs frais ceux qu'ils auraient détériorés ou perdus.

Art. 37. — Les pensionnaires valides sont tenus de prendre leurs repas au réfectoire.

Le premier déjeuner a lieu à 8 heures ;

Le second déjeuner à 11 heures ;

Le dîner est servi à 6 heures.

Art. 38. — Les pensionnaires ne peuvent apporter au réfectoire ni papier, ni aucun objet propre à emporter des aliments.

Ils ne peuvent également emporter du réfectoire les objets destinés au service.

Art. 39. — Ceux qui viendraient tardivement ne peuvent, en ce qui concerne les aliments déjà distribués, réclamer la portion à laquelle ils avaient droit.

Art. 40. — Il est interdit de consommer au réfectoire des aliments autres que ceux fournis par la cuisine.

Art. 41. — Les pensionnaires nouvellement arrivés occupent au réfectoire la place que leur désigne le directeur; ils ne peuvent ensuite en changer qu'avec son consentement.

Art. 42. — Les pensionnaires doivent se tenir convenablement au réfectoire. Les hommes ne peuvent y garder leur chapeau; toute discussion y est formellement interdite.

En cas de désordre, le directeur peut faire sortir du réfectoire le pensionnaire qui en serait la cause.

Art. 43. — Les pensionnaires malades, ou dispensés par mesure spéciale de se rendre au réfectoire, sont tenus d'envoyer chercher leurs vivres une demi-heure avant l'heure des repas.

Art. 44. — L'entrée de la cuisine est formellement interdite aux pensionnaires; ceux-ci doivent s'adresser à la surveillante pour tout ce qui concerne le service.

Art. 45. — Il est interdit de fumer au réfectoire, au salon et à la bibliothèque.

Art. 46. — Le blanchissage du linge confié aux pensionnaires ne peut excéder 40 pièces par mois.

La buandière se présente tous les quinze jours chez chacun des pensionnaires; elle reçoit le linge sale et remet en échange le linge blanchi.

Le linge est inscrit sur un carnet dont le pensionnaire garde le double et qui est vérifié en présence de la buandière; celle-ci ne répond que des quantités qui lui sont réellement confiées.

Le jour où la buandière se présente dans les chambres étant indiqué d'avance par une affiche, les pensionnaires sont invités à se trouver chez eux sous peine de n'être point appelés à profiter du prochain blanchissage.

Il est interdit aux pensionnaires d'entrer dans la buanderie; ils doivent, pour toutes les réclamations concernant ce service, s'adresser à la surveillante qui en est chargée.

Art. 47. — Les pensionnaires ne peuvent avoir pour femmes de ménage que des personnes agréées par le directeur.

Ces femmes de service sont soumises à l'observation de toutes les règles d'ordre et de police intérieures prescrites dans l'établissement.

Elles doivent se conformer, en toutes circonstances, aux instructions qui leur sont données par le directeur de l'institution.

Art. 48. — Elles ne peuvent, en aucun cas, prendre de repas chez les pensionnaires; leur service doit être terminé chaque jour à 5 heures et elles doivent aussitôt quitter l'établissement.

Art. 49. — Dès qu'elles sont agréées par le directeur, elles donnent leurs noms et adresses à la surveillante de la cuisine et lui indiquent les pensionnaires au service desquels elles se trouvent attachées.

La surveillante de la cuisine est également prévenue de leur départ et des motifs qui ont pu y donner lieu; elle en rend compte au directeur.

Art. 50. — Toute femme de ménage contre laquelle s'élèvent des plaintes légitimes, ou qui tente d'emporter au dehors des aliments ou des objets appartenant à la maison, est immédiatement renvoyée.

Art. 51. — Les pensionnaires dont les infirmités exigeraient le service d'une garde-malade doivent s'adresser au directeur de l'établissement. Celui-ci transmet la demande, avec son avis et celui du médecin de l'institution, au Directeur de l'Administration qui statue.

Les frais de nourriture de cette garde-malade, son coucher, son entretien, sont à la charge du pensionnaire.

Art. 52. — Un médecin est attaché à l'établissement ; ses soins sont gratuits.

Toutefois, les pensionnaires ont le droit absolu d'appeler auprès d'eux, en cas de maladie, un médecin du dehors.

S'ils se font soigner par un médecin autre que celui de l'Administration, ils doivent rester dans leur chambre ; les visites et les frais de médicaments seront alors entièrement à leur charge.

Art. 53. — Les pensionnaires soignés par le médecin de la maison reçoivent gratuitement les médicaments.

Art. 54. — Si leur maladie devient grave, ils ont à leur disposition une infirmerie où ils reçoivent gratuitement tous les soins que nécessite leur état.

Il est interdit aux infirmiers et infirmières de recevoir aucune rétribution en aucun cas.

Ceux qui contreviendraient à cette prescription seraient passibles de peines disciplinaires.

Les pensionnaires peuvent, s'ils le préfèrent, rester chez eux, mais, dans ce cas, ils devront se pourvoir, à leurs frais, d'une garde-malade.

Section III. — Dispositions générales

Art. 55. — Tous les services sont placés sous la surveillance du directeur et c'est à lui que les pensionnaires doivent d'abord adresser leur réclamations.

Art. 56. — Ne pourront être maintenues dans l'établissement :

1° Les personnes qui, dans la déclaration écrite exigée par le paragraphe 2 de l'article 8 ci-dessus, auront dissimulé l'état réel de leurs ressources au moment de leur demande ;

2° Et celles qui, depuis cette époque, auront acquis, sans faire la déclaration prescrite par l'article 13 ci-dessus, des ressources suffisantes pour vivre en dehors de l'institution Sainte-Périne.

SAINTE-PÉRINE

Art. 57. — Dans les deux cas prévus à l'article précédent, l'Administration pourra exiger des personnes exclues de l'institution le remboursement intégral de toutes les dépenses qu'elles y auront occasionnées pendant leur séjour, y compris celle du loyer, évaluée à la somme de 300 francs.

24

Ces dépenses, autres que celle du loyer, seront calculées d'après les chiffres portés chaque année aux comptes de l'Administration; il sera fait déduction, à titre d'acompte, du montant de la pension versée annuellement dans la caisse de l'Administration.

Le remboursement de la différence restant due sera demandé, soit à compter du jour de l'admission, soit à partir de l'époque à laquelle les ressources nouvelles auraient été acquises par le pensionnaire.

ART. 58. — Aussitôt après le décès d'un pensionnaire, le directeur fait apposer les scellés sur les effets et objets mobiliers qui se trouvent dans le logement.

ART. 59. — Tous ces effets et objets mobiliers sont rendus à leurs héritiers.

Si ceux-ci ne se présentent pas dans les trois jours qui suivent le décès, les meubles sont transportés dans un magasin spécial, afin que l'Administration puisse disposer de la chambre, et les scellés provisoires sont remplacés par des scellés judiciaires.

ART. 60. — Tout pensionnaire contracte, par le fait seul de son entrée dans l'établissement, l'obligation de se conformer au présent règlement ainsi qu'à toutes les mesures d'ordre qui pourraient ultérieurement être adoptées par l'Administration.

RÈGLEMENTS DES FONDATIONS

LA RECONNAISSANCE

Seront admis de préférence les commis de grosses forges, les ouvriers forgerons, fondeurs, fendeurs, mineurs, bûcherons, cuiseurs de charbon, affineurs, marteleurs, chauffeurs, leurs aides, valets ou journaliers dans les forges.

A défaut de ceux-ci seront admis les armuriers, charpentiers, charrons, cloutiers, ciseleurs sur fer ou sur fonte, foreurs en métaux, mouleurs en cuivre ou fonte, polisseurs en cuivre ou fonte, forgerons en boutique, menuisiers, maréchaux, mécaniciens en métaux et bois, modeleurs en métaux et bois, taillandiers, tourneurs en métaux et bois, serruriers, scieurs et refendeurs de bois, ouvriers travaillant le fer, la fonte de fer, le cuivre.

Tout individu qui a été repris de justice ne peut être admis.

Toute personne admise s'engagera, par écrit, avant d'entrer dans l'hospice, à s'y conduire en honnête homme et à se conformer aux règles de la maison, consentant d'avance à en être renvoyée, pour n'y plus rentrer, si elle manquait à son engagement.

Pièces à produire pour obtenir l'inscription sur le registre d'attente :

1° Un acte de naissance, en bonne forme, constatant qu'on a 60 ans au moins;

2° Un livret indiquant la profession de l'ouvrier qui veut être admis.

De l'examen de cette pièce, il devra ressortir que l'ouvrier a exercé, pendant 5 ans au moins, et comme dernière profession, celle qui motive son admission. Les signatures doivent être certifiées véritables, soit par le maire, soit par le juge de paix, soit par le commissaire de police.

Les signatures des maires, juges de paix ou commissaires de police des départements autres que celui de la Seine seront, en outre, légalisées, soit par le préfet, soit par le sous-préfet, soit par le président du tribunal.

3° Un certificat du bureau de bienfaisance ou du maire de la commune, constatant l'indigence absolue, le défaut de toute ressource de l'ouvrier, et qu'il n'a point de de parents, aux degrés fixés par la loi, qui puissent pourvoir à son existence.

Cette pièce sera légalisée dans la même forme que la précédente.

Tout admis qui sera reconnu, postérieurement à son admission, avoir des moyens d'existence, pourra être rayé temporairement ou définitivement, et sa place sera donnée au premier inscrit sur le registre d'attente.

4° Un certificat de bonnes vie et mœurs, délivré, soit par le maire, soit par le commissaire de police, dont la signature sera légalisée dans la même forme que pour les deux pièces précédentes.

L'inscription sur le registre d'attente ne pourra être faite que sur la production des quatre pièces ci-dessus désignées.

Une fois celle-ci prononcée, les papiers déposés seront restitués au postulant avec un bulletin constatant le numéro et la date d'inscription.

DEVILLAS

La fondation Devillas, installée dans les dépendances de la maison de retraite des Ménages, est destinée à recevoir des vieillards indigents des deux sexes.

Elle comporte 68 lits, dont 34 d'hommes et 34 de femmes.

55 de ces lits (28 d'hommes, 27 de femmes) sont à la nomination des bureaux de bienfaisance de Paris, appelés à tour de rôle à désigner des candidats.

Les 13 autres lits sont à la nomination du Consistoire protestant de Paris.

Les vieillards qui sollicitent leur admission dans la fondation doivent justifier :

1° Qu'ils sont âgés de 70 ans accomplis et, de plus, atteints d'infirmités incurables ; 2° qu'ils sont domiciliés à Paris et inscrits sur les contrôles de l'un des bureaux de bienfaisance.

Les demandes doivent être adressées, soit aux bureaux de bienfaisance, soit au Consistoire protestant.

CHARDON - LAGACHE

ARTICLE PREMIER. — La maison de retraite Chardon-Lagache contient 150 lits, répartis de la manière suivante :

Chambres d'époux (24), soit.	48 lits
Chambres pour veufs, veuves ou célibataires	16 —
Dortoirs pour les hommes.	32 —
Dortoirs pour les femmes.	54 —
Total	150 lits

ART. 2. — Sur les 150 lits, les fondateurs ont attribué 24 lits aux arrondissements et paroisses ci-après désignés :

1° 2 lits (1 d'homme et 1 de femme) au bureau de bienfaisance du 16e arrondissement ;

2° 2 lits (1 d'homme et 1 de femme) à M. le curé de l'église de Notre-Dame d'Auteuil ;

3° 10 lits aux bureaux de bienfaisance des 5e, 13e, 14e, 15e et 20e arrondissements, soit 2 lits (1 d'homme et 1 de femme) pour chacun de ces arrondissements ;

4° 10 lits aux curés des paroisses Sainte-Marguerite (11ᵉ arrondissement), Saint-Jean-Baptiste (19ᵉ arrondissement), Saint-Bernard (18ᵉ arrondissement), Notre-Dame-de-Bercy (12ᵉ arrondissement) et Saint-Merri (4ᵉ arrondissement), soit 2 lits (1 d'homme et 1 de femme) pour chacune de ces paroisses.

Art. 3. — Les admissions pour les 126 lits restants sont prononcées par le Directeur de l'Administration, dans l'ordre suivant : 1 tour d'octogénaires ; 1 tour d'ancienneté pour les candidats âgés de plus de 70 ans ; 1 tour de choix, c'est-à-dire que, sur trois vacances, une admission est accordée au plus ancien octogénaire inscrit, la deuxième à l'expectant âgé de 70 ans accomplis, le plus anciennement inscrit, et la troisième au choix.

Mode et conditions générales d'admission

Art. 4. — La maison de retraite Chardon-Lagache reçoit des époux en ménage, des veufs ou veuves, et des célibataires, de bonnes vie et mœurs, âgés au moins de 60 ans. Les époux doivent être mariés au moins depuis 5 années. Les personnes atteintes d'infirmités incurables ne peuvent être admises que dans les dortoirs, et seulement s'il y a des lits vacants dans les salles qui leur sont spécialement affectées.

Art. 5. — Les personnes qui désirent être admises dans cette maison doivent adresser leur demande au Directeur de l'Administration générale de l'Assistance publique. Les candidats devront offrir, par l'examen de leur passé, les garanties de probité et de conduite exemplaire.

Art. 6. — Nul n'est admis dans la maison Chardon-Lagache, s'il n'a été constaté par le médecin de l'établissement qu'il n'est atteint d'aucune des maladies ou infirmités qui peuvent faire obstacle à son admission. Ces maladies ou infirmités sont : l'épilepsie, la paralysie, la folie ou l'idiotie, le cancer et certaines maladies contagieuses ou rebutantes. Ceux des pensionnaires, qui, après leur admission, contracteraient une maladie d'exclusion, devront quitter l'établissement.

Mᵐᵉ CHARDON

Art. 7. — Toute admission ne peut être faite que moyennant finance.

Admissions en chambres particulières

Art. 8. — Les admissions en chambres ne peuvent être prononcées qu'au profit des personnes valides : époux en ménage, veufs ou veuves, et célibataires.

Art. 9. — Les époux en ménage doivent produire, à l'appui de leur demande, les pièces suivantes : 1° l'acte de naissance de chacun des deux époux ; 2° leur acte de mariage ; 3° un certificat du maire de l'arrondissement ou de la commune constatant que les deux époux habitent ensemble le département de la Seine depuis plus de 2 ans, qu'ils sont de bonnes vie et mœurs, et qu'ils n'ont pas assez de ressources pour suffire à leurs besoins.

Art. 10. — L'Administration, avant d'accueillir la demande qui lui est adressée, examine attentivement la situation des postulants, ainsi que celles des personnes qui peuvent être tenues, aux termes de la loi, de leur fournir des aliments.

Art. 11. — Les veufs ou veuves doivent joindre à leur demande : 1° leur acte de naissance ; 2° leur acte de mariage ; 3° l'acte de décès de l'époux prédécédé ; 4° un certificat du maire, délivré dans la forme de celui qui est exigé pour les époux en ménage.

Art. 12. — Les célibataires sont tenus pareillement de produire : 1° leur acte de naissance ; 2° un certificat du maire, délivré dans la même forme que celui dont il est fait mention ci-dessus.

L'Administration procède, à l'égard des veufs ou veuves et célibataires, à la même enquête que pour les époux en ménage.

Art. 13. — Les époux en ménage, les veufs ou veuves, et les célibataires placés en chambres particulières doivent, en entrant, fournir un mobilier composé ainsi qu'il suit : 1 lit en fer, 1 sommier élastique ; 2 matelas ; 1 traversin ; 2 oreillers ; 2 couvertures de laine ; 4 draps de toile ; 2 chaises ; 1 table ; 1 commode ou buffet. Le tout en bon état.

Art. 14. — Chaque époux en ménage, veuf ou veuve, et célibataire, admis en chambre particulière, recevra les prestations suivantes : 5 francs en argent tous les 10 jours ; 55 décagrammes de pain par jour aux hommes, 50 aux femmes ; 30 centilitres de vin par jour ; 50 décagrammes de viande crue le samedi de chaque semaine ; 2 stères de bois par an pour chacun des époux admis dans une chambre de ménage ; 3 stères de bois par an pour les pensionnaires en chambre à une place ; 4 hectolitres de charbon de bois par an pour chacun ; le bois pourra être remplacé par du charbon de terre, à raison de 400 kilogrammes pour un stère.

Art. 15. — Les pensionnaires des chambres particulières sont tenus de pourvoir personnellement à l'achat et à l'entretien de leur linge. Le blanchissage de ce linge est seul à la charge de la maison.

Admissions en dortoirs

Art. 16. — Les admissions dans les dortoirs ne peuvent être autorisées que pour des veufs ou veuves et pour des célibataires.

Art. 17. — Les conditions à remplir pour obtenir l'admission en dortoirs sont les mêmes que celles qui ont été indiquées ci-dessus pour les personnes qui sollicitent leur admission en chambres particulières.

Art. 18. — Ceux qui sont admis dans les dortoirs versent dans la caisse de l'Administration, et, en dehors de la pension, une somme de 200 francs, une fois donnée, comme valeur représentative du mobilier et du coucher que la fondation leur fournira.

Art. 19. — Ils n'ont droit à aucune prestation particulière, soit en nature, soit en argent ; ils sont tenus de prendre leurs repas dans les réfectoires communs, hors le cas de maladie ou d'infirmité qui ne leur permettrait pas de s'y rendre.

Cette impossibilité devra, dans tous les cas, être constatée par le médecin de l'établissement.

Art. 20. — L'établissement fournit le linge aux administrés placés en dortoirs. Il est également chargé de l'entretien et du blanchissage de ce linge.

L'établissement ne pourvoit, dans aucun cas, à l'habillement des administrés.

Payement du prix de l'admission

Art. 21. — Le prix de l'admission dû par les administrés de toute catégorie doit être acquitté au moyen du payement d'une pension annuelle.

Le taux de cette pension est fixé à 500 francs pour les administrés en dortoirs, à 700 francs pour les veufs, veuves ou célibataires placés en chambres particulières, et à 1.300 francs pour les deux époux occupant des chambres de ménage, le survivant des deux devant payer la pension de 700 francs (voir l'article 27).

Art. 22. — Le payement de la pension doit être acquitté, par trimestre et d'avance, entre les mains du receveur de l'Administration de l'Assistance publique, à partir du jour de l'entrée dans l'établissement, sauf le versement ultérieur de la somme nécessaire pour compléter le trimestre suivant, de façon à faire partir l'échéance du 1er janvier, du 1er avril, du 1er juillet ou du 1er octobre.

Art. 23. — Le payement de la pension devra être garanti par le dépôt dans la caisse de l'Assistance publique, soit d'un titre de rente viagère ou perpétuelle, ou de créance sur l'État, les départements, les communes, les administrations publiques, soit des obligations de chemins de fer garanties par l'État.

Les valeurs exigées pour servir de garantie du payement de la pension ne pourront être déposées dans la caisse du receveur que sous la forme dite nominative.

Art. 24. — Le Directeur de l'Administration de l'Assistance publique aura seul l'appréciation des garanties qui lui seront offertes.

Régime intérieur

Art. 25. — Les pensionnaires malades sont visités par le médecin de l'établissement et soignés, aux frais de la fondation, dans une infirmerie.

Art. 26. — Les pensionnaires placés en chambres particulières qui sont traités à l'infirmerie, ou ceux qui partent en congé, ne reçoivent aucune prestation particulière, ni en argent, ni en nature, pendant leur maladie ou pendant leur absence.

Art. 27. — Lorsque l'un des époux en ménage vient à décéder, le conjoint survivant ne peut continuer à occuper une chambre particulière de ménage. Si le survivant est un homme, il devra passer dans les dortoirs, sa pension devant être ramenée au taux de 500 francs. Les femmes seules, devenues veuves dans une chambre d'époux, seront appelées à bénéficier de l'admission en chambre particulière ; les administrées de cette catégorie seront tenues de payer leur pension au taux de 700 francs par an.

Art. 28. — L'Administration fera passer également dans les dortoirs tout pensionnaire qui est atteint d'infirmités exigeant des soins particuliers, ou qui ne pourrait être maintenu dans sa chambre sans danger pour la sécurité de l'établissement ou pour sa sûreté personnelle.

Il sera, dans ce cas, dispensé de payer la somme de 200 francs exigée des pensionnaires admis dans les dortoirs, au moment de leur entrée ; mais le mobilier réglementaire restera la propriété de l'établissement.

Sa pension sera d'ailleurs ramenée au taux de 500 francs.

Art. 29. — Les veufs, veuves ou célibataires occupant des chambres, qui ne pourraient préparer eux-mêmes leurs aliments, pourront être autorisés, en renonçant aux prestations à ce destinées, à prendre leurs repas au réfectoire, comme les pensionnaires en dortoirs, à la condition de payer la différence du prix de revient, telle qu'elle sera fixée, chaque année, d'après le dernier compte de la fondation.

Dispositions générales

Art. 30. — Toutes les personnes admises à la maison Chardon-Lagache sont soumises aux règlements de police de la maison, faits ou à faire.

Art. 31. — Les administrés qui ne pourraient payer régulièrement leur pension aux échéances ci-dessus indiquées doivent quitter immédiatement la maison.

Art. 32. — L'Administration se réserve le droit de renvoyer de la maison ceux des pensionnaires qui ne se conformeraient pas aux règlements, ou qui, par leur conduite, seraient une cause de désordre ou de scandale.

Art. 33. — Ne pourront pareillement être maintenues dans l'établissement les personnes qui auraient dissimulé, lors de l'enquête, l'état réel de leurs ressources ou qui, depuis leur admission, auraient acquis des ressources suffisantes pour vivre en dehors de l'établissement.

Art. 34. — En cas de décès, les parents ou héritiers du défunt n'ont droit à aucune restitution des arrérages de la pension versée d'avance, à quelque époque que le décès ait ou eu lieu.

Art. 35. — Les effets mobiliers, laissés après décès, par les personnes admises dans la maison Chardon-Lagache, ainsi que les bijoux ou deniers comptants qui leur auront appartenu, ne seront pas rendus aux héritiers et deviendront la propriété de l'établissement, afin d'être utilisés au profit de la fondation.

GALIGNANI

Section première. — § 1. Dispositions générales

Article premier. — La maison de retraite Galignani contient 100 lits, réservés à des personnes, hommes ou femmes, âgées de 60 ans révolus, de nationalité française, mariées, veuves ou célibataires, et remplissant certaines conditions dont il sera parlé plus loin.

Art. 2. — Nul ne pourra être admis à la maison Galignani s'il n'a été constaté par les médecins du Bureau central qu'il n'est atteint d'aucune maladie ou infirmité pouvant présenter des inconvénients au point de vue de la vie commune.

Ces maladies ou infirmités sont : l'épilepsie, la folie ou l'idiotie, le cancer, et toute autre affection présentant un caractère contagieux ou un aspect repoussant.

Art. 3. — Sur les 100 lits que comprend la maison, 50 sont réservés à des personnes qui, sans avoir des ressources suffisantes pour vivre, peuvent néanmoins payer la pension, dont le taux est indiqué à l'article 15.

Les 50 autres lits sont gratuits.

Art. 4. — Les pensionnaires, à quelque titre qu'ils aient été admis, ont le même régime alimentaire et prennent leurs repas aux mêmes heures, dans le même local.

ART. 5. — Ils sont logés en chambres particulières. Lorsque deux époux auront été admis, ils auront droit à deux chambres, autant que possible contiguës.

§ 2. Des admissions gratuites

ART. 6. — Aux termes du testament du fondateur, les 50 lits gratuits doivent être exclusivement attribués à des personnes rentrant, au point de vue de la situation sociale, dans une des trois catégories indiquées ci-dessous :

1° Anciens libraires ou imprimeurs français, leurs veuves ou leurs filles 10 lits.
2° Savants français, leurs pères ou leurs mères, leurs veuves ou leurs filles 20 —
3° Hommes de lettres ou artistes français, leurs pères ou leurs mères. 20 —

Total . . . . 50 lits.

ART. 7. — Les personnes qui désirent entrer gratuitement à la maison Galignani doivent adresser leur demande :

Pour la première catégorie, à M. le Président du Cercle de l'imprimerie et de la librairie, dont le siège est actuellement, 117, boulevard Saint-Germain ;

WILLIAM GALIGNANI

Pour la deuxième catégorie, à M. le Président de la Société de secours des Amis des sciences, ayant son siège actuel, 79, boulevard Saint-Germain, à la librairie Hachette ;

Pour la troisième catégorie, à M. le Secrétaire perpétuel, soit de l'Académie française, soit de l'Académie des beaux-arts, selon la profession des postulants.

ART. 8. — Chaque demande doit être appuyée des pièces suivantes : 1° l'acte ou le bulletin de naissance du candidat ; 2° un certificat de bonnes vie et mœurs délivré par les autorités municipales ; 3° un extrait du casier judiciaire.

ART. 9. — Les demandes ainsi produites sont renvoyées, si elles sont agréées, par les Sociétés ou Compagnies ayant droit de présentation, à M. le Directeur de l'Administration générale de l'Assistance publique, qui peut les rejeter si les personnes présentées ne remplissent pas les conditions prévues par le fondateur et le règlement.

ART. 10. — Lorsqu'un pétitionnaire admis gratuitement sera, par suite d'un changement survenu dans sa position, reconnu en état de payer la pension réglementaire, celle-ci sera immédiatement exigible. En cas de refus de payement, la sortie sera aussitôt prononcée.

ART. 11. — Les pensionnaires admis gratuitement n'ont pas de mobilier à fournir ; ils sont chauffés, éclairés et blanchis. Ils doivent avoir une tenue convenable. Il est ouvert à chacun d'eux un crédit maximum de 120 francs par an dans un magasin de confections désigné par l'Administration.

§ 3. Des admissions payantes

ART. 12. — Les personnes qui désirent entrer, moyennant payement, à la maison Galignani, doivent adresser leur demande à M. le Directeur de l'Assistance publique. 3, avenue Victoria, et produire à l'appui les pièces indiquées à l'article 8.

ART. 13. — L'Administration, s'inspirant des intentions du fondateur, choisit de préférence, pour occuper les chambres payantes, des personnes se trouvant dans les conditions professionnelles exigées pour les chambres gratuites.

ART. 14. — Les admissions sont prononcées par le Directeur de l'Administration, moitié dans l'ordre des inscriptions, moitié au choix, en tenant compte de l'âge et des infirmités. Toutefois, un tour de faveur sur deux est réservé aux octogénaires, c'est-à-dire que sur trois vacances une admission est accordée au plus ancien octogénaire inscrit, la seconde à l'expectant le plus anciennement inscrit, et la troisième au choix.

Elles ne peuvent avoir lieu que sur la production d'un certificat délivré par un médecin du Bureau central d'admission dans les hôpitaux, et constatant, ainsi qu'il est dit à l'article 2, que l'état présent de santé de la personne inscrite n'est pas de nature à mettre obstacle à son entrée dans l'établissement.

ART. 15. — Le prix de la pension annuelle est fixé à 500 francs.

Cette pension se paye par semestre et d'avance, à partir du jour de l'entrée dans la maison. Tout semestre commencé est définitivement acquis à l'Administration.

ART. 16. — Comme garantie du payement de cette pension, il sera déposé entre les mains du receveur de l'Assistance publique, soit un titre de rente ou de créance sur l'État, les départements, les communes, les administrations publiques, soit d'obligations garanties par l'État.

ANTOINE GALIGNANI

ART. 17. — Les candidats devront en outre, pour obtenir leur inscription, justifier qu'ils peuvent subvenir à leurs frais d'entretien, de chauffage et d'éclairage. Ces frais sont évalués à environ 200 francs par an.

ART. 18. — Les personnes admises moyennant payement de la pension doivent fournir un mobilier composé de : 1 couchette ; 1 sommier élastique ; 2 matelas ; 1 traversin ; 1 oreiller ; 2 couvertures de laine ; 3 paires de draps ; 1 douzaine de serviettes ; 2 chaises ; 1 table ; 1 commode ou 1 armoire ; 1 table de nuit.

En cas de décès du pensionnaire, ce mobilier reste acquis à la fondation.

L'Administration se réserve le droit de refuser tout mobilier qui ne serait pas suffisamment propre. Dans ce cas, elle fournit un ameublement semblable à celui qui est

25

alloué aux personnes admises gratuitement, mais le pensionnaire devra payer, pour la valeur représentative de cet ameublement, une somme annuelle de 50 francs, dont le versement sera effectué par semestre en même temps que la pension réglementaire.

Section II.— Service intérieur

Art. 19. — Tous les services sont placés sous la surveillance du directeur de l'établissement ; c'est lui qui est chargé de veiller à l'exécution du présent règlement.

Art. 20. — Les pensionnaires doivent tenir leur chambre avec la plus grande propreté.

Art. 21. — Ils ne peuvent entretenir d'animaux dans leur logement ou dans les dépendances. Il est formellement défendu de poser sur les fenêtres des pots ou des vases de fleurs.

Art. 22. — Les pensionnaires doivent s'abstenir, même dans leur chambre, de toute occupation susceptible d'occasionner du bruit ou d'incommoder leurs voisins.

Art. 23. — Ils ne peuvent refuser au directeur l'entrée de leur logement toutes les fois qu'il en fait la demande dans l'intérêt de l'ordre et du service.

Art. 24. — Les pensionnaires peuvent sortir tous les jours, à partir de 6 heures du matin, du 1er avril au 31 octobre, et à partir de 7 heures du matin, du 1er novembre au 31 mars. Ils doivent être rentrés à 10 heures précises du soir, sauf autorisation du directeur de l'établissement.

Toutefois il est fait exception pour les pensionnaires qui seraient reconnus ne pouvoir, en raison de leurs infirmités, sortir seuls sans danger.

Art. 25. — Les visites sont autorisées chaque jour, de 1 heure à 5 heures. L'Administration se réserve le droit de refuser l'entrée de l'établissement aux personnes étrangères dont la présence pourrait donner lieu à quelque trouble.

Il est absolument interdit aux visiteurs d'introduire des animaux dans la maison.

Art. 26. — Toute personne sortant avec un paquet ou un panier doit le faire visiter par le concierge.

Art. 27. — Nulle personne étrangère à l'établissement ne peut rester après la fermeture des portes.

Art. 28. — Les pensionnaires ne doivent pas découcher sans en avoir prévenu le directeur et sans lui avoir indiqué le nom et l'adresse d'une personne qui puisse, au besoin, donner de leurs nouvelles.

Art. 29. — Des congés temporaires peuvent être accordés aux pensionnaires sur demande adressée par écrit au directeur de l'établissement. Les demandes de congé sont transmises au Directeur de l'Assistance publique, qui statue sur la suite à donner.

Les pensionnaires ne peuvent obtenir plus de trois mois de congé dans l'année.

Art. 30. — Les pensionnaires sont tenus de prendre leurs repas au réfectoire.

Le premier déjeuner a lieu à 8 heures ; le second à 11 heures 1/2 ; le dîner est servi à 6 heures.

Art. 31. — Les pensionnaires ne peuvent apporter au réfectoire ni papier, ni aucun objet propre à emporter des aliments.

Ils ne peuvent également emporter du réfectoire les objets destinés au service.

Art. 32. — Ceux qui viendraient tardivement ne peuvent, en ce qui concerne les aliments déjà distribués, réclamer la portion à laquelle ils auraient eu droit.

Art. 33. — Il est interdit de consommer au réfectoire des aliments autres que ceux fournis par la cuisine.

Art. 34. — Les pensionnaires nouvellement arrivés occupent la place que leur désigne le directeur ; ils ne peuvent ensuite en changer qu'avec son consentement.

Art. 35. — Les pensionnaires doivent se tenir convenablement au réfectoire. Les hommes ne peuvent y garder leur chapeau. Toute discussion y est formellement interdite.

En cas de désordre, le directeur peut faire sortir du réfectoire le pensionnaire qui en serait la cause.

Art. 36. — L'entrée de la cuisine est absolument interdite aux pensionnaires.

Art. 37. — Les pensionnaires ont la jouissance en commun du salon et de la bibliothèque.

Le salon est ouvert tous les jours, de 1 heure à 10 heures du soir.

Art. 38. — La bibliothèque est ouverte tous les jours, de

LE RÉFECTOIRE

1 heure à 9 heures du soir. Il est permis aux pensionnaires d'emporter deux volumes, dont le bibliothécaire fait inscription sur le compte ouvert à cet effet au nom des emprunteurs. Les volumes ainsi prêtés ne peuvent être gardés plus d'un mois.

Ces prêts de livres ont lieu trois fois par semaine, le mardi, le jeudi et le samedi, de 1 heure à 4 heures.

Les pensionnaires sont responsables des volumes qui leur sont confiés.

Ils doivent faire réparer ou remplacer à leurs frais ceux qu'ils auraient détériorés ou perdus.

Art. 39. — Il est interdit de fumer au réfectoire, au salon et à la bibliothèque.

Art. 40. — Un médecin est attaché à l'établissement ; il visite les malades, soit à l'infirmerie, soit dans leurs chambres.

Art. 41. — Quand la maladie devient grave, les pensionnaires sont tenus de se rendre à l'infirmerie.

Section III.— Dispositions particulières

Art. 42. — En ce qui concerne les personnes admises gratuitement, les biens meubles laissés par elles après leur décès appartiendront à la fondation. En ce qui concerne les payants, l'Administration n'aura droit qu'aux meubles et aux effets personnels, non compris les bijoux.

Toutefois les pensionnaires admis gratuitement ou moyennant pension, qui garniraient leur chambre d'un mobilier leur appartenant, conserveront la faculté de disposer dudit mobilier en faveur de leurs héritiers, à la condition de verser une somme annuelle de 50 francs payable par semestre.

Un délai de six mois à compter du jour de leur admission leur est accordé pour déclarer qu'ils entendent bénéficier de cette disposition et effectuer le premier versement semestriel de 25 francs. Passé ce délai, ils ne pourraient être admis par la suite à se prévaloir de cette faculté qu'à la condition expresse de verser le montant intégral des annuités échues depuis le jour de leur admission.

Un inventaire du mobilier apporté par le pensionnaire sera dressé au moment de son entrée.

Art. 43. — Quand un pensionnaire aura volontairement quitté l'établissement sans congé régulier, il sera rayé de l'effectif de la population ; il ne pourra obtenir sa réintégration que sur une nouvelle demande suivie d'enquête

Art. 44. — Les pensionnaires prennent, en entrant à la maison Galignani, l'engagement de se conformer au présent règlement.

Ceux qui refuseraient de s'y soumettre, ou donneraient des motifs graves de mécontentement, peuvent être exclus par décision de l'Administration.

ROSSINI

Section première. — Conditions d'admission

Article premier. — La maison de retraite Rossini est destinée à recevoir des artistes chanteurs, italiens et français, âgés ou infirmes, des deux sexes. Les artistes italiens devront avoir exercé leur profession en France.

Art. 2. — Le nombre de lits est réparti également entre les hommes et les femmes.

Art. 3. — Pour y être admis, il faut être âgé de 60 ans révolus ou avoir des infirmités incurables.

Dans ce dernier cas, l'état d'incurabilité devra être certifié par un médecin du Bureau central d'admission dans les hôpitaux.

Art. 4. — Ne pourront être admises les personnes atteintes d'aliénation mentale, d'épilepsie, de cancer et de toute autre maladie contagieuse ou rebutante.

Art. 5. — Les demandes d'admission doivent être adressées au Directeur de l'Administration générale de l'Assistance publique, avenue Victoria, n° 3, avec indication de l'âge, de la nationalité et du domicile du postulant.

Art. 6. — Ce dernier doit, en outre, joindre à l'appui de sa demande les pièces suivantes : 1° son acte de naissance ; 2° un certificat de bonnes vie et mœurs, délivré par les autorités de la localité qu'il habite, et un extrait de son casier judiciaire ; 3° toutes pièces et tous documents de nature à établir sa qualité d'artiste chanteur.

Les admissions sont prononcées par le Directeur de l'Administration, moitié dans l'ordre d'inscription, moitié au choix, en tenant compte de l'âge et des infirmités ; toutefois, un tour de faveur sur deux est réservé aux octogénaires, c'est-à-dire que, sur trois vacances, une admission est accordée au plus ancien octogénaire inscrit, la seconde à l'expectant le plus anciennement inscrit et la troisième au choix.

Section II. — Service intérieur

Art. 7. — Tous les services sont placés sous la surveillance du directeur de la maison ; c'est lui qui est chargé de veiller à l'exécution du présent règlement.

Art. 8. — Les pensionnaires de la maison Rossini sont logés en chambres séparées. Ils doivent les tenir avec la plus grande propreté.

Art. 9. — Aucun pensionnaire ne peut entretenir d'animaux dans son logement ou ses dépendances. Il est formellement défendu de poser sur les fenêtres des pots ou des vases de fleurs.

Art. 10. — Les pensionnaires doivent s'abstenir, même dans leurs chambres, de toute occupation susceptible d'occasionner du trouble ou du bruit, ou d'incommoder leurs voisins.

Art. 11. — Ils ne peuvent refuser au directeur l'entrée de leurs chambres, toutes les fois qu'il en fait la demande, dans l'intérêt de l'ordre et du service.

Art. 12. — Les pensionnaires peuvent sortir tous les jours, à partir de 6 heures du matin du 1er avril au 31 octobre, et à partir de 7 heures du matin du 1er novembre au 31 mars. Ils doivent être rentrés à 10 heures précises du soir, sauf autorisation du directeur de l'établissement. Toutefois, il est fait exception pour les pensionnaires qui seraient reconnus ne pouvoir, en raison de leurs infirmités, sortir seuls sans danger.

Art. 13. — Les visites sont autorisées, chaque jour, de 1 heure à 5 heures. L'Administration se réserve

Mme ROSSINI

le droit de refuser l'entrée de l'établissement aux personnes étrangères dont la présence pourrait donner lieu à quelque trouble. Il est absolument interdit aux visiteurs d'introduire des animaux dans la maison.

Art. 14. — Toute personne sortant un paquet ou un panier doit le faire visiter par le concierge.

Art. 15. — Nulle personne étrangère à l'établissement n'y peut rester après la fermeture des portes.

Art. 16. — Les pensionnaires ne doivent pas découcher sans en avoir prévenu le directeur et sans lui avoir indiqué le nom et l'adresse d'une personne qui puisse, au besoin, donner de leurs nouvelles.

Art. 17. — Des congés temporaires peuvent être accordés aux pensionnaires sur demande adressée par écrit au directeur de l'établissement. — Les demandes de congé sont transmises au Directeur de l'Assistance publique, qui statue sur la suite à donner. Les pensionnaires ne peuvent obtenir plus de trois mois de congé dans l'année.

Art. 18. — Les pensionnaires valides sont tenus de prendre leurs repas au réfectoire.

Le premier déjeuner a lieu à 8 heures ; le second déjeuner à 11 h. 1/2 ; le dîner est servi à 6 heures.

Art. 19. — Les pensionnaires ne peuvent apporter au réfectoire ni papier, ni aucun objet propre à emporter des aliments. Ils ne peuvent également emporter du réfectoire les objets destinés au service.

Art. 20. — Ceux qui viendraient tardivement ne peuvent, en ce qui concerne les aliments déjà distribués, réclamer la portion à laquelle ils auraient eu droit.

Art. 21. — Il est interdit de consommer au réfectoire des aliments autres que ceux fournis par la cuisine.

Art. 22. — Les pensionnaires nouvellement arrivés occupent au réfectoire la place que leur désigne le directeur ; ils ne peuvent ensuite en changer qu'avec son consentement.

Art. 23. — Les pensionnaires doivent se tenir convenablement au réfectoire. Les hommes ne peuvent y garder leur chapeau ; toute discussion y est formellement interdite. En cas de désordre, le directeur peut faire sortir du réfectoire le pensionnaire qui en serait la cause.

Art. 24. — L'entrée de la cuisine est formellement interdite aux pensionnaires.

Art. 25. — Les pensionnaires ont la jouissance en commun du salon de réunion et du fumoir. Ces localités sont ouvertes tous les jours, de 1 heure à 10 heures du soir.

Art. 26. — La bibliothèque est ouverte tous les jours, de 1 heure à 9 heures du soir. Il est permis aux pensionnaires d'emporter dans leurs chambres deux volumes, dont le bibliothécaire fait inscription sur le compte ouvert à cet effet au nom des emprunteurs. Les volumes ainsi prêtés ne peuvent être gardés plus d'un mois.

Ces prêts de livres ont lieu trois fois par semaine : le mardi, le jeudi et le samedi, de 1 heure à 4 heures.

Les pensionnaires sont responsables des volumes qui leur sont confiés. Ils doivent faire réparer ou remplacer à leurs frais ceux qu'ils auraient détériorés ou perdus.

Art. 27. — Il est interdit de fumer au réfectoire, au salon et à la bibliothèque.

Art. 28. — Un médecin est attaché à l'établissement : il visite les malades à l'infirmerie.

Art. 29. — Quand la maladie devient grave, les pensionnaires sont tenus de se rendre à l'infirmerie, où ils reçoivent les soins que nécessite leur état.

Section III. — Dispositions générales

Art. 30. — Les pensionnaires doivent avoir une tenue convenable. Il est ouvert à chacun d'eux un crédit maximum de 120 francs par an dans un magasin de confections désigné par l'Administration.

Art. 31. — Tout pensionnaire qui apporte avec lui des objets mobiliers est tenu, au moment de son entrée dans l'établissement, de les faire reconnaître par le directeur, qui en dresse immédiatement l'inventaire.

Art. 32. — Tous les biens meubles laissés après décès par les personnes admises dans la maison Rossini deviennent la propriété de l'Administration, pour être affectés à la fondation.

Art. 33. — Quand un pensionnaire aura volontairement quitté l'établissement sans congé régulier, il sera défalqué de l'effectif de la population ; il ne pourra obtenir sa réintégration que sur une nouvelle demande suivie d'enquête.

Art. 34. — L'Administration prononce également le renvoi immédiat des personnes qui auraient dissimulé, lors de l'enquête, l'état réel de leurs ressources. Celles qui, depuis leur admission, auraient acquis des moyens suffisants d'existence cesseront d'être pensionnaires, après décision du Directeur de l'Administration.

Art. 35. — Les pensionnaires prennent l'engagement, en entrant à la maison de retraite Rossini, de se conformer au règlement. Ceux qui refuseraient de s'y soumettre ou donneraient des motifs graves de mécontentement peuvent être exclus par décision du Directeur de l'Administration.

DHEUR

§ 1. Dispositions générales

ARTICLE PREMIER. — L'hospice Dheur est destiné à recevoir les vieillards pauvres des deux sexes, appartenant aux quartiers du Val-de-Grâce ou du Jardin-des-Plantes, mariés, veufs ou célibataires, et remplissant certaines conditions dont il sera parlé plus loin.

Art. 2. — Il comprend 40 lits de dortoir et 10 chambres de ménage.

Art. 3. — Provisoirement et jusqu'à ce que la fondation Dheur ait des ressources suffisantes pour entretenir 60 pensionnaires gratuits, 12 lits sont réservés à des vieillards qui, sans avoir de ressources suffisantes pour vivre, peuvent néanmoins payer une pension annuelle. Le taux de cette pension est indiqué à l'article 14 du présent règlement.

Art. 4. — Les pensionnaires, à quelque titre qu'ils aient été admis, ont le même régime alimentaire et prennent leurs repas aux mêmes heures et dans le même réfectoire.

§ 2. Admissions gratuites

Art. 5. — Pour être admis gratuitement en dortoir, il faut être âgé de 65 ans révolus. Pour les époux qui veulent entrer en chambre, l'âge minimum d'admission est de 60 ans. Il faut, en outre, n'être atteint d'aucune affection contagieuse ou présentant un aspect repoussant.

Art. 6. — Les candidats doivent, en outre, par rapport à la naissance et au domicile, remplir une des cinq conditions ci-après, les admissibles étant choisis de préférence dans les deux premières catégories, ainsi qu'il est expliqué à l'article 9 du présent règlement :

1° Être nés, soit dans le quartier du Jardin-des-Plantes, soit dans celui du Val-de-Grâce, et y habiter ;

2° Être nés à Paris et habiter depuis 10 ans au moins l'un de ces deux quartiers, ou dans l'un et dans l'autre, sans interruption de résidence ;

3° Être nés dans le quartier du Jardin-des-Plantes ou du Val-de-Grâce et habiter Paris, de préférence la rive gauche ;

4° Être nés dans l'un des deux quartiers gratifiés et habiter le département de la Seine ;

5° Être nés dans l'un de ces deux mêmes quartiers et habiter la province.

Pourront être également admis les indigents habitant, sans interruption, ces mêmes quartiers depuis au moins 10 ans, quel que soit le lieu de leur naissance.

Art. 7. — Les pièces à produire par les personnes qui désirent entrer gratuitement à l'hospice Dheur sont :

1° L'acte ou le bulletin de naissance ;

2° Un certificat de domicile, délivré soit par le maire de l'arrondissement pour les candidats qui habitent Paris, soit par le maire de la commune pour les candidats habitant les départements. — Ce certificat devra, en outre, indiquer la durée de la résidence dans les quartiers du Val-de-Grâce et du Jardin-des-Plantes, pour les personnes appartenant à la deuxième catégorie ;

3° Un certificat de bonnes vie et mœurs, délivré par le maire ;

4° Un certificat, également délivré par le maire, constatant l'indigence ;

5° Pour les époux demandant leur admission en chambre, l'acte ou le certificat de mariage.

Art. 8. — Les pièces indiquées ci-dessus devront être adressées, avec la demande d'admission, à M. le Directeur de l'Administration générale de l'Assistance publique, 3, avenue Victoria, à Paris. Une enquête sera faite par les soins de cette Administration, et, si elle établit que le postulant remplit les conditions d'âge, de naissance, de domicile, d'indigence et de moralité requises, celui-ci sera inscrit comme expectant sur un registre dressé à cet effet.

Au moment de son inscription, les pièces qu'il aura fournies lui seront restituées avec un bulletin portant le numéro de cette inscription.

Art. 9. — Le registre d'inscription comprend cinq séries de numéros, correspondant chacune à l'une des catégories indiquées à l'article 6, et les admissions se font au fur et à mesure des vacances, par ordre de numéro et de série, c'est-à-dire que les candidats de la première catégorie sont appelés à profiter des places disponibles avant ceux de la seconde, les candidats de la seconde avant ceux de la troisième, et ainsi de suite.

Art. 10. — Lorsqu'il existe des octogénaires inscrits sur la liste des expectants, ils sont préférés pour une vacance sur deux, c'est-à-dire que, sur deux vacances, une des admissions est accordée au plus ancien octogénaire inscrit dans l'une quelconque des cinq séries, et l'autre au plus ancien inscrit, en commençant par la première série, sans avoir égard à l'âge.

§ 3. Admissions payantes

Art. 11. — Les personnes non indigentes, mais n'ayant pas de ressources suffisantes pour vivre, qui désirent entrer moyennant payement à la fondation Dheur, devront remplir les conditions d'âge exigées des candidats aux places gratuites.

Art. 12. — Aucune condition de domicile n'est exigée pour les admissions payantes, mais les candidats habitant Paris ou le département de la Seine seront choisis de préférence à ceux qui seront domiciliés dans les départements.

Art. 13. — Les demandes d'admission devront être adressées au Directeur de l'Assistance publique, 3, avenue Victoria, à Paris, en les accompagnant des pièces et certificats indiqués plus haut, aux paragraphes 1, 2, 3 et 5 de l'article 7.

Art. 14. — Le prix de la pension annuelle est de 400 francs pour les personnes admises en dortoir, et de 800 francs pour les deux époux admis en chambre de ménage.

Art. 15. — Cette pension se paye par trimestre, et d'avance, à partir du jour d'entrée dans la maison. Tout trimestre commencé est définitivement acquis à l'Administration.

Art. 16. — Comme garantie du payement de cette pension, il sera déposé entre les mains du receveur de l'Assistance publique, soit un titre de rente ou de créance sur l'État, les départements, les communes, les administrations publiques, soit d'obligations garanties par l'État.

Art. 17. — Les candidats déclarés admissibles après enquête administrative seront inscrits sur un registre d'expectance spécial établi dans la même forme que le registre d'expectance des candidats gratuits, et les admissions auront lieu d'après la règle établie pour les candidats par les articles 9 et 10.

Règlement intérieur

Art. 18. — Les dispositions du règlement intérieur de l'hospice d'Ivry sont applicables à l'hospice Dheur.

Art. 19. — Le régime alimentaire de l'hospice Dheur est le même que celui de l'hospice d'Ivry ; les repas y sont pris aux mêmes heures que dans ce dernier établissement.

Art. 20. — Lorsque l'un des époux en ménage vient à décéder, le conjoint survivant devra, dès que les vacances le permettront, passer en dortoir.

Art. 21. — L'Administration fera également passer en dortoir les époux qui, en raison d'infirmités survenues postérieurement à leur admission, auraient besoin de soins particuliers, ou ne pourraient, sans danger, être maintenus dans leurs chambres.— Si l'un des deux conjoints est valide, il devra néanmoins passer également en dortoir, les chambres étant exclusivement réservées aux époux pour qui la vie commune est possible.

Art. 22. — Les effets personnels et tous biens meubles laissés par les pensionnaires après leur décès appartiennent à la fondation. Toutefois, lorsqu'un des deux époux admis en chambre vient à décéder, la jouissance de ses effets est laissée au survivant. Cette disposition est applicable aux pensionnaires gratuits et aux pensionnaires payants. En ce qui concerne ces derniers, exception est faite cependant pour les bijoux, deniers, valeurs et titres de créance, qui pourront être remis à leurs héritiers contre justification de leurs droits et qualité.

Art. 23. — Tout pensionnaire qui refuserait de se conformer au règlement de l'hospice ou qui, par sa conduite, serait une cause de trouble ou de scandale, serait expulsé sur une décision spéciale de l'Administration.

RIBOUTTÉ-VITALLIS

Article premier. — L'orphelinat Riboutté-Vitallis est destiné à recevoir de jeunes enfants pauvres, de préférence des orphelins âgés de 7 ans au moins et de 11 ans au plus.

Art. 2. — Ne pourront être reçus que des enfants nés à Paris, de parents français.

Art. 3. — Les enfants sont conservés jusqu'à l'âge de 16 ans. Ils sont élevés simplement, chrétiennement selon la volonté du donateur, et reçoivent l'instruction élémentaire. On leur enseigne un état manuel.

Art. 4. — Les demandes d'admission sont adressées au Directeur de l'Assistance publique, 3, avenue Victoria.

Elles doivent indiquer les noms, qualités, degré de parenté avec les enfants, et adresse des personnes qui les ont formulées, et être accompagnées des pièces suivantes :

Acte ou bulletin de naissance de l'enfant ;

Acte ou bulletin de décès des parents.

Préalablement, les personnes qui demandent l'admission d'un enfant doivent signer une déclaration qui leur est soumise, attestant qu'elles connaissent et acceptent les conditions dans lesquelles les enfants sont élevés.

FORTIN

Cet établissement est destiné à recevoir des enfants pauvres des deux sexes, valides, âgés de 6 ans au moins, Français, et nés à Paris.

Le nombre des places est de 24 : 12 places de garçons et 12 places de filles.

Les enfants reçoivent l'instruction primaire et un commencement d'instruction professionnelle.

A leur sortie de l'établissement, ils sont placés en apprentissage par l'Administration.

Conformément à la volonté du fondateur, le soin de leur éducation et de leur instruction est confié à une communauté religieuse enseignante.

Toute demande d'admission doit être adressée au Directeur de l'Assistance publique de Paris, 3, avenue Victoria, accompagnée des pièces suivantes :

1° L'acte ou le bulletin de naissance de l'enfant ;

2° Un certificat de vaccine ;

3° Un certificat du maire de l'arrondissement ou de la commune du domicile de l'enfant, établissant l'indigence.

HARTMANN

Article premier. — L'orphelinat Hartmann est destiné à recevoir de jeunes enfants pauvres, de préférence des orphelins âgés de 7 ans au moins et 11 ans au plus.

Art. 2. — Ne pourront être reçus que des enfants nés à Paris même, de parents français.

Art. 3. — Les enfants sont conservés jusqu'à l'âge de 16 ans. Ils sont élevés simplement et reçoivent l'instruction élémentaire. On leur enseigne un état manuel.

Art. 4. — Les demandes d'admission sont adressées au Directeur de l'Assistance publique, 3, avenue Victoria.

Elles doivent indiquer les noms, qualités, degré de parenté avec les enfants, et adresse des personnes qui les ont formulées, et être accompagnées des pièces suivantes :

Acte ou bulletin de naissance de l'enfant ;

Acte ou bulletin de décès des parents.

LEPRINCE

Cette maison est destinée à recueillir des vieillards indigents du quartier des Invalides.

Elle contient actuellement 30 chambres également réparties entre les deux sexes.

Les conditions d'admission sont les suivantes :

Conformément au règlement pour les admissions dans les hospices gratuits, les personnes qui sollicitent leur placement à l'hospice Leprince doivent être inscrites au contrôle des indigents, avoir 70 ans complètement révolus, ou, à défaut, des infirmités graves et incurables les empêchant de se livrer à aucune espèce de travail, enfin être habitants domiciliés du quartier des Invalides depuis 6 ans au moins sans interruption.

Ne peuvent être admises :

Les personnes atteintes de maladies aiguës ou chirurgicales, les cancéreux, les épileptiques, celles affectées de maladies mentales.

Les nominations aux lits de l'hospice Leprince sont faites par les administrateurs du bureau de bienfaisance du 7ᵉ arrondissement réunis en assemblée générale.

Ce droit de nomination ne peut être délégué par le bureau à un ou plusieurs administrateurs.

Copie de la délibération prise par le bureau pour la nomination de chaque indigent, avec les certificats et pièces justificatives, est transmise à l'Administration.

Le trésorier doit donner avis, à l'Administration, des décès, sorties ou changements de toute nature qui surviennent successivement dans le personnel des indigents de l'hospice. Il doit également l'informer des nominations nouvelles par un bulletin indiquant le sexe, l'état, l'âge et les infirmités.

Chaque année, le Directeur de l'Administration détermine, sur les propositions du bureau, le nombre de lits pouvant être occupés ainsi que le budget de la fondation.

Cet hospice est placé dans les attributions de la division des secours; il est dirigé par le bureau de bienfaisance.

Le règlement de l'Administration générale, relatif au régime alimentaire et au devis du coucher, linge, habillement, mobilier, est applicable à l'hospice Leprince.

BELLEVILLE

Cet établissement, géré par le bureau de bienfaisance du 20ᵉ arrondissement, contient actuellement 25 lits dont 13 pour les hommes et 12 pour les femmes.

Les conditions d'admission sont les suivantes :

Comme pour l'admission dans les hospices gratuits, les candidats doivent justifier de leur inscription sur le contrôle des indigents.

Ils doivent être âgés de 70 ans révolus ou produire un certificat médical constatant des infirmités incurables ne leur permettant pas de travailler pour vivre.

Justifier enfin d'un domicile habituel et continu sur un territoire de l'ancienne commune de Belleville.

Ne peuvent être admises les personnes atteintes d'affections telles que l'épilepsie, l'aliénation mentale, le cancer, etc.

Le droit de nomination appartient au Directeur de l'Administration sur la proposition du maire.

Les nominations sont ratifiées par le Directeur de l'Administration.

L'hospice, placé dans les attributions de la division des secours, est géré par le bureau de bienfaisance.

LAMBRECHTS

Cet asile a été créé en faveur des protestants des deux Églises officielles de Paris qui y ont des droits égaux. Il reçoit :

1° Des aveugles indigents des deux sexes, âgés de 30 au moins ;

2° Des vieillards indigents des deux sexes, âgés de 70 ans au moins ;

3° Des personnes des deux sexes atteintes d'infirmités incurables les rendant incapables de travailler, et âgées : les hommes de 55 ans au moins, les femmes de 50 ans au moins ;

4° Des enfants (de préférence des orphelins) du sexe masculin, âgés de 7 ans au moins et de 13 ans au plus.

L'établissement comprend 110 lits, dont 40 d'adultes et 70 d'enfants.

Les demandes d'admission doivent être adressées aux Consistoires respectifs des deux Églises protestantes qui les soumettent au comité-gérant de la fondation chargé de statuer. Elles doivent être accompagnées :

Pour les adultes, d'un extrait de l'acte de naissance et d'un extrait de l'acte de mariage s'il y a lieu ;

D'un certificat attestant que le candidat appartient à la religion protestante ;

D'un certificat d'indigence ;

D'un certificat constatant que le candidat réside à Paris depuis 2 ans au moins.

Et, si le candidat n'a pas 70 ans, d'un certificat médical attestant qu'il est incapable de gagner sa vie.

Pour les enfants, d'un bulletin de naissance ;

D'un certificat de baptême protestant ;

D'un certificat médical attestant que le candidat n'est atteint d'aucune maladie susceptible de s'opposer à son admission.

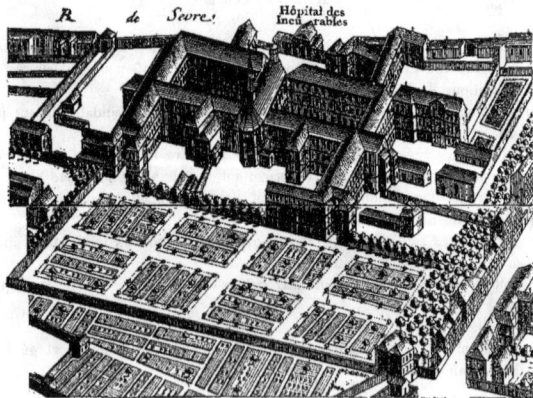

TISSERAND

La maison provenant de la fondation Tisserand est destinée à loger gratuitement 48 vieillards hommes.

Pour être admis dans cette maison, il faut être âgé de 65 ans révolus, être de bonnes vie et mœurs et habiter depuis 3 ans sur la partie du 14ᵉ arrondissement comprenant les quartiers du Petit-Montrouge et Montparnasse.

Les nominations seront faites par le Directeur de l'Administration sur une liste de candidats choisis par MM. les maires et adjoints du 14ᵉ arrondissement.

Les demandes d'admission seront appuyées : 1° de l'acte de naissance du postulant ; 2° d'un certificat constatant un séjour d'au moins 3 années dans les quartiers du Petit-Montrouge et Montparnasse ; 3° d'un certificat de moralité ; et 4° d'une attestation d'un des médecins attachés au bureau de bienfaisance constatant qu'il n'est atteint d'aucune des infirmités désignées ci-après.

Les personnes atteintes d'aliénation mentale, d'épilepsie, de maladies contagieuses

LA CHARITÉ. — ANCIENNE CHAPELLE SAINT-PIERRE

ou qui seraient affligées d'infirmités repoussantes. ne pourront être admises dans ladite maison. Dans le cas où l'une de ces maladies se déclarerait chez une personne déjà admise, elle ne pourrait y être maintenue.

Les personnes nommées ne pourront échanger leurs chambres entre elles ; elles devront conserver celle qui leur aura été attribuée.

Toutefois, en cas de vacance, l'Administration se réserve la faculté de désigner, s'il y a lieu, parmi les personnes admises, celle qui devra occuper la place vacante.

Les personnes nommées devront, sous peine d'exclusion, occuper le logement par elles-mêmes et ne pourront le céder à des tiers.

En cas d'absence de plus de 3 mois, sans autorisation préalable de l'Administration, le titulaire ne justifiant pas de son séjour dans un hôpital, la chambre sera déclarée vacante, et il sera pourvu au remplacement de la personne absente.

Les personnes admises apporteront les effets mobiliers à leur usage ; elles devront les entretenir et les renouveler à leurs frais.

A l'entrée de chaque personne dans la chambre qui doit lui être affectée, il sera dressé un état des lieux ; aucun changement ou amélioration ne pourra être effectué sans l'assentiment de l'Administration.

Au décès des pensionnaires, les effets mobiliers qui auront servi à leur usage deviendront la propriété de l'Administration qui en aura la libre disposition.

A leur entrée dans la maison, les pensionnaires seront prévenus de ces dispositions et signeront l'engagement suivant : « Je, soussigné.................. m'engage à laisser en toute propriété à l'Administration générale de l'Assistance publique les effets mobiliers qui seront trouvés garnissant la chambre que j'occupe dans la maison de la rue d'Alésia au moment de mon décès. »

Un concierge nommé par le Directeur de l'Administration sera spécialement chargé de la surveillance de la maison de retraite. Ses gages, ainsi que les frais d'éclairage, concession d'eau, frais de balayage et menues dépenses, seront prélevés sur le montant de ladite fondation.

La police intérieure de cette maison sera l'objet d'un règlement auquel les personnes admises seront tenues de se conformer sous peine de renvoi.

DAMET

La maison provenant de la fondation Damet est destinée à loger gratuitement des vieillards. Les logements sont au nombre de 33, dont 13 pour des ménages et 20 pour des célibataires, veufs ou veuves.

Pour être admis dans cette maison, il faut être âgé de 60 ans révolus, être de bonnes vie et mœurs et habiter depuis 3 ans sur la partie du 17e arrondissement formant précédemment l'ancienne commune des Batignolles.

Les demandes d'admission sont adressées au bureau de bienfaisance du 17e arrondissement ; elles doivent être appuyées de l'acte de naissance du postulant et d'une attestation d'un des médecins attachés au bureau constatant qu'il n'est atteint d'aucune des infirmités désignées ci-dessous.

Une Commission composée de 3 administrateurs est chargée de visiter à domicile les candidats présentés par le bureau ou qui auront sollicité leur admission ; elle fait, en séance, un rapport spécial sur la situation de chacun d'eux. Le bureau désigne ensuite le candidat qui lui paraît le plus méritant.

Extrait de la délibération du bureau est envoyé au Directeur de l'Administration de l'Assistance publique ; la nomination ne devient définitive qu'après son approbation.

L'aliénation mentale, l'épilepsie, les maladies contagieuses chroniques, les infirmités repoussantes sont des causes d'exclusion à l'admission dans la maison dont il s'agit.

Dans le cas où l'une de ces maladies se déclarerait chez une personne déjà admise, elle ne pourrait y être maintenue.

Les personnes nommées doivent, sous peine d'exclusion, occuper le logement par elles-mêmes et ne peuvent le céder à des tiers.

En cas d'absence de plus de 3 mois, sans autorisation du bureau de bienfaisance, le titulaire ne justifiant pas de son séjour dans un hôpital, la chambre est déclarée vacante et il est pourvu au remplacement de la personne absente.

Les personnes admises apporteront les effets mobiliers à leur usage ; elles devront les entretenir et les renouveler à leurs frais.

Le bureau de bienfaisance du 17e arrondissement désigne un de ses membres pour exercer sous son autorité la surveillance de la maison Damet, et y maintenir le bon ordre en se conformant aux dispositions du présent arrêté.

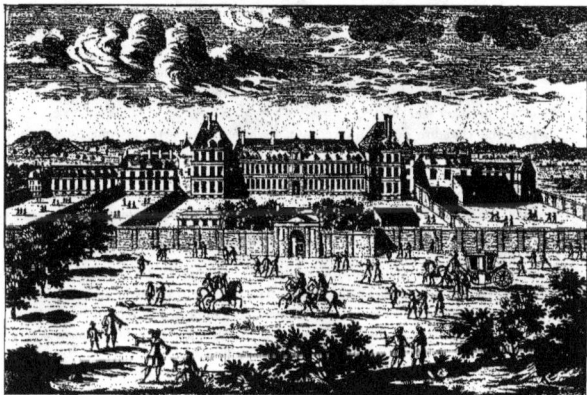

BICÊTRE

LESECQ

La maison, provenant de la fondation de Mme veuve Lesecq, est destinée à loger gratuitement 20 femmes veuves ou non mariées.

Pour être admis dans cette maison, il faut être âgé de 50 ans révolus ; de bonnes vie et mœurs, et habiter Paris depuis 3 ans ; il sera justifié de ces conditions par la production d'un acte de naissance et d'un certificat délivré par le maire de l'arrondissement.

Les candidats devront en outre justifier de ressources suffisantes pour subvenir à leur entretien personnel.

Les personnes aptes à être admises seront choisies de préférence, et autant que possible, parmi les pauvres honteux.

Les personnes atteintes d'aliénation mentale, d'épilepsie, de maladies contagieuses ou qui seraient affligées d'infirmités repoussantes, ne pourront être admises dans ladite maison.

Dans le cas où l'une de ces maladies se déclarerait chez une personne déjà admise, elle ne pourrait y être maintenue.

Les personnes admises apporteront les effets mobiliers à leur usage ; elles devront les entretenir et les renouveler à leurs frais ; les réparations locatives seront à leur charge.

A l'entrée de chaque personne dans la chambre qui doit lui être affectée, il sera dressé un état des lieux ; aucun changement ou amélioration ne pourra être effectué sans l'assentiment de l'Administration. Les améliorations qui auraient été ainsi réalisées dans les chambres profiteront à l'immeuble, et, ce, sans aucune indemnité.

La nomination des personnes qui doivent occuper les 20 chambres gratuites sera faite par le Directeur de l'Administration sur les listes des candidats présentés par les bureaux de bienfaisance.

Ce droit de présentation sera exercé par les 20 arrondissements de Paris, à tour de rôle, au fur et à mesure que des vacances auront lieu, en commençant par le 20e et en finissant par le 1er.

Lorsqu'une chambre deviendra vacante, le bureau qui sera en tour de présenter des candidats devra faire cette présentation dans les deux mois qui suivront l'avis qu'il en aura reçu.

Faute par le bureau d'avoir adressé sa liste de présentation dans le délai prescrit, le Directeur nommera directement la personne appelée à occuper la chambre vacante.

Les personnes nommées ne pourront échanger leurs chambres entre elles ; elles devront conserver celle qui leur aura été attribuée.

Toutefois, en cas de vacance, l'Administration se réserve la faculté de désigner, s'il y a lieu, parmi les personnes admises, celle qui devra occuper la chambre vacante.

Les personnes nommées devront occuper les chambres par elles-mêmes. Il leur est interdit, sous peine d'exclusion, d'en céder ni faire partager la jouissance à qui que ce soit, même à un enfant qui leur appartiendrait.

En cas d'absence de plus de 3 mois et sans autorisation, le cas de séjour dans un hôpital excepté, la chambre sera déclarée vacante, et il sera procédé au remplacement de l'absente.

Les gages du concierge et les frais d'éclairage de la maison seront supportés par l'Administration.

La police intérieure de cette maison sera l'objet d'un règlement auquel les personnes admises seront tenues de se conformer sous peine de renvoi.

ÉTABLISSEMENTS DE SERVICE GÉNÉRAL

APPROVISIONNEMENT DES HALLES

Halles centrales, pavillon n° 6

DIRECTEUR : M. SAINT-DENIS

Situation. — L'Approvisionnement, chargé de centraliser les achats de denrées fraîches, dites des Halles, est situé aux Halles centrales, où il occupe la partie du pavillon n° 6, qui fait l'angle de la rue Baltard et de la rue Berger. Il comprend au rez-de-chaussée, à l'angle du pavillon, les bureaux, et, au sous-sol, des magasins d'une superficie de 820^{mq} pour la réception et la distribution des denrées.

Le loyer payé à la ville de Paris est de 9.538 fr. 85 par an, y compris les frais de la police d'assurance contre l'incendie.

Historique. — Avant 1847, l'Administration laissait à chaque économe le soin d'assurer l'alimentation de l'établissement hospitalier auquel il était attaché, sauf en ce qui concerne le beurre pour lequel l'Administration centrale procédait à une adjudication par lots. Chaque directeur d'établissement hospitalier, qui s'appelait alors agent de surveillance, devait assister à la réception des denrées et en contrôler la qualité. Les établissements pouvaient acheter avec ou sans marché.

A en juger par une circulaire de 1822, cette décentralisation avait bien des inconvénients. Les économes n'avaient pas tous une compétence particulière pour acheter les denrées alimentaires, et, quant aux agents de surveillance, malgré les rappels à l'ordre de l'Administration centrale, ils s'abstenaient généralement d'assister à la réception des denrées, bien que l'Administration, afin de leur rendre l'exactitude plus facile, eût consenti à ce que les réceptions, au lieu d'être effectuées tous les jours, ne le fussent que trois fois par semaine.

Par une délibération du 5 août 1847, le Conseil municipal, saisi de plaintes, invita l'Administration à procéder à une tentative de centralisation qui devait avoir pour effet de faire livrer à tous les établissements des denrées alimentaires de même qualité et de même prix.

27

Quelques jours auparavant, le 24 juillet 1847, M. le Préfet de la Seine, sous l'empire des mêmes préoccupations, avait appelé l'attention du Conseil général des hospices sur la nécessité de charger un pourvoyeur unique des achats faits aux Halles par les économes.

L'Administration estima qu'elle devait suivre ces conseils, persuadée qu'en achetant par grandes quantités elle obtiendrait des conditions meilleures et convaincue, en outre, qu'en chargeant des achats et des réceptions de marchandises un agent unique ayant des connaissances techniques spéciales, elle serait assurée que des denrées de mauvaise qualité ne seraient jamais acceptées.

Elle tenta d'abord un essai en 1851, en ce qui concerne le poisson et la volaille, et nomma à cet effet un pourvoyeur des hôpitaux.

Les achats, bornés dans le début au poisson et à la volaille, devaient être faits à l'amiable sur le carreau des Halles, de la même façon que s'approvisionnent les restaurants et les hôtels.

Le pourvoyeur des hôpitaux devait, pour tous ses achats, être assisté de l'un des directeurs ou économes des hôpitaux, de semaine à tour de rôle (1).

Cet essai donna de bons résultats ; aussi, quelques mois après, l'adjudication du beurre ayant échoué, le pourvoyeur des hôpitaux recevait l'ordre d'acheter sur le carreau des Halles cette nouvelle denrée.

La mission de cet agent fut bientôt étendue aux fruits, légumes frais et fromages blancs de Neufchâtel. En 1852, les œufs furent ajoutés à cette nomenclature.

Le Directeur de l'Assistance publique prenait à ce sujet, le 20 décembre 1853, sur l'avis du Conseil de surveillance, un arrêté qui fut approuvé par le Préfet de la Seine le 23 février 1854.

Cet arrêté se basait notamment sur les considérations suivantes :

« 1° Les directeurs et économes des maisons sont exonérés des soins et démarches qui leur prenaient souvent un temps considérable qu'ils peuvent dorénavant consacrer à la surveillance des établissements ;

« 2° La centralisation présente des avantages sous le rapport du choix des denrées et sous celui du meilleur emploi des sommes consacrées à leur acquisition ; elle permet de supprimer tout intermédiaire entre l'Administration et les producteurs, ou, au moins, les marchands qui alimentent le marché, et d'obtenir, par suite, des denrées plus fraîches et à meilleur compte. »

Dans les années suivantes, le service prenait encore de l'extension. Le directeur de l'Approvisionnement était chargé de l'achat des pâtes féculentes, du riz, du fromage de Comté, des fruits secs, des pommes de terre, du macaroni, de la triperie et de la charcuterie, de la morue, des confitures et même du chocolat, du café et des biscuits.

En 1875, l'inspection générale des établissements de bienfaisance, sur la demande du Ministre de l'intérieur, fut appelée à faire une étude très complète du service de l'Approvisionnement des hôpitaux. Le rapport de l'inspecteur général, M. de Bretagne, constatait :

1° Que l'achat du poisson, des œufs et du beurre se faisait généralement à la criée par l'intermédiaire des facteurs.

2° Que l'achat de la volaille, des légumes frais et de saison, des fruits frais,

_____

(1) Cette assistance d'un directeur ou économe de semaine avait l'inconvénient d'enlever à son service pendant huit jours l'agent désigné. Cette pratique fut supprimée au bout de quelques mois.

des fromages blancs et mous, se faisait directement, à l'amiable, de marchands campagnards ou autres présents sur le carreau des Halles ;

3° Que le directeur de l'Approvisionnement recourait au même mode d'achat, sans soumission ni marché, pour la charcuterie, la triperie, le chocolat, les confitures.

L'inspecteur concluait à la modification du mode d'acquisition de ces dernières denrées qui lui paraissaient pouvoir plus économiquement être acquises par voie d'adjudication restreinte, à laquelle ne seraient admis que de notables commerçants présentant toute garantie d'honorabilité, et dont il ne paraissait pas qu'il eût intérêt à faire effectuer l'achat par le pourvoyeur des Halles, puisque ces denrées ne se vendent pas aux Halles. En même temps, l'inspecteur général concluait à ce que, pour les autres denrées, le mode d'acquisition en vigueur, qui donnait pleine satisfaction, fût maintenu.

L'Administration saisit le Conseil de surveillance, non seulement de la question assez restreinte sur laquelle le Ministre de l'intérieur appelait l'attention de l'Administration, mais encore de l'ensemble du mode d'approvisionnement.

Ne serait-il pas possible, disait à cette époque le Directeur de l'Administration, de mettre en adjudication toutes les denrées d'approvisionnement, y compris celles dites des Halles ?

Une telle solution, malgré les difficultés que paraissait devoir soulever une question dans ce sens, lui paraissait désirable. Il constatait, en effet, que l'achat à la criée ou sur le carreau, qui avait été le principal objet de la mesure adoptée en 1854, avait déjà en 1875 cessé d'être pratiqué ; qu'en fait le pourvoyeur s'approvisionnait principalement au moyen de marchés à plus ou moins long terme passés avec des producteurs ou expéditeurs, voire même des revendeurs ; que, s'il en était ainsi, on s'expliquait difficilement pour quels motifs il y avait intérêt à laisser faire les achats des denrées par l'intermédiaire de l'Approvisionnement et à ne pas recourir au système de l'adjudication.

Le Conseil, dans sa séance du 9 décembre 1875, émit l'avis :

Qu'il y avait lieu en principe de mettre en adjudication la fourniture de toutes les denrées nécessaires à l'alimentation des établissements hospitaliers, sauf les exceptions ci-après :

A. — En ce qui concerne le beurre, surseoir jusqu'au résultat d'essais à faire pour l'usage de la margarine dans les établissements ;

B. — Autoriser le service de l'Approvisionnement à ne pas recourir à l'adjudication pour le poisson, les fruits, le fromage frais et la charcuterie cuite, mais à la charge d'employer l'intermédiaire des facteurs ou agents officiels, ou de faire des traités réguliers avec les producteurs ou marchands.

L'Administration déféra en partie à cette délibération du Conseil de surveillance. Les pommes de terre furent mises en adjudication en 1875, et les légumes frais et les plantes potagères (carottes, choux, navets, oignons et poireaux) le 20 septembre 1876.

A partir de 1875, l'Administration cessa également d'acheter par voie amiable, et par l'intermédiaire de l'Approvisionnement des Halles, les pâtes alimentaires, les confitures, le chocolat, la morue. Mais la fourniture de ces produits, qui sont d'une conservation facile et n'exigent ni une consommation immédiate ni des achats quotidiens, fut effectuée par voie d'adjudication et centralisée, à partir de cette époque, au Magasin central des hôpitaux. La triperie et la charcuterie, également mises en adjudication, furent livrées directement aux établissements consommateurs.

Le Conseil municipal de Paris, par une délibération du 12 juillet 1889, invita l'Administration à ne faire d'achats de comestibles et denrées alimentaires aux Halles centrales, notamment du beurre et des œufs, que par voie d'adjudication. Il renouvela cette invitation le 17 août 1891.

Le Conseil de surveillance fut saisi de nouveau de cette question. Dans sa séance du 31 mars 1892, il émit l'avis :

1° En ce qui concerne le beurre et la volaille, qu'il y avait lieu de continuer le mode d'achat amiable, sauf à restreindre l'usage du beurre fin à la consommation de la table des malades de la Maison de Santé, des administrés de Sainte-Périne et des fondations Galignani et Rossini ;

2° En ce qui concerne les œufs, qu'il y avait lieu de tenter la mise en adjudication pour une durée d'une année.

En conséquence, l'Administration fit dresser un cahier des charges pour la fourniture des œufs, et l'adjudication eut lieu le 10 juin 1893. Cette adjudication, divisée en trois lots, n'eut pas de résultats. Une seconde tentative, sans donner de résultats complets, eut un sort plus favorable et l'Administration a continué depuis cette époque à procéder à l'achat des œufs par voie d'adjudication.

Un essai analogue a été tenté en 1892 pour la fourniture des plantes de haut goût (persil, cerfeuil, ail, échalote et petits oignons). Mais l'adjudication échoua faute de concurrents.

Fournitures. — Actuellement, les denrées centralisées par le service des Halles, acquises par voie d'adjudication, sont les suivantes :

Légumes frais : choux ;

Plantes potagères : carottes, navets, oignons, poireaux ;

Pommes de terre : rondes, saucisses, de Hollande ;

Œufs.

Les denrées de quelque importance dont l'achat continue à être réalisé directement, au jour le jour, par le service des Halles, sont :

1° Le beurre ; 2° les fromages frais ; 3° les fruits frais ; 4° les légumes de saison (1) ; 5° la moutarde ; 6° l'oseille crue ou cuite ; 7° les plantes de haut goût (2) ; 8° le poisson frais ; 9° la volaille et le gibier.

***

La dépense spéciale à l'Approvisionnement des Halles pour achat de denrées s'est élevée, pendant l'année 1898, à la somme de 1.920.231 fr. 45, répartie ainsi qu'il suit par nature de denrées :

---

(1) On désigne sous le nom de légumes de saison : les artichauts, asperges, chicorée, choux-fleurs, épinards, fèves de marais, haricots verts, pois verts, salade, salsifis.

(2) On désigne sous ce nom : le persil, cerfeuil, champignons, ciboule, ail, échalote, petits oignons, tomates, céleri, etc.

NATURE DES DENRÉES	QUANTITÉS EN KILOGR.	PRIX MOYEN	TOTAL
Beurre.	101.192 50	3 0463	308.264 75
Caramel.	3.864 50	0 38	1.468 51
Fromages.	120.186 95	1 3285	159.677 98
Fruits frais.	385.663 95	0 5623	216.862 27
Fruits secs.	1.275 »	1 3549	1.727 50
Légumes frais.	548.126 »	0 0939	51.383 37
Légumes de saison.	1.011.354 75	0 4026	407.075 43
Moutarde.	8.612 »	0 4750	4.090 66
Oseille crue.	74.321 »	0 1318	9.797 36
Oseille cuite.	3.109 10	0 40	1.243 64
Œufs. (Nombre)	2.601.902	0 0834	217.223 97
Plantes de haut goût.	85.909 40	0 0650	55.794 83
Plantes potagères.	503.105 25	0 0868	43.532 50
Poisson frais.	252.441 95	0 6107	154.175 08
Poisson salé.	1.587 »	2 9808	4.730 60
Pommes de terre.	1.412.885 »	0 0803	83.776 92
Volaille et gibier.	103.969 07	1 3913	198.924 07
TOTAL.			1.919.749 46
Il y a lieu d'ajouter une somme de.			482 »
représentant la valeur des denrées provenant d'exploitations et livrées à l'Approvisionnement par les hospices de Bicêtre, de Brévannes et Brézin.			
TOTAL GÉNÉRAL.			1.920.231 46

Ce chiffre de 1.920.231 46
représente le total de la dépense effectuée par l'Approvisionnement des
Halles. Pour avoir seulement la dépense afférente à l'Administration,
c'est-à-dire le montant des denrées consommées dans les hôpitaux et
hospices, il convient de retrancher de cette somme le produit de ventes
aux divers services qui remboursent, y compris les fondations. Ce
produit s'est élevé en 1898 à 315.656 92
Il reste donc pour dépense à la charge de l'Administration . . 1.604.574 54

Les établissements qui remboursent, autres que les fondations, sont les suivants :
Asiles d'aliénés : Sainte-Anne, Vaucluse, Ville-Évrard et Villejuif (1).

Asiles municipaux : Léo-Delibes, Michelet, Pauline-Roland, Benoît-Malon, Nicolas-
Flamel et George-Sand.

Le transport des denrées est effectué par les voitures des établissements consommateurs qui viennent, chaque matin, chercher aux Halles les commandes de la veille.

Personnel administratif. — Le personnel administratif comprend : 1 directeur ;
1 économe ; 1 auxiliaire permanent et 1 garde-magasin.

Personnel à la journée. — Il comprend : 3 journaliers occupés aux travaux
d'écriture et 5 à l'emmagasinage, au pesage, à la répartition et à l'emballage des denrées.

Dépenses. — En 1898, les dépenses de frais d'administration et frais généraux
de l'Approvisionnement des Halles se sont élevées, d'après le compte financier, à la
somme de 49.109 fr. 31, se répartissant, par nature de dépense, ainsi qu'il suit :

Personnel administratif	17.034 76	Report.	19.615 23
Impressions, frais de bureau.	653 »	Blanchissage.	72 25
Réparations de bâtiments.	58 58	Coucher, linge, mobilier.	974 28
Chauffage et éclairage.	1.868 89	Transports.	500 40
A reporter.	19.615 23	Frais de loyer, eaux, salubrité, divers . .	27.947 15
		TOTAL.	49.109 31

(1) Depuis le 1er janvier 1900, les asiles d'aliénés procèdent eux-mêmes à l'achat des denrées par voie d'adjudication publique et ne sont plus fournis par l'Approvisionnement des Halles.

BOUCHERIE CENTRALE

Abattoir de Vaugirard, 2, rue des Morillons

DIRECTEUR : M. ADANCOURT

Situation. — La Boucherie centrale des hôpitaux, autrefois installée à l'abattoir dit de Villejuif, boulevard de l'Hôpital, 151 (13e arrondissement) occupe, depuis le 7 mars 1898, les locaux mis à sa disposition par la ville de Paris, à l'abattoir de Vaugirard, 2, rue des Morillons.

Les installations de la Boucherie, qui couvrent la surface de la moitié de la cour D de l'abattoir, comprennent :

4 échaudoirs affectés à l'abatage des bestiaux et à la préparation des viandes ;

4 échaudoirs, transformés l'un en bureau et les autres en magasins pour la conservation et la distribution des viandes ;

Une cour dont une partie sert à l'abatage et l'autre au remisage des voitures ;

4 bouveries ;

3 cases pour les veaux ;

3 bergeries ;

1 bouverie transformée en écurie et, au-dessus des bouveries, des greniers où sont emmagasinés les fourrages.

L'ABATTOIR

Historique. — Avant la Révolution, l'Hôtel-Dieu avait une boucherie pour son propre service et aussi, mais pendant le carême seulement, pour l'usage des malades de la ville.

Vers 1675, l'Hôpital général avait également installé une boucherie et une boulangerie dans sa maison dite de Scipion.

En 1705, la boulangerie de Scipion, devenue Boulangerie générale des hôpitaux et hospices, eut besoin pour ses services de la totalité de l'immeuble et on dut transférer dans l'ancien collège des Bernardins la boucherie de l'ancien Hôpital général à laquelle fut réunie celle de l'Hôtel-Dieu.

Peu de temps après, la Boucherie centrale fut supprimée, et des entrepreneurs adjudicataires furent chargés, moyennant un prix de journée, d'assurer l'entretien et la nourriture des malades. Mais on eut bientôt à se plaindre des adjudicataires qui, peut-être parce qu'ils étaient mal payés, n'appliquaient pas, disait-on, toutes les clauses de leur marché. C'est sans doute pour ce motif qu'on changea de système. En 1802, les fournitures de viande étaient mises en adjudication, et les adjudicataires eux-mêmes livraient directement aux établissements consommateurs la viande abattue. Le cahier des charges dressé en vue de cette adjudication portait comme clauses principales « que la viande devait être de bonne qualité, bien saignée et livrée froide et sans issues, qu'elle ne devait provenir, à l'exclusion des taureaux ou anciens taureaux coupés, que de bœufs pesant au moins 280 kilogrammes, de moutons de 3 à 5 ans du poids minimum de 18 kilogrammes et de veaux de 2 à 3 mois pesant au moins 50 kilogrammes ».

Les fournitures devaient être faites à chaque établissement, trois quarts en bœuf et un quart en veau et mouton, avec possibilité de réduction de ce quart, appelé *menu*, sur la demande de l'économe.

Les veaux et les moutons étaient livrés entiers. Dans les établissements dont la consommation journalière atteignait 150 kilogrammes et au-dessus, les bœufs devaient être livrés coupés en deux parties; dans ceux où la consommation était moindre, l'adjudicataire devait livrer alternativement une cuisse et une épaule entières.

Ce mode de fourniture fut appliqué à tous les établissements, sauf à la Salpêtrière et à Bicêtre qui avaient leurs abattoirs spéciaux. Mais des plaintes se produisirent encore au bout de quelques années. Nous en trouvons l'écho dans le compte moral de 1818 : « La fourniture de la viande occasionne de fréquents reproches. Le cahier des charges autorise les maisons à rejeter les viandes mauvaises, à les remplacer même par d'autres de meilleure qualité, au compte du fournisseur. Mais cette sévérité ne s'exerce que difficilement et à la dernière extrémité..... L'opinion de votre Commission administrative est que vous n'aurez de fournitures constamment acceptables qu'en obtenant la faculté de faire abattre les animaux dans des échaudoirs qui vous soient particuliers. Vous avez à la Salpêtrière la preuve du bon résultat de cette mesure et tous les animaux destinés à la nourriture de vos établissements pourraient y être également abattus. La construction d'un hangar serait la seule dépense que vous auriez à faire..... »

Le Conseil général des hospices se saisit aussitôt de cette question ; il se prononça en principe pour la création d'un abattoir spécial et chargea deux de ses membres de se concerter avec les préfets de la Seine et de police pour la réalisation du projet. Cependant ce projet n'aboutit pas et ce n'est que trente ans après que la question fut soulevée de nouveau à la suite d'un vœu émis par le Conseil municipal, en 1846, et tendant à l'amélioration de la viande consommée dans les établissements hospitaliers. Le Conseil des hospices proposa la création d'une Boucherie centrale installée dans un des abattoirs de la ville de Paris, celui de Villejuif, et dans laquelle les animaux seraient reçus vivants.

Ce projet fut réalisé le 1er janvier 1849 pour le service des établissements situés dans Paris. Les établissements situés hors Paris n'étant pas compris dans la nouvelle organisation, l'hospice de Bicêtre, notamment, conservait sa boucherie et son abattoir particuliers. Quant à la Salpêtrière, bien que située dans Paris, elle ne devait recevoir de la nouvelle Boucherie centrale que la moitié de la viande nécessaire à la consommation de ses pensionnaires ; l'autre moitié devait continuer à lui être fournie par une maison de commerce connue sous le nom de Compagnie hollandaise qui fournissait la viande cuite et le bouillon. Les bestiaux étaient livrés à la Boucherie centrale par un adjudicataire.

Les conditions de la nouvelle fourniture, indiquées dans le cahier des charges de la première adjudication, prononcée le 14 novembre 1848, imposaient à l'adjudicataire l'obligation de livrer les animaux vivants, de les abattre et ensuite de diviser, dépecer, répartir et transporter les viandes dans les établissements de Paris. Les locaux concédés par la ville à l'abattoir de Villejuif étaient mis à la disposition de l'adjudicataire et l'Administration avait à sa charge les droits d'octroi et d'abatage.

Les animaux ne pouvaient être abattus qu'après autorisation du directeur. Après l'abatage, la viande accrochée dans les échaudoirs devait être soumise à un nouvel examen destiné à constater si sa qualité rentrait dans les conditions du cahier des charges.

Enfin, les livraisons devaient être effectuées pour trois quarts en bœuf et pour un quart en menu, c'est-à-dire en veau et mouton.

On se félicita, dans le début tout au moins, de l'application du nouveau système. « La centralisation du service, lisons-nous dans l'*Étude sur les hôpitaux* (1), a eu pour résultat immédiat d'améliorer la qualité de la viande et d'introduire dans la consommation des établissements une uniformité qui n'existait pas auparavant. L'obligation imposée aux adjudicataires de livrer les bestiaux vivants, de n'abattre dans des échaudoirs toujours surveillés de l'Administration que ceux qui ont été préalablement acceptés par le directeur de la Boucherie, assisté d'experts compétents, a fait disparaître de cette fourniture des viandes inférieures et d'origine suspecte. Le premier examen qui a lieu des bêtes sur pied n'exclut pas celui dont les viandes sont encore l'objet de la part des mêmes juges. »

En présence de ces résultats avantageux, l'Administration étendit, en 1850, le service de la Boucherie centrale à la fourniture de toute la Salpêtrière, de Bicêtre et de La Rochefoucauld.

Au cahier des charges de 1850, on ajouta des clauses nouvelles. L'expression de viandes de bonne qualité pouvant donner lieu à interprétation, on définit cette qualité qui fut pour le bœuf « la 3e qualité, 1re sorte » et, pour le veau et le mouton, « la 2e qualité, 1re sorte ».

Les langues durent être réservées à l'Administration moyennant un prix déterminé par le cahier des charges.

Enfin, la viande de veau et de mouton devait entrer pour un cinquième dans la livraison totale.

Cette réserve d'un cinquième parut bientôt insuffisante ; aussi, voulant se mettre en mesure de donner du rôti à un plus grand nombre de malades sans avoir à subir les variations de prix qui se produisent généralement sur les morceaux de choix, l'Administration se réserva, en 1861, la faculté de prendre une certaine quantité de menu, en supplément, moyennant une plus-value de 0 fr. 20 par kilogramme. Quelques années plus tard, l'Assistance publique améliorait encore le régime de ses établissements, et les proportions de bœuf et de menu stipulées au cahier des charges furent fixées à 70 °/₀ pour le bœuf, 30 °/₀ pour le veau et le mouton et moyennant un prix uniforme.

Toutefois, dans le cas où les quantités de veau et de mouton excéderaient 30 °/₀

---

(1) Husson, page 237.

de la fourniture totale, il serait encore tenu compte à l'adjudicataire d'un supplément de prix fixé à 0 fr. 20 par kilogramme.

Le service de la Boucherie, avec le système d'adjudication en un seul lot pour la totalité de la fourniture, fonctionna régulièrement jusqu'en 1894 (1).

À cette époque, deux adjudications successives faites en vue de la fourniture échouèrent dans des conditions qui vont être exposées.

Le prix de la viande était alors très élevé, le bétail faisant défaut par suite de la sécheresse persistante de l'année 1893 qui avait obligé les propriétaires et agriculteurs à se défaire de leurs bestiaux.

Lors des deux tentatives d'adjudication dont il s'agit, l'Administration n'osa pas déterminer un maximum de prix qui fût en rapport avec le cours du moment. Elle

LES ABATTOIRS
DE VAUGIRARD

espérait que les soumissionnaires escompteraient une baisse des cours pour l'année 1894, et c'est ainsi qu'elle fixa un maximum de prix insuffisant qui eut pour conséquence l'échec des deux adjudications.

Système de la régie directe actuellement en vigueur. — Dans ces circonstances, pour assurer le service de la Boucherie, l'Administration adopta un nouveau système d'approvisionnement basé sur la régie directe, tel qu'il fonctionne aujourd'hui.

Ce système est le suivant :

L'Administration fait acheter le bétail sur pied, pour son compte, par des acheteurs qu'elle rémunère au moyen d'un prix fixé par tête d'animal acheté ou au moyen d'un prix fixé à forfait.

Les animaux sur pied sont livrés à la Boucherie, et c'est la Boucherie qui se charge elle-même de l'abatage, du dépeçage des bestiaux et du transport de la viande dans les établissements.

Contrairement à ce qui se pratiquait avec le système de l'adjudication, l'Admi-

_____

(1) Cependant, en 1890, à la suite de l'insuccès de trois adjudications successives, l'Administration fit acheter pendant trois mois, soit aux Halles, soit aux abattoirs, la viande abattue nécessaire à ses établissements, par l'intermédiaire d'un pourvoyeur. Ce mode d'achat n'avait été pour l'Administration qu'un pis aller ; de nombreuses plaintes sur la qualité de la viande furent formulées. Une quatrième adjudication ayant abouti, le système de l'achat direct de viande abattue fut abandonné.

28

nistration vend elle-même le « cinquième quartier », c'est-à-dire les cuirs de bœuf et de veau, les peaux de mouton, les abats, boyaux, graisses, saignées, etc. Elle a son personnel professionnel, son matériel d'exploitation, ses chevaux et ses voitures pour le transport des viandes.

Achat des bestiaux. — Les achats de bestiaux se font exclusivement à Paris, sauf en ce qui concerne les bœufs et les veaux pour lesquels il y a quelquefois nécessité de se pourvoir en province.

Les achats se payent au comptant, selon les usages de la boucherie en gros ; à La Villette, ils sont réglés à la fin de chaque marché à l'aide d'un chèque remis par le pourvoyeur au vendeur qui en touche le montant à présentation à la direction de la régie intéressée du marché de La Villette. Pour les achats effectués en province, les pourvoyeurs font eux-mêmes l'avance des payements et soldent les frais d'expédition des bestiaux par chemin de fer.

Les pourvoyeurs, qui étaient rémunérés jusqu'en 1900, à raison d'un prix fixé par tête d'animal acheté, sont aujourd'hui payés à forfait pour les achats de l'année. Les rémunérations accordées pour 1900 sont les suivantes :

Au pourvoyeur de bœufs, 15.000 francs (non compris les frais de voyage pour les achats faits en province) ;

Au pourvoyeur de veaux, 8.500 francs ;

Au pourvoyeur de moutons, 6.500 francs.

Le système de la régie directe a été l'objet d'observations de la part de l'inspection générale des finances qui estime que l'Administration devrait recourir au système de l'adjudication.

Vente du 5e quartier. — Les produits du 5e quartier, que l'abatage laisse à la disposition de la Boucherie, sont vendus par voie de marchés de gré à gré, avec concurrence restreinte, sauf en ce qui concerne les cuirs de bœuf, de veau et les peaux de mouton ; les cuirs sont vendus, chaque mois, aux enchères publiques, à la Bourse du commerce, par l'intermédiaire d'un commissionnaire en cuirs qui les enlève chaque matin, les livre aux acquéreurs, se charge des encaissements et verse le montant des ventes, à la fin de chaque quinzaine, à la caisse de l'Administration. Les peaux de mouton sont vendues sur le marché de La Villette par les soins du pourvoyeur qui a acheté les bestiaux ; le recouvrement du produit de ces ventes est effectuée par la direction de la régie intéressée du marché de La Villette qui en verse le montant à la caisse de l'Administration.

Livraisons. — A 5 heures en été, à 6 heures en hiver, commencent les opérations du service. La moyenne des livraisons quotidiennes de viande effectuées par la Boucherie centrale est de 5.000 kilogrammes de bœuf, 1.100 kilogrammes de veau et 1.000 kilogrammes de mouton.

Les viandes provenant des animaux abattus la veille sont pesées chaque matin par bête entière, dépecées et réparties entre les établissements dans la proportion des commandes qui sont adressées à la Boucherie la veille du jour de livraison.

Le transport est effectué par les soins de la Boucherie qui entretient, à cet effet, un matériel de 10 voitures avec leurs chevaux. Les voitures sont divisées en cases portant le nom de l'établissement destinataire. Chaque case, contenant la quantité de viande formant l'envoi journalier, est scellée au plomb au moyen d'une pince portant l'empreinte du service.

Arrivée à l'établissement destinataire, la viande livrée est pesée de nouveau, et récépissé à l'adresse du directeur de la Boucherie est remis au conducteur.

Droits d'octroi et d'abatage. — La Boucherie centrale ne paye pas de loyer à la ville de Paris pour les locaux qu'elle occupe à l'abattoir de Vaugirard, mais, comme les bouchers de Paris, elle paye, en remplacement, un droit d'abatage de 0 fr. 02 par kilogramme de viande sortant des échaudoirs et un droit de lavage de tripées à raison de 0 fr. 40 par tête de bœuf. Quant aux droits d'octroi payés à la ville de Paris et aux communes de la banlieue, le tableau suivant permet d'en évaluer l'importance.

Droits payés en 1898 :

Tripées	3.322 40
Octroi sur les viandes livrées dans Paris (0 fr. 09735 octroi plus 0 fr. 02 abatage).	218.753 16
Déclaration de sortie desdites viandes (à 0 fr. 10). . . .	245 60
Droits d'abatage de la viande livrée hors Paris	12.589 62
Feuilles de conduite	485 90
Octrois suburbains.	18.618 62
Total.	254.015 30

Dépenses. — L'Administration a acheté, en 1898, 8.372 bœufs, 5.844 veaux et 15.987 moutons qui ont produit 2.458.767 kilogrammes de viande et occasionné une dépense de. 3.059.857 86

Les frais accessoires d'achat (frais de courtage, frais de transport), les frais d'exploitation (nourriture des bestiaux, dépenses d'entretien, frais de personnel), les droits d'octroi et d'abatage se sont élevés à . 435.109 59

Total. 3.494.967 45

Ce chiffre représente le total général de la dépense effectuée en 1898 pour la fourniture de viande. Pour avoir seulement la dépense afférente à l'Administration, c'est-à-dire le montant de la viande consommée dans les hôpitaux et hospices, il y a lieu de retrancher de cette somme le produit des ventes aux divers services qui remboursent, y compris les fondations, ainsi que le produit du 5ᵉ quartier vendu au commerce.

Ces ventes (159.780 fr. 26) et produits (675.344 fr. 01) s'étant élevés, en 1898, à. 835.124 27

Il reste pour dépense à la charge de l'Administration une somme de 2.659.843 18

Les établissements, autres que les fondations, auxquels la Boucherie fournit de la viande contre remboursement, sont (1) :

Service des enfants assistés (annexe de Châtillon).

Services municipaux :

_____

(1) Les asiles d'aliénés de Sainte-Anne et de Villejuif qui étaient également approvisionnés par la Boucherie ont cessé de l'être à partir du 1ᵉʳ janvier 1894.

Refuge Michelet, rue de Tolbiac, 235 ;
Refuge Pauline-Roland, rue Fessart, 37 ;
Refuge George-Sand, rue Stendhal, 1 ;
Refuge Léo-Delibes, rue du Landy, à Clichy-la-Garenne.

Prix de la viande. — Le tableau suivant indique le relevé du prix de la viande depuis l'année 1849. Il y a lieu de remarquer que, de 1849 à 1893 inclusivement, les prix sont le résultat de nos adjudications et qu'ils ne comprennent ni droits d'octroi, ni droits d'abatage, l'Administration acquittant elle-même, en dehors des adjudicataires, les droits perçus par la ville à la sortie des abattoirs ainsi que les droits d'entrée dans les communes suburbaines ; de 1894 à 1899, les prix représentent le prix de revient des viandes achetées d'après le système de la régie directe, déduction faite également du montant de ces droits (0 fr. 11735).

ANNÉES	PRIX de la VIANDE	ANNÉES	PRIX de la VIANDE	ANNÉES	PRIX de la VIANDE	ANNÉES	PRIX de la VIANDE
	le kilogr.		le kilogr.		le kilogr.		le kilogr.
1849....	0 888	1862....	1 02	1875....	1 22	1888....	0 93
1850....	0 854	1863....	1 07	1876....	1 24	1889....	1 04
1851....	0 798	1864....	1 08	1877....	1 19	1890....	1 35
1852....	0 809	1865....	1 08	1878....	1 36	1891....	1 30
1853....	0 919	1866....	1 119	1879....	1 395	1892....	1 09
1854....	1 019	1867....	1 17	1880....	1 32	1893....	1 12
1855....	1 028	1868....	1 12	1881....	1 38	1894....	1 402
1856....	1 087	1869....	1 14	1882....	1 27	1895....	1 404
1857....	1 063	1870....	1 15	1883....	1 33	1896....	1 240
1858....	1 019	1871....	1 57	1884....	1 435	1897....	1 152
1859....	0 88	1872....	1 32	1885....	1 34	1898....	1 044
1860....	0 99	1873....	1 70	1886....	1 20	1899....	1 06
1861....	1 029	1874....	1 46	1887....	1 09		

Personnel administratif. — Ce personnel comprend :
1 directeur chargé également de la direction de la Cave ; 1 économe chargé, comme le directeur, du service de la Cave ; 2 employés aux écritures et 1 garçon de bureau.

Personnel professionnel. — Ce personnel se compose de 17 personnes, savoir : 15 garçons bouchers et 2 palefreniers.

Frais d'administration et frais généraux. — En 1898, les dépenses (frais d'administration et frais généraux) se sont élevées à la somme de 17.262 fr. 80, se décomposant ainsi par nature de dépense :

Personnel administratif	12.684 90	Report	14.120 46
Frais de bureau	137 50	Coucher, linge, mobilier	539 94
Réparations de bâtiments	371 06	Transports	801 20
Chauffage et éclairage	529 53	Eaux, salubrité, etc.	1.801 20
Blanchissage	197 47		
		TOTAL	17.262 80
A reporter	14.120 46		

BOULANGERIE CENTRALE

13, Place Scipion

DIRECTEUR : M. BOULICOT

Situation. — La Boulangerie centrale des hôpitaux, plus généralement connue sous le nom de boulangerie Scipion, est circonscrite, au nord, par la rue du Fer-à-Moulin ; à l'est, par la rue Scipion sur laquelle se trouve l'entrée principale de l'établissement ; au sud, par la rue Vésale, et, à l'ouest, par la rue de la Collégiale.

La surface totale du terrain est de 8.832 m², dont 4.743 pour la surface des bâtiments et 4.089 pour la surface des cours.

Historique. — La Boulangerie centrale occupe l'emplacement et une partie même des bâtiments d'un ancien hôtel, construit vers 1540 par Bullioud, doyen de

COUR DU CHANTIER

Saint-Marcel, et acheté en 1580 par un riche Italien, Scipion Sardini, qui l'habita jusqu'en 1596.

Acquis, en 1639, par le premier président du Parlement et les autres gouverneurs administrateurs des « pauvres enfermés », cet hôtel fut affecté au logement de ces indigents, sous le nom d'hôpital de Sainte-Marthe.

En 1656, cet établissement charitable fut annexé, par l'édit royal portant création de l'Hôpital général, au domaine de cette nouvelle administration hospitalière.

Quelques années plus tard, vers 1670, on installait à Scipion la boulangerie d'abord établie à la Salpêtrière, la boucherie (1) et la chandellerie de toutes les maisons relevant de l'Hôpital général.

Ainsi que la plupart des maisons hospitalières, l'Hôpital général tirait, en grande partie, ses farines des grains provenant de ses fermages en nature. Ces grains furent d'abord manutentionnés dans 3 moulins, dont 1, sur la Bièvre, près de son embouchure dans la Seine, et 2 autres situés sur le haut du coteau bordant les bâtiments de la Salpêtrière, puis dans les bâtiments d'une vaste manufacture située à Corbeil, qui, cédée en 1769-1773 par le roi Louis XV à l'Hôpital général, moyennant le prix de 70.000 livres, fut transformée, en 1780, par l'architecte Viel, en minoterie (2).

De son côté, l'Hôtel-Dieu, exploitant ses nombreux domaines, en recevait une partie du blé nécessaire à sa consommation ; ce blé, conservé dans ses greniers, puis transformé en farine par ses moulins, était boulangé dans l'établissement, sous la haute surveillance du 14e administrateur chargé spécialement de la surveillance de ce service et de la conservation des blés et farines.

Tel était également l'usage suivi par l'administration des Incurables.

De toutes ces usines, celle de Scipion était la plus considérable. Aussi, quand, après la Révolution, on s'occupa de réorganiser l'Administration hospitalière sous une direction unique, le premier soin du Conseil général des hospices fut-il de réunir, à la boulangerie de l'ancien Hôpital général, les services analogues existant dans les autres établissements.

Dès l'an III, les boulangeries particulières des Incurables et des Petites-Maisons furent transférées à Scipion ; enfin, en l'an V, celle de l'Hôtel-Dieu y fut également réunie par un arrêté du Conseil général du 12 thermidor.

Telle fut l'origine de la Boulangerie centrale des hôpitaux et hospices.

Cet établissement fut d'abord administré en régie paternelle. La fabrication du pain s'y faisait par des garçons boulangers, à ses gages. L'Administration fournissait le bois et tout ce qui est nécessaire à la confection du pain, et elle avait des chevaux pour porter à chaque établissement la provision qui lui était destinée.

Des plaintes s'étant élevées contre la qualité du pain fabriqué à Scipion, le Conseil général renonça bientôt à son système de régie, et, par un arrêté du 8 thermidor an IX, donna « à des entrepreneurs connus et solvables » la fourniture des farines au prix moyen des mercuriales de la ville de Paris ; les farines devaient toujours être de première qualité. Le pain fut mis aussi en entreprise : un manutentionnaire en fut chargé, moyennant un prix de 5 francs par sac de farine. Le manutentionnaire était chargé de tous les frais relatifs à la fabrication, tels que gages des boulangers, achats de bois, réparations des fours, etc. Le Conseil lui céda le local de Scipion, et les seules dépenses restant à la charge de l'Administration étaient celles d'un agent de surveillance, d'un contrôleur, d'un commissionnaire et d'un portier.

Les farines étaient livrées par le fournisseur de l'Administration, mais leur qualité devait être constatée par le manutentionnaire qui pouvait les refuser lorsqu'elles n'étaient pas de la qualité promise. D'un autre côté, le manutentionnaire était tenu de rendre, par sac de farine de première qualité pesant 325 livres, la quantité de 422 livres de pain et, pour la seconde qualité, 428 livres.

---

(1) En 1795, la boucherie établie à Scipion fut réunie à celle de l'Hôtel-Dieu et transférée dans l'ancien collège des Bernardins.

(2) Cette usine, connue aujourd'hui encore sous le nom de « moulins de Corbeil », a été vendue, en 1838, par l'ancienne administration hospitalière à M. Darblay, pour la somme de 430.000 francs.

Quant au transport du pain dans les hôpitaux et hospices, le manutentionnaire en était chargé à raison de 0 fr. 20 par quintal.

Ce système subsista jusqu'en 1818. Diverses considérations, parmi lesquelles il faut signaler la constatation d'abus résultant du système de la régie intéressée, déterminèrent l'Administration hospitalière à demander, en 1817, à l'autorité supérieure que la fabrication du pain fût remise en administration paternelle comme les autres branches des services hospitaliers.

Ce mode d'organisation, autorisé d'abord à titre d'essai, ayant répondu à l'attente du Conseil, un nouveau règlement fut adopté le 14 juin 1820 et sanctionné par le Ministre de l'intérieur le 11 octobre suivant.

D'après les dispositions de cet arrêté, la Boulangerie fut soumise à la surveillance spéciale d'un membre du Conseil général et d'un membre de la Commission

LA COUR D'ENTRÉE

administrative. 3 employés principaux étaient chargés du service intérieur et de la comptabilité de la Boulangerie : 1 agent de surveillance, 1 maître boulanger et 1 commis aux écritures.

Le maître boulanger avait seul la direction du travail de la boulangerie en ce qui concerne la manutention du pain ; les ouvriers boulangers étaient sous ses ordres ainsi que les gens de service du chantier, du mouvement des farines et des écuries. Il était comptable et responsable des farines qui lui étaient livrées par l'agent de surveillance pour le service d'une semaine ou d'un temps plus ou moins long, suivant les besoins.

Quant aux farines, elles étaient achetées dans le commerce par les soins de l'Administration. La première qualité des farines était employée à la fabrication du pain blanc, et la seconde à celle du pain moyen.

La Boulangerie centrale approvisionnait en pain, indépendamment des établissements hospitaliers, depuis l'an III, les institutions nationales des Quinze-Vingts et des Sourds-Muets, et, depuis l'an IX, les prisons de la Seine.

Pendant 30 années environ, le service de la Boulangerie fonctionna sous ce régime, sans qu'aucune modification importante paraisse avoir été introduite dans son organisation. Nous noterons cependant, en 1838, la substitution, à l'achat amiable des farines, du système de l'adjudication ; l'essai, en 1850, de pétrins mécaniques, et, en 1853, l'essai de fours à houille dits aérothermes, modèle Rolland et modèle Carville ; enfin l'installation, projetée en 1850, exécutée l'année suivante, d'une petite machine.

En 1856, l'organisation de la Boulangerie centrale subit une transformation importante, tant au point de vue de l'approvisionnement qu'au point de vue des procédés de fabrication.

Ce fut à l'occasion des essais qui eurent lieu dans ce service, par les soins d'une Commission prise dans le sein du Conseil municipal, pour étudier les bases de la taxe du pain et montrer que le pain pouvait être fabriqué à des prix inférieurs à ceux de la boulangerie parisienne, que le Préfet de la Seine, profitant de l'expérience qui venait d'être faite à l'aide d'un moulin de petite dimension, mû par l'excédent de force d'une machine à vapeur, conçut la pensée de réunir, à la Boulangerie même, l'opération de la minoterie et celle de la confection du pain.

Les essais avaient fourni diverses indications qui semblaient devoir procurer des avantages économiques ; c'est ainsi qu'on avait reconnu possible d'obtenir, avec une farine blutée à 75 % (c'est-à-dire avec une extraction de son de 25 % seulement) une pâte d'une blancheur suffisante et produisant un pain aussi agréable au goût et aussi propre à l'alimentation que le pain préparé par les boulangers avec des farines blutées généralement à 66 %.

Ces considérations décidèrent l'Administration à construire un moulin à la Boulangerie centrale.

La dépense, qui fut supportée en grande partie par la ville de Paris, atteignit 300.000 francs, et, dès la fin de 1856, l'usine fonctionna avec 12 paires de meules, dont 6 ordinaires et 6 oscillantes du système Chapelle, mues par une machine spéciale de la force de 40 chevaux.

Depuis cette époque, des améliorations nombreuses ont été apportées à l'installation de l'usine qui, dès le début, dut faire face à une production quotidienne de 25.000 kilogrammes de pain, dont 10.000 pour les hôpitaux, hospices et établissements de secours, et 15.000 pour les dépôts de vente installés par la ville, désireuse, en même temps que de faire profiter d'un abaissement de prix les ouvriers et les gens peu aisés, de prouver qu'une usine, produisant de 20.000 à 25.000 kilogrammes de pain par jour, pouvait vendre le pain au-dessous des prix de taxe.

Le matériel s'accrut, en 1858, d'une locomobile de la force de 8 chevaux, d'un appareil fumivore (procédé Vuillon) destiné à économiser le combustible, et d'un dixième four, nécessité par l'attribution faite à la Boulangerie centrale de la fourniture de pain aux troupes municipales.

En 1860, l'installation d'une machine de la force nominale de 80 chevaux (système Farcot) et l'adoption d'un ventilateur de meules, le « thermo-aspirateur Perrigault », destiné à supprimer l'échauffement de la boulange, vinrent compléter l'organisation de l'usine.

Enfin, un des premiers essais de four annulaire à sole tournante fut fait, vers cette époque, à la Boulangerie.

Une vaste paneterie fut créée en 1861 ; en même temps, on édifia sur la rue du Fer-à-Moulin des magasins à blé et à farine, dont les approvisionnements se trouvaient, jusque-là, disséminés dans divers locaux, dont le plus considérable était l'ancien couvent des Cent-Filles, situé à 300 mètres du service.

La dépense totale de ces 2 bâtiments s'éleva à 350.756 francs.

Cependant l'Administration ne négligeait aucun moyen de favoriser les essais et les expériences qui pouvaient conduire au progrès de la fabrication. Scipion devint un lieu d'expérimentation pour les inventeurs qui s'adressaient au gouvernement, au Préfet ou à l'Administration hospitalière elle-même.

L'une des applications les plus utiles que l'usine Scipion ait été appelée faire à est celle du procédé auquel est attaché le nom de M. Mège-Mouriès.

MAGASIN AUX FARINES

En examinant au microscope la composition du grain de blé, cet inventeur avait reconnu qu'immédiatement sous l'enveloppe corticale se trouve une partie dure, où se développe le principe de la germination et de la fécondation, et qui contient plus d'azote que les autres parties. Or, cette partie, éminemment propre à l'alimentation, souvent adhérente aux pellicules du son après la mouture et composant ce qu'on appelle les gruaux bis, était rejetée de la fabrication du pain blanc pour rentrer dans la composition des farines dites de seconde qualité.

Ces gruaux étaient, dans l'opinion de M. Mège-Mouriès, l'agent colorant de la pâte à laquelle ils donnaient cette nuance propre au pain bis; il imagina de séparer ces gruaux bis des autres issues et de les faire entrer dans le pain blanc, qu'ils devaient rendre plus sapide et plus alimentaire; mais, pour qu'ils n'altérassent pas la couleur du pain de première qualité, il ne les ajoutait qu'à la dernière phase du pétrissage.

Le procédé de séparation employé par M. Mège-Mouriès et qui consistait dans des lavages était défectueux et coûteux. M. Salone, directeur de la Boulangerie centrale, réussit à le rendre pratique et avantageux, en substituant la voie sèche à la voie humide, par l'application, à la séparation des gruaux, du sasseur-aspirateur Perrigault, puis en soumettant au roulage sous la meule les gruaux bis ainsi séparés, enfin en les introduisant d'emblée après ce travail dans les farines blanches du 1er jet.

Le système Mège-Mouriès ainsi transformé fut appliqué à toute la fabrication, sans que la nuance du pain en fût altérée, et les résultats économiques en furent satisfaisants. Le bénéfice réalisé par l'emploi de ce procédé fut évalué à 1 centime par kilogramme de pain, et, d'autre part, la suppression des farines de 2e qualité permit de remplacer le pain moyen, consommé dans les deux grands hospices, par du pain blanc.

Depuis cette époque, d'autres modifications avantageuses, notamment en ce qui concerne le nettoyage du blé et le service des machines, ont encore été introduites dans l'usine.

Moulins. — Dans l'état actuel, le moulin de la Boulangerie centrale possède un système complet de nettoyage, comprenant :

1 tarare émotteur, cribleur, aspirateur (système Rose frères) ;

1 épierreur Josse-Bignette ;

1 appareil magnétique de Rose frères ;

1 tricur à alvéoles de Rose, comprenant 3 cylindres à graines longues et 3 à graines rondes ;

2 colonnes épointeuses de Rose ;

2 colonnes-brosses de Rose ;

1 tarare aspirateur simple de Rose ;

1 aspirateur à poussières.

Après avoir subi le nettoyage proprement dit, le blé, avant d'arriver aux meules, est encore soumis à l'action de :

4 disques fendeurs dégermeurs de Rose frères ;

1 mouilleur automatique du même inventeur.

Les meules sont au nombre de 15 paires, savoir :

12 pour la mouture du blé ;

2 pour la mouture des gruaux ;

1 de rechange.

Chacune de ces meules peut, suivant la nature du blé, moudre de 130 à 140 kilogrammes de blé à l'heure.

La marche du moulin est de 12 heures par jour, de 6 heures du matin à 6 heures du soir.

Les farines sont blutées à 74 % environ, y compris les farines 1ᵉʳ jet, les gruaux, les 2ᵉ et 3ᵉ farines, ces deux dernières dans une proportion de 4 à 5 %. Quant aux 4ᵉˢ farines, trop bises pour être comprises dans les mélanges, elles sont, ainsi que les issues et autres produits, vendues au commerce, au cours du jour. Il en est de même des petits blés, criblures, poussières et balayures provenant du nettoyage.

Boulangerie. — La boulangerie proprement dite comprend aujourd'hui : 7 fours à charbon, système Lamoureux, 3 fours ordinaires à bois, et 8 pétrins mécaniques, système Deliry ; les pétrins sont mus à la vapeur.

Il existe encore 3 autres fours non employés, dont l'un, dû à l'invention de M. Ser, ancien ingénieur de l'Administration, est du modèle dit automatique ; le 2ᵉ est d'un système anglais dit fours superposés, et, le 3ᵉ, un four ordinaire à bois, modèle Vibert.

Les ouvriers boulangers sont répartis en 3 brigades : la première travaille de 6 heures du matin à 2 heures du soir ; la seconde, de 2 heures à 10 heures du soir ; la troisième, de 10 heures du soir à 6 heures du matin.

Un ordre de roulement attribue alternativement, à chacune de ces brigades, le service du matin, du soir ou de la nuit.

Lorsque la cuisson est terminée, le pain est transporté à la paneterie, et c'est là qu'est faite, par les hommes de peine de l'établissement, chaque jour, de 5 heures à 6 heures du matin, la distribution du pain. Le pain est chargé dans les voitures des établissements. Une feuille de livraison, indiquant le nombre de pains et leur poids, est remise à chaque conducteur de voiture.

Service des machines. — Le fonctionnement des divers appareils du moulin et de la boulangerie est assuré par 3 moteurs à vapeur alimentés par 3 générateurs du type Thomas Laurens, de 86 chevaux nominaux chacun.

Le moteur du moulin, de la force nominale de 145 chevaux et effective de 220, met en action les appareils de nettoyage, meules, grandes bluteries et accessoires.

1 moteur Rikkers, de la force de 25 chevaux, actionne les pétrins et les monte-charges, et 1 moteur Brûlé, de 50 à 75 chevaux, est destiné à suppléer la machine Rikkers.

Achat des blés. — En 1856, lors de la mise en service du moulin de la Boulangerie, l'Administration, pour ses approvisionnements de blé, tenta la voie de l'adjudication publique; mais elle dut bientôt l'abandonner, parce que les soumissionnaires, peu nombreux, demandaient des prix exagérés. Ce fut alors que, pour assurer le service, une Commission, sous la présidence du Préfet de la Seine, décida de procéder à l'approvisionnement de la

LA PANETERIE

Boulangerie au moyen d'achats, à l'amiable, réalisés dans les conditions suivantes :

Les 1er et 3e vendredis de chaque mois, les cultivateurs, négociants ou commissionnaires, ayant des blés à vendre, étaient admis, de 10 heures à midi, à déposer à l'Administration centrale un échantillon de chaque nature de blé offert, accompagné d'une lettre indiquant la provenance, le poids naturel et le prix. Une quantité déterminée de chaque échantillon, la même pour tous, était versée dans une sébile portant pour toute indication un numéro d'ordre. Le même jour, à 1 heure 1/2, une Commission composée de 2 négociants-experts désignés par la Chambre de commerce, et présidée par le Secrétaire général assisté du directeur de la Boulangerie, se réunissait à l'effet d'examiner la qualité des blés, les déclarer propres ou impropres au service et fixer ensuite la valeur réelle de chaque échantillon. A l'issue de la séance, les déposants étaient informés de la décision de la Commission.

Pour ces achats, l'Administration, en s'adressant, en principe, à des producteurs directs et à de petits négociants, évitait, par une réception et un emmagasinage immédiats, les frais de location de sacs et les frais, assez considérables, que le système d'adjudication impose aux adjudicataires.

Ce système d'achats amiables présentait, au point de vue de la concurrence, les mêmes avantages que l'adjudication. D'autre part, il permettait d'éliminer des blés qui, bien qu'ayant le poids naturel exigé (75 kilogrammes à l'hectolitre), ne convenaient pas à notre mouture.

Ce mode d'achat a été suivi jusqu'en 1877, époque à laquelle M. le Préfet de la Seine exprima le désir de voir appliquer de nouveau, aux fournitures de blés, la règle de l'adjudication publique.

Le Conseil de surveillance fut saisi de la question, et, dans sa séance du 2 août 1879, il émit l'avis qu'il y avait lieu de mettre la fourniture en adjudication publique, mais en faisant précéder le dispositif de sa délibération des considérations suivantes :

« Considérant que le mode actuellement suivi par l'Administration pour l'acquisition des blés, et qui, du reste, n'a été adopté qu'à la suite de l'insuccès de tentatives réitérées d'adjudication, semble le plus conforme aux usages du commerce spécial des blés et le plus favorable, par conséquent, à la concurrence ;

« Qu'une longue expérience a, en outre, démontré qu'il permettait à l'Administration de s'approvisionner de blés de bonne qualité, convenant à la destination du pain qu'elle fabrique, et, ce, dans de bonnes conditions de prix ;

« Qu'en présence, toutefois, du texte de la loi et du désir manifesté par l'autorité supérieure, il convient de tenter de nouveau le mode de l'adjudication publique, mais en stipulant dans le cahier des charges le dépôt préalable d'échantillons par les soumissionnaires et en divisant la fourniture en 4 adjudications trimestrielles, de manière à prémunir l'Administration contre la livraison de blés impropres à son service et à ne point se prêter à la spéculation par des marchés à long terme. »

L'adjudication publique des blés fut en conséquence décidée.

Elle fut appliquée pour la première fois à la fourniture du 1er trimestre 1878. Ce mode d'approvisionnement est encore suivi par l'Administration.

Voici comment s'effectuent ces adjudications :

La veille du jour fixé pour l'adjudication, les soumissionnaires déposent un échantillon, en sac cacheté, de chacune des espèces de blés qu'ils entendent fournir.

Ces échantillons, de la capacité de 2 décilitres au moins, doivent être renfermés dans un sac muni d'une étiquette imprimée indiquant la quantité de blés offerte (50 quintaux au minimum ou un multiple de 50), la provenance, le poids naturel à l'hectolitre et le prix demandé par 100 kilogrammes nets rendus franco à la Boulangerie centrale.

Le jour fixé pour l'adjudication et préalablement à l'ouverture de la séance, les échantillons déposés par les soumissionnaires sont soumis, en présence d'un délégué du Directeur de l'Administration, à l'appréciation d'une Commission d'experts. Le contenu des échantillons est versé, à cet effet, jusqu'à concurrence de 2 décilitres dans des sébiles uniformes et qui reçoivent le même numéro d'ordre que les échantillons.

Les échantillons, jugés impropres au service ou d'une valeur inférieure au prix demandé, sont mis de côté, comme ne pouvant concourir à l'adjudication ; on classe ensuite les autres échantillons en tenant compte du prix et de la qualité tout à la fois. L'adjudication est prononcée, dans la limite du prix fixé par l'Administration, au profit des soumissionnaires dont les échantillons ont été admis, en suivant l'ordre du classement de ces échantillons, jusqu'à concurrence des quantité mises en adjudication.

Le blé à fournir doit être d'essence tendre, de bonne qualité, bien sec, coulant à la main, d'une belle couleur, exempt de tout mélange de céréales ou de graines étrangères à sa production, ainsi que de mauvaise odeur, d'avarie ou d'altération quelconque. Les blés durs, blés poulards, ceux dits gros blés à grains bossus et les blés contenant des pierres sont absolument exclus.

Le blé doit être livré dans son état naturel.

La réception des livraisons est faite par une Commission composée d'un inspecteur, du directeur de la Boulangerie et d'experts.

Les blés livrés doivent être reconnus conformes aux échantillons, et, mesurés à la trémie conique, ils doivent peser à l'hectolitre le poids garanti par l'adjudicataire dans sa soumission.

Depuis 1899, les adjudications qui avaient lieu trimestriellement ont été fixées, sur l'avis d'une Commission du Conseil de surveillance, en décembre pour l'approvisionnement des 6 premiers mois de l'année, en février ou mars pour 1/4 de la fourniture annuelle et en septembre pour le complément nécessaire de l'année.

Cette modification est la seule qu'ait subi le mode d'achat des blés par adjudication depuis 1878.

LE FOURNIL

Dépenses. — La fourniture de blé est de 60.000 quintaux par an environ.

Les dépenses de la Boulangerie, tant en achats de matières premières que pour frais de fabrication et de manipulation, se sont élevées, en 1898, à 1.769.102·fr. 09 pour une fourniture de blé de 59.995 quintaux et pour une fabrication de 5 millions 677.642 kil. 55 de pain.

Le chiffre de. . . . . 1.769.102 09 représente le total général de la dépense effectuée. Si l'on veut avoir seulement la dépense afférente à l'Administration, c'est-à-dire le montant du pain, de la farine et des issues consommées dans les hôpitaux et hospices, il faut retrancher de cette somme le produit de ventes aux divers établissements qui remboursent (y compris les fondations), ainsi que le produit des sons et des issues, etc., vendus au commerce, au cours du jour.

Ces ventes (371.733 fr. 92) et produits (181.336 fr. 43) s'étant élevés, en 1898, à 553.070 35

Il reste pour dépense à la charge de l'Administration une somme de. 1.216.031 74

Les établissements étrangers à l'Administration, auxquels la Boulangerie centrale fournit du pain (abstraction faite des fondations), sont :

Les asiles d'aliénés du département de la Seine : Sainte-Anne et Villejuif ;

Les services municipaux : asile Nicolas-Flamel ; asile Benoît-Malon ; asile Pauline-Roland ; asile Michelet ; asile George-Sand ; asile Léo-Delibes ; buffet du Conseil municipal ;

Et diverses œuvres privées.

Prix du blé et du pain. — Nous compléterons cet exposé par le tableau suivant, comprenant le relevé des prix moyens annuels du blé acheté depuis l'année 1872, pour le service de la Boulangerie centrale, et du pain fabriqué par cette usine.

ANNÉES	PRIX MOYEN du quintal de blé	PRIX DE REVIENT du kilogr. de pain	ANNÉES	PRIX MOYEN du quintal de blé	PRIX DE REVIENT du kilogr. de pain
1872	32 2721	0 4286	1886	23 5810	0 2739
1873	36 4243	0 3986	1887	25 6780	0 2929
1874	32 5413	0 3620	1888	26 9240	0 2876
1875	25 2514	0 2968	1889	26 3270	0 2989
1876	27 9990	0 3007	1890	26 5770	0 2977
1877	32 1207	0 3446	1891	28 4400	0 3109
1878	32 0590	0 3564	1892	25 7500	0 2920
1879	30 9750	0 3314	1893	22 4514	0 2278
1880	32 3000	0 3501	1894	21 5920	0 2257
1881	31 4950	0 3464	1895	20 3640	0 2204
1882	30 5860	0 3445	1896	19 9274	0 2109
1883	28 1850	0 3240	1897	24 8253	0 2409
1884	24 7000	0 2914	1898	26 6180	Les comptes moraux de ces deux exercices n'ont pas encore paru.
1885	23 7450	0 2793	1899	21 6956	

Personnel administratif. — Le personnel administratif comprend : 1 directeur ; 1 commis aux écritures et 1 concierge-commissionnaire.

Personnel professionnel. — Le personnel professionnel peut se diviser en 3 catégories :

1° Le personnel attaché au service du moulin, qui se compose de 14 personnes, savoir : 1 chef de mouture ; 1 conducteur de meules ; 2 rhabilleurs ; 3 bluteurs ; 6 hommes de peine ;

2° Le personnel des boulangers, qui comprend 51 personnes, savoir : 1 chef boulanger ; 1 chef panetier ; 3 panetiers ; 19 brigadiers de fours ; 19 pétrisseurs ; 1 farinier ; 1 aide farinier ; 6 hommes de peine ;

3° Le personnel affecté à la conduite des machines, qui se compose de 7 personnes : 1 chef mécanicien ; 1 aide mécanicien ; 3 chauffeurs ; 1 graisseur ; 1 homme de peine.

1 charpentier monteur de moulins et 1 bourrelier sont, de plus, attachés à la Boulangerie.

Frais d'administration et frais généraux. — En 1898, les dépenses de frais d'administration et frais généraux de la Boulangerie centrale se sont élevées, d'après le compte financier, à 108.636 fr. 17, se répartissant, par nature de dépense, ainsi qu'il suit :

Personnel administratif	12.023 60		Report	56.723 92
Frais de bureau	277 55		Blanchissage	91 37
Personnel secondaire	1.001 40		Coucher, linge, habillement, mobilier	12.554 17
Bâtiments	35.847 81		Frais de transport	2.368 05
Pharmacie	459 43		Eaux, salubrité, valeur locative de l'usine, etc.	36.898 66
Chauffage et éclairage	6.514 13			
A reporter	56.723 92		TOTAL	108.636 17

CAVE CENTRALE

Entrepôt Saint-Bernard (Halle aux vins)

DIRECTEUR : M. ADANCOURT

Situation. — La Cave centrale de l'Assistance publique est située à l'entrepôt Saint-Bernard (Halle aux vins), où elle occupe, 58, butte de la Seine, les celliers n°s 42 à 58 et 53 à 57, d'une superficie de 1.758^{mq}29, avec 280 mètres de trottoirs et un bureau. Le prix du loyer payé à la ville de Paris est de 17.014 fr. 68.

Historique. — La création de la Cave centrale date de 1816. Elle fut motivée par les plaintes qui s'élevaient contre la qualité des vins en usage et les difficultés de contrôle des fournitures faites directement aux établissements. Une hausse sur le prix des vins employés jusqu'alors (vins du Cher, d'Orléans ou des environs de Paris) fut l'occasion qui entraîna la décision de l'Administration.

En instituant la Cave centrale par un arrêté du 31 janvier 1816, le Conseil général des hospices se proposa non seulement de centraliser la réception des vins nécessaires à la consommation des hôpitaux et hospices de Paris, et d'assurer un contrôle exact de la qualité de ces vins, mais encore d'en faciliter l'approvisionnement en procédant à des coupages.

La Cave centrale fut installée, dès l'origine, dans les bâtiments de l'ancien hospice des Enfants-Trouvés, au parvis Notre-Dame (1). Elle y resta jusqu'en 1849, époque à laquelle le service fut transféré à la Halle aux vins, dans les locaux qu'elle occupe encore aujourd'hui.

Le mélange du vin destiné aux hôpitaux a été composé pendant longtemps avec des vins de Narbonne, Roussillon ou Marseille, additionnés d'eau dans des proportions variant de 20 à 33 %; en 1840, on y ajouta une faible partie de bordeaux blanc; après 1843, on y fit entrer un peu de bordeaux rouge, tandis qu'on abaissait la proportion du roussillon. En 1848, le coupage était composé comme il suit :

Bordeaux rouge	20 %	Narbonne	10 %
— blanc	20 %	Roussillon	5 %
Marseille	25 %	Eau	20 %

A cette époque, sur les observations formulées dans un rapport adressé au Ministre de l'intérieur par les inspecteurs généraux des établissements de bienfaisance, l'Administration renonça à faire entrer une proportion d'eau dans le vin préparé pour le service de ses maisons.

La fourniture du vin nécessaire à la consommation des établissements hospitaliers fait chaque année l'objet de deux adjudications, chacune pour une durée de six mois.

D'après le cahier des charges de cette fourniture, sont seuls admis à concourir

---

(1) Bâtiments édifiés en 1748 sur les dessins de l'architecte Germain Bosfrand, administrateur de l'Hôpital général.

à l'adjudication les producteurs français ainsi que les négociants de vins en gros ayant leur maison de commerce située en France.

Les producteurs et négociants autorisés à prendre part à l'adjudication déposent des échantillons en indiquant, d'une part, la nature des vins offerts, leur degré alcoolique et la quantité d'extrait sec qu'ils renferment ; d'autre part, l'année de la récolte, la quantité offerte et le prix du litre rendu à la Cave centrale des hôpitaux, déduction faite des droits d'octroi.

Les vins doivent être en parfaite nature, c'est-à-dire n'ayant pas subi de coupage. L'ensemble des échantillons est soumis à l'examen d'une Commission de dégustation composée d'experts choisis parmi les notables commerçants désignés par la Chambre de commerce et parmi les courtiers-gourmets assermentés.

Cette Commission procède à l'examen de chaque échantillon et opère une première élimination basée sur la qualité. A la suite d'une deuxième dégustation dans laquelle les vins sont appréciés sous le rapport de la qualité combinée avec le prix, les échantillons restants sont classés, après rejet de ceux dont les prix sont trop élevés eu égard à leur qualité, et l'on arrête, avec les échantillons qui doivent obtenir la préférence, tant sous les rapports hygiéniques que sous ceux du bon service, les espèces de vins qui doivent entrer dans le coupage.

Le vin de coupage titre d'ordinaire 10 degrés alcooliques.

Le tableau suivant indique la composition des coupages établis pour chacune des deux adjudications semestrielles de 1899 avec le prix par litre obtenu à l'adjudication, non compris les droits d'octroi, mais y compris la valeur de la futaille.

DURÉE du MARCHÉ	NATURE des VINS ADJUGÉS	QUANTITÉS	PRIX du LITRE	DEGRÉ	Proportion de chaque sorte de vin	PRIX DE REVIENT
		litres				
	Vin rouge de Vaucluse. . .	200.000	0 31	10	10 °/₀	
	— de Fitou.	400.000	0 32	11	20 °/₀	
	— du Var.	400.000	0 345	12	20 °/₀	Prix moyen, 0 fr. 312
1ᵉʳ semestre 1899.	— de Rivesaltes . . .	200.000	0 35	12	10 °/₀	le litre.
	— de Narbonne . . .	400.000	0 285	8	20 °/₀	Degrés du coupage
	— de Coursan	200.000	0 27	7,4	10 °/₀	10,065.
	— du Gard	200.000	0 29	9,25	10 °/₀	
		2.000.000				
	Vin rouge du Var.	380.000	0 35	9,5	20 °/₀	
	— de Fitou.	380.000	0 365	10	20 °/₀	Prix moyen, 0 fr. 3525
2ᵉ semestre 1899.	— du Roussillon . . .	190.000	0 385	11	20 °/₀	le litre.
	— de Lapalme	190.000	0 39	11,4	10 °/₀	Degrés du coupage
	— des Côtes du Rhône.	380.000	0 295	9	20 °/₀	9,94.
	— de Leucate	380.000	0 365	10	20 °/₀	
		1.900.000				

Fournitures. — Les fournitures de vins sont effectuées à la Cave centrale des hôpitaux aux frais et risques et par les soins des adjudicataires. Les vins livrés ne sont reçus définitivement qu'après avoir été examinés par la Commission d'expertise qui a donné son avis pour leur achat. La Commission s'assure de leur conformité avec les échantillons prélevés sur les pièces types. L'identité de ces livraisons avec les pièces d'échantillons est, en outre, contrôlée, s'il y a lieu, au moyen d'une analyse chimique.

Une fois les vins reçus par la Commission et acceptés par l'Administration, les fûts sont jaugés par des jaugeurs assermentés.

Il est procédé ensuite à un nouveau contrôle des quantités reçues et constatées par l'opération du jaugeage, qui ne peut donner que des résultats approximatifs à raison de la conformation plus ou moins régulière des fûts. Ce deuxième contrôle est effectué au moyen du dépotage d'un certain nombre de pièces : un fût sur dix, pris au hasard, est versé dans une cuve graduée appelée dépotoir. Cette opération fait ressortir, avec

CAVE CENTRALE

les mêmes fûts jaugés, une différence en plus ou en moins ; et cette différence est prise comme base de calcul pour rectifier les chiffres du jaugeage de la totalité des pièces.

Les vins de coupage sont ensuite mélangés selon la proportion établie par la Commission d'expertise sur l'avis de laquelle il a été procédé à l'adjudication : ce travail est fait dans une cuve de la capacité de 20 pièces. Le vin provenant du mélange est ensuite mis en fûts ; ces derniers, après collage ou filtrage, sont rentrés en magasin, puis, enfin, expédiés dans les établissements consommateurs par l'intermédiaire d'un entrepreneur de transports.

Indépendamment des vins de coupage, la Cave centrale des hôpitaux reçoit, par adjudication, dans les mêmes forme et conditions que les vins ordinaires, le vin de Banyuls, le vin blanc employé en pharmacie ou consommé dans les cantines des hospices, et le vinaigre. Depuis le 1er janvier 1900, le vin de Champagne, destiné à certains malades et qui était auparavant acheté directement par les hôpitaux, est également centralisé à la Cave.

Cet établissement est, en outre, chargé de la vente des futailles provenant de la livraison des vins et vinaigre. Ces ventes ont lieu deux fois par mois et comprennent d'ordinaire chaque fois 700 à 800 futailles, réparties par lots de 50.

Dépenses. — La fourniture des vins ordinaires, mis en consommation, qui

30

était, en 1824, de 1.200.000 litres, atteint aujourd'hui près de 4.000.000 de litres.

Les quantités de vins et de vinaigre livrés par la Cave, tant aux établissements à la charge de l'Administration, qu'aux services qui remboursent, y compris les fondations, se sont élevées, pendant l'année 1898, ainsi qu'il suit :

NATURE DES FOURNITURES	QUANTITÉS LIVRÉES		TOTAL
	aux établissements de l'Administration	aux établissements qui remboursent	
	litres	litres	litres
Vin ordinaire	2.945.385	933.768	3.879.153
Vin blanc	7.102	82.442	89.544
Vin de Bordeaux	221	226	447
Vin de Banyuls	34.139	8.313	42.452
Vinaigre	50.320	21.132	71.452

Comme dépense, le coût des vins et vinaigre mis en consommation s'est élevé, y compris les droits d'octroi (529.034 fr. 96 pour les vins et 11.246 fr. 04 pour le vinaigre), à la somme totale de 1.820.768 fr. 61, à répartir ainsi qu'il suit :

Dépenses des établissements à la charge de l'Administration. 1.353.534 03
Dépenses des services qui remboursent. 467.234 58
Total égal 1.820.768 61

Les établissements, autres que les fondations, auxquels la Cave centrale fournit, contre remboursement, les vins et vinaigre dont ils ont besoin, sont :

Services départementaux :

Asiles d'aliénés : Sainte-Anne, Vaucluse, Ville-Évrard, Villejuif ;

Orphelinat Prévost, à Cempuis (Oise) ;

École Lepeletier de Saint-Fargeau, à Montesson (Seine-et-Oise) ;

Institut départemental des Sourds-Muets, à Asnières (Seine) ;

Établissement de Moisselles (Seine-et-Oise) ;

Enfants-Assistés : école d'Alembert, à Montévrain (Seine-et-Marne) ; école Le Nôtre, à Villepreux (Seine-et-Oise) ; école d'Yzeure, à Yzeure (Allier) ; annexe de Châtillon (Seine) ; orphelinat Douchin, à Paris.

Services municipaux :

Refuges et asiles divers : Pauline-Roland, rue Fessart, 37 ; Michelet, rue de Tolbiac, 235 ; George-Sand, rue Stendhal, 1 ; Léo-Delibes, rue du Landy, à Clichy-la-Garenne ; Ledru-Rollin, rue de Bagneux, à Fontenay-aux-Roses.

Relevé du prix des vins et du vinaigre. — Nous avons déjà indiqué le prix moyen auquel ont été achetés les vins qui ont servi au coupage de l'année 1899. Nous croyons utile de compléter ces renseignements par le tableau suivant, comprenant le relevé du prix des vins et vinaigre achetés par adjudication depuis le 1er avril 1888 (1).

(1) Non compris les droits d'octroi, mais y compris la valeur de la futaille.

DURÉE DU MARCHÉ	PRIX MOYEN DES VINS		Vin blanc pour cantines et pharmacies	VINAIGRE	
	Coupages	Banyuls		DURÉE du MARCHÉ	PRIX du VINAIGRE
1er avril 1888 au 30 septembre 1888. . . .	0 385	»	0 375	Année 1888 . . .	0 20
1er octobre 1888 au 31 mars 1889	0 3755	»	0 32		
1er avril 1889 au 30 septembre 1889. . . .	0 3675	0 79	0 32	— 1889 . . .	0 20
1er octobre 1889 au 31 mars 1890	0 3832	0 85	0 35		
1er avril 1890 au 30 septembre 1890. . . .	0 3892	0 795	0 37	— 1890 . . .	0 20
1er octobre 1890 au 31 décembre 1890. . .	0 391	0 79	0 37		
1er semestre 1891	0 3805	0 74	0 365	— 1891 . . .	0 195
2e —	0 3710	0 67	0 37		
1er semestre 1892	0 3645	0 70	0 385	— 1892 . . .	0 20
2e —	0 37275	0 70	0 33		
1er semestre 1893	0 3505	0 77	0 385	— 1893 . . .	0 20
2e —	0 3540	0 79	0 405		
1er semestre 1894	0 3165	0 78	0 28	— 1894 . . .	0 20
2e —	0 3050	0 74	0 31		
1er semestre 1895	0 3055	0 68	0 36	— 1895 . . .	0
2e —	0 3035	0 72	0 36		
1er semestre 1896	0 349	0 74	0 35	— 1896 . . .	0 20
2e —	0 3375	0 705	0 33		
1er semestre 1897	0 30425	0 72	0 36	— 1897 . . .	0 19
2e —	0 3105	0 74	0 34		
1er semestre 1898	0 3125	0 715	0 35	— 1898 . .	0 20
2e —	0 3075	0 74	0 35		
1er semestre 1899	0 3120	0 695	0 35	— 1899 . . .	0 185
2e —	0 3525	0 75	0 39		

Personnel administratif. — Le personnel administratif comprend :
1 directeur chargé en même temps de la direction de la Boucherie centrale, et dont le traitement est au compte de ce service ; 1 économe chargé, lui aussi, de la comptabilité de la Boucherie centrale, mais dont le traitement est au compte de la Cave centrale ; 1 commis aux écritures.

Personnel professionnel. — Le personnel professionnel se divise en personnel fixe et personnel à la journée.

Le personnel professionnel fixe comprend : 1 surveillant de cave ou maître de chais ; 1 maître de chais adjoint chargé plus spécialement de la surveillance des manipulations.

Le personnel à la journée comprend 7 ouvriers, dont 5 occupés d'une manière permanente, et 2 sont embauchés régulièrement pour 2 ou 3 jours après chaque livraison bi-mensuelle pour la rentrée des vins dans les caves.

Frais d'administration et frais généraux. — En 1898, les dépenses de frais d'administration et de frais généraux de la Cave centrale des hôpitaux se sont élevées à la somme de 69.448 fr. 42, se décomposant ainsi par nature de dépense :

Personnel administratif	8.802 50	Report	14.915 11
Impressions, frais de bureau	280 80	Blanchissage.	22 05
Personnel secondaire.	5.162 51	Linge et mobilier	506 13
Réparations de bâtiments	70 65	Frais de transport	21.669 03
Chauffage et éclairage.	598 65	Loyer, eaux, dépenses diverses . . .	32.336 07
A reporter	14.915 11	TOTAL	69.448 42

MAGASIN CENTRAL

89, Boulevard de l'Hôpital

DIRECTEUR : M. DOUCE

Situation. — Le Magasin central est situé boulevard de l'Hôpital, nos 87 à 95. Il est contigu au nord et à l'est à la Salpêtrière.

Il occupe une surface totale de 16.774m²49, dont 5.055,20 pour les bâtiments et 11.719.29 pour les cours et jardins.

VUE GÉNÉRALE

Historique. — Le Magasin central a été créé en 1866. Il comprend :

1° Les magasins proprement dits ;

2° Des ateliers pour la coupe, la confection et le raccommodage du linge des établissements ;

3° Le dépôt des ventes, local réservé aux objets réformés ou abandonnés, non susceptibles d'être utilisés dans les services.

Avant la création du Magasin central, le Conseil général des hospices avait réalisé la centralisation pour certains produits nécessaires aux établissements.

Ainsi, la Pharmacie était chargée des fournitures de sucre, sel, poivre, éponges, cire, sel de soude, etc. ; la Boulangerie, de celle des légumes et fruits secs, semoule, vermicelle, fromage sec, huile, vinaigre, savon, chandelle ; la Filature des indigents.

des matières et objets de lingerie, d'habillement et de coucher, de mercerie, etc.; l'hôpital Saint-Louis pourvoyait à la fourniture du charbon de terre ; l'hospice des Enfants-Assistés, Bicêtre, Brézin, centralisaient : l'un, la coupe et la confection des layettes; l'autre, dans des ateliers spéciaux, l'habillement et la cordonnerie; le troisième, la confection des vêtements ; enfin les Ménages servaient de dépôt des ventes, c'est-à-dire de magasin d'objets réformés non utilisables.

En 1850, fut créé, à la Salpêtrière, un atelier central de confection, raccommodage. destruction du linge et préparation du linge à pansements.

Depuis longtemps, le Conseil municipal avait émis un vœu tendant à la centralisation en un seul établissement des services disséminés dont nous venons de parler, et l'Administration avait élaboré le projet de création d'un grand magasin qui devait permettre, en dehors des services généraux à maintenir (Boulangerie, Boucherie, Cave, Approvisionnement des Halles, Pharmacie), la centralisation effective de tous les objets de consommation ou d'usage, en laissant seulement aux établissements le soin de se fournir directement de certains menus objets, d'emploi imprévu ou accidentel.

Le but était de séparer le plus complètement possible la production ou l'achat de la consommation, et d'instituer, par cette division même, un contrôle efficace ; de substituer au mode de fournitures achetées en détail sur divers points les achats collectifs préparés à l'avance et demandés au commerce par la voie de la concurrence ; de réaliser ainsi des économies dans les achats ; de créer des types destinés à servir de base à tous les marchés et à toutes les fournitures auxquelles on appliquerait un mode de réception par des commissions mixtes d'experts et d'agents ; d'organiser un mode d'échange obligeant les établissements consommateurs à représenter les objets hors de service lorsqu'ils ne seraient pas de nature à se détruire par l'usage ; enfin d'assurer, pour d'immenses quantités de matières et d'objets, un service exact, régulier, économique, entouré de toutes les garanties possibles, affranchi des hasards et des vices d'une action multiple, disséminée et sans contrôle.

Les circonstances permirent en 1864 de donner suite à ce projet. Les vieux bâtiments de la Salpêtrière, où avaient été placés à l'origine les ateliers de confection, de raccommodage et de préparation du linge à pansements, tombaient en ruine, et leur habitation allait devenir dangereuse ; il fallait prendre de promptes mesures entraînant par elles-mêmes des dépenses inévitables. On pouvait profiter des travaux à faire pour installer sur cet emplacement le Magasin central.

D'autre part, la création du Magasin central devait entraîner la suppression de la Filature des indigents établie dans une maison de la rue des Tournelles, et précisément l'Assistance publique songeait à transférer dans cet immeuble les services de la direction des nourrices, qui a, depuis, fait place à l'hôpital Andral.

Le projet voté par le Conseil de surveillance, approuvé par le Préfet, dans cette même année 1864, fut mis à exécution en 1865. La construction et l'aménagement furent terminés en moins de trois ans, d'après les plans et sous la direction de l'architecte Ponthieu. Les dépenses de premier établissement s'élevèrent à la somme de 1.852.225 francs, dont 499.250 francs durent être prélevés sur la fortune hospitalière ; le surplus fut couvert par des subventions municipales.

Le Magasin central commença à fonctionner en 1867 ; on y transféra successivement les services qui devaient y prendre place, au fur et à mesure que son organisation se complétait. On détermina ainsi, pour chaque nature d'objets, la série des types devant servir de base aux commandes ; on dressa une nomenclature des denrées, matières et objets à fournir par son intermédiaire et on fixa par des instructions précises le mode de demande et de livraison.

Depuis sa création, les attributions de cet établissement n'ont subi que des modifications de détail.

Fournitures. — Le système d'achat par adjudication, étendu dès l'origine au plus grand nombre possible d'articles, a été encore développé depuis quelques années, au point d'embrasser toutes les catégories de fournitures nécessaires aux établissements hospitaliers.

Actuellement, ces fournitures comprennent :

UN MAGASIN

1° *Comestibles.* — Chocolat, confitures, fromage de Comté, fruits secs (figues et raisins), haricots (blancs et rouges), huile blanche, légumes de conserve, lentilles, macaroni, pâtes (pâtes d'Italie, semoule, tapioca et vermicelle), pois secs, poisson salé, poivre, pruneaux, riz, sel et sucre.

2° *Combustible et éclairage.* — Charbon de terre (gailletterie, tout-venant, charbon pour four, criblé, braisette), coke et poussier de coke, huile à brûler, chandelles, bougies, mèches, veilleuses, bougies d'allume et de visite.

3° *Blanchissage.* — Bleu, chlorure de soude, savon de Marseille, savon noir, sel de soude.

4° *Coucher, linge, habillement, mobilier.* — Matières premières : crin, laine, plume et duvet, toile imperméable, toile vulcanisée, draps (bleu, bleu foncé, gris bleu, etc.), anacoste, flanelle, mérinos, molleton, péruvienne, cotonnades blanches et écrues, toile de fil et de chanvre, étoffes diverses.

Effets confectionnés : couvertures, langes de laine et de coton, bonneterie (bas, chaussettes, gilets, camisoles, robes de coton pour enfants), coiffures (bérets, casquettes et képis), chaussures (brodequins, souliers, chaussons et sabots), articles divers (cravates, ceintures, etc.).

Articles de mercerie.

Mobilier, matières premières : corderie, corde, ficelle et paille, toile cirée pour meubles et parquets.

Meubles et ustensiles : meubles meublants, appareils et machines, ustensiles de ménage en métal, coutellerie, taillanderie, quincaillerie, lampes, etc., brosserie, boissellerie, tonnellerie, vannerie, sparterie, etc., ustensiles de ménage, et articles de laboratoire en faïence, porcelaine, verrerie, poterie, etc.

5° *Objets de pansement.* — Coton cardé en nappes, gaze-mousseline, taffetas gommé, flanelle de santé, calicot pour sparadrap, toile de coton pour bandages, toile crémée pour bandes, béquilles, irrigateurs, etc., bandes de gaze-mousseline.

6° *Transports.* — Avoine.

7° *Salubrité.* — Cire à frotter, chlorure de chaux, chlorure de zinc, sulfate de fer, poudre de pyrèthre.

Les livraisons au Magasin central sont faites mensuellement ou trimestriellement, selon la nature des fournitures.

La réception des marchandises est faite par une Commission composée, sous la présidence d'un inspecteur de l'Administration, du directeur et de l'économe du Magasin central, d'un directeur et d'un économe des établissements appelés à tour de rôle pour faire partie de la Commission d'expertise, enfin d'experts spécialistes désignés par la Chambre de commerce.

Après acceptation des fournitures, le Magasin central distribue aux établissements qu'il est chargé d'approvisionner : tous les mois, les articles de consommation proprement dits, tels que comestibles, articles de chauffage, d'éclairage et de blanchissage, ainsi que l'avoine; tous les trimestres, les articles de pansement, de coucher, de linge, d'habillement et tous les ustensiles et objets mobiliers.

Indépendamment des fournitures qu'il fait à époques fixes aux établissements, le Magasin central a la mission de fournir de meubles et de matériel les établissements ou services nouveaux créés par l'Administration. Cette partie de sa tâche n'est pas sans importance.

C'est ainsi, par exemple, qu'en 1897, le Magasin central a dû préparer l'installation du service des chroniques à Brévannes, celle de l'hôpital Boucicaut à Paris et des maternités Boucicaut de Roubaix, Rouen et Chalon-sur-Saône; en 1899, celle du sanatorium d'Hendaye; en 1900, celle des pavillons d'isolement de l'hôpital des Enfants-Malades, du sanatorium d'Angicourt, des trois nouveaux hôpitaux d'enfants, etc.

Ateliers de coupe et de confections. — A l'exception des couvertures, des langes, des chaussures, de la bonneterie et des coiffures, tous les effets sont confectionnés par les soins ou sous la surveillance du Magasin central (1).

Les étoffes destinées à ces confections sont coupées sur place et remises ensuite, soit aux ateliers de la Salpêtrière composés de pensionnaires de la maison, soit à des ouvriers et ouvrières du dehors, soit enfin aux ouvrières à la journée travaillant au Magasin central.

Un des travaux les plus importants du Magasin central consiste dans la confection de tous les articles composant les layettes, les maillots, les trousseaux et les vêtements des enfants assistés de la Seine.

Plus de 800.000 articles entrent dans la composition de ces paquets qui sont livrés à l'hospice dépositaire pour être expédiés en province ; la dépense du Magasin central pour les enfants assistés et moralement abandonnés s'élève à plus de 1 million de francs par an.

Le nombre des hospitalisées occupées dans les ateliers de la Salpêtrière aux travaux de couture commandés par le Magasin central est de 800 environ ; celui des

(1) A titre d'exception, le Magasin central ne confectionne pas les effets des administrés de Bicêtre ; il ne livre à cet établissement que les étoffes qui sont confectionnées dans l'atelier des tailleurs de Bicêtre. De même, le Magasin central ne fournit que les étoffes aux asiles d'aliénés.

ouvriers et ouvrières de la ville, travaillant dans leur ménage et chargés des travaux neufs de couture par le Magasin central, est de 1.400 (1).

Le nombre des ouvriers et ouvrières attachés au Magasin central et travaillant dans cet établissement est de 69; nous indiquerons d'ailleurs plus loin leurs professions en donnant la liste du personnel du Magasin central.

Voici, à titre de renseignement, le prix des principales confections que paye le Magasin central aux ouvriers et ouvrières du dehors :

Habillement, hommes

Blouses d'expert, de médecin et d'élève	2 » la pièce
Bourgerons	1 » —
Capotes de malade	1 50 —
— de garde	6 » —
Cottes en coutil	1 25 —
Gilets pour administrés	1 25 —
— drap pour personnel . . .	1 75 —
Pantalons treillis en coton . . .	1 25 —
— d'étuviste	1 75 —
— drap	2 75 —
Paletots coton pour administrés	3 50 —
— drap pour infirmiers .	6 » —
— pour surveillants . .	7 » —
Vestes, toile bleue	1 75 —
— pour cuisiniers	1 50 —
Blouses cotonnade	0 36 à 0 72 suivant la taille
— toile	1 » la pièce
— d'étuvistes	1 72 —

Habillement, femmes

Bonnets de surveillante	1 50 la pièce
— de malade et d'admi-nistrée	0 10 —
Bonnets mérinos pour enfants	0 156 à 0 18 suiv. taille
— indienne pour enfants	0 09 à 0 10 —
Camisoles de malade	0 42 la pièce
Camisoles d'enfant	0 25 à 0 30 suivant la taille

Caracos	1 » la pièce
Jupons	0 35 à 0 40 suivant la taille
Jupes	0 50 la pièce
Robes pour adultes	2 50 —
— pour enfants . .	0 30 à 0 84 suivant la taille
Tabliers pour enfants . .	0 25 à 0 35 —

Linge

Chemises pour hommes	0 75 la pièce
— pour femmes	0 50 à 0 60 suiv. taille
— pour filles	0 24 à 0 42 —
— pour garçons . .	0 45 à 0 65 —
Draps coton	0 50 la pièce
Essuie-mains	0 05 —
Peignoirs	0 90 —
Serviettes de table	0 04 —
— de bain	0 05 —
Tabliers de médecin	0 24 —
— de pharmacie	0 30 —
— de sommelier	0 30 —
— de jardinier	0 24 —
— plissés	0 38 —
— à cordons	0 054 —
— d'infirmier	0 24 —
— toile bleue	0 15 —
— d'allumeur	0 30 —
Traversins	0 10 —
Taies d'oreiller	0 12 à 0 15 suivant la taille

Service du raccommodage.— Tous les mois, les établissements hospitaliers envoient les effets de coucher et de linge à réparer au Magasin central. Un atelier y a pour mission d'examiner si ces effets sont des effets réparables ; ceux jugés réparables sont envoyés aux ateliers de raccommodage installés à la Salpêtrière, avec les pièces et morceaux destinés à faire la réparation ; la Salpêtrière les rend réparés le mois suivant ; ceux jugés non réparables sont mis de côté et soumis, tous les trois mois, à une Commission qui statue sur la proposition de mise en réforme. Les articles réformés sont dénaturés ; les morceaux en sont employés, soit à la réparation des effets dont il est question ci-dessus, soit à la confection du linge à pansements, soit au nettoyage. Ce qui reste est vendu trimestriellement.

On voit que le service du raccommodage occupe deux ateliers distincts :

1° L'un, qui prépare les raccommodages, installé au Magasin central. Il occupe 300 pensionnaires de la Salpêtrière choisies parmi les plus valides ; leur gain journalier varie de 60 à 30 centimes suivant leur travail pour une journée de 7 heures (8 heures du matin à 11 heures, et midi à 4 heures).

---

(1) Les ouvriers et ouvrières du dehors sont recrutés parmi les personnes chargées d'enfants, habitant Paris.

2° L'autre, installé à la Salpêtrière, où se font les raccommodages et composé des 800 pensionnaires de la Salpêtrière dont nous avons parlé plus haut.

Dépôt des ventes. — Le Magasin central reçoit des établissements les vieux métaux (cuivre, fonte, ferraille, zinc, etc.), les ustensiles et les objets mobiliers hors d'usage, ainsi que les effets provenant des successions, non réclamés, des malades ou administrés décédés ; il en retire ce qui paraît utilisable dans d'autres services et les dépose dans son garde-meuble pour être livrés aux maisons qui en font la demande. Ce qui n'est pas utilisable est réuni au vieux linge, aux rognures, aux déchets des coupes, aux vieux papiers et chiffons ; le tout est vendu trimestriellement aux enchères publiques par un commissaire-priseur.

L'Administration fait vendre également, tous les six mois, au Magasin central, les bijoux provenant des successions hospitalières qui lui sont acquises.

Le produit de ces ventes est de 25.000 francs environ par trimestre. La majeure partie des recettes provient du vieux linge et des vieux effets.

Dépenses. — Les achats faits par le Magasin central, pour assurer le service des établissements qu'il est chargé de fournir, ont occasionné, en 1898, une dépense de 6.271.769 fr. 65, répartis ainsi qu'il suit :

SOUS-CHAPITRES du BUDGET	NATURE des DÉPENSES	ÉTABLISSEMENTS		TOTAL
		à la charge de l'Administration	qui remboursent	
Sous-chapitre 14..	Comestibles	331.969 65	188.944 58	520.914 23
Sous-chapitre 15.	Chauffage	1.289.502 93	514.501 01	1.804.003 94
Id.	Éclairage	53.149 14	13.376 68	66.525 82
Sous-chapitre 16..	Blanchissage.	95.452 43	27.526 67	122.979 10
Sous-chapitre 17..	Coucher, linge, habillement	1.157.035 17	1.549.503 08	2.706.538 25
Id.	Mobilier	249.142 20	211.456 33	460.598 53
Sous-chapitre 18..	Appareils et pansements.	502.264 83	35.812 32	538.077 15
Sous-chapitre 19.	Transports (avoine)	25.017 02	18.090 02	43.107 04
Sous-chapitre 20..	Salubrité.	5.602 03	3.423 56	9.025 59
TOTAUX		3.709.135 40	2.562.634 25	6.271.769 65

En dehors des établissements hospitaliers et de secours dont les dépenses incombent, soit au budget général de l'Administration, soit aux crédits ouverts pour l'exécution de fondations, le Magasin central approvisionne un certain nombre de services publics.

C'est ainsi qu'il fournit aux asiles de Vincennes et du Vésinet, à la prison de Fresnes-lès-Rungis, à la maison de Nanterre et à l'institution nationale des Sourds-Muets, les objets de pansement (coton cardé, mousseline-gaze, taffetas gommé, flanelle de santé), la mercerie et divers effets de coucher, de linge et d'habillement.

Au service des enfants assistés de la Seine, les layettes, maillots, vêtures et trousseaux et aux écoles Le Nôtre, d'Alembert et Yzeure, relevant du service des enfants assistés, une partie des comestibles, du mobilier, les ustensiles de faïence, porcelaine

31

et verrerie, le sel de soude, le savon. la brosserie, la boissellerie, les objets de coucher, le linge, l'habillement et les articles de pansement.

Aux asiles d'aliénés du département de la Seine (Sainte-Anne, Vaucluse, Ville-Évrard et Villejuif), une partie des comestibles, le charbon, l'huile et la bougie, les articles de blanchissage, les effets 'de coucher, de linge et d'habillement, la mercerie, les ustensiles de ménage, la verrerie, la brosserie, la quincaillerie et les objets de pansement.

Aux écoles de la ville de Paris, il fournit la gailletterie, et aux refuges, asiles, ambulances, étuves, piscines, relevant également de la ville de Paris, une partie des comestibles, le charbon, le linge, l'habillement, les ustensiles de ménage, la brosserie, la quincaillerie et les objets de pansement.

MAGASIN AUX TOILES

Personnel administratif. — Le personnel d'administration du Magasin central comprend : 1 directeur; 1 économe; 1 commis principal; 9 employés aux écritures et 4 sous-employés.

Personnel secondaire. — Le personnel attaché au service des magasins et des divers ateliers est composé de 128 personnes, savoir :

12 surveillants et surveillantes; 26 sous-surveillants et sous-surveillantes; 4 coupeurs; 12 coupeuses; 40 plieuses; 8 couturières et raccommodeuses; 5 mécaniciennes; 6 filles de service ; 15 hommes de peine.

Frais d'administration et frais généraux. — En 1898, les dépenses de frais d'administration ou frais généraux du Magasin central se sont élevées à la somme de 204.244 fr. 30, se décomposant ainsi par nature de dépense :

Personnel administratif.	47.590 »		Report.	140.338 39
Impressions, frais de bureau.	2.053 55		Blanchissage	520 01
Personnel secondaire.	68.644 29		Coucher, linge, mobilier	6.120 72
Réparations de bâtiments.	13.726 60		Transports	1.500 25
Pharmacie.	362 50		Eaux, salubrité, valeur locative	55.764 93
Chauffage et éclairage	7.961 45			
			TOTAL	204.244 30
A reporter.	140.338 39			

PHARMACIE CENTRALE

47, Quai de la Tournelle

DIRECTEUR : M. PRUNIER

Situation. — La Pharmacie centrale des hôpitaux est installée quai de la Tournelle, n° 47.

La surface totale de l'immeuble est de 4.745ᵐᵉ20, y compris la surface d'une maison, rue de Pontoise, 12 annexée, en 1888

COUR D'ENTRÉE

à la Pharmacie centrale, dans le but d'assurer à l'immeuble, en cas d'incendie, une deuxième issue. La surface bâtie est de 2.235ᵐᵐ59.

Historique. — Avant la Révolution, chaque maison hospitalière possédait son « apothicairerie particulière ». Cependant Saint-Louis et Sainte-Anne n'avaient pas leur apothicairerie spéciale ; ils étaient fournis de médicaments par l'Hôtel-Dieu, duquel ils dépendaient. Au surplus, pendant une longue période, ces deux hôpitaux ne fonctionnèrent pas d'une manière permanente ; ils n'étaient ouverts qu'en temps d'épidémie (1).

Chaque établissement ayant son autonomie, il est facile de comprendre que chaque pharmacien achetait lui-même les produits dont il avait besoin ; chacun aussi avait son formulaire, ses recettes, un mode particulier de préparation ; et il pouvait arriver qu'une pharmacie fût encombrée de médicaments, parfois inutilisés pendant un long espace de temps, et, par suite exposés à se détériorer, tandis que telle autre pharmacie pouvait manquer du produit qui était en excédent dans une autre maison. D'autre part, la comptabilité, qui n'était l'objet d'aucune réglementation générale, était souvent négligée.

Dès que les services hospitaliers de Paris eurent été réunis en une administration commune, on se préoccupa d'apporter de l'ordre dans les pharmacies particulières des hôpitaux et de les soumettre à des réglementations.

En l'an V, une première pharmacie centrale fut installée dans l'ancien bâtiment des Enfants-Trouvés, place Notre-Dame.

Par un arrêté en date du 23 février 1802 (4 ventôse an X), le Conseil général des hospices, récemment créé, organisa complètement le service des pharmacies particulières des hôpitaux et le service de la Pharmacie centrale, chargée de la préparation unique des médicaments. Voici les principales dispositions que le Conseil prit à cet effet :

« Un pharmacien en chef sera chargé de la direction ou de la surveillance, tant de la Pharmacie centrale que des pharmacies particulières des hôpitaux et hospices et des comités centraux de bienfaisance. Les pharmacies des hôpitaux et hospices seront dirigées par des chefs de service, assistés d'élèves internes..... Le pharmacien en chef sera choisi ou nommé suivant le mode adopté pour les médecins ou chirurgiens.

. . . .

« Le service de la Pharmacie centrale sera réglé de la manière suivante :

« Le chef de service du laboratoire préparera les médicaments sous l'inspection du pharmacien en chef ; les drogues lui seront remises par le chef de service du magasin. Il tiendra note des déchets ou avaries survenus dans les opérations, ainsi que des différents résidus susceptibles d'être employés et les remettra avec les médicaments confectionnés au chef de service du magasin qui lui en donnera un reçu visé par le pharmacien en chef qui en aura reconnu la bonté et le produit. Le chef de service du magasin sera chargé, sous l'inspection du pharmacien en chef, de la conservation des drogues simples et des médicaments composés ; il les distribuera aux chefs de service des divers établissements sur les états visés par la Commission administrative. »

Le 10 février 1810, un décret impérial ayant ordonné que la maison où se trouvait installée la Pharmacie centrale serait annexée à l'archevêché, l'administration hospitalières transporta, en 1812, la Pharmacie centrale dans l'ancienne abbaye des Miramionnes, située quai de la Tournelle.

Cette maison des Miramionnes tirait son nom d'une communauté, fondée en partie par Mme de Miramion, veuve de J.-J. de Beauharnais, seigneur de Miramion, conseiller

---

(1) Une délibération du 16 avril 1767 nous apprend que l'hôpital Sainte-Anne ayant été prêté pour y loger des prisonniers de Bicêtre atteints de scorbut, tous les médicaments furent fournis par l'Hôtel-Dieu et le prix en fut remboursé par le gouvernement.

au Parlement de Paris, et installée par elle, en 1691, dans une maison voisine de l'hôtel occupé par Mme de Nesmond, sa fille.

La communauté ayant été supprimée en 1790, l'immeuble tomba dans le domaine national et fut compris, lors de la réorganisation des administrations hospitalières, dans la dotation des hospices de Paris.

Cet immeuble, durant la Révolution, avait servi de manufacture d'armes, puis de filature de coton, de fabrique de toile peinte, etc.

L'immeuble était en mauvais état et il fallut y faire d'importantes réparations, qui,

MOTIFS DÉCORATIFS

d'après le devis dressé par M. Niel, architecte, s'élevèrent à 105.000 francs, dont la dépense fut supportée par la ville de Paris.

Organisation intérieure. — Le service de la Pharmacie centrale comprend deux parties : les laboratoires et le magasin.

Les laboratoires sont pourvus des machines et ustensiles nécessaires pour la préparation des médicaments et composés pharmaceutiques. On y prépare, en outre, les eaux minérales artificielles et on y rectifie le chloroforme qui, employé comme anesthésique, doit être livré chimiquement pur ; on y fait également les analyses, non seulement des produits fournis à la Pharmacie, mais encore des denrées provenant des autres magasins généraux dont la qualité doit être contrôlée.

La comptabilité de la Pharmacie centrale a été organisée par l'arrêté du 20 février 1802, dont nous avons cité plus haut quelques dispositions, et par un arrêté du 4 mai 1836.

D'après la réglementation résultant de ces arrêtés, le magasin remet au laboratoire toutes les substances à préparer et en fait dépense, en indiquant l'objet pour lequel elles sont préparées.

Elles sont portées, d'autre part, sur un *Journal des préparations* tenu par le laboratoire et indiquant la nature et la quantité des substances employées, la nature et la quantité des produits fabriqués au moyen de ces substances.

Les produits fabriqués sont ensuite remis au magasin qui compare les quantités employées avec celles par lui délivrées, et donne reçu sur le registre.

Un compte est ouvert pour chaque drogue ou médicament; de même, chaque maison hospitalière desservie par la Pharmacie centrale a son compte particulier.

Fonctionnement. — La direction de la Pharmacie, la surveillance et la préparation des médicaments sont confiées à un pharmacien en chef qui est chargé en outre de l'inspection des pharmacies particulières, des établissements hospitaliers et des dispensaires des bureaux de bienfaisance.

Pour le service des laboratoires, ce pharmacien en chef est assisté d'un chef, d'un sous-chef et de deux aides de laboratoire, nommés au concours.

Les deux aides sont choisis parmi les anciens internes en pharmacie des hôpitaux ou parmi les internes en pharmacie en exercice.

Les candidats au concours pour la place de chef des laboratoires de la Pharmacie centrale des hôpitaux doivent être âgés de 25 ans au moins et ne pas avoir dépassé l'âge de 35 ans.

Ils doivent, en outre, être pourvus du diplôme de pharmacien de première classe.

Les épreuves du concours comprennent :

1° Une composition écrite, sur la préparation des médicaments, pour la rédaction de laquelle il est accordé trois heures;

2° Une épreuve pratique consistant dans la reconnaissance de vingt médicaments, dont dix galéniques et dix chimiques, avec dissertation sur le mode de préparation de l'un ou de deux de ces médicaments désignés par le jury ; quinze minutes sont accordées pour l'ensemble de cette épreuve;

3° Une seconde épreuve pratique portant sur l'essai et le dosage des médicaments. Il est accordé aux candidats, pour cette épreuve, trois heures au moins et quatre heures au plus.

Sont admis au concours pour la place de sous-chef des laboratoires de la Pharmacie centrale :

1° Les anciens internes en pharmacie des hôpitaux, pourvus du diplôme de pharmacien de première classe ;

2° Les internes en pharmacie des hôpitaux en exercice ayant au moins douze inscriptions à l'École supérieure de pharmacie de Paris ou ceux qui ont obtenu la médaille d'or.

Dans le cas où le candidat présenté par le jury serait un interne en exercice non pourvu du diplôme de pharmacien de première classe, il aurait à justifier de ce diplôme dans un délai de deux années à partir de sa nomination.

Les épreuves de ce concours sont les suivantes :

Épreuves d'admissibilité :

1° Une épreuve sur titres, consistant dans l'appréciation par le jury, et avant l'ouverture du concours, des titres et travaux antérieurs des candidats ;

2° Une composition écrite portant sur la physique et sur la chimie, appliquée à la pharmacie, pour la rédaction de laquelle il est accordé quatre heures ;

3° Une épreuve orale sur un sujet de pharmacie chimique ; il est accordé aux candidats dix minutes pour traiter la question, après dix minutes de réflexion.

Épreuves définitives :

Une épreuve pratique consistant en :

1° Une analyse qualitative d'un ou plusieurs mélanges de produits chimiques employés en pharmacie ;

BATIMENT PRINCIPAL

2° Un essai avec dosage d'un ou plusieurs médicaments ;

3° Une dissertation sur la méthode employée pour cette analyse et cet essai et les résultats obtenus. Cette dissertation aura lieu immédiatement après l'épreuve.

Il est accordé huit heures pour l'ensemble de cette épreuve et dix minutes au plus pour la dissertation.

Un économe ayant sous ses ordres des employés aux écritures est chargé de la tenue de la comptabilité. Il a la responsabilité générale du magasin.

Le service du magasin est confié à un chef de magasin, assisté d'un sous-chef.

Fourniture de substances pharmaceutiques. — Les substances pharmaceutiques et produits chimiques, comprenant l'herboristerie sèche, l'herboristerie fraîche, la parfumerie, l'épicerie-droguerie, la droguerie, les produits chimiques, etc., sont fournies par voie d'adjudication annuelle.

La réception des marchandises est faite à la Pharmacie centrale sur l'avis d'une Commission dont les membres renouvelés chaque année sont choisis dans les catégories ci-après :

1 médecin des hôpitaux ;

1 médecin du service de l'assistance médicale à domicile ;

2 pharmaciens des hôpitaux ;

1 pharmacien de la ville de Paris, choisi parmi ceux qui font partie des jurys des concours ;

3 experts, désignés par la Chambre de commerce de Paris ;

1 inspecteur de l'Administration ;

Le directeur et l'économe de la Pharmacie font toujours partie de cette Commission.

La Pharmacie centrale distribue tous les mois, aux établissements qu'elle est chargée d'approvisionner, tous les médicaments dont ils ont besoin.

Ces livraisons se font de deux manières, suivant que les établissements consommateurs ont ou n'ont pas de moyens suffisants de transport.

Pour un certain nombre de maisons (Hôtel-Dieu, Necker, Cochin, Beaujon, Andral, Maternité, Clinique Tarnier, Ricord, Broca, Enfants-Malades, Trousseau, Sainte-Périne et les fondations), les livraisons sont faites directement par la Pharmacie centrale qui fait prendre les récipients et envoie les médicaments à des jours déterminés. Les dispensaires et maisons de secours, les prisons et un certain nombre d'établissements privés sont également desservis directement par les voitures de la Pharmacie centrale.

Les autres établissements, possédant un matériel de transport, font prendre eux-mêmes leurs médicaments à la Pharmacie. Chacun d'eux a un jour fixé d'avance et doit, au préalable, apporter ses récipients vides.

Abstraction faite de ces livraisons périodiques, les établissements peuvent toujours, en cas de besoin, faire prendre à la Pharmacie centrale les produits qui leur font défaut.

Les produits qui ne sont pas d'un usage courant, et notamment les produits de laboratoire, ne sont pas compris dans les livraisons périodiques. La Pharmacie ne les achète ou ne les prépare qu'au jour le jour, au fur et à mesure des besoins. Ils sont demandés par les établissements par bons spéciaux et leur sont livrés dans les trois jours de la commande.

Fourniture d'objets de pansement antiseptiques. — Indépendamment des médicaments, la Pharmacie centrale des hôpitaux centralise les articles de pansement antiseptiques nécessaires au service.

Les objets de pansement antiseptiques acquis par adjudication sont : la gaze iodoformée, la gaze au salol, la ouate-coton au salol, la ouate-coton boriquée, le mackintosh, la protective (taffetas-chiffon), le lint boriqué et la ouate-coton hydrophile.

Les articles à fournir doivent, aux termes du cahier des charges, être garantis fabriqués avec des produits purs et de première qualité, et il n'en est pris livraison qu'après analyse chimique et examen par une Commission composée, sous la présidence d'un Inspecteur de l'Administration, du directeur de la Pharmacie et de chirurgiens et de pharmaciens des hôpitaux.

Les articles de quelque importance dont l'achat est réalisé directement dans le commerce sont : la gaze boriquée et phéniquée, le coton boriqué et phéniqué, l'étoupe et le coton au biiodure, le coton et étoupe au sublimé, les soies, les catguts et les crins de Florence, etc.

Dépenses. — La dépense pour médicaments fournis aux établissements, pendant l'année 1898, s'est élevée à la somme totale de 1.414.036 fr. 51, en y comprenant, tant la valeur primitive des drogues et des matières premières que les frais occasionnés par leur conversion en remèdes. Cette somme peut être répartie ainsi qu'il suit :

Pour le service des établissements à la charge de l'Administration. 1.045.150 57
Pour le service des fondations, bureaux de bienfaisance
et des autres établissements qui remboursent 368.885 04

Total égal. 1.414.036 51

La dépense spéciale à la Pharmacie centrale pour achat d'objets de pansement antiseptiques a atteint, pendant le même exercice, la somme de 227.431 fr. 09, répartie comme il suit :

Pour le service des établissements à la charge de l'Administration. 206.951 10
Pour le service des fondations, bureaux de bienfaisance et des autres établissements qui remboursent. 20.479 99

Total égal. 227.431 09

Les établissements, autres que les fondations et les bureaux de bienfaisance, auxquels la Pharmacie centrale fournit contre remboursement les médicaments et articles de pansement dont ils ont besoin pour leur service, sont les suivants :

Asiles nationaux : Charenton, Vésinet, Vincennes, Jeunes-Aveugles, Quinze-Vingts (hospice et clinique), Sourds-Muets ;

Maisons de la Légion d'honneur : Écouen et Saint-Denis.

Services départementaux de la Seine :

Aliénés : Sainte-Anne, Vaucluse, Ville-Évrard, Villejuif ;

Service des Enfants-Assistés : Châtillon, Port-Hallan, Yzeure ;

Orphelinat Prévost, à Cempuis (Oise) ;

École Lepeletier de Saint-Fargeau, à Montesson (Seine-et-Oise) ;

Institut départemental des Sourds-Muets, à Asnières (Seine) ;

Établissement de Moisselles (Seine-et-Oise) ;

Prisons de la Seine : Jeunes-Détenus ; Santé ; Saint-Lazare ; Dépôt de la Préfecture ; Conciergerie ;

Maisons départementales de la Préfecture de police : Nanterre, Villers-Cotterets.

Services municipaux :

Étuves : rue Stendhal, 1 ; rue Chaligny, 21 ; rue du Château-des-Rentiers, 71 ; rue des Récollets, 6 ;

Ambulances urbaines : rue de Staël, 6-10 ; Marché-Saint-Honoré ; rue Caulaincourt ; rue Chaligny, 21 ; à l'hôpital Saint-Louis. rue Bichat, 40 ;

Refuges : Benoît-Malon, quai Valmy, 107 ; Nicolas-Flamel, rue du Château-des-Rentiers, 71-73 ; Pauline-Roland, rue Fessart, 37 ; Michelet, rue de Tolbiac, 235 ; George-Sand, rue Stendhal, 1 ; Léo-Delibes, rue du Landy, à Clichy ; Ledru-Rollin, rue de Bagneux, à Fontenay-aux-Roses ;

Piscines : rue Bouvet, 1 ; place Hébert ; avenue Ledru-Rollin.

Divers : Bourse de travail, magasins scolaires, égouts de Paris, marché de La Villette, service des promenades, l'hôpital communal de Saint-Denis, l'hôpital Péan et diverses œuvres charitables privées.

32

Personnel administratif. — Le personnel administratif comprend : 1 directeur ; 1 économe ; 4 employés aux écritures et 1 concierge commissionnaire.

Personnel professionnel. — Le personnel attaché au service des magasins se compose de 11 personnes, savoir :

1 chef de magasin ; 1 sous-chef ; 2 surveillants ; 5 sous-surveillants et 2 hommes à la journée.

Le personnel des laboratoires comprend 16 personnes, savoir :

1 chef de laboratoire ; 1 sous-chef ; 2 aides chimistes ; 2 surveillants ; 9 sous-surveillants et 1 homme à la journée.

Un mécanicien et 1 chauffeur sont de plus attachés à la Pharmacie.

Frais d'administration et frais généraux. — En 1898, les dépenses de frais d'administration et de frais généraux de la Pharmacie centrale des hôpitaux se sont élevées, d'après le compte financier, à la somme totale de 141.737 fr. 69, se répartissant, par nature de dépense, ainsi qu'il suit :

Personnel administratif et professionnel.	45.588 60		*Report*	101.912 55
Impressions, frais de bureau, etc	1.015 39		Blanchissage.	74 10
Personnel secondaire	39.193 81		Linge, habillement, mobilier.	7.336 82
Entretien des bâtiments	12.005 57		Frais de transport	4.546 88
Chauffage et éclairage.	4.109 27		Eaux, salubrité, dépenses diverses . . .	27.867 34
A reporter	101.912 55		TOTAL	141.737 69

SERVICE DU BLANCHISSAGE

Organisation des buanderies.— Avant 1843, quelques établissements hospitaliers seulement possédaient des buanderies ; les autres confiaient au commerce de la ville le blanchissage de leur linge. Ce dernier système fut critiqué par une Commission médicale, dans un rapport du 10 mai 1843, ainsi conçu :

« Les établissements sont à la merci d'un blanchisseur qui souvent ne vient pas rapporter le linge au jour indiqué et laisse manquer le service un ou deux jours de suite..... Dans un établissement spécial, le linge serait raccommodé avant d'être renvoyé dans les hôpitaux. Il y aurait certainement économie, car les ouvrières, réunies sous une surveillance très sévère et facile à exercer, travailleraient mieux et plus que divisées comme elles le sont dans les divers hôpitaux ; les vols de linge que l'Administration déplore chaque année deviendraient plus difficiles et par conséquent moins fréquents. »

L'Administration résolut alors de construire des buanderies dans ceux de ses établissements qui en étaient dépourvus, ou, tout au moins, d'agrandir les buanderies qu'elle possédait déjà pour assurer le blanchissage de tout le linge hospitalier.

C'est ainsi que la buanderie de la Vieillesse femmes, la plus importante, blanchit le linge de l'Hôtel-Dieu, de la Charité, de Beaujon, des Cliniques et de la Boulangerie centrale ;

L'hospice des Incurables femmes blanchit le linge de l'hôpital Necker ;

L'hôpital Cochin, celui de Lourcine ;

L'hôpital Lariboisière, celui de la Maison de Santé ;

L'hôpital Saint-Louis, celui des Incurables hommes.

Quant à la Pitié, l'hôpital Saint-Antoine, Sainte-Eugénie, la Vieillesse hommes, les Ménages, La Rochefoucauld, Sainte-Périne, la Maison d'accouchement et l'hospice des Enfants-Assistés, ils furent pourvus de buanderies ne servant qu'à leur usage particulier.

Deux établissements seulement, l'hôpital des Enfants-Malades et celui du Midi, continuèrent d'avoir recours à l'entreprise.

Les buanderies de l'Administration blanchissaient environ 6.000.000 de kilogrammes de linge par an.

A la Salpêtrière seulement, il a été blanchi, dans le courant de l'année 1861, 3.609.368 pièces de linge pesant 2.207.239 kilogrammes. La dépense a été de 132.399 francs, soit un prix de revient de 5 fr. 76 par 100 kilogrammes de linge blanchi.

Depuis dix ans, environ, l'Administration a projeté de remplacer les buanderies disséminées dans les établissements par deux ou trois buanderies centrales suffisantes pour assurer le blanchissage de tout le linge hospitalier. Aussi n'a-t-elle pas remplacé celles des buanderies d'établissements qui n'auraient pu être maintenues sans d'importants travaux de réparations. C'est ainsi qu'ont été supprimées les buanderies communes de Cochin, des Enfants-Assistés et de la Pitié en 1891, 1892 et 1895; et, en 1896, les buanderies particulières de Saint-Antoine, des Ménages et de la Maison d'accouchement.

Dans ces conditions, le service du blanchissage est actuellement dans une situation transitoire.— Une première buanderie importante a été construite, en 1892, dans les dépendances de l'hôpital Laënnec; une deuxième buanderie plus importante est projetée, et le prix de sa construction, évalué 2.000.000 de francs, est compris dans les propositions que M. le Préfet de la Seine doit soumettre au Conseil municipal de Paris en vue de réaliser d'importantes améliorations dans tous les services hospitaliers. Indépendamment de la buanderie de Laënnec, il existe encore diverses buanderies d'hôpitaux et hospices, que nous indiquerons plus loin. Enfin, vingt établissements ont recours à l'entreprise, pour tout ou partie de leur linge (1).

Les buanderies actuellement existantes sont les suivantes :

4 buanderies affectées uniquement au blanchissage du linge de l'établissement dont elles dépendent : Berck, Bicêtre, Chardon-Lagache, La Rochefoucauld.

9 buanderies blanchissent, en outre du linge de leur établissement, le linge d'autres maisons, savoir :

Laënnec (2), installée d'après les procédés modernes, qui blanchit la totalité du linge de la Charité, de Necker, de Laënnec, de la maternité de Beaujon, de l'hospice des Enfants-Assistés, des Ménages et une partie du linge des Enfants-Malades et de Boucicaut ;

Lariboisière, qui blanchit, avec la totalité de son linge, celui de la Maison de Santé et de l'école d'Alembert à Montévrain ;

Saint-Louis, blanchissant la totalité de son linge et une partie du linge de l'Hôtel-Dieu, de Tenon et de Debrousse ;

Trousseau, qui blanchit son linge et une partie de celui d'Andral ;

La Salpêtrière, qui blanchit la totalité de son linge, la totalité du linge de la fondation Boulard, de Lenoir-Jousseran et une partie du linge de Beaujon, de l'Amphithéâtre, de l'Hôtel-Dieu, de la Pitié et la totalité du linge du Magasin central, de la Boulangerie et de la Pharmacie ;

Ivry, blanchissant la totalité de son linge, celui de la fondation Dheur et partie du linge de Saint-Antoine ;

Sainte-Périne, qui blanchit son linge, celui de Rossini et de Chardon-Lagache ;

Forges-les-Bains, qui blanchit son linge et celui des fondations Riboutté-Vitallis et Hartmann ;

Brézin, blanchissant, avec son linge, celui de la fondation Davaine.

Quantité de linge blanchi. — La quantité de linge blanchi par ces buanderies, dans le courant de l'année 1898, s'est élevée, d'après les comptes de buanderie, à 14.386.232 kilogrammes, pour une dépense totale de 945.997 francs.

---

(1) Ces établissements sont: la Pitié, Andral, Saint-Antoine, Cochin, Tenon, Bichat, Broussais, Herold, Ricord, Broca, Accouchement, Baudelocque, Clinique Tarnier, Aubervilliers, Bastion 29, Enfants-Malades, La Roche-Guyon, Brévannes, Debrousse et Galignani. Les dépenses du blanchissage donné à l'entreprise se sont élevées en 1898 à la somme de 462.990 fr. 07.

(2) Voir plus loin, page 254, la notice consacrée à la buanderie Laënnec.

Cette quantité de linge se décompose ainsi qu'il suit par buanderie et par établissement :

DÉSIGNATION DES BUANDERIES		ÉTABLISSEMENTS BLANCHIS	POIDS du LINGE BLANCHI	TOTAL
BUANDERIES COMMUNES	Laënnec	Laënnec	522.696	
		Charité	623.465	
		Necker	500.840	
		Beaujon (maternité)	119.600	
		Enfants-Malades (partie)	127.600	2.910.911
		Enfants-Assistés	778.200	
		Ménages	199.000	
		Boucicaut (partie)	39.600	
—	Lariboisière	Lariboisière	1.103.690	
		Maison de Santé	412.536	1.532.126
		École d'Alembert	15.900	
—	Saint-Louis	Saint-Louis	1.339.886	
		Hôtel-Dieu (partie)	23.730	1.845.176
		Tenon (partie)	477.180	
		Debrousse (partie)	4.380	
—	Trousseau	Trousseau	791.957	793.237
		Andral (partie)	1.280	
—	Salpêtrière	Salpêtrière	1.824.511	
		Fondation Boulard	4.750	
		Lenoir-Jousseran	12.260	
		Beaujon (partie)	450.100	
		Amphithéâtre (partie)	3.251	
		Hôtel-Dieu (partie)	760.670	3.130.678
		Pitié (partie)	56.400	
		Boulangerie centrale	1.251	
		Magasin central	9.311	
		Pharmacie centrale	1.620	
		Administration centrale	6.554	
—	Ivry	Ivry	702.472	
		Fondation Dheur	1.850	873.642
		Saint-Antoine (partie)	169.320	
—	Sainte-Périne	Sainte-Périne	97.898	120.898
		Rossini	23.000	
—	Forges-les-Bains . . .	Forges-les-Bains	43.666	
		Riboutté-Vitallis	10.450	56.696
		Hartmann	2.580	
—	Brézin	Fondation Brézin	53.100	75.400
		Fondation Davaine	22.300	
BUANDERIES PARTICULIÈRES . . .	Hôtel-Dieu	Hôtel-Dieu (partie)	53.844	
—	Charité	Charité (partie)	30.050	
—	Cochin	Cochin (partie)	48.612	
—	Beaujon	Beaujon (partie)	64.000	
—	Tenon	Tenon (partie)	286.206	
—	Bichat	Bichat (partie)	16.309	
—	Boucicaut	Boucicaut (partie)	10.515	3.947.528
—	Broca	Broca (partie)	30.558	
—	Berck-sur-Mer	Berck-sur-Mer (totalité)	293.365	
—	Enfants-Assistés . . .	Enfants-Assistés (partie) . . .	68.529	
—	Bicêtre	Bicêtre (totalité)	1.882.623	
—	La Rochefoucauld . . .	La Rochefoucauld (totalité) . . .	72.846	
—	Chardon-Lagache . .	Chardon-Lagache (partie) . . .	62.340	
		TOTAL GÉNÉRAL		11.386.232

BUANDERIE LAENNEC

42, Rue de Sèvres

Situation. — La Buanderie est limitée, de face, par la rue de Sèvres ; sur le côté droit, par une propriété particulière et par la rue Vaneau ; sur le côté gauche et en arrière, par les terrains de l'hôpital dont elle est séparée par une simple barrière en bois.

Installation. — La Buanderie a été ouverte le 1er janvier 1893. Les dépenses de construction et d'installation s'élevèrent à 312.695 fr. 45, qui furent prélevés sur les sommes provenant du Pari mutuel. Elle occupe une surface couverte de 1.320^{mq}, ainsi répartis :

Salle de triage	120	»
Ateliers d'essangeage, coulage, lessivage, essorage	470	»
Ateliers de séchage	230	»
Salle de pliage	150	»
Chaufferie, machinerie, ateliers et magasins	350	»

La Buanderie Laënnec possède un système complet de blanchissage ; son matériel se compose de :

Bassins de trempage et essangeage (ayant une surface totale de 30^{mq})	4
Cuviers de 1.000 kilogrammes	8
Tonneaux-laveurs de 1^{m}30 de diamètre sur 1 mètre de largeur .	6
Tonneaux-rinceurs, mêmes dimensions	4
Essoreuses de 1 mètre de panier	4
Étuves à air chaud (ayant une surface de 64^{mq}), machine à sécher pour 1.200 kilogrammes	1

Le fonctionnement des divers appareils de la Buanderie est assuré par un moteur de type horizontal, d'une force de 40 chevaux ; il actionne les appareils de blanchissage, une dynamo qui donne un éclairage par incandescence, enfin une pompe à fourreau, d'un débit de 40 mètres cubes d'eau à l'heure.

Eaux. — La Buanderie utilise l'eau de Seine et l'eau de l'Ourcq. En outre, on a foré un puits de 62 mètres de profondeur pour capter une nappe d'eau d'assez grand débit, qui, à l'aide de la pompe aspirante et foulante, sert à l'alimentation des réservoirs. La consommation moyenne d'eau est de 400 mètres cubes par jour.

Éclairage. — La Buanderie est éclairée à la lumière électrique, obtenue par la dynamo lorsque les machines sont en marche, et par les accumulateurs quand elles sont en repos.

Fonctionnement. — Des voitures apportent et remportent le linge des établissements qui passe successivement dans les ateliers de triage, d'essangeage et de coulage, par les essoreuses, le séchage et le pliage.

Nous allons donner le détail des diverses opérations auxquelles est soumis le linge (1).

Triage. — A son arrivée à l'établissement, le linge à blanchir est reçu dans une salle spéciale, où il est compté et trié, suivant la nature du linge, suivant aussi le degré de salissure ou de taches.

Trempage, essangeage. — La salle de blanchissage comprend 4 bassins en maçonnerie : les uns servent pour le trempage dans l'eau ordinaire du linge non taché ;

LES CUVIERS

les autres, destinés à l'essangeage du linge taché, contiennent de l'eau additionnée de carbonate de soude ou de vieille lessive qui facilite le départ des matières étrangères. Les taches qui pourraient subsister sont enlevées, soit à la main, soit à la brosse.

Lessivage. — Au sortir des bassins d'essangeage, le linge est porté sur des charriots à claire-voie et entassé dans les cuviers en fonte, dont le fond est muni d'une grille en tôle perforée. Un charrier est étendu au-dessus du linge, qui remplit les quatre cinquièmes environ de la cuve ; il est ensuite arrosé de la quantité convenable de lessive préparée. Ce liquide traverse la masse de linge, arrive dans le fond du cuvier et tombe, de là, dans un récipient en tôle placé au-dessous. Cette chaudière à lessive contient un serpentin en cuivre qui sert à chauffer le liquide au moyen de la vapeur ; elle est également munie d'un éjecteur à vapeur.

On commence par faire monter la lessive par la colonne centrale du cuvier, à l'aide de l'éjecteur, jusqu'à ce qu'elle atteigne 70 degrés, grâce au barbotage de vapeur.

L'éjecteur, alimenté par la vapeur vierge de la chaufferie, entraîne, en effet, facilement, jusqu'à cette température, la lessive contenue dans le récipient et la distribue en pluie au moyen d'un champignon surmontant la colonne, à la partie supérieure du cuvier.

Au delà de 70 degrés, l'éjecteur commence à cracher et fonctionne mal ; on le paralyse et on chauffe alors le liquide par le serpentin de vapeur ; la température

---

(1) Les détails sur le fonctionnement de la Buanderie Laënnec ont été empruntés à une étude que M. Desbrochers des Loges, aujourd'hui ingénieur de l'Administration de l'Assistance publique, a publié dans le *Monde moderne*, octobre 1895, sous le titre : « Blanchissage moderne du linge ».

du liquide lixiviel monte ainsi rapidement et il se produit très vite assez de vapeur de lessive pour déterminer par pression l'ascension automatique du liquide.

La masse du linge est donc traversée d'une façon continue par le liquide lixiviel qui détache des tissus les matières saponifiées par l'alcali.

Les sels de soude employés pour ce lessivage sont préalablement dissous dans de l'eau chauffée à 100 degrés, d'où ils sont extraits par décantation ; on élimine ainsi les sels de fer et autres matières étrangères que peuvent contenir les cristaux et qui produiraient des taches ; c'est le mélange obtenu par cette dissolution préparée la veille de son emploi qui est versé sur le linge.

La durée du coulage avec ce système méthodique varie de 4 à 6 heures, suivant la nature du linge traité.

Lavage. — Le linge qui a subi l'opération du lessivage est ensuite décuvé. Ce travail, qui n'a encore reçu aucun perfectionnement, est fait à la main.

Le linge passe ensuite dans les tonneaux-laveurs. Composés essentiellement d'un cylindre horizontal en bois, ouvert suivant une génératrice, ces tonneaux portent à l'intérieur une cloison qui va de l'ouverture vers le centre de l'appareil. Pour empêcher le linge de rouler sur lui-même pendant la rotation, la roue porte à son intérieur un tasseau en bois, à angles arrondis. Le mouvement est donné à l'aide d'une transmission commandée par le moteur.

Le cylindre-laveur a deux tourillons fixés dans des paliers en fonte qui reposent eux-mêmes sur un bâti de même matière.

Ces tourillons sont creux, et l'un communique, d'une part, avec un petit réservoir muni d'un barboteur de vapeur qui produit l'eau chaude, d'autre part, avec une conduite d'eau froide. Des robinets permettent de verser dans le tonneau l'une ou l'autre de ces eaux. Un bac, placé au pied du tonneau, est destiné à la préparation de la dissolution du savon que l'on puise avec une poche métallique et que l'on verse dans le tonneau contenant un lot de linge.

Les robinets étant réglés pour donner l'eau chaude à une température convenable, on embraye une des deux poulies dont est muni le tonneau, et le linge, toujours au contact d'un liquide très divisé, se met en mouvement, retombant contre les parois du tonneau à chaque révolution du cylindre. Au bout de 7 à 8 minutes, l'opération étant terminée, on débraye la première poulie et on change le sens de rotation de la machine, en embrayant la seconde poulie. Le changement de marche est obtenu facilement au moyen d'embrayages à friction. Par suite du changement de rotation, le linge n'est plus retenu par la cloison du cylindre ; il tombe par l'ouverture dans un petit chariot à claire-voie, disposé sous la machine, et l'eau savonneuse gagne les caniveaux.

Les tonneaux-laveurs peuvent laver 100 kilogrammes de linge à l'heure.

L'eau est renouvelée pour chaque lot de linge.

Rinçage. — Le linge provenant du lavage est ensuite placé dans des tonneaux-rinceurs qui doivent enlever les matières solubles et savonneuses dont il est imprégné.

Ces tonneaux sont analogues aux précédents ; le réservoir d'eau chaude et le bac à savon sont naturellement supprimés, la conduite d'eau froide subsiste seule, et cette eau se trouve sans cesse renouvelée.

Le linge est rincé en tonneau pendant cinq minutes. L'appareil, de mêmes dimensions que le laveur, peut débiter 150 à 180 kilogrammes de linge à l'heure.

Azurage, bain de blanc. — Après le rinçage, le linge fin est mis au blanc ou passé au bleu.

Le passage au blanc se fait à l'eau chaude contenant une faible quantité d'eau de javelle. Ce traitement a pour but d'enlever les teintes provenant des taches de vin, de fruits ou autres qui n'auraient pas disparu. Ensuite il est fait un second rinçage à l'eau froide et claire.

Le passage au bleu est destiné à donner au linge une teinte légèrement azurée pour dissimuler la couleur bise qu'il tend à prendre. On le laisse, ensuite, égoutter sur des tréteaux avant l'essorage, pour éviter des marbrures.

Essorage. — Une fois coulé, lavé et rincé, le linge est mis dans des essoreuses qui sont destinées à enlever au linge

LES ESSOREUSES

rincé la plus grande quantité d'eau possible, afin de faciliter le séchage. Ces essoreuses ou turbines sont fondées sur le principe de la force centrifuge. Elles se composent d'un vase rotatif, en cuivre, à jour, calé sur un arbre vertical qui reçoit son mouvement d'une transmission.

C'est le panier où l'on charge le linge. Il est contenu dans une enveloppe en fonte qui recueille l'eau extraite et la déverse dans les caniveaux. Ces essoreuses ont un mètre de diamètre de panier ; elles contiennent par opération 70 kilogrammes de linge, soumis pendant cinq minutes à la force centrifuge, et peuvent traiter, par journée de dix heures, un minimum de 2.500 kilogrammes de linge pesé sec.

Séchage. — Les essoreuses, malgré leur vitesse et la durée de l'opération, ne peuvent évidemment pas extraire toute l'eau contenue dans les tissus. L'enlèvement des 30 ou 40 % d'eau qui restent dans le linge, après l'essorage, est obtenu par le séchage.

Le gros linge est séché dans des chambres chaudes ou calorifères.

Le menu linge est en majeure partie séché par une machine chauffée à la vapeur.

Pendant la belle saison, une grande quantité de linge est séchée à l'air dans un champ d'étendage attenant à la Buanderie.

Pliage. — Le travail du pliage se fait dans une salle particulière. Les quelques fers à main en usage servent à lisser du petit linge spécial (rideaux, blouses, peignoirs ou bonnets).

Personnel administratif. — La Buanderie, dont la direction était précédemment confiée à l'ingénieur de l'Administration, est, depuis le 1er janvier 1900, placée sous la surveillance et la direction du directeur de l'hôpital Laënnec qui reçoit, pour ce service, une indemnité de 700 francs ; le service de la comptabilité est

33

également assuré par l'économe de l'hôpital, moyennant une indemnité spéciale de 600 francs.

Personnel secondaire. — Ce personnel se compose de 1 surveillante et de 4 suppléantes chargées de la réception du linge sale, du séchage, pliage et livraisons du linge propre.

Personnel professionnel. — On compte 71 personnes, savoir : 1 brigadier blanchisseur, chargé de surveiller les diverses opérations du blanchissage ; 1 chef mécanicien et 1 aide ; 1 chef chauffeur pour les générateurs et 2 aides pour les fours ; 20 buandiers et 46 buandières.

Dépenses. — Les dépenses effectuées directement par la Buanderie Laënnec pour le blanchissage du linge des établissements qu'elle a à desservir se sont élevées, en 1898, à la somme de 133.119 fr. 02, se répartissant comme il suit :

Journées de buandiers et buandières.		106.752 48
Amidon, eau de javelle et menues dépenses		143 85
Indemnités . . . { à l'ingénieur . . . . . 1.000 40 } { à l'économe. . . . . . 600 40 }		1.600 80
Personnel secon- { Gages et indemnités. . 1.144 42 } daire . . . . . { Gratifications . . . . . 1.473 » }		2.617 42
Entretien du matériel		18.889 07
Frais de transport		65 15
Service des eaux.		3.050 25
	Total égal	133.119 02
À cette dépense, il y a lieu d'ajouter pour fournitures de sel de soude, chlorure de soude, savon de Marseille, savon noir et bleu, faites par le Magasin central des hôpitaux, une somme de		12.549 75
	Ce qui porte à.	145.668 77

la dépense effectuée sur le sous-chapitre « Blanchissage » par la Buanderie Laënnec.

Prix de revient. — En 1804, Cadet de Vaux établissait que le blanchissage, alors complètement manuel, de 1.000 kilogrammes de linge, occupait 44 lavandières et revenait à 220 francs.

En 1843, Péchet évaluait cette dépense, pour le même poids, à 150 francs, ce qui faisait 15 francs par 100 kilogrammes.

M. Sergueeff, qui, en 1874, étudiait la même question, mais dans les buanderies où quelques appareils perfectionnés venaient d'être installés, concluait à un prix de revient de 9 francs par 100 kilogrammes de linge blanchi.

Dans les buanderies anciennes de l'Administration de l'Assistance publique, le linge blanchi reviendrait également à 9 francs environ par 100 kilogrammes.

Avec le blanchissage mécanique de Laënnec, et bien que la main-d'œuvre ait augmenté, ce dernier chiffre est encore réduit.

Voici la répartition de la dépense par 100 kilogrammes de linge blanchi :

Personnel d'usine et de buanderie 3 8860
Produits chimiques : sels de soude, savons, eau de javelle,
    bleu, amidon, etc.. . . . . 0 5130
Combustible pour les chaudières et les séchoirs 1 1562
Abonnement et consommation d'eau 0 1047
Entretien et réparation du matériel. 0 2906
Frais généraux comprenant : transports par voiture, frais
    de bureau, amortissement du capital engagé dans l'ins-
    tallation. 0 9433

            Total par 100 kilogrammes de linge . . . 6 8938

LES TONNEAUX-LAVEURS

BUANDERIE DE L'HÔPITAL LAENNEC
à Paris.

Echelle 0,01

Coupe longitudinale

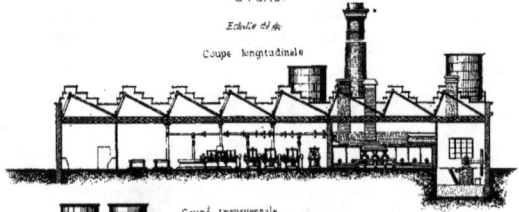

Coupe transversale

Légende

A Caves
B Escalier
...

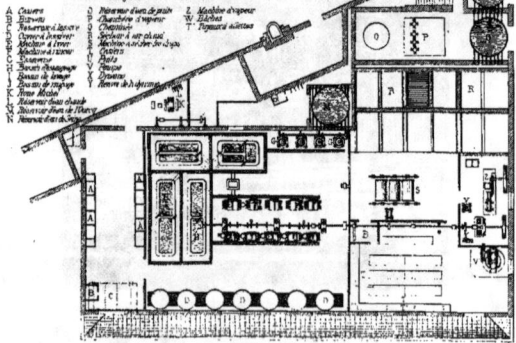

Plan de l'ensemble

SECOURS A DOMICILE

BUREAUX DE BIENFAISANCE

Historique

Avant la Révolution, l'assistance à domicile était exercée à Paris par des institutions appelées *bureaux de charité*, fonctionnant dans chaque paroisse à côté de la fabrique, et concurremment avec un organe central, représentant légal des indigents, créé par François Ier sous le nom de *Grand Bureau des pauvres*.

Sanctionnant les travaux des deux précédentes Assemblées, la Convention, après avoir proclamé le droit aux secours publics, tenta, sans réussir à appliquer pratiquement ce système, de centraliser l'assistance, devenue dette nationale, aux mains de l'État. Le Directoire revint au principe d'organisations distinctes analogues à celles de l'ancien régime ; par la loi du 7 frimaire an V, restée fondamentale en la matière, il reconstitua les bureaux de charité, mais en accentuant leur caractère d'établissements publics, sous le nom nouveau de *bureaux de bienfaisance*.

Depuis, le service des secours à domicile à Paris a été successivement réglementé par tous les gouvernements ; il est aujourd'hui régi par le décret du 15 novembre 1895, et placé sous l'autorité du Directeur de l'Administration générale de l'Assistance publique.

Les bureaux de bienfaisance constituent les principaux organes de ce service. Il y a un bureau de bienfaisance dans chacun des 20 arrondissements ; son siège est à la mairie.

Organisation des bureaux

Chaque bureau de bienfaisance se compose :

1° De membres de droit, qui sont : le maire de l'arrondissement ; les adjoints ; les conseillers municipaux.

2° De membres amovibles, nommés pour 4 ans et pouvant être indéfiniment réinvestis par le Préfet de la Seine, sur la présentation d'une Commission spéciale. Ces membres, ayant le titre d'administrateurs, sont au nombre de 4 au moins par quartier municipal, sans détermination de maximum. Leurs fonctions sont gratuites. Les femmes peuvent être nommées administratrices.

3° D'un secrétaire-trésorier, agent comptable rétribué, ayant voix consultative.

Le bureau de bienfaisance se réunit au moins 2 fois par mois. Il est présidé par le maire ou, en son absence, par l'un des adjoints.

Chaque jour, une délégation du bureau de bienfaisance se réunit à la mairie, sous la présidence du maire ou d'un adjoint désigné par lui. Cette délégation se compose de 4 administrateurs, à raison d'un par quartier, désignés chaque semaine à tour de rôle.

Il est attaché à chaque bureau, pour le service des enquêtes, des visites et des quêtes, des commissaires et des dames patronnesses, dont les fonctions sont gratuites et le nombre illimité. La durée du mandat indéfiniment renouvelable de ces agents a été fixée à 2 années par un arrêté préfectoral du 30 avril 1898. Ils sont nommés par le Préfet de la Seine sur présentation du Directeur de l'Assistance publique.

Au 1er janvier 1900, le nombre des administrateurs et administratrices était de 445, et le nombre des commissaires et dames patronnesses de 1.178, ainsi répartis entre les 20 arrondissements :

ARRONDISSEMENTS	ADMINISTRATEURS	ADMINISTRATRICES	TOTAL	COMMISSAIRES	DAMES PATRONNESSES	TOTAL
1er	21	»	21	13	»	13
2e	20	»	20	31	»	31
3e	32	»	32	56	»	56
4e	24	»	24	17	1	18
5e	15	1	16	52	7	59
6e	20	»	20	34	»	34
7e	15	1	16	31	»	31
8e	16	»	16	21	»	21
9e	22	»	22	23	5	28
10e	12	4	16	62	3	65
11e	24	»	24	140	5	145
12e	23	1	24	17	1	18
13e	24	»	24	97	3	100
14e	26	»	26	45	»	45
15e	24	»	24	72	13	85
16e	26	»	26	22	7	29
17e	26	1	27	36	14	50
18e	30	»	30	185	14	199
19e	21	»	21	47	7	34
20e	16	»	16	97	»	97
TOTAL...	437	8	445	1.098	80	1.178
		445			1.178	

Le secrétaire-trésorier et les employés rétribués de tout grade, chargés d'assurer, soit le service extérieur, à défaut des agents gratuits, soit le service intérieur, en général tous les employés ayant droit à une pension de retraite, sont également nommés par le Préfet de la Seine, sur la présentation du Directeur de l'Assistance publique.

Les agents salariés, sans droit à une pension de retraite, et les gens de service, sont nommés par le Directeur de l'Assistance publique.

Le personnel rétribué des 20 bureaux comprend au total 230 agents, savoir : 20 secrétaires-trésoriers ; 144 employés du cadre réglementaire ; 33 garçons de bureau titulaires ; 25 employés temporaires hors cadre rétribués à la journée ; 8 garçons de bureau non titularisés.

Attributions des bureaux

Les bureaux de bienfaisance font emploi des ressources de toute nature dont ils ont la disposition en vertu du régime financier ci-après exposé.

Ils donnent leur avis sur les comptes et budgets spéciaux à chacun d'eux.

Ils préparent la liste des indigents.

Ils adressent tous les ans au Directeur un rapport sur la marche du service

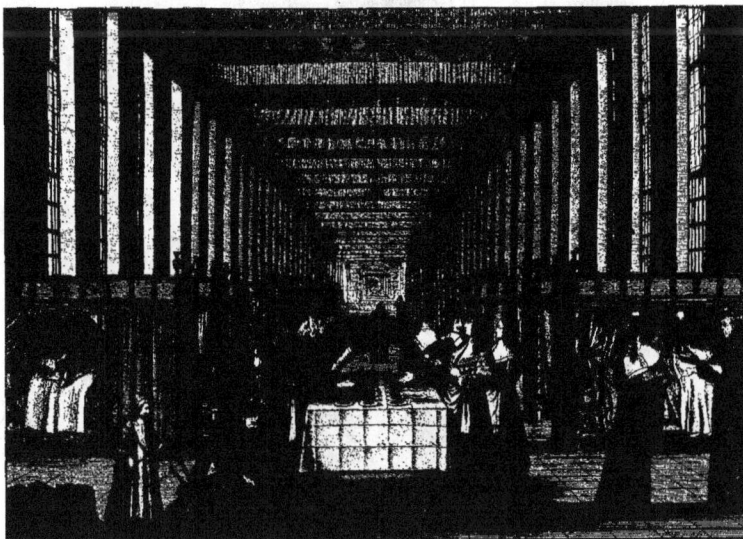

LA CHARITÉ. — ANCIENNE SALLE

de l'assistance à domicile dans l'arrondissement, sur les besoins particuliers de ce service et les ressources spéciales dont il dispose.

Les administrateurs assurent, avec le concours des commissaires et dames patronnesses, la distribution des secours et la remise au domicile des indigents et nécessiteux des titres de secours de toute espèce. Une circonscription est spécialement confiée à chacun des administrateurs.

Un administrateur-contrôleur, nommé par le bureau, est chargé, sous l'autorité du maire, de suivre l'exécution des délibérations du bureau, de surveiller la tenue des procès-verbaux, des registres et de la comptabilité, de viser les pièces de recettes et de dépenses, et, à la fin de chaque mois. le journal général.

Le secrétaire-trésorier rédige les procès-verbaux, tient les registres, prépare la correspondance. Il dirige le travail des employés et veille à l'exécution des règlements intérieurs, reçoit les fournitures et signe les ordres de livraison des marchandises. Il est exclusivement chargé de la garde de la caisse et des magasins; il est régisseur de recettes et de dépenses pour le compte de la caisse centrale de l'Assistance publique, à laquelle il reverse les sommes qu'il a recueillies, et par laquelle il est remboursé des sommes qu'il a payées.

La délégation permanente est spécialement chargée de l'attribution des secours aux nécessiteux et des secours extraordinaires — c'est-à-dire délivrés en sus des mensualités régulières — aux indigents.

Les membres gratuits du bureau, les commissaires et dames patronnesses doivent rester étrangers à tout maniement de deniers.

Régime financier

Les recettes de chaque bureau de bienfaisance comprennent :

1° Le produit des dons, donations ou legs qui lui ont été faits ;

2° La part proportionnelle à la population indigente de l'arrondissement, qui est attribuée au bureau dans le produit du bien des pauvres centralisé au budget de l'Assistance publique ;

3° La part attribuée au bureau dans la subvention votée par le Conseil municipal et inscrite au budget général de l'Assistance publique ;

4° Le produit des troncs, quêtes, collectes et fêtes de bienfaisance ;

5° Le produit de tous les dons recueillis par les maire, adjoints, administrateurs, commissaires et dames patronnesses.

La subvention, votée par le Conseil municipal, dont il vient d'être question, est répartie annuellement entre les 20 bureaux de bienfaisance, par arrêté du Préfet de la Seine rendu après avis du Conseil de surveillance et du Conseil municipal, en tenant compte, pour chaque bureau, du nombre d'indigents qu'il a à secourir, et des ressources permanentes ou variables dont il dispose, de façon à assurer une répartition aussi égale que possible des secours publics entre tous les indigents de Paris.

Des troncs sont placés par les soins des bureaux dans les édifices consacrés au culte, dans les musées, dans les salles des mairies et des justices de paix, dans les gares de chemins de fer, etc. Des quêtes sont faites dans les églises, dans les mairies et à domicile. La plupart des bureaux passent avec les fabriques des abonnements, en échange de l'exercice des quêtes dans les églises. Les quêtes à domicile sont faites, soit par des quêteurs bénévoles, soit par des quêteurs salariés.

Les dépenses du bureau de bienfaisance s'appliquent :

1° Aux frais d'administration ;

2° Aux secours aux indigents ;

3° Aux secours aux nécessiteux.

Le budget et les comptes de chaque bureau de bienfaisance forment respectivement un sous-chapitre spécial dans les budgets et les comptes de l'Administration générale de l'Assistance publique.

Les recettes et dépenses applicables aux 20 bureaux de bienfaisance réunis figurent pour les chiffres ci-après au compte financier de l'exercice 1898 et au budget de l'exercice 1900.

	COMPTE FINANCIER de 1898	BUDGET de 1900
Recettes		
1° Produit des dons, donations ou legs.	612.650 11	611.217 »
2° Part dans le produit du bien des pauvres.	303.090 »	406.680 »
3° Part dans les subventions municipale et départementale.	5.283.940 »	5.288.978 »
4° Produit des troncs, quêtes, collectes, etc	371.182 06	369.071 »
5° Produit des dons recueillis.	414.214 11	292.728 »
Total	6.985.076 28	6.968.674 »
Dépenses		
1° Frais d'administration et charges de revenus	755.183 04	808.865 »
2° Secours annuels aux indigents	3.770.059 »	3.991.504 »
3° Secours temporaires aux nécessiteux	2.582.624 21	2.168.305 »
Total	7.107.866 25	6.968.674 »

Balance du compte de 1898

Recettes, y compris 601.174 fr. 12, excédent du compte précédent.	7.586.250 40
Dépenses, y compris 111.673 fr. 20, excédent du compte précédent.	7.219.539 45
Reste pour excédent de recettes	366.710 95

Le receveur de l'Assistance publique est seul justiciable de la Cour des comptes ; il centralise toutes les recettes et pourvoit à toutes les dépenses. Il est autorisé à faire aux secrétaires-trésoriers, sur mandat du Directeur de l'Assistance publique, une avance de fonds qui ne pourra excéder le douzième des sommes figurant au crédit budgétaire du bureau de bienfaisance, à charge par les secrétaires-trésoriers de produire à l'Administration centrale, dans le délai d'un mois, les pièces justificatives des sommes par eux payées.

Les secrétaires-trésoriers sont astreints au dépôt d'un cautionnement dont le montant est fixé par l'arrêté de nomination.

Personnes à secourir

Les personnes à secourir se divisent en deux catégories :

1° Les *indigents* ;

2° Les *nécessiteux*.

Sont comprises dans la catégorie et sous la dénomination d'*indigents* toutes les personnes inscrites sur une liste générale préparée par le bureau de bienfaisance et arrêtée par le Directeur de l'Assistance publique.

34

Les personnes pouvant figurer sur cette liste doivent réunir les conditions suivantes :

Conditions générales. — 1° Être de nationalité française ;

2° Domiciliées à Paris depuis 3 ans au moins ;

3° Incapables par leur âge ou leur invalidité de pourvoir à leur subsistance par le travail ;

4° Condition spéciale. — La liste peut comprendre encore les femmes veuves, séparées, divorcées ou abandonnées, ayant des charges exceptionnelles de famille, et remplissant, d'ailleurs, les conditions ci-dessus de nationalité et de domicile.

Toutes ces personnes reçoivent des secours annuels ou permanents.

Ces secours sont payés par mensualités, dont les quotités respectives seront indiquées plus loin.

Sont secourus temporairement ou accidentellement comme *nécessiteux* les individus valides ou malades qui se trouvent dans l'une ou l'autre de ces situations :

1° Qui ne peuvent momentanément pourvoir à leur subsistance : tel est spécialement le cas des valides sans ouvrage, des malades, des accouchées, des femmes enceintes ou qui allaitent ;

2° Qui, étant inscrits comme indigents, ont besoin de secours exceptionnels ou supplémentaires.

Population indigente et population nécessiteuse

Le premier recensement général qui a fait connaître d'une manière officielle le nombre exact des indigents habitant la ville de Paris fut effectué dans le cours de vendémiaire an X (1803). Il constata l'existence de 111.626 indigents. En rappro-

LA SALPÊTRIÈRE. — QUARTIER DES AGITÉES

chant ce nombre du chiffre de la population totale de Paris, évaluée approximativement à cette époque à 547.416 habitants, on trouve que le rapport du nombre des indigents à la population générale était alors de 1 à 4,90 habitants, soit 20,4 %. Cette proportion semble énorme quand on la compare à celle de 2,12 indigents sur 100 habitants constatée au dernier recensement, celui de l'année 1899. Mais la population indigente d'alors comprenait d'autres éléments que ceux dont est composée la population indigente actuelle : la distinction entre *assistés indigents* et *assistés nécessiteux* n'était pas encore établie, et on considérait et comptait comme unité indigente, non pas le chef de famille seul, mais bien chacun des membres appartenant à la famille.

Aucun recensement officiel des habitants secourus ne paraît avoir eu lieu de 1803 à 1829. A partir de cette dernière année, des recensements réguliers se succèdent par périodes triennales ; ces opérations sont même devenues annuelles depuis 1890. Elles consistent en visites à domicile, faites par les soins de l'Administration centrale et ayant pour objet de constater l'existence des personnes inscrites, au titre d'indigents, sur les contrôles de chacun des bureaux de bienfaisance, et de vérifier si ces personnes n'ont pas cessé de remplir les conditions requises pour être maintenues sur lesdits contrôles.

Si l'on veut comparer les résultats des différents recensements de 1829 à 1899, il faut diviser cet espace de 70 années en 2 périodes :

Dans la première, qui va de 1829 à 1886, les recensements présentent le nombre des individus composant les ménages secourus, soit annuellement, soit temporairement ;

Dans la deuxième, qui va de 1886 à 1899, les recensements ne présentent plus que les unités indigentes inscrites aux secours annuels.

Si l'on veut même arriver à une comparaison plus parfaite, ne portant que sur des éléments identiques, on devra diviser la série des 70 années en 4 périodes :

La première période, allant de 1829 à 1861, date de l'annexion à Paris des communes suburbaines ;

La deuxième, partant de l'agrandissement de Paris et finissant au recensement qui a précédé l'application du décret du 12 août 1886 ;

HÔPITAL DES ENFANTS-MALADES

La troisième, allant du décret de 1886 au décret de 1895 ;

La quatrième, partant de ce dernier décret.

Les deux premières périodes comprennent tous les individus des ménages secourus à un titre quelconque, soit avant, soit après l'agrandissement de la ville de Paris.

La troisième période ne comprend que des unités inscrites aux secours permanents, sans aucune considération de charges de famille.

La quatrième période, enfin, ne comprend également que des unités inscrites aux secours permanents, mais avec cette différence, par rapport à la période précédente, qu'une catégorie d'unités, celle des femmes veuves ou seules, ne bénéficie de l'inscription aux secours permanents qu'à raison de charges exceptionnelles de famille.

Ces distinctions déterminent la valeur relative des chiffres figurant au tableau qui suit :

ANNÉES	POPULATION générale DE PARIS	POPULATION SECOURUE (Ménages)		TOTAL de la POPULATION indigente (total des individus)	PROPORTION pour 100 de la POPULATION indigente à la POPULATION générale
		Annuellement	Temporairement		
1829	816.486	19.480	10.881	62.705	7,69
1832	770.286	20.301	11.422	68.986	8,87
1835	770.286	19.862	9.107	62.539	8,11
1838	899.313	17.844	9.092	58.500	6,62
1841	884.780	18.858	10.424	66.487	7,52
1844	912.033	18.841	10.935	66.148	7,25
1847	1.034.916	17.873	14.090	73.901	7,14
1850	1.034.916	19.345	9.379	63.133	6,10
1853	1.053.262	18.925 (1)	10.217	65.264	6,48
1856	1.151.978	20.478	9.152	69.424	6,02
1861	1.667.841	25.364	11.349	90.287	5,41
1863	1.667.841	26.592	13.464	101.570	6,09
1866	1.799.980	26.624	14.029	105.119	5,84
1869	1.799.980	26.770	15.328	111.357	6,18
1872	1.818.710	24.665	14.938	101.719	5,59
1874	1.818.710	27.541	16.383	113.733	6,74
1877	1.988.806	27.066	16.596	113.317	5,69
1880	1.988.806	28.090	18.125	123.735	6,27
1883	2.269.023	30.198 (1)	17.429 (2)	123.324	5,43
1886	2.260.945	32.996 (1)	18.004 (2)	133.649	5,91
1889	2.260.945	42.464 (1) (3)	50.434	»	1,87
1893	2.386.232	48.938 (1) (3)	71.392	»	2,05
1897	2.481.223	49.045 (1) (3)	»	»	1,98
1899	2.481.223	52.653 (1) (3)	»	»	2,12

(1) Y compris les secours représentatifs d'hospice.
(2) Ménages inscrits par suite de charges de famille.
(3) Nombre des unités secourues, et non des ménages.

Le dernier recensement, opéré à la date du 30 avril 1899, donne un total de 49.055 unités indigentes. C'est ce total qui forme la base principale de la répartition faite par l'Administration des ressources budgétaires entre les bureaux de bienfaisance des 20 arrondissements. Mais il convient d'ajouter à ce chiffre, pour obtenir l'effectif complet des secours permanents distribués par mensualités aux indigents à domicile, le nombre des titulaires des secours représentatifs du séjour à l'hospice, secours dont il sera question plus loin, et qui sont payés sur les fonds du budget général de l'Assistance publique, sans distinction d'arrondissement. Le nombre des titulaires de ces secours a été arrêté, au dernier recensement, au chiffre de 3.580.

L'effectif total de la population indigente recensée en 1899, y compris les titulaires de la pension représentative, a été ainsi de 54.049, chiffre se décomposant comme il suit, en ce qui regarde chacun des 20 arrondissements :

ARRONDISSEMENTS	TITULAIRES du secours représentatif	INSCRITS au contrôle des indigents	ARRONDISSEMENTS	TITULAIRES du secours représentatif	INSCRITS au contrôle des indigents
			Report . . .	1.529	19.087
1er	39	757	12e	229	2.626
2e	68	620	13e	259	4.484
3e	109	1.364	14e	226	2.894
4e	155	1.838	15e	178	2.912
5e	218	2.746	16e	85	1.210
6e	146	1.379	17e	175	2.300
7e	83	1.400	18e	336	5.078
8e	49	671	19e	207	4.387
9e	129	1.050	20e	356	5.491
10e	173	1.946	Total . . .	3.580	50.469
11e	360	5.346			
A reporter. .	1.529	19.087	TOTAL GÉNÉRAL		54.049

C'est un fait digne de remarque que les Parisiens nés à Paris ont toujours cons-titué une exception dans la capitale. Parmi les indigents inscrits, on compte un certain nombre de vieillards qui, nés hors Paris, n'y ont établi leur résidence que depuis un temps relativement court, et dont quelques-uns même n'ont que les trois ans de présence exigés pour leur inscription.

Aux trois tableaux suivants sont consignées les données statistiques relatives à l'origine des indigents, à l'époque de leur arrivée à Paris, et à leur âge.

Origine des indigents :

Nés à Paris		11.073	20,49 °/°
— dans le département de la Seine	1.276		2,36 °/°
— en province	40.913	42.976	75,70 °/°
— à l'étranger	787		1,45 °/°
Total		54.049	100 » °/°

Époque de l'arrivée à Paris :

INDIGENTS NÉS HORS PARIS ET Y RÉSIDANT	NOMBRE
Depuis 3 ans	188
— 4 ans	530
— 5 ans	1.611
— 10 ans	3.043
— 15 ans	4.243
— 20 ans	4.514
— 25 ans	5.060
— 30 ans	4.306
— 35 ans	4.087
— 40 ans	4.287
— 45 ans	4.051
— 50 ans et au-dessus	7.026
Total	42.976

Age des indigents :

INDIGENTS	INSCRITS	SECOURS représentatifs	TOTAL	PROPORTION pour 100
Au-dessous de 60 ans	14.926	257	15.183	28,10
De 60 à 64 ans	5.238	185	5.423	10,04
— 64 à 70 —	13.965	448	14.413	26,66
— 70 à 80 —	15.085	1.358	16.443	30,42
— 80 à 90 —	1.243	1.250	2.493	4,61
— 90 à 97 —	12	82	94	0,17
Total	50.469	3.580	54.049	100 »

La statistique de la population *nécessiteuse* n'est pas établie d'après des données aussi précises et, par suite, avec une exactitude aussi rigoureuse que celle qui concerne la population indigente. Le chiffre des unités nécessiteuses, secourues à un titre quelconque, sans être inscrites au rôle des indigents, a été fourni, par les divers bureaux de bienfaisance, d'après les relevés des opérations de caisse. Ce chiffre est présenté, sinon comme absolument exact, au moins comme se rapprochant sensiblement de la vérité. Les 81.354 unités dont il se compose, pour l'année 1898, se divisent ainsi entre les 20 arrondissements :

			Report.	17.892		*Report.*	44.762
1er arrondissement	1.342	8e arrondissement	611		15e arrondissement	5.053
2e —	1.831	9e —	1.218		16e —	2.669
3e —	1.734	10e —	1.396		17e —	4.229
4e —	3.256	11e —	9.791		18e —	7.773
5e —	6.333	12e —	6.024		19e —	6.678
6e —	1.983	13e —	3.123		20e —	10.170
7e —	1.413	14e —	4.707			
A reporter	17.892	A reporter	44.762		TOTAL	81.354

Par rapport à la population générale de Paris, dénombrée, en 1895, au chiffre de 2.481.223 habitants, la population indigente, dont l'effectif total susindiqué est de 54.049, donne la moyenne de 2,17 par 100 habitants ; et la population nécessiteuse, dont l'effectif est de 81.354 unités, la moyenne de 3,36.

Mais il faut remarquer que ces proportions, pour avoir une valeur sérieuse de comparaison, en ce qui concerne les différents arrondissements, n'ont pas par contre la valeur démographique qu'elles semblent avoir. La proportion des indigents ou des nécessiteux ne s'applique qu'à des unités, pendant que la proportion afférente à la population générale comprend les conjoints et enfants de ces unités qui, logiquement, devraient entrer dans la population assistée, et non dans la population générale qui lui est opposée.

Les statistiques antérieures au décret de 1886, qui présentaient à la fois le nombre des chefs de ménages indigents et le nombre d'individus composant ces ménages, fournissaient une relation plus exacte entre la population pauvre et la population générale.

Nature et quotité des secours

Les secours étaient autrefois distribués le plus possible en nature, conformément aux prescriptions réglementaires des arrêtés ministériels du 28 octobre 1813, du 19 juillet 1816, du 24 septembre 1831, et de l'arrêté du Directeur, approuvé par le Préfet, des 20 mars - 28 juillet 1860. Ils consistaient en comestibles (pain, soupe, bouillon, viande crue ou cuite, lait, farine, sucre), en combustibles, en effets de linge, de coucher et d'habillement. Ces objets furent d'abord délivrés directement aux indigents par les magasins des bureaux de bienfaisance, ou par l'intermédiaire des sœurs qui desservaient les établissements annexés aux bureaux, sous le nom de *maisons de secours* ; plus tard, pour la majeure partie, ils furent servis par les commerçants de chaque arrondissement, sur bons spéciaux de quantité ou de valeur déterminée, nominatifs ou au porteur. Les bons de pain formaient encore le principal élément des distributions mensuelles aux indigents, dans un certain nombre d'arrondissements, avant le décret du 15 novembre 1895. Dans la plupart des arrondissements, pourtant, les secours en argent s'étaient peu à peu substitués aux secours en nature. Le décret de 1895 consacra explicitement la nouvelle forme d'assistance, en disposant que les secours accordés par les bureaux de bienfaisance seraient en argent, et exceptionnellement en nature. Ce n'est

HÔPITAL BROCA

plus, en effet, qu'à titre exceptionnel et pour des sommes relativement minimes qu'il est encore délivré des bons de valeur ou des secours en nature : des bons de pain ou de fourneaux, des draps, des couvertures, des layettes, etc. ; du coke, en vertu d'une libéralité particulière ; du lait, dans quelques arrondissements.

Les secours en argent, suivant qu'il s'agit des secours annuels, ou des secours accidentels, sont délivrés, les premiers sur cartes nominatives établies pour les 12 mensualités de l'année, les seconds sur bons nominatifs, détachés de livrets à souche. Les uns et les autres, ainsi, du reste, que les secours en nature, sont payés sur acquit des parties prenantes.

Les secours en argent forment de la sorte deux grandes catégories : les secours dits *annuels* ou *permanents,* et les secours dits *temporaires* ou *accidentels.*

Les secours *permanents,* alloués aux indigents inscrits, se subdivisent, au point de vue de la quotité des mensualités — et non compris les secours représentatifs du séjour à l'hospice, de 30 francs par mois, payés sur le budget général de l'Assistance publique — en 4 classes :

1° Secours de 5 francs par mois d'hiver et de 3 francs par mois d'été, soit de 48 francs par an, applicables, d'après le budget de l'exercice 1900, à 35.865 unités ;

2° Secours de 8 francs par mois, soit de 96 francs par an, applicables à 2.604 unités ;

3° Les allocations de cette classe figurent sous deux dénominations différentes ;

A. — Pensions municipales de 120 francs par an, applicables à 4.962 unités ;

B. — Secours de 10 francs par mois, applicables à 3.038 unités ;

4° Secours de 20 francs par mois, soit de 240 francs par an, applicables à 4.000 unités.

Les secours de la 1re classe sont attribués aux indigents par le seul fait de l'inscription au rôle prononcée par le Directeur de l'Assistance publique.

Les secours des autres classes sont répartis par les bureaux de bienfaisance eux-mêmes qui désignent les titulaires, en séance plénière.

Le nombre des titulaires des secours de 1re classe varie chaque année avec l'effectif de la population indigente recensée ; le nombre des titulaires des secours des autres classes forme un cadre invariable pour l'ensemble des 20 arrondissements, d'après le chiffre des anciennes subventions spéciales à ces secours, et le chiffre de la nouvelle subvention spéciale pour pensions annuelles de 120 francs.

Les indigents qui changent d'arrondissement conservent le bénéfice du secours dont ils étaient titulaires dans l'arrondissement qu'ils quittent. Ils perdent, au contraire, ce bénéfice en quittant Paris, les bureaux de bienfaisance ayant une action essentiellement territoriale, et ne payant de secours qu'à des personnes domiciliées dans l'arrondissement.

L'origine historique de ces différentes classes de secours nous paraît devoir être brièvement rapportée.

Du temps où les secours étaient délivrés en nature, les indigents inscrits revevaient chaque mois, comme secours ordinaire, dans la plupart des arrondissements, 10 bons de pain de 0 fr. 30. Lorsque, plus tard, divers bureaux substituèrent, en principe, les secours en argent aux secours en nature, ils remplacèrent le secours ordinaire, payé sous forme de bons de pain, par un secours en argent de la quotité de 3 ou de 5 francs par mois. Quelques bureaux payaient une mensualité plus élevée en hiver et plus faible en été. C'est d'après ces précédents qu'a été fixée, lors de la mise en vigueur du décret de 1895, à 5 francs pour les mois d'hiver et à 3 francs pour les mois d'été, la mensualité attribuée aux indigents à partir de leur inscription. Les ressources budgétaires n'ont malheureusement pas permis d'adopter un taux plus élevé.

Le secours mensuel de 8 francs doit son origine à des subventions spéciales, allouées en 1878 et en 1879, en faveur des phtisiques et des chroniques. Les deux espèces d'allocations ne tardèrent pas, du reste, à être réunies et à ne plus former qu'une seule espèce de secours. Le crédit total fut porté, à partir de l'année 1881, à 250.000 francs, et le nombre des secours à 2.610. Les titulaires pouvaient être pris, soit parmi les indigents, soit parmi les nécessiteux.

Les décrets de 1886 et de 1895, en déclarant aptes à être inscrites sur la liste des indigents les personnes atteintes d'infirmités ou de maladies chroniques, permirent d'incorporer dans la population indigente les phtisiques ou chroniques ; les uns et les autres forment, depuis, un cadre unique spécial, comprenant, au budget de 1900, 2.604 titulaires.

Les secours mensuels de 10 et de 20 francs représentent, sous une nouvelle forme et avec un nouveau taux, d'après une mesure remontant à l'année 1883, les anciennes mensualités allouées, sous la dénomination de *secours spéciaux*, aux septuagénaires, aux aveugles et aux paralytiques. Les secours des deux nouvelles catégories prirent le nom de *secours spéciaux aux vieillards et aux infirmes*. Le nombre des titulaires de ces deux catégories de secours fut fixé à 12.000, se répartissant en 8.000 titulaires de secours de 10 francs, et 4.000 de secours de 20 francs.

Depuis le budget de 1899, en exécution d'un vote du Conseil municipal qui détacha de la subvention ordinaire allouée à l'Assistance publique une somme de 595.440 francs pour l'affecter spécialement à l'attribution de pensions annuelles de 120 francs, la précédente catégorie des secours mensuels de 10 francs se trouve remplacée par deux nouvelles classifications, celle des *pensions municipales de 120 francs*, comprenant 4.962 titulaires, et celle des *secours mensuels de 10 francs*, comprenant 3.038 titulaires.

La catégorie des secours mensuels de 20 francs comprend toujours 4.000 titulaires.

Les dépenses pour secours annuels, constatées au compte financier de 1898, sont les suivantes, pour l'ensemble des 20 bureaux de bienfaisance :

Secours de 20 francs	938.700	»
— 10 —	940.770	»
— 8 —	244.944	»
— 4 —	1.547.355	»
— du 14 juillet	98.290	»
Total	3.770.059	»

Les secours *temporaires* destinés aux nécessiteux et aux indigents qui y participent, à titre de nécessiteux, en supplément de leurs mensualités régulières, sont alloués par la délégation permanente. Ils comprennent, d'une part, des allocations spéciales, uniques ou renouvelées périodiquement, pour des causes de détresse définies : *secours de maladie, de grossesse, d'accouchement, d'allaitement ;* d'autre part, des allocations purement accidentelles s'appliquant à toute espèce de besoins non particulièrement déterminés. Ces dernières allocations figurent au budget sous la rubrique générale de *secours individuels*.

Les *secours de maladie* et *d'accouchement* ont toujours formé un complément du traitement à domicile. Ils étaient imputés en partie sur une subvention spéciale et en partie sur les fonds propres des bureaux. Ceux-ci faisaient et font encore deux parts du crédit affecté aux secours d'accouchement, ou plus exactement le crédit embrasse les *secours aux accouchées*, lesquels suivent immédiatement l'accouchement, et les *secours aux mères-nourrices*, lesquels consistent en allocations mensuelles, continuées jusqu'au dixième ou douzième mois du nouveau-né.

A ces allocations, dont le nombre est, comparativement aux besoins, trop souvent insuffisant, viennent s'ajouter celles qui sont attribuées à l'aide d'une subvention départementale, sous le nom de *secours d'allaitement*. La subvention primitive pour cette catégorie de secours date de 1893. Elle a été portée, par augmentations successives, de 100.000 francs au chiffre actuel de 217.000 francs.

Les secours d'allaitement sont de 10, 15 ou 20 francs par mois. Ils sont délivrés aux ménages réguliers ou irréguliers, par opposition à ceux que délivre l'Administration centrale (service des enfants assistés) et qui sont réservés aux filles-mères délaissées ou aux femmes veuves ou abandonnées.

Les secours de *grossesse* ont été institués par le Conseil municipal en 1894. Ils sont attribués sans distinction à toutes les femmes nécessiteuses en état de grossesse, mariées ou non, vivant seules ou en ménage. La subvention spéciale inscrite au budget à cet effet est de 100.000 francs.

Les *secours individuels* sont alloués aux nécessiteux sans distinction, valides sans ouvrage, ou ayant des charges exceptionnelles de famille, ainsi qu'aux indigents inscrits, assimilés aux nécessiteux, en vue d'une assistance supplémentaire indéterminée. Ces secours étaient, avant 1882, délivrés, en principe, par l'Administration centrale. Elle se dessaisit alors des crédits spéciaux dont elle disposait pour cet objet, et les abandonna aux bureaux de bienfaisance qui devinrent, depuis, véritablement les organes de droit commun de l'assistance générale à domicile, aussi bien au regard de la population nécessiteuse qu'au regard de la population indigente. Les décrets de 1886 et 1895 consacrèrent successivement la mesure de décentralisation dont il s'agit ; ils laissèrent seulement des crédits restreints dans la proportion ci-après indiquée, à la disposition du Directeur de l'Assistance publique et du Préfet de la Seine pour secours urgents ou exceptionnels.

Tous les fonds qui restent disponibles sur les divers articles du budget des bureaux de bienfaisance, à l'exception des reliquats de la subvention spéciale pour secours d'allaitement, qui sont reversés au département, viennent grossir la masse du crédit affecté aux secours individuels.

Les dépenses par les 20 bureaux de bienfaisance, pour les différentes catégories de secours temporaires, sont les suivantes, d'après le compte financier de 1898 :

Secours individuels 1.636.304 64
  — de grossesse . . . . 92.709 »
  — d'allaitement . . . . 212.562 »
  — aux accouchées 356.102 50
  — de maladie 284.946 07
          Total 2.582.624 21

Si l'on rapproche les sommes dépensées par les 20 bureaux en 1898, et qui se sont élevées, d'après les résultats susindiqués du compte financier :

Pour secours permanents, à 3.770.059 francs,

Pour secours temporaires, à 2.582.624 francs (1),

du nombre des personnes secourues :

Indigents, 51.469 (2),

Nécessiteux, 81.354,

on trouve que la moyenne des secours a été :

Par indigent, de 73 fr. 24,

Par nécessiteux, de 31 fr. 82.

Ces chiffres ne représentent pas, toutefois, toute l'action d'assistance exercée par l'intermédiaire des bureaux de bienfaisance.

Ils ne comprennent pas en effet :

Les secours représentatifs du séjour à l'hospice ;

Les secours délivrés sur la fondation Montyon ;

Les secours imputés sur des fondations diverses.

---

(1) Dans ce chiffre entrent :
1° Les secours délivrés aux nécessiteux proprement dits ;
2° Les secours délivrés à des indigents, au titre des nécessiteux.
(2) Ce chiffre ne comprend pas les 3.580 titulaires des secours représentatifs d'hospice.
En réalité, le nombre des indigents secourus individuellement est supérieur à ce chiffre, les décès et disparitions donnant lieu à des mouvements qui augmentent le nombre des unités secourues. Mais ces mouvements ne faisant que substituer une unité à une autre dans le cours d'une même année, il vaut mieux s'en tenir à l'effectif fourni par le recensement pour établir le décompte de l'assistance donnée par unité indigente

Toutes les dispositions réglementaires qui se sont succédé de 1813 à 1860, relatives à l'organisation et au fonctionnement des bureaux chargés de la distribution des secours à domicile dans la ville de Paris, ont placé au premier rang des moyens d'assistance les *secours en travail*. Spécialement, les arrêtés ministériels du 28 octobre 1813, du 19 juillet 1816, du 24 septembre 1831, et le règlement administratif des 20 mars-28 juillet 1860, prescrivaient aux bureaux de chercher à développer et à multiplier ces secours, soit en se mettant en relation avec des manufacturiers ou maîtres artisans pour obtenir de l'occupation en faveur des indigents, soit en proposant l'établissement d'ateliers de charité ; mais, en fait, ce mode d'assistance ne fut jamais pratiqué que dans une mesure très restreinte.

Un seul établissement, connu sous le nom de *Filature des indigents,* créé dès avant la Révolution, fonctionna jusqu'en 1806, sous l'autorité de l'Administration. Il avait pour objet de fournir du travail aux femmes munies d'un certificat d'indigence.

Il ne paraît pas qu'aucun bureau ait créé d'ateliers spéciaux ; quelques bureaux seulement passaient avec des industriels un petit nombre de contrats d'apprentissage. Si une occupation put parfois être procurée à des valides sans ouvrage, ce fut le résultat d'efforts isolés et d'initiatives exceptionnelles. Le décret de 1886 ne fit aucune mention des secours en travail. Quant au décret de 1895, il se borne à autoriser les bureaux de bienfaisance à s'entendre avec les sociétés privées d'assistance par le travail en vue de l'application de cette forme d'assistance. Quelques bureaux, ceux des 2e, 16e, 17e et 18e arrondissements, à la suite d'une entente avec les sociétés fonctionnant dans ces arrondissements, délivrent des bons de secours en travail.

Part des revenus de la fondation Montyon à la disposition des bureaux de bienfaisance

Les revenus d'une fondation importante portant le nom du fondateur, la *fondation Montyon,* sont consacrés à deux espèces de secours :

1° A des *secours de convalescence ;*

2° A des secours en nature, consistant en la délivrance aux indigents et nécessiteux de *bandages et appareils orthopédiques.*

L'Administration a fait deux parts des revenus de cette fondation : elle a mis l'une de ces deux parts à la disposition des bureaux de bienfaisance, en sus et en dehors des ressources de leurs budgets, et elle fait elle-même directement emploi de la seconde part.

La part mise à la disposition des bureaux figure au budget de 1900 pour une somme totale de 175.000 francs, ainsi répartie :

Pour secours de convalescence, 100.000 francs ;

Pour délivrance de bandages et appareils orthopédiques, 75.000 francs.

Les secours de convalescence distribués par les bureaux sont accordés aux indigents et nécessiteux sortant des hôpitaux ou ayant bénéficié du traitement à domicile.

Les bureaux de bienfaisance ne distribuaient autrefois que ceux de ces secours

MONTYON

alloués aux convalescents inscrits au rôle des indigents. Pour les secours alloués aux convalescents non inscrits, la décision était prise par une Commission spéciale siégeant chaque jour à l'Administration centrale. En 1882, l'Administration centrale se dessaisit au profit des bureaux des crédits affectés à cette sorte de secours. Nous indiquerons plus loin la forme dans laquelle elle fait emploi de la part qu'elle a conservée des revenus de la fondation Montyon. Mais il nous faut dire tout de suite, pour compléter cet exposé de l'action d'assistance exercée par les bureaux, qu'outre les secours, soit en nature, soit en argent, par eux accordés aux convalescents dans les conditions susindiquées, ils ont la faculté d'envoyer directement aux *asiles nationaux de Vincennes et du Vésinet* les ouvriers et ouvrières en état de convalescence qui, pendant le temps de leur maladie, auraient été traités à domicile et qui ont droit à l'assistance légale à Paris.

Fondations diverses

Certains bureaux de bienfaisance disposent encore, directement ou après décisions prises par l'Administration sur leurs propositions, des revenus de diverses fondations qui, ne devant pas profiter à la masse de la population indigente ou nécessiteuse, mais seulement à des catégories de pauvres déterminées, ne sont pas compris dans les ressources budgétaires de ces bureaux, mais figurent parmi les fonds généraux affectés au service des secours à domicile.

Nous citerons les principales de ces fondations :

FONDATIONS	DESTINATION
ACARD	Dots à des orphelins.
BARGUE	Pauvres vieillards de l'ancienne commune de Vaugirard.
BELLANGER	50 livrets de Caisse d'épargne aux élèves des écoles primaires de l'ancien 8e arrondissement.— Secours aux pauvres honteux de l'ancien 8e arrondissement.
BLONDE	Dots à des jeunes filles du 10e arrondissement.
CARTON	Dots de mariage à des jeunes filles pauvres des 10 arrondissements les plus nécessiteux.
COUTURIER	Secours à des femmes accouchées sortant de la Maternité.— 50 livrets de Caisse d'épargne à des enfants âgés de moins de 12 ans.
HÉBING	66 livrets de Caisse d'épargne.
KAHN	Secours à des ouvriers et ouvrières pauvres.
LAMBIN	Secours aux pauvres de l'ancien village d'Orsel (18e arrondissement).
LANGLOIS, née BAULU	Dots aux jeunes filles du quartier Saint-Gervais (4e arrondissement).
LEBLANC	Secours à 20 vieillards et à 30 ménages pauvres.
LEGENDRE	Secours aux pauvres de l'ancien village d'Auteuil (16e arrondissement).
REINACH	Dots de mariage à des jeunes filles choisies dans les 20 arrondissements.
TELMON	Prix aux écoles de l'ancien 10e arrondissement et secours à divers.
TISSERAND	Les revenus de la fondation sont affectés partie à l'entretien d'un asile dont il sera question ci-après, et partie à des secours de 30 francs par mois alloués à la plupart des vieillards logés dans cet asile.
DE TRÉMONT	Rente à la colonie de Mettray.— Livrets de Caisse d'épargne à 12 apprentis.— Secours aux femmes d'ouvriers malades.— Dons aux crèches.
VIVET	Secours en nature aux enfants pauvres du 9e arrondissement.

NOTA. — Les revenus de ces 17 fondations — cette indication en démontre l'importance — sont inscrits au budget de 1900 pour une somme totale de 117.030 fr. 97.

Réceptions des indigents par les administrateurs

Un des principaux moyens d'administration des bureaux de bienfaisance consistait dans les établissements qui ont disparu depuis le décret du 15 novembre 1895, et qui étaient désignés sous le nom de *maisons de secours*. Ces établissements, sortes d'annexes aux secrétariats des bureaux, servaient, dans les divers quartiers de chaque arrondissement, aux réceptions des indigents par les administrateurs, aux distributions de vivres, d'effets et de médicaments, et aux consultations médicales. Ils avaient, dès avant le décret, perdu beaucoup de leur importance et de leur utilité, par suite de la suppression presque complète des distributions de secours en nature, et de la disparition du plus grand nombre des petites pharmacies tenues par les sœurs (1). Le personnel congréganiste, attaché à ces maisons, fut, à partir de 1887, dans la plupart d'entre elles, remplacé par un personnel laïque. Le nombre même des maisons avait été réduit, notamment dans les arrondissements du centre. Ce nombre, qui était de 59 en 1876, n'était plus que de 46 en 1895.

Le décret de 1895 substitua aux maisons de secours des *dispensaires,* uniquement affectés au service médical et pharmaceutique. Nous parlerons plus loin de ces établissements. Une seule des anciennes maisons de secours a conservé ce titre, pour ce motif que l'Administration n'est devenue propriétaire de l'immeuble dans lequel elle est installée, rue de Monceau, 15 (8e arrondissement), qu'à charge de lui conserver à perpétuité sa destination de maison de secours.

Suivant un vœu du Conseil municipal, appuyant le désir exprimé par un certain nombre d'administrateurs de continuer à pouvoir recevoir à jour fixe les indigents, comme au temps de l'existence des maisons de secours et sous le régime du décret de 1886, l'Administration s'est entendue avec les maires des divers arrondissements afin de mettre à la disposition des bureaux de bienfaisance, partisans des réceptions des indigents par les administrateurs, un local approprié à cette destination. En principe, le Conseil municipal, d'accord avec l'Administration, repoussa l'idée d'un aménagement de ce local dans les ex-maisons de secours transformées en dispensaires. Cependant, faute d'un autre emplacement, l'Administration consentit à installer, à titre temporaire tout au moins, une salle de réceptions dans plusieurs dispensaires. Ceux de ces établissements où une pièce a été réservée à cette fin sont les suivants :

4e arrondissement, dispensaire, rue Sainte-Croix-de-la-Bretonnerie, 22 ;
6e   —   —   rue de Vaugirard, 82 ;
9e   —   —   rue de La Rochefoucauld, 25 ;
12e   —   —   rue de Cîteaux, 28 ;
15e   —   —   place du Commerce, 1 ;
15e   —   —   rue d'Alleray, 13 ;
17e   —   —   rue Gauthey, 43.

Deux locaux spéciaux ont été installés :

Pour le service du 5e arrondissement, rue de Mirbel, 8, dans un immeuble apparte- nant à l'Administration ;

---

(1) L'installation de pharmacies tenues par les sœurs de charité dans les maisons de secours résultait d'un arrêté des consuls du 29 germinal an IX ; elle n'en était pas moins contestable, au point de vue légal, en présence de la disposition prohibitive de la loi du 21 germinal an XI : « Nul ne pourra exercer la profession de pharmacien, ouvrir une officine de pharmacie, préparer, vendre ou débiter aucun médicament, s'il n'est pas reçu dans une des Ecoles de pharmacie ou par l'un des jurys, suivant les formes qui sont établies par la présente loi, et après avoir rempli toutes les formalités qui y sont prescrites. »

Pour le service du 14e arrondissement, rue du Château, 162, dans une propriété privée, dont une dépendance a été louée à cet effet.

Des locaux ont été réservés dans les mairies pour le service de 7 arrondissements : 2e, 3e, 6e (outre une pièce dans un dispensaire), 7e, 10e, 13e, 16e.

Aucun local n'a été désigné pour le service de 5 arrondissements : 1er, 11e, 18e, 19e et 20e, les administrateurs ayant, dans ces arrondissements, renoncé à la pratique des réceptions.

Enfin, nous rappelons que, dans le 8e arrondissement, la maison de secours située rue de Monceau, 15, n'a été ni nominalement ni effectivement transformée en dispensaire, et a, par suite, conservé son ancienne affectation, tant en ce qui regarde le service des réceptions que les autres services.

En fait, les 20 arrondissements peuvent être divisés aujourd'hui, sous le rapport de la pratique des réceptions des indigents par les administrateurs, en trois catégories :

1° Dans 6 arrondissements, cette pratique est régulière ;

2° Dans 4 arrondissements, elle n'a pas tout à fait disparu, quoique très réduite ;

3° Dans 10 arrondissements, elle n'existe plus, soit que les administrateurs ne l'aient pas reprise, à la suite du vœu précité du Conseil municipal, soit qu'ils l'aient, depuis, abandonnée.

Les bureaux de bienfaisance sont chargés, d'autre part, d'administrer quelques établissements hospitaliers ou asiles de minime importance, soit que cette charge résulte des volontés des fondateurs, soit qu'elle ait pour but d'éviter les frais d'une administration particulière. Nous citerons plus loin ces établissements en même temps que ceux du même genre qui se rattachent au service général des secours à domicile.

Il y a lieu, enfin, pour terminer cet exposé des attributions des bureaux de bienfaisance, de mentionner le concours qu'ils apportent, sous l'autorité du Directeur de l'Assistance publique, au fonctionnement et à la surveillance de l'assistance médicale et des services qui en dépendent.

ADMINISTRATION CENTRALE

Nous avons dit que l'Administration centrale s'était dessaisie, en faveur des bureaux de bienfaisance, des crédits dont elle disposait directement autrefois pour secourir les malades convalescents et les ménages chargés d'enfants. Par suite de cette mesure de décentralisation, les bureaux de bienfaisance ont vu étendre leur ancienne action et sont devenus véritablement et complètement les organes de droit commun de l'assistance à domicile dans Paris. Ils ont en principe la triple charge de secourir :

1° Les indigents ;

2° Les nécessiteux ;

3° Les malades traités dans leur demeure ou convalescents.

Exceptionnellement, l'Administration centrale vient, de son côté, en aide plus spécialement aux pauvres honteux, et à ceux des assistés des bureaux de bienfaisance dont les misères appellent une intervention ou plus pressante ou plus efficace. Elle dispose à cet effet d'un crédit ouvert annuellement à son budget et qui est de 3 % du total des crédits affectés chaque année aux nécessiteux secourus par les bureaux de bienfaisance. Le crédit dont il s'agit figure au budget de 1900 pour une somme de 73.000 francs.

L'Administration centrale distribue encore les revenus de diverses fondations à la disposition du Directeur ; d'autre part, elle verse annuellement aux curés, aux fabriques, aux consistoires, à diverses sociétés de charité, les revenus de fondations faites en faveur des secours à domicile, avec ou sans destination spéciale, revenus dont elle surveille l'emploi, sans en avoir la disposition.

Le montant de ces revenus, y compris ceux dont il a été question ci-dessus, à la disposition de divers bureaux de bienfaisance, est porté au budget de 1900 pour 330.375 francs.

HÔTEL-DIEU. — SAINT-JULIEN-LE-PAUVRE

Les principales fondations à la disposition du Directeur sont les suivantes :

FONDATIONS	DESTINATION
ALLARGENT	Secours à d'anciens ouvriers couteliers.
BARON D'ANDRÉ	Secours aux aliénés sortant des hospices et asiles.
ANDREY	Aux pauvres honteux.
COIGNARD	A des ouvriers imprimeurs.
DAGNAN	Secours aux pauvres désignés par le Directeur de l'Administration.
DELAMARRE	Pauvres disgraciés de la nature.
FAGUET	Orphelins de charpentiers et corroyeurs.
HUBERT	Secours de loyer à des ouvriers.
LANGLOIS	Secours aux pauvres désignés par le Directeur de l'Administration.
LEJAY	Secours aux ouvriers rubaniers et à leurs veuves.
MAISEAU	Secours aux aveugles.
Ve MAISON	Secours aux anciens militaires.
NORDMANN	Secours à 4 pauvres honteux.
PIARD	Placement de jeunes filles pauvres atteintes de maladies d'yeux.
TAVERNIER	Pauvres choisis par le Directeur.
TRABUCHI	Secours aux ouvriers fumistes traités dans les hôpitaux.

Au budget de l'Administration centrale, pour le service des secours à domicile, figurent également les crédits ci-après :

1° Un crédit de 20.000 francs, destiné à fournir l'appoint nécessaire à diverses fondations dont les charges excèdent les ressources (fondations Damet, Lesecq, hospice de Belleville, etc.) ;

2° Un crédit de 486.000 francs pour faire face aux frais des accouchements pratiqués chez les sages-femmes de la ville agréées par les hôpitaux ;

3° Un crédit de 618.140 francs, représentant la contribution de la ville de Paris dans les dépenses de secours pour prévenir les abandons, contribution versée par la ville à l'Administration, et reversée par celle-ci au département (service des enfants assistés) ;

4° Un crédit de 65.000 francs pour secours aux anciens enfants assistés infirmes ;

5° Un crédit de 20.000 francs pour vaccinations à domicile, c'est-à-dire pour payement des dépenses de vaccinations pratiquées à domicile par le service municipal de l'assainissement et de la salubrité des habitations ;

6° Un crédit de 100.000 francs pour secours représentatifs du séjour à l'hôpital, secours distribués par les soins des directeurs des établissements hospitaliers, dans les conditions indiquées plus loin ;

7° Un crédit de 30.000 francs pour secours de route ;

8° Un crédit de 1.472.000 francs pour secours représentatifs du séjour à l'hospice ;

9° Un crédit de 30.000 francs pour frais de séjour dans les asiles de convalescence d'enfants.

Il nous paraît intéressant de faire connaître les conditions d'emploi de ces trois derniers crédits, dont deux sont affectés à une action d'assistance exercée directement par l'Administration centrale, pendant que le troisième est destiné au payement de dépenses engagées par l'intermédiaire des hôpitaux d'enfants.

Secours de route

L'Administration centrale accorde des secours de route aux personnes reconnues nécessiteuses demandant à être rapatriées dans leur pays d'origine ou à se rendre dans des localités où elles ont — point de fait établi par enquête ou documents — du travail ou des moyens d'existence assurés. Elle se charge encore exceptionnellement des frais de transport des malades chroniques ou convalescents auxquels a été prescrit un séjour à la campagne ou dans les stations maritimes ou thermales.

Dans ces différents cas, qui sont en dehors des transports réquisitionnés pour le service des enfants assistés, l'Administration supporte exclusivement les frais de transport. Les circulaires ministérielles, relatives aux formes et conditions dans lesquelles les réquisitions à fin de transport des indigents à prix réduit doivent être adressées aux Compagnies de chemins de fer, ne lui sont pas applicables, d'après une interprétation donnée officieusement par le Ministre de l'intérieur. Le bénéfice de la demi-gratuité lui est cependant concédé, mais à titre gracieux, par les six grandes Compagnies de chemins de fer français, et par les chemins de fer de l'État, moyennant l'accomplissement de certaines formalités destinées à prévenir les fraudes et les abus.

Secours représentatifs du séjour à l'hospice

L'institution des secours représentatifs du séjour à l'hospice remonte à l'année 1801. Un arrêté du Conseil général d'administration des hôpitaux de Paris, en date du 18 vendémiaire an X (10 octobre 1801), donnait aux vieillards et infirmes, admis aux places vacantes ou déjà placés dans les hospices, la faculté d'échanger leur entrée ou leur place à l'hospice contre une *pension représentative*, en indiquant la famille dans laquelle ils entendaient vivre ou se retirer.

La pension représentative était fixée à 120 francs par an pour les valides et à 180 francs pour les infirmes. Elle était payée tous les 3 mois par le caissier des hospices.

Les lits appartenant aux pensionnaires demeuraient vacants jusqu'à leur décès.

En 1850, par suite de la suppression d'un certain nombre de lits, la population indigente des deux hospices de la vieillesse fut réduite à 1.876 administrés pour Bicêtre et à 3.048 administrées pour la Salpêtrière, et l'économie résultant de cette suppression fut appliquée à la création d'une nouvelle forme de secours, dits *secours d'hospice*. Le nombre de ces secours était arrêté à 853, dont 320 pour les hommes et 533 pour les femmes, et la quotité fixée à 253 francs pour les hommes et 195 francs pour les femmes.

Après répartition entre les bureaux de bienfaisance au prorata de la population indigente, les secours étaient délivrés mensuellement par les bureaux, dans une proportion différente pour les mois d'été et pour les mois d'hiver. Pour 5 mois d'hiver et 7 mois d'été, il était attribué aux hommes 24 et 19 francs, et aux femmes 18 et 15 francs.

Après l'agrandissement de Paris, le nombre total des secours d'hospice fut porté à 1.137.

A partir de 1877, en raison de travaux exécutés dans les trois hospices de la vieillesse (Bicêtre, Salpêtrière, Ivry), des congés temporaires furent accordés à un certain nombre d'administrés, moyennant une indemnité représentative de 1 franc par jour pour les administrés de Bicêtre et de la Salpêtrière, et de 1 fr. 25 pour ceux d'Ivry.

A partir de 1881, furent créés des *secours représentatifs du séjour à l'hospice*, dont la quotité était uniformément fixée à 1 franc par jour, et qui étaient destinés à 900 administrés vivant dans leur famille, soit à Paris, soit en province.

A partir du 1er janvier 1883, une nouvelle organisation fut établie : les secours d'hospice formèrent deux catégories : la première comprenant 707 secours de 1 franc par jour, la deuxième, 2.293 secours mensuels de 21 francs, répartis entre les arrondissements, proportionnellement au nombre des vieillards de 70 ans et au-dessus.

Le décret de 1886 fit disparaître les secours dits secours d'hospice, en substituant à l'organisation précédente deux catégories de secours représentatifs du séjour à l'hospice, la première de 360 francs par an, et la seconde de 180 francs par an. Mais aucune suite ne fut donnée en fait à cette disposition, en ce qui concerne la deuxième catégorie. Il n'exista plus depuis, et il n'existe plus encore aujourd'hui qu'une catégorie de secours représentatifs du séjour à l'hospice, de 360 francs par an.

Aux termes du décret de 1895, les secours représentatifs du séjour à l'hospice sont alloués par le Directeur de l'Assistance publique, sur la proposition des bureaux de bienfaisance, après avis de la Commission de placement dans les hospices et suivant les règles d'admission dans ces établissements. Le dixième des secours représentatifs peut être accordé par le Directeur sans présentation des bureaux de bienfaisance. Les secours représentatifs sont accordés aux vieillards et aux infirmes sur les fonds du budget général de l'Assistance publique, sans distinction d'arrondissement.

Le crédit affecté aux secours représentatifs, augmenté de 500.000 francs en 1896.

en exécution d'un vote du Conseil municipal, s'élève à un total de 1.472.000 francs.

Il comporte 4.088 secours, dont :

2.430 alloués sur proposition des bureaux de bienfaisance ; 270 à la disposition du Directeur (proposition du décret) et 1.388 à la disposition du Directeur, suivant le vœu du Conseil.

Assistance aux convalescents

L'action d'assistance de l'Administration à l'égard des convalescents s'exerce sous différentes formes. Nous avons déjà dit que des secours individuels étaient alloués aux convalescents sortant des hôpitaux par les soins des bureaux de bienfaisance, sur les revenus de la fondation Montyon. Nous avons dit aussi que les bureaux de bienfaisance pouvaient envoyer directement aux asiles nationaux de Vincennes et du Vésinet (1) les convalescents du traitement à domicile.

HÔPITAL DE BERCK

Les asiles nationaux reçoivent également les convalescents adultes sortant des hôpitaux, envoyés par les directeurs de ces établissements.

En vertu d'un arrêté du 20 novembre 1857, approuvé le 27 du même mois par le Préfet de la Seine, l'Administration versait dans la caisse des asiles une somme de 15 francs, prélevée sur les revenus de la fondation Montyon, pour chacun des convalescents admis. A dater du 1er novembre 1862, à la suite d'un accord intervenu entre le Ministère de l'intérieur et l'Administration, et d'un avis favorable émis par le Conseil de surveillance et le Conseil municipal, il fut substitué à l'allocation individuelle une indemnité fixée à forfait à la somme annuelle de 75.000 francs.

Depuis cette époque, la subvention dont il s'agit est régulièrement versée au Trésor, au compte courant des asiles. Elle est prélevée sur les revenus de la fondation Montyon.

D'autre part, l'Administration affecte annuellement sur ses fonds généraux une somme de 30.000 francs au payement de frais de séjour dans les asiles de convalescence d'enfants.

Un établissement appartenant à l'Administration et situé à La Roche-Guyon (Seine-et-Oise) reçoit les convalescents du sexe masculin sortant des deux hôpitaux d'enfants (hôpital des Enfants-Malades et hôpital Trousseau).

Les jeunes filles convalescentes, âgées de plus de 15 ans et de moins de 21 ans, et sortant des hôpitaux d'adultes, ou âgées de moins de 15 ans et sortant des hôpitaux d'enfants, sont, depuis 1840, placées dans les asiles privés, moyennant un prix de pension fixé à 30 ou 40 francs par mois, selon l'asile ou l'âge des enfants.

Ces asiles sont au nombre de trois :

---

(1) A l'asile de Vincennes se rattache un autre asile, appelé, du nom de son fondateur, *asile Vacassy*.

1º Un asile situé à Paris, rue Notre-Dame-des-Champs, 39, reçoit les jeunes filles de plus de 15 ans, sans famille à Paris ;

2º Un asile situé à Épinay-sous-Sénart (Seine-et-Oise) reçoit les jeunes filles de 5 à 15 ans ;

3º Un asile situé à Paris, rue Dombasle, 30, reçoit les jeunes filles de 3 à 15 ans.

Le nombre des convalescents admis dans les asiles nationaux a été, en 1899, de 13.150, dont 12.944 sortant des hôpitaux, et 206 qui avaient été traités à domicile.

Le nombre des jeunes filles convalescentes envoyées dans les asiles privés a été, pendant la même année, de 384.

Des instructions récentes du Ministère de l'intérieur prohibent formellement l'admission dans les asiles nationaux des tuberculeux, à dater du 1er janvier 1900 ; l'Administration a demandé que cette prohibition ne s'applique qu'aux convalescents atteints de tuberculoses ouvertes ou contagieuses.

Outre sa mission d'assistance directe, l'Administration centrale a la charge de diriger, de surveiller et de contrôler la gestion des bureaux de bienfaisance. Elle s'attache à assurer l'unité d'action et l'égalité de secours dans la mesure compatible avec l'autonomie relative des différents bureaux. Elle règle les détails du service, par voie d'arrêtés et de circulaires, en s'inspirant des vœux du Conseil municipal, en s'entourant des avis du Conseil de surveillance. Elle provoque l'approbation préfectorale pour les dispositions d'ordre général, constituant des moyens d'exécution du décret réglementaire. Elle prépare les budgets et dresse les comptes des bureaux, budgets et comptes compris, ainsi qu'il l'a été dit, dans ses budgets et comptes propres. Elle arrête la liste des indigents, après enquêtes faites par ses visiteurs, et établissant que les personnes proposées pour l'inscription remplissent les conditions requises. Tous les ans, elle procède à un recensement de la population indigente, dont elle publie les résultats.

Pour les cas où elle se trouverait en désaccord avec les bureaux sur le bien fondé des inscriptions ou des radiations, il a été institué une Commission consultative spéciale. Aucun cas n'a jusqu'à présent nécessité la convocation de cette Commission.

Chaque année, l'Administration centrale, conformément à un vœu du Conseil municipal, dépose un rapport sur le fonctionnement général des bureaux de bienfaisance.

Tous les 3 ans, elle rédige et publie un rapport sur le traitement des malades à domicile.

Enfin, elle organise et dirige, ainsi qu'il sera exposé plus loin, l'assistance médicale à domicile et les services qui en dépendent.

Service des visiteurs et enquêteurs

Il nous reste à citer quelques chiffres qui démontreront l'importance du service des enquêtes à domicile, fonctionnant à l'Administration centrale, et l'étendue de la tâche incombant au personnel attaché à ce service.

Le nombre des visiteurs chargés du service des enquêtes à l'Administration centrale est de 33 (1) (23 visiteurs titulaires, 3 auxiliaires permanents et 7 auxiliaires à la journée).

_____

(1) Ce chiffre ne comprend pas les 20 enquêteurs (16 titulaires et 4 auxiliaires à la journée) et les 26 dames enquêteuses ou déléguées du service des enfants assistés.

Les enquêtes faites par les visiteurs intéressent, soit le service des hôpitaux et hospices, soit le service des secours à domicile.

Les enquêtes de la première catégorie ont pour objet de constater le domicile et les ressources :

1° De tous les malades admis dans les hôpitaux ou sollicitant un secours représentatif du séjour à l'hôpital ;

2° Des malades sollicitant leur admission dans des établissements spéciaux ou la gratuité du traitement externe ;

3° Des vieillards ou infirmes sollicitant leur placement dans un hospice, ou la pension représentative.

Les enquêtes de la deuxième catégorie se rapportent :

1° Aux propositions d'inscriptions sur la liste des indigents ;

2° Aux demandes diverses de secours exceptionnels (secours de route, etc.), auxquelles l'Administration donne directement suite ;

3° Au recensement annuel de la population indigente.

Le nombre d'enquêtes ainsi effectuées en 1899 a été de, savoir :

Pour admission dans les hôpitaux, établissements spéciaux, etc. 182.645
Pour placements et pensions représentatives 12.724
Pour inscriptions à l'indigence 10.305
Pour demandes de secours divers 13.771
Pour recensement annuel 54.049
Soit au total 273.494

Sur l'effectif susindiqué de 33 visiteurs, il en est 1 qui dirige le service et 3 qui sont chargés des enquêtes dans la banlieue, non comprises dans le détail ci-dessus ; 29 visiteurs seulement ont donc pris part au service actif dans Paris.

Si l'on rapproche ce chiffre de celui des enquêtes, on obtient pour moyenne d'enquêtes par journée :

$$273.494 : 29 = 9.430$$

Et l'on obtient pour moyenne individuelle, en supposant 300 jours de travail par an :

$$9.430 : 300 = 31 \text{ enquêtes}$$

Une autre catégorie d'enquêtes intéressant le service des enfants assistés, lequel a la charge des secours préventifs d'abandons et généralement de tous secours alloués pendant la période de l'allaitement aux femmes ou filles veuves ou délaissées, est confiée à un autre personnel, dit des *enquêteurs*. Cette division du travail des enquêtes à domicile entre deux personnels distincts, qui remonte à l'année 1877, n'est ni rationnelle, ni pratique.

L'Administration a pensé qu'il y aurait économie de temps et d'efforts, et par suite avantage pour la bonne exécution du travail, à confier à un personnel unique toutes les enquêtes à domicile, sans distinction de nature ni d'objet, et elle a mis à l'essai, depuis le 1er janvier 1900, une organisation nouvelle, comportant la fusion du personnel des *visiteurs* et du personnel des *enquêteurs*. Les résultats déjà acquis ne peuvent qu'engager l'Administration à soumettre à l'autorité supérieure une proposition tendant à rendre définitive la mesure ainsi expérimentée.

Une fraction du personnel continuera néanmoins à opérer exclusivement dans l'enceinte de Paris, et l'autre exclusivement dans la banlieue.

ASSISTANCE MÉDICALE A DOMICILE

Le traitement à domicile des malades pauvres a toujours été une des principales attributions des bureaux dits *de charité* et plus tard (à partir de 1831) *de bienfaisance*. Mais, pendant longtemps, l'Administration des hospices, tout en recommandant aux bureaux d'étendre ce service, en vue de retenir les malades dans leur famille et de diminuer les dépenses des hôpitaux, omit de le réglementer d'une manière précise et uniforme. Aussi les différents bureaux l'avaient-ils presque entièrement abandonné aux médecins et aux sœurs, à qui les malades s'adressaient directement, sous la condition qu'ils fussent inscrits à l'indigence. Ce n'est que le 20 avril 1853 que fut établie une organisation générale.

Cette organisation, basée sur un essai heureux qui avait été poursuivi pendant plusieurs années dans l'ancien 5e arrondissement et depuis restée fondamentale, étendait le bénéfice du traitement à domicile aux nécessiteux. Elle traçait des règles fixes pour tous les détails du service. Elle déterminait la composition du personnel chargé du service de santé, comprenant des médecins et des sages-femmes. Elle consacrait le principe et adoptait le taux d'une rémunération, pour les médecins précédemment non rétribués, et pour les sages-femmes, déjà mais non obligatoirement rétribuées. Elle instituait des consultations médicales bi-hebdomadaires dans chaque maison de secours. Elle disposait que toutes les dépenses appliquées au traitement des malades seraient réunies, sous un titre spécial, tant dans les budgets que dans les comptes. Enfin, elle imposait aux bureaux l'obligation de rendre, à la fin de l'année, un compte particulier de l'emploi des crédits attribués à chacun d'eux pour le traitement à domicile, en indiquant le nombre des malades soignés, la quotité des secours alloués et les résultats obtenus.

DISPENSAIRE DU 18e ARRONDISSEMENT

Un compte rendu du fonctionnement du service pour l'ensemble des arrondissements fut publié par l'Administration tous les ans, de 1855 à 1861 ; depuis cette date, consécutive à l'agrandissement de Paris, le compte rendu, pour permettre de suivre plus facilement la marche progressive de l'institution, et de comparer plus utilement des éléments s'appliquant à une période d'une certaine durée, embrasse 3 années.

Le décret du 15 novembre 1895, s'inspirant sur ce point de la loi du 13 juillet 1893, qui a fait du service de l'assistance médicale gratuite un organisme spécial, distinct des deux autres organismes publics d'assistance, les établissements hospitaliers et les bureaux de bienfaisance, a détaché l'assistance médicale à domicile des attributions normales des bureaux de bienfaisance, pour en confier expressément l'organisation et la direction au Directeur de l'Assistance publique. Toutefois il n'a pas rompu les liens qui unissaient ce service aux bureaux de bienfaisance, puisqu'il charge ceux-ci de concourir à son fonctionnement et à sa surveillance, et de continuer leurs visites et leurs secours aux malades.

Il dispose que, comme précédemment, les malades inscrits sur la liste des indigents, ou reconnus nécessiteux par la délégation permanente du bureau de bienfaisance, ont seuls droit, sauf le cas d'urgence, à l'assistance médicale gratuite.

Par application du bénéfice de l'article 35 de la loi du 1893, la ville de Paris a conservé jusqu'à présent son organisation spéciale, concernant l'assistance médicale.

Cette assistance assure aux malades, soit la visite et le *traitement à domicile*, soit la consultation et le *traitement au dispensaire*.

Un registre d'inscription est ouvert au secrétariat du bureau de bienfaisance de chaque arrondissement pour recevoir les demandes de traitement ou d'accouchement gratuit. Aussitôt que cette inscription est faite, le médecin est requis de se rendre immédiatement chez le malade pour donner les soins nécessaires ; s'il s'agit d'un accouchement, une sage-femme reçoit de même mission de le pratiquer.

De 1854 à 1893, chacun des médecins attachés au service du traitement à domicile était chargé exclusivement d'une circonscription déterminée ; depuis 1893, en exécution d'un arrêté préfectoral du 20 octobre 1892, pris après avis du Conseil de surveillance et du Conseil municipal, et après en expérience qui avait eu lieu dans le 7ᵉ arrondissement, il a été créé de grandes circonscriptions médicales, quatre au maximum par arrondissement, avec faculté, pour le malade qui en fait la demande, de choisir parmi les médecins attachés à la circonscription de son domicile. Le décret du 15 novembre 1895 a expressément consacré, dans son article 35, cette faculté donnée aux malades de choisir leur médecin parmi ceux qui sont chargés du traitement à domicile dans leur quartier.

Les femmes enceintes ont pareillement, d'après le décret (art. 37), la faculté de choisir leur sage-femme parmi toutes celles qui sont préposées au service médical de l'arrondissement.

Le service de la consultation a été organisé de façon différente, suivant les époques. Les médecins du traitement à domicile furent d'abord appelés à donner, à tour de rôle, des consultations ouvertes à tous les malades de l'arrondissement dans les maisons de secours. Ce système fut de courte durée.

Un système mixte fut ensuite appliqué : dans un certain nombre d'arrondissements, un seul médecin était chargé, exclusivement, d'assurer le service des consultations fonctionnant dans chacune des maisons de secours ; dans les autres arrondissements, tous les médecins du traitement à domicile remplissaient simultanément les fonctions de médecins consultants, mais chacun d'eux ne voyait aux consultations, comme à domicile, que les malades appartenant à sa circonscription. A partir de 1873, les médecins, spécialement attachés au service des consultations dans certains arrondissements, disparurent, et tous les médecins du traitement à domicile, dans tous les arrondissements, furent désormais tenus de donner des consultations hebdomadaires, auxquelles n'étaient admis que les malades de leurs circonscriptions respectives. Depuis 1893, en vertu de l'arrêté préfectoral précité, le service des consultations a été séparé du service du traitement à domicile, et est assuré par des médecins spéciaux.

Nous allons faire connaître les différents modes d'organisation qui se sont succédé depuis 1854 jusqu'à présent, en ce qui concerne le personnel des médecins et des sages-femmes. Nous indiquerons, ensuite, les différentes conditions dans lesquelles a été dans le passé et est aujourd'hui assurée la délivrance gratuite des médicaments aux malades.

Personnel médical

La loi constitutive de l'Assistance publique, du 10 janvier 1849, prescrivait que les médecins et chirurgiens attachés au service des secours à domicile seraient nommés au concours ou par l'élection de leurs confrères et recevraient leur investiture du Ministre de l'intérieur.

Cette prescription demeura longtemps inexécutée. Craignant de déposséder les médecins en exercice au profit de jeunes confrères plus aptes à subir

HÔPITAL DE BERCK. — UN DORTOIR

HÔPITAL DE BERCK. — UN RÉFECTOIRE

les épreuves d'un concours, et hésitant à recourir au procédé hasardeux de l'élection, l'Administration et les bureaux furent d'accord pour écarter les deux modes prévus par la loi de 1849. et soumettre au Préfet la nomination de médecins de leur choix. Un arrêté préfectoral (20 avril 1853) confia le service, dans les 12 arrondissements de Paris, à 159 médecins nommés pour 6 ans et pouvant être réinstitués. Il était alloué à ces médecins une indemnité annuelle, fixée.

suivant les quartiers auxquels ils étaient attachés, à 1.000 francs (pour 28 d'entre eux) et à 600 francs (pour les 131 autres). Les médecins devaient avoir leur résidence réelle à proximité de la circonscription territoriale dont le service leur était assigné.

De tout temps, indépendamment des médecins chargés du service médical proprement dit, des sages-femmes avaient été attachées aux bureaux de bienfaisance pour opérer les accouchements à domicile. Elles étaient au nombre de 57, lorsque intervint l'arrêté du 20 avril 1853. Cet arrêté laissa au Directeur de l'Administration le soin de déterminer, de concert avec les bureaux, le cadre des sages-femmes par arrondissement, ainsi que le taux de l'indemnité à payer par accouchement. D'abord fixée à 5 francs, l'indemnité fut élevée à 8 francs en 1858 ; plus tard, un arrêté du 7 mai 1881 l'élevait à 15 francs, taux maintenu depuis.

Le nombre des médecins dut, naturellement, être augmenté, en raison de l'annexion à Paris des communes suburbaines, en 1860. Il fut alors porté à 197, dont 84 reçurent une indemnité annuelle de 1.000 francs et 113 une indemnité de 600 francs. L'Administration fut même contrainte, pour assurer le service dans plusieurs des nouveaux arrondissements où le nombre des médecins résidants ne répondait pas aux besoins, à comprendre quelques officiers de santé dans le nouveau personnel médical des bureaux.

Le nombre des sages-femmes fut, à la même époque, porté à 111.

Le service des accouchements se développa surtout après 1866, par suite de la mise à la disposition des bureaux de bienfaisance d'un fonds spécial, — s'élevant alors à 150.000 francs, — destiné à venir en aide aux accouchées à domicile. A partir de la période triennale de 1865, 1866 et 1867, le compte rendu du service médical distingua les accouchements des cas divers de maladie, et classa, dorénavant, les accouchées dans un tableau statistique particulier, au lieu de les confondre, comme précédemment, dans le tableau général des personnes ayant eu recours à l'intervention médicale.

Le règlement général sur les secours à domicile, du 28 juillet 1860, avait maintenu l'organisation précédente, en réduisant à 3 années la durée du mandat, d'ailleurs renouvelable, confié aux médecins, et en exigeant le diplôme de docteur. Il maintenait, à cette même durée de 3 années, le mandat, également renouvelable, confié aux sages-femmes.

Une nouvelle organisation du personnel médical fit l'objet d'un arrêté du 24 mai 1873. Le nombre des médecins, qui était de 202, fut ramené au chiffre de 180, et les indemnités annuelles furent ainsi réparties : 71 médecins reçurent une indemnité de 600 francs, 53 de 1.000 francs, et 56 de 1.400 francs.

Le 15 février 1879, un autre arrêté préfectoral, approuvé par le Ministre de l'intérieur, vint réaliser la prescription de la loi du 10 janvier 1849, en substituant au mode en usage pour le recrutement du personnel médical un des deux modes indiqués par la loi, celui de l'élection, jugé alors le plus conforme aux nécessités de la pratique. L'élection eut lieu, et la plupart des 180 médecins en exercice furent confirmés dans leurs fonctions par les suffrages de leurs confrères. L'investiture leur fut ensuite donnée par le Ministre de l'intérieur.

Le 19 août de la même année, celles des indemnités allouées aux médecins qui étaient de 600 et de 1.000 francs furent portées respectivement à 1.000 et 1.200 francs.

On n'eut pas à se louer des résultats du système de recrutement appliqué depuis 1870, et ce système, contre lequel s'étaient successivement prononcées les différentes assemblées ayant pris part à l'élaboration du décret du 12 août 1886 (Conseil de surveillance, Conseil municipal et Conseil d'État), fut abandonné par le décret qui y substitua le mode de nomination au concours, en fixant à 4 années la période pour laquelle les médecins étaient institués, avec faculté de réinstitution pour des périodes de même durée.

Le décret du 15 novembre 1895 adopta ce même mode de nomination, en réduisant à 3 années la période d'institution. Comme sous le régime du décret de 1886, les médecins reçoivent leur investiture du Ministre de l'intérieur. Ils peuvent être réinvestis après avis du Directeur de l'Assistance publique et du bureau de bienfaisance. Tout médecin non réinvesti ne peut plus se représenter au concours.

Les fonctions de médecin de l'assistance médicale sont incompatibles avec celles d'administrateur du bureau de bienfaisance, aux termes du décret, et avec celles de médecin de l'état civil, aux termes d'un arrêté préfectoral du 6 février 1882.

Le décret consacre implicitement les dispositions de la nouvelle organisation du service médical, édictée par l'arrêté préfectoral du 20 octobre 1892, et ayant pour bases :

1° La séparation du service de traitement à domicile proprement dit du service des consultations ;

2° La création de grandes circonscriptions médicales au nombre maximum de quatre par arrondissement, avec faculté pour chaque malade de choisir son médecin.

Il ajoute, en effet, aux conditions générales exigées des candidats au concours, savoir : la nationalité française et la possession du diplôme de docteur en médecine, une condition particulière de résidence, applicable aux seuls candidats qui postulent pour le service du traitement à domicile, et consistant dans l'engagement de résider dans l'arrondissement où ils doivent exercer leurs fonctions, ou dans un quartier limitrophe ; il établit, d'autre part, un mode spécial de rémunération pour les médecins chargés du traitement à domicile ; il spécifie, enfin, que les malades auront la faculté de choisir leur médecin parmi les médecins chargés du traitement à domicile dans leur quartier.

Le nouveau décret reproduit la disposition du décret de 1886 concernant la limite d'âge : 65 ans. Il règle l'application des peines disciplinaires : les médecins peuvent être avertis ou réprimandés par le Directeur de l'Assistance publique, après avis du Conseil de surveillance ; ils peuvent être destitués par le Ministre de l'intérieur, après avis du même Conseil ; en cas d'urgence, le Préfet peut prescrire la suspension provisoire.

Le décret de 1895, avons-nous dit, a établi un mode spécial de rémunération pour les médecins chargés du traitement à domicile, divisant l'indemnité attribuée à ces médecins en deux parts, l'une fixe, et l'autre variable selon le nombre de visites faites pendant l'année.

Sur la demande des intéressés et avec l'assentiment du Préfet, l'Administration a maintenu *provisoirement* l'ancien mode de rémunération ne comportant qu'une indemnité fixe. L'indemnité allouée aux médecins attachés au traitement à domicile est en conséquence réglée comme elle l'était avant le décret, et suivant les dernières dispositions contenues à ce sujet dans un arrêté préfectoral du 7 mai 1881 et un

37

arrêté du Directeur du 9 novembre 1897 (1). Elle est de 1.200, 1.500 ou 2.000 francs par médecin, suivant les arrondissements. Les médecins consultants reçoivent annuellement 600 francs, sans distinction d'arrondissement, et doivent donner chacun trois consultations par semaine.

Le nombre des médecins de l'assistance médicale s'élève, en vertu de l'arrêté précité du 20 octobre 1892, à 236, dont 170 pour le traitement à domicile et 66 pour le service des consultations.

Conformément au décret de 1886, qui chargeait le Ministre de l'intérieur de statuer à cet égard, le Ministre prit deux arrêtés, le 27 février 1887 et le 13 juillet 1889, réglementant les formes du concours médical et la nature des épreuves. La dernière de ces réglementations, établissant deux épreuves dont la seconde a lieu par arrondissement, a fonctionné jusqu'à ce jour. Sur la demande de la Société des médecins des bureaux de bienfaisance, l'Administration a présenté récemment au Conseil de surveillance, qui y a donné un avis favorable, un projet substituant au système de concours en vigueur depuis près de 10 ans un nouveau mode, d'après lequel le concours, au lieu de comporter une seconde épreuve pour l'obtention des places vacantes dans chacun des arrondissements, serait désormais unique et porterait sur l'ensemble des vacances existant sans distinction dans les 20 arrondissements. Le projet prévoit, en outre, comme conséquence de la modification apportée à la forme du concours, que les médecins déjà investis auront le droit de permuter et de choisir, sans nouveau concours, toute place vacante dans un arrondissement quelconque, à charge de remplir les conditions réglementaires de résidence. Ce projet est actuellement soumis à l'approbation de M. le Préfet de la Seine, la réglementation du concours pour les places de médecins de l'assistance médicale appartenant, non plus au Ministre de l'intérieur, mais à l'autorité préfectorale, en vertu de l'article 41 du décret de 1895, qui attribue compétence au Préfet de la Seine pour les mesures d'exécution que comporte le décret. (Décision ministérielle du 2 mars 1900.)

En ce qui concerne les sages-femmes, l'organisation antérieure n'a pas été sensiblement modifiée par les décrets de 1886 et de 1895. Dès 1887, suivant un vœu du Conseil municipal, leur nombre, dans certains arrondissements, cessa d'être limité. Toutes les sages-femmes, justifiant des garanties professionnelles requises, purent être appelées à participer au service des accouchements à domicile. En vertu du décret de 1886, elles étaient nommées par le Préfet, et placées sous la surveillance du médecin de la circonscription, qu'elles devaient appeler en cas d'accouchements difficiles. En vertu du décret de 1895, elles sont nommées par le Directeur de l'Assistance publique. Le nouveau décret, ne reconnaissant qu'une circonscription médicale par quartier, n'a pas imposé aux sages-femmes la surveillance des différents médecins pouvant desservir chaque quartier. Il va de soi, sans que le décret ait formulé cette obligation, que les sages-femmes doivent requérir les médecins du quartier, en cas d'accouchements laborieux, la loi elle-même leur défendant d'employer les instruments sans appeler un médecin ou un chirurgien. Les deux décrets les obligent à la résidence dans l'arrondissement où elles exercent leurs fonctions. Le

---

(1) Ce dernier arrêté, pris par le Directeur, après avis du Conseil de surveillance du 10 décembre 1896, n'a qu'un caractère provisoire, attendu qu'il se rattache au mode de rémunération en usage, lequel n'est pas conforme au mode prescrit par le décret de 1895.

décret de 1895 exige qu'elles soient de 1re classe, condition non édictée par le décret de 1886. Il donne, en outre, aux femmes enceintes, la faculté de choisir leur sage-femme parmi celles qui sont préposées au service de l'arrondissement. En l'absence d'un texte dans les deux décrets, une décision préfectorale du 9 juillet 1887 avait fixé à 4 années la durée du mandat des sages-femmes, durée réglementaire du mandat des médecins sous le régime du décret de 1886 ; de même qu'un arrêté préfectoral du 3 avril 1896 a fixé cette même durée à 3 années, par assimilation à celle du mandat des médecins sous le régime du décret de 1895.

Enfin, un autre arrêté préfectoral du 17 août 1887 a fixé la limite d'âge des sages-femmes de l'assistance médicale à 60 ans.

Le tableau suivant présente la répartition des médecins et sages-femmes par arrondissement. :

ARRONDISSEMENTS	NOMBRE de médecins du traitement à domicile	INDEMNITÉ allouée	NOMBRE de médecins consultants (3 consultations par semaine) (1)	TOTAL des médecins par arrondissement	NOMBRE de sages-femmes	OBSERVATIONS
1er	4	1.200	2	6	7	(1) Indemnité allouée : 600 francs.
2^e	4	1.200	2 (2)	6	11	
3^e	6	1.200	3	9	20	(2) Dont deux services assurés par un seul médecin.
4^e	10	1.200	4	14	18	
5^e	9	1.500	4 (2)	13	36	
6^e	8	1.200	2	10	10	(3) Dont une dame, doctoresse ou médecine.
7^e	8	1.200	2	10	28	
8^e	4	1.200	2	6	7	
9^e	4	1.200	2	6	18	
10^e	12	1.500	4	16	32	
11^e	14	1.500	4	18	66	
12^e	8	1.500	4 (2)	12	28	
13^e	12	2.000	6 (3)	18	32	
14^e	9	2.000	3	12	46	
15^e	10	2.000	2	12	39	
16^e	4	1.500	2	6	16	
17^e	7	2.000	4	11	42	
18^e	13	2.000	6	19	55	
19^e	12	2.000	4	16	35	
20^e	12	2.000	4	16	39	
	170		66	236	585	

Médicaments

Outre les soins médicaux, l'assistance médicale à domicile comporte la délivrance gratuite des médicaments.

Pendant de longues années, les médicaments prescrits furent en grande partie servis par les sœurs, à l'aide des dépôts constitués à cet effet, en exécution de l'arrêté consulaire du 29 germinal an IX, dans les maisons de secours. Ces dépôts, approvisionnés par la Pharmacie centrale des hôpitaux, ne devaient contenir que des médicaments simples ; les sœurs ne devaient distribuer que des tisanes, potions huileuses, cataplasmes ou autres drogues dont la préparation n'exige pas de connaissances pharmaceutiques. En fait, cette mesure fut notablement dépassée ; les pharmacies des maisons de secours détenaient même des substances toxiques, et les médicaments, dont la fourniture était réservée aux pharmaciens de la ville, n'étaient qu'en petit nombre. Confirmé en principe par le décret de 1886, cet état de choses subsista jusqu'en 1887, époque à laquelle commença la laïcisation du personnel des maisons de secours.

Au fur et à mesure que disparurent, par suite, les pharmacies de ces maisons, s'accroissaient les fournitures faites par les pharmaciens de la ville. Il en résulta bientôt une élévation sensible des dépenses de médicaments, qui donna l'idée à certains bureaux de bienfaisance de fonder des pharmacies à leur usage, desservies par des pharmaciens diplômés, et approvisionnées, comme les précédentes pharmacies des sœurs, par la Pharmacie centrale des hôpitaux. Les premières des nouvelles pharmacies furent créées, en 1889, par le bureau de bienfaisance du 11e arrondissement, qui n'eut qu'à se louer de l'initiative qu'il avait prise. Son exemple ne tarda pas à être suivi : en 1891, dans le 14e; en 1892, dans le 5e; en 1893, dans le 19e, et en 1895, dans le 6e arrondissement. Sur ces entrefaites intervint le décret du 15 novembre 1895, qui généralisa la mesure, reconnue avantageuse tant au point de vue économique que pour la bonne exécution des ordonnances, en supprimant virtuellement, comme nous l'avons dit, les maisons de secours, qu'il transformait en dispensaires dont un au moins par arrondissement devait être doté d'une pharmacie. Le décret a toutefois réservé au Directeur de l'Assistance publique la faculté d'autoriser exceptionnellement, après avis du Conseil de surveillance, le maintien de l'ancien mode de fourniture par les pharmaciens de la ville, dans les arrondissements où ce système offrirait de réels avantages.

Le personnel pharmaceutique de chaque dispensaire est nommé par le Directeur de l'Assistance publique. Il comprend :

1 pharmacien, logé dans le dispensaire de façon à assurer constamment le service;

1 aide pharmacien ou 1 élève en pharmacie, et 1 garçon de laboratoire (2 aides ou 2 garçons si le service l'exige).

En 1898, les pharmacies des dispensaires, actuellement au nombre de 17 et desservant 10 arrondissements, ont exécuté, tant pour le service du traitement à domicile que pour celui des consultations, 269.792 ordonnances; de leur côté, les pharmaciens de la ville en ont exécuté 152.914.

L'institution des dispensaires comportant, indépendamment des consultations médicales et d'une pharmacie, la pratique de la petite chirurgie et des pansements, c'est-à-dire un véritable service de traitement externe, a comblé une lacune de l'assistance médicale à domicile ; toute une catégorie de malades, atteints d'affections chroniques ou de plaies légères, et en état de se déplacer, trouveront dans ces établissements les soins pratiques dont ils ont besoin, et qui leur seront désormais procurés sans leur causer une trop grande perte de temps, et sans occasionner à l'Administration une dépense trop élevée.

Les dispensaires sont ouverts aux adultes et aux enfants.

Toute personne qui se présente reçoit une première consultation. Ne sont admis par la suite, en dehors des indigents inscrits et des convalescents du traitement à domicile, que les nécessiteux reconnus tels après une enquête suivant la première consultation.

L'Administration n'a pu transformer d'un coup autrement que de nom les anciennes maisons de secours en dispensaires. Elle procède progressivement à cette transformation, soit avec ses ressources propres, soit à l'aide d'un crédit de 300.000 francs voté à cet effet par le Conseil municipal.

L'état de situation qui suit indique, pour chacun des 20 arrondissements, les dispositions prises ou les travaux exécutés jusqu'à présent, en vue de l'installation et du fonctionnement des dispensaires, comme suite au décret de 1895.

1ᵉʳ arrondissement. — Consultations médicales maintenues provisoirement dans les deux anciennes maisons de secours : rue du Marché-Saint-Honoré, n° 32, et rue de l'Arbre-Sec, n° 17. Les locaux ont été réparés, et il a été mis à la disposition du service des appareils et instruments pour petite chirurgie. Les médicaments continuent à être servis par les pharmaciens de la ville. L'établissement de la rue du Marché-Saint-Honoré est encore desservi par un personnel congréganiste.

2ᵉ arrondissement. — L'ancienne maison de secours, rue de la Jussienne, n° 2 *bis*, a été transformée en dispensaire depuis le 1ᵉʳ janvier 1898, mais sans service de pharmacie. Jusqu'à nouvel ordre, la fourniture des médicaments continue à être faite par les pharmaciens de la ville.

3ᵉ arrondissement. — Installation du dispensaire, avec pharmacie, dans l'ancienne maison de secours, rue Pastourelle, n° 19, le 14 octobre 1896.

4ᵉ arrondissement. — Maintien provisoire des consultations médicales dans l'ancienne maison de secours, rue Sainte-Croix-de-la-Bretonnerie, n° 22. Le service pharmaceutique continue à être assuré par les pharmaciens de la ville.

5ᵉ arrondissement. — Maintien des consultations médicales dans les deux anciennes maisons de secours, rue Boutebrie, n° 1, et rue de l'Épée-de-Bois, n° 5, avec réparations des lieux et mise à la disposition du service du matériel nécessaire pour petites opérations. Deux services de pharmacie fonctionnent depuis 1892.

6ᵉ arrondissement. — Deux dispensaires, avec pharmacie, ont été installés dans les anciennes maisons de secours, rue Saint-Benoît, n° 18, et rue de Vaugirard, n° 82. Une partie du premier dispensaire, non utilisée par le service des secours, a été affectée à un service départemental de consultation de nourrissons avec distribution de lait stérilisé.

7ᵉ arrondissement. — Maintien provisoire des consultations médicales dans les deux anciennes maisons de secours, rue Oudinot, n° 1, et rue Saint-Dominique, n° 109. Continuation des fournitures de médicaments par les pharmaciens de la ville. Programme arrêté pour la transformation en dispensaire avec pharmacie du dernier de ces deux établissements.

8ᵉ arrondissement. — Maintien des consultations médicales dans la maison de secours, qui conserve ce nom, et est desservie par un personnel congréganiste, rue de Monceau, n° 15. Service doté du matériel nécessaire pour petites opérations. Médicaments fournis par les pharmaciens de la ville.

9ᵉ arrondissement. — Installation du dispensaire, avec pharmacie, dans l'ancienne maison de secours, rue de La Rochefoucauld, n° 25. Une partie des locaux, non utilisée par le service des secours, a été affectée à un service départemental de consultation de nourrissons et de distribution de lait stérilisé.

10ᵉ arrondissement. — Maintien des consultations médicales dans les anciennes maisons de secours, rue des Petites-Écuries, n° 5, et avenue Parmentier, n° 179. Continuation de la fourniture des médicaments par les pharmaciens de la ville.

11ᵉ arrondissement. — Les consultations médicales fonctionnent dans les deux anciennes maisons de secours, rue Saint-Bernard, n° 33, et rue du Chemin-Vert, n° 70, concurremment avec des services de pharmacie, ouverts depuis 1889. Les travaux pour l'installation complète des deux dispensaires viennent d'être terminés. Une partie des locaux du dispensaire de la rue du Chemin-Vert, non utilisée par le service des secours, a été affectée à un service départemental de consultation de nourrissons et de distribution de lait stérilisé.

12e arrondissement. — Un dispensaire, avec pharmacie, desservant une partie de l'arrondissement, a été ouvert dans l'ancienne maison de secours, rue de Cîteaux, n° 28, le 1er juillet 1897. Un deuxième service de consultations médicales, muni du matériel nécessaire pour petites opérations, fonctionne dans l'ancienne maison de secours, rue Pleyel, n° 1. Un programme vient d'être arrêté pour la construction sur un terrain loué par l'Administration, rue Dubrunfaut, n° 7, d'un dispensaire central avec pharmacie devant desservir tout l'arrondissement.

13e arrondissement. — Continuation des consultations médicales, avec mise de boîtes d'instruments à la disposition de ces services, dans deux anciennes maisons de secours, rue Jenner, n° 44, et avenue d'Italie, n° 22. Les travaux pour l'installation complète d'un dispensaire avec pharmacie dans la première de ces deux maisons viennent d'être terminés. Jusqu'à présent les médicaments ont été fournis par les pharmaciens de la ville. Une partie de l'établissement de la rue Jenner, non utilisée par le service des secours à domicile, va être affectée à un service départemental de consultation de nourrissons avec distribution de lait stérilisé.

14e arrondissement. — Maintien des consultations médicales dans deux anciennes maisons de secours, place de Montrouge, et rue d'Alésia, n° 20. Une pharmacie desservant tout l'arrondissement fonctionne depuis 1891 dans la première de ces deux maisons.

15e arrondissement. — Maintien des consultations médicales dans les deux anciennes maisons de secours, place du Commerce, n° 1, et rue d'Alleray, n° 13. Continuation des fournitures de médicaments par les pharmaciens de la ville.

16e arrondissement. — Maintien des consultations médicales dans les trois anciennes maisons de secours, rue Lauriston, n° 78, rue du Ranelagh, n° 68, et rue Jouvenet, n° 23. Le service dans chacun de ces établissements a été doté du matériel nécessaire pour petites opérations. Les trois établissements sont encore desservis par un personnel congréganiste qui distribue quelques médicaments simples. Les autres médicaments sont fournis par les pharmaciens de la ville.

17e arrondissement. — Un dispensaire, avec pharmacie, a été ouvert dans l'ancienne maison de secours, rue Gauthey, n° 43. Le dispensaire fonctionne depuis le 1er octobre 1897 et la pharmacie depuis le 1er janvier 1898. Une partie de l'établissement, non utilisée par le service des secours, a été affectée à un service départemental de consultation de nourrissons et de distribution de lait stérilisé.

Une deuxième pharmacie, en attendant l'installation complète d'un second dispensaire, a été installée dans l'ancienne maison de secours, rue Guersant, n° 15. Cette pharmacie fonctionne depuis avril 1898.

18e arrondissement. — Un dispensaire, avec pharmacie, a été complètement installé dans l'ancienne maison de secours de la rue Ordener, n° 117. L'ouverture en a eu lieu le 1er juillet 1896. La pharmacie dessert trois des quatre quartiers de l'arrondissement. Dans le quatrième quartier, les médicaments continuent à être fournis par les pharmaciens de la ville. Des consultations médicales continuent à être données dans les deux autres anciennes maisons de secours, rue Affre, n° 13, et rue Damrémont, n° 8, en attendant l'installation de deux nouveaux dispensaires.

Un second dispensaire, avec pharmacie, qui doit remplacer l'ancienne maison de secours de la rue Affre, est en cours d'installation dans un immeuble loué par l'Administration, rue Stephenson, n° 51.

Une partie des locaux du dispensaire de la rue Ordener, non utilisée par le service des secours, a été affectée à un service départemental de consultation de nourrissons et de distribution de lait stérilisé.

19e arrondissement. — Les services de consultations médicales existant dans les deux anciennes maisons de secours, rue Jomard, n° 1, et rue Delouvain, n° 5, ont été dotés du matériel nécessaire et transformés en dispensaires depuis le 1er octobre 1897. Les deux établissements possèdent des pharmacies depuis le 1er novembre 1893.

20e arrondissement. — Deux dispensaires, avec pharmacie, ont été complètement installés, l'un rue Boyer, n° 27, et l'autre rue Saint-Blaise, n° 15. Il ont été ouverts le 13 septembre 1897.

En résumé, sur 37 établissements, dont 36 remplacent les anciennes maisons de secours effectivement ou nominalement transformées en dispensaires, et dont 1 a conservé le titre de maison de secours, 17 sont actuellement dotés d'une pharmacie ; 20 en sont encore dépourvus.

Outre le personnel médical et pharmaceutique, il est attaché à chaque dispensaire un personnel auxiliaire, pouvant comprendre, aux termes du décret de 1895, des dames chargées d'assister les malades traités à domicile. Ce personnel est à la nomination du Directeur de l'Assistance publique. Sauf exceptions concernant 5 établissements non laïcisés (dans les 1er, 8e et 16e arrondissements), 2 établissements desservis chacun par un ménage de surveillants-concierges (dans le 10e arrondissement), et 1 établissement où le poste de concierge est tenu par un homme (dans le 2e arrondissement), le personnel auxiliaire se compose dans chaque dispensaire d'une ou de deux surveillantes et d'une concierge ou d'une femme de service.

Les *surveillantes* assistent les médecins consultants, notamment dans les pansements ; elles peuvent être chargées de visiter à domicile les malades, les accouchées et les mères-nourrices.

Les concierges ou femmes de service ont la charge de la loge, du service d'ordre dans la salle d'attente et des soins de propreté.

Au service de l'assistance médicale sont également attachées d'autres personnes, ayant le titre de *dames visiteuses,* dont les fonctions diffèrent de celles des surveillantes, en ce qu'elles ne concourent pas au fonctionnement intérieur du dispensaire et sont exclusivement chargées des visites à domicile. Elles doivent au besoin dans ces visites donner également des soins aux malades.

Les dames surveillantes ainsi que les dames visiteuses doivent être pourvues du diplôme des écoles d'infirmières ou du diplôme de sage-femme. Elles peuvent permuter entre elles, leurs fonctions comportant aujourd'hui les mêmes avantages.

L'effectif des surveillantes est actuellement de 36 ; celui des dames visiteuses, de 24 ; et celui des concierges ou femmes de service, de 28 ; ensemble, 88 personnes. Il faut ajouter à ces chiffres 15 religieuses et une femme de service attachées aux 5 établissements non laïcisés, 4 personnes formant les 2 ménages attachés aux dispensaires du 10e arrondissement, et 1 concierge homme, attaché au dispensaire du 2e arrondissement, soit 21 unités, pour obtenir le nombre total des personnes composant le personnel auxiliaire de l'assistance médicale.

Les renseignements statistiques consignés au tableau ci-après montrent le développement du service médical à domicile, de la date de son organisation jusqu'à présent, c'est-à-dire de 1854 à 1899.

ANNÉES	NOMBRE des inscriptions y compris celles pour les accouchements	NOMBRE des inscriptions pour le traitement à domicile	NOMBRE de malades traités	NOMBRE des inscriptions pour les accouchements à domicile	NOMBRE de femmes accouchées	NOMBRE des consultations données	NOMBRE des consultants	DÉPENSES en médicaments
1854	30.715	»	»	»	»	102.472	»	153.942 13
1855	31.558	»	»	»	»	115.864	»	144.918 21
1856	32.584	»	»	»	»	178.574	»	170.784 26
1857	32.105	»	»	»	»	155.821	»	177.395 21
1858	29.737	»	»	»	»	161.401	»	158.794 58
1859	27.075	»	»	»	»	169.101	»	145.901 42
1860	37.382	»	»	»	»	168.898	»	213.375 24
1861	49.084	»	»	»	»	203.787	»	249.249 65
1862	52.060	»	»	»	»	245.870	»	226.372 20
1863	54.724	»	»	»	»	271.902	»	237.326 40
1864	57.415	»	»	»	»	287.330	»	253.108 99
1865	»	54.616	»	8.988	7.450	324.186	»	281.091 17
1866	»	56.093	»	9.344	7.588	334.191	»	297.627 91
1867	»	55.634	»	10.852	8.744	355.089	»	297.942 78
1868	»	61.035	»	11.671	9.468	353.946	»	317.403 85
1869	»	58.612	»	12.091	9.769	347.540	»	314.814 12
1870	»	86.088	»	15.263	12.828	385.772	»	317.625 35
1871	»	68.774	»	12.906	9.349	319.160	»	332.189 37
1872	»	50.856	»	13.895	11.099	324.863	»	301.154 89
1873	»	57.377	»	13.785	11.066	390.698	»	349.146 20
1874	»	59.622	»	13.868	11.139	387.542	»	383.366 81
1875	»	59.291	»	13.219	10.544	345.940	»	351.415 61
1876	»	62.958	»	13.245	10.392	367.422	»	344.082 73
1877	»	61.286	»	13.355	10.680	424.832	»	383.572 71
1878	»	61.254	»	13.349	10.630	394.538	»	374.495 83
1879	»	71.752	»	13.971	10.958	435.945	»	396.250 52
1880	»	78.591	»	14.478	10.998	453.036	»	418.751 20
1881	»	70.128	»	14.691	11.231	431.330	»	370.542 70
1882	»	74.548	»	14.878	11.329	409.452	»	363.580 39
1883	»	71.737	»	16.023	12.118	433.868	»	394.541 40
1884	»	78.916	»	14.004	11.722	430.095	»	423.414 85
1885	»	82.338	»	15.503	11.765	476.156	»	451.131 93
1886	»	94.402	»	15.280	11.983	492.940	»	474.701 04
1887	»	88.884	»	14.751	11.383	438.044	»	445.295 90
1888	»	89.706	»	14.844	11.600	332.325	»	542.779 03
1889	»	96.338	»	14.833	11.772	333.914	»	479.802 40
1890	»	101.749	»	14.004	11.321	309.938	»	522.193 54
1891	»	102.117	»	15.248	12.677	324.985	»	555.223 14
1892	»	112.608	»	15.207	12.287	337.099	»	542.955 41
1893	»	103.964	76.391	14.976	12.181	274.313	82.712	440.234 92
1894	»	97.362	73.848	15.566	12.094	273.739	83.776	404.111 26
1895	»	105.610	80.933	14.668	11.560	239.140	84.267	449.064 79
1896	»	80.664	72.853	15.896	12.025	236.159	89.121	421.174 26
1897	»	101.497	75.700	15.482	12.892	279.223	96.432	420.760 61
1898	»	106.730	79.540	15.186	12.481	309.521	111.877	425.243 83

OBSERVATIONS

De 1854 à 1865, les inscriptions pour le traitement à domicile et les inscriptions pour accouchements sont confondues.

De 1865 à 1893, la statistique n'indique que le nombre des inscriptions au traitement à domicile ; elle n'indique pas le nombre des malades traités. En d'autres termes, un même malade, qui a requis l'intervention médicale à différentes reprises, a pu donner lieu à plusieurs inscriptions.

De 1893 jusqu'à présent, la statistique fournit à la fois le nombre des inscriptions et le nombre des malades traités ; elle présente de même le nombre des consultations données, d'une part, et le nombre de personnes ayant reçu des consultations, d'autre part. — Il va sans dire que les deux contingents des malades et des consultants ne s'additionnent pas, beaucoup d'unités figurant à la fois dans l'une et l'autre catégories.

Service des vaccinations

Le service des vaccinations est indépendant du service de l'assistance médicale. En fait, toutefois, il s'y rattache par quelques points, attendu qu'il fonctionne avec le concours des médecins de l'assistance médicale, et que, dans plusieurs arrondissements, les séances vaccinales se tiennent dans les dispensaires.

Dès 1803, un service de vaccination gratuite avait été installé à Paris, rue du Battoir (aujourd'hui rue Quatrefages), dans un établissement central, qui conserva le nom que lui avait donné le public, *l'hôpital de la Vaccine*. Ce service fut transféré, en 1823, à l'Académie de médecine, qui pratiqua depuis la vaccination gratuite, concurremment avec des services d'arrondissement organisés par les autorités municipales. Mais celles-ci, laissées juges de l'opportunité de leur intervention, ne provoquaient de séances de vaccination qu'à des époques indéterminées. Elles avaient recours pour cet objet au bon vouloir des médecins du traitement à domicile. D'autre part, pour favoriser le développement de la vaccine et agir

HOSPICE DEBROUSSE

sur l'esprit de la population, des prix et médailles d'encouragement étaient décernés aux vaccinateurs, pendant que des primes étaient payées par les bureaux de charité ou de bienfaisance aux parents nécessiteux des enfants vaccinés. Ces primes, qui étaient de 5 francs au début, furent réduites à 3 francs à partir de 1832, et à 2 francs en 1889. Des primes d'égale quotité furent, en outre, payées aux parents des sujets vaccinifères, tant que la vaccination se pratiqua de bras à bras. L'Administration, d'accord avec les bureaux de bienfaisance, considérant que la pratique de la vaccine était définitivement entrée dans les mœurs, supprima les primes en 1894 et reporta le crédit y affecté aux secours de maladie.

En 1879, l'Assistance publique fut chargée par le Préfet d'organiser, ainsi qu'elle l'avait déjà fait dans les établissements hospitaliers pour les besoins des malades et du personnel, un service régulier de vaccination et de revaccination à l'usage du public dans les 20 arrondissements. Elle s'adressa, à cet effet, aux médecins du traitement à domicile qui acceptèrent de pratiquer à tour de rôle les inoculations. Depuis lors, le service a fonctionné sans interruption, une fois par semaine, à des heures portées par voie d'affiches à la connaissance du public, soit dans les mairies, soit dans des établissements publics désignés, soit dans les maisons de secours, aujourd'hui dispensaires. Les travaux d'écritures sont assurés par des employés des bureaux de bienfaisance.

En 1888, le Conseil municipal fut saisi d'un projet de création d'un *Institut vacci-*

38

nogène et vaccinal pour Paris et le département de la Seine, mais ce projet ne fut pas adopté.

Longtemps la vaccination se pratiqua surtout de bras à bras ; ce n'était qu'en l'absence de sujets vaccinifères que les bureaux de bienfaisance recouraient à MM. Lanoix et Chambon — qui les premiers avaient introduit en France, dès 1864, des génisses portant des pustules vaccinales — pour obtenir l'envoi de génisses ou de tubes de vaccin recueilli sur les génisses.

Aujourd'hui les vaccinations se pratiquent uniformément avec du vaccin pris directement sur la génisse.

Dans la plupart des arrondissements, les médecins de l'assistance médicale ne participent plus au service. Les inoculations sont faites par un docteur en médecine, agissant pour le compte de M. le D⁻ Saint-Yves Ménard, successeur de M. Chambon, directeur de l'*Institut de vaccine animale*, qui procure la génisse, et qui reçoit une rémunération de 20 francs par séance.

Les sujets vaccinés se présentent de nouveau au vaccinateur à la séance qui suit celle de leur vaccination. Après constatation de l'effet produit, il leur est remis un certificat de vaccination.

Les séances ont lieu à la mairie dans les 2ᵉ, 3ᵉ, 4ᵉ, 7ᵉ, 8ᵉ, 9ᵉ, 10ᵉ, 13ᵉ, 16ᵉ et 20ᵉ arrondissements ; rue de Mirbel, n° 8 (salle de réceptions des administrateurs du bureau de bienfaisance), dans le 5ᵉ arrondissement ; au gymnase Voltaire, dans le 11ᵉ arrondissement ; à la salle des fêtes, annexe de la mairie, dans le 15ᵉ arrondissement ; à l'école communale de garçons, rue Clignancourt, n° 63, dans le 18ᵉ arrondissement ; dans les 2 dispensaires, rue de l'Arbre-Sec, n° 17, et rue du Marché-Saint-Honoré, n° 32, dans le 1ᵉʳ arrondissement ; dans le dispensaire, rue de Vaugirard, n° 82, dans le 6ᵉ arrondissement ; dans le dispensaire, rue de Cîteaux, n° 28, dans le 12ᵉ arrondissement ; dans le dispensaire, rue d'Alésia, n° 20, dans le 14ᵉ arrondissement ; dans les 2 dispensaires, rue Gauthey, n° 43, et rue Guersant, n° 15, dans le 17ᵉ arrondissement ; et dans le dispensaire, rue Jomard, n° 5, dans le 19ᵉ arrondissement.

HÔPITAL BROCA

Dans le 20ᵉ arrondissement, les inoculations sont faites par les sages-femmes de l'assistance médicale.

Les médecins et sages-femmes de l'assistance médicale qui prêtent leur concours au service sont indemnisés au moyen de jetons, avec faculté d'opter pour des primes en argent évaluées à raison de 2 fr. 50 pour 10 vaccinations.

Le crédit inscrit au budget pour le service des vaccinations s'élève à 20.600 francs *(sous-chapitre 22, Assistance médicale, art. 2).* Nous rappelons qu'un autre crédit de 20.000 francs (inscrit au *sous-chapitre 24, art. 7)* est destiné à faire face aux frais des vaccinations pratiquées à domicile, depuis 1893, par le service municipal de l'assainissement et de la salubrité de l'habitation.

Le nombre des vaccinations et revaccinations opérées dans les séances hebdomadaires, aux divers lieux susindiqués, a été, en 1898, de 22.313.

ÉTABLISSEMENTS SE RATTACHANT AU SERVICE DES SECOURS
A DOMICILE

Les établissements suivants se rattachent, dans les conditions que nous avons indiquées, au service des bureaux de bienfaisance.

7ᵉ arrondissement. — HOSPICE LEPRINCE, rue Saint-Dominique, n° 109. Cet établissement, fondé à l'aide d'une donation faite par M. et Mᵐᵉ Leprince, et ouvert en 1826, est destiné à hospitaliser des vieillards pauvres de l'ancien quartier des Invalides (aujourd'hui quartier du Gros-Caillou et partie du quartier de l'École-Militaire), domiciliés dans ce quartier depuis 6 ans, au moins, sans interruption, âgés de 70 ans ou atteints d'infirmités les empêchant de se livrer à aucune espèce de travail, et désignés par le bureau de bienfaisance du 7ᵉ arrondissement.

L'hospice contient actuellement 30 lits, 15 pour hommes et 15 pour femmes. Il est desservi par un personnel composé de : 1 surveillante, non nourrie, 1 cuisinière, 1 garçon et 1 fille de service, tous trois nourris. La surveillante et le concierge du dispensaire, qui occupe le même immeuble, reçoivent, en outre, une indemnité ; la première, pour le contrôle journalier du fonctionnement de l'hospice ; le second, pour le service de la porte commune au dispensaire et à l'hospice.

Les revenus annuels de la fondation s'élèvent à 25.263 francs.

Le plan de masse de l'hospice Leprince se trouve à la page 713.

14ᵉ arrondissement. — FONDATION TISSERAND, rue d'Alésia, n° 134. La fondation, résultant d'un legs de M. Tisserand, consiste en une maison de retraite, destinée à des vieillards ayant au moins 65 ans d'âge, choisis par le maire et les adjoints du 14ᵉ arrondissement dans les quartiers du Petit-Montrouge et Montparnasse. Dans la maison, ouverte en 1878, sont logés gratuitement 48 vieillards, dont 40 reçoivent, outre le logement, sur les ressources de la fondation, un secours de 1 franc par jour.

Le personnel attaché à la maison se compose uniquement du ménage des concierges.

Les revenus annuels de la fondation s'élèvent à 17.279 francs.

Le plan de masse de la fondation Tisserand se trouve à la page 717.

17ᵉ arrondissement. — FONDATION DAMET, dite Maison de la Providence, rue Lemercier, n° 19. La fondation consiste en une maison léguée par Mᵐᵉ Damet. Cette maison est destinée à loger gratuitement des vieillards habitant le territoire de l'ancienne commune des Batignolles, âgés de 60 ans au moins, et désignés par le bureau de bienfaisance du 17ᵉ arrondissement. Elle a été appropriée aux besoins de sa destination en 1867. Elle comporte 33 logements, 13 pour des ménages et 20 pour des personnes seules (hommes ou femmes).

Le personnel attaché à la maison se compose uniquement du ménage des concierges.

Les revenus annuels de la fondation s'élèvent à 617 francs.

20ᵉ arrondissement. — Hospice de Belleville, rue Pelleport, n° 180. Cet établissement a été fondé par l'ancienne commune de Belleville; l'administration en est revenue à l'Assistance publique par suite de l'annexion de ladite commune à la ville de Paris, en 1860. Il est affecté à l'hospitalisation de vieillards pauvres des deux sexes, domiciliés sur le territoire de l'ancienne commune, et désignés par le bureau de bienfaisance du 20ᵉ arrondissement. Le nombre des personnes administrées est de 25 (13 hommes et 12 femmes).

Le personnel de service comprend : 1 surveillante, 1 concierge chargé des soins de propreté et 1 cuisinière.

Les revenus annuels de la fondation s'élèvent à 19.362 francs.

Le plan de masse de l'hospice de Belleville se trouve à la page 715.

Fondation Lesecq, dite Maison des Veuves, rue de Belzunce, n° 24. Cette fondation a son origine dans un testament de Mᵐᵉ Vᵉ Lesecq, daté du 15 juillet 1675, en vertu duquel un immeuble laissé par elle devait servir à loger gratuitement 20 femmes ou filles. L'immeuble fut, en 1845, par contrat intervenu entre l'Administration et les ayants cause de la fondatrice, échangé contre une maison située rue de Belzunce, n° 24. C'est cette maison qui est, depuis lors, destinée, suivant l'objet de la fondation, à loger gratuitement 20 femmes, veuves ou filles, âgées d'au moins 50 ans.

En réalité, elle ne compte que 19 occupantes, un des 20 logements dont elle se compose étant affecté aux concierges. Les nominations aux places vacantes appartiennent aux 20 bureaux de bienfaisance à tour de rôle ; à défaut de désignation par les bureaux en tour, le droit de nomination revient à l'Administration.

Le personnel attaché à l'établissement se compose uniquement du ménage des concierges.

La fondation possède un revenu annuel de 400 francs.

Fondation Chenard, rue Saint-Sauveur, n° 18. — Nous devons encore citer une fondation, d'une origine analogue à celle de la fondation Lesecq, qui ne constitue pas, à proprement parler, un établissement spécial, mais consiste en une sorte de servitude foncière sur une propriété privée, située rue Saint-Sauveur, n° 18, laquelle est grevée à perpétuité de la charge de loger 8 femmes pauvres, à la désignation du propriétaire. L'Administration tient de sa qualité de représentant légal des pauvres le droit d'exercer un contrôle sur l'exécution de cette fondation qui remonte à l'année 1425 et porte le nom de fondation Chenard.

Quelques-unes des fondations dont il vient d'être question, notamment les fondations Damet et Lesecq, ont des ressources insuffisantes pour faire face à leurs charges, et doivent être aidées, sur des fonds généraux, par l'Administration.

Un établissement se rattache au service central des secours à domicile ; l'orphelinat créé en exécution de la Fondation Bonan, rue de la Parcheminerie, n° 15. — Une convention, en date du 10 juillet 1872, est intervenue entre l'Administration et l'archevêque de Paris, exécuteur testamentaire, en vue de réaliser une fondation résultant d'un legs de Mᵐᵉ Vᵉ Bonar, et comportant obligation pour l'Administration de fonder un orphelinat de jeunes filles, âgées de moins de 6 ans à l'époque de leur admission, sur le 12ᵉ arrondissement, devenu le 5ᵉ depuis l'annexion des communes suburbaines, et d'en confier la direction exclusive aux sœurs de Saint-Vincent-de-Paul.

En vertu de cette convention, l'orphelinat est établi dans un immeuble distrait de l'ancienne maison de secours sise à l'angle des rues Boutebrie et de la Parcheminerie. Il est dirigé par les sœurs de Saint-Vincent-de-Paul. Il compte 50 orphelines ou demi-orphelines, placées par les soins de l'Administration, en même temps qu'un certain nombre d'autres enfants recueillies par les sœurs à titre privé.

L'Administration supporte les charges et diverses dépenses d'entretien des lieux. Elle paye un prix de pension pour chacune des enfants placées, fixé à 25 ou 30 francs par mois suivant l'âge, et prolongé jusqu'à ce qu'elles aient atteint 18 ans.

Les revenus annuels de la fondation s'élèvent actuellement à 12.235 francs.

L'Administration a, en outre, placé dans l'orphelinat Bonar, moyennant un prix de pension fixé à 300 francs par an, payé sur les revenus d'une autre fondation, la FONDATION RUBIN, 18 orphelines ou demi-orphelines dont les parents sont décédés à l'Hôtel-Dieu.

SECOURS DÉLIVRÉS PAR LES DIRECTEURS DES HOPITAUX

Les directeurs des établissements hospitaliers délivrent diverses sortes de secours se rattachant à l'assistance à domicile.

1° *Secours aux malades sortants.* — Des secours, dits *d'urgence* ou *de sortie*, distincts des secours de convalescence dont nous avons parlé précédemment et dont l'attribution appartient aux bureaux de bienfaisance, sont délivrés par les directeurs des hôpitaux, aux malades et aux accouchées, au moment de leur sortie. Ils ont pour but d'éviter aux nécessiteux quittant l'hôpital l'obligation de chercher un abri dans les asiles de nuit, en attendant qu'ils aient pu reprendre leur travail. Dans le principe, quelques établissements seulement avaient le privilège de ces secours, grâce à des fondations ou des libéralités particulières. En 1882, voulant généraliser les avantages de ce mode d'assistance, l'Admi-

LA SALPÊTRIÈRE. — SALLE DE BAINS

nistration mit à la disposition des directeurs des différents hôpitaux parisiens des crédits spéciaux, prélevés tant sur les revenus de la *fondation Montyon* que sur son budget propre, pour distribution de secours d'urgence, soit aux malades et aux accouchées sortant des hôpitaux, soit aux accouchées sortant de chez les sages-femmes dites *agréées*. Une pareille répartition est faite, depuis, chaque année, entre les établissements, en tenant compte dans une certaine mesure des divers dons et legs spéciaux à quelques-uns d'entre eux, et au prorata du nombre des sorties constatées l'année précédente.

Pour deux établissements (Ricord et Broca), dont les administrés ne peuvent, de par la volonté du donateur, participer au bénéfice de la fondation Montyon, les sommes mises à la disposition des directeurs sont distraites du crédit affecté aux asiles de convalescence d'enfants.

Les crédits pour secours de sortie sont inscrits au budget de 1900 pour les chiffres ci-après :

15.000 francs, au sous-chapitre de la fondation Montyon, pour secours aux malades et aux accouchées sortant des hôpitaux;

8.000 francs, au sous-chapitre des secours à domicile, pour secours aux accouchées sortant de chez les sages-femmes agréées ;

500 francs, au même sous-chapitre, pour les malades sortant des hôpitaux Ricord et Broca.

Il est prescrit aux directeurs de ne pas dépasser le chiffre de 5 francs dans leurs allocations, et de les réserver, par application d'une disposition expresse de la fondation Montyon, aux seuls malades domiciliés à Paris.

2° *Fondation Bettina de Rothschild.* — Depuis quelques années, l'Administration dispose, pour secours de sortie aux accouchées, d'une nouvelle ressource importante, provenant de la fondation Bettina de Rothschild. Cette fondation résulte d'une donation faite en 1893 par M. le baron de Rothschild, en vue d'honorer à perpétuité la mémoire de Mme la baronne Albert de Rothschild, née Bettina de Rothschild, sa fille.

Les revenus de la fondation s'élèvent annuellement à 36.000 francs, qui doivent être distribués en secours aux accouchées nécessiteuses, sans distinction de religion, d'état civil ou d'état social. La répartition en est faite chaque année entre tous les hôpitaux de Paris possédant un service d'accouchement, proportionnellement au nombre des femmes qui y sont accouchées pendant l'année précédente. Aucun secours ne peut être inférieur à 10 francs, ni supérieur à 50 francs.

Les premières instructions adressées aux directeurs d'hôpitaux pour exécution de la fondation portaient, d'après les termes stricts de l'acte de donation, que les femmes *accouchées à l'hôpital* pouvaient seules bénéficier des dispositions de cette libéralité, à l'exclusion des femmes accouchées chez les sages-femmes agréées. Depuis, M. le baron de Rothschild, consulté, a spécifié par lettre que le bénéfice de la fondation devait s'appliquer à toute femme accouchée aux frais de l'Assistance publique, que l'accouchement ait eu lieu dans un hôpital ou dans toute autre dépendance ou annexe de l'Administration de l'Assistance publique. Cette interprétation, notifiée aux directeurs par une circulaire du 30 avril 1895, a permis d'étendre le bénéfice de la fondation aux femmes accouchées, aux frais de l'Administration, chez les sages-femmes agréées.

3° *Délivrance de layettes et maillots aux accouchées.* — Les directeurs des hôpitaux peuvent, en outre, délivrer aux accouchées des secours en nature consistant en layettes et maillots.

4° *Secours représentatifs du séjour à l'hôpital.* — Des secours représentatifs du séjour à l'hôpital ont été institués, en 1897, à l'aide d'une subvention spéciale de 100.000 francs, votée annuellement depuis par le Conseil municipal. Destinés aux malades susceptibles d'être soignés à domicile au lieu d'occuper un lit à l'hôpital, particulièrement aux malades de chirurgie, ils sont fixés à raison de 1 fr. 50 par jour, et ainsi distribués par les soins des directeurs : un premier secours d'*urgence* ou *provisoire* est délivré pour 3 jours, soit au taux de 4 fr. 50, en attendant les résultats

MAGASIN CENTRAL

d'une enquête à domicile ; et un secours *définitif* est alloué, s'il y a lieu, après l'enquête, pour une semaine environ, secours *renouvelable* au besoin, suivant la situation de l'intéressé, et conformément aux indications du médecin chef de service.

5° *Secours divers en nature.* — Les directeurs des établissements hospitaliers peuvent encore délivrer divers secours en nature :

Des soupes, notamment pendant la saison d'hiver, à consommer sur place, à toute personne venant solliciter ce genre d'assistance ;

Des effets de linge et d'habillement, préalablement désinfectés, provenant des successions hospitalières, aux malades sortants dénués de vêtements.

Enfin, ils peuvent restituer, à titre de secours, avec ou sans l'autorisation de l'Administration, suivant les cas, aux familles nécessiteuses qui les réclament, les effets laissés par les malades décédés.

RÉSUMÉ

Pour nous résumer, nous plaçons en regard, dans le tableau ci-dessous, d'une part les dépenses faites pendant le dernier exercice clos (1898), d'autre part les crédits prévus au budget de l'exercice courant (1900), pour l'ensemble des services de l'assistance à domicile, en faisant remarquer qu'il ne s'agit ici que des services dont l'Administration de l'Assistance publique a la direction et la charge. Ne rentrent pas dans ce cadre d'autres services qui exercent, de leur côté, une action publique d'assistance à domicile dans Paris, savoir :

Le service des enfants assistés, qui dispose d'un fonds départemental pour *secours préventifs d'abandon* ou secours connexes ;

Les divers services des deux préfectures et des mairies qui disposent de fonds municipaux pour *secours de loyer* ou *de chômage,* pour *secours aux familles nécessiteuses de militaires sous les drapeaux,* ou *aux personnes expulsées* de leur logement, pour secours en exécution de fondations ou libéralités spéciales, pour *secours de rapatriement,* pour délivrance de *billets de logement,* etc.

ASSISTANCE A DOMICILE				
SERVICES	SOUS-chapitres du budget	DÉPENSES faites en 1898	CRÉDITS prévus pour 1900	OBSERVATIONS
Bureaux de bienfaisance	24 à 43	7.107.866 25	6.968.674 »	(1) Y compris 333.375 francs pour fondations diverses en faveur des secours à domicile.
Administration centrale (service des secours à domicile proprement dit)	21	3.287.314 60	3.281.515 »(1)	
Assistance médicale.	22	1.239.468 09	1.297.065 50(2)	
Total des crédits généraux . . .		11.634.648 94	11.547.254 50	(2) Y compris 20.600 francs pour vaccinations.
Fondations ayant un sous-chapitre propre au budget				
Montyon.	45	325.094 48	283.300 »	
Bettina de Rothschild.	46	38.145 »	36.600 »	
Leprince	60	24.130 24	25.263 »	
Belleville	61	18.246 90	19.362 »	
Totaux		12.070.265 56	11.911.779 50	

Les crédits afférents aux services hospitaliers figurent au budget de 1900 pour une somme de 30.371.667 fr. 50.

Nous obtenons ce chiffre en déduisant du total général du budget, lequel est de . . . . 53.785.761 »

Les crédits pour opérations d'ordre. . . . . 5.487.728 »

Les crédits pour fondations (y compris, pour 364.525 francs, les fondations figurant à un sous-chapitre spécial, indiquées ci-dessus). . . . . . . 2.363.604 »

Les crédits inscrits aux capitaux communs à l'ensemble des services de l'Administration . . . . 4.015.507 » 23.414.093 50

Les crédits afférents aux services de l'assistance à domicile eux-mêmes (moins la somme de 364.525 francs se rapportant aux fondations) . . . 11.547.254 50

Reste 30.371.667 50

Par rapport aux crédits destinés aux services hospitaliers, la proportion des crédits afférents aux services d'assistance à domicile, fondations déduites, soit 11.547.254 fr. 50, ressort ainsi à 27,5 °/₀.

LISTE DES ADMINISTRATEURS, MÉDECINS, SECRÉTAIRES-TRÉSORIERS

Premier arrondissement, à la mairie, place du Louvre

Administrateurs :
MM.

Danoux, rue Saint-Hyacinthe, 12.
Cousteau, rue Vauvilliers, 9.
Moreaux, rue Étienne-Marcel, 47.
Hochon, rue Pierre-Lescot, 10.
Bié, rue Rambuteau, 104.
Desbans, rue Montmartre, 15.
Poulalion, A. ✪, rue des Petits-Champs, 39.
Maltrejean, rue du Pont-Neuf, 8.
Decugis, rue Pierre-Lescot, 6.
Braillon, A. ✪, rue Berger, 35.
Desaide, quai des Orfèvres, 56.
Lacroix, rue de Rivoli, 194.
Richard, rue Jean-Jacques-Rousseau, 68.
Fichot, rue Étienne-Marcel, 26.
Chédeville, A. ✪, rue Bertin-Poirée, 9.
Gauvin, galerie d'Orléans, 4.
Prestot, galerie de Montpensier, 4.

MM.

Ternisien, rue Saint-Honoré, 334.
Boutigny, rue de Montpensier, 6.
Bouet, rue de Turbigo, 4.
Lafon, rue Saint-Denis, 90.

Médecins :

Traitement à domicile :

MM.

Boissier, rue Saint-Honoré, 217.
Boudin, rue des Petits-Champs, 16.
Morisse, place de la Bourse, 15.
N...

Consultations :

Richard, rue de Turbigo, 7.
Richard, rue Boucher, 2.

Secrétaire-Trésorier :

M. Huchot, à la mairie.

Deuxième arrondissement, à la mairie, rue de la Banque, 8

Administrateurs :
MM.

Aubertin, passage du Saumon, 50.
Chandelet, rue de Mazagran, 11.
Collin, rue Saint-Marc, 30,
Rouyer, boulevard Montmartre, 19.
Grunebaum, rue du Caire, 12 et 18.
Levent-Deron, A. ✪, rue du Sentier, 6.
Pécune, rue Montorgueil, 78.
Lelièvre, rue Montmartre, 98.
Philip, rue de la Paix, 4.
Carpin, rue Réaumur, 55.
Chaulaire, rue de Turenne, 51.
Houzau, rue de la Paix, 4.
Luc, passage du Caire, 21.
Genzberger, rue de Palestro, 3.
Picard, rue Mandar, 5.
Chagnon, rue Saint-Denis, 277.
Maire, rue d'Aboukir, 135.

MM.

Renaut, rue Montmartre, 152.
Chenet, place des Victoires, 9.
Godbeski, rue Française, 9.

Médecins :

Traitement à domicile :

MM.

Sebillotte, rue Croix-des-Petits-Champs, 11 *bis*.
Marx, rue du Conservatoire, 13.
Castinel, rue Marie-Stuart, 7.
N...

Consultations :

Pascalis, rue Réaumur, 55.

Secrétaire-Trésorier :

M. Hugon, à la mairie.

Troisième arrondissement, à la mairie, square du Temple

Administrateurs :

MM.

Renard, rue Charlot, 76.
Bady, rue des Quatre-Fils, 8.
Bourdeaux, rue des Gravilliers, 19.
Baudet, rue Beaubourg, 58.
Caillaux, I. ✪, boul. de Sébastopol, 90.
Cognet, rue Notre-Dame-de-Nazareth, 56.
Coblence, rue Rambuteau, 6.
Cuvelier, rue Béranger, 24.
Vallée, rue Réaumur, 12.
Dautigny, rue N.-Dame-de-Nazareth, 33.
Dupont, rue du Temple, 178.
Pretot, rue Saint-Claude, 8.
Genevois, rue du Pont-aux-Choux, 19.
Gavet, rue Saint-Gilles, 9.
Gauthier, rue de Turbigo, 52.
Hochet, rue de Turenne, 114.
Chandelet, rue Meslay, 59.
Koppenhague, rue des Fr.-Bourgeois, 30.
Descloix, rue Vieille-du-Temple, 74.
Nattier, rue Greneta, 8.
Lanceron, rue du Temple, 151.
Lafaye, rue de Bretagne, 26.
Létang, place de la République, 11.
Labalme, A. ✪, rue des Gravilliers, 20.
Maxant, rue de Saintonge, 4.
Roussel, rue de Poitou, 21.

MM.

Boyer, rue de Turenne, 106.
Rochefort, rue de Poitou, 23.
Barghon, rue N.-Dame-de-Nazareth, 3.
Thiébaut, rue du Temple, 70.
Toupy, rue de Franche-Comté, 4.
Rodet, rue des Archives, 85.

Médecins :

Traitement à domicile :

MM.

Regeard, rue de Bondy, 28.
Rueff, rue de Turenne, 95.
Courtin, rue de Saintonge, 61.
Cahn, boulevard Magenta, 28.
Liandier, rue Saint-Martin, 245.
Laborde, boulevard Voltaire, 112.

Consultations :

Regnier, rue de Rivoli, 196.
Planet, rue Montmartre, 93.
Jarry, rue des Lavandières-Sainte-Opportune, 23.

Secrétaire-Trésorier :

M. Varennes, à la mairie.

Quatrième arrondissement, à la mairie, place Baudoyer

Administrateurs :

MM.

Corlieu, boulevard Henri IV, 33, et rue de Sévigné, 17.
Combesferrier, rue des Lions-Saint-Paul, 12.
De Méritens, rue du Cloître-Saint-Merri, 3.
Plista, rue Beautreillis, 6.
Brière, rue Geoffroy-l'Angevin, 17.
Féret, rue Geoffroy-Lasnier, 30.
Teillac, rue de Rivoli, 42.
Lesieur, rue des Juifs, 7.
Leroy, rue Saint-Antoine, 138.
Rousset, rue de Rivoli, 24.
Fradier, rue des Tournelles, 24.

MM.

Souffrain, rue de Rivoli, 42.
Primault, rue du Bourg-Tibourg, 4.
Blondelet, rue de Rivoli, 70.
De Villiers, rue de Rivoli, 20.
Ozouf-d'Entremont, rue Rambuteau, 1.
Rouget, rue des Juifs, 13.
Rossignol, rue Saint-Martin, 91.
Millot, boulevard Morland, 14 *bis*.
Rousseray, rue de la Verrerie, 77.
Lévy, rue de Rivoli, 3.
Keller, rue du Trésor, 6.
Delassaussois, rue Sainte-Croix-de-la-Bretonnerie.
Bribant, rue de Brissac, 2.

Médecins :

Traitement à domicile :

MM.

Henszel, rue de Rivoli, 23.
Guyard, rue Saint-Antoine, 236.
Malbec, rue de Rivoli, 14.
Garnier, boulevard Beaumarchais, 38.
Soudée, rue des Archives, 13.
Vigouroux, boulevard de Sébastopol, 34.
Gerson, rue Vieille-du-Temple, 108.
Froger, rue Monge, 2.

MM.

Bloch, rue Charlot, 5.
Virey, rue des Archives, 17.

Consultations :

Lautzenberg, rue de St-Pétersbourg, 19.
Carpentier, rue des Archives, 33.
Archambault, Faubourg-Saint-Denis, 76.
Pressat, avenue Mac-Mahon, 6 bis.

Secrétaire-Trésorier :

M. Bonjour, à la mairie.

Cinquième arrondissement, à la mairie, place du Panthéon

Administrateurs :

MM.

Blumenthal, rue Le Goff, 5.
Chaumont, rue de la Collégiale, 7.
Salmon, rue Lacépède, 15.
Dublange, boulevard Saint-Michel, 49.
Allard, boulevard de Port-Royal, 84.
Laugeron, rue Vauquelin, 5.
Paget, avenue des Gobelins, 15.

Mme

Mercadier, née Salmon, rue Denfert-Rochereau, 26.

MM.

Lamour, rue de la Harpe, 43.
Lavandier, boulevard Saint-Michel, 45.
Grosiau, rue Lagrange, 3.
Popet, rue Monge, 49.
Rousseau, rue de Mirbel, 4.
Maupas, rue Denfert-Rochereau, 26.
Bénézech, avenue des Gobelins, 7.
N...

Médecins :

Traitement à domicile :

MM.

Kortz, rue Claude-Bernard, 53.
Deffaux, boulevard Saint-Michel, 25.
Gervais, rue de Navarre, 13.
Delisle, rue Vauquelin, 17.
Planès, boulevard Saint-Michel, 15.
Mallet, quai des Grands-Augustins, 53.
Noir, rue Monge, 45.
Renault, rue Claude-Bernard, 82.
N...

Consultations :

Rollin, boulevard Saint-Germain, 48.
Darin, rue Dulong, 39.
Turtaud, rue des Batignolles, 29.

Secrétaire-Trésorier :

M. Guillermain, à la mairie.

Sixième arrondissement, à la mairie, rue Bonaparte

Administrateurs :

MM.

Boulanger, rue Leverrier, 12 bis.
Lefèvre, rue des Saints-Pères, 55 bis.
Decamp, rue de Vaugirard, 117.
Epry, boulevard Saint-Michel, 99.
Pavy, rue du Vieux-Colombier, 18.
Caussinus, A. ⚜, rue des Saints-Pères, 35 quater.

MM.

Pupil, rue de Seine, 51.
Boissard, rue de Mézières, 10.
Guadet, J. ⚜, boulevard Saint-Michel, 141.
Lafon, A. ⚜, rue de Sèvres, 4.
Dujardin, rue de Seine, 52.
De Vaulabelle, A. ⚜, rue de La Barouillère, 11.
Brouard, ✳, rue Herschel, 5.

MM.

Lagrésille, I. ✪, boulevard Saint-Michel, 38.
Gil, rue Bonaparte, 58.
Larré, rue Dauphine, 18.
Thiébaut, rue de Vaugirard, 37.
Trouslard, rue Casimir-Delavigne, 8.
Laschett, rue de Sèvres, 21.
Thévenin, rue Bréa, 10.

Médecins :

Traitement à domicile :
MM.
Martin-Raymond, rue de Montfaucon, 6.
Guillier, rue Bonaparte, 8.

MM.

Lecoin, rue Guénégaud, 15.
Foucart, rue de Tournon, 17.
Pruvost, rue de Rennes, 105.
Regimbeau, boulevard Garibaldi, 2.
Gauja, rue Bonaparte, 29.
Laffitte, rue de Seine, 91.

Consultations :

Chaumont, rue de Vaugirard, 63.
Dorison, rue Saint-Placide, 38.

Secrétaire-Trésorier :

M. Bonnet, à la mairie.

Septième arrondissement, à la mairie, rue de Grenelle, 116

Administrateurs :

MM.
Delabre, rue de Beaune, 14.
Chesneau, rue de l'Université, 56.
Frachon, rue Vaneau, 15.
Delafontaine, rue des Saints-Pères, 14.
Rivière, avenue de La Bourdonnais, 23.
Bruin, rue Chevert, 12.
Ravaisson-Mollien, I. ✪, quai Voltaire, 11.
Colombain, avenue de La Motte-Piquet, 6.
Birmann, ✱, I. ✪, avenue Rapp, 12.
Dragicsewics, rue Saint-Simon, 18.

Mme
Boccon-Gibod, née Boccon-Gibod, boulevard Saint-Germain, 202.

MM.
Richard-Bérenger, quai Voltaire, 29.
Sonnet, boulevard de La Tour-Maubourg, 72.
Mauny, rue de Beaune, 14.

MM.
Duvernet, rue du Bac, 8.
Guillout, rue Montignac, 7.

Médecins :

Traitement à domicile :
MM.
Mercereau, rue de l'Université, 193.
Tolédano, rue de Bourgogne, 24.
D'Aurelles de Paladine, rue du Bac, 79.
Joly, rue Oudinot, 6.
Willy, rue Malebranche, 11.
Chirié, rue du Théâtre, 114.
N...
N...

Consultations :
N...
N...

Secrétaire-Trésorier :

M. Janse, à la mairie.

Huitième arrondissement, à la mairie, rue d'Anjou-Saint-Honoré, 11

Administrateurs :

MM.
Dablin, A. ✪, rue du Rocher, 25.
Mallard, rue de Laborde, 38.
Chopard, A. ✪, rue de Rome, 15.
Fournier, A. ✪, rue de Miromesnil, 60.
Diehl, avenue Matignon, 5.

MM.
Textor de Ravisi, rue de Turin, 38.
Worms, boulevard Malesherbes, 62.
Camproger, ✱, rue des Écuries-d'Artois, 38.
Gallard, Faubourg-Saint-Honoré, 100.
Hatet, ✱, rue d'Amsterdam, 65.

MM.
Dufresne, rue Alfred-de-Vigny, 7.
Bouzemont, rue d'Anjou, 12.
Muret, rue de Laborde, 12.
Meunier, rue de Miromesnil, 80.
Guès, rue de Courcelles, 24.
Godet, rue de Lisbonne, 45.

Médecins :

Traitement à domicile :
M.
Billon, rue de Miromesnil, 36.

MM.
Marquezy, rue d'Amsterdam, 81.
Peltier, rue de Berne, 17.
Lévi, rue de Miromesnil, 80.

Consultations :

Ehrhardt, rue Cardinet, 55.
N...

Secrétaire-Trésorier :

M. Bareau, à la mairie.

Neuvième arrondissement, à la mairie, rue Drouot, 6

Administrateurs :

MM.
Mansais, ✻, rue Fortuny, 16.
Nottin, ✻, rue de Provence, 62.
Rose, rue Fontaine, 23.
Desormes, cité Pigalle, 6.
Denais, rue Fontaine, 10.
Rigaud, rue de Gérando, 9.
Coquelin, rue Condorcet, 66.
Grozos, rue Scribe, 1 *bis.*
Rodrigues-Ely, rue Victor-Massé, 3.
Milhaud, rue de Maubeuge, 56.
Degas, rue Richer, 17.
Vautherin, rue Laffitte, 34.
Anselmier, rue de Châteaudun, 16.
Lemeunier, A. ⬥, rue de Dunkerque, 63.
Franquenet, rue de Rochechouart, 42.
Constantin, rue Pétrelle, 19.
Vanderheym, rue de Maubeuge, 17.
Rostand, rue de Châteaudun, 55.

MM.
Landry, rue de Trévise, 49.
Doillet, rue Condorcet, 13.
Naudin, rue Lafayette, 30.
Colombel, rue de Clichy, 46.

Médecins :

Traitement à domicile :
MM.
Besnier, rue Blanche, 5.
Moulard, rue de La Tour-d'Auvergne, 44.
Frasey, rue de Milan, 12.
Laskine, rue Bourdaloue, 9.

Consultations :
Main, rue de Clichy, 74.
N...

Secrétaire-Trésorier :

M. Tranchant, à la mairie.

Dixième arrondissement, à la mairie, rue du Faubourg-Saint-Martin

Administrateurs :
MM.
Klotz, rue de Paradis, 22.
Juven, rue du Faubourg-Saint-Denis, 23.
Pasquier, rue du Château-d'Eau, 52.
Lecordeur, rue Corbeau, 32.

Mmes
Bienfait, rue de Bondy, 92.
Nicolas, rue Bichat, 30.
V⁰ Mauriceau, rue du Faubourg-Saint-Denis, 139.

M.
Dugit, rue du Faubourg-Saint-Martin, 188.

Mme
Mayer, rue du Faubourg-Saint-Martin, 81.

MM.
Montpert, rue de l'Hôpital-Saint-Louis, 5.
Rohrbach, rue du Faubourg-Saint-Denis, 220.
Guillaume, rue du Faubourg-Saint-Denis, 172.

MM.

Perthuis, rue de Paradis, 12.
Bouvetier, passage Dubail, 4.
Lefèvre, rue Bichat, 15.
Lebrun, rue du Faubourg-Saint-Martin, 137.

Médecins :

Traitement à domicile :

MM.

Isidor, rue Lafayette, 83 bis.
Ungauer, rue Réaumur, 68 bis.
Fissiaux, A. ✪, rue Martel, 11.
Piérin, rue du Faubourg-Saint-Martin, 51.
Rotillon, boulevard Bonne-Nouvelle, 8.
Mathieu, rue des Vinaigriers, 63.

MM.

Barbulée, rue du Faubourg-Saint-Martin, 205.
Hennocque, boulevard de Magenta, 32.
Piole, rue Lafayette, 104.
Meusnier, rue d'Hauteville, 3.
Champion, rue Saint-Martin, 243.
Bernard, rue d'Enghien, 48.

Consultations :

Hischmann, rue des Petits-Hôtels, 24.
N...
N...
N...

Secrétaire-Trésorier :

M. Boudry, à la mairie.

Onzième arrondissement, à la mairie, place Voltaire

Administrateurs :

MM.

Dalbergue, rue Servan, 39.
Rigaud, rue Lacharrière, 7.
Guillemet, boulevard Voltaire, 248.
Thévenot, boulevard Voltaire, 264.
Viville, avenue Parmentier, 16.
Menessier, rue du Chemin-Vert, 46.
Courtet, rue Pétion, 16.
Mollé, rue de la Fontaine-au-Roi, 56.
Schmidt, impasse Marcès, 19.
Brochard, boulevard Richard-Lenoir, 40.
Ducourneau, rue de la Fontaine-au-Roi, 7.
Fiquet, boulevard Voltaire, 111.
Aron, A. ✪, rue de Compiègne, 2.
Cantuel, rue Paul-Bert, 23.
Toullet, A. ✪, rue Pétion, 2.
Lecœuvre, A. ✪, rue du Chemin-Vert, 92.
Poisson, rue Sedaine, 8.
Duhamel, rue Godefroy-Cavaignac, 45.
Jabœuf, rue de l'Asile-Popincourt, 12.
Thiessard, boulevard Richard-Lenoir, 48.
Leroux, rue de la Folie-Méricourt, 44.
Garvin, rue Saint-Ambroise, 29.
Buchy, passage Josset, 8.
Billion, avenue Parmentier, 11.

Médecins :

Traitement à domicile :

MM.

Naudet, boulevard Voltaire, 60.
Calmeau, rue Oberkampf, 99.
Montignac, boulevard Voltaire, 128.
Pasteau, rue de Franche-Comté, 2.
Hervouet, rue de Turenne, 50.
Pascal, avenue de la République, 56.
Recht, boulevard de Magenta, 13.
Bertrand, avenue Parmentier, 10.
Droubaix, rue de la Roquette, 18.
Andrerey, boulevard Voltaire, 72.
Blind, rue du Pas-de-la-Mule, 5.
Prieur, boulevard Voltaire, 24.
N...
N...

Consultations :

Cange, rue du Faubourg-du-Temple, 61.
Daniel, boulevard Beaumarchais, 72.
Pottier, rue du Rocher, 59.
N...

Secrétaire-Trésorier :

M. Bellicard, A. ✪, à la mairie.

Douzième arrondissement, à la mairie, avenue Daumesnil

Administrateurs :

MM.

Chaillet, rue du Faubourg-Saint-Martin, 42 *bis*.
Delamare, rue de Charenton, 149.
Adenis, rue Crozatier, 56.
Vidus, rue de Lyon, 36.
Decroix, rue de Lyon, 45.
Parisis, rue Érard, 8 *bis*.
Thouvenot, rue de Charenton, 227.
Mallaivre, rue de Reuilly, 49.
Bosquier, avenue Daumesnil, 174.

Mme

Havet, née Kleine, avenue Daumesnil, 144.

MM.

Hébrard, rue de Wattignies, 73.
Baugrand, rue de Charenton, 110.
Martin, quai de la Rapée, 2.
Vincey, rue de Reuilly, 53.
Ferrand, rue de Lyon, 24 et 26.
Boillot, boulevard de Picpus, 1.
Curiot, rue Crozatier, 77.
Breton, rue Crozatier, 47.
Souchon, avenue Daumesnil, 72.
Héry, rue de Bercy, 147.
Pouteau, rue de Bercy, 147.

MM.

Foulon, avenue Daumesnil, 205.
Miraillet, boulevard de Bercy, 1.
Godefroy, rue de Lyon, 57.

Médecins :

Traitement à domicile :

MM.

Bloch, rue Michel-Bizot, 183.
Dubrueil, boulevard Voltaire, 139.
Yvon, place de la Bastille, 7.
Gourichon (H.), boulevard Morland, 2 *bis*.
Rescoussié, rue Saint-Paul, 6.
Zibelin, rue du Faubourg-Saint-Antoine, 270.
Michaut, avenue Ledru-Rollin, 78 *bis*.
Gourichon (L.), boulevard Morland, 2 *bis*.

Consultations :

Dambax, rue Keller, 19.
Rolet, rue de Charenton, 217.
Monjoin, rue Julien-Lacroix, 5.

Secrétaire-Trésorier :

M. Jaeger, à la mairie.

Treizième arrondissement, à la mairie, place d'Italie

Administrateurs :

MM.

Roulot, rue Primatice, 8.
Cauvert, rue Daviel, 1.
Juéry, boulevard Arago, 31.
Habert, boulevard Arago, 1.
Deschateaux, avenue d'Italie, 126.
Huyot, rue de la Glacière, 81.
Charpenet, boulevard Saint-Marcel, 21.
Moreau, avenue d'Italie, 138.
Large, avenue d'Italie, 79.
Thévenet, rue de Patay, 58.
Proffit, rue de Patay, 15.

MM.

Besnier, avenue de Choisy, 180.
Labat, rue du Dessous-des-Berges, 50.
Gransard, boulevard de la Gare, 139.
Nicolet, rue du Chevaleret, 61.
Mercier, avenue d'Italie, 8 *bis*.
Quint, avenue des Gobelins, 54.
Chabassier, rue du Dessous-des-Berges, 76.
Couffin, rue de Tolbiac, 55.
Imbert, boulevard de l'Hôpital, 47.
Pinot, rue de la Glacière, 109.
Marchal, rue de la Maison-Blanche, 8.
Goudard, boulevard d'Italie, 33.
Richomme, boulevard Saint-Marcel, 84.

Médecins

Traitement à domicile :

MM.

Huard, avenue du Maine, 47.
Dambics, boulevard de Port-Royal, 35.
Cazeau, boulevard Arago, 33.
Vissaguet, boulevard de Port-Royal, 66.
Morin, avenue d'Orléans, 8.
Laurent, avenue d'Italie, 50.
Pellegrin, avenue d'Italie, 126.
Langlois, rue Brézin, 29.
Gresset, rue de la Butte-aux-Cailles, 4.
Cornet, avenue des Gobelins, 41.
Fichon, boulevard Arago, 2.
Florain, rue Campagne-Première, 17 *bis*.

Consultations :

MM.

Willard, avenue des Gobelins, 33.
Forestier, rue Brézin, 15.

Mme

Peltier, rue de Thann, 10.

MM.

Biard, quai d'Austerlitz, 1.
Mallet, rue de Tolbiac, 41.
Baldet, place de la République, 1.

Secrétaire-Trésorier :

M. Coursier, à la mairie.

Quatorzième arrondissement, à la mairie, place de Montrouge

Administrateurs :

MM.

Duchatel, rue de la Gaîté, 10 *bis*.
Humbert, rue Durand-Claye, 9.
Grouard, rue de Coulmiers, 17.
Taberlet, rue Campagne-Première, 9.
François, rue Brézin, 15.
Ader, rue du Moulin-Vert, 35.
Bricard, avenue du Maine, 99.
Languin, avenue du Maine, 208.
Poensin, passage Tenaille, 8.
Peyres, rue d'Alésia, 41 *bis*.
Paquet, avenue du Maine, 110.
Morel, boulevard Edgar-Quinet, 26 et 28.
Champmas, rue Brézin, 28.
Klémang, rue Pierre-Larousse, 26.
Joseph, rue Vandamme, 11.
Franssens, rue du Château, 62.
Veillet-Deslandelles, rue du Moulin-Vert, 74.
Delion, rue Didot, 97.
Fléchelle, boulevard Edgar-Quinet, 38.
Clouet, rue d'Arcueil, 14.
Detrait, impasse du Moulin-Vert, 26.
Maynard, rue Delambre, 22.

MM.

Bauduc, rue Decrès, 7.
Romain, rue Daguerre, 66.
Marcout, avenue d'Orléans, 59.
N...

Médecins :

Traitement à domicile :

MM.

Lartigues, boulevard Raspail, 205 *bis*.
Desforges, avenue du Maine, 175.
Coumetou, avenue d'Orléans, 5.
Bonne, boulevard du Montparnasse, 74.
Piérin, rue d'Alésia, 52.
Geny, boulevard du Montparnasse, 46.
Barbillion, rue Brézin, 15.
Mouls, avenue d'Orléans, 44.
Meurisse, rue de Rennes, 144.

Consultations :

Royer, rue Mouton-Duvernet, 14.
Lafount, rue Mouton-Duvernet, 10.
N...

Secrétaire-Trésorier :

M. Châtelain, à la mairie.

Quinzième arrondissement, à la mairie, rue Péclet

Administrateurs :

MM.

Meunier, rue Lakanal, 12.
Régy, rue de Javel, 120.
Viou, rue Saint-Charles, 90,
Guittard, rue de Grenelle, 39.
Renoir, rue du Théâtre, 81.
Vannier, boulevard de Grenelle, 150.
Floquet, rue Fondary, 8.
Sarrey, rue Lecourbe, 25.
Chauvet, rue Lecourbe, 48.
Bauzet, rue Viala prolongée, 9.
Geloz, rue Thiboumery, 2.
Duchesnes, rue du Commerce, 38 *bis*.
Gilbert, rue Violet, 59.
Ribeyre, rue Roussin, 70.
Fegneux, rue Mademoiselle, 32.
Bourdet, A. ✸, rue Mademoiselle, 61.
Léger, impasse Collineau, 7.
Gresset, rue de l'Abbé-Groult, 44.
Poirier, rue Lecourbe, 112.
Quéru, rue d'Alleray, 30.
Van Echtelt, rue Lecourbe, 73.
Huvé, avenue de Vaugirard (nouveau), 13.

MM.

Brémon, rue Frémicourt, 7.
Collet, impasse de l'Enfant-Jésus, 2.

Médecins :

Traitement à domicile :

MM.

Doury, rue Beuret, 8.
Destrem, rue Lecourbe, 112.
Lagelouze, rue de Sèvres, 64.
Marieux, rue du Commerce, 79.
Coutray de Pradel, rue Fondary, 54.
Puech, rue Mademoiselle, 97.
Dufour, rue du Château, 121.
Fournioux, rue Charlet, 15.
N...

Consultations :

Presle, rue de Vaugirard, 240.
Chastanet, rue La Fontaine, 16.
N...

. Secrétaire-Trésorier :

M. Tesson, à la mairie.

Seizième arrondissement, à la mairie, avenue du Trocadéro, 115

Administrateurs :

MM.

Noël, avenue Kléber, 70.
Landrin, A. ✸, avenue Henri-Martin, 30.
Lévêque, rue de Longchamp, 104.
Davrigny, dit Canotte, A. ✸, rue de Passy, 76.
Guillet, rue de la Pompe, 120.
Leprince, rue Singer, 24.
Veil, rue Mozart, 75.
Brégeras, rue de la Tour, 120.
Baillard, avenue Victor-Hugo, 83.
Bauche, rue de la Tour, 22.
Maréchal, impasse des Prêtres, 5.
Picart, avenue de la Grande-Armée, 29.
Mouillard, rue Jasmin, 5.
Rabiat, rue de la Pompe, 72.
Rouillier, A. ✸, villa du Redan. 20.

MM.

Carlier, rue de Musset, 1.
Macé, rue du Dôme, 2.
Dr Pinau, avenue du Ranelagh, 84.
Poitou, rue de la Tour. 123.
Tissier, rue Decamps, 21.
Vadot, avenue de Versailles, 187.
Vattepain, avenue Jules-Janin, 18.
Lescure, rue Le Marois, 11.
De Breuil, rue de l'Yvette, 20.
Chatelin, avenue de Malakoff, 54.
Cerisier, rue des Perchamps, 44.

Médecins :

Traitement à domicile :

MM.

Barbe, rue du Faubourg-Saint-Honoré, 225.

40

MM.

Rochebois, rue Guillaume-Tell, 11.
Dufournier, rue de la Tour, 102.
Weill, rue de Passy, 8.

Consultations :

M. Iscovesco, rue La Boëtie, 114.
N...

Secrétaire-Trésorier :

M. Gessard, avenue Henri-Martin, 71.

Dix-septième arrondissement, à la mairie, rue Truffaut, 17

Administrateurs :

MM.

Boutard, rue Léon-Cogniet, 4.
Lecat, rue Poisson, 10.
Sassin, avenue des Ternes, 56.
Garnier, boulevard Gouvion-Saint-Cyr. 55.
Dussau, rue Léon-Cogniet, 13.
Comte, rue Demours, 1.
Thomas, boulevard de Courcelles, 90.
Launois, rue des Batignolles, 8.
Le Ny, C. ✳, rue Caroline, 3.
Verrier, rue Darat, 6.
Manheimer, rue Boursault, 72.
Lamort, boulevard Pereire, 176.
Toulorge, rue Balagny, 55.
Forest, rue de Saussure, 58.
Dupréel, avenue de Clichy, 115.
Picon, avenue de Clichy, 101.
Serrurier, rue Balagny, 42.
Commelin, passage du Petit-Cerf, 7.
Guérin, cité des Fleurs, 39.
Giordani, rue Balagny, 40.
De Blaesere, rue Lemercier, 33.
Langlois, rue La Condamine, 25.
Papillot, rue Balagny, 34.

Mᵐᵉ

Châteauminois de La Forge, avenue de Villiers, 72.

MM.

Elean, rue Lebon, 17.
Fourgny, rue Legendre, 121.
Desormeaux, rue Lantiez, 24.

Médecins :

Traitement à domicile :

MM.

Demay, place des Ternes, 3.
Fabre, rue des Batignolles, 44.
Laffitte, rue d'Amsterdam, 42.
Aubert, rue de Moscou, 50.
Hautecœur, rue de Ponthieu, 19.
N...
N...

Consultations :

Benoit, avenue de Clichy, 127.
Fauvel, rue Gustave-Doré, 4.
Paul-Boncour, rue Montaigne, 17.
Bonnemaison, rue Mignet, 2.

Secrétaire-Trésorier :

M. Landrin, à la mairie.

Dix-huitième arrondissement, à la mairie, place Jules-Joffrin

Administrateurs :

MM.

Théry, rue Christiani, 13.
Falliès, A. ✪, rue de Clignancourt, 61.
Charnacé, rue de l'Abreuvoir, 14.
Jacquemin, rue Christiani, 12.
Paillet, rue Lepic, 46.
Lamouche, boulevard Barbès, 11.
Hureau, rue Marcadet, 33.
Allaire, rue de La Chapelle, 70.
Colin, rue Saint-Éleuthère, 1.

MM.

Féret, A. ✪, rue Ordener, 43.
Augé, cité des Bains, 7.
Dartus, rue Christiani, 6.
Laflesselle, rue Labat, 51.
Moulin, rue Doudeauville, 47.
Voriot, rue de Clignancourt, 23.
Brocas, rue de La Chapelle, 45.
Keller, cité de La Chapelle, 8.
Manoni, rue de Clignancourt, 79.
Pouillaude, rue Poulet, 30.

MM.

Lorent, rue Antoinette, 16.
Jantzen, rue de La Chapelle, 128.
Rousseaux, rue Philippe-de-Girard, 94.
Fève, rue Pajol, 60.
Favard, boulevard Ornano, 27.
Stempert, rue Ramey, 46.
Hildebrand, rue d'Orchamps, 12.
Léger, passage de la Goutte-d'Or, 8.
Laue, rue Caulaincourt, 17.
Parent, rue André-del-Sarte, 11.
Bertier, boulevard Barbès, 67.

Médecins:

Traitement à domicile :
MM.

Conil, rue Perdonnet, 1.
Courdoux, rue de La Chapelle, 35.
Bois, boulevard de Clichy, 74.
Gaillard, rue des Abbesses, 54.

MM.

Gougelet, rue de l'Aqueduc, 1.
Journiac, boulevard de Clichy, 16.
Saintu, rue de Rochechouart, 59 bis.
Soulié, rue Damrémont, 8.
Tournier, rue de La Chapelle, 60.
Hamaide, boulevard de Magenta, 90.
Girard, avenue de Saint-Ouen, 90.
Delarue, A. ⚜, boulevard des Batignolles, 23.
N...

Consultations :

Glover, rue du Faubourg-Poissonnière, 90.
Poupon, rue Affre, 13.
Manheimer, rue de Clichy, 26.
Collet, rue Blanche, 36.
Héron de Villefosse, avenue de Clichy, 96.
Renlay, avenue de Clichy, 62.

Secrétaire-Trésorier :

M. Mauzin, à la mairie.

Dix-neuvième arrondissement, à la mairie, place Armand-Carrel

Administrateurs :

MM.

Pocquet, rue de La Villette, 98.
Fidon, rue de Mouzaïa, 32.
Demanger, rue Compans, 46.
Boncour, rue de Belleville, 105.
Doudey (Alex.), rue de La Villette, 47.
Brédoire, rue Rébeval, 17.
Voillemin, place Armand-Carrel, 1.
Jacquin, rue Secrétan, 78.
Buisson, rue des Solitaires, 12.
Rampon, rue de Crimée, 89.
Oudin, rue Bouret, 37.
Doudey (P.), rue de La Villette, 47.
Meunier, rue de La Chapelle, 9.
Thiel, rue d'Allemagne, 22.
Legry, rue de Flandre, 98.
Fages, avenue de Laumière, 34.
Jacob (E.), rue d'Allemagne, 149.
Roger, rue Manin, 60.
Mosnier, rue d'Allemagne, 5.
Jacob (S.), rue d'Allemagne, 100.
Sauvain, rue de Flandre, 181.

Médecins :

Traitement à domicile :
MM.

Gadot, boulevard de Magenta, 97.
Goldstein-Orval, rue de Belleville, 51.
Laurent, rue de La Villette, 58.
Lebas, rue de Belleville, 33.
Labady, rue Lafayette, 159.
Lomier, rue d'Allemagne, 2.
Morin, rue de Flandre, 16.
Boularan, rue Doudeauville, 2.
Calton, rue des Pyrénées, 373.
Lazard, boulevard de La Villette, 4.
Sangline, rue de Flandre, 126.
Weil, boulevard de Rochechouart, 9 bis.

Consultations :

Mathieu, boulevard de Sébastopol, 74.
Golescéano, boulevard du Temple, 30.
Bodin, rue de Saint-Quentin, 35 bis.
Thebault, rue Compans, 14.

Secrétaire-Trésorier :

M. Puech, à la mairie.

Vingtième arrondissement, à la mairie, place Gambetta

Administrateurs :

MM.

Angibous, rue Delaître, 1-3.
Lelu, villa Faucheur, 6.
Mauget, C. ✳, rue Pelleport, 34.
Carillon, rue des Gatines, 19.
Boisson, rue de Ménilmontant, 11.
Desforges, rue de la Mare, 57.
Chalmin, rue des Couronnes, 96.
Martel, rue d'Avron, 69.
Schilders, rue d'Avron, 56.
Persillet, rue d'Avron, 105.
Barboteau, rue Désirée, 8.
Jouvin, I. ✳, boulevard de Belleville, 1.
Ardellier, rue Pelleport, 118 *bis*.
Claveau, rue des Envierges, 9, villa Faucheur.
Ganier, rue des Amandiers, 119.
Pellerin, rue de Buzenval, 69.

Médecins :

Traitement à domicile :

MM.

Brohon, rue de Lancry, 8.

MM.

Braunberger, place de la Nation, 13.
Kinzelbach, boulevard Voltaire, 167.
Delarue, place des Pyrénées, 2.
Dufestel, rue du Jourdain, 10.
Schrœder, rue du Faubourg-Saint-Antoine, 135.
Ertzbischoff, rue d'Avron, 31.
Vildermann, rue Oberkampf, 11.
Chauveau, boulevard de Ménilmontant, 52.
Nogué, boulevard Voltaire, 105.
Cart, rue Paul-Bert, 24.
Balland, rue Julien-Lacroix, 5.

Consultations :

Balloubhey, rue d'Avron, 57.
Laloy, rue des Pyrénées, 383.
Euvrard, rue Oberkampf, 160-162.
Faucillon, rue d'Avron, 4.

Secrétaire-Trésorier :

M. Christophe, I. ✳, à la mairie.

SALLE DE PANSEMENT

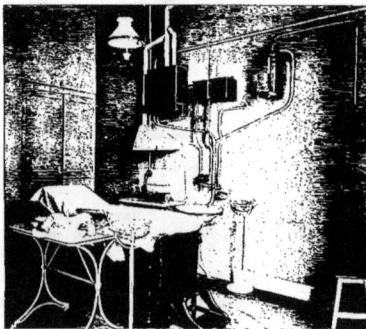

TITRE VI

— —

Régime financier

RÉGIME FINANCIER

Les opérations financières effectuées par l'Administration de l'Assistance publique se rapportent à six services, ayant chacun des recettes spécialement affectées à ses dépenses.

Les opérations concernant le fonctionnement normal des services et des établissements à la charge de l'Assistance publique constituent le *service ordinaire propre à l'Administration,* dont les dépenses sont supportées par les ressources propres de l'Assistance et par les subventions municipales.

D'autre part, chacun des vingt *bureaux de bienfaisance* a ses ressources propres.

L'Administration de l'Assistance dirige aussi les établissements créés et entretenus au moyen de ressources spéciales provenant de libéralités. Les opérations en recette et en dépense concernant ces *services à revenu distinct* donnent lieu à des comptes spéciaux, les fonds de ces services, comme les fonds des bureaux de bienfaisance, ne devant point être confondus avec les fonds du service propre à l'Administration.

De plus, des subventions municipales extraordinaires ont été allouées à l'Assistance publique pour *grands travaux.* D'où un compte particulier dont les recettes se balancent nécessairement avec les dépenses.

GROUPE D'HOSPITALIÈRES.

L'Administration de l'Assistance publique peut aussi être amenée à transformer ses immeubles en valeurs mobilières ; elle reçoit, d'autre part, des dons et legs à charge d'en faire l'emploi prescrit par la volonté des bienfaiteurs ; il y a donc de ce chef un *compte de capitaux* dont le recouvrement implique le remploi et dont par conséquent les recettes doivent balancer les dépenses.

Enfin, les Magasins généraux de l'Administration hospitalière vendent contre remboursement, à des services publics ou à des œuvres privées, partie des objets qu'ils fabriquent ou dont ils centralisent les achats. Ces opérations se balancent en recette et en dépense et forment un *compte d'ordre.*

Le projet de budget présenté par l'Administration pour l'exercice 1900 s'élève en recette, comme en dépense, à la somme de 53.785.761 francs, se décomposant, ainsi qu'il suit, entre les six grands services financiers :

I. Service propre à l'Administration	34.950.248 »	44.282.526 »
II. Bureaux de bienfaisance . .	6.968.674 »	
III. Services à revenu distinct . .	2.363.604 »	
IV. Grands travaux.		» »
V. Capitaux.		4.015.507 »
		48.298.033 »
VI. Opérations d'ordre		5.487.728 »
Total.		53.785.761 »

Dans son rapport au Conseil municipal sur le budget de l'Assistance publique pour 1900, M. André Lefèvre a fait observer que le chiffre des dépenses ordinaires de 44.282.526 francs devait être rectifié, en ce sens que dans ce total étaient comprises diverses sommes s'élevant ensemble à 416.843 francs et comptées deux fois en recettes et en dépenses.

Le total du budget de l'Assistance se trouve ainsi grossi fictivement, et ainsi les personnes insuffisamment informées pourraient penser à première vue que les sommes dépensées ne sont pas en rapport avec les résultats obtenus.

I. — SERVICE PROPRE A L'ADMINISTRATION

RECETTES

Les recettes du service ordinaire propre à l'Administration se rangent en quatre catégories :

Recettes propres	Revenus immobiliers et mobiliers	6.229.451 »	15.973.644 »
	Droits attribués.	4.918.320 »	
	Produits intérieurs et divers	4.825.873 »	
Subventions.	Subventions municipales spéciales	1.306.275 50	18.976.604 »
	Subventions départementales.	157.800 »	
	Subvention municipale ordinaire	17.512.528 50	
	Total.		34.950.248 »

1° Revenus immobiliers et mobiliers

Cette catégorie de recettes constitue à proprement parler le patrimoine de l'Assistance publique.

Ce patrimoine a été constitué par les biens des établissements hospitaliers existant avant la Révolution, notamment l'Hôtel-Dieu et l'Hôpital général, et s'est accru des dons et des legs faits à l'Administration de l'Assistance publique au cours du XIXᵉ siècle.

Les revenus du patrimoine hospitalier se décomposent ainsi :

Revenus immobiliers	Loyers de maisons dans Paris .... 1.500.000 »		
	Loyers d'écoles .... 559.400 »	2.473.870 »	
	Fermages en argent............ 400.570 »		
	Coupes ordinaires de bois........... 13.900 »		
Revenus mobiliers	Rentes sur l'État................ 3.560.681 »		
	Actions, créances, etc .... 185.900 »	3.755.581 »	
	Intérêts de prix de ventes d'immeubles ..... 4.000 »		
	Intérêts de fonds placés au Trésor .... 5.000 »		

Total. .... 6.229.451 »

D'après le dernier état général des propriétés donnant la situation au 1er janvier 1899, le domaine de l'Administration de l'Assistance publique avait une superficie de 119.377.745 m. 12.

DÉSIGNATION	Domaine de l'Administration de l'Assistance publique	Domaine des fondations	Domaine des enfants assistés	TOTAUX
I. Hôpitaux, hospices, maisons de retraite, orphelinats, écoles professionnelles, établissements de service général. . .	2.850.849 61	378.923 72	88.937 78	3.318.702 11
II. Maisons de secours, écoles, dispensaires, crèches.	61.977 21	» »	» »	61.977 21
III. Propriétés urbaines productives de revenu, bâties et non bâties	244.960 66	5.481 96	28.331 18	278.773 80
IV. Propriétés rurales productives de revenu.	63.285 935 »	2.811.105 »	49.624.172 »	115.718.292 »
TOTAL.	66.443.733 48	3.195.570 68	49.738.440 96	119.377.745 12

2° Droits attribués

Les droits attribués à l'Administration hospitalière en vertu de diverses dispositions législatives comprennent:

1° Le droit perçu au profit des indigents sur les billets d'entrée dans les spectacles, bals, concerts, etc. (loi du 7 frimaire an V, loi du 8 thermidor an V, décret du 9 décembre 1809, loi du 16 juillet 1840, loi du 3 août 1875, etc.);

2° Les bonis prescrits et les bénéfices d'exploitation du Mont-de-Piété (décret du 8 thermidor an XIII);

3° Enfin le cinquième du produit des concessions de terrains dans les cimetières (décret du 23 prairial an XII).

Les recettes des droits attribués se décomposent ainsi :

Droit des pauvres. . . . . 4.481.320 »
Bonis du Mont-de-Piété . . . . 87.000 »
Cimetières. . . . . 350.000 »

Total . . . . 4.918.320 »

Droit des pauvres. — D'après la législation en vigueur, il est perçu le onzième de la recette brute (un décime en sus) dans les théâtres et les concerts quotidiens, et 5 % dans les concerts d'artistes et d'associations d'artistes.

41

Aux termes de la loi du 8 thermidor an V, il peut être prélevé au profit des pauvres un quart (25 °/₀) de la recette brute des bals publics, des curiosités et des spectacles non quotidiens.

Une perception de 25 °/₀ entraînerait une telle aggravation de frais généraux que les bénéfices disparaîtraient et que la fermeture des établissements ainsi imposés s'ensuivrait, au détriment de l'Assistance publique; aussi, conformément à l'avis du Conseil de surveillance, l'Administration ne perçoit que 15 °/₀.

D'autre part, l'Administration consent des modérations de droits. Elle ne perçoit que 5 °/₀ de la recette brute des fêtes organisées dans le but de soulager des infortunes publiques ou privées qui n'intéresseraient pas les pauvres de Paris, ou des fêtes organisées dans Paris par les municipalités ou œuvres des localités suburbaines.

Enfin, elle ne perçoit que 1 °/₀ sur le produit des fêtes données par les sociétés de secours mutuels, ou par les sociétés de pure bienfaisance, comités, établissements fondés dans le but de venir en aide aux nécessiteux français et étrangers habitant Paris.

Lorsqu'un contrôle est trop long ou trop difficile, et, par suite, onéreux à l'Administration, dans les fêtes foraines notamment, et dans les établissements de peu d'importance, il peut être prélevé une somme fixe se rapprochant, autant que possible, du taux légal, et, dans ce cas, l'on dit que le droit est perçu par voie d'abonnement.

Depuis la mise en vigueur du décret du 15 novembre 1895, sur les secours à domicile dans la ville de Paris, le montant des recettes du droit des pauvres est réparti entre l'ensemble des bureaux de bienfaisance d'une part, et, d'autre part, entre les hôpitaux et hospices et autres services de l'Administration.

Les recettes effectives du droit des pauvres se sont élevées à 2.794.767 francs en 1887, à 3.404.355 fr. 02 en 1899.

ANNÉES	PART des hôpitaux, etc.	PART des bureaux de bienfaisance	TOTAL
1887	2.794.767 »	» »	2.794.767 »
1888	3.023.430 17	» »	3.023.430 17
1889	4.438.142 50	» »	4.438.142 50
1890	3.182.855 39	» »	3.182.855 39
1891	3.195.324 45	» »	3.195.324 45
1892	3.139.702 74	» »	3.139.702 74
1893	3.161.475 20	» »	3.161.475 20
1894	3.263.212 89	» »	3.263.212 89
1895	3.284.762 46	» »	3.284.762 46
1896	3.106.686 74	322.506 »	3.429.192 74
1897	2.980.613 49	303.604 »	3.284.217 49
1898	3.004.483 72	303.090 »	3.307.573 72
1899	3.092.397 02	311.958 »	3.404.355 02

Au projet de budget de 1900, la prévision totale de recettes à provenir du droit des pauvres est, en raison de l'Exposition universelle, de 4.888.000 francs, dont 4.481.320 francs pour les hôpitaux et 406.680 francs pour les bureaux de bienfaisance.

Bonis du Mont-de-Piété. — Le Mont-de-Piété doit verser dans la caisse des hospices civils les excédents ou bonis qui n'auraient pas été retirés dans les trois ans de la date des reconnaissances, et par bonis on entend le restant net du produit de la vente d'un nantissement. Cette disposition du décret du 8 thermidor an XIII n'a jamais donné lieu à aucune difficulté.

Il n'en n'a pas été de même des bénéfices réalisés par le Mont-de-Piété qui, depuis 1878, sont conservés par cette administration, alors qu'autrefois ils étaient versés à l'Assistance publique.

Concessions perpétuelles dans les cimetières. — Depuis 1894, le produit de la taxe qui frappe à Paris les secondes et ultérieures inhumations dans les concessions perpétuelles et trentenaires, et qui était perçu jusqu'alors au profit exclusif du budget municipal, profite désormais également pour un cinquième à l'Assistance publique.

3° Produits intérieurs et divers

Dans cette catégorie de recettes, on fait figurer toutes les autres recettes propres à l'Administration :

Ventes et recettes diverses	378.000 »
Successions hospitalières	100.000 »
Remboursement de frais de séjour et pensions	3.726.463 »
Produit des exploitations	449.700 »
Recettes des établissements de service général	171.710 »
Total	4.825.873 »

Ventes et recettes diverses. — Sous cette rubrique, on comprend les recettes provenant de ventes d'imprimés, de matériaux hors de service, d'os ou de vieilles graisses, de remboursements d'avances, etc.

Successions hospitalières. — Aux termes de l'avis du Conseil d'État du 3 novembre 1809, ayant force de loi, les effets mobiliers apportés par les malades et pensionnaires décédés dans les hôpitaux et les hospices, et qui y ont été traités ou recueillis gratuitement, doivent appartenir aux établissements hospitaliers, à l'exclusion des héritiers et du domaine, en cas de déshérence.

A l'égard des malades ou pensionnaires, dont le traitement ou l'entretien ont été acquittés de quelque manière que ce soit, les héritiers et légataires peuvent exercer leurs droits sur tous les effets apportés dans les établissements hospitaliers par lesdites personnes malades ou valides ; mais, en cas de déshérence, les mêmes effets doivent appartenir aux établissements hospitaliers au préjudice du domaine.

Frais de séjour et pensions. — Le montant de ces recettes se décompose ainsi :

1° Journées de malades dans les hôpitaux		1.670.883 »
2° Pensions dans les maisons de retraite des Ménages, de La Rochefoucauld et de Sainte-Périne		331.000 »
3° Remboursement par le département de la Seine des frais de journée	Des aliénés de Bicêtre et de la Salpêtrière	1.509.300 »
	Des enfants assistés de l'école de réforme de la Salpêtrière et de ceux de l'hospice dépositaire	129.280 »
4° Pensions d'élèves sages-femmes de l'École d'accouchement		86.000 »
Total		3.726.463 »

Produit des exploitations. — Ce chapitre comprend le produit des terrains cultivés dans les grands établissements, les recettes faites par les ateliers de couture, cordonnerie, etc., et enfin le produit des cantines.

Recettes des établissements de service général. — Les factures des objets vendus par les Magasins généraux aux services publics, ou aux œuvres privées qui remboursent, sont majorées d'un tant pour cent représentant les frais généraux :

1 % pour les livraisons faites par la Boulangerie, la Boucherie, la Cave.

2,50 % pour celles de l'Approvisionnement des Halles, et 5 % pour celles du Magasin central.

Pour celles de la Pharmacie, 20 % sont réclamés aux fondations et aux œuvres privées. Par exception, les bureaux de bienfaisance, les asiles d'aliénés et les asiles municipaux ne payent que 12 % en vertu d'un arrêté du 17 novembre 1874.

4° Subventions

Subventions municipales spéciales. — Les subventions, données en vue d'une dépense déterminée, sont les suivantes :

Pour secours en vue de prévenir les abandons	618.140 »
Pour secours représentatifs du séjour à l'hospice	500.000 »
Pour les écoles municipales d'infirmières	19.400 »
Pour les cours pratiques destinés aux infirmières	4.700 »
Pour les services d'électrothérapie	10.200 »
Pour le loyer d'un dispensaire	2.035 50
Pour le traitement de la directrice de l'école des enfants assistées de la Salpêtrière	3.000 »
Pour les études médicales (laboratoires, musées, etc.)	128.200 »
Pour le service de la vaccination à domicile	20.000 »
Total (1)	1.305.275 50

Subventions départementales. — Ces subventions s'appliquent aux dépenses ci-après :

Pour les écoles d'infirmières	7.000 »
Pour le service de la vaccination animale	10.000 »
Pour le remboursement des dépenses du personnel de la division des enfants assistés	140.800 »
Total	157.800 »

Subvention municipale ordinaire. — Au projet de budget de 1900, le montant de la subvention municipale ordinaire est de 17.512.528 fr. 50 pour les hôpitaux et hospices.

En plus de cette subvention de 17.512.528 fr. 50, il est alloué à l'Assistance publique une autre subvention municipale ordinaire de 4.275.938 francs pour les dépenses des bureaux de bienfaisance.

Le total de la subvention municipale ordinaire s'élève ainsi à 21.788.466 fr. 50, somme égale au chiffre inscrit en dépense au budget de la ville de Paris.

---

(1) En plus des subventions municipales spéciales qui viennent d'être énumérées, il est alloué à l'Assistance publique par la ville de Paris trois autres subventions spéciales destinées : la première, de 100.000 francs, à des secours de grossesse ; la deuxième, de 100.000 francs également, à une distribution de secours extraordinaires à l'occasion de la Fête nationale ; enfin la troisième, de 505.440 francs, pour pensions annuelles de 120 francs données à des indigents âgés de plus de 70 ans ou dans l'impossibilité de pourvoir à leur existence. Ces trois subventions figurent parmi les recettes des vingt bureaux de bienfaisance.

DÉPENSES

Les dépenses du service propre à l'Administration peuvent se répartir ainsi d'après les prévisions du projet de budget de 1900 :

1° Hôpitaux.	17.013.736 50
2° Hospices et maisons de retraite.	8.418.852 »
3° Établissements de service général.	780.032 »
4° Secours à domicile.	4.578.580 50
5° Administration générale.	3.411.941 »
6° Fonds de réserve.	747.106 »
Total	34.950.248 »

1° Hôpitaux

La dépense de 17.013.736 fr. 50 se décompose ainsi :

Personnel administratif.	401.141 »
Frais de bureau.	14.550 »
Frais de cours, etc.	51.415 »
Personnel médical.	1.033.333 »
Personnel secondaire.	2.070.314 »
Personnel à la journée.	1.005.933 »
Bâtiments.	579.671 50
Pharmacie.	1.013.800 »
Boulangerie.	558.828 »
Boucherie.	1.869.953 »
Cave.	878.500 »
Comestibles.	2.027.961 »
Combustibles.	1.620.287 »
Blanchissage.	528.850 »
Coucher, linge, habillement, etc.	1.223.412 »
Appareils, objets de pansement.	1.203.445 »
Frais de transport.	155.700 »
Frais de loyers, eaux, salubrité, etc.	767.810 »
Total.	17.013.736 50

2° Hospices et maisons de retraite

La dépense de 8.418.852 francs se décompose ainsi :

Personnel administratif.	182.517 »
Frais de bureau.	19.670 »
Frais de cours, etc.	39.470 »
Personnel médical.	132.495 »
Personnel secondaire.	859.093 »
Personnel à la journée.	637.574 »
Bâtiments.	329.792 »
Pharmacie.	176.850 »
Boulangerie.	633.608 »
Boucherie.	1.171.202 »
Cave.	544.702 »
Comestibles.	1.455.939 »
Combustibles.	768.000 »
Blanchissage.	81.020 »
Coucher, linge, habillement, etc.	735.750 »
Appareils.	123.380 »
Frais de transport.	94.790 »
Frais de loyers, eaux, salubrité, etc.	433.000 »
Total	8.418.852 »

INFIRMIER

3° Établissements de service général

Les frais généraux des établissements de service général nécessitent une dépense de 780.032 francs, savoir :

Amphithéâtre d'anatomie	68.059 »
Pharmacie	136.158 »
Boulangerie	93.757 »
Boucherie et Cave	94.546 »
Approvisionnement des Halles	51.996 »
Magasin central	201.348 »
Buanderie nouvelle	134.168 »
Total	780.032 »

4° Secours à domicile

Les dépenses des secours à domicile, donnés par l'intermédiaire de l'Administration centrale, se décomposent ainsi :

Secours et frais divers	199.000 »
Accouchements chez les sages-femmes agréées	486.000 »
Secours représentatifs du séjour à l'hospice	1.472.000 »
Secours de maladie	100.000 »
Secours pour prévenir les abandons	618.140 »
Secours à d'anciens enfants assistés infirmes	65.000 »
Vaccination à domicile	20.000 »
Fondations	330.375 »
Total	3.281.515 »
Assistance médicale à domicile	1.297.065 50
Total général	4.578.580 50

5° Administration générale

Sous cette rubrique se trouvent rangées les dépenses de l'Administration centrale, des pensions de retraite, des charges de revenus et du traitement des enfants teigneux en province. Ils se montent à 3.411.941 francs, se décomposant ainsi :

	Personnel administratif	885.528 »
	Impressions	200.870 »
	Frais de cours, etc	36.500 »
	Personnel médical	12.800 »
	Personnel secondaire	2.600 »
	Personnel à la journée	6.660 »
	Réparations de bâtiments	135.100 »
Administration centrale.	Pharmacie	200 »
	Combustibles	11.200 »
	Blanchissage	500 »
	Mobilier	14.400 »
	Appareils et instruments	300 »
	Frais de transport	26.800 »
	Eaux, dépenses diverses	30.060 »
	Total	1.363.518 »
Pensions de retraite		839.700 »
	Frais de perception, contributions, etc	496.400 »
Charges des revenus . . .	Rentes, fondations	258.148 »
	Exploitations	377.800 »
Traitement des enfants teigneux en province		76.375 »
	Total	3.411.941 »

Administration centrale. — Il y a lieu de remarquer que le crédit de 12.800 francs, pour dépenses de personnel médical, est destiné à payer des allocations à d'anciens médecins et à des veuves d'anciens médecins. D'autre part, dans le total de 135.100 francs, inscrit pour réparations de bâtiments, est comprise une somme de 106.000 francs destinée à payer les traitements des architectes et ingénieurs et les frais de vérification et de revision des mémoires.

6° Fonds de réserve

Le fonds de réserve de 747.106 francs s'applique aux prévisions de dépenses suivantes :

Dépenses imprévues.	100.000 »
Sanatorium d'Hendaye.	150.000 »
Sanatorium d'Angicourt.	205.313 »
Lariboisière. — Service des voies urinaires.	87.600 »
Supplément pour les hôpitaux d'enfants	204.193 »
Total.	747.106 »

II. — BUREAUX DE BIENFAISANCE

Les recettes, comme les dépenses, des vingt bureaux de bienfaisance, sont prévues, pour 1900, à la somme de 6.968.674 francs.

Les recettes se décomposent ainsi :

Revenus patrimoniaux.		611.217 »
Droit des pauvres.		406.680 »
Recettes intérieures.		661.799 »
Subventions.	départementale.	217.600 »
	municipale.	5.071.378 »
	Total.	6.968.674 »

Ces recettes correspondent aux dépenses suivantes :

Frais d'administration.	808.865 »
Secours annuels aux indigents.	3.991.504 »
Secours temporaires.	2.168.305 »
Total.	6.968.674 »

III. — SERVICES A REVENU DISTINCT

On sait qu'avant la Révolution, les établissements hospitaliers de Paris, comme la Charité, Necker, Cochin, Beaujon, etc., avaient chacun leurs revenus propres, ainsi que les trois grandes institutions d'assistance : l'Hôtel-Dieu, l'Hôpital général et le Grand Bureau des pauvres.

Sous la Révolution, tous ces biens furent nationalisés, mais le Directoire rendit les biens non vendus aux établissements hospitaliers, et décida que les biens rendus s'appliqueraient indistinctement aux besoins de tous les établissements de la même commune.

Dans la suite, l'Administration des hôpitaux et hospices civils de Paris fut chargée de la direction d'établissements ayant un revenu propre, distinct des ressources applicables à l'ensemble des services propres à l'Administration.

Parmi les services à revenu distinct figurent aussi, sous la rubrique « domaine des Enfants Assistés », les revenus appartenant au service des enfants assistés perçus par l'Administration de l'Assistance publique et reversés par elle au département de la Seine.

En recette, comme en dépense, le budget des services à revenu distinct s'élève, pour 1900, à la somme de 2.363.604 francs.

Domaine des Enfants Assistés	283.700 »
Montyon	283.300 »
Bettina de Rothschild	36.000 »
Boulard	31.850 »
Brézin	237.240 »
Devillas	57.000 »
Chardon-Lagache	169.800 »
Lenoir-Jousseran	176.000 »
Galignani	129.000 »
Rossini	113.700 »
Alquier-Debrousse	221.700 »
Dheur	37.700 »
Molana	31.700 »
Riboutté-Vitallis	39.300 »
Fortin	21.700 »
Hartmann	11.500 »
Leprince	25.263 »
Hospice de Belleville	19.362 »
Davaine	13.237 »
Hôpital Boucicaut	241.658 »
Maternités Boucicaut	67.300 »
Parent-de-Rosan	23.750 »
Lambrechts	90.644 »
Total	**2.363.604** »

IV. — GRANDS TRAVAUX

Au budget de 1900, aucune subvention municipale extraordinaire n'est demandée pour grands travaux.

Il convient de rappeler que, depuis 1881, la ville de Paris a donné à l'Assistance publique une somme de 25.750.000 francs, à titre de subvention extraordinaire pour grands travaux.

Subvention de 1881		6.600.000 »
Subvention de 1883	{ 3.600.000 » 480.000 » }	4.080.000 »
Subvention de 1884	{ 280.000 » 100.000 » }	380.000 »
Subvention allouée sur les fonds de l'emprunt de 1886		10.000.000 »
Subvention de 1895		5.290.000 »
Total		25.750.000 »

V. — CAPITAUX

Les capitaux comprennent dix comptes distincts qui se balancent chacun en recettes et en dépenses :

Aliénations

Prix de ventes d'immeubles	240.000 »
Coupes extraordinaires de bois	1.000 »
Remboursement de créances	50.000 »

Capitalisations

Capitalisation de dixièmes de prix de ventes d'immeubles	169.007 »
Consolidation de fondations	56.500 »
Reconstitution de fondations	34.000 »

Acquêts nouveaux

Dons et legs	3.105.000 »
Capitaux pour admission dans les maisons de retraite	260.000 »
Placements viagers	90.000 »
Capitaux divers	10.000 »
Total	4.015.507 »

Ventes d'immeubles. — Les sommes provenant de ventes d'immeubles sont employées en rentes sur l'État, et le dixième du prix de vente doit être capitalisé.

Coupes extraordinaires de bois. — Les recettes provenant des coupes extraordinaires de bois sont considérées comme capitaux disponibles, et sont en général affectées à des travaux domaniaux.

Remboursement de créances. — Les sommes encaissées à titre de créances et de rentes appartenant à l'Administration sont employées en rentes sur l'État.

Capitalisation de dixièmes de prix de ventes d'immeubles. — Aux termes des circulaires ministérielles du 15 mai et du 26 octobre 1858, les établissements de bienfaisance doivent, pour obvier à la dépréciation du signe monétaire, capitaliser les dixièmes de prix de ventes d'immeubles et les arrérages des rentes en provenant.

En principe, il est prescrit de capitaliser aussi longtemps que les circonstances générales et la situation particulière de chaque établissement rendent nécessaire cette mesure de prévoyance.

Consolidation de fondations. — On encaisse à cet article les revenus des fondations de lits et des fondations diverses qui doivent être employés en rentes sur l'État à capitaliser indéfiniment, en vue de constituer des fonds de réserve spéciaux à chaque fondation.

Reconstitution de fondations. — On encaisse à cet article des capitaux qui doivent être capitalisés provisoirement, en vue de réunir les ressources nécessaires pour la mise en exercice ou le rétablissement de fondations insuffisamment dotées.

Dons et legs. — Les dons et legs faits à l'Assistance publique reçoivent l'affectation prescrite par les donateurs, et, suivant les cas, sont immédiatement distribués aux pauvres ou placés en rentes avec ou sans destination spéciale.

Capitaux pour admissions dans les maisons de retraite. — A la maison de retraite

SOUS-SURVEILLANT

42

de La Rochefoucauld, les vieillards peuvent être admis moyennant un capital qui varie, suivant l'âge, de 4.500 francs à 875 francs. D'autre part, la maison de retraite des Ménages reçoit des pensionnaires moyennant un capital de 1.200 francs en dortoir, et de 1.800 francs en chambre particulière.

Les capitaux provenant de ces versements de sommes dans les maisons de retraite sont considérés comme disponibles, et sont le plus souvent employés à des travaux domaniaux.

Placements viagers. — En vertu d'un décret du 23 juin 1806, l'Administration de l'Assistance publique peut recevoir en placements à rentes viagères et à fonds perdus, sur l'autorisation du Préfet, les sommes que les pensionnaires des hospices et maisons de retraite désireraient verser dans la caisse de l'Administration. L'intérêt de ces fonds ne peut être au-dessus de 10 °/₀ du capital.

Les sommes versées à charge de rentes viagères sont considérées comme disponibles après prélèvement des intérêts de placements viagers.

Capitaux divers. — Cet article comprend toutes les recettes qui ne paraissent pas pouvoir être classées dans les autres catégories de capitaux, par exemple: indemnités payées par divers pour sinistres, réparations locatives, travaux de voirie, etc.

C'est à cet article que figurent les sommes provenant du Pari mutuel.

En vertu du décret du 7 juillet 1891, il est prélevé sur la masse des sommes versées au Pari mutuel de chaque hippodrome 2 °/₀ en faveur des œuvres locales de bienfaisance.

Les sommes produites par ce prélèvement de 2 °/₀ sont réparties par les soins d'une Commission spéciale instituée près le Ministère de l'agriculture.

De plus, l'article 47 de la loi de finances du 16 avril 1895 a disposé qu'à l'avenir les fonds du Pari mutuel consacrés aux œuvres d'assistance seront affectés, jusqu'à concurrence du tiers, à l'agrandissement et à la construction des hôpitaux nécessités par l'application de la loi du 15 juillet 1893 sur l'assistance médicale gratuite.

Depuis l'institution du Pari mutuel jusqu'à la date du 1er avril 1899, il a été alloué à l'Administration de l'Assistance publique à Paris, sur les fonds du Pari mutuel, une somme de 4.496.000 francs qui a été employée à des travaux extraordinaires de bâtiments.

VI. — OPÉRATIONS D'ORDRE

Les Magasins généraux de l'Assistance publique (Pharmacie, Boulangerie, Boucherie, Cave, Approvisionnement des Halles, Magasin central) effectuent des opérations diverses prévues au budget de 1900 pour la somme de 5.487.728 francs:

1° Simples livraisons ; 2° ventes d'ordre ; 3° ventes effectives ; 4° recettes intérieures.

1° Ils livrent aux établissements à la charge de l'Administration, moyennant une simple imputation de la dépense au nom des parties prenantes ;

2° Ils vendent, moyennant remboursement effectué par des passations d'écritures, soit dans l'Administration même, à divers sous-chapitres du budget, soit aux fondations ayant leurs revenus propres ;

3° Ils vendent encore, moyennant remboursement effectif, en dehors de l'Administration, à des services publics ou à des œuvres privées ;

4° Ils ont enfin des produits intérieurs (ventes de matériaux, futailles, issues, etc.), constituant des recettes réelles venant en défalcation des frais généraux.

Les dépenses faites par les Magasins généraux pour les services publics et les œuvres privées qui remboursent correspondent à des recettes égales, et sont étrangères aux opérations de l'Assistance publique. Les opérations pour ainsi dire commerciales dont il s'agit doivent, dans les budgets et comptes, être distinguées avec soin des recettes et des dépenses du service propre à l'Administration.

Parmi les services ou établissements qui se fournissent dans les magasins de l'Assistance, on peut citer :

Les établissements nationaux de bienfaisance (Charenton, les Sourds-Muets, les Jeunes-Aveugles, les Quinze-Vingts, Vincennes) ;

La maison de la Légion d'honneur ;

Les asiles d'aliénés de Sainte-Anne, Vaucluse, Ville-Évrard et Villejuif ; les Enfants-Assistés de la Seine, l'école Braille, la colonie agricole de la Chalmelle ;

Les écoles de Paris, les refuges de nuit municipaux, le buffet du Conseil municipal, les prisons de la Seine, l'asile Ledru-Rollin.

Le chemin de fer de Lyon, Furtado-Heine, l'orphelinat Saint-Antoine, l'orphelinat de Montrouge.

CONCIERGE ET AIDE CONCIERGE

TITRE VII

———

Service des enfants assistés

SERVICE DES ENFANTS ASSISTÉS

L'Assistance publique, en France, est organisée pour la commune et dans la commune ; par exception à la règle générale, le service des enfants assistés (de même que celui des aliénés) est départemental. L'Administration générale de l'Assistance publique de Paris, dont les établissements hospitaliers sont, en principe, destinés aux seuls habitants de la ville, dont les secours sont exclusivement réservés aux indigents ayant le domicile de secours à Paris, se trouve donc investie aussi de la gestion d'un service départemental.

Le service des enfants assistés est réglé par le Conseil général du département, dont le budget contribue à la majeure partie des dépenses, et dirigé par le Préfet ; en fait, dans le département de la Seine, c'est le Directeur de l'Administration générale de l'Assistance publique qui exerce la plupart des attributions du Préfet ; il est d'ailleurs normal que ces attributions lui soient dévolues, puisque, en vertu de la loi du 10 juin 1849, organisatrice de l'Assistance publique de Paris, c'est le Directeur de cette Administration qui est personnellement investie de la tutelle des enfants assistés de la Seine.

Il doit exister, dans chaque département, au moins un hospice dépositaire des enfants assistés, à désigner par le Préfet parmi les établissements hospitaliers dans le département. L'établissement désigné par le département de la Seine est l'hospice des Enfants-Assistés, rue Denfert-Rochereau.

Bien qu'appelé à recevoir les enfants assistés, pour lesquels il n'est d'ailleurs qu'un lieu de passage, puisque ces enfants, aussitôt après leur admission, sont, sauf exception, dirigés immédiatement sur un lieu de placement à la campagne, l'hospice des Enfants-Assistés n'est pas un établissement départemental ; c'est un établissement de l'Assistance publique, dans lequel les enfants assistés sont des pensionnaires, dont le prix de journée est acquitté plus ou moins complètement par le département.

ADMISSION DES ENFANTS ASSISTÉS

Jusqu'au milieu du xviii⁰ siècle, le seul mode d'abandon était l'exposition. On n'acceptait pas l'enfant présenté par sa mère. Les mères malheureuses devaient alors abandonner leur enfant sous une porte, dans une église ou dans la rue, et le commissaire du quartier venait procéder à sa levée et ordonnait son entrée à la Maison de la Couche.

A partir de 1754, il suffisait que l'on apportât à l'officier de police l'enfant qui était alors considéré comme ayant été exposé.

En 1795, les admissions eurent lieu sur la simple présentation de l'enfant au bureau de l'hospice et la production de son acte de naissance ; un règlement de l'an X supprima même cette formalité et autorisa l'admission sans aucune pièce constatant l'état civil.

Le décret du 19 janvier 1811 prescrivait, pour tout hospice d'enfants assistés, l'établissement du tour. Le département de la Seine n'appliqua cette prescription qu'en 1827 : en 1837, l'Administration des hospices de Paris fit établir une surveillance du tour, ce qui permettait, par une enquête, de se renseigner sur l'identité de l'enfant et la situation de la mère ; ce système, qui équivalait à la suppression du tour, fut très promptement abandonné, et, jusqu'en 1861, le tour sans surveillance et le bureau d'admission fonctionnèrent simultanément. A partir de cette époque, le tour fut définitivement fermé.

D'une manière générale, les abandons furent faits à l'intérieur de l'hospice : la seule pièce rigoureusement exigée était le bulletin de naissance de l'enfant. Si les personnes qui abandonnaient l'enfant manifestaient le désir de ne pas se faire connaître, on leur évitait l'entrée et l'attente dans la salle d'admission et on les recevait sur le seuil de l'hospice ; mais il fallait toujours produire le bulletin de naissance.

Ce régime fut pratiqué à Paris jusqu'au 1er janvier 1887.

A cette époque, commence le fonctionnement du système d'admission à « bureau ouvert ».

Aucune formalité ne précède l'abandon ; tout enfant amené à l'hospice est admis sans difficulté. Les personnes qui présentent un enfant sont averties, par un avis affiché dans le bureau d'admission, qu'elles peuvent se dispenser de répondre à toute question.

Les portes de l'hospice dépositaire sont ouvertes à tous les enfants, légitimes ou naturels, qu'ils aient un état civil ou qu'ils ne soient pas même nommés, quel que soit leur âge, qu'ils viennent de la province ou de l'étranger.

L'inévitable conséquence de cette pratique, surtout si elle est comparée au régime restrictif de certains départements, est l'accroissement progressif du nombre des abandons à Paris : l'espoir d'être facilement hospitalisées, le désir de cacher une faute, l'absence de toutes formalités précédant l'admission, déterminent un grand nombre de malheureuses filles à chercher un refuge à Paris pour le temps de leurs couches, et à laisser leurs enfants à la charge du département de la Seine.

Les recherches faites dans les procès-verbaux d'abandon, en tenant compte des causes d'incertitude, nous permettent d'évaluer à 700 ou 800 le nombre annuel des enfants abandonnés par des mères étrangères au département de la Seine et à 125 au moins celui des enfants étrangers à la France.

L'hospice dépositaire et ses annexes

L'enfant, une fois reçu à l'hospice dépositaire de la rue Denfert-Rochereau, est inscrit sur le registre d'immatriculation : ce registre contient, par numéros et par dates d'arrivée, tous les enfants assistés sans distinction de sexe, d'âge ou de catégories ; il relate en termes succincts ce qu'on sait de leur état civil et, s'ils sont connus, les motifs de l'abandon.

Au commencement du siècle, on attachait au cou et au bras de l'enfant abandonné un collier et un bracelet de ruban de fil sur lesquels étaient cousues des bandes de parchemin indiquant l'année de la réception, le numéro, les nom et prénoms de l'enfant. Cette pratique, qui permet à la fois d'éviter les substitutions de la part des nourrices et de rendre la reconnaissance facile aux mères qui veulent reprendre leur enfant, est encore appliquée : on rive au cou de l'enfant un collier supportant une médaille sur laquelle est gravé le numéro matricule, collier qui ne pourra lui être retiré qu'à l'âge de 7 ans.

Selon son âge et son état de santé, le petit abandonné est porté à l'un des services établis à l'hospice même : au lazaret, à la crèche, à la nourricerie, aux services d'isolement, etc. S'il prend le sein, une nourrice sédentaire l'alimentera jusqu'à son départ pour la campagne.

Tous les jours, un et quelquefois deux convois, comprenant des sevrés et des nourrissons, quittent l'hospice dépositaire pour une des agences de province ; les nourrices viennent elles-mêmes à Paris chercher leurs nourrissons et sont accompagnées, à l'aller et au retour, par une surveillante, chargée également de la garde des sevrés.

HOSPICE
DES ENFANTS-ASSISTÉS
COUR DE
SAINT-VINCENT-DE-PAUL

Station suburbaine de Châtillon

Lorsque l'enfant est sain et bien portant, la durée de son séjour à l'hospice ne dépasse pas une journée. S'il est chétif ou malade, il est gardé dans un des services de l'établissement jusqu'à sa guérison.

Enfin, s'il présente des symptômes suspects de contamination syphilitique, il est envoyé en observation à l'hôpital suburbain de Châtillon.

La création de cet établissement date du 23 janvier 1892. Depuis sa fondation, le nombre des décès de ces malheureux petits êtres atteints de syphilis, d'athrepsie, de débilité congénitale, a été presque toujours en décroissant.

PLACEMENT DES PUPILLES A LA CAMPAGNE

Les formalités de l'immatriculation une fois remplies, le pupille de l'Assistance publique est ordinairement confié à une famille habitant la campagne.

Ce mode de placement existait déjà sous l'ancien régime, et l'arrêté du 30 ventôse an V ne fit que réglementer une pratique dont la tradition s'est constamment maintenue.

43

Le petit abandonné, placé chez des paysans, en qui la rudesse n'est pas exclusive de la bonté, retrouve, ordinairement, l'affection familiale dont sa naissance malheureuse l'avait privé.

Agents de surveillance administrative

Les enfants assistés de la Seine envoyés en province sont répartis actuellement dans 43 circonscriptions territoriales, à la tête de chacune desquelles est un directeur d'agence (1).

Au commencement du siècle, la charge de recueillir et de conduire à Paris les nourrices, de leur distribuer leur salaire, de tenir l'Administration au courant des changements de placement, était confiée à des meneurs choisis parmi les gens de la campagne, et sur lesquels n'était exercée d'autre surveillance que celle de deux inspecteurs à cheval.

Le payement, très irrégulier, des nourrices, et souvent une entente avec elles pour frauder l'Administration, en faisant passer pour vivant un enfant décédé, ont fait renoncer à cette organisation.

En 1819, on remplaça les meneurs par des agents salariés qui furent bientôt déchargés, d'ailleurs, de la fonction du payement des salaires dus aux nourrices. Depuis 1833, ces salaires sont payés trimestriellement par l'intermédiaire des trésoriers généraux et par les mains des percepteurs.

Les directeurs d'agence, qui existent sous ce nom depuis 1881, sont donc chargés du recrutement des nourrices, du placement des enfants dans les familles, de la préparation du compte des salaires, de la surveillance à exercer, tant au point de vue de la santé que de l'éducation et de l'instruction des pupilles.

---

(1) Bureaux des directeurs d'agences d'enfants assistés :

ABBEVILLE (Somme).— M. Rayé, grande rue Saint-Jacques, 10.

AIGUEPERSE (Puy-de-Dôme). — M. Priault, Grande-Rue, 91.

ALENÇON (Orne).— M. Rimbault, rue Desgenettes, 5.

ARNAY-LE-DUC (Côte-d'Or).— M. Roux, rue des Portes-Cochères, 7.

ARRAS (Pas-de-Calais). — M. Quignon, route de Cambrai.

AUTUN (Saône-et-Loire).— M. Laurent, rue des Marbres, 7.

AVALLON (Yonne).— M. Tamet, rue de l'Hôpital, 18.

BÉTHUNE (Pas-de-Calais).— M. Flouret, place du Marché-aux-Chevaux, 13.

BOURBON-LANCY (Saône-et-Loire).— M. Audebert, au Châtelot.

BOURBON-L'ARCHAMBAULT (Allier). — M. Bonvalot, place de l'Église.

CHATEAU-CHINON (Nièvre).— M. Hue, rue Notre-Dame.

COSNE (Nièvre).— M. Pinguet, rue Traversière.

CRAVANT (Yonne).— M. Marchand, à la Gravelle, commune de Cravant.

DECIZE (Nièvre).— M. Méténier, rue Denfort-Rochereau.

DOL (Ille-et-Vilaine).— M. Perrnut, avenue de la Gare.

DOMFRONT (Orne).— M. Rouveure, rue de l'Hôpital.

DOMPIERRE (Allier).— M. Challenot, à Tivoli, commune de Dompierre.

EBREUIL (Allier).— M. Champagnat, rue de Paris, route de Chouvigny.

ÉCOMMOY (Sarthe).— M. Huet, rue de la Gare.

ÉTANG-SUR-ARROUX (Saône-et-Loire).— M. Vallée, route de Luizy.

HESDIN (Pas-de-Calais).— M. Dellieux, route de Saint-Omer.

LORMES (Nièvre).— M. Condert, rue Porte-Fouron.

LUZY (Nièvre).— M. Renard, aux Bagelles, route de Saint-Honoré-les-Bains.

MONTLUÇON (Allier).— M. Guyot, rue de la Réunion.

MONTREUIL-SUR-MER (Pas-de-Calais).— M. Manier, place Saint-Jacques, 14.

MOULINS (Allier).— M. Fournier, avenue d'Orvilliers, 38 bis.

MOULINS-ENGILBERT (Nièvre).— M. Durand, avenue de la Gare.

NEVERS (Nièvre).— M. Champenois, rue Vauban, 3.

PARIGNÉ-L'ÉVÊQUE (Sarthe).— M. Cambillard, rue de Lucé.

PRÉMERY (Nièvre).— M. Taboureau, rue de Nièvre.

QUARRÉ-LES-TOMBES (Yonne).— M. Auclair, place de l'Église.

RENNES (Ille-et-Vilaine). — M. Fouladoux, rue du Faubourg-de-Paris, 2.

ROMORANTIN (Loir-et-Cher). — M. Fennebresque, Grand-Mail (villa des Platanes).

SAINT-AIGNAN (Loir-et-Cher).— M. Chatel-Charroux, faubourg des Cochards.

SAINT-AMAND-LES-EAUX (Nord).— M. Jacob, rue de Rivoli, 12.

SAINT-AMAND-MONTROND (Cher).— M. Craulant, rue Mazagran.

SAINT-CALAIS (Sarthe).— M. Adam, impasse Dagoreau.

SAINT-PIERRE-LE-MOUTIER (Nièvre).— M. A. Mayer, rue de Paris.

SAINT-POL (Pas-de-Calais). — M. Guilhof, rue de l'Abreuvoir.

SAULIEU (Côte-d'Or).— M. Berlore, rue Sallier, 8.

TOUCY (Yonne).— M. Péan, rue Pierre-Larousse, 2.

TROYES (Aube).— M. Charriat, rue Robert, 3.

VARZY (Nièvre).— M. Hédot, rue de la Séverie.

On voit combien ces fonctions sont encore complexes, combien elles exigent de soins et de dévouement constant, puisque, de la direction donnée à un service, dépendent les existences d'un si grand nombre d'enfants assistés.

Surveillantes

Indépendamment du commis d'agence, chargé surtout des écritures et de la comptabilité, le directeur a sous ses ordres la surveillante, qui accompagne les nourrices à Paris, ramène de l'hospice dépositaire les enfants sevrés, les conduit au lieu de leur placement.

Autrefois, les enfants étaient transportés de l'hospice aux centres de placement dans des charrettes appartenant aux meneurs.

Après la suppression des meneurs, l'Administration des hospices fit construire des voitures suspendues et couvertes, pourvues de bancs pour les nourrices et de hamacs pour les nourrissons.

En 1840, un service de poste fut établi entre Paris et les chefs-lieux de placement; mais les nourrices n'étaient encore transportées que jusqu'à la résidence de l'agent de surveillance; à partir de 1850, on conduisit en voiture à leur domicile les nourrices habitant trop loin du chef-lieu.

HOSPICE DES ENFANTS-ASSISTÉS

Le développement des voies ferrées permit bientôt d'améliorer considérablement le service des convois.

Actuellement, grâce à la réduction de tarif consentie par les compagnies de chemin de fer, les nourrices et enfants sont transportés en 2ᵉ classe, et ordinairement par des trains express.

La surveillante qui accompagne les convois emporte, au départ de l'hospice dépositaire, un réchaud et des flacons de lait stérilisé pour les enfants allaités artificiellement; chaque biberon porte un numéro apparent, de manière à éviter que deux enfants emploient le même.

A leur arrivée au chef-lieu de l'agence, une distribution d'aliments chauds est faite aux nourrices, et elles sont conduites immédiatement en voiture à leur domicile respectif.

Nourrices

Le choix des nourrices et des gardiens, à qui sont confiés les pupilles de l'Assistance publique, appartient aux directeurs d'agence, sur avis des médecins locaux.

Une nourrice n'est admise que lorsqu'on s'est assuré qu'elle remplit toutes les conditions de moralité et de santé désirables ; un certificat du maire doit attester qu'elle est mariée, qu'elle est de bonnes vie et mœurs, que sa situation matérielle lui permet d'élever convenablement l'enfant qui lui sera confié ; son lait doit avoir plus de 7 mois et moins de 12 ; il lui est interdit de nourrir un autre enfant que le pupille de l'Assistance publique.

Avant d'être envoyée à Paris, elle est soumise à la visite du médecin de l'agence ; et, à Paris, le médecin de l'hospice dépositaire s'assure également de la qualité et de l'abondance de son lait et de l'état de sa santé.

Des garanties analogues de moralité et de santé générale sont exigées des gardiens qui reçoivent les enfants sevrés.

Tant de précautions ne paraîtront pas superflues quand on saura que le taux de la mortalité s'est abaissé constamment depuis 30 ans. En 1869, le chiffre des décès pour les enfants âgés de moins de 13 ans, placés dans les agences, donne une proportion de 8,03 pour 100 ; en 1889, il ne s'élève qu'à 4,87 pour 100, et, en 1898, à 2,01 pour 100. On doit noter que la grande majorité des existences conservées appartient aux enfants du tout premier âge.

Des faits constants prouvent que l'enfant assisté ne trouve pas seulement auprès de ses nourriciers la garantie des soins matériels, mais que, accueilli, sans doute, d'abord par un légitime désir de gain, il ne tarde pas à être incorporé à sa nouvelle famille. Si un enfant, placé chez un patron, tombe malade, on peut dire que presque toujours ce sont ses anciens nourriciers qui le recueillent et le soignent.

La plupart des élèves placés dans les écoles professionnelles vont passer leurs vacances chez leurs anciennes nourrices. On pourrait citer de nombreux exemples d'enfants déjà grands qui, réclamés par leurs parents, refusent absolument de se séparer de leur famille d'adoption. Il n'est pas rare que des nourriciers dotent un enfant assisté, lui réservent une part ou la totalité de leur héritage.

Ainsi, l'enfant abandonné, favorisé au point de vue des soins et des précautions matériels, trouve ordinairement chez ses nourriciers une affection, un attachement qui lui rendent véritablement une famille.

Médecins

Chaque agence d'enfants assistés comprend un certain nombre de circonscriptions médicales.

Le médecin a l'obligation de visiter les enfants dès leur arrivée dans le service. Il procède à leur vaccination, au plus tôt, 3 semaines après leur naissance, au plus tard, 3 mois après leur envoi en nourrice ; une indemnité spéciale de 2 francs lui est allouée pour chaque vaccination.

Il est bien entendu que le médecin doit, en cas de maladie, visiter les enfants aussi souvent que l'état de leur santé l'exige. Mais, indépendamment des soins à donner aux enfants malades, les médecins sont obligés à des visites dont le nombre a été fixé par arrêté du 30 novembre 1895 et qui est présenté ci-après :

De 1 jour à 3 mois, une visite tous les 10 jours;

De 3 mois à 1 an, une visite mensuelle;

De 1 an à 2 ans, une visite tous les 2 mois;

De 2 ans à 4 ans, une visite par trimestre;

De 4 ans à 6 ans, une visite par semestre.

Les médecins sont payés par l'Administration suivant un tarif d'abonnement; c'est encore l'Administration qui rembourse aux pharmaciens les ordonnances que les médecins du service ont prescrites.

Le devoir des médecins est de veiller d'une manière continue sur la santé des pupilles, d'informer les directeurs d'agence des mauvaises conditions d'hygiène ou des soins insuffisants qu'ils reçoivent dans leur placement, de les déplacer d'urgence en cas de danger imminent, de faire des rapports sur les accidents dont sont victimes les enfants, de demander la confection des appareils qui leur sont nécessaires, enfin de proposer une augmentation ou une prolongation de pension pour les pupilles qui ont besoin d'un régime ou de soins spéciaux.

Pour stimuler leur zèle, le Préfet de la Seine, sur avis du Conseil général et sur la proposition de l'Administration, accorde des médailles d'or, d'argent et de bronze aux médecins que recommandent l'ancienneté et la valeur de leurs services.

Traitement maritime et thermal.— Parmi les enfants assistés, un trop grand nombre sont débiles, malingres ou rachi-

LA SALPÊTRIÈRE.— ÉCOLE DE RÉFORME

tiques; un moyen efficace de leur rendre la santé est de les envoyer séjourner au bord de la mer.

Deux établissements ont été créés dans ce but à Berck-sur-Mer; le nombre des enfants qui y ont été traités s'est élevé, en 1898, à 426.

Depuis 1894, l'Administration en place aussi dans des familles de marins ou de pêcheurs, sur la côte bretonne, à Cherrueix et dans les localités voisines; là, les enfants ne sont astreints, pendant 3 ou 4 mois, à d'autres obligations que de courir et de jouer sur la grève; le nombre des enfants qui ont séjourné en Bretagne, en 1898, a été de 249.

La même année, 48 enfants, atteints d'affections dont le traitement réclame un séjour dans les établissements thermaux, ont été soignés à Bourbon-l'Archambault, Néris, Vichy, Bourbon-Lancy.

Tarif des mois de nourrice et des pensions.— Indemnités et récompenses

En 1821, les mois de nourrice et pensions étaient payés, suivant l'âge de l'enfant, 8, 6, 5 et 4 francs. Un aussi faible salaire ne pouvait être accepté que par des familles ordinairement pauvres. Lorsque l'Administration, d'accord avec le Conseil général, a voulu que nos pupilles suivent régulièrement l'école, et qu'ils puissent recueillir quelques avantages de leur première éducation, le taux des mois de nourrice et des pensions a dû être relevé progressivement.

Il est actuellement fixé aux chiffres suivants :

Moins de 1 an.	300 francs par an
De 1 à 2 ans.	240 —
De 2 à 3 ans.	180 —
De 3 à 13 ans.	156 —

Il faut ajouter à ces sommes une indemnité pour la fourniture des coiffures, des bas et des chaussures, se montant à 6 francs les deux premières années, à 9 francs la troisième année et à 24 francs de 3 à 13 ans.

Une indemnité de 6 francs par trimestre est accordée pour les enfants élevés au sein pendant les neuf premiers mois.

Les nourriciers qui conservent un enfant jusqu'à l'âge de 13 ans, en le préservant de tout accident, reçoivent, à titre de récompense, une somme de 50 francs.

Le Conseil général de la Seine, dans sa séance du 27 décembre 1897, a pris la résolution suivante :

« Un témoignage officiel de satisfaction sera délivré par le Conseil général aux mères-nourrices qui auront donné des soins soutenus à nos enfants, et à tous ceux qui auront apporté leur concours aux œuvres d'assistance départementale. Les récompenses pourront être délivrées sous forme de diplômes ou de médailles. »

En 1898, 46 médailles de bronze ont été décernées en conformité de cette décision.

Vêtures. — Des layettes, des maillots et des vêtures, confectionnés par le Magasin central des hôpitaux, sont envoyés à des époques régulières aux directeurs d'agence qui en font la distribution aux nourriciers de leur circonscription.

Les objets qui composent ces vêtures sont suffisamment nombreux, solides et bien coupés pour que les enfants assistés puissent se considérer comme aussi bien vêtus que leurs petits camarades des campagnes. « J'ai pu voir, dit M. le Dr Thulié dans un de ses rapports, quand j'ai visité deux de nos circonscriptions du département de l'Yonne, les avantages de la vêture fournie par le service ; il y avait une différence, c'est que nos élèves étaient plus propres que les enfants du village. »

La fourniture des vêtures n'est régulière que jusqu'à l'âge de 13 ans ; passé cet âge, le pupille, en général, gagne de quoi se vêtir, ou doit être vêtu par ses patrons. Si, pour une raison quelconque, le vêtement fait défaut, l'agence y pourvoit.

Composition des layettes, maillots et vêtures en 1900 et époque de leur délivrance

Layettes. — La layette se délivre au moment du départ de l'hospice aux enfants à la mamelle ou âgés de 1 jour à 7 mois :

4 béguins à 3 pièces. — 3 bonnets d'indienne. — 3 brassières de laine. — 2 brassières d'indienne. — 2 calottes de laine. — 6 chemises à brassières. — 12 couches neuves. — 6 couches vieilles. — 1 couverture de berceau. — 4 fichus simples. — 2 langes de coton. — 2 langes de laine. — 1 collier. — 1 médaille. — Total, 49 objets. — Prix, 24 fr. 15.

1er maillot. — Le 1er maillot se délivre avec la 1re ou la 2e demi-vêture au moment du départ de l'hospice aux enfants de 7 mois à 1 an :

2 béguins à 3 pièces. — 2 brassières de laine. — 2 brassières d'indienne. — 1 calotte de laine. — 4 chemises à brassières. — 10 couches vieilles. — 1 couverture de laine. — 3 langes de coton. — Total, 25 objets. — Prix, 14 fr. 70.

2e maillot. — Le 2e maillot se délivre avec la 2e vêture au moment du départ de l'hospice aux enfants de 2 à 3 ans :

2 chemises à brassières. — 6 couches vieilles. — 1 couverture de laine. — 1 lange de coton. — Total, 10 objets. — Prix, 8 fr. 50.

1re demi-vêture (deux sexes). — La 1re demi-vêture se délivre aux enfants déjà placés à la campagne, de 7 à 15 mois :

2 paires de bas de laine. — 2 béguins. — 2 bonnets d'indienne. — 3 chemises. — 3 couches neuves. — 2 fichus simples de calicot. — 2 langes de laine. — 1 robe d'été. — 1 robe d'hiver. — 2 tabliers de cotonnade. — Total, 20 objets. — Prix, 12 fr. 35.

Articles se délivrant au départ de l'hospice avec la 1re vêture ci-dessus :

1 paire de souliers. — 1 collier en os. — 1 médaille d'argent. — Total, 3 objets. — Prix, 3 fr. 17.

2e demi-vêture (deux sexes). — La 2e demi-vêture se délivre aux enfants déjà placés à la campagne, de 15 mois à 2 ans révolus :

2 paires de bas de laine. — 2 bonnets d'indienne. — 3 chemises. — 2 fichus simples de calicot. — 1 robe d'hiver. — 1 robe de coton tricoté. — 2 tabliers de cotonnade. — Total, 13 objets. — Prix, 8 fr. 17.

Articles se délivrant au départ de l'hospice avec la 2e demi-vêture ci-dessus :

1 paire de souliers. — 1 collier en os. — 1 médaille d'argent. — Total, 3 objets. — Prix, 4 fr. 18.

2e vêture (deux sexes). — La 2e vêture se délivre aux enfants déjà placés à la campagne à l'âge de 2 ans révolus :

3 paires de bas de laine. — 2 béguins. — 2 bonnets d'indienne. — 4 chemises. — 2 fichus simples de calicot. — 1 robe d'été. — 2 robes d'hiver. — 4 tabliers de cotonnade. — Total, 20 objets. — Prix 14 fr. 84.

Articles se délivrant au départ de l'hospice avec la vêture ci-dessus :

1 collier en os. — 1 médaille d'argent. — 1 paire de souliers. — Total, 3 objets. — Prix, 6 fr. 81.

3e vêture (deux sexes). — La 3e vêture se délivre aux enfants déjà placés à la campagne à l'âge de 3 ans révolus :

2 bonnets d'indienne. — 4 chemises. — 2 fichus simples de couleur. — 2 mouchoirs de poche. — 1 robe d'été. — 1 robe de coton tricotée. — 3 tabliers de cotonnade. — Total, 16 objets. — Prix, 11 fr. 65.

Articles se délivrant au départ de l'hospice avec la vêture ci-dessus :

2 paires de bas de laine. — 1 couverture de laine. — 1 collier en os. — 1 médaille en argent. — 1 paire de souliers. — Total, 6 objets. — Prix, 13 fr. 57.

4e vêture (deux sexes). — La 4e vêture se délivre aux enfants déjà placés à la campagne à partir de 4 ans révolus :

1 camisole de laine. — 4 chemises. — 1 fichu double de couleur. — 2 jupons de péruvienne. — 2 mouchoirs de poche. — 1 robe d'été. — 1 robe d'hiver. — 3 tabliers de cotonnade. — Total, 15 objets. — Prix, 17 fr. 07.

Articles se délivrant au départ de l'hospice avec la vêture ci-dessus :

2 paires de bas de laine. — 4 couvertures de laine. — 1 collier en os. — 1 médaille en argent. — 1 paire de souliers. — Total, 6 objets. — Prix, 13 fr. 57.

5ᵉ vêture. — La 5ᵉ vêture se délivre aux enfants déjà placés à la campagne à partir de 5 ans révolus :

Garçons. — 3 blouses. — 3 chemises. — 2 cravates. — 1 gilet d'hiver. — 1 gilet d'été. — 1 gilet de laine. — 2 mouchoirs de poche. — 2 pantalons de drap. — 1 pantalon de coutil. — 1 pantalon de coton. — Total, 17 objets. — Prix, 26 fr. 69.

Filles. — 1 camisole de laine. — 3 chemises. — 1 fichu double. — 2 jupons de péruvienne. — 2 mouchoirs de poche. — 2 pantalons. — 2 robes d'été. — 1 robe d'hiver. — 3 tabliers de cotonnade. — Total, 17 objets. — Prix. — 20 fr. 35.

Articles se délivrant au départ de l'hospice avec la vêture ci-dessus :

Garçons. — 2 paires de bas de laine. — 1 casquette. — 1 couverture de laine. — 1 collier. — 1 médaille. — 1 paire de souliers. — Total, 7 objets. — Prix, 14 fr. 58.

Filles. — 2 paires de bas de laine. — 1 couverture de laine. — 1 collier. — 1 médaille. — 1 paire de souliers. — Total, 6 objets. — Prix, 13 fr. 57.

6ᵉ vêture. — La 6ᵉ vêture se délivre aux enfants déjà placés à la campagne à partir de 6 ans révolus :

Garçons. — 3 blouses. — 3 chemises. — 2 cravates. — 2 gilets de drap. — 2 mouchoirs de poche. — 2 pantalons de drap. — 1 pantalon de coutil. — 1 pantalon de coton. — 1 manteau de drap. — Total, 17 objets. — Prix, 32 fr. 63.

Filles. — 3 chemises. — 1 camisole de laine. — 1 fichu double. — 3 mouchoirs. — 2 pantalons. — 2 robes d'été. — 1 robe d'hiver. — 2 jupons de péruvienne. — 2 tabliers de cotonnade. — 1 manteau de molleton. — Total, 18 objets. — Prix, 28 fr. 09.

Articles se délivrant au départ de l'hospice avec la vêture ci-dessus :

Garçons. — 2 paires de bas de laine. — 1 casquette. — 1 couverture de laine. — 1 paire de souliers. — Total, 5 objets. — Prix, 13 fr. 43.

Filles. — 2 paires de bas de laine. — 1 couverture de laine. — 1 paire de souliers. — Total, 4 objets. — Prix, 12 fr. 42.

7ᵉ vêture. — La 7ᵉ vêture se délivre aux enfants déjà placés à la campagne à partir de 7 ans révolus :

Garçons. — 3 blouses. — 3 chemises. — 2 cravates. — 1 gilet d'hiver. — 1 gilet de coton. — 1 gilet de laine. — 2 mouchoirs de poche. — 2 pantalons d'hiver. — 2 pantalons d'été. — Total, 17 objets. — Prix, 27 fr. 45.

Filles. — 1 camisole de laine. — 3 chemises. — 1 fichu double. — 2 jupons de péruvienne. — 2 mouchoirs. — 2 pantalons. — 2 robes d'été. — 1 robe d'hiver. — 2 tabliers de cotonnade. — Total, 16 objets. — Prix, 20 fr. 69.

Articles se délivrant au départ de l'hospice avec la vêture ci-dessus :

Garçons. — 2 paires de bas de laine. — 1 casquette. — 1 paire de souliers. — Total, 4 objets. — Prix, 7 fr. 97.

Filles. — 2 paires de bas de laine. — 1 paire de souliers. — Total, 3 objets. — Prix, 6 fr. 96.

8ᵉ vêture. — La 8ᵉ vêture se délivre aux enfants déjà placés à la campagne à partir de 8 ans révolus :

Garçons. — 3 blouses. — 3 chemises. — 2 cravates. — 1 gilet d'hiver. — 1 gilet d'été. — 2 mouchoirs. — 2 pantalons d'hiver. — 2 pantalons d'été. — Total, 16 objets. — Prix, 28 fr. 98.

Filles. — 1 camisole de laine. — 3 chemises. — 1 fichu double. — 3 mouchoirs. — 2 jupons. — 2 pantalons. — 2 robes d'été. — 1 robe d'hiver. — 2 tabliers de cotonnade. — Total, 17 objets. — Prix, 25 fr. 92.

Articles se délivrant au départ de l'hospice avec la vêture ci-dessus :

Garçons. — 2 paires de bas de laine. — 1 casquette. — 1 paire de souliers. — Total, 4 objets. — Prix, 10 fr. 79.

Filles. — 2 paires de bas de laine. — 1 paire de souliers. — Total, 3 objets. — Prix, 8 fr. 98.

9ᵉ vêture. — La 9ᵉ vêture se délivre aux enfants déjà placés à la campagne à partir de 9 ans révolus :

Garçons. — 3 blouses. — 3 chemises. — 2 cravates. — 1 gilet d'hiver. — 1 gilet d'été. — 1 gilet de laine. — 2 mouchoirs. — 2 pantalons d'hiver. — 2 pantalons d'été. — 1 manteau de drap. — Total, 18 objets. — Prix, 39 fr. 63.

Filles. — 3 chemises. — 1 fichu double. — 1 camisole de laine. — 2 jupons de péruvienne. — 3 mouchoirs. — 2 pantalons. — 2 robes d'été. — 1 robe d'hiver. — 2 tabliers de cotonnade. — 1 manteau de molleton. — Total, 18 objets. — Prix, 34 fr. 13.

Articles se délivrant au départ de l'hospice avec la vêture ci-dessus :

Garçons. — 2 paires de bas de laine. — 1 casquette. — 1 paire de souliers. — Total, 4 objets. — Prix, 10 fr. 79.

Filles. — 2 paires de bas de laine. — 1 paire de souliers. — Total, 3 objets. — Prix, 8 fr. 98.

10ᵉ vêture. — La 10ᵉ vêture se délivre aux enfants déjà placés à la campagne à partir de 10 ans révolus :

Garçons. — 3 blouses. — 3 chemises. — 2 cravates. — 1 gilet d'hiver. — 1 gilet d'été. — 2 mouchoirs. — 2 pantalons d'hiver. — 2 pantalons d'été. — Total, 16 objets. — Prix, 30 fr. 90.

Filles. — 3 chemises. — 1 fichu double. — 3 mouchoirs. — 2 jupons de péruvienne. — 2 pantalons. — 2 robes d'été. — 1 robe d'hiver. — 2 tabliers. — 1 camisole de laine. — Total, 17 objets. — Prix, 26 fr. 31.

Articles se délivrant au départ de l'hospice avec la vêture ci-dessus :

Garçons. — 2 paires de bas de laine. — 1 casquette. — 1 paire de souliers. — Total 4 objets. — Prix, 11 fr. 02.

Filles. — 2 paires de bas de laine. — 1 paire de souliers. — Total, 3 objets. — Prix, 9 fr. 21.

11ᵉ vêture. — La 11ᵉ vêture se délivre aux enfants déjà placés à la campagne à partir de 11 ans révolus.

Garçons. — 3 blouses. — 3 chemises. — 2 cravates. — 1 gilet de drap. — 1 gilet de coton. — 1 gilet de laine. — 2 mouchoirs. — 2 pantalons d'hiver. — 2 pantalons d'été. — 1 veste. — Total, 18 objets. — Prix, 42 fr. 87.

Filles. — 1 camisole de laine. — 3 chemises. — 1 fichu double. — 2 jupons de péruvienne. — 3 mouchoirs. — 2 pantalons. — 1 robe d'été. — 1 robe d'hiver. — 1 robe de mérinos. — 2 tabliers. — Total, 17 objets. — Prix, 30 fr. 06.

Articles se délivrant au départ de l'hospice avec la vêture ci-dessus :

Garçons. — 2 paires de bas de laine. — 1 casquette. — 1 paire de souliers. — Total, 4 objets. — Prix, 11 fr. 02.

Filles. — 2 paires de bas de laine. — 1 paire de souliers. — Total, 3 objets. — Prix, 9 fr. 21.

12ᵉ vêture. — La 12ᵉ vêture se délivre aux enfants déjà placés à la campagne et ayant atteint leur 12ᵉ année.

Garçons. — 3 blouses. — 2 cravates. — 3 chemises. — 1 gilet d'hiver. — 1 gilet d'été. — 3 mouchoirs. — 2 pantalons d'hiver. — 2 pantalons d'été. — Total, 34 objets. — Prix, 34 fr. 62.

Filles. — 1 camisole de laine. — 3 chemises. — 2 fichus. — 2 jupons de péruvienne. — 3 mouchoirs. — 2 pantalons. — 2 robes d'été. — 1 robe d'hiver. — 3 tabliers. — Total, 19 objets. — Prix, 32 fr. 48.

13ᵉ vêture. — La 13ᵉ vêture se délivre aux enfants placés à la campagne ayant atteint leur 13ᵉ année (trousseau d'engagement) :

44

Garçons. — 3 blouses. — 3 chemises. — 2 cravates. — 1 gilet d'hiver. — 1 gilet d'été. — 1 gilet de laine. — 3 mouchoirs. — 2 pantalons d'hiver. — 2 pantalons d'été. — 1 veste. — Total, 19 objets. — Prix, 46 fr. 73.

Filles. — 1 camisole de laine. — 3 chemises. — 2 fichus. — 2 jupons de péruvienne. — 3 mouchoirs. — 2 pantalons. — 2 robes d'été. — 1 robe d'hiver. — 1 robe de mérinos. — 3 tabliers. — Total, 20 objets. — Prix, 39 fr. 52.

Cette vêture se délivre aux enfants de 13 ans et remplace l'indemnité d'engagement de 50 francs.

N. B. — Dans les départements du Nord, du Pas-de-Calais et de la Somme, les blouses des 5e, 6e, 7e, 8e, 9e, 10e, 11e, 12e et 13e vêtures de garçons sont remplacées par une veste en cheviotte et un veston en cotonnade, et un pantalon de velours est substitué à un pantalon de drap.

Instruction

La loi du 28 mars 1882 a rendu l'instruction primaire obligatoire ; les pénalités qui frapperaient les parents n'envoyant pas leurs enfants à l'école atteignent de même les nourriciers qui ne font pas suivre les classes aux pupilles de l'Assistance publique.

Mais le moyen le plus efficace pour obtenir l'assiduité des enfants à l'école est la surveillance exercée par les directeurs d'agence : un contrôle constant et imprévu doit empêcher les nourriciers de garder les pupilles à la ferme ou aux champs au moment des travaux agricoles.

Dans ces dernières années, le nombre des enfants n'ayant pas fréquenté l'école est inférieur à 4 pour 1.000, et doit-on encore imputer la non-fréquentation à l'état de santé des élèves.

Par contre, 5 pour 100 des enfants suivant les classes avaient moins de 6 ans et 3 pour 100 avaient plus de 13 ans : ce dernier chiffre est particulièrement intéressant à retenir puisqu'il indique que des nourriciers continuent à envoyer les enfants à l'école à un âge où la loi ne les y oblige plus et où l'Assistance publique ne leur paye plus aucune pension.

Le Conseil général a établi des récompenses de certificats d'études dont le montant s'élève à 100 francs : 50 francs sont donnés comme prime d'encouragement aux nourriciers, 40 francs aux instituteurs et 10 francs sont accordés au pupille. La proportion des enfants reçus au certificat d'études en 1898 a été, sur le nombre des présentés, de 68,5 pour 100.

Placement des enfants après l'âge de 13 ans

Jusqu'à l'âge de 13 ans, l'enfant est resté, moyennant pension, chez les nourriciers qui l'ont élevé. A 13 ans, l'enfant peut déjà produire un travail utile et suffire à sa propre existence.

L'éducation rurale qu'a reçue l'enfant assisté l'attache tout naturellement à la terre ; graduellement, il s'est adapté aux conditions de la vie agricole : la plupart des pupilles de l'Assistance publique sont voués aux travaux des champs. Cependant toutes les professions leur sont accessibles, et l'Administration leur ouvre toutes les carrières s'ils donnent la preuve d'aptitudes spéciales et s'ils sont laborieux.

A conditions et à garanties égales, le pupille est maintenu de préférence, au moins pendant les premières années qui suivent l'âge de 13 ans, dans la famille où il a été élevé ; on évite ainsi, à un âge où le pupille n'est guère qu'un enfant, une rupture trop violente des liens d'affection qui se sont établis entre lui et sa famille d'adoption. Plus tard, le jeune homme s'établit dans la commune ou dans la région, et les relations continuent avec ses nourriciers, dont il n'est pas rare qu'il devienne à son tour le soutien.

Pensions extraordinaires.— Si les pupilles sont atteints d'infirmités ou de maladies chroniques, il peut être accordé aux nourriciers des pensions qui se prolongent au delà de la treizième année et même au delà de la majorité du pupille : un certain nombre d'anciens élèves touchent ainsi des secours qui prennent le caractère de secours viagers.

Caisse d'épargne. — En vertu des contrats de placement

ECOLE D'YZEURE.— UN COIN DU PARC

passés entre les directeurs d'agence et les patrons, une partie des gages est remise au pupille pour son entretien et ses menus frais ; le surplus est versé à la Caisse d'épargne au compte de l'enfant. Le livret de Caisse d'épargne, outre qu'il peut rendre service à l'élève en un moment de besoin, constitue un encouragement au travail et à l'ordre.

Le montant total de la fortune des enfants assistés n'ayant pas atteint leur majorité s'élevait, au 31 décembre 1898, tant en livrets de Caisse d'épargne qu'en inscriptions de rente et en numéraire déposé à la caisse de l'Administration, au chiffre de 2.052.925 francs.

Établissement des enfants assistés.— Mariage. Libéralités en faveur des pupilles

L'enfant assisté, une fois parvenu à sa majorité, échappe à la tutelle officielle de l'Assistance publique.

En pratique, le directeur d'agence ne cesse pas toutes relations avec les anciens pupilles. Ceux-ci restent en général dans la commune, ou au moins dans la région où ils ont été élevés; le directeur d'agence, dans ses tournées, les revoit, s'inquiète de leur situation, intervient souvent pour leur procurer un emploi, faciliter leur mariage, les aider de ses conseils et de son expérience.

Lorsque le pupille n'a pas atteint sa majorité, il ne peut se marier sans le consentement du Directeur de l'Assistance publique, qui est son tuteur légal: en 1898, 135 autorisations ont été données pour des pupilles encore mineurs.

L'Administration peut, grâce aux libéralités dont elle dispose, allouer chaque année un certain nombre de dots de mariage à ses pupilles les plus méritants.

L'allocation de ces dots a représenté pour 1898 une somme de 17.024 francs, prélevée sur les dons et les legs faits en faveur des enfants assistés.

Pour compléter ces indications sur les libéralités dont profitent les pupilles de la Seine, il faut ajouter que, chaque année, un certain nombre d'enfants assistés recueillent des legs ou des dons faits par leurs parents nourriciers ou par les personnes qui les ont recueillis : quelques-unes de ces libéralités constituent une véritable fortune.

Retrait des enfants

Jusqu'au milieu du siècle, les règles suivies pour la remise des enfants abandonnés à leurs parents demeurèrent liées à la réglementation relative aux renseignements donnés sur l'existence des enfants.

Un arrêté du Conseil général des hospices du 6 août 1845 réduisit à 5 francs, au lieu de 30, le droit de recherches exigé des parents, et prescrivit de mettre à profit le moment de la recherche pour engager les parents à reprendre leurs enfants.

Le décret de 1811 avait maintenu l'obligation de rembourser le montant des frais d'entretien de l'enfant avant qu'il ne pût être rendu à ses parents; mais les préfets avaient été autorisés à faire des remises gratuites en apportant toutefois la plus grande sévérité dans l'examen des demandes en remise de cette nature.

Actuellement, la remise ne peut être demandée que par les parents, si l'enfant est légitime, et, s'il est naturel, que par celui de ses parents qui l'aura reconnu. Pour toute autre personne que le père et la mère, la demande de retrait doit être appuyée d'un certificat de décès des auteurs de l'enfant.

L'Administration s'assure par une enquête de la moralité des réclamants et de l'étendue de leurs ressources : l'enfant sera rendu si la situation matérielle et morale des parents permet d'espérer qu'il sera élevé convenablement dans sa famille naturelle.

Chaque année, le nombre des demandes de retrait d'enfants augmente. En 1898, 1.153 enfants ont été réclamés : différents motifs ont amené l'Administration à repousser 465 de ces demandes, tels que l'indignité ou l'inconduite des parents, leur manque absolu de ressources, le refus par eux de faire aucun sacrifice pécuniaire pour rembourser une partie même minime des dépenses occasionnées, leur négligence à produire les pièces réglementaires, le refus formel des élèves de quitter leur placement, ou encore le trop jeune âge de l'enfant.

Il y a eu, cette même année, 688 enfants remis à leur famille; sur ce nombre, plus de 400 ont été rendus gratuitement, et les autres ont donné lieu, suivant des chiffres variables avec la situation pécuniaire des parents, à un remboursement d'une somme un peu supérieure à 23.400 francs

C'est surtout pour les enfants âgés de moins de 4 ans que les demandes sont les plus nombreuses.

Nouvelles données aux familles

Ainsi qu'on l'a vu, un droit était autrefois exigé des parents qui voulaient avoir des nouvelles des enfants qu'ils avaient abandonnés.

Depuis 1860, les nouvelles sont données gratuitement, mais encore fallait-il se présenter à l'Administration à des époques déterminées, quatre fois par an.

Depuis 1895, les parents sont autorisés à demander qu'on les avise en cas de décès de leur enfant; dans ce cas, on les avertit immédiatement par lettre.

Une délibération du Conseil général du 24 avril 1896 établit une nouvelle réglementation : les nouvelles peuvent être données à toute époque de l'année ; les demandes doivent toutefois être séparées par un intervalle de trois mois ; le Directeur de l'Assistance publique est autorisé à faire connaître le lieu de placement quand l'intérêt de l'enfant commande cette décision.

Mais le principe subsiste, à savoir que le lieu où est placé un enfant assisté doit rester secret et qu'il ne peut être donné d'autres renseignements que la simple indication de l'existence ou du décès de l'enfant.

Cette règle qui paraît si rigoureuse, si cruelle même, s'impose, si l'on veut se placer au point de vue exclusif de l'intérêt de l'enfant. Ainsi qu'on l'a dit, quand cet intérêt n'est pas conciliable avec celui des auteurs de l'abandon, c'est ce dernier qui doit être sacrifié, quelque douloureuses que puissent être pour les parents les conséquences de l'abandon.

Cette prescription, qui figure dans toutes les réglementations de l'Assistance publique depuis l'an XIII, est donc considérée comme indispensable à la sécurité, à l'intérêt de l'enfant auquel il faut créer une famille nouvelle à la place de celle qui l'abandonne.

Il y a certainement des cas où l'on peut reconnaître qu'il est

ÉCOLE D'YZEURE.— LE PETIT ÉTANG

sans danger d'y apporter une dérogation ; la décision de 1896 permet au Directeur de l'Assistance publique de faire fléchir la règle exceptionnellement. Depuis cette date, un grand nombre de familles indigentes, qui se sont trouvées dans la nécessité de faire abandon de leurs enfants, ont été, après enquête, autorisées à correspondre directement avec ces enfants et leurs nourriciers.

Il faut ajouter à ceux-ci les enfants assistés, abandonnés par suite de l'internement de leurs parents dans un asile d'aliénés et qui ne sont pas considérés comme ayant été abandonnés volontairement. L'Administration ne fait pas difficulté de faire connaître à ces parents le lieu de placement de leur enfant, lorsque cette indication peut être salutaire à la santé des parents sans troubler l'enfant délaissé.

Population

Le nombre des élèves à la pension, c'est-à-dire de la naissance à 13 ans, placés dans les agences, était au 1er janvier 1900 :

	E. A.	M. A.	Total
De	29.937	832	30.769
A cette même date, le nombre des élèves de 13 à 21 ans était de	13.799	1.533	15.332
Total	43.736	2.365	46.101

Si nous ajoutons à ce total le nombre des élèves de tout âge restant dans les établissements spéciaux :

École Le Nôtre, à Villepreux (Seine-et-Oise).	41	4	45
École d'Alembert, à Montévrain (Seine-et-Marne)	60	36	96
École Roudil, à Ben-Chicao (Algérie). .	14	»	14
École professionnelle-ménagère d'Yzeure (Allier).	246	47	293
École maritime de Port-Hallan, à Belle-Isle-en-Mer (Morbihan)	29	19	48
Orphelinat agricole de Sanvic (Seine-Inférieure)	11	7	18
Total	401	113	514
Et ceux restant à l'hospice dépositaire .	119	5	124
Et à l'annexe de l'hospice (station suburbaine de Châtillon)	54	»	54
Total	173	5	178
Nous obtenons les chiffres de. . .	44.310	2.483	46.793

qui représentent, au 1ᵉʳ janvier 1900, la population totale des pupilles de l'Administration, de 1 jour à 21 ans.

Au point de vue de la classification établie par le décret du 19 janvier 1811 et la loi du 24 juillet 1889, ces 46.793 enfants se répartissent ainsi :

	Garçons	Filles	Total
Trouvés	1.344	1.330	2.674
Abandonnés	20.444	18.426	38.870
Orphelins	1.643	1.123	2.766
Moralement abandonnés.	1.618	865	2.483
Totaux.	25.049	21.744	46.793

Mortalité

La mortalité des enfants assistés à la pension, placés à la campagne, a été de 2,11 % en 1899 au lieu de 2,71 en 1890, de 5,27 en 1880 et de 8,88 en 1870.

Il y a donc décroissement de la mortalité; c'est là une des causes qui influent sur l'accroissement du nombre de nos pupilles à la pension.

Le tableau de la mortalité de la page suivante, qui a été établi pour une période de 30 ans, rend témoignage des progrès réalisés pour l'amélioration du sort des pupilles du département. Le taux le plus faible, atteint, en 1897 (1,70 %), peut encore être abaissé : les efforts de tous doivent y tendre.

ANNÉES	NOMBRE d'enfants à la pension ayant existé	DÉCÈS	PROPORTION pour cent	ANNÉES	NOMBRE d'enfants à la pension ayant existé	DÉCÈS	PROPORTION pour cent	ANNÉES	NOMBRE d'enfants à la pension ayant existé	DÉCÈS	PROPORTION pour cent
1870 . .	20.083	1.781	8,88	1880 . .	16.462	868	5,27	1890 . .	23.034	638	2,71
1871 . .	19.584	1.305	6,67	1881 . .	16.366	874	5,34	1891 . .	24.700	703	2,84
1872 . .	19.966	1.063	5,37	1882 . .	16.183	893	5,51	1892 . .	26.344	862	3,27
1873 . .	19.900	1.255	6,31	1883 . .	17.796	956	5,36	1893 . .	27.460	851	3,10
1874 . .	19.508	996	5,10	1884 . .	18.333	879	4,79	1894 . .	26.861	667	2.33
1875 . .	18.482	890	4,81	1885 . .	19.202	806	4,19	1895 . .	29.713	674	2,27
1876 . .	17.503	790	4,51	1886 . .	19.630	886	4,51	1896 . .	30.743	606	1,97
1877 . .	16.921	775	4,58	1887 . .	20.305	712	3,51	1897 . .	31.939	542	1,70
1878 . .	16.771	747	4,47	1888 . .	21.330	660	3,09	1898 . .	33.008	665	2,01
1879 . .	16.544	807	4,87	1889 . .	22.298	594	2,56	1899 . .	33.730	711	2,11

SECOURS POUR PRÉVENIR OU FAIRE CESSER
LES ABANDONS

Les secours accordés pour prévenir les abandons sont de différente nature : les uns sont périodiques, d'autres accidentels ; les uns sont délivrés en argent, d'autres en nature (layettes, berceaux, lait stérilisé).

Secours périodiques et non périodiques

Les secours préventifs d'abandon sont accordés pour les tout jeunes enfants, qu'ils soient élevés au sein ou au biberon. Peuvent bénéficier de ce secours les veuves ou les veufs, les filles-mères abandonnées, les femmes légitimes délaissées et celles dont le mari est interné ou emprisonné.

Secours périodiques. — Si la situation de la mère nécessite une aide permanente, le secours préventif d'abandon est accordé périodiquement pendant plusieurs mois ; la durée moyenne de ce secours est d'environ 18 mois, et sa limite extrême est fixée à 2 ans.

Les enfants secourus périodiquement sont visités par un personnel de 22 dames, chargées de s'assurer qu'ils sont bien portants et qu'ils reçoivent tous les soins désirables. Ces dames font des rapports et proposent la continuation, l'interruption ou la suppression du secours.

Un peu plus de la moitié des secours périodiques accordés en 1898 ont été supprimés pour un motif autre que l'expiration ordinaire en raison de l'âge de l'enfant. Ces motifs sont surtout : la constatation par les enquêteurs et les dames visiteuses que la mère n'est pas délaissée, le décès de l'enfant, sa mise en nourrice, la reprise d'un travail rémunérateur, etc.

Lorsqu'il est établi que les parents, même avec l'aide de l'Administration, ne pourraient payer les mois de nourrice de leur enfant, l'enfant secouru est alors pourvu, dans les mêmes conditions que les enfants assistés et jusqu'à l'époque de son sevrage, d'une nourrice avec laquelle les parents ont la faculté de correspondre pour avoir directement des nouvelles de leur enfant.

Ce secours, dit « de nourrice administrative », est accordé habituellement aux veufs, aux maris abandonnés par leur femme et ayant de lourdes charges de famille, aux mères malades dans les hôpitaux et dont le traitement doit être de trop longue durée pour que l'enfant puisse être conservé au dépôt de l'hospice.

Secours non périodiques. — Lorsqu'une mère confie son enfant à une nourrice, ou que sa situation n'est devenue précaire que pour une cause tout accidentelle, le secours n'a plus un caractère régulier de périodicité, mais il est renouvelable aussi longtemps qu'il est nécessaire.

Les secours non périodiques comprennent d'abord les secours aux enfants placés en nourrice. Ils sont donnés aux mères pour permettre la mise en nourrice de leur enfant, et, subsidiairement, pour les aider à désintéresser la nourrice.

Des secours sont également accordés au moment des couches, ou, postérieurement, pour aider une famille momentanément dans la gêne par suite de chômage ou de maladie.

Le transport gratuit sur les voies ferrées est accordé aux mères nécessiteuses qui veulent conduire leur enfant en province ou le ramener à Paris, et aux mères qui, n'ayant pas leur domicile de secours dans le département de la Seine, consentent à être rapatriées.

Enfin, chaque année, une distribution très importante de berceaux, de layettes et de maillots est faite tant aux mères seules qu'aux ménages de la banlieue.

Orphelins

La situation si intéressante des orphelins n'a pas échappé à la sollicitude du Conseil général et de l'Administration; indépendamment de la faculté qu'ils ont d'être accueillis au nombre des enfants assistés, un régime particulier est appliqué à ceux d'entre eux qui trouvent dans la charité privée un premier soutien.

Si des parents, des amis, de simples voisins même veulent bien assumer la charge de recueillir et d'élever l'orphelin, l'Administration consent à leur venir en aide.

Les secours destinés aux orphelins doivent assurer à ces enfants une existence à laquelle leurs bienfaiteurs ne peuvent pas toujours pourvoir avec leurs seules ressources.

Le nombre d'orphelins secourus en 1898 a été de 824 et la dépense prévue pour 1900 s'élève à 100.000 francs.

Consultations de nourrissons et distribution de lait stérilisé

C'est en 1892 que M. le Dr Budin, qui avait pu constater dans son service de l'hôpital de la Charité les heureux résultats de l'alimentation des nouveau-nés par le lait stérilisé, eut l'idée de créer une consultation spéciale pour les nourrissons.

DISPENSAIRE
STÉRILISATION DU LAIT

Les intéressantes observations qu'il communiquait à l'Académie de médecine, dans sa séance du 12 juillet 1892, ne s'appliquaient qu'à des enfants de quelques jours, d'un mois au plus, et l'éminent praticien souhaitait de pouvoir bientôt juger ce que donnerait la nourriture au lait stérilisé chez des enfants, non plus nouveau-nés, mais âgés de huit, dix, douze mois et plus. A l'imitation de la tentative faite à l'hôpital de la Charité, l'Administration institua, à titre d'essai, une consultation de nourrissons dans le 11e arrondissement, rue du Chemin-Vert, n° 70.

Ce service commença à fonctionner le 6 juin 1895, sous la direction de M. le Dr Chavane, ancien interne de M. le Dr Budin, et ne tarda pas à donner les meilleurs résultats. Aussi créa-t-on successivement quatre nouveaux établissements qui ont été inaugurés : rue Ordener, le 1er avril 1898 ; rues Saint-Benoît, La Rochefoucauld et Gauthey, le 1er mars 1899.

En outre, quatre nouvelles consultations à peu près complètement installées vont être ouvertes incessamment, savoir :

13e arrondissement, rue Jenner, n° 31 ; 20e arrondissement, rue Saint-Blaise, n° 15 ; à Pantin, route de Flandre ; à Saint-Maur-les-Fossés.

Enfin d'autres établissements sont projetés à Saint-Denis et dans les 11e, 15e et 18e arrondissements de Paris.

Les consultations de nourrissons ont pour but principal d'assurer aux nourrissons pauvres les bienfaits d'une alimentation rationnelle. Elles doivent être aussi et deviendront de plus en plus de véritables écoles où les mères inexpérimentées s'instruiront de leurs devoirs et recevront des conseils éclairés pour le plus grand bien de l'enfant.

Et, en même temps, elles présentent au point de vue scientifique l'avantage de permettre des observations cliniques du plus haut intérêt, sur des enfants de quelques jours à dix-huit mois, observations qu'on ne peut faire dans les hôpitaux où les enfants ne sont conservés que pendant la durée d'un traitement déterminé.

ÉCOLE D'YZEURE. — DORTOIR

Ces établissements comprennent généralement quatre pièces : une salle d'attente pour les mères qui viennent présenter leur enfant à la consultation ou chercher le lait stérilisé qui lui est alloué, un cabinet pour le médecin, un cabinet pour la surveillante, enfin un laboratoire où chaque matin s'opère la stérilisation.

Bien que simple en apparence, cette opération est très importante ; elle doit être entourée de précautions minutieuses. Le nettoyage des bouteilles notamment doit être fait avec le plus grand soin. Toute impureté risquerait de compromettre le résultat final de l'opération, surtout dans la période des grandes chaleurs. Les bouteilles sont donc lavées dans l'eau bouillie additionnée de carbonate de soude. Puis elles sont remplies et bouchées au moyen d'un obturateur en caoutchouc constitué par un disque à pyramide pénétrant dans le goulot. Elles sont alors placées dans un panier en fil de fer qui en contient 50. Ce panier s'adapte dans un récipient rempli d'eau aux deux tiers.

L'appareil ainsi disposé est soumis à l'action de la chaleur jusqu'à l'ébullition

45

de l'eau. Le lait, au contraire, bien que porté à une température de 100 degrés, n'entre pas en ébullition, ce qui est essentiel pour le maintien de sa composition moléculaire.

Lorsque, au bout de 45 minutes d'ébullition, l'opération est terminée, les bouteilles retirées des appareils sont placées dans des paniers en osier, à compartiments, pour être remises aux mères secourues. Ce mode d'alimentation ne peut d'ailleurs être prescrit que par le médecin chargé de la consultation qui détermine la quantité de lait que doit recevoir l'enfant.

La consultation a lieu chaque semaine à jour fixe. Le nourrisson présenté par sa mère, ou la garde à qui elle l'a confié, est déshabillé puis pesé par la surveillante qui consigne le poids sur la fiche de l'enfant et sur un registre nominatif spécial destiné à recevoir également les observations du médecin.

C'est ici qu'apparaît le rôle éducateur de la surveillante qui, par l'examen de l'enfant, se rend compte de l'expérience de la mère. Elle instruit celle-ci des soins à donner au nourrisson, procède devant elle à l'emmaillottement, et lui donne les conseils nécessaires, facilite la tâche du médecin qui, en présence d'une mère plus docile et plus confiante, luttera d'autant plus aisément contre les préjugés encore si répandus dans le public et qui coûtent, hélas ! la vie à tant d'enfants.

C'est au médecin seul qu'il appartient de diriger l'alimentation de l'enfant. L'examen de la courbe révélant les poids successifs, l'avancement de la dentition, l'état de santé de la mère, si elle allaite, sont de précieuses indications, grâce auxquelles, suivant les cas, il prescrit ou non le lait stérilisé. Ce mode d'alimentation ne reçoit, bien entendu, son application qu'à défaut ou en cas d'insuffisance de l'allaitement maternel.

Les nourrissons admis aux consultations peuvent donc être répartis en deux catégories bien distinctes :

1° Ceux qui, allaités par leur mère, sont seulement soumis à la surveillance médicale hebdomadaire ;

2° Ceux qui, en outre, reçoivent chaque jour la quantité de lait stérilisé appropriée à leurs besoins.

Tous sont recrutés dans la classe la plus pauvre, puisqu'ils sont uniquement choisis parmi les enfants des mères veuves ou abandonnées, auxquels sont accordés des secours mensuels. Tous sont donc placés dans des conditions particulièrement défectueuses et appartiennent à un milieu qui fournit à la mortalité de l'enfance son plus fort contingent.

Et, cependant, la mortalité des nourrissons admis aux consultations est aussi peu élevée qu'on puisse l'espérer.

C'est ainsi que, sur 174 enfants qui ont suivi les consultations en 1898, 25 sont décédés, ce qui fait ressortir à 14,78 °/₀ le taux de la mortalité. En comparant ce taux à celui que donne le bulletin de la statistique municipale pour les enfants de moins d'un an et qui est de 22,5 °/₀, on constate qu'il lui est inférieur de près de 8 °/₀.

Et si, maintenant, on veut bien considérer que la statistique municipale porte sur des enfants appartenant à toutes les classes de la société, placés, pour la plupart, dans des conditions plus favorables que ceux dont nous nous occupons, on voit qu'on peut tenir pour satisfaisants les résultats obtenus.

Aussi, l'honorable M. Patenne, rapporteur du budget des enfants assistés au

Conseil général, a-t-il pu dire avec raison — et nous citons ses propres paroles :
« De tels résultats dépassent nos espérances. Ils justifient l'existence de nos
consultations et permettent au Conseil général de considérer avec fierté l'œuvre
qu'il a accomplie. »

ENFANTS MORALEMENT ABANDONNÉS

L'idée première de la création du service des enfants moralement abandonnés
remonte à l'année 1878.

M. le Dr Thulié, dans le rapport présenté au nom de la Commission d'assistance publique, appelait l'attention du Conseil général sur la situation « des petits
vagabonds, qui n'ont ni feu ni lieu, vivent de mendicité ou de rapines, sont livrés
à eux-mêmes, et, poussés au vice par la misère et par le mauvais exemple,
deviennent, le plus souvent, de précoces criminels ».

A cette époque, ces enfants, arrêtés pour délit de mendicité ou de vol ou parce
qu'ils étaient trouvés errants sur la voie publique, étaient conduits par les agents au
dépôt de la Préfecture de police : quand leurs parents étaient retrouvés ou qu'ils les
réclamaient, les enfants leur étaient rendus et ne tardaient pas, le plus souvent, à
reprendre leur vie de vagabondage; s'ils n'étaient pas réclamés, ils étaient déférés
à l'autorité judiciaire qui n'avait d'autre alternative que de les condamner à l'emprisonnement, ou de les acquitter en vertu de l'article 66 du Code pénal, comme ayant
agi sans discernement et de les envoyer par le même jugement dans une colonie
pénitentiaire.

La profonde pitié que doit inspirer le sort de ces malheureux enfants suggéra la
pensée de les soustraire à un châtiment souvent immérité et de les confier à la charité
publique.

C'est ainsi qu'à partir de 1881, sous l'impulsion du Conseil général de la Seine,
fut instituée cette nouvelle catégorie d'enfants assistés auxquels fut donnée la qualifi-
cation spéciale d'enfants moralement abandonnés.

Le service fonctionnait à peine qu'il se heurta au mauvais vouloir des parents
qui prétendaient conserver leurs droits sur des enfants à l'égard desquels ils ne se
reconnaissaient aucuns devoirs.

L'Assistance publique était désarmée, et l'on songea dès lors à créer une législation destinée à protéger contre leurs parents les enfants déjà nombreux, recueillis et
placés par les soins de l'Administration.

Ce fut seulement 8 ans après la création du service que fut promulguée la loi du
24 juillet 1889.

Avant d'exposer les principales dispositions de la loi et d'étudier son fonctionnement, nous allons indiquer brièvement par quelles phases a passé le projet soumis au
Parlement avant d'être définitivement voté par lui; présenté en 1881 par le gouvernement
au Sénat, il fut englobé dans un projet plus vaste préparé par M. Th. Roussel; ce
projet, en raison de son étendue et des dépenses qu'il aurait occasionnées, ne fut pas
adopté. En 1888, le gouvernement reprit le projet primitif; des deux rédactions
élaborées par le Conseil d'État et par le Conseil supérieur de l'Assistance publique,
ce fut cette dernière qui, après avoir été définitivement choisie, fut présentée au

Parlement et votée sans observations sur le rapport, à la Chambre, de M. Gerville-Réache, et, au Sénat, de M. Th. Roussel.

La loi du 24 juillet 1889 établit des mesures protectrices à l'égard des enfants qui sont en état d'abandon moral par la faute ou les vices de leurs parents; elle permet également aux institutions charitables de recueillir les enfants dont les parents sont dans l'impossibilité d'exercer vis-à-vis d'eux leurs devoirs de surveillance. Une distinction est nécessaire dans l'étude des dispositions relatives à ces deux catégories; elle l'est également dans les résultats qu'a donnés leur application.

Le titre 1er, qui se réfère à la première catégorie de ces enfants, crée une déchéance de la puissance paternelle encourue de plein droit par des parents condamnés pour des crimes déterminés; il établit, en second lieu, une déchéance prononcée facultativement par les tribunaux pour inconduite des parents ou mauvais traitements à l'égard de leurs enfants. Dans les cas où la tutelle du droit commun ne peut être constituée, elle est attribuée à l'Assistance publique, conformément aux lois des 15 pluviôse an XIII et 10 janvier 1849.

Mais, en dehors des enfants dont les parents sont déchus des droits de la puissance paternelle et que l'Assistance publique recueille en vertu du titre 1er de la loi, il existe un certain nombre d'enfants auxquels leurs parents ne peuvent ou ne veulent pas assurer le minimum rigoureusement indispensable de surveillance, d'éducation ou de soins matériels.

Ces parents n'ont subi aucune des condamnations imposant la déchéance de plein droit; ne compromettant ni par leur inconduite, ni par leur ivrognerie, ni par de mauvais traitements, la santé, la sécurité ou la moralité de leurs enfants, ils n'encourent pas la déchéance et, pourtant, leurs enfants sont délaissés, souvent au péril de leur santé, toujours au détriment de leur moralité et de leur avenir.

Le titre II de la loi a précisément pour objet la protection de ceux de ces enfants qui, mineurs de seize ans, ont été recueillis par des administrations d'assistance publique, des associations de bienfaisance ou des particuliers.

Si ces enfants sont recueillis sur la demande même des parents, c'est l'article 17 qui délègue à l'Assistance publique les droits de puissance paternelle abandonnés volontairement par les père, mère ou tuteur; si ces enfants sont recueillis sans l'intervention des parents, ce sont les articles 19 et 20 qui reçoivent leur application. Le premier de ces articles impose aux administrations d'assistance, aux associations de bienfaisance et aux particuliers, qui ont recueilli des mineurs de seize ans sans l'intervention des parents ou du tuteur, l'obligation de faire une déclaration dans les trois jours au maire de la commune sur le territoire de laquelle l'enfant a été recueilli, et à Paris au commissaire de police.

Si, dans la période de trois mois qui suit, l'enfant n'a pas été réclamé, ceux qui ont recueilli le mineur peuvent obtenir, aux termes de l'article 20, par une requête adressée au président du tribunal, que l'exercice de la totalité ou d'une partie des droits de la puissance paternelle leur soit confié.

Cependant, les parents qui ont volontairement abdiqué la puissance paternelle ou qui en ont été dessaisis, parce qu'ils n'ont pas réclamé dans les trois mois leurs enfants recueillis sans intervention, ne sont pas définitivement privés de leurs droits. L'article 21 leur permet en effet d'en obtenir la restitution.

De plus, pour empêcher que des abus ne se produisent, les articles 22 et 23 placent les enfants, confiés à des particuliers ou à des associations de bienfaisance sous la surveillance de l'État et de l'Assistance publique. Cette surveillance ne pourra s'exercer efficacement que quand un règlement d'administration en aura déterminé le mode de fonctionnement.

Le titre II est, on le voit, celui en vertu duquel le plus grand nombre d'enfants sont confiés à l'Administration : c'est, par suite, celui dont l'application l'a le plus vivement préoccupée.

De l'application de la loi du 24 juillet 1889

Dès la promulgation de la loi du 24 juillet 1889, l'Administration prétendit en faire bénéficier non seulement les enfants dont l'admission était proposée, mais encore ceux qui se trouvaient déjà confiés à sa garde.

C'est ainsi qu'elle obtint immédiatement du tribunal que l'exercice des droits de la puissance paternelle lui fût délégué sur 44 élèves moralement abandonnés précédemment admis : 16 par application de l'article 17, et 28 par application de l'article 20.

Au 31 décembre 1890, la population du service qui s'élevait à 3.408 enfants pouvait se décomposer en deux parties :

ÉCOLE D'YZEURE.— CUISINE

1° Moralement abandonnés, aux parents desquels il avait été fait application de la loi, et qui se répartissaient ainsi :

Enfants dont la tutelle avait été conférée à l'Assistance publique par application de l'article 2   16

Enfants dont la tutelle avait été conférée à l'Assistance publique par application de l'article 17   16

Enfants dont la tutelle avait été conférée à l'Assistance publique par application de l'article 20   28

Total.   60

2° Moralement abandonnés, aux parents desquels il n'avait pas été fait application de la loi :

Enfants placés par le Parquet et la Préfecture de police. 1.033

Enfants placés par les parents eux-mêmes 2.315

Total. 3.348

Au 31 décembre 1899, le nombre des enfants dont l'Administration a obtenu la tutelle, depuis qu'il est fait application de la loi, se décompose ainsi :

Enfants dont les parents ont été déchus des droits de la puissance paternelle à la suite de 414 jugements du tribunal (art. 1 et 2 de la loi du 24 juillet 1889) : 514.

Enfants sur lesquels l'Administration exerce des droits de puissance paternelle en vertu d'une délégation consentie par les père, mère ou tuteur, et autorisée par le tribunal à la suite de 89 jugements d'attribution (art. 17) : 92.

Enfants dont la tutelle a été attribuée à l'Assistance publique sur sa propre requête à la suite de 115 jugements (art. 20) : 143.

La tutelle de 514 enfants a donc été déférée à l'Administration en vertu des articles 1 et 2, à la suite de 414 jugements de déchéance des droits de la puissance paternelle.

Nous devons ajouter que l'Assistance publique n'a pu exercer, à l'égard de tous ces enfants, la mission que les tribunaux lui avaient confiée.

Lorsque les enfants sont déjà placés sous la garde de l'Assistance publique au moment où le tribunal prononce le jugement qui lui en défère la tutelle, ou même lorsque l'Administration, après avoir recueilli les enfants, a signalé au Procureur de la République l'indignité des parents, et a obtenu ensuite du tribunal que la tutelle lui soit déférée, la loi reçoit facilement son exécution : le but principal, qui est de soustraire des enfants à leurs parents indignes, est atteint.

Mais, dès qu'il s'agit d'obtenir l'exécution des jugements à l'égard d'enfants que les parents ont conservé auprès d'eux, le rôle de l'Administration devient souvent difficile et pénible.

Il arrive, en effet, assez fréquemment que le Parquet, en transmettant à l'Administration les grosses des jugements de déchéance, ne lui donne pas exactement les adresses des parents, ou fournit sur eux des renseignements incomplets ou erronés : il est alors nécessaire de prier M. le Préfet de police de prescrire des recherches ou de demander à M. le Procureur de la République des renseignements complémentaires: Toutes ces formalités nécessitent un certain temps : les parents, avisés de la déchéance qui est prononcée contre eux, ont toute facilité pour dépister les recherches dont ils sont l'objet et trouvent ainsi moyen de soustraire leurs enfants à la tutelle dont l'Assistance publique est investie.

Une autre difficulté réside encore en ce que l'Administration est appelée à faire exécuter elle-même le jugement que le Parquet se borne à notifier : cette formalité suscite presque toujours de la part des parents des résistances qui nécessitent l'intervention de la force publique.

Ces complications pourraient être évitées si le Parquet se chargeait lui-même de faire rechercher et conduire à l'hospice les enfants dont les parents ont été déchus de la puissance paternelle ; l'Assistance publique n'aurait à intervenir que pour recueillir les enfants et exercer sur eux sa mission moralisatrice et bienfaisante.

Application du titre II. — L'Administration a présenté un grand nombre de requêtes à l'effet d'obtenir l'attribution des droits de la puissance paternelle, en vertu du titre II de la loi : jusqu'au 1er janvier 1900, 490 requêtes ont été présentées par l'Assistance publique, conjointement avec les parents, pour obtenir du tribunal la reconnaissance légale de la cession volontaire prévue par l'article 17 ; 603 ont été présentées par l'Administration seule pour obtenir la tutelle d'enfants mineurs de 16 ans déjà recueillis par elle, en vertu de l'article 20.

Nous avons vu que 92 enfants seulement ont été placés sous la tutelle de l'Assistance publique en vertu de l'article 17 : le tribunal, en effet, accueille avec quelque difficulté les requêtes qui lui sont présentées et, après s'être contenté dans le principe de la simple signature du père, exige maintenant le consentement du père et de la mère, et demande en cas de décès ou d'absence la production de certificat qu'il n'est pas toujours aisé de se procurer.

D'autre part, les parents ont souvent refusé de céder leurs droits de puissance paternelle à l'Assistance publique, craignant de rencontrer quelque résistance lorsqu'au bout de trois ans ils solliciteraient la remise de leurs enfants après avoir obtenu la restitution de leurs droits.

L'application de l'article 20 soulève moins de difficultés, bien que souvent elle ait amené un résultat opposé au but que la loi poursuit. La plupart des enfants, admis sans l'intervention des parents, sont envoyés par le juge d'instruction à l'hospice des Enfants-Assistés à la suite d'arrestations pour vagabondage, vol, etc., et dans le but d'éviter qu'ils ne soient mis en correction ou rendus à des familles non indignes, mais n'offrant pas des garanties suffisantes de moralité.

Ces familles, précisément, avisées par la Préfecture de police que, si dans les trois mois les enfants n'étaient pas réclamés, l'Assistance publique se pourvoirait devant le tribunal pour obtenir la tutelle, ont le plus souvent sollicité la remise que l'Administration n'a pu refuser d'effectuer.

L'Administration a donc conservé simplement la garde de ces enfants; elle s'est bornée à faire usage, chaque fois qu'elle l'a pu, de l'article 17, et surtout à présenter, dès qu'il y avait présomption d'indignité, des requêtes en vue d'obtenir la déchéance.

Enfants de parents indigents

Dès la création du service des moralement abandonnés, en 1881, l'Administration avait accueilli les enfants que leurs parents se déclaraient dans l'impossibilité d'élever, soit en raison de leur indigence ou de leurs occupations, soit parce que les enfants étaient insoumis ou vicieux.

ANNÉES	TOTAL des ADMISSIONS	ADMIS par l'entremise du Parquet de la Préfecture de police et des commissariats	ADMIS sur la demande DES PARENTS	ANNÉES	TOTAL des ADMISSIONS	ADMIS par l'entremise du Parquet de la Préfecture de police et des commissariats	ADMIS sur la demande DES PARENTS
1881	696	171	525	Report. . .	7.196	2.115	5.081
1882	948	241	707	1891 . . .	584	271	313
1883	883	171	712	1892	542	205	337
1884	790	175	615	1893	564	312	252
1885	754	161	593	1894	489	288	201
1886	689	211	478	1895	376	163	213
1887	183	106	77	1896	281	102	179
1888	676	194	482	1897	382	100	282
1889	817	309	508	1898	282	30	252
1890	760	376	384	1899	169	28	141
A reporter. .	7.196	2.115	5.081	Total. . . .	10.865	3.614	7.251

Enfants de parents indignes 1.863
Enfants de parents indigents 7.028
Enfants vicieux de parents honnêtes. 1.974

TOTAL. 10.865

La loi de 1889 n'ayant apporté aucune prescription nouvelle en ce qui concerne cette catégorie, l'Assistance publique a estimé qu'elle ne devait pas limiter son action bienfaisante aux enfants présentés par la Préfecture de police ou par le Parquet, et elle a continué d'accueillir largement les enfants des familles qui sont dans l'indigence.

Dès 1888, une Commission de surveillance avait été créée dans le but de prononcer, avec le Directeur de l'Administration, sur l'admission des moralement abandonnés et d'éviter les abus auxquels prêterait un placement gratuit trop facilement obtenu, permettant aux parents d'échapper à toutes les responsabilités et les protégeant, en quelque sorte, contre les enfants vicieux dont ils se débarrasseraient ainsi aisément.

En principe, il avait été résolu que les enfants ne seraient admis comme moralement abandonnés qu'à l'âge où ils peuvent apprendre une profession, c'est-à-dire vers la treizième année; mais l'Administration avait dû se départir, en bien des circonstances, d'une rigueur qui aurait pu confiner à l'inhumanité, et le Conseil général adopta, comme limite d'âge d'admission, la sixième année. Quelques exceptions ont été faites à cette règle dans des situations particulières, et un certain nombre de tout jeunes enfants ont été admis dans le service des moralement abandonnés.

Asile temporaire d'observation

L'asile temporaire d'observation, créé en 1893 à l'hospice dépositaire des Enfants-Assistés, a pour objet de faire concourir l'Assistance publique à la protection des enfants traduits en justice.

Il sert aux magistrats instructeurs de lieu d'observation pour les jeunes prévenus paraissant susceptibles d'amendement et sur le compte desquels les magistrats ne sont pas suffisamment éclairés.

Chaque enfant, à l'égard duquel le magistrat croit devoir prendre cette mesure bienveillante, est extrait de la Petite-Roquette ou de Saint-Lazare par les soins de l'Administration. Il entre à l'asile, muni d'une demande d'admission provisoire et d'une notice rédigée par le magistrat instructeur et contenant divers renseignements sur ses antécédents, son caractère, les circonstances de son arrestation.

L'Administration fait procéder à une enquête confidentielle au point de vue spécial de l'admissibilité éventuelle de l'enfant dans le service des enfants moralement abandonnés.

HOPITAL DE BERCK.— LA CHAPELLE

La période d'observation de l'inculpé se poursuit pendant trois ou quatre semaines.

Si la période d'observation est entièrement défavorable, l'Administration le remet entre les mains de l'autorité judiciaire. Si l'appréciation est favorable, si l'enfant paraît pouvoir sans inconvénient être rendu à ses parents ou être admis à l'Assistance publique, avis en est donné au juge qui statue alors en pleine connaissance de cause.

Les décisions communiquées au juge sont prises par la Commission de surveillance et de recrutement des pupilles de la Seine, qui se réunit tous les mois.

Cette création, si évidemment salutaire pour le jeune détenu, offre encore cet avantage, au point de vue de la bonne administration de la justice, de fournir un moyen efficace de constater les bonnes ou mauvaises dispositions de l'enfant.

La loi du 19 avril 1898, qui prévoit, par son article 4, la remise à une institution charitable ou à l'Assistance publique des enfants inculpés de délits et de crimes, n'a apporté aucune prescription que l'Assistance publique ne se fût imposée déjà.

Écoles professionnelles

Les écoles créées par le Conseil général de la Seine, pour donner l'instruction professionnelle aux enfants assistés et moralement abandonnés, sont au nombre de quatre :

L'école d'Alembert, à Montévrain (Seine-et-Marne) ; l'école professionnelle et ménagère d'Yzeure, près de Moulins (Allier) ; l'école Le Nôtre, à Villepreux (Seine-et-Oise) ; l'école maritime de Port-Hallan, à Belle-Isle-en-Mer.

Si l'on ajoute à cette énumération : l'école Roudil, à Ben-Chicao (Algérie) ; l'école de réforme de la Salpêtrière et enfin la fondation Douchin, on voit que sept établissements (1) relèvent directement du service des enfants assistés.

DÉPENSES DU SERVICE DES ENFANTS ASSISTÉS, MALTRAITÉS OU MORALEMENT ABANDONNÉS

L'ensemble des dépenses prévues, en 1900, pour le service des enfants assistés, maltraités ou moralement abandonnés de la Seine, s'élève à 12.066.994 francs.

On peut voir, par le détail que nous en donnons, que les secours pour prévenir les abandons — 1.167.000 francs — et les frais d'entretien des élèves placés dans les agences — 9.100.000 francs — absorbent la plus grande partie de la somme de 12.066.994 francs.

Dépenses intérieures

Pendant les quelques jours qu'ils passent à l'hospice dépositaire, rue Denfert-Rochereau, 74, où ils sont tout d'abord recueillis pour être ensuite envoyés à la campagne, les enfants y occasionnent des dépenses que la loi du 5 mai 1869 désigne sous le nom de « dépenses intérieures » et que le département doit rembourser à l'Administration de l'Assistance publique.

(1) Chacun de ces établissements fait l'objet d'une monographie insérée dans le présent ouvrage.

Leur évaluation est ainsi fixée pour 1900 :

45.670 journées à 2 fr. 08 pour Paris, soit	95.000 »
Frais de séjour dans les hospices dépositaires des départements pour des enfants appartenant au département de la Seine, journées à prix divers	5.000 »
Gages des nourrices sédentaires	6.000 »
2.375 layettes à 26 fr. 56	63.080 »
601 maillots à 15 fr. 77	9.477 »
50 demi-maillots à 8 fr. 72	443 »
Remboursements, à divers départements, de layettes et maillots délivrés aux enfants appartenant au département de la Seine, prix divers	1.000 »
Total des dépenses intérieures	180.000 »

Dépenses extérieures

Les autres dépenses afférentes à l'entretien des enfants assistés sont désignées sous

ÉCOLE LE NÔTRE

le nom de « dépenses extérieures », qu'il s'agisse d'allocations délivrées aux parents nécessiteux en vue d'éviter l'abandon des enfants, ou de frais acquittés, après l'abandon, au profit de nourriciers, de médecins, pharmaciens, instituteurs, etc., pour ceux placés à la campagne.

La somme de 1.167.000 francs, indiquée plus haut comme consacrée plus spécialement aux enfants dont l'Administration cherche à éviter l'abandon, peut se répartir ainsi :

SECOURS POUR PRÉVENIR L'ABANDON

Secours mensuels et frais de délivrance de lait stérilisé aux enfants habitant Paris	969.600 »
Secours de même nature aux enfants de la banlieue	50.400 »
Secours aux enfants en danger d'abandon moral	20.000 »
Secours de route	3.500 »
Frais de séjour à l'hospice dépositaire des enfants placés en nourrice et frais de nourrices	10.500 »
Layettes, maillots et berceaux	13.000 »
Secours annuels aux orphelins	100.000 »

Quant à la somme de 9.100.000 francs, affectée à l'entretien des enfants placés dans les agences, elle se subdivise de la manière suivante :

FRAIS D'ENTRETIEN DES ÉLÈVES PLACÉS DANS LES AGENCES

1° Mois de nourrice et pensions.— Allocations exceptionnelles.— Primes aux nourriciers.— Frais d'instruction.— Frais accessoires :

Mois de nourrice et de pensions	5.587.000 »
Indemnités à 9 mois	28.000 »
Pensions supplémentaires	15.000 »
Pensions extraordinaires	95.000 »
Pensions représentatives.	30.000 »
Pensions dans les établissements spéciaux	135.000 »
Allocations exceptionnelles.	1.000 »
Frais de dépôt.	70.000 »
Récompenses à 12 ans	28.000 »
Indemnités à 13 ans	3.000 »
Frais accessoires.	72.000 »

Frais d'instruction		
	Fournitures classiques	190.000 »
	Primes aux nourriciers pour certificats d'études	35.000 »
	Récompenses aux instituteurs . . .	28.000 »
	Récompenses aux élèves	7.000 »

2° Vêtures et trousseaux :

Vêtures et trousseaux délivrés en nature	1.115.000 »
Remboursement à divers départements de vêtures et trousseaux	2.000 »
Indemnités de bas, chaussures et coiffures (1re et 2e années, 6 francs ; 3e année, 9 francs ; 4e année et suivantes, 24 francs payables par trimestre) . .	665.000 »
Frais de transport des vêtures et trousseaux. . . .	8.000 »

3° Frais d'engagement des nourrices et frais de déplacement des nourrices et élèves . . . . — 200.000 »

4° Frais de registres et imprimés. Signes de reconnaissance des enfants. . . . . — 20.000 »

5° Frais de maladie et d'inhumation :

Surveillance par les médecins	300.000 »
Frais de médicaments.	130.000 »
Contre-visites des nourrices et élèves	4.000 »
Primes de vaccination	10.000 »
Frais d'hôpital	125.000 »
Frais de traitement dans les établissements spéciaux	180.000 »
Bandages et appareils orthopédiques.	3.000 »
Indemnités aux nourrices contaminées.	8.000 »
Frais d'inhumation	6.000 »
Total	9.100.000 »

Le tarif des mois de nourrice et pensions à payer aux particuliers à qui sont confiés les enfants assistés du département de la Seine, ainsi que les autres allocations, ont été fixés ainsi qu'il suit à partir du 1er janvier 1889 :

Ages des enfants	Pensions annuelles	Indemnité de chaussures bas, coiffures	Total	Ages des enfants	Pensions annuelles	Indemnité de chaussures bas, coiffures	Total
	FR.	FR.	FR.		FR.	FR.	FR.
1 an	300	6	306	8 ans	156	24	180
2 ans	240	6	246	9 —	156	24	180
3 —	180	9	189	10 —	156	24	180
4 —	156	24	180	11 —	156	24	180
5 —	156	24	180	12 —	156	24	180
6 —	156	24	180	13 —	156	24	180
7 —	156	24	180				

Autres allocations

Indemnité à 9 mois (payable par trimestre) (Loi du 30 ventôse an V, art. 8) . . . . 18 »

Récompense à 12 ans (Loi du 30 ventôse an V, art. 8) . . . . 50 »

Indemnité d'engagement (à défaut d'allocation de la 13e vêture) (Arrêté préfectoral du 5 décembre 1876) . . . . 50 »

SERVICE MÉDICAL Délibération du Conseil général du 20 décembre 1894.— Arrêtés préfectoraux des 29 octobre 1895 et 5 décembre 1876.	Abonnement	1° Pour les enfants de 1 jour à 1 an, soit, pendant la première année, 40 francs par an et par enfant pour 20 visites obligatoires, tous les 10 jours pendant les 4 premiers mois, et 1 visite mensuelle pendant les 8 derniers, et soins en cas de maladie ; 2° Pour les enfants de 1 an à 2 ans, 12 francs par an et par enfant, pour 6 visites obligatoires et soins en cas de maladie ; 3° Pour les enfants de 2 à 4 ans, 10 francs par an et par enfant, pour 4 visites obligatoires, soit 1 par trimestre et soins en cas de maladie ; 4° Pour les enfants de 4 à 6 ans, 8 francs par an et par enfant, pour 2 visites obligatoires, soit 1 par semestre, et soins en cas de maladie ; 5° Pour les enfants de 6 à 10 ans révolus, 5 francs par an et par élève pour visites et soins en cas de maladie ; 6° Pour les enfants de 10 ans révolus, et jusqu'à leur majorité, 1 fr. 50 par chaque visite en cas de maladie.
FRAIS FUNÉRAIRES Délibération du Conseil général en date du 1er décembre 1884.— Circulaire du 10 janvier 1863.	Inhumation	Contre-visites des enfants de 1 jour à 3 ans, par contre-visite . . . . . . 6 50 Pour les enfants au-dessous de 3 ans 5 » — de 3 à 6 ans. . . . 8 » — de 6 à 21 ans. . . . 12 »
	Culte	Frais de culte . . . . 3 »
INSTRUCTION PRIMAIRE Arrêtés préfectoraux en date des 10 mars 1894 et 11 avril 1888.	Remboursements sur état des fournitures classiques	»
	Récompenses pour le certificat d'études	Au nourricier . . . . 50 » A l'instituteur . . . . 40 » } 100 » A l'élève . . . . 10 »

En cas d'infirmité, le montant des pensions ordinaires des élèves de 1 jour à 13 ans est augmenté par l'Administration dans une proportion indiquée par le médecin et le directeur d'agence sous forme de pensions supplémentaires. En outre, des pensions extraordinaires sont allouées en faveur des enfants qui, ayant atteint leur 13e année, sont dans l'incapacité partielle ou absolue de suffire par le travail à leurs besoins. Elles peuvent être maintenues jusqu'à la majorité.

Enfin, des pensions dites représentatives sont délivrées bénévolement par l'Assistance publique à ceux de ses anciens pupilles qui, ayant atteint leur majorité, se trouvent dans le même cas que les titulaires de pensions extraordinaires.

Les élèves de ces deux dernières catégories peuvent encore être entretenus aux frais de l'Administration dans les établissements spéciaux dont leurs affections sont tributaires.

Lorsque des pupilles de 13 à 21 ans sont sans travail, ils sont recueillis par des particuliers auxquels il est payé par jour un prix de 1 fr. 50 à titre de frais de dépôt.

Dans la nomenclature qui précède, les frais d'engagement des nourrices et les frais de déplacement des nourrices et élèves figurent pour 200.000 francs.

La majeure partie de cette somme est absorbée par les frais de transport et spécialement par les transports en chemins de fer qui coûtent annuellement environ 120.000 francs.

Tout enfant mis en nourrice est porteur d'un collier destiné à constater son identité. Ce collier est formé d'une ganse en soie recouverte de 17 olives en os. Il est fermé par une boîte en argent et porte suspendue au milieu une

ÉCOLE LE NÔTRE

médaille indiquant l'année et l'admission de l'enfant. L'élève doit le conserver jusqu'à l'âge de 6 ans révolus. Ces signes de reconnaissance occasionnent annuellement une dépense d'environ 7.000 francs.

Écoles professionnelles. — Outre les 9.100.000 francs dont le détail vient d'être indiqué, l'Administration consacre encore, sous l'article de « dépenses extérieures », les crédits ci-dessous à l'entretien d'un certain nombre d'élèves dans les établissements dont l'énumération suit :

Station suburbaine de Châtillon, 90 élèves	100.000	»
École d'agriculture Roudil, en Algérie, 12 élèves. . .	45.070	»
École d'ébénisterie et de typographie d'Alembert, à Montévrain, 110 élèves	183.300	»
École d'horticulture Le Nôtre, à Villepreux, 50 élèves.	73.660	»
École maritime de Port-Hallan, 60 élèves.	52.000	»
École professionnelle et ménagère d'Yzeure, 300 élèves.	280.500	»

Dépenses diverses

Indépendamment des dépenses qui précèdent, en ce qui concerne les écoles professionnelles, il faut encore tenir compte, pour 3 de ces établissements — écoles Roudil, d'Alembert et Le Nôtre — des opérations agricoles ou industrielles qui y sont exécutées et pour lesquelles des inscriptions de crédit sont indispensables.

Nous avons ainsi pour frais d'exploitation : 94.660 francs à l'école Roudil ; 98.700 francs à l'école d'Alembert ; 16.260 francs à l'école Le Nôtre.

Enfin la gestion du domaine des enfants assistés et la surveillance des élèves par les directeurs d'agence donnent lieu aux dépenses suivantes :

NATURE DES DÉPENSES			SOMMES
Frais de gestion du domaine			
Rentes viagères et secours aux héritiers de divers testateurs			5.000 »
Entretien des immeubles domaniaux			4.500 »
Contributions diverses et taxes de mainmorte			800 »
Frais d'acquisitions et de conversions de rentes			500 »
Frais de procédure			2.000 »
Total			12.800 »
Frais de surveillance des élèves placés dans les agences			
Traitements des directeurs d'agence	2 de classe exceptionnelle à 7.000 francs		14.000 »
	4 de 1re classe à 6.000 francs		24.000 »
	4 de 2e — 5.000 —		22.400 »
	6 de 3e — 5.200 —		31.200 »
	6 de 4e — 4.800 —		28.800 »
	7 de 5e — 4.400 —		30.800 »
	16 de 6e — 4.000 —		64.000 »
Traitements des commis	5 de 1re — 3.000 —		15.000 »
	5 de 2e — 2.700 —		13.500 »
	12 de 3e — 2.400 —		28.800 »
	23 de 4e — 2.100 —		48.300 »
Frais de tournées des directeurs d'agence	1 à 1.800 francs		1.800 »
	1 à 1.700 —		1.700 »
	3 à 1.600 —		4.800 »
	2 à 1.500 —		3.000 »
	6 à 1.400 —		8.400 »
	2 à 1.300 —		2.600 »
	20 à 1.200 —		24.000 »
	1 à 1.100 —		1.100 »
	8 à 1.000 —		8.000 »
	1 à 500 —		500 »
Frais de bureau, 45 directeurs à 100 francs chaque			4.500 »
Total			381.200 »
Allocations annuelles et viagères à un employé et à des veuves d'employés du service			3.250 »

TITRE VIII

Monographies des établissements

HOTEL-DIEU

1, Place du Parvis-Notre-Dame, et 33, Rue de la Bûcherie

DIRECTEUR : M. JORET

Situation. — L'Hôtel-Dieu est limité, de face, par la place du Parvis-Notre-Dame ; en arrière, par le quai aux Fleurs; à droite, par la rue d'Arcole, et, à gauche, par la rue de la Cité.

La surface du terrain est de 21.770^{mq}, dont 10.381 pour la surface des bâtiments, et 11.389 pour la surface des cours et jardins.

L'Hôtel-Dieu annexe, composé de quelques corps de bâtiments non démolis de l'ancien Hôtel-Dieu, est limité par le quai Montebello, la rue de la Bûcherie, la rue Saint-Julien-le-Pauvre, la rue Lagrange et la rue du Fouarre. L'entrée de l'établissement est au n° 33 de la rue de la Bûcherie.

La surface totale du terrain est de 4.415^{mq}95, dont 1.500 pour la surface des bâtiments et 2.915,95 pour la surface des cours et jardins.

Historique. — Le nouvel Hôtel-Dieu est de construction récente. Il a été édifié sur les plans de M. Diet, architecte, pour remplacer l'ancien Hôtel-Dieu, dont une grande partie des bâtiments menaçaient ruine.

La construction du nouvel Hôtel-Dieu, qui avait fait l'objet de nombreuses études, fut décidée en 1865, après avis du Conseil de surveillance de l'Assistance publique (23 mars 1865), délibération du Conseil municipal (24 mars 1865) et décret d'utilité publique (22 mai 1865).

Les travaux ont été entrepris dès l'année 1865, mais l'hôpital n'a pu être ouvert que le 30 juillet 1877.

47

De l'ancien Hôtel-Dieu fondé au vii° siècle, auprès de l'église Saint-Christophe, qui prit successivement les noms d'hôpital Saint-Christophe, Maison-Dieu, hôpital Sainte-Marie, Hôtel-Dieu, il ne reste que deux pavillons ; l'un, situé sur le quai Montebello, est affecté à un service temporaire de médecine, l'autre, séparé du premier par la rue de la Bûcherie, renferme la maternité. Ces deux corps de bâtiment forment l'Hôtel-Dieu annexe.

Circonscription hospitalière. — Quartiers des Halles, de Bonne-Nouvelle, des Arts-et-Métiers, des Enfants-Rouges, des Archives (pour la chirurgie), de Sainte-Avoie, de Saint-Merri, de Saint-Gervais, de l'Arsenal et de Notre-Dame.

Consultations. — Des consultations de médecine et de chirurgie ont lieu tous les jours, à 9 heures.

Des consultations pour les femmes en couches ont lieu tous les jours à la maternité *(Dr Champetier de Ribes)*.

Dans le service spécial d'ophtalmologie, consultations quotidiennes avec traitement externe *(Pr Panas)*.

Consultations spéciales pour les maladies du larynx, du nez et des oreilles (traitement externe), les mardis à 4 heures du soir et vendredis à 5 heures *(Pr Duplay)*.

Consultations pour les maladies des dents, les lundis et vendredis *(Dr Pietkiewicz)*.

Nombre de consultations en	1896	1897	1898
Consultations de médecine	14.045	15.950	18.053
— de chirurgie	14.440	17.947	22.644
— pour les femmes en couches	654	713	789
— pour les maladies des yeux	18.101	17.087	21.755

Nombre de lits. — L'Hôtel-Dieu contient 828 lits réglementaires ainsi répartis :

		Hommes	Femmes	Enfants	Total
MÉDECINE	Maladies aiguës	341	169	»	510
CHIRURGIE	—	67	70	»	137
MALADIES DES YEUX		39	20	»	59
ACCOUCHEMENT	Femmes accouchées	»	53	»	53
BERCEAUX		»	»	63	63
LITS DE CRÈCHE	Médecine	»	6	»	6
		447	318	69	828

Enfin, 2 sages-femmes agréées sont accréditées auprès de l'établissement, mettant chacune 3 lits à la disposition de l'Administration.

Mouvement de la population. — Au 1er janvier 1896, on constatait la présence à l'Hôtel-Dieu de 784 malades ; pendant cette année, il en est entré 12.033 et sorti 10.741. Le nombre des morts a été de 1.253. Le chiffre des malades restant au 31 décembre 1896 était de 823.

Pour cette année 1896, le nombre de journées de malades a été de 409.718.

La mortalité, calculée d'après le nombre des individus sortis par guérison ou par décès divisé par le nombre des morts, a été de 1 sur 7,71 en médecine et de 1 sur 21,26 en chirurgie.

La durée du séjour, calculée d'après le nombre des journées divisé par le nombre des individus sortis par guérison ou par décès, a été de 26,56 en médecine et de 21,39 en chirurgie.

Il a été fait, en 1896, chez les sages-femmes agréées, 490 accouchements.

Personnel administratif. — Ce personnel comprend : 1 directeur ; 1 économe ; 1 commis rédacteur ; 3 expéditionnaires ; 1 auxiliaire permanent ; 1 garçon de bureau ; 1 commissionnaire.

Toutes ces personnes sont logées dans l'établissement, à l'exception de l'un des expéditionnaires et de l'auxiliaire permanent qui, logés au dehors, touchent chacun une indemnité de 400 francs.

Personnel médical. — Le service de santé se compose de 120 personnes :

8 médecins ; 3 chirurgiens ; 1 accoucheur ; 19 internes ; 71 externes ; 1 médecin consultant ; 1 chirurgien consultant ; 4 sages-femmes ; 1 pharmacien et 11 élèves.

Personnel secondaire. — Ce personnel se compose de 227 personnes, savoir :

30 religieuses ; 5 surveillants et surveillantes ; 1 sous-surveillante ; 8 suppléants et suppléantes ; 18 premiers infirmiers et premières infirmières ; 2 panseurs et pan-

VUE DE LA 1ʳᵉ COUR

seuses ; 1 garçon d'amphithéâtre ; 158 infirmiers, infirmières, garçons et filles de service ; 4 nourrices.

Personnel professionnel fixe. — Au personnel professionnel fixe, on compte : 1 mécanicien chef ; 1 garde-magasin-tapissier ; 1 cuisinière.

Personnel à la journée. — On compte 27 personnes, savoir :

1 peintre ; 1 plombier ; 1 menuisier ; 6 mécaniciens et chauffeurs ; 1 cuisinier ; 1 jardinier ; 1 étuviste ; 4 buandiers et buandières ; 6 lingères ; 3 éplucheuses ; 2 journaliers divers.

Les *Services hospitaliers* sont constitués ainsi qu'il suit :

NATURE des SERVICES	NOMS des chefs de SERVICE	DÉSIGNATION des SALLES	Lits H.	Lits F.	Berceaux	Internes	Externes	Sages-Femmes	Religieuses	Surveillantes	Suppléants H.	Suppléants F.	1ers Infirmiers H.	1ers Infirmiers F.	Panseurs H.	Panseurs F.	Infirmiers H.	Infirmiers F.	Nourrices	Total
MÉDECINE	Pr Dieulafoy	St-Christophe	38	»	»	1	10	»	1	»	»	»	»	1	»	»	4	1	»	7
		Ste-Jeanne	»	24	»	»	»	»	1	»	»	»	»	1	»	»	1	2	»	5
—	Dr Brissaud	St-Charles (1)	38	»	»	1	4	»	1	»	»	»	»	»	»	»	4	1	»	6
		Ste-Madeleine	»	29	»	»	»	»	1	»	»	»	»	2	»	»	1	2	»	6
—	Dr Audhoui	St-Augustin	24	»	»	1	3	»	1	»	»	»	»	»	»	»	2	1	»	4
		Ste-Monique	»	24	»	»	»	»	1	»	»	»	»	1	»	»	1	1	»	4
—	Dr Cornil	St-Denis	38	»	»	1	6	»	1	»	»	»	»	»	»	»	5	1	»	7
		Ste-Martine	»	24	»	»	»	»	1	»	»	»	»	»	»	»	1	2	»	3
—	Dr Faisans	St-Thomas	21	»	»	1	5	»	»	»	»	»	»	»	»	»	2	1	»	3
		Ste-Anne	»	35	6	»	»	»	»	»	»	»	»	1	»	»	2	4	»	8
—	Dr Muselier	St-Louis	24	»	»	1	5	»	1	»	»	»	»	»	»	»	2	1	»	4
		Ste-Marie	»	39	»	»	»	»	1	»	»	»	»	1	»	»	2	3	»	7
CHIRURGIE	Pr Duplay	St-Landry	43	»	»	2	9	»	1	»	»	»	»	»	»	»	6	1	»	9
		Notre-Dame	»	26	»	1	»	»	1	»	»	»	»	1	»	»	2	2	»	6
		St-Jean	»	19	»	1	»	1	1	»	»	»	»	»	»	»	1	3	»	5
—	Dr Lucas-Championnière	St-Côme	24	»	»	1	6	»	1	»	»	»	»	1	»	»	3	1	»	6
		Ste-Marthe	»	25	»	1	»	»	1	»	»	»	»	»	»	»	1	5	»	7
—	Pr Panas	St-Julien	39	»	»	2	6	»	»	»	»	»	»	1	»	»	2	2	»	6
		Ste-Agnès	»	20	4	1	»	»	1	»	»	»	»	1	»	»	1	1	»	4
MÉDECINE Hôtel-Dieu annexe	Dr Mosny	St-Antoine	40	»	»	1	4	»	1	»	»	»	»	2	»	»	3	1	»	5
		St-Pierre	42	»	»	»	»	»	1	»	»	»	»	»	»	»	3	2	»	6
—	Dr Klippel	St-Bernard	42	»	»	1	4	»	1	»	»	»	»	»	»	»	3	1	»	5
		St-Raphaël	34	»	»	»	»	»	1	»	»	»	»	»	»	»	3	1	»	5
MATERNITÉ Hôtel-Dieu annexe	Dr Champetier de Ribes	Salle de travail	»	»	»	1	3	4	»	»	»	»	»	»	»	»	1	3	»	3
		Isolement	»	6	6	»	»	»	»	»	»	»	»	»	»	»	1	3	»	3
		Salle Baudelocque	»	23	23	»	»	»	»	1	»	»	»	»	»	»	1	4	2	8
		Salle Mauriceau	»	24	24	»	»	»	»	»	»	»	1	»	»	»	1	4	2	8
CONSULTATION DE MÉDECINE	Dr Legry		»	»	»	1	3	»	»	»	»	»	»	»	»	»	»	»	»	2
CONSULTATION DE CHIRURGIE	Dr Chevalier		»	»	»	»	3	»	»	»	»	»	»	»	»	»	»	»	»	»
SERVICE DE VEILLE			»	»	»	»	»	»	1	»	1	1	»	1	»	»	»	»	»	4
REMPLACEMENTS			»	»	»	»	»	»	»	»	»	»	»	»	1	»	»	»	»	1
		TOTAL	447	318	63	19	71	4	22	1	»	2	2	10	1	1	58	54	4	156

(1) L'Administration a autorisé à *titre provisoire* un infirmier à la salle Saint-Charles (non compris dans ce tableau).

Ainsi, les salles de malades sont réparties entre 12 chefs de service : 8 médecins, 3 chirurgiens et 1 accoucheur.

Un des services de médecine et deux des services de chirurgie sont des services de clinique : clinique de médecine, clinique de chirurgie générale, clinique ophtalmologique.

À chacun d'eux est attaché, en outre du personnel médical ci-dessus mentionné, un chef de clinique désigné par la Faculté de médecine ; des chefs de laboratoire, nommés par la Faculté, sont également adjoints à ce service.

Sur trois services de chirurgie, un est affecté au traitement des maladies des yeux.

Les *Services généraux* sont constitués ainsi qu'il suit :

SERVICES GÉNÉRAUX	Religieuses	Surveillants	Sous-surveillantes	Suppléants		1ers Infirmiers	Infirmiers		Garçon d'amphith.	TOTAL
				H.	F.		H.	F.		
Instruction	»	»	»	»	»	»	»	»	»	»
Communauté	3	»	»	»	»	»	1	1	»	5
Portes	»	1	1	3	»	»	»	»	»	5
Bureaux	»	1	»	»	»	1	5	»	»	7
Consultation	»	»	»	1	»	2	4	2	»	9
Cuisine	2	»	»	»	1	»	7	1	»	11
Sommellerie	»	1	»	»	»	»	1	»	»	2
Magasins	»	»	»	»	»	»	1	»	»	1
Lingerie	1	»	»	»	»	»	1	2	»	4
Vestiaire	1	»	»	»	»	»	»	2	»	3
Linge à pansements et buanderie	1	»	»	»	»	»	»	1	»	2
Pharmacie	»	1	»	»	»	1	1	»	»	3
Bains	»	»	»	»	»	»	1	1	»	2
Chantier	»	»	»	»	»	»	1	»	»	1
Salle des morts	»	»	»	»	»	»	1	»	1	2
Service de propreté et courses	»	»	»	»	»	»	7	»	»	7
Réfectoire	»	»	»	»	»	»	»	»	»	»
Ventouses	»	»	»	»	»	»	»	1	»	1
Machines, étuves et ascenseurs	»	»	»	»	»	»	6	»	»	6
Écurie	»	»	»	»	»	»	»	»	»	»
Laboratoire	»	»	»	»	»	»	»	»	»	»
	8	4	1	4	1	4	37	11	1	71

Bains. — Le service des bains est affecté au seul traitement des malades de l'établissement. Il n'y a pas de bains externes.

Buanderie. — Il n'existe à l'Hôtel-Dieu qu'une petite buanderie pour le linge à pansements, les effets des malades, les effets de succession, les layettes, les tabliers et les blouses des serviteurs. Le linge est blanchi par la buanderie de la Salpêtrière qui fait deux livraisons par semaine.

UNE GALERIE

Chauffage et ventilation. — Pour les salles de malades, chauffage à eau chaude.

Pour les bureaux et les services généraux, chauffage par la vapeur.

Les salles de médecine de l'Hôtel-Dieu annexe et les deux salles de la maternité sont pourvues de poêles dans lesquels on brûle du charbon de terre et du coke.

UN SOUS-SOL (GALERIE DE LA CUISINE)

La ventilation est assurée par des cheminées d'appel qui reçoivent l'air vicié des salles, et le rejettent au dehors.

Éclairage. — L'Hôtel-Dieu est éclairé au gaz.

A l'Hôtel-Dieu annexe : la maternité, les escaliers et les couloirs sont éclairés au gaz ; les salles de médecine sont encore éclairées par des veilleuses.

Salubrité. — On fait usage de tinettes (système diviseur).

Une étuve à vapeur fonctionne chaque jour à l'Hôtel-Dieu et à l'Hôtel-Dieu annexe pour la désinfection des effets des entrants, atteints d'affections contagieuses, et la literie des malades sortis ou décédés.

Un four à incinérer les ouates est installé à l'Hôtel-Dieu, à côté de l'étuve, et fonctionne également tous les jours.

Eaux. — L'Hôtel-Dieu et la maternité de l'Hôtel-Dieu annexe sont alimentés par l'eau de rivière (Seine) et par l'eau de source (Vanne). Les salles de médecine de l'Hôtel-Dieu annexe ne sont pourvues encore que d'eau de rivière.

Laboratoires. — Il existe à l'Hôtel-Dieu cinq laboratoires spéciaux.

Bibliothèques. — A l'Hôtel-Dieu, deux bibliothèques pour les internes sont entretenues au moyen de dons, de cotisations des élèves et de subventions votées chaque année par le Conseil municipal (500 francs pour les internes en médecine, 300 francs pour les internes en pharmacie).

A l'Hôtel-Dieu annexe, une somme de 150 francs est allouée aux internes en médecine.

Dépenses. — En 1898, les dépenses de l'Hôtel-Dieu et de l'Hôtel-Dieu annexe se sont élevées à la somme de 1.134.750 fr. 20, se décomposant ainsi par nature de dépense :

Personnel administratif	26.372 38		Report	494.623 78
Impressions, frais de bureau	953 70		Cave	68.802 »
Frais de cours	1.427 »		Comestibles	148.648 20
Frais des exploitations	11.501 41		Chauffage et éclairage	123.964 10
Personnel médical	51.368 16		Blanchissage	42.228 50
Personnel secondaire	100.611 70		Coucher, linge, mobilier	106.211 14
Réparations de bâtiments	48.598 68		Appareils, instruments, etc	71.018 24
Pharmacie	76.822 99		Frais de transport	5.009 11
Boulangerie	45.311 04		Eaux, salubrité, etc	73.645 13
Boucherie	131.926 72			
			Total	1.134.750 20
A reporter	494.623 78			

BATIMENTS ANCIENS (LA MATERNITÉ)

LÉGENDE DU PLAN

	SOUS-SOL	REZ-DE-CHAUSSÉE	PREMIER ÉTAGE	DEUXIÈME ÉTAGE
A	Caves.	Bureaux et vestiaire des médecins.	Appartements du personnel administratif.	
B	—	Consultations	Appartements du personnel administratif et du pharmacien.	
B¹	—	Consultations; dentiste, bandages, orthopédie et vaccination externe.		
E	Buanderie (G).	Communauté	Communauté.	
E¹	Vestiaires, buanderie. . .	Communauté	Communauté.	
E²	Caves	Salle de garde pharmacie . . .	Amphithéâtre Chomel.	Salle St-Thomas (H. médecine).
E³	—	Salle de garde médecine . . .	Amphithéâtre Trousseau . . .	Salle Ste-Anne (F. médecine).
H	Atelier du menuisier, four à incinérer les ouates, appareil à stériliser les crachoirs	Chapelle des malades, passage des convois	Salle St-Augustin (H. médecine).	Salle St-Julien (H. chirurgie).
H¹	. . . .	Porche de la chapelle.		
I	Machines	Salle des morts	Communauté	Communauté.
I¹	—			
J	Linge sale	Lingerie.		—
K	Machines et laboratoires .	Salle des morts et laboratoire	Chapelle de la communauté.	
K¹	. . . .	Ateliers du peintre et du plombier	Laboratoire, amphith. Bichat .	—
K²	. . . .	Magasin d'épuration.	Communauté	—
K³	. . . .	Abri des voitures	Communauté.	
M	Cuisines (C)	Clinique des yeux.	Salle Ste-Madeleine (F. médecine).	Salle Ste-Anne (F. médecine).
M¹	Pharmacie (D).	Salle St-Landry (H. chirurgie)	Salle St-Christophe (H. médecine).	Salle St-Denis (H. médecine).
M²	Bains des femmes (F). . .	Salle Ste-Agnès (F. chirurgie) et salle Ste-Agnès crèche (F. chirurgie)	Salle Ste-Madeleine (F. médecine).	Salle Ste-Marie (F. médecine).
M³	Bains des hommes (F). . .	Salle St-Jean (F. chirurgie). .	Salle St-Charles (H. médecine).	Salle St-Julien (H. chirurgie).
M⁴	Magasins	Salle St-Côme (H. chirurgie) .	Salle St-Charles (H. médecine).	Salle St-Louis (H. médecine).
M⁵	Magasins de la pharmacie.	Salle St-Landry (H. chirurgie)	Salle St-Christophe (H. médecine).	Salle St-Denis (H. médecine).
M⁶	Magasins des cuisines. . .	Salle Notre-Dame (F. chirurgie)	Salle Ste-Jeanne (F. médecine).	Salle Ste-Martine (F. médecine).
M⁷	Réfectoire et magasin. . .	Salle Ste-Marthe (F. chirurgie)	Salle Ste-Monique (F. médecine).	Salle Ste-Marie (F. médecine).
T	. . . .	Cours et jardins.		
U	Étuve.			
V	Caves	Vestibule.		
Y	—	Écuries, remise, pompe à incendie.		
Z	. . . .	Galeries.		

A l'entresol sont placés : les logements des internes, des sous-employés; l'amphithéâtre Dupuytren et celui de Desault.

Aux combles sont placés : les logements d'employés, de sous-employés; la communauté; les dortoirs des veilleuses, des infirmiers et d'infirmières; la salle d'ovariotomie et les chenils.

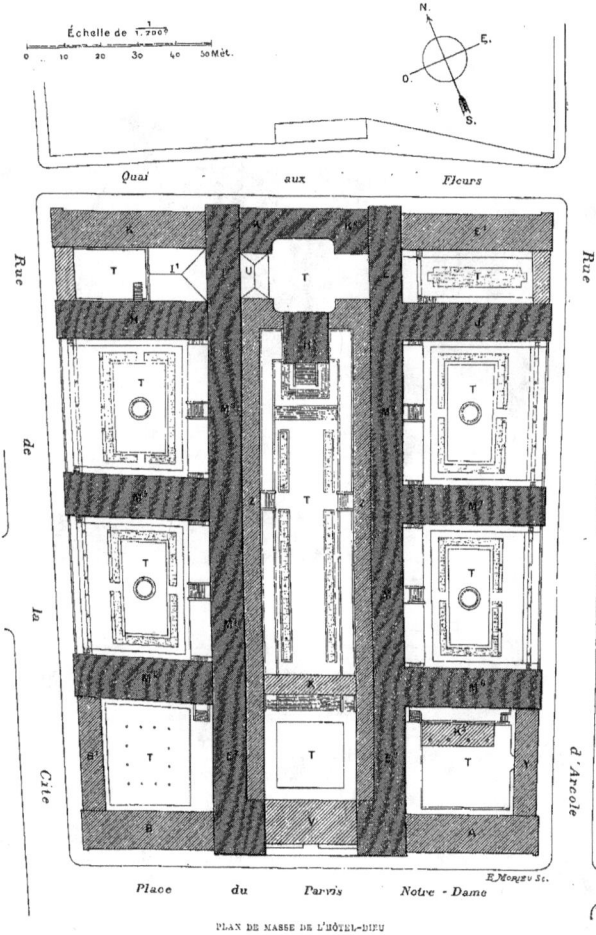

Échelle de $\frac{1}{1.700}$

0   10   20   30   40   50 Mét.

Quai   aux   Fleurs

Rue   de   la   Cité

Rue   d'Arcole

Place   du   Parvis   Notre - Dame

E. Morieu Sc.

PLAN DE MASSE DE L'HÔTEL-DIEU

48

Échelle de 900ᵉ

0   10   20   30   40   50 Mét.

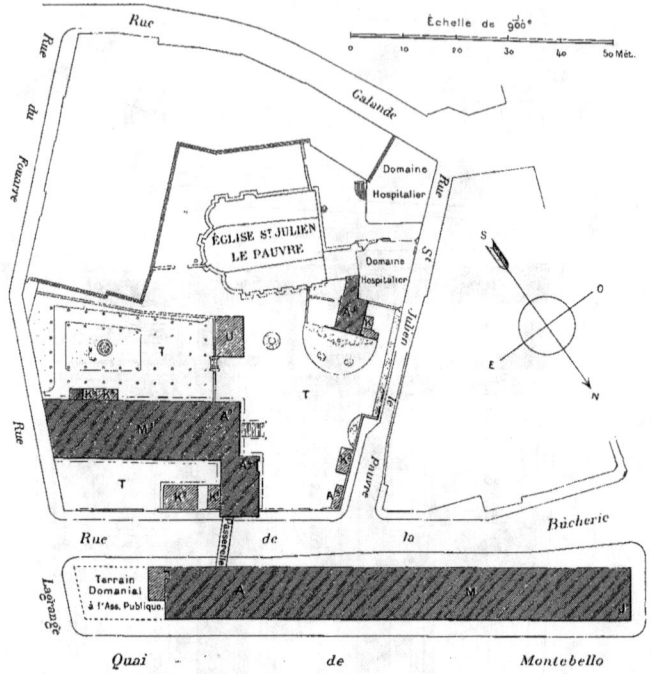

Rue — Rue du Fouarre — Galande — Rue St Julien le Pauvre — Bûcherie — Rue de la — Quai de Montebello — Lagrange — SEINE FL.

ÉGLISE St JULIEN LE PAUVRE

Domaine Hospitalier

Terrain Domanial à l'Ass. Publique.

E. Monier, Sc.

PLAN DE MASSE DE L'HÔTEL-DIEU ANNEXE

REZ-DE-CHAUSSÉE

A Salle des fondateurs.
A¹ Bureau.
A² Vestiaire des malades.
A³ Loge.
A⁴ Chambre d'interne et office de la maternité.
J Lingerie.
K Magasin.
K¹ Cylindre de la cuisine.
K² Caveau au linge sale.
K³, K⁴ Hangars.
K⁵ Trémie au linge sale.

M Salle St-Antoine (médecine II.), office, chambres et water-closets.
M¹ Maternité, salle de travail et chambre de sages-femmes.
T Cours et jardins.
U Étuve.

PREMIER ÉTAGE

A Bureau et salle de garde.
A¹ Office Baudelocque.

A², A⁴ Logements.
J Laboratoire.
M Salle St-Bernard (médecine II.), office et water-closets.
M¹ Salle Baudelocque, maternité.

DEUXIÈME ÉTAGE

A Dortoir des filles de service.
A¹ Office Mauriceau.
A², A⁴ Logements.
J Laboratoire.

M Salle St-Pierre (médecine II.), office et water-closets.
M¹ Salle Mauriceau, maternité.

TROISIÈME ÉTAGE

A Communauté.
A² Logement.
J Chambres des filles de service de la communauté.
M Salle St-Raphaël (médecine II.), office et water-closets.

HOPITAL DE LA PITIÉ

1, Rue Lacépède

DIRECTEUR : M. JOLY

Situation. — L'hôpital est limité, de face, par la rue Lacépède; à droite, par les rues Quatrefages, du Puits-de-l'Ermite et de la Pitié; à gauche, par la rue

FAÇADE

Geoffroy-Saint-Hilaire; en arrière, il donne sur la rue Daubenton.

La surface totale du terrain est de 22.681^{mq} (déduction faite de 46^{mq}26 cédés à la voie publique en 1897), dont 6.523 pour la surface des bâtiments, et 16.158 pour la surface des cours et jardins.

Historique. — En 1612, un édit de Louis XIII ordonna que les mendiants fussent enfermés dans des établissements pour y travailler ; des terrains furent achetés dans le faubourg Saint-Victor (entre autres le jeu de paume et le jardin y attenant), dans lesquels fut construit l'hôpital qui prit le nom d'hôpital Notre-Dame-de-Pitié. On aménagea à la suite quatre grandes maisons où furent reçus les vieillards sans ressources et les vagabonds.

Quelques années plus tard, on n'y admit que des fillettes et de jeunes garçons que l'on entretenait et que l'on instruisait, puis quelques infirmes, et, enfin, dans un lieu séparé qu'on nomma Bon-Secours, des femmes et des filles débauchées que l'on tentait de ramener dans la bonne voie.

En 1656, sous Louis XIV, fut établi un *Hôpital général* destiné au « renfermement des pauvres », et comprenant, outre la Pitié : la Salpêtrière ; la maison du Refuge ; la maison de la Savonnerie, quai de Chaillot ; le château de Bicêtre, et la maison Scipion-Sardini. C'est à la Pitié, qui devint le chef-lieu de l'Hôpital général, que se réunissaient les administrateurs. La maison fut primitivement affectée aux jeunes filles pauvres admises depuis l'âge de 4 ans ; elles recevaient, suivant leur âge, un enseignement utile et pratique, devant leur servir plus tard à gagner leur vie : cet endroit se nommait la Grande Pitié. A la Petite Pitié, complètement séparée, on recevait et on instruisait une centaine de garçons de 12 à 13 ans. — On s'occupait de placer tous ces enfants, et, à un moment, on envoya même quelques-unes des jeunes filles dans nos colonies, où elles furent convenablement mariées.

A la fin du xviiiᵉ siècle, il n'y eut plus à la Pitié que de jeunes garçons qui, après leur première communion, ne quittaient la maison que pour être placés en apprentissage.

Sous la Révolution, l'hôpital fut appelé hôpital des Orphelins du faubourg Saint-Victor ; plus tard il se nomma maison de la Patrie, puis hospice des Orphelins, puis enfin, en 1809, il devint une annexe de l'Hôtel-Dieu, démoli partiellement, et les enfants de la Pitié furent envoyés dans le faubourg Saint-Antoine, à l'hôpital Sainte-Marguerite, aujourd'hui hôpital Trousseau.

En 1813, on désigna un administrateur indépendant de l'Hôtel-Dieu ; 3 ans après, des services distincts de médecine et de chirurgie furent installés et la maison est depuis lors un hôpital général. En 1880, elle fut confiée à un personnel laïque, et une école d'infirmières fut ouverte en même temps.

Circonscription hospitalière. — Quartiers de la Sorbonne, Saint-Victor, du Jardin-des-Plantes et de la Salpêtrière.

Consultations. — Des consultations de médecine et de chirurgie ont lieu tous les jours, à 9 heures.

Des consultations spéciales de médecine ont lieu en outre :

Pour les maladies de la peau, les mercredis et samedis *(Dʳ Thibierge)* ;

Pour les maladies du système nerveux, le mercredi *(Dʳ Babinski)* ;

Des consultations spéciales :

Pour les maladies des voies urinaires, le jeudi *(Dʳ Picqué)* ;

Des consultations pour les femmes enceintes ont lieu tous les jours *(Dʳ Lepage)* ;

Des consultations spéciales pour les maladies de la bouche et des dents ont lieu les mardis et vendredis *(Dʳ Ferrier)*.

Nombre de consultations en	1896	1897	1898
Consultations de médecine.	9.423	11.096	10.948
— de chirurgie.	12.870	13.316	10.943

Nombre de lits. — L'hôpital de la Pitié contient 729 lits réglementaires, ainsi répartis :

		Hommes	Femmes	Enfants	Total
MÉDECINE	Maladies aiguës.	264	244	»	508
	Crèches	»	5	»	5
	Berceaux	»	»	5	5
CHIRURGIE	Maladies aiguës	109	55	»	164
	Ovariotomie.	»	10	»	10
ACCOUCHEMENT . . .	Femmes enceintes	»	4	»	4
	Femmes accouchées	»	17	»	17
	Berceaux	»	»	16	16
		373	335	21	729

2 sages-femmes agréées sont attachées à l'hôpital, mettant chacune 3 lits à la disposition de l'Administration.

Mouvement de la population. — Au 1er janvier 1896, on constatait la présence à l'hôpital de 638 malades ; pendant cette année, il en est entré 7.523 et sorti 6.733. Le nombre des morts a été de 745. Le chiffre des malades restant au 31 décembre était de 683.

Pour cette année 1896, le nombre de journées de malades a été de 232.721.

La mortalité, calculée d'après le nombre des individus sortis par guérison ou par décès divisé par le nombre des morts, a été de 1 sur 8,24 en médecine, et de 1 sur 19,44 en chirurgie.

Il a été fait, en 1896, 381 accouchements à la Pitié et 168 chez les sages-femmes agréées, soit 549 accouchements.

Le nombre des accouchements pratiqués, tant à la Pitié que chez les 2 sages-femmes agréées, s'est élevé, en 1898, à 659, soit 437 à l'hôpital et 222 chez les sages-femmes agréées.

Personnel administratif. — Le personnel administratif comprend : 1 directeur ; 1 économe ; 1 commis rédacteur ; 2 expéditionnaires ; 1 garçon de bureau et 1 commissionnaire.

Toutes ces personnes sont logées dans l'établissement, à l'exception de l'un des expéditionnaires qui, logé au dehors, touche une indemnité de 400 francs.

Personnel médical. — Le service de santé se compose de 91 personnes :

6 médecins ; 2 chirurgiens ; 1 accoucheur ; 13 internes ; 56 externes ; 1 médecin consultant ; 1 chirurgien consultant ; 1 pharmacien ; 8 élèves et 2 sages-femmes.

Personnel secondaire. — Ce personnel se compose de 158 personnes, savoir :

11 surveillants et surveillantes ; 14 sous-surveillants ou sous-surveillantes ; 12 suppléants et suppléantes ; 14 premiers infirmiers ; 2 panseurs ; 1 garçon d'amphithéâtre ; 104 infirmiers et infirmières, garçons et filles de service.

Personnel à la journée. — On compte 20 personnes, savoir :

1 plombier ; 1 menuisier ; 1 fumiste ; 1 chauffeur ; 1 cuisinier ; 1 jardinier ; 1 étuviste ; 9 lingères ; 1 repasseuse ; 2 éplucheuses ; 1 journalier.

Les *Services hospitaliers* sont constitués ainsi qu'il suit :

NATURE des SERVICES	NOMS des chefs de SERVICE	DÉSIGNATION des SALLES	NOMBRE DE LITS		ÉLÈVES				PERSONNEL SECONDAIRE									
			H.	F.	Berceaux	Internes	Externes	Sages-femmes	Surveillantes	Sous-surveillantes	Suppléantes	1er Infirmiers H.	1er Infirmiers F.	Panseurs	Infirmiers H.	Infirmiers F.	Nourrices	Total
MÉDECINE	Dr Jaccoud	Jenner	54	»	»	1	6	»	1	»	»	»	»	»	3	4	»	8
		Laënnec	»	40	»	»	»	»	1	»	»	»	»	»	1	3	»	5
—	Dr Robin	Serres	52	»	»	1	7	»	1	»	»	»	1	»	3	2	»	7
		Valleix	»	41	»	»	»	»	1	»	»	»	»	»	1	3	»	5
	Dr Thibierge	Piorry	52	»	»	1	7	»	1	»	»	»	1	»	3	2	»	7
		Lorain	»	43	»	»	»	»	1	»	»	»	1	»	1	2	»	5
		Bayer	41	»	»	1	5	»	1	»	»	»	»	»	2	2	»	5
	Dr Petit	Trousseau	»	45	»	»	»	»	1	»	»	»	1	»	1	2	»	5
		Crèche	»	5	5	»	»	»	»	»	»	»	»	»	»	1	»	1
—	Dr Giraudeau	Monneret	36	»	»	1	4	»	1	»	»	»	1	»	3	1	»	6
		Cruveilhier	»	25	»	»	»	»	1	»	»	»	»	»	1	2	»	4
	Dr Babinski	Rostan	29	»	»	1	4	»	1	»	»	»	»	»	4	»	»	5
		Grisolle	»	50	»	»	»	»	1	»	»	»	»	»	3	4	»	8
CHIRURGIE	Pr Terrier	Michon	63	»	»	3	8	»	1	1	»	»	»	»	6	1	»	10
		Lisfranc	»	31	»	»	»	»	1	»	1	»	»	»	1	5	»	8
		Pavillon Lisfranc (ovariotomie)	»	5	»	»	»	»	»	»	»	»	»	»	3	1	»	4
—	Dr Chaput	Broca	46	»	»	3	7	»	1	»	1	1	»	1	2	1	»	7
		Gerdy	»	24	»	»	»	»	1	»	»	»	»	»	1	3	»	5
		Pavillon Gerdy (ovariotomie)	»	5	»	»	»	»	»	1	»	»	»	»	»	3	»	4
ACCOUCHEMENT	Dr Lepage	Accouchement	»	21	16	1	2	2	»	1	»	»	1	»	1	5	2	10
CONSULTATION DE MÉDECINE	Dr Teissier		»	»	»	»	3	»	»	»	»	»	»	»	»	»	»	»
CONSULTATION DE CHIRURGIE	Dr Thierry		»	»	»	»	3	»	»	»	»	»	»	»	»	»	»	»
SERVICE DE VEILLE			»	»	»	»	»	»	»	3	»	»	»	»	»	»	»	3
REMPLACEMENTS			»	»	»	»	»	»	»	1	»	»	»	»	»	»	»	1
		TOTAL	373	335	21	13	56	2	6	12	8	1	6	2	37	49	2	123

Entre les chiffres du personnel et ceux du tableau, il existe une différence de 4. Cela tient aux nécessités du service qui obligent à avoir un personnel supplémentaire composé de 1 suppléante et de 3 infirmières dans le service d'ovariotomie (grandes opérations).

Ainsi les salles de malades sont réparties entre 9 chefs de service : 6 médecins ; 2 chirurgiens ; 1 accoucheur.

Les services de médecine et de chirurgie générales sont des services de clinique.

A chacun d'eux est attaché, en dehors du personnel médical ci-dessus mentionné, un chef de clinique désigné par la Faculté de médecine ; des chefs de laboratoire nommés par la Faculté sont également adjoints à ces services.

VUE DE LA 2ᵉ COUR

Les *Services généraux* sont constitués ainsi qu'il suit :

SERVICES GÉNÉRAUX	Surveillants		Sous-surveillants	Suppléants		1ers Infirmiers		Infirmiers		Garçon d'amphith.	TOTAL
	H.	F.		H.	F.	H.	F.	H.	F.		
Portes	1	»	»	1	»	»	»	»	»	»	2
Bureaux	1	»	»	»	»	»	»	»	»	»	1
Consultation	»	»	»	»	»	2	»	2	1	»	5
Cuisine	»	»	»	»	»	»	1	5	»	»	8
Magasins	»	»	»	»	»	»	1	2	»	»	2
Lingerie	»	1	»	»	»	»	»	1	1	»	3
Vestiaire	»	»	»	»	1	»	»	1	»	»	2
Buanderie	»	»	»	»	»	»	1	1	»	»	2
Pharmacie	»	»	1	»	»	1	»	1	1	»	3
Bains	»	»	»	»	»	»	»	1	»	»	2
Chantier	»	»	»	»	»	»	»	1	»	»	1
Salle des morts	»	»	»	»	»	»	»	»	»	1	1
Service de propreté	»	»	»	»	»	»	»	2	»	»	2
Réfectoire	»	»	»	»	»	»	»	1	»	»	1
Ventouses	»	»	»	1	1	»	»	»	»	»	2
Écurie	»	»	»	»	»	»	»	»	»	»	1
Laboratoire	»	»	1	1	»	»	»	»	»	»	1
	3	2	2	3	2	4	2	16	4	1	39

Il existe à la Pitié une école professionnelle d'infirmiers qui comprend des cours théoriques et des cours pratiques. Les premiers sont faits trois fois par semaine dans la soirée par des professeurs spéciaux ; les cours pratiques sont faits l'après-midi par des surveillantes de l'établissement.

Il n'existe plus de buanderie à l'hôpital de la Pitié. Le linge est blanchi par un blanchisseur adjudicataire qui fait deux livraisons par semaine.

Chauffage et ventilation. — Pour les salles des malades : calorifères à air chaud. Pour les salles de consultations externes : calorifères dans lesquels on brûle du coke et du charbon de terre. Pour les cheminées des pavillons Gerdy et Lisfranc réservés aux grandes opérées : cheminées dans lesquelles on brûle du coke. La ventilation est assurée par des cheminées d'appel qui reçoivent l'air vicié des salles et le rejettent au dehors.

Éclairage. — Tout l'établissement est éclairé au gaz.

Salubrité. — Le système du tout à l'égout a été installé dans toutes les parties de l'établissement. On ne fait plus usage de tinettes (système diviseur) que dans deux parties de l'établissement. Une étuve à vapeur fonctionne chaque jour pour la désinfection des effets des entrants et des malades sortis ou décédés. Un four à incinérer les ouates et objets de pansement contaminés est installé à côté des bains réservés aux femmes, et fonctionne également tous les jours.

Eaux. — La maison est alimentée par l'eau de rivière (Seine) et par l'eau de source (Vanne).

Laboratoires. — Chaque chef de service a un laboratoire spécial.

Bibliothèques. — Deux bibliothèques pour les internes sont entretenues au moyen de subventions votées chaque année par le Conseil municipal (500 francs pour les internes en médecine et 300 francs pour les internes en pharmacie).

Il existe aussi une bibliothèque pour les malades ; un crédit annuel de 200 francs est affecté à son entretien.

Dépenses. — En 1898, les dépenses de l'hôpital de la Pitié se sont élevées à la somme de 828.116 fr. 82, se décomposant ainsi par nature de dépense :

Personnel administratif	21.248 43	*Report*	377.273 46
Impressions, frais de bureau	689 90	Cave	48.061 »
Frais de cours, etc.	6.923 46	Comestibles	107.288 52
Personnel médical	40.962 89	Chauffage et éclairage	57.059 41
Personnel secondaire	85.059 71	Blanchissage	50.742 86
Réparations des bâtiments	45.105 05	Coucher, linge, mobilier	72.772 86
Pharmacie	44.119 14	Appareils, instruments	61.287 81
Boulangerie	31.444 43	Frais de transport	4.016 67
Boucherie	98.120 45	Eaux, salubrité	49.651 23
A reporter	377.273 46	Total	828.116 82

Rue Daubenton

Rue de la Pitié

Rue du Puits de l'Hermite

Geoffroy

St Hilaire

Rue Quatrefages

Rue Lacépède

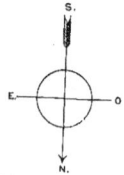

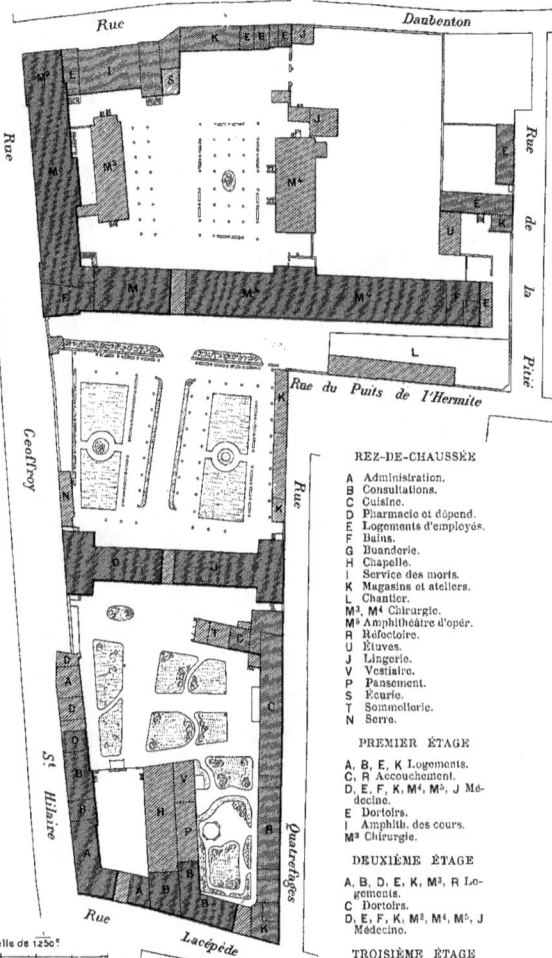

REZ-DE-CHAUSSÉE

A Administration.
B Consultations.
C Cuisine.
D Pharmacie et dépend.
E Logements d'employés.
F Bains.
G Buanderie.
H Chapelle.
I Service des morts.
K Magasins et ateliers.
L Chantier.
M³, M⁴ Chirurgie.
M⁵ Amphithéâtre d'opér.
R Réfectoire.
U Étuves.
J Lingerie.
V Vestiaire.
P Pansement.
S Écurie.
T Sommellerie.
N Serre.

PREMIER ÉTAGE

A, B, E, K Logements.
C, R Accouchement.
D, E, F, K, M⁴, M⁵, J Médecine.
E Dortoirs.
I Amphith. des cours.
M³ Chirurgie.

DEUXIÈME ÉTAGE

A, B, D, E, K, M³, R Logements.
C Dortoirs.
D, E, F, K, M³, M⁴, M⁵, J Médecine.

TROISIÈME ÉTAGE

B, K Logements.
F, M³, M⁴, M⁵ Médecine.
M³ Dortoirs.

Échelle de 1/1250ᵉ
0   10   20   30   40   50 Mèt.

PLAN DE MASSE DE L'HÔPITAL DE LA PITIÉ

49

HOPITAL DE LA CHARITÉ

47, Rue Jacob

DIRECTEUR : M, GILLET

Situation. — L'hôpital est limité, au nord, par la rue Jacob; à l'est, par la rue des Saints-Pères ; au sud, par le boulevard Saint-Germain, et, à l'ouest, par la rue Saint-Benoît.

La surface totale du terrain est de 16.085^{m²}50, dont 8.100 pour la surface des bâtiments et 7.985,50 pour la surface des cours et jardins.

L'entrée principale est située rue Jacob, 47.

Historique. — L'hôpital doit son existence à la reine Marie de Médicis. Il fut d'abord installé, en 1602, dans une maison située rue de Petite Seyne, devant le

ENTRÉE

port de Malaquest, au lieu qu'occupèrent plus tard les Petits Augustins, à la place actuellement occupée par l'École des Beaux-Arts. Ce n'est que le 4 septembre 1608 que l'hôtel de Sansac, situé au coin de la rue des Saints-Pères et de la rue Taranne, fut acquis par la reine Marguerite et donné en échange de la maison du quai, rue des Petits Augustins, aux frères de Saint-Jean-de-Dieu chargés de diriger l'établissement.

L'hôpital fut ouvert sous le vocable de « Saint-Jean-Baptiste de la Charité » qui devint par abréviation « les Frères de la Charité » puis « la Charité ». Pendant la Révolution ce fut « l'hospice de l'Unité ».

Circonscription hospitalière. — Quartiers de Saint-Germain-des-Prés, de l'Odéon, de la Monnaie, de Notre-Dame-des-Champs, de Saint-Germain-l'Auxerrois, du Palais-Royal, de la Place-Vendôme, Gaillon, Mail, Vivienne et partie de Saint-Thomas-d'Aquin.

Consultations. — Des consultations de médecine, de chirurgie et pour les femmes enceintes ont lieu tous les jours, à 9 heures.

M. le Pr *Potain* a, le mercredi, à la même heure, une consultation qui lui est réservée.

Consultations pour les maladies des dents, les mardis et samedis *(Dr Cruet).*

Service d'électrothérapie, de radiographie et de radioscopie, les mardis, jeudis et samedis, de 2 heures à 4 heures *(Dr Regnier).*

Nombre de consultations en. .	1896	1897	1898
Consultations de médecine	8.585	7.010	6.810
— de chirurgie	7.373	8.696	11.936
Maladies des dents	2.083	2.311	2.495

Nombre de lits. — L'hôpital de la Charité contient 650 lits réglementaires, ainsi répartis :

		Hommes	Femmes	Enfants	Total
MÉDECINE . . .	Maladies aiguës	206	182	»	388
CHIRURGIE		86	58	»	144
CRÈCHE (médecine). ·		»	14	»	14
BERCEAUX		»	»	14	14
MATERNITÉ . . {	Accouchées	»	40	»	40
	Femmes enceintes	»	10	»	10
	Berceaux	»	»	40	40
		292	304	54	650

Les accouchements se font tous à la maternité de l'hôpital. Il n'existe pas de sages-femmes agréées du dehors.

Mouvement de la population. — Au 1er janvier 1896, on constatait la présence à l'hôpital de 552 malades ; pendant cette année, il en est entré 7.425 et sorti 6.769. Le nombre des décès a été de 682. Le chiffre des malades restant au 31 décembre 1896 était de 526.

Pour cette année 1896, le nombre de journées de malades a été de 204.585.

La mortalité, calculée d'après le nombre des individus sortis par guérison ou par décès, a été de 1 sur 9,96 en médecine et de 1 sur 6,96 en chirurgie.

La durée du séjour, calculée d'après le nombre des journées divisé par le nombre des individus sortis par guérison ou par décès, a été de 27,45.

Il a été fait, en 1898, 894 accouchements.

Personnel administratif. — Ce personnel comprend : 1 directeur ; 1 économe ; 2 expéditionnaires ; 1 garçon de bureau et 1 commissionnaire.

Toutes ces personnes sont logées dans l'établissement.

Personnel médical. — Le service de santé se compose de 80 personnes :

6 médecins ; 2 chirurgiens ; 1 accoucheur ; 12 internes ; 46 externes ; 1 médecin consultant ; 1 chirurgien consultant ; 1 médecin-dentiste ; 1 médecin chargé de l'électrothérapie, de la radioscopie et de la radiographie ; 1 pharmacien et 8 élèves.

Personnel secondaire. — Ce personnel se compose de 157 personnes, savoir :

5 surveillants et surveillantes ; 18 sous-surveillants et sous-surveillantes ; 1 garçon d'amphithéâtre ; 2 infirmiers panseurs ; 14 suppléants et suppléantes ; 10 premiers infirmiers ou premières infirmières ; 107 infirmiers ou infirmières, garçons et filles de service.

Personnel à la journée. — On compte 19 personnes, savoir :

1 plombier-gazier ; 1 menuisier ; 2 chauffeurs ; 1 chef de cuisine ; 1 sous-chef de cuisine ; 2 étuvistes ; 2 buandières ; 1 ascensionniste ; 1 garçon de laboratoire ; 6 lingères ; 2 éplucheuses.

Les *Services hospitaliers* sont constitués ainsi qu'il suit :

NATURE des SERVICES	NOMS des chefs de SERVICE	DÉSIGNATION des SALLES	H. (lits)	F. (lits)	Enfants	Internes	Externes	Sages-femmes	Surveillantes	Sous-surveillantes	Suppléantes	1res Infirmières	Panseurs H.	Panseurs F.	Infirmiers H.	Infirmiers F.	Nourrices	Total
MÉDECINE	Dr Moutard-Martin	Louis	30	»	»	»	»	»	»	1	»	»	»	»	3	»	»	4
		Andral	»	30	»	1	4	»	»	1	»	»	»	»	1	2	»	4
—	Dr Oulmont	Laënnec	30	»	»	»	»	»	»	1	»	»	»	»	3	»	»	4
		Frère-Côme	»	30	»	1	4	»	»	1	»	»	»	»	1	2	»	4
—	Dr Gouraud	Vulpian	30	»	»	»	»	»	1	»	»	»	»	»	3	»	»	4
		Beau	»	30	»	1	5	»	»	1	»	»	»	»	1	3	»	5
		Crèche	»	14	14	»	»	»	»	»	»	1	»	»	1	2	1	5
—	Dr Labadie-Lagrave	Rayer	32	»	»	»	»	»	»	1	»	»	»	»	2	»	»	3
		Briquet	»	32	»	1	4	»	»	1	»	1	»	»	1	2	»	5
CLINIQUE MÉDICALE	Pr Potain	Bouillaud	30	»	»	»	»	»	»	1	»	»	»	»	4	»	»	5
		Piorry	»	30	»	1	4	»	»	1	»	1	»	»	1	2	»	5
MÉDECINE	Dr Bouchard	Corvisart	34	»	»	»	»	»	»	1	»	»	»	»	1	3	»	5
		Cruveilhier	»	30	»	1	4	»	»	1	»	»	»	»	1	2	»	4
		Damaschino	20	»	»	»	2	»	»	»	»	»	»	»	3	»	»	3
CLINIQUE CHIRURGICALE	Pr Tillaux	Velpeau	30	»	»	1	»	»	»	»	»	»	»	»	»	»	»	»
		Trélat	39	»	»	1	7	»	1	»	1	1	»	»	8	»	»	11
		Gosselin	78	»	»	1	»	»	»	1	»	1	»	»	2	3	»	7
		Ovariotomie	»	4	»	»	»	»	»	»	»	»	»	»	»	2	»	2
CHIRURGIE	Dr Campenon	Boyer	26	»	»	1	»	»	1	»	»	»	»	»	4	»	»	5
		Petit	»	24	»	1	4	»	»	1	1	1	»	»	3	»	»	6
		Isolement	»	2	»	»	»	»	»	»	»	»	»	»	1	2	»	3
MATERNITÉ	Dr Maygrier	Accouchées	»	40	40	1	4	3	1	»	3	1	»	»	3	14	»	22
		Femmes enceintes	»	10	»	»	»	»	»	»	»	»	»	»	»	»	»	»
CONSULTATION DE MÉDECINE	Dr Triboulet		»	»	»	»	2	»	»	»	»	»	»	»	»	»	»	»
CONSULTATION DE CHIRURGIE	Dr Launay		»	»	»	»	2	»	»	»	»	»	»	»	»	»	»	»
SERVICE DE VEILLE			»	»	»	»	»	»	»	»	1	1	»	»	»	»	»	2
REMPLACEMENTS			»	»	»	»	»	»	»	»	»	2	»	»	»	»	»	2
TOTAL			292	304	54	12	40	3	3	9	14	4	1	1	45	42	1	120

Ainsi les salles de malades sont réparties entre 9 chefs de service : 6 médecins, 2 chirurgiens et 1 accoucheur.

Deux des services sont des services de clinique : clinique médicale et clinique chirurgicale.

A chacun d'eux est attaché, en outre du personnel médical ci-dessus mentionné, un chef de clinique désigné par la Faculté de médecine et des chefs de laboratoire nommés également par la Faculté.

Les *Services généraux* sont constitués ainsi qu'il suit :

SERVICES GÉNÉRAUX	Surveillantes	Sous-surveillants		Suppléants		1ers Infirmiers		Infirmiers		Garçon d'amphith.	TOTAL
		H.	F.	H.	F.	H.	F.	H.	F.		
Portes	»	1	1	2	»	»	»	»	»	»	4
Bureaux	»	1	»	»	»	2	»	»	»	»	3
Consultations	»	»	»	»	»	1	1	1	»	»	3
Cuisine	1	»	»	»	1	»	»	5	»	»	7
Sommellerie	»	»	»	1	»	»	»	»	»	»	1
Magasins	»	1	»	»	»	»	»	»	»	»	1
Lingerie	1	»	»	»	1	»	1	1	3	»	7
Vestiaire	»	»	»	»	»	»	1	»	»	»	1
Linge à pansements	»	»	»	»	»	»	»	»	1	»	1
Buanderie	»	»	»	»	»	»	»	1	»	»	1
Pharmacie	»	1	»	»	»	»	»	2	»	»	3
Bains	»	»	»	»	»	»	»	1	1	»	2
Chantiers	»	»	»	»	»	»	»	1	»	»	1
Salle des morts	»	»	»	»	»	»	»	»	»	»	1
Service de propreté	»	»	»	»	»	»	»	4	»	1	4
Écurie	»	1	»	»	»	»	»	»	»	»	1
Ventouses	»	»	»	»	»	»	1	»	»	»	1
	2	5	1	3	2	3	4	16	5	1	42

Il n'existe à l'hôpital de la Charité qu'une petite buanderie pour le linge à pansements. Le linge est blanchi par la Buanderie nouvelle qui fait deux livraisons par semaine.

Chauffage et ventilation. — Les salles de malades sont chauffées par des appareils à charbon de terre installés au premier étage avec repos de chaleur au second.

La maternité a un chauffage mixte, savoir : le bâtiment neuf (aile gauche) desservi par un calorifère à air chaud ; le vieux bâtiment (aile droite) par des poêles à coke dans chaque pièce.

La ventilation est assurée par des cheminées d'appel pour les bâtiments construits sur la rue des Saints-Pères. Les anciennes salles n'ont aucune ventilation, sauf le système récemment adopté par M. le professeur Potain dans son service d'hommes et de femmes, remplaçant deux vitres ordinaires à chaque fenêtre par deux carreaux superposés laissant un espace où l'air circule, extérieurement par le bas, intérieurement par le haut.

Éclairage. — Les salles sont encore, pour la plupart, éclairées par des veilleuses; les services de chirurgie et d'accouchement seulement sont pourvus d'appareils à gaz.

Les services généraux, cours, couloirs et escaliers sont éclairés au gaz.

Salubrité. — On fait encore usage de tinettes (système diviseur).

Une étuve à vapeur fonctionne chaque jour pour la désinfection des effets des entrants et de la literie des malades sortis ou décédés.

Un four à incinérer les ouates est installé à côté de l'étuve et fonctionne également tous les jours.

Eaux. — La maison est alimentée par l'eau de source (Vanne), l'eau de rivière (Seine et Ourcq).

Laboratoires. — Chaque chef de service à un laboratoire spécial.

UNE SALLE DE LA MATERNITÉ

Bibliothèques. — Deux bibliothèques pour les internes sont entretenues au moyen de dons, de cotisations des élèves et de subventions votées chaque année par le Conseil municipal (400 francs pour les internes en médecine, 300 francs pour les internes en pharmacie).

Il existe aussi une bibliothèque pour les malades ; un crédit annuel de 150 francs et une partie des arrérages de la fondation Godard sont affectés à son entretien.

Objets d'art. — Dans le cabinet du directeur se trouvent les portraits de Mme de Bullion, de Mme la comtesse de Thibouville, de trois supérieurs des frères de Saint-Jean-de-Dieu, d'un membre du Parlement, et *la Charité*, d'après André del Sarte, par Mlle Millh ; dans celui de l'économe, le portrait d'un chanoine en tenue de chœur.

Le vestiaire des médecins et la salle de garde des internes en médecine sont

CUISINE

ornés de peintures murales signées de Stephen Baron, Hamon, G. Doré, Harpignies,

Gillon, Feyen Perrin, Droz, Nazon, Flahaut, Gassies, Français, Vernier, Fauvel, Achard, Foullongue, Ballery-Desfontaines, Olivié Bon, Hatis.

On a reproduit dans le présent ouvrage : *Amours malades* et *Amours guéris* de Stephen Baron (p. 83) et *Un Laboratoire* d'Olivié Bon (p. 85).

La crèche possède une terre cuite de Lemaire : *la Maternité*.

Dépenses. — En 1898, les dépenses de l'hôpital de la Charité se sont élevées à la somme de 750.087 fr. 76, se décomposant ainsi par nature de dépense :

Personnel administratif	21.339 38		*Report*	352.827 93
Impressions, frais de bureau	502 35		Cave	39.343 »
Frais de cours, etc.	1.048 95		Comestibles	92.423 58
Personnel médical	42.949 45		Chauffage et éclairage	60.389 36
Personnel secondaire	107.981 60		Blanchissage	34.773 98
Réparations de bâtiments	27.111 35		Coucher, linge, mobilier	61.424 »
Pharmacie	40.600 19		Appareils, instruments, etc.	63.650 54
Boulangerie	29.171 28		Frais de transport	4.077 95
Boucherie	82.423 38		Eaux, salubrité, etc., etc.	41.167 42
A reporter	352.827 93		Total	750.087 76

SALLE DE GARDE. — LE SOMMEIL LÉTHARGIQUE

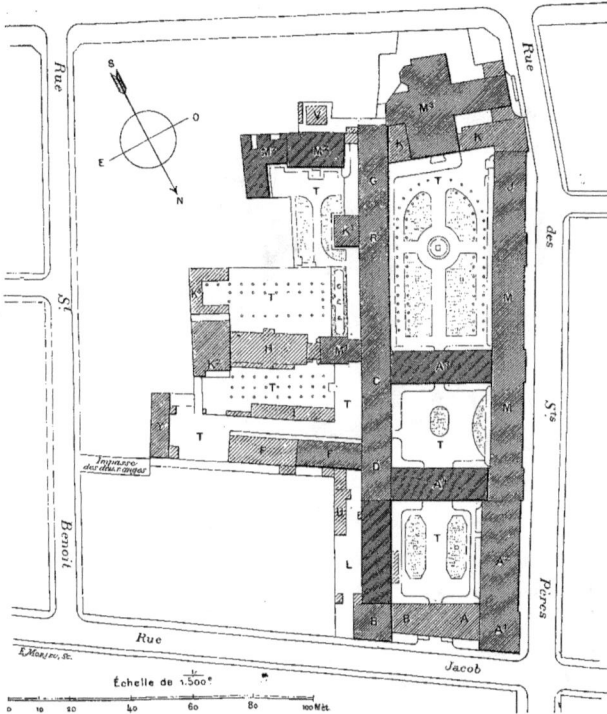

R. Monjou, Sc.

Échelle de 1:500°

0   10   20   40   60   80   100 Mèt.

PLAN DE MASSE DE L'HÔPITAL DE LA CHARITÉ

REZ-DE-CHAUSSÉE

A Bureaux.
A1, A2 Boutiques.
A3 Économat, vestiaire.
A4 Salles de garde.
B Consultations.
C Cuisine.
D Pharmacie.
F Bains.
G Buanderie.
H Chapelle.
I Service des morts.
J Boutiques.
K1 Atelier du plombier.
K2 Atelier du menuisier.
K3 Matelasserie.
L Chantier.
M Boutiques.

M2 Maternité, salle de travail et laboratoire.
M3 Académie de médecine.
R Réfectoire des gens de service.
T Cours et jardins.
U Étuve, machines.
V Réservoirs.
Y Écurie et remise.

PREMIER ÉTAGE

A1 Appartement du directeur.
A2 Logements du personnel administratif.
A3 Salle Bayer (hommes médecine).
A4 Salle Trélat (hommes chirurgie).
B Amphithéâtre Velpeau.
C Salles Boyer (hommes chirurgie) et Laënnec (hommes médecine).

D Salle Velpeau (hommes chirurgie).
F Amphithéâtre des cours.
G Salle Bouillaud (hommes médecine).
I Lingerie.
K2 Laboratoires de la Faculté.
M Salles Louis et Vulpian (hommes médecine).
M2 Salle de malades, maternité.
R Salle Bouillaud (hommes médecine).
Y Logement.

DEUXIÈME ÉTAGE

A1 Appartement du pharmacien.
A2 Logements des internes, chambre d'isolement Gosselin.

A3 Salle Briquet (femmes médecine).
A4 Salle Gosselin (femmes chirurgie).
C Salles Petit (femmes chirurgie) et Frère-Côme (femmes médecine).
D Salle Andral (femmes médecine).
F Salle d'opérations Petit.
G Salle Florry (femmes médecine).
J Salle Damaschino (hommes médecine).
K2 Laboratoires de la Faculté.
M Salle Beau et crèche (femmes médecine) et salle d'opérations Gosselin.
M2 Salle de malades, maternité.
M3 Salle Corvisart (hommes médecine).
R Salle Florry (femmes médecine).

50

HOPITAL SAINT-ANTOINE

184, Rue du Faubourg-Saint-Antoine

DIRECTEUR : M. MULHEIM

Situation.— L'hôpital a son entrée rue du Faubourg-Saint-Antoine ; en arrière, il est limité par le boulevard Diderot ; à gauche, il longe la rue Chaligny et à droite les rues Crozatier, de Cîteaux et des constructions particulières.

La superficie totale des terrains, y compris la fondation Moïana, est de 58.858^{mq}40 (1).

Historique.— L'hôpital Saint-Antoine s'élève sur une partie de l'emplacement autrefois occupé par l'abbaye Saint-Antoine-des-Champs, fondée en 1198 par Foulques de Neuilly, de l'ordre de Cîteaux, prédicateur de la quatrième croisade. Dévasté pendant les guerres de religion, le couvent fut reconstruit en 1767 par l'architecte Lenoir et rendu à son affectation primitive.

Ce fut la Convention qui, par décret du 28 nivôse an III (17 janvier 1795), le convertit en un hôpital assimilé à l'Hôtel-Dieu et qui prit le nom d'hôpital de l'Est.

Le nombre de lits, qui n'était au début que de 160, fut élevé à 250 en 1802 grâce à l'adjonction de 2 ailes sur le côté nord de l'édifice principal,

UNE COUR INTÉRIEURE

puis à 534 en 1862, par suite de la construction de 2 nouvelles ailes côté sud.

Enfin l'édification des pavillons Lorain, Damaschino, Littré, Moïana, Gosselin et des bâtiments de la Maternité a porté à 900 le nombre total des lits.

Circonscription hospitalière.— Quartiers des Quinze-Vingts, Bercy, Picpus,

---

(1) La maison de secours de la rue de Cîteaux a été annexée à l'hôpital Saint-Antoine pour l'installation du service des maladies du larynx, du nez et des oreilles. Le rez-de-chaussée de ce bâtiment est resté affecté provisoirement au dispensaire du bureau de bienfaisance du 12e arrondissement.

Bel-Air, Sainte-Marguerite, La Roquette, Saint-Ambroise ; et les communes suburbaines de Montreuil-sous-Bois, Vincennes, Fontenay-sous-Bois, Saint-Mandé, Le
Perreux, Bry, Champigny, Nogent-sur-Marne, Joinville-le-Pont, Saint-Maur-des-Fossés.

Consultations. — Des consultations de médecine et de chirurgie ont lieu tous
les jours, à 9 heures.

Des consultations de médecine ont lieu en outre :

Pour les maladies de la peau, les lundis, mercredis, samedis *(Dr Gaucher)* ;

Pour les maladies mentales et nerveuses, le mardi *(Dr Ballet)* ;

Pour les maladies mentales et nerveuses, les mercredis et vendredis *(Dr G. de
La Tourette)* ;

Pour les maladies du nez, de la gorge, des oreilles, les mardis, jeudis, samedis
et dimanches *(Dr Lermoyez)* ;

Consultations spéciales de gynécologie, les mardis et samedis *(Dr Siredey)* ;

Consultations dentaires, les mardis et vendredis *(Dr Galliard)*.

Nombre de consultations en	1896	1897	1898
Consultations de médecine	22.001	20.109	22.967
— de chirurgie	57.873	66.115	69.369
— spéciales pour les maladies mentales et nerveuses (Dr Brissaud	825	843	517
(Dr Ballet	771	883	568
(Dr Gilles de La Tourette	»	»	595
Consultations de la peau (Dr Gaucher)	4.222	3.731	4.094
— du nez, de la gorge et des oreilles (Dr Lermoyez)	4.449	11.349	19.572
— spéciales de gynécologie (Dr Siredey)	»	»	1.359
— dentaires (Dr Galliard)	3.059	4.021	4.848

Nombre de lits. — L'hôpital Saint-Antoine contient 900 lits réglementaires,
ainsi répartis :

		Hommes	Femmes	Enfants	Total
MÉDECINE	Maladies aiguës	342	204	»	546
	Isolement	4	4	»	8
CHIRURGIE	Maladies aiguës	92	47	»	139
	Ovariotomie	»	6	»	6
LARYNGOLOGIE		17	15	»	32
ACCOUCHEMENT	Femmes enceintes	»	9	»	9
	— accouchées	»	40	40	80
	— malades	»	16	16	32
LITS DE CRÈCHE (médecine)		»	20	20	40
— DE NOURRICES		»	4	4	8
		455	365	80	900

Enfin 6 sages-femmes agréées sont attachées à l'établissement, mettant chacune
3 lits à la disposition de l'Administration.

Mouvement de la population. — Au 1er janvier 1896, on constatait
la présence à l'hôpital de 803 malades : pendant cette année, il en est entré 12.578
et sorti 11.052. Le nombre des décès a été de 1.518. Le chiffre des malades restant
au 31 décembre était de 811.

Pour cette année 1896, le nombre de journées de malades a été de 302.162.

La mortalité, calculée d'après le nombre des individus sortis par guérison ou
par décès divisé par le nombre des morts, a été de 1 sur 6,65 en médecine et
de 1 sur 18,25 en chirurgie.

La durée du séjour, calculée d'après le nombre des journées divisé par le nombre des individus sortis par guérison ou par décès, a été de 26,79 en médecine et de 17,89 en chirurgie.

Il a été fait en 1896, chez les sages-femmes agréées, 1.016 accouchements.

Personnel administratif.— Ce personnel comprend : 1 directeur; 1 économe; 1 commis rédacteur; 2 expéditionnaires ; 1 garçon de bureau et 1 commissionnaire.

Le commis rédacteur et l'un des expéditionnaires ne sont pas logés dans l'établissement et reçoivent une indemnité de 400 francs.

Personnel médical.— Le service de santé se compose de 112 personnes, savoir :

9 médecins ; 2 chirurgiens ; 1 accoucheur ; 1 pharmacien, 1 dentiste, chefs de service ; 1 médecin et 1 chirurgien pour le service des

LA MATERNITÉ

consultations; 18 internes en médecine ; 10 internes en pharmacie; 65 externes ; 5 sages-femmes.

Personnel secondaire.— Ce personnel se compose de 214 personnes, savoir :

UNE SALLE DE LA MATERNITÉ

13 surveillants et surveillantes ; 17 sous-surveillants et sous-surveillantes ; 19 suppléants et suppléantes ; 18 premiers infirmiers et premières infirmières ; 137 infirmiers et infirmières ; 2 panseurs ; 1 garçon d'amphithéâtre ; 4 nourrices ; 1 cuisinier ; 1 charretier.

Personnel à la journée. — On compte 37 personnes, savoir :

1 plombier ; 1 menuisier ; 1 serrurier ; 1 fumiste et son aide ; 10 mécaniciens et chauffeurs ; 1 jardinier et 2 aides ; 14 lingères ; 2 éplucheuses ; 1 étuviste ; 2 aides de lingerie.

Les *Services hospitaliers* sont constitués ainsi qu'il suit :

NATURE des SERVICES	NOMS des chefs de SERVICE	DÉSIGNATION des SALLES	NOMBRE DE LITS		ÉLÈVES			PERSONNEL SECONDAIRE											
			H.	F.	Berceaux	Internes	Externes	Sages-Femmes	Surveillantes	S.-surv. H.	S.-surv. F.	Suppl. H.	Suppl. F.	1ers Inf. H.	1ers Inf. F.	Panseurs	Infirmiers H.	Infirmiers F.	Nourrices	Total
MÉDECINE	Dr Hayem	Béhier-Bazin	40	»	»	»	»	»	»	1	»	»	1	»	»	»	2	2	»	6
		Moïana	»	20	»	2	6	»	1	»	»	»	1	»	»	»	1	2	»	5
		Vulpian	»	20	20	»	»	»	1	»	»	»	1	»	»	»	1	2	»	4
		Isolement	4	4	»	»	»	»	»	»	»	»	»	»	»	»	»	»	»	»
—	Dr Béclère	Magendie	35	»	»	1	5	1	»	»	»	»	1	1	»	»	2	»	»	5
		Grisolle	»	28	»	»	»	»	»	»	»	»	1	»	»	»	1	1	»	3
—	Dr Sireday	Bichat	49	»	»	1	5	1	»	»	»	»	»	»	»	»	4	1	»	6
		Chomel	»	28	»	»	»	»	»	1	»	»	1	»	»	»	1	2	»	5
—	Dr G. de La Tourette	Axenfeld	30	»	»	1	5	1	»	»	»	»	»	»	»	»	3	1	»	5
		Andral	23	»	»	»	»	»	1	»	»	»	»	»	»	»	2	1	»	4
		Barth	»	24	»	»	»	»	»	1	»	»	1	»	»	»	1	2	»	4
—	Dr Galliard	Louis	35	»	»	1	4	»	1	»	»	»	»	»	»	»	4	»	»	5
		Nélaton	»	20	»	»	»	»	1	»	»	»	»	»	»	»	1	2	»	4
		Damaschino	20	»	»	1	4	1	»	»	»	»	»	»	»	»	2	1	»	4
—	Dr Gaucher	Lorain	28	»	»	»	»	»	1	»	»	»	»	»	»	»	2	1	»	3
		Littré	»	20	»	»	»	»	»	1	»	»	1	»	»	»	1	2	»	4
—	Dr Ballet	Aran-Broussais	49	»	»	1	4	»	1	»	»	»	»	»	»	»	3	2	»	6
		Rostan	»	24	»	»	»	»	»	1	»	»	1	»	»	»	1	1	»	4
—	Dr Thoinet	Marjolin	33	»	»	1	5	»	1	»	»	»	1	»	»	»	3	»	»	5
		Roux-Corvisard	»	40	»	»	»	»	»	1	»	»	1	»	»	»	1	4	»	6
LARYNGOLOGIE	Dr Lermoyez, Dr Laurens (assistant)	Itard	17	»	»	1	5	»	»	»	»	1	»	»	»	4	»	»	5
		Isambert	»	15	»	»	»	»	»	»	»	»	»	»	»	»	2	»	»	2
CHIRURGIE	Dr Monod, Dr Arrou (assistant)	Broca-Blandin	44	»	»	3	6	»	1	»	»	1	1	1	»	4	2	»	10
		Cruveilhier	»	22	»	»	»	»	»	»	»	»	1	»	»	»	1	3	»	5
—	Dr Blum	Dupuytren-Velpeau	48	»	»	3	6	»	»	1	1	1	»	»	1	4	2	»	9
		Lisfranc	»	25	»	»	»	»	»	1	»	»	1	»	»	»	1	2	»	5
—	Dmes Monod, Blum	Gosselin	»	6	»	»	»	»	»	»	»	»	1	»	»	»	2	»	»	3
ACCOUCHEMENT	Dr Bar, Dr L. Tissier (assistant)	Maternité	»	69	60	1	4	5	1	»	»	1	2	»	1	»	»	12	4	26
CONSULTATION DE MÉDECINE	Dr Hudelo		»	»	»	1	2	»	1	»	»	»	1	»	»	»	»	»	»	2
CONSULTATION DE CHIRURGIE	Dr Bougié		»	»	»	»	4	»	»	»	»	»	»	»	2	»	1	3	»	6
SERVICE DE VEILLE			»	»	»	»	»	»	»	»	»	»	4	»	»	»	»	»	»	4
REMPLACEMENTS			»	»	»	»	»	»	»	»	1	»	1	»	»	»	»	»	»	2
		TOTAL	158	302	80	18	65	5	7	1	13	1	14	2	12	2	56	55	4	167

Ainsi les salles de malades sont réparties entre 12 chefs de service : 9 médecins ; 2 chirurgiens et 1 médecin-accoucheur.

L'un des chefs de service de médecine, M. le professeur Hayem, dirige un service de clinique. Il est attaché à ce service, en outre du personnel médical ci-dessus mentionné, un chef de clinique, un sous-chef de clinique et un chef de laboratoire, nommés par la Faculté.

Les *Services généraux* sont constitués ainsi qu'il suit :

SERVICES GÉNÉRAUX	Surveillants		Sous-surveillants		Suppléants		1ers Infirmiers		Infirmiers		Garçon d'amphith.	TOTAL
	H.	F.	H.	F.	H.	F.	H.	F.	H.	F.		
Portes.	1	1	»	»	1	»	»	»	»	2	»	5
Bureaux	1	»	2	»	»	»	»	»	3	»	»	6
Consultation.	«	»	1	»	»	1	1	»	2	2	»	7
Cuisine	»	1	»	»	»	1	»	»	8	1	»	11
Sommellerie. . . . . {												
Magasins	1	»	»	»	»	»	»	»	1	»	»	2
Lingerie.	»	1	»	»	»	»	»	»	3	1	»	5
Vestiaire	»	»	»	»	»	1	»	»	»	1	»	2
Pharmacie	1	»	»	»	»	»	»	»	2	»	»	3
Bains	»	»	»	1	»	»	»	»	2	2	»	5
Chantier.	»	»	»	»	»	»	1	»	»	»	»	1
Salle des morts	»	»	»	»	»	»	»	»	»	»	1	1
Service de propreté.	»	»	1	»	»	»	»	»	8	»	»	9
Ventouses.	»	»	»	»	»	»	»	1	»	»	»	1
Écurie	»	»	1	»	1	»	»	»	»	»	»	2
Laboratoire	»	»	»	»	»	»	»	»	1	»	»	1
	4	3	5	1	2	3	2	1	30	9	1	61

Il n'existe plus de buanderie à l'hôpital Saint-Antoine. Le linge est blanchi par un industriel de Boulogne qui fait trois livraisons par semaine ; de plus, la buanderie de l'hospice d'Ivry blanchit chaque semaine 1.000 draps et 2.000 alèzes.

Bains.— Le service des bains fonctionne tous les jours, tant pour les malades internes que pour ceux du dehors.

Il a été donné, en 1898, 165.765 bains ou douches dont voici le détail :

DÉSIGNATION DES SERVICES	BAINS		DOUCHES	
	simples	médicinaux	froides	chaudes sulfureuses
Service interne, ...	2.554	35.743	726	12.731
Service externe.	»	70.076	597	43.338
Totaux	2.554	105.819	1.323	56.069
Totaux	108.373		57.392	
Total général	165.765			

Il est en outre délivré, le dimanche seulement, des bains sulfureux aux membres adhérents de certaines chambres syndicales ouvrières (peintres en bâtiments, fondeurs en caractères, marbriers, fondeurs en cuivre, ouvriers doreurs, imprimeurs sur papiers peints, pelletiers-fourreurs, coupeurs de poils, manœuvres de la fonderie) ; en 1898, le nombre de bains délivrés à ces ouvriers s'est élevé à 7.521.

Chauffage.— Les salles du bâtiment central et les pavillons Gosselin et Moïana sont chauffés à l'aide de calorifères établis dans les caves.

Les baraques des pavillons Lorain, Damaschino et Littré sont chauffées à l'aide de poêles, ainsi que les salles Roux-Corvisart, Nélaton, situées à l'aile droite de la cour d'honneur, et la salle Andral, située à l'aile gauche.

Enfin la Maternité est chauffée par la vapeur à basse pression.

Éclairage.— Les salles sont en grande partie éclairées par des veilleuses. Le pavillon Moïana, les baraques Lorain, Damaschino et Littré sont éclairés au gaz.

Une machine spéciale produit l'électricité pour l'éclairage de la maternité et de la clinique de la Faculté.

Quant aux services généraux (cours, couloirs et escaliers), ils sont éclairés au gaz.

Salubrité.— Des appareils de chasse sont établis dans tous les cabinets d'aisances et vidoirs avec écoulement direct à l'égout.

Une étuve à vapeur fonctionne chaque jour pour la désinfection des effets des malades entrants et de la literie des malades sortis ou décédés.

Un four à incinérer les ouates et vieux pansements est installé à côté de l'étuve et fonctionne également tous les jours.

Eaux.— La maison est alimentée par l'eau de rivière (Seine) et par l'eau de source.

Laboratoires.— Un laboratoire est attaché à chacun des services de médecine et de chirurgie.— Celui de la Faculté est très important et a été construit récemment sur la demande de M. le professeur Hayem ; il comprend plusieurs salles affectées à la bactériologie, histologie, etc., et un amphithéâtre pouvant contenir 150 personnes.

Dans ce même service se trouve annexé un musée qui renferme une collection de pièces anatomiques.

Bibliothèques.— Deux bibliothèques pour les internes sont entretenues au moyen de subventions votées chaque année par le Conseil municipal (500 francs pour les internes en médecine et 300 francs pour les internes en pharmacie).

Il existe aussi une bibliothèque pour les malades ; un crédit annuel de 250 francs est affecté à son entretien.

Objets d'art.— Sauf quelques vieux cadres assez bien conservés et un mortier de bronze ouvragé dont la fabrication remonte à l'année 1613, l'établissement ne possède aucun objet digne de mention.

Dépenses.— En 1898, les dépenses de l'hôpital Saint-Antoine se sont élevées à la somme de 1.289.221 fr. 09, se décomposant ainsi par nature de dépense :

Personnel administratif	20.712 88		Report	541.534 94
Impressions, frais de bureau	871 50		Cave	56.445 »
Frais de cours, etc	1.349 63		Comestibles	167.243 81
Frais d'exploitation	16.262 »		Chauffage et éclairage	136.038 84
Personnel médical	80.623 96		Blanchissage	88.787 18
Personnel secondaire	111.053 18		Coucher, linge, mobilier	107.534 20
Réparations des bâtiments	67.889 99		Appareils, instruments	119.101 68
Pharmacie	71.220 73		Frais de transport	5.656 20
Boulangerie	41.692 51		Eaux, salubrité, etc	66.876 24
Boucherie	129.858 56			
			Total	1.289.221 09
A reporter	541.534 94			

51

LÉGENDE DU PLAN

REZ-DE-CHAUSSÉE

A Direction et économat (bureaux).

B Consultation (médecine).

B¹ — (chirurgie et dentaire).

B² Consultation (de la peau).

B³ — (maternité).

C Cuisine.

C¹ Distribution.

C² Épluchage et annexes.

D Pharmacie.

E Logement du directeur.

E¹ Concierge du faubourg.

E² Concierge du boulevard Diderot.

E³ Garde-magasin.

F Bains.

F¹ Bains spéciaux (douches).

G Réservoir.

H Chapelle.

I Service des morts.

J Lingerie.

J¹ Linge sale.

K Magasins.

K¹ Vestiaire.

K² Matelasserie.

K³ Ateliers des ouvriers.

L Chantier.

L¹ Chantier des machines (bains).

M¹, M², M³ Chirurgie hommes.

M⁴ Chirurgie femmes.

M⁵, M⁶ Chirurgie hommes.

M⁷, M⁸, M⁹, M¹⁰ Médecine femmes.

M¹¹ Médecine hommes.

M¹² Médecine femmes.

M¹³, M¹⁴, M¹⁵ Médecine hommes.

M¹⁶ Chirurgie (grandes opérations).

N Baraques (services généraux).

R Réfectoire des gens.

S Salle d'opérations.

S¹ Salle d'opérations (maternité).

S² Salle d'opérations (pavillon Siredey).

S³ Salle d'opérations (grandes opérations, pavillon Gosselin).

T Jardin du directeur.

T¹ Préaux des hommes.

T² Préaux des femmes.

T³ Jardin fleuriste.

T⁴ Jardin de l'économe.

U Étuve.

V Internes en médecine (salle de garde).

V¹ Internes en pharmacie (salle de garde).

V² Internes (maternité).

X Laboratoires (clinique).

X¹ — (maternité).

X² — (baraques).

Z Machines.

Z¹ Machines (bains).

a Services généraux (maternité).

d Cantine.

m Maternité (change et annexes).

p Speculum Cruveilhier.

t Serre.

PREMIER ÉTAGE

B¹ Salle Andral.

B³ Logements du personnel.

B⁴ Consultation (laryngologie).

D Salle Nélaton.

E Logements du directeur et du personnel.

E² Logement du concierge.

J Salle Roux et Corvisart M².

M¹, M², M³, M⁴ Médecine hommes.

M⁵, M⁶ Médecine femmes.

M¹⁴, M¹⁵ Médecine femmes.

V Logements des internes.

DEUXIÈME ÉTAGE

B⁴ Salle Itard M³.

E Logements de l'économe et du personnel.

M¹, M², M³, M⁴ Médecine hommes.

M⁵, M⁶ Médecine femmes.

M¹⁴ Logements du personnel, dortoirs des infirmières.

M¹⁵ Isolement et dortoirs des infirmiers.

V Logements des internes et du personnel.

TROISIÈME ÉTAGE

B⁴ Salle Izambert M⁴.

E Logements du personnel.

M¹ Dortoirs des infirmiers.

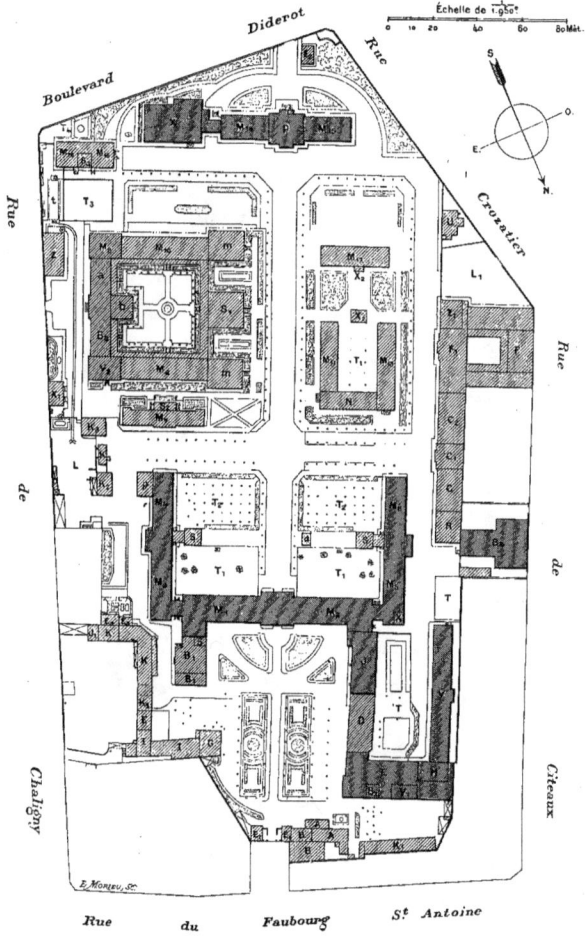

PLAN DE MASSE DE L'HÔPITAL SAINT-ANTOINE

HOPITAL NECKER

151, Rue de Sèvres

DIRECTEUR : M. BRELET

Situation. — L'hôpital est limité, de face, par la rue de Sèvres ; en arrière, il donne sur l'impasse de l'Enfant-Jésus ; à droite, sont des constructions particulières, et, à gauche, il est enclavé dans l'hôpital des Enfants-Malades, dont il est séparé par une grille sur toute la longueur.

La surface totale du terrain est de 20.085^{mq}86, dont 6.134,25 pour la surface des bâtiments et 13.951,81 pour la surface des cours et jardins.

Historique. — Sur l'emplacement occupé aujourd'hui par l'hôpital Necker, s'élevait autrefois un couvent de bénédictines, connu sous le nom de Notre-Dame-de-Liesse.

Louis XVI ayant accordé, en 1776, une somme annuelle de 42.000 francs pour faire l'essai d'un hôpital comportant 120 lits, Mme Necker, femme du banquier genevois que le roi avait appelé à la direction des finances, se chargea de diriger cet hôpital, et loua, à cet effet, l'ancien couvent des bénédictines ; elle resta à la tête de l'établissement jusqu'à l'année 1788.

Cette maison reçut d'abord les noms d'hospice de la Charité, puis d'hospice des paroisses de Saint-Sulpice et du Gros-Caillou. Dénommé pendant la Révolution hospice de l'Ouest, il porte aujourd'hui le nom de sa première directrice.

Circonscription hospitalière. — Quartiers de Necker, de Saint-Lambert et de Grenelle ; communes de Clamart et de Malakoff.

SALLE D'OPÉRATIONS

Consultations. — Des consultations de médecine et de chirurgie ont lieu tous les jours, à 9 heures.

Des consultations spéciales de médecine ont lieu en outre :

Pour les maladies des voies digestives, le lundi *(D' Rendu)* ;

Pour les maladies du cœur, le mardi *(D' Huchard)* ;

Pour les maladies du système nerveux, le jeudi *(D' Cuffer)* ;

Pour les maladies des voies respiratoires, le vendredi *(D' Barth)*.

Des consultations spéciales de gynécologie ont lieu également tous les jours :

Les lundis et vendredis *(P' Le Dentu)* ;

Les mardis et jeudis *(P' Guyon)* ;

Les mercredis et samedis *(D' Routier)*.

Dans les deux services spéciaux des maladies des voies urinaires, consultations quotidiennes avec traitement externe :

Les mardis, jeudis, samedis *(P' Guyon)* ;

Les lundis, mercredis, vendredis *(D' Routier)*.

Consultations pour les maladies des dents, les lundis et vendredis *(D' Brochard)*.

Nombre de consultations en.....	1896	1897	1898
Consultations de médecine	10.551	10.638	9.395
— de chirurgie	18.701	22.265	20.804
— des maladies des voies urinaires (P' Guyon).	24.895	27.713	27.971
— des maladies des voies urinaires (D' Routier)	3.874	3.899	2.553

Nombre de lits. — L'hôpital Necker contient 479 lits réglementaires, ainsi répartis :

		Hommes	Femmes	Enfants	Total
MÉDECINE...	Maladies aiguës........	122	107	»	229
	— —	53	28	»	81
CHIRURGIE...	Voies urinaires........	72	59	»	131
	Ovariotomie..........	»	6	»	6
MÉDECINE...	Crèches...........	»	16	»	16
	Berceaux..........	»	»	16	16
		247	216	16	479

Il n'y a pas de maternité à l'hôpital Necker, mais 2 sages-femmes agréées sont attachées à l'hôpital, mettant chacune 3 lits à la disposition de l'Administration.

Mouvement de la population. — Au 1er janvier 1896, on constatait la présence à l'hôpital de 444 malades ; pendant cette année, il en est entré 7.637 et sorti

6.851. Le nombre des morts a été de 788. Le chiffre des malades restant au 31 décembre 1896 était de 442.

Pour cette année 1896, le nombre de journées de malades a été de 168.110.

La mortalité, calculée d'après le nombre des individus sortis par guérison ou par décès divisé par le nombre des morts, a été de 1 sur 7,31 en médecine et de 1 sur 15,65 en chirurgie.

La durée du séjour, calculée d'après le nombre des journées divisé par le nombre des individus sortis par guérison ou par décès, a été de 21,01 en médecine et de 24,51 en chirurgie.

Il a été fait en 1896 chez les sages-femmes agréées 247 accouchements.

Personnel administratif. — Ce personnel comprend : 1 directeur ; 1 économe ; 1 commis rédacteur ; 1 expéditionnaire ; 1 garçon de bureau et 1 commissionnaire.

Toutes ces personnes sont logées dans l'établissement, à l'exception de l'expéditionnaire qui, logé au dehors, touche une indemnité de 400 francs.

Personnel médical. — Le service de santé se compose de 75 personnes :

4 médecins ; 3 chirurgiens ; 12 internes ; 46 externes ; 1 médecin consultant ; 1 chirurgien consultant ; 1 pharmacien et 7 élèves.

Personnel secondaire. — Ce personnel se compose de 129 personnes, savoir :

14 surveillants et surveillantes ; 9 sous-surveillants et sous-surveillantes ; 9 suppléants et suppléantes ; 11 premiers infirmiers et premières infirmières ; 3 panseurs ; 1 garçon d'amphithéâtre ; 82 infirmiers, infirmières, garçons et filles de service.

Personnel professionnel. — 1 charretier.

Personnel à la journée. — On compte 19 personnes, savoir :

1 plombier ; 1 menuisier ; 5 mécaniciens et chauffeurs ; 1 cuisinier ; 1 jardinier ; 2 étuvistes ; 6 lingères ; 2 éplucheuses.

Chauffage et ventilation. — Pour le pavillon des femmes, à droite, chauffage à eau chaude ;

Pour les salles des deux autres bâtiments, calorifères à air chaud ;

Pour l'amphithéâtre des grandes opérations et la gynécologie, appareil à circulation d'eau chaude sous pression ;

Le pavillon Nélaton est chauffé par la vapeur à basse pression ;

Au pavillon Peter, les salles et les chambres de malades sont pourvues de cheminées dans lesquelles on brûle du coke.

La ventilation est assurée par des cheminées d'appel qui reçoivent l'air vicié des salles et le rejettent au dehors.

Éclairage. — Les salles sont encore pour la plupart éclairées par des veilleuses ; deux seulement ont des appareils à gaz.

Les services généraux, les cours, couloirs et escaliers sont éclairés au gaz.

Les *Services hospitaliers* sont constitués ainsi qu'il suit :

NATURE des SERVICES	NOMS des chefs de SERVICE	DÉSIGNATION des SALLES	NOMBRE DE LITS		ÉLÈVES			PERSONNEL SECONDAIRE							
			H.	F.	Berceaux	Internes	Externes	Surveillantes	Sous-surveillantes	Suppléantes	1res Infirmières	Panseurs	Infirmiers H.	F.	Total
MÉDECINE	Dr Rendu	Trousseau . . .	36	»	»	»	»	1	»	»	»	»	4	1	6
		Monneret	»	31	»	1	5	»	1	»	1	»	1	2	5
—	Dr Huchard	Chauffard	27	»	»	»	»	1	»	»	»	»	4	»	5
		Delpech	»	31	»	1	4	»	1	»	1	»	2	»	5
—	Dr Cuffer	Vernois	27	»	»	»	»	1	»	»	»	»	4	»	5
		Peter	»	32	16	1	4	1	»	»	1	»	2	4	8
—	Dr Barth	Bouley	32	»	»	»	»	1	»	»	»	»	4	»	5
		Laségue	»	29	»	1	5	»	1	»	»	»	1	3	5
CHIRURGIE	Pr Le Dentu	Malgaigne . . .	53	»	»	»	»	1	»	1	»	1	9	»	12
		Lenoir	»	26	»	3	8	»	1	»	1	»	1	2	5
		Gynécologie . .	»	6	»	»	»	»	1	»	1	»	1	1	4
VOIES URINAIRES . .	Pr Guyon	Velpeau-Richet .	36	»	»	»	»	»	1	»	1	»	1	3	5
		Laugier	»	28	»	3	9	»	1	»	1	»	1	2	5
—	Dr Routier	Civiale	31	»	»	»	»	1	»	»	1	3	»	5
		Foucher	»	26	»	2	6	»	1	»	1	»	1	2	5
		Nélaton	5	5	»	»	»	»	1	»	»	»	1	3	5
CONSULTATION DE MÉDECINE	Dr Aviragnet		»	»	»	»	3	»	»	»	»	»	»	»	»
CONSULTATION DE CHIRURGIE . . .	Dr Albarran		»	»	»	»	2	»	»	»	»	»	»	»	»
SERVICE DE VEILLE			»	»	»	»	»	»	»	2	»	»	»	»	2
REMPLACEMENTS			»	»	»	»	»	1	»	1	»	»	»	»	2
	TOTAL		247	216	16	12	46	10	7	4	7	3	41	22	94

Ainsi, les salles de malades sont réparties entre 7 chefs de service : 4 médecins et 3 chirurgiens.

Deux des services de chirurgie sont des services de clinique : clinique de chirurgie générale et clinique des maladies des voies urinaires.

A chacun d'eux est attaché, en outre du personnel médical ci-dessus mentionné, un chef de clinique désigné par la Faculté de médecine ; des chefs de laboratoire, nommés par la Faculté, sont également adjoints à ces services.

Sur trois services de chirurgie, deux sont affectés au traitement des maladies des voies urinaires.

Les *Services généraux* sont constitués ainsi qu'il suit :

SERVICES GÉNÉRAUX	Sur- veil- lants		Sous- surveillants	Sup- pléants		1er Infir- miers		Infir- miers		Garçon d'amphith.	TOTAL
	H.	F.		H.	F.	H.	F.	H.	F.		
Portes.	»	»	1	1	1	»	»	»	»	»	3
Bureaux.	»	»	»	»	»	»	»	2	»	»	2
Consultation.	»	»	»	»	»	2	1	3	»	»	6
Cuisine	»	1	»	»	»	1	»	4	»	»	6
Sommellerie.	»	»	1	»	»	»	»	»	»	»	1
Magasins	1	»	»	»	»	»	»	»	»	»	1
Lingerie.	»	1	»	»	1	»	»	1	1	»	4
Vestiaire.	»	»	»	»	1	»	»	»	1	»	2
Pharmacie.	1	»	»	»	»	»	»	2	»	»	3
Bains	»	»	»	»	»	»	»	1	1	»	2
Chantier.	»	»	»	»	»	»	»	1	»	»	1
Salle des morts	»	»	»	»	»	»	»	»	»	1	1
Service de propreté.	»	»	»	»	»	»	»	2	»	»	2
Laboratoire.	»	»	»	1	»	»	»	»	»	»	1
	2	2	2	2	3	3	1	16	3	1	35

Il n'existe pas de buanderie à l'hôpital Necker. Le linge est blanchi par la Buanderie nouvelle qui fait deux livraisons par semaine.

Bains. — Le service des bains est ouvert aux seuls malades de l'hôpital. 22.000 bains environ sont donnés chaque année.

Salubrité. — On fait usage de tinettes (système diviseur).

Une étuve à vapeur fonctionne chaque jour pour la désinfection des effets des entrants et de la literie des malades sortis ou décédés.

Un four à incinérer les ouates est installé à côté de l'étuve et fonctionne également tous les jours.

Eaux. — La maison est alimentée par l'eau de rivière (Seine) et par l'eau de source (Vanne).

Laboratoires. — Chaque chef de service a un laboratoire spécial.

Les laboratoires des deux services de clinique sont les mieux aménagés ; ceux de M. le professeur Guyon, situés au centre de son service, sont particulièrement bien installés.

Musées. — A ce même service sont annexés une bibliothèque et un musée qui renferme une collection curieuse de pièces anatomiques.

Un autre musée, le musée Civiale, est installé dans le laboratoire du deuxième service des voies urinaires.

Bibliothèques. — Deux bibliothèques pour les internes sont entretenues au moyen de dons, de cotisations des élèves et de subventions votées chaque année par le Conseil municipal (400 francs pour les internes en médecine, 300 francs pour les internes en pharmacie).

Il existe aussi une bibliothèque pour les malades; un crédit annuel de 150 francs et une partie des arrérages de la fondation Godard sont affectés à son entretien.

Objets d'art. — Dans le cabinet du directeur, se trouvent les portraits de Mme Necker et de Mme de Staël. Un tableau d'Édouard Bisson, représentant une opération de M. le professeur Guyon, orne le musée du service de clinique des maladies des voies urinaires.

Dépenses. — En 1898, les dépenses de l'hôpital Necker se sont élevées à la somme de 656.435 fr. 89, se décomposant ainsi par nature de dépense:

Personnel administratif	16.872 92	*Report*	295.238 91
Impressions, frais de bureau	512 05	Cave	36.003 »
Frais de cours, etc.	1.098 80	Comestibles	74.033 41
Personnel médical	36.503 84	Chauffage et éclairage	60.190 10
Personnel secondaire	76.452 76	Blanchissage	26.135 88
Réparations de bâtiments	28.415 70	Coucher, linge, mobilier	55.351 27
Pharmacie	45.870 86	Appareils, instruments, etc	56.673 85
Boulangerie	21.937 58	Frais de transport	5.549 66
Boucherie	67.874 40	Eaux, salubrité, etc	47.259 81
A reporter	295.238 91	*Total*	656.435 89

Hôpital des Enfants - Malades

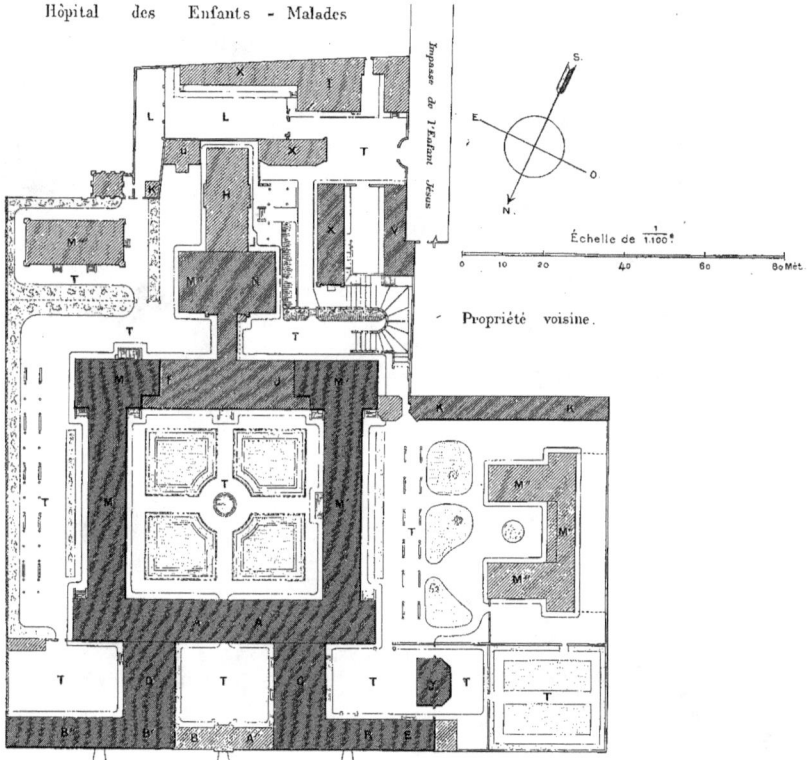

Impasse de l'Enfant Jésus

S.

E.

O.

N.

Échelle de $\frac{1}{1.100^e}$

0   10   20   40   60   80 Mét.

Propriété voisine.

PLAN DE MASSE DE L'HÔPITAL NECKER

REZ-DE-CHAUSSÉE	PREMIER ÉTAGE	DEUXIÈME ÉTAGE
A Bureaux, direction et économat.	**A** Salle de malades Trousseau.	**A** Salle de malades Cintale.
A' Entrée, concierge.	**B'** Logement du directeur.	**B'**, **D** Logement de l'économe.
B, **B'**, **B''** Consultations.	**B''** Chambres des internes en médecine	**C** Dortoir des infirmières.
C Cuisine.	et salle de garde.	**E**, **R** Logement du pharmacien.
D Pharmacie.	**G**, **M''**, **V** Logements.	**M** Salles de malades hommes, Chauf-
E Logement de sous-employé.	**D** Logements du directeur et de commis	fard, Bouley.
F Bains.	**E**, **R** Dortoir des infirmiers.	**M'** Salles de malades femmes Del-
H Chapelle.	**I'**, **J** Clinique des voies urinaires.	pech, Lasègue.
I Service des morts.	**K** Vestiaire des malades, radiographie	
J Lingerie.	**M**, **M'** Salles de malades.	
K Atelier, magasin.		
L Chantier.		
M, **M'**, **M''**, **M'''** Salles et pavillons de		
malades.		
M IV Gynécologie.		
N Amphithéâtre d'opérations et de cours		
R Réfectoire.		
T Préaux, cour, jardin.		
U Étuve.		
V Repassage, linge à pansements.		
X Laboratoires.		
Y Écuries et remise.		

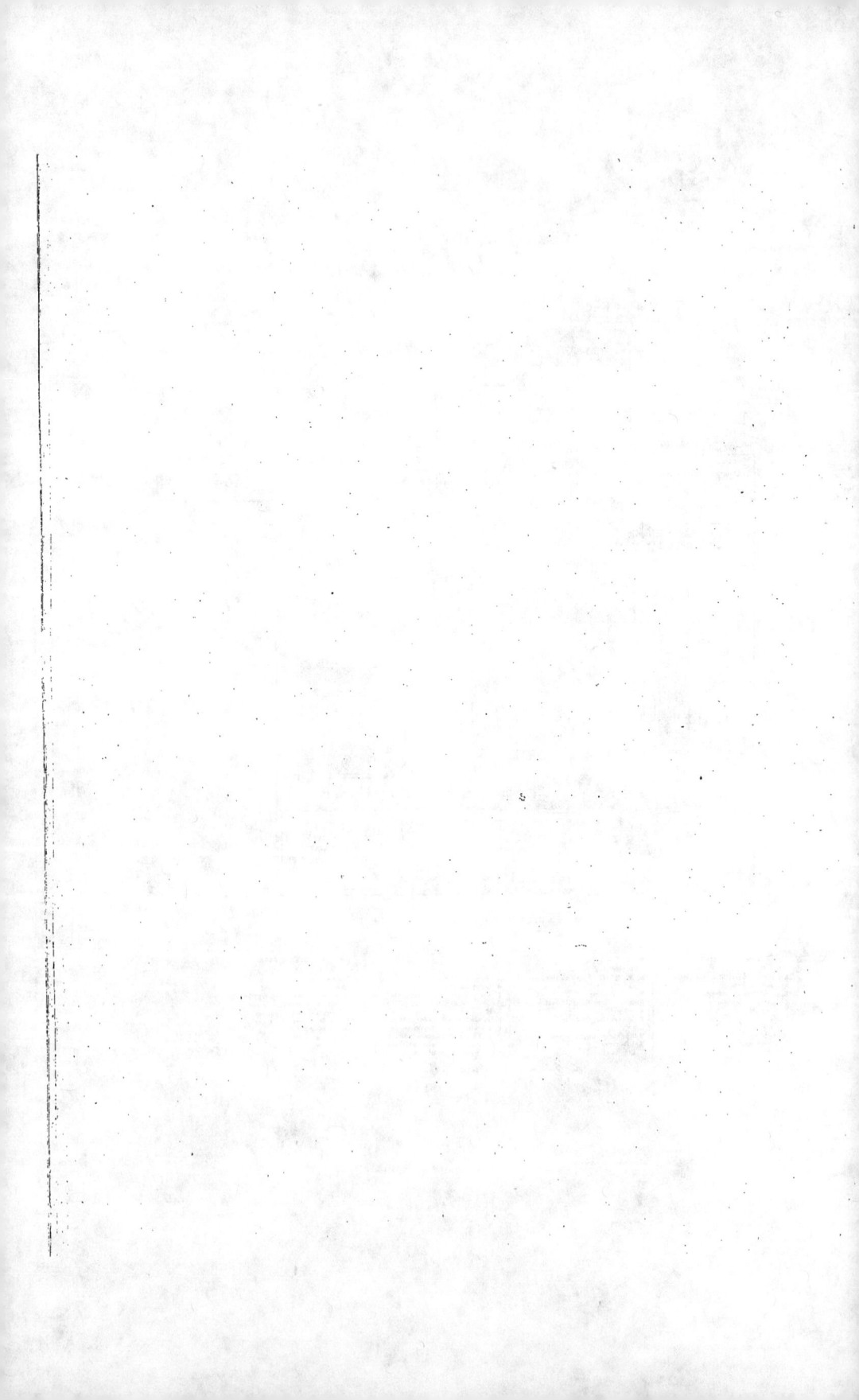

HOPITAL COCHIN

47, Rue du Faubourg-Saint-Jacques

DIRECTEUR : M. BARON

Situation. — L'hôpital, de forme très irrégulière, est limité de face par la rue du Faubourg-Saint-Jacques ; en arrière, par la rue de la Santé ; à droite, par la rue Méchain, moins un terrain bâti faisant enclave à l'angle de ces deux dernières voies ; enfin, à gauche, par l'hôpital Ricord et des propriétés privées dont la façade donne sur la rue du Faubourg-Saint-Jacques.

La surface totale du terrain est de 27.750ᵐᵉᵃ91, dont 8.760 pour la surface des bâtiments et 18.999,91 pour la surface des cours et jardins.

Historique. — L'hôpital Cochin fut fondé en 1780 par M. Jean-Denis Cochin, curé de Saint-Jacques-du-Haut-Pas, qui employa à cette fondation une partie de sa fortune personnelle et fit ensuite appel à la générosité de ses paroissiens.

Il fut construit sur les plans de l'architecte Niel, qui en surveilla gratuitement tous les travaux. Il fut achevé définitivement en 1782.

Cette fondation ne comprenait à l'origine que 38 lits. Ce chiffre fut porté à 80, par un décret du 28 nivôse an III.

L'hôpital fut d'abord dénommé hospice Saint-Jacques-du-Haut-Pas, puis, sous la Révolution, hospice Jacques et hôpital du Sud, enfin il porte aujourd'hui le nom de son fondateur.

Circonscription hospitalière. — Quartiers de Croulebarbe, de la Gare, de la Maison-Blanche, de Montparnasse, de la Santé et du Val-de-Grâce.

Les communes de : Antony, Arcueil,

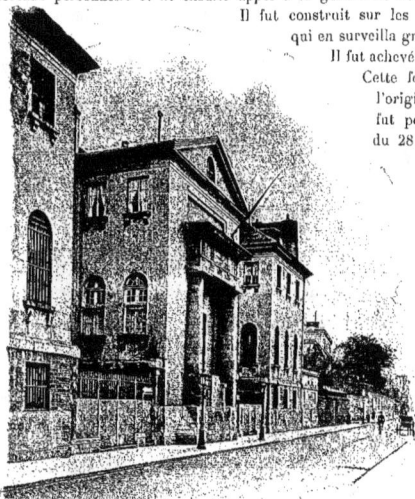

Bagneux, Bourg-la-Reine, Châtenay, Fontenay-aux-Roses, Plessis-Piquet et Sceaux.

Consultations. — Des consultations de médecine et de chirurgie ont lieu tous les jours, à 9 heures.

Des consultations spéciales de gynécologie ont lieu 3 fois par semaine, les lundis, mercredis et vendredis *(Dr Bouilly).*

Consultations pour les maladies des dents, le vendredi *(Dr Moiroud).*

Nombre de consultations en	1896	1897	1898
Consultations de médecine	7.545	7.689	9.843
— de chirurgie	18.183	18.163	21.923
— de gynécologie	1.883	2.247	1.965

Nombre de lits. — L'hôpital Cochin contient 475 lits réglementaires, ainsi répartis :

		Hommes	Femmes	Total
MÉDECINE . . .	Maladies aiguës	138	67	205
CHIRURGIE . . . . {	Maladies aiguës	132	75	207
	Gynécologie	»	63	63
		270	205	475

Mouvement de la population. — Au 1er janvier 1896, on constatait la présence à l'hôpital de 455 malades ; pendant cette année, il en est entré 6.418 et sorti 5.775. Le nombre des morts a été de 667. Le chiffre des malades restant au 31 décembre 1896 était de 431.

Pour cette année 1896, le nombre de journées de malades a été de 172.404.

La mortalité, calculée d'après le nombre des individus sortis par guérison ou par décès divisé par le nombre des morts, a été de 1 sur 5,88 en médecine et de 1 sur 15,66 en chirurgie.

La durée du séjour, calculée d'après le nombre des journées divisé par le nombre des individus sortis par guérison et par décès, a été de 25,94 en médecine et de 33,12 en chirurgie.

Personnel administratif. — Ce personnel comprend : 1 directeur ; 1 économe ; 1 commis rédacteur ; 1 expéditionnaire ; 1 garçon de bureau et 1 commissionnaire.

Toutes ces personnes sont logées dans l'établissement, à l'exception du commis rédacteur et de l'expéditionnaire qui sont logés au dehors et touchent chacun une indemnité de 400 francs.

Personnel médical. — Le service de santé se compose de 61 personnes :

2 médecins ; 3 chirurgiens ; 12 internes ; 37 externes ; 1 médecin consultant ; 1 chirurgien consultant ; 1 pharmacien et 4 élèves.

Personnel secondaire. — Ce personnel se compose de 139 personnes, savoir :

6 surveillants et surveillantes ; 14 sous-surveillants et sous-surveillantes ; 15 suppléants et suppléantes ; 11 premiers infirmiers et premières infirmières ; 3 panseurs et panseuses ; 1 garçon d'amphithéâtre ; 89 infirmiers, infirmières, garçons et filles de service.

Personnel à la journée. — On compte 22 personnes, savoir (1) :

1 plombier (2) ; 1 menuisier ; 2 jardiniers ; 2 étuvistes ; 1 buandier ; 6 buandières ; 7 lingères ; 1 cuisinier ; 1 garçon de chantier.

Les *Services hospitaliers* sont constitués ainsi qu'il suit :

NATURE des SERVICES	NOMS des chefs de SERVICE	DÉSIGNATION des SALLES	NOMBRE DE LITS H.	F.	ÉLÈVES Internes	Externes	Surveillantes	Sous-surveillantes	Suppléantes	1res Infirmières	Panseurs H.	F.	Infirmiers H.	F.	Total
MÉDECINE	Dr **Chauffard** . .	Chauffard	26	»	»	»	1	»	»	1	»	»	1	2	5
		Wollicz	26	»	»	»	»	1	»	»	»	»	»	2	3
		Beau.	26	»	»	»	»	»	1	»	»	»	»	2	3
		Briquet	»	22	»	»	»	1	»	»	»	»	1	2	4
		Blache.	»	25	2	7	»	»	1	1	»	»	1	2	4
—	Dr **Delpeuch** . .	Lasègue	30	»	»	»	»	1	»	»	»	1	2	4
		Trousseau.	30	»	»	»	»	»	1	»	»	»	2	4
		Baraque nº 0	»	20	1	6	»	1	»	1	»	»	1	1	4
—	Dr **Schwartz** . .	Demarquay	18	»	»	»	»	1	»	»	»	»	1	3	5
		Gosselin.	23	»	»	»	»	1	1	»	»	»	1	3	5
		Richet.	»	21	»	»	»	1	»	1	»	»	1	4	7
		Sédillot	»	14	2	6	»	1	»	1	»	1	»	1	3	6
CHIRURGIE. . . .	Dr **Queau**. . . .	Cochin.	26	»	»	»	»	»	1	»	»	1	3	5
		Boyer	25	»	»	»	1	»	1	»	»	1	2	5
		Richet, Lorain et Bichat. .	»	40	3	7	1	1	1	»	»	1	2	10	16
		Viel. . . . . .)service de	21	»	»	»	»	1	»	»	»	»	1	2	4
		Anthéaume. .) réserve	19	»	1	2	»	»	»	»	»	»	»	2	2
—	Dr **Bouilly** . . .	Pavillon Velpeau (5 salles).	»	»	»	»	1	»	1	1	»	1	2	10	16
		Gynécologie.	»	63	2	4	»	»	»	»	»	»	»	»	»
CONSULTATION DE MÉDECINE. . . .	Dr **Lesage**		»	»	»	1	1	»	»	»	»	»	»	»	»
CONSULTATION DE CHIRURGIE. . . .	Dr **Rieffel**.		»	»	»	4	»	»	»	»	»	»	»	»	»
SERVICE DE VEILLE.			»	»	»	»	»	»	3	»	»	»	»	»	3
REMPLACEMENTS			»	»	»	»	»	1	»	»	»	»	»	»	1
	TOTAL.		270	205	12	37	4	9	10	9	1	2	14	57	106 (1)

(1) Il y a lieu d'ajouter à ce chiffre 2 infirmiers et 2 infirmières, accordés par autorisation renouvelable tous les trois mois.

(1) Il y a lieu d'ajouter à ce chiffre 1 chauffeur pendant les six mois d'hiver.

(2) Le plombier donne deux journées par semaine à l'hôpital Ricord et à l'hôpital Broca.

Ainsi, les salles de malades sont réparties entre 5 chefs de service : 2 médecins et 3 chirurgiens.

Sur les trois services de chirurgie, un est spécialement affecté à la gynécologie.

Les *Services généraux* sont constitués ainsi qu'il suit :

SERVICES GÉNÉRAUX	Surveillants		Sous-surveillants		Suppléants		1ers Infirmiers		Infirmiers		Garçon d'amphith.	TOTAL
	H.	F.	H.	F.	H.	F.	H.	F.	H.	F.		
Portes	»	»	1	1	1	»	»	»	»	»	»	3
Bureaux	«	»	1	»	»	»	»	»	2	»	»	3
Consultations	»	»	»	»	1	»	»	1	1	2	»	5
Cuisine	»	1	»	»	»	1	»	»	3	1	»	6
Sommellerie	»	»	»	»	»	»	»	»	1	»	»	1
Magasins	»	»	1	»	»	»	»	»	»	»	»	1
Lingerie	»	1	»	»	»	»	»	»	»	»	»	2
Buanderie	»	»	»	»	»	1	»	1	»	»	»	2
Pharmacie	»	»	1	»	»	»	»	»	2	»	»	3
Bains	»	»	»	»	»	»	»	»	1	1	»	2
Salle des morts	»	»	»	»	»	»	»	»	»	»	1	1
Service de propreté	»	»	»	»	»	»	»	»	2	»	»	2
Réfectoire	»	»	»	»	»	»	»	»	1	»	»	1
Laboratoire	»	»	»	»	»	»	»	»	1	»	»	1
	»	2	4	1	2	3	»	2	14	4	1	33

Écoles. — Des cours pratiques de pansement et de reconnaissance de médicaments sont faits tous les jours, excepté le mardi, par une sous-surveillante.

Ces cours sont suivis par les infirmiers et les infirmières de l'établissement et par ceux des hôpitaux voisins.

Bains. — L'hôpital Cochin n'a pas de service de bains externes : 7 baignoires sont installées pour les malades et le personnel. De plus, les salles sont pourvues de baignoires avec chauffe-bain pour les malades dont le transport à la salle de bains présente quelque inconvénient.

Chauffage et ventilation. — Le vieux bâtiment donnant sur la rue et les baraquements de médecine sont chauffés par des poêles.

Le chauffage du pavillon Lister est divisé en deux parties bien distinctes :

1° Les couloirs qui sont chauffés par un calorifère à air chaud ; 2° les salles de malades et les dépendances du service qui sont chauffées par des cheminées à double foyer, dans lesquelles on brûle du coke.

Le pavillon Pasteur est chauffé par des poêles dans les couloirs, et les salles de malades par des cheminées du même système qu'au pavillon Lister.

Le pavillon Velpeau est entièrement chauffé par un calorifère à air chaud.

Enfin, toutes les salles d'opérations sont chauffées par des calorifères à air chaud.

Pour préserver des poussières, les bouches de chaleur des salles d'opérations sont pourvues de toile métallique très fine ou de paniers en fil de fer, garnis d'ouate.

La ventilation se fait dans les services de chirurgie, récemment construits, au moyen de cheminées d'appel et de prises d'air au ras du sol.

Dans les baraquements et le vieux bâtiment de façade, la ventilation ne se fait que par les portes et les fenêtres.

Éclairage. — Tous les services de l'hôpital sont éclairés au gaz.

Salubrité. — Le tout à l'égout est établi au pavillon Pasteur, au pavillon Velpeau et au dortoir des filles. Dans les autres services existent des fosses fixes, des tinettes fixes ou des tinettes filtrantes.

Une étuve à vapeur fonctionne tous les jours pour la désinfection de la literie des malades sortants ou décédés et des effets des malades pour lesquels cette opération a été jugée nécessaire.

Un four à incinérer les ouates fonctionne également tous les jours.

Eaux. — L'établissement est desservi par l'eau de rivière (Seine) et par l'eau de source (Vanne). — Une canalisation spéciale sur tuyaux de 100 millimètres a été installée pour le service d'incendie.

Laboratoires. — Chaque chef de service possède un petit laboratoire de peu d'importance, à l'exception de celui de M. le Dr Chauffard qui est assez bien installé.

Bibliothèques. — Deux bibliothèques pour les internes sont entretenues au moyen de cotisations des élèves et d'une subvention

COCHIN

votée chaque année par le Conseil municipal (400 francs pour les internes en médecine et 300 francs pour les internes en pharmacie). — La bibliothèque des malades est entretenue au moyen d'un crédit annuel de 300 francs.

Objets d'art. — Dans le cabinet du directeur se trouve un tableau représentant l'abbé Cochin. — Un buste en marbre de l'abbé Cochin se trouve également dans la salle portant son nom.

Dépenses. — En 1896, les dépenses de l'hôpital Cochin se sont élevées à la somme de 654.103 fr. 74, se décomposant ainsi par nature de dépense :

Personnel administratif.	18.068 60	Report.	284.909 41
Impressions, frais de bureau.	497 90	Cave.	33.658 »
Frais de cours, etc.	1.149 94	Comestibles.	81.326 60
Personnel médical.	35.011 59	Chauffage et éclairage.	64.469 56
Personnel secondaire.	73.080 83	Blanchissage.	44.561 65
Reparations de bâtiments.	24.549 86	Coucher, linge, mobilier.	40.813 79
Pharmacie.	42.473 66	Appareils, instruments, etc.	55.190 77
Boulangerie.	22.393 29	Frais de transport.	1.240 85
Boucherie.	67.663 74	Eaux, salubrité, etc.	38.936 11
A reporter.	284.909 41	Total.	651.103 74

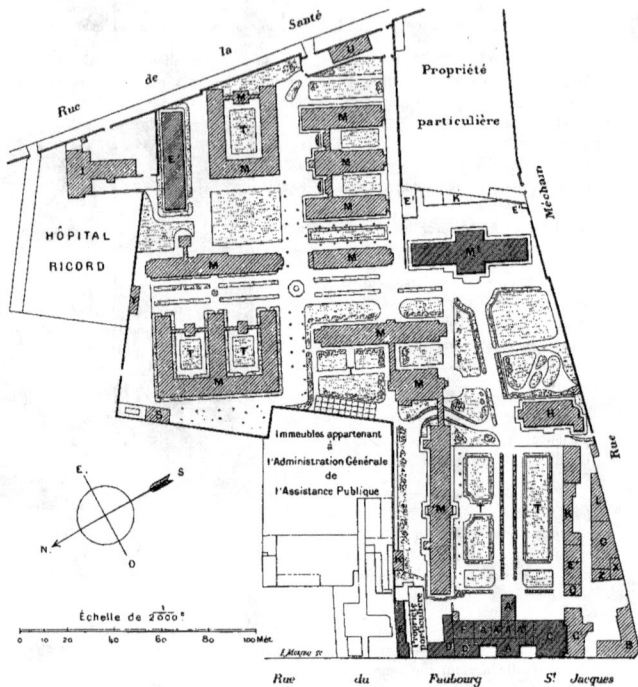

PLAN DE MASSE DE L'HÔPITAL COCHIN

REZ-DE-CHAUSSÉE

A, A', A" Administration.	K Magasins.
a Salle de garde.	L Chantiers.
B Consultation.	M, M' Malades.
C, C' Cuisine.	Q Cabinet du médecin.
D, D' Pharmacie.	S Laboratoire.
E, E', E" Logements.	T Préaux.
F Bains.	U Étuves.
G Buanderie.	X Réservoir.
H Chapelle.	Y Serre.
I Service des morts.	Z Remise de voitures.

PREMIER ÉTAGE

A, A', A", a, C, D', F, M' Malades.
D Logement du Directeur.
E Logements.

DEUXIÈME ÉTAGE

A Lingerie.
A', A", a, C, D', F, M' Malades.

D Logement du directeur.
E Logements.

TROISIÈME ÉTAGE

A, A", a, C, E Logements
A' Terrasse.
D Logement de l'économe.
D' Bibliothèque.
F, M' Malades.

HOPITAL BEAUJON

208, Rue du Faubourg-Saint-Honoré

DIRECTEUR : M. JURAMIE

Situation. — L'hôpital est limité, de face, par la rue du Faubourg-Saint-Honoré ; en arrière, par la rue de Courcelles ; à droite et à gauche, par des constructions particulières. La surface totale du terrain est de 24.001ᵐᵐ49.

Historique. — Le fermier général Beaujon fit construire en 1784, au faubourg du Roule, une maison destinée à recevoir 24 orphelins de la paroisse.

Par décret du 17 janvier 1795, la Convention transforma cet hospice en hôpital et lui donna le nom d'hôpital du Roule.

Le Conseil général des hospices lui restitua le nom de son fondateur.

Circonscription hospitalière. — Le 8ᵉ arrondissement ; le 16ᵉ arrondissement, moins le quartier d'Auteuil ; le 17ᵉ arrondissement, moins le quartier des Épinettes ; les communes suburbaines : Asnières, Clichy, Colombes, Courbevoie, Gennevilliers, Levallois-Perret, Nanterre, Neuilly.

HORLOGE DE LA COUR D'HONNEUR

Consultations. — Des consultations ont lieu tous les jours, à 9 heures, pour la médecine, la chirurgie et les femmes en couches.

En outre, des consultations spéciales des voies urinaires *(Dʳ Bazy)* ont lieu les lundis, jeudis et samedis.

Consultations pour les maladies des dents, les mardis et samedis *(Dʳ Aguilhon de Sarran).*

Nombre de consultations en	1896	1897	1898
Consultations de médecine	14.174	13.665	12.505
— de chirurgie	15.994	12.573	13.014

Nombre de lits. — L'hôpital contient 554 lits réglementaires, ainsi répartis :

		Hommes	Femmes	Enfants	Total
MÉDECINE	Maladies aiguës	129	101	»	230
	Crèche	»	9	9	18
CHIRURGIE	Maladies aiguës	113	60	»	173
	Chroniques	»	18	»	18
	Ovariotomie	»	9	»	9
MATERNITÉ		»	58	48	106
		242	255	57	554

Maternité. — 1.414 accouchements ont été pratiqués, en 1898, à la maternité de Beaujon. L'hôpital n'a pas de service externe de sages-femmes agréées.

Mouvement de la population. — Au 1er janvier 1896, on constatait la présence à l'hôpital de 580 malades ; pendant cette année, il en est entré 11.084 et sorti 9.932. Le nombre des morts a été de 1.140. Le chiffre des malades restant au 31 décembre était de 592. Pour cette année 1896, le nombre de journées de malades a été de 218.043.

La mortalité, calculée d'après le nombre des individus sortis par guérison ou par décès divisé par le nombre des morts, a été de 1 sur 8,34 en médecine et de 1 sur 14,19 en chirurgie.

La durée du séjour, calculée d'après le nombre de journées divisé par le nombre des individus sortis par guérison ou par décès, a été de 17,81 en médecine et de 22,33 en chirurgie.

Personnel administratif. — Le personnel administratif comprend 6 personnes : 1 directeur ; 1 économe ; 1 commis rédacteur ; 1 expéditionnaire ; 1 garçon de bureau et 1 commissionnaire.

Personnel médical. — Le service de santé se compose de 80 personnes : 4 médecins ; 3 chirurgiens ; 1 accoucheur ; 13 internes ; 43 externes, 1 médecin consultant ; 1 chirurgien consultant ; 1 dentiste ; 1 pharmacien et 7 élèves ; 5 sages-femmes.

Personnel secondaire. — Le personnel secondaire se compose de 101 personnes : 10 surveillants et surveillantes ; 17 sous-surveillants et sous-surveillantes ; 12 suppléants et suppléantes ; 1 garçon d'amphithéâtre ; 1 panseur ; 13 premiers infirmiers et infirmières ; 102 infirmiers, infirmières, garçons et filles de service et 5 nourrices.

Personnel à la journée. — Le personnel à la journée se compose de 16 personnes : 1 plombier ; 1 menuisier ; 2 électriciens et chauffeurs ; 1 menuisier-ébéniste, 2 buandières ; 7 lingères ; 1 éplucheuse et 1 journalier (attaché spécialement au service de l'ascenseur de la maternité).

Les *Services hospitaliers* sont constitués ainsi qu'il suit :

NATURE des SERVICES	NOMS des chefs de SERVICE	DÉSIGNATION des SALLES	NOMBRE DE LITS		ÉLÈVES				PERSONNEL SECONDAIRE									
			H.	F.	Berceaux	Internes	Externes	SAGES-FEMMES	Surveillantes	S.-surveillantes	Suppléantes	1ères Infirmiers H.	F.	Panseur	Infirmiers H.	F.	Nourrices	Total
MÉDECINE...	Dr Fernet...	Barth......	29	»	»	»	»	»	»	1	»	»	»	»	3	1	»	5
		Gubler......	»	20	»	»	1	4	»	1	»	1	»	1	1	1	»	4
—	Dr Debove...	Sandras.....	28	»	»	»	»	»	»	1	»	»	»	»	3	1	»	5
		Legroux.....	10	»	»	»	»	»	»	»	»	»	»	»	1	1	»	2
		Bélier......	»	39	»	»	»	»	»	1	»	1	»	1	1	4	»	7
		Crèche......	»	9	9	1	6	»	»	1	»	»	»	»	1	2	»	4
—	Dr Troisier...	Monneret.....	40	»	»	»	»	»	1	»	»	»	»	»	6	3	»	10
		Vulpian.....	»	22	»	1	4	»	»	1	»	»	»	»	2	3	»	6
—	Dr Lacombe...	Louis.......	22	»	»	»	»	»	»	1	»	»	»	»	3	1	»	5
		Axenfeld....	»	20	»	1	3	»	»	1	»	1	»	»	1	»	»	3
CHIRURGIE...	Dr B. Anger...	A.-Paré.....	16	»	»	»	»	»	»	1	»	»	»	»	2	»	»	3
		Malgaigne....	16	»	»	»	»	»	1	»	»	»	»	»	2	»	»	3
		Jarjavay.....	»	18	»	2	5	»	»	1	»	»	»	1	1	»	»	3
—	Dr Bazy....	Robert......	21	»	»	»	»	»	1	»	1	»	»	»	2	1	»	5
		Gosselin.....	20	»	»	»	»	»	»	1	»	»	»	»	2	»	»	3
		Huguier......	»	19	2	2	6	»	»	1	»	»	2	»	1	1	»	3
—	Dr Berger.... Dr Rochard (assistant)...	Blandin.....	20	»	»	»	»	»	1	»	»	»	»	1	3	»	»	5
		Marjolin.....	20	»	»	»	»	»	»	1	»	»	»	»	3	»	»	4
		Laugier.....	»	23	»	2	»	»	»	1	»	»	»	»	1	2	»	4
—		Verneuil.....	»	18	»	1	9	»	»	1	»	»	»	»	1	2	»	4
—	Pavillon d'ovariotomie commun aux 3 chirurgiens.	Dolbeau.....	»	9	»	»	»	»	»	1	»	»	»	»	1	3	»	5
ACCOUCHEM'...	Dr Ribemont...	Maternité....	»	58	46	1	»	5	»	1	2	»	3	»	3	15	5	29
CONSULTATION MÉDECINE...	Dr Toupet...	....	»	»	»	1	3	»	»	»	»	»	»	»	»	»	»	»	»
CONSULTATION CHIRURGIE...	Dr Lyot....	....	»	»	»	»	3	»	»	»	»	»	»	»	»	»	»	»	»
SERVICE DE VEILLE...	—	....	»	»	»	»	»	»	»	»	2	»	»	»	»	»	»	2
REMPLACEM'S.	—	....	»	»	»	»	»	»	1	2	1	»	»	»	»	»	»	4
		TOTAL.........	242	255	57	13	43	5	6	15	8	1	8	1	43	43	5	130

La différence entre le chiffre du personnel et celui du personnel autorisé provient de ce que, en raison des nécessités du service, 4 serviteurs ont été autorisés à titre supplémentaire.

Ainsi, les salles des malades sont réparties entre 8 chefs de service : 4 médecins, 3 chirurgiens et 1 accoucheur.

Le service d'accouchement est en outre l'école des sages-femmes externes. Un chef de clinique désigné par la Faculté de médecine y est attaché.

Les *Services généraux* sont constitués ainsi qu'il suit :

SERVICES GÉNÉRAUX	Surveillants		Sous-surveillants		Suppléants		1ers Infirmiers		Infirmiers		Garçon d'amphith.	TOTAL
	H.	F.	H.	F.	H.	F.	H.	F.	H.	F.		
Portes	1	»	»	»	2	1	»	»	»	»	»	4
Bureaux	»	»	»	»	»	»	»	»	2	»	»	2
Consultation	»	»	»	»	»	»	1	»	2	»	»	3
Cuisine	»	1	1	»	»	1	»	1	3	1	»	8
Magasins	»	»	»	»	1	»	»	»	»	»	»	1
Lingerie	»	1	»	»	»	»	»	»	»	1	»	2
Buanderie	»	»	»	1	»	»	»	»	1	1	»	3
Pharmacie	»	»	1	»	»	»	»	»	2	»	»	3
Bains	»	»	»	»	1	»	»	1	»	»	»	2
Chantier	»	»	»	»	»	»	»	»	1	»	»	1
Salle des morts	»	»	»	»	»	»	»	»	»	»	1	1
Service de propreté	»	»	»	»	1	»	»	»	5	»	»	6
Machines	1	»	»	»	1	»	»	»	»	»	»	2
Écurie	»	»	»	»	1	»	»	»	1	»	»	2
Laboratoire	»	»	»	»	»	»	1	»	»	»	»	1
	2	2	2	1	7	2	2	2	17	3	1	41

Buanderie. — Il existe une petite buanderie où 2 buandières lavent le linge à pansements. — Le linge de l'hôpital est blanchi par la Salpêtrière.

La Buanderie nouvelle blanchit le linge de la maternité de Beaujon.

Bains. — L'hôpital ne donne pas de bains externes, mais seulement des douches.

Chauffage et ventilation. — Le 1er pavillon est chauffé par un calorifère à air chaud; le 2e pavillon par l'eau; le 3e pavillon par un calorifère Michel Perret, et le 4e pavillon par un calorifère à air chaud (la ventilation de ce pavillon est assurée par une machine système du Dr Van Heke).

La maternité est chauffée par un calorifère Michel Perret.

Éclairage. — Le gaz pour les salles ; l'électricité pour la maternité.

Salubrité. — Le système du tout à l'égout fonctionne depuis 1895.

Une étuve à vapeur fonctionne chaque jour pour la désinfection des effets des entrants et de la literie des malades sortis ou décédés.

Un four à incinérer les ouates est installé auprès du service des bains et fonctionne également tous les jours.

Eaux. — L'établissement est alimenté par l'eau de rivière (Seine) et par l'eau de source (Vanne).

Laboratoires. — Un laboratoire général a été construit à Beaujon avec les libéralités de M. le Dr Millard. Il est à la disposition de tous les chefs de service. La maternité a un laboratoire spécial.

Bibliothèques. — Deux bibliothèques pour les internes sont entretenues au moyen de dons, de cotisations des élèves et de subventions votées chaque année par le Conseil municipal (500 francs pour les internes en médecine et 300 francs pour les internes en pharmacie).

Il existe aussi une bibliothèque pour les malades ; un crédit annuel de 150 francs est affecté à son entretien.

LA MATERNITÉ

Objets d'art. — Dans le cabinet du directeur se trouve le buste en marbre de Beaujon.

Dépenses. — En 1898, les dépenses de l'hôpital Beaujon se sont élevées à la somme de 803.488 fr. 02, se décomposant ainsi par nature de dépense :

Personnel administratif	18.376 34	*Report.*	396.026 29
Impressions, frais de bureau	652 90	Caves	39.915 »
Frais de cours, etc	850 »	Comestibles	95.873 35
Personnel médical	56.992 83	Chauffage et éclairage	67.665 54
Personnel secondaire	121.479 10	Blanchissage	29.875 76
Réparations de bâtiments	27.254 89	Coucher, linge, mobilier	63.772 »
Pharmacie	44.800 61	Appareils, instruments, etc	62.903 11
Boulangerie	28.939 82	Frais de transport	6.210 59
Boucherie	81.762 58	Eaux, salubrité, etc	41.246 47
Exploitations	14.917 28		
		Total	803.488 02
A reporter	390.026 29		

LÉGENDE DU PLAN

REZ-DE-CHAUSSÉE	PREMIER ÉTAGE	DEUXIÈME ÉTAGE	TROISIÈME ÉTAGE
A Administration.....	Salle Gubler (médecine F.)	Salle Béhier (médecine F.).	Dortoir de veilleuses.
A' Économat	Salle Louis (médecine H.).	—	Dortoir d'infirmiers.
B Salle d'attente des consultations	Salle Barth	Salle Sandras (médecine H.)	Dortoir de veilleurs.
B¹ Consultation (médecine)	Logement du directeur ..	Logement du commis rédacteur	Logement du commissionnaire.
B² Consultation (chirurgie)	—		
B³ Consultation dentaire .			
C Cuisines	Salle Barth (médecine H.)	Salle Sandras (médecine H.)	Dortoir d'infirmiers.
D Pharmacie.......	Salle Gubler	Salle Béhier........	Dortoir de veilleuses.
E Logement de l'économe	Logement du pharmacien.	Logements du commis rédacteur et de la surveillante des cuisines ..	Logement de sous-employés.
E¹ Internes en médecine et en pharmacie...	Chambres d'internes et de sous-employés	Logements de sous-employés	—
E² Service de garde, internes en pharmacie et vestiaires des médecins	Salle Louis	Salle Béhier........	Dortoir.
F Bains .			
G Buanderie.			
H Chapelle.			
I Service des morts.			
J Lingerie........	Salle Louis	Salle Béhier........	Dortoir de garçons.
L Chantier.			
M Salle Legroux (médecine H.)	Salle Gubler.......	Salle Béhier........	Dortoirs.
M¹ Crèche	Salle Monneret (médecine H.)	Salle Monneret (médecine H.)	Salle Monneret (médecine H.).
M² 1er pavillon (chirurgie H., salle Ambroise-Paré)	Salle Blandin (chirurgie H.)	Salle Marjolin (chirurgie H.).	
M³ 2e pavillon (Malgaigne)	Salle Robert (chirurgie H.)	Salle Gosselin (chirurgie H.).	
M⁴ 3e pavillon (Verneuil, chirurgie F.)	Salle Axenfeld (médecine F.)	Salle Vulpian (médecine F.)	
M⁵ Salle Jarjavay (chirurgie F.)	Salle Huguier (chirurgie F.)	Salle Laugier (chirurgie F.)	
M⁶ Pavillon Dolbeau (grandes opérations).			
M⁷ Consultation, salles de travail et de cours. .	Salle de malades	Salle de malades	Sages-femmes et infirmières.
M⁸ Isolement, maternité.			
N Grand amphithéâtre.			
R Réfectoire des serviteurs.			
U Étuve à désinfection.			
X Laboratoire Millard.			
X¹ Laboratoire maternité			
W Cabane pour animaux à expériences.			
Y Écuries.			

PLAN DE MASSE DE L'HÔPITAL BEAUJON

54

HOPITAL LARIBOISIÈRE

2, Rue Ambroise-Paré

DIRECTEUR : M. FAURE

Situation. — L'hôpital est limité, de face, par la rue Ambroise-Paré ; en arrière, il donne sur le boulevard de la Chapelle ; à droite, sur la rue de Maubeuge ; à gauche, sur la rue Guy-Patin.

La surface totale du terrain est de 54.872^{m}82, dont 15.734,17 pour la surface des bâtiments et 39.872,62 pour la surface des cours et jardins.

Historique. — Création de l'hôpital décidée en 1839 ; construction entreprise en 1846, sur l'emplacement de l'ancien clos Saint-Lazare, par M. Gauthier, membre de l'Institut.

On nomma primitivement l'établissement : hôpital du Nord, puis hôpital de Louis-Philippe, hôpital de la République et enfin, en 1853, hôpital Lariboisière, à l'occasion de la donation de 2.857.402 fr. 80, faite par la comtesse de Lariboisière.

Ouverture de l'hôpital le 13 mars 1854.

Circonscription hospitalière. — 9e arrondissement : quartiers de la Chaussée-d'Antin, Saint-Georges, Faubourg-Montmartre, Rochechouart ; 10e arrondissement : quartiers de la Porte-Saint-Denis, de la Porte-Saint-Martin, Saint-Vincent-de-Paul, de l'Hôpital-Saint-Louis (médecine seulement) ; 18e arrondissement : quartiers de la Chapelle, Clignancourt, de la Goutte-d'Or.

Communes suburbaines : Aubervilliers, Bobigny, Bondy, Le Bourget, La Courneuve, Drancy, Dugny, Ile-Saint-Denis, Pantin, Pré-Saint-Gervais, Pierrefitte, Saint-Denis, Stains.

Consultations. — Des consultations de médecine et de chirurgie ont lieu tous les jours, à 9 heures.

Des consultations spéciales de médecine ont lieu en outre :

Pour les maladies des yeux, tous les jours *(Dr Delens)* ;

Pour les maladies du larynx et de la gorge, les mardis et samedis *(Dr Gouguenheim)* ;

Pour les maladies du nez et des oreilles, les lundis et vendredis *(Dr Gouguenheim)* ;

Pour les maladies des femmes enceintes et des nouveau-nés, tous les jours *(Dr Bonnaire)* ;

Pour le traitement des goitres, le mercredi *(Dr Duguet)*.

Des consultations spéciales de gynécologie ont lieu le jeudi *(Dr Landrieux)*.

Consultations pour les maladies des dents, le lundi et le vendredi *(Dr Rodier)*.

Nombre de consultations en	1896	1897	1898
Consultations de médecine	27.360	27.557	26.670
— de chirurgie	16.365	14.545	15.526

Nombre de lits. — L'hôpital Lariboisière contient 968 lits, ainsi répartis :

		Hommes	Femmes	Enfants	Total
MÉDECINE . . .	Maladies aiguës.	220	234	»	454
	—	122	116	»	238
	— chroniques	40	10	»	50
CHIRURGIE. . .	— des voies urinaires	30	18	»	48
	— des yeux	10	10	»	20
	— du larynx	10	12	»	22
	Lits d'ovariotomie.	»	2	»	2
	— pour femmes enceintes	»	6	»	6
ACCOUCHEMENT	— — accouchées	»	50	»	50
	— — — malades. . . .	»	6	»	6
BERCEAUX pour lits d'accouchement et crèche, etc.	»	»	64	64
LITS DE CRÈCHE, médecine	»	8	»	8
		432	472	64	968

Indépendamment de la maternité de l'hôpital, 8 sages-femmes agréées sont attachées à l'établissement, mettant chacune 3 lits à la disposition de l'Administration.

Mouvement de la population. — Au 1er janvier 1896, on constatait la présence à l'hôpital de 926 malades ; pendant cette année, il en est entré 16.490 et sorti 14.659. Le nombre des morts a été de 1.840. Le chiffre des malades restant au 31 décembre 1896 était de 917.

Pour cette année 1896, le nombre de journées de malades a été de 328.926.

La mortalité, calculée d'après le nombre des individus sortis par guérison ou par décès divisé par le nombre des morts, a été de 1 sur 7,17 en médecine et de 1 sur 16,12 en chirurgie.

La durée du séjour, calculée d'après le nombre des journées divisé par le nombre des individus sortis par guérison ou par décès, a été de 19,30 en médecine et de 22,99 en chirurgie.

Il a été fait en 1896, à la maternité de l'hôpital, 1.482 accouchements, et 829 chez les sages-femmes agréées.

Personnel administratif. — Le personnel administratif comprend 7 personnes : 1 directeur ; 1 économe ; 1 commis rédacteur ; 2 expéditionnaires ; 1 commissionnaire et 1 garçon de bureau.

Toutes ces personnes sont logées dans l'établissement.

COUR D'HONNEUR

Personnel médical. — Le service de santé se compose de 116 personnes :

6 médecins ; 4 chirurgiens ; 18 internes ; 68 externes ; 1 accoucheur ; 1 médecin consultant ; 5 sages-femmes internes ; 1 chirurgien consultant ; 1 dentiste ; 1 pharmacien et 10 élèves.

Personnel secondaire. — Ce personnel se compose de 230 personnes, savoir :

17 surveillants et surveillantes ; 22 sous-surveillants et sous-surveillantes ; 1 garçon d'amphithéâtre ; 6 panseurs ou panseuses ; 20 suppléants ou suppléantes ; 24 premiers infirmiers ou premières infirmières ; 138 infirmiers et infirmières, garçons ou filles de service ; 2 nourrices.

Personnel professionnel fixe. — 1 mécanicien ; 1 charretier.

Personnel à la journée. — On compte 120 personnes, savoir :

2 plombiers ; 1 menuisier ; 9 mécaniciens-chauffeurs ; 2 cuisiniers ; 2 jardiniers ; 2 étuvistes ; 40 buandiers ou buandières ; 1 charretier ; 20 lingères ; 27 repasseuses ; 4 éplucheuses ; 10 journaliers divers.

Les *Services hospitaliers* sont constitués ainsi qu'il suit :

NATURE des SERVICES	NOMS des chefs de SERVICE	DÉSIGNATION des SALLES	NOMBRE DE LITS		Berceaux	ÉLÈVES		SAGES-FEMMES	PERSONNEL SECONDAIRE									
			H.	F.		Internes	Externes		Surveillantes	S.-surveillantes	Suppléantes	1er Infirmiers H.	1er Infirmiers F.	Panseurs	Infirmiers H.	Infirmiers F.	Nourrices	Total
MÉDECINE . . .	Dr Duguet . . .	Grisolle. . . .	36	»	»	1	7	»	1	»	»	1	»	»	4	1	»	7
		Baraquement.	24	»	»	»	»	»	»	1	»	»	1	»	3	1	»	5
		Bernutz. . . .	»	38	»	»	»	»	1	»	»	1	»	1	»	1	4	»	7
LARYNGOLOGIE.	Dr Gouguenheim Dr Lombard (as-sistant). . . .	Weillez. . .	10	»	»	1	4	»	»	1	»	1	»	»	1	1	»	8
		Davaine. . .	»	12	»	»	»	»	»	1	»	»	»	»	1	1	»	3
MÉDECINE . . .	Dr Landrieux. .	J.-Bouley. . .	38	»	»	1	6	»	1	»	»	1	»	»	5	1	»	8
		Trousseau . .	»	38	»	»	»	»	1	»	1	»	»	1	»	5	»	8
		Langle A. . .	»	18	»	»	»	»	»	1	»	»	»	»	1	2	»	4
—	Dr Dreyfus-Brisac . . .	Laségue . . .	38	»	»	1	7	»	1	»	»	1	»	»	5	1	»	8
		Maurice-Raynaud	»	38	»	»	»	r	»	1	»	»	1	»	»	1	5	»	8
		Langle B. . .	»	18	»	»	»	»	»	1	»	»	»	»	»	1	2	»	3
		Crèche	»	8	8	»	»	»	»	»	1	»	»	»	»	1	2	»	4
—	Dr Tapret. . .	Bazin. . . .	38	»	»	1	5	»	1	»	»	1	»	»	5	1	»	8
		Louis. . . .	»	36	»	»	»	»	»	1	»	1	»	»	1	4	»	7
		Husson. . .	»	10	»	»	»	»	»	1	»	»	»	»	1	2	»	4
—	Dr Brault . . .	Rabelais . . .	36	»	»	1	5	»	»	1	»	1	»	»	4	1	»	7
		Barth. . . .	10	»	»	»	»	»	»	1	»	»	»	»	2	1	»	4
		Aran . . .	»	38	»	»	»	»	1	»	»	1	»	»	1	5	»	8
OPHTALMOLO-GIE.	Dr Delens. . . Dr Sauvineau (assistant). . .	Daviel . . .	10	»	»	2	3	»	»	1	»	»	»	»	1	3	»	2
		Demours. . .	»	10	»	»	»	»	»	1	»	»	»	»	1	1	»	2
CHIRURGIE. . .	Dr Peyrot. . . Dr Souligoux (as-sistant). . . .	Nélaton. . .	40	»	»	2	6	»	»	2	»	1	»	»	4	1	»	9
		Voillemier . .	40	»	»	1	2	»	1	»	»	1	»	»	2	1	»	5
		Denonvilliers.	»	40	»	»	»	»	1	»	»	1	»	1	1	5	»	9
		Baraquement.	»	10	»	»	»	»	»	1	»	»	»	»	1	2	»	4
		Ovariotomie. .	»	2	»	»	»	»	»	»	1	»	»	»	2	»	3
—	Dr Reynier. . .	Ambroise-Paré . .	42	»	»	3	6	»	1	»	»	1	»	1	5	1	»	9
		Gosselin . .	»	46	»	»	»	»	1	»	1	»	»	1	»	8	»	12
—	Dr Tuffier . .	Chassaignac . .	40	»	»	2	6	»	»	1	»	1	»	1	1	3	»	9
		Élisa-Roy. . .	»	30	»	»	»	»	»	1	»	1	»	1	1	5	»	9
VOIES URIN. . .	Dr N.		30	»	»	»	»	»	»	»	»	»	»	»	»	»	»	»
			»	18	»	»	»	»	»	»	»	»	»	»	»	»	»	»
ACCOUCHEMENT	Dr Bonnaire.		»	62	56	1	4	5	»	1	2	»	1	»	»	3	17	»	26
CONSULTATION.	Dr Lion (médecine)		»	»	»	1	4	»	»	»	»	»	»	»	»	»	»	»
—	Dr Beurnier (chirurgie)		»	»	»	1	3	»	»	»	»	»	»	»	»	»	»	»
SERVICE DE VEILLE			»	»	»	»	»	»	3	»	»	»	»	»	»	»	3
REMPLACEMENTS			»	»	»	»	»	»	3	»	»	»	»	»	»	4
GYNÉCOLOGIE.			»	»	»	»	»	»	»	1	»	»	»	»	»	»	1
PANSEMENTS			»	»	»	»	»	»	»	»	»	»	1	»	»	»	1
SANITAIRES.			»	»	»	»	»	»	»	»	»	»	»	5	»	»	5
		TOTAL	432	472	64	18	68	5	8	16	15	1	20	2	4	63	89	2	220

L'état d'organisation du personnel secondaire ne prévoit que 171 personnes. Toutefois, en raison du nombre toujours considérable de lits supplémentaires occupés (180 en moyenne), le chiffre réel de ce personnel est de 220.

Les *Services généraux* sont constitués ainsi qu'il suit :

SERVICES GÉNÉRAUX	Surveillants		Sous-surveillants		Suppléants		1ers Infirmiers		Infirmiers		Garçon d'amphith.	TOTAL
	H.	F.	H.	F.	H.	F.	H.	F.	H.	F.		
Instruction	»	»	»	»	»	»	»	»	»	»	»	»
Communauté	»	»	»	»	»	»	»	»	»	»	»	»
Portes	1	»	1	»	2	»	»	»	»	»	»	4
Bureaux	»	»	»	»	1	»	»	»	2	»	»	3
Consultation	»	»	1	»	2	»	2	»	1	»	»	6
Cuisine	»	1	»	1	»	1	»	»	3	1	»	7
Sommellerie	»	»	»	»	»	»	»	»	»	»	»	»
Magasins	1	»	»	»	»	»	»	»	»	»	»	1
Lingerie	»	1	»	1	»	»	»	»	2	2	»	6
Vestiaire	»	»	»	1	»	»	»	»	»	1	»	2
Linges à pansements	»	»	»	»	»	»	»	»	»	1	»	1
Buanderie	1	1	»	1	»	1	»	»	»	1	»	5
Pharmacie	1	»	»	»	»	»	1	»	2	»	»	4
Bains	»	»	»	»	»	»	»	»	1	1	»	2
Chantiers	»	»	»	»	1	»	»	»	»	»	»	1
Salle des morts	»	»	»	»	»	»	»	»	2	»	1	3
Service de propreté	»	»	»	»	»	»	»	»	7	»	»	7
Réfectoire des surveillantes	»	»	»	»	»	»	»	»	»	1	»	1
Ventouses	»	»	»	»	»	»	»	1	»	»	»	1
Machines (porte de la maternité)	»	»	1	»	»	»	»	»	»	»	»	1
Écurie	»	»	»	»	»	»	»	»	»	»	»	1
Laboratoire	»	»	»	»	»	»	»	»	»	»	»	»
Éclairage	»	»	»	»	»	»	»	»	1	»	»	1
Stérilisation	»	»	»	»	»	»	»	»	1	»	»	1
Garçon des internes	»	»	»	»	»	»	»	»	1	»	»	1
	4	3	3	4	6	2	3	1	23	9	1	39

Buanderie. — La buanderie occupe 67 personnes. Elle blanchit le linge de l'hôpital Lariboisière, celui de la Maison municipale de Santé et de l'école de Montévrain : environ 6.000 kilogrammes par jour.

Les appareils sont les suivants : 3 cuviers-laveurs, 3 essoreuses, 1 séchoir à air chaud, etc.

École municipale d'infirmiers et d'infirmières. — L'hôpital est le siège d'une des quatre écoles municipales d'infirmiers et d'infirmières. 250 à 300 élèves, infirmiers ou élèves libres, suivent les cours qui y sont professés.

À côté de cette école professionnelle, fonctionne une école primaire. Les cours de cette dernière sont faits par des surveillantes de l'hôpital, ayant leur brevet d'institutrice.

Bains. — Il existe un service de bains internes. Il y est exceptionnellement délivré, le dimanche matin, des bains aux membres de divers syndicats ouvriers.

Il est délivré annuellement 42.600 bains.

Chauffage et ventilation. — Le chauffage par la vapeur est employé pour toutes les salles de malades.

Au pavillon d'ovariotomie, les chambres de malades sont pourvues de cheminées dans lesquelles on brûle du coke.

Éclairage. — Tous les locaux de l'établissement sont éclairés par la lumière électrique. Le courant est fourni par la Société concessionnaire du secteur dans lequel se trouve l'établissement.

Salubrité. — Le système du tout à l'égout est employé. Une étuve à vapeur fonctionne chaque jour pour la désinfection des effets des entrants et de la literie des malades sortants ou décédés.

Un four à incinérer les ouates fonctionne également tous les jours.

Eaux. — La maison est alimentée par l'eau de rivière (Seine et Marne) et par l'eau de source (Dhuis).

Laboratoires. — Chaque chef de service a un laboratoire spécial.

Musée. — Le musée Civiale, actuellement installé à l'hôpital Necker, sera installé dans un local qui lui est réservé dans les nouveaux bâtiments du service des voies urinaires.

Bibliothèques. — Deux bibliothèques pour les internes sont entretenues au moyen de dons, de cotisations des élèves et de subventions votées chaque année par le Conseil municipal : 400 francs pour les internes en médecine, 300 francs pour les internes en pharmacie.

Il existe aussi une bibliothèque pour les malades ; un crédit annuel de 100 francs lui est affecté.

Objets d'art. — On peut voir :

Cour centrale : un groupe en marbre dû au statuaire Étex.

Chapelle : un monument élevé à la mémoire de la comtesse de Lariboisière ; des figures en marbre teinté de Marochetti.

Cabinet du directeur : portrait de la comtesse de Lariboisière, par le baron Gros.

Dépenses. — En 1898, les dépenses de l'hôpital Lariboisière se sont élevées à la somme de 1.470.169 fr. 31, se décomposant ainsi par nature de dépense :

Personnel administratif	22.648 38	*Report*	676.014 47
Impressions, frais de bureau	1.493 40	Cave	60.958 »
Frais de cours, etc	7.040 74	Comestibles	170.735 61
Frais d'exploitation	18.912 44	Chauffage et éclairage	191.321 81
Personnel médical	83.494 39	Blanchissage	55.355 99
Personnel secondaire	181.256 93	Coucher, linge, mobilier	124.547 93
Réparations de bâtiments	112.266 71	Appareils et instruments	102.840 92
Pharmacie	93.127 99	Frais de transport	10.014 37
Boulangerie	42.418 58	Eaux, salubrité, etc	78.380 21
Boucherie	113.355 21		
		Total	1.470.169 31
A reporter	676.014 47		

LÉGENDE DU PLAN

REZ-DE-CHAUSSÉE

A   Bureaux de la direction.

A¹ Bureaux de l'économat.

B   Consultations externes (médecine et chirurgie).

B¹ Consultation pour les maladies de la gorge, des oreilles, du nez.

B² Gynécologie, consultation dentaire.

B³ Consultation pour les yeux.

B⁴ Consultation pour les femmes enceintes.

B⁵ Consultation pour les maladies des voies urinaires.

C   Cuisine et réfectoire des gens de service.

D   Pharmacie.

F¹ Bains divers (femmes).

F² Bains divers (hommes).

G   Buanderie.

H   Chapelle.

I   Service des morts.

J   Linge sale.

K   Magasin de l'économat.

L   Chantier.

M¹ Médecine femmes (38 lits).

M² Chirurgie hommes (42 lits).

M³ Chirurgie femmes (40 lits).

M⁴ Chirurgie hommes (40 lits).

M⁵ Chirurgie femmes (46 lits).

M⁶ Chirurgie hommes (40 lits).

M⁷ Service d'accouchement. (56 lits et 56 berceaux).

M⁸ Maladies des yeux hommes (10 lits).

M⁹ Crèche (4 lits, 8 berceaux).

M¹⁰ Maladies des oreilles, du nez, hommes (10 lits).

M¹¹ Maladies des yeux femmes (10 lits).

M¹² Médecine hommes (10 lits).

M¹³ Médecine femmes (10 lits).

M¹⁴ Maladies du larynx (12 lits).

M¹⁵ Chroniques femmes (10 lits).

M¹⁶ Médecine hommes (24 lits).

M¹⁷ Chirurgie hommes, voies urinaires (30 lits).

N   Salle d'opérations (yeux).

N¹ Pavillon d'opérations et d'isolement femmes.

N² Pavillon d'opérations hommes.

N³ Pavillon d'ovariotomie (2 lits).

N⁴ Pavillon d'opérations des voies urinaires et musée Civiale.

R   Réfectoire des surveillantes.

S   Amphithéâtre des cours.

U   Étuve à désinfection.

V   Vestiaire général.

X   Vestiaire des médecins.

Y   Salles des machines.

Z   Galeries.

WC Cabinets du rez-de-chaussée.

PREMIER ÉTAGE

B³ Logement de l'économe.

C   Isolement de la maternité (6 lits), logements d'employés.

D   Logement du pharmacien, et logements d'employés.

G   Lingerie.

K   Garçon d'amphithéâtre.

M¹ Médecine femmes (38 lits).

M² Chroniques hommes (40 lits).

M³ Médecine femmes (38 lits).

M⁴ Médecine hommes (38 lits).

M⁵ Tuberculeuses (36 lits).

M⁶ Tuberculeux (36 lits).

M⁷ Service d'accouchement.

M¹⁷ Chirurgie femmes, voies urinaires (18 lits).

X   Logement du directeur.

DEUXIÈME ÉTAGE

B³ Logements d'employés.

C   Dortoirs (hommes).

D   Logements des internes.

G   Logements du personnel, dortoirs.

M¹ Chirurgie femmes (30 lits).

M² Médecine hommes (38 lits).

M³ Médecine femmes (38 lits).

M⁴ Médecine hommes (38 lits).

M⁵ Tuberculeuses (36 lits).

M⁶ Tuberculeux (36 lits).

M⁷ Logements du personnel.

X   Bibliothèque des internes.

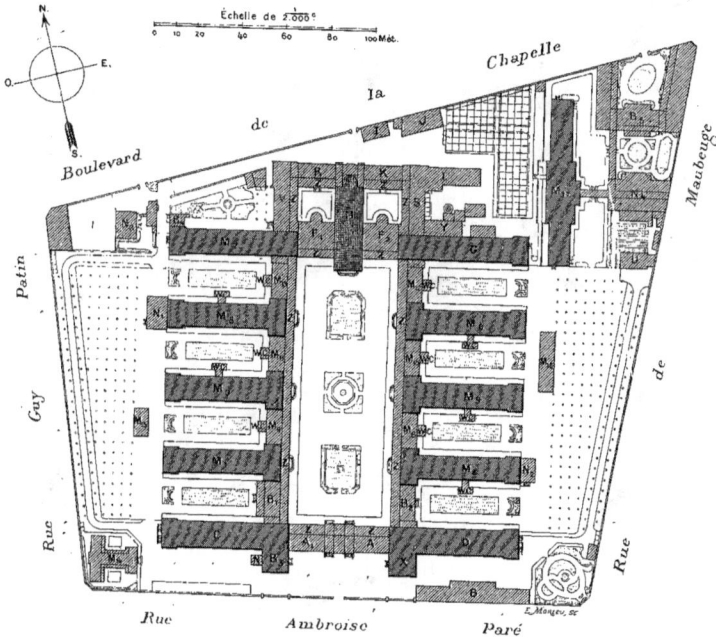

PLAN DE MASSE DE L'HÔPITAL LARIBOISIÈRE

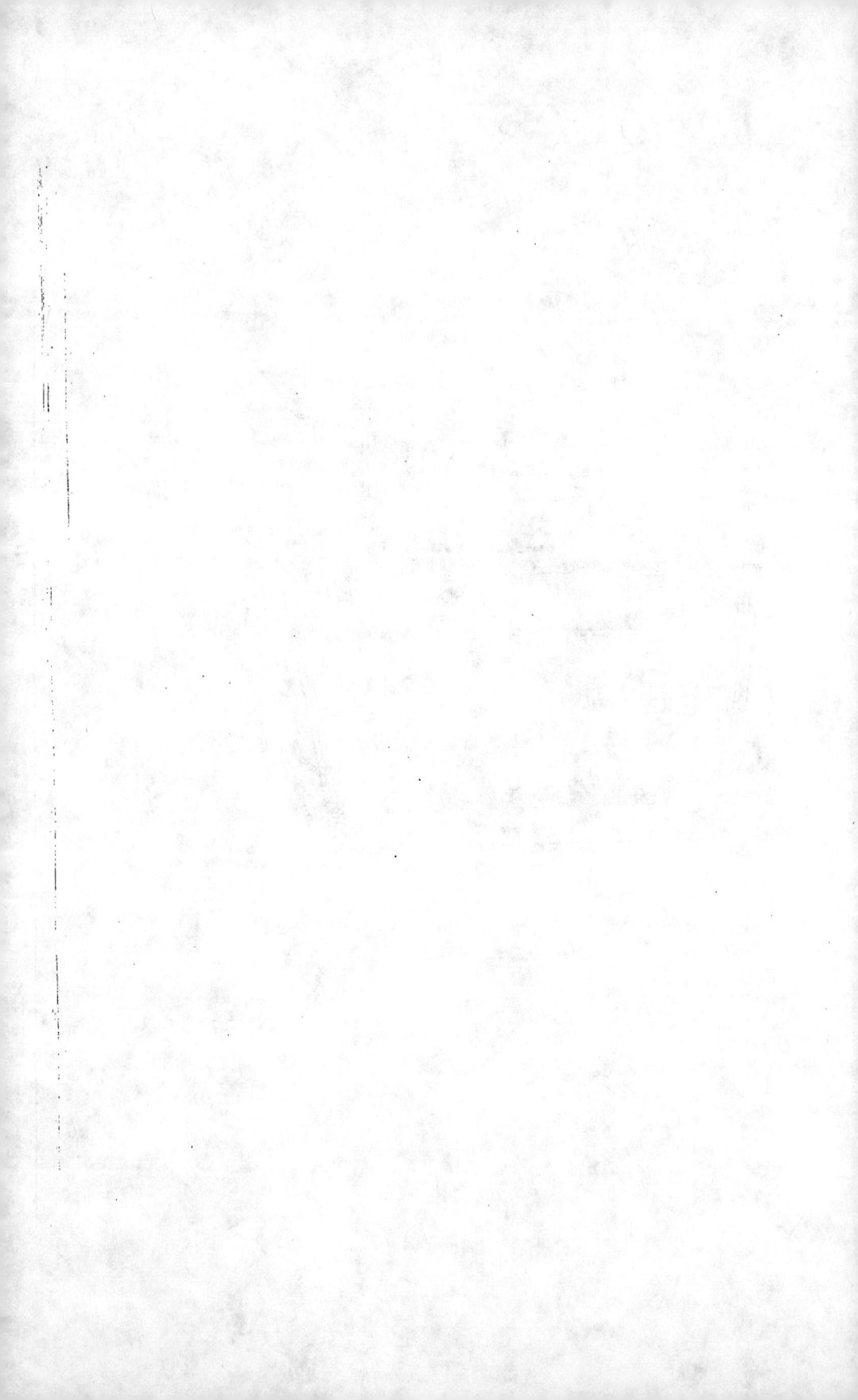

HOPITAL TENON

4, Rue de la Chine

DIRECTEUR : M. AMAURY

Situation. — L'hôpital est limité, de face, par la rue de la Chine ; en arrière, par la rue Pelleport ; à droite, par la rue Belgrand ; à gauche, par l'avenue Gambetta. La surface totale du terrain est de 52.674^{m3}, dont 12.365 pour les bâtiments et 40.309 pour les cours et jardins.

Historique. — L'hôpital Tenon a été élevé d'après les plans de M. Billon, architecte de l'Assistance publique, sur des terrains de culture, et fut d'abord appelé hôpital Ménilmontant. Il fut ouvert le 1er novembre 1878 et ne prit son nom actuel qu'en 1879.

Circonscription hospitalière. — Quartiers du Pont-de-Flandre, La Villette, Le Combat, Amérique, Saint-Fargeau, Belleville, Père-Lachaise, Charonne.— Elle comprend aussi les communes de Noisy-le-Sec, Villemomble, Romainville, Les Lilas, Rosny et Bagnolet.

SALLE D'ACCOUCHEMENT

Consultations. — Des consultations de médecine et de chirurgie ont lieu tous les jours, à 9 heures.

Des consultations spéciales de chirurgie infantile ont lieu tous les jours, à 9 heures *(Dr Félizet)* ;

Des consultations spéciales pour les femmes enceintes ont lieu tous les jours *(Dr Boissard)* ;

En outre, des consultations pour les maladies des dents ont lieu les mardis et jeudis *(Dr Richer)*.

Nombre de consultations en	1896	1897	1898
Consultations de médecine	19.538	19.795	22.204
— de chirurgie	10.481	13.467	15.291
— — infantile	32.412	32.678	30.906

Nombre de lits. — L'hôpital Tenon contient 919 lits réglementaires, ainsi répartis :

	Hommes	Femmes	Enfants	Total
MÉDECINE (maladies aiguës)	272	248	»	520
— (maladies chroniques)	30	»	»	30
CHIRURGIE (maladies aiguës)	119	54	72	245
ACCOUCHEMENT	»	36	»	36
BERCEAUX	»	»	62	62
LITS DE CRÈCHE (médecine)	»	20	»	20
— (chirurgie)	»	6	»	6
	421	364	134	919

En outre de la maternité qui existe à Tenon, 2 sages-femmes agréées sont attachées à l'hôpital, mettant chacune 3 lits à la disposition de l'Administration.

Mouvement de la population. — Au 1er janvier 1896, on constatait la présence à l'hôpital de 923 malades ; pendant cette année, il en est entré 13.612 et sorti 12.058. Le nombre des morts a été de 1.495. Le chiffre des malades restant au 31 décembre était de 982.

Pour cette année 1896, le nombre de journées de malades a été de 359.975.

La mortalité, calculée d'après le nombre des individus sortis par guérison ou par décès divisé par le nombre des morts, a été de 1 sur 7,80 en médecine et de 1 sur 15,47 en chirurgie.

La durée du séjour, calculée d'après le nombre des journées divisé par le nombre des individus sortis par guérison ou par décès, a été de 25,40 en médecine et de 32,38 en chirurgie.

Il a été fait, en 1896, chez les sages-femmes agréées, 205 accouchements et à l'hôpital 915.

Personnel administratif. — Ce personnel comprend : 1 directeur ; 1 économe ; 1 commis rédacteur ; 2 expéditionnaires ; 1 garçon de bureau et 1 commissionnaire.

Toutes ces personnes sont logées dans l'établissement.

Personnel médical. — Il se compose de 111 personnes : 8 médecins ; 3 chirurgiens ; 1 accoucheur ; 1 pharmacien ; 19 internes en médecine ; 11 internes en pharmacie ; 65 externes et 3 sages-femmes.

Personnel secondaire. — Ce personnel se compose de 227 personnes, savoir : 12 surveillants et surveillantes ; 19 sous-surveillants et sous-surveillantes ; 18 suppléants et suppléantes ; 15 premiers infirmiers et premières infirmières ; 3 panseurs et panseuses ; 1 garçon d'amphithéâtre ; 6 nourrices ; 153 infirmiers, infirmières, garçons et filles de service, y compris un panseur supplémentaire dans le service du Dr Chaput.

Personnel à la journée. — On compte 48 personnes, savoir : 1 plombier ; 1 menuisier ; 1 serrurier ; 1 fumiste ; 5 mécaniciens et chauffeurs ; 1 cuisinier ; 2 jardiniers ; 2 étuvistes ; 9 buandiers et buandières ; 16 lingères ; 4 éplucheuses ; 5 journaliers répartis dans les divers services.

Services hospitaliers. — Les salles de malades sont réparties entre 12 chefs de service : 9 médecins et 3 chirurgiens. Sur trois services de chirurgie, deux sont affectés

au traitement des maladies générales pour les adultes et un affecté aux enfants, savoir :

NATURE des SERVICES	NOMS des chefs de SERVICE	DÉSIGNATION des SALLES	H.	F.	G.	F.	Berceaux	Internes	Externes	Sages-femmes	Surveillantes	Sous-surveillantes	Suppléantes	1res Inf. H.	1res Inf. F.	Panseurs	Inf. H.	Inf. F.	Nourrices	Total
MÉDECINE	Dr Achard	Bichat	24	»	»	»	»	»	»	»	»	1	»	»	»	1	3	»	5
		Magendie	»	24	»	»	»	»	»	»	1	»	»	»	»	1	2	»	4
		Laënnec	»	22	»	»	»	1	5	»	»	1	»	»	»	»	2	»	3
—	Dr Martin	Andral	22	»	»	»	»	»	»	»	»	»	»	»	»	»	3	»	4
		Böhier	»	25	»	»	»	1	7	»	1	1	»	»	»	1	2	»	4
		Claude-Bernard	»	22	»	»	»	»	»	»	»	1	»	»	»	»	2	»	3
		Vallex (crèche)	»	20	»	»	20	»	»	»	»	1	1	1	»	1	4	2	9
—	Dr Bourey	Lelong	25	»	»	»	»	»	»	»	»	1	»	»	»	1	3	»	5
		Bouillaud	»	24	»	»	»	1	6	1	»	»	1	»	»	1	2	»	4
		Annexe (chroniques)	36	»	»	»	»	»	»	»	1	»	»	»	»	1	3	»	5
—	Dr Legendre	Barth	24	»	»	»	»	1	4	»	»	1	»	»	»	1	3	»	4
		Couverchel	»	25	»	»	»	»	»	»	»	1	»	»	»	1	2	»	4
—	Dr Duflocq	Gérando	25	»	»	»	»	1	4	»	»	1	»	»	»	1	3	»	4
		Rayer	»	24	»	»	»	»	»	»	1	»	»	»	»	2	»	3
—	Dr Launois	Parrot	32	»	»	»	»	»	»	»	»	1	»	»	»	1	3	»	5
		Lorain	32	»	»	»	»	1	5	»	»	»	1	»	»	2	»	4
		Maurice-Reynaud	»	26	»	»	»	»	»	»	1	»	»	»	1	4	»	4
—	Dr Ménétrier	Axenfeld	24	»	»	»	»	1	4	»	»	1	»	»	»	3	»	4
		Colin	»	25	»	»	»	»	»	»	»	1	»	»	»	2	»	3
—	Dr Morel-Lavallée	Pidoux	32	»	»	»	»	»	»	»	1	»	»	»	1	3	»	5
		Trousseau	32	»	»	»	»	1	5	»	»	1	»	1	»	2	»	3
		Cruveilhier	»	32	»	»	»	»	»	»	»	1	»	»	»	2	»	3
CHIRURGIE	Dr Lejars	Dupuytren	12	»	»	»	»	»	»	»	»	1	»	»	1	2	»	4
		Montyon	27	»	»	»	»	3	6	»	1	»	1	1	1	»	7
		Seymour	21	»	»	»	»	»	»	»	»	1	»	1	3	»	4
		Delessert	»	22	»	»	»	»	»	»	1	»	1	»	1	3	»	6
—	Dr Poirier	Velpeau	12	»	»	»	»	»	»	»	»	1	»	1	1	2	»	4
		Nélaton	25	»	»	»	»	»	»	»	»	1	1	»	1	3	»	6
		Lisfranc	22	»	»	»	»	»	6	1	»	»	1	»	2	»	3
		Richard-Wallace	»	23	»	»	»	»	»	»	1	»	»	»	1	3	»	5
		Richard-Wallace (annexe)	»	8	»	»	»	»	»	»	»	»	»	»	»	2	»	3
CHIRURGIE INFANTILE	Dr Félizet	Dolbeau	»	»	36	»	»	»	»	»	1	»	1	1	1	6	»	10
		Tenon	»	»	»	12	3	6	»	»	1	»	»	1	2	»	4
		Ambroise-Paré	»	»	»	24	»	»	»	»	1	»	»	1	2	»	4
		Boyer (crèche)	»	6	»	»	6	»	»	»	»	1	»	1	»	2	»	3
ACCOUCHEMENT	Dr Boissard	Baudelocque	»	36	»	»	36	1	3	3	»	1	»	1	»	2	8	4	16
CONSULTATION DE MÉDECINE	Dr Lamy		»	»	»	»	»	»	1	1	»	»	»	»	»	»	»	»
CONSULTATION DE CHIRURGIE	Dr Brésard (assistant)		»	»	»	»	»	»	2	»	»	»	»	»	»	»	»	»
SERVICE DE VEILLE			»	»	»	»	»	»	»	»	4	»	»	»	»	»	»	4
REMPLACEMENTS			»	»	»	»	»	»	»	»	4	»	»	»	»	»	»	4
		TOTAL	421	364	36	24	74	49	65	3	6	15	14	12	2	1	21	96	6	173

Les *Services généraux* sont constitués ainsi qu'il suit :

SERVICES GÉNÉRAUX	Surveillants		Sous-surveillants		Suppléants		Infirmiers	Infirmiers		Garçon d'amphith.	TOTAL
	H.	F.	H.	F.	H.	F.		H.	F.		
Instruction	»	»	»	»	»	»	»	»	»	»	»
Communauté	»	»	»	»	»	»	»	»	»	»	»
Portes	1	»	»	»	2	»	»	»	»	»	3
Bureaux	»	»	»	»	»	»	»	3	»	»	3
Consultation	»	1	1	»	»	1	1	1	1	»	6
Cuisine	»	1	»	1	»	»	»	6	2	»	10
Sommellerie	»	»	»	»	»	»	»	»	»	»	»
Magasins	1	»	»	»	»	»	»	»	»	»	1
Lingerie	»	1	»	1	»	»	»	1	4	»	7
Vestiaire	»	»	»	1	»	»	»	1	1	»	3
Linge à pansements	»	»	»	»	»	»	»	»	»	»	»
Buanderie	»	»	»	»	»	»	»	»	»	»	»
Pharmacie	1	»	»	»	»	»	1	3	»	»	5
Bains	»	»	»	»	»	»	»	1	1	»	2
Chantier	»	»	»	»	»	»	1	»	»	»	1
Salle des morts	»	»	»	»	»	»	»	»	»	1	1
Service de propreté	»	»	»	»	1	»	»	8	»	»	9
Réfectoire	»	»	»	»	»	»	»	»	»	»	»
Ventouses	»	»	»	»	»	»	»	»	1	»	1
Machines	»	»	»	»	»	»	»	2	»	»	2
Écurie	»	»	»	»	»	»	»	»	»	»	»
Laboratoire	»	»	»	»	»	»	»	»	»	»	»
	3	3	1	3	3	1	3	26	10	1	54

Écoles. — Des cours du soir existent à l'hôpital. L'enseignement est donné par deux surveillantes ayant leur brevet supérieur et élémentaire, ainsi que des cours pratiques enseignés aussi par une surveillante.

Buanderie. — Le linge de l'hôpital est blanchi : 1° par l'hôpital Saint-Louis, environ 32.000 kilogrammes par mois ; 2° par un entrepreneur, 48.000 kilogrammes par mois, et enfin par les 9 buandiers et buandières de l'établissement, 24.000 kilogrammes par mois.

Ensemble 104.000 kilogrammes environ.

Bains. — Des bains existent à l'hôpital. Il est donné par an environ 55.000 bains externes et 11.500 douches, 20.000 bains internes et 2.500 douches.

Chauffage et ventilation. — Tous les pavillons sont chauffés à l'eau chaude.

Il y a en outre des cheminées dans les salles et petites chambres où l'on brûle du coke.

La salle Tarnier de la maternité est chauffée avec des poêles et des cheminées dans lesquels on brûle du coke.

Un calorifère existe sous le bâtiment de l'administration ; il ne chauffe que le rez-de-chaussée du bâtiment.

56

La ventilation est assurée par des cheminées d'appel qui reçoivent l'air vicié des salles et le rejettent au dehors.

Éclairage. — L'établissement est entièrement éclairé par le gaz.

Salubrité. — Le système du tout à l'égout est établi à l'hôpital Tenon.

Une étuve à vapeur fonctionne chaque jour pour la désinfection des effets des décédés et des contagieux et pour la literie des décédés et des sortants.

Un four à incinérer les ouates est installé à côté des machines et fonctionne également tous les jours.

Eaux. — La maison est alimentée par l'eau de rivière (Marne) et par l'eau de source (Dhuis).

Laboratoires. — Chaque chef de service a un laboratoire spécial.

Bibliothèques. — Deux bibliothèques pour les internes sont entretenues au moyen de dons, de cotisations des élèves et de subventions votées chaque année par le Conseil municipal (500 francs pour les internes en médecine, 300 francs pour les internes en pharmacie).

Il existe aussi une bibliothèque pour les malades ; un crédit annuel de 250 francs est affecté à son entretien.

Dépenses. — En 1898, les dépenses de l'hôpital Tenon se sont élevées à la somme de 1.248.649 fr. 96, se décomposant ainsi par nature de dépense :

Personnel administratif	21.104 29	*Report*	563.609 35
Impressions et frais de bureau	872 75	Cave	61.091 »
Frais de cours	1.895 03	Comestibles	154.995 60
Personnel médical	110.125 13	Chauffage, éclairage	143.420 40
Personnel secondaire	113.746 77	Blanchissage	60.124 20
Réparations de bâtiments	48.130 55	Coucher, linge, mobilier	108.120 19
Pharmacie	78.837 59	Appareils, instruments, etc	77.789 63
Boulangerie	50.376 17	Frais de transport	18.657 78
Boucherie	138.521 07	Eaux, salubrité, etc	60.841 81
A reporter	563.609 35	*Total*	1.248.649 96

Échelle de $\frac{1}{2000^e}$

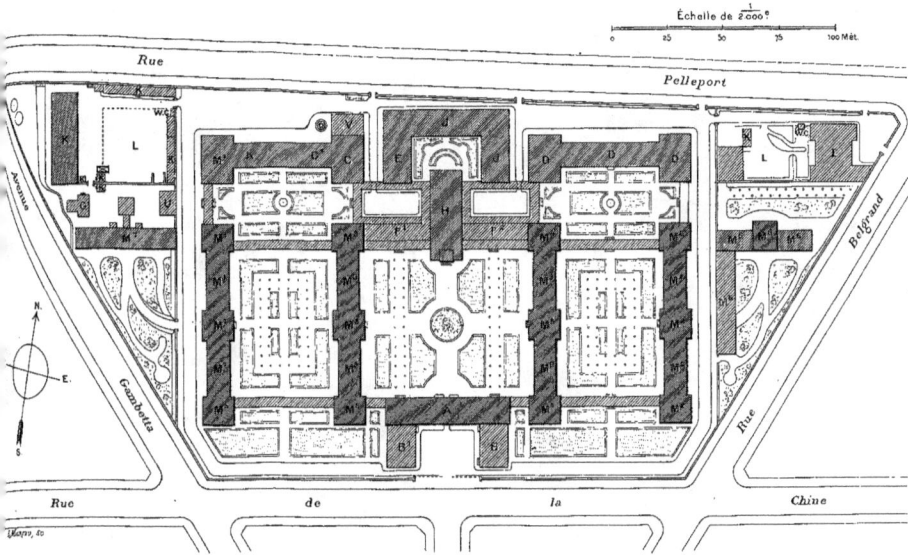

PLAN DE MASSE DE L'HÔPITAL TENON

REZ-DE-CHAUSSÉE

A Administration.
B, B¹ Consultations.
C, C¹ Cuisine et dépendances.
D Pharmacie.
E Logement de s.-employés.
F¹, F² Bains.
G Buanderie.
H Chapelle.
I Service des morts.
J Lingerie.
K Magasins, ateliers.
L Chantier.
M¹ Médecine (hommes).
M² Médecine (femmes).
M³ Chirurgie (hommes).
M⁴ Chirurgie (femmes).
M⁵ Médecine (douteux).
M⁶ Maternité.
M⁷ M⁹ Enfants (chirurgie).
M⁸ Chirurgie (femmes avec enfants).

U Étuve.
V Machinerie.
W Water-closets.

PREMIER ÉTAGE

A, C¹, E, J, K, Logements.
D Dortoirs.
M¹ Médecine (hommes).
M² Médecine (femmes).
M³ Chirurgie (hommes).
M⁴, M⁸, M⁹ Chirurgie (femmes)
M⁵ Médecine (douteux).
M⁶ Log. des sages-femmes.
M⁷ Enfants (médecine).

DEUXIÈME ÉTAGE

A Logement du directeur et de l'économe.
M¹ Médecine (hommes).
M² Médecine (femmes).

M³ Chirurgie (hommes).
M⁴, M⁸, M⁹ Chirurgie (femmes)
M⁵ Médecine (douteux).
M⁶ Infirmières.

TROISIÈME ÉTAGE

A Logements du pharmacien et des employés.
M¹ Médecine (hommes).
M² Médecine (femmes).
M³ Chirurgie (hommes).
M⁴, M⁵ Chirurgie (femmes).
M⁵ Médecine (douteux).
M⁹ Crèche.

COMBLES

A Chambres.
C¹, D Logements.
E, J Infirmiers.

HOPITAL LAENNEC

42, Rue de Sèvres

DIRECTEUR : M. MOUTON

Situation. — L'hôpital est limité, au sud (façade), par la rue de Sèvres ; à l'est, par des maisons particulières ; au nord, par des jardins appartenant à la communauté des religieuses de Saint-Vincent-de-Paul ; à l'ouest, par des constructions particulières en bordure sur la rue Vaneau.

La surface totale du terrain est de 37.378^{mq}18, dont 10.580 pour la surface des bâtiments et 26.798,18 pour la surface des cours et jardins.

La Buanderie nouvelle se trouve enclavée dans les terrains de l'hôpital Laënnec.

Historique. — Édifié de 1635 à 1649 sur les plans de l'architecte Gamard, l'établissement fut d'abord destiné à hospitaliser des malades atteints d'affections incurables et porta le nom d'hôpital des Incurables. Les premières ressources pour sa construction proviennent du legs d'un prêtre nommé Jean Joullet et d'une donation faite par le cardinal François de La Rochefoucauld ; d'autres personnes généreuses suivirent l'exemple de ces deux bienfaiteurs et les donations se succédèrent. (Un certain nombre de ces bienfaiteurs ont été inhumés dans la chapelle de l'établissement où reposent parmi eux les corps de Turgot et de deux membres de sa famille.)

Par lettres patentes du mois d'avril 1637, Louis XIII confirma l'établissement de l'hôpital des Incurables.

En 1801, les hommes incurables furent transférés au faubourg Saint-Martin, à

l'ancien couvent des Récollets, actuellement l'hôpital militaire Saint-Martin, et les femmes restèrent seules rue de Sèvres.

En mars 1869, l'établissement fut fermé à la suite de la création de l'hospice actuel d'Ivry.

Rouvert au moment des événements de 1870 comme annexe de la Charité, évacué en juillet 1871, l'établissement voyait ses portes s'ouvrir à nouveau en mars 1874 et devenait l'hôpital Temporaire ; enfin, en 1878, il prenait le nom d'hôpital Laënnec.

Circonscription hospitalière. — Quartiers de l'École-Militaire, du Gros-Caillou, des Invalides, et partie du quartier Saint-Thomas-d'Aquin.

Consultations. — Des consultations de médecine et de chirurgie ont lieu tous les matins, à 9 heures ; le mardi de chaque semaine, à la même heure, consultation pour les maladies des dents.

Nombre de consultations en	1896	1897	1898
Consultations de médecine	4.043	4.538	7.267
— de chirurgie	3.590	5.087	7.870

Nombre de lits. — L'hôpital Laënnec contient 633 lits réglementaires, ainsi répartis :

		Hommes	Femmes	Enfants	Total
MÉDECINE	Maladies aiguës	126	124	»	250
	— chroniques	134	114	»	248
CHIRURGIE	— aiguës	38	27	»	65
	— chroniques	20	10	»	30
MÉDECINE	Crèches	»	20	»	20
	Berceaux	»	»	20	20
		318	295	20	633

Mouvement de la population. — Au 1er janvier 1896, on constatait la présence à l'hôpital de 709 malades ; pendant cette année, il en est entré 4.302 et sorti 3.730. Le nombre des morts a été de 533. Le chiffre des malades restant au 31 décembre 1896 était de 748.

Pour cette année 1896, le nombre de journées de malades a été de 266.979.

La mortalité, calculée d'après le nombre des individus sortis par guérison ou par décès divisé par le nombre des morts, a été de 1 sur 7,04 en médecine et de 1 sur 14,11 en chirurgie.

La durée du séjour, calculée d'après le nombre des journées divisé par le nombre des individus sortis par guérison ou par décès, a été de 69,45 en médecine et de 43,63 en chirurgie.

Personnel administratif. — Ce personnel comprend : 1 directeur ; 1 économe ; 1 commis rédacteur ; 1 expéditionnaire et 1 garçon de bureau.

Toutes ces personnes sont logées dans l'établissement.

Personnel médical. — Le service de santé se compose de 52 personnes :

4 médecins ; 1 chirurgien ; 1 dentiste ; 7 internes ; 33 externes ; 1 pharmacien et 5 élèves.

Personnel secondaire. — Ce personnel se compose de 140 personnes, savoir :

7 surveillants et surveillantes ; 19 sous-surveillants et sous-surveillantes ; 9 suppléants

et suppléantes ; 13 premiers infirmiers et premières infirmières ; 1 panseur ; 1 garçon d'amphithéâtre ; 89 infirmiers, infirmières, garçons et filles de service ; 1 nourrice.

Personnel à la journée. — On compte 14 personnes, savoir :
1 plombier ; 1 menuisier ; 1 chef de cuisine ; 1 jardinier ; 1 étuviste ; 1 aide étuviste ;
6 lingères et 2 éplucheuses.

Les *Services hospitaliers* sont composés ainsi qu'il suit :

NATURE des SERVICES	NOMS des chefs de SERVICE	DÉSIGNATION des SALLES	Lits H.	Lits F.	Berceaux	Internes	Externes	Surveillantes	Sous-surveillantes	Suppléantes	1ers Infirmiers H.	1ers Infirmiers F.	Panseur	Infirmiers H.	Infirmiers F.	Nourrice	Total
MÉDECINE	Dr Landouzy	Grisolle	30	»	»	»	»	1	»	»	»	»	»	2	1	»	4
		Broca	»	31	»	»	»	1	»	»	»	»	»	1	2	»	4
		Crèche	»	20	20	1	7	»	1	1	»	1	»	1	4	1	9
		Rostan	38	»	»	»	»	1	»	»	»	»	»	3	3	»	7
		Chomel	»	28	»	»	»	»	1	»	»	»	»	1	3	»	5
—	Dr Barié	Damaschino	30	»	»	»	»	1	»	»	»	»	»	1	1	»	3
		Monneret	»	32	»	»	»	»	1	»	»	1	»	»	1	»	3
		Trousseau	28	»	»	1	5	»	»	»	»	»	»	2	2	»	4
		Louis	»	28	»	»	»	»	»	»	»	»	»	1	1	»	2
—	Dr Hirtz	Cruveilhier	38	»	»	»	»	1	»	»	»	»	»	3	2	»	6
		Legroux	»	31	»	»	»	»	1	»	»	»	»	1	2	»	4
		Beau	28	»	»	1	5	»	»	»	»	»	»	»	1	»	1
		Quesnay	»	28	»	»	»	»	»	»	»	»	»	»	3	»	3
—	Dr Merklen	La Rochefoucauld	28	»	»	»	»	»	1	»	»	1	»	2	1	»	5
		Cl.-Bernard	»	30	»	»	»	»	»	»	»	»	»	»	2	»	3
		Béhier	28	»	»	1	6	»	»	1	»	1	»	»	»	»	2
		Becquerel	12	»	»	»	»	»	»	»	»	1	»	1	1	»	2
		Plorry	»	30	»	»	»	»	»	»	»	1	»	»	»	»	2
CHIRURGIE	Dr Reclus	Malgaigne	38	»	»	»	»	1	»	1	1	»	»	4	2	»	10
		Al.-Boyer H.	20	»	»	»	»	1	1	»	1	»	»	2	1	»	6
		Al.-Boyer F.	»	10	»	3	6	»	1	»	»	»	»	1	1	»	2
		Pavillon Récamier	»	5	»	»	»	»	»	1	»	»	»	1	2	»	4
		Chassaignac	»	22	»	»	»	1	»	1	1	»	»	»	4	»	7
CONSULTATION DE MÉDECINE	Dr Glaisse		»	»	»	»	2	»	»	»	»	»	»	»	»	»	0
CONSULTATION DE CHIRURGIE	Dr Faure		»	»	»	»	2	»	»	»	»	»	»	»	»	»	0
SERVICE DE VEILLE			»	»	»	»	»	»	3	»	»	»	»	»	»	»	3
REMPLACEMENTS			»	»	»	»	2	»	»	»	»	»	»	»	»	»	2
		TOTAL	348	295	20	7	33	5	14	7	2	7	1	26	40	1	103

Ainsi, les salles de malades sont réparties entre 5 chefs de service : 4 médecins et 1 chirurgien.

Les *Services généraux* sont constitués ainsi qu'il suit :

SERVICES GÉNÉRAUX	Surveillants		Sous-surveillants		Suppléants		1ers Infirmiers		Infirmiers		Garçon d'amphith.	TOTAL
	H.	F.	H.	F.	H.	F.	H.	F.	H.	F.		
Portes	»	»	1	1	»	»	»	»	»	»	»	2
Bureaux	»	»	»	»	»	»	1	»	1	»	»	2
Consultation	»	»	»	»	»	»	1	1	»	»	»	2
Cuisine	»	1	»	1	»	»	»	»	4	»	»	6
Sommellerie	»	»	»	»	1	»	»	»	»	»	»	1
Magasins	»	»	1	»	»	»	»	»	»	»	»	1
Lingerie	»	1	»	»	»	»	»	2	2	»	»	5
Vestiaire	»	»	»	»	»	1	»	»	»	1	»	2
Pharmacie	»	»	1	»	»	»	»	»	2	»	»	3
Bains	»	»	»	»	»	»	1	»	1	2	»	4
Chantier	»	»	»	»	»	»	»	»	1	»	»	1
Salle des morts	»	»	»	»	»	»	»	»	»	»	1	1
Service de propreté	»	»	»	»	»	»	»	»	4	»	»	4
Ventouses	»	»	»	»	»	»	»	»	»	1	»	1
Laboratoires	»	»	»	»	»	»	»	»	2	»	»	2
	»	2	3	2	1	1	3	1	17	6	1	37

À cette nomenclature, il convient d'ajouter 4 infirmiers sanitaires constituant une équipe spéciale organisée pour la stérilisation des crachoirs des tuberculeux ; cette stérilisation est effectuée dans des étuves, chauffées au gaz, où la température est portée à 100° environ.

Il n'existe pas de buanderie à l'hôpital Laënnec. Le linge est blanchi par la Buanderie nouvelle qui fait deux livraisons par semaine.

Bains. — Un service de bains (14 baignoires d'hommes et 14 baignoires de femmes, ainsi qu'une installation complète d'hydrothérapie) est ouvert aux malades externes chaque jour dans la matinée ; l'après-midi est réservé aux malades de l'hôpital.

Chauffage. — Les salles du rez-de-chaussée sont chauffées à l'aide de poêles dans lesquels on brûle du charbon de terre et par des cheminées où l'on brûle du coke.

Les salles situées au 1er étage sont chauffées par des repos de chaleur et des cheminées.

Seul, le pavillon Récamier, affecté aux grandes opérations chirurgicales, est chauffé par un calorifère de cave alimenté au charbon de terre.

Éclairage. — Les salles, ainsi que les services généraux, sont éclairées au gaz.

Salubrité. — On fait usage dans l'établissement de tinettes (système diviseur), mais il existe encore quelques fosses fixes.

Une étuve à vapeur assure la désinfection des effets des entrants et de la literie des malades sortis ou décédés.

A côté des chaudières des bains est installé un four à incinérer les objets de pansement ayant servi.

Eaux. — L'hôpital est alimenté en eau de rivière (Seine), en eau de canal (Ourcq) et en eau de source (Vanne).

Laboratoires. — Il existe un laboratoire pour chaque chef de service et un laboratoire spécial d'hygiène placé sous la direction de M. le Dr Thoinot.

Bibliothèques. — Deux bibliothèques, entretenues par des subventions annuelles du Conseil municipal, sont mises à la disposition, l'une des internes en médecine (montant de la subvention, 400 francs), l'autre des internes en pharmacie (montant de la subvention, 300 francs).

Les malades jouissent d'une bibliothèque spéciale à laquelle est affecté un crédit annuel de 100 francs.

Objets d'art. — On trouve dans la chapelle de l'établissement quelques tableaux représentant des sujets religieux sur la valeur desquels il semble difficile de se prononcer.

Dépenses. — En 1898, les dépenses de l'hôpital Laënnec se sont élevées à la somme de 617.855 fr. 74, se décomposant ainsi par nature de dépense :

Personnel administratif	17.155 22	Report	284.723 29
Impressions, frais de bureau	500 60	Cave	31.936 »
Frais de cours, etc.	799 25	Comestibles	83.566 43
Personnel médical	33.066 85	Chauffage et éclairage	49.122 45
Personnel secondaire	71.269 57	Blanchissage	28.701 88
Réparations de bâtiments	37.305 70	Coucher, linge, mobilier	61.617 27
Pharmacie	36.264 25	Appareils, instruments, etc.	35.240 48
Boulangerie	23.086 32	Frais de transport	1.747 50
Boucherie	65.275 53	Eaux, salubrité, etc	41.330 74
A reporter	284.723 29	Total	617.855 74

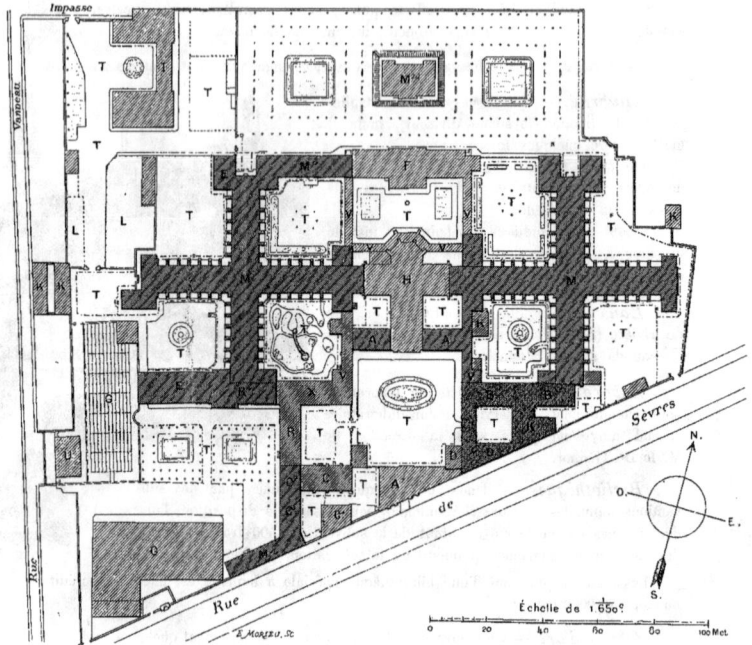

PLAN DE MASSE DE L'HÔPITAL LAENNEC

REZ-DE-CHAUSSÉE

A Bureaux.
B Consultation.
C Cuisine.
C' Dépendances de la cuisine.
D Pharmacie.
E Logement.
E' Internes, salle de garde.
F Service des bains.
G Buanderie.
H Chapelle.
I Service des morts, laboratoires.
K Nagasin, atelier.
L Chantier.
M Médecine (femmes).
M' Médecine (hommes).

M" Crèche.
M'''Chirurgie (Récamier).
R, R' Réfectoires.
T Préaux, cours et jardins.
U Étuve.
V, V' Galeries.
X Salle de cours, vestiaire des médecins.

PREMIER ÉTAGE

A, E', R, V Logements.
B Chirurgie (hommes)
C Vestiaire des malades.
C' Chirurgie (femmes).
D Chirurgie (hommes).
E Médecine (fem.), dépendances.

M Médecine (femmes).
M' Médecine (hommes).
M" Crèche.
R, X Lingerie.

DEUXIÈME ÉTAGE

A, E', R', V Logements.
B Chirurgie (femmes).
D Laboratoire, musée.
E Médecine (fem.), dépendances.
M"Dortoir des filles.

TROISIÈME ÉTAGE

B Dortoir des garçons.

HOPITAL BICHAT

Boulevard Ney

DIRECTEUR : M. AUBERT

Situation. — L'hôpital est limité, de face, par le boulevard Ney, et sur les trois autres côtés par les fortifications.

La surface totale du terrain est de 7.770^{mq}45, dont 3.567,85 pour la surface des bâtiments et 4.002,60 pour la surface des cours et jardins.

Historique. — En 1879, la reconstruction du Pont-au-Double, ayant nécessité la démolition d'une partie des bâtiments de l'ancien Hôtel-Dieu, entraîna la suppression d'un certain nombre de lits de cet établissement.

Pour remplacer ces lits, on transforma en hôpital l'ancien poste-caserne d'octroi

du bastion 39, auquel on ajouta plusieurs pavillons, tant pour le service des malades que pour les services généraux. Les travaux furent terminés au mois de mars 1882 et l'hôpital fut ouvert le 1er décembre de la même année.

Circonscription hospitalière. — Quartiers des Épinettes et des Grandes-Carrières.

Consultations. — Des consultations de médecine et de chirurgie ont lieu tous les jours, à 9 heures *(Dr Barbier* et *Dr Guillemain).*

Consultations pour les maladies des dents, tous les jeudis *(Dr Rousseau)*.

Nombre de consultations en	1896	1897	1898
Consultations de médecine	13.118	9.464	12.927
— de chirurgie	46.148	14.889	18.988

Nombre de lits. — L'hôpital Bichat contient 191 lits réglementaires, ainsi répartis :

	Hommes	Femmes	Enfants	Total
MÉDECINE (maladies aiguës)	63	56	»	119
CHIRURGIE —	31	31	»	62
— (ovariotomie)	»	7	»	7
BERCEAUX	»	»	3	3
	94	94	3	191

Il n'y a pas de maternité à l'hôpital Bichat, mais 7 sages-femmes agréées sont attachées à l'hôpital, mettant chacune 3 lits à la disposition de l'Administration.

Mouvement de la population. — Au 1er janvier 1896, il existait à l'hôpital 221 malades; pendant l'année, il en est entré 3.434 et sorti 2.872. Le nombre des morts a été de 549. Le chiffre des malades restant au 31 décembre 1896 était de 234.

Le nombre de journées de malades, pour cette même année, a été de 78.186.

La mortalité, calculée d'après le nombre des individus sortis par guérison ou par décès divisé par le nombre des morts, a été de 1 sur 4,82 en médecine et de 1 sur 11,88 en chirurgie.

La durée du séjour, calculée d'après le nombre des journées divisé par le nombre des individus sortis par guérison ou par décès, a été de 21,80 en médecine et de 25,57 en chirurgie.

Il a été fait, en 1896, 857 accouchements dont 854 chez les sages-femmes agréées et 3 dans les services de l'hôpital.

Personnel administratif. — Ce personnel comprend : 1 directeur; 1 commis rédacteur; 1 commissionnaire.

Toutes ces personnes sont logées dans l'établissement.

Personnel médical. — Le service de santé se compose de 39 personnes :

2 médecins; 1 chirurgien et 1 chirurgien assistant; 7 internes (1); 22 externes; 1 médecin consultant; 1 chirurgien consultant; 1 pharmacien et 3 élèves.

Personnel secondaire. — Ce personnel se compose de 65 personnes, savoir :

5 surveillantes; 12 sous-surveillants et sous-surveillantes; 4 suppléants et suppléantes; 5 premiers infirmiers et premières infirmières; 1 garçon d'amphithéâtre; 38 infirmiers, infirmières, garçons et filles de service.

Personnel à la journée. — On compte 16 personnes, savoir :

1 menuisier; 2 mécanicien et chauffeur; 1 étuviste; 3 buandiers et buandières; 3 lingères; 2 éplucheuses; 4 journaliers.

---

(1) Dont un lauréat hors cadre.

Les *Services hospitaliers* sont constitués ainsi qu'il suit :

NATURE des SERVICES	NOMS des chefs de SERVICE	DÉSIGNATION des SALLES	NOMBRE DE LITS		ÉLÈVES			PERSONNEL SECONDAIRE (1)						
			H.	F.	Berceaux	Internes	Externes	Surveillantes	S.-surveillantes	Suppléants	1res Infirmière	Infirmiers H.	Infirmiers F.	Total
MÉDECINE......	Dr Roques	{ Andral......	32	»	»	»	»	»	1	»	»	4	2	7
		{ Récamier.....	»	25	3	1	5	»	1	1	»	1	4	6
—	Dr Talamon.......	{ Bazin.......	31	»	»	»	»	»	1	»	»	2	3	6
		{ Louis......	»	31	»	1	5	1	»	»	»	1	4	6
CHIRURGIE......	Dr Picqué	{ Jarjavay......	31	»	»	»	»	»	1	1	»	4	1	7
		{ Chassaignac....	»	31	»	3	8	1	1	1	»	1	3	7
		{ Ovariotomie....	»	7	»	»	»	»	»	»	»	»	2	2
CONSULTATION DE MÉDECINE......	Dr Barbier		»	»	»	1	2	»	»	»	»	»	»	»
CONSULTATION DE CHIRURGIE......	Dr Guillemain		»	»	»	»	2	»	»	»	»	»	»	»
SERVICE DE VEILLE............			»	»	»	»	»	»	1	2	»	»	»	3
REMPLACEMENTS			»	»	»	»	»	»	1	»	»	»	»	1
	TOTAL...............		94	94	3	6	22	3	7	2	1	13	19	45

(1) Le chiffre de 45 personnes pour le personnel secondaire est supérieur de 3 unités au chiffre réglementaire. Par suite de la surcharge des services, on a dû demander à l'Administration l'adjonction, à titre supplémentaire, d'un infirmier à la salle Andral, d'un infirmier à la salle Jarjavay et d'une infirmière à la salle Bazin.

Les salles de malades sont donc réparties entre 3 chefs de service : 2 médecins et 1 chirurgien. Au service de chirurgie est attaché en outre un chirurgien assistant.

Les *Services généraux* sont constitués ainsi qu'il suit :

SERVICES GÉNÉRAUX	Surveillantes	Sous-surveillants		Suppléants		1res Infirmiers		Infirmiers		Garçon d'amphith.	TOTAL
		H.	F.	H.	F.	H.	F.	H.	F.		
Porte.................	»	1	»	»	»	»	»	»	»	»	1
Bureaux	»	»	»	»	»	1	»	2	»	»	3
Consultation	»	»	1	»	»	2	»	1	»	»	4
Cuisine................	1	»	»	»	1	»	»	1	1	»	4
Magasin	»	»	»	1	»	»	»	»	»	»	1
Lingerie	1	»	1	»	»	»	»	»	»	»	2
Pharmacie	»	1	»	»	»	»	»	1	»	»	2
Bains.................	»	»	»	»	»	»	»	1	1	»	2
Salle des morts..........	»	»	»	»	»	»	»	»	»	1	1
Ventouses	»	»	»	»	»	»	1	»	»	»	2
Laboratoire	»	»	»	»	»	»	»	1	»	»	1
.	2	2	2	1	1	3	1	7	2	1	23

L'hôpital possède un service de bains comprenant 27 baignoires (15 pour les femmes et 12 pour les hommes), avec salles spéciales pour les douches.

Il est délivré annuellement en moyenne 60.000 bains, dont 10.000 internes et 50.000 externes, et 15.000 douches, dont 1.000 aux malades de l'établissement et 14.000 aux personnes du dehors.

Il n'existe pas de buanderie à l'hôpital Bichat. Le linge est blanchi par un industriel qui fait deux livraisons par semaine. Le poids du linge blanchi s'élève à 225.000 kilogrammes par an. Néanmoins l'établissement emploie 1 buandier et 2 buandières pour le blanchissage du linge à pansements (10.000 kilogrammes par an environ). Ce personnel blanchit également quelques menus effets de linge, tels que bonnets, fichus, bas, etc., et certains effets provenant des malades décédés, représentant environ 6.000 kilogrammes.

SALLE D'OPÉRATIONS

Chauffage et ventilation. — Le chauffage des chambres des services Andral et Récamier, situées dans l'ancienne caserne, s'opère au moyen de cheminées où l'on brûle du coke.

Il en est de même pour le pavillon d'ovariotomie.

Les autres services sont chauffés par des calorifères à air chaud.

L'air vicié des salles est expulsé au dehors au moyen de trappes placées au sommet des voûtes et mises en action à la main.

Éclairage. — Tous les services sont éclairés au gaz, excepté les dortoirs où l'on emploie encore des veilleuses, et le service de chirurgie femmes (salle Chassaignac, pavillon d'ovariotomie, salle des grandes opérations), qui est éclairé au moyen de la lumière électrique fournie par le secteur de la place Clichy.

Salubrité. — On fait usage de tinettes filtrantes (système diviseur).

Chaque jour fonctionne une étuve à vapeur où sont désinfectés la plupart des effets des entrants (ne sont exempts de cette opération que les vêtements qui sont en parfait état de propreté) et la literie des décédés.

Les crachoirs sont stérilisés tous les jours dans un appareil spécial.

Comme il n'existe pas de four à incinérer les ouates provenant des pansements, celles-ci sont brûlées dans les foyers des chaudières des bains.

Eaux. — La maison est alimentée par l'eau de rivière (Marne) et par l'eau de source (Avre).

Laboratoires. — Chaque chef de service a un laboratoire spécial.

Bibliothèques. — Deux bibliothèques pour les internes sont entretenues au moyen de subventions votées chaque année par le Conseil municipal (400 francs pour les internes en médecine et 300 francs pour les internes en pharmacie).

Il existe également une bibliothèque à l'usage des malades, à l'entretien de laquelle est affecté un crédit de 100 francs.

Dépenses. — En 1898, les dépenses de l'hôpital Bichat se sont élevées à la somme de 425.356 fr. 82, se décomposant ainsi par nature de dépense :

Personnel administratif.	8.675 66	Report.	191.677 96
Impressions, frais de bureau	466 60	Cave.	16.933 »
Frais de cours, etc.	799 04	Comestibles.	37.642 53
Frais des exploitations	5.860 88	Chauffage et éclairage	52.223 08
Personnel médical	42.000 75	Blanchissage	27.053 84
Personnel secondaire	37.127 30	Coucher, linge, mobilier.	29.799 11
Réparations de bâtiments.	29.587 49	Appareils, instruments, etc.	31.757 55
Pharmacie.	21.277 98	Frais de transport.	8.652 31
Boulangerie.	11.759 42	Eaux, salubrité, etc.	29.647 44
Boucherie.	34.122 84		
A reporter	191.677 96	Total	425.356 82

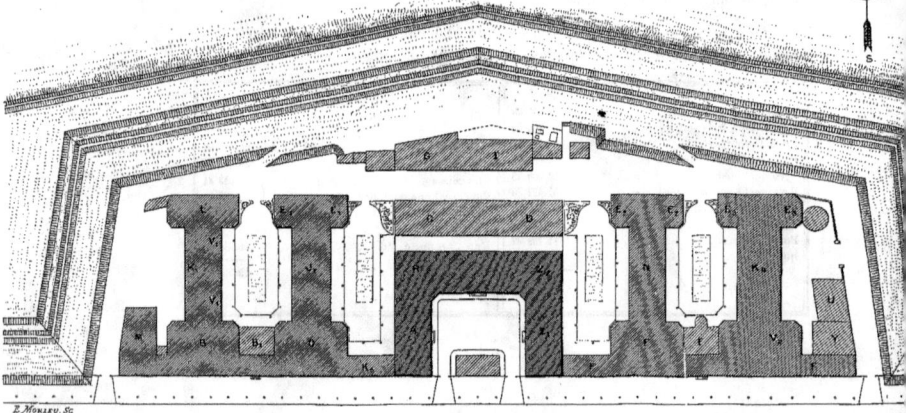

Échelle de $\frac{1}{1.000}$

0 5 10   20   30   40   50 Mèt.

N
O
S

E. Morlet, Sc.

Boulevard   Ney

PLAN DE MASSE DE L'HÔPITAL BICHAT

REZ-DE-CHAUSSÉE

A   Bureaux.
B, B¹ Consultations.
C   Cuisine.
D   Pharmacie.
E¹, E², E³ Dortoirs.
F   Service des bains.
G   Buanderie.
I   Service des morts.
J   Lingerie.
K¹, K² Magasin de l'économat.
K⁴ Ateliers et magasins.
L   Chantier couvert.
M   Chirurgie femmes.
N   Lingerie.
O   Laboratoire de pharmacie.
R   Réfectoire et office du personnel.
U   Étuve à désinfection.
V¹, V² Vestiaires des malades.

X   Ascenseur.
Y   Salle des machines.
Z¹, Z² Salles de garde.

PREMIER ÉTAGE

A, R Médecine hommes.
B, O Galerie-promenoir, salles d'opérations, de speculum, d'appareils, offices, lavabos et water-closets du service des femmes.
E¹ Médecine femmes (isolement).
E² Médecine hommes (isolement.)
E³ Chirurgie hommes (isolement).
F, V² Galerie-promenoir, salles d'opérations et d'appareils, laboratoire de médecine, offices, lavabos et water-closets du service des hommes.
J   Médecine femmes.
K¹, L, V¹ Chirurgie femmes.

K³ Laboratoire de chirurgie.
K⁴ Chirurgie hommes.
M   Chirurgie femmes.
N   Médecine hommes.
Z¹ Logement du directeur.
Z² Logements du commis et de sous-employé.

DEUXIÈME ÉTAGE

A, R Médecine hommes.
Z¹, Z² Logements d'internes.

TROISIÈME ÉTAGE

A, R Médecine femmes.
Z¹, Z² Logements du personnel.

QUATRIÈME ÉTAGE

A, R Médecine femmes.
Z¹, Z² Logements du personnel.

HOPITAL ANDRAL

35, Rue des Tournelles

DIRECTEUR : M. VALLIN

Situation. — L'hôpital est limité, de face, par la rue des Tournelles ; en arrière, il est mitoyen avec diverses propriétés, et donne sur l'impasse de Béarn ; à droite, il longe la rue des Minimes, et, à gauche, il est bordé par des constructions particulières.

La surface totale du terrain est de 2.286^{mq}, dont 1.060,75 pour la surface des bâtiments et 1.225,25 pour la surface des cours et jardins.

Historique. — Cette maison était, avant la Révolution, le couvent des filles de

ENTRÉE PRINCIPALE

la Charité-Notre-Dame, bâti sur une partie du terrain de l'ancien palais des Tournelles. En 1793, on y installa la Filature des indigents qui, fermée en 1866, fut remplacée par le Magasin central des hôpitaux. Ce dernier établissement ayant été transféré, peu de temps après, boulevard de l'Hôpital, l'immeuble fut occupé, en 1867, par la

direction municipale des nourrices jusqu'à la suppression de cette ancienne institution en 1876. Quatre ans après (1880), on y ouvrit un service temporaire pour malades appelé hôpital des Tournelles, qui, maintenu à titre définitif, reçut, en 1885, le nom d'hôpital Andral.

Circonscription hospitalière. — Quartiers des Archives et de la Folie-Méricourt (pour la médecine seulement).

Consultations. — Des consultations de médecine ont lieu, tous les jours, à 9 heures.

En outre, une consultation spéciale est faite, tous les mercredis, par M. le *Dr Mathieu*, pour les maladies de l'estomac et de la digestion.

Nombre de lits. — L'hôpital Andral contient 100 lits réglementaires, ainsi répartis : médecine (maladies aiguës) : 66 lits d'hommes ; 34 lits de femmes.

Mouvement de la population. — Au 1er janvier 1896, on constatait la présence à l'hôpital de 99 malades ; pendant cette année, il en est entré 1.110 et sorti 922. Le nombre des morts a été de 184. Le chiffre des malades restant au 31 décembre 1896 était de 103.

Pour cette année 1896, le nombre de journées de malades a été de 35.029.

La mortalité, calculée d'après le nombre des individus sortis par guérison ou par décès divisé par le nombre des morts, a été de 1 sur 6,01.

La durée du séjour, calculée d'après le nombre des journées divisé par le nombre des individus sortis par guérison ou par décès, a été de 31,67.

Personnel administratif. — Ce personnel comprend : 1 directeur et 1 expéditionnaire.

Le directeur est logé dans l'établissement ; l'expéditionnaire, logé au dehors, touche une indemnité de 400 francs.

Personnel médical. — Le service de santé se compose de 13 personnes :

1 médecin ; 2 internes ; 8 externes ; 1 médecin consultant ; 1 interne en pharmacie (sous la surveillance du pharmacien de Trousseau).

Personnel secondaire. — Ce personnel comprend 30 personnes, savoir :

4 sous-surveillants et sous-surveillantes ; 6 suppléants et suppléantes ; 4 premiers infirmiers et premières infirmières ; 15 infirmiers et infirmières, garçons et filles de service ; 1 cuisinière.

Personnel à la journée. — On compte 5 personnes, savoir :

1 menuisier ; 1 lingère ; 1 éplucheuse et 2 journaliers.

Les *Services hospitaliers* sont constitués ainsi qu'il suit :

NATURE des SERVICES	NOMS des chefs de SERVICE	DÉSIGNATION des SALLES	NOMBRE DE LITS H.	NOMBRE DE LITS F.	ÉLÈVES Internes	ÉLÈVES Externes	Sous-surveillantes	Suppléantes	1res Infirmières	Infirmiers H.	Infirmiers F.	Total
MÉDECINE	Dr Mathieu	Hommes nᵒ 1	47	»	1	3	1	»	1	1	3	6
		Hommes nᵒ 2	19	»		1	»	1	»	»	2	3
		Femmes	»	34		2	1	»	1	1	2	5
CONSULTATION DE MÉDECINE	Dr Thiroloix		»	»	»	2	»	»	»	»	»	»
SERVICE DE VEILLE			»	»	»	»	»	1	»	»	»	1
REMPLACEMENTS			»	»	»	»	»	1	»	»	»	1
	TOTAL		66	34	2	8	2	3	2	2	7	16

Ainsi, les trois salles des malades n'ont qu'un seul chef de service.

Les *Services généraux* sont constitués ainsi qu'il suit :

SERVICES GÉNÉRAUX	Sous-surveillants	Suppléants		1er Infirmiers	Infirmiers		TOTAL
		H.	F.		H.	F.	
Portes.	1	»	»	»	»	»	1
Bureaux, chantier et salle des morts.	»	»	»	1	»	»	1
Consultation	»	»	»	1	»	»	1
Cuisine et sommellerie	»	»	1	»	1	2	4
Magasins et vestiaire	»	1	»	»	»	»	1
Lingerie et linge à pansements.	»	»	1	»	»	1	2
Pharmacie	1	»	»	»	1	»	2
Bains et ventouses	»	»	»	»	1	»	1
	2	1	2	2	3	3	13

Blanchissage. — Il n'existe pas de buanderie à l'hôpital Andral ; le linge est blanchi par un entrepreneur adjudicataire.

Bains. — Ce service est réservé aux seuls malades de l'établissement. Les personnes, à qui le médecin consultant prescrit des bains, sont adressées aux hôpitaux les plus voisins de leur domicile.

Chauffage et ventilation. — Les trois salles de malades sont chauffées par des poêles-calorifères et des cheminées où l'on brûle du coke.

Dans les salles des hommes n° 1, la ventilation est assurée par deux cheminées d'appel dans chacune desquelles brûle constamment une couronne de gaz. Aux hommes n° 2, on a installé des vitres coupées renouvelant l'air dans la partie supérieure des fenêtres.

Éclairage. — Les salles, cours, couloirs et escaliers sont éclairés au gaz.

Salubrité. — On fait usage d'une fosse fixe et de deux appareils à système diviseur.

Les effets et la literie à désinfecter sont portés à l'étuve de l'hôpital Trousseau.

Eaux. — La maison est alimentée par l'eau de rivière (Ourcq) et par l'eau de source (Dhuis).

Laboratoire. — Le chef de service a un laboratoire où il donne sa consultation spéciale tous les mercredis.

Bibliothèques. — Deux bibliothèques pour les internes sont entretenues au moyen des subventions votées chaque année par le Conseil municipal (200 francs pour les internes en médecine, 100 francs pour les internes en pharmacie).

Il existe aussi une bibliothèque pour les malades, alimentée par un crédit de 50 francs par an.

Dépenses. — En 1898, les dépenses de l'hôpital Andral se sont élevées à la somme de 148.667 fr. 94, se décomposant ainsi par nature de dépense :

Personnel administratif	10.602 40		Report	70.007 67
Impressions, frais de bureau	186 07		Cave	6.910 »
Frais de cours, etc.	350 »		Comestibles	20.828 98
Personnel médical	9.695 82		Chauffage et éclairage	22.660 95
Personnel secondaire	15.762 77		Blanchissage	8.008 37
Réparations de bâtiments	6.548 03		Coucher, linge, habillement, mobilier	10.539 31
Pharmacie	8.088 07		Appareils, instruments, etc	2.071 55
Boulangerie	4.498 76		Frais de transport	330 26
Boucherie	14.275 75		Eaux, salubrité, etc	7.220 85
A reporter	70.007 67		Total	148.667 94

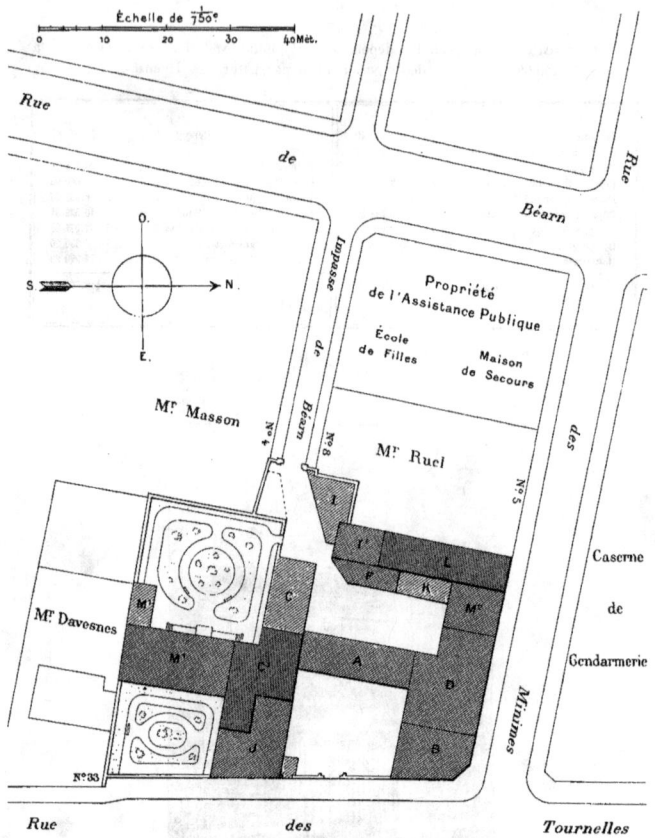

PLAN DE MASSE DE L'HÔPITAL ANDRAL

REZ-DE-CHAUSSÉE

A Sommellerie, épluchage.
B Consultation, admission.
C, C¹ Cuisine et dépendances.
D Pharmacie.
F Bains.
I, I¹ Service des morts.
J Concierge et vest. des morts.
K, L, M¹ Magasins et chantiers.
M⁹ Lingᵉ

PREMIER ÉTAGE

A Administration.
B, D, K, M² Médecine (femmes).
C¹ Logement du personnel.
F, I¹ Laboratoires.
J Salle de garde et lingerie.
L Laboratoire et magasins.
M¹ Médecine (hommes).

DEUXIÈME ÉTAGE

A, B, D, M² Médecine (hommes).
C¹, I¹ Logements du personnel.
F Logement de surveillante.
L Vestiaires.
M¹ Logement du directeur.

TROISIÈME ÉTAGE

I¹, L Logements du personnel.

HOPITAL BROUSSAIS

96, Rue Didot

Directeur : M. Comte

Situation.— L'hôpital est limité, de face, par la rue Didot; à droite et en arrière, par des propriétés particulières ; à gauche, par le chemin de fer de Ceinture.

La surface totale du terrain est de 27.721ᵐˢ30, dont 7.366 pour la surface des bâtiments et 16.780,30 pour la surface des cours et jardins.

Historique.— L'hôpital a été construit en 1883 sur un terrain appartenant à l'Assistance publique ; les travaux commencés le 10 août ont été terminés le 31 octobre suivant.

L'établissement, désigné tout d'abord sous le nom d'hôpital des Mariniers, nom emprunté à une rue voisine, reçut en 1885 le nom de Broussais.

Il fut spécialement construit pour le traitement des cholériques; la disparition de l'épidémie lui fit donner par la suite une autre destination.

Circonscription hospitalière.— Quartiers de Plaisance et du Petit-Montrouge ; communes de Châtillon, Montrouge et Vanves.

Consultations. — Des consultations de médecine et de chirurgie ont lieu tous les jours, à 9 heures.

Consultations pour les maladies des dents, le jeudi, à 10 heures.

Nombre de consultations en	1896	1897	1898
Consultations de médecine	3.910	3.381	4.399
— de chirurgie	2.826	3.184	4.822

Nombre de lits. — L'hôpital Broussais comprend 270 lits réglementaires :

		Hommes	Femmes	Total
Médecine	Maladies aiguës	70	56	126
	— chroniques	40	40	80
Chirurgie	— aiguës	30	34	64
		140	130	270

Mouvement de la population. — Au 1ᵉʳ janvier 1896, on constatait la présence à l'hôpital de 275 malades ; pendant cette année, il en est entré 2.802 et sorti 2.405. Le nombre des morts a été de 399. Le chiffre des malades restant au 31 décembre 1896 était de 273.

Pour cette année 1896, le nombre de journées de malades a été de 105.794.

La mortalité, calculée d'après le nombre des individus sortis par guérison ou par décès divisé par le nombre des morts, a été de 1 sur 5,48 en médecine et de 1 sur 15,24 en chirurgie.

La durée du séjour, calculée d'après le nombre des journées divisé par le nombre des individus sortis par guérison ou par décès, a été de 43,11 en médecine et de 28,51 en chirurgie.

Personnel administratif. — Ce personnel comprend : 1 directeur-comptable et 1 expéditionnaire. — Le directeur est logé dans l'établissement ; l'expéditionnaire, logé au dehors, reçoit une indemnité de 400 francs.

Personnel médical. — Le service de santé se compose de 31 personnes :

2 médecins ; 1 chirurgien ; 1 dentiste ; 4 internes en médecine ; 3 internes en pharmacie ; 20 externes.

Personnel secondaire. — Ce personnel se compose de 73 personnes, savoir :

4 surveillantes ; 7 sous-surveillants et sous-surveillantes ; 10 suppléants et suppléantes ; 2 premières infirmières ; 49 infirmiers, infirmières, garçons et filles de service ; 1 garçon d'amphithéâtre.

Personnel à la journée. — On compte 12 personnes, savoir :

1 menuisier ; 1 mécanicien ; 1 cuisinier ; 1 jardinier ; 1 étuviste ; 2 buandières ; 2 éplucheuses et 1 homme de peine.

Les *Services hospitaliers* sont constitués ainsi qu'il suit :

NATURE des SERVICES	NOMS des chefs de SERVICE	DÉSIGNATION des SALLES	NOMBRE DE LITS		ÉLÈVES		PERSONNEL SECONDAIRE							
			H.	F.	Internes	Externes	Surveillantes	Sous-surveillantes	Suppléantes	1ᵉˢ Infirmières	Infirmiers H.	Infirmières F.	Total
MÉDECINE	Dʳ Gilbert	Lasègue.	35	»	»	»	»	1	»	»	2	2	5
		Parrot.	20	»	1	5	1	»	»	»	1	1	3
		Gubler	»	28							1	3	5
		Cazalis	»	20	»	»	»	1	»	»	2	1	3
—	Dʳ Œttinger . . .	Delpech.	35	»	»	»	»	1	»	»	2	2	5
		Tillairet.	20	»	1	5	»	1	»	»	1	1	3
		Axenfeld.	»	28							1	3	5
		Archambault . . .	»	20	»	»	»	1	»	»	1	2	3
CHIRURGIE. . . .	Dʳ Michaux . . .	Follin	30	»	1	3	»	1	»	1	2	3	7
CONSULTATION DE MÉDECINE . . .	Dʳ Caussade. . . .	Broca	»	34	1	3	»	1	»	1	2	4	7
CONSULTATION DE CHIRURGIE . . .	Dʳ Auvray.		»	»	»	2	»	»	1	»	1	»	2
SERVICE DE VEILLE			»	»	»	»	»	»	2	»	»	»	2
REMPLACEMENTS			»	»	»	»	1	»	»	»	»	»	1
		TOTAL.	140	130	4	20	3	7	2	13	24	52	

Les *Services généraux* sont constitués ainsi qu'il suit :

SERVICES GÉNÉRAUX	Surveillante	Sous-surveillants		Suppléants		Infirmiers		Garçon d'amphith.	TOTAL
		H.	F.	H.	F.	H.	F.		
Portes.	»	1	»	»	»	»	»	»	1
Bureaux.	»	»	»	»	»	2	»	»	2
Consultation.	»	»	»	1	»	»	»	»	1
Cuisine.	1	»	»	»	1	2	»	»	4
Magasins.	»	1	»	»	»	»	»	»	1
Lingerie.	»	»	1	»	1	1	1	»	4
Pharmacie.	»	1	»	»	»	1	»	»	2
Chantier.	»	»	»	»	»	1	»	»	1
Salle des morts.	»	»	»	»	»	»	»	1	1
Service de propreté.	»	»	»	»	»	3	»	»	3
Réfectoire.	»	»	»	»	»	1	»	»	1
	1	3	1	1	2	11	1	1	21

Blanchissage.— Le linge est blanchi par un entrepreneur adjudicataire. La buanderie de l'hôpital occupe 2 personnes ; elle ne blanchit que le linge à pansements, les blouses et les tabliers d'élèves et quelques menus objets.

Chauffage.— Toutes les salles et les chambres de malades sont pourvues de poêles du modèle de la Compagnie du Gaz, dans lesquels on brûle du coke.

Éclairage. — Les salles sont toutes éclairées par des veilleuses. Les services généraux, les cours et les couloirs sont éclairés au gaz.

Salubrité. — Le système du tout à l'égout a été installé dès la création de l'hôpital.

Une étuve à vapeur fonctionne chaque jour pour la désinfection des effets des entrants et de la literie des malades contagieux et décédés.

Un four à incinérer les pansements et toutes les ordures ménagères de l'hôpital fonctionne également tous les jours.

Eaux.— La maison est alimentée par l'eau de rivière (Seine) et par l'eau de source (Vanne).

Laboratoires.— Chaque chef de service a un laboratoire spécial situé à proximité de ses salles.

Bibliothèques.— Deux bibliothèques pour les internes sont entretenues au moyen de dons, de cotisations des élèves et de subventions votées chaque année par le Conseil municipal (300 francs pour les internes en médecine et 300 francs pour les internes en pharmacie).

Il existe aussi une bibliothèque pour les malades ; un crédit annuel de 300 francs est affecté à son entretien.

Dépenses.— En 1898, les dépenses de l'hôpital Broussais se sont élevées à la somme de 390.326 fr. 03, se décomposant ainsi par nature de dépense :

Personnel administratif	8.640 »		*Report*	177.216 17
Impressions, frais de bureau.	269 80		Cave	19.194 »
Frais de cours, etc.	899 98		Comestibles	57.645 94
Personnel médical	33.320 44		Chauffage et éclairage.	27.873 48
Personnel secondaire	37.155 49		Blanchissage	25.424 35
Réparations de bâtiments	17.419 17		Coucher, linge, mobilier	24.877 69
Pharmacie	23.806 53		Appareils et instruments.	26.728 52
Boulangerie	14.316 03		Frais de transport.	2.896 97
Boucherie	41.388 73		Eaux, salubrité, etc	28.468 91
A reporter.	177.216 17		Total	390.326 03

Échelle de $\frac{1}{1.000}$°

0 20 40 60 80 100 Mèt.

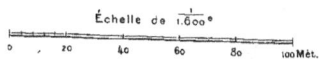

A Administration.
B Consultation.
C Cuisine et dépen-
   dances.
D Pharmacie.
E Logement du per-
   sonnel.
F Bains.
G Buanderie et lin-
   gerie.
I Service des morts.
K Magasins et ate-
   liers.
L Chantier.
M¹ Malades (hommes).
M² Malades (femmes).
M³ Chirurgie(hommes).
M⁴ Chirurgie (femmes).
R Réfectoire des ser-
   viteurs.
U Étuves.

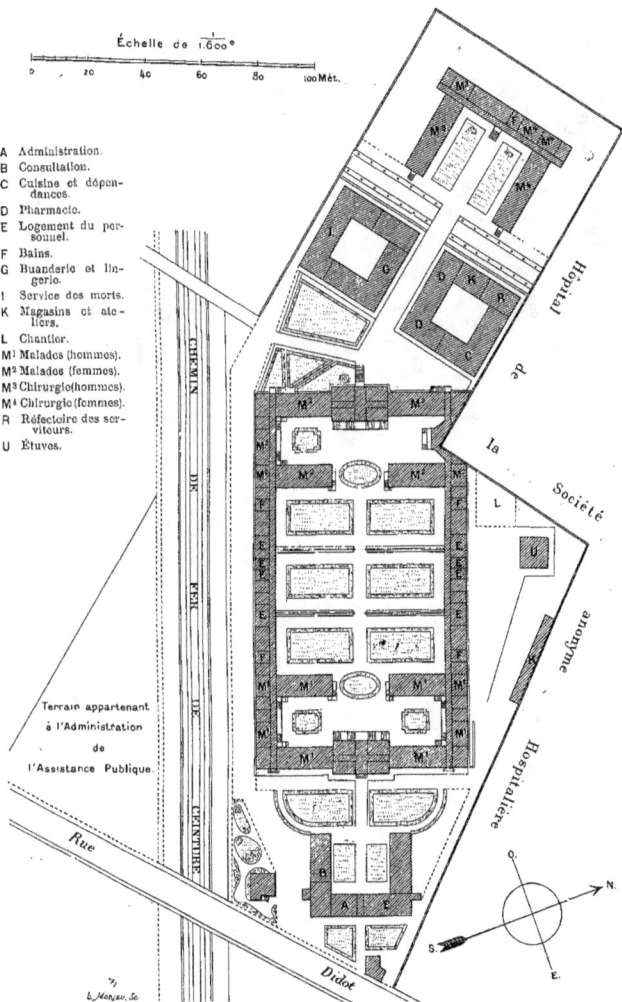

CHEMIN DE FER DE L'ENTURE

Terrain appartenant
à l'Administration
de
l'Assistance Publique.

Rue

Didot

Hôpital de la Société

anonyme

Hospitalière

O. N. S. E.

L. Monzu, Sc.

PLAN DE MASSE DE L'HÔPITAL BROUSSAIS

HOPITAL BOUCICAUT

62, Rue de la Convention

DIRECTEUR: M. LONGEPIERRE

Situation. — L'hôpital forme un quadrilatère ayant sa façade rue de la Convention, et limité, à droite, par la rue de Lourmel; à gauche, par la rue Lacordaire; derrière, par la rue des Cévennes.

La surface totale du terrain est de 29.707^{mq}79, dont 7.500 pour la surface des bâtiments et 22.207,79 pour la surface des cours et jardins.

Historique. — La création de l'hôpital Boucicaut fut décidée à la suite d'un legs fait par Mme Boucicaut qui, par testament, instituait l'Administration de l'Assistance publique de Paris sa légataire universelle, à charge par elle de construire un hôpital.

Construit sur les plans de MM. Legros père et fils, architectes, il fut inauguré, le 1er décembre 1897, par M. Félix Faure, Président de la République.

Circonscription hospitalière. — Elle comprend les quartiers de Javel, de la Muette et d'Auteuil.

Consultations. — Des consultations de médecine, de chirurgie et de gynécologie ont lieu tous les jours, à 9 heures.

Des consultations spéciales ont lieu tous les mercredis pour les maladies des dents.

Nombre de consultations en 1898

Consultations de médecine	2.083
— de chirurgie	7.485
— d'accouchement	1.825
— de gynécologie	1.095

Nombre de lits. — L'hôpital Boucicaut contient 206 lits réglementaires, ainsi répartis :

		Hommes	Femmes	Enfants	Total
MÉDECINE . . .	Maladies aiguës.	25	17	»	42
	— chroniques	22	16	»	38
	Lits d'isolement.	2	2	»	4
CHIRURGIE. . .	Maladies aiguës.	36	26	»	62
	Lits d'isolement.	2	2	»	4
ACCOUCHEMENT ET GYNÉCOLO- GIE.	Lits pour femmes enceintes.	»	6	»	6
	— — accouchées.	»	22	»	22
	Lits de gynécologie.	»	3	»	3
BERCEAUX		»	»	25	25
		87	94	25	206

Il existe une maternité avec consultations de gynécologie. A cette maternité sont attachées 3 sages-femmes.

Mouvement de la population. — Au 1er janvier 1898, on constatait à l'hôpital la présence de 135 malades ; pendant l'année, il en est entré 2.508 et sorti 2.239. Le nombre des morts a été de 246. Au 31 décembre, le chiffre des malades restant était de 158.

Pour cette année 1898, le nombre de journées de malades a été de 56.292.

La mortalité, calculée d'après le nombre des individus sortis par guérison ou par décès divisé par le nombre des morts, a été de 1 sur 4,95 en médecine et de 1 sur 19,54 en chirurgie.

La durée du séjour, calculée d'après le nombre des journées divisé par le nombre des individus sortis par guérison ou par décès, a été de 32,88 en médecine et de 17,25 en chirurgie.

Il a été fait, en 1898, 505 accouchements.

Personnel administratif. — Ce personnel comprend : 1 directeur ; 1 commis rédacteur (emploi occupé par 1 expéditionnaire) ; 1 garçon de bureau.

Toutes ces personnes sont logées dans l'établissement.

Personnel médical. — Le service de santé se compose de 36 personnes :

1 médecin ; 1 chirurgien ; 1 accoucheur ; 6 internes en médecine ; 23 internes ; 1 médecin consultant ; 1 chirurgien consultant ; 2 internes en pharmacie.

Personnel secondaire. — Ce personnel se compose de 79 personnes, savoir :

8 religieuses ; 1 surveillante ; 3 sous-surveillants et sous-surveillantes ; 1 panseur ; 1 garçon d'amphithéâtre ; 2 suppléant et suppléante ; 1 premier infirmier ; 60 infirmiers, infirmières, garçons et filles de service ; 2 nourrices.

Personnel à la journée. — Ce personnel comporte 15 personnes :

1 plombier ; 5 électriciens, mécaniciens, chauffeurs ; 1 cuisinier ; 1 jardinier ; 1 étuviste ; 2 buandier et buandière ; 2 lingères ; 2 journaliers.

Le 3 juin 1899, il a été adopté une nouvelle organisation, par suite d'adjonction de chauffeurs. Sont adjoints, jusqu'à ce que le Conseil de surveillance en ait délibéré, au personnel de l'hôpital, les journaliers ci-après : 1° *en service permanent :* 1 chef mécanicien logé ; 1 chauffeur de jour ; 1 chauffeur de nuit ; 1 aide chauffeur de jour ; 2° *pour le service d'hiver :* 1 chauffeur de jour ; 1 chauffeur de nuit.

Les *Services hospitaliers* sont constitués ainsi qu'il suit :

NATURE des SERVICES	NOMS des chefs de SERVICE	DÉSIGNATION des SALLES	NOMBRE DE LITS		ÉLÈVES			PERSONNEL SECONDAIRE						
			H.	F.	Bureaux	Internes	Externes	Sages-Femmes	Religieuses	Surveillante	1re Infirmière	Panseur Infirmiers H. F.	Nourrices	Total
MÉDECINE	Dr Letulle	Petit	25	»	»	1	2	»	»	»	»	3 » »	»	3
		Sainte-Marguerite	»	17	»	1	1	»	1	»	»	1 2 »	»	4
		Villemin	22	»	»	»	2	»	»	»	»	2 1 »	»	3
		Davilliers	»	16	»	»	2	»	1	»	»	1 2 »	»	4
		Pavillon M. Möring	2	2	»	»	1	»	»	»	»	» 2 »	»	2
CHIRURGIE	Dr G. Marchant	Saint-Jacques	19	»	»	»	2	»	1	»	»	3 1 »	»	5
		Straus	»	13	»	1	2	»	»	»	»	1 2 »	»	3
		Vésale	17	»	»	1	1	»	1	»	1	2 1 »	»	5
		Pasteur	»	13	»	1	1	»	»	»	»	1 2 9	»	3
		Pavillon Demarquay	2	2	»	»	»	»	»	»	»	» 2 »	»	2
ACCOUCHEMENT ET GYNÉCOLOGIE	Dr Doléris	Moreau de la Sarthe	»	6	»	»	1	1	»	»	»	» 2 »	»	2
		Depaul	»	19	25	1	1	»	1	1	»	3 5 »	»	12
		Pavillon isolement maternité	»	6	»	»	1	1	»	»	»	» 2 »	»	2
CONSULTATION MÉDECINE	Dr de Gennes		»	»	»	1	2	»	»	»	«	» » »	»	»
CONSULTATION CHIRURGIE	Dr Demoulin		»	»	»	»	4	»	»	»	»	» » »	»	»
SERVICE DE VEILLE			»	»	»	»	»	»	1	»	»	» » »	»	1
		TOTAL	87 206	94	25	6	23	3	5	1	1	17 24	2	51

Ainsi, les salles des malades sont réparties entre 3 chefs de service : 1 médecin, 1 chirurgien, 1 accoucheur.

Les *Services généraux* sont constitués ainsi qu'il suit :

SERVICES GÉNÉRAUX	Religieuses	Sous-surveillants		Suppléants		Infirmiers		Garçon d'amphith.	TOTAL
		H.	F.	H.	F.	H.	F.		
Communauté	1	»	«	«	»	»	1	»	2
Portés	»	1	»	«	»	»	»	»	2
Bureaux	»	»	»	1	»	1	»	»	2
Consultation	»	»	»	»	1	2	2	»	5
Cuisine	1	»	»	»	»	2	2	»	5
Magasins et sommellerie	»	1	»	»	»	»	»	»	1
Lingerie	1	»	»	»	»	»	2	»	2
Buanderie	»	»	»	»	»	»	1	»	2
Pharmacie	»	1	»	»	»	1	»	»	2
Salle des morts	»	»	»	»	»	»	»	1	1
Service de propreté	»	»	»	»	»	3	»	»	3
Laboratoire	»	»	»	»	»	1	»	»	1
	3	3	»	1	1	8	8	1	28

La buanderie de Boucicaut est destinée spécialement au nettoyage du petit linge et du linge à pansements ; elle blanchit une moyenne de 450 kilogrammes par jour.

Elle fonctionne à la vapeur, avec barboteuse système américain et séchoir à vapeur.

Chauffage et ventilation. — Le chauffage se fait par des machines Delaunay-Belleville, chauffage à vapeur à haute pression.

Dans les salles, la ventilation est naturelle de bas en haut.

Dans les salles d'opérations, la ventilation est mécanique. L'installation s'en trouve dans les sous-sols.

Le cube d'air par lit est de 80 mètres cubes.

Éclairage. — L'hôpital Boucicaut est entièrement éclairé à l'électricité.

Salubrité. — On a adopté le système du « tout à l'égout ».

Les canalisations d'eau et autres sont apparentes, ce qui permet de voir les fuites et d'y remédier. Dans les sous-sols, se trouvent des réservoirs de chasse avec chute d'eau intermittente afin de laver les conduites et siphons et d'assainir d'une façon constante toutes les canalisations.

Une étuve à vapeur fonctionne chaque jour pour la désinfection des effets des entrants et de la literie des malades sortis ou décédés.

Un four à incinérer les ouates est installé dans la grande cheminée et fonctionne également tous les jours.

Eaux. — L'hôpital Boucicaut est alimentée par l'eau de rivière (Ourcq) et par l'eau de source (Vanne).

PAVILLON DU BON-MARCHÉ

Laboratoire. — Il existe un laboratoire central de chimie et de bactériologie, commun à tous les chefs de service.

Ce laboratoire est sous la direction d'un chef de laboratoire.

Bibliothèque. — Les internes en médecine, chirurgie et pharmacie, ont leur bibliothèque dans le local affecté à leur salle de garde.

Objets d'art. — Le buste de Mme Boucicaut se trouve dans la cour d'honneur de l'hôpital.

Dépenses en 1898 (1re année de fonctionnement). — Les dépenses de l'hôpital Boucicaut se sont élevées à la somme de 456.910 fr. 58, se décomposant ainsi par nature de dépense :

Personnel administratif	8.408 01
Impressions, frais de bureau	1.224 03
Charges spéciales des revenus	13.933 74
Personnel médical	40.809 36
Personnel secondaire	34.553 37
Réparations des bâtiments	18.427 57
Frais de nourriture	88.149 51
Service de la pharmacie	23.456 05
Chauffage et éclairage	103.222 26
Blanchissage	6.065 65
A reporter	338.250 15

Report	338.250 15
Coucher, linge, habillement, mobilier . .	36.531 95
Appareils, instruments, objets de pansement	27.759 57
Frais de transport	3.325 50
Eaux, salubrité, dépenses diverses . . .	36.233 53
Remboursement de frais généraux correspondant aux livraisons des Magasins généraux	9.838 13
Frais des exploitations	4.971 75
Total	456.910 58

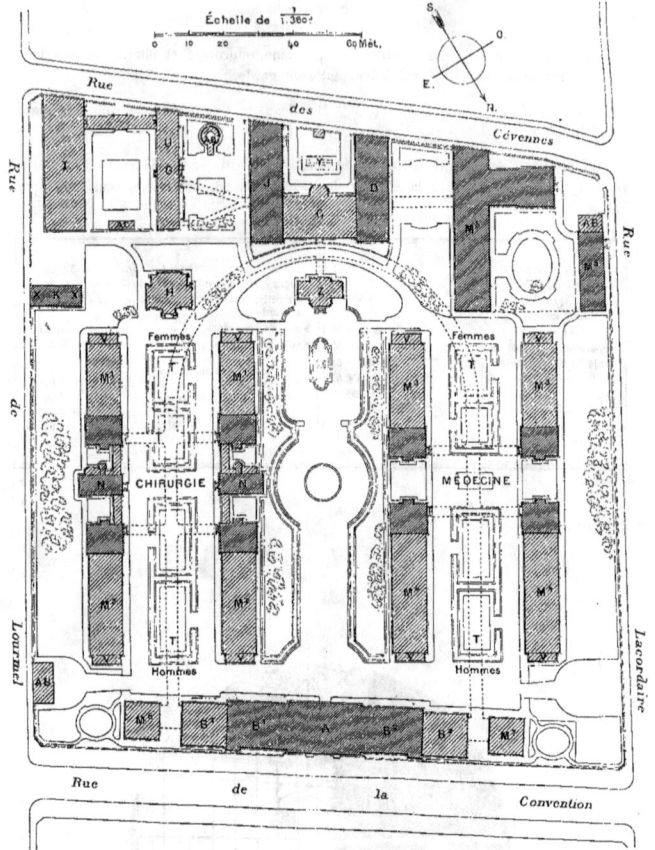

PLAN DE MASSE DE L'HÔPITAL BOUCICAUT

REZ-DE-CHAUSSÉE

A   Bureaux.
B¹   Consultation chirurgie.
B²   Consultation médecine.
C   Cuisine.
D   Pharmacie.
G   Buanderie.
H   Chapelle.
I   Service des morts.

J   Lingerie.
K   Atelier.
M¹   Chirurgie femmes.
M²   Chirurgie hommes.
M³   Médecine femmes.
M⁴   Médecine hommes.
M⁵   Maternité.
M⁶   Observation chirurgie.
M⁷   Observation médecine.
N   Salle d'opérations.

T   Préaux.
U   Étuve.
V   Vérandas.
X   Écuries et remises.
Y   Machines.
Z   Pavillon du Bon-Marché.
AB   Abri des voitures de médecine.
AC   Animaux d'expériences.

AD   Cheminées des machines.

PREMIER ÉTAGE

A, B¹, B², D   Logements du personnel.
M¹, M², M³, M⁴,   Employés du Bon-Marché.
M⁵   Maternité.
N   Laboratoires.

HOPITAL SAINT-LOUIS

40, Rue Bichat

———— -

DIRECTEUR : M. OUDOT

———— ————

Situation. — L'hôpital est limité, de face, par la rue Bichat; en arrière, il donne sur la rue Saint-Maur et sur des propriétés particulières. A gauche, il touche aux rues Alibert et Claude-Vellefaux; à droite, à la rue Grange-aux-Belles.

La surface totale du terrain est de 93.190^{mq}58.

Historique. — L'hôpital Saint-Louis a été construit sur des terrains appartenant au Bureau de l'Hôtel-Dieu; Henri IV posa lui-même la première pierre en juillet 1607. L'édit de création portait « la construction hors la ville d'un hôpital spécialement destiné aux malades atteints de la peste ». Henri IV voulut qu'il prît le nom d' « hôpital Saint-Louis », en mémoire de son aïeul mort victime de la peste en Afrique.

Les travaux de construction furent dirigés par l'architecte Claude Vellefaux qui mit à exécution le plan dessiné par Claude Chastillon. Ces travaux furent assez rapidement conduits pour être terminés dans les premiers mois de l'année 1611.

L'hôpital Saint-Louis fut placé sous la direction et l'administration de l'Hôtel-Dieu.

Actuellement, il est affecté en grande partie (994 lits sur 1.357) aux maladies cutanées et syphilitiques. Il reste 253 lits pour la chirurgie et 110 pour le service d'accouchement.

École Lailler. — Au mois de mai 1895, on a commencé la construction d'une école d'enfants teigneux, portant le nom d'école Lailler. Cette école, ouverte le 5 juillet 1897, se compose de 3 bâtiments distincts : l'un affecté aux enfants

atteints de teigne tondante ; l'autre, aux enfants atteints de favus et pelade ; dans le troisième est installée une infirmerie avec salles communes et chambres d'isolement.

Circonscription hospitalière. — On reçoit à la consultation de médecine — l'hôpital Saint-Louis étant hôpital spécial — tous les malades qui se présentent.

Pour la chirurgie, on admet les malades des quartiers du Combat, de la Folie-Méricourt, de l'Hôpital-Saint-Louis, du Pont-de-Flandre et de La Villette.

Consultations. — Consultations de médecine, tous les jours, le matin à 9 heures, l'après-midi à 1 heure.

Consultations de chirurgie, tous les jours, à 9 heures.

Consultations d'accouchement, le lundi, le mercredi et le vendredi, à 9 heures.

Consultations spéciales de gynécologie, le dimanche, à 9 heures *(Dr Richelot)*.

Consultations pour les maladies des dents, le mardi et le samedi, à 9 heures *(Dr Combe)*.

Nombre de consultations en	1896	1897	1898
Consultations de médecine	97.642	102.894	113.943
— de chirurgie	23.711	29.529	36.471
— d'accouchement	1.218	1.416	1.517
— de gynécologie (ouvertes en 1898)	»	»	272
— pour les maladies des dents	3.686	3.361	5.086

Des médicaments sont délivrés aux malades indigents qui se présentent aux consultations de médecine.

Nombre de personnes ayant reçu des médicaments : 68.406 en 1896 ; 64.073 en 1897 ; 60.515 en 1898.

Nombre de lits. — L'hôpital Saint-Louis contient 1.357 lits réglementaires, ainsi répartis :

		Hommes	Femmes	Enfants	Total
MÉDECINE	Teigne	»	»	327	327
	Maladies de la peau	361	236	40	637
LITS D'INFIRMERIE		»	»	30	30
CHIRURGIE	Maladies aiguës	104	149	»	253
ACCOUCHEMENT	Femmes accouchées	»	55	»	55
BERCEAUX		»	»	55	55
		465	440	472	1.357

Maternité. — Elle compte 55 lits de femmes en couches et 55 berceaux.

10 sages-femmes agréées sont attachées à l'hôpital, mettant chacune 3 lits à la disposition de l'Administration.

Le nombre d'accouchements, en 1898, a été de 1.136 à l'hôpital et de 829 chez les sages-femmes agréées.

Mouvement de la population. — Au 1er janvier 1896, on constatait la présence à l'hôpital de 917 malades ; pendant cette année, il en est entré 12.481 et sorti 12.027. Le nombre des morts a été de 483 ; le chiffre des malades restant au 31 décembre 1896 était de 893.

Pour cette année 1896, le nombre de journées de malades a été de 433.461. La mortalité, calculée d'après le nombre des individus sortis par guérison ou par décès divisé par le nombre des morts, a été de 1 sur 34,09 en médecine et de 1 sur 17,18 en chirurgie.

La durée du séjour, calculée d'après le nombre des journées divisé par le nombre des individus sortis par guérison ou par décès, a été de 28,75 en médecine et de 21,69 en chirurgie.

Personnel administratif. — Ce personnel comprend : 1 directeur ; 1 économe ; 1 commis rédacteur ; 2 expéditionnaires ; 1 garçon de bureau et 1 commissionnaire. Toutes ces personnes sont logées, à l'exception d'un expéditionnaire qui touche une indemnité de 400 francs.

Personnel médical. — Le service de santé se compose de 102 personnes :

6 médecins ; 3 chirurgiens ; 1 accoucheur ; 1 pharmacien ; 1 dentiste ; 19 internes en médecine ; 10 internes en pharmacie ; 57 externes et 4 sages-femmes.

UN LABORATOIRE

Il faut ajouter : 1 chirurgien consultant, et — pour la médecine — 2 assistants et 2 assistants suppléants.

Personnel secondaire. — Ce personnel se compose de 308 personnes, savoir :

1 instituteur ; 12 institutrices ; 34 religieuses ; 7 surveillants et surveillantes ; 5 sous-surveillants et sous-surveillantes ; 1 garçon d'amphi-

ÉCOLE DES TEIGNEUX

théâtre ; 3 infirmiers panseurs ; 8 suppléants et suppléantes ; 22 premiers infirmiers et premières infirmières ; 210 infirmiers, infirmières, garçons et filles d'office ; 5 nourrices.

Personnel professionnel fixe. — Ce personnel comprend :

1 aide cuisinier ; 4 mécaniciens et chauffeurs ; 2 charretiers ; 1 charron.

Personnel à la journée. — On compte 94 personnes, savoir :

1 peintre ; 1 plombier ; 1 menuisier ; 1 serrurier ; 2 fumistes ; 18 électriciens, mécaniciens et chauffeurs ; 1 cuisinier ; 1 jardinier ; 52 buandiers et buandières ; 16 lingères.

Les *Services hospitaliers* sont constitués ainsi qu'il suit :

NATURE des SERVICES	NOMS des chefs de SERVICE	DÉSIGNATION des SALLES	H.	F.	G.	F.	Berceaux	Internes	Externes	Sages-femmes	Religieuses	Surveillante	Sous-surveillantes	Suppléants H.	Suppléants F.	1ers Infirmiers H.	1ers Infirmiers F.	Panseurs	Infirmiers H.	Infirmiers F.	Nourrices	Total
MÉDECINE	Dr Fournier	Saint-Louis	42	»	»	»	»	2	5	»	1	»	»	»	»	1	»	»	2	»	»	4
		Henri IV	»	40	»	»	»	»	»	»	1	»	»	»	»	1	»	»	1	2	»	5
—	Dr Hallopeau	Bazin	70	»	20	»	»	2	5	»	2	»	»	»	»	»	»	»	8	1	»	11
		Lugol	»	30	»	20	»	»	»	»	1	»	»	»	»	»	»	»	2	4	»	7
—	Dr Tenneson	Devergie	42	»	»	»	»	1	6	»	1	»	»	»	»	»	»	»	»	»	»	
		Albert	»	45	»	»	»	»	»	»	»	»	»	2	1	1	»	»	3	3	»	11
		École Laillier	»	»	232	125	»	»	»	»	2	1	1	1	»	»	3	»	13	25	»	46
—	Dr Du Castel	Cazenave	72	»	»	»	»	2	5	»	1	»	»	»	»	»	»	»	5	1	»	7
		Gibert	»	34	»	»	»	»	»	»	»	»	»	1	»	»	»	»	2	1	»	4
		Gabrielle	29	»	»	»	»	»	»	»	1	»	»	1	»	»	»	»	4	1	»	7
—	Dr Danlos	Bichat	70	»	»	»	»	»	»	»	1	»	»	»	»	»	»	»	6	1	»	8
		Blott	»	42	»	»	»	1	5	»	1	»	»	»	»	»	1	»	1	2	»	5
		Emery	»	13	»	»	»	»	»	»	1	»	»	»	»	»	»	»	1	2	»	4
—	Dr Balzer	Hillairet	36	»	»	»	»	1	4	»	1	»	»	»	»	»	»	»	2	1	»	4
		Lorry	»	32	»	»	»	»	»	»	1	»	»	»	»	»	1	»	1	1	»	4
CHIRURGIE	Dr Richelot / Dr Morestin (assistant)	Baraquements (Hommes)	28	»	»	»	»	3	6	»	2	»	»	»	»	1	1	»	6	8	»	18
		(Femmes)	»	55	»	»	»	»	»	»	»	»	»	»	»	»	»	»	»	»	»	
—	Dr Nélaton	Nélaton	36	»	»	»	»	»	»	»	2	»	»	»	»	»	»	»	5	1	»	8
		Denonvilliers	»	36	»	»	»	3	7	»	1	»	»	»	»	»	»	»	2	5	»	8
		Jamain	»	12	»	»	»	»	»	»	1	»	»	»	»	»	»	»	1	4	»	6
—	Dr Ricard	Cloquet	40	»	»	»	»	»	»	»	2	»	»	»	»	1	1	»	8	3	»	15
		Gosselin	»	36	»	»	»	3	6	»	»	»	»	»	»	»	»	»	»	»	»	
		Cruveilhier	»	10	»	»	»	»	»	»	1	»	»	»	»	»	»	»	1	4	»	6
ACCOUCHEMENT	Dr Auvard	P. Dubois	»	55	»	»	55	1	4	4	4	»	1	»	1	»	1	»	4	10	5	23
CONSULTATION DE MÉDECINE	Dr Gastou (assistant)		»	»	»	»	»	»	»	»	»	»	»	»	»	»	»	»	»	»	»	»
—	Dr Baudouin		»	»	»	»	»	»	1	»	»	»	»	»	»	»	»	»	»	»	»	»
—	Dr Marcel Sée	—	»	»	»	»	»	»	»	»	»	»	»	»	»	»	»	»	»	»	»	»
—	Dr Émery	—	»	»	»	»	»	»	»	»	»	»	»	»	»	»	»	»	»	»	»	»
CONSULTATION DE CHIRURGIE	Dr Legueu		»	»	»	»	»	»	2	»	»	»	»	»	»	»	»	»	»	»	»	»
SERVICE DE VEILLE			»	»	»	»	»	»	»	»	»	1	»	»	»	»	»	»	»	»	»	1
		TOTAL	465	440	232	145	55	20	55	4	25	1	2	1	1	4	12	3	78	80	5	212

Les salles de malades sont réparties entre 10 chefs de service : 6 médecins, 3 chirurgiens et 1 accoucheur.

L'un des services de médecine est un service de clinique des maladies cutanées et syphilitiques.

A ce service sont en outre attachés un chef de clinique désigné par la Faculté de médecine et deux chefs de laboratoire nommés par cette Faculté.

Les *Services généraux* sont constitués ainsi qu'il suit :

SERVICES GÉNÉRAUX	Religieuses	Instituteur	Institutrices	Surveillants H.	Surveillants F.	Sous-surveillants H.	Sous-surveillants F.	Suppléants H.	Suppléants F.	1er Infirmiers H.	1er Infirmiers F.	Infirmiers H.	Infirmiers F.	TOTAL
Instruction	»	1	12	»	»	»	»	»	»	»	»	»	»	13
Communauté	2	»	»	»	»	»	»	»	»	»	»	1	»	3
Porte	»	»	»	1	»	»	1	1	»	»	»	»	»	3
Bureaux	»	»	»	1	»	1	»	»	»	1	»	3	»	6
Consultation	»	»	»	»	»	1	»	1	»	2	»	6	2	12
Cuisine	2	»	»	»	»	»	»	1	»	»	»	9	2	14
Sommellerie	»	»	»	»	»	»	»	1	»	»	»	»	»	1
Magasins	»	»	»	1	»	»	»	»	»	»	»	»	»	1
Lingerie	3	»	»	»	»	»	»	»	»	»	»	2	2	7
Vestiaire	»	»	»	»	»	»	»	»	»	»	»	1	»	1
Buanderie	2	»	»	»	»	»	»	»	»	1	»	1	»	4
Pharmacie	»	»	»	1	»	»	»	»	»	1	»	3	»	5
Bains	»	»	»	1	»	»	»	1	»	»	»	6	4	12
Chantier	»	»	»	»	»	»	»	1	»	»	»	»	»	1
Salle des morts	»	»	»	»	»	1	»	»	»	»	»	»	»	1
Service de propreté	»	»	»	»	»	1	»	1	»	»	»	6	»	8
Étuves	»	»	»	»	»	»	»	»	»	»	»	1	»	1
Allumage	»	»	»	»	»	»	»	»	»	»	»	1	»	1
Musée et bibliothèque	»	»	»	»	»	1	»	»	»	1	»	1	»	3
Écuries	»	»	»	»	»	»	»	1	»	»	»	»	»	3
Machines et chauffage	»	»	»	2	»	1	»	1	»	»	»	»	»	4
	9	1	12	7	»	8	1	8	1	5	1	40	11	101

Buanderie. — La buanderie de l'hôpital Saint-Louis blanchit le linge de l'hôpital Saint-Louis et une partie du linge de l'hôpital Tenon, de l'Hôtel-Dieu et de l'hospice Debrousse.

Les cuviers sont au nombre de 6.

Un appareil, dit « tonneau-laveur », sert au lavage du linge des enfants teigneux, ainsi que des draps, des alèzes et des serviettes les plus sales. Un autre appareil, dit « roue Michel », sert à dégraisser les linges tachés de pommade, ainsi que le linge et les effets des gâteux, pouilleux, etc. Il y a aussi deux essoreuses à vapeur et une très grande étuve à air chaud.

Une machine donne la vapeur pour les essoreuses, fait chauffer l'eau qui sert à laver et donne le mouvement au tonneau-laveur et à la roue Michel. Elle active également une pompe qui remonte l'eau des lessives.

On blanchit 145.000 kilogrammes de linge par mois, dont 111.500 kilogrammes pour l'hôpital Saint-Louis, 32.000 kilogrammes pour Tenon, 1.000 kilogrammes pour l'Hôtel-Dieu et 500 kilogrammes pour Debrousse.

Bains. — L'établissement a un service de bains très important, délivrant bains, douches, frottes, etc., tant aux malades de l'intérieur qu'aux malades de l'extérieur.

Le nombre total des bains délivrés a été de 224.850 en 1896, 234.400 en 1897 et 257.200 en 1898.

Chauffage et ventilation. — Tous les systèmes de chauffage sont employés dans les divers quartiers : chauffage à vapeur ; chauffage à circulation d'eau chaude sous pression ; chauffage à air chaud ; calorifères avec repos de chaleur ; calorifères ordinaires ; cheminées à coke, etc.

La ventilation est assurée par des cheminées d'appel qui rejettent au dehors l'air vicié des salles.

Éclairage. — L'établissement tout entier est éclairé à la lumière électrique. Cette lumière est produite dans l'hôpital même. 3 machines et 3 dynamos, ainsi qu'une batterie d'accumulateurs, alimentent 1.600 lampes.

Salubrité. — Le tout à l'égout.

Une étuve à vapeur fonctionne pour la désinfection de la literie des malades décédés et contagieux.

Un four à incinérer les ouates et les pansements est placé à côté de l'étuve.

Eaux. — L'hôpital Saint-Louis est alimenté par l'eau de rivière (Ourcq, Marne) et l'eau de source (Vanne).

Laboratoires. — Des laboratoires sont installés dans les services de MM. les Drs Fournier, Daulos, Hallopeau, Tenneson, Du Castel. Ces trois derniers laboratoires reçoivent chacun une subvention municipale : 1.200 francs, 3.500 francs et 1.800 francs.

Le laboratoire de M. le Pr Fournier est à la charge de la Faculté de médecine.

Musée. — Un musée de moulages coloriés au nombre total de 3.120, faits par M. Baretta, est aménagé dans une très grande salle éclairée par le haut. Ce musée est entretenu à l'aide d'une subvention municipale annuelle de 6.400 francs.

Les moulages sont, pour la plupart, la reproduction de cas observés par les médecins de l'hôpital Saint-Louis, représentant diverses maladies cutanées et syphilitiques. La collection léguée par le Dr Péan (600 pièces) expose les affections chirurgicales traitées par lui dans son service. A ces moulages viennent s'ajouter des photographies coloriées, des dessins et des aquarelles.

Radiographie. — Grâce à la générosité de la famille Brault, en souvenir de M. Alexandre Brault, élève en médecine de l'hôpital, un pavillon a été élevé ; ce pavillon est destiné à la radiographie.

Bibliothèques. — Une bibliothèque médicale fondée par le Dr Feulard, provenant de dons particuliers et bénéficiant d'une subvention annuelle municipale de 2.000 francs, renferme 15.400 volumes traitant principalement des maladies cutanées et syphilitiques.

On y trouve aussi de nombreux ouvrages concernant la médecine générale, la chirurgie, etc., ainsi que diverses revues périodiques. Le musée et la bibliothèque sont ouverts tous les jours aux médecins et aux étudiants en médecine.

Deux bibliothèques comprenant, l'une 3.000 volumes, et l'autre 580 volumes, pour les internes en médecine et en pharmacie, sont entretenues au moyen de cotisations des élèves et de subventions votées chaque année par le Conseil municipal (500 francs pour les internes en médecine et 300 francs pour les internes en pharmacie).

L'hôpital Saint-Louis possède aussi une bibliothèque pour les malades, laquelle se compose de 1.500 volumes. Un crédit annuel de 300 francs est affecté à l'entretien de cette bibliothèque.

Ambulances. — Un service d'ambulances municipales, dites ambulances urbaines, pour le transport des blessés, est installé dans l'établissement ; deux voitures sont affectées à cet usage. Ce service est assuré, jour et nuit, par des élèves en médecine.

Ces ambulances, fondées à l'hôpital Saint-Louis par M. le Dr Nachtel, dépendent aujourd'hui de la Ville de Paris.

Station météorologique. — Un poste météorologique, relevant de l'Observatoire municipal de la Tour-Saint-Jacques, existe dans la maison.

Dépenses. — En 1898, les dépenses de l'hôpital Saint-Louis se sont élevées à la somme de 1.603.746 fr. 23, se décomposant ainsi :

Personnel administratif	22.618 37	*Report*	738.779 44
Impressions, frais de bureau	763 65	Cave	98.433 56
Frais de cours, de concours, etc.	11.363 16	Comestibles	194.409 35
Frais des exploitations	31.006 77	Chauffage, éclairage	160.888 01
Personnel médical	83.664 96	Blanchissage	57.837 61
Personnel secondaire	155.273 05	Coucher, linge, habillement, mobilier	150.571 19
Réparations de bâtiments	78.570 31	Appareils, instruments, etc	129.617 75
Pharmacie	99.317 98	Frais de transport	6.029 33
Boulangerie	74.092 11	Eaux, salubrité, etc	67.579 06
Boucherie	191.419 08		
		Total	1.603.746 23
A reporter	738.779 44		

LÉGENDE DU PLAN

— ——

REZ-DE-CHAUSSÉE	PREMIER ÉTAGE	DEUXIÈME ÉTAGE
A Bureaux, salle de pansements, bibliothèque, cabinet dentaire. . .	Appartement du directeur et de l'économe	Sous-employés
A' Chambres d'internes en médecine.	Chambres d'internes	Logements de sous-employés
A" Loge du concierge, vestiaire des médecins, logement du concierge de nuit.	Logements de sous-employés	Logements de sous-employés
B¹ Internes en pharmacie, consultation d'accouchement.	Communauté	Communauté
B² Consultation.	Musée et bibliothèque Feulard	Ateliers de moulages et greniers
C Cuisine	Logement des filles de la communauté, magasins, logements de sous-employés.	Dortoirs des garçons de cuisine et logements de sous-employés
D Pharmacie.	Laboratoire, magasin des plantes	Logements de sous-employés
D' Caveau de la pharmacie.	Laboratoire Alibert	
E Pavillon servant de logement au personnel.		
F Bains	Logement de surveillant et dortoir des garçons de bains	Un réservoir pour eau froide et deux réservoirs pour eau chaude
G Buanderie.	Logement du couleur	
H Chapelle.		
I Service des morts .		
J Lingerie.	Salle de pliage et magasin au linge	
K¹ Magasin du mobilier	Logement d'employé	Logement de sous-employé
K² Magasins.		
K³ Écuries et remises, logement du charretier, ateliers et logements d'ouvriers	Magasin du mobilier, magasin du charron, greniers et marchandises diverses.	
K⁴ Logement du garçon d'amphithéâtre, ateliers, peintre et fumiste	Logement du garçon d'amphithéâtre	
K⁵ Ateliers divers.		
L Chantier .		
M¹ Salles de malades	Salles de malades	Logements de sous-employés
M² Salles de malades	Salles de malades	Logements de sous-employés
M¹ Pavillon Gabrielle (malades payants) .	Chambres de malades payants	Chambres de malades payants ; au-dessus, dortoir des gens de service
M³ Pavillon Émery (malades payantes) . .	Salles de malades payantes	Dortoirs d'infirmières
M⁴ Pavillon Bazin (salles de malades).	Salles de malades	
M⁵ Accouchement.		
M⁶ Salles de malades.		

ÉCOLE DES TEIGNEUX : Bâtiment A

S Classes pour les deux sexes et services divers	Dortoirs, logement de surveillante, lavabos pour les enfants des deux sexes.	Dortoirs pour les enfants des deux sexes et logement du personnel.
SS Laboratoire.		

ÉCOLE DES TEIGNEUX : Bâtiment B : Infirmerie

M Salles de malades	Chambres des filles de service	Logements du personnel
S Classes et services divers	Dortoirs	

R Réfectoires.	8 Communauté.	15 Magasins aux soudes.
U Étuves.	9 Laboratoires.	16 Cave aux sirops.
3 Chaudières.	10 Photographie et radiographie.	17 Gardien.
4 Machines et dynamos.	11 Serres.	18 Compteurs à eau.
5 Accumulateurs.	12 Cabanes aux eaux grasses.	19 Cabanes à animaux.
6 Cheminée et four.	13 Bascule.	20 Caveaux à linge sale.
7 Ambulances urbaines.	14 Réservoirs et champ d'étendage.	

Échelle de $\frac{1}{3.000}$

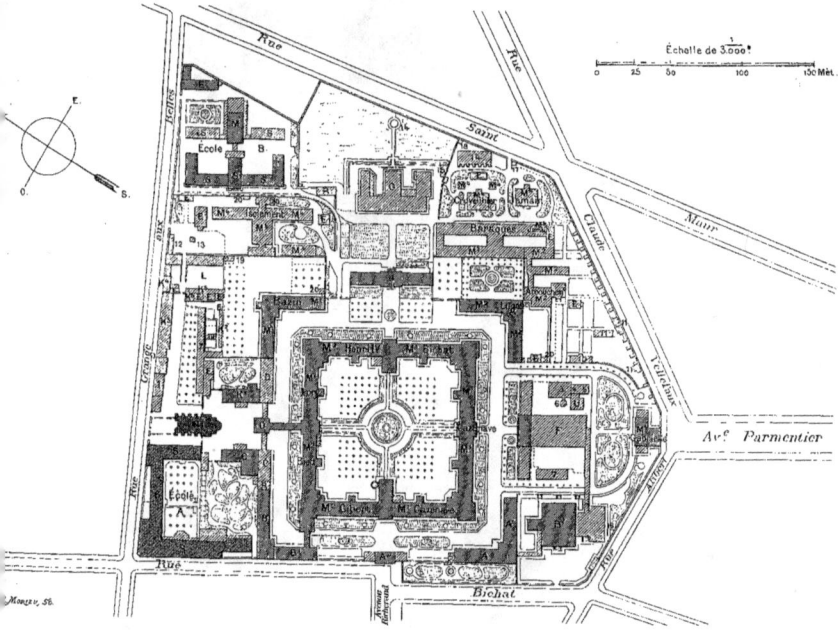

PLAN DE MASSE DE L'HÔPITAL SAINT-LOUIS

HOPITAL RICORD

111, Boulevard de Port-Royal

Directeur : M. Paul Bru

Situation. — L'hôpital est limité, de face, par le boulevard de Port-Royal ; en arrière, par des constructions particulières et l'hôpital Cochin ; à droite, par la rue du Faubourg-Saint-Jacques ; à gauche, par la rue de la Santé.

La surface totale du terrain est de 18.580^{mc}, dont 3.606 pour la surface des bâtiments et 14.974 pour la surface des cours et jardins.

Historique. — Sur l'emplacement occupé aujourd'hui par l'hôpital Ricord, s'élevait autrefois un couvent de capucins (religieux réformés de Saint-François-d'Assise). Le 17 septembre 1783, les capucins quittèrent le faubourg Saint-Jacques pour aller s'installer à la chaussée d'Antin. Le marquis de Breteuil eut la pensée de se servir des bâtiments du couvent pour y placer des pauvres des deux sexes atteints de maladie vénérienne. Après maints pourparlers, l'hôpital des Vénériens fut ouvert au mois de mars 1792. Il reçut non seulement les vénériens adultes envoyés de Bicêtre, mais encore les enfants de l'hospice de Vaugirard (maison des Enfants gâtés).

Dénommé par la suite hôpital du Midi (1836), il porte, depuis 1893, le nom de Ricord qui en fut le chirurgien en chef de 1832 à 1861.

Depuis 1836, on ne reçoit dans l'établissement que les malades adultes hommes. L'hôpital est affecté spécialement au traitement de la syphilis et des maladies de peau.

Consultations. — Des consultations ont lieu tous les matins, de 8 heures à 10 heures, savoir :

Chirurgie. — Lundi et jeudi *(Dr Humbert) ;*
Médecine. — Mardi et vendredi *(Dr Renault) ;*
      —   Mercredi et samedi *(Dr Queyrat).*

La consultation du dimanche est faite à tour de rôle par les 3 chefs de service.

Un dentiste *(Dr Bruneau)* donne des consultations le mardi, de 8 heures à 9 heures, aux malades de l'établissement.

Nombre de consultations en	1896	1897	1898
Consultations de médecine	22.333	18.568	22.732
— de chirurgie	11.627	9.035	10.020

Nombre de lits. — L'hôpital Ricord contient 317 lits réglementaires, ainsi répartis :

MÉDECINE . . . } Maladies vénériennes		158
Maladies de la peau		34
CHIRURGIE. . . Maladies vénériennes		104
CHAMBRES PARTICULIÈRES (médecine et chirurgie)		21
		317

Un service provisoire de médecine générale ouvert le 20 janvier 1896 occupe, sur ce nombre, 40 lits.

Mouvement de la population. — Au 1er janvier 1896, on constatait la présence à l'hôpital de 329 malades ; pendant cette même année, il en est entré 4.410 et sorti 4.329.

Le nombre des morts a été de 52. Le chiffre des malades restant au 31 décembre 1896 était de 268.

Pour cette année 1896, le nombre de journées de malades a été de 90.355.

Personnel administratif. — Ce personnel comprend : 1 directeur-comptable ; 1 commis rédacteur ; 1 garçon de bureau, tous logés dans l'établissement.

Personnel médical. — Le service de santé se compose de 22 personnes :

2 médecins ; 1 chirurgien ; 3 internes ; 12 externes ; 1 pharmacien et 3 élèves en pharmacie.

Personnel secondaire. — Ce personnel se compose de 43 personnes, savoir :

5 surveillants ; 6 sous-surveillants ; 3 infirmiers-panseurs, 1 premier infirmier ; 27 infirmiers et 1 aide concierge (femme). 2 infirmiers provisoires sont attachés au service provisoire de médecine générale.

Personnel à la journée. — On compte 6 personnes, savoir :

1 menuisier ; 1 aide chauffeur ; 1 buandière ; 1 lingère et 2 éplucheuses.

Les *Services hospitaliers* sont constitués ainsi qu'il suit :

NATURE des SERVICES	NOMS des chefs de SERVICE	DÉSIGNATION des SALLES	NOMBRE de LITS	ÉLÈVES		PERSONNEL SECONDAIRE			
				Internes	Externes	Surveillants	Panseurs	Infirmiers	TOTAL
Médecine (véné-riens)	Dr Queyrat. . . .	2e division Nos 7 et 8 . . .	56	2	5	1	1	3	5
—	Dr Alex. Renault .	3e division Nos 9, 10, 11 et 12	96	2	3	1	1	4	6
Chirurgie	Dr Humbert. . . .	Nos 1, 2, 3, 4 . .	104	2	4	1	1	5	7
Médecine géné-rale , ...	Dr Queyrat. . . .	N° 6	40	»	»	»	»	4	4
Service payant .	Dr Humbert								
—	Dr Renault		21	»	»	1	»	2	3
—	Dr Queyrat								
	Total.		317	6	12	4	3	18	25

La salle 6 appartient à la 2° division. 2 infirmiers titulaires et 2 infirmiers provisoires sont attachés au service. — Ce service comporte 20 lits de chroniques et 20 lits d'aigus.

Comme l'indique le tableau ci-dessus, les salles de malades, au nombre de 11, sont réparties entre :

3 chefs de service : 2 médecins et 1 chirurgien.

Les *Services généraux* sont constitués ainsi qu'il suit :

SERVICES GÉNÉRAUX	Surveillants		Sous-surveillants		Aide con-cierge	1er Infirmier	Infirmiers		TOTAL
	H.	F.	H.	F.	F.		H.	F.	
Portes.	»	»	1	»	1	»	»	»	2
Bureaux.	»	»	»	»	»	1	»	»	1
Consultation	»	1	»	1	»	»	2	»	4
Cuisine	»	»	1	»	»	»	»	»	1
Magasin et sommellerie	»	»	1	»	»	»	»	1	2
Lingerie.	»	»	»	1	»	»	»	1	2
Buanderie.	»	»	»	»	»	»	1	»	2
Pharmacie.	»	»	1	»	»	»	2	»	2
Bains	»	»	»	»	»	»	1	»	1
Chantier.	»	»	»	»	»	»	1	»	1
Réfectoire.	1	»	»	»	»	»	»	»	1
Machines	»	»	»	»	»	»	»	»	»
Salle des morts.	»	»	»	»	»	»	»	»	»
Menuiserie	»	»	»	»	»	»	»	»	»
Allumage	»	»	»	»	»	»	2	»	2
Salubrité	»	»	»	»	»	»	»	»	»
	1	1	3	2	1	1	10	1	20

Il n'existe pas de buanderie proprement dite ; le linge est lavé par un entrepreneur, mais une femme à la journée est occupée au blanchissage du linge à pansements et des blouses antiseptiques.

Bains. — Le service des bains fonctionne régulièrement tous les jours pour les malades et pour le traitement externe. Ce dernier a lieu tous les matins, de 6 heures à 8 heures, et le dimanche, de 6 heures à 10 heures.

Il existe 32 baignoires émaillées, disposées dans deux salles ; 2 cabines de chacune 1 baignoire pour le personnel.

Les appareils d'hydrothérapie de l'établissement permettent de donner des douches de toute nature, des bains et douches de vapeur, des fumigations et des sudations.

En 1898, il a été donné 29.740 bains, se décomposant ainsi :

	Traitement externe	Traitement interne
Bains simples	58	14.407
Bains d'amidon	281	2.927
Bains sulfureux	2.475	5.216
Bains alcalins	364	2.701
Bains de sublimé	37	559
Bains de térébenthine	260	971
Douches froides	382	»
Douches chaudes	211	»
Bains et douches de vapeur	49	64
Bains frottés pour galeux	»	78
TOTAUX	2.817	16.923

Chauffage et ventilation. — Un calorifère au sous-sol chauffe les chambres payantes, la consultation et le bureau des entrées.

Les salles sont chauffées par des petits calorifères en tôle.

Éclairage. — Les salles sont éclairées par des veilleuses. Les services généraux, les cours et les escaliers sont éclairés au gaz.

Salubrité. — On fait usage de tinettes (système diviseur), mais il existe encore des fosses fixes.

Eaux. — La maison est alimentée par l'eau de rivière (Seine) et par l'eau de source (Vanne).

Laboratoire. — M. le Dr Renault possède un laboratoire de bactériologie.

Musée. — Un musée vénéréologique, fondé par le Dr Horteloup en 1872, renferme une collection curieuse de pièces anatomiques.

Bibliothèques. — Deux bibliothèques pour les internes sont entretenues au moyen de dons, de cotisations des élèves et de subventions votées chaque année par le Conseil municipal (400 francs pour les internes en médecine, 300 francs pour les internes en pharmacie).

M. le Dʳ Ricord a légué sa bibliothèque aux internes en médecine.

Il existe aussi une bibliothèque pour les malades ; un crédit annuel de 100 francs et une partie des arrérages de la fondation Godard sont affectés à son entretien.

Dépenses. — En 1898, les dépenses de l'hôpital Ricord se sont élevées à la somme de 317.615 fr. 80, se décomposant ainsi par nature de dépense :

Personnel administratif	9.323 55		Report	161.099 94
Impressions, frais de bureau	197 60		Cave	22.105 »
Frais de cours, etc.	1.600 »		Comestibles	40.401 »
Frais des exploitations	10.325 85		Chauffage et éclairage	22.913 37
Personnel médical	15.604 64		Blanchissage	15.574 63
Personnel secondaire	24.194 58		Coucher, linge, mobilier	21.411 35
Réparations de bâtiments	19.291 44		Appareils, instruments, etc	12.704 82
Pharmacie	13.741 71		Frais de transport	373 85
Boulangerie	17.232 72		Eaux, salubrité, etc.	21.031 84
Boucherie	49.387 85			
			Total	317.615 80
A reporter	161.099 94			

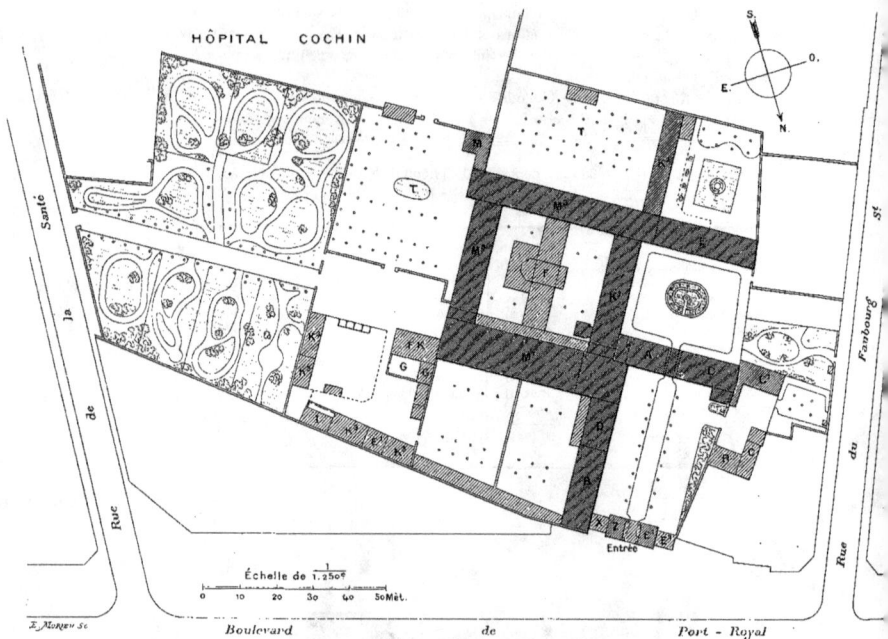

HÔPITAL COCHIN

Échelle de $\frac{1}{1.250^e}$

0   10   20   30   40   50 Mèt.

E. Morieu Sc.

Boulevard   de   Port - Royal

PLAN DE MASSE DE L'HÔPITAL RICORD

REZ-DE-CHAUSSÉE

A Administration.
B Consultation.
C, C¹ Cuisine et dépendances.
D Pharmacie.
E Logements du personnel.
E¹ Logements de sous-employés.
F Bains.
G Buanderie et étendoir.
I Service des morts.
FK Machines des bains.
K¹, K² Magasins.
K³ Ateliers.

M Chirurgie (salle d'opérations).
M¹ Médecine hommes.
M³ Chirurgie hommes.
R Réfectoire des serviteurs.
T Préaux.
XZ Loge du concierge et entrée.

PREMIER ÉTAGE

A, C Lingerie.
B Chambres de malades payants.
C¹ Internes en pharmacie.
D Chambres de malades payants.
E Logements, et internes en médecine.

K¹ Salle d'opérations (chirurgie).
K² Logements de sous-employés.
M¹ Médecine hommes.
M³ Chirurgie hommes.
XZ Logement du concierge.

DEUXIÈME ÉTAGE

A, C Logements.
B, D Chambres de malades payants.
E Logements.
K¹ Médecine hommes.
M¹, M³ Médecine hommes.

HOPITAL BROCA

111, Rue Broca

DIRECTEUR : M. BERRUYER

Situation. — L'hôpital est situé dans un îlot limité par la rue Broca, sur laquelle donne sa façade, et les rues Julienne, Pascal et Corvisart.

La surface totale du terrain est de 14.634^{me}20, dont 5.218,50 pour la surface des bâtiments et 9.415,70 pour la surface des cours et jardins.

Historique. — L'hôpital Broca, qu'on avait appelé hôpital de Lourcine jusqu'en 1893, a été ouvert en 1836 sur l'emplacement de l'ancien couvent des Cordelières, fondé vers l'an 1284 par Marguerite de Provence, sœur de saint Louis. Il était affecté au traitement des femmes atteintes de maladies vénériennes.

Depuis quelques années, on y traite en outre les femmes atteintes de maladies de la peau et d'affections gynécologiques.

Le service consacré au traitement de ces dernières, installé en 1882 dans des baraquements, a été construit en 1896-1898, et comporte tous les perfectionnements de la science moderne.

C'est certainement un des plus intéressants et des mieux aménagés de l'Administration.

Il a été inauguré, le 21 décembre 1898, par M. Félix Faure, Président de la République.

Consultations. — Des consultations, qui sont toutes spéciales, ont lieu chaque matin, à 9 heures, de la façon suivante :

Pour les maladies vénériennes et les maladies de la peau, le lundi, le mercredi et le vendredi *(Dr Brocq)*; le mardi, le jeudi et le samedi *(Dr Beurmann);*

Pour les affections gynécologiques, tous les jours *(Dr Pozzi).*

Toutes ces consultations comportent un traitement externe.

Consultations pour les maladies des dents, le mardi *(Dr Bruneau).* Ces dernières sont réservées aux seules malades de l'hôpital.

Nombre de consultations en	1896	1897	1898
Consultations de médecine	6.708	7.813	6.883
— de dermatologie	1.639	7.898	10.264
— de gynécologie	4.108	6.615	5.114

Nombre de lits. — L'hôpital Broca contient 291 lits réglementaires, ainsi répartis :

		Femmes	Enfants	Total
MÉDECINE	Vénéréologie	178	»	178
	Dermatologie	44	»	44
	Gynécologie	57	»	57
CHIRURGIE	Accouchement (vénériennes)	6	»	6
	Berceaux	»	6	6
		285	6	291

Mouvement de la population. — Au 1er janvier 1896, on constatait la présence à l'hôpital de 224 malades; pendant cette année, il en est entré 2.531 et sorti 2.481. Le nombre des morts a été de 52. Le chiffre des malades restant au 31 décembre 1896 était de 222.

Pour cette année 1896, le nombre de journées de malades a été de 85.612.

La mortalité, calculée d'après le nombre des individus sortis par guérison ou par décès divisé par le nombre des morts, a été de 1 sur 76,15 en médecine et de 1 sur 35,60 en chirurgie.

La durée du séjour, calculée d'après le nombre des journées divisé par le nombre des individus sortis par guérison ou par décès, a été de 36,06 en médecine et de 35,60 en chirurgie. Il y a eu, en 1896, 84 accouchements.

Personnel administratif. — Ce personnel comprend : 1 médecin; 1 commis rédacteur et 1 commissionnaire, tous logés dans l'établissement.

Personnel médical. — Le service de santé se compose de 36 personnes :

2 médecins; 1 chirurgien; 5 internes; 23 externes, 1 pharmacien et 4 élèves.

Personnel secondaire. — Ce personnel se compose de 69 personnes, savoir :

5 surveillants et surveillantes; 10 sous-surveillants et sous-surveillantes; 8 suppléants et suppléantes; 7 premiers infirmiers et premières infirmières; 39 infirmiers, infirmières, garçons et filles de service.

Personnel à la journée. — On compte 14 personnes, savoir :

1 menuisier; 2 chauffeurs; 1 cuisinier; 1 jardinier; 1 étuviste; 1 buandière; 3 lingères; 1 éplucheuse; 3 journaliers.

Les *Services hospitaliers* sont constitués ainsi qu'il suit :

NATURE des SERVICES	NOMS des chefs de SERVICE	DÉSIGNATION des SALLES	NOMBRE DE LITS F.	ÉLÈVES			PERSONNEL SECONDAIRE							Total
				Berceaux	Internes	Externes	Surveillantes	S.-surveillantes	Suppléantes	1res Infirmiers H.	1res Infirmiers F.	Infirmiers H.	Infirmiers F.	
MÉDECINE...	Dr **Brocq**	Vidal	22	»	»	»	1	»	»	»	1	»	3	5
		Culterier	36	»	1	8	»	»	1	»	»	»	2	3
		Natalis-Guillot	46	»	»	»	1	»	»	»	1	»	1	3
—	Dr **de Beurmann**	Fracastor	12	»	»	»	»	»	»	»	»	»	1	1
		Bouley	10	»	»	»	»	»	1	»	»	»	2	3
		Van Swieten	36	»	1	7	»	»	1	»	»	»	2	3
		Astruc	48	»	»	»	1	»	1	»	»	»	2	4
		Goupil	12	»	»	»	»	»	»	»	»	»	2	2
CHIRURGIE..	Dr **Pozzi** Dr **Jayle** (assistant)	Huguier	16	»	»	»	»	1	»	»	1	»	4	6
		A.-Guérin	12	»	»	»	1	»	»	»	»	1	2	4
		Broca	8	»	»	»	»	»	1	»	»	»	2	3
		Récamier	8	6	3	8	»	»	»	»	»	1	2	3
		Chambres	19	»	»	»	»	»	»	»	»	»	2	2
		Pansements, amphithéâtre	»	»	»	»	»	»	»	1	»	»	2	3
SERVICE DE VEILLE			»	»	»	»	»	1	1	»	»	»	»	2
REMPLACEMENTS			»	»	»	»	»	1	»	»	»	»	»	1
		TOTAL	285	6	5	23	4	3	6	1	4	1	29 (1)	48

(1) Une infirmière est provisoirement en supplément dans le service de chirurgie.

Ainsi, les salles de malades sont réparties entre 3 chefs de service : 2 médecins et 1 chirurgien.

Une partie de chacun des deux services de médecine, consacrés au traitement des maladies vénériennes, est affectée au traitement des maladies de la peau.

Le service de chirurgie est exclusivement réservé aux affections gynécologiques ; il comprend une petite salle où sont placées les parturientes syphilitiques des autres services.

Les *Services généraux* sont constitués ainsi qu'il suit :

SERVICES GÉNÉRAUX	Surveillants	Sous-surveillants		Suppléants		1ers Infirmiers	Infirmiers		TOTAL
		H.	F.	H.	F.		H.	F.	
Portes	»	1	»	1	»	»	»	»	2
Consultations.	»	»	»	»	1	1	»	»	2
Cuisine.	»	»	1	»	»	»	2	1	4
Magasins.	»	1	»	»	»	»	»	»	1
Lingerie	1	»	»	»	»	»	»	»	3
Ouvroir.	»	»	1	»	»	»	»	»	1
Pharmacie	»	1	»	»	»	1	»	»	2
Bains.	»	»	1	»	»	»	»	2	3
Chantier									
Salle des morts	»	»	»	»	»	»	1	»	1
Service de propreté	»	»	»	»	»	»	2	»	2
Machines.	»	1	»	»	»	»	»	»	1
	1	4	3	1	1	2	5	5	22

Il existe à l'hôpital Broca une petite buanderie qui blanchit seulement le linge à pansements et les effets des malades décédées. Le linge de l'établissement est blanchi par un industriel du dehors.

Bains. — Un service de bains assez important sert aux malades de l'hôpital et aux personnes du dehors.

Le nombre des bains internes a été, en 1898, de 24.234 ; celui des bains externes a été, pendant cette même année, de 28.205.

Chauffage et ventilation. — Le service de chirurgie est chauffé par la vapeur à basse pression.

Les autres salles sont chauffées par des calorifères à charbon de terre.

Le service de chirurgie est ventilé au moyen d'une cheminée d'appel qui reçoit l'air vicié des salles et le rejette au dehors. Les autres services ne sont pas ventilés.

Éclairage. — Le service de chirurgie est éclairé à l'électricité ; les autres salles par des veilleuses ; les services généraux, sauf la cuisine et la pharmacie éclairées au gaz, sont éclairés au moyen de lampes ; les cours, couloirs et escaliers sont éclairés au gaz.

Salubrité. — On fait usage de tinettes (système diviseur); cependant deux fosses fixes existent encore dans l'établissement.

Une étuve à vapeur fonctionne presque chaque jour pour la désinfection d'effets d'entrantes et de la literie des malades sortantes ou décédées.

Eaux. — La maison est alimentée par l'eau de rivière (Seine) et par l'eau de source (Vanne).

Laboratoires. — Chaque chef de service a un laboratoire spécial.

Musée. — Le service de chirurgie seul a un musée;

SERVICE DE CHIRURGIE

les autres services possèdent cependant des pièces anatomiques et des moulages intéressants.

Bibliothèques. — Deux bibliothèques pour les internes sont entretenues au moyen de subventions votées chaque année par le Conseil municipal (400 francs pour les internes en médecine, 300 francs pour les internes en pharmacie).

Il existe aussi une bibliothèque pour les malades; un crédit annuel de 100 francs est alloué par son entretien.

Dépenses. — En 1898, les dépenses de l'hôpital Broca se sont élevées à la somme de 356.307 fr. 18, se décomposant ainsi par nature de dépense :

Personnel administratif	10.143 66	Report	164.459 15	
Impressions, frais de bureau	203 50	Cave	15.764 »	
Frais de cours, etc.	1.148 85	Comestibles	40.929 51	
Personnel médical	19.008 75	Chauffage et éclairage	39.865 75	
Personnel secondaire	50.151 92	Blanchissage	22.293 30	
Réparations de bâtiments	19.265 46	Coucher, linge, mobilier	24.643 68	
Pharmacie	20.222 88	Appareils, instruments, etc.	25.285 77	
Boulangerie	12.570 46	Frais de transport	179 20	
Boucherie	31.743 67	Eaux, salubrité, etc.	22.886 82	
A reporter	164.459 15	Total	356.307 18	

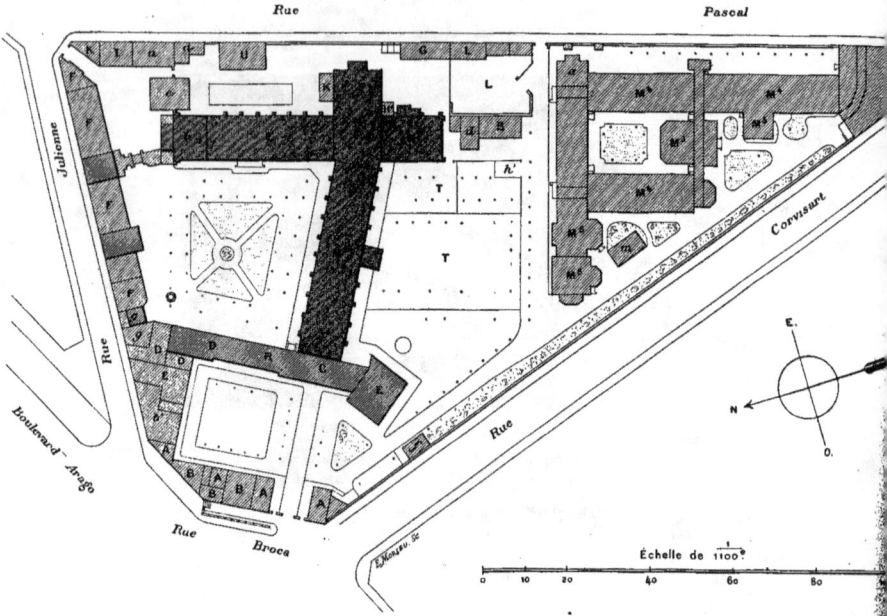

PLAN DE MASSE DE L'HÔPITAL BROCA

REZ-DE-CHAUSSÉE

A   Administration.
B   Consultation et parloir.
C   Cuisines.
D   Pharmacie.
E   Appartement du directeur.
E¹ Logements du personnel.
F   Bains.
G   Buanderie.
H   Chapelle.

H¹ Dépendances.
I   Service des morts.
K   Ateliers.
L   Chantiers.
M² Médecine (femmes).
M⁴ Chirurgie (femmes).
M⁵ Chirurgie, salles d'opérations et de pansements.
R   Réfectoires du personnel.
T   Préaux.
U   Étuve.

a   Laboratoires.
b   Internes en pharmacie.
b' —   médecine.
d   Dortoirs des infirmières.
e   Dépôt de linge sale.
f   Serre.
g   Réservoirs.
h   Remise.
m   Musée.

PREMIER ÉTAGE

C, D Logements de sous-employés.
E   Appartement du directeur.
E¹, M², b Médecine (femmes).

DEUXIÈME ÉTAGE

E¹, b Médecine (femmes).
M² Dortoir des filles de service.

HOPITAL DE LA MATERNITÉ

(MAISON ET ÉCOLE D'ACCOUCHEMENT)

119, Boulevard de Port-Royal, et 2, Rue du Faubourg-Saint-Jacques

---

DIRECTEUR : M. ÉMILE L'HUILLIER

Situation. — La Maternité, dont l'entrée est située à l'angle du boulevard de Port-Royal et de la rue du Faubourg-Saint-Jacques, est limitée, en face, par le boulevard de Port-Royal ; à gauche, par la rue du Faubourg-Saint-Jacques ; en arrière, elle donne sur la rue Cassini ; à droite, elle est séparée de l'avenue de l'Observatoire par la clinique Baudelocque.

La surface du terrain occupé par la Maternité et par la clinique Baudelocque est de 30.230ᵐᵃ88, dont 7.970 environ ont été consacrés à l'installation de cette dernière, ce qui réduit la superficie propre aux seuls services de la Maternité à environ 22.260ᵐᵃ88, dont 7.220 pour la surface des bâtiments et 15.040,88 pour la surface des cours et jardins.

Historique. — Sur l'emplacement actuel de la Maternité existait l'hôtel de Clagny où fut transféré, en 1626, le siège de la célèbre abbaye de Port-Royal. Les bâtiments devaient être peu importants à cette époque. La chapelle fut édifiée en 1646.

Il est visible, à l'amoncellement et à l'irrégularité des bâtiments, que les cons-

63

tructions ne furent édifiées qu'au fur et à mesure des besoins et probablement des ressources constituées surtout par des dons.

L'abbaye de Port-Royal fut supprimée, comme les autres communautés religieuses, en août 1792. En 1793, on fit de l'abbaye une prison qui s'appela Port-Libre.

Le 13 juillet 1795, l'établissement fut mis par décret à la disposition de l'Administration générale des hospices pour y placer une partie de l'hospice de la Maternité installé trois mois auparavant dans les bâtiments du Val-de-Grâce.

La Maternité se divisait alors en deux sections: l'*Accouchement* et l'*Allaitement*. L'Allaitement, appelé depuis l'hospice des Enfants-Assistés, fut placé dans les bâtiments de Port-Royal et l'Accouchement dans les bâtiments de l'Oratoire actuellement occupés par l'hospice des Enfants-Assistés.

Par suite du développement de l'École des sages-femmes, les bâtiments de l'Oratoire étant devenus insuffisants, le Conseil général des hospices décida, par arrêté du 29 juin 1814, la mutation des deux maisons et leur séparation définitive.

La Maternité et l'École des sages-femmes furent installées définitivement dans les bâtiments de Port-Royal, le 1er octobre 1814.

Depuis 1814, de grands changements ont été faits dans les bâtiments de Port-Royal, en vue d'approprier au service d'un hôpital des localités qui avaient été disposées, d'abord pour un couvent, puis pour une prison. Actuellement, un grand projet de reconstruction et d'amélioration des vieux bâtiments est en voie d'exécution.

Longtemps la Maternité fut désignée sous le nom de *la Bourbe*, nom de la vieille rue parisienne où se trouvait l'entrée de l'établissement, avant le percement du boulevard de Port-Royal.

Cette maison comprend, en réalité, deux parties distinctes : l'hôpital et l'École.

École d'accouchement. — L'École de la Maternité a été créée, en 1802, par le célèbre ministre Chaptal ; son organisation primitive a subi de nombreuses modifications ; toutefois, une grande partie des dispositions du règlement ministériel du 8 novembre 1810 sont encore en vigueur.

Cette École est destinée à former des sages-femmes de 1re classe pour toute la France ; elle n'admet que des élèves payantes ou celles dont la pension est acquittée par leur département, leur commune ou une administration hospitalière. Le prix de la pension est fixé, par an, à 1.000 francs. La durée des études est de 2 années. Toutes les élèves sont internes ; elles sont reçues depuis l'âge de 19 ans révolus jusqu'à 35 ans ; elles subissent avant d'entrer un examen destiné à constater leur degré d'instruction.

L'École d'accouchement contient 104 lits ; elle possède en moyenne 80 à 90 élèves. On y enseigne la théorie et la pratique des accouchements, la saignée, les pansements, la vaccination et les soins à donner aux enfants. L'accoucheur en chef a la direction de l'enseignement, avec le concours de l'accoucheur adjoint et de la sage-femme en chef.

Outre le cours d'accouchement, les élèves suivent des leçons sur les maladies puerpérales et les maladies des nouveau-nés, faites par le médecin de la Maternité ; sur l'anatomie et la physiologie élémentaires, faites par les internes du service d'accouchement ; sur les antiseptiques et les éléments de physique et de chimie, faites par le pharmacien. Le cours d'anatomie est complété par des démonstrations sur le cadavre faites à l'Amphithéâtre d'anatomie des hôpitaux.

L'année scolaire commence le 1er juillet et finit le 30 juin. Les examens de sortie ont lieu dans le courant du mois de mai et la distribution des prix à la fin du mois de juin..

Les élèves admises reçoivent leur diplôme de sage-femme de 1re classe à la Faculté de médecine de Paris, sur la certification du jury d'examen.

A la suite des examens, a lieu un concours entre les meilleures élèves. Des médailles d'or et d'argent et des prix sont distribués aux lauréates, parmi lesquelles l'Administration choisit les aides sages-femmes destinées aux divers services d'accouchement des hôpitaux.

SERVICE DES DÉBILES

Les élèves sages-femmes donnent leurs soins aux femmes enceintes, aux accouchées et aux nouveau-nés ; elles pratiquent . les accouchements tous les jours, sous la surveillance de la sage-femme en chef.

CLOITRE DE PORT-ROYAL

Consultations. — Des consultations ont lieu :

Pour les femmes enceintes, les lundis, mercredis et vendredis, à 9 heures *(Dr Porak* et *Dr Potocki);*

Pour les maladies des femmes, les mêmes jours, à 10 heures *(Dr Potocki);*

Pour les femmes enceintes malades, les mardis et samedis, à 9 heures et demie *(Dr Charrin).*

L'examen et la réception des femmes enceintes par la sage-femme en chef et les élèves ont lieu tous les jours, à 2 heures.

Les femmes en travail d'accouchement sont reçues à toute heure, le jour et la nuit.

Une consultation pour les nourrissons a lieu en outre tous les samedis ; elle est destinée à surveiller l'allaitement et l'hygiène d'enfants nés à la Maternité, dont les mères reçoivent, tous les jours, à la Maternité, du lait stérilisé dans l'établissement.

Nombre de consultations en	1896	1897	1898
Consultations de femmes enceintes ou en travail	7.251	8.569	9.556
— de maladies des femmes	977	1.503	1.571

Nombre de lits. — La Maternité contient 443 lits ainsi répartis :

		Femmes	Enfants	Total
ACCOUCHEMENT	Femmes enceintes	30	»	30
	Femmes enceintes malades	28	»	28
	Femmes accouchées	76	»	76
	Femmes accouchées malades	20	»	20
BERCEAUX		»	120	120
LITS DE CRÈCHE	Médecine	3	»	3
	Accouchement et enfants débiles	22	»	22
BERCEAUX pour enfants débiles		»	40	40
LITS pour élèves sages-femmes malades		10	»	10
— valides		94	»	94
		283	160	443

17 sages-femmes agréées sont attachées à la Maternité, mettant chacune 3 lits à la disposition de l'Administration.

Mouvement de la population. — Au 1er janvier 1896, on constatait la présence, à la Maternité, de 250 administrés : 139 femmes et 111 enfants ; pendant cette année, il en est entré 6.037 : 3.281 femmes et 2.756 enfants, et sorti 5.640 : 3.240 femmes et 2.400 enfants. Le nombre des morts a été de 379 : 46 femmes et 333 enfants. Le chiffre des administrés restant au 31 décembre 1896 était de 268 : 134 femmes et 134 enfants.

Pour cette année 1896, le nombre de journées de malades a été de 173.493.

La mortalité, calculée d'après le nombre des individus sortis par guérison ou par décès divisé par le nombre des morts, a été, dans les services de médecine, d'accouchement et de gynécologie réunis, de 1 femme sur 71,43 et de 1 enfant sur 8,21 (1).

La durée de séjour, calculée d'après le nombre des journées divisé par le nombre des individus sortis par guérison ou par décès, a été de 13,60 pour les femmes et de 17,20 pour les enfants.

Il a été fait, en 1898, à la Maternité, 2.717 accouchements, et, chez les sages-femmes agréées, 1.417, soit un total de 4.134 accouchements pour les services intérieur et extérieur.

Personnel administratif. — Ce personnel comprend : 1 directeur ; 1 économe ; 1 commis rédacteur ; 1 auxiliaire permanent et 1 commissionnaire.

Le directeur et l'économe sont seuls logés dans l'établissement ; le commis rédacteur et l'auxiliaire reçoivent une indemnité de logement annuelle de 400 francs ; le commissionnaire touche le traitement des sous-surveillants non logés.

Personnel médical. — Le service de santé se compose de 17 personnes :

1 médecin ; 2 accoucheurs ; 3 internes en médecine ; 1 pharmacien ; 2 internes en pharmacie ; 1 sage-femme en chef et 7 aides sages-femmes.

Personnel secondaire. — Ce personnel se compose de 106 personnes, savoir :

8 surveillants et surveillantes ; 5 sous-surveillants et sous-surveillantes ; 1 garçon d'amphithéâtre ; 7 suppléants et suppléantes ; 8 premiers infirmiers et premières infir-

---

(1) Le plus grand nombre des décès d'enfants proviennent du service des enfants débiles ou nés prématurément.

mières, 51 infirmiers, infirmières, garçons et filles de service; 25 nourrices et 1 cuisinier (1).

Personnel à la journée. — On compte 12 personnes, savoir :

1 plombier; 1 menuisier; 1 chauffeur; 1 jardinier; 2 étuvistes; 1 buandier; 1 garçon de laboratoire; 4 lingères.

Les *Services hospitaliers* sont constitués ainsi qu'il suit :

NATURE des SERVICES	NOMS des chefs de SERVICE	DÉSIGNATION des SALLES	Femmes	Berceaux	Élèves internes	SAGES-FEMMES	Surveillantes	Sous-surveillantes	Suppléantes	1res Infirmières	Infirmières H.	Infirmières F.	Nourrices	Total
MÉDECINE	Dr Charrin	Mauriceau	15							1		2		3
		Cruveilhier	8	7	1					1		2		3
		Crèche	3	3									3	3
ACCOUCHEMENT	Dr Porak	Service général				1	1	1	1	1	2	2		8
		Lachapelle. Salle de travail				1				1		4		5
		Dubois	32	32						1		4		5
		Baudelocque	32	32						1		4		5
		Levret	12	12	1							2		2
		Danyau	12	12		1						2		2
		Crèche	7	7									7	7
ISOLEMENT	Dr Porak	Chambre	1											
FEMMES ENCEINTES	Dr Porak	Désormeaux	12			1						1		1
—	Dr Potocki	Dortoir	30			1				1		1		3
ENFANTS DÉBILES	Dr Porak	Pavillon débiles	15	55					1	1		3	15	20
CONSULTATION	Dr Potocki					1								
SERVICE DE VEILLE								1						1
REMPLACEMENTS						1								1
ÉCOLE D'ACCOUCHEMENT			104			1	1		1			5		8
		Total	283	100	3	8	4	2	5	7	2	32	25	77

Ainsi les salles de malades sont réparties entre 2 chefs de service : 1 médecin et 1 accoucheur en chef; ce dernier est suppléé en cas d'absence par l'accoucheur adjoint. La sage-femme en chef donne ses soins aux femmes enceintes et aux accou-

(1) Le cuisinier figure aux cadres du personnel professionnel fixe.

chées ; elle surveille et dirige les travaux pratiques des élèves sages-femmes.

L'enseignement théorique et pratique est donné aux élèves par l'accoucheur en chef, qui a la direction de ce service, par l'accoucheur adjoint, le médecin, le pharmacien et la sage-femme en chef.

Les *Services généraux* sont constitués ainsi qu'il suit :

SERVICES GÉNÉRAUX	Surveillants		Sous-surveillants		Suppléantes	1ᵉ Infirmier	Infirmiers		Garçon d'amphith.	TOTAL.
	H.	F.	H.	F.			H.	F.		
Portes	1	»	»	»	»	»	1	»	»	2
Bureaux	»	»	1	»	1	»	»	»	»	2
Consultation	»	»	»	»	»	»	»	2	»	2
Cuisine	1	1	»	»	»	1	2	1	»	6
Sommellerie	»	»	»	»	»	»	1	»	»	1
Magasins	1	»	»	»	»	»	»	»	»	1
Lingerie	»	»	»	1	»	»	»	2	»	4
Buanderie	»	»	»	»	1	»	»	1	»	2
Pharmacie	»	»	1	»	»	»	1	»	»	2
Bains	»	»	»	»	»	»	»	1	»	1
Chantier	»	»	»	»	»	»	1	»	»	1
Salle des morts	»	»	»	»	»	»	»	»	1	1
Service de propreté	»	»	»	»	»	»	3	»	»	3
Réfectoires	»	»	»	»	»	»	»	1	»	1
Laboratoires	»	»	»	»	»	»	»	»	»	
	3	2	2	1	2	1	9	8	1	29

Il n'existe pas de buanderie à la Maternité. Le linge est blanchi par un industriel adjudicataire qui fait trois livraisons par semaine.

Chauffage et ventilation. — Les salles situées dans les anciens bâtiments et les services de l'École sont chauffés par des poêles ou des cheminées où l'on brûle du charbon de terre et du coke. Le pavillon des débiles est chauffé en partie par un appareil à circulation d'eau chaude sous pression et en partie par un appareil à vapeur à basse pression.

Les bâtiments neufs en voie de construction seront chauffés par la vapeur à basse pression.

La ventilation se fait naturellement ; il n'existe pas d'appareil spécial.

Éclairage. — Les salles, les dortoirs, les services généraux, les cours, couloirs et escaliers sont éclairés au gaz.

Salubrité. — On fait usage de tinettes (système diviseur). Le système du tout à l'égout n'est appliqué que dans un très petit nombre de services, et il existe encore dans l'établissement quatre fosses fixes.

Une étuve à vapeur fonctionne chaque jour pour la désinfection des effets des entrantes et de la literie des malades sorties ou décédées.

Un four à incinérer les ouates est installé à côté de l'étuve et fonctionne également tous les jours.

Eaux. — La maison est alimentée par l'eau de rivière (Seine) et par l'eau de source (Vanne).

Laboratoires. — Un laboratoire est attaché au service de l'accouchement *(Dr Porak)*; à ce laboratoire est annexée une laiterie où on stérilise le lait employé dans la maison pour les enfants ou distribué au public.

Musée. — L'École d'accouchement possède un musée qui renferme une importante collection de pièces anatomiques et de moulages.

Bibliothèques. — Deux bibliothèques pour les internes sont entretenues au moyen de dons, de cotisations des élèves et de subventions votées chaque année par le Conseil municipal (300 francs pour les internes en médecine et 200 francs pour les internes en pharmacie).

Une bibliothèque médicale et littéraire est spécialement affectée aux élèves sages-femmes ; elle est entretenue au moyen de dons et d'achats faits par l'Administration.

Il existe aussi une bibliothèque pour les malades, entretenue par l'Administration au moyen d'un crédit annuel de 100 francs.

Objets d'art. — Dans le cabinet du directeur se trouve un portrait attribué à Philippe de Champaigne, qui représente, croit-on, le chancelier d'Aligre. Cette toile paraît provenir de l'abbaye de Port-Royal. — On remarque dans la chapelle des boiseries anciennes d'une certaine valeur artistique.

Les bâtiments dits du Cloître et le bâtiment qui donne sur la rue du Faubourg-Saint-Jacques, où sont installés les bureaux, sont classés comme monuments historiques.

Dépenses. — En 1898, les dépenses se sont élevées à 516.824 fr. 50.

Personnel administratif	18.326 04	*Report*	218.710 90
Impressions, frais de bureau	535 85	Cave	19.332 »
Frais de cours, etc.	6.887 15	Comestibles	59.611 53
Personnel médical	30.602 45	Chauffage et éclairage	41.393 91
Personnel secondaire	56.768 22	Blanchissage	51.564 88
Réparations de bâtiments	26.833 26	Coucher, linge, mobilier	68.349 91
Pharmacie	24.969 55	Appareils, instruments, etc.	23.882 12
Boulangerie	17.827 52	Frais de transport	3.720 90
Boucherie	35.969 86	Eaux, salubrité, etc.	30.258 29
A reporter	218.710 90	Total	516.824 50

Le plan de masse de la Maternité se trouve page 510.

CLINIQUE BAUDELOCQUE

(CLINIQUE D'ACCOUCHEMENTS DE LA FACULTÉ DE MÉDECINE)

125, Boulevard de Port-Royal

DIRECTEUR : M. ÉMILE L'HUILLIER

Situation. — L'établissement, installé dans les terrains de la Maternité, est limité, de face, par le boulevard de Port-Royal ; à droite, par la rue Denfert-Rochereau et l'avenue de l'Observatoire ; en arrière, il donne sur la rue Cassini dont il est séparé par une propriété particulière, et, à gauche, il est enclavé dans la Maternité dont il est séparé par une palissade sur toute sa longueur.

La superficie totale du terrain est comprise dans celle de la Maternité (1) ; elle représente environ 7.970^{mq}, dont 2.566 pour la surface des bâtiments et 5.404 pour la surface des cours et jardins.

Historique. — En 1886, la Faculté de médecine, préoccupée de l'insuffisance d'une seule clinique obstétricale à Paris, proposa l'installation d'une deuxième chaire à la Maternité qui était en voie de reconstruction partielle. Il fut décidé, d'accord avec la Faculté et l'Administration de l'Assistance publique, que les bâtiments neufs en voie de construction sur les terrains de la Maternité seraient définitivement distraits de cet établissement et serviraient à l'installation d'une clinique d'accouchement, en y adjoignant trois pavillons nouveaux élevés d'un rez-de-chaussée seulement.

M. le Dr Pinard, nommé professeur de cette deuxième clinique d'accouchement, entra en fonctions le 1er juillet 1889.

L'installation se fit peu à peu. Le pavillon Levret (gynécologie) fut ouvert le 20 février 1890 ; le pavillon Dugès (femmes enceintes) le 24 février et le pavillon Lachapelle (accouchées) le 5 mars. C'est à cette date que l'établissement commença à fonctionner d'une manière régulière.

Consultations. — Des consultations ont lieu :

Pour les femmes enceintes, tous les jours, de 8 heures du matin à 6 heures du soir *(Pr Pinard)* ;

Pour la gynécologie, tous les jours, à 9 heures du matin *(Pr Pinard).*

----

(1) Voir la monographie précédente, concernant la Maternité.

Les femmes en travail d'accouchement sont reçues, à toute heure, le jour et la nuit.

Nombre de consultations en	1896	1897	1898
Consultations (femmes enceintes et gynécologie)	6.367	6.917	9.157

Cours. — L'ordre des cours est fixé chaque année par la Faculté de médecine de la manière suivante :

Lundi et vendredi : leçons de clinique obstétricale à l'amphithéâtre, par le professeur.

Mercredi : leçons et opérations de gynécologie, par M. le Dr P. Segond, agrégé.

Autres jours : leçons et opérations de chirurgie infantile, par M. le Dr Kirmisson, agrégé ; anatomie obstétricale et pathologique, par M. le Dr Varnier, agrégé ; leçons de diagnostic obstétrical, par le chef de clinique ; kinésithérapie gynécologique, par M. le Dr Stapfer, ancien chef de clinique.

Nombre de lits. — La clinique Baudelocque contient 178 lits réglementaires, ainsi répartis :

		Femmes	Enfants	Total
MÉDECINE . . .	Lits d'isolement	4	4	8
ACCOUCHEMENT {	Femmes enceintes	24	»	24
	Femmes en couches, lits et berceaux	57	57	114
GYNÉCOLOGIE .	Maladies des femmes	14	»	14
LITS de nourrices		9	9	18
		108	70	178

3 sages-femmes agréées sont attachées à la clinique Baudelocque, mettant chacune 3 lits à la disposition de l'Administration (1).

Mouvement de la population. — Au 1er janvier 1896, on constatait la présence à la clinique de 149 administrés : 94 femmes et 55 enfants ; pendant cette année, il en est entré 4.669 : 2.503 femmes et 2.166 enfants, et sorti 4.603 : 2.484 femmes et 2.119 enfants. Le nombre des morts a été de 61 : 16 femmes et 45 enfants. Le chiffre des administrés restant au 31 décembre 1896 était de 154 : 97 femmes et 57 enfants.

Pour cette année 1896, le nombre de journées d'administrés a été de 76.979.

La mortalité, calculée d'après le nombre des individus sortis par guérison ou par décès divisé par le nombre des morts, a été, dans le service d'accouchement, de 1 femme sur 193,07 et de 1 enfant sur 48,13, et, dans le service de gynécologie, de 1 femme sur 25,33.

La durée du séjour, calculée d'après le nombre des journées divisé par le nombre des individus sortis par guérison ou par décès, a été, dans le service de l'accouchement, de 14,61 pour les femmes et de 10,49 pour les enfants, et, dans le service de gynécologie, de 30,11.

Il a été fait à la clinique Baudelocque, en 1898, 2.299 accouchements.

Personnel administratif. — Le directeur et l'économe de la Maternité sont

---

(1) Ce service n'a commencé à fonctionner qu'au mois de juillet 1899.

également chargés de la direction et de l'économat de la clinique Baudelocque. 1 expéditionnaire et 1 auxiliaire permanent sont spécialement attachés à l'établissement ; ils sont logés tous deux au dehors et reçoivent une indemnité de logement de 400 francs par an.

Personnel médical. — Le service de santé se compose de 14 personnes, savoir :

1 accoucheur (professeur à la Faculté) ; 6 externes ; 1 interne en pharmacie ; 1 sage-femme en chef et 5 aides sages-femmes.

Personnel secondaire. — Ce personnel se compose de 50 personnes, savoir :

1 surveillante ; 4 sous-surveillants et sous-surveillantes ; 2 suppléantes ; 3 premières infirmières ; 31 infirmières, garçons et filles de service et 9 nourrices.

Personnel à la journée. — Ce personnel se compose de 4 personnes : 1 étuviste et 3 lingères. — Les ouvriers plombier et menuisier attachés à la Maternité sont communs aux deux maisons.

Les *Services hospitaliers* sont constitués ainsi qu'il suit :

NATURE des SERVICES	NOMS des chefs de SERVICE	DÉSIGNATION des SALLES	NOMBRE DE LITS F.	Berceaux	ÉLÈVES Interne	Externes	SAGES-FEMMES	PERSONNEL SECONDAIRE Surveillante	S.-surveillantes	Suppléantes	1re Infirmière	Infirmières	Nourrices	Total
ACCOUCHEMENT.	Pr **Pinard**	Service général .	»	»	1	6	5	1	1	2	1	»	»	5
—	—	Salle de travail. .	»	»	»	»	»	»	»	»	»	4	»	4
—	—	Rez-de-chaussée du bâtiment central comprenant les salles Portal et Mauriceau et les chambres 1, 2, 3 et 4	23	23	»	»	»	»	»	»	»	4	3	7
—	—	Premier étage comprenant les salles Solayrès et Dubois et les chambres 5, 6, 7, et 8	23	23	»	»	»	»	»	»	»	4	3	7
—	—	Lachapelle	19	19	»	»	»	»	»	»	»	3	2	5
ISOLEMENT . . .	—	Pavillon Tarnier .	5	5	»	»	»	»	»	»	»	2	1	3
F. ENCEINTES. .	—	Dugès	24	»	»	»	»	»	»	»	»	2	»	2
GYNÉCOLOGIE. .	—	Levret	14	»	»	»	»	»	»	»	»	3	»	3
CONSULTATION			»	»	»	»	1	»	»	»	»	1	»	1
SERVICE DE VEILLE.			»	»	»	»	»	»	1	»	»	»	»	1
	TOTAL		108	70	1	6	6	1	2	2	1	23	9	38

Le personnel de service général est occupé alternativement dans tous les services. — Dans le nombre de lits, sont compris 9 lits de nourrices et 9 berceaux d'enfants de nourrices.

Ainsi, le service d'accouchement et de gynécologie est dirigé par un seul chef de service qui est en même temps professeur de clinique et auquel sont adjoints un chef de clinique et un chef de laboratoire désignés, chaque année, par la Faculté de médecine.

Les *Services généraux* sont constitués ainsi qu'il suit (1) :

SERVICES GÉNÉRAUX	Sous-surveillants		Suppléante	1ères Infirmières	Infirmiers		TOTAL
	H.	F.			H.	F.	
Portes.	1	»	»	»	1	»	2
Bureaux.	»	»	1	»	»	»	1
Lingerie.	»	1	»	1	»	»	2
Vestiaire.	»	»	»	1	»	»	1
Bains	»	»	»	»	»	1	1
Service de propreté	»	»	»	»	5	»	5
	1	1	1	2	6	1	12

Il n'existe pas de buanderie à la clinique Baudelocque. Le linge est blanchi par un industriel adjudicataire qui fait trois livraisons par semaine.

Chauffage et ventilation. — Le bâtiment central élevé de deux étages est chauffé par un calorifère à air chaud installé dans le sous-sol et alimenté par du charbon de terre.

Les pavillons de la consultation, Dugès, Lachapelle, Levret et Tarnier, sont chauffés par des poêles et des cheminées dans lesquels on brûle du charbon de terre et du coke.

La ventilation se fait par les fenêtres et les portes ; il n'existe pas d'appareil spécial.

Éclairage. — Les salles, les services généraux, les cours, couloirs et escaliers sont éclairés au gaz.

Salubrité. — On fait usage de tinettes (système diviseur) avec appareils de chasse dans tous les cabinets d'aisances et communication avec l'égout.

Une étuve à vapeur fonctionne chaque jour pour la désinfection des effets des entrantes et de la literie des femmes sorties ou décédées.

Un four à incinérer les ouates, installé à la Maternité, fonctionne également pour la clinique Baudelocque.

Eaux. — La maison est alimentée par l'eau de rivière (Seine) et par l'eau de source (Vanne).

Laboratoires. — Un laboratoire est installé dans un bâtiment dépendant de

_____

(1) Les services généraux de la cuisine, de la sommellerie, des magasins, de la pharmacie, du chantier et de la salle des morts sont communs à la Maternité et à la clinique Baudelocque. (Voir ci-dessus, p. 502.)

la Maternité près de l'amphithéâtre des morts commun aux deux maisons ; il est entretenu aux frais de la Faculté.

Un laboratoire de radiographie et de radioscopie a été récemment installé au premier étage du pavillon Tarnier aux frais de M. le Pr Pinard et de M. le Dr Varnier ; l'énergie électrique est fournie par l'Administration au moyen d'un moteur installé dans le bâtiment de l'étuve et d'accumulateurs.

Musée. — A ce laboratoire est annexé un musée qui renferme une collection de pièces anatomiques intéressant l'obstétrique.

Bibliothèques. — Une bibliothèque médicale, fondée par M. le Pr Pinard et entretenue au moyen de dons, est mise à la disposition des médecins et des élèves qui fréquentent la clinique ; elle comprend les archives médicales de l'établissement depuis sa fondation.

Il existe aussi une bibliothèque pour les malades ; un crédit annuel de 100 francs est affecté à son entretien.

Dépenses. — En 1898, les dépenses de la clinique Baudelocque se sont élevées à la somme de 213.740 fr. 94, se décomposant ainsi par nature de dépense :

Personnel administratif	5.202 40	*Report*	91.726 12
Impressions, frais de bureau	205 30	Cave	7.784 »
Frais de cours, etc.	96 15	Comestibles	19.427 37
Personnel médical	9.497 03	Chauffage et éclairage	19.107 01
Personnel secondaire	29.389 14	Blanchissage	22.748 58
Réparations de bâtiments	18.745 93	Coucher, linge, mobilier	29.246 59
Pharmacie	2.909 40	Appareils, instruments, etc.	14.674 47
Boulangerie	6.888 65	Frais de transport	1.626 10
Boucherie	18.732 12	Eaux, salubrité, etc.	7.340 70
A reporter	91.726 12	Total	213.740 94

MAISON
D'ACCOUCHEMENT
BAUDELOCQUE

O.

N.

S.

E.

de l'Observatoire

Rue Denfert - Rochereau

Avenue

Rue Cassini

MATERNITÉ (MAISON D'ACCOUCHEMENT)

Propriété particulière

Entrée de Baudelocque

Propriétés particulières

Échelle de $\frac{1}{1450^e}$

0   10   20   30   40   50 Met.

E. Morieu Sc.

Rue   du   Faubourg   St   Jacques

Boulevard   de   Port - Royal

Entrée
de la Maternité

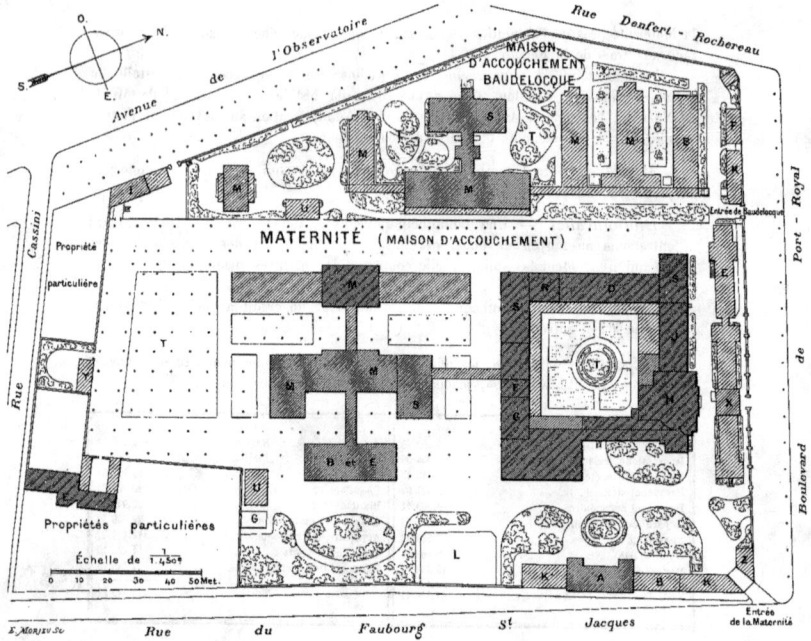

PLAN DE MASSE DE LA MATERNITÉ ET DE LA CLINIQUE BAUDELOCQUE

REZ-DE-CHAUSSÉE

A Administration.
B Consultation.
C Cuisine.
D Pharmacie.
E Logements du personnel.
F Bains.
G Buanderie.
H Chapelle.
I Service des morts.
J Lingerie.
K Magasins et ateliers.
K' Magasins et ateliers.
L Chantiers.
M Service d'accouchées
M' Femmes enceintes.
R Réfectoire des élèves.
S Classes et cours.
S' Amphithéâtre.
T Préaux.
U Étuves.
X Enfants débiles.
Y Serre.

PREMIER ÉTAGE

A Logement du directeur.
C, S Accouchées.
D, R Infirmerie médecine.
E Logements du personnel.
F Isolement.
I Laboratoires.
J Dortoirs des élèves.
M Service d'accouchées.
S' Infirmerie des élèves.
X Surveillante.

DEUXIÈME ÉTAGE

A, E, S' Logements.
C, S Accouchées.
D, R Infirmerie médecine.
J Dortoir des élèves.

TROISIÈME ÉTAGE

C, D, F, S Femmes enceintes.
J Dortoir des élèves.
R, S Logements.

Les bâtiments désignés par les lettres B, E, M, S sont en voie de construction.

CLINIQUE TARNIER

89, Rue d'Assas

DIRECTEUR : M. CARON

Situation. — L'hôpital est construit sur le triangle formé par l'avenue de l'Observatoire, les rues des Chartreux et d'Assas, en face du jardin du Luxembourg.

La surface totale du terrain est de 3.010^{mq}80, dont 2.080,20 pour la surface des bâtiments et 930,60 pour la surface des cours et jardins.

Historique. — C'est sous Louis XV que fut fondé l'hôpital « des Cliniques », destiné exclusivement à l'enseignement clinique des élèves en médecine et chirurgie. —

Lamartinière en fut le premier chirurgien. — Cet hôpital, établi dans les bâtiments de l'ancien couvent des Cordeliers, près de l'École de médecine, fut d'abord administré par la Faculté.

Le 1er décembre 1834, il fut placé sous la direction de l'Administration hospitalière : dans la suite, on transporta le service de chirurgie à Necker, et l'hôpital de la Clinique fut désormais exclusivement réservé aux accouchements.

C'est le 4 avril 1876 que se posa, pour la première fois, au Conseil municipal, la question de cette importante modification (Paul Dubois, rapporteur), et le 25 avril 1881 s'ouvrait la nouvelle clinique d'accouchement, à l'angle de la rue d'Assas et de la rue des Chartreux.

Peu de temps après la mort du professeur Tarnier (23 novembre 1897), l'hôpital recevait officiellement le nom de « clinique d'accouchement Tarnier ».

Consultations. — Consultations pour femmes enceintes et admissions tous les jours, de 3 heures à 4 heures (chef de clinique).

Des consultations spéciales ont lieu en outre :

Pour les maladies des femmes, le jeudi, de 8 h. 1/2 à 9 h. 1/2 (chef de clinique);
Pour les nourrissons, le vendredi, de 8 h. 1/2 à 9 h. 1/2 *(Dr Budin);*
Les dimanches et fêtes, consultations de 9 heures à 10 heures (chef de clinique);
Consultations pour les maladies des dents, tous les vendredis (1), à 9 heures *(Dr Moiroud).*

Le nombre des consultations pour les femmes enceintes s'est élevé (environ) à : 2.468 en 1896 ; 2.707 en 1897 ; 2.200 en 1898.

Nombre de lits. — L'hôpital de la Clinique contient 210 lits réglementaires, ainsi répartis :

		Femmes	Enfants	Total
	Femmes enceintes	60	»	60
	Femmes accouchées	64	»	64
ACCOUCHEMENT	Gynécologie chirurgicale	»	»	»
	Berceaux	»	64	64
	Nourrices sédentaires	11	11	22
		135	75	210

2 sages-femmes agréées sont attachées à l'hôpital, mettant, l'une 3 lits et l'autre 2, à la disposition de l'Administration.

Mouvement de la population. — Au 1er janvier 1896, on constatait la présence à l'hôpital de 139 malades ; pendant cette année, il en est entré 6.366 et sorti 6.278. Le nombre des morts a été de 73 (2). Le chiffre des malades restant au 31 décembre 1896 était de 154.

Pour cette année 1896, le nombre de journées de malades a été de 53.880.

La mortalité, calculée d'après le nombre des individus sortis par guérison ou par décès divisé par le nombre des morts, a été de 1 sur 364,84 pour les femmes, de 1 sur 26,93 pour les garçons et de 1 sur 26,65 pour les filles.

La durée du séjour, calculée d'après le nombre de journées divisé par le nombre des individus sortis par guérison ou par décès, a été de 8,48.

Il a été fait, en 1896, 1.822 accouchements dont 64 chez les sages-femmes agréées.

---

(1) En outre, le dentiste se rend à l'hôpital sur l'appel qui lui en est fait, en dehors des jours ci-dessus mentionnés.

(2) Dont 13 femmes et 60 enfants.

Personnel administratif. — Ce personnel comprend : 1 directeur ; 1 expéditionnaire et 1 garçon de bureau.

Ces personnes sont logées dans l'établissement, à l'exception de l'expéditionnaire qui, logé au dehors, touche une indemnité annuelle de 400 francs.

Personnel médical. — Le service de santé se compose de 13 personnes :

1 accoucheur ; 1 pharmacien ; 1 interne en pharmacie ; 6 externes et 4 sages-femmes.

Personnel secondaire. — Ce personnel se compose de 48 personnes, savoir :

2 surveillants et surveillantes ; 5 sous-surveillants et sous-surveillantes ; 4 suppléants et suppléantes ; 2 premiers infirmiers et premières infirmières ; 1 garçon d'amphithéâtre ; 23 infirmiers, infirmières, garçons et filles de service ; 11 nourrices sédentaires.

Personnel à la journée. — On compte 9 personnes, savoir :

2 chauffeurs ; 1 cuisinier ; 2 étuvistes ; 3 lingères ; 1 journalier.

Les *Services hospitaliers* sont constitués ainsi qu'il suit :

LA SALLE DE TRAVAIL

NATURE des SERVICES	NOMS des chefs de SERVICE	DÉSIGNATION des SALLES	NOMBRE DE LITS		ÉLÈVES		SAGES-FEMMES	PERSONNEL SECONDAIRE						Total
			Femmes	Berceaux	Interne	Externes		Surveillante	Sous-surveillantes	Suppléantes	1res Infirmières	Infirmières	Nourrices	
		Paul-Dubois	10	10	»	»	»	»	»	»	»	1	1	2
		Depaul	10	10	»	»	»	»	»	»	»	1	1	2
		Pajot	10	10	»	»	»	»	»	»	»	1	1	2
		N° 4	10	10	1	»	»	»	»	»	»	1	1	2
		N° 5	10	10	»	»	»	»	»	»	»	1	1	2
		Isolement	2	2	»	»	»	»	»	»	»	»	2	2
		Change	»	»	»	»	»	»	»	1	»	»	»	2
ACCOUCHEMENT	Dr Budin	Galerie	»	»	»	»	»	1	1	»	1	»	»	3
		Office	»	»	»	»	»	»	»	»	1	»	»	1
		Salle d'accouchement	»	»	6	4	»	»	»	»	»	2	»	2
		Gynécologie	12	12	»	»	»	»	»	1	»	1	1	2
		Femmes enceintes valides	40	»	»	»	»	»	»	1	»	»	»	1
		Femmes enceintes malades	20	»	»	»	»	1	»	»	»	1	»	2
		Nourrices	11	11	»	»	»	»	»	»	1	5	2	8
		Service de veille	»	»	»	»	»	»	»	»	1	5	2	8
		Total	135	75	1	6	4	1	2	2	2	15	11	33

65

Toutes les salles sont sous la direction d'un seul chef de service.

À l'ensemble de ces salles sont attachés, en outre du médecin chef ci-dessus mentionné, un chef de clinique désigné par l'École de médecine et un chef de laboratoire également nommé par la Faculté.

Les *Services généraux* sont constitués ainsi qu'il suit :

SERVICES GÉNÉRAUX	Surveillant	Sous-surveillants		Suppléants		Infirmiers		Garçon d'amphith.	TOTAL
		H.	F.	H.	F.	H.	F.		
Portes	»	1	»	1	»	»	»	»	2
Cuisine	»	»	»	»	1	2	»	»	3
Sommellerie et magasins	»	1	»	»	»	»	»	»	1
Lingerie.	»	»	1	»	»	»	1	»	2
Pharmacie.	1	»	»	»	»	1	»	»	2
Bains	»	»	»	»	»	»	1	»	1
Salle des morts	»	»	»	»	»	»	»	1	1
Service de propreté.	»	»	»	»	»	3	»	»	3
	1	2	1	1	»	6	2	1	15

Il n'y a pas de buanderie à la clinique Tarnier. Le linge est blanchi par l'industrie privée : environ 47,430 pièces par mois.

Bains. — Il est donné en moyenne par année 5.720 bains.

Chauffage et ventilation. — Toutes les salles de malades sont chauffées par les calorifères. Il existe en outre dans les salles d'accouchées ou de femmes enceintes des cheminées ou l'on brûle du coke ou du charbon de terre.

La ventilation est assurée par des cheminées d'appel qui reçoivent l'air vicié des salles et le rejettent au dehors.

Éclairage. — Tous les services de l'établissement sont éclairés au gaz.

Salubrité. — Une partie des cabinets d'aisances est pourvue du système du « tout à l'égout » ; l'autre partie est desservie par des fosses mobiles.

Une étuve à vapeur fonctionne chaque jour pour la désinfection de tous les effets des entrantes et de la literie des malades sorties ou décédées. Le linge blanchi est également passé à l'étuve avant d'être mis en service.

Un four à incinérer les ouates, installé à proximité de l'étuve, fonctionne également chaque jour.

Eaux. — L'établissement est alimenté par l'eau de rivière (Seine) et par l'eau de source (Vanne).

Laboratoires. — Le chef de service a 4 laboratoires : les 3 premiers dépendent de la Faculté de médecine ; le quatrième a été installé par l'Administration pour la stérilisation du lait qui est distribué journellement aux nourrissons d'un certain nombre d'anciennes accouchées.

Musée. — Il existe à la clinique Tarnier une bibliothèque et un musée qui renferme une collection curieuse de pièces anatomiques et d'instruments anciens ayant trait à la science obstétricale.

SALLE D'ACCOUCHÉES

Bibliothèques. — Une bibliothèque pour les internes est entretenue au moyen de la subvention votée chaque année par le Conseil municipal (crédit, 100 francs). Il existe aussi une bibliothèque pour les malades (crédit, 100 francs).

Objets d'art. — Dans la galerie du rez-de-chaussée, un bronze de la maison Barbedienne, réduction du groupe de *la Charité*, de P. Dubois ; dans la galerie du 1er étage, un buste en bronze du Dr Depaul, œuvre du statuaire Bartholomé.

Dans l'amphithéâtre des cours, un buste en bronze du professeur Pajot, œuvre du sculpteur Charpentier.

Dépenses. — En 1898, les dépenses de la clinique Tarnier se sont élevées à la somme de 257.697 fr. 91, se décomposant ainsi par nature de dépense :

Personnel administratif	9.215 56		*Report*	108.048 44
Impressions et frais de bureau	288 »		Cave	9.463 »
Frais de cours, etc.	200 25		Comestibles	24.426 65
Personnel médical	12.735 97		Chauffage et éclairage	32.062 60
Personnel secondaire	26.966 82		Blanchissage	32.428 03
Réparations de bâtiments	15.711 82		Coucher, linge, mobilier	23.285 92
Pharmacie	10.679 14		Appareils et instruments	13.417 60
Boulangerie	8.126 65		Frais de transport	1.401 56
Boucherie	24.124 23		Eaux, salubrité	13.163 82
A reporter	108.048 44		*Total*	257.697 91

Échelle de $\frac{1}{550^e}$

0   10   20   3o Mi

REZ-DE-CHAUSSÉE

A   Administration.
MB, F, F' Consultations.
MG Réfectoire des fem. enceintes.
N   Dortoir des nourrices.
MD Dortoir des femmes enceintes.
M' Offics.
M''' Entrée, salle des moniteurs.

E, E', E'' Logement du directeur.
I   Service des morts.
J   Lingerie.
T   Préau.
V   Musée, bibliothèque.
X, X' Escaliers.
X'' Ascenseur.
Y   Galeries de dégagement.
a   Porche.

SOUS-SOL

A   Étuve et vestiaire.
MB, MC Cuisine.
M   Chauffage.
MD Pharmacie.
M', M'' Water-closets.
M''' Grand vestibule.
E   Laiterie.
b' Concierge.
L'', X Magasins.
F, F' Bains.
I, V Caves.
J   Linge sale.
X' Escaliers de service.
X'' Ascenseur.
Y   Galeries de dégagement.

PREMIER ÉTAGE

A   Salle d'accouchement.
MB, MC, M, MD Salles d'accouchées.
M' Water-closets.
M'' Office.
M''' Gynécologie.
E   Chef de clinique et aide sage-femme.
E' E'' Salles d'opérations.
F   Salle de change.
F' Chambres d'isolement.
I   Amphithéâtre des cours.
J   Bains de l'accouchement.
V   Laboratoire.
X X' Escaliers.
X'' Ascenseur.
Y   Galeries de dégagement.

COMBLES

MB Dortoir des filles.
MC, M, MD, M''' Fem. enceintes.
M' Water-closets.
E, E', F, F' Logem. du personnel.
J   Dortoir des garçons.
X' Escaliers de service.
X'' Couloirs.

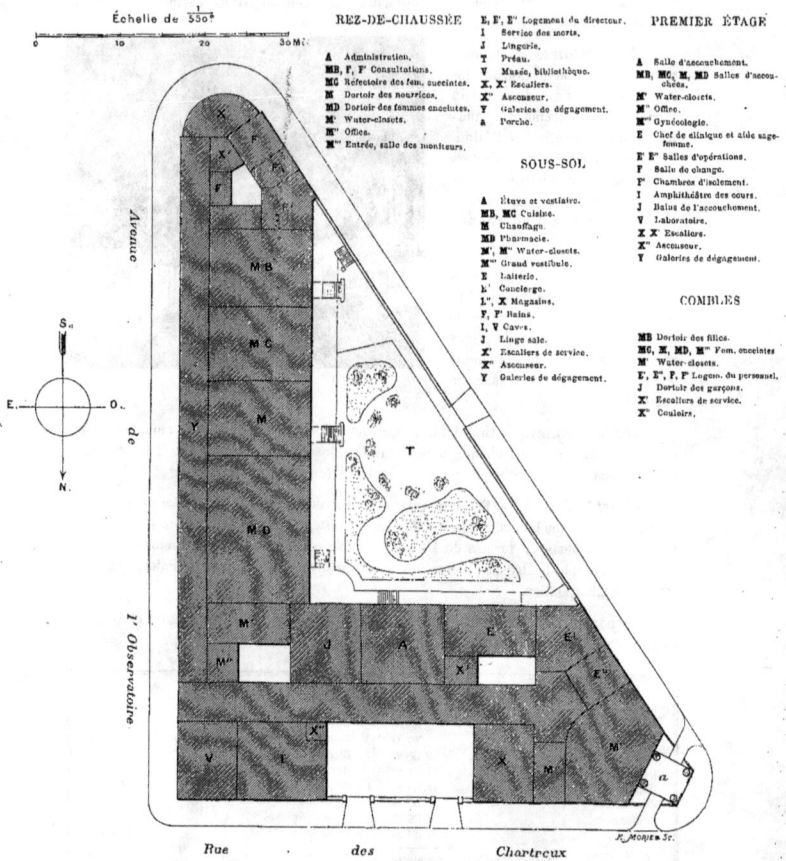

PLAN DE MASSE DE LA CLINIQUE TARNIER

HOPITAL D'AUBERVILLIERS

Porte d'Aubervilliers

DIRECTEUR : M. DUSSAUT

Situation. — L'hôpital temporaire d'Aubervilliers est situé en dehors de Paris, le long des fortifications, sur les glacis des bastions 30 et 31, entre la porte d'Aubervilliers et le canal Saint-Denis, vis-à-vis de la gare et du port d'Aubervilliers.

La surface totale du terrain est de 26.663^{mq}70, dont 3.973 pour la surface des bâtiments et 22.690,70 pour la surface des cours et jardins.

Historique. — L'hôpital a été ouvert le 20 novembre 1884 pour recevoir les

convalescents cholériques évacués des divers hôpitaux de Paris. Lorsque l'épidémie cholérique eut cessé, la commission d'hygiène hospitalière pensa que, après désinfection, ces services pourraient encore être utilisés, et ils furent affectés en 1887 au traitement de la variole et de la rougeole.

En 1892, on y traita en outre la scarlatine et l'érysipèle. Enfin, en 1893, un pavillon spécial fut construit pour recevoir les malades atteints de diphtérie.

Circonscription hospitalière. — L'hôpital d'Aubervilliers, étant un hôpital spécial, n'a point de circonscription hospitalière. Les malades de tous les quartiers de Paris peuvent y être reçus. Ils sont dirigés sur l'établissement, soit par ordre de la Préfecture de police, dans ses voitures spéciales, soit dans celles des ambulances municipales, par les divers hôpitaux où la maladie contagieuse a été constatée.

Consultations. — L'établissement n'a pas de service de consultations.

COUR INTÉRIEURE

Nombre de lits. — L'hôpital d'Aubervilliers contient 258 lits réglementaires, ainsi répartis :

	Hommes	Femmes	Total
Variole	31	31	62
Rougeole	20	24	44
Scarlatine.	36	36	72
Douteux.	11	11	22
Pavillons Hospitalier	20	20	40
Pavillon de réserve.	18	»	18
	136	122	258

Mouvement de la population. — Au 1ᵉʳ janvier 1896, 51 malades étaient présents à l'hôpital ; pendant cette année, il en est entré 1.153 et sorti 1.109. Le nombre des morts a été de 58. Au 31 décembre 1896, il restait 37 malades. Pour cette année 1896, le nombre de journées de malades a été de 23.200.

La mortalité, calculée d'après le nombre des individus sortis par guérison ou par décès divisé par le nombre des morts, a été de 1 sur 20,12.

La durée du séjour, calculée d'après le nombre des journées divisé par le nombre des individus sortis par guérison ou par décès, a été de 20.

Personnel administratif. — Ce personnel comprend : 1 directeur ; 1 commis et 1 garçon de bureau.

Le directeur et le commis ne sont pas logés dans l'établissement et touchent des indemnités de logement : 1.000 francs pour le directeur et 400 francs pour le commis.

Personnel médical. — Le service de santé se compose de 9 personnes :

1 médecin ; 2 internes en médecine ; 1 interne en pharmacie et 5 élèves externes.

Les internes, outre le traitement réglementaire, touchent une indemnité supplémentaire de contagion de 300 francs et une indemnité de déplacement de 300 francs.

Les élèves externes reçoivent une indemnité fixe de 600 francs et une indemnité supplémentaire de 150 francs.

Internes et externes sont nourris dans l'établissement.

Personnel secondaire.— Ce personnel se compose de 46 personnes, savoir :

3 sous-surveillants et sous-surveillantes ; 6 suppléants et suppléantes ; 2 premiers infirmiers et premières infirmières ; 34 infirmiers, infirmières, garçons et filles de service et 1 garçon d'amphithéâtre.

Personnel à la journée.— 2 personnes seulement : 1 étuviste et 1 cuisinière.

Les *Services hospitaliers* sont constitués ainsi qu'il suit :

NATURE des SERVICES	NOM du chef de SERVICE	DÉSIGNATION des SALLES	NOMBRE DE LITS H.	F.	ÉLÈVES Internes	Externes	S.-surveillante	Suppléantes	1re Infirmière	Infirmiers H.	F.	Total
VARIOLE	Dr Roger . . .	Pavillon 1	31	»	1	»	1	»	2	1	4
		Pavillon 2	»	32	1	1	»	»	1	2	3
ROUGEOLE	—	Pavillon André	»	24	1	»	»	»	1	2	4
		Pavillon 6	20	»	»	1	»	»	»	2	2
SCARLATINE . . .	—	Pavillon 3	36	»	1	»	»	»	2	1	3
		Pavillon 4	»	36	1	1	1	1	1	2	5
DOUTEUX	—	Pavillon 6	11	11	»	»	1	»	3	3	7
—	—	Pavillons Espitallier .	20	20	»	»	»	»	»	»	»
—	—	Pavillon de réserve . .	18	»	»	»	»	»	»	»	»
SERVICE DE VEILLE			»	»	»	»	»	2	»	»	2
	TOTAL		»	»	2	3	5	1	10	13	30

Les *Services généraux* sont constitués ainsi qu'il suit :

SERVICES GÉNÉRAUX	Sous-surveillants H.	F.	Suppléante	1re Infirmier	Infirmiers H.	F.	Garçon d'amphith.	TOTAL
Portes	1	»	»	»	»	»	»	1
Bureaux	»	»	»	»	3	»	»	3
Cuisine	»	»	1	»	1	1	»	3
Lingerie	»	1	»	»	»	1	»	2
Pharmacie	»	»	»	1	»	»	»	1
Salle des morts	»	»	»	»	»	»	1	1
Service de propreté	»	»	»	»	3	»	»	3
Laboratoire	»	»	»	»	1	»	»	1
Service des élèves	»	»	»	»	1	»	»	1
	1	1	1	1	9	2	1	16

Il n'existe pas de buanderie à l'hôpital d'Aubervilliers. Le linge est blanchi par l'entrepreneur adjudicataire du blanchissage des hôpitaux.

Chauffage.— Un seul système de chauffage est en usage : les poêles de grande ou petite dimension suivant grandeur de la pièce.

Éclairage.— Les salles et couloirs sont éclairés au gaz ; les petites chambres sont éclairées par des veilleuses.

Salubrité.— Les fosses d'aisances ont des tinettes (système diviseur).

Les effets des entrants et la literie des sortants ou des décédés sont désinfectés dans une étuve à vapeur fonctionnant chaque jour.

Une cloche de grande dimension placée à côté de l'étuve sert à incinérer les ouates provenant des pansements.

Eaux.— L'hôpital est alimenté par l'eau de rivière (Seine) et par l'eau de source (Vanne).

Laboratoire.— M. le Dr Roger a un laboratoire de bactériologie situé à côté du pavillon de la diphtérie. Une subvention municipale de 1.200 francs est allouée chaque année pour les dépenses de ce laboratoire.

Bibliothèques.— Une bibliothèque pour les élèves internes et externes est entretenue par des subventions votées chaque année par le Conseil municipal (200 francs pour la médecine, 100 francs pour la pharmacie).

Il existe également une bibliothèque pour les malades.

Dépenses.— En 1898, les dépenses de l'hôpital d'Aubervilliers se sont élevées à la somme de 179.300 fr. 89, se décomposant ainsi par nature de dépense :

Personnel administratif	9.055 66		*Report*	81.474 81
Impressions, frais de bureau	312 90		Cave	8.262 »
Frais de cours	476 10		Comestibles	22.007 70
Personnel médical	10.237 32		Chauffage, éclairage	20.156 92
Personnel secondaire	22.562 55		Blanchissage	10.145 12
Boulangerie	5.316 55		Coucher, linge	14.517 09
Pharmacie	7.031 30		Appareils	6.406 98
Boucherie	13.833 49		Frais de transport	4.445 38
Réparations de bâtiments	12.648 94		Eaux, salubrité	11.874 29
A reporter	81.474 81		Total	179.300 89

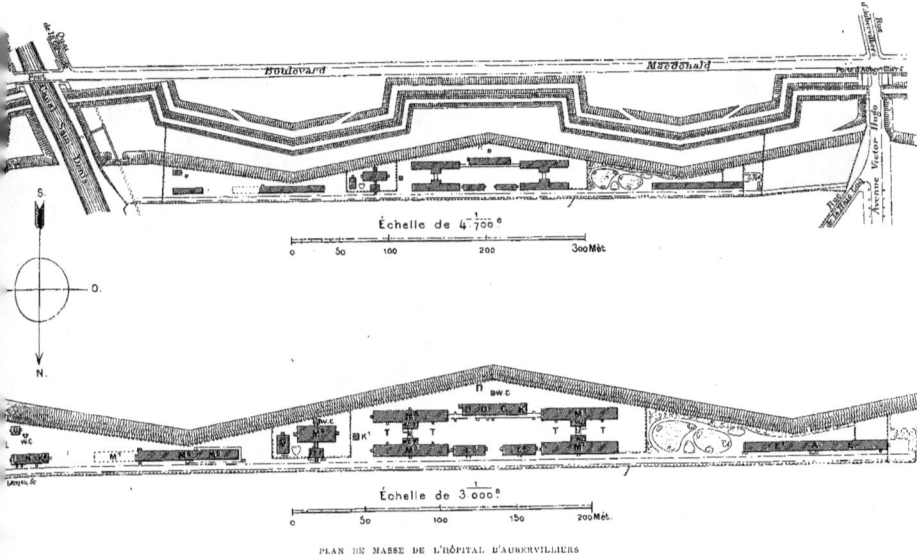

Échelle de 4 $\frac{1}{700}$ᵉ

Échelle de $\frac{1}{3\,000}$ᵉ

PLAN DE MASSE DE L'HÔPITAL D'AUBERVILLIERS

A	Administration, bureau des entrées, cabinet du directeur, bureau du commis.
C	Cuisine et réfectoire.
D	Pharmacie.
E	Chambres d'internes, logements du personnel.
E¹	Chambres d'internes, logements du personnel.
E²	Baraquements Espitallier, logements du personnel.
E³	Baraquements Espitallier, logements du personnel.
E⁴	Chambre de surveillant.
F	Salle de bains.
I	Service des morts.
J	Lingerie.
K	Magasin de l'économat.

K¹	Hangar au matériel d'incendie.
K²	Atelier.
L	Chantier au charbon.
M¹	Scarlatine (hommes).
M²	Isolement.
M³	Scarlatine (femmes).
M⁴	Pavillon (système André) rougeole.
M⁵	Douteux isolés (hommes, femmes)
M⁶	Douteux en dortoirs.
M⁷	Partie incendiée le 10 janvier 1899.
N	Linge sale.
T	Préaux.
U	Étuve à désinfection.
V	Laboratoire.
WC	Water-closets.

HOPITAL DU BASTION 29

DIRECTEUR : M. DUSSAUT

Situation. — Le Bastion 29 est situé boulevard Macdonald, entre la porte de Flandre et le canal Saint-Denis.

Le poste-caserne de ce bastion a été cédé provisoirement en 1803 par l'administration militaire à l'Assistance publique qui l'a fait aménager en service hospitalier.

Cet hôpital est spécialement affecté au traitement de l'érysipèle et de la diphtérie.

Circonscription hospitalière. — Comme pour l'hôpital d'Aubervilliers, il n'y a pas de circonscription hospitalière.

Consultations. — Il n'y a pas de consultations.

Nombre de lits. — Le Bastion 29 contient 122 lits réglementaires, ainsi répartis :

	Hommes	Femmes	Enfants	Total
Diphtérie	»	16	16	32
Érysipèle	24	45	»	69
Douteux.	11	10	»	21
	35	71	16	122

Mouvement de la population.— Au 1ᵉʳ janvier 1896, 57 malades étaient en traitement ; pendant l'année 1896, il en est entré 1.743 et sorti 1.609. Le nombre des morts a été de 123. Le nombre des malades restant au 31 décembre 1896 s'élevait au chiffre de 68.

Pour cette année 1896, le nombre de journées de malades a été de 25.645.

La mortalité, calculée d'après le nombre des individus sortis par guérison ou par décès divisé par le nombre des morts, a été de 1 sur 14,08.

La durée du séjour, calculée d'après le nombre des journées divisé par le nombre des individus sortis par guérison ou par décès, a été de 14,80.

Personnel administratif.— Le personnel comprend : 1 directeur et 1 garçon de bureau.

Le même directeur assure le service de l'hôpital d'Aubervilliers et du Bastion 29.

Personnel médical. — Le service de santé se compose de 8 personnes :

1 médecin ; 1 interne en médecine ; 1 interne en pharmacie et 5 élèves externes.

Comme à l'hôpital d'Aubervilliers, les internes, outre le traitement réglementaire, touchent des indemnités supplémentaires de 300 francs pour contagion, et de 300 francs pour déplacement.

Les externes ont une indemnité fixe de 600 francs et une indemnité supplémentaire de 150 francs.

Internes et externes sont nourris dans l'établissement.

Personnel secondaire.— Ce personnel se compose de 26 personnes, savoir :

3 suppléantes ; 4 premiers infirmiers et premières infirmières ; 18 infirmiers et infirmières, garçons et filles de service et 1 garçon d'amphithéâtre.

Personnel à la journée. — 2 personnes sont employées à la journée : 1 cuisinière et 1 éplucheuse.

Les *Services hospitaliers* sont constitués ainsi qu'il suit :

NATURE des SERVICES	NOM du chef de SERVICE	NOMBRE DE LITS		ÉLÈVES			PERSONNEL SECONDAIRE				
		H.	F.	Berceaux	Interne	Externes	Suppléante	1ʳᵉˢ Infirmières	Infirmiers H.	Infirmiers F.	Total
Diphtérie	Dʳ Chantemesse	»	16	16	»	1	»	1	»	2	3
Érysipèle	—	24	45	»	1	3	1	»	3	3	7
Douteux	—	11	10	»	»	1	»	»	2	2	4
Service de veille		»	»	»	»	»	»	1	»	»	1
Total		35	71	16	1	5	1	2	5	7	15

Les *Services généraux* sont constitués ainsi qu'il suit :

SERVICES GÉNÉRAUX	Suppléants		1ers Infirmiers		Infirmiers		Garçon d'amphith.	TOTAL
	H.	F.	H.	F.	H.	F.		
Porte	1	»	»	»	»	»	»	1
Cuisine	»	1	»	»	1	»	»	2
Lingerie	«	»	»	1	»	1	»	2
Pharmacie	»	»	1	»	»	»	»	1
Salle des morts	»	»	»	»	»	»	1	1
Service de propreté	»	»	»	»	2	1	»	3
Laboratoire	»	»	»	»	1	»	»	1
	1	1	1	1	4	2	1	11

Il n'existe pas de buanderie au Bastion 29. Le linge est blanchi par l'entrepreneur adjudicataire du blanchissage des hôpitaux.

Chauffage.— L'établissement est chauffé par des poêles dans lesquels on brûle du coke.

Éclairage.— Les chambres des malades sont éclairées par des veilleuses. Les services généraux, couloirs et escaliers sont éclairés au gaz.

Salubrité.— On fait usage de tinettes (système diviseur).

Il n'y a pas d'étuve à désinfection ; le linge, la literie et tous les effets contaminés sont portés à l'étuve de l'hôpital d'Aubervilliers pour subir la désinfection réglementaire.

Eaux.— La maison est alimentée par l'eau de rivière (Seine) et par l'eau de source (Vanne).

Laboratoire.— Le laboratoire est situé au rez-de-chaussée côté A. Une subvention municipale spéciale de 1.800 francs est allouée à M. le Dr Chantemesse pour l'entretien de ce laboratoire.

Bibliothèque.— Une bibliothèque pour les internes est entretenue par une subvention de 300 francs, votée chaque année par le Conseil municipal.

Dépenses.— En 1898, les dépenses du Bastion 29 se sont élevées à la somme de 93.907 fr. 64, se décomposant ainsi par nature de dépense :

Personnel administratif	» »	Report	46.285 08
Impressions, frais de bureau	35 55	Cave	6.026 »
Frais de cours	300 »	Comestibles	13.107 79
Personnel médical	9.085 65	Chauffage	9.030 62
Personnel secondaire	14.669 91	Blanchissage	6.097 45
Réparations de bâtiments	4.085 60	Coucher, linge	5.904 16
Pharmacie	4.773 15	Appareils	3.222 29
Boulangerie	3.216 73	Frais de transport	2.492 26
Boucherie	10.118 99	Eaux, salubrité	1.721 99
A reporter	46.285 08	Total	93.907 64

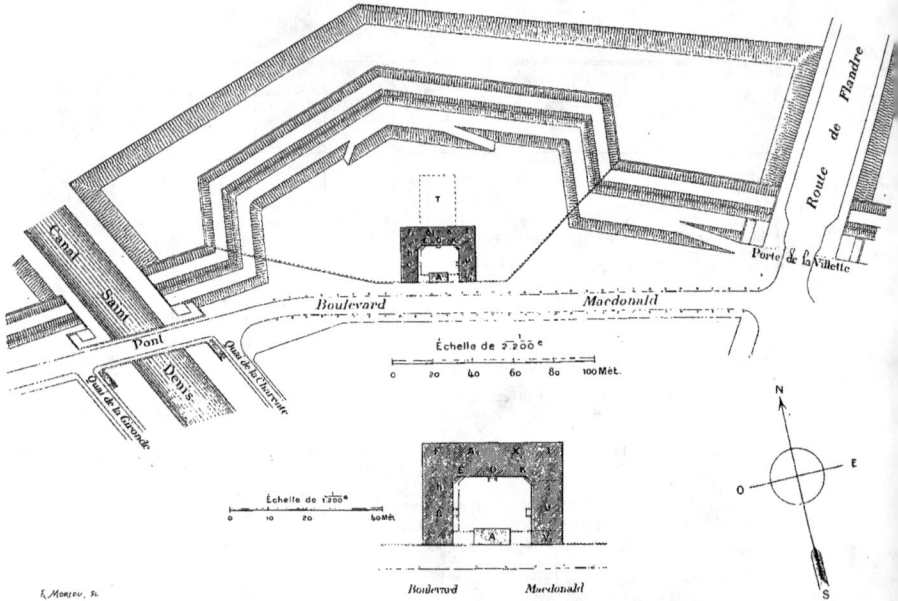

PLAN DE MASSE DE L'HÔPITAL DU BASTION 29

REZ-DE-CHAUSSÉE

A Bureau des entrées et loge.
A¹ Cabinet du directeur.
C Cuisine.
D Pharmacie.
E Logement de surveillante.
F Service des bains.
H Laboratoire.
I Service des morts.
K Magasin.
T Préau.
V, V¹ Partie réservée par le génie militaire pour le logement du casernier.
X Dépendances du laboratoire.

PREMIER ÉTAGE

A¹, C, E, F, H Malades douteux.
I Lingerie.
K, X Dortoirs des garçons.
V, V¹ Lingerie et partie réservée par le génie militaire pour un poste de télégraphie.

DEUXIÈME ÉTAGE

A¹, C, E, F, H Érysipèle (femmes).
I, K, V, V¹, X Logements d'internes.

TROISIÈME ÉTAGE

A¹, C, E, F, H Érysipèle (hommes).
I Logement d'employée.
K, V, X Dortoir des filles.
V¹ Logements d'employés.

QUATRIÈME ÉTAGE

A¹, C, E, F, H Malades convalescents.
I, K, V, V¹, X Diphtérie.

SANATORIUM D'ANGICOURT

A Angicourt (Oise)

La question du traitement de la phtisie pulmonaire, en dehors des milieux hospitaliers affectés aux maladies générales, est, depuis de longues années, l'objet des préoccupations du corps médical des hôpitaux.

L'admission, dans les hôpitaux communs, des malades vulgairement désignés sous le nom de poitrinaires, offre d'abord de sérieux dangers de contamination pour les autres malades.

Elle donne ensuite, au point de vue de la phtisie, des résultats à peu près négatifs.

Une Commission composée de médecins des hôpitaux, de membres du Conseil municipal de Paris et du Conseil de surveillance de l'Assistance publique, a été constituée en vue d'étudier les mesures propres à éviter la contagion de la tuberculose, et de rechercher les moyens les meilleurs pour isoler et traiter les phtisiques. — A la suite des travaux de cette Commission, l'Assistance publique a consenti un large sacrifice pour sa participation dans l'application du programme de la Commission, programme intéressant à la fois l'hospitalisation des malades et l'hygiène publique, et, à ce dernier point de vue, appelant l'intervention de la Ville de Paris et de l'État.

Sur ses propres ressources, l'Administration hospitalière a prélevé à cet effet une somme de 6 millions.

Mais, avant les travaux de la Commission de la tuberculose, l'Assistance publique de Paris s'était déjà occupée de rechercher

les meilleurs moyens de donner à la question une solution doublement pratique.

Dès l'année 1890, elle avait demandé à un de ses chirurgiens, membre de son Conseil de surveillance, le regretté docteur Nicaise, de vouloir bien tracer un programme de sanatorium pour les phtisiques. Puis elle chargea un de ses architectes, M. Belouet,

d'aller en Allemagne étudier spécialement les hôpitaux particulièrement affectés au traitement de la phtisie, et d'une façon toute spéciale l'établissement de Falkenstein, près de Francfort-sur-le-Main, où elle savait pratiquement réalisées les indications fournies par les spécialistes.

La question financière restait à résoudre ; une subvention de 700.000 francs qui lui fut allouée sur les fonds du Pari mutuel lui permit d'entrevoir la possibilité de réaliser son projet de création d'un sanatorium.

Après de très longues recherches poursuivies dans les départements limitrophes de Paris, une propriété de 336.000 mètres carrés, sise à Angicourt (Oise), à trois kilomètres de Liancourt, et formant plateau, parut à tous les hommes compétents remplir les conditions d'altitude et d'exposition requises.

M. Belouet, déjà préparé par ses études sur les hôpitaux d'Allemagne, fut chargé d'établir les plans et les devis.

Le projet de M. Belouet comportait la construction d'un établissement de 250 lits environ, comprenant deux pavillons semblables, l'un pour les hommes, l'autre pour les femmes, et des bâtiments divers pour les services généraux.

La réalisation du projet complet représentait une dépense de *seize cent mille francs* au minimum. Ne disposant que de 700.000 francs, l'Administration dut se contenter tout d'abord de faire construire les services généraux, et la moitié du premier pavillon de malades.

Mais lorsqu'elle eut obtenu l'autorisation de prélever sur ses capitaux 6 millions pour la lutte contre la tuberculose, elle s'empressa de poursuivre les formalités nécessaires à l'achèvement du premier pavillon.

Le sanatorium d'Angicourt, tel qu'il se comporte actuellement, présente un pavillon de malades pouvant contenir 160 lits environ (chiffre budgétaire, 164 lits) et des services généraux qui, avec des adjonctions de minime importance, pourront suffire lorsque le deuxième pavillon sera construit et que l'établissement aura ainsi 320 lits.

Le pavillon des malades forme un vaste bâtiment avec deux ailes en retour, construit à 6 mètres au-dessus du sol du plateau, ce qui lui assure une protection contre les vents du nord.

Il est élevé d'un rez-de-chaussée et de deux étages ; le plan (p. 531) indique les services qui y sont aménagés.

Une vaste marquise est disposée en avant du pavillon, regardant la vallée ; les malades pourront y passer la journée, couchés sur des chaises longues.

Les services généraux sont installés dans des constructions isolées ; ils comprennent les réfectoires, la cuisine, la buanderie, l'administration, le pavillon du directeur, les écuries, le service des morts.

67

Le chauffage est à la vapeur ; l'éclairage est à l'électricité.

La dépense totale pour l'achat du terrain, la construction et l'aménagement, a été de 1.450.000 francs, ce qui fait ressortir le prix de revient du lit à 8.800 francs.

L'établissement, ne comportant actuellement qu'un pavillon de malades, ne pourra recevoir que des hommes.

Lorsqu'il sera complété par la construction d'un autre pavillon, contenant un nombre égal de 164 lits, ce pavillon sera affecté aux malades femmes.

Le personnel de l'établissement se compose de 42 agents répartis de la façon suivante :

SERVICES	SOUS-SURVEILLANTS		SUPPLÉANTS		INFIRMIERS		GENS DE SERVICE		TOTAL
	H.	F.	H.	F.	H.	F.	H.	F.	
Service des salles	»	2	»	1	4	»	8	»	15
Porte.	1	1	»	»	»	»	»	»	2
Bureaux	1	»	»	»	»	»	»	»	1
Magasins.	1	»	»	»	»	»	»	»	1
Cuisine et réfectoire	»	1	»	1	»	»	3	1	6
Lingerie	»	1	»	»	»	»	»	4	5
Pharmacie	»	»	1	»	»	»	»	»	1
Buanderie	»	»	»	1	»	»	1	»	2
Salubrité, cours, jardins.	1	»	»	»	»	»	2	»	3
Bains.	»	»	»	»	»	»	1	»	1
Écurie	»	»	1	»	»	»	1	»	2
Chantier	»	»	»	»	»	»	1	»	1
Veille.	»	»	1	»	»	»	»	»	1
Remplaçants	»	»	»	»	»	»	»	»	1
TOTAL	4	5	3	4	4	»	17	5	42

PLAN DE MASSE DU SANATORIUM D'ANGICOURT

Échelle de $\frac{1}{5\,000^e}$

0   50   100   200 Mèt.

E. Monieu Sc.

REZ-DE-CHAUSSÉE		M	Pavillon des malades.	AH	Épandage.

REZ-DE-CHAUSSÉE

A   Administration.
C   Cuisine.
E   Pavillon du personnel.
G   Buanderie.
I   Service des morts.
L   Chantier.

M   Pavillon des malades.
R   Réfectoire.
U   Étuve.
AB Pavillon du médecin.
AC Écuries et remises.
AD Source.
AE Réserve d'eau.
AF Machines.
AG Réservoir.

AH Épandage.
AI Caves.

Aux premier, deuxième et troisième étages sont des logements pour le personnel et des lits pour les malades.

MAISON MUNICIPALE DE SANTÉ

200, Rue du Faubourg-Saint-Denis

DIRECTEUR : M. LEBLANC

Situation. — L'établissement est limité, de face, par la rue du Faubourg-Saint-Denis ; en arrière, il donne sur la rue de l'Aqueduc ; à gauche et à droite sont des constructions particulières.

La surface totale du terrain est de 12.472^{mq}40, dont 7.956,25 pour la surface des bâtiments et 4.516,15 pour la surface des cours et jardins.

Historique. — La Maison municipale de Santé a été ouverte le 15 octobre 1858.

COUR D'ENTRÉE

Elle a pour but de procurer à des prix modérés une chambre particulière ou une place dans un dortoir de quelques lits aux malades peu fortunés qui peuvent cependant se faire soigner à leurs frais. La création est due à l'initiative du Conseil général des hospices et fait l'objet de son arrêté du 16 nivôse an X (6 janvier 1802).

Placée originairement dans la maison dite du Nom de Jésus, au faubourg Saint-Martin, elle fut inaugurée, moins de quatre mois après, dans le courant de floréal (mai 1802).

Transférée ensuite (1er février 1816) dans l'ancienne communauté des sœurs grises de la rue du Faubourg-Saint-Denis, elle prit à cette époque, en vertu d'une autorisation spéciale du roi Louis XVIII, le titre de Maison royale de Santé. Le nom de maison Dubois qui lui a été donné par le public tient uniquement à la réputation de l'habile praticien alors chargé du service chirurgical de cet établissement.

SALLE D'HYDROTHÉRAPIE

Cette maison ayant été atteinte deux fois par l'expropriation, la première en 1853 pour l'ouverture du boulevard de Strasbourg et la seconde, en 1858, pour le percement du boulevard du Nord, l'Administration dut s'occuper de la remplacer; elle a acquis dans ce but, au n° 200 de la même rue, l'emplacement sur lequel a été édifiée la maison nouvelle.

Nombre de lits. — L'établissement contient 340 lits réglementaires, ainsi répartis :

	Hommes	Femmes	Total
MÉDECINE (maladies aiguës)	87	93	180
— (— épidémiques)	11	7	18
CHIRURGIE (— aiguës)	79	63	142
	177	163	340

Il n'existe pas de service d'accouchement.

Mouvement de la population. — Au 1er janvier 1896, on constatait la présence à la Maison municipale de Santé de 129 malades; pendant cette année, il en est entré 2.225 et sorti 1.821. Le nombre des morts a été de 344. Le chiffre des malades restant au 31 décembre 1896 était de 179.

Pour cette année 1896, le nombre de journées de malades a été de 65.538.

La mortalité, calculée d'après le nombre des individus sortis pour guérison ou par décès divisé par le nombre des morts, a été de 1 sur 4,95 en médecine et de 1 sur 8,38 en chirurgie.

La durée du séjour, calculée d'après le nombre des journées divisé par le nombre des individus sortis par guérison ou par décès, a été de 32,34 en médecine et de 28,15 en chirurgie.

Personnel administratif. — Le personnel comprend : 1 directeur; 1 économe; 2 expéditionnaires (dont l'un remplit les fonctions de receveur); 1 auxiliaire permanent et 1 commissionnaire.

Toutes ces personnes sont logées dans l'établissement.

Personnel médical. — Le service de santé se compose de 36 personnes :

2 médecins ; 2 chirurgiens ; 7 internes en médecine ; 20 externes ; 1 pharmacien et 4 élèves.

Personnel secondaire. — Ce personnel se compose de 134 personnes, savoir :

6 surveillants et surveillantes ; 4 sous-surveillants et sous-surveillantes ; 11 suppléants et suppléantes ; 51 premiers infirmiers et premières infirmières ; 1 panseur ; 1 panseuse ; 1 garçon d'amphithéâtre ; 57 infirmiers et infirmières, garçons et filles de service ; 1 chauffeur-mécanicien ; 1 charretier {1}.

Personnel à la journée. — On compte 17 personnes, savoir :

1 peintre ; 1 menuisier ; 3 chauffeurs ; 2 cuisiniers ; 1 jardinier ; 1 étuviste ; 4 lingères ; 4 journaliers divers.

Les *Services hospitaliers* sont constitués ainsi qu'il suit :

NATURE des SERVICES	NOMS des chefs de SERVICE	DÉSIGNATION des SALLES	NOMBRE DE LITS		ÉLÈVES		PERSONNEL SECONDAIRE									
									Suppléantes	1ers Infirmiers		Panseurs		Infirmières		
			H.	F.	Internes	Externes	Surveillantes	S.-surveillantes		H.	F.	H.	F.	H.	F.	Total
MÉDECINE...	Dr **Widal**...	R. gauche...	12	11	»	1	»	»	1	»	2	»	»	3	1	7
		1er dames...	»	33	1	1	1	»	»	»	2	»	»	1	1	5
		2e hommes...	47	»	»	1	»	1	»	1	1	»	»	4	1	8
—	Dr **Vaquez**...	R. droit....	15	15	»	»	»	»	»	»	»	»	»	»	»	»
		2e hommes..	24	»	1	2	»	»	1	»	1	»	»	3	»	5
		3e dames....	»	37	»	1	1	»	»	»	1	»	»	1	2	5
CHIRURGIE...	Dr **Walther**..	1er étage....	42	6	2	4	»	»	1	»	10	»	1	4	4	20
		2e étage....	»	36	1	4	1	»	»	»	11	1	»	2	4	19
—	Dr **Potherat**..	3e étage....	37	25	2	6	»	1	1	»	20	»	»	4	5	31
SERVICE DE VEILLE...............			»	»	»	»	»	»	1	»	»	»	»	»	»	1
REMPLACEMENTS.................			»	»	»	»	»	»	1	»	»	»	»	»	»	»
TOTAL..........			177	163	7	20	3	2	6	1	48	1	1	22	18	102

Ainsi, les services des malades sont répartis entre 4 chefs : 2 médecins et 2 chirurgiens.

(1) Entre les chiffres prévus et le total général des chiffres indiqués aux tableaux qui suivent, il y a une différence de deux personnes. Cette différence provient d'adjonctions provisoires auxquelles obligent les nécessités des services.

Les *Services généraux* sont constitués ainsi qu'il suit :

SERVICES GÉNÉRAUX	Surveillants		Sous surveillants		Suppleants		1ers Infirmiers		Infirmiers		Garçon d'amphith.	TOTAL
	H.	F.	H.	F.	H.	F.	H.	F.	H.	F.		
Portes	1	»	»	»	1	1	»	»	»	1	»	3
Cuisine	»	1	»	»	»	»	»	1	3	1	»	6
Sommellerie	»	»	»	»	1	»	»	1	»	»	»	1
Magasins	»	»	1	»	»	»	»	»	»	»	»	1
Lingerie	»	»	»	1	»	1	1	»	»	2	»	5
Pharmacie	1	»	»	»	»	»	»	»	2	»	»	3
Bains	»	»	»	»	»	1	»	»	1	2	»	4
Chantier	»	»	»	»	»	»	»	»	1	»	»	1
Salle des morts	»	»	»	»	»	»	»	»	»	»	1	1
Service de propreté	»	»	»	»	»	»	»	»	6	»	»	6
Refectoire	»	»	»	»	»	»	»	»	1	»	»	1
Écurie	»	»	1	»	»	»	»	»	»	»	»	1
Machines	1	»	»	»	»	»	»	»	»	»	»	1
	3	1	2	1	2	3	1	1	14	5	1	43

Il n'y a pas de buanderie à la Maison municipale de Santé. Le linge est blanchi par la buanderie de l'hôpital Lariboisière qui fait chaque jour une livraison.

Bains internes et externes. — Les pensionnaires trouvent dans la maison un service très complet d'hydrothérapie qui est en même temps ouvert aux personnes du dehors.

Dans ce service, on a donné, en 1898, 13.199 douches ou bains externes.

Chauffage. — Les bâtiments sont chauffés par des calorifères à air chaud. De plus, il existe une cheminée dans chacune des chambres des malades.

Éclairage. — Les chambres des pensionnaires sont éclairées par des veilleuses et des bougies. Les services généraux, les cours, couloirs et escaliers sont éclairés au gaz.

Salubrité. — On fait usage de tinettes (système diviseur) dans les bâtiments des malades. Ce sont, dans les autres services, des fosses d'aisances fixes.

Une étuve à vapeur fonctionne chaque jour pour la désinfection des effets des entrants atteints d'affection contagieuse et pour la désinfection de la literie des malades sortis ou décédés.

Un four à incinérer les ouates est installé dans le fond de l'établissement et fonctionne également tous les jours.

Eaux. — La maison est alimentée par l'eau de rivière (Marne) et par l'eau de source (Avre).

Laboratoire. — Il n'y a qu'un laboratoire dans l'établissement, celui de M. le Dr Widal. Ce laboratoire est fort bien installé.

Bibliothèques. — Deux bibliothèques pour les internes sont entretenues au moyen de dons, de cotisations des élèves et de subventions votées chaque année par le Conseil municipal (400 francs pour les internes en médecine, 300 francs pour les internes en pharmacie).

Il existe aussi une bibliothèque pour les malades ; un crédit annuel de 400 francs est affecté à son entretien.

Objets d'art. — Dans le cabinet du directeur se trouvent une pendule (style Empire) et quatre gravures représentant *la Marseillaise* (de Rajon, d'après Pils), la *Bataille de Rezonville* (de Salmon, d'après A. Morot), la *Comtesse W...* (de Waltner, d'après Carolus Duran), *la Calomnie* (de Deblois, d'après Botticelli).

Dans le cabinet de l'économe sont placées deux autres gravures : *les Poètes* (de Bertinot, d'après P. Baudry) et *Homère déifié* (de Martinet, d'après Ingres).

Dépenses. — En 1898, les dépenses de la Maison de Santé se sont élevées à la somme de 614.294 fr. 05, se décomposant ainsi par nature de dépense :

Personnel administratif	20.408 56	Report	248.681 04
Impressions, frais de bureau	1.094 40	Cave	25.765 08
Frais de cours, etc.	1.100 »	Comestibles	93.202 89
Personnel médical	27.745 58	Chauffage et éclairage	60.266 38
Personnel secondaire	67.613 18	Blanchissage	27.282 37
Réparations de bâtiments	53.321 25	Coucher, linge, habillement	66.660 02
Pharmacie	23.266 41	Appareils, instruments	32.659 84
Boulangerie	14.116 27	Frais de transport	2.652 31
Boucherie	40.015 39	Eaux, salubrité, etc.	57.124 12
A reporter	248.681 04	Total	614.294 05

CHEMIN   DE   FER   DE   L'EST

REZ-DE-CHAUSSÉE

A   Administration, vestiaire,
    bibliothèque, salle de
    garde, etc.
C   Cuisine.
B   Pharmacie.
M^1 Office, logements.
M^2 Médecine (contagieux) et
    logements.
M^3 Logements, lingerie, etc.
FF' Bains (hommes et dames).
H   Ancienne chapelle.
I   Service des morts.
E   Écurie, remise, magasins,
    ateliers, etc.
L   Chantier.

PREMIER ÉTAGE

A   Logements du directeur,
    du pharmacien et d'em-
    ployés.
M^1 Chirurgie (hommes).
M^2 Médecine (dames), labora-
    toire.
M^3 Lingerie, chirurgie (hom-
    mes), 1 salle d'opérations
    et 2 salles de pansements.
I   Logement de sous-em-
    ployé.
E   Logements de sous-em-
    ployés.

DEUXIÈME ÉTAGE

A   Logements de l'économe,
    du receveur et de sous-
    employés.
M^1 Médecine (hommes), office.
M^2 Chirurgie (dames), salle
    d'opérations et salle de
    pansements.
M^3 Médecine (hommes).

TROISIÈME ÉTAGE

A   Logements de sous-em-
    ployés.
M^1 Chirurgie (hommes).
M^2 Médecine (dames), labora-
    toire.
M^3 Chirurgie (dames).

Dans les combles sont des
logements d'infirmiers et infirmières.

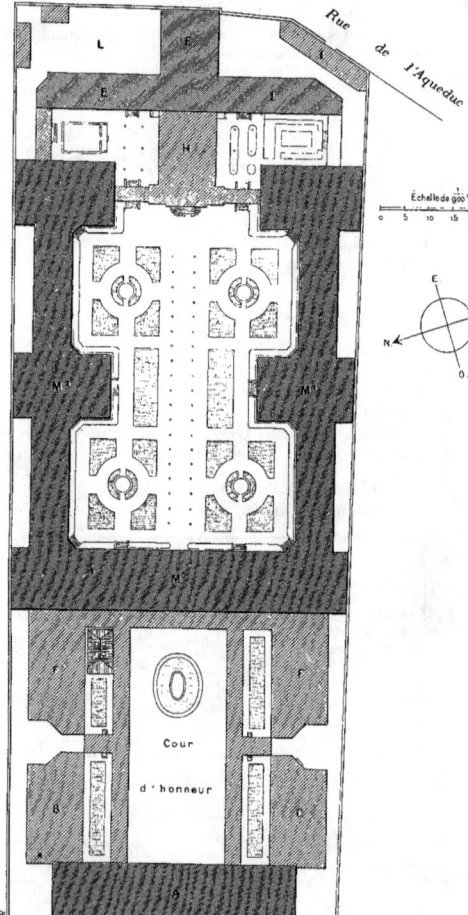

Rue de l'Aqueduc

Échelle de $\frac{1}{500}$

0   5   10   15   20   25 M.

Cour
d'honneur

E. Monjou, Se.

Nº 200

Rue   du   Faubourg   St   Denis

PLAN DE MASSE DE LA MAISON MUNICIPALE DE SANTÉ

HOPITAL DES ENFANTS-MALADES

149, Rue de Sèvres

DIRECTEUR : M. MONGIN

Situation. — L'hôpital est limité, de face, par la rue de Sèvres ; en arrière, par la rue du Cherche-Midi et la rue de Vaugirard ; à droite, par l'hôpital Necker, dont il est séparé par une grille sur une grande partie de la longueur, et par l'impasse de l'Enfant-Jésus pour le reste ; à gauche, par des constructions particulières et par le boulevard du Montparnasse.

La superficie totale du terrain est de 38.890^{mq}86, dont 8.470 pour la surface des bâtiments et 30.420,86 pour la surface des cours et jardins.

Historique. — En 1676, il se fondait, sur un terrain situé entre les barrières de Sèvres et de Vaugirard, une communauté dite des Gentils-hommes, qui disparaissait en 1724.

Le 1er octobre de cette même année, le curé de Saint-Sulpice, Longuet de Gergy, prenait à bail l'ancien bâtiment de la communauté, puis, grâce aux libéralités de la reine Marie-Leczinska et de la marquise de Lussay, il l'achetait, le 29 mars 1732, pour la somme de 86.100 livres.

Il y créait un hôpital pour les filles et femmes de sa paroisse, un orphelinat pour 16 jeunes filles pauvres et un ouvroir pour 96 femmes, qu'on nourrissait sur place et qui rentraient le soir dans leurs familles.

Cet hôpital s'appelait à l'époque « hôpital de l'Enfant-Jésus », dénomination sous laquelle il est encore généralement connu.

Détourné de sa destination première en 1793, il fut, par arrêté du 8 mai 1802, définitivement affecté au traitement des enfants malades des deux sexes.

Consultations. — Des consultations de médecine et de chirurgie ont lieu tous les jours, à 9 heures.

Les maladies des yeux sont admises chaque jour aux consultations de chirurgie.

Des consultations spéciales de médecine ont lieu en outre à la polyclinique installée dans la clinique de M. le Pr *Grancher,* savoir :

Pour les maladies de la peau, le mercredi *(Dr Jacquet);*

Pour les maladies du nez, du larynx et des oreilles, le mardi et le samedi *(Dr Cuvilhier);*

Consultations pour les maladies des dents, les lundis et vendredis *(Dr Galippe).*

Nombre de consultations en	1896	1897	1898
Consultations de médecine	13.150	13.789	14.660
— chirurgie	7.226	8.080	7.731
— maux d'yeux	887	1.022	781
— maladies de la peau	311	290	348
— maladies du nez, du larynx, etc.	578	693	848
Enfants admis au pansement externe	5.995	6.993	6.949

Nombre de lits. — L'hôpital des Enfants-Malades contient 632 lits réglementaires, ainsi répartis :

		Garçons	Filles	Total
MÉDECINE	Maladies aiguës	92	110	202
	— chroniques	»	12	12
	Rougeole	20	19	39
	Diphtérie	20	19	39
	Scarlatine	19	19	38
	Douteux	9	9	18
	Teigneux	»	36	36
	Berceaux	12	12	24
CHIRURGIE	Maladies aiguës	32	32	64
	— chroniques	60	60	120
	— des yeux	20	20	40
		284	348	632

Mouvement de la population. — Au 1er janvier 1896, on constatait la présence à l'hôpital de 592 malades ; pendant cette année, il en est entré 6.661 et sorti 5.528. Le nombre des morts a été de 1.183. Le chiffre des malades restant au 31 décembre 1896 était de 542. Pour cette année 1896, le nombre de journées de malades a été de 207.070. La mortalité, calculée d'après le nombre des enfants sortis par guérison ou par décès divisé par le nombre des morts, a été de 1 sur 5,09 en médecine et de 1 sur 15,96 en chirurgie. La durée du séjour, calculée d'après le nombre de journées divisé par le nombre des enfants sortis par guérison ou par décès, a été de 25,21 en médecine et de 50,21 en chirurgie.

Personnel administratif. — Ce personnel comprend : 1 directeur ; 1 économe ; 1 commis rédacteur ; 1 expéditionnaire ; 1 commissionnaire.

Toutes ces personnes sont logées dans l'établissement.

Personnel médical. — Le service de santé se compose de 69 personnes :

6 médecins ; 2 chirurgiens ; 11 internes ; 40 externes ; 1 chirurgien assistant ; 1 pharmacien ; 8 élèves.

Personnel secondaire. — Ce personnel se compose de 182 personnes, savoir :
1 institutrice ; 12 surveillants et surveillantes ; 19 sous-surveillants et sous-surveillantes ; 14 suppléants et suppléantes ; 13 premiers infirmiers et premières infirmières ; 119 infirmiers et infirmières ; 1 garçon d'amphithéâtre ; 1 cuisinier ; 1 chauffeur ; 1 charretier.

Personnel à la journée. — On compte 16 personnes, savoir :
1 menuisier ; 1 serrurier ; 1 chauffeur ; 1 jardinier ; 7 buandières ; 5 lingères.

Les *Services hospitaliers* sont constitués ainsi qu'il suit :

NATURE des SERVICES	NOMS des chefs de SERVICE	DÉSIGNATION des SALLES	G.	F.	Berceaux	Internes	Externes	Surveillantes	Sous-surveillantes	Suppléantes	1res Infirmiers	Infirmières H.	Infirmières F.	Total
MÉDECINE	Pr Grancher . .	Bouchut . . .	24	»	»	»	»	»	1	1	»	»	5	7
		Parrot	»	24	»	»	»	1	»	»	1	»	4	6
		Husson. . . .	»	12	8	1	5	1	»	»	»	»	4	5
—	Dr Variot. . . .	Gillette	»	46	»	»	»	1	»	»	»	»	6	7
		Gymnase . . .	»	36	»	2	5	»	1	»	1	»	3	5
—	Dr Descroizilles.	Blache	46	»	»	1	5	»	1	»	»	»	6	7
—	Dr Moizard . . .	Bazin.	22	»	»	»	»	»	1	»	»	»	3	4
		Henri-Roger .	9	9	»	1	4	»	1	»	1	1	4	7
—	Dr Comby. . . .	De Chaumont.	»	40	»	1	4	»	1	»	»	»	4	5
—	Dr Sevestre. . .	Trousseau . .	20	19	»	1	4	1	»	»	»	»	11	12
—	Par roulement annuel	Rougeole . . .	20	19	»	»	»	»	1	»	»	»	6	7
		Scarlatine . .	19	19	»	»	»	»	1	»	»	»	4	5
		Crèche	»	»	16	»	»	»	1	»	»	»	6	7
CHIRURGIE	Dr Lannelongue. Dr Villemin (assistant). . . .	Giraldès . . .	32	»	»	»	»	1	»	»	2	»	2	5
		Bouvier. . . .	»	32	»	»	»	1	»	1	1	»	4	7
		Baffos	20	»	»	»	»	»	1	»	1	»	2	4
		Baudelocque .	»	20	»	2	7	»	1	»	»	»	3	4
—	Dr Brun	Molland . . .	40	40	»	»	»	1	»	»	1	»	6	8
		Bilgrain . . .	»	»	»	»	»	»	1	»	1	»	5	7
		Archambault.	20	20	»	2	6	»	1	»	2	»	3	6
SERVICE DE VEILLE.			»	»	»	»	»	»	»	6	»	»	»	6
REMPLACEMENTS			»	»	»	»	»	»	»	2	»	»	»	2
TOTAL			272	336	24	11	40	7	13	10	11	1	91	133

Ainsi les salles de malades sont réparties entre 8 chefs de service : 6 médecins et 2 chirurgiens.

Un des services de médecine est un service de clinique auquel est attaché, en outre du personnel médical ci-dessus mentionné, 1 chef de clinique et 1 chef adjoint, désignés par la Faculté de médecine ; 1 chef de laboratoire, nommé également par la Faculté, est adjoint à ce service.

Les *Services généraux* sont constitués ainsi qu'il suit :

SERVICES GÉNÉRAUX	Institutrice	Surveillants		Sous-surveillants		Suppléants		1ers Infirmiers		Infirmiers		Garçon d'amphithéâtre	Personnel professionnel fixe			TOTAL
		H.	F.	H.	F.	H.	F.	H.	F.	H.	F.		Chauffeur	Cuisinière	Charretier	
Instruction	1	»	»	»	»	»	»	»	»	»	»	»	»	»	»	1
Portes	»	1	»	»	»	1	»	»	»	»	»	»	»	»	»	2
Bureaux	»	»	»	1	»	»	»	»	»	2	»	»	»	»	»	3
Consultation	»	»	1	»	»	1	»	»	»	1	»	»	»	»	»	3
Cuisine	»	»	1	»	1	»	»	»	»	2	4	»	»	1	»	9
Sommellerie	»	»	»	»	»	»	»	»	»	1	»	»	»	»	»	1
Magasins	»	»	»	1	»	»	»	»	»	»	»	»	»	»	»	1
Lingerie	»	»	1	»	»	1	»	»	»	2	»	»	»	»	»	4
Vestiaire	»	»	»	1	»	»	»	»	»	2	»	»	»	»	»	3
Buanderie	»	»	»	»	1	»	»	»	»	2	»	»	»	»	»	3
Pharmacie	»	1	»	»	»	»	»	»	»	2	»	»	»	»	»	3
Bains	»	»	»	»	»	»	»	»	1	3	»	»	»	»	»	4
Chantier	»	»	»	»	»	»	»	»	»	1	»	»	»	»	»	1
Salle des morts	»	»	»	»	»	»	»	»	»	»	»	1	»	»	»	1
Service de propreté	»	»	»	1	»	»	»	»	»	5	»	»	»	»	»	6
Machines	»	»	»	»	»	»	»	»	»	»	»	»	1	»	»	1
Écurie	»	»	»	»	»	»	»	»	»	»	»	»	»	»	1	1
Laboratoires	»	»	»	»	»	»	»	»	»	1	»	»	»	»	»	1
Étuve	»	»	»	»	»	1	»	»	»	»	»	»	»	»	»	1
	1	2	3	3	3	1	1		12	15	1	1	1	1		49

Écoles. — Une institutrice est chargée de l'enseignement aux malades teigneuses, vu la longue durée de leur séjour à l'hôpital. Elle fait également des cours du soir aux infirmières qui se préparent en vue du diplôme professionnel.

Buanderie. — La buanderie, avec 1 sous-surveillante, 2 filles de service et 7 ouvrières laveuses, blanchit le linge des services de contagieux, le linge à pansements, les effets d'habillement du personnel et aussi, pour l'hôpital Necker, les effets de succession, les effets des malades et du personnel, soit, pour l'année 1898, 78.200 kilogrammes.

L'autre partie du linge est blanchie par un entrepreneur et par la Buanderie nouvelle.

Le poids en a été de 385.822 kilogrammes pour l'année 1898.

Bains. — Il existe 3 salles de bains pour les services internes, avec 30 baignoires, et une salle pour le service externe, avec 24 baignoires.

Il a été donné, en 1898, 17.308 bains et 1.891 douches pour les services internes, 3.632 bains et 960 douches aux bains externes.

Chauffage. — Le mode de chauffage usité à l'hôpital est le calorifère, alimenté au charbon de terre et au coke, installé dans toutes les salles du rez-de-chaussée et chauffant le premier et le second étage par des repos de chaleur.

PAVILLON D'ISOLEMENT

Les pavillons de la diphtérie et de la rougeole ont un chauffage à air chaud, produit par la vapeur à basse pression.

Éclairage. — L'hôpital est entièrement éclairé au gaz, à l'exception des pavillons de la diphtérie et de la rougeole qui sont éclairés à l'électricité.

Salubrité. — On fait usage de tinettes (système diviseur) dans tout l'hôpital, sauf dans 3 pavillons qui possèdent le tout à l'égout.

Une étuve à désinfection fonctionne chaque jour pour la désinfection des effets des entrants, du coucher, du linge et de l'habillement des services de contagieux et des malades décédés.

Un four à incinérer les ouates et les divers pansements est installé dans le bâtiment de la machine et fonctionne également tous les jours.

Eaux. — La maison est alimentée par l'eau de rivière (Seine), par l'eau du canal (Ourcq) et par l'eau de source (Vanne).

Laboratoires. — Il existe 4 laboratoires, savoir :

1 laboratoire de la Faculté, attaché au service de la clinique médicale ; 1 à la diphtérie ; 1 aux douteux et 1 chez M. le Dr Comby. Les autres chefs de service n'en possèdent pas.

Bibliothèques. — Deux bibliothèques pour les internes sont entretenues au moyen de cotisations des élèves, de dons et de subventions municipales votées chaque année (400 francs pour les internes en médecine, 300 francs pour les internes en pharmacie).

Il existe également une bibliothèque pour les petits malades; il est alloué un crédit annuel de 100 francs pour son entretien.

Dépenses. — En 1898, les dépenses de l'hôpital des Enfants-Malades se sont élevées à la somme de 595.107 fr. 95, se décomposant ainsi par nature de dépense :

Personnel administratif	18.225 96		*Report*	284.308 72
Impressions, frais de bureau	939 36		Cave	25.809 »
Frais de cours, etc.	1.195 73		Comestibles	74.315 73
Personnel médical	40.374 47		Chauffage et éclairage	45.791 40
Personnel secondaire	101.047 48		Blanchissage	44.898 80
Réparations de bâtiments	27.222 53		Coucher, linge, habillement, mobilier	55.730 08
Pharmacie	20.619 79		Appareils, instruments, etc.	34.947 30
Boulangerie	19.472 82		Frais de transport	3.384 95
Boucherie	55.210 58		Eaux, salubrité, etc	24.929 37
A reporter	284.308 72		Total	595.107 95

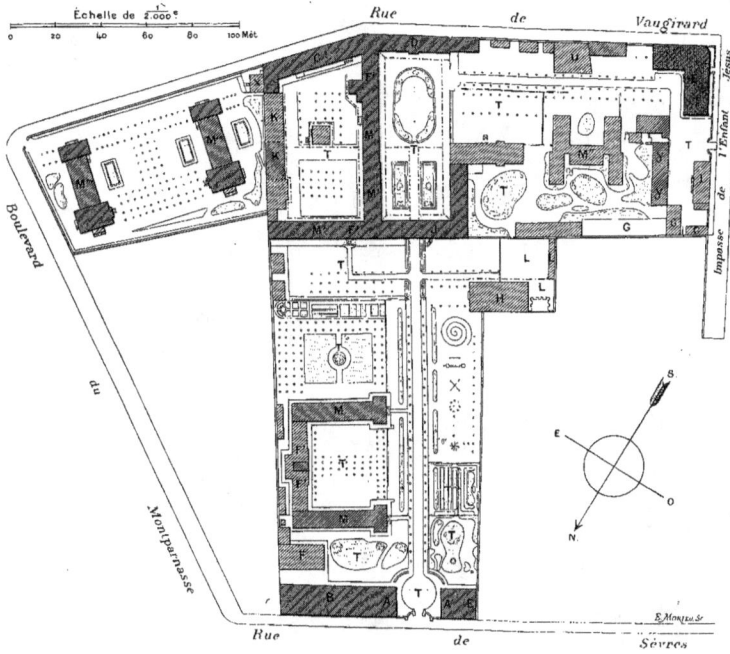

PLAN DE MASSE DE L'HÔPITAL DES ENFANTS-MALADES

REZ-DE-CHAUSSÉE

A, A' Bureaux et concierge.
B   Consultations.
C   Cuisine.
D   Pharmacie.
E   Logement du directeur.
E' Logements du personnel.
F, F' Bains.
G   Buanderie.
H   Gymnase.
I   Service des morts.
J   Lingerie.
K   Magasin, ateliers.
L   Chantier.
M, M' Salles de malades.

M", M"' Services d'isolement.
O   Chapelle.
R   Réfectoire.
T   Préaux, cours et jardins.
U   Étuve.
X   Usine.
Y   Écurie et remise.

PREMIER ÉTAGE

A, A', B Logements.
C, R Dortoirs.
D, F', M' Salles de malades.
E   Logement du directeur.
E' Logements du personnel.
J   Polyclinique.
M"' Service d'isolement.

DEUXIÈME ÉTAGE

A, A', B, E, M"' Logements.
C, R Dortoirs.
D, F', M' Salles de malades.
E' Logements du personnel.
J   Laboratoires.

TROISIÈME ÉTAGE

E' Logements du personnel.

QUATRIÈME ÉTAGE

E' Logements du personnel.

CINQUIÈME ÉTAGE

É   Logements du personnel.

69

HOPITAL D'ENFANTS

à **Forges-les-Bains** (Seine-et-Oise)

DIRECTEUR : M. CONDOM

Situation. — L'hôpital est situé sur la route départementale de Limours à Arpajon, dans un terrain en pente de 100 mètres de façade et d'une profondeur de 400 mètres environ (surface exacte : 37.123ᵐᵍ, dont 1.500 pour les bâtiments, 270 pour la buanderie et 35.353 pour les cours, jardins et bois).

Historique. — C'est en 1854 que l'Administration de l'Assistance publique essaya le traitement des affections scrofuleuses par les eaux ferrugineuses de Forges. L'expérience faite sur 40 enfants ayant donné des résultats satisfaisants, il fut décidé, par arrêté en date du 8 avril 1854, qu'un hôpital contenant 100 lits serait construit dans cette localité.

L'inauguration du nouvel établissement eut lieu en 1860.

Nombre de lits. — Depuis l'année 1880, pendant laquelle deux nouveaux bâtiments ont été édifiés pour les infirmeries, l'hôpital de Forges compte 224 lits réglementaires, dont 112 pour les garçons et 112 pour les filles ; on y reçoit non seulement des enfants scrofuleux, mais des anémiques, des cardiaques, etc.

Mouvement de la population. — Au 1ᵉʳ janvier 1898, on constatait la présence à l'hôpital de 205 enfants ; pendant cette année, il en est entré 425 et sorti 428.

Le nombre des morts a été de 3. Le chiffre des malades restant au 31 décembre 1898 était de 199.

Pour cette année 1898, le nombre de journées de malades a été de 69.890.

La mortalité, calculée d'après le nombre des enfants sortis par guérison ou par décès, a été de 1 sur 143.

La durée du séjour, calculée d'après le nombre des journées divisé par le nombre des enfants sortis par guérison ou par décès, a été de 162 jours.

Personnel administratif. — Ce personnel comprend un directeur-comptable logé dans l'établissement.

Personnel médical. — Le service de santé est confié à M. le Dr Doumenge.

Personnel secondaire. — Ce personnel se compose de 34 personnes, savoir :

1 surveillante ; 2 sous-surveillants et sous-surveillantes ; 7 suppléants et suppléantes ; 5 premiers infirmiers et premières infirmières ; 1 ouvrier d'exploitation (sous-surveillant jardinier) ; 1 chauffeur (sous-surveillant).

Personnel à la journée. — On compte 9 journalières, savoir :

6 buandières et 3 lingères.

Les *Services hospitaliers* sont constitués ainsi qu'il suit :

NATURE des SERVICES	NOMS des chefs de SERVICE	DÉSIGNATION des SALLES		NOMBRE DE LITS		PERSONNEL SECONDAIRE				
				G.	F.	Sous-surveillantes	Suppléantes	1res Infirmières	Infirmières	Total
Médecine . . .	Dr Doumenge . . .	BATIMENT CENTRAL (GARÇONS)	1er étage. . . .	18	»	»	»	»	»	»
			2e étage . . .	18	»	1	»	1	2	4
			3e étage . . .	18	»	»	»	»	»	»
—		BATIMENT CENTRAL (FILLES)	1er étage. . . .	»	18	»	»	»	»	»
			2e étage . . .	»	18	»	1	»	3	4
			3e étage . . .	»	18	»	»	»	»	»
—		INFIRMERIE (GARÇONS)	Rez-de-chaussée . .	29	»	»	1	1	3	5
			1er étage. . . .	29	»	»	»	»	»	»
—		INFIRMERIE (FILLES)	Rez-de-chaussée . .	»	29	1	»	1	3	5
			1er étage. . . .	»	29	»	»	»	»	»
		TOTAL.		112	112	2	2	3	11	18

Les *Services généraux* sont constitués ainsi qu'il suit :

SERVICES GÉNÉRAUX	Surveillant		Sous-surveillants		Suppléants		1ers Infirmiers		Infirmiers		TOTAL
	H.	F.	H.	F.	H.	F.	H.	F.	H.	F.	
Surveillance générale	»	1	»	»	»	»	»	»	»	»	1
Cuisine et sommellerie.	»	»	»	»	»	2	»	»	»	2	4
Bureaux	»	»	»	»	1	»	»	»	»	»	1
Lingerie et vestiaire	»	»	»	»	»	1	»	1	»	2	4
Buanderie	»	»	»	»	»	1	»	1	1	»	3
Jardins et écuries	»	»	1	»	»	»	»	»	»	»	1
Machines et magasins . . . . . : .	»	»	1	»	»	»	»	»	»	»	1
Bains.	»	»	»	»	»	»	»	»	»	1	1
	»	1	2	»	1	4	»	2	1	5	16

Buanderie. — La buanderie est située à 200 mètres à l'est de l'hôpital, dans un terrain de 40 mètres de large sur 100 de long. Le personnel de la buanderie, outre la suppléante, la première infirmière et le garçon de service, comprend encore 6 journalières laveuses.

On blanchit par année environ 150.000 pièces de linge pesant 57.000 kilogrammes.

Le linge à pansements est lavé à part dans une cuve spéciale.

On compte 3 cuviers pouvant contenir : le 1er, 400 kilogrammes ; le 2e, 250 kilogrammes, et le 3e, 150 kilogrammes de linge.

Bains. — Le service des bains est assuré par une infirmière ; il est composé de 2 salles de 12 baignoires chacune et d'une petite pièce séparée pour les douches.

Il est donné par an 15.000 bains chauds, savoir: 1.400 bains sulfureux, 1.800 bains d'amidon et 11.800 bains simples. Dans ce nombre ne sont pas compris ceux donnés dans les infirmeries et qu'on peut évaluer à 1.000 environ ; on donne aussi 1.500 douches par an.

Piscine. — En été, les bains chauds sont remplacés, pour la plupart des enfants,

par des bains froids qui sont pris dans une piscine de 120 mètres superficiels, alimentée par des sources particulières.

Salubrité. — On fait usage de tinettes qui sont vidées toutes les semaines.

Une étuve à vapeur (système Vaillard et Besson) existe pour la désinfection des effets de coucher, linge et habillement, ayant servi à des enfants atteints de maladies contagieuses, lorsque des cas isolés viennent à se déclarer dans l'établissement.

Chauffage. — Les différentes salles sont chauffées par des calorifères à air chaud.

Éclairage. — Les salles sont éclairées par des veilleuses, et les services généraux, les cours, les couloirs, les jardins, par des lampes à pétrole.

Eaux. — L'établissement est alimenté par l'eau de source légèrement ferrugineuse qui est refoulée dans les réservoirs de l'hôpital, à la buanderie et aux bains, par une machine à vapeur de la force de 3 chevaux-vapeur; cette source est située dans la fondation Riboutté-Vitallis.

Laboratoire. — M. le Dr Doumenge possède un petit laboratoire et une chambre noire pour photographies microscopiques.

Bibliothèque. — Il existe une bibliothèque de 300 volumes pour les enfants malades; un crédit annuel de 100 francs est affecté à son entretien.

Dépenses. — En 1898, les dépenses de l'hôpital de Forges se sont élevées à 123.535 fr. 75, se décomposant ainsi :

Personnel administratif	5.101 18		*Report*	70.010 95
Impressions, frais de bureau	281 10		Cave	7.544 »
Frais de cours, etc.	54 60		Comestibles	11.873 11
Frais d'exploitation	578 30		Chauffage et éclairage	8.715 54
Personnel médical	3.001 20		Blanchissage	6.009 69
Personnel secondaire	18.596 78		Coucher, linge, mobilier	10.307 34
Réparations de bâtiments	4.473 46		Appareils, instruments, etc	631 26
Pharmacie	2.440 16		Frais de transport	5.055 06
Boulangerie	11.160 99		Eaux, salubrité, dépenses diverses	3.418 80
Boucherie	24.323 18			
			Total	123.535 75
A reporter	70.010 95			

PLAN D'ENSEMBLE
DES ÉTABLISSEMENTS DE FORGES-LES-BAINS

Échelle de $\frac{1}{7.500}$

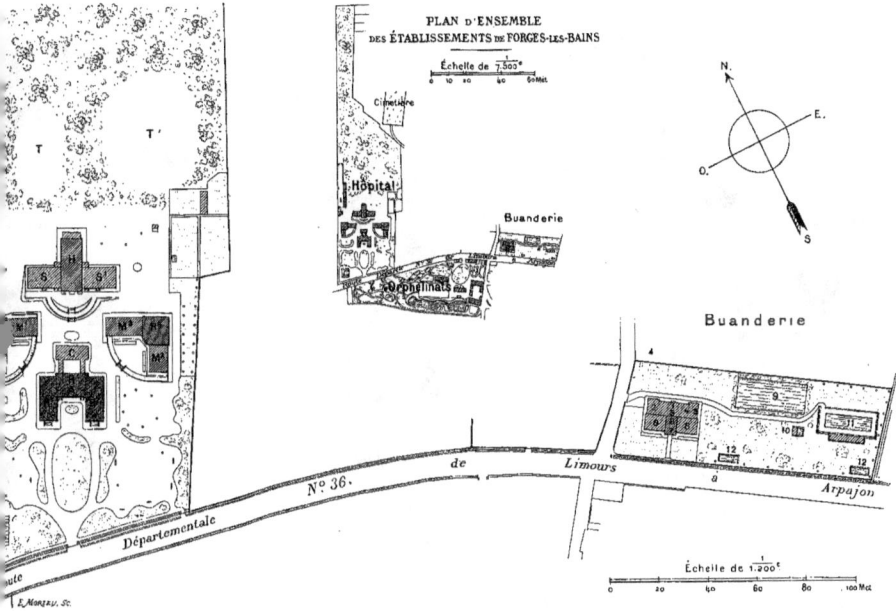

Buanderie

Échelle de $\frac{1}{1.200}$

E.Morau, Sc.

REZ-DE-CHAUSSÉE

A Bureau du directeur.
A¹ Logement du jardinier.
C Cuisine et dépendances.
H Chapelle.
I Service des morts.
K Magasins.
M Infirmerie (filles).
M¹ Dortoir (filles).
M² Infirmerie (garçons).
M³ Dortoir (garçons).
R Réfectoire filles de service).
R¹ Réfectoire (filles), lavabo.
R² Réfectoire (garçons), lavabo.
R³ Réfectoire (filles), office, lavabo
    et water-closets.
R⁴ Réfectoire (garçons), office,
    lavabo et water-closets.
S Classe et préau couvert des
    filles.
S¹ Classe et préau couvert des
    garçons.
T Promenoir des filles.

T¹ Promenoir des garçons.
U Étuve.
V Pompes à incendie.
Z Poulailler.

PREMIER ÉTAGE

A Logement de sous-surveillante.
A¹ Logement du jardinier.
M, M¹ Dortoirs (filles).
M², M³ Dortoirs (garçons).
R Bibliothèque et chambre de
    suppléante.
R¹ Dort. (filles), dort. (infirmières)
R² Dort. (garç.), dort. (infirmières)
R³, R⁴ Cabinet du médecin, lavabo,
    vestiaire, chamb. de suppléante.

DEUXIÈME ÉTAGE

A Magasin et pharmacie.
R Magasin et chamb. de suppléante.
R¹ Dort. (filles), dort. (infirmières).
R² Dort. (garç.), dort. (infirmières).

R³, R⁴ Chamb. d'isolement (filles
    de service).

TROISIÈME ÉTAGE

A Vestiaire et lingerie.
R Lingerie.
R¹ Dort. (filles), dort. (infirmières).
R² Dort. (garç.), dort. (infirmières).

BUANDERIE

1 Galerie.
2 Repassage.
3 Séchoir.
4 Cabine de bains.
5 Lavoir.
6 Vestibule.
7 Salle des douches.
8 Salle des bains.
9 Piscine.
10 Lavoir.
11 Piscine des enfants.
12 Bassins.

HOPITAL TROUSSEAU

89, Rue de Charenton

DIRECTEUR : M. RICHER

Situation. — L'hôpital est en façade sur la rue de Charenton et, en arrière, il donne dans la rue du Faubourg-Saint-Antoine ; à droite et à gauche, sont des propriétés particulières donnant d'une part sur la rue de Cotte et de l'autre sur la rue Traversière.

La surface totale du terrain est de 33.143^{mq}46, dont 7.583 pour la surface des bâtiments et 25.560,46 pour celle des cours et jardins.

Historique. — En 1670, l'Administration des Enfants Trouvés fit l'acquisition de cette maison pour recueillir les orphelins et les abandonnés. Jusqu'en 1838, l'établissement garda cette destination, et ce n'est que le 2 février 1839 qu'il fut affecté aux adultes sous le nom d'Hôtel-Dieu annexe.

En 1848, il prit le nom d'hôpital Sainte-Marguerite et, le 17 janvier 1854, il fut définitivement consacré aux enfants malades, d'abord sous le nom d'hôpital Sainte-Eugénie et enfin sous celui de Trousseau en 1880.

70

Consultations. — Des consultations de médecine et de chirurgie ont lieu tous les matins, à 8 h. 1/2.

M. le *Dr Kirmisson* s'occupe d'orthopédie, les lundis, mercredis et vendredis matin ;

Une consultation spéciale a lieu le mardi pour les maladies du nez et des oreilles *(Dr Broca) ;*

Consultation pour les maladies des dents, les lundis et vendredis *(Dr Queudot).*

Nombre de consultations en............	1896	1897	1898
Consultations de médecine	26.549	27.341	23.530
— de chirurgie.................	9.827	11.815	11.198
— des maladies du nez et des oreilles	»	»	1.127
Pansements.........................	20.198	21.218	15.845

Nombre de lits. — L'hôpital Trousseau contient 596 lits réglementaires, ainsi répartis :

		Garçons	Filles	Total
MÉDECINE	Maladies aiguës..................	126	92	218
	— contagieuses..............	101	97	198
CHIRURGIE	— aiguës..............	73	59	132
	— chroniques..............	24	24	48
	Total.................	324	272	596

Mouvement de la population. — Au 1er janvier 1896, étaient présents à l'hôpital 596 malades ; pendant cette année, il en est entré 7.432 et sorti 6.287. Le nombre des morts a été de 1.164. Le chiffre des malades restant au 31 décembre 1896 était de 577.

Pour cette année 1896, le nombre de journées de malades a été de 218.893.

La mortalité, calculée d'après le nombre des enfants sortis par guérison ou par décès divisé par le nombre des morts, a été de 1 sur 5,99 en médecine et de 1 sur 12,41 en chirurgie.

La durée du séjour, calculée d'après le nombre des journées divisé par le nombre des enfants sortis par guérison ou par décès, a été de 21,74 en médecine et de 65,69 en chirurgie.

Personnel administratif. — Ce personnel comprend : 1 directeur ; 1 économe ; 1 commis rédacteur ; 1 expéditionnaire ; 1 garçon de bureau.

Toutes ces personnes sont logées dans l'établissement.

Personnel médical. — Le service de santé se compose de 57 personnes : 4 médecins ; 2 chirurgiens ; 11 internes ; 33 externes ; 1 pharmacien et 6 élèves.

Personnel secondaire. — Ce personnel se compose de 161 personnes :

1 institutrice ; 5 surveillants et surveillantes ; 17 sous-surveillants et sous-surveillantes ; 1 garçon d'amphithéâtre ; 15 suppléantes ; 19 premières infirmières et 103 infirmiers et infirmières, garçons et filles de service.

Personnel à la journée. — On compte 40 personnes, savoir :

1 plombier ; 1 menuisier ; 5 mécaniciens et chauffeurs ; 1 cuisinier ; 2 jardiniers ; 1 étuviste ; 21 buandiers et buandières et 8 lingères.

Les *Services hospitaliers* sont constitués ainsi qu'il suit :

NATURE des SERVICES	NOMS des chefs de SERVICE	DÉSIGNATION des SALLES	NOMBRE de LITS		ÉLÈVES		PERSONNEL SECONDAIRE							
			G.	F.	Internes	Externes	Surveillantes	S.-surveillantes	Suppléantes	1res Infirmiers H.	1res Infirmiers F.	Infirmiers H.	Infirmiers F.	Total
MÉDECINE	Dr Josias....	Barrier.....	30	»	1	5	»	1	»	»	»	»	5	6
		Blache.....	»	30			»	1	»	»	1	»	3	5
—	Dr Netter....	Bouvier....	»	42	1	5	»	1	»	»	1	»	3	5
		Archambault..	20	»			»	»	1	»	1	»	1	3
—	Dr Richardière.	Lugol.....	40	»	2	5	»	1	»	»	1	»	3	5
		Triboulet....	»	20			»	»	1	»	»	»	2	3
		Bazin......	36	»			»	1	»	»	»	»	4	5
—	L. Guinon....	Bretonneau..	26	26	2	4	1	»	1	»	2	1	7	12
		Douteux....	14	14			»	»	1	»	1	1	4	7
—	Par roulement annuel....	Coqueluche..	14	11			»	»	1	»	1	»	4	6
		Rougeole....	27	26	»	»	»	1	2	»	»	1	9	13
		Scarlatine...	20	20			»	»	2	»	»	1	6	9
CHIRURGIE	Dr Kirmisson..	Denonvilliers	51	»	3	8	2	»	»	1	»	1	9	13
		Giraldès....	»	45			»	1	1	»	1	»	6	9
—	Dr Broca....	Legendre...	46	»	2	6	»	1	»	1	»	»	9	11
		Valleix.....	»	38			»	1	»	»	1	»	4	6
SERVICE DE VEILLE.................			»	»			»	»	2	»	»	»	»	2
REMPLACEMENTS.................			»	»			»	»	1	»	»	»	»	1
		TOTAL.............	324	272	11	33	3	9	13	2	10	5	79	121

Ainsi les salles de malades sont réparties entre 6 chefs de service : 4 médecins et 2 chirurgiens. Les maladies contagieuses suivantes : rougeole, scarlatine et coqueluche font l'objet d'un roulement annuel entre les médecins.

Le service des douteux et celui de la diphtérie sont toujours confiés au même chef, jusqu'au jour où il se produit un mouvement dans le personnel médical.

Les *Services généraux* sont constitués ainsi qu'il suit :

SERVICES GÉNÉRAUX	Institutrice	Surveillantes	Sous-surveillants		Suppléantes	1ers Infirmiers		Infirmiers		Garçon d'amphith.	TOTAL
			H.	F.		H.	F.	H.	F.		
Instruction	1	»	»	»	»	»	»	»	»	»	1
Communauté	»	»	»	»	»	»	»	»	»	»	»
Portes	»	»	2	1	»	»	»	»	»	»	3
Bureaux	»	»	»	»	»	»	»	»	»	»	»
Consultations et pansements externes	»	»	1	»	»	1	1	1	»	»	4
Cuisine	»	»	»	1	1	»	3	»	2	»	7
Sommellerie	»	»	»	»	»	»	»	»	»	»	»
Magasins	»	»	1	»	»	»	»	»	»	»	1
Lingerie	»	1	»	»	»	»	»	»	3	»	4
Vestiaire	»	»	»	1	»	»	»	»	1	»	2
Linge à pansements	»	»	»	»	»	»	»	»	»	»	»
Buanderie	»	1	»	»	1	»	»	1	1	»	4
Pharmacie	»	»	1	»	»	1	»	»	»	»	2
Bains	»	»	»	»	»	»	»	2	2	»	4
Chantier	»	»	»	»	»	»	»	1	»	»	1
Salle des morts	»	»	»	»	»	»	»	»	»	1	1
Service de propreté	»	»	»	»	»	»	»	3	»	»	3
Réfectoire	»	»	»	»	»	»	»	»	1	»	1
Ventouses	»	»	»	»	»	»	»	»	»	»	»
Machines	»	»	»	»	»	»	»	»	»	»	»
Écurie	»	»	1	»	»	»	»	»	»	»	1
Laboratoire de la diphtérie	»	»	»	»	»	»	»	1	»	»	1
	1	2	6	3	2	2	4	9	10	1	40

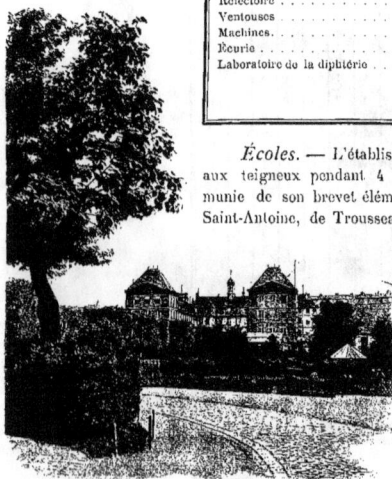

Écoles. — L'établissement possède une institutrice chargée de faire la classe aux teigneux pendant 4 heures par jour. Cette personne, aidée d'une infirmière munie de son brevet élémentaire, est chargée, le soir, d'un cours aux infirmières de Saint-Antoine, de Trousseau et d'Andral.

Bains. — Le service de bains externes comprend 28 baignoires fixes, et l'hôpital a ce même nombre de baignoires pour les bains internes.

Il est donné environ 3.500 douches chaque année, 51.200 bains en moyenne aux enfants du dehors et 15.400 bains aux malades.

Blanchissage. — Il existe une buanderie où l'on blanchit exclusivement le linge de l'établissement. Le poids moyen du linge lavé s'élève à 67,732 kilogrammes par mois.

Chauffage et ventilation. — La division des garçons et celle des filles sont chauffées au moyen de 2 calorifères à air chaud, et les pavillons des contagieux par des poêles dans lesquels on brûle du coke ou du charbon de terre.

Éclairage. — Toutes les salles de médecine et de chirurgie sont encore éclairées au moyen de veilleuses. Les pavillons de contagieux, les services généraux, les cours, couloirs et escaliers sont éclairés au gaz.

Salubrité. — Il y a encore quelques fosses fixes, mais la plupart des cabinets ont des tinettes (système diviseur).

Une étuve fonctionne chaque jour pour la désinfection des effets des entrants, de la literie des contagieux et des décédés.

Eaux. — La maison est alimentée par l'eau de rivière (Ourcq) et par l'eau de source (Vanne).

Laboratoires. — Chaque chef de service a un laboratoire spécial. A la tête de celui de la diphtérie, il y a un chef chargé de faire tous les jours les analyses bactériologiques relatives aux enfants reçus la veille. Ce dernier laboratoire, créé en 1895, est assurément le mieux installé de la maison.

Musée. — Depuis 1887, il existe un musée dans un des deux services de chirurgie de l'hôpital. Son organisation est due à M. le Pr Lannelongue. Il contient une grande quantité de pièces anatomiques, dont la collection a été commencée par ce chirurgien.

Bibliothèques. — Deux bibliothèques contenant 750 volumes pour les internes en médecine et en pharmacie sont entretenues au moyen des subventions annuelles du Conseil municipal.

Il existe aussi une bibliothèque de 500 volumes pour les enfants malades ; de nouveaux ouvrages sont achetés tous les ans au moyen d'un crédit annuel.

Objets d'art. — L'établissement possède dans la chapelle un tableau de Pills représentant une sœur Augustine au pied d'un autel et faisant faire la prière à des petits teigneux.

Il existe aussi, dans le bureau du directeur, un portrait représentant Mme d'Aligre, femme du fondateur de l'hôpital.

Bien que ce tableau ne soit pas signé, on lui attribue cependant une certaine valeur artistique. Il est précieux pour l'hôpital, autant par son caractère historique que par son ancienneté véritable (1660).

Dépenses. — En 1898, les dépenses de l'hôpital Trousseau se sont élevées à 650.030 fr. 91, se décomposant ainsi par nature de dépense :

Personnel administratif.	16.365 44	*Report.*	297.940 09
Frais de bureau.	835 05	Cave.	26.862 »
Frais de cours.	1.477 25	Comestibles.	80.024 78
Personnel médical.	40.234 28	Chauffage, éclairage.	62.314 04
Personnel secondaire.	112.633 47	Blanchissage.	29.667 14
Réparations de bâtiments.	32.009 22	Coucher, linge, habillement, mobilier	74.020 94
Pharmacie.	26.295 85	Appareils, instruments	47.098 93
Boulangerie.	19.335 11	Frais de transport.	6.455 71
Boucherie.	48.754 72	Eaux, salubrité.	25.647 28
A reporter	297.940 09	Total.	650.030 91

REZ-DE-CHAUSSÉE

A   Direction, économat.
B¹ Consultation médecine.
B² Cabinets des examens.
B³ Consultation chirurgie.
B⁴ Consultation dentaire.
C   Cuisine.
C¹ Annexes de la cuisine.
D   Pharmacie.
E¹ Concierge principal.
E² Concierge du faubourg.
E³ Logem. du personnel.
F   Bains externes.
F¹ Bains garçons.
F² Bains filles.
G   Buanderie.
G¹ Réservoirs.
G² Étendage.
H   Chapelle.
h   Dortoirs filles.
I   Service des morts.
J   Vestiaire.
K   Magasin, ateliers.
K¹ Atelier du fumiste.
L   Chantier.
M, M² Chirurgie garçons.
M¹, M³ Chirurgie filles.
M⁴ Scarlatine.
M⁵ Isolement scarlatine.
M⁶ Douteux médecine.
M⁶ Douteux annexes.
M⁷ Douteux diphtérie.
M⁸ Diphtérie.
M⁹ Rougeole, annexe rou-
     geole.
M¹⁰ Chambre d'interne ma-
     lade.
N   Serre.
O   Magasins de la cuisine.
P   Musée.
R¹ Réfect. surveillantes.
R² Réfectoire.
S   Salle d'opérations.
S¹ Salle d'opér. diphtérie.
T¹, T², T³, T⁴, T⁵, T⁶, T⁷,
     T⁸, T⁹, T¹⁰ Jardins et
     préaux.
U   Étuve.

V   Internes en médecine.
X   Laboratoire chirurgie.
X¹ Laboratoire diphtérie.
Y   Écurie et remise.
F   Machines (sous-sol).

PREMIER ÉTAGE

A   Vestiaire des médecins,
     chirurgie garçons.
B¹, h Dortoirs filles.
B² Directeur.
B³ Log. du pharmacien.
B⁴, E¹, E³, M⁵, M⁹, Y Lo-
     gements du personnel.
C   Pansement externe.
C¹ Chirurgie garçons, ma-
     gasin de literie.
D   Salle de garde pharma-
     cie et log. des internes.
J   Lingerie.
M   Chirurgie garç., salle
     d'opérations.
M¹ Chirurgie filles.
M² Médecine garçons.
M³ Médecine filles.
M⁹ Rougeole.
V   Logem. des internes.

DEUXIÈME ÉTAGE

A   Laboratoire.
B¹, h, M¹ Dortoirs filles.
B² Économe.
B³ Pharmacien.
C, M² Médecine garçons.
C¹ Magasins, matelas.
D   Logem. du pharmacien.
D, M³ Médecine filles.
M   Dortoirs garçons.

TROISIÈME ÉTAGE

A   Teigne et coqueluche,
     annexes.
C   Dortoirs filles.
D   Radiographie.
M² Médecine garçons tei-
     gneux.
M³ Médecine filles.

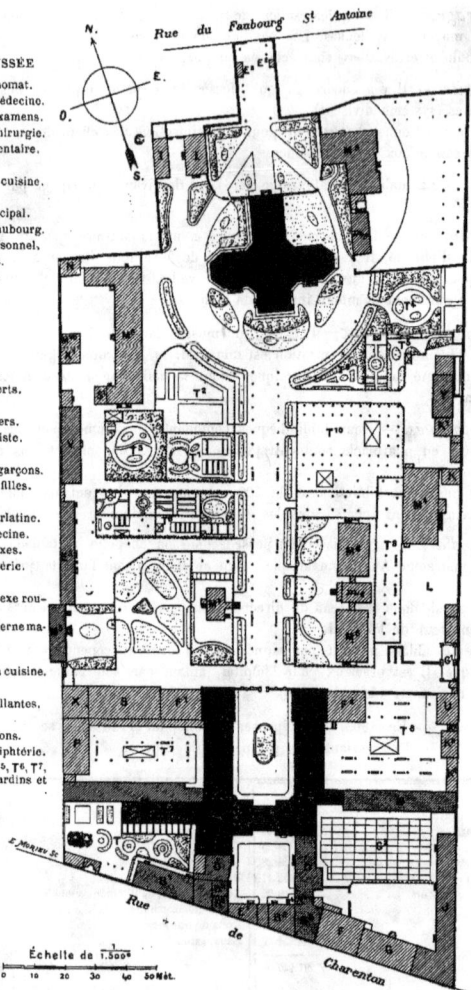

Rue du Faubourg St Antoine

Échelle de 1/1.500ᵉ

0   10   20   30   40   50 Mét.

Rue   de   Charenton

PLAN DE MASSE DE L'HÔPITAL TROUSSEAU

MAISON DE CONVALESCENCE

à La Roche-Guyon (Seine-et-Oise)

DIRECTEUR : M. RICHER.

Situation. — L'hôpital, situé dans la partie ouest du bourg de La Roche-Guyon, est limité, au nord, par la partie de la route départementale Mantes-Vernon, appelée rue de l'Hospice ; à l'ouest, par une propriété particulière de peu d'étendue qui la sépare de la fondation Fortin ; au sud, par les prairies appartenant à M. le duc de La Roche-Guyon ; à l'est,

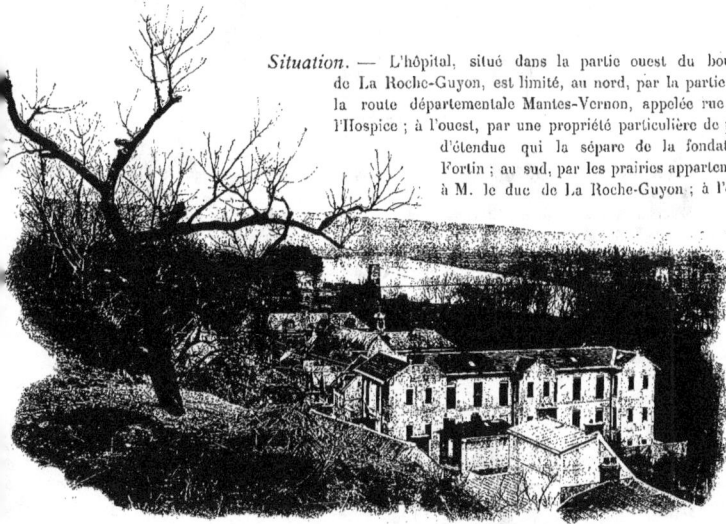

par un chemin communal descendant à la Seine, appelé chemin de l'Abreuvoir.

La surface totale du terrain est de 4.812^{mq}, dont 943 pour la surface des bâtiments et 3.869 pour la surface des cours et jardins.

Historique. — L'établissement a été édifié en 1854 par le comte Georges de La Rochefoucauld.

Le comte Georges de La Rochefoucauld, décédé le 3 décembre 1861, avait, par testament olographe, légué la nue propriété de la maison à la communauté des sœurs de Saint-Vincent-de-Paul, et, à défaut de celle-ci, à l'Administration générale de l'Assistance publique.

La congrégation, ayant répudié la disposition faite à son profit, l'Administration de l'Assistance publique s'est trouvée appelée à entrer en possession immédiate de la maison de La Roche-Guyon.

Un décret du 21 janvier 1863 a autorisé l'Administration à accepter ces libéralités.

L'établissement est destiné au traitement des enfants convalescents provenant des deux hôpitaux d'enfants de Paris (Trousseau et Enfants-Malades).

Nombre de lits. — L'hôpital de La Roche-Guyon contient 111 lits réglementaires ainsi répartis : lits d'enfants convalescents (médecine), 107 ; lits d'isolement, 4.

Mouvement de la population. — Au 1er janvier 1897, on constatait la présence à l'hôpital de 62 enfants malades convalescents ; pendant cette année, il en est entré 608 et sorti 615. Le nombre des morts a été de 3.

Le chiffre des convalescents restant au 31 décembre 1897 était de 52.

Pour cette année 1897, le nombre de journées de malades a été de 28.051.

La mortalité, calculée d'après le nombre des enfants sortis par guérison ou par décès divisé par le nombre des morts, a été de 1 sur 206.

La durée du séjour, calculée d'après le nombre des journées divisé par le nombre des enfants sortis par guérison ou par décès, a été de 45,39.

Personnel administratif. — Le personnel administratif comprend : 1 directeur ; 1 économe.

L'économe est logé dans l'établissement ; le directeur, qui est en même temps directeur de l'hôpital Trousseau, est logé dans ce dernier établissement.

Personnel médical. — Le service de santé est assuré par le médecin de la localité.

Personnel secondaire. — Ce personnel se compose de 12 personnes, savoir :

1 instituteur ; 7 religieuses ; 1 suppléante ; 1 première infirmière et 2 filles de service.

Personnel à la journée. — On compte 4 personnes, savoir :

1 journalier et 3 lingères.

Les *Services hospitaliers* sont constitués ainsi qu'il suit :

NATURE des SERVICES	NOMS des chefs de SERVICE	DÉSIGNATION des SALLES	NOMBRE DE LITS		PERSONNEL SECONDAIRE			TOTAL
			Grands	Berceaux	Religieuses	Suppléante	1re Infirmière	
		Infirmerie. . . .	8	6	1	"	"	1
		Saint-François .	8	6	"	1	"	1
		Sainte-Marie .	28	"	"	"	"	"
MÉDECINE	Dr P. Gouzy .	Ange-Gardien. .	14	"	1	"	"	1
		Saint-Roch . . .	12	"	1	"	"	1
		Saint-Joseph .	25	"	1	"	"	1
		Isolement	2	2	"	"	1	1
	TOTAL.		97	14	4	1	1	6

Les *Services généraux* sont constitués ainsi qu'il suit : instruction, 1 instituteur ; service de la communauté, 1 religieuse ; cuisine, 1 religieuse et 1 infirmière ; lingerie, 1 religieuse et 1 infirmière ; soit, au total, 6 personnes.

Il n'existe pas de buanderie à l'hôpital de La Roche-Guyon. Le linge est blanchi par un entrepreneur.

Écoles. — L'enseignement primaire est donné aux enfants par un instituteur.

Il y a deux classes par jour, une le matin, une le soir ; chacune de ces classes dure une heure.

Bains. — Le service des bains comprend 5 baignoires. L'appareil de chauffage consiste dans une chaudière avec bouilleur (sans pression).

Chauffage et ventilation. — Il y a 4 calorifères à air chaud. Les salles du 1er étage et du 2e étage sont chauffées par des poêles dits repos de chaleur qui sont eux-mêmes chauffés par des poêles à charbon ordinaires situés dans les salles du rez-de-chaussée.

Éclairage. — Les salles sont éclairées par des veilleuses et des lampes à pétrole. Les réfectoires, les préaux, ainsi que les cours, couloirs et escaliers, sont éclairés par des lampes à pétrole.

Salubrité. — Il n'y a à l'hôpital de La Roche-Guyon que des fosses fixes. Une étuve à vapeur sert à désinfecter les effets et la literie des enfants.

Eaux. — La maison est alimentée par l'eau de puits.
Il y a un filtre Chamberland de 60 bougies.

Bibliothèque. — Il existe une bibliothèque comprenant 200 livres pour les enfants malades.

71

Dépenses. — En 1898, les dépenses de l'hôpital de La Roche-Guyon se sont élevées à la somme de 75.702 fr. 49, se décomposant ainsi par nature de dépense :

Personnel administratif	4.004 20		*Report*	36.039 64
Impressions, frais de bureau	298 05		Cave	3.501 »
Frais de cours, etc.	178 14		Comestibles	8.681 80
Frais d'exploitation	44 85		Chauffage et éclairage	2.810 76
Personnel médical	1.504 20		Blanchissage	3.735 68
Personnel secondaire	4.559 06		Coucher, linge, habillement, mobilier	10.082 41
Réparations de bâtiments	7.373 19		Appareils, instruments	465 62
Pharmacie	1.189 77		Frais de transport	7.410 30
Boulangerie	5.930 82		Eaux, salubrité	3.065 28
Boucherie	10.962 54			
			Total	75.792 49
A reporter	36.039 64			

Voir le plan de masse de la Maison de convalescence, page 566.

FONDATION FORTIN

à La Roche-Guyon (Seine-et-Oise)

DIRECTEUR : M. RICHER

Situation. — La fondation Fortin, située à proximité de l'hôpital de La Roche-Guyon, dont elle n'est séparée à l'est que par une propriété d'une largeur de 7 mètres, est limitée au nord par la route départementale de Mantes à Vernon, à l'ouest par une propriété particulière et au sud par les prairies appartenant à M. le duc de La Roche-Guyon.

La superficie totale du terrain est de 858^{mq}, dont 344 pour la surface des bâtiments et 514 pour la surface des cours.

Historique. — Cet établissement a été ouvert en décembre 1890, sur un emplacement acquis de l'hôpital de La Roche-Guyon. Un arrêté du Conseil d'État, en date du 26 juillet 1852, avait confié à l'Assistance publique de Paris l'exécution d'un legs fait en 1849 par M. Fortin en faveur des enfants pauvres des écoles congréganistes de la ville de Paris.

Il est destiné à recevoir 14 garçons et 14 filles âgés de plus de 6 ans et à les élever jusqu'à l'âge de 13 ans.

Les sœurs de Saint-Vincent-de-Paul sont chargées, sous la surveillance de M. le directeur de l'hôpital Trousseau et de l'économe de l'hôpital de La Roche-Guyon, de donner à ces enfants l'éducation et l'instruction nécessaires.

Nombre de lits. — La fondation Fortin contient 28 lits réglementaires ainsi répartis : 14 pour les garçons et 14 pour les filles.

Mouvement de la population. — Au 1er janvier 1896, on constatait la présence à la fondation de 24 enfants; 9 sont sortis dans le courant de l'année, 13 sont

entrés. Le chiffre des enfants au 31 décembre 1896 était de 28. Le nombre de journées a été de 8.692.

Le *Service de santé* est assuré par le médecin de l'hôpital de La Roche-Guyon.

Personnel secondaire. — Ce personnel se compose de 4 personnes, savoir : 2 religieuses institutrices munies de leur brevet, 1 religieuse et 1 infirmière.

Personnel à la journée. — 1 journalier.

Les *Services généraux* sont assurés par 4 personnes, savoir : Pour l'instruction, 2 religieuses ; pour la lingerie, 1 religieuse et 1 infirmière.

Écoles. — Il y a deux classes, une pour les garçons, une pour les filles ; chacune de ces classes est dirigée par une religieuse institutrice.

Gymnastique. — L'enseignement de la gymnastique est donné aux enfants de la fondation par l'instituteur de l'hôpital.

Bains. — La fondation comprend une salle de bains ; l'eau est chauffée dans un bouilleur installé dans le fourneau de la cuisine.

Chauffage et ventilation. — Il y a deux calorifères à air chaud installés dans les vestibules du rez-de-chaussée.

Éclairage. — Les classes, les réfectoires, les dortoirs, les préaux et les cours sont éclairés par des lampes à pétrole.

Salubrité. — On fait usage de tinettes (système diviseur).

Eaux. — La fondation est alimentée par l'eau du puits situé dans l'hôpital de La Roche-Guyon ; il y a un filtre Chamberland (à pression).

Bibliothèques. — Chaque classe possède une bibliothèque scolaire.

Blanchissage. — Le linge est blanchi par un entrepreneur.

Dépenses. — En 1898, les dépenses de la fondation se sont élevées à la somme de 21.420 fr. 24, se décomposant ainsi par nature de dépense :

		Report.	12.920 63
Impressions, frais de bureau.	565 30	Blanchissage	812 72
Charges spéciales des revenus.	25 83	Coucher, linge, habillement, mobilier.	2.042 26
Indemnité au médecin	100 40	Appareils, objets de pansement.	30 »
Personnel secondaire.	1.272 70	Frais de transport.	1.768 »
Réparations de bâtiments.	1.183 25	Eaux, salubrité, dépenses diverses.	1.979 50
Frais de nourriture.	8.644 49	Remboursement aux Magasins généraux.	75 83
Service de la pharmacie.	81 26	Rentes à capitaliser.	817 74
Chauffage et éclairage	1.047 40	Part dans les dépenses d'administration.	973 56
A reporter.	12.920 63	*Total.*	21.420 24

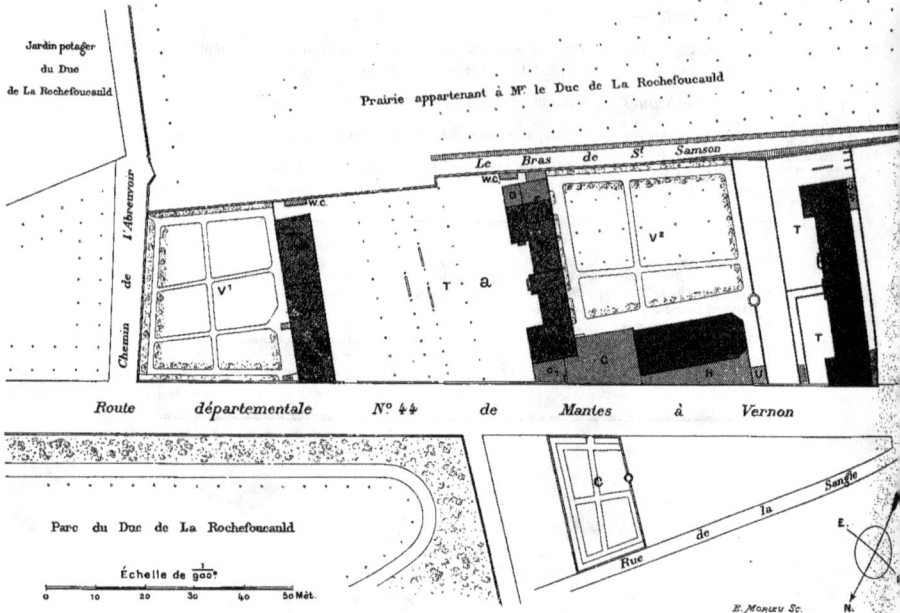

Jardin potager
du Duc
de La Rochefoucauld

Prairie appartenant à Mʳ le Duc de La Rochefoucauld

Le Bras de Sᵗ Samson

w.c.

w.c.

Chemin de l'Abreuvoir

V¹

V²

T

a

T

T

Route   départementale   Nᵒ 44   de   Mantes   à   Vernon

Parc du Duc de La Rochefoucauld

Rue   de   la   Sangle

E.

N.

C

Échelle de 1/900ᵐ

0   10   20   30   40   50 Mèt.

E. Morieu Sc.

PLAN DE MASSE DE LA MAISON DE CONVALESCENCE ET DE LA FONDATION FORTIN

MAISON DE CONVALESCENCE

REZ-DE-CHAUSSÉE

A Direction.
C Réfectoire des enfants.
D Pharmacie.
E, E¹ Logements.
E⁹ Réfectoire des sœurs.
F Bains.
H Chapelle.
N Infirmerie.
O Dortoir des enfants.
T, T¹ Préaux.
U Étuve.
V¹, V² Jardins.

SOUS-SOL

C Cuisine.
D, O Magasins.

F Service des morts.
N Linge sale.

PREMIER ÉTAGE

A Isolement.
C Chambres des sœurs, lavabos.
D, E Logements.
F Chambres des sœurs.
N Dortoir des sœurs.
O Dortoir des enfants.

DEUXIÈME ÉTAGE

A Lingerie, repassage et magasin.
E Logement de l'économe.
N Dortoir des enfants.

FONDATION FORTIN

REZ-DE-CHAUSSÉE

C Office.
J Chambres des sœurs.
K Vestibule.
T¹, T² Classes et réfectoires.

SOUS-SOL

C Escalier de service.
J Lingerie.
K Magasin.
T, T¹, T² Préaux.

PREMIER ÉTAGE

C Lavabos.
J Chambres des sœurs.
T¹, T² Dortoirs.

LES TROIS NOUVEAUX HOPITAUX D'ENFANTS

Une grande opération de voirie, entreprise par la ville de Paris en 1895 et ayant pour but le dégagement de la gare de Lyon et sa mise en communication directe avec le faubourg Saint-Antoine, a nécessité la désaffectation de l'hôpital Trousseau, situé 89, rue de Charenton.

Une convention est intervenue, aux termes de laquelle l'Assistance publique a cédé à la ville l'hôpital (bâtiments et terrains) pour une somme de 5.000.000 de francs.

L'Administration hospitalière a mis immédiatement à l'étude la question du remplacement de l'établissement désaffecté.

Elle a pensé qu'il fallait profiter de la circonstance pour mieux répartir, entre les différents quartiers de la capitale, les moyens d'hospitalisation pour les enfants malades, et elle s'est arrêtée à un plan consistant à construire trois hôpitaux : l'un dans le 12e arrondissement, le second dans le 19e, le troisième enfin dans le 18e.

A cet effet, elle a acheté à la ville de Paris deux terrains : l'un, rue Michel-Bizot (12e arrondissement), et l'autre, rue Carpeaux (18e arrondissement).

Pour l'hôpital du 19e arrondissement, elle a choisi un terrain lui appartenant et sur lequel elle avait construit, en 1892, à l'occasion d'une épidémie cholérique, des baraquements pour 100 malades. Ce terrain est situé place du Danube ; l'établissement provisoire qui y avait été construit avait reçu le nom d'hôpital Hérold.

La construction des hôpitaux de la rue Michel-Bizot et de la rue Carpeaux fut mise au concours en 1896 : les projets primés n° 1 furent ceux de MM. Maistrasse et Berger pour le premier, de M. Hénoux pour le second. Ces architectes furent chargés de l'exécution de leurs projets.

Quant à l'hôpital de la place du Danube, sa transformation en hôpital d'enfants fut confiée à M. Lebrun, architecte de l'Assistance publique.

HOPITAL DE LA RUE MICHEL-BIZOT

Le terrain sur lequel s'élève cet établissement est de 19.000^{mq}. Il est en façade sur la rue Michel-Bizot et a une sortie sur la rue des Marguettes.

Les services généraux au centre, les pavillons de contagieux au fond, formant ainsi une sorte de lazaret : telle est la caractéristique de ce plan.

Une usine centrale fournira la vapeur nécessaire au chauffage et à la production de l'électricité pour l'éclairage.

L'hôpital aura 234 lits.

Il sera desservi par un personnel de 127 agents, répartis comme l'indique le tableau ci-après :

SERVICES GÉNÉRAUX	Surveillantes	Sous-Surveillants		Suppléants		Infirmières	Gens de service		TOTAL.
		H.	F.	H.	F.		H.	F.	
Porte	»	1	»	1	1	»	»	»	3
Bureaux	»	»	»	1	»	»	1	»	2
Consultation	»	1	»	»	»	»	2	1	4
Pansement externe	»	»	»	»	1	1	»	»	2
Douteux	»	»	1	»	»	5	1	»	7
Contagieux	»	»	2	»	2	16	2	»	22
Diphtérie	1	»	»	»	1	8	1	»	10
Médecine	»	»	2	»	2	15	»	»	17
Chirurgie	1	»	1	»	2	19	»	»	23
Remplacements	»	»	1	»	»	»	»	»	1
Pharmacie	»	1	»	»	»	»	1	»	2
Laboratoire	»	»	»	»	»	»	2	»	2
Étuve	»	»	»	»	»	»	1	»	1
Salle des morts	»	»	»	1	»	»	»	»	1
Bains externes	»	»	»	»	»	»	»	3	3
Cuisine	1	»	»	»	1	»	2	3	7
Lingerie	»	»	1	»	»	»	»	4	5
Vestiaire	»	»	»	»	»	»	»	3	3
Magasin	»	1	»	»	»	»	»	»	1
Buanderie	»	»	»	»	»	»	»	2	2
Charretier	»	»	»	1	»	»	»	»	1
Chantier	»	»	»	»	»	»	1	»	1
Salubrité	»	»	»	»	»	»	4	»	4
Chauffeurs	»	»	»	»	»	»	3	»	3
	3	4	8	4	10	61	21	16	127

La construction de l'hôpital coûtera, ameublement compris, une somme de 2.140.000 francs.

HOPITAL DE LA RUE CARPEAUX

Le terrain sur lequel s'élève cet hôpital est compris entre les rues de Maistre, Étex et Carpeaux. L'entrée est sur cette dernière rue.

Ce terrain, qui a la forme d'un triangle isocèle, créait aux architectes concurrents de grandes difficultés pour le groupement des différents services.

M. Hénoux, l'architecte auteur du projet accepté, s'est heureusement tiré de ces difficultés en groupant les services d'isolement à droite, du côté de la rue Étex, où ne se trouvent pas de maisons d'habitation.

En façade, sur la rue Carpeaux, sont la consultation, les bâtiments d'administration et les services généraux.

Comme celui de la rue Michel-Bizot, l'hôpital de la rue Carpeaux aura 234 lits.

L'éclairage sera électrique; le chauffage sera à la vapeur.

Le personnel se compose de 130 agents de tous grades, répartis comme il suit :

SERVICES GÉNÉRAUX	Surveillantes	Sous-surveillants		Suppléants		Infirmières	Gens de service		TOTAL
		H.	F.	H.	F.		H.	F.	
Porte	»	1	»	1	1	»	»	»	3
Bureaux	»	1	»	»	»	»	1	»	2
Consultation	»	1	»	»	»	»	2	1	4
Pansement externe	»	»	»	»	1	1	»	»	2
Douteux	»	»	1	»	»	5	1	»	7
Contagieux	»	»	1	»	5	16	»	»	22
Diphtérie	1	»	»	»	1	8	1	»	11
Médecine	1	»	1	»	1	15	»	»	18
Chirurgie	1	»	1	»	2	19	1	»	24
Remplacements	»	»	1	»	»	»	»	»	1
Pharmacie	»	1	»	»	»	»	1	»	2
Laboratoire	»	»	»	»	»	»	2	»	2
Étuve	»	»	»	»	»	»	1	»	1
Salle des morts	»	»	»	1	»	»	»	»	1
Bains externes	»	»	»	»	»	»	»	3	3
Cuisine	1	»	»	»	1	»	2	3	7
Lingerie	»	»	1	»	»	»	»	3	4
Vestiaire	»	»	»	»	»	»	»	3	3
Magasin	»	»	»	1	»	»	»	»	1
Buanderie	»	»	»	»	1	»	»	2	3
Charretier	»	»	»	1	»	»	»	»	1
Chantier	»	»	»	»	»	»	1	»	1
Salubrité	»	»	»	1	»	»	3	»	4
Chauffeurs	»	»	»	»	»	»	3	»	3
	4	4	6	5	13	64	19	15	130

La dépense de construction s'élèvera à la somme de 2.260.000 francs, ameublement compris.

HOPITAL HEROLD

Le troisième établissement de remplacement de l'hôpital Trousseau, l'hôpital Herold, se composera d'une partie neuve et d'une partie ancienne.

La partie neuve comprendra la consultation, l'administration, le logement des internes, les services généraux et les services d'isolement.

La partie ancienne est formée des anciens baraquements consolidés et entièrement remaniés comme divisions intérieures. C'est dans ces baraquements que seront les services de médecine et de chirurgie générales, la crèche et le service des douteux.

M. Lebrun, l'architecte auteur du projet, a tiré le meilleur parti de ces baraques.

Quant aux constructions neuves, elles ont été conçues d'après un plan répondant à toutes les exigences d'un hôpital moderne.

Les services d'isolement, du meilleur effet au point de vue architectural, ne laissent rien à désirer comme aménagements intérieurs.

Le chauffage sera assuré par des foyers ordinaires, excepté au pavillon de la diphtérie qui sera chauffé par de la vapeur à très basse pression. L'éclairage sera au gaz.

L'hôpital aura 216 lits. Le personnel se composera de 115 agents de tous grades, dont la répartition est indiquée au tableau ci-après :

SERVICES GÉNÉRAUX	Surveillants	Sous-surveillants		Suppléants		Infirmières	Gens de service		TOTAL
		H.	F.	H.	F.		H.	F.	
Porte	»	1	»	1	1	»	»	»	3
Bureaux	»	1	»	»	»	»	1	»	2
Consultation	»	»	»	1	»	»	2	1	4
Pansement externe	»	»	»	»	1	1	»	»	2
Douteux	»	»	1	»	»	5	1	»	7
Contagieux	»	»	2	»	2	12	»	»	16
Diphtérie	1	»	»	»	1	11	»	»	13
Médecine	1	»	1	»	1	14	»	»	17
Chirurgie	1	»	1	»	2	15	»	»	19
Remplacements	»	»	1	»	»	»	»	»	1
Pharmacie	»	»	»	1	»	»	1	»	2
Laboratoire	»	»	»	»	»	»	1	»	1
Étuve	»	»	»	»	»	»	1	»	1
Salle des morts	»	»	»	1	»	»	»	»	1
Bains externes	»	»	»	»	»	»	»	3	3
Cuisine	1	»	»	»	1	»	2	3	7
Lingerie	»	»	»	»	1	»	»	3	4
Vestiaire	»	»	»	»	»	»	»	3	3
Magasin	»	»	»	1	»	»	»	»	1
Buanderie	»	»	»	»	»	»	»	»	»
Charretier	»	»	»	»	»	»	»	»	»
Chantier	»	»	»	»	»	»	1	»	1
Salubrité	»	»	»	1	»	»	3	»	4
Chauffeurs	»	»	»	»	»	»	3	»	3
	4	2	6	6	10	58	16	13	115

L'hôpital Herold, transformé en hôpital d'enfants, coûtera 982.000 francs, mobilier compris.

HOPITAL D'ENFANTS, rue Michel-Bizot, à Paris.

(PLAN DE MASSE)

Échelle de $\frac{1}{1.000}$

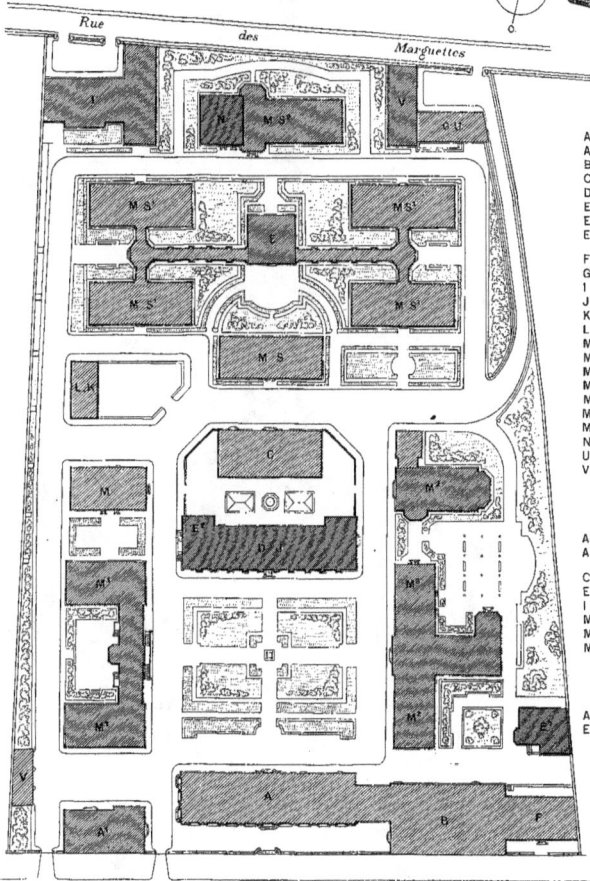

REZ-DE-CHAUSSÉE

A   Administration.
A¹ Concierge-employé.
B   Consultation.
C   Cuisine.
D   Pharmacie.
E   Logements.
E¹ Pavillon des internes.
E² Chambre de l'interne de garde.
F   Bains.
G   Buanderie.
I   Service des morts.
J   Lingerie.
K   Ateliers.
L   Chantier.
M   Crèche (médecine).
M¹ Médecine (filles).
M² Chirurgie (filles).
M³ Crèche (chirurgie).
MS Malades douteux.
MS¹ Malades contagieux.
MS² Malades diphtériques.
N   Laboratoire.
U   Étuve.
V   Écurie-remise.

PREMIER ÉTAGE

A, D, E, J, N, V Logements.
A¹ Appartement du directeur.
C   Magasins.
E¹ Chambres d'internes.
I   Laboratoires, autopsie.
M¹ Médecine (garçons).
M², M³ Chirurgie (garçons).
MS² Malades diphtériques.

DEUXIÈME ÉTAGE

A¹, D, J, N Logements.
E¹ Chambres d'internes.

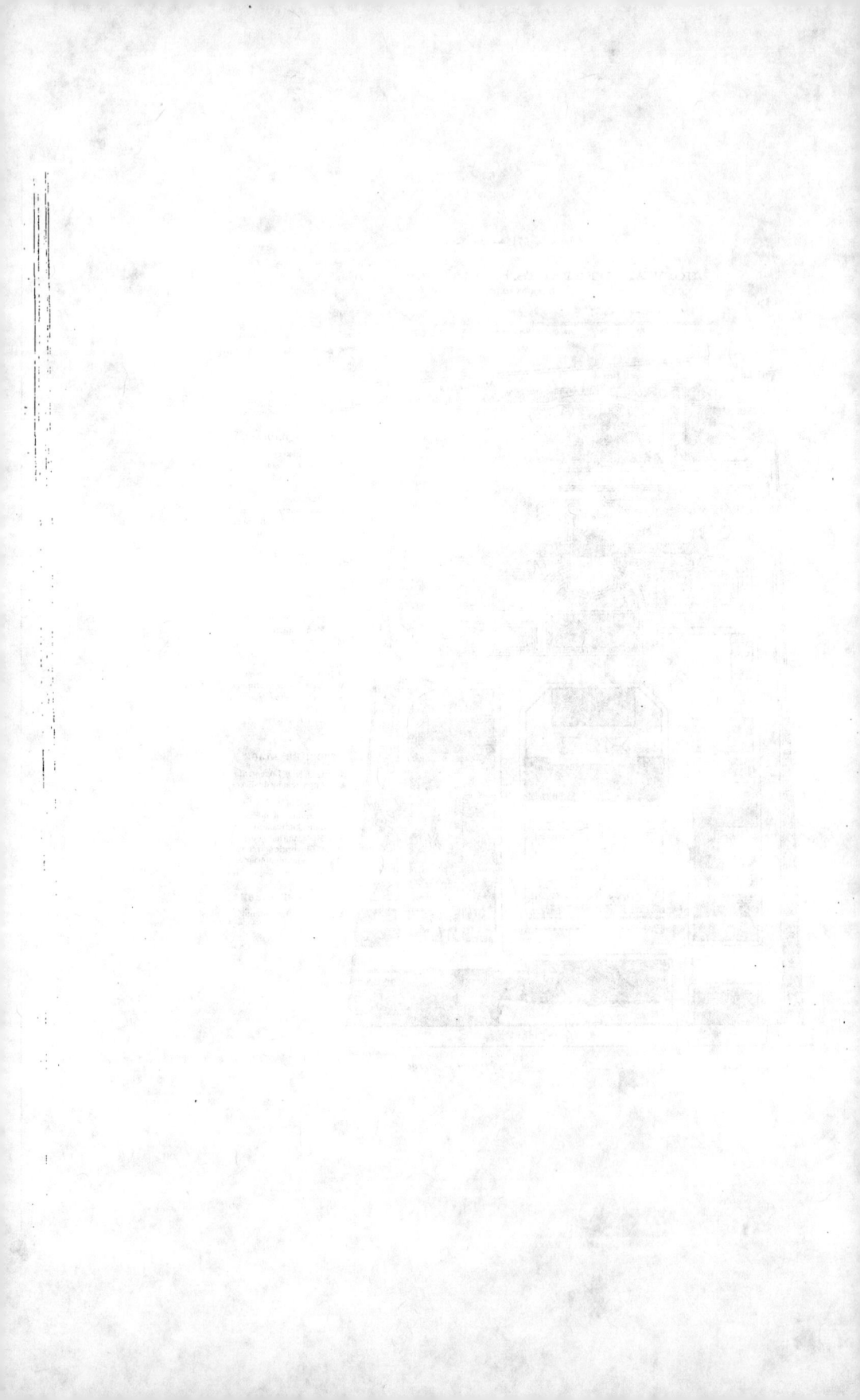

HOPITAL D'ENFANTS, rue Carpeaux, à Paris.

(PLAN DE MASSE)

RÉZ-DE-CHAUSSÉE

A   Administration.
A¹, E¹, E², E³ Pavillons.
A³ Concierge.
B   Consultation.
B¹ Entrée de la consultation.
C   Cuisine.
D   Pharmacie.
E, I¹ Logements.
F   Bains.
I   Service des morts, autopsie, laboratoire.
J   Lingerie.
K   Magasins.
L   Chantier.

M   Médecine et crèche.
M¹ Chirurgie (non suppurants) et crèche.
M² Chirurgie(suppurants).
M³ Douteux.
M⁴ Contagieux.
M⁵ Diphtérie.
R   Réfectoire.
U   Étuve, four à incinérer.
V   Écurie et remises.
X   Abri pour les voitures des médecins.
Y   Galerie de communication.

Échelle de $\frac{1}{1.100}$ ᵉ

0   10   20   3o   4o   5o Mét.

PREMIER ÉTAGE

A, D, E, I, K, R Logements.
A¹, A², E¹, E², E³ Chambres.
M   Médecine et crèche.
M¹ Chirurgie (non suppurants).
M⁵ Diphtérie.
V   Charretier, fourrages.

DEUXIÈME ÉTAGE

A, D, E, K, R Logements.
E¹ Chambres.
M⁵ Laboratoires.

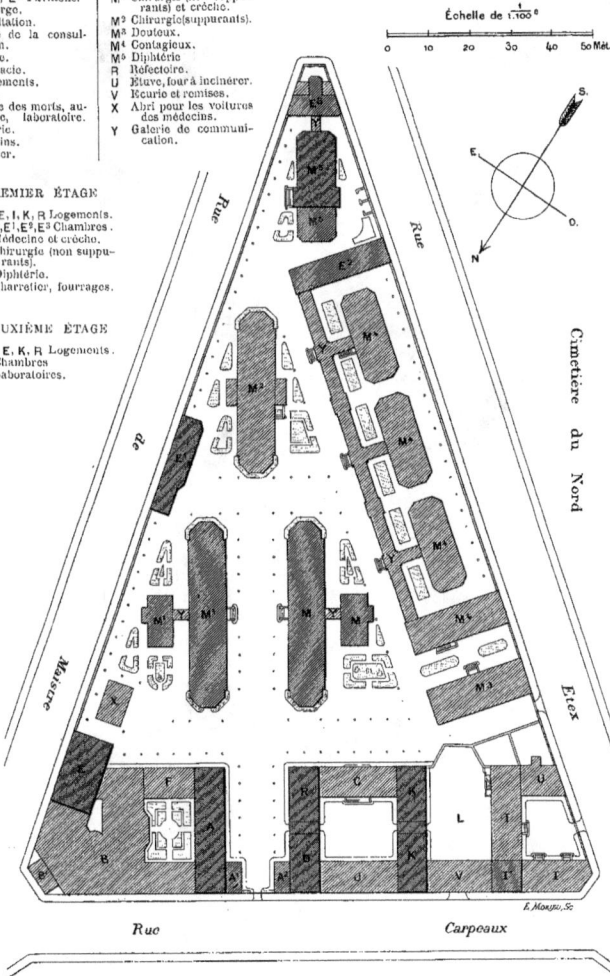

E.Morieu, Sc.

Rue   Carpeaux

HOPITAL HÉROLD, place du Danube, à Paris

(PLAN DE MASSE)

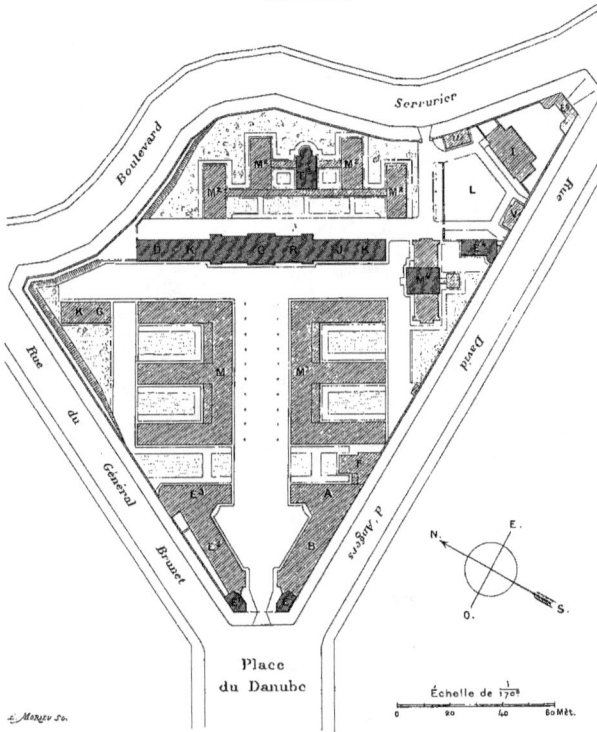

Place
du Danube

Échelle de $\frac{1}{170^e}$

| REZ-DE-CHAUSSÉE | | G | Buanderie. | | M⁴ | Diphtérie. |

<table>
<tr><td colspan="2">REZ-DE-CHAUSSÉE</td><td>G</td><td>Buanderie.</td><td>M⁴</td><td>Diphtérie.</td></tr>
<tr><td></td><td></td><td>I</td><td>Service des morts.</td><td>R</td><td>Réfectoire du personnel.</td></tr>
<tr><td>A</td><td>Administration.</td><td>J</td><td>Lingerie.</td><td>U</td><td>Étuve.</td></tr>
<tr><td>B</td><td>Consultation.</td><td>K</td><td>Magasins.</td><td>Y</td><td>Laboratoire. — Chenil.</td></tr>
<tr><td>C</td><td>Cuisine.</td><td>L</td><td>Chantier.</td><td></td><td></td></tr>
<tr><td>D</td><td>Pharmacie.</td><td>M</td><td>Médecine.</td><td colspan="2">PREMIER ÉTAGE</td></tr>
<tr><td>E, E¹, E², E³, E⁴, E⁵, E⁶</td><td>Logements.</td><td>M¹</td><td>Chirurgie.</td><td>C, D, E⁴, E⁵</td><td>Logements.</td></tr>
<tr><td>F</td><td>Bains.</td><td>M²</td><td>Contagieux.</td><td>M⁴</td><td>Dortoir convalescents.</td></tr>
</table>

HOPITAL MARITIME

à Berck-sur-Mer (Pas-de-Calais)

DIRECTEUR : M. DEHESDIN

Situation. — L'hôpital maritime est situé sur le littoral de la Manche, non loin de la baie d'Authie, rivière séparant le département du Pas-de-Calais de celui de la Somme. Il est érigé sur le territoire de la commune de Berck, sur une plage de sable fin qui s'étend à perte de vue. Au moment de la fondation de l'établissement, la population de Berck était de 2.000 habitants ; elle est aujourd'hui de 7.000 pendant toute l'année, et atteint le chiffre de 15.000 pendant la saison des bains de mer.

Historique. — Cet établissement, destiné au traitement des enfants scrofuleux, a été fondé par l'Assistance publique de Paris en 1867. Inauguré en 1869 sous le nom d'hôpital Napoléon, il a pris plus tard son nom actuel.

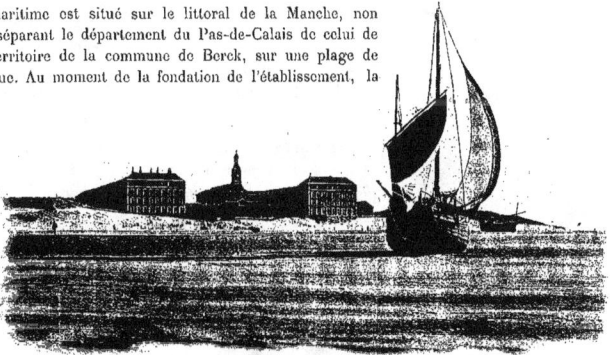

Antérieurement à sa construction, de nombreuses observations médicales avaient été relevées par les chirurgiens des hôpitaux d'enfants de Paris qui constatèrent les heureux résultats obtenus chez les sujets scrofuleux par le traitement maritime.

Après huit années d'expériences, suivies chez des particuliers d'abord, puis dans un petit hôpital, en planches, contenant 100 lits, qui existe encore, le Conseil municipal de Paris décida la construction d'un hôpital de 600 lits comptant aujourd'hui 30 années d'existence.

A cet établissement a été annexé, en 1894, un nouveau groupe de bâtiments servant de lazaret, dans lequel les enfants arrivant de Paris sont isolés pendant un mois, de façon à éviter la contamination de l'hôpital principal, dans le cas où les nouveaux venus apporteraient les germes de maladies contagieuses non encore déclarées.

Nombre de lits. — L'hôpital maritime contient 750 lits réglementaires en médecine, ainsi répartis :

Maladies chroniques, 576 ; infirmerie, 136 ; isolement, 22 ; berceaux, 16.

Mouvement de la population. — Au 1er janvier 1896, on constatait la présence à l'hôpital maritime de 527 malades ; pendant cette année, il en est entré 744

73

et sorti 659. Le nombre des morts a été de 24. Le chiffre des malades restant au 31 décembre 1896 était de 588.

Pour cette année 1896, le nombre de journées de malades a été de 211.484.

La mortalité, calculée d'après le nombre des individus sortis par guérison ou par décès divisé par le nombre des morts, a été de 1 sur 40,08.

La durée du séjour, calculée d'après le nombre des journées divisé par le nombre des individus sortis par guérison ou par décès, a été de 219,83.

Personnel administratif. — Ce personnel comprend : 1 directeur ; 1 économe ; 1 expéditionnaire. Toutes ces personnes sont logées dans l'établissement.

Personnel médical. — Le service de santé se compose de 5 personnes : 1 chirurgien en chef ; 3 internes en médecine ; 1 interne en pharmacie.

Personnel secondaire. — Ce personnel se compose de 117 personnes, savoir : 2 surveillantes ; 12 sous-surveillants et sous-surveillantes ; 18 suppléants et suppléantes ; 30 premiers infirmiers et premières infirmières ; 49 infirmières ; 4 couvreurs, fumistes et plombiers, etc. ; 1 cuisinier ; 1 charretier.

Personnel à la journée. — On compte 62 personnes, savoir : 1 peintre ; 1 plombier ; 1 aide menuisier ; 1 serrurier ; 1 fumiste ; 1 mécanicien ; 1 chauffeur ; 1 cuisinier ; 3 jardiniers ; 1 étuviste ; 1 vacher ; 11 buandiers et buandières ; 23 lingères ; 15 journaliers et journalières.

Les *Services hospitaliers* sont constitués ainsi qu'il suit :

NOMS des chefs de SERVICE	DÉSIGNATION des SALLES		NOMBRE DE LITS				PERSONNEL SECONDAIRE				
			G.	F.	Berceaux	ÉLÈVES INTERNES	S.-surveillantes	Suppléantes	1ers Infirmiers	Infirmières	Total
Dr Ménard	Divis. garçons.	Dortoir n° 1 .	36	»	»	»	»	1	»	2	3
		— n° 3 .	36	»	»	»	»	»	»	3	3
		— n° 5 .	36	»	»	»	»	1	»	4	5
		— n° 7 .	36	»	»	»	»	1	»	1	2
		— n° 9 .	36	»	»	»	»	»	»	2	2
		— n° 11.	36	»	»	»	»	1	»	3	4
—	Divis. filles . .	Dortoir n° 2 .	»	36	»	»	»	1	»	3	4
		— n° 4 .	»	36	»	»	»	»	»	2	2
		— n° 6 .	»	36	»	»	1	»	2	2	5
		— n° 8 .	»	36	»	»	1	»	»	1	2
		— n° 10.	»	36	»	»	»	»	»	2	2
		— n° 12.	»	36	»	»	»	1	1	2	4
—	Crèche		»	»	16	»	»	1	»	3	4
—	Isolement		11	11	»	»	»	1	3	3	7
—	Lazaret . . .	Garçons . .	20	»	»	»	»	1	»	3	4
		Filles	»	20	»	»	»	1	»	3	4
—	Hôpital payant		52	52	»	»	1	»	1	6	8
—	Perrochaud		36	»	»	»	1	»	1	3	5
—	Cazin		»	36	»	»	»	1	1	3	5
—	Infirmerie . . .	Garçons . .	32	»	»	»	1	»	»	4	5
		Filles . . .	»	32	»	»	1	»	2	2	5
SERVICE DE VEILLE			»	»	»	»	»	1	»	»	1
CONSULTATION			»	»	»	3	»	»	»	»	»
REMPLACEMENTS			»	»	»	»	»	1	»	»	1
TOTAL			367	367	16	3	6	13	11	57	87

Il n'y a qu'un 1 chef de service pour tout l'établissement.

Les *Services généraux* sont constitués ainsi qu'il suit :

SERVICES GÉNÉRAUX	Surveillants		Sous-surveillants		Suppléants		1ers Infirmiers		Infirmiers		TOTAL
	H.	F.	H.	F.	H.	F.	H.	F.	H.	F.	
Instruction	»	»	»	2	»	1	»	1	»	»	4
Portes	»	»	2	»	»	»	»	»	»	»	2
Consultation	1	»	»	»	»	»	»	»	»	1	1
Cuisine	»	»	»	»	»	1	»	»	»	6	8
Magasins	»	»	»	»	1	»	»	»	»	»	1
Lingerie	»	1	»	»	»	1	»	»	»	3	5
Buanderie	»	»	»	»	»	1	»	»	»	»	1
Pharmacie	»	»	»	»	»	»	1	»	»	»	1
Bains	»	»	»	»	»	»	»	1	»	»	1
Réfectoire	»	»	»	»	»	»	»	1	»	1	2
Écurie	»	»	»	»	1	»	»	»	»	»	1
Ateliers	»	»	2	»	»	»	»	»	»	»	2
Vacherie	»	»	»	»	»	»	»	»	1	»	1
	1	1	4	2	2	4	1	3	1	11	30

Écoles primaires. — L'enseignement primaire est donné dans 4 classes, 2 pour les garçons, 2 pour les filles, aux enfants non couchés.

4 institutrices ayant rang dans le personnel secondaire, dont 2 sous-surveillantes, 1 suppléante et 1 première infirmière, sont chargées d'instruire les petits malades.

Cours d'infirmières. — Deux cours du soir dirigés par 2 de ces institutrices ont été créés pour les infirmières non pourvues du certificat d'études.

Nombre d'entre elles ont obtenu ce certificat depuis la fondation de ces cours qui ont lieu trois fois par semaine.

Bains. — Il existe 24 baignoires dont 2 peuvent à volonté être alimentées d'eau douce ou d'eau de mer. Il a été distribué 8.364 bains chauds pendant l'année 1898. En outre, pendant la bonne saison, les enfants non couchés, autorisés par le médecin, ont pris 7.200 bains de mer.

Piscine d'eau de mer. — Une piscine cubant 96 mètres et alimentée d'eau salée par des pompes aspirant cette eau dans des puits recouverts par la mer à chaque marée, permet de donner des bains d'eau de mer en toute saison.

Le chauffage de l'eau, dont la température est élevée à 33°, se fait par la vapeur circulant dans des conduites placées dans des caniveaux au fond de la piscine. Le chauffage du local est assuré par des calorifères puissants.

Pendant l'hiver 1898, 3.500 bains de piscine ont été pris par les enfants.

Buanderie. — La buanderie comporte 11 personnes, savoir :

1 buandier ; 10 buandières.

Le matériel comporte :

3 cuviers pour la lessive ; 1 tonneau-laveur ; 1 essoreuse ; 1 séchoir à air chaud.

Il n'existe pas de buanderie spéciale pour le linge à pansements.

Chauffage et ventilation. — Le chauffage se fait au moyen

de calorifères placés au rez-de-chaussée ; les tuyaux munis de repos de chaleur aux étages supérieur suffisent pour chauffer les dortoirs.

Le bâtiment du personnel secondaire est chauffé par la vapeur à basse pression.

Éclairage.— Les salles sont éclairées par des veilleuses et des lampes à huile.

Les services généraux, les cours, couloirs et escaliers, sont éclairés au gaz.

Salubrité. — On fait usage de tinettes (système diviseur). Un four à incinérer les ouates fonctionne tous les jours.

Eaux. — La maison est alimentée par l'eau de puits ; une machine à vapeur refoule l'eau dans des réservoirs placés dans les greniers. Cette eau sert au lavage. Il existe aussi une canalisation d'eau de source venant de la vallée d'Airon et servant à l'alimentation.

Bibliothèques. — Deux bibliothèques pour les internes sont entretenues au moyen d'une subvention de 500 francs votée chaque année par le Conseil municipal de Paris (400 francs pour les internes en médecine et 100 francs pour l'interne en pharmacie). Il existe aussi une bibliothèque pour les malades ; un crédit annuel de 150 francs est affecté à son entretien.

Dépenses. — En 1898, les dépenses de l'hôpital maritime se sont élevées à la somme de 597.668 fr. 03, se décomposant ainsi par nature de dépense :

		Report.	200.001 98
Personnel administratif.	13.003 60	Boucherie.	99.515 20
Impressions, frais de bureau	1.262 45	Cave.	15.228 36
Frais de cours	1.518 69	Comestibles.	19.728 87
Frais d'exploitation.	34.870 78	Chauffage, éclairage	35.880 23
Personnel médical	12.206 58	Blanchissage	13.191 28
Personnel secondaire.	47.045 94	Coucher, linge, mobilier	66.163 70
Réparations de bâtiments	48.658 43	Appareil, instruments	22.251 84
Pharmacie	8.237 50	Frais de transport	24.923 64
Boulangerie.	33.196 61	Eaux, salubrité.	40.772 36
A reporter	200.001 98	Total	597.668 03

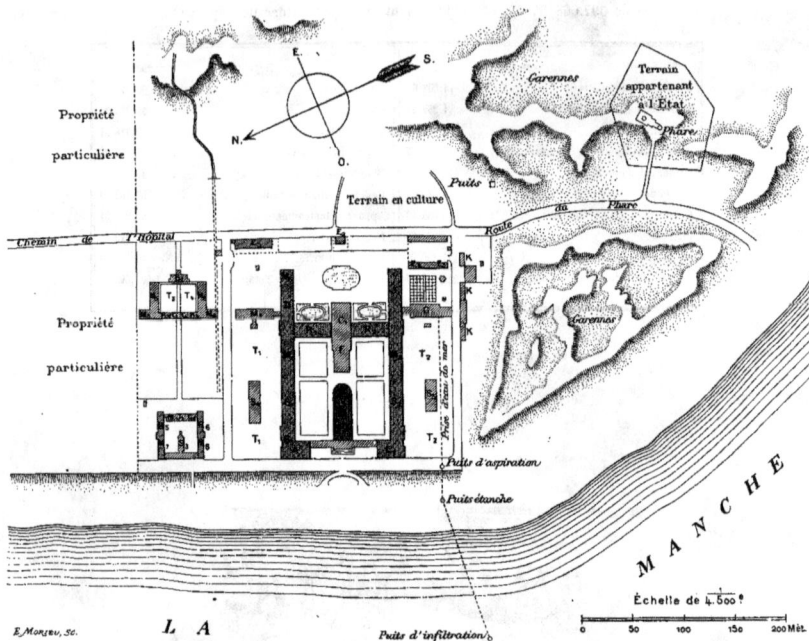

PLAN DE MASSE DE L'HÔPITAL MARITIME

REZ-DE-CHAUSSÉE

A Administration.
B¹ Consultation.
B² Consultation du lazaret.
C¹, C² Cuisines.
D Pharmacie.
E¹, E², E³, E⁴, E⁵ Logements.
F Bains.
G Buanderie et machines.

H Chapelle.
I Service des morts.
J¹, J² Lingerie.
K Ateliers.
M¹, M⁵, M⁶ Dortoirs des garçons.
M², M⁶, M⁷ Dortoirs des filles.
M³ Crèche.

M⁴ Isolement.
R¹, R³, R⁶ Réfectoires des garçons.
R², R⁴, R⁵ Réfectoires des filles.
S¹, S², S³ Classes.
S⁴ Gymnase des garçons.
S⁵ Gymnase des filles.
T¹, T², T³, T⁴ Préaux.

Aux premier, deuxième et troisième étages sont les logements du personnel et les dortoirs des garçons et des filles.

SANATORIUM D'ENFANTS

à Hendaye (Basses-Pyrénées)

DIRECTEUR : M. IRIBE

Situation. — Le sanatorium, édifié sur la commune d'Hendaye, pour les enfants des deux sexes, âgés de moins de 15 ans, atteints d'anémie, est situé dans le golfe de Gascogne, sur la belle plage de sable qui s'étend, sur un kilomètre environ, à l'est de l'embouchure de la Bidassoa.

Les bâtiments, cours, préaux et jardins occupent, à l'altitude moyenne de 7 mètres au-dessus du niveau de la mer, une superficie totale de 36.700^{mq} qui faisait autrefois

Cliché X...

partie des terrains communaux d'Urrugne et d'Hendaye. La surface bâtie est de 3.892^{mq}; celle des cours, préaux, allées et jardins, de 32.808.

L'axe général du sanatorium se dirige vers le nord. Cette orientation a offert l'avantage de placer les édifices à l'abri, durant l'été, des ardeurs du soleil. Le cap Sainte-Anne, à l'est, la montagne de Jaizquibal, à l'ouest, les protègent, en hiver, contre les vents du large, tandis que la vaste dépression de l'estuaire de la Bidassoa et de la vallée de l'Oyarzun livre un large passage aux vents du sud dont l'action bienfaisante se fait sentir pendant une grande partie de l'année et qui a permis, en 1899, de baigner les enfants à la mer jusqu'au 18 novembre.

Constructions. — Le sanatorium se compose : d'un bâtiment isolé, à étage central, servant de lazaret ; d'une infirmerie, également isolée, composée d'un rez-de-chaussée ; de quatre pavillons, deux affectés aux garçons et deux aux filles, reliés respectivement par des galeries couvertes ; chaque division dispose ainsi d'une vaste cour dans laquelle ont été ménagés des préaux couverts où les enfants peuvent se réfugier pendant le mauvais temps. Deux écoles, une pour les garçons, l'autre pour les filles, de 30 places chacune, s'élèvent au sud des préaux couverts.

Les pavillons extrêmes n'ont qu'un rez-de-chaussée ; les pavillons intermédiaires sont élevés d'un étage et joints par un corps de bâtiment de même hauteur qui comprend, au rez-de-chaussée, un réfectoire pour chaque division, et, à l'étage supérieur, les logements du directeur et des internes.

La cuisine et ses dépendances sont situées, sur cave, dans un pavillon construit au sud et dans l'axe du bâtiment principal.

Le sanatorium comprend en outre :

1° Un petit bâtiment servant de conciergerie, avec grenier, remise et écurie pour un cheval ;

2° Un pavillon d'administration, avec étage servant de logement ;

3° Un bâtiment pour la machine fixe et les pompes élévatoires, avec étage affecté aux filles de service de la cuisine ;

4° Un édifice comprenant la salle des morts et une étuve de désinfection ;

5° Un bâtiment servant de magasin à matelas et de dépôt pour le linge sale ;

6° Un réservoir d'eau d'une capacité de 60 mètres cubes, placé à 21 mètres d'altitude ;

7° Enfin, sur la plage, un pavillon de bains comprenant trois petites salles communes et dix cabines.

Service médical. — La visite médicale a lieu tous les jours, à 9 heures du matin ; une contre-visite est faite, chaque soir, vers 8 heures, par MM. les internes.

Nombre de lits. — Le sanatorium contient 238 lits réglementaires de malades ainsi répartis : lazaret, 26 ; infirmerie, 12 ; divisions, 200.

Mouvement de la population. — Au 1er juillet 1899, date de l'ouverture officielle du sanatorium, on constatait la présence, au lazaret, de 26 enfants, 12 garçons, et 14 filles, arrivés à Hendaye par un premier convoi, le 14 juin précédent. Pendant le deuxième semestre, il en est entré 215 et sorti 44, dont 37 guéris, 5 améliorés, 1 réclamé par sa famille et 1, atteint d'affection cardiaque, dont l'état s'était aggravé sous l'influence de l'air marin, fut renvoyé à Paris 1 mois après son arrivée.

Aucun décès n'est survenu depuis l'ouverture du sanatorium.

Le chiffre des enfants présents au 31 décembre 1899 était de 197.

Le nombre de journées de malades, du 14 juin au 31 décembre, a été de 23.348. La durée moyenne du séjour des enfants renvoyés à Paris après guérison, amélioration ou à la demande de la famille, a été de 119 jours.

Personnel administratif. — Ce personnel comprend : 1 directeur-comptable, 1 expéditionnaire et 1 garçon de bureau. Le directeur et le garçon de bureau sont logés au sanatorium ; l'expéditionnaire est logé au dehors et reçoit une indemnité annuelle de 200 francs.

Personnel médical. — Le service de santé se compose de : 1 médecin et 2 internes en médecine.

Personnel secondaire. — Ce personnel se compose de 29 personnes, savoir : 2 institutrices ; 1 surveillante générale ; 5 suppléants ou suppléantes ; 2 premières infirmières ; 19 infirmières et filles de service.

Personnel auxiliaire ou à la journée. — On compte 5 personnes, savoir : 1 aide concierge ; 1 homme de peine ; 1 lingère ; 1 cuisinière ; 1 jardinier-palefrenier.

Les *Services hospitaliers* sont constitués ainsi qu'il suit :

NATURE des SERVICES	NOM du chef de SERVICE	DÉSIGNATION DES SERVICES					PERSONNEL SECONDAIRE					TOTAUX
		Lazaret		Infirmerie	Divisions		Surveil-lante	Sup-pléantes	1ᵉˢ Infir-mières	Infir-mières		
		G.	F.		G.	F.						
Médecine	Dʳ Camino	13	13	12	100	100	1	2	2	15		20

Les *Services généraux* sont constitués ainsi qu'il suit :

SERVICES GÉNÉRAUX	Institu-trices	Suppléants		Filles de service	Personnel auxiliaire et à la journée		TOTAUX
		H.	F.		H.	F.	
Instruction.	2	»	»	»	»	»	2
Porte et machines	»	1	»	»	»	1	2
Bureau et magasins	»	1	»	»	»	»	1
Cuisine et sommellerie.	»	»	1	3	»	1	5
Lingerie et vestiaire.	»	»	»	1	»	1	2
Service de propreté	»	»	»	»	1	»	1
Écurie et jardins.	»	»	»	»	1	»	1
TOTAUX.	2	2	1	4	2	3	14

Blanchissage. — Il n'existe pas de buanderie au sanatorium d'Hendaye ; le linge est blanchi par un industriel qui fait, en général, deux livraisons chaque semaine.

Chauffage et ventilation. — Le chauffage est fait à la houille. Toutes les salles, dortoirs et préaux sont pourvus de poêles fixes, mais la clémence de la température permet de supprimer le chauffage dans les dortoirs et réfectoires.

La ventilation est assurée par les nombreuses ouvertures des dortoirs où les enfants n'ont pas accès pendant le jour.

Éclairage. — Les dortoirs sont éclairés par des veilleuses ; le personnel fait usage de lampes modérateur ; on emploie le pétrole pour l'éclairage des préaux, des réfectoires et de la cuisine.

Salubrité. — Pendant une grande partie du semestre, des tinettes mobiles (système diviseur) étaient placées au-dessous des fosses d'aisances du lazaret, de l'infirmerie et des préaux ; à partir du mois de décembre, les eaux et matières vont à l'égout général qui les déverse dans l'Océan à 500 mètres environ à l'est du sanatorium et derrière une ceinture de rochers qui découvrent à marée basse. Les courants constants entraînent les eaux de l'égout dans la direction nord-est, vers le cap Sainte-Anne.

Une étuve à vapeur fonctionne un jour de chaque semaine, en cas de besoin, pour la désinfection des objets des entrants, la literie et les vêtements des malades.

Eaux. — Le sanatorium est alimenté par des puits : le premier, situé sous la pompe élévatoire, reçoit, en hiver, des eaux d'infiltration assez abondantes d'un petit vallon qui limite le sanatorium à l'est. Deux puits auxiliaires conjugués, forés au pied de la ligne des dunes, sont alimentés toute l'année par les eaux d'une nappe inférieure au niveau de la mer, qu'on voit s'épancher à marée basse sur toute la longueur de la plage, depuis le cap Sainte-Anne jusqu'à la barre de la Bidassoa ; un manège, actionnant une pompe Letestu, envoie ces eaux dans le puits principal où une machine fixe de 5 chevaux de force les refoule dans le réservoir supérieur.

L'analyse bactériologique de ces eaux a constaté leur parfaite innocuité.

Dépenses. — Pendant le deuxième semestre de l'année 1899, les dépenses du sanatorium se sont élevées à la somme de 64.900 fr. 32, se décomposant ainsi par nature de dépense :

Personnel administratif	3.889 85		Report	29.547 05
Frais de poste, etc.	453 05		Cave	2.314 37
Personnel médical	2.228 19		Comestibles	8.721 66
Instruction	1.542 45		Chauffage et éclairage	2.019 61
Personnel secondaire	5.812 69		Blanchissage	2.652 40
Personnel à la journée	2.441 48		Coucher, linge, mobilier (1)	14.528 43
Bâtiments	543 50		Appareils, instruments, etc	1.589 01
Pharmacie	1.963 47		Frais de transport	3.647 93
Boucherie	7.317 81		Dépenses diverses	354 86
Boulangerie	3.654 56		Dons et legs	125 »
A reporter	29.547 05		Total	64.900 32

Il est à observer que le nombre réglementaire des enfants admis au sanatorium ne fut atteint que le 30 novembre 1899. Il était de 26 enfants le 1er juillet, de 77 le 31 du même mois, de 103 le 31 août, de 123 le 30 septembre et de 147 le 31 octobre. Les dépenses pour les services généraux étaient cependant les mêmes et celles des services hospitaliers ne se sont accrues que par l'augmentation progressive du nombre des infirmiers stagiaires.

(1) Cette somme de 14.528 fr. 43 comprend 11.674 fr. 60 de dépenses non liquidées par le Magasin central et imputables, dans leur totalité, à des compléments d'installation.

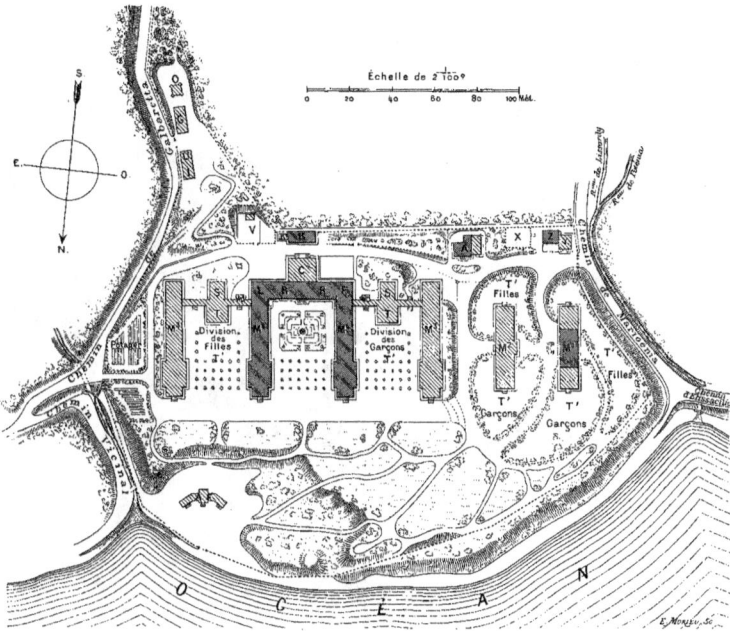

PLAN DE MASSE DU SANATORIUM D'ENFANTS, A HENDAYE

REZ-DE-CHAUSSÉE

A Administration.
C Cuisine.
F Bains.
G Buanderie.
I Salle des morts.
K Magasins et ateliers.
K¹ Pompes.
L Lingerie.

M¹ Lazaret.
M² Infirmerie.
M³ Pavillons de malades.
M⁴ Pavillons de malades.
O Réservoirs.
R Réfectoires.
S Classes.
T Préaux couverts.
T¹ Préaux découverts.
U Étuve.

V Chantier des combustibles.
X Poulailler.
Y Concierge.
Z Écuries.
AF Bains de mer.

PREMIER ÉTAGE

A Chambres.
F K, Logements du personnel.

L Vestiaire, logements du personnel.
M¹ Salles, 6 lits (filles), 6 lits (garçons).
M⁴ Salles et dépendances.
R Logements du directeur et des internes.
Z Logement du concierge.

HOSPICE DES ENFANTS-ASSISTÉS

74, Rue Denfert-Rochereau

DIRECTEUR : M. MAY

Situation. — L'hospice est limité, de face, par la rue Denfert-Rochereau ; en arrière, il donne sur des maisons de la rue Boissonade ; il est enclavé à droite dans le couvent de la Visitation, à gauche dans l'établissement des Sœurs aveugles de Saint-Paul et les jardins de l'infirmerie de Marie-Thérèse.

La surface totale du terrain est de 33.170^{ms}, dont 7.537,50 pour la surface des bâtiments et 25.632,50 pour la surface des cours et jardins.

Historique. — L'hospice des Enfants-Assistés a été installé en 1814 dans l'institution de l'Oratoire, rue d'Enfer.

Antérieurement, cette maison avait été affectée à la Maternité.

Depuis cette époque, la maison a subi de nombreuses transformations, notamment en 1838, en 1879 et en 1890. Il ne reste de l'ancienne institution de l'Oratoire que le bâtiment central et l'aile de droite où sont installées la crèche et la chapelle.

L'hospice des Enfants-Assistés reçoit et hospitalise les catégories d'enfants ci-après :

1° Les enfants en dépôt, c'est-à-dire ceux dont les parents sont, ou malades dans un hôpital, ou détenus préventivement, ou bien condamnés à un emprisonnement ne devant pas excéder six mois ;

2° Les enfants assistés proprement dits ;

3° Les enfants moralement abandonnés ;

4° Un certain nombre d'enfants des deux sexes arrêtés pour vagabondage ou pour délits peu importants et qui sont envoyés en observation par les magistrats ;

PAVILLONS D'ISOLEMENT,

5° Les enfants assistés malades et qui ne peuvent recevoir en province les soins que réclame leur état ;

6° Les enfants malades présentés aux consultations de médecine et chirurgie et dont l'état exige des soins immédiats.

Consultations. — Des consultations de médecine et de chirurgie infantiles ont lieu tous les jours, à 9 heures :

Médecine *(Dr Hutinel)* ;
Chirurgie *(Dr Jalaguier)* ;
Maladies de la bouche et des dents *(Dr Thomas).*

Nombre de consultations en.........	1896	1897	1898
Consultations de médecine	1.178	1.248	1.637
— de chirurgie...............	15.125 (1)	12.639 (1)	2.892
Maladies de la bouche et des dents	375	582	435

Nombre de lits. — L'hospice des Enfants-Assistés contient 880 lits réglementaires, ainsi répartis :

Crèche et sevrés..............	95	Ophtalmologie.................	42
Divisions (garçons et filles)	288	Nourricerie	83
Séparés —	42	Rougeole....................	21
Lazaret....................	72	Coqueluche	1
Médecine....................	101	Scarlatine	8
Médecine (consultation)	16	Diphtérie....................	10
Chirurgie..................	70	Douteux	16
Chirurgie (consultation)	21	Nourrices et surveillantes de campagne. ...	75

Mouvement de la population. — Au 1er janvier 1896, on constatait la présence à l'hospice de 528 enfants ; pendant cette année, il en est entré 11.515 et sorti 11.275. Le nombre des morts a été de 265. Le chiffre des enfants restant au 31 décembre 1896 était de 503.

Pour cette année 1896, le nombre de journées d'enfants a été de 54.907.

---

(1) On comprenait dans le chiffre des consultants ceux qui venaient suivre les exercices de gymnastique orthopédique. Ce service a été supprimé en 1898.

La mortalité, calculée d'après le nombre total des enfants ayant passé par l'hospice, a été de 2,17 pour 100.

La durée du séjour, calculée d'après le nombre des journées divisé par le nombre des admissions, a été de 4,76.

Personnel administratif. — Ce personnel comprend : 1 directeur, 1 économe ; 1 commis principal ; 1 commis rédacteur ; 3 expéditionnaires ; 1 auxiliaire permanent ; 1 infirmière et 1 commissionnaire.

Le directeur, l'économe, le commis rédacteur, un expéditionnaire et les deux sous-employés sont logés dans l'établissement ; les autres employés, logés au dehors, reçoivent chacun une indemnité de 400 francs.

Personnel médical. — Le service de santé se compose de 18 personnes : 1 médecin ; 1 chirurgien ; 4 internes ; 10 externes ; 1 dentiste ; 1 interne en pharmacie.

Personnel secondaire. — Ce personnel se compose de 201 personnes, savoir : 8 surveillants et surveillantes ; 11 sous-surveillants et sous-surveillantes ; 22 suppléants et suppléantes ; 13 premières infirmières ; 1 garçon d'amphithéâtre ; 4 charretiers ; 104 infirmiers, infirmières, garçons et filles de service ; 1 garçon de laboratoire ; 35 nourrices.

Personnel à la journée. — On compte 20 personnes, savoir :

1 plombier ; 1 menuisier ; 3 chauffeurs ; 1 jardinier ; 1 étuviste ; 6 lingères ; 1 repasseuse ; 6 buandières ; 1 buandier ; 1 cuisinier.

PAVILLON PASTEUR

Les *Services hospitaliers* sont constitués ainsi qu'il suit :

NATURE des SERVICES	NOMS des chefs de SERVICE	DÉSIGNATION des SALLES	NOMBRE DE LITS			ÉLÈVES			PERSONNEL SECONDAIRE										
			F.	G.	F.	Bureaux	Internes	Externes	Surveillants H.	F.	S.-surveillantes	Suppléants H.	F.	1er Infirmières H.	F.	Infirmiers H.	F.	Nourrices	Total
CHIRURGIE.	Dr Jalaguier	Chirurgie....	»	35	35	»	2	5	»	»	»	2	1	»	8	12			24
		Verneuil....	»	11	10	»	»	»	»	»	»	1	1	»	7	»			9
		Ophtalmologic..	»	6	6	»	»	»	»	»	»	»	»	»	»	»			
MÉDECINE	Dr Hutinel	Infirmerie....	»	51	50	»	2	5	»	»	1	»	1	2	»	9			13
		Pasteur.....	»	8	8	»	»	»	»	1	»	»	1	1	»	5			8
		Crèche.—Sèvres.	»	»	»	95	»	»	»	»	2	»	1	1	»	12	»		16
		Nourricerie...	»	»	»	32	»	»	»	1	»	»	1	»	10	23	»		35
		Rougeole....	»	7	7	»	»	»	»	»	»	»	»	»	»	»			
		Coqueluche...	»	4	4	»	»	»	»	1	»	»	1	»	5	»			7
		Scarlatine....	»	4	4	»	»	»	»	»	»	»	»	»	»	»			
		Diphtérie....	»	5	5	»	»	»	»	»	»	2	»	»	4	»			6
		Douteux.....	»	8	8	»	»	»	»	»	»	1	»	»	4	»			5
DIVISION DES GARÇONS			»	155	»	3	»	»	1	»	»	2	1	»	5	3			12
SÉPARÉS (GARÇONS)			»	21	»	»	»	»	»	»	»	»	»	»	»	»			
DIVISION DES FILLES			»	»	130	»	»	»	»	1	»	2	1	»	6	»			10
SÉPARÉES (FILLES)			»	»	21	»	»	»	»	»	»	»	»	»	»	»			
LAZARET			»	18	18	36	»	»	»	1	»	1	2	»	4	»			8
NOURRICES DE CAMPAGNE			75	»	»	»	»	»	»	»	»	»	»	»	»	»			
		TOTAL........	75	333	306	166	4	10	1	4	5	2	14	10	5	77	35		153

Les *Services généraux* sont constitués ainsi que l'indique le tableau ci-après :

SERVICES GÉNÉRAUX	Instituteurs H.	F.	Surveillantes	S.-surveillants H.	F.	Suppléants H.	F.	1er Infirmières	Infirmiers H.	F.	TOTAL
Enseignement...........	1	1	»	»	»	»	»	»	»	»	2
Portes...............	»	»	»	1	»	»	1	»	»	2	4
Bureaux..............	»	»	»	»	»	»	1	»	»	»	1
Consultation	»	»	»	1	»	»	1	»	»	»	2
Cuisine..............	»	»	»	»	1	»	1	»	2	4	8
Magasins.............	»	»	»	1	»	»	»	»	»	»	1
Lingerie..............	»	»	1	»	1	»	1	»	»	2	5
Vestiaire.............	»	»	1	»	»	»	1	»	»	2	4
Buanderie............	»	»	1	»	1	»	»	»	»	2	4
Pharmacie	»	»	»	»	»	»	1	»	1	»	2
Bains...............	»	»	»	»	»	»	1	»	1	»	2
Chantier et salle des morts..	»	»	»	»	1	»	»	»	1	»	1
Écurie..............	»	»	»	4	»	»	»	»	1	»	5
Laboratoire...........	»	»	»	»	»	»	1	»	1	»	1
Service de propreté......	»	»	»	»	»	»	»	5	»	»	5
	1	1	3	7	3	3	4	3	10	13	47

Blanchissage. — Il existe une petite buanderie à l'hospice des Enfants-Assistés. On y blanchit les linges à pansements, les blouses et les tabliers du personnel médical, les poignoirs des infirmières, le linge et les vêtements des petits enfants, tous les vêtements des entrants.

Le reste du linge est blanchi par la Buanderie nouvelle de Laënnec qui fait deux livraisons par semaine.

Chauffage. — Les bureaux, les salles Giraldès et Valleix sont chauffés par un calorifère à air chaud.

Un autre calorifère est installé aux bains.

Dans tous les autres services, il existe des poêles et des cheminées dans lesquels on brûle du coke et du charbon de terre. ¦

Éclairage. — Tous les services sont éclairés au gaz.

Salubrité. — On fait usage de tinettes (système diviseur).

Dans les pavillons Verneuil et Pasteur, aux bains, à la division des garçons, on a appliqué le tout à l'égout.

Il existe encore deux fosses fixes dans les préaux des divisions des garçons et des filles. — Une étuve à vapeur fonctionne chaque jour pour la désinfection des effets des entrants, du linge et de la literie des malades.

PAVILLONS DES DOUTEUX

Un four à incinérer les ouates et pansements est installé dans la cave de la buanderie et fonctionne également tous les jours.

Eaux. — La maison est alimentée par l'eau de rivière (Seine) et par l'eau de source (Vanne).

Laboratoire. — Il existe un laboratoire, très bien aménagé, commun aux deux chefs de service.

Bibliothèques. — Deux bibliothèques pour les internes sont entretenues au moyen de dons, de cotisations des élèves et de subventions votées chaque année par le Conseil municipal (200 francs pour les internes en médecine ; 100 francs pour l'interne en pharmacie).

Il existe aussi une bibliothèque pour les enfants ; un crédit annuel de 100 francs est affecté à son entretien.

Objets d'art. — A la crèche se trouve un tableau dont il n'a pas été possible de découvrir l'origine, mais qui paraît remonter au xviiᵉ siècle et qui représente saint Vincent Depaul auquel les dames de la cour remettent leurs bijoux pour l'aider à secourir les enfants qu'il recueille.

Dans ce tableau figure Mᵐᵉ Legras (Louise de Marillac), auxiliaire de saint Vincent Depaul et fondatrice de la congrégation des Filles de la Charité.

Une statue en marbre de saint Vincent Depaul, par Stouff, orne la cour d'honneur de l'hospice.

75

Dépenses. — En 1898, les dépenses se sont élevées à la somme de 705.979 fr. 49, se décomposant ainsi par nature de dépense :

Personnel administratif.	32.468 52	*Report*	287.669 01
Impressions, frais de bureau	2.131 75	Cave	28.776 »
Frais de cours, etc.	816 50	Comestibles.	110.099 68
Frais des exploitations	2.663 90	Chauffage et éclairage	57.304 46
Personnel médical	9.342 72	Blanchissage	48.216 84
Personnel secondaire.	100.406 »	Coucher, linge, mobilier	97.692 23
Réparations de bâtiments.	34.515 07	Appareils, instruments, etc.	20.983 59
Pharmacie	15.948 09	Frais de transport.	20.243 52
Boulangerie.	26.126 35	Eaux, salubrité, etc.	33.944 16
Boucherie.	54.250 11		
A reporter.	288.669 01	Total	705.979 49

Échelle de $\frac{1}{250^e}$

0   10   20   40   60   90 Mèt.

O.   N
S.   E.

Denfert - Rochereau

PLAN DE MASSE DE L'HOSPICE DES ENFANTS-ASSISTÉS

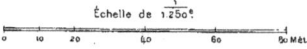

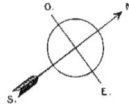

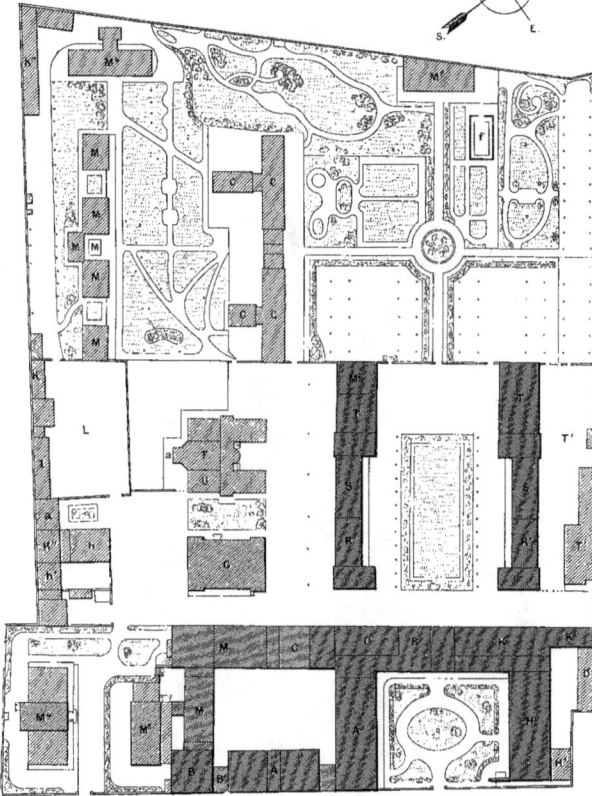

REZ-DE-CHAUSSÉE

A, A' Administration et salle de garde.
B, B' Consultation.
C Cuisines et dépendances.
D Pharmacie.
F Bains.
G Buanderie.
H Chapelle.
H' Dépendances de la chapelle.
I Service des morts.
K, K' Magasins du vestiaire.
K° Magasins et ateliers.
L Chantier.
M1 Lazaret.
M1 Contagieux.
M2 Ophtalmologie.
M3 Chirurgie.
M5 Diphtérie.
M5 Bouteux.
R, R' Réfectoires.
S Classes.
T, T' Préaux.
U Étuve.
a Laboratoires.
c Nourricerie.
f Serre.
b Écuries.
b' Remises.

PREMIER ÉTAGE

A Appartement du directeur et logement d'employé.
A, C Infirmerie chirurgie.
B Appartement de l'économe.
G Lingerie.
H Crèche.
K Sevrés.
K', M2, M3, h Logements.
M Lazaret et logements de de sous-employés.
R Chirurgie.
A', S, T Dortoirs.

DEUXIÈME ÉTAGE

A', C Infirmerie médecine.
B Logements d'employés.
H Dortoirs du personnel.
K, R Médecine.
K', M, M3 Logements de sous-employés et dortoirs.
R', S, T Dortoirs.

TROISIÈME ÉTAGE

A' Dortoir du personnel.
B, K', M3 Logements de sous-employés.
C, K, R Nourrices de campagne.
R', S, T Dortoirs.

MAISON DES SEVRÉS

à Thiais (Seine)

Situation. — Cette maison est limitée de face par la route de Thiais ; en arrière, à droite et à gauche, elle donne sur des maisons particulières.

La surface totale du terrain est de 5.887^{mq}10, dont 1.047,50 pour la surface des bâtiments et 3.239,60 pour la surface des cours et jardins.

Historique. — L'établissement est installé dans un immeuble acquis en 1883 et qui était affecté antérieurement à une mégisserie.

Nombre de lits. — L'annexe de Thiais contient 100 lits. Ils sont destinés aux enfants du dépôt âgés de plus de 18 mois jusqu'à l'âge de 10 ans.

Ces enfants n'y sont envoyés qu'après avoir subi, au lazaret et dans les divisions de l'hospice, une période d'observation de quatorze jours au minimum.

S'ils tombent malades, ils sont ramenés à l'hospice dans une voiture spéciale.

Mouvement de la population. — Au 1er janvier 1896, on constatait la présence de 56 enfants ; pendant cette année, il en est entré 1.243 et sorti 1.230. Le chiffre des restants, au 31 décembre 1896, était de 69.

Personnel administratif. — Le directeur de l'hospice des Enfants-Assistés est chargé de la direction de l'annexe ; il est secondé par un employé de l'hospice qui est chargé de la tenue des écritures.

Personnel médical. — Le service médical est confié à un médecin de Choisy-le-Roi, M. le Dr Delamarre.

Personnel secondaire. — Ce personnel se compose de 30 personnes, savoir :
1 surveillante ; 1 sous-surveillante ; 1 suppléante ; 2 premières infirmières ; 23 infirmières et filles de service ; 1 jardinier-chauffeur ; 1 charretier.

Chauffage. — Les dortoirs des enfants, les préaux et le réfectoire sont chauffés par un calorifère à air chaud.

Les autres localités sont pourvues de poêles et de cheminées dans lesquels on brûle du charbon de terre.

Éclairage. — Tout l'établissement est éclairé au gaz.

Salubrité. — L'envoi des matières dans les égouts étant interdit dans les communes de Thiais et de Choisy-le-Roi, il n'y a que des fosses fixes dans l'établissement.

Un four à incinérer les ouates et la menue paille servant à la confection des paillasses des enfants est installé et fonctionne journellement.

Il existe aussi à Thiais une petite buanderie où le personnel lave le petit linge et les vêtements des enfants.

Le reste du linge est ramené à l'hospice qui l'envoie à la Buanderie nouvelle de Laënnec.

Eaux. — La maison est alimentée par l'eau de Seine.

Dépenses. — La succursale de Thiais étant approvisionnée par les soins de l'hospice, sauf pour le pain, le lait et quelques denrées qui sont livrées par des fournisseurs du pays, toutes les dépenses nécessitées par son fonctionnement sont englobées dans celles de l'hospice des Enfants-Assistés.

REZ-DE-CHAUSSÉE

A Administration.
C Cuisines et dépendan-
ces.
D Pharmacie.
E Logements du person-
nel.
F Bains du personnel.
G Buanderie.
K Magasin.
K' Magasin.
M Infirmerie.
M' Infirmerie.
R Réfectoires.
T Préaux.
X Écuries et remises.

PREMIER ÉTAGE

A, D, M' Chambres d'iso-
lement.
K', R, T Dortoirs.

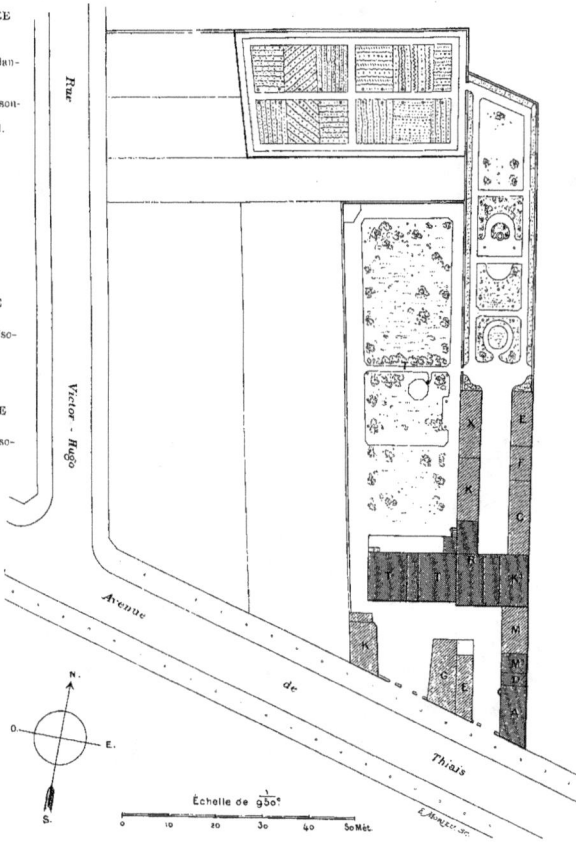

DEUXIÈME ÉTAGE

A D, M' Chambres d'iso-
lement.
K', R, T Dortoirs.

Rue

Victor - Hugo

Avenue

de

Thiais

N.
O.
E.
S.

Échelle de 1/950ᵉ

0   10   20   30   40   50 Mét.

PLAN DE MASSE DE LA MAISON DES SÈVRES

HOSPICE DE BICÊTRE

78, Rue du Kremlin, au Kremlin-Bicêtre (Seine)

DIRECTEUR : M. PINON

Situation. — L'hospice est situé à l'extrémité de l'avenue de Bicêtre, sur la commune du Kremlin-Bicêtre. Il est limité de face, c'est-à-dire à l'est, par la rue du Fort, l'avenue de Bicêtre, la rue du Kremlin et la rue des Coquettes ; au nord, du côté de Paris, par la rue de l'Annexion ; à l'ouest, par la route stratégique du fort de Bicêtre à celui de Montrouge ; au sud, par la même route stratégique et par un chemin dit « des Médecins » qui longe le mur d'enceinte de l'hospice.

La surface totale du terrain est de 215.756^{mq}70, dont 29.056 pour la surface des bâtiments et 186.700,70 pour celle des cours et jardins.

Historique. — Au commencement du XIIIe siècle, la colline sur laquelle s'élève Bicêtre faisait partie du domaine royal ; c'était une métairie nommée la Grange aux Queulx ou aux Gueux. En 1236, Jean de Pontoise, évêque de Winchester (d'où Wicester, Bicêtre), acheta cette propriété et y fit construire une très belle maison de campagne (le manoir de Gentilly). Confisqué par Philippe le Bel, le château de Bicêtre passa ensuite en des mains diverses et subit toutes les vicissitudes. Il fut brûlé deux fois, la première par les Anglais au XIVe siècle, la deuxième par les bouchers parisiens au XVe siècle, puis devint la propriété du chapitre de Notre-Dame qui le délaissa.

76

Il servit pendant près de deux siècles de repaire aux malfaiteurs. Plusieurs expéditions à main armée durent être dirigées contre eux.

Bicêtre reçut sa destination définitive en 1657, en devenant, selon les termes de l'édit royal, un lieu de renfermement pour les pauvres. Il y eut aussi un quartier pour les aliénés et même une prison d'État, où le prisonnier était enfermé sur lettre de cachet. Cette prison ne fut supprimée qu'en 1836. Depuis lors, Bicêtre n'est plus qu'un établissement charitable, divisé en deux quartiers ; le quartier d'hospice contenant 1.803 vieillards ou infirmes indigents, et le quartier d'asile contenant 657 aliénés adultes et 459 enfants arriérés.

COUR DU GRAND PUITS

Consultations. — Les consultations de médecine *(Dr Marie)* ont lieu les mardis, jeudis et samedis. Les consultations de chirurgie *(Dr Guinard)*, les lundis, mercredis et vendredis, à 9 h. 1/2 du matin.

Consultations pour les maladies nerveuses chez les adultes, le lundi, à 9 heures *(Dr Chaslin)*, le mardi, à 8 h. 1/2 *(Dr Féré)* et le samedi, à 9 heures *(Dr Séglas)*.

Consultations pour les maladies nerveuses, chez les enfants, le jeudi, à 10 heures *(Dr Bourneville)*.

Les consultations pour les maladies des dents n'ont lieu que tous les huit jours, le mercredi, à 10 heures du matin *(Dr Bouvet)*.

Nombre de consultations en	1897	1898	1899
Consultations de médecine	15.526	24.527	14.484
— de chirurgie	3.532	4.715	4.911

Nombre de lits. — L'hospice de Bicêtre contient 2.953 lits réglementaires, ainsi répartis :

		Hommes	Femmes	Enfants	Total
HOSPICE		1.750	»	20	1.770
ASILE		580	»	433	1.013
HOPITAL TEMPORAIRE	Médecine	114	1	»	115
	Chirurgie	28	25	2	55
		2.472	26	455	2.953

Mouvement de la population. — Au 1er janvier 1896, on a recensé dans l'établissement 3.064 personnes (vieillards, aliénés et malades). Dans le cours de cette même année, il en est entré 1.092 et sorti 665. Le nombre des morts a été de 480. Le total de la population restant au 31 décembre 1896 était en conséquence de 3.011. Pour cette année 1896, le nombre de journées de malades a été de 1.283.967.

La mortalité, calculée d'après le nombre des individus sortis par guérison ou par décès divisé par le nombre des morts, a été de 1 sur 7,20 en médecine et de 1 sur 15,84 en chirurgie.

Personnel administratif. — Ce personnel comprend : 1 directeur ; 1 économe ; 1 commis principal ; 2 expéditionnaires ; 3 auxiliaires permanents ; 1 garçon de bureau et 1 commissionnaire. Toutes ces personnes sont logées dans l'établissement.

Service de santé. — Le service de santé se compose de 28 personnes : 6 médecins ; 1 chirurgien ; 1 pharmacien ; 1 dentiste ; 13 internes en médecine ; 6 internes en pharmacie.

Personnel secondaire. — Ce personnel se compose de 363 personnes, savoir :
5 instituteurs et maître de chant ; 20 surveillants et surveillantes ; 31 sous-surveillants et sous-surveillantes ; 1 garçon d'amphithéâtre ;

ANCIENNE ENTRÉE

3 panseurs ; 26 suppléants et suppléantes ; 33 premiers infirmiers et premières infirmières ; 243 infirmiers, infirmières, garçons et filles de service.

Personnel à la journée. — Ce personnel comprend 141 personnes, savoir :

COUR DES INTERNES

1 maçon ; 1 peintre ; 2 plombiers ; 2 menuisiers ; 2 serruriers ; 2 fumistes ; 3 charrons ; 2 tailleurs ; 1 chauffeur ; 1 jardinier ; 1 étuviste ; 65 buandières ; 51 lingères ; 3 repasseuses et 1 journalier.

A ce nombre, il faut ajouter 594 aliénés ou administrés utilisés tant au marais de l'établissement qu'à la buanderie, la salubrité et les divers services de Bicêtre.

Sur ce chiffre, 150 administrés sont occupés quotidiennement pendant deux heures à l'épluchage des légumes.

Les *Services hospitaliers* sont constitués ainsi qu'il suit :

NOMS des chefs de SERVICE	NATURE des SERVICES		DÉSIGNATION des SALLES	NOMBRE DE LITS					PERSONNEL SECONDAIRE										
				H.	F.	G.	Internes	Instituteurs	Surveillants H.	Surv. F.	S.-surv. H.	S.-surv. F.	Suppléants H.	Suppl. F.	1ers Infirmiers H.	1ers Inf. F.	Infirmiers H.	Inf. F.	Total
Services d'infirmerie																			
Dr Guinard	CHIRURGIE	4e division 1re section	Nélaton	28	»	2	2	»	»	»	»	1	1	»	1	»	2	2	7
			Desprez	»	25	»	1	»	»	»	»	1	»	1	»	2	1	4
Dr P. Marie	MÉDECINE	4e division 2e section	Bichat	31	»	»	1	»	»	»	»	1	»	1	»	»	2	6
			Laënnec	24	»	»	»	»	»	»	»	1	»	1	»	1	2	5
		4e division 3e section	Rochoux	25	»	»	1	»	»	»	»	1	»	»	»	»	1	4
			Cullerier	34	1	»	»	»	»	»	»	»	»	1	1	1	»	3
—	GRANDS INFIRMES	3e division 3e section	Vincent-de-Paul	47	»	»	»	»	1	»	»	»	»	1	»	2	1	5
			Parmentier	47	»	»	»	»	»	»	»	»	»	»	»	1	2	3
			Jacquard	28	»	»	»	»	»	»	»	»	»	»	»	2	1	3
—	GRANDS INFIRMES	3e division 2e section	Richard-Lenoir	28	»	»	»	»	»	»	1	»	1	»	»	1	1	4
			Raspail	47	»	»	»	»	»	»	»	»	»	1	»	2	»	3
			Perdiguier	47	»	»	»	»	»	»	»	»	»	»	»	2	1	3
			Denys-Papin	33	»	»	»	»	»	»	»	»	»	»	»	»	2	2
			Bernard-Palissy	42	»	»	»	»	»	»	»	»	»	»	1	1	2	2
—	INFIRMES, GATEUX ET AVEUGLES	1re division 2e section	Delessort	58	»	»	»	»	1	»	1	»	1	»	»	1	2	6
			Brézin	58	»	»	»	»	»	»	»	»	»	»	»	»	4	4
			La Rochefoucauld	40	»	»	»	»	»	»	»	»	»	»	»	2	2	4
			Feuchères	28	»	»	»	»	»	»	»	»	»	1	»	1	1	3
			Gérando	28	»	»	»	»	»	»	»	»	»	»	»	3	»	3
			TOTAUX	673	26	2	5	»	2	»	5	1	4	5	5	28	26	76
Divisions d'indigents																			
	VALIDES	1re division 1re section	Valentin-Hauy	76	»	»	»	»	1	»	1	1	»	»	»	»	2	5
			Montyon	118	»	»	»	»	»	»	»	»	»	»	»	»	1	1
			D'Alembert	72	»	»	»	»	»	»	»	»	»	»	»	»	1	1
			Voltaire	90	»	»	»	»	»	»	»	»	»	»	»	»	2	2
	VALIDES	2e division	Devillas	22	»	»	»	»	1	»	1	»	1	»	»	»	1	4
			Lariboisière	116	»	»	»	»	»	»	»	»	»	»	»	3	»	3
			L.-Jousseran	140	»	»	»	»	»	»	»	»	»	»	»	2	1	3
			J.-J.-Rousseau	168	»	»	»	»	»	»	»	»	»	»	»	2	»	2
	VALIDES	3e division 1re section	Vittoz	61	»	»	»	»	1	»	1	»	1	»	»	1	1	5
			C.-Lagache	98	»	»	»	»	»	»	»	»	1	»	1	2	»	3
			Crozatier	98	»	»	»	»	»	»	»	»	1	»	»	2	»	3
			Diderot	90	»	»	»	»	»	»	»	»	»	»	1	2	»	2
			Reposants 1re et 2e cl.	30	»	»	»	»	»	»	»	»	»	»	»	»	»	»
			Boulard 3e classe	30	»	»	»	»	»	»	»	»	»	»	»	1	»	2
			TOTAUX	1149	»	»	»	»	4	2	1	2	2	1	3	»	17	7	36
			Report des services généraux	»	»	»	»	5	6	3	8	5	7	4	3	1	31	1	74
			TOTAUX GÉNÉRAUX (à reporter)	1822	26	2	5	5	7	7	9	12	10	9	11	6	76	34	186

NOMS des chefs de SERVICE	NATURE des SERVICES	DÉSIGNATION des SALLES	NOMBRE DE LITS					PERSONNEL SECONDAIRE										
			H.	F.	G.	Internes	Instituteurs	Surveillants		S.-surveillants		Suppléants		1ers Infirmiers		Infirmiers		Total
								H.	F.	H.	F.	H.	F.	H.	F.	H.	F.	
		Aliénés																
		Surveillance et services généraux .	»	»	»	2	»	1	»	1	1	»	2	»	4	1	»	10
		Hébréard . .	19	»	»	»	»	»	»	»	»	»	»	»	2	»	»	2
		Pariset	19	»	»	»	»	»	»	»	1	»	»	2	»	»	»	3
		Berthier	38	»	»	»	»	»	»	»	»	»	»	»	2	»	»	2
D' Féré	1re section	Voisin	44	»	»	»	»	»	»	»	»	»	1	»	3	»	»	4
		Pavillon n° 1	13	»	»	»	»	»	»	»	»	»	»	2	»	»	»	2
		Pavillon n° 2	12	»	»	»	»	»	»	»	»	»	»	1	»	»	»	1
		Dortoirs des colonnes	49	»	»	»	»	»	»	»	»	»	»	3	»	»	»	3
		Loges (colonnes)	29	»	»	»	»	»	»	»	1	»	1	»	3	»	»	5
		Surveillance et services détachés .	»	»	»	2	»	1	»	1	1	»	3	»	»	»	»	6
		Marcé	21	»	»	»	»	»	»	»	»	»	»	2	»	»	»	2
		Cabanis n° 1	20	»	»	»	»	»	»	»	»	»	»	2	»	»	»	2
		Cabanis n° 2	20	»	»	»	»	»	»	»	»	»	1	»	1	1	»	2
D' Séglas	2e section	Lelut	21	»	»	»	»	»	»	»	1	»	»	2	»	»	»	3
		Colonnes	30	»	»	»	»	»	»	»	1	»	»	6	»	»	»	7
		Archambault	21	»	»	»	»	»	»	»	»	»	»	2	»	»	»	2
		Esquirol n° 1	29	»	»	»	»	»	»	»	2	»	»	2	»	»	»	2
		Esquirol n° 2	29	»	»	»	»	»	»	»	»	»	»	1	»	»	»	1
		Fairet n° 1	19	»	»	»	»	»	»	»	»	»	»	2	»	»	»	2
		Fairet n° 2	19	»	»	»	»	»	»	»	»	»	»	1	»	»	»	1
		Surveillance et services détachés .	»	»	»	2	»	1	»	1	1	»	1	»	»	»	»	4
		Broca	27	»	»	»	»	»	»	»	»	»	»	2	»	»	»	2
		Leuret	45	»	»	»	»	»	»	»	»	»	»	4	»	»	»	4
D' Chaslin	3e section	Ferrus	46	»	»	»	»	»	»	»	»	»	»	4	»	»	»	4
		Broussais n° 1	48	»	»	»	»	»	»	»	»	»	1	»	3	»	»	4
		Broussais n° 2	15	»	»	»	»	»	»	»	»	»	»	1	»	»	»	1
		Claude-Bernard	17	»	»	»	»	»	»	»	»	»	»	1	»	»	»	1
		Surveillance et services détachés .	»	»	»	2	»	1	1	2	1	1	5	1	9	8	»	30
		Pavillon Delasiauve	»	»	40	2	»	»	»	»	»	»	»	4	»	»	»	4
		— Ferrus	»	»	40	»	»	»	»	»	»	»	»	4	»	»	»	4
		— Belhomme	»	»	40	»	»	»	»	»	»	»	»	4	»	»	»	4
		— Voisin	»	»	40	»	»	»	»	»	»	»	»	1	4	»	»	5
D' Bourneville . .	4e section	— Fairet	»	»	40	»	»	»	»	»	»	»	»	4	»	»	»	4
		— Jacoby	»	»	40	»	»	»	»	»	»	»	»	4	»	»	»	4
		— Puggembuhl	»	»	40	»	»	»	»	»	»	»	»	4	»	»	»	4
		— Itard	»	»	40	»	»	»	»	»	»	»	»	4	»	»	»	4
		— Séguin (gâteux)	»	»	60	»	»	»	»	»	»	»	1	1	»	2	6	»	10
		— d'isolement	»	»	20	»	»	»	»	»	»	»	»	1	1	4	»	»	6
		Infirmerie	»	»	53	»	»	»	»	1	»	»	»	2	2	4	»	»	9
		TOTAUX	650	»	453	8	»	4	1	5	5	2	15	4	89	40	»	170
		Report	1822	26	2	5	5	7	7	9	12	10	9	11	6	76	34	186
		Aliénés (sûreté)	»	»	»	»	»	1	»	1	»	1	»	»	»	4	»	»	7
		TOTAUX GÉNÉRAUX	2472	26	455	13	5	12	8	15	17	16	11	26	10	169	74	»	363
			2.953					20		32		27		36		243		

Ainsi, les salles de malades sont réparties entre 6 médecins et 1 chirurgien.

Parmi les 6 médecins, il en est 5 affectés au traitement des aliénés, soit 4 chefs de service et 1 médecin suppléant.

Les *Services généraux* sont constitués ainsi qu'il suit :

SERVICES GÉNÉRAUX	Hors cadres	Surveillants		Sous-surveillants		Suppléants		1ers Infirmiers		Infirmiers		TOTAL
		H.	F.	H.	F.	H.	F.	H.	F.	H.	F.	
Service de l'instruction	5	»	»	»	»	»	»	»	»	»	»	5
Portes	»	1	»	»	»	3	1	»	»	»	»	5
Bureaux	»	»	»	2	»	»	»	»	»	»	»	2
Consultation	»	»	»	»	»	1	»	»	»	»	»	1
Cuisine.	»	»	1	»	2	»	1	»	»	10	»	14
Sommellerie	»	1	»	»	»	»	»	1	»	1	»	3
Magasin	»	1	»	1	»	1	»	1	»	3	»	7
Lingerie	»	»	1	»	1	»	1	»	»	1	1	5
Vestiaire	»	1	»	»	»	1	»	»	»	»	»	2
Buanderie	»	»	1	»	1	1	»	»	1	3	»	7
Pharmacie	»	1	»	»	»	»	»	1	»	1	»	3
Bains.	»	»	»	»	»	1	»	»	»	»	»	1
Chantiers.	»	»	»	1	»	»	»	»	»	1	»	2
Service des morts	»	»	»	1	»	»	»	»	»	»	»	1
Service de propreté	»	1	»	»	»	»	»	»	»	2	»	3
Vaguemestre.	»	»	»	1	»	»	»	»	»	»	»	1
Éclairage.	»	»	»	»	»	»	»	»	»	3	»	3
Réfectoires.	»	»	»	»	»	»	»	»	»	6	»	6
Surveillance de nuit.	»	»	»	2	2	»	»	»	»	»	»	4
	5	6	3	8	6	7	4	3	1	31	1	75

Écoles professionnelles et primaires. — Les écoles professionnelles ont pour but de donner une instruction spéciale aux infirmiers et aux infirmières. Elles ont pour sanction le diplôme. Elles consistent principalement en cours théoriques faits le soir de 8 à 9 heures, deux fois par semaine, sur les sept matières suivantes :

Administration et comptabilité hospitalières (professeur : M. Pinon, directeur de l'hospice) ; anatomie (professeur : M. le Dr Bonnaire) ; physiologie (le même) ; pansements et médicaments (professeur : M. le Dr Noir) ; hygiène (professeur : M. le Dr Sollier) ; petite pharmacie (professeur : M. le Dr Cornet) ; soins à donner aux femmes en couches et aux enfants nouveau-nés (professeur : M. le Dr Rothschild).

Cet enseignement comporte, en même temps, deux séries de cours pratiques (cours de médicaments et cours de petite chirurgie)

LA CANTINE

faits chaque jour par deux surveillantes dans les salles d'infirmerie. Il est donné chaque année à 120 élèves environ. Enfin, il est complété ou plutôt préparé par des cours primaires qui sont faits chaque soir aux infirmiers et aux infirmières par les instituteurs et les surveillants lettrés de l'établissement.

Les écoles professionnelles ont pour directeur spécial M. le Dr Bourneville.

Buanderie. — La buanderie emploie 138 personnes à la journée, dont 70 aliénés, ainsi réparties :

1 couleur ; 1 aide couleur ; 1 étendeur ; 60 laveuses ; 3 repasseuses ; 2 plieuses ; 70 aliénés utilisés pour les charrois et l'étendage.

Pendant l'année 1896, il a été lavé à la buanderie de Bicêtre 2.438.153 pièces, soit une moyenne de 203.173 pièces par mois et de 7.814 pièces par jour.

Cette buanderie, qui est très ancienne, n'a qu'une installation primitive assez défectueuse. Ainsi, la lessive est encore montée dans les cuves par des pompes à main.

Ce service possède toutefois un beau champ d'étendage, une étuve à vapeur à 72 cases pouvant faire sécher 1.200 chemises à la fois et deux essoreuses, actionnées par une machine à vapeur.

Bains. — Il existe plusieurs salles de bains, une comprenant 16 baignoires pour le quartier d'hospice, une de 8 baignoires avec appareil à douches dans la 1re section d'aliénés adultes, une de 7 baignoires dans la 2e section, une de 7 baignoires avec appareil à douches dans la 3e section, et, enfin, une de 21 baignoires avec un service complet d'hydrothérapie dans la 4e section, celle des enfants.

Les bains du quartier d'hospice sont ouverts de 5 heures du matin à 6 heures du soir, en été. Ils ne sont ouverts qu'à 6 heures du matin en hiver.

Il a été donné, en 1896, dans ce service :

11.359 bains simples ; 2.993 bains sulfureux ; 2.191 bains alcalins ; 2.484 bains d'amidon, soit un total de 19.027 bains dans le quartier d'hospice.

Un suppléant baigneur est attaché à ce service.

Chauffage. — Tous les systèmes de chauffage sont installés à Bicêtre. Il y a 3 fourneaux ou grandes chaudières, 16 calorifères construits, 123 grand poêles-calorifères, 567 petits poêles de fonte ou faïence, cheminées, etc., tant dans les services que dans les logements.

Bicêtre consomme en moyenne chaque année : 2.286.400 kilogrammes de charbon de terre ; 20.334 hectolitres de coke ; 181 stères de bois à brûler ; 97 hectolitres de charbon de bois et 326.164 mètres cubes de gaz.

Éclairage. — Les salles sont encore pour la plupart éclairées par des veilleuses, sauf pour le quartier d'hospice dit « la Sibérie » (grands infirmes) et la 4ᵉ section des aliénés, dont les salles sont éclairées au gaz.

Les services généraux, les cours, les couloirs et les escaliers sont également éclairés au gaz.

Salubrité. — Il est fait usage de tinettes simples avec fosse mobile dans tout l'établissement, sauf à la 4ᵉ section de l'asile où le tout à l'égout est installé.

Une étuve à vapeur fonctionne, chaque fois que les circonstances l'exigent, pour la désinfection des effets des entrants et de la literie des malades sortis ou décédés. Les débris de pansements sont incinérés chaque jour dans un fourneau de la buanderie.

Eaux. — La maison est alimentée par l'eau de rivière (Seine), filtrée à Choisy-le-Roi et transportée au moyen de machines élévatoires dans les réservoirs des Hautes-Bruyères. Elle est ensuite canalisée dans un immense réservoir, à deux bassins, dont les voûtes surbaissées présentent un réel caractère monumental. Ce réservoir, situé dans la hauteur de l'établissement, a un cube de 1.034.503 litres.

Le puits historique, de 58 mètres de profondeur et de 5 mètres de diamètre, que l'architecte Germain Boffrand a fait construire en 1733, à travers le roc et la glaise, ne fournit plus d'eau à l'hospice. Il a été tari, il y a deux ans, par suite d'ensablement. Il a donné autrefois jusqu'à 217.000 litres d'eau par jour.

Laboratoires. — Trois chefs de service ont un laboratoire spécial : le Dʳ Marie (médecine-histologie), le Dʳ Féré (médecin de la 1ʳᵉ section de l'asile) et le Dʳ Bourneville (4ᵉ section).

Musées. — Au service du Dʳ Bourneville sont annexés deux musées, l'un scolaire, l'autre pathologique. Ce dernier renferme une très intéressante collection de pièces anatomiques et de moulages.

Une bibliothèque de 400 volumes environ est installée dans le musée scolaire, à l'usage des enfants arriérés. Des séances de projections lumineuses ont lieu tous les jeudis dans cette même enceinte, en vue de l'instruction des enfants.

Bibliothèques. — Deux bibliothèques pour les internes (médecine et pharmacie), la première contenant 4.000 volumes environ, la seconde 450, sont entretenues au moyen de dons, de cotisations des internes et de subventions votées chaque année par le Conseil municipal (600 fr. pour les internes en médecine et 300 fr. pour les internes en pharmacie). La bibliothèque des vieillards, alimentée par une subvention annuelle du Conseil municipal de Paris, comprend 3.500 volumes environ. Elle possède, comme annexe,

SALLE DE BAINS

SALLE DES BAINS DE PIEDS

une collection spéciale d'une cinquantaine de livres classiques et historiques à l'usage des nombreux aveugles de l'hospice (méthode Louis Braille).

Enfin, il existe, dans la même enceinte, deux vitrines particulières contenant 400 volumes, qui proviennent d'un legs de M. le Dr Larcher, ancien interne de Bicêtre.

Les trois sections d'aliénés adultes possèdent en outre chacune une petite bibliothèque spécialement réservée aux malades.

Dépenses. — En 1898, les dépenses de l'hospice de Bicêtre se sont élevées à la somme de 2.292.673 fr. 87, se décomposant ainsi par nature de dépense :

			Report.	717.164 95
Personnel administratif	32.323 »		Boucherie	299.084 39
Impressions, frais de bureau	3.749 62		Cave	149.741 81
Frais de cours	18.583 53		Comestibles	372.908 61
Frais d'exploitation	125.311 91		Chauffage et éclairage	190.668 34
Personnel médical	42.946 »		Blanchissage	86.143 81
Personnel secondaire	227.382 04		Coucher, linge et mobilier	263.969 14
Réparations de bâtiments	84.077 81		Appareils, instruments, etc.	29.501 35
Pharmacie	35.463 06		Frais de transport	23.308 82
Boulangerie	197.327 98		Eaux, salubrité, etc.	110.182 65
A reporter	767.164 95		Total	2.292.673 87

REZ-DE-CHAUSSÉE

A   Administration.
B   Consultation.
C   Cuisine.
D   Pharmacie.
E   Logements.
F   Bains.
G   Buanderie, lingerie.
H   Chapelle.
I   Service des morts.
K   Magasins et ateliers.
L   Chantier.
M   Infirmerie.
O   Aliénés.
P   Pensionnaires.
R   Réfectoires.
S   Classes.
T   Préaux.
U   Étuve.

PREMIER ÉTAGE

A   Logem. du directeur.
B   Dort. d'administrés.
D, E, K   Logements.
F   Water-closets.
M   Chirurgie.
O   Aliénés.
P   Pensionnaires.

DEUXIÈME ÉTAGE

D, E   Logements.
G   Water-closets.
M   Médecine.
O   Aliénés.
P   Pensionnaires.

TROISIÈME ÉTAGE

D, E   Logements.
G   Water-closets.
O   Aliénés.

Échelle de $\frac{1}{3.200^e}$

PLAN DE MASSE DE L'HOSPICE DE BICÊTRE

HOSPICE DE LA SALPÊTRIÈRE

47, Boulevard de l'Hôpital

DIRECTEUR : M. MONTREUIL

Situation. — L'hospice est limité, de face, par le boulevard de l'Hôpital ; à droite, par la rue Jenner et le Magasin central des hôpitaux et hospices ; à gauche, par la gare et la ligne du chemin de fer de Paris à Orléans ; en arrière, par le boulevard de la Gare, la rue de la Salpêtrière et la rue Bruant.

La surface totale du terrain est de 275.448^{mq}78, dont 34.635 pour la surface des bâtiments et 240.813,78 pour la surface des cours et jardins.

Historique. — En même temps, dit M. Le Bas, dans son historique de la Salpêtrière, qu'était promulgué l'édit royal du 27 avril 1656, portant établissement de l'Hôpital général pour le renfermement des pauvres mendiants de la ville et des faubourgs de Paris, des lettres patentes faisaient don au nouvel établissement des bâtiments du Petit-Arsenal, autrement dit la Salpêtrière, déjà affectés, depuis le 1er juillet 1653, à cette destination. Dès son origine, la Salpêtrière fut spécialement destinée au renfermement des pauvres femmes. Les bâtiments, qui avaient jadis servi à la fabrication du salpêtre, furent transformés en dortoir : le bâtiment Hémey, autrefois bâtiment de la Vierge, qui sert aujourd'hui à loger les reposantes, est un reste de ces anciennes constructions.

Le plan primitif des constructions nouvelles à ériger comportait un grand bâtiment qui consistait en un carré de quatre faces, chacune composée de trois étages.

Le plan entier ne fut pas exécuté ; on édifia seulement la façade septentrionale, qui prit le nom de bâtiment Mazarin, et la façade méridionale, qui s'appela longtemps le bâtiment Sainte-Claire et porte aujourd'hui le nom de Montyon.

Les travaux furent dirigés par Le Vau. Un des pavillons du bâtiment Mazarin reçut le nom de pavillon Bellièvre, en mémoire de la coopération de ce magistrat à l'établissement de l'Hôpital général.

Le 10 décembre 1669, Louis XIV décida que la petite chapelle de la Salpêtrière serait remplacée par une église proportionnée à l'importance de la maison. Cet édifice, construit sur les plans de l'architecte Bruant (Libéral), rappelle par sa forme les anciennes basiliques et se compose de quatre nefs rayonnant autour d'un dôme central ; à sa droite, se trouve le bâtiment Mazarin ; à sa gauche, le bâtiment Lassay, ainsi nommé du nom de la marquise de Lassay qui fournit les fonds nécessaires à sa construction en 1756.

Vers 1684, on construisit, en outre de l'hôpital, la prison de la Force, où étaient détenues les femmes et filles de « mauvaise vie ». Transformé en quartier d'infirmes, ce bâtiment porte aujourd'hui le nom de Vincent-de-Paul. C'est dans les murs de cette ancienne prison qu'eurent lieu, en 1792, les massacres de septembre. Trente-cinq femmes prisonnières y furent égorgées le 4 septembre, à quatre heures de relevée, et inhumées dans le cimetière de la Salpêtrière. Cinquante-deux prisonnières, dont certaines étaient détenues à perpétuité, furent mises en liberté.

Enfin, les lettres patentes du 22 juillet 1780, ayant interdit l'admission à l'Hôtel-Dieu des malades de l'Hôpital général, l'architecte Payen fut chargé de construire les infirmeries de la Salpêtrière, dont le pavillon central fut exécuté sur la même ligne que le dôme de l'église et la porte d'entrée de l'hospice. Tels furent, jusqu'à la fin du xviiie siècle, les principaux agrandissements de la Salpêtrière (1).

Consultations. — Des consultations de médecine et de chirurgie ont lieu tous les jours, savoir :

Consultations spéciales pour les maladies nerveuses, le mardi *(Pr Raymond)* ; le mercredi *(Dr Déjerine).*

Consultations spéciales pour les affections mentales, le dimanche et le lundi *(Dr Charpentier)* ; le vendredi *(Dr Deny)* ; le samedi *(Dr J. Voisin).*

<hr />

(1) *Historique de la Salpêtrière*, par M. G. Le Bas, ancien directeur de l'hospice.

Consultations de chirurgie, les dimanches, lundis et jeudis *(D' Lapointe,* assistant de consultation).

Consultations pour les maladies des dents, le jeudi *(D' Jarre).*

Nombre de consultations en	1896	1897	1898
Consultations de chirurgie	768	699	670
— de médecine, affections nerveuses (*D' Raymond*)	2.926	3.108	2.963
— — — (*D' Déjerine*)	1.903	1.680	1.861
— maladies mentales	3.200	3.456	5.271

LA FORCE

Nombre de lits. — L'hospice de la Salpêtrière contient 3.812 lits réglementaires, ainsi répartis :

NATURE DES SERVICES		HOMMES	FEMMES	ENFANTS	TOTAL
MALADES	Maladies nerveuses	31	60	"	91
	Chirurgie	4	34	"	38
	Ovariotomie	"	3	"	3
	Infirmeries	"	136	"	136
VIEILLARDS ET INFIRMES		"	2.438	"	2.438
VIEILLARDS ET INFIRMES	Épileptiques simples	"	163	"	163
	Reposantes	"	111	"	111
ENFANTS	Épileptiques simples	"	"	25	25
	Incurables	"	"	20	20
	École de réforme	"	"	60	60
ALIÉNÉES		"	604	120	724
		38	3.549	225	3.812

Mouvement de la population. — Les chiffres ci-dessous indiquent le mouvement de la population du 1er janvier au 31 décembre 1896 :

		HOMMES	FEMMES	GARÇONS	FILLES	TOTAL
Présents au 1er janvier.	Aliénées	»	600		114	714
	Vieillards et infirmes	»	2.535	»		2.535
	Services temporaires de malades	52	316	6	25	399
	TOTAL	52	3.451	6	139	3.648
Entrés	Aliénées	»	89		22	111
	Vieillards et infirmes	»	926	»		926
	Services temporaires de malades	144	783	10	35	972
	TOTAL	144	1.800	10	57	2.011
Sortis	Aliénées	»	41	»	12	53
	Vieillards et infirmes	»	532	»		532
	Services temporaires de malades	131	655	12	23	820
	TOTAL	131	1.228	12	35	1.405
Décédés	Aliénées	»	49	»	6	55
	Vieillards et infirmes	»	404	»		404
	Services temporaires de malades	12	103	»	3	118
	TOTAL	12	556	»	9	577
Présents au 31 déc. 1896.	Aliénées	»	601	»	116	717
	Vieillards et infirmes	»	2.527	»		2.527
	Services temporaires de malades	54	311	4	34	433
	TOTAL	54	3.409	4	150	3.677
Nombre de journées constatées en 1896.	Aliénées	»	220.061	»	42.589	262.650
	Vieillards et infirmes	»	922.369	»		922.369
	Services temporaires de malades	20.643	125.789	1.770	10.033	158.235
	TOTAL	20.643	1268.210	1.770	52.622	1.343.254

La mortalité, calculée d'après le nombre des individus existant le 1er janvier et de ceux entrés dans l'année divisé par le nombre des morts, a été de :

	Adultes	Enfants	Mortalité moyenne
Aliénées	14,02	22,66	14,96
Vieillards et infirmes	7,48	»	7,48

La mortalité, calculée d'après le nombre des journées divisé par 365 jours et subdivisé par le nombre des morts, a été de :

	Adultes	Enfants	Mortalité moyenne
Aliénées	12,30	19,39	13,80
Vieillards et infirmes	6,25	»	6,25

Enfin la mortalité, calculée d'après le nombre des individus sortis par guérison ou par décès divisé par le nombre des morts, a été de :

Services temporaires de malades : hommes, 11,41 ; femmes, 6,73 ; filles, 8,33 ; mortalité moyenne, 7,35.

Personnel administratif. — Ce personnel comprend : 1 directeur ; 1 économe ; 1 commis principal ; 3 commis rédacteurs ; 3 expéditionnaires ; 1 auxiliaire permanent.

Toutes ces personnes sont logées dans l'établissement, à l'exception de l'auxiliaire permanent et d'un commis rédacteur qui, logés au dehors, reçoivent une indemnité de logement de 400 francs.

Personnel médical. — Le service de santé se compose de 52 personnes :

6 médecins chefs de service ; 1 médecin résidant ; 1 chirurgien chef de service ; 1 chirurgien consultant ; 1 pharmacien ; 1 dentiste ; 10 internes en médecine ; 7 internes en pharmacie ; 24 externes.

Personnel secondaire. — Ce personnel se compose de 514 personnes, savoir :

1 institutrice ; 30 surveillants et surveillantes ; 80 sous-surveillants et sous-surveillantes ; 38 suppléants et suppléantes ; 43 premiers infirmiers et premières infirmières ; 316 infirmiers et infirmières ; 1 garçon d'amphithéâtre ; 1 cuisinier ; 1 mécanicien ; 3 charretiers.

Les nécessités du service obligent l'Administration à avoir d'une façon permanente 6 infirmières supplémentaires.

Personnel à la journée. — On compte 202 personnes, savoir : 2 paveurs ; 4 maçons ; 5 peintres ; 2 couvreurs ; 2 aides couvreurs ; 2 plombiers ; 1 aide plombier ; 1 gazier ; 2 fumistes ; 2 aides fumistes ; 1 charron ; 1 tonnelier ; 1 aide tonnelier ; 1 sellier ; 1 électricien ; 2 mécaniciens ; 4 chauffeurs ; 1 sous-chef de cuisine ; 9 jardiniers ; 1 étuviste ; 18 buandiers ; 86 buandières ; 4 charretiers ; 1 palefrenier ; 10 lingères ; 3 frotteurs ; 18 hommes de peine ; 2 égoutiers et 4 menuisiers.

302 administrés, dont 22 hommes de l'hospice de Bicêtre et 280 femmes de la Salpêtrière, sont utilisés à divers titres et moyennant rétribution dans les services de l'établissement.

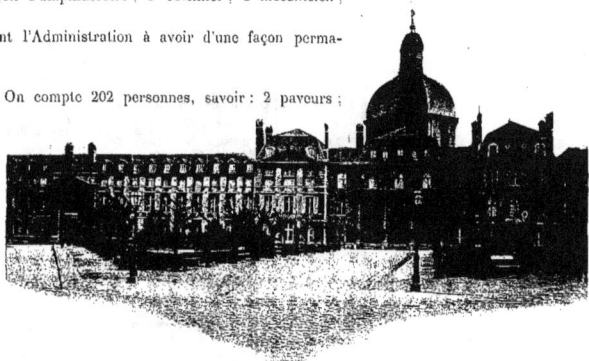

Les *Services hospitaliers* sont constitués ainsi qu'il suit :

NOMS des chefs de SERVICE	NATURE des SERVICES	DÉSIGNATION des SALLES	NOMBRE DE LITS			ÉLÈVES		PERSONNEL SECONDAIRE						
			H.	F.	F.	Internes	Externes	Surveillantes	Sous-surveillantes	Suppléantes	1res Infirmières	Infirmiers H.	F.	Total
		Services d'infirmerie												
D' Segond . . .	4e division : Chirurgie . .	Lallemand	»	24	»	2	3	»	»	»	»	2	6	9
		— (petite).	4	10	»	»	»	»	1	»	»			
Pr Raymond . .	4e division : Maladies nerveuses, médecine. . . .	Cruveilhier.	»	24	»	»	»	»	»	»	»	1	5	7
		— (petite).	»	11	»	»	»	»	1	»	»			
		Rayer.	»	24	»	»	»	»	»	»	»	3	4	
		— (petite).	»	12	»	»	»	»	1	»				
		Bouvier.	20	»	»	3	8	»	1	»	»	3	2	6
		Pruss.	14	»	»	»	»							
—	3e division, 6e section : Incurables	Piorry	»	58	»	»	»	»	1	»	»	5	6
		Broca.	»	23	»	»	»	»	1	»	»	2	2
D' Déjerine . . .	2e division, 2e section : Grandes infirmes. . . .	Chardon-Lagache	»	26	»	»	»	»	1	1	1	»	4	7
		Vulpian.	»	25	»	»	»	»						
		La Rochefoucauld	»	19	»	»	»	»	1	»	1	»	5	7
		Parrot	»	26	»	»	»	»						
—	4e division : Maladies nerveuses	Pinel	»	24	»	2	5	»	1	»	1	3	6
		— (petite).	»	12	»	»	»						
		Barth.	»	25	»	»	»						
		— (petite).	»	11	»	»	»	»	1	»	1	8	10
		Louis.	»	24	»	»	»					
		— (petite).	»	9	»	»	»					
D' Segond . . .	4e division : Ovariotomie.	Ovariotomie	»	3	»	»	1	»	1	»	»	2	3
Pr Raymond . .	2e division, 3e section : Maladies nerveuses . .	Duchenne-de-Boulogne . . .	»	17	»	»	»	»	»	»	»	3	3
		Charcot.	»	22	»	»	»	»	1	»	»	3	4
		Claude-Bernard	»	35	»	»	»	»	»	»	1	»	1	2
D' Deny	5e division, 1re section : Aliénées, maladies mentales	Parchappe	»	»	»	»	»	»	»	»	»	3	3
		Foville	»	60	»	1	2	»	1	»	1	2	4
		Marchant.	»	»	»	»	»	»	»	»	»	1	1
D' Voisin . . .	5e division, 2e section : Aliénées, maladies mentales	Morel.	»	»	»	»	»	»	1	»	»	7	8
		Marc	»	56	24	1	2	»	1	»	1	4	6
		Leuret	»	»	»	»	»	»	»	»	»	3	3
D' Charpentier.	5e division, 3e section : Aliénées, maladies mentales	Trélat	»	»	»	»	»	»	1	»	»	»	
		Falret	1	60	»	1	1	»	1	»	1	»	4	6
		Lelut.	»	»	»	»	»						
D' Voisin . . .	Petites incurables	Pavillon Terrillon	»	»	20	»	»	»	1	»	1	»	3	5
	TOTAL.		38	640	44	10	22	»	15	1	9	8	76	109

NOMS des chefs de service	NATURE des SERVICES	DÉSIGNATION des SALLES	NOMBRE DE LITS			ÉLÈVES		PERSONNEL SECONDAIRE						
			H.	F.	F.	Internes	Externes	Surveillantes	Sous-surveillantes	Suppléantes	1res Infirmières	Infirmiers H.	F.	Total
		Divisions d'indigentes												
			»	»	»	»	»	1	»	1	»	»	»	
Dr Déjerine	1re division: Bâtiment Mazarin, 405 lits d'indigentes et 1 lit de reposante	Bernard-Palissay	»	78	»	»	»	»	»	»	1	»	2	
		Géraude	»	50	»	»	»	»	1	»	1	»	2	
		Denis-Papin	»	70	»	»	»	»	»	»	»	»	2	
		Benjamin-Delessert	»	54	»	»	»	»	1	»	»	»	2	
		Vittoz	»	22	»	»	»	»	»	»	»	»	»	
		Pavillon Bellièvre	»	22	»	»	»	»	»	»	»	»	1	
		Carotte	»	82	»	»	»	»	»	»	»	»	3	
		Herbelin	»	9	»	»	»	»	1	»	»	»	1	
		Pavillon Fouquet	»	19	»	»	»	»	»	»	»	1	1	21
			»	»	»	»	»	1	1	1	»	»	»	
—	2e division, 1re section: Bâtiment Lassay, 412 lits d'indigentes	Petit-Lassay	»	16	»	»	»	»	»	»	»	»	1	
		Lorrain	»	55	»	»	»	»	1	»	»	»	1	
		J.-J.-Rousseau	»	53	»	»	»	»	»	»	1	»	1	
		Général-de-Fouchères	»	55	»	»	»	»	»	»	»	»	2	
		Valentin-Haüy	»	56	»	»	»	»	1	»	»	»	2	
		Devillas	»	55	»	»	»	»	»	»	1	»	»	
		Office	»	»	»	»	»	»	»	»	»	»	2	
		Boulard	»	50	»	»	»	»	»	»	»	»	2	
		Lenoir-Jousseran	»	36	»	»	»	»	1	»	»	»	2	
		Crozatier	»	36	»	»	»	»	»	»	1	»	1	23
			»	»	»	»	»	1	»	1	»	»	»	
—	2e division, 2e section: Bâtiment Jacquart, 175 lits d'indigentes	Chardon-Lagache (1)	»	»	»	»	»	»	»	»	»	»	»	
		Vulpian (1)	»	»	»	»	»	»	»	»	»	»	»	
		La Rochefoucauld (1)	»	»	»	»	»	»	»	»	»	»	»	
		Parrot (1)	»	»	»	»	»	»	»	»	»	»	1	
		Michel-Brézin	»	30	»	»	»	»	»	»	»	»	2	
		Abbé-de-l'Épée	»	26	»	»	»	»	1	»	»	»	2	
		Cochin	»	23	»	»	»	»	»	»	»	»	2	8
			»	»	»	»	»	1	1	1	2	»	8	
Dr Raymond	2e division, 3e section: Bâtiment Parisot, 183 lits d'épileptiques simples et hystériques	Duchenne-de-Boulogne (1)	»	»	»	»	»	»	»	»	»	»	»	
		Claude-Bernard (1)	»	»	»	»	»	»	»	»	»	»	»	
		Charcot (1)	»	»	»	»	»	»	»	»	»	»	»	
		Olivier-d'Angers	»	10	»	»	»	»	»	»	»	»	1	
		Requin	»	43	»	»	»	»	1	»	»	»	1	
		Axenfeld	»	37	»	»	»	»	»	»	»	»	1	
		Magendie	»	20	»	»	»	»	1	»	»	»	1	19
		Laboratoire	»	»	»	»	»	1	1	1	»	»	3	
—	3e division, 1re section: Bâtiment Parmentier, 386 lits d'indigentes	Parmentier	»	39	»	»	»	»	»	1	»	»	3	
		Arago	»	100	»	»	»	»	1	»	»	»	3	
		Lavoisier	»	119	»	»	»	»	»	»	1	»	2	
		Monge	»	128	»	»	»	»	1	»	»	»	3	18
		A reporter	»	1393	»	»	»	5	11	5	9	»	56	89

(1) Voir aux services d'infirmerie.

NOMS des chefs de SERVICE	NATURE des SERVICES	DÉSIGNATION des SALLES	NOMBRE DE LITS			ÉLÈVES		PERSONNEL SECONDAIRE						
			H.	F.	F.	Internes	Externes	Surveillantes	Sous-surveillantes	Suppléantes	1res Infirmières	Infirmiers H.	Infirmiers F.	Total
		Report.	»	1393	»	»	»	5	14	5	9	»	50	89
	Divisions d'indigentes (*Suite*)		»	»	»	»	»	1	1	1	1	»	4	
Dr Déjerine . .	3e division, 2e section : Bâtiment Montyon, 349 lits d'indigentes.	Trousseau	»	43	»	»	»	1	»	1	»	2		
		Velpeau et 6 chambres . . .	»	72	»	»	»	1	»	»	»	2		
		Marjolin et 5 chambres . . .	»	83	»	»	»	1	»	»	»	2		
		Lisfranc et 5 chambres . . .	»	68	»	»	»	»	»	»	»	2		
		Nélaton et 4 chambres. . . .	»	83	»	»	»	1	»	»	»	2	22
—	3e division, 3e section : Bâtiment Hémey, 112 lits dont 111 de reposantes et 1 d'indigente		»	»	»	»	»	1	»	1	1	»	1	
		Hémey.	»	54	»	»	»	»	»	»	»	1		
		Condorcet	»	14	»	»	»	»	1	»	»	»	1	
		Chambres de reposantes. . .	»	44	»	»	»	»	»	»	»	»	8
		Libéral-Bruant.	»	7	»	»	»	1	»	1	»	»	3	
		Salomon-de-Caus	»	9	»	»	»	»	»	»	»	»		
		Corneille	»	9	»	»	»	»	»	»	»	»		
Pr Raymond . .	3e division, 4e section : Bâtiment Vincent-de-Paul, 219 lits d'indigentes.	Molière.	»	7	»	»	»	»	»	»	»	»		
		Vincent-de-Paul.	»	55	»	»	»	1	»	1	»	1		
		Racine	»	59	»	»	»	»	»	»	»	1		
		La Fontaine	»	57	»	»	»	»	»	»	»	1		
		Vauban.	»	7	»	»	»	1	»	»	»	»		
		Réception.	»	9	»	»	»	»	»	»	»	1	12
			»	»	»	»	»	1	»	1	»	»	»	
		Ollivier-de-Serres	»	35	»	»	»	»	»	1	»	»		
—	3e division, 5e section : Bâtiment Franklin, 184 lits d'indigentes et 1 lit de reposante	Necker.	»	17	»	»	»	1	»	»	»	1		
		Tenon.	»	14	»	»	»	»	»	»	»	1		
		Turgot	»	42	»	»	»	»	»	»	»	2		
		Michel-de-l'Hôpital	»	53	»	»	»	1	»	»	»	2		
		Pascal	»	22	»	»	»	»	»	1	»	»	11
			»	»	»	»	»	1	1	1	»	»	»	
		Broussais.	»	19	»	»	»	»	»	»	»	1		
		Piorry (1).	»	»	»	»	»	»	»	»	»	»		
—	3e division, 6e section : Bâtiment Ambroise-Paré, 300 lits d'indigentes.	Cabanis.	»	31	»	»	»	»	»	1	»	1		
		Rostan	»	28	»	»	»	1	»	»	»	1		
		Broca (1).	»	»	»	»	»	»	»	»	»	»		
		Cullerier	»	44	»	»	»	»	»	1	»	1		
		Laënnec	»	54	»	»	»	»	1	»	»	2		
		Bichat	»	49	»	»	»	»	»	»	»	2	15
			»	»	»	»	1	1	2	4	»	1	9
		Bouvier (1).	»	»	»	»	»	»	»	»	»	»		
		Pruss (1).	»	»	»	»	»	»	»	»	»	»		
		Cruveilhier (1).	»	»	»	»	»	»	»	»	»	»		
Divers.	4e division : Infirmerie générale, 251 lits	Lallemand (1).	»	»	»	»	»	»	»	»	»	»		
		Rayer (1)	»	»	»	»	»	»	»	»	»	»		
		Pinel (1)	»	»	»	»	»	»	»	»	»	»		
		Louis (1)	»	»	»	»	»	»	»	»	»	»		
		Barth (1)	»	»	»	»	»	»	»	»	»	»		
		Ovariotomie (1).	»	»	»	»	»	»	»	»	»	»		
		TOTAL.	»	2481	»	»	»	11	27	12	21	»	95	166

(1) Voir aux services d'infirmerie.

NOMS des chefs de SERVICE	NATURE des SERVICES	DÉSIGNATION des SALLES	NOMBRE DE LITS			ÉLÈVES		PERSONNEL SECONDAIRE							
			H.	F.	F.	Internes	Externes	Surveillantes	Sous-surveillantes	Suppléantes	1res Infirmières	Infirmiers H.	Infirmiers F.	Total	Total
		Aliénées													
Dr Deny	5e division, 1re section : Section Rambuteau, 210 lits	Rambuteau	»	»	»	»	»	1	1	1	2	»	3		
		Parchappe (1)	»	31	»	»	»	»	1	»	»	»	5		
		Foville (1)	»	»	»	»	»	»	»	»	»	»	»		
		Marchand (1)	»	»	»	»	»	»	»	»	»	»	»		
		Gall	»	27	»	»	»	»	»	»	»	»	1		
		Cerise	»	57	»	»	»	»	1	»	»	»	1		
		Érasme	»	35	»	»	»	»	»	»	»	2	19		
Dr J. Voisin	5e division, 2e section : Section Esquirol, 278 lits	Ferrus et cellules	»	63	»	»	»	1	4	1	4	»	2		
		Leuret (1)	»	»	»	»	»	»	1	»	»	»	4		
		Marc (1)	»	»	»	»	»	»	»	»	»	»	»		
		Morel (1)	»	»	»	»	»	»	»	»	»	»	»		
		Bellhomme	»	29	»	»	»	»	»	1	»	»	»		
		Séguin	»	»	58	»	»	»	»	1	»	»	2		
		Félix-Voisin	»	»	18	»	»	»	1	»	»	»	1		
		Baillarger	»	»	20	»	»	»	»	»	»	»	1		
		Legrand-du-Saulle	»	10	»	»	»	»	»	»	»	1	25		
Dr Charpentier	5e division, 3e section : Section Pinel, 236 lits	Pinel et Esquirol	»	57	»	»	»	1	2	1	1	»	5		
		Lelut (1)	»	»	»	»	»	»	1	»	1	»	»		
		Trélat (1)	»	»	»	»	»	»	»	»	»	»	»		
		Falret (1)	»	»	»	»	»	»	»	»	»	»	»		
		Métivié	»	63	»	»	»	»	1	»	1	»	4		
		Cellules	»	56	»	»	»	»	1	»	1	»	8	28		
Pr Raymond	Service rattaché à la 5e division, 2e section : Enfants épileptiques simples	Baillarger	»	»	25	»	»	»	»	»	»	»	1	1	
Dr J. Voisin	Service rattaché à la 5e division, 2e section : École de réforme	Pavillon Marcé	»	60	»	»	»	»	»	»	»	5	5		
Dr Lapointe (assistant de consultation)	Consultation de chirurgie		»	»	»	»	2	»	»	»	»	»	»	»		
	TOTAL		»	488	121	»	»	3	14	3	12	»	46	78	
Services d'infirmerie			38	640	44	10	22	»	15	1	9	8	76	109	
Divisions d'indigentes			»	2481	»	»	»	11	27	12	21	»	95	166	
TOTAUX GÉNÉRAUX			38	3609	165	10	24	14	56	16	42	8	217	353	
			3.812			34		353							

(1) Voir aux services d'infirmerie.

Ainsi, les salles d'administrées, de malades et d'aliénées sont réparties entre 6 chefs de service : 5 médecins et 1 chirurgien.

Un des services de médecine est un service de clinique : clinique des maladies nerveuses. En outre du personnel médical ci-dessus mentionné, 1 chef de clinique désigné par la Faculté de médecine et 1 chef de laboratoire nommé par la Faculté sont adjoints à ce service.

A la clinique est annexé un important service d'électrothérapie ouvert à la fois aux malades internes et externes. Les séances ont lieu trois fois par semaine, les lundis, mercredis et vendredis, de 2 heures à 4 heures.

Sur cinq des services de médecine, trois sont exclusivement réservés au traitement des aliénées. Le médecin adjoint est attaché à ces trois services.

Les *Services généraux* sont constitués ainsi qu'il suit :

SERVICES GÉNÉRAUX	Surveillants		Sous-surveillants		Suppléants		1er Infirmier	Infirmiers		TOTAL
	H.	F.	H.	F.	H.	F.		H.	F.	
Service de l'instruction	1	(1) 2	»	2	»	4	»	»	13	22
Portes.	1	1	»	1	2	1	»	»	3	9
Consultation.	»	»	»	1	»	»	»	»	»	1
Cuisine.	1	1	»	3	1	1	»	12	»	19
Sommellerie.	1	»	»	»	»	»	»	1	»	2
Magasin aux vivres.	1	»	»	»	»	»	»	3	»	4
Lingerie.	»	1	»	1	»	1	»	»	2	5
Écurie.	1	»	2	»	»	»	»	»	»	3
Cantine	»	»	1	»	»	»	»	1	»	2
Buanderie.	»	1	1	7	1	1	»	1	33	45
Pharmacie.	1	»	»	»	»	»	1	1	»	3
Bains	»	»	»	1	»	1	»	2	7	11
Chantier.	»	»	1	»	»	»	»	»	»	1
Salle des morts	1	»	»	»	»	»	»	»	»	1
Service de propreté et d'allumage. . . .	»	»	»	»	1	1	»	2	6	10
Magasin aux successions	1	»	»	»	»	»	»	»	»	1
Vaguemestre	»	»	1	»	»	»	»	»	»	1
Magasin aux métaux	»	»	1	»	»	»	»	»	»	1
Atelier d'habillement	»	1	»	»	»	1	»	»	1	3
Garde-meubles	»	1	»	»	»	1	»	»	»	2
Surveillance de jour et de nuit	»	»	2	»	1	»	»	»	»	3
Portiers d'intérieur	»	»	»	»	»	3	»	»	»	3
Jardins	»	»	1	»	»	»	»	»	»	1
Atelier de couture	»	1	»	3	»	1	»	»	3	8
	9	9	10	19	6	16	1	23	68	161

(1) Dont 1 institutrice hors cadre.

Écoles. — Depuis le 25 décembre 1891, une école de réforme a été installée dans le bâtiment Marcé, dépendant de la 5ᵉ division, 2ᵉ section. Cette école, destinée à recevoir des filles mineures, enfants assistées ou moralement abandonnées, comptait à l'origine 40 lits ; depuis la fin de 1893, le nombre des places a été porté à 60.

Un bâtiment spécial séparé est réservé aux élèves incorrigibles qui, après avoir quitté l'école, ont dû y être réintégrées.

Les enfants, en outre de l'instruction primaire qui leur est donnée par une institu-

PORTE PRINCIPALE

trice, travaillent, dans un ouvroir, à la couture, au blanchissage, au repassage ainsi qu'au ménage.

Il existe, en outre, une école pour les enfants arriérées ou idiotes confiées à une surveillante assistée de sous-surveillantes et suppléantes, toutes, à l'exception d'une des suppléantes, pourvues du brevet d'institutrice. Les enfants apprennent à lire et écrire et à travailler suivant leurs aptitudes.

Enfin la Salpêtrière possède la plus ancienne école professionnelle d'infirmières. Celle-ci, fondée le 1er avril 1878 par M. le Dr Bourneville, comprend sept cours : 1° cours d'administration, professeur M. Montreuil, directeur de l'hospice ; 2° anatomie, professeur M. Schwartz, interne des hôpitaux ; 3° physiologie, professeur M. le Dr Jean Charcot ; 4° pansements, professeur Mme le Dr Edwards-Pilliet ; 5° hygiène, professeur M. le Dr Paul Boncour ; 6° petite pharmacie, professeur M. le Dr Viron ; 7° soins aux femmes en couches et aux nouveau-nés, professeur M. le Dr Dubrisay.

Des exercices pratiques sont faits journellement sous la direction de la surveillante de l'infirmerie générale, assistée de deux sous-surveillantes du même service.

Une école primaire avec cours du soir est annexée à l'école professionnelle. Les cours y sont professés par les sous-surveillantes et suppléantes de l'école des arriérées pourvues du brevet d'institutrice.

Un professeur de chant et un professeur de gymnastique, étrangers au personnel de l'hospice, viennent plusieurs fois par semaine donner des leçons aux enfants de l'école de réforme et de l'école des arriérées, ainsi qu'aux aliénées.

Une suppléante pourvue du brevet d'institutrice est adjointe en supplément au personnel fixe de l'école des arriérées ; une infirmière payée sur le budget départemental est adjointe en supplément au personnel de l'école de réforme.

Buanderie. -- Il existe à la Salpêtrière une buanderie qui, en outre du linge de l'établissement, blanchit celui de l'Hôtel-Dieu, de l'hôpital Beaujon, des hospices Saint-Michel et Lenoir-Jousseran et de la maternité de l'hôpital de la Pitié.

La buanderie compte 12 cuviers dont 2 actionnés directement par la vapeur, 2 essoreuses, 4 grands bassins de lavage, 1 séchoir à air chaud, 1 séchoir couvert à air libre et le champ d'étendage. On y blanchit 10.000 kilogrammes de linge par jour.

Bains internes et externes. — Le service des bains, installé derrière l'infirmerie générale, est ouvert, non seulement aux administrées et malades de l'établissement, mais aussi aux malades du dehors ; on y a délivré, en 1899, 31.253 bains externes et 25.988 bains internes.

Des appareils hydrothérapiques complets, en outre, ont permis de délivrer, en 1899, 19.711 douches aux malades de l'intérieur et 14.300 douches diverses aux malades du dehors.

Dans chacune des sections d'aliénées, ainsi que dans les divisions d'infirmes, il existe de petites salles de bains et de douches à l'usage des malades de ces services qui ne peuvent être conduites aux bains généraux.

Chauffage et ventilation. — Toutes les salles, dortoirs, réfectoires, ouvroirs, ateliers, etc., sont chauffés à l'aide de poêles ou de cheminées.

Il n'existe aucun système de ventilation artificielle.

Éclairage. — L'établissement est entièrement éclairé au gaz.

Salubrité. — Le tout à l'égout est installé dans la presque totalité de l'établissement. Toutefois il existe encore une fosse fixe et 19 tinettes (système diviseur).

Une étuve à vapeur fonctionne pour la désinfection de la literie et des effets des malades sortants ou décédés ainsi que des entrants.

Eaux. — L'hospice est alimenté par l'eau de rivière (Seine et Ourcq) et par l'eau de source (Vanne).

L'eau de l'Ourcq est amenée dans deux réservoirs d'une contenance totale de 1.800.000 litres, situés à l'intérieur de l'établissement. Toutes les divisions et tous les réfectoires sont munis de filtres Pasteur.

Laboratoires. — Chaque chef de service a son laboratoire.

Les laboratoires de la Faculté comprennent une installation complète (bactériologie, histologie, etc.).

Un atelier de radiographie et de photographie est annexé à ces laboratoires.

QUARTIER DES ALIÉNÉES

Institut municipal d'électrothérapie. -- A la Salpêtrière fonctionne un institut municipal d'électrothérapie dirigé par M. le Dʳ Vigouroux. Les consultations ont lieu trois fois par semaine, les mardis, jeudis et samedis, de 2 heures à 4 heures. Ces consultations sont exclusivement réservées aux malades externes.

Musée. — Au service de la clinique se trouve également annexé un musée contenant un certain nombre de pièces curieuses.

Bibliothèques. — Deux bibliothèques pour les internes sont entretenues au moyen de dons, de cotisations des élèves et de subventions votées chaque année par le Conseil municipal (600 francs pour les internes en médecine, 300 francs pour les internes en pharmacie).

L'hospice de la Salpêtrière possède, en outre, une bibliothèque pour les administrées et les aliénées ; un crédit s'élevant à 1.100 francs est affecté annuellement à son entretien (pour achat et réparation de livres) et indemnités aux bibliothécaires.

Objets d'art. — Dans le salon du directeur (ancienne salle du Conseil) se trouve un tableau de grande dimension attribué à Mignard (allégorie à la gloire du roi Louis XIV, fondateur de l'Hôpital général) ; dans la salle des cours, un tableau de Tony Robert-Fleury, représentant Pinel faisant tomber les chaînes des aliénées, et le médaillon de Charcot, par Mᵐᵉ A. Charcot ; à la porte de l'hospice, la statue de Charcot, par Falguière.

Dans le préau de l'école des enfants arriérées, le buste de Delasiauve, par Savine. Dans la cour Saint-Louis, les bustes de Baillarger, par Michel Malherbe, et de Falret, par Ludovic Durand ; à l'infirmerie générale, le monument de Duchenne de Boulogne, par Debrie, architecte, et Duvergne, statuaire, et celui du directeur Hémey, mort victime de son dévouement pendant l'épidémie cholérique de 1849, par Bougron.

Dans la rue de la Cuisine, le médaillon des frères Lionnet, par Mᵐᵉ Élisa Bloch. Dans le cabinet du directeur, quatre dessins rehaussés, par Desprez, représentant des vues d'Italie.

Dans différentes localités, plusieurs vieux meubles de style (commodes, chiffonniers, pendules Louis XV et Louis XVI, vieux vases) ; dans le musée, un buste de Trélat, par Étex ; dans le cabinet du professeur de clinique, le buste de Charcot, par Mᵐᵉ A. Charcot.

Dépenses. — En 1898, les dépenses de l'hospice de la Salpêtrière se sont élevées à la somme de 2.475.358 fr. 87, se décomposant ainsi par nature de dépense :

		Report	817.630 89
Personnel administratif	41.406 33	Boucherie	331.069 72
Impressions, frais de bureau.	1.138 90	Cave	176.077 22
Frais de cours, etc.	18.990 70	Comestibles	389.724 86
Frais des exploitations.	38.573 08	Chauffage et éclairage.	201.039 95
Personnel médical	39.655 81	Blanchissage.	82.699 50
Personnel secondaire	280.060 28	Coucher, linge, mobilier.	242.986 72
Réparations de bâtiments	142.696 78	Appareils, instruments.	39.600 92
Pharmacie	60.363 12	Frais de transport.	23.476 17
Boulangerie	188.733 89	Eaux, salubrité, etc	171.091 92
A reporter	817.630 89	*Total*	2.475.358 87

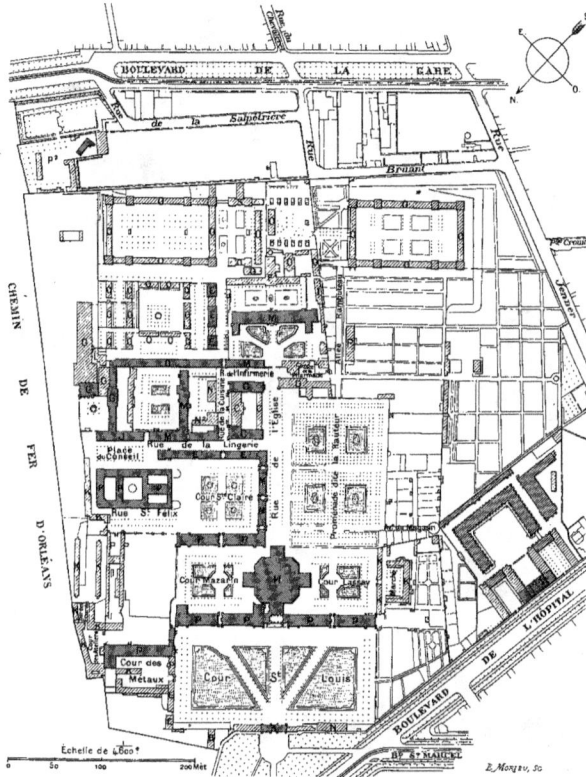

PLAN DE MASSE DE L'HOSPICE DE LA SALPÊTRIÈRE

REZ-DE-CHAUSSÉE

A   Loge du concierge, bureaux.
B   Consultation.
C   Cuisine.
D   Pharmacie, log. pharmacien.
E   Logements du personnel et parloirs.
E¹ Logements de reposantes.
F   Bains.
G   Buanderie.
H   Chapelle.
I   Service des morts.
J   Lingerie.
K   Magasins.

L   Salle des cours.
M   Malades (infirmerie générale).
N   Électrothérapie (municipale).
N¹ Électrothérapie (maladies nerveuses).
N² Radiographie.
O   Aliénées.
P   Pensionnaires.
P¹ Petites incurables.
P² École de réforme (enfants assistées).
S   Classes.
U   Étuves.

PREMIER ÉTAGE

A, C, L Logements.
D   Pharmacie et salle de garde.
E¹ Logements de reposantes.
G   Dortoir des filles de service.
J   Lingerie.
M   Malades.
O   Aliénées.
P   Pensionnaires.
P² École de réforme.

Aux deuxième et troisième étages sont des logements et dortoirs.

79

HOSPICE D'IVRY

7, Avenue de la République, à Ivry
(Seine)

DIRECTEUR : M. ENJOLRAS

Situation. — L'hospice est limité, de face, par l'avenue de la République; en arrière, par la ligne du chemin de fer d'Orléans; à droite et à gauche se trouvent quelques constructions particulières et deux terrains qui appartiennent à l'Administration de l'Assistance publique.

La surface totale du terrain est de 148.114ᵐᵉ12, dont 21.321,06 pour la surface des bâtiments et 126.793,06 pour la surface des cours et jardins.

Historique. — D'après la notice publiée en 1885 par M. Brièle, archiviste de l'Administration, c'est l'abbé François Joulet de Châtillon qui, par testament en date du 11 novembre 1625, après divers legs à plusieurs personnes, stipule que « le reste de ses biens est donné à l'Hostel Dieu de Paris avec tous les sortz principaux des rentes sur la ville ou particuliers, greffes et gages pour commencer un hospital de maladies incurables ». Il mourait deux ans après, le 30 septembre 1627, et les administrateurs de l'Hôtel-Dieu entraient en possession de son héritage, évalué à plus de 20.000 livres de rente.

Sept ans plus tard, en 1634, le cardinal de La Rochefoucauld, qui avait été le premier confident de François Joulet, affectait à son tour une somme considérable à la création d'une maison où devaient être reçus « les affligez de maladyes incurables ».

En 1632, Marguerite Rouillé avait, elle aussi, fait une donation importante dans le même but et, sur la foi de Maillet, alors receveur de l'hospice (1787), on avait cru pendant longtemps que cette dame avait, la première, conçu le projet de cette fondation.

En réalité, donc, François Joulet de Châtillon, le premier; Marguerite Rouillé, la seconde; le cardinal de La Rochefoucauld, le troisième, sont les fondateurs de l'hospice des Incurables.

Le premier hospice pour incurables fut fondé, en 1634, dans la rue de Sèvres. C'est actuellement l'hôpital Laënnec. Des lettres patentes de 1637 maintinrent l'affectation de cette maison aux incurables des deux sexes. En 1802, les hommes furent transférés dans

le couvent des Récollets. Les femmes demeurèrent rue de Sèvres jusqu'en 1869, époque à laquelle elles passèrent à l'hospice actuel d'Ivry que l'on ouvrit pour les deux sexes. La construction, dont les frais s'élevèrent à 8.500.000 francs, avait été commencée, en 1864, sur les plans de l'architecte Théodore Labrouste.

Après avoir, pendant plus de deux cent cinquante ans, porté le nom d'hospice des Incurables, l'établissement fut appelé hospice d'Ivry, il y a une quinzaine d'années. Dans le public, il conserve son appellation première qui correspond plus exactement aux intentions des fondateurs.

QUARTIER DES ENFANTS

Consultations. — Des consultations internes et externes de médecine et de chirurgie sont données aux vieillards et aux personnes du dehors, aux jours suivants :

Consultations internes de médecine *(Dr Gombault),* le vendredi pour les hommes, le mardi pour les femmes ;

Consultations internes de chirurgie *(Dr Hartmann),* le mercredi pour les hommes et femmes ;

Consultations externes de médecine *(Dr Gombault),* le mercredi ;

Consultations externes de chirurgie *(Dr Hartmann),* le lundi ;

Consultations, internes seulement, pour les maladies des dents *(Dr Roy),* le samedi.

Nombre de consultations externes en	1896	1897	1898
Consultations de médecine	568	593	528
— de chirurgie	310	280	416

Le nombre des consultations internes s'élève à environ 8.000 par an.

Nombre de lits. — L'hospice d'Ivry contient 2.212 lits réglementaires, ainsi répartis :

	Hommes	Femmes	Enfants	Total
LITS D'INFIRMERIE { Médecine	33	33	6	77
{ Chirurgie	18	18	»	36
VIEILLARDS ET INFIRMES (dortoirs)	1.021	1.022	»	2.043
ENFANTS (petits incurables)	»	»	56	56
	1.072	1.078	62	2.212

Dans ce nombre sont compris 700 lits environ, entretenus sur les revenus de fondations spéciales.

Mouvement de la population. — Au 1er janvier 1896, on constatait la présence à l'hospice de 2.098 personnes. Pendant cette année, il en est entré 709 par admissions nouvelles et il en est sorti 315. Le nombre des morts a été de 397. Le 31 décembre 1897, il restait à l'hospice 2.095 personnes. Dans ces chiffres sont compris les malades du dehors entrés à l'infirmerie, sortis et décédés.

Pour cette année 1896, le nombre de journées d'administrés et de malades s'est élevé à 751.281.

La mortalité, calculée d'après le nombre des individus existant le 1er janvier et de ceux entrés dans l'année divisé par le nombre des morts, a été de 1 sur 7,32.

Personnel administratif. — Ce personnel comprend : 1 directeur ; 1 économe ; 1 commis rédacteur ; 2 expéditionnaires ; 1 garçon de bureau et 1 commissionnaire. — Toutes ces personnes sont logées dans l'établissement, à l'exception d'un expéditionnaire qui, logé au dehors, reçoit une indemnité de 400 francs par an.

Personnel médical. — Le service de santé se compose de 11 personnes :

1 médecin ; 1 chirurgien ; 2 internes ; 2 internes provisoires ; 2 externes ; 1 pharmacien et 2 élèves.

Personnel secondaire. — Ce personnel se compose de 184 personnes, savoir :

1 instituteur ; 8 surveillants et surveillantes : 17 sous-surveillants et sous-surveillantes ; 1 garçon d'amphithéâtre ; 16 suppléants et suppléantes ; 17 premiers infirmiers et premières infirmières ; 119 infirmiers, infirmières, garçons et filles de service.

Le personnel professionnel fixe comprend : 1 plombier ; 1 aide cuisinier ; 2 mécanicien et chauffeur ; 2 charretiers.

Personnel à la journée.— 72 ouvriers et ouvrières à la journée sont employés à l'hospice d'Ivry :

2 maçons ; 1 peintre ; 1 plombier ; 2 menuisiers ; 2 serruriers ; 1 tailleur ; 6 mécaniciens et chauffeurs ; 1 cuisinier ; 5 jardiniers ; 2 étuvistes ; 46 buandiers et buandières ; 3 lingères.

En outre, 131 administrés, hommes et femmes, sont occupés dans les différents ateliers et indemnisés. Environ 200 administrés épluchent les légumes moyennant une légère rétribution.

Les *Services hospitaliers* sont constitués ainsi qu'il suit :

NATURE des SERVICES	NOMS des chefs de SERVICE	DÉSIGNATION des SALLES ET SERVICES	NOMBRE DE LITS			ÉLÈVES		PERSONNEL SECONDAIRE										
						Internes	Externes	Surveillants		Sous-surveillants		Suppléants		1res Infirmiers		Infirmiers		Total
			H.	F.	E.			H.	F.	H.	F.	H.	F.	H.	F.	H.	F.	
INFIRMERIE...	Dr **Gombault** (médecine)	Bernard	26	»	»	2	1	»	»	1	»	1	»	»	2	1	5
		Hillairet	7	19	»	»	»	»	»	1	»	»	»	1	1	4	7
		Duplay	»	19	»	»	»	»	»	»	»	»	»	»	»	»	»
		Enfants	»	»	6	»	»	»	»	»	»	»	»	»	»	»	»
—	Dr **Hartmann** (chirurgie)	Broca	18	»	»	2	1	»	»	1	»	»	»	»	2	1	4
		Cruveilhier	»	18	»	»	»	»	»	»	»	1	»	»	1	2	4
CONSULTATIONS	Drs **Gombault et Hartmann**	. . . .	»	»	»	»	»	»	»	»	»	»	1	»	»	»	1
DORTOIRS DES HOMMES.		1re Div. (validos) . .	601	»	»	»	»	1	»	1	»	1	»	»	8	2	14
		2e — (p¹es infirmes)	260	»	»	»	»	»	1	»	1	»	1	1	7	7	19
		3e — (g³es infirmes)	160	»	»	»	»	»	1	»	1	»	1	»	6	7	17
DORTOIRS DES FEMMES		1re Div. (validos) . .	»	602	»	»	»	»	1	»	1	»	1	1	6	1	14
		2e — (p¹es infirmes)	»	260	»	»	»	»	1	»	1	»	»	3	7	6	19
		3e — (g³es infirmes)	»	160	»	»	»	»	1	»	1	»	1	2	4	8	17
RÉFECTOIRES		Hommes.	»	»	»	»	»	»	»	»	»	»	»	»	2	3	5
		Femmes.	»	»	»	»	»	»	»	»	»	»	»	»	2	3	5
SERVICE DE VEILLE			»	»	»	»	»	1	»	1	»	»	»	»	»	»	»
SERVICE DES JEUNES INCURABLES			»	»	56	»	»	»	»	1	»	»	»	»	5	2	8
REMPLACEMENTS			»	»	»	»	»	»	»	1	»	»	»	»	»	»	1
		TOTAL	1072	1078	62	4	2	1	5	2	11	1	7	3	12	53	47	142

En dehors de 12 lits d'infirmerie (6 lits de médecine et 6 lits de chirurgie), réservés aux malades de la commune d'Ivry, tous les autres lits d'infirmerie sont occupés par les administrés dont l'état de santé réclame des soins assidus qui ne peuvent être donnés dans les dortoirs.

Les *Services généraux* sont constitués ainsi qu'il suit :

SERVICES GÉNÉRAUX	Instituteur	Surveillants		Sous-surveillants		Suppléants		1er Infirmiers	Infirmiers		Garçon d'amphith.	TOTAL
		H.	F.	H.	F.	H.	F.		H.	F.		
Instruction	1											1
Portes		1				1						2
Cuisine			1		1		1		6			9
Sommellerie, magasins, chantier		1				1			1			3
Lingerie			1				1	1		1		4
Vestiaire			1				1			1		3
Buanderie			1				2		2	1		6
Pharmacie				1				1	1			3
Bains						1	1					2
Bibliothèques, salle de réunion .									1			1
Salle des morts											1	1
Service de propreté					1				5			6
Porcherie									1			1
	1	2	4	1	2	3	6	2	17	3	1	42

École. — Le 1er juin 1889, M. Navarre, au nom de la 5e Commission du Conseil municipal, présentait à cette assemblée un rapport qui concluait à la création d'un asile d'enfants incurables dans les bâtiments de l'ancienne communauté de l'hospice d'Ivry. Cette création avait déjà été demandée en 1885 par M. le Directeur de l'Assistance publique.

Aux termes du projet de délibération, doivent être admis dans cette annexe 56 garçons de 4 à 20 ans, estropiés, boiteux, contracturés, paralytiques, gibbeux, etc., à l'exclusion des idiots, des sourds-muets et des aveugles.

L'ouverture de cette section si intéressante eut lieu le 18 novembre 1889.

Tous ces enfants fréquentent la classe qui leur est faite par un instituteur. Chaque année, quelques-uns d'entre eux obtiennent le certificat d'études.

Un administré de l'hospice, ancien tailleur, apprend son métier à un certain nombre d'enfants et il est question de créer quelques ateliers pour apprendre aux plus âgés un métier qui leur permettrait peut-être de gagner leur vie au dehors.

Buanderie.— La buanderie de l'hospice blanchit le linge de l'établissement

(1.415.191 pièces, 694.840 kilogrammes), celui de la fondation Dheur (27.740 pièces, 9.473 kilogrammes) et les draps et alèzes de l'hôpital Saint-Antoine (155.953 pièces, 169.326 kilogrammes), soit, au total : 1.598.884 pièces et 873.641 kilogrammes.

5 cuviers fonctionnent à la vapeur ; 2 essoreuses, l'une de 80 centimètres, l'autre de 100 centimètres, 1 réservoir à eau chaude, 8 chambres à air chaud alimentées par 4 fourneaux, 1 tonneau-laveur : tels sont les appareils qui servent à l'alimentation des bassins, au blanchissage et au séchage du linge.

Exploitation. — *Marais.*— Dans l'intérieur de l'établissement, un terrain de plus d'un hectare est cultivé pendant toute l'année par 3 maraîchers. Pendant l'année 1898, 39.379 kilogrammes de légumes divers et 319 kilogrammes de fruits frais ont été récoltés.

Porcherie. — L'exploitation de la porcherie, ouverte seulement au commencement de l'année 1898 et qui ne contenait que six loges, a produit 3.906 kilogrammes de viande.

Cette porcherie a été doublée en 1899. Elle peut contenir maintenant une quarantaine de porcs.

Cantine. — Dans les deux cantines, ouvertes seulement dans le courant de l'année 1899, on vend aux administrés du tabac, du sucre, des biscuits, de la mercerie et du papier à lettres.

Chauffage et ventilation. — Tous les services de l'hospice d'Ivry sont chauffés au moyen d'appareils de circulation d'eau chaude sous pression.

La ventilation est assurée par des cheminées d'appel qui reçoivent l'air vicié des salles et le rejettent au dehors.

Éclairage. — Les services généraux, les cours, couloirs et escaliers sont éclairés au gaz. Les services des petits et des grands infirmes, ainsi que l'infirmerie, soit 22 dortoirs et 5 salles, sont éclairés à l'électricité.

Les dortoirs des valides, au nombre de 28, sont éclairés par des veilleuses.

Salubrité. — Dans toute la maison, on fait usage de tinettes (système diviseur). Une seule fosse fixe existe dans la cour des jeunes incurables.

Une étuve à vapeur fonctionne chaque jour pour la désinfection des effets d'habillement et de la literie des administrés sortis ou décédés.

Eaux.— L'établissement est alimenté par l'eau de Seine, filtrée avant l'arrivée dans les compteurs dans le bassin filtrant de Choisy-le-Roi.

Laboratoires. — Le médecin et le pharmacien en chef ont chacun un laboratoire spécial.

Bibliothèques. — Il existe 3 bibliothèques : 2 pour les internes sont entretenues au moyen de dons, de cotisations des élèves et de subventions votées chaque année par le Conseil municipal (400 francs pour les internes en médecine, 200 francs pour les internes en pharmacie).

480 francs sont alloués à la bibliothèque des administrés ; mais, sur cette somme, sont prélevées les indemnités accordées aux deux bibliothécaires.

Objets d'art.— Dans la chapelle de l'établissement se trouve un très beau tombeau en marbre du cardinal de La Rochefoucauld. Une pendule et un baromètre anciens, légués à l'hospice des Incurables, ont été placés dans le cabinet du directeur.

Dépenses.— En 1898, les dépenses de l'hospice d'Ivry se sont élevées à la somme de 1.125.979 fr. 17, se décomposant ainsi par nature de dépense :

Personnel administratif	21.408 32	Report	486.096 89
Impressions, frais de bureau	470 80	Cave	87.017 »
Frais de cours, etc	1.417 20	Comestibles	214.161 96
Frais des exploitations	9.057 30	Chauffage et éclairage	118.904 80
Personnel médical	16.402 23	Blanchissage	42.868 87
Personnel secondaire	99.686 34	Coucher, linge, mobilier	95.910 85
Réparations de bâtiments	59.260 94	Appareils, instruments, etc	9.274 22
Pharmacie	16.407 27	Frais de transport	11.939 87
Boulangerie	102.350 48	Eaux, salubrité, etc	59.804 71
Boucherie	159.636 01		
A reporter	486.096 89	Total	1.125.979 17

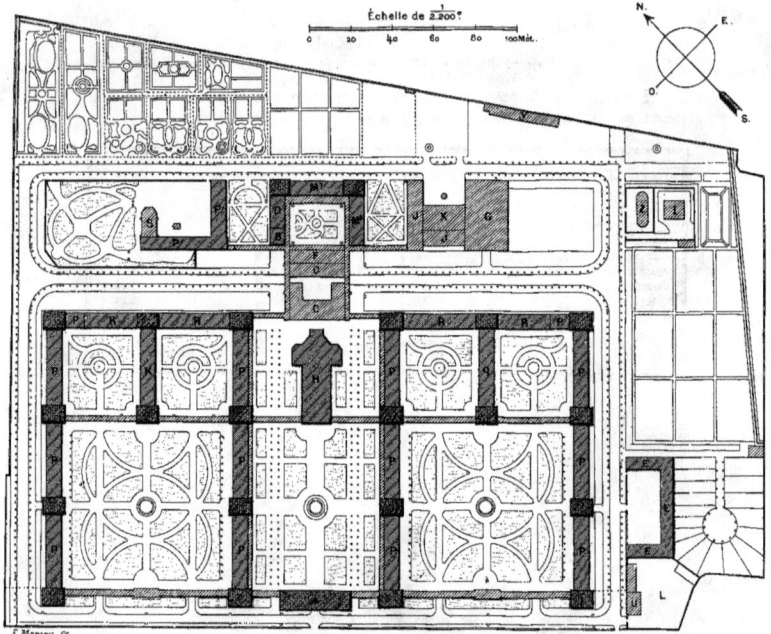

PLAN DE MASSE DE L'HOSPICE D'IVRY

L. Morieu, Sc

LOCALITÉS			
A Administration.	**S** Classe.	**J** Lingerie.	**B, D** Médecine².
B Consultation.	**U** Étuve.	**K** Magasin d'habillement.	**E** Logements de sous-employés.
C Cuisine.	**X** Machines.	**L** Chantier.	
D Pharmacie.	**Y** Porcherie.	**M** Infirmerie.	**K, P, Q, R** Pensionnaires.
E Logements du personnel.	**Z** Réservoirs.	**P** Pensionnaires.	**M** Infirmerie.
F Bains.		**Q** Salle de réunion, bibliothèque.	
G Buanderie.	REZ-DE-CHAUSSÉE	**R** Réfectoires.	DEUXIÈME ÉTAGE
H Chapelle.		**S** Classe.	
I Service des morts.	**A** Concierge, bureaux.	**U** Étuve.	**A** Logements du pharmacien et de deux employés, salle de garde en pharmacie.
J Lingerie.	**B** Consultation.	**X** Machines de chauffe.	
K Magasin d'habillement.	**C** Cuisine.	**Y** Porcherie.	**E** Logements de sous-employés.
L Chantier.	**D** Pharmacie.	**Z** Réservoirs.	
M Infirmerie.	**E** Écurie, atelier, pompe à incendie, oratoire protestant et portier.		**K, P, Q, R** Pensionnaires.
P Pensionnaires.		PREMIER ÉTAGE	
Q Salle de réunion, bibliothèque.	**F** Bains.		TROISIÈME ÉTAGE
R Réfectoires.	**G** Buanderie.	**A** Logements du directeur et de l'économe, salle de garde en médecine.	
	H Chapelle.		**A, E** Logements de sous-employés.
	I Service des morts.		

HOSPICE DE BRÉVANNES

à Limeil-Brévannes (Seine-et-Oise)

DIRECTEUR : M. PICOT

Situation. — L'hospice est situé à 24 kilomètres de Paris, sur la ligne de Vincennes à Verneuil-l'Étang, sur le territoire de la commune de Limeil-Brévannes (Seine-et-Oise), dans l'ancien château de Brévannes dont l'Administration fit l'acquisition le 19 septembre 1883.

Historique. — On n'a que des renseignements très vagues sur le château de Brévannes avant 1394. Il devait toutefois existor depuis longtemps, car dans certains actes rendus au roi par les anciens barons de la Queue-en-Brie, Brévannes est désigné comme fief mouvant de cette baronnie, par conséquent comme arrière-fief du roi.

Cette terre jouissait du droit de basse et moyenne justice. La prison

LE CHATEAU

était située sous le colombier à pied droit existant encore aujourd'hui, à côté du logement actuel des internes.

Le château proprement dit se compose de bâtiments irréguliers ; il avait à ses angles des tourelles à encorbellement entourées de larges fossés remplis d'eau provenant des sources de la montagne.

On communiquait avec le château par des ponts-levis.

De 1394 à 1551, le château paraît être resté la propriété de la famille des Corbie.

A cette époque, il passe de la maison de Corbie à la famille Duval.

Le premier propriétaire de ce nom fut François Duval, grand prévôt et chevalier, conseiller du roi en ses conseils d'État.

En 1675, le château appartint à Pierre Frémont, secrétaire de Mme la duchesse d'Orléans, et à son frère, bourgeois de Paris.

A cette époque, un hôte illustre, Mme de Sévigné, vint plusieurs fois à Brévannes.

Les frères Frémont étant protestants durent quitter la France après la révocation de l'édit de Nantes.

Leurs biens furent saisis et un bail fait en cour du parlement au profit de Charles Bernard, bourgeois de Paris.

En 1695, Brévannes fut adjugé à Nicolas-Heudebert Dubuisson, conseiller d'État, intendant des finances, qui, à sa mort, le légua à Augustin Lepileur qui eut pour successeur son arrière-petit-cousin Marx-Henri Lepileur, président à la Chambre des comptes.

Ce fut ce dernier qui fit reconstruire le château tel qu'il existe actuellement.

Depuis, le château a passé successivement au baron de Varange, régent de la Banque de France ; au banquier Claremont qui y mourut en 1839 ; à l'agent de change Sarchi ; au prince Achille Murat qui le fit réparer, à la suite des dévastations commises par les Allemands en 1870 ; enfin au baron Hottinguer qui le vendit à l'Administration de l'Assistance publique, moyennant une somme de 300.000 francs, le 19 septembre 1883.

L'hospice comprend :

1° Le château proprement dit dans lequel se trouvent 82 lits de vieillards, célibataires ou veufs (48 lits d'hommes ; 34 lits de femmes).

De plus l'infirmerie contient 18 lits destinés aux malades, hommes et femmes, du château et des ménages.

Le cabinet du directeur ; celui de l'économe ; les bureaux ; 1 logement de sous-surveillante ; 3 logements de suppléantes ; les calorifères ; la cuisine ; 2 salles de bains ; le réfectoire ; la cave ; la boucherie.

La première admission remonte au 29 juillet 1885.

2° Le quartier des ménages, composé d'un rez-de-chaussée et d'un premier étage, dans lequel sont hospitalisés 100 ménages ayant chacun une chambre à 2 lits.

La première admission remonte au 24 février 1888.

Dans ce même quartier se trouvent le logement du directeur ; celui de l'économe ; celui de la surveillante du service ; 1 logement de suppléante ; les bains ; 2 réfectoires ; la bibliothèque ; 2 salons de réception et 1 fumoir.

Dans les sous-sols, les magasins, les calorifères et quelques ateliers.

3° Les communs, dans lesquels se trouvent les écuries, la vacherie, la porcherie ; les logements des 4 internes, de 1 surveillant, de 1 sous-surveillante, de 2 charretiers ; 1 chambre occupée par la fille de basse-cour ; 2 autres par des infirmiers et infirmières et l'atelier de menuiserie.

4° A proximité du château dont elle n'est séparée que par les Douves, se trouve l'ancienne orangerie qui sert actuellement de fumoir et de salle de jeux aux pensionnaires logés dans le château.

5° A côté des communs, le chantier pouvant contenir une réserve de 35.000 kilogrammes de charbon de terre.

6° A l'extrémité du parc, un potager duquel l'établissement tire une partie des légumes et des fruits nécessaires à sa consommation.

A ce potager est adjointe une serre.

7° Au milieu du parc, l'amphithéâtre appelé prochainement à disparaître.

8° A proximité du château et du quartier des ménages, se trouve 1 kiosque servant de salon de coiffure, dans lequel, trois fois par semaine, un coiffeur se tient, la journée entière, à la disposition des pensionnaires.

9° A gauche des ménages, a été installé un quartier de chroniques contenant 664 lits.

Les travaux, commencés en 1892, n'ont été terminés qu'à la fin de 1896.

Ce quartier comprend 4 pavillons : Cruveilhier, Michel-Möring, Claude-Bernard et Vulpian, qui ont été ouverts : le pavillon Cruveilhier et le pavillon Vulpian en octobre 1897; le pavillon Michel-Möring (2 salles de chirurgie, hommes et femmes), le 18 janvier 1898; le pavillon Claude-Bernard et 3 autres salles du pavillon Michel-Möring, le 2 avril 1899.

GRANDE ALLÉE

VUE DES DOUVES

Une cuisine spéciale, fonctionnant à la vapeur, est installée au centre de ce groupe.

Dans les sous-sols ont été aménagés les services généraux : lingerie, magasin d'habillement, pharmacie, magasins d'approvisionnement de la cuisine, cave.

Au couchant, tout à proximité du pavillon Cruveilhier, est située l'usine où sont installés 3 fourneaux et, dans une pièce adjacente, les appareils électriques pour l'éclairage de l'établissement.

Personnel administratif. — Ce personnel comprend : 1 directeur; 1 économe; 1 commis rédacteur; 1 expéditionnaire.

Le directeur et l'économe sont logés dans l'établissement.

Le commis rédacteur et l'expéditionnaire sont logés au dehors et touchent des indemnités de 600 et 800 francs.

Personnel médical. — Le service de santé se compose de 5 personnes : 1 médecin et 3 internes en médecine nommés au concours; 1 interne en pharmacie.

Personnel secondaire. — Ce personnel se compose de 138 personnes, savoir : 6 surveillants et surveillantes; 8 sous-surveillants et sous-surveillantes; 1 garçon d'amphithéâtre; 14 suppléants et suppléantes; 4 premiers infirmiers et premières infirmières; 105 infirmiers, infirmières, garçons et filles de service.

Personnel à la journée. — On compte 18 personnes, savoir :
1 plombier; 9 électriciens, mécaniciens et chauffeurs; 1 cuisinier; 6 lingères; 1 journalier ou femme de journée.

Les *Services hospitaliers* sont constitués ainsi qu'il suit :

NATURE des SERVICES	NOMS des chefs de SERVICE	DÉSIGNATION des PAVILLONS	DÉSIGNATION des SALLES	NOMBRE DE LITS H.	F.	ÉLÈVES INTERNES	PERSONNEL SECONDAIRE Sous-surveillantes	Suppléantes	1ers Infirmiers H.	F.	Infirmiers H.	F.	Total
MÉDECINE	Dᵣ Touche	Cruveilhier	Duchêne-de-Boulogne	»	36	»	»	»	»	»	»	»	»
			Brown-Séquard	»	36	»	»	»	»	»	»	»	»
			Broca	»	36	»	1	2	»	1	15	4	23
			Mesnet	»	36	»	»	»	»	»	»	»	»
			Charcot	»	32	»	»	»	»	»	»	»	»
			Morel	»	32	»	»	»	»	»	»	»	»
—	—	Michel-Möring	Chassaignac	»	28	»	»	»	»	»	»	»	»
			J.-L. Petit	»	28	»	1	2	»	»	9	2	14
			Nélaton	»	24	»	»	»	»	»	»	»	»
—	—	Claude-Bernard	Bichat	28	»	3	»	»	»	»	»	»	3
			Laségue	28	»	»	»	»	»	»	»	»	»
			Bouillaud	28	»	»	1	2	»	1	9	3	16
			Moutard-Martin	28	»	»	»	»	»	»	»	»	»
—	—	Vulpian	Tenon	36	»	»	»	»	»	»	»	»	»
			Bazin	36	»	»	»	»	»	»	»	»	»
			Civiale	36	»	»	1	2	»	1	15	4	23
			Rayer	36	»	»	»	»	»	»	»	»	»
			Villemin	32	»	»	»	»	»	»	»	»	»
			Péter	32	»	»	»	»	»	»	»	»	»
CHIRURGIE		Michel-Möring	Terrillon	12	16	»	»	»	»	»	4	1	5
			Maisonneuve	»	28	»	»	»	»	»	»	»	»
		TOTAL		332	332	3	4	8	»	3	52	14	84
CHATEAU				48	34	»	1	2	»	»	3	2	7
MÉNAGES				100	100	»	1	1	»	»	3	1	6
INFIRMERIE POUR LES ADMINISTRÉS DU CHATEAU ET DES MÉNAGES				9	9	»	»	»	1	»	»	1	2
		TOTAL GÉNÉRAL		489	475	3	6	11	1	3	58	17	99

Les *Services généraux* sont constitués ainsi qu'il suit :

SERVICES GÉNÉRAUX	Surveillants		Sous-surveillants		Suppléants		Infirmiers		Garçon d'amphith.	TOTAL
	H.	F.	H.	F.	H.	F.	H.	F.		
Instruction.	»	»	»	»	»	»	»	»	»	»
Communauté.	»	»	»	»	»	»	»	»	»	»
Portes	1	»	»	»	2	»	»	»	»	3
Bureaux	»	»	»	»	»	»	»	»	»	»
Consultation	»	»	»	»	»	»	»	»	»	»
Cuisine.	»	1	»	1	»	»	6	»	»	8
Sommellerie	»	»	»	»	»	»	»	»	»	»
Magasins.	1	»	1	»	»	»	1	»	»	3
Lingerie	»	»	»	1	»	1	1	3	»	6
Vestiaire	»	»	»	»	»	»	»	»	»	»
Linge à pansements.	»	»	»	»	»	»	»	»	»	»
Buanderie	»	»	»	»	»	»	»	»	»	»
Pharmacie	»	»	1	»	»	»	1	»	»	2
Bains.	»	»	»	»	»	»	»	»	»	»
Chantier	»	»	»	»	»	»	1	»	»	1
Salle des morts	»	»	»	»	»	»	»	»	1	1
Service de propreté	»	»	1	»	»	»	10	»	»	11
Réfectoire	»	»	»	»	»	»	6	»	»	6
Ventouses	»	»	»	»	»	»	»	»	»	»
Machines.	»	»	»	»	»	»	»	»	»	»
Écurie	»	»	»	»	»	»	1	»	»	1
Laboratoire.	»	»	»	»	»	»	»	»	»	»
	2	1	3	1	2	1	27	3	1	42

Il n'existe pas de buanderie à Brévannes. Le linge est blanchi par voie d'adjudication.

Chauffage. — Le chauffage du château et du quartier des ménages est assuré par des calorifères à air chaud ; celui du quartier des chroniques au moyen de la vapeur.

Éclairage. — L'établissement est éclairé à l'électricité, à l'exception des communs.

Salubrité. — On fait usage de tinettes pour le château et les ménages.
Le tout à l'égout a été installé pour le quartier des chroniques.
Une étuve à vapeur fonctionne chaque jour pour la désinfection de la literie, du linge et des effets des malades.
Un four à incinérer les ouates est installé à côté de l'étuve et fonctionne également tous les jours.

Eaux. — La maison est alimentée par l'eau de Seine et par l'eau de source appartenant à la propriété.

Laboratoire. — Un laboratoire est mis à la disposition du personnel médical.

Bibliothèques. — Il existe une bibliothèque pour les internes en médecine ; un crédit annuel de 200 francs est affecté à son entretien.
Il existe également une bibliothèque pour les administrés du château et des ménages ; un crédit de 200 francs lui est affecté.

Dépenses. — En 1898, les dépenses de l'hospice de Brévannes se sont élevées à la somme de 692.032 fr. 68, se décomposant ainsi par nature de dépense :

Personnel administratif	11.703 60		Report	287.448 68
Impressions, frais de bureau	973 70		Cave	37.106 »
Frais de cours, etc.	519 90		Comestibles	91.158 56
Frais des exploitations	31.051 71		Chauffage et éclairage	124.876 11
Personnel médical	7.732 12		Blanchissage	33.657 08
Personnel secondaire	47.853 97		Coucher, linge, mobilier	51.714 84
Réparations de bâtiments	48.862 15		Appareils, instruments, etc.	5.168 21
Pharmacie	11.184 61		Frais de transport	17.684 21
Boulangerie	33.527 04		Eaux, salubrité	43.219 22
Boucherie	94.039 88			
A reporter	287.448 68		Total	692.032 68

Exploitation. — L'hospice de Brévannes exploite directement les terres dépendant de son domaine.

La plus grande partie est consacrée à la grosse culture.

Un champ d'épandage de 5 hectares est situé à 1.500 mètres environ de l'établissement.

Là, on pratique la culture maraîchère comme à Nanterre.

L'installation en fut confiée au service de l'assainissement de la Ville de Paris.

L'exploitation compte : 8 vaches, 2 chevaux et 16 porcs.

Un ancien élève de l'école Le Nôtre est placé à la tête de ce service.

Il est assisté de 7 jardiniers.

ANCIEN CHATEAU

REZ-DE-CHAUSSÉE

Infirmerie femmes, dortoir d'administrés, bureau du directeur, bureau de l'économe, salle de bains, office, réfectoire.

PREMIER ÉTAGE

Entresolé, logement de sous-employés.

Infirmerie hommes, dortoirs d'administrés, salle de bains.

DEUXIÈME ÉTAGE

Dortoirs d'administrés.

COMBLES. — Dortoirs d'administrés et logement du personnel secondaire.

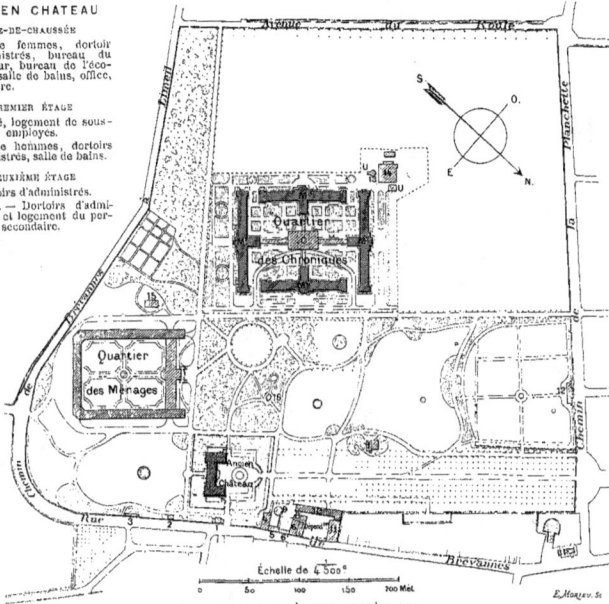

PLAN DE MASSE DE L'HOSPICE DE BRÉVANNES

Échelle de $\frac{1}{4\,500}$°

E. Marlev. Sc.

		REZ-DE-CHAUSSÉE	PREMIER ÉTAGE	DEUXIÈME ÉTAGE	SERVICES DIVERS
QUARTIER des **CHRONIQUES** Séparé du reste de l'établissement par une barrière.	Pavillon M²	Dortoirs de malades femmes (médecine), et services généraux de ces dortoirs.	Même disposition qu'au rez-de-chaussée.	Dortoir de malades femmes, logement et dortoir du personnel, lingerie.	1 Concierge. 2 Remise des pompes. 3 Cabane à eaux grasses. 4 Salle de jeu, fumoir. 5 Logement d'interne en pharmacie. 6 Logements d'internes en médecine. 6' Laboratoire. 7 Remise et atelier, 1er étage, grenier. 8 Laiterie. 9 Pigeonnier. 10 Sellerie, graineterie, 1er étage, logements de sous-employés. 11 Fruitier, vacherie, écurie, 1er étage, logements de sous-employés et grenier à fourrage. 12 Serre. 13 Cheminée de l'usine, four à pansements. 14 Usine. 15 Agence des travaux. 16 Kiosque. U Étuve à désinfection. 1 Salle des morts et amphithéâtre.
	Pavillon M⁴	Dortoir femmes (chirurgie) chroniques dans l'aile droite et dans la moitié de l'aile gauche, et services généraux de ce dortoir.	Disponible.	Disponible.	
	Pavillon M³	Idem à M², pour les hommes.	Disponible.	Disponible.	
	Pavillon M¹	Idem à M², pour les hommes.	Idem à M², pour les hommes.	Dortoir de malades hommes, chambres, dortoirs du personnel.	
	Pavillon C (cuisine)	Cuisine, salle de distribution et dépendances.	3 log¹ˢ du personnel secondaire et dortoir d'infirmières.		
QUARTIER des **MÉNAGES**		Logement du directeur, de l'économe, office, paneterie, réfectoires, bibliothèque, fumoir, logements, chambres d'administrés, salle de bains, 2 chambres du personnel, lingerie de service, logements d'administrés en chambre.	Logements du directeur, de l'économe, d'administrés, salle de bains, 2 chambres du personnel, logements d'administrés.	COMBLES. — Grenier formant le 2e étage, libre.	

81

MAISON DE RETRAITE DES MÉNAGES

25, Rue Jean-Jacques-Rousseau, à Issy (Seine)

DIRECTEUR : M. POTIN

Situation. — L'hospice est limité, de face, par la rue Jean-Jacques-Rousseau ; en arrière, par les jardins de la fondation Devillas, une propriété particulière, l'école communale des garçons et la place Voltaire ; à droite, par plusieurs propriétés particulières, la place du Marché et le boulevard Gambetta ; à gauche, par les jardins du couvent Sainte-Philomène.

La surface totale du terrain est de 59.027ᵐˢ, dont 14.592 pour la surface des bâtiments et 44.435 pour la surface des cours et jardins.

Historique. — La maison de retraite des Ménages, située autrefois à Paris, rue de la Chaise, 28, a été fondée en 1554, sous le nom d'hôpital des Petites-Maisons, sur l'emplacement de l'ancienne maladrerie de Saint-Germain-des-Prés. On y reçut d'abord indistinctement des aliénés, des enfants et des vieillards des deux sexes.

En 1801, il fut exclusivement réservé aux époux en ménage et aux veufs et veuves, divorcés ou séparés de corps à leur profit, qui, sans être dans un état d'indigence absolu, n'ont cependant pas des moyens suffisants d'existence et peuvent payer une certaine somme au moment de leur admission.

En 1861, l'Administration décida la démolition des vieux bâtiments de la rue de la Chaise et la reconstruction d'un hospice plus vaste sur un terrain situé à Issy, à proximité des fortifications.

Le nouvel hospice des Ménages a été ouvert en 1863.

Conditions d'admission. — Pour entrer aux Ménages, il faut : 1° être âgé de 60 ans ; 2° avoir 2 ans de séjour dans le département de la Seine au moment du dépôt de la demande ; 3° justifier de 5 ans de mariage. — Le prix est fixé ainsi : pour les dortoirs, un capital de 1.200 francs ou une pension annuelle de 250 francs, ainsi que le payement de 200 francs une fois donnés pour le mobilier ; pour les chambres particulières, un capital de 1.800 francs ou une pension annuelle de 300 francs ; pour les chambres d'époux, un capital de 3.000 francs ou une pension annuelle de 600 francs. Les administrés doivent en outre justifier de 150 francs de revenu annuel pour leur habillement et leur blanchissage.

Les admissions ont lieu dans l'ordre des inscriptions. Les octogénaires sont préférés pour une vacance sur deux.

Consultations. — Il n'y a pas de consultation pour les malades de l'extérieur, mais seulement une consultation pour les administrés de l'établissement atteints d'affections légères. Elle a lieu deux fois par semaine, le mercredi et le samedi.

Nombre de consultations en	1896	1897	1898
Consultations de médecine	2.379	1.653	1.938

Nombre de lits. — La maison de retraite des Ménages contient 1.443 lits ainsi répartis :

		Hommes	Femmes	Total
MALADES	Infirmerie	34	40	74
VIEILLARDS ET INFIRMES	Chambres de veufs ou veuves	100	317	417
	Chambres de ménages	208	208	416
	Dortoirs	236	300	536
		578	865	1.443

Mouvement de la population. — Au 1er janvier 1896, on constatait la présence à l'hospice de 1.295 administrés ; pendant cette année, il en est entré 583 et sorti 458. Le nombre des morts a été de 124. Le chiffre des administrés restant au 31 décembre 1896 était de 1.290.

Pour cette année 1896, le nombre de journées d'administrés a été de 468.775.

La mortalité moyenne, calculée d'après le nombre des individus existant le

1er janvier 1896 et de ceux entrés dans l'année divisé par le nombre des morts, a été de 1 sur 11,68.

La durée moyenne du séjour des administrés décédés pendant l'année 1896 a été de 8 ans et 9 mois.

Personnel administratif. — Ce personnel comprend : 1 directeur ; 1 économe ; 1 commis rédacteur ; 1 garçon de bureau et 1 commissionnaire. Toutes ces personnes sont logées dans l'établissement.

Personnel médical. — Le service de santé se compose de 6 personnes : 1 médecin, 1 dentiste et 4 élèves.

Personnel secondaire. — Il se compose de 74 personnes, savoir :

8 surveillants et surveillantes ; 11 sous-surveillants et sous-surveillantes ; 7 suppléants et suppléantes ; 8 premiers infirmiers et premières infirmières ; 40 infirmiers, infirmières, garçons et filles de service.

Personnel professionnel fixe. — On compte 5 personnes, savoir : 1 plombier, 1 mécanicien, 1 chauffeur et 2 charretiers.

Personnel à la journée. — On compte 14 personnes, savoir : 1 peintre ; 1 fumiste ; 2 chauffeurs ; 3 buandières ; 1 lingère ; 1 repasseuse et 3 journaliers.

Les *Services hospitaliers* sont constitués ainsi qu'il suit :

NATURE des SERVICES	NOMS des chefs de SERVICE	DÉSIGNATION des SALLES	NOMBRE DE LITS H.	F.	ÉLÈVES Internes	Externe	PERSONNEL SECONDAIRE Surveillantes	S.-surveillantes	Suppléants H.	F.	1ers Infirmiers H.	F.	Infirmiers H.	F.	Total
INFIRMERIE	Dr **Marfan**	Labric.	34	»	3	1	1	1	»	»	1	1	1		10
		Loger	»	40			1	1	»	1	1	»	2		
CHAMBRES	—	Époux.	208	208	»	»	1	1	»	»	»	»	1		6
		Veufs et veuves.	100	317	»	»			»	»	»	4	»		
DORTOIRS D'INFIR-	—	Rémond	10	»	»	»	»	»	»	»	»	1			
MES.		Ileu	»	10	»	»	»	»	»	»	»	1			15
		Gérando	54	»	»	»	1	»	»	1	2	»			
		Brézin.	»	54	»	»	»	1	1	1	»				
		Tisseraud	»	64	»	»	1	»	1	1	2	»			
DORTOIRS DE VA-	—	Suard	54	»	»	»	»	»	»	1	»			
LIDES		Montyon	»	64	»	»	»	»	»	1	1	»		9
		Voltaire	»	54	»	»	»	»	»	»	1	»		
		Boulard	54	»	»	1	»	»	»	»	1	»		
		Crozatier	64	»	»	»	»	»	»	»	1	1		
		Richard-Lenoir .	»	54	»	»	»	»	»	»	1	1		
CONSULTATION DE MÉDECINE.			»	»	»	»	»	»	»	»	»	2		
SERVICE DE VEILLE.			»	»	»	»	1	2	»	»	6	9
REMPLACEMENTS.			»	»	»	»	1	»	»	»	»	1
		TOTAL.	578	865	3	1	4	5	1	3	3	4	10	20	50

Un chirurgien du Bureau central est appelé lorsqu'une intervention chirurgicale est jugée nécessaire. Le chirurgien a été supprimé à partir du 1er janvier 1900.

Les *Services généraux* sont constitués ainsi qu'il suit :

SERVICES GÉNÉRAUX	Surveillants		Sous-surveillants		Suppléants		1ers Infirmiers		Infirmiers		Garçon d'amphith.	TOTAL
	H.	F.	H.	F.	H.	F.	H.	F.	H.	F.		
Portes...............	1	»	1	1	»	»	»	»	»	»	»	3
Bureaux.............	»	»	2	»	»	»	»	»	»	»	»	2
Consultation..........	»	»	»	»	»	»	»	»	»	»	»	»
Cuisine.............	»	1	»	»	»	»	1	»	3	»	»	5
Sommellerie..........	»	»	»	1	»	»	»	»	»	»	»	1
Magasins............	1	»	»	»	»	»	»	»	»	»	»	1
Lingerie............	»	1	»	»	»	1	»	»	1	»	»	3
Buanderie...........	»	»	»	1	»	»	»	»	»	»	»	1
Pharmacie...........	»	»	»	»	1	»	»	»	»	»	»	1
Bains..............	»	»	»	»	»	»	»	»	1	1	»	2
Chantier............	»	»	»	»	1	»	»	»	»	»	»	1
Salle des morts.......	»	»	»	»	»	»	»	»	1	»	»	1
Service de propreté......	»	»	1	»	»	»	»	»	1	»	»	2
Réfectoire...........	»	»	»	1	»	»	»	»	»	2	»	3
Machines...........	»	»	»	»	»	»	»	»	»	»	»	»
Écuries............	»	»	»	»	»	»	»	»	»	»	»	»
Laboratoire..........	»	»	»	»	»	»	»	»	»	»	»	»
	2	2	4	4	2	1	1	»	7	3	»	26

Bains. — Les bains sont exclusivement réservés aux administrés des Ménages et de Devillas, ainsi qu'au personnel. Il est donné par an environ 9.722 bains, dont 5.038 bains simples, 4.229 bains médicamenteux et 455 douches.

Buanderie. — Le linge est lavé par la Buanderie nouvelle de Laënnec, mais il est rendu mouillé ; il est ensuite séché et repassé aux Ménages. La petite buanderie de la maison blanchit les serviettes, les mouchoirs, le linge des sous-employés, les effets d'habillement et le linge à pansements, soit environ 60 kilogrammes par jour.

Chauffage et ventilation. — Les administrés en chambres reçoivent chacun pour leur chauffage 2 stères de bois et 4 hectolitres de charbon de bois par an.

Les bâtiments occupés par l'infirmerie et les administrés en dortoirs sont chauffés par des calorifères à air chaud.

L'établissement n'a pas de système particulier de ventilation; l'aération se fait naturellement par les portes et les fenêtres.

Éclairage. — Depuis le mois d'avril de l'année 1896, l'établissement est éclairé par l'électricité qui est produite dans la maison par des machines spécialement installées pour cet usage.

Salubrité. — L'établissement est pourvu de 15 fosses fixes.

Il ne possède pas d'étuve à vapeur pour la désinfection des effets de coucher et d'habillement ni de four à incinérer les poussières et les pansements.

Eaux. — L'hospice est alimenté exclusivement par de l'eau de rivière (Seine), mais les services sont pourvus de filtres Chamberland pour l'épuration de l'eau destinée à l'alimentation.

Laboratoire. — Un petit laboratoire a été aménagé à côté de la salle des morts pour le service du médecin et pour celui des élèves.

Bibliothèques. — Deux bibliothèques pour les internes sont entretenues au moyen de subventions votées chaque année par le Conseil municipal (400 francs pour les internes en médecine et 100 francs pour l'interne en pharmacie).

Il existe aussi une bibliothèque pour les administrés; un crédit annuel de 400 francs est affecté à son entretien.

Dépenses. — En 1898, les dépenses de la maison se sont élevées à la somme de 617.591 fr. 59, se décomposant ainsi par nature de dépense :

Personnel administratif	16.068 69		Report	258.133 57
Impressions, frais de bureau	509 39	Cave		26.572 »
Frais de cours, etc	873 15	Comestibles		150.285 59
Frais des exploitations	16.904 38	Chauffage, éclairage		86.565 58
Personnel médical	7.819 87	Blanchissage		14.184 48
Personnel secondaire	44.333 50	Coucher, linge, habillement, mobilier		24.656 14
Réparations de bâtiments	24.421 49	Appareils, instruments, etc		2.093 66
Pharmacie	5.199 73	Frais de transport		3.911 39
Boulangerie	69.304 79	Eaux, salubrité, etc		49.189 18
Boucherie	72.998 58			
A reporter	258.133 57	Total		617.591 59

Voir le plan de masse de cet établissement page 652.

FONDATION DEVILLAS

38, Rue Ernest-Renan, à Issy (Seine)

DIRECTEUR : M. POTIN

Situation. — L'établissement est limité, de face, par la rue Ernest-Renan ; en arrière, par la maison de retraite des Ménages ; à droite et à gauche, par des propriétés particulières.

Les bâtiments, en forme de parallélogramme, se développent sur une superficie de 1.736^{mq} et sont entourés de jardins mesurant 2.100^{mq} ; au milieu se trouve une cour d'une surface de 800^{mq} (1).

Historique. — L'hospice a été fondé par M. Devillas, négociant, mort en 1832 ;

il a été inauguré en 1835. Établi d'abord dans l'hôtel même du fondateur, rue du Regard, 17, à Paris, il a été transporté en 1863 à Issy, sur un terrain plus vaste, contigu à celui des Ménages. Il est destiné à recevoir des indigents infirmes des deux sexes.

Conditions d'admission. — Pour être admis dans l'établissement, il faut avoir 70 ans au moins, être atteint d'infirmités incurables, et posséder un certificat d'indigence et de domicile à Paris.

Nombre de lits. — La fondation Devillas contient 68 lits réglementaires (34 pour les hommes, 34 pour les femmes).

Les lits sont pour les quatre cinquièmes à la nomination des bureaux de bienfaisance de la ville de Paris et répartis au prorata de la population indigente, et pour l'autre cinquième à celle du Consistoire protestant.

Consultations. — La fondation n'a pas de consultation particulière ni d'infirmerie ; les administrés malades sont soignés par le personnel médical de l'hospice des Ménages, soit à l'infirmerie, soit à la consultation, lorsqu'il s'agit d'une affection légère.

---

(1) Ces renseignements ont été pris dans l'*Étude sur les hôpitaux* de M. Husson. L'état spécial des propriétés de l'Administration n'indique pas séparément la superficie des terrains occupés par l'hospice des Ménages et la fondation Devillas, mais seulement la surface totale des deux établissements, soit 59.027^{mq}.

Mouvement de la population. — Au 1er janvier 1896, on constatait la présence à l'hospice de 66 administrés; pendant cette année, il en est entré 49 et sorti 39. Le nombre des morts a été de 12. Le chiffre des administrés restant au 31 décembre 1896 était de 64.

Pour cette année 1896, le nombre de journées d'administrés a été de 23.543.

La mortalité moyenne, calculée d'après le nombre des individus existant le 1er janvier et de ceux entrés dans l'année divisé par le nombre des morts, a été de 1 sur 6,50.

La durée moyenne du séjour des administrés décédés pendant l'année 1896 a été de 4 ans et 9 mois.

Personnel administratif. — Le directeur et l'économe de la maison de retraite des Ménages sont également chargés de la direction et de la gestion de l'hospice Devillas; ils sont aidés par un commis rédacteur logé dans l'établissement.

Personnel secondaire. — Ce personnel se compose de 9 personnes, savoir :

1 surveillante; 1 concierge et sa femme (sous-surveillants); 1 suppléante; 1 premier infirmier et 1 première infirmière; 3 infirmiers, infirmières, garçons et filles de service.

Personnel à la journée. — La fondation n'a à son compte aucun ouvrier à la journée, les menues réparations sont exécutées par les ouvriers des Ménages.

Les *Services hospitaliers* sont constitués ainsi qu'il suit :

NATURE des SERVICES	DÉSIGNATION des SALLES	NOMBRE DE LITS		Surveillante	Sous-surveillants		Suppléante	1ers Infirmiers		Infirmiers		TOTAL
		H.	F.		H.	F.		H.	F.	H.	F.	
Administrés . . .	Rémond	8	»	»	»	»	»	»	»	»	»	»
—	Bordin	»	8	1	»	»	1	1	»	1	2	6
—	Devillas	26	»		»	»			»			
—	Montyon	»	26	»	»	»	»	»	»	»	»	»
Service de veille		»	»	»	»	»	»	»	1	»	»	1
Porte		»	»	»	1	1	»	»	»	»	»	2
Total		34	34	1	1	1	1	1	1	1	2	9

Services généraux. — La lingerie, le chantier et les magasins sont tenus par la surveillante.

La nourriture est préparée par la cuisine de l'hospice des Ménages.

Le linge est lavé par la Buanderie nouvelle de Laënnec; il est ensuite séché et repassé aux Ménages.

Les bains sont également donnés dans l'établissement voisin.

Chauffage et ventilation. — Les salles sont chauffées par des calorifères en fonte placés dans les salles du rez-de-chaussée avec des repos de chaleur au premier étage. Les autres services sont également chauffés par des appareils en fonte.

L'établissement n'a pas de système particulier de ventilation; l'aération se fait naturellement par les portes et les fenêtres.

Eclairage.— De même qu'à la maison de retraite des Ménages, la fondation Devillas est éclairée par l'électricité depuis le mois d'avril 1896.

Salubrité. — L'établissement est pourvu de 7 fosses fixes.

Eaux. — L'hospice est alimenté exclusivement par de l'eau de rivière (Seine), mais les services sont pourvus de filtres Chamberland pour l'épuration de l'eau destinée à l'alimentation.

Bibliothèque. — L'hospice possède une petite bibliothèque; mais, comme aucun crédit n'est affecté à son entretien, les administrés s'adressent de préférence à la bibliothèque des Ménages qui est beaucoup mieux approvisionnée.

Dépenses. — En 1898, les dépenses de la fondation Devillas se sont élevées à la somme de 50.672 fr. 10, se décomposant ainsi par nature de dépense:

Personnel administratif		3.901 20	*Report*	37.417 77
Impressions, frais de bureau, etc		156 57	Blanchissage.	806 08
Charges spéciales des revenus.		72 20	Coucher, linge, habillement, mobilier . .	2.468 71
Personnel secondaire		4.976 04	Appareils, instruments, etc	2 51
Réparations de bâtiments		2.252 11	Eaux, salubrité, dépenses diverses . . .	3.636 12
	Pain	3.772 41	Remboursement des frais correspondant aux livraisons des magasins généraux.	500 40
Frais de nourriture . .	Vin.	2.909 14	Rentes à capitaliser pour la consolidation de la fondation	3.866 03
	Viande	6.404 68	Part dans les dépenses générales d'administration	2.004 48
	Comestibles .	8.003 33		
Service de la pharmacie		6 82	Total	50.672 10
Chauffage et éclairage.		4.963 27		
A reporter		37.417 77		

HOSPICE DEVILLAS *Grande   rue   d'Issy*

Échelle de 1:650°

0 10 20   40   60 Mèt.

DEVILLAS

REZ-DE-CHAUSSÉ

A Bureau, entrée, con-
C Office.
H Chapelle.
H' Oratoire.
J Lingerie.
K Magasins.
L Chantier.
P Dortoirs des pension
R Réfectoire.
T Cours et jardins.

Aux premier et des
étages sont des logeme
les dortoirs du pension

MÉNAGES

REZ-DE-CHAUSSÉE

A Bureaux, entrée et con-
   cierge.
A' Entrée, concierge.
B Consultations.
C Cuisine et dépendances.
D Pharmacie.
F Bains.
G Buanderie.
G' Champ d'étendage.
G" Usine d'électricité.
H Chapelle.
I Service des morts.
J Lingerie.
K Magasin.
K' Ateliers.
L Chantier.
M Infirmerie.
P Dortoirs des pensionnaires.
P' Chambres des pension-
   naires.
R Réfectoire.
T Cours et jardins.
V Cantine.
X Bibliothèque, salle de jeux
Y Écurie et remise.
Z Réservoir.
Z' Ancienne mairie, local
   libre.

PREMIER ÉTAGE

A, A' Logements du personnel
J Chambres de pensionnaires
K Magasin.
M Infirmerie et dortoirs du
   personnel femmes.
P Dortoirs des pensionnaires
P' Chambres de pensionnaires
Y Logements.
Z' Ancienne mairie, local
   libre.

Aux deuxième et troisième
étages sont les logements du
personnel, les chambres et
les dortoirs des pensionnaires.

HOSPICE DEVILLAS

Boulevard

Gambetta

E. Moreau, sc.

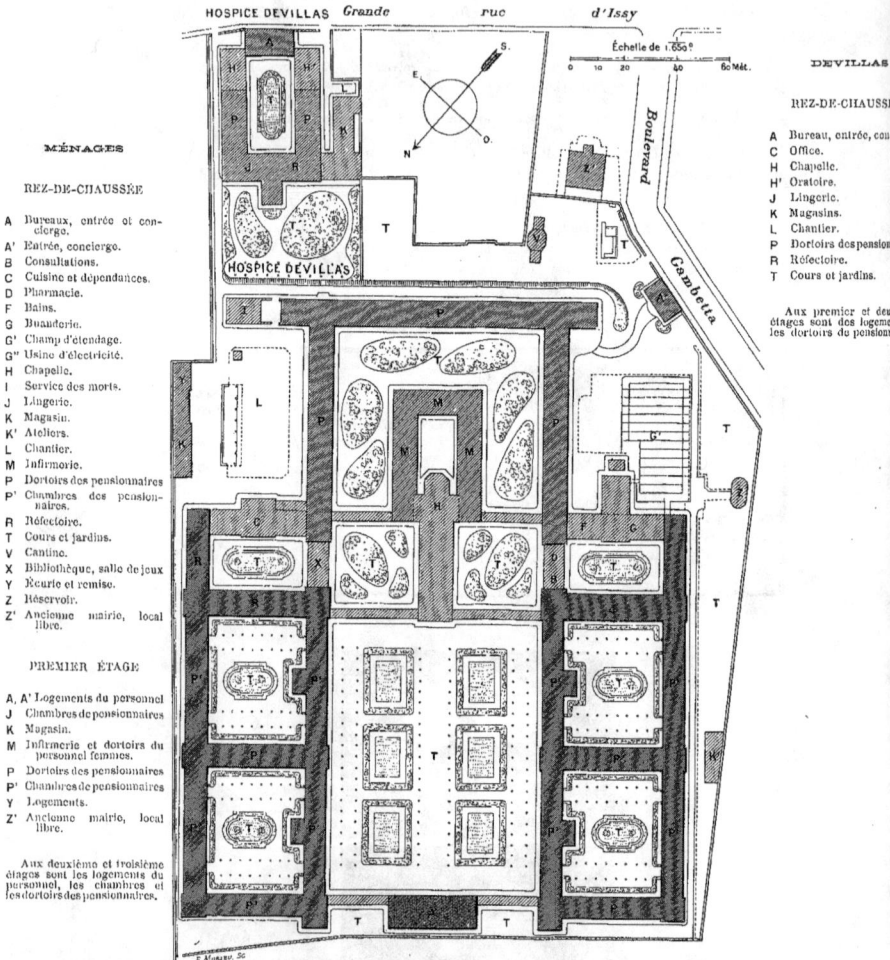

PLAN DE MASSE DE LA MAISON DE RETRAITE DES MÉNAGES ET DE LA FONDATION DEVILLAS

MAISON DE RETRAITE DE LA ROCHEFOUCAULD

15, Avenue d'Orléans

DIRECTEUR : M. BOITEAU-CADIOT

Situation. — L'établissement est limité, de face, par l'avenue d'Orléans ; en arrière, il se trouve en bordure de l'avenue de Montsouris ; à droite et à gauche, sont des constructions particulières.

La superficie totale du terrain est de 22.126 ^{mq}80.

Historique. — La maison a été fondée en 1781 par Mme la duchesse de La Rochefoucauld-Doudeauville, descendante de Louvois, et ouverte en 1783 sous le nom de Maison royale de Santé. Elle fut d'abord destinée à recueillir des officiers infirmes ou indigents, des ecclésiastiques et des magistrats sans fortune.

En 1792, elle prit le nom d'Hospice national et devint un hôpital pour les malades du district de Bourg-la-Reine.

En l'an IV, elle fut transformée en succursale des Incurables hommes et femmes.

En 1801, un arrêté du Conseil général des hospices en fit la Maison de retraite de Montrouge.

Les bâtiments actuels ont été reconstruits, en 1802, sur les plans d'Antoine, architecte de la Monnaie.

Le 11 janvier 1822, un arrêté du Ministre de l'intérieur donna à la Maison de Montrouge la dénomination d'hospice de La Rochefoucauld.

L'établissement est destiné aux vieillards et infirmes incurables des deux sexes.

Conditions d'admission. — Pour être admis dans l'établissement, il faut avoir 60 ans révolus ou être atteint d'infirmités incurables, justifier de 2 ans de séjour dans le département de la Seine au moment du dépôt de la demande, et opérer les versements suivants entre les mains de l'Administration :

Versement d'un capital variant entre 875 francs et 4.500 francs, suivant l'âge du pensionnaire et suivant que celui-ci est valide ou infirme incurable, ou payement d'une pension annuelle de 250 francs pour les valides et de 372 fr. 50 pour les infirmes.

Versement de 100 francs une fois donnés pour le mobilier fourni par l'Administration.

Les pensionnaires doivent également justifier de 150 francs de revenu annuel pour leurs frais d'entretien.

Les admissions ont lieu au tour d'inscription ; les octogénaires sont préférés pour une vacance sur deux.

Les anciens serviteurs de l'Assistance publique sont admis hors tour jusqu'à concurrence du quart des vacances.

Consultations. — Une consultation spéciale pour les maladies de la peau a lieu les lundis, mercredis et vendredis *(Dr Darier)*.

Le nombre des consultations a été : en 1896, de 4.500 ; en 1897, de 3.424 ; en 1898, de 3.574.

Nombre de lits. — La maison de retraite de La Rochefoucauld contient 246 lits réglementaires, ainsi répartis :

	Hommes	Femmes	Total
MALADES (infirmerie)	10	10	20
VIEILLARDS ET INFIRMES (chambres)	1	4	5
VIEILLARDS ET INFIRMES (dortoirs)	106	115	221
	117	129	246

Mouvement de la population. — Au 1er janvier 1896, on constatait la présence à l'hospice de 221 pensionnaires ; pendant cette année, il en est entré 56, dont 39 par admission et 17 par expiration de congé ; il en est sorti 22, dont 17 par congé et 5 définitivement. Le nombre des morts a été de 33. Le chiffre des pensionnaires restant au 31 décembre 1896 était de 222. Pour cette année 1896, le nombre de journées d'administrés a été de 80.927.

Personnel administratif. — Ce personnel comprend : 1 directeur ; 1 commis rédacteur et 1 garçon de bureau.

Le directeur et le garçon de bureau sont logés dans l'établissement ; le commis rédacteur, logé au dehors, reçoit une indemnité de 400 francs.

Personnel médical. — Le service de santé se compose de 5 personnes :

1 médecin ; 1 interne en médecine ; 1 interne en pharmacie et 2 externes.

Personnel secondaire. — Ce personnel se compose de 25 personnes, savoir : 3 surveillantes ; 3 sous-surveillants et sous-surveillantes ; 2 suppléantes ; 3 premiers infirmiers et premières infirmières ; 14 infirmiers, infirmières, garçons et filles de service.

Personnel à la journée. — On compte 7 personnes, savoir : 1 menuisier ; 2 jardiniers ; 3 buandières ; 1 lingère.

Les *Services hospitaliers* sont constitués ainsi qu'il suit :

NATURE des SERVICES	NOM du chef de SERVICE	DÉSIGNATION des SALLES	NOMBRE DE LITS		ÉLÈVES		PERSONNEL SECONDAIRE						
			Hommes	Femmes	Interne	Externes	Surveillante	Sous-surveillante	Suppléante	1ers Infirmières	Infirmiers H.	Infirmiers F.	Total
INFIRMERIE . . .	Dr **Darier** . . .	Hommes	10	»	1	2	»	»	»	»	1	»	1
		Femmes	»	10			»	»	»	»	1	1	1
		Montyon	22	»	»	»	»	»	»	»	1	»	1
		Seymour	25	»	»	»	»	»	»	»	»	»	
		Brézin	20	»	»	»	»	»	»	»	»	»	
		Devillas	31	»	»	»	»	»	»	»	»	»	1
DORTOIRS	—	La Rochefoucauld	»	35	»	»		»		»	»	»	
		Lenoir-Jousseran	»	24	»	»	1	»	1	»	»	1	3
		Lariboisière	»	11	»	»	»	»	»	»	1		
		Crozatier.	»	8	»	»	»	»	»	»	»	1	1
		Tisserand.	»	22	»	»	»	»	»	»	1		
		Pignat	»	6	»	»	»	»	»	»		1	2
		Colin	»	13	»	»	»	1	»	1	1	»	1
		Boulard.	9	»	»	»	»	»	»	»	1	»	1
SERVICE DE VEILLE.			»	»	»	»	»	»	»	1	»	»	1
TOTAL.			117	129	1	2	1	1	1	2	5	4	14

Les *Services généraux* sont constitués de la façon suivante :

SERVICES GÉNÉRAUX	Surveillants		Sous-surveillants		Suppléants		1ers Infirmiers		Infirmiers		TOTAL
	H.	F.	H.	F.	H.	F.	H.	F.	H.	F.	
Porte et sommellerie	»	»	1	»	»	»	»	»	1	»	1
Cuisine.	»	1	»	»	»	1	»	»	1	1	4
Lingerie.	»	1	»	»	»	»	»	»	»	»	1
Buanderie	»	»	»	1	»	»	1	»	»	»	2
Chantier	»	»	»	»	»	»	»	»	1	»	1
Service de propreté	»	»	»	»	»	»	»	»	1	»	1
Réfectoire	»	»	»	»	»	»	»	»	1	»	1
TOTAL	»	2	1	1	»	1	1	»	4	1	11

Les services de la consultation, des magasins, de la pharmacie, des bains et de la salle des morts sont assurés par différents agents détachés des services hospitaliers.

L'établissement possède une buanderie où se blanchit tout le linge. Elle est pourvue de trois bassins en pierre, d'une chaudière, d'une lessiveuse et de cuviers en bois et en fer.

Bains. — L'établissement ne donne pas de bains externes. Il comporte six baignoires à l'usage des pensionnaires et du personnel.

Chauffage et ventilation. — Le chauffage des salles se fait au moyen de cloches, de poêles et de repos de chaleur. Le réfectoire et deux salles situées au-dessus sont chauffés par un calorifère.

La bibliothèque est chauffée par une cheminée.

On assure la ventilation en ouvrant les fenêtres ou les impostes à certaines heures déterminées.

Éclairage. — Les salles sont encore éclairées par des veilleuses. Les services généraux, les cours, couloirs et escaliers sont éclairés au gaz.

Salubrité. — On fait usage de tinettes simples et de tinettes filtrantes (système diviseur).

Eaux. — La maison est alimentée par l'eau de rivière (Seine) et par l'eau de source (Vanne).

Bibliothèques. — Deux bibliothèques sont entretenues au moyen de subventions votées chaque année par le Conseil municipal (100 francs pour l'interne en médecine et 100 francs pour l'interne en pharmacie).

Il existe aussi une bibliothèque pour les pensionnaires. Un crédit annuel de 300 francs est affecté à son entretien. Elle renferme près de 2.000 livres.

Objets d'art. — Dans le réfectoire des pensionnaires est un portrait en pied de Mme la vicomtesse de La Rochefoucauld, et donné par elle, dit une inscription, à la Maison de retraite de Montrouge, le 18 octobre 1788.

Dépenses. — En 1898, les dépenses de la maison de retraite de La Rochefoucauld se sont élevées à la somme de 159.109 fr. 21, se décomposant ainsi par nature de dépense :

		Report	48.964 34
Personnel administratif	10.023 66	Boucherie	22.338 88
Impressions, frais de bureau	181 29	Cave	15.029 »
Frais de cours	520 »	Comestibles	27.634 42
Exploitation	434 90	Chauffage et éclairage	15.502 01
Personnel médical	3.931 52	Blanchissage	3.331 23
Personnel secondaire	14.365 19	Coucher, linge, habillement, mobilier	10.791 66
Réparations de bâtiments	6.774 70	Appareils, instruments	526 97
Pharmacie	1.769 74	Frais de transport	144 35
Boulangerie	10.963 34	Eaux, salubrité	14.743 35
A reporter	48.964 34	*Total*	159.109 21

REZ-DE-CHAUSSÉE

A Administration.
C Cuisine.
D Pharmacie.
E Concierge.
F Bains.
G Buanderie.
H Chapelle.
I Service des morts.
J, J' Lingerie.
K Magasins.

K' Menuisier.
K'' Jardinier.
L Chantiers.
M Infirmerie.
P Pensionnaires.
R Réfectoire.
S Bibliothèque.
T Préaux.
Y Serre.

PREMIER ÉTAGE

A Logement du direc-
teur.
D, H, P, R, S Pension-
naires.
F, G Logements.
M Magasins, chambres
et pensionnaires.

DEUXIÈME ÉTAGE

D, H, P, R, S Pension-
naires.

Échelle de 1/100°

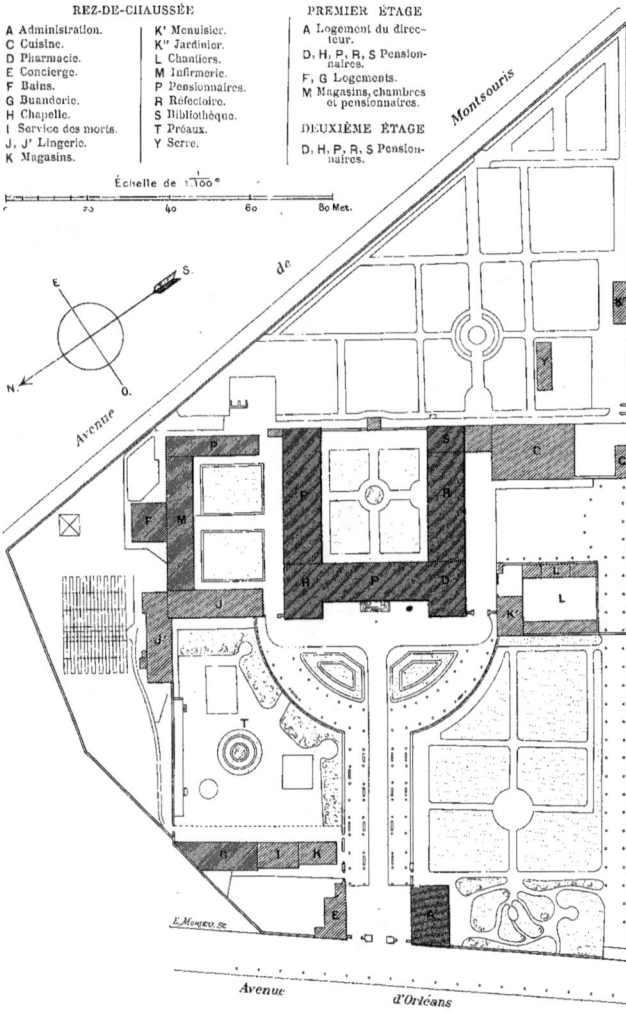

PLAN DE MASSE DE LA MAISON DE RETRAITE DE LA ROCHEFOUCAULD

INSTITUTION SAINTE-PÉRINE

11, Rue Chardon-Lagache

Directeur : M. Grandry

Situation. — L'institution est limitée, de face, par la rue Chardon-Lagache; en arrière, par l'avenue de Versailles; à droite, par des propriétés particulières et, à gauche, par la rue Mirabeau et la fondation Rossini.

Historique. — Fondée au commencement du siècle dans l'ancien couvent de Sainte-Périne, rue de Chaillot, et d'abord administrée par des particuliers, l'institution Sainte-Périne reçut en 1806, sur la liste civile, un capital de 224.640 francs pour l'entretien de 130 pensionnaires.

Des abus s'étant produits, un décret du 10 novembre 1807 attribua définitivement la gestion de l'établissement à l'Administration des hospices civils de Paris.

SALLE A MANGER

Atteinte par le percement de deux boulevards, la maison fut transférée en 1860 à Auteuil dans les bâtiments actuels, construits par l'architecte Charles Ponthieu (acquisition de Beauvau et de Bauffremont, 1858).

SALON

Conditions d'admission. — L'établissement est destiné à assurer à des personnes honorables des deux sexes, ayant connu l'aisance, une retraite en rapport avec leurs habitudes et leur éducation. Pour y être admis, il faut avoir 50 ans au moins, être domicilié dans le département de la Seine et payer une pension annuelle de 1.400 francs. Les pensionnaires sont tenus de justifier, en outre, de 600 francs de revenu annuel pour leur entretien particulier. Les admissions ont lieu au tour d'inscription.

Mouvement de la population. — Au 1er janvier 1896, on constatait la présence à l'institution Sainte-Périne de 175 pensionnaires; pendant cette année, il en est entré 130 et sorti 85. Le nombre des morts a été de 16. Le chiffre des pensionnaires restant au 31 décembre 1896 était de 204.

Pour cette année 1896, le nombre de journées de pensionnaires a été de 67.271.

Personnel adminis-tratif. — Ce personnel comprend : 1 directeur; 1 économe; 1 expéditionnaire; 1 garçon de bureau commissionnaire.

Toutes ces personnes sont logées dans l'établissement, à l'exception de l'expéditionnaire qui, logé au dehors, touche une indemnité de 400 francs.

Personnel médical. — Le service de santé se compose de 2 personnes :

1 médecin; 1 interne. — Le pharmacien de l'hôpital Bichat est chargé de la surveillance de la pharmacie de l'établissement.

Personnel secondaire. — Ce personnel comprend 27 personnes, savoir :

5 surveillants et surveillantes; 2 sous-surveillants et sous-surveillantes; 1 suppléante; 3 premiers infirmiers et premières infirmières; 13 infirmiers, infirmières, garçons et filles de service; 1 cuisinier; 1 aide gazier; 1 charretier.

Personnel à la journée. — On compte 28 personnes, savoir :

1 plombier; 1 serrurier; 1 chauffeur (6 mois); 1 aide pâtissier-cuisinier; 1 jardinier; 2 aides jardiniers; 8 laveuses; 1 lingère; 8 repasseuses; 2 éplucheuses; 2 laveuses de vaisselle.

Le *Service des malades* est constitué ainsi qu'il suit :

NOM DU CHEF DE SERVICE	DÉSIGNATION des SALLES	NOMBRE DE LITS		ÉLÈVE INTERNE	PERSONNEL SECONDAIRE				
		H.	F.		Surveillant	1ers Infirmiers		Infirmiers	Total
						H.	F.		
Dr N.	Infirmerie.	12	12	1	1	1	»	2	4
	Grands infirmes. . . .	»	10	»	»	»	1	»	1
		12	22	1	1	1	1	2	5

Un chirurgien des hôpitaux est désigné chaque année par l'Administration pour les interventions nécessaires.

Nombre de lits. — L'institution contient 287 lits réglementaires, ainsi répartis :

		Hommes	Femmes	Total
MALADES. . .	Infirmeries	12	22	34
VIEILLARDS. .	Chambres particulières	100	129	229
— ..	Chambres de ménage	12	12	24
		124	163	287

Les *Services généraux* sont constitués ainsi qu'il suit :

SERVICES GÉNÉRAUX	Surveillants		Sous-surveillants		Suppléante	1ᵉ Infirmier	Infirmiers		TOTAL
	H.	F.	H.	F.			H.	F.	
Porte	1	»	»	»	»	»	»	»	1
Bureaux	»	»	1	»	»	»	»	»	1
Cuisine	»	1	»	1	»	»	3	»	5
Sommellerie	1	»	»	»	»	»	»	»	1
Magasins									
Lingerie									
Linge à pansements	»	1	»	1	1	»	1	1	5
Buanderie									
Pharmacie (1)									
Bains	»	»	»	»	»	1	»	»	1
Chantier	»	»	»	»	»	»	1	»	1
Salle des morts									
Service de propreté	»	»	1	»	»	»	2	»	3
Réfectoire	»	»	»	»	»	»	3	»	3
Écuries	»	»	1	»	»	»	»	»	1
	2	2	3	2	1	1	10	1	22

Bains. — Il existe 4 baignoires pour le service des pensionnaires.

Buanderie. — La buanderie de Sainte-Périne blanchit le linge de l'établissement et celui de la fondation Rossini, savoir :

Linge blanchi en 1898 pour Sainte-Périne	97.900 kilogrammes
— — Rossini	22.998 —
	120.898 —

En dehors du personnel secondaire, il est employé 17 journaliers, savoir : 8 laveuses ; 1 lingère raccommodeuse ; 8 repasseuses.

Chauffage et ventilation . — Les infirmeries, le réfectoire, les salons et la bibliothèque sont chauffés par des calorifères à air chaud.

La ventilation des salles d'infirmerie est assurée par des cheminées d'appel.

Éclairage. — L'infirmerie est encore éclairée par des veilleuses et des lampes à huile.

Les services généraux, les cours, couloirs et escaliers sont éclairés au gaz.

_____

(1) La surveillante de l'infirmerie est également chargée de la pharmacie sous la surveillance de M. le pharmacien de l'hôpital Bichat.

Salubrité. — Le système des fosses fixes est partout en usage dans les pavillons. Les water-closets de la buanderie et du chantier ont le système du tout à l'égout. Le pavillon du jardinier est muni d'un siège avec tinette filtrante.

Eaux. — La maison est alimentée par l'eau de rivière (Seine) et par l'eau de source (Avre).

Bibliothèques. — Une bibliothèque pour l'interne est entretenue au moyen de subventions votées chaque année par le Conseil municipal (200 francs).

Il existe aussi une bibliothèque pour les pensionnaires ; un crédit annuel de 400 francs, sur lequel sont payés les deux bibliothécaires, choisis parmi les pensionnaires, sert à entretenir cette bibliothèque qui renferme près de 6.000 volumes.

Objets d'art. — Une pendule ancienne dans le grand salon et 2 cartels, 1 dans la bibliothèque et 1 dans le réfectoire, paraissent avoir une certaine valeur.

Dépenses. — En 1898, les dépenses de l'institution Sainte-Périne se sont élevées à la somme de 269.758 fr. 95, se décomposant ainsi par nature de dépense :

Personnel administratif	16.280 "		Report	96.895 45
Impressions, frais de bureau	299 "		Cave	14.767 "
Frais de cours, etc.	486 80		Comestibles	76.382 40
Personnel médical	4.404 82		Chauffage et éclairage	29.547 82
Personnel secondaire	17.190 41		Blanchissage	16.096 38
Réparations de bâtiments	19.961 31		Coucher, linge, mobilier	12.505 60
Pharmacie	3.172 03		Appareils, instruments	787 83
Boulangerie	8.887 15		Frais de transport	3.659 85
Boucherie	26.213 33		Loyers, eaux, salubrité, etc.	28.116 62
A reporter	96.895 45		Total	269.758 95

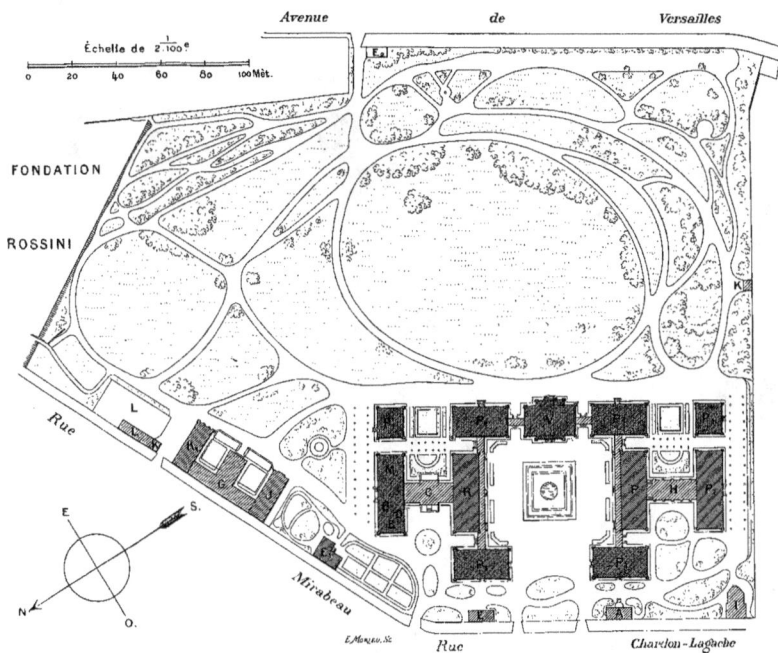

PLAN DE MASSE DE L'INSTITUTION SAINTE-PÉRINE

REZ-DE-CHAUSSÉE

A Bureau du directeur.
B Cabinet du médecin.
C Cuisine.
D Pharmacie.
E Conciergo.
E¹ Logement du directeur.
E² Logement du jardinier.
F Bains.
G Buanderie.
H Chapelle.
I Service des morts.
J Lingerie.
K Ateliers.
K¹ Magasins.

L Chantiers.
M Infirmerie.
P, P¹ Pensionnaires.
R Réfectoire.
V Salons.
Y Écuries et remise.

PREMIER ÉTAGE

A Logement du garçon de bureau.
B Infirmerie.
D, F, M Infirmerie.
E Concierge.
E¹ Logement du directeur.
J Magasins et personnel.

K¹, Y Personnel.
P, P¹, R, V Pensionnaires.

DEUXIÈME ÉTAGE

B Personnel.
D, F, M Personnel.
E¹ Logement du directeur.
P, P¹, R, V Pensionnaires.

TROISIÈME ÉTAGE

B Personnel.
D, F, M Personnel.
P¹, V Pensionnaires.

HOSPICE SAINT-MICHEL

FONDATION BOULARD

10, Avenue Victor-Hugo, à Saint-Mandé (Seine)

DIRECTEUR : M. TAUXIER

Situation. — L'hospice est limité, de face, par l'avenue Victor-Hugo ; à droite, par des constructions particulières ; à gauche, par l'hospice Lenoir-Jousseran, qui a été construit sur un terrain appartenant à la fondation Boulard. Au fond, c'est la ruelle dite « de l'Hospice » qui le borde.

La surface totale du terrain est de 10.257^{mq}.

Historique. — Par son testament olographe, en date du 15 février 1825, suivi

des codicilles des 21, 28 février et 15 mars 1825, M. Boulard (Michel-Jacques), ancien négociant à Paris, léguait une somme de 1.050.000 francs pour fonder un hospice de vieillards, sous la dénomination d'hospice Saint-Michel, où devaient être reçus 12 pauvres honteux, septuagénaires, à raison d'un par arrondissement de la ville de Paris.

84

L'inscription des sommes nécessaires devait être immatriculée au nom particulier dudit établissement et non pas au nom de l'Administration générale des hospices, à laquelle n'étaient réservées que la surveillance et la direction de la fondation. Des détails fort complets sur la construction de l'immeuble, sur ses diverses distributions intérieures, sur la composition de son personnel, le costume des admis, l'érection du caveau funéraire sous le maître-autel de la chapelle, avaient été donnés, dans ses dispositions testamentaires, par M. Boulard lui-même. — Une ordonnance royale du 28 décembre 1825 autorisa l'Administration des hospices à accepter le legs ; un arrêté du Conseil des hospices le confirma le 10 février 1826, et, le 4 avril suivant, la première pierre de l'édifice fut posée, en présence du Préfet de la Seine, le comte de Chabrol de Volvic, et d'autres personnalités importantes, dont deux administrateurs des hospices. La maison fut inaugurée le 24 avril 1830.

Le fondateur avait fait mettre en inscription de rentes sur l'État la somme qu'il destinait à l'entretien de son hospice, mais la baisse successive de la rente avait diminué les ressources de la fondation à un tel point que, vers 1860, on arrêta les admissions.

Le nombre des administrés n'était plus guère, en 1870, que de 4 à 5. Cependant, lorsque, en 1874, mourut Mᵐᵉ Vᵉ Lenoir, née Jousseran, l'Administration de l'Assistance publique, à laquelle cette bienfaitrice des pauvres avait légué les sommes nécessaires à la construction d'un nouvel hospice de vieillards, eut la pensée d'installer cette maison dans les jardins de la fondation Boulard. Avec le prix de vente des terrains ainsi aliénés, les 12 lits prévus par le fondateur de l'hospice Saint-Michel purent tous être rétablis.

A ces 12 lits, en ont été ajoutés 2 autres, au moyen des ressources mises à la disposition de l'Administration par Mᵐᵉ Vᵉ Dondey-Dupré, au nom et sous la dénomination de Mᵐᵉ Louise-Marguerite-Eugénie Saulnier, veuve de Jean-Michel Berton, selon les termes de son testament olographe en date du 10 septembre 1876.

Les conditions exigées, indépendamment de celles énoncées au testament de M. Boulard (âge de 70 ans et indigence ou infirmités incurables), sont le domicile de secours à Paris, l'absence de tout casier judiciaire, enfin, spécialement pour les 12 lits primitifs, le versement d'une somme de 120 francs une fois payée, et représentant la valeur du trousseau.

Le revenu actuel de l'hospice Saint-Michel est annuellement de 31.000 francs.

Consultations. — Le médecin de la fondation Lenoir-Jousseran soigne les malades de la fondation Boulard. Une infirmerie de 2 lits occupe un local spécial au premier étage.

Nombre de lits. — L'hospice Saint-Michel contient donc 12 lits, auxquels il y a lieu d'ajouter les 2 fondés par Mᵐᵉ Vᵉ Dondey-Dupré, au total 14 lits. — Pour les 12 premiers lits, la désignation des candidats appartient aux 20 bureaux de bienfaisance de Paris, à tour de rôle. La désignation aux 2 autres lits appartient à M. Lecomte, 6 *bis*, rue Laferrière.

Mouvement de la population. — Au 1ᵉʳ janvier 1896, on constatait à l'hospice la présence de 15 vieillards. Dans le cours de l'année, il en est entré 5, sorti 3 et mort 1. Notons qu'à ce moment Saint-Michel hospitalisait 6 vieillards de la fondation Vᵉ Dagnan, qui depuis ont été transférés à la fondation Lenoir-Jousseran. — Pour cette année, le nombre de journées d'admis s'est élevé à 6.334. — La mortalité, calculée d'après le nombre des administrés existants le 1ᵉʳ janvier et de ceux entrés dans l'année divisé par le nombre des morts, a été de 1 sur 17.

Personnel administratif. — Ce personnel comprend : 1 directeur ; 1 expéditionnaire logé dans l'immeuble de Lenoir-Jousseran.

Personnel médical. — Le service de santé est assuré par le médecin de la fondation voisine, comme il est dit plus haut.

ANCIENNE BUANDERIE.

Personnel secondaire. — Il se compose de 3 personnes : 1 surveillante et 2 infirmiers.

Personnel à la journée. — Un jardinier prévu par le testateur partage maintenant son temps entre les 2 fondations.

Blanchissage. — Il n'existe plus de buanderie. Le linge est blanchi par la buanderie de la Salpêtrière qui fait une livraison le samedi de chaque semaine.

Chauffage et ventilation. — Les dortoirs sont chauffés par 6 poêles-calorifères (4 en haut, 2 en bas). La bibliothèque possède une cheminée à la prussienne. Le réfectoire est garni d'un poêle à coke ; la lingerie, d'un poêle chauffe-fers. Il n'y a pas de cheminée de ventilation.

Éclairage. — Toute la maison, dortoirs, bibliothèques, corridors, escaliers et cours, est éclairée au gaz.

Salubrité. — On fait usage de fosses étanches.

Eaux. — L'hospice est alimenté par l'eau de la Marne.

Musée et laboratoire. — Il n'en existe aucun.

Bibliothèque. — Elle a été garnie au début par des livres désignés par les exécuteurs testamentaires dans celle du fondateur ; quelques ouvrages ont été achetés depuis lors. Elle contient plus de 500 volumes.

Objets d'art. — Une dizaine de tableaux sont dans la maison. On peut citer comme œuvres d'art le tableau placé dans la chapelle, représentant « la Charité ouvrant à des vieillards les portes de l'hospice Saint-Michel », par Abel de Pujol (1828), et le portrait du fondateur, par Niesner, de la même époque, portrait placé dans le salon des vieillards. — Un buste de M. Boulard, posé dans une niche de la chapelle, est signé Romagnesi (1828). Quatre paires de candélabres ou flambeaux ont encore une certaine valeur artistique.

Dépenses. — En 1898, les dépenses de l'hospice Saint-Michel se sont élevées à la somme de 25.038 fr. 13, savoir :

Personnel administratif	3.601 20		Report	17.421 45
Frais de bureau	25 »		Coucher, linge, habillement, mobilier	2.077 50
Charges spéciales des revenus, assurances	62 40		Appareils, instruments	52 55
Personnel secondaire	1.774 40		Eaux, salubrité, dépenses diverses	2.665 62
Réparations de bâtiments	2.506 28		Remboursement de frais correspondant aux livraisons des Magasins généraux	203 47
Frais de nourriture	6.902 05		Rentes à capitaliser	1.748 29
Pharmacie	1 48		Part dans les dépenses administratives	869 25
Chauffage et éclairage	2.300 61		Total	25.038 13
Blanchissage	247 73			
A reporter	17.421 45			

Voir le plan de masse de cet établissement page 673.

FONDATION LENOIR-JOUSSERAN

10, Avenue Victor-Hugo, à Saint-Mandé (Seine)

DIRECTEUR : M. TAUXIER

Situation. — L'hospice est limité, de face, par l'avenue Victor-Hugo ; en arrière, il est bordé par la ruelle dite « de l'Hospice » ; à droite, sont des constructions particulières et une maison portant le numéro 8 de l'avenue (propriété domaniale) ; à gauche, l'établissement est enclavé dans l'hospice Saint-Michel, dont il est séparé, par une haie vive, sur presque toute la longueur.

La surface totale du terrain est de 8.000 ^{mq}.

Historique. — Par son testament olographe, en date du 9 février 1872, Mme Marie-Aspasie Jousseran, veuve de M. Lenoir (Auguste), a désigné comme sa légataire universelle l'Administration générale de l'Assistance publique, à charge de réaliser tous ses biens meubles et immeubles, pour le produit en être consacré à la construction et à l'aménagement d'un hospice où seraient recueillis, nourris, habillés et soignés des vieillards indigents ou infirmes des deux sexes. « Le montant exact et capital libre du legs, dit la testatrice, sera employé en rentes sur l'État, immobilisées, incessibles et insaisissables ; les revenus en serviront à l'entretien et aux besoins de cet établissement, qui sera installé dans les environs de Paris, en tel lieu que cela paraîtra favorable à l'Administration. » — Après les autorisations nécessaires, un arrêté préfectoral, daté du 12 juillet 1877, approuva les plans et devis relatifs aux dépenses du mobilier de la maison, qui fut ouverte le 20 avril 1880. — Les conditions d'admission sont semblables à celles exigées pour les entrées dans les grands hospices, c'est-à-dire l'inscription au bureau de bienfaisance, l'âge de 70 ans, le domicile de secours. — Les revenus de la fondation s'élèvent annuellement à plus de 173.000 francs.

Mme Ve Dagnan, par son testament olographe, avait également légué à l'Administration de l'Assistance publique, sans conditions spéciales ni expresses, les sommes nécessaires à l'entretien de 6 lits d'hospice, destinés à des vieillards du sexe masculin et remplissant les conditions d'âge et d'indigence exigées par les règlements ordinaires. Ce fut d'abord l'hospice Saint-Michel qui fut désigné pour les recevoir. Deux dortoirs du rez-de-chaussée y furent aménagés, et, à la fin de l'année 1886, les 6 lits furent occupés. Mais bientôt des économies furent réalisées sur l'ensemble du legs, si bien qu'en 1897, l'Administration pouvait créer 4 autres lits : seulement, les locaux de Saint-Michel devenaient insuffisants, et, dès le 3 juin de ladite année, la fondation Dagnan était transportée à l'hospice Lenoir-Jousseran, y occupant 10 lits, au rez-de-chaussée de la salle Dupré, où elle est encore installée. — Le revenu de la fondation Ve Dagnan est confondu dans celui de la fondation Lenoir-Jousseran.

Consultations. - - Une consultation destinée aux habitants de l'hospice a lieu le matin, les mardis et samedis. De plus, en cas d'urgence, le médecin se rend à tout appel de jour et de nuit.

Nombre de lits. — La fondation Lenoir-Jousseran, avec la fondation Dagnan, contient 208 lits.

Mouvement de la population. — Au 1er janvier 1896, on constatait la présence de 131 vieillards ; pendant cette même année, il est en entré 33, sorti 8. Le nombre des morts a été de 17. Le chiffre des administrés restant au 31 décembre 1896 était de 139. — La mortalité moyenne, calculée d'après le nombre des individus existant le 1er janvier et de ceux entrés dans l'année divisé par le nombre des morts, a été de 1 sur 9,41.

Personnel administratif. — Le personnel administratif comprend : 1 directeur, logé à Saint-Michel.

Personnel médical. - - Le service de santé est assuré par un médecin demeurant dans la commune, M. le Dr Diverneresse.

Personnel secondaire. — Ce personnel comprend 25 personnes, savoir :
1 surveillante, 1 concierge (rang de surveillant) et sa femme (rang de sous-surveillante), 2 sous-surveillantes, 3 suppléantes, 17 infirmiers et infirmières, garçons et filles de service.

Personnel à la journée. — On compte 1 jardinier et 1 homme de peine qui partagent leur temps entre les deux hospices, Saint-Michel et Lenoir-Jousseran.

Les *Services hospitaliers* sont constitués ainsi qu'il suit :

Ancien bâtiment (hommes) :

Rez-de-chaussée.— Salle Dondey (infirmes). 18 lits ; salle Dupré (valides), 18 lits.

Premier étage. — Salle Lenoir (valides), 24 lits ; salle Jousseran (valides), 24 lits.

Deuxième étage. — Salle Moïana (valides). 24 lits ; salle Préau (valides), 24 lits.

Total des services d'hommes : 132 lits.

Nouveau bâtiment (femmes) :

Rez-de-chaussée. — Infirmes, 22 lits. Premier étage. — Valides, 27 lits. Deuxième étage. — Valides, 27 lits. Total des services de femmes : 76 lits.

En sus de ces lits, une infirmerie installée dans l'ancien bâtiment contient 5 lits d'hommes et 5 lits de femmes.

Blanchissage. — Il n'existe pas de buanderie à l'hospice. Le linge est blanchi par la Salpêtrière qui fait une livraison de linge tous les samedis.

Chauffage et ventilation. — 3 calorifères chauffent l'établissement ; les 2 premiers sont destinés aux bâtiments (hommes et femmes); 1 troisième ne chauffe que le réfectoire. Les salons sont pourvus de cheminées dans lesquels on brûle du coke. Le fumoir est garni d'un poêle-calorifère à coke. — Il n'y a pas de cheminée pour ventiler les services.

Éclairage. — Dans l'ancien bâtiment, c'est-à-dire dans le service des hommes, les dortoirs sont tous éclairés par des veilleuses ; seuls, les lavabos le sont au gaz. — Dans le nouveau bâtiment, les dortoirs, chambres, etc., sont éclairés au gaz. — Il en est de même pour les services, les cours, couloirs et escaliers.

Salubrité. — On se sert de fosses étanches.

Eaux. — C'est l'eau de la Marne qui alimente la maison.

Bibliothèque. — Il en existe une pour les vieillards. Plus de 1.500 volumes la forment : ils ont été achetés, pour la presque totalité, lors de la création de la maison. Un administré reçoit une modeste indemnité pour en prendre soin.

Objets d'art. — Deux tableaux, dont le premier, signé Juillerat, représente Mme Lenoir, est placé dans le nouveau bâtiment ; le second, portrait de M. Lenoir, est suspendu dans un salon de l'ancien bâtiment.

Dépenses. — En 1898, les dépenses de l'hospice Lenoir-Jousseran se sont élevées à la somme de 154.984 fr. 43, se décomposant ainsi par nature de dépense :

Personnel administratif	6.330 37		Report	112.873 40
Frais de bureau	308 31		Blanchissage	2.704 48
Frais de bibliothèque	126 40		Coucher, linge, habillement, mobilier	10.786 82
Charges spéciales de revenus	250 51		Appareils, instruments de chirurgie	1.222 13
Personnel médical	504 20		Frais de transport	539 90
Réparations de bâtiments	12.106 58		Eaux, salubrité, dépenses	5.478 82
Frais de nourriture	62.779 56		Frais de livraison des Magasins généraux	1.668 61
Service de la pharmacie	1.164 38		Achats de rentes de consolidation	13.661 96
Personnel secondaire	11.711 52		Part dans les dépenses générales de l'administration	6.028 31
Chauffage et éclairage	17.705 57			
A reporter	112.873 40		Total	154.984 43

TABLEAU D'ABEL DE PUJOL

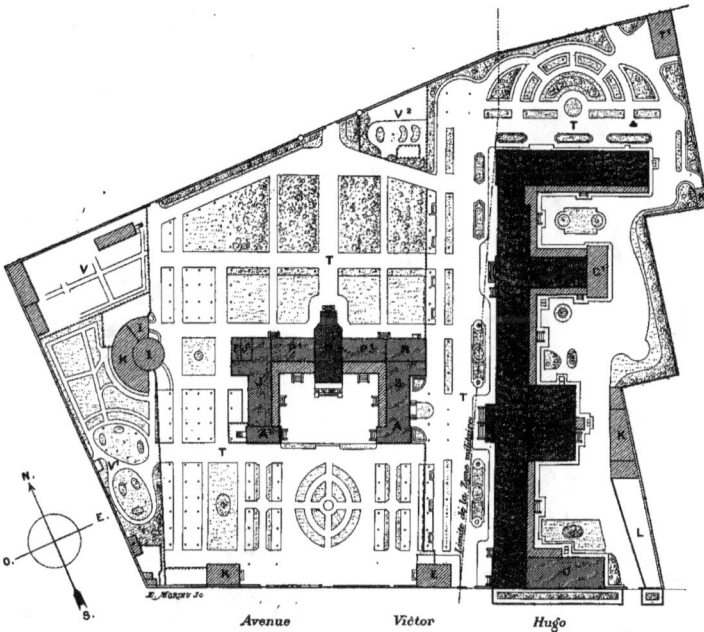

PLAN DE MASSE DES HOSPICES SAINT-MICHEL ET LENOIR-JOUSSERAN

SAINT-MICHEL

REZ-DE-CHAUSSÉE

A Direction (bureaux)
A¹ Appartement du directeur.
F Bains.
H Chapelle.
I Service des morts.
J Lingerie.
J¹ Linge sale.
K Magasins.
P¹ Dortoirs.
R Réfectoire.
S Bibliothèque.
T Préaux et jardins.
V, V¹, V² Jardins.

Aux premier et deuxième étages sont les logements du personnel et les dortoirs d'administrés.

LENOIR-JOUSSERAN

REZ-DE-CHAUSSÉE

B Consultation.
C, C¹ Cuisine et office.
E Loge.
J Lingerie.
K Magasins.
L Chantiers.
P¹ Administrés (hommes) et infirmes.
P² Administrés (femmes), salon-chambre et infirmes (femmes).
R Réfectoire.
T Jardins et préaux
T¹ Fumoir (préau couvert).

PREMIER ÉTAGE

B Salon des administrés, infirmerie.
E, J Logements.
P¹ Salles Lenoir et Jousseran.
P², R Salles de femmes.

DEUXIÈME ÉTAGE

B Dortoirs des serviteurs.
P¹ Salles Préau et Molana.
P² Salle de femmes.
R Logement de la veilleuse, magasins, dortoir des garçons.

85

HOSPICE DE LA RECONNAISSANCE

FONDATION BRÉZIN

à Garches (Seine - et - Oise)

DIRECTEUR : M. MAGDELAINE

Situation. — L'hospice de la Reconnaissance est construit sur la route de Saint-Cloud à Roquencourt, sur la limite des communes de Garches et de Vaucresson et en face de la route conduisant à Marnes.

La surface totale du terrain est de 162.813^{m}70, dont 4.663,25 pour les bâtiments et 158.150,45 pour la surface non bâtie (jardins, parc, cimetière).

Historique. — L'hospice de la Reconnaissance a été fondé en 1828, suivant

testament de Michel Brézin, ancien entrepreneur de fonderies et de forges, mort à Paris le 21 janvier de la même année, instituant l'Administration des hôpitaux et hospices sa légataire universelle.

L'établissement est spécialement réservé aux ouvriers forgerons, serruriers, mécaniciens, et d'une façon générale à tous les ouvriers métallurgistes ou ouvriers du bois, travaillant à l'aide du marteau dans ces deux corps de métiers.

Ouvert à la fin de 1833, l'hospice reçut 150 vieillards dès 1834 et fut entièrement terminé en 1848.

Conditions d'admission. — L'hospice reçoit les ouvriers âgés de 60 ans révolus, pouvant justifier de leur indigence et de leur moralité.

Les admissions ont lieu au tour d'inscription. Les expectants âgés de 75 ans sont préférés pour une vacance sur deux.

Nombre de lits. — L'hospice de la Reconnaissance contient 354 lits, dont 338 lits réglementaires et 16 lits d'infirmerie affectés au traitement des administrés malades.

Fondation Brézin.	279	lits		
— Levasseur	2	—	établis en 1857	
— Marcellis	3	—	— en 1857	
— Eiffel	1	—	— le 1ᵉʳ juillet 1898	
— Gouin	30	—	— en 1879	
— Lemaire	22	—		
— Davoust	1	—	— le 2 mars 1898	
Total.	338	lits		

Mouvement de la population. — Au 1ᵉʳ janvier 1896, on constatait la présence à l'hospice de la Reconnaissance de 333 administrés ; au cours de cette année, il en est entré 64 par admission ; il en est sorti 5 définitivement. Le nombre des morts a été de 61. Le chiffre des administrés restant au 31 décembre 1896 était de 330.

Pour cette année 1896, le chiffre de journées d'administrés a été de 115.826.

La mortalité, calculée d'après le nombre des individus existant le 1ᵉʳ janvier et de ceux entrés dans l'année et divisé par le nombre des morts, est de 1 sur 6,50.

Personnel administratif. — Ce personnel comprend : 1 directeur-comptable ; 1 commis rédacteur ; 1 garçon de bureau faisant fonction de commissionnaire.

Toutes ces personnes sont logées dans l'établissement.

Personnel médical. — Le service médical est assuré par un médecin résidant dans l'établissement, M. le Dʳ Gille.

Service du culte. — Le service du culte est, selon la volonté du fondateur, assuré par un aumônier domicilié dans l'établissement.

Personnel secondaire. — Ce personnel se compose de 29 personnes, savoir :

9 religieuses de l'ordre de la Compassion de Saint-Denis ; 4 sous-surveillants ; 4 premiers infirmiers ; 3 infirmiers de 1ʳᵉ classe ; 2 infirmiers de 2ᵉ classe ; 4 garçons de service de 1ʳᵉ classe et 4 garçons de service de 2ᵉ classe.

Personnel professionnel. — 1 cuisinier, 1 chauffeur, 1 charretier et 1 jardinier.

Personnel à la journée. — Ce personnel comprend : 8 jardiniers, 4 lingères et 1 couturière, 5 buandières.

Administrés utilisés. — 12 vieillards sont utilisés en qualité d'aides pour divers services : machine, entretien du mobilier, salubrité, exploitation.

L'épluchage des légumes est également fait par des vieillards de l'établissement ; ils reçoivent une somme de 0 fr. 20 par séance de 2 heures.

Les *Services hospitaliers* sont constitués ainsi qu'il suit :

DÉSIGNATION DES SALLES	NOMBRE de LITS	PERSONNEL SECONDAIRE			
		Surveillantes	1er Infirmiers	Infirmiers	Total
Saint-Joseph.	29	»	»	»	»
Saint-Augustin	28	»	»	»	»
Sainte-Anne.	29	»	»	»	»
Saint-Eugène.	29	1	1	»	2
Sainte-Marie.	29	»	»	»	»
Saint-Louis.	29	»	»	»	»
Saint-Alexis.	27	»	»	»	»
Saint-Prosper	28	»	»	»	»
Saint-Michel.	30	1	1	»	2
Saint-Benjamin	28	1	»	2	3
Pavillon Gouin.	30	»	1	1	2
Pavillon Lemaire.	22	»	»	1	1
Infirmerie	16	»	1	1	2
Total.	354	3	4	5	12

Les *Services généraux* sont constitués ainsi qu'il suit :

SERVICES GÉNÉRAUX	Surveillants		Sous-surveillants		Suppléant	Infirmiers	TOTAL
	H.	F.	H.	F.			
Communauté.	»	1	»	»	»	»	1
Porte.	»	»	1	1	»	»	2
Bureaux.	»	»	1	»	»	»	1
Cuisine.	»	1	»	»	»	3	4
Sommellerie, magasins	»	»	1	»	»	»	1
Lingerie	»	1	»	»	»	»	1
Buanderie	»	1	»	»	»	1	2
Pharmacie	»	1	»	»	»	»	1
Bains, éclairage	»	»	»	»	»	1	1
Salle des morts, salubrité	»	1	»	»	»	2	3
Réfectoire.	»	1	»	»	1	»	1
Écurie	»	»	»	»	»	»	1
Machine.	»	»	1	»	»	»	1
Exploitation.	1	»	»	»	»	»	1
Veille générale.	»	»	»	»	»	1	1
Total	1	6	4	1	1	9	22

Tout le linge servant, soit aux administrés, soit au personnel des sous-employés et serviteurs, est blanchi dans l'établissement. La quantité de linge blanchi est d'environ 15.000 kilogrammes par trimestre.

JARDIN D'EXPLOITATION

Chauffage. — Les dortoirs, ainsi que les divers services (réfectoire, salle de réunion, etc.), sont chauffés par des calorifères à air chaud.

Éclairage. — Les dortoirs sont éclairés par des veilleuses. Les services généraux, couloirs et escaliers, sont éclairés par des lampes à pétrole.

Salubrité. — Les cabinets d'aisances sont à fosses fixes ; ces fosses sont fréquemment allégées par le personnel de l'établissement à l'aide d'une pompe à vidanges.

Eaux. — L'eau d'alimentation est fournie par l'administration des Eaux du domaine de l'État. Elle provient d'abondantes nappes souterraines situées sur le territoire de Croissy ; elle est puisée par la machine élévatoire de Marly.

De plus, pendant la saison d'été, une pompe à vapeur située dans le potager de l'établissement est mise en action pour fournir, lorsque cela est nécessaire, une quantité d'eau suffisante pour assurer le service.

Bibliothèque. — Il existe une bibliothèque mise à la disposition des administrés ; elle contient environ 1.000 volumes.

Dépenses. — En 1898, les dépenses de l'hospice de la Reconnaissance se sont élevées à 276.672 fr. 58, se décomposant ainsi par nature de dépense :

Personnel administratif.	11.628 60	Report.	222.944 55
Impressions, frais de bureau	643 87	Appareils et instruments.	788 23
Frais de bibliothèque.	60 »	Frais de transport.	4.545 60
Charges spéciales des revenus	26.029 60	Eaux, salubrité, dépenses diverses.	13.253 78
Personnel médical.	3.601 60	Remboursement des frais correspondant aux livraisons des Magasins généraux.	1.881 84
Personnel secondaire.	12.000 64		
Réfections de bâtiments.	8.058 53	Frais d'exploitation.	9.512 95
Frais de nourriture.	109.319 65	Achat de rentes et obligations	11.842 41
Service de la pharmacie.	2.856 82	Part dans les dépenses générales de l'Administration centrale	11.903 22
Chauffage et éclairage.	9.573 70		
Blanchissage.	5.167 98		
Coucher, linge, habillement, mobilier.	34.004 10		
A reporter.	222.944 55	Total.	276.672 58

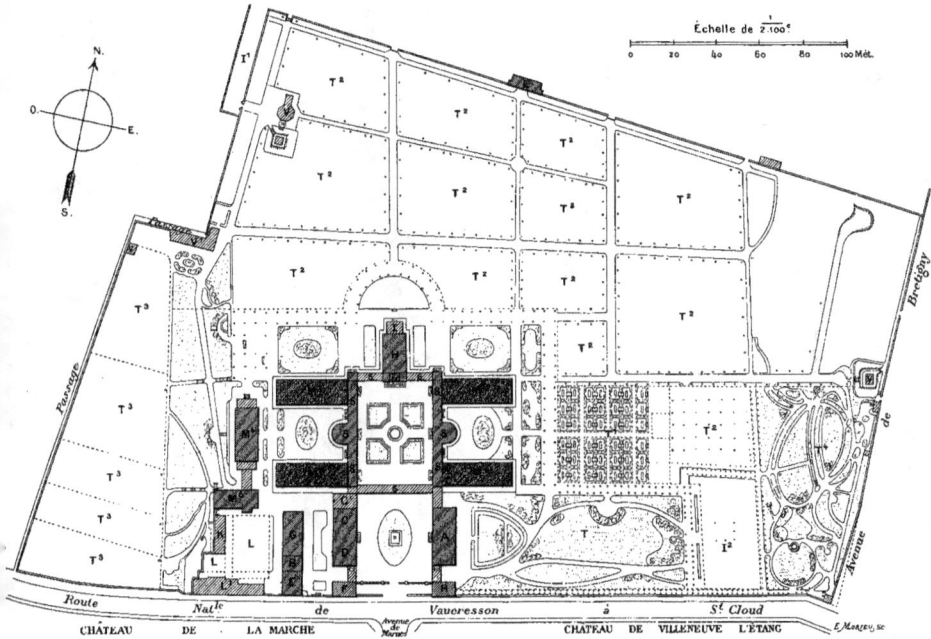

PLAN DE MASSE DE L'HOSPICE DE LA RECONNAISSANCE

REZ-DE-CHAUSSÉE

A Administration.
B Consultation.
C Cuisine.
C¹ Dépendances de la cuisine.
D Pharmacie.
E Logement du personnel.
F Bains.
G Buanderie.
H Chapelle.
I Service des morts.
I¹ Cimetière.
K Magasins, ateliers.

L Chantier.
L¹ Écuries et remises.
M, M¹ Dortoirs (hommes).
M² Salle de réunion, bibliothèque.
M³ Réfectoire.
M⁴ Fondation Gouin, réfectoire, dortoirs, infirmes.
M⁵ Fondation Lemaire, dortoirs.
R Concierge.
S Galeries et escaliers de dégagement.
T Parc des vieillards.
T¹ Jardins particuliers des vieillards.

T² Potagers et vergers.
T³ Jardin des employés, du médecin, de l'aumônier, de la communauté.
T⁴ Jardin du directeur.
V Machinerie et réservoirs.
V¹ Serres.

PREMIER ÉTAGE

A Communauté et directeur.
B Logement du commis rédacteur.
C, D Infirmerie.
E, F Logement du personnel.

M, M¹, M², M³, M⁴, M⁵ Dortoirs (hommes).
R Logement du concierge.

DEUXIÈME ÉTAGE

A Aumônier et médecin.
C, D Lingerie.
M, M¹, M², M³ Dortoirs (hommes).

COMBLES

M, M² M³ Magasins.
M¹ Ateliers des vieillards.

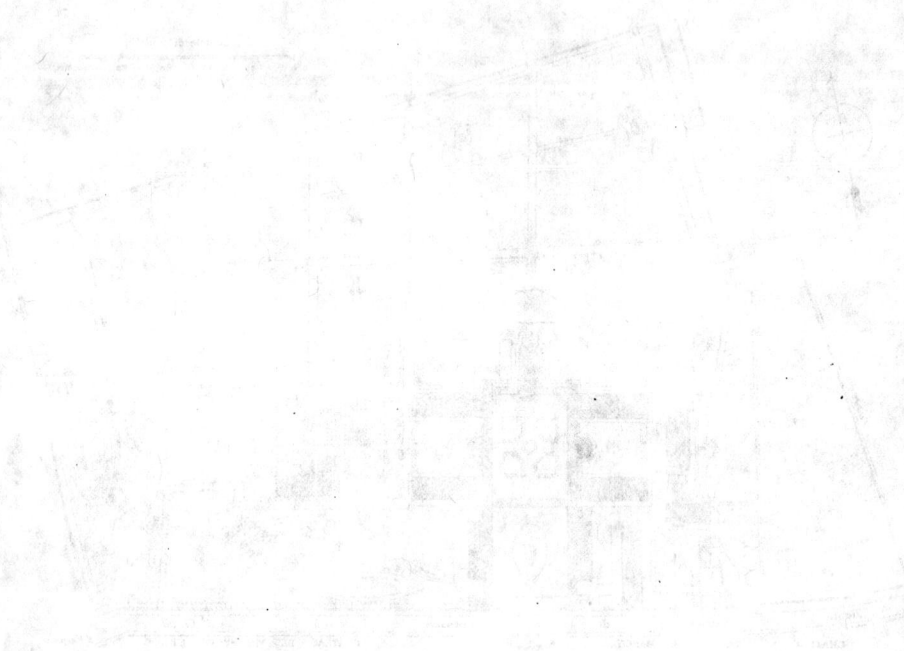

MAISON DE RETRAITE CHARDON-LAGACHE

1, Rue Chardon-Lagache

DIRECTEUR : M. GRANDRY

Situation. — Cette maison de retraite, dont l'entrée donne sur la place de l'église Notre-Dame-d'Auteuil, est limitée, à gauche, par la rue Chardon-Lagache ; à droite, par la rue Wilhem et, en arrière, par la rue Mirabeau.

La surface totale du terrain est de 14.064 m²45, dont 2.216 pour la surface des bâtiments et 11.848,45 pour celle des cours, jardins et parc.

Historique. — L'établissement fut fondé en 1865 par M. et Mme Chardon, négociants parisiens, sous le nom de fondation Chardon-Lagache.

Le nom de Lagache, accolé à celui des fondateurs, est le nom patronymique de Mme Chardon.

L'origine de la propriété date des acquisitions Beauvau et de Bauffremont en 1858 (donation Chardon-Lagache, en 1863).

Conditions d'admission. — Cet établissement reçoit des pensionnaires âgés de 60 ans, habitant le département de la Seine depuis 2 ans au moins, moyennant une pension annuelle de 500 francs pour les administrés en dortoirs, de 700 à 800 francs pour les veufs, veuves ou célibataires placés en chambres particulières et de 1.300 francs pour les deux époux occupant des chambres de ménage. — Les administrés en dortoirs doivent payer 200 francs pour le mobilier fourni par l'Administration.

Sur 3 vacances, la 1re est attribuée à un octogénaire inscrit, la 2e à l'expectant le plus anciennement inscrit et la 3e est laissée au choix du Directeur de l'Administration.

Nombre de lits. — Le nombre réglementaire de lits est de 161, réparti de la manière suivante :

	Hommes	Femmes	Total
Chambres d'époux	5	24	29
— de veufs	2	14	16
Dortoirs	55	46	101
Infirmerie	7	8	15
	69	92	161

86

Mouvement de la population. — Au 1ᵉʳ janvier 1896, on constatait la présence de 146 personnes ; les entrées pendant l'année furent de 20, les sorties de 2 et les décès de 25. Le chiffre des pensionnaires restant au 31 décembre 1896 était de 139.

Pour cette année, le nombre de journées de pensionnaires a été de 51.759.

Personnel administratif. — Ce personnel comprend un économe logé dans l'établissement ; la direction en est confiée au directeur de l'institution Sainte-Périne.

Personnel médical. — Le service de santé se compose de 2 personnes, savoir :

1 médecin et 1 interne. — C'est le médecin de l'institution Sainte-Périne qui est chargé d'assurer le service médical. — Le pharmacien de l'hôpital Bichat est chargé de la surveillance de la pharmacie de l'établissement.

Personnel secondaire. — Ce personnel comprend 22 personnes, savoir :

8 religieuses de l'ordre de Saint-Vincent-de-Paul ; 1 surveillant ; 1 suppléant ; 3 premiers infirmiers et infirmières ; 8 infirmiers, infirmières, garçons de service et 1 jardinier.

Personnel à la journée. — On compte 9 personnes, savoir :

1 serrurier ; 1 lingère ; 5 buandières ; 1 éplucheuse et 1 chauffeur employé six mois de l'année.

Le *Service des malades* est fait, dans les infirmeries, par les soins de M. le Dʳ N....., aidé de 1 interne, 1 surveillante, 1 premier infirmier et 1 première infirmière. Il comporte 15 lits : 7 pour les hommes et 8 pour les femmes.

Un chirurgien des hôpitaux est désigné chaque année par l'Administration pour les interventions nécessaires.

Les *Services généraux* sont constitués ainsi qu'il suit :

SERVICES GÉNÉRAUX	Religieuses	Surveillant	S.-surveillant	Suppléant	1ᵉʳ Infirmière	Infirmiers		TOTAL
						H.	F.	
Dortoirs hommes	1	»	»	»	»	2	»	3
Dortoirs femmes	1	»	»	»	1	1	1	4
Porte	»	»	»	»	»	»	»	»
Sommellerie	»	1	»	»	»	»	»	1
Magasins	»	»	»	»	»	»	»	»
Lingerie	1	»	»	»	»	1	»	2
Chapelle	»	»	»	»	»	»	»	»
Buanderie	1	»	»	»	»	1	»	2
Pharmacie (1)	»	»	»	»	»	»	»	»
Bains (2)	»	»	»	»	»	»	»	»
Chantier	»	»	»	1	»	»	»	1
Salle des morts (3)	»	»	»	»	»	»	»	»
Service de propreté (4)	»	»	1	»	»	»	»	1
Réfectoire	»	»	»	»	»	1	»	1
Cuisine	2	»	»	»	»	1	»	3
Communauté	1	»	»	»	»	»	»	1
	7	1	1	1	1	7	1	19

(1) Ce service est assuré par la religieuse du service de l'infirmerie.
(2) — — — du service des dortoirs.
(3) — — — du service de l'infirmerie.
(4) — — le jardinier.

Bains. — Il existe trois baignoires pour le service des pensionnaires.

Buanderie. — La buanderie blanchit le linge des pensionnaires et du personnel secondaire.

Le linge blanchi en 1898 a atteint le poids de 62.340 kilogrammes.

En dehors du personnel secondaire, il est employé 5 laveuses, 1 lingère raccommodeuse et 5 pensionnaires qui reçoivent une petite rétribution.

Chauffage et ventilation. — Les dortoirs, les couloirs, le réfectoire, la bibliothèque-salon, les infirmeries, la chapelle et la communauté sont chauffés par des calorifères à air chaud. La ventilation des salles d'infirmerie et des dortoirs des grands infirmes est assurée par des carreaux de vitre perforés.

Éclairage. — Les dortoirs, l'infirmerie sont encore éclairés par des veilleuses et des lampes à huile.— Les services généraux, les cours, couloirs, escaliers sont éclairés au gaz.

M. CHARDON

Salubrité. — On fait usage de fosses fixes et de tinettes (système diviseur).

Eaux. — La maison est alimentée par l'eau de rivière (Seine) et par l'eau de source (Avre).

Bibliothèque. — Une bibliothèque est à la disposition des pensionnaires ; elle est entretenue sur les crédits de la fondation.

Objets d'art. — Deux bustes des fondateurs, signés Carpeaux ; un Christ peint à l'huile, attribué à Van Dyck ; en outre, deux portraits au pastel du fils et de la bru des fondateurs paraissent avoir une certaine valeur. Les bustes et les portraits sont placés dans la bibliothèque et le Christ à la communauté.

Dépenses. — En 1898, les dépenses de la fondation Chardon-Lagache se sont élevées à 156.637 fr. 24, se décomposant ainsi par nature de dépense :

Personnel administratif	4.001 39	*Report*		123.872 82
Impressions, frais de bureau, etc.	236 98	Frais de transport		356 90
Frais de bibliothèque	100 40	Eaux, salubrité, dépenses diverses		11.605 59
Charges spéciales des revenus	5.657 37	Remboursement des frais correspondant aux livraisons des magasins généraux		1.517 95
Personnel médical	1.670 40			
Personnel secondaire	13.776 92	Rentes à capitaliser pour la consolidation de la fondation		12.981 50
Réparations de bâtiments, etc	16.754 »			
Frais de nourriture	59.148 67	Part dans les dépenses générales de l'Administration centrale		3.461 24
Service de la pharmacie	1.147 10			
Chauffage et éclairage	12.406 43	Part de pensions de retraite du personnel administratif		1.912 18
Blanchissage	1.861 36			
Coucher, linge, habillement, mobilier	6.381 29	Part de pensions de repos du personnel secondaire		939 06
Appareils, instruments de chirurgie et objets de pansement	110 60			
A reporter	123.872 82	Total		156.637 24

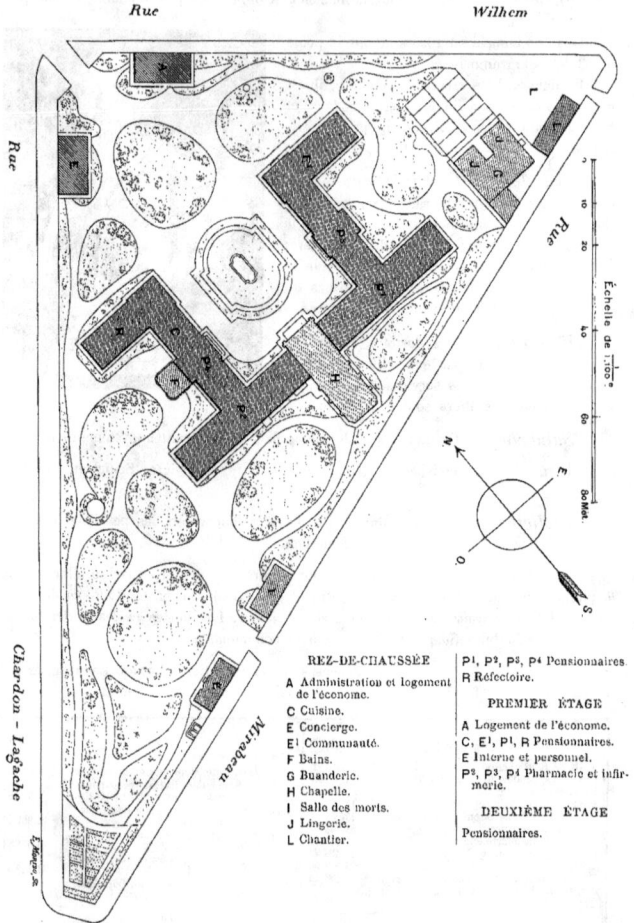

FONDATION GALIGNANI

53, Boulevard Bineau, à Neuilly-sur-Seine (Seine)

DIRECTEUR : M. COURDOUZY

Situation. — La maison de retraite Galignani frères est limitée de face par le boulevard Bineau où elle porte les nᵒˢ 53 et 55 ; en arrière, par la propriété de Mᵐᵉ la duchesse de Vendôme ; à droite, sont une église anglicane et des propriétés donnant sur le boulevard Victor-Hugo ; à gauche, se trouve la cité des Fleurs, maison de santé protestante.

La surface totale du terrain est de 7.147ᵐˢ94, dont 2.334,50 pour la surface des bâtiments et 4.813,44 pour la surface des cours et jardins.

Historique. — Cette maison a été fondée au moyen des ressources et sur le terrain légués à l'Administration de l'Assistance publique par le dernier vivant des frères Galignani, propriétaires du journal *The Galignani Messenger* et de la librairie anglaise de la rue de Rivoli, nᵒ 224.

Elle a été construite d'après les plans de MM. Delaage et Véra, architectes, et inaugurée le 22 juillet 1889.

La disposition de l'établissement est la suivante :

Deux bâtiments principaux, à trois étages, perpendiculaires au boulevard Bineau, reliés au fond par un troisième bâtiment à un étage. Ce dernier renferme, au rez-de-chaussée, les services généraux (lingerie, réfectoire, cuisine, bains, pharmacie, chapelle, salon, bibliothèque. Au premier étage se trouvent, outre le logement de la communauté, l'infirmerie et quelques chambres de pensionnaires ; les autres chambres sont dans les deux bâtiments principaux.

SALON

De larges couloirs, qui vont d'un bout à l'autre des bâtiments, permettent aux pensionnaires de se rendre à couvert dans toutes les parties de la maison.

Dans les sous-sols sont installés l'atelier, la salle d'épluchage, la boucherie, la cave et les cinq calorifères qui chauffent tous les couloirs et les services généraux.

Conditions d'admission. — Le testament de M. Galignani contient en substance les dispositions suivantes :

« L'établissement recevra cent pensionnaires des deux sexes, âgés de 60 ans révolus, de bonne moralité et reconnus pour être sans moyens d'existence suffisants.

« Chaque personne aura une chambre à feu et un cabinet de toilette y attenant, repas en commun pour chaque sexe ; il y aura dans l'établissement une bibliothèque.

« Cinquante personnes payeront 500 francs par an et devront posséder un revenu personnel de 200 francs par an et un mobilier ; les cinquante autres seront reçues gratuitement.

« Ces placements gratuits seront faits dans les conditions suivantes :

« 10 libraires ou imprimeurs français, leurs veuves ou leurs filles, nommés par le Cercle de la librairie et de l'imprimerie, dont le siège est actuellement, 117, boulevard Saint-Germain ;

« 20 savants français, leurs pères ou leurs mères, leurs veuves ou leurs filles, nommés par la Société de secours des amis des Sciences ;

« 20 hommes de lettres ou artistes français, leurs pères ou leurs mères, leurs veuves ou leurs filles, à la nomination de l'Académie française ou des Beaux-Arts. »

Sur 3 vacantes payantes, la 1re est attribuée à un octogénaire inscrit, la 2e à l'expectant le plus anciennement inscrit et la 3e est laissée au choix du Directeur de l'Administration.

Mouvement de la population. — Au 1er janvier 1896, on constatait la présence de 97 pensionnaires; il en est entré 12 et sorti 4. Le nombre des morts a été de 7. Le chiffre des pensionnaires restant au 31 décembre 1896 était de 98.

Pour cette année 1896, le nombre de journées de pensionnaires a été de 35.934.
La mortalité, calculée d'après le nombre des individus sortis volontairement ou après décès, a été de 1 sur 15.

La durée du séjour, calculée d'après le nombre des journées divisé par le nombre des individus sortis ou décédés, a été de 1.566,45.

Personnel administratif. — Ce personnel comprend : 1 directeur-comptable, logé dans l'établissement.

Personnel médical. — Le service de santé se compose de : 1 médecin de Neuilly, M. le Dr Cayla, et 1 médecin adjoint, M. le Dr Catuffe, aussi de Neuilly.

La pharmacie, confiée à une religieuse, ne délivre que les médicaments simples ; tous les médicaments composés sont fournis par un pharmacien de Neuilly.

Personnel secondaire. — Ce personnel se compose de 18 personnes, savoir :

6 religieuses de Saint-Vincent-de-Paul, ordre désigné par le fondateur lui-même ; 4 serviteurs de 1re classe ; 6 infirmiers, infirmières, garçons et filles de service ; 1 concierge et sa femme (grade de sous-surveillants).

Personnel à la journée. — 1 cuisinier ; 1 plombier.

Les *Services hospitaliers* sont constitués ainsi qu'il suit :

NATURE des SERVICES	NOMS des CHEFS DE SERVICE	NOMBRE de LITS	Reli-gieuses	Infirmiers H.	Infirmiers F.	TOTAL
Infirmerie et bains	**Dr Cayla**	5	1	»	1	2
Pensionnaires soignés dans leurs chambres	**Dr Catuffe** (médecin adjoint)	3	2	1	»	3
		8	3	1	1	5

Les *Services généraux* sont répartis ainsi qu'il suit :

SERVICES GÉNÉRAUX	Religieuses	Sous-surveillants H.	Sous-surveillants F.	Infirmiers H.	Infirmiers F.	Infirmiers H.	Infirmiers F.	Total	OBSERVATIONS
Communauté	(1)1	»	»	»	»	»	»	1	(1) Supérieure.
Porte, magasin	»	1	1	»	»	»	»	2	(2) Chargés du ménage des pensionnaires malades ou infirmes et de leur porter leurs repas.
Salle des morts	»	»	»	»	»	»	»		
Cuisine, sommellerie	1	»	»	»	1	1	»	3	(3) 2 garçons spécialement attachés au réfectoire pendant les heures de repas.
Lingerie, vestiaire	1	»	»	»	1	»	»	2	
Linge à pansements									
Pharmacie									
Chantier	»	»	»	»	»	1	»	1	
Service de propreté	(2)»	»	»	1	1	»	»	2	
Réfectoire	(3)»	»	»	»	»	2	»	2	
	3	1	1	1	3	4	»	13	

Blanchissage. — Le blanchissage du linge est confié à un industriel des environs.

Bains. — Il existe une salle de bains mise à la disposition des pensionnaires les lundis, mercredis, vendredis pour les hommes, et les mardis, jeudis, samedis pour les dames.

Chauffage. — Chaque chambre possède une cheminée dans laquelle on brûle du bois.

Les couloirs et les services généraux sont chauffés par cinq calorifères à air chaud.

Éclairage. — Les couloirs et les services généraux sont éclairés par le gaz. — Les pensionnaires gratuits reçoivent chaque mois la bougie qui leur est nécessaire.

VÉRANDA

Salubrité. — On se sert de tinettes (système diviseur).

Après chaque décès, on fait procéder à la désinfection des chambres, des effets et de la literie, par les soins de l'étuve municipale de Neuilly.

Eaux. — La maison est alimentée par de l'eau de Seine (filtrée).

Bibliothèque et salon. — Les pensionnaires ont la jouissance en commun d'un salon avec véranda, d'une bibliothèque amplement pourvue de livres, et qui reçoit un grand nombre de journaux politiques et illustrés, envoyés gratuitement à l'établissement.

Les pensionnaires hommes ont de plus à leur disposition un fumoir où ils peuvent jouer et une salle de billard.

Ce dernier jeu est un don de M. Jeancourt-Galignani, allié du fondateur et l'un de ses héritiers.

Objets d'art. — Dans le salon se trouve le portrait de M. William Galignani; dans la bibliothèque, celui de son frère Antoine Galignani, et dans la véranda leurs bustes en marbre blanc sculptés par M. Thomas.

Service intérieur. — Les pensionnaires peuvent sortir tous les jours à partir de 6 heures du matin en été et de 7 heures en hiver jusqu'à 10 heures du soir, sauf autorisation spéciale qui n'est jamais refusée.

Il leur est accordé des congés jusqu'à concurrence de trois mois par an.

Les pensionnaires prennent leurs repas dans un réfectoire commun, sauf quand ils sont indisposés; on les sert alors à la chambre.

Chaque chambre est pourvue d'une sonnerie électrique qui correspond avec la

communauté, de sorte que tout pensionnaire peut, en cas de besoin, appeler les religieuses, qui sont à sa disposition jour et nuit.

Dépenses. — En 1898, les dépenses de la fondation Galignani se sont élevées
à la somme de 144.396 fr. 45, se décomposant ainsi par nature de dépense :

| | Directe-ment par la fondation | Par l'intermédiaire | | | | | | | TOTAL |
		de l'exploi-tation Brézin	de la Pharma-cie	de la Boulan-gerie	de la Boucherie	de la Cave con-trale	de l'Approvi-sionnement des Halles	du Magasin central	
Personnel administratif . . .	5.501 20	» »	» »	» »	» »	» »	» »	» »	5.501 20
Impressions, frais de bureau.	270 »	» »	» »	» »	» »	» »	» »	» »	270 »
Frais de bibliothèque. . . .	200 40	» »	» »	» »	» »	» »	» »	» »	200 40
Charges spéciales des revenus	36.082 57	» »	» »	» »	» »	» »	» »	» »	36.082 57
Personnel médical.	1.291 20	» »	» »	» »	» »	» »	» »	» »	1.291 20
Personnel secondaire	7.125 24	» »	» »	» »	» »	» »	» »	» »	7.125 24
Réparations de bâtiments . .	1.867 02	» »	» »	» »	» »	» »	» »	» »	1.867 02
Frais de nourriture	9.578 50	» »	» »	5.200 02	13.023 59	5.436 98	14.709 39	1.222 50	49.172 98
Service de la pharmacie. . .	1.479 22	» »	1.602 67	» »	» »	» »	» »	» »	3.081 89
Chauffage et éclairage. . . .	8.292 23	78 46	» »	» »	» »	» »	» »	5.150 92	13.521 11
Blanchissage.	2.561 13	» »	» »	» »	» »	» »	» »	81 59	2.642 72
Coucher, linge, habillement, mobilier	7.206 16	» »	» »	» »	» »	» »	» »	3.750 08	8.956 24
Objets de pansement. . . .	91 53	» »	» »	» »	» »	» »	» »	138 70	230 23
Frais de transport	657 47	» »	» »	» »	» »	» »	» »	» »	657 47
Eaux, salubrité, dépenses diverses	6.681 06	» »	» »	» »	» »	» »	» »	» »	6.681 06
Remboursement des frais correspondant aux livraisons des Magasins généraux. . .	» »	» »	320 54	51 99	130 22	54 37	367 72	417 07	1.341 91
Part dans les dépenses :									
Générales de l'Administra-tion centrale.	4.142 60	» »	» »	» »	» »	» »	» »	» »	4.142 60
Des pensions de retraite . .	» »	» »	» »	» »	» »	» »	» »	» »	» »
Du personnel administratif	1.095 46	» »	» »	» »	» »	» »	» »	» »	1.095 46
Des pensions de repos du personnel secondaire. . .	625 15	» »	» »	» »	» »	» »	» »	» »	625 15
TOTAL	94.658 14	78 46	1.923 21	5.252 01	13.153 81	5.493 35	15.077 11	8.760 36	144.396 45

87

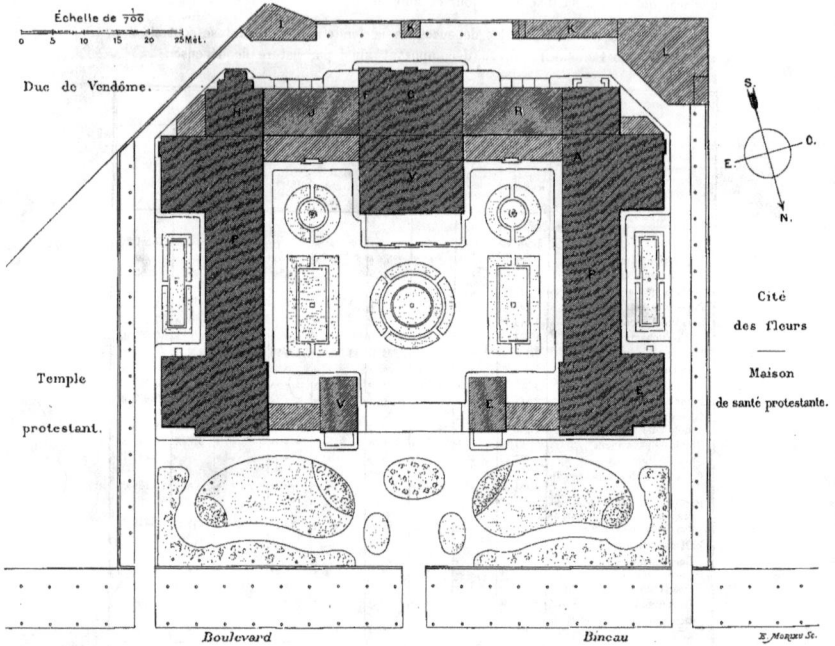

Échelle de $\frac{1}{700}$

0   5   10   15   20   25 Mèt.

Duc de Vendôme.

Temple

protestant.

Cité

des fleurs

———

Maison

de santé protestante.

Boulevard

Bineau

E. Morieu Sc.

PLAN DE MASSE DE LA FONDATION GALIGNANI

REZ-DE-CHAUSSÉE

A Bureau du directeur.
C Cuisine.
E Logement du concierge.
E¹ Logement du directeur.
F Bains.
H Chapelle.
I Service des morts.
J Lingerie.
K Magasins.
L Chantier.

P Pensionnaires.
R Réfectoire.
V Fumoir.
V¹ Salon.

PREMIER ÉTAGE

A, P Pensionnaires.
C, F Consultation.
E Logement du concierge.
E¹ Logement du directeur.
J Communauté.

R Infirmerie.
V Billard.
V¹ Personnel.

DEUXIÈME ÉTAGE

A, E¹, P Pensionnaires.

TROISIÈME ÉTAGE

A, E¹, H, P Pensionnaires.

FONDATION ROSSINI

29, Rue Mirabeau

DIRECTEUR : M. GRANDRY

Situation.— L'établissement est limité, de face, par la rue Wilhem ; en arrière, par le parc de Sainte-Périne ; à droite, par la rue Mirabeau et, à gauche, par des terrains appartenant à des particuliers.

La surface totale du terrain est de 6.647^{mc}, dont 1.084 pour la surface des bâtiments et 5.553 pour la surface des cours et jardins.

Historique.— Mme Olympe-Louise-Alexandrine Descuillers, veuve de l'illustre musicien Rossini, décédée à Paris le 22 mars 1878, a légué à l'Assistance publique, par testament olographe du 28 juillet 1877, le reste de ses biens et immeubles, et l'a instituée sa légataire universelle, à la condition par elle de construire, meubler et entretenir une maison de retraite pour recueillir gratuitement 50 au moins et 110 ou 120, au plus, artistes chanteurs français et italiens des deux sexes. Construite par M. Véra, architecte, sur un terrain distrait du parc de l'institution Sainte-Périne, la maison de retraite Rossini a été inaugurée le 30 juin 1889 avec 54 lits.

M. Alfred Musard a en outre légué à ladite fondation, par testament olographe du 19 juillet 1879, une somme de 100.000 francs.

Conditions d'admission.— Pour être admis, il faut être âgé de 60 ans au moins ou être atteint d'infirmités incurables et avoir chanté l'opéra ou l'opéra-comique sur une scène d'une certaine importance.

Sur 3 vacances, la 1re est attribuée à un octogénaire inscrit, la 2e à l'expectant le plus anciennement inscrit et la 3e est laissée au choix du Directeur de l'Administration.

Nombre de lits.— La maison contient 54 lits réglementaires ainsi répartis : Infirmerie, 4 lits (2 pour les hommes, 2 pour les femmes); chambres, 50 lits.

Mouvement de la population.— Au 1er janvier 1896, on constatait la présence dans l'établissement de 49 administrés ; pendant cette année, il en est

entré 10 et sorti 7. Le nombre des morts a été de 3. Le chiffre des administrés restant au 31 décembre 1896 était de 49.

Pour cette année 1896, le nombre de journées d'administrés a été de 17.860.

Personnel administratif.— La direction et la comptabilité de l'établissement ont été confiées au directeur et à l'économe de l'institution Sainte-Périne.

Personnel médical.— Le médecin et l'interne de Sainte-Périne assurent le service médical de la fondation.

Personnel secondaire.— Ce personnel se compose de 9 personnes, savoir :

1 surveillante ; 1 sous-surveillant ; 1 première infirmière ; 6 infirmiers, garçons et filles de service.

Personnel à la journée.— On compte 2 personnes, savoir :

1 cuisinier ; 1 lingère.

Le *Service des malades* est fait à l'infirmerie, par les soins de M. le Dr Le Breton, aidé d'une première infirmière. Il comporte 4 lits : 2 pour les hommes et 2 pour les femmes. Lorsque l'état des malades l'exige, il peut être adjoint une veilleuse garde-malade.

Les *Services généraux* sont constitués ainsi qu'il suit :

SERVICES GÉNÉRAUX	Surveillante	S.-surveillant	Infirmiers H.	Infirmiers F.	TOTAL
Porte	»	»	»	»	»
Sommellerie	»	»	»	»	»
Magasins du mobilier	»	1	»	»	1
Service des morts	»	»	»	»	»
Chantier	»	»	»	»	»
Bureau	»	»	»	»	»
Cuisine	»	»	1	»	1
Magasins aux vivres	»	»	»	»	»
Lingerie	»	»	»	»	»
Linge à pansements	1	»	»	»	1
Pharmacie	»	»	»	»	»
Bains	»	»	»	1	1
Service de propreté	»	»	3	»	3
Réfectoire	»	»	1	»	1
	1	1	5	1	8

Il n'existe pas de buanderie à la fondation Rossini. Le linge est blanchi par la buanderie de l'institution Sainte-Périne qui fait une livraison par semaine.

Bains. — Il existe deux baignoires pour le service des administrés.

Chauffage et ventilation.— Les trois pavillons qui composent l'ensemble de la fondation sont chauffés par des calorifères à air chaud. Chaque chambre d'administré et d'infirmerie est munie d'une cheminée où l'on brûle du bois.

Éclairage.— Les chambres d'infirmerie sont éclairées par des veilleuses et des lampes à huile.

Les services généraux, les cours, couloirs et escaliers sont éclairés au gaz.

Salubrité. — On fait usage de tinettes (système diviseur).

Eaux.— La maison est alimentée par l'eau de rivière (Seine) et par l'eau de source (Avre).

Bibliothèque. — Il existe une bibliothèque pour les administrés. Une somme annuelle de 100 francs est affectée à l'entretien des volumes et à l'indemnité du bibliothécaire choisi parmi les pensionnaires. Elle contient plus de 1.300 volumes (ouvrages divers, partitions, etc.).

SALON

Objets d'art.— Le salon de la fondation Rossini renferme de nombreux objets mobiliers et objets d'art ayant appartenu au maëstro Rossini. Le piano, le bureau, une pendule ancienne, des tableaux, etc., forment de cette partie de l'établissement un véritable musée.

Dépenses.— En 1898, les dépenses de la fondation Rossini se sont élevées à la somme de 88.262 fr. 62, se décomposant ainsi par nature de dépense :

Personnel administratif	300 40	Report		75.795 96
Impressions, frais de bureau, etc	119 31	Appareils, instruments, etc.		201 22
Frais de bibliothèque	100 40	Frais de transport		7 40
Charges spéciales des revenus	2.991 24	Eaux, salubrité, dépenses diverses		3.040 03
Personnel médical	702 24	Remboursement des frais correspondant aux livraisons des Magasins généraux		1.163 32
Personnel secondaire	5.771 44	Rentes à capitaliser pour la consolidation de la fondation		4.829 42
Réparations de bâtiments	5.676 41	Part dans les dépenses :		
Frais de nourriture	32.766 76	Générales de l'Administration centrale		2.619 03
Service de la pharmacie	2.029 05	Des pensions de repos du personnel secondaire		606 24
Chauffage, éclairage	9.026 56			
Blanchissage	5.170 33		Total	88.262 02
Coucher, linge, habillement, mobilier	11.141 82			
A reporter	75.795 96			

REZ-DE-CHAUSSÉE

A Logement de la sur-
    veillante.
C Cuisine.
E Concierge.
F Bains.
I Service des morts.
J Lingerie.

L Chantier.
M' Malades (infirmerie).
R Réfectoire.
V Salon.
X Fumoir.

Les 1er, 2e et 3e étages
sont occupés par les pen-
sionnaires.

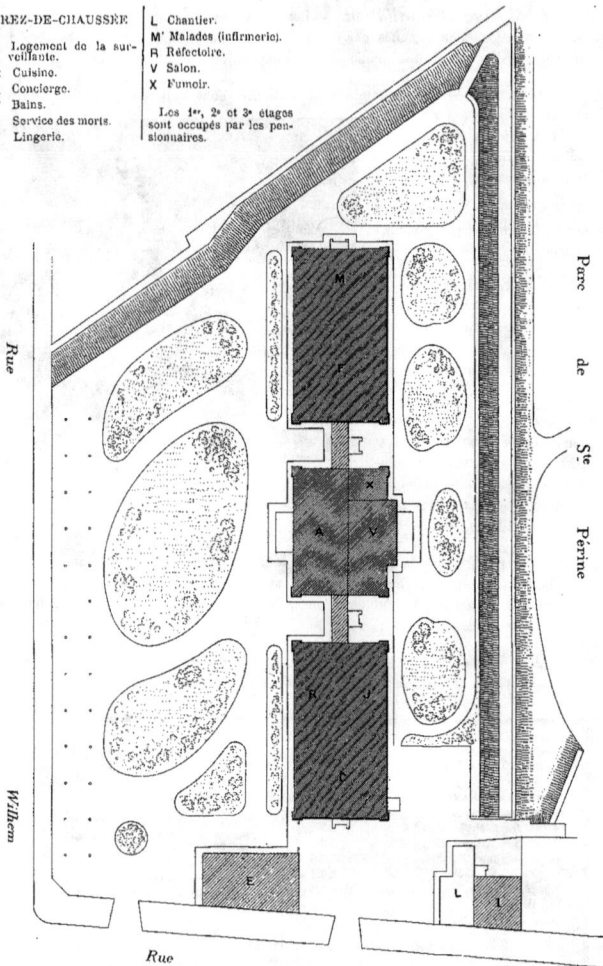

PLAN DE MASSE DE LA FONDATION ROSSINI

Échelle de 1/650e

HOSPICE DEBROUSSE

148, Rue de Bagnolet

DIRECTEUR : M. CAPOULUN

Situation. — L'hospice est limité, de face, par la rue de Bagnolet ; à droite, par une impasse ; à gauche, par la rue des Balkans, et, en arrière, par des propriétés privées.

La surface totale du terrain est de 15.029^{mq}37, dont 2.775,25 pour la surface des bâtiments et 12.254,12 pour la surface des cours et jardins.

Historique. — L'établissement, construit sur les plans de MM. Dézermaux et Bernard, architectes, a été édifié sur l'emplacement de l'ancien château de Bagnolet. Ce château, dont il n'existe plus qu'un pavillon et les restes d'un beau parc, appartenait aux ducs d'Orléans.

L'hospice a été fondé par Mme la baronne Alquier qui a légué pour cette fondation une somme d'environ 5.300.000 francs.

Elle a voulu que cet hospice prît le nom de son père et fût desservi par des religieuses. Il a été inauguré le 7 juillet 1892.

Nombre de lits. — L'hospice Debrousse contient 200 lits, ainsi répartis : dortoirs, 168 (84 pour les hommes, 84 pour les femmes); chambres de ménages, 32 (16 pour les hommes, 16 pour les femmes).

Mouvement de la population. — Au 1er janvier 1896, on constatait la présence à l'hospice de 189 vieillards. Pendant cette année, il en est entré 35 et sorti 8. Le nombre des morts a été de 22. Le chiffre des administrés restant au 31 décembre 1896 était de 194.

Pour cette année 1896, le nombre de journées s'est élevé à 64.676.

La mortalité, calculée d'après le nombre des individus existant le 1er janvier et de ceux entrés dans l'année divisé par le nombre des morts, a été de 1 sur 10,18.

Personnel administratif. — Ce personnel comprend : 1 directeur et 1 expéditionnaire. Tous les deux sont logés dans l'établissement.

Mme ALQUIER-DEBROUSSE

Personnel médical. — Le service de santé se compose de 1 médecin et 1 interne. L'interne est logé dans l'établissement. Il y est également nourri.

Personnel secondaire. — Ce personnel se compose de 41 personnes, savoir :

7 religieuses ; 3 sous-surveillants et sous-surveillantes ; 1 cuisinière ; 1 première infirmière ; 16 serviteurs et 13 garçons et filles de service à la journée.

Personnel à la journée. — On compte 2 personnes : 1 chauffeur ; 1 jardinier.

Le *Service de l'infirmerie* est constitué ainsi qu'il suit :

NATURE DES SERVICES	NOM du CHEF DE SERVICE	NOMBRE DE LITS		Interne	Religieuses	Infirmiers		TOTAL
		H.	F.			H.	F.	
INFIRMERIE........	Dr Wurtz........	8	8	1	1	1	2	4
SERVICE DE VEILLE....		»	»	»	1	»	1	2
		8	8	1	2	1	3	6

Les *Services généraux* sont constitués de la façon suivante :

SERVICES GÉNÉRAUX	Religieuses	Sous-surveillants		Sup-pléante	1re Infirmière	Infirmiers		TOTAL
		H.	F.			H.	F.	
Communauté	1	»	»	»	»	»	1	2
Portes.	»	1	1	»	»	»	»	2
Cuisine	1	»	»	1	»	2	2	6
Sommellerie.	»	1	»	»	»	»	»	1
Magasins	»		»	»	»	»	»	
Lingerie.	»	»	»	»	»	»	1	1
Vestiaire	1	»	»	»	»	»	»	1
Linge à pansements	»	»	»	»	»	»	»	»
Pharmacie.	1	»	»	»	»	1	»	2
Bains	»	»	»	»	1	1	»	2
Chantier.	»	»	»	»	»	1	»	1
Salle des morts	»	»	»	»	»	1	»	1
Laboratoire	»	»	»	»	»		»	
Réfectoire.	1	»	»	»	»	»	2	2
Dortoirs.		»	»	»	»	5	8	1
								13
	5	2	1	1	1	11	14	35

Il n'existe pas de buanderie à l'hospice Debrousse. Le linge est blanchi par l'entrepreneur adjudicataire. Celui des religieuses est blanchi par la buanderie de l'hôpital Saint-Louis.

Bains. — Ce service comprend 4 cabines à 1 baignoire et 1 appareil à douches. En 1898, il a été donné 1.975 bains.

Chauffage et ventilation. — Le système de chauffage adopté pour l'établissement est celui obtenu par la circulation d'eau chaude sans pression. Toutefois, le pavillon de l'administration est chauffé par un calorifère à air chaud.

La ventilation a lieu automatiquement par le moyen de cheminées d'appel se réunissant dans des lanterneaux placés dans les combles.

Éclairage. — La maison est entièrement éclairée au gaz.

Salubrité. — Le système appliqué pour les fosses d'aisances est le tout à l'égout.

Eaux. — L'établissement est alimenté en partie par l'eau de rivière (Marne), et par l'eau de source (Dhuis).

88

Laboratoire. — Un laboratoire a été installé pour l'usage du chef de service.

Bibliothèques. — Il existe une bibliothèque à l'usage de l'interne, entretenue sur les crédits de la fondation.

L'établissement a créé également et entretient sur ses propres fonds une bibliothèque pour les administrés.

Objets d'art. — Dans le cabinet du directeur se trouve le portrait de la fondatrice peint par Mme Brouardel.

Curiosités. — On voit, à l'entrée de la maison, le pavillon de l'administration, d'un style très pur de l'époque de Louis XV, et seule partie ayant survécu à la destruction du château de Bagnolet. Les belles salles du rez-de-chaussée renferment des peintures attribuées à Coypel. La grille extérieure, en fer forgé, est également très appréciée.

Dépenses. — En 1898, les dépenses de l'hospice Debrousse se sont élevées à la somme de 210.006 fr. 37, se décomposant ainsi qu'il suit par nature de dépense :

Personnel administratif	9.302 49		Report	188.093 50
Impressions, frais de bureau	943 29		Frais de transport	3.938 73
Charges spéciales des revenus	1.158 71		Eaux, salubrité, etc.	11.079 24
Personnel médical	3.211 42		Remboursements aux Magasins généraux	2.865 65
Personnel secondaire	28.463 20		Restes à capitaliser	5.822 77
Réparations de bâtiments	7.442 17		générales de l'Administration centrale	
Frais de nourriture	86.474 54	Part dans les dépenses	pensions de retraite du personnel administratif	7.606 48
Pharmacie	3.246 80		pensions de retraite du personnel secondaire	
Chauffage et éclairage	19.805 21			
Blanchissage	6.022 60			
Coucher, linge, mobilier	11.589 70			
Appareils, instruments	1.033 37			
A reporter	188.093 50		Total	210.006 37

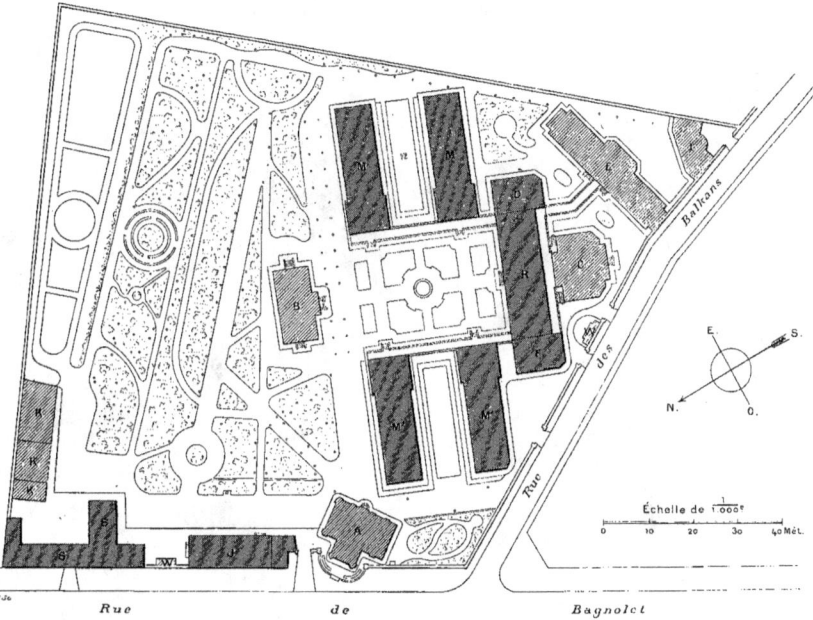

PLAN DE MASSE DE L'HOSPICE DEBROUSSE

REZ-DE-CHAUSSÉE	PREMIER ÉTAGE	DEUXIÈME ÉTAGE
A Administration.	A Logement du directeur.	D Office et water-closets.
B Salles de jeu, lecture.	D Office et water-closets.	F Chambres de serviteurs.
C Cuisine et dépendances.	F Chambres de serviteurs.	M Dortoirs (femmes).
D Service médical, pharmacie.	J Logements des commis d'économat et interne.	M' Dortoirs (hommes).
E Infirmerie.		R Chambres de ménages.
F Bains.	M Dortoirs (femmes).	S Communauté.
I Service des morts.	M' Dortoirs (hommes).	
J Lingerie.	R Chambres de ménages.	
K Magasins, ateliers.	S Communauté.	
M Dortoirs (femmes).		COMBLES
M' Dortoirs (hommes).		
R Réfectoire.		A Chambre de bonne.
S Communauté.		J Logements de sous-employés.
W Water-closets.		

FONDATION DHEUR

12, Avenue de la République, à Ivry-sur-Seine (Seine)

DIRECTEUR : M. ENJOLRAS

Situation. — La fondation est limitée, de face, par l'avenue de la République ; à droite, se trouvent des constructions particulières ; à gauche, la fondation Chemin-Delatour, et, par derrière, des terrains particuliers.

La surface totale du terrain est de 10.000ᵐ⁴, dont 765,92 pour la surface des bâtiments et 9.234,08 pour la surface des cours et jardins.

Historique. — Cet établissement a été ouvert le 25 juillet 1891. Sa construction est due à la libéralité de M. Dheur (Alexandre-Victor), né à Paris le 13 février 1817, décédé le 8 juin 1887, qui légua à l'Administration de l'Assistance publique une somme de 1.350.000 francs. Il est destiné à recevoir les malades pauvres des deux sexes des quartiers du Val-de-Grâce ou du Jardin-des-Plantes, mariés, veufs ou célibataires.

Conditions d'admission. — Pour l'admission dans l'établissement, il faut : 1° être âgé de 65 ans pour les candidats aux dortoirs, 60 ans pour les époux candidats aux chambres ; 2° être né ou domicilié depuis dix ans au moins dans les quartiers précités (12 places payantes sont exemptes des conditions de domicile).

Les pensionnaires payants doivent verser 400 francs de pension pour les dortoirs et 800 francs pour les chambres d'époux.

Les admissions ont lieu par ordre d'inscription et les octogénaires ont droit à une vacance sur deux.

Nombre de lits. — La maison comprend 40 lits de dortoir, 20 lits pour les hommes, 20 lits pour les femmes, et 10 chambres de ménage.

Mouvement de la population. — Le 1ᵉʳ janvier 1896, on constatait la présence de 49 vieillards ; pendant cette année, il en est entré 3 et sorti 2 ; 4 sont décédés. Le 31 décembre 1896, il restait 46 présents. Pour cette année, le nombre de journées s'est élevé à 17.029.

La mortalité, calculée d'après le nombre des individus existant le 1ᵉʳ janvier et de ceux entrés dans l'année divisé par le nombre des morts, a été de 1 sur 13.

Personnel administratif. — La fondation Dheur est placée sous les ordres du directeur de l'hospice d'Ivry. Le commis rédacteur de cet établissement est chargé de la tenue des écritures.

Personnel médical. — Les soins aux vieillards malades sont donnés par le personnel médical de l'hospice d'Ivry.

Personnel secondaire. — Ce personnel se compose de 10 personnes, savoir : 1 surveillante ; 1 suppléante ; 1 concierge et sa femme ; 6 garçons et filles de service.

Personnel à la journée. — 4 personnes sont occupées à la journée, savoir : 1 chauffeur pendant l'hiver ; 1 cuisinière logée ; 1 jardinier pendant 3 mois ; 1 administré pendant toute l'année.

Les *Services hospitaliers* et les *Services généraux* sont constitués ainsi qu'il suit :

SERVICES	Surveillante	Suppléants		Infirmiers		TOTAL
		H.	F.	H.	F.	
Surveillance générale.	1	»	1	»	»	2
Dortoirs et chambres de ménage	»	»	»	2	1	3
Cuisine	»	»	»	2	1	3
Porte	»	1	»	»	1	2
	1	1	1	4	3	10

Chauffage. — Le chauffage de toute la maison est assuré par un calorifère à air chaud.

Éclairage. — Les dortoirs sont éclairés par des veilleuses. — Les services généraux, les cours, couloirs et escaliers sont éclairés au gaz.

Salubrité. — On fait usage de tinettes (système diviseur).

Eaux. — La maison est alimentée par l'eau de rivière (Seine).

Dépenses. — En 1898, les dépenses de la fondation Dheur se sont élevées à la somme de 33.541 fr. 55, se décomposant ainsi par nature de dépense :

Personnel administratif	701 20		*Report*	30.215 28
Impressions, frais de bureau, etc. . .	109 15		Appareils et objets de pansement . .	12 75
Charges spéciales des revenus. . . .	143 85		Frais de transport	5 30
Personnel secondaire	5.209 67		Eaux, salubrité, dépenses diverses. .	1.645 76
Réparations de bâtiments	211 96		Frais généraux des livraisons des Magasins.	389 04
Frais de nourriture.	17.718 65			
Frais de traitement d'administrés à l'infirmerie de l'hospice d'Ivry . . .	» »		Part dans les dépenses générales de l'Administration	946 39
Chauffage et éclairage.	3.690 33		Part dans les dépenses des pensions de repos du personnel secondaire .	334 83
Blanchissage.	706 91			
Coucher, linge, habillement, mobilier	1.722 56		*Total*	33.541 55
A reporter	30.215 28			

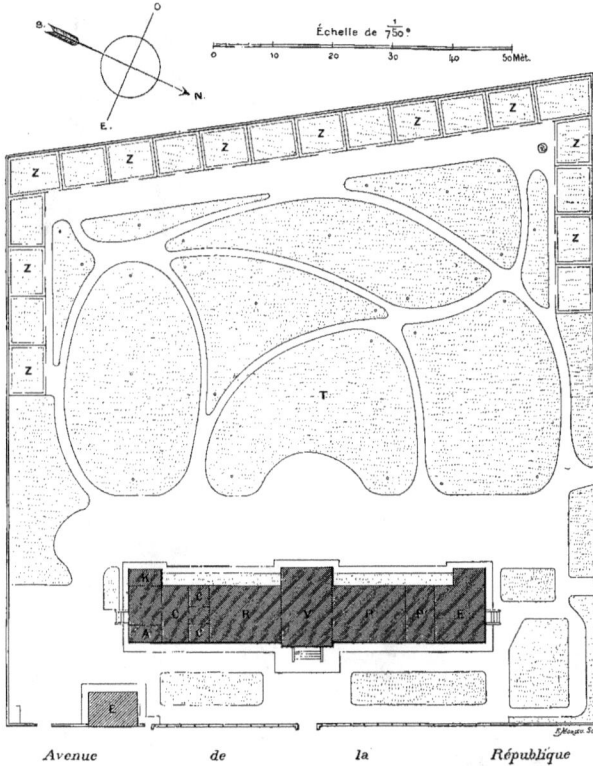

Échelle de $\frac{1}{750}$°

PLAN DE MASSE DE LA FONDATION DHEUR

Avenue   de   la   République

REZ-DE-CHAUSSÉE

A   Bureau de la surveillante.
C   Cuisine et dépendances.
E   Concierge, logement de la surveillante.
K   Magasin aux légumes secs.
P, P¹   Salle de réunion et fumoir.
R   Réfectoire.
T   Préau.
V   Vestibule.
Z   Jardins des pensionnaires.

PREMIER ÉTAGE

A   Côté droit, dortoir pensionnaires (femmes).
C   Côté gauche, dortoir pensionn. (hommes).

DEUXIÈME ÉTAGE

A   Chambres pour ménages et dortoirs du personnel.

FONDATION CHEMIN-DELATOUR

à Ivry (Seine)

DIRECTEUR : M. ENJOLRAS

Mme Ve Chemin-Delatour, décédée le 30 décembre 1891, avait institué l'Administration de l'Assistance publique sa légataire universelle, à charge par elle de construire et entretenir à Paris, ou dans le département de la Seine, une maison de retraite destinée à 30 vieillards hommes domiciliés à Paris, et, de préférence, ayant exercé pendant 5 ans le métier de balancier.

D'accord avec l'exécuteur testamentaire, l'Administration choisit, pour y élever le nouvel établissement, un terrain de 7.300 mètres, sis à Ivry, avenue de la République, en face de son hospice de vieillards.

Un projet de construction fut préparé par un architecte de l'Assistance publique, M. Vibert, et, après la mort de ce dernier, remanié par M. Lebrun, également architecte de l'Administration hospitalière, qui a été chargé de la direction des travaux.

Commencée dans le deuxième semestre de 1898, la construction a été terminée en décembre 1899.

La dépense, après rabais, s'est élevée à 399.000 francs, ameublement compris.

L'établissement sera ouvert dans le courant de l'année 1900.

Pour y être admis, il faudra être âgé de 65 ans au moins ou atteint d'infirmités incurables empêchant de travailler.

Conformément au vœu de la fondatrice, on y recevra de préférence les ouvriers balanciers du département de la Seine, ayant exercé ce métier pendant au moins 5 ans.

La moitié des pensionnaires sont admis gratuitement.

Les 15 autres lits ne sont attribués que moyennant une pension annuelle de 150 francs, et une somme de 100 francs versée en entrant pour le mobilier.

L'établissement est placé sous les ordres du directeur de l'hospice d'Ivry.

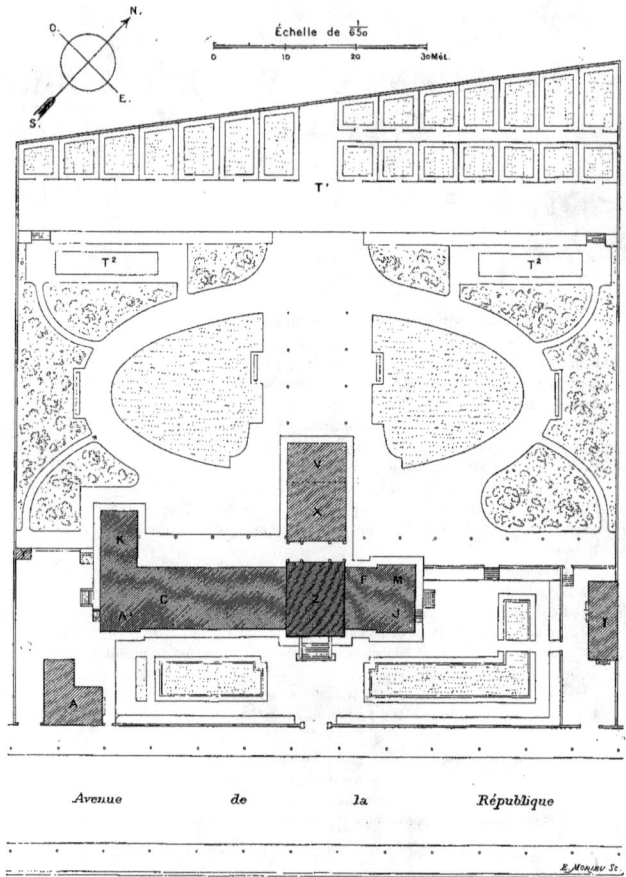

Échelle de $\frac{1}{650}$

N.

O.

E.

S.

T¹

T² T²

V

X

Y

K

M

A¹ C Z J

A¹

I

A

Avenue   de   la   République

E. Morieu Sc.

PLAN DE MASSE DE LA FONDATION CHEMIN-DELATOUR

REZ-DE-CHAUSSÉE

A Concierge.
A¹ Bureau de la surveillante.
C Cuisine, lavabo, office.
F, JM Logement de la sur-
      veillante.
I Bâtiment des morts.
K Magasin.
R Réfectoire.
T¹ Terrasse et jardinets des
   pensionnaires.
T² Jeux de boules.

V Fumoir.
X Salle de réunion.
Y Résidus.
Z Vestiaire, grand escalier.

PREMIER ÉTAGE

A¹ Lavabo.
C, R Dortoirs.
F Bains.
JM Infirmerie.
K Magasin.
Z Service, grand escalier.

DEUXIÈME ÉTAGE

A¹ Lavabo.
C, R Dortoirs.
F Logement du personnel.
JM Lingerie.
K Magasin.
Z Service, grand escalier.

TROISIÈME ÉTAGE

Z Logement du personnel.

RIBOUTTÉ-VITALLIS ET HARTMANN

à Forges-les-Bains (Seine-et-Oise)

DIRECTEUR : M. CONDOM

RIBOUTTÉ-VITALLIS

Situation. — L'orphelinat Riboutté-Vitallis est situé à Forges, sur la route départementale de Limours à Arpajon, dans un terrain de 250 mètres de longueur en façade, avec une profondeur moyenne de 60 mètres environ (surface exacte : 15.100^{mq}, dont 975 pour la surface des bâtiments et 14.125 pour les jardins et la pièce d'eau).

Historique. — C'est en 1882 que l'Administration générale de l'Assistance publique à Paris, voulant employer le legs fait par M. Vitallis, acheta une vaste propriété boisée (ancien établissement de bains), située en face de l'hôpital de Forges, pour y installer un orphelinat de garçons.

Par son testament, M. Vitallis avait exprimé la volonté que le nom de famille de sa femme (Riboutté) fût donné à la fondation ; mais, par respect pour la mémoire du généreux donateur, l'Administration ajouta le nom de Vitallis et l'orphelinat fut appelé Riboutté-Vitallis.

But de la fondation. — Conformément aux clauses du testament, des enfants pauvres (de préférence des orphelins) sont recueillis depuis l'âge de 7 ans et hospitalisés jusqu'à 16 ans. Ils reçoivent d'abord une instruction élémentaire, et, dès qu'ils ont obtenu le certificat d'études primaires ou, au plus tard, à l'âge de 13 ans, ils passent à l'un des ateliers pour y apprendre le métier de serrurier ou celui de menuisier.

Nombre de lits. — L'orphelinat contient 40 lits réglementaires, divisés en 4 dortoirs (2 au premier étage ; 2 au second). 1 premier infirmier et 1 infirmier sont chargés du service des dortoirs.

Mouvement de la population. — Au 1ᵉʳ janvier 1898, on constatait la présence de 39 élèves. Pendant cette année, il en est entré 10 et sorti 12 (pas de décès). Le chiffre des élèves restant au 31 décembre 1898 était de 37. Le nombre de journées a été de 13.627.

Personnel administratif. — Le service administratif est assuré par le directeur de l'hôpital de Forges.

Personnel médical. — Les soins médicaux sont donnés aux enfants par M. le Dʳ Doumenge, médecin de l'hôpital de Forges.

Personnel de l'instruction. — Le personnel de l'instruction comprend : 1 instituteur et 2 contremaîtres (professeurs de la ville de Paris).

Personnel secondaire. — Ce personnel se compose de 7 personnes, savoir : 1 surveillante ; 1 suppléant (jardinier) ; 2 premiers infirmiers et premières infirmières ; 3 garçons et filles de service.

Les *Services généraux* sont constitués ainsi qu'il suit :

SERVICES GÉNÉRAUX	Surveillants		Suppléants		1ᵉʳˢ Infirmiers		Infirmiers		TOTAL
	H	F	H	F	H	F	H	F	
Surveillance générale.	»	1	»	»	»	»	»	»	1
Cuisine et magasins.	»	»	»	»	»	»	»	1	1
Lingerie et vestiaire	»	»	»	»	»	1	»	»	1
Jardins	»	»	1	»	»	»	»	»	1
Porte	»	»	»	»	»	»	»	1	1
	»	1	1	»	»	1	»	2	5

Il n'existe pas de buanderie à l'orphelinat ; le linge est blanchi par la buanderie de l'hôpital de Forges.

Les bains sont donnés aux bains et à la piscine de l'hôpital de Forges.

Chauffage. — Les dortoirs sont chauffés par des calorifères à air chaud, les autres services par des poêles.

Éclairage. — Les dortoirs et les escaliers sont éclairés par des veilleuses ; la classe, le préau, les services généraux et les jardins par des lampes à pétrole.

— 709 —

Salubrité. — On fait usage de tinettes vidées toutes les semaines.

Eaux. — L'établissement est alimenté par l'eau de source, légèrement ferrugineuse, qui est refoulée dans les réservoirs situés au faîte des bâtiments par une machine à vapeur de la force de 3 chevaux-vapeur (cette même machine refoule l'eau à l'hôpital de Forges).

Classe. — La classe est faite par M. Mansion, instituteur.

Détail du travail à la classe : de 8 heures à 9 h. 1/2 du matin, école ; à 9 h. 1/2 du matin, récréation ; de 10 heures à 11 h. 1/2 du matin, école ; à 11 h. 1/2, déjeuner ; à midi, récréation ; de 1 heure à 2 h. 1/2, école ; à 2 h. 1/2, goûter et récréation ; de 3 heures à 4 h. 1/2, école. Le dimanche, repos le matin et promenade de 1 heure à 4 heures du soir.

Ateliers. — Les ateliers sont dirigés par M. Juquin, contremaître de serrurerie, et M. Cécillon, contremaître de menuiserie.

Détail du travail : de 8 heures à 11 h. 1/2 du matin, travail ; à 11 h. 1/2, déjeuner ; de midi à 1 heure, récréation ; de 1 heure à 2 h. 1/2, travail ; de 2 h. 1/2 à 3 heures, goûter et récréation ; de 3 heures à 5 h. 1/2, travail. Le dimanche, repos le matin et promenade de 1 heure à 4 heures du soir.

Étude. — Les élèves des classes et des ateliers font, le soir, de 7 à 8 heures, leurs devoirs à la salle d'étude (classe).

Dépenses. — En 1898, les dépenses de la fondation Riboutté-Vitallis se sont élevées à 41.957 fr. 45, se décomposant ainsi par nature de dépense :

	DÉPENSES EFFECTUÉES						TOTAL
	Directement par la fondation		Par l'intermédiaire				
	Commerce et dénomat	Culture de l'établissement	de la buanderie de Forges	de la Pharmacie	de la Cave	du Magasin central	
Impressions, frais de bureau, etc...	371 05	»	»	»	»	»	371 05
Charges spéciales de revenus....	78 76	»	»	»	»	»	78 76
Personnel secondaire........	7.025 74	»	»	»	»	»	7.025 74
Réparations de bâtiments...	3.218 32	»	»	»	»	»	3.218 32
Frais de nourriture........	11.449 64	216 24	»	»	1.715 36	667 69	14.048 93
Service de la pharmacie...	»	»	»	45 89	»	»	45 89
Chauffage et éclairage......	1.149 55	3 92	»	»	»	12 63	1.166 10
Blanchissage............	15 40	»	1.305 23	»	»	31 68	1.352 31
Coucher, linge, habillement, mobilier.	5.331 »	»	»	»	»	2.034 36	7.365 36
Appareils, instruments de chirurgie et objets de pansement......	»	»	»	8 40	»	21 63	30 03
Frais de transport.........	763 32	»	»	»	»	»	763 32
Eaux, salubrité, dépenses diverses..	1.418 05	»	»	»	»	40 80	1.458 85
Remboursement des frais correspondant aux livraisons des Magasins généraux.......	»	»	»	10 86	17 15	140 39	168 40
Rentes à capitaliser pour la consolidation de la fondation......	2.980 03	»	»	»	»	»	2.980 03
Part dans les dépenses : Générales de l'Administration centrale....	1.243 09	»	»	»	»	»	1.243 09
Des pensions de repos du personnel secondaire.....	641 27	»	»	»	»	»	641 27
TOTAL........	35.685 22	220 16	1.305 23	65 15	1.732 51	2.949 18	41.957 45

HARTMANN

Situation. — L'orphelinat Albert Hartmann est situé à Forges, sur les terrains de la fondation Riboutté-Vitallis.

Historique. — Cet établissement fut inauguré en 1892. L'Administration de l'Assistance publique avait fait édifier un bâtiment pour hospitaliser 20 enfants selon les clauses du testament de M. Albert Hartmann ; mais, la somme léguée par le testateur étant insuffisante, il fut décidé qu'on laisserait capitaliser une partie des rentes et que, provisoirement, on ne recevrait que 10 élèves.

L'instruction et l'éducation de ces orphelins sont en tout point semblables à celles des enfants de la fondation Riboutté-Vitallis. Ils suivent les mêmes cours et mangent au même réfectoire.

Mouvement de la population. — Au 1er janvier 1898, on constatait la présence de 10 élèves. Pendant cette année, il en est entré 2 et sorti 2 (pas de décès). Il en restait 10 le 31 décembre 1898. Le nombre de journées a été de 3.473.

Personnel administratif. — Le service administratif est assuré par le directeur de l'hôpital de Forges.

Personnel médical. — Les soins médicaux sont donnés aux élèves malades par M. le Dr Doumenge, médecin de l'hôpital de Forges.

Personnel secondaire. — Ce personnel se compose de 2 infirmiers.

La surveillance est exercée par la surveillante de la fondation Riboutté-Vitallis.

Il n'existe pas de buanderie à l'orphelinat ; le linge est blanchi par la buanderie de l'hôpital de Forges.

Les bains sont donnés aux bains et à la piscine de l'hôpital de Forges.

Les jardins et les services généraux sont communs avec ceux de Riboutté-Vitallis.

Chauffage. — Les dortoirs sont chauffés par des calorifères à air chaud.

Éclairage. — Les dortoirs et les escaliers sont éclairés par des veilleuses.

Salubrité. — On fait fait usage de fosses d'aisances vidangées tous les 6 mois.

Eaux. — L'orphelinat est alimenté par la source d'eau ferrugineuse de l'hôpital de Forges.

Classe et ateliers. — La classe et les ateliers sont communs avec l'orphelinat Riboutté-Vitallis.

Dépenses. — En 1898, les dépenses de la fondation Hartmann se sont élevées à 9.944 fr. 67.

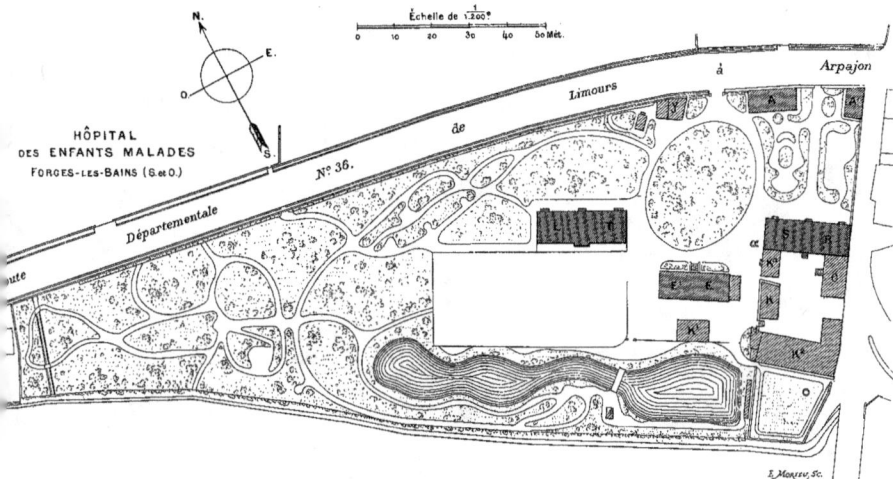

HÔPITAL
DES ENFANTS MALADES
FORGES-LES-BAINS (S. et O.)

Échelle de $\frac{1}{1.200}$

0   10   20   30   40   50 Mét.

N.

E.

O.

S.

Route Départementale N° 36.

de Limours à Arpajon

E. Moreau, Sc.

PLAN DE MASSE DES FONDATIONS RIBOUTTÉ-VITALLIS ET HARTMANN

RIBOUTTÉ-VITALLIS

REZ-DE-CHAUSSÉE

A Appartement du directeur.

A¹ Loge.

C Cuisine, office, bureau de surveillante et magasin.

E Logement de surveillante.

E¹ Logement administratif.

K Magasin au charbon.

K¹ Magasin au bois.

K² Ateliers de menuiserie et de serrurerie.

K³ Magasin.

R Réfectoire.

S Classe.

y Écurie et remise.

PREMIER ÉTAGE

A Appartement du directeur.

A¹ Logement du concierge.

E 2 logements de sous-employés.

E¹ 2 logements de sous-employés et réservoir.

K² Grenier.

R Dortoir et chambre de surveillant.

S Dortoir.

DEUXIÈME ÉTAGE

R Dortoir et chambre de surveillant.

S Dortoir.

HARTMANN

REZ-DE-CHAUSSÉE

L Lingerie, vestiaire.

T Préau.

PREMIER ÉTAGE

L Dortoir, lavabos et water-closet.

T Dortoir, lavabos et water-closet.

DEUXIÈME ÉTAGE

L Grenier.

T Logement de l'instituteur et chambre de garçon de service.

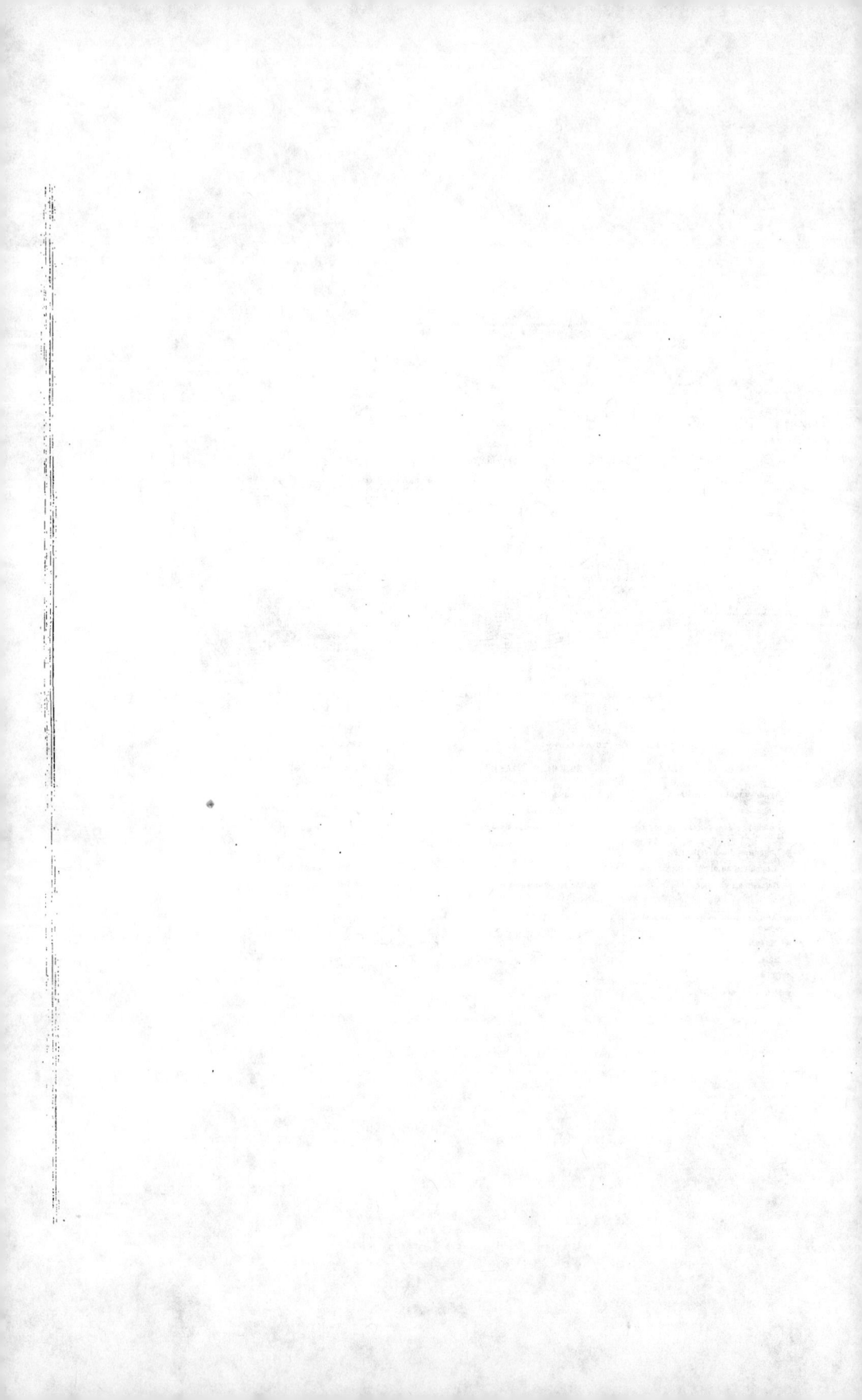

HOSPICE LEPRINCE ET DISPENSAIRE, 109, rue Saint-Dominique, à Paris

(PLAN DE MASSE)

REZ-DE-CHAUSSÉE

A   Concierge.
B   Dispensaire.
C   Cuisine.
I   Dépôt d'os.
J   Lingerie.
K   Débarras.
T   Cour.
X   Locaux libres
Z   Distribution de lait stérilisé.

Aux premier, deuxième et troisième étages, sont des logements, dortoirs et locaux libres.

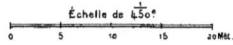

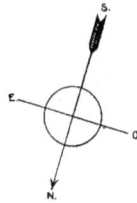

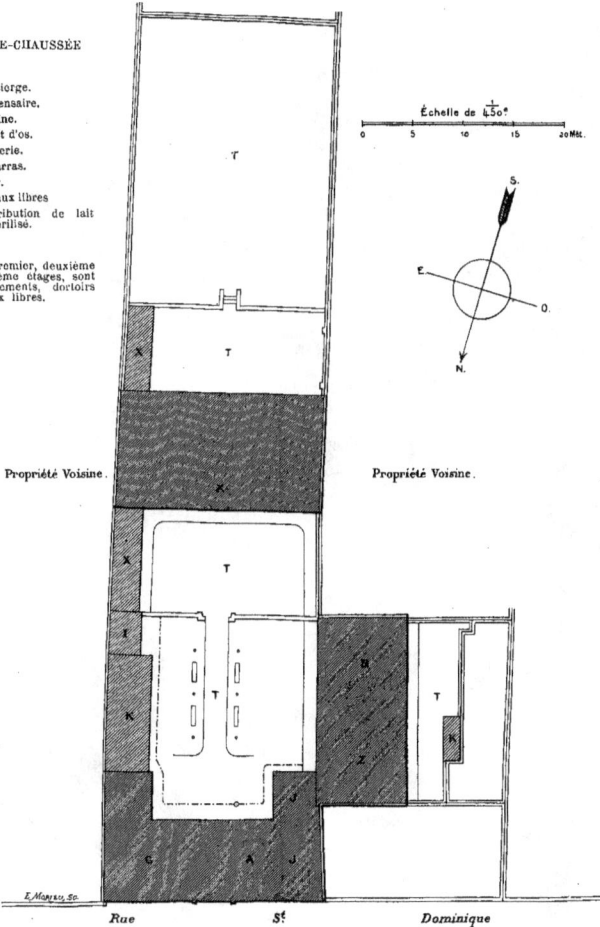

Échelle de $\frac{1}{450}$°

Propriété Voisine.

Propriété Voisine.

E. Monreu, Sc.

Rue   St   Dominique

90

HOSPICE DE BELLEVILLE, 180, rue Pelleport, à Paris

(PLAN DE MASSE)

REZ-DE-CHAUSSÉE

A   Cour d'entrée.
B   Cabinet du médecin.
C   Cuisine.
C¹ Office.
C² Boucherie.
I   Service des morts.
J   Lingerie.
J¹ Linge sale.

K, K¹ Magasins.
L   Chantier.
M, M¹ Infirmeries.
R   Réfectoire.
T   Jardin.
T¹ Potager.
W   Water-closets.

Au premier étage sont
des logements et dortoirs.

Échelle de $\frac{1}{500}$

0   5   10   15   20   25 Mèt.

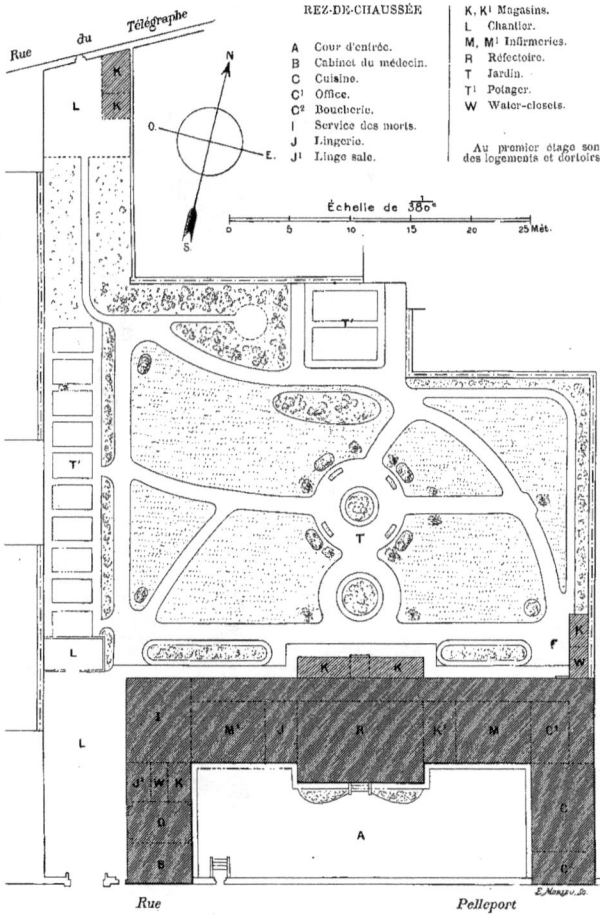

Rue   Pelleport

FONDATION TISSERAND, 134, rue d'Alésia, à Paris

(PLAN DE MASSE)

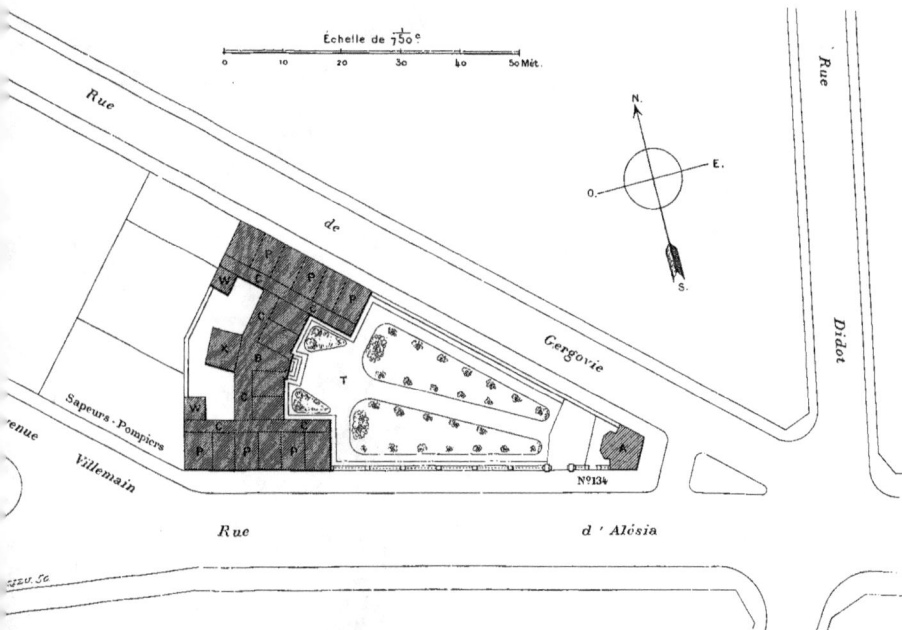

A   Pavillon du concierge.

B   Vestibule (grand bâtiment).

C   Couloirs (grand bâtiment).

P   Chambres de pensionnaires.

T   Préau.

X   Escalier.

W   Water-closets.

FONDATION DAVAINE

DIRECTEUR : M. MAGDELAINE

Situation. — L'établissement est situé à Garches, sur la route de Saint-Cloud à Roquencourt, d'un côté, et de l'autre sur l'avenue de Brétigny, où se trouve l'entrée principale.

La superficie totale est de 29.643^{mq}63, dont 341,86 pour la surface des bâtiments et 29.301,77 pour la surface des cours, bois et jardins.

Historique. — Par un testament olographe daté du 28 mars 1893, Mme veuve Davaine, née Maria-Georgina Forbes, décédée à Garches le 15 juillet 1895, laissait la moitié de sa fortune à l'Assistance publique de Paris « pour faire un asile pour recevoir des filles convalescentes ou faibles de constitution et de toutes religions ».

Le 25 mai 1898 eut lieu l'ouverture de la fondation Davaine, destinée tout d'abord à recevoir 12 jeunes filles ne devant pas avoir moins de 4 ans et pas plus de 12 ans suivant le désir exprimé par la testatrice.

Ces enfants sont choisies parmi les convalescentes de l'hôpital Trousseau et de l'hôpital des Enfants-Malades.

Nombre de lits. — La fondation Davaine contient actuellement 12 lits réglementaires ; ce chiffre pourra être augmenté si les ressources de la fondation le permettent.

Mouvement de la population. — En 1898, le nombre des entrées a été de 85, celui des sorties de 72. Le chiffre des convalescentes restant dans la maison au 31 décembre 1898 était de 13.

Personnel administratif. — La direction et la comptabilité de la fondation

Davaine sont confiées à M. Magdelaine, directeur de l'hospice de la Reconnaissance.

Personnel médical. — Le service médical est assuré par le médecin de l'hospice de la Reconnaissance.

Personnel secondaire. — Ce personnel se compose de 5 personnes, savoir :

3 religieuses de l'ordre de la Compassion de Saint-Denis; 1 concierge et sa femme ayant grade de premiers infirmiers.

Blanchissage. — Le linge est blanchi par la buanderie de l'hospice de la Reconnaissance.

Chauffage. — Le chauffage de tout l'établissement est obtenu par deux calorifères à air chaud.

Éclairage. — On se sert de veilleuses et de lampes à pétrole.

Salubrité. — Les cabinets sont à fosses fixes étanches, allégées à l'aide de la pompe à vidanges de l'hospice de la Reconnaissance.

Eaux. — L'eau est fournie par l'administration des Eaux du domaine de l'État.

Dépenses. — En 1898, les dépenses de la fondation Davaine se sont élevées à 11.316 fr. 52, se décomposant ainsi par nature de dépense :

			Report.	6.008 12
Personnel administratif.	164 36		Chauffage et éclairage	915 06
Impressions, frais de bureau.	98 02		Blanchissage	132 82
Charges spéciales de revenus	555 01		Coucher, linge, habillement, mobilier . .	1.093 86
Personnel secondaire.	914 96		Frais de transport	53 45
Réparations de bâtiments	1.122 64		Eaux, salubrité, dépenses diverses. . . .	3.051 82
Frais de nourriture.	3.141 03		Remboursement des frais correspondant	
Service de la pharmacie	12 10		aux livraisons des Magasins généraux . .	41 39
A reporter.	6.008 12		*Total*	11.316 52

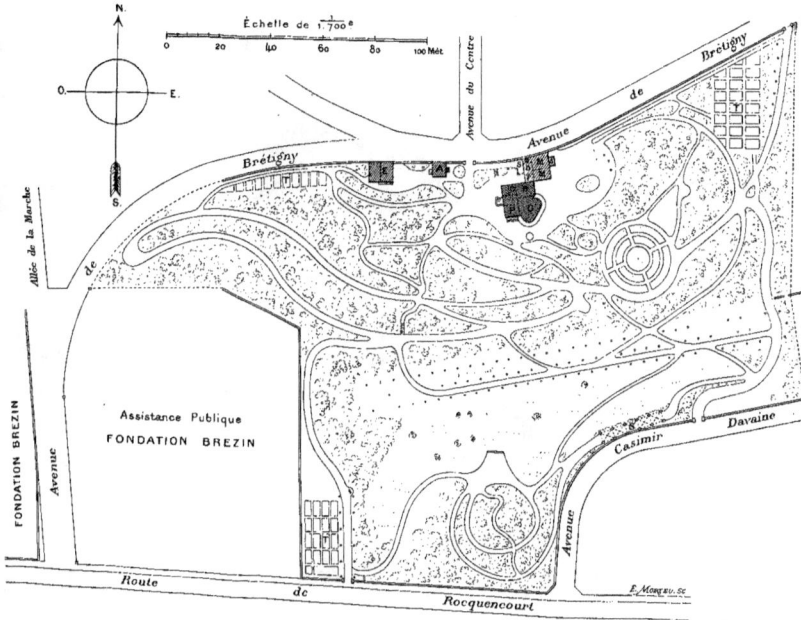

PLAN DE MASSE DE LA FONDATION DAVAINE

REZ-DE-CHAUSSÉE	PREMIER ÉTAGE
A Concierge.	**A** Logement du concierge.
B Lavabos.	**C** Oratoire.
C Classe.	**O** Chambre.
D Surveillante.	**P** Chambre de personnel.
E Écurie et remise.	**R** Infirmerie.
F Water-closet.	
M Dortoir.	DEUXIÈME ÉTAGE
O Office.	
P Parloir.	**C** Dortoir.
R Réfectoire.	**O** Vestiaire.
S Terrasse.	**P** Chambre de personnel.
T Potager.	**R** Chambre de personnel.

FONDATION PARENT-DE-ROSAN

Avenue de Versailles (3, villa de la Réunion)

DIRECTRICE : Mme DE SALABERT

Situation. — Cet établissement est situé à Auteuil, dans une villa composée exclusivement de maisons de plaisance et, avant sa destination actuelle, il était lui-même habité par le fondateur.

La surface totale de la propriété est de 1.070^{mq}, dont 186 pour la surface des bâtiments et 884 pour la surface des cours et jardins.

Historique. — M. Charles-Félix Parent, propriétaire, décédé à Paris le 8 février 1890, a, par testament, institué la Ville de Paris sa légataire universelle, à charge par elle de fonder et d'entretenir dans sa maison d'habitation un orphelinat de 12 jeunes filles pauvres, choisies par l'Assistance publique, sur la présentation des maires des deux arrondissements, 6 dans le 9e et 6 dans le 16e arrondissement, et par préférence parmi les orphelines des savants, des littérateurs et des artistes.

Les enfants sont admises dans l'orphelinat à partir de l'âge de 8 ans jusqu'à l'âge de 12 ans.

Elles sont élevées simplement et habituées à tous les soins et travaux de l'intérieur d'un ménage.

Elles reçoivent, conformément aux intentions exprimées par le fondateur, une instruction libérale et professionnelle, destinée, autant que le permettent leurs aptitudes, à les mettre à même de se diriger vers les arts industriels ou le professorat.

Cette instruction, donnée à l'intérieur de l'établissement, peut être complétée dans les écoles commerciales ou professionnelles de la ville de Paris, ou même par l'apprentissage, au dehors, d'une profession.

La durée du séjour des élèves à l'orphelinat est limitée à 8 années, sauf les exceptions admises par le Directeur de l'Assistance publique, d'accord avec les municipalités intéressées. En aucun cas, une élève ne pourra être gardée après sa majorité.

Les élèves sortant de l'orphelinat pourront recevoir un trousseau et une dot dont la valeur, subordonnée aux ressources de la fondation, pourra atteindre 1.500 francs.

Dépenses. — Les dépenses de la fondation Parent-de-Rosan se sont élevées à la somme de 23.750 francs, se répartissant comme suit :

1 directrice, logée, chauffée, éclairée, nourrie et aux appointements annuels de	2.250 »	}	2.550 »
Indemnité au comptable de Sainte-Périne	300 »		
Frais de bureau			100 »
Personnel attaché au service des administrées { 1 cuisinière (femme du concierge)	350 »	}	1.050 »
1 fille de service	350 »		
1 homme de peine (concierge-jardinier)	350 »		
Personnel médical : indemnité à un médecin de la ville			400 »
Réparations de bâtiments			500 »
Frais de nourriture (18 personnes : personnel et orphelines)			8.200 »
Pharmacie			100 »
Chauffage et éclairage			1.800 »
Blanchissage			800 »
Coucher, linge, habillement			1.000 »
Appareils, instruments, objets de pansement			100 »
Frais de transport			150 »
Eaux, salubrité, vidange, jardinage			1.050 »
Service de l'instruction { 2 sous-maîtresses, logées, chauffées, éclairées, nourries, aux appointements annuels de chacune 1.500 francs	3.000 »	}	4.600 »
1 maîtresse d'arts industriels (dessin, peinture), indemnité pour 2 leçons par semaine	800 »		
Frais de bibliothèque, cours, concours, fournitures classiques	800 »		
			22.400 »
Fonds de réserve pour imprévus, constitutions de dots et trousseaux à délivrer aux orphelines à leur sortie			1.350 »
TOTAL			23.750 »

Échelle de $\frac{1}{260}$°

0   5   10   15 Mèt

Mr Réville

REZ-DE-CHAUSSÉE

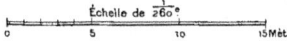

A Bureau de la directrice.
C Cuisine.
E Logement du concierge.
F Bains.
R Réfectoire.
T Préau.
V Parloir.

PREMIER ÉTAGE

A Logement de la directrice.
C Lingerie.
E, T Dortoirs.
F Logement de la surveillante.
R, V Classes.

DEUXIÈME ÉTAGE

A Personnel.
F Infirmerie.
R, V Dortoirs.

Propriété

de

Mr Guéret

Propriété

de

Mr Réville

Villa   de   la   Réunion

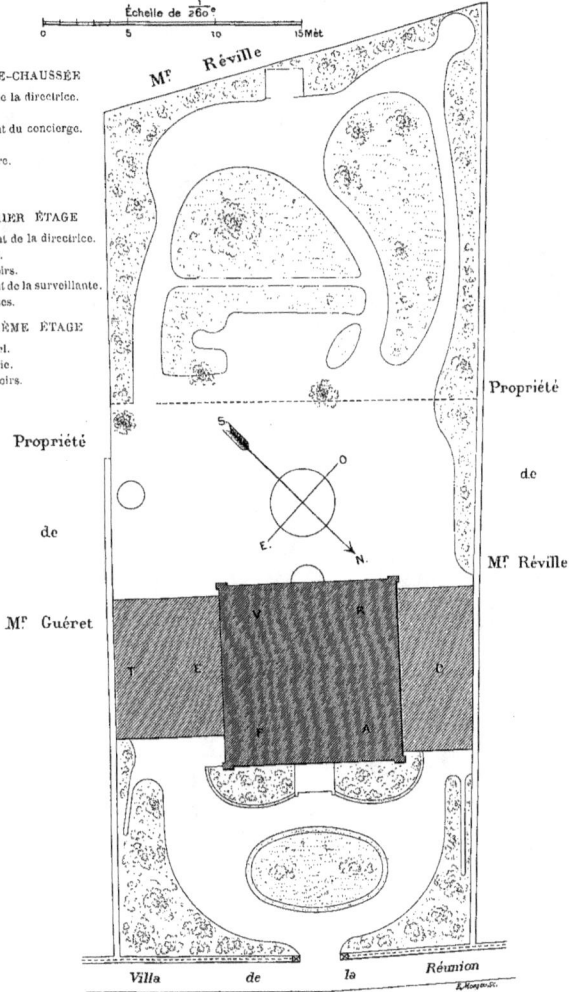

PLAN DE MASSE DE LA FONDATION PARENT-DE-ROSAN

ÉCOLE D'ALEMBERT

à Montévrain, par Lagny (Seine-et-Marne)

Directeur : M. Marcelin

Situation. — L'école d'Alembert est située sur le territoire de la commune de Montévrain (Seine-et-Marne), à 32 kilomètres de Paris et à 3 kilomètres de la station de Lagny-Thorigny, sur la ligne de Paris à Meaux. Les bâtiments sont construits, en partie, au fond d'un petit vallon formé par le ru Bicheret, affluent de la Marne.

Au nord, s'étend en amphithéâtre l'important village de Dampmart.

La surface totale du terrain est de 28.022^{mq}, dont 2.686,15 pour la surface des bâtiments, et 25.335,85 pour la surface des cours et jardins.

Historique.— L'école d'Alembert, fondée en 1882 par le Conseil général de la Seine, est destinée à recevoir des enfants assistés et moralement abandonnés du département de la Seine.

Elle a été installée dans les bâtiments d'une ancienne colonie pénitentiaire, supprimée en 1869, et qui avait servi depuis à divers usages.

Le prix d'achat de la propriété a été de 40.000 francs.

Cette acquisition, et les premiers travaux d'aménagement, ont été soldés avec le don de 50.000 francs, fait, avec affectation spéciale, par M. le baron Sarter, à l'œuvre des enfants moralement abandonnés.

Les ateliers, qui, au début, se trouvaient dans les bâtiments des dortoirs de

l'ancienne colonie, ont été transférés dans un bâtiment spécial construit en 1884 sur un terrain dépendant de l'École.

ATELIER D'ÉBÉNISTERIE

Ce pavillon a reçu le nom de Sarter, en souvenir du donateur.

La population de l'école ayant augmenté, on a dû, en 1887, procéder à une nouvelle acquisition de terrains qui ont considérablement agrandi l'établissement.

Un autre pavillon a été construit avec le don de 50.000 francs fait par Mme Ve Dagnan au profit des enfants moralement abandonnés. Ce pavillon porte le nom de pavillon Dagnan.

Il a été construit également, en 1885, un petit bâtiment où sont placées les machines typographiques qui sont actionnées par un moteur de 35 chevaux.

Un préau couvert pour les jeux et les exercices de gymnastique a été édifié en 1888.

Admissions. — Les admissions à l'école d'Alembert sont prononcées par le Directeur de l'Administration de l'Assistance publique, après avis de la Commission de surveillance des enfants moralement abandonnés.

Enseignement. — Les professions enseignées sont : la typographie, l'imprimerie typographique, la clicherie, la galvanoplastie, la reliure et l'ébénisterie.

Les élèves font quatre années d'apprentissage ; ils sont ensuite, à leur choix, placés dans l'industrie privée, ou conservés quelque temps à l'école en qualité de vétérans ; ils reçoivent alors un salaire journalier de 3 francs, sur lesquels ils versent une somme de 1 franc par jour pour les frais de nourriture et d'entretien.

Population. — Le nombre des élèves de l'école peut être au maximum de 110, répartis dans les divers ateliers.

Personnel administratif. — Ce personnel comprend : 1 directeur ; 1 économe et 1 commis aux écritures.

Personnel médical. — Le service médical est assuré par 1 médecin résidant à Lagny ; une petite infirmerie existe à l'école pour les élèves indisposés ; en cas de maladie présentant quelque gravité, le transport à l'hôpital a lieu immédiatement; le prix de journée est de 2 francs.

Personnel secondaire. — Ce personnel est composé de 7 personnes : 2 surveillants ; 1 veilleur de nuit ; 1 concierge-jardinier ; 1 cuisinière ; 1 garçon de cuisine ; 1 cocher.

Personnel à la journée. — On compte 4 personnes, savoir : 3 lingères et 1 jardinier.

Personnel enseignant. — 1 instituteur de Lagny, ainsi que 2 professeurs de dessin, viennent chaque jour faire des cours à l'école.

Personnel profession-nel. — Ce personnel comprend 15 personnes :

1° A la typographie : 1 prote ; 1 typographe ; 1 correcteur ; 2 relieurs-brocheurs ; 2 impri-meurs-typographes ; 1 clicheur-galvanoplaste.

2° A l'ébénisterie : 1 chef des travaux ; 3 contremaîtres ; 1 débiteur ; 1 tourneur ; 1 mou-lurier.

ATELIER DE TYPOGRAPHIE

Chauffage. — Les dor-toirs situés dans le pavillon Dagnan sont chauffés par un calorifère à air chaud, les autres parties de l'établissement par des poêles.

Éclairage. — L'éclairage électrique est installé dans tous les locaux de l'établissement ; la lumière est produite par le moteur qui actionne 2 machines dynamos ; pour la nuit, des accumu-lateurs donnent la lumière.

ATELIER D'IMPRIMERIE

Eaux et salubrité. — Un grand réservoir de 80 mètres cubes donne de l'eau en abon-dance à l'école ; ce réservoir est alimenté par les eaux de la Marne dont l'adduction s'opère par transmission électrique de la force disponible du moteur. — Les fosses sont étanches.

Bibliothèque. — Chaque année le Conseil général de la Seine met à la disposition de l'Administration un crédit de 500 francs pour l'achat de livres destinés à la biblio-thèque des élèves de l'école d'Alembert. Cette bibliothèque se compose actuellement de 1.500 volumes.

92

Récréations. — Pendant les heures de récréation, les élèves sont entraînés aux exercices physiques. Un des surveillants est un ancien moniteur de l'école normale de gymnastique de Joinville-le-Pont.

Une Société de gymnastique, inscrite sous le nom de « Société de l'école d'Alembert », prend part chaque année à plusieurs concours, et y a déjà remporté de brillants succès.

Les prix obtenus ont été nombreux et sont représentés à l'école par plusieurs objets d'art, palmes, couronnes et médailles.

Les élèves sont, en outre, exercés à manœuvrer la pompe à incendie et ont pu rendre ainsi de grands services dans les sinistres survenus dans le voisinage de Montévrain.

Il existe également une fanfare, et un grand nombre des pupilles de Montévrain suivent avec intérêt les cours de musique.

Dépenses. — En 1898, les dépenses de l'école d'Alembert se sont élevées à la somme de 274.476 fr. 62, se décomposant ainsi par nature de dépense :

Dépenses d'administration

Personnel administratif	9.052 40
Personnel enseignant	3.503 72
Personnel servant	10.893 92
Frais de bureau et de cours	3.160 25
Bibliothèque	500 »
Pain	9.947 23
Vin	3.630 71
Viande	8.982 44
Comestibles divers	10.449 93
Frais médicaux	1.711 06
Chauffage et éclairage	2.899 77
Blanchissage	1.174 95
Coucher, linge, habillement	9.834 59
Entretien des bâtiments	11.732 29
Transports, salubrité et divers	6.474 78
Dépenses d'ordre	2.754 50
Mobilier	2.304 86
TOTAL	99.008 »

Dépenses d'exploitation

1° *Imprimerie*

Personnel	35.176 96
Salaire des élèves	8.102 50
Outillage et dépenses d'ordre	7.310 69
Achat de caractères	10.012 74
Achat de papiers	50.333 85
Façonnage	3.580 13
Divers	2.297 19
TOTAL	116.814 06

2° *Ébénisterie*

Personnel	22.309 20
Salaire des élèves	6.859 50
Outillage	218 45
Achat de bois	13.878 15
Achat de glaces et quincaillerie	3.330 79
Achat de vernis et essences	1.957 12
Dépenses diverses	1.704 84
TOTAL	50.258 05

3° *Service commun*

Personnel	3.118 71
Charbon	1.728 80
Transports et divers	3.549 »
TOTAL	8.396 51

Résumé des dépenses

Dépenses d'administration	99.008 »
Imprimerie	116.814 06
Ébénisterie	50.258 05
Dépenses du service commun	8.396 51
TOTAL	274.476 62

Recettes. — Les recettes de l'école d'Alembert se sont élevées, en 1898, à 123.212 fr. 28 :

Produits de l'ébénisterie.	21.566 34
Produits de l'imprimerie.	85.658 75
Remboursement par les élèves de 5e année	6.535 50
Recettes diverses	50 »
Recettes d'ordre	9.399 69
Total	123.212 28

Comme on le voit, des recettes importantes ont été fournies par l'imprimerie et l'ébénisterie.

Les divers travaux exécutés par les élèves de l'école d'Alembert sont destinés aux services intérieurs et extérieurs de la Préfecture de la Seine et de l'Assistance publique.

ATELIER DES MACHINES-OUTILS

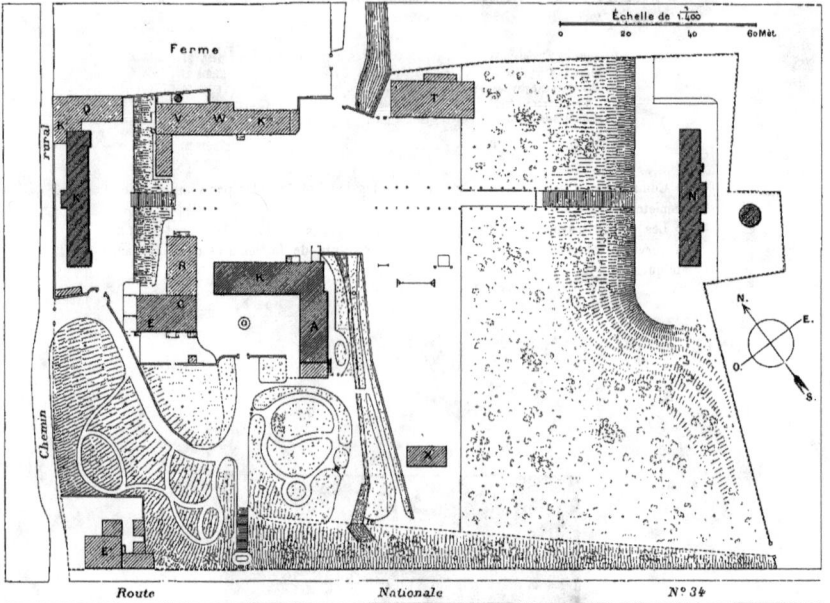

Échelle de 1:100

Ferme

Chemin rural

Route   Nationale   N° 34

E. Mangeot, Sc.

PLAN DE MASSE DE L'ÉCOLE D'ALEMBERT

REZ-DE-CHAUSSÉE

A Administration, bureaux, concierge.
C Cuisine.
E Magasin aux vivres.
K Magasin aux meubles, lingerie et bibliothèque.
K' Annexe de l'imprimerie.
K" Magasin au papier et clicherie.
K''' Ébénisterie.
N Lavabos et bains.
Q Imprimerie.
R Réfectoire.

T Gymnase et dépôt de bois.
V Machine à vapeur, dynamos et accumulateurs.
W Machines-outils.
X Écurie et remise.

PREMIER ÉTAGE

A Appartement du directeur.
C Logement de l'économe.
E Logement de s.-employé.
K Dortoir des vétérans et logements d'employés.
K" Papeterie et reliure.
N Dortoirs.

V Ébénisterie.
X Logement du cocher.

DEUXIÈME ÉTAGE

K Classe et infirmerie.
K" Typographie.
N Dortoirs.

TROISIÈME ÉTAGE

K" Matériel de typographie

ÉCOLE LE NOTRE

À Villepreux (Seine-et-Oise)

Directeur : M. Potier

Situation. — L'école Le Nôtre est située à Villepreux (Seine-et-Oise), à 11 kilomètres de Versailles, dans la partie ouest du département. On s'y rend en

chemin de fer par la ligne de Paris-Granville, station de Villepreux-les-Clayes, distante de 1 kil. 500 de l'établissement.

L'école est à l'extrémité est du village, dans le petit vallon du ru de Gally.

La proximité des forêts de Marly et de Bois-d'Arcy, des établissements horticoles de Versailles et le voisinage de l'école d'agriculture de Grignon offrent des sujets d'excursions variés où les élèves complètent l'enseignement professionnel de l'école. Placé ainsi à la lisière de la banlieue parisienne, cet établissement est fréquemment visité par les propriétaires, jardiniers, horticulteurs, qui se rendent compte par eux-mêmes du genre d'éducation et du degré d'instruction donnés aux jeunes gens qu'ils viennent y chercher.

Historique. — L'école Le Nôtre, fondée par le Conseil général de la Seine, a été ouverte le 6 avril 1882.

Elle est destinée à donner l'instruction pratique et théorique de l'art horticole aux enfants assistés et moralement abandonnés du département de la Seine.

Grâce aux subventions spéciales du Conseil général de la Seine et aux libéralités de généreux donateurs (dons de MM. Kohn, Emden Reinach, Prot, Baudrier et du lycée Charlemagne), l'école Le Nôtre, installée modestement d'abord, s'est rapidement développée.

De nombreuses améliorations ont pu être apportées dans les cultures et l'enseignement. C'est ainsi que, s'inspirant de la plus stricte économie et avec le concours des élèves, on a construit successivement : 11 serres, 6 bâches de 30 mètres, 3.000 mètres d'espaliers et contre-espaliers, capté une source par une galerie souterraine de 150 mètres, établi une distribution complète des eaux, tant au jardin qu'à l'école.

L'école reçoit, chaque année, une subvention de 3.000 francs du Ministère de l'agriculture ; cette subvention est affectée à des travaux d'agrandissement ; elle a permis d'installer successivement une vacherie, une porcherie, une basse-cour et des ateliers de menuiserie et de serrurerie.

Le domaine en culture comprend 10 hectares, dont 3 hect. 50 loués et consacrés à la petite culture.

Le jardin renferme : un potager, des jardins fruitiers et paysagers, une pépinière d'arbres et arbustes fruitiers et d'ornement.

Les cultures fruitières de plein air et de serre sont largement représentées, mais la culture florale a une importance particulière, car elle doit pourvoir à la décoration estivale des établissements hospitaliers de l'Assistance publique de Paris.

Admissions. — Sont seuls admis les enfants assistés, élevés à la campagne, âgés de 14 ans et pourvus du certificat d'études primaires.

Les élèves sont proposés par les directeurs d'agence, au mois de janvier de chaque année ; les admissions sont prononcées par le Directeur de l'Administration sur la proposition du chef de la division des enfants assistés.

Population. — L'école peut recevoir 50 élèves.

Ils sont répartis, par âge, en 3 divisions, et ils reçoivent, en outre du trousseau, les allocations suivantes :

	1re année	2e année	3e année
Gratifications hebdomadaires.	26	52	78
Versements trimestriels à la Caisse d'épargne	25	25	50
Réserve pour achats personnels	25	50	75

Emploi du temps. — Il est combiné de façon à ce que tous les élèves soient successivement appelés, en cours d'année, dans tous les services, et initiés, méthodiquement, en conformité de leur âge, à tous les travaux de jardinage.

Enseignement. — L'enseignement théorique horticole est donné sous forme de leçons ou conférences, tant par le directeur que par le chef et le sous-chef de culture.

Le programme comprend :

La culture potagère, fruitière et florale, des notions d'hygiène et de sciences naturelles appliquées à l'horticulture, les éléments de législation rurale, l'arpentage, le nivellement et le dessin appliqués à l'architecture des jardins.

L'enseignement pratique est donné dans l'exploitation par des maîtres chargés d'apprendre le maniement des outils et des machines. Tant au jardin qu'à la vacherie, porcherie, etc., boulangerie et ateliers, les élèves exécutent, sous la direction

de leurs maîtres, tous les travaux de culture, de réparation et d'entretien du matériel.

Examen de sortie. — A l'expiration de la troisième année et avant leur placement, les élèves subissent un examen professionnel devant une Commission technique désignée parmi les membres de la Société nationale d'horticulture de France.

Des certificats d'instruction sont attribués à ceux qui ont satisfait à ces examens.

Musique. — Une fanfare composée d'exécutants de bonne volonté est dirigée par un musicien de la garde républicaine chargé de l'enseignement de la musique.

Bibliothèque et musée. — La bibliothèque, qui comprend 500 volumes, et les collections du musée complètent l'enseignement oral.

Voyages d'instruction. — Chaque année, en outre des excursions à Versailles et dans sa banlieue, et des visites aux établissements horticoles de la ville de Paris, il est accordé, à titre de récompense, aux meilleurs élèves, un voyage d'excursion en France ou à l'étranger.

Depuis 1890, les élèves ont successivement visité les établissements horticoles du nord de la France, de la Belgique, de la Hollande, de l'Angleterre, de la Suisse, de la côte méditerranéenne et de la « ceinture dorée » de Bretagne.

Vacances. — Afin de permettre aux élèves de conserver leurs relations avec leurs parents nourriciers chez qui ils ont été élevés à la campagne, des permissions sont accordées à ceux qui en font la demande, pour aller passer quelques semaines dans leur famille adoptive, à l'époque de la moisson ou des vendanges.

Service médical. — Le service médical est confié à un médecin de Saint-Cyr-l'École. Un pavillon isolé sert d'infirmerie.

Salubrité et eau potable. — L'eau potable provient de plusieurs sources captées par une galerie souterraine de 150 mètres, creusée par les élèves à flanc de coteau et au-dessus du jardin paysager.

Ces travaux, exécutés pendant les hivers 1896-1897, ont permis de recueillir, en quantité surabondante, une eau saine, et un système de distribution avec tuyau en fonte la met à l'abri de toute corruption pendant son parcours.

Cette eau alimente la salle de bains et la piscine où les élèves prennent des bains froids pendant la belle saison.

Boulangerie. — Avec de la farine première, les élèves fabriquent, à tour de rôle, le pain nécessaire à l'école. En s'affranchissant ainsi vis-à-vis du commerce local, on obtient un pain de bonne qualité dont le prix de revient a été de 0 fr. 25 le kilogramme en 1898.

Les élèves acquièrent, en outre, des connaissances pratiques qu'ils peuvent utiliser, au besoin, si les circonstances l'exigent.

Serrurerie et menuiserie. — Dans deux ateliers, les élèves procèdent, sous la direction des surveillants serrurier et menuisier, à la réparation des outils et du matériel. La réfection des châssis, l'entretien des serres et des bâtiments, sont faits, en partie, par les élèves. Ils sont occupés aux travaux de peinture, vitrerie, au travail du fer et du bois, voire même à la petite maçonnerie.

Cette variété d'occupations a l'avantage d'exciter l'intérêt des élèves et de leur faire acquérir une habileté manuelle fort appréciée dans leurs placements.

Placement des élèves à leur sortie. — Quand, au bout de trois années, l'apprentissage est terminé, les élèves sont placés, suivant leurs goûts, leurs aptitudes, par les soins du directeur, dans la banlieue de Paris ou en province, en maison bourgeoise, château, jardins publics, botaniques, de la ville de Paris ou des départements.

Ils emportent un trousseau complet d'effets de travail, une tenue de sortie et de l'argent de poche.

Le livret de Caisse d'épargne des élèves sortants est conservé au siège de l'Administration jusqu'à leur majorité. Le patronage de l'Administration de l'Assistance publique et de l'école leur est toujours acquis, même après la majorité.

Personnel administratif. — Il comprend 1 directeur assisté de 1 commis aux écritures.

Personnel professionnel. — Il se compose de 4 personnes, savoir : 1 chef de culture ; 1 sous-chef jardinier ; 1 premier garçon jardinier ; 1 deuxième garçon jardinier.

Personnel enseignant. — 1 instituteur du pays est chargé de donner, chaque jour, une leçon d'enseignement primaire complémentaire.

1 professeur de musique de la garde républicaine dirige la fanfare.

Personnel secondaire. — Ce personnel se compose de 6 personnes, savoir : 1 surveillant menuisier ; 1 surveillant serrurier ; 1 lingère ; 1 aide lingère ; 1 cuisinière ; 1 femme de service.

Dépenses. — En 1898, les dépenses de l'école Le Nôtre se sont élevées à la somme de 80.822 fr. 26, se décomposant ainsi par nature de dépense :

Service propre de l'établissement

DÉPENSES EFFECTIVES

Personnel administratif.	5.810 »
Personnel enseignant.	1.382 40
Personnel professionnel.	5.565 10
Personnel servant.	4.747 20
Frais de bureau et cours	828 88
Bibliothèque et musée.	500 »
Pain.	5.382 87
Vin	2.611 31
Viande.	6.527 75
Comestibles	2.705 81
Frais médicaux	154 75
Chauffage et éclairage	1.904 50
Blanchissage	1.516 94
Coucher, linge et habillement.	3.877 81
Mobilier.	1.257 95
Entretien et réparations des bâtiments . .	3.579 71
Frais de transport.	1.382 55
Frais de loyer, salubrité et divers.	1.046 37

DÉPENSES D'ORDRE

Pain (main-d'œuvre des élèves, salaire). .	948 »
Comestibles divers, produits de l'exploitation	6.434 80
Entretien et réparations des bâtiments, travaux des élèves.	1.832 20
Total des dépenses du service propre de l'établissement	59.696 90

Allocations aux élèves

Gratifications hebdomadaires	2.106 50
Réserves pour achats personnels.	1.282 25
Réserves mises à la Caisse d'épargne. . .	1.740 »
Gratifications des 1er janvier et 14 juillet .	132 »
Voyage en Belgique.	700 50
Récompenses du Conseil général.	246 30
Total des allocations aux élèves.	6.206 55

Dépenses d'exploitation et enseignement professionnel

DÉPENSES EFFECTIVES

Acquisition de semences et engrais. . . .	8.430 76
Nourriture et entretien des animaux. . .	1.263 55
Acquisition d'animaux domestiques. . . .	835 95
Entretien et renouvellement du matériel.	2.834 18
Transports et divers	613 37

DÉPENSES D'ORDRE

Semences et engrais	160 »
Nourriture des animaux (récoltée sur l'exploitation)	784 »
Total des dépenses d'exploitation et d'enseignement professionnel.	14.918 81

Résumé général des dépenses

Service propre de l'établissement	59.696 90
Allocations aux élèves	6.206 55
Enseignement professionnel et exploitation . . .	14.918 81
Total général	80.822 26

Recettes. — Les recettes se sont élevées à 18.351 fr. 37, se décomposant comme suit :

RECETTES EFFECTIVES

Ventes aux hôpitaux	5.414 55
Ventes au public	3.077 82

RECETTES D'ORDRE

Main-d'œuvre des élèves dans la fabrication du pain.	948 »
Produits de l'exploitation consommés par économat	6.134 80
Évaluation de la main-d'œuvre des élèves dans les travaux d'entretien	1.832 20
Semences et engrais.	160 »
Nourriture d'animaux (produite par exploitation).	784 »
Total des recettes	18.351 37

Dépenses totales en 1898 : 80.822 fr. 26 — 18.351 fr. 37 = 62.470 fr. 89.

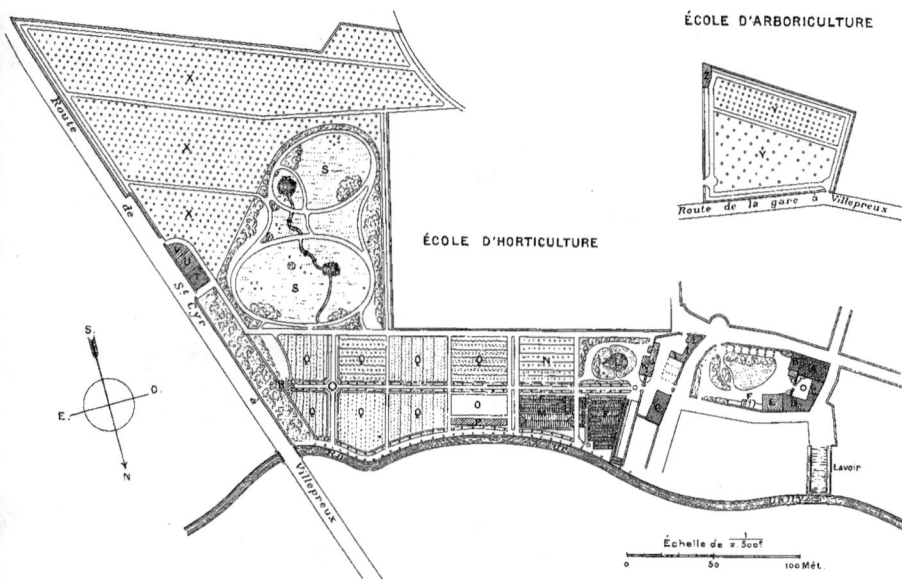

ÉCOLE D'ARBORICULTURE

ÉCOLE D'HORTICULTURE

Route de la gare à Villepreux

Route de St Cyr à Villepreux

Lavoir

Échelle de 1/2.500

0   50   100 Mét.

PLAN DE MASSE DE L'ÉCOLE LE NÔTRE

REZ-DE-CHAUSSÉE		PREMIER ÉTAGE
A Bureau, appartement du directeur et réfectoire.	L Piscine.	A Appartement du directeur, dortoir des élèves, lavabo.
B Musée.	M Serres.	B Appartement du directeur.
C Cuisine.	N Semis abrités.	C Salle d'études.
D Bureau du comptable.	O Châssis.	D Laboratoire, salle de billard.
E Gymnase.	P Hangar.	G Lingerie, 2 chambres pour sous-employés.
F Serres chaudes.	Q Culture maraîchère.	T Fenil.
G Sellerie, fournil, boulangerie, chambre du comptable, salle de bains.	R Pavillon d'isolement.	
	S Jardin anglais.	DEUXIÈME ÉTAGE
I Ateliers.	T Vacherie.	
J Remise.	U Porcherie, silo.	A Dortoir des élèves et lavabo.
K Rempotoir.	V Basse-cour.	
	X Pépinière.	
	Y Arbres fruitiers.	
	Z Resserre des outils.	

ÉCOLE PROFESSIONNELLE ET MÉNAGÈRE

à Yzeure, par Moulins (Allier)

DIRECTRICE : Mme DE FEUARDENT

Situation. — L'école est située sur un plateau très sain, dans la commune d'Yzeure, à 1 kil. 2 de Moulins (Allier). Elle occupe une surface de 101.010^ms. Les constructions et les cours figurent pour 20.000^ms ; les jardins : potager, fruitier, prairies, occupent le reste.

Historique. — Primitivement école de réforme (juin 1887), on créa en septembre 1889 une école professionnelle ; mais cette double création, avec ses éléments

SALLE DE REPASSAGE

trop dissemblables, présentait de graves inconvénients. Les élèves de l'école de réforme furent transférées à Paris et, en décembre 1891, l'établissement fut exclusivement affecté à l'école professionnelle et ménagère : école subventionnée par le Conseil général du département de la Seine.

Admissions. — L'école admet indifféremment les enfants assistées et les moralement abandonnées. Chaque année, en septembre, les directeurs d'agence proposent les enfants qui, dans leur service, se signalent par leur intelligence et paraissent aptes à recevoir l'enseignement professionnel. Les admissions, très recherchées, sont prononcées par le Conseil de surveillance selon le nombre de places disponibles et après examen des dossiers. L'admission est provisoire ; elle devient définitive si l'enfant justifie, par sa conduite et ses aptitudes, la faveur qui lui est accordée.

Instruction primaire. — Les élèves sont réparties en cinq classes et suivent les programmes du département de la Seine. L'enseignement est donné par sections, à un point de vue très pratique : 4 heures sont consacrées chaque jour à cet enseignement pour les jeunes filles que l'on prépare à l'examen du certificat d'études. Celles qui sont pourvues de ce titre n'ont que 2 heures de classe.

Enseignement professionnel. — Les élèves sont réparties en 5 ateliers :

Atelier préparatoire. — Premières leçons de couture ; raccommodage des bas, robes, tabliers des élèves ; confection des jupons, chemises, layettes.

Lingerie (2 sections). — 2e section (stage de 6 mois). — Complément des leçons reçues dans l'atelier préparatoire ; raccommodage du linge ; confection du linge neuf. 1re section. — Confection de trousseaux pour les magasins de Paris ; divers genres de broderie sur linge, tulle, etc.

Confection. — Admises dans cet atelier après leur stage en lingerie, les élèves sont chargées de faire les costumes d'uniforme, les trousseaux des élèves de 18 ans et de répondre aux commandes faites par des négociants de Paris : robes tailleur, jaquettes, peignoirs, etc. Ce cours est complété par des leçons de coupe et de dessin.

Corsets. — Éventaillage, baleinage, coupe, confection de corsets sur mesure. Toutes les élèves admises dans l'atelier reçoivent ces leçons successivement sans être spécialisées.

Broderie. — Les élèves sont exercées à tous les genres de broderie : passé, point remordu, tapisserie, soutache. Elles exécutent des travaux pour l'une des premières maisons de Paris. Ce cours est complété par des leçons de dessin.

L'enseignement professionnel est complété par l'enseignement du ménage : cours de cuisine, nettoyage, buanderie, repassage. Un roulement établi permet à toutes les élèves de faire un stage dans ces divers services et de recevoir, à tour de rôle, un enseignement pratique.

Placements. — Les enfants sont placées dans l'industrie privée en qualité de lingères, couturières, coupeuses dans les maisons de confection, demoiselles de magasin, corsetières, brodeuses.

Quelques-unes, moins aptes aux travaux de l'aiguille, sont placées comme femmes de chambre et cuisinières.

Population. — La population de l'école peut atteindre le chiffre maximum de 300 élèves.

Personnel administratif. — Ce personnel comprend : 1 directrice ; 1 économe et 2 commis d'économat.

Personnel médical. — Un médecin de Moulins vient régulièrement à l'école deux fois par semaine. Une salle d'isolement, annexée à l'infirmerie, permet de donner des soins spéciaux aux élèves atteintes de maladies contagieuses.

Personnel enseignant. — 6 institutrices sont chargées des classes, des cours de coupe et de gymnastique.

1 maîtresse de dessin et 1 maîtresse de chant viennent toutes les semaines donner des cours spéciaux.

Personnel professionnel. — Le travail est dirigé, dans les ateliers, par 5 maîtresses et 6 sous-maîtresses.

1 maîtresse repasseuse, 1 maîtresse buandière, 1 maîtresse cuisinière complètent le personnel professionnel.

ATELIER DE BRODERIE

Personnel secondaire. — Le service intérieur est assuré par 1 lingère ; 1 veilleuse de nuit ; 1 infirmière ; 1 cuisinière ; 1 concierge ; 4 femmes de service ; 1 garde-magasin. — 1 mécanicien-chauffeur est chargé de la conduite de la machine à vapeur, et du moteur à gaz qui actionne les machines à coudre de l'atelier de corsets.

Personnel du jardin. — 1 jardinier chef, 1 bouvier et 1 aide bouvier s'occupent particulièrement de l'exploitation des jardins et de la ferme.

Personnel à la journée. — 4 hommes de culture sont employés à la journée, ainsi que les 3 hommes de peine chargés des transports, des livraisons, des gros nettoyages et de l'entretien des poêles.

Bibliothèque. — Un crédit annuel, accordé par le Conseil général, permet d'augmenter chaque année le nombre des livres réunis à la bibliothèque de l'école. Il est actuellement de 1.250 volumes.

Cliché X...

Chauffage. — Les classes, ateliers, dortoirs, sont chauffés par des poêles.

Éclairage. — Les diverses parties de l'établissement sont éclairées au gaz.

Eaux et salubrité. — Une machine à vapeur d'une force de 6 chevaux opère l'adduction des eaux de l'Allier, qu'elle élève jusqu'à un réservoir d'une contenance de 110 mètres cubes. Ce réservoir, qui surmonte une construction spéciale, permet la distribution de l'eau dans les bâtiments principaux et leurs dépendances. La consommation est en moyenne de 40.000 mètres cubes d'eau par an.

Toutes les fosses sont étanches.

Dépenses. — En 1898, les dépenses de l'école d'Yzeure se sont élevées à la somme de 266.917 fr. 58, se répartissant comme suit :

Dépenses d'administration	
Personnel administratif.	4.594 50
Personnel médical	1.201 20
Personnel enseignant.	7.661 73
Personnel professionnel.	6.779 15
Personnel servant.	10.482 92
Personnel de l'exploitation	5.794 76
Gratifications au personnel	2.520 »
Indemnités diverses.	3.944 22
Récompenses aux élèves	9.239 05
Frais de bureau, poste et cours.	2.157 37
Bibliothèque.	447 18
Pain.	20.052 57
Vin	6.172 21
Viande.	12.196 53
Comestibles divers	18.008 50
Frais médicaux	2.699 02
Chauffage et éclairage	12.582 42
Coucher, linge, habillement	29.608 35
Mobilier.	9.740 05
Entretien des bâtiments	28.014 87
Transports.	3.564 61
Frais de loyer.	7.656 75
Salubrité et divers.	5.909 08
Dépenses d'ordre	39.149 90
TOTAL.	250.446 44

Dépenses d'exploitation	
1° Ateliers	
Machines et outils.	748 05
Moules et dessins	162 60
Mercerie et divers.	6.057 80
TOTAL.	6.968 45
2° Buanderie	
Savon.	1.089 65
Carbonate et divers.	162 55
TOTAL.	1.252 20
3° Ferme, jardin, prairies	
Achat de bestiaux.	3.389 »
Machines.	137 »
Paille et fourrages.	1.212 24
Engrais, labour.	884 »
Plantes, semences.	411 70
Divers.	274 25
Dépenses d'ordre.	1.942 30
TOTAL.	8.250 49

Résumé des dépenses

Dépenses d'administration	250.446 44
Ateliers.	6.968 45
Buanderie.	1.252 20
Ferme, jardin, prairies.	8.250 49
TOTAL.	266.917 58

Recettes. — Les recettes se sont élevées, pendant l'année 1898, à 56.022 fr. 08.

Produits des confections opérées dans les ateliers	9.773 89
Produits de la vacherie, de la porcherie	4.864 22
Vente des os, chiffons, vieux métaux, etc.	280 97
Recettes diverses.	10 80
Recettes d'ordre	41.092 20
TOTAL.	56.022 08

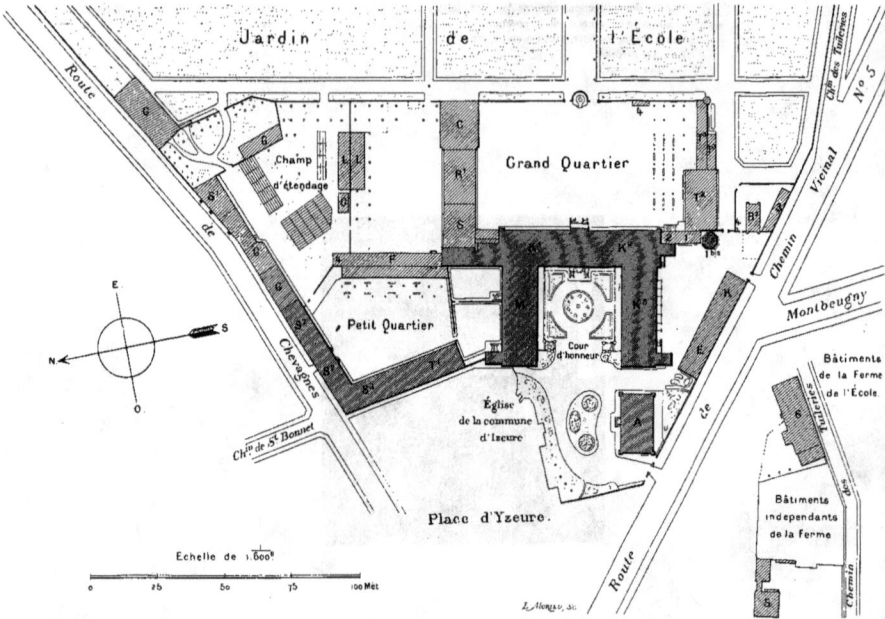

Jardin   de   l'École

Champ
d'étendage

Grand Quartier

Petit Quartier

Cour
d'honneur

Église
de la commune
d'Izeure

Place d'Yzeure.

Échelle de 1.000⁰

Bâtiments
de la Ferme
de l'École

Bâtiments
indépendants
de la ferme

PLAN DE MASSE DE L'ÉCOLE PROFESSIONNELLE ET MÉNAGÈRE D'YZEURE.

REZ-DE-CHAUSSÉE

A Bâtiments d'administration.
C Grande cuisine, laverie, manutention de la cuisine, paneterie.
E Logement du jardinier chef.
F Bains.
G Salle de pliage, monte-charge, séchoir mécanique, etc.
G¹, G², G³ Séchoirs et dép. de linge.
K¹, K², K³ Ateliers.
K⁴ Remise, écurie et magasins.
L Chantiers.
R¹, R² Réfectoires.

S Salle de conférences.
S¹, S², S³ Classes.
T¹, T², T³ Préaux.

PREMIER ÉTAGE

A Appartement de la directrice.
E, K⁴ Magasin du petit mobilier.
G Salle de repassage et water-closets.
K¹, K² Logement de maîtresses, bibliothèque, salle d'exposition.
K³, S², T¹ Dortoirs, w.-c., vestiaire et lavabos.
S³ Logement de sous-employé.

DEUXIÈME ÉTAGE

A Appartements d'employées.
K¹ K² Logement du personnel, lingerie et vestiaire.
K³, S², S³, T¹ Dortoirs, w.-c., vestiaires et lavabos.
1 Machine à vapeur et pompe.
1 bis Château d'eau et réservoir.
2 Dépôt du charbon de la machine.
3 Magasins des ouvriers.
4 Water-closets.
5,6 Porcherie, cuisine des animaux, chambre du vacher, étables.

ÉCOLE ROUDIL

à Ben-Chicao, commune de Berrouaghia (département d'Alger)

Directeur : M. Raveau

Historique. — Les terres composant le domaine de la ferme-école proviennent d'un legs fait au département de la Seine en 1887 par M. l'abbé Roudil, ancien aumônier militaire, à la charge par le département de la Seine de prendre possession des terres avant le 1er janvier 1889 et d'y établir une colonie d'enfants assistés de la Seine.

Ce legs fut accepté par une délibération du Conseil général de la Seine en date du 14 décembre 1887, et 6 enfants assistés furent envoyés à Ben-Chicao dès le mois de décembre 1888. Un an après, un nouveau convoi de 14 enfants rejoignait les 6 premiers et tous étaient installés dans un immeuble, connu sous le nom de Bordj de Ben-Chicao, dont le département de la Seine venait de faire l'acquisition en attendant l'achèvement des bâtiments de la ferme-école alors en construction et dont on prit possession au mois de février 1892 seulement.

A la fin de cette même année, la construction des annexes de l'école et la ferme était également achevée, et en 1893 les divers services de l'enseignement professionnel et l'exploitation culturale du domaine commençaient à fonctionner d'une façon normale.

Situation et installation de la ferme-école. — La ferme-école Roudil est située sur le territoire de la commune mixte de Berrouaghia (ancienne commune de Ben-Chicao), qui s'étend sur un des contreforts de la chaîne de l'Atlas. Elle se trouve donc en plein pays de montagne.

Le sol très mouvementé du domaine est en grande partie argilo-calcaire et repose sur la marne bleue ou marne du lias.

Grâce à son altitude (de 900 à 1.300 mètres), le pays jouit d'un climat tempéré.

L'école Roudil s'élève au 107e kilomètre de la route d'Alger à Laghouat, à 1.600 mètres de la station de Ben-Chicao (chemin de fer de Blida à Berrouaghia). Elle est à 17 kilomètres au sud de Médéa, chef-lieu de l'arrondissement, et à 15 kilomètres au nord de Berrouaghia, siège de la commune mixte.

L'école proprement dite comprend les dortoir, réfectoire, salle d'études, nécessaires pour une population de 100 élèves, et en plus les logements du directeur, de l'économe, des employés et moniteurs. Il s'y trouve en outre une infirmerie, des salles de bains et de douches, un atelier de charronnage, une forge, une boulangerie.

La ferme se compose d'une cave pouvant contenir 5.000 hectolitres de vin, de 2 étables couvrant ensemble une surface de 1.950mᵃ, de 3 bergeries, d'une porcherie, d'une écurie pour 8 chevaux, d'une sellerie et de différents magasins pour les vivres, les grains, les voitures et les outils.

Élèves. — Les élèves, au nombre de 12 (délibération du Conseil général de la Seine du 23 décembre 1897), choisis dans les agences du service des enfants assistés et élevés dans les départements, arrivent à l'école âgés de 17 ans et en sortent âgés de 21 ans pour accomplir leur service militaire.

Chaque année ils reçoivent 52 francs pour leurs menues dépenses; il est versé 300 francs pour chacun d'eux à la Caisse d'épargne, et en outre un nouveau versement de 300 francs est également fait au moment où ils partent pour accomplir leur service militaire, de telle sorte qu'à leur sortie de la ferme-école ils se trouvent en possession d'une somme de 1.200 francs augmentée des économies qu'ils avaient pu réaliser avant leur arrivée à Ben-Chicao. S'ils sont laborieux, ils peuvent, dans un temps relativement court, avoir devant eux l'argent nécessaire pour obtenir une concession du Gouvernement général.

Personnel administratif et enseignant. — Le personnel de l'école se compose de 7 personnes, savoir :

1 directeur, chargé de la direction de l'école, des cours d'agriculture et de l'exploitation du domaine ; 1 économe ; 1 surveillant des cultures ; 1 surveillant des troupeaux et des étables ; 2 moniteurs (anciens élèves de l'école) ; 1 charron-forgeron.

Les moniteurs et le charron-forgeron sont employés, non seulement pour l'enseignement, mais aussi comme ouvriers.

Personnel secondaire. — Ce personnel comprend : 1 lingère ; 1 buandière ; 1 cuisinière ; 2 gardes européens et 2 gardes indigènes.

Personnel à la journée. — En plus de la main-d'œuvre des élèves, l'exploitation du domaine exige l'emploi d'un grand nombre d'ouvriers, tous pris dans la population indigène. Le prix de la journée varie de 1 franc à 2 fr. 50 suivant l'âge, le travail et l'aptitude.

Exploitation du domaine. — Le domaine légué par M. l'abbé Roudil renferme 1.660 hectares sur lesquels 928 sont exploités directement par la ferme-école et 580 au moyen d'une ferme située à quelques kilomètres, appelée ferme d'El-Naouri ; les 152 hectares restants sont affermés aux indigènes, ne pouvant être cultivés directement en raison de leur éloignement de l'école et de la ferme d'El-Naouri.

Les 928 hectares exploités par la ferme-école comprennent :

Jardin et verger.	5 hectares
Prairies.	117 —
Terres labourables	253 —
Vignes	59 —
Pâturages et broussailles	415 —
Bois	50 —
Routes, carrières, sol des bâtiments	29 —
Total égal	928 hectares

Les 580 hectares dépendant de la ferme d'El-Naouri sont exclusivement employés à l'élevage des animaux.

En 1898, les troupeaux de la ferme-école comprenaient 330 animaux de l'espèce bovine et 1.840 moutons, brebis et agneaux.

Le défrichement et la mise en valeur du domaine, commencés d'une façon sérieuse en 1893, ne pourront être complètement achevés avant plusieurs années encore.

Eaux et salubrité. — L'eau de deux fontaines situées à 800 mètres de l'école et débitant ensemble, à l'étiage, 72 mètres cubes par 24 heures, sont amenées à l'établissement au moyen de conduites en fonte pour le service de l'école, de la ferme et l'irrigation du jardin potager.

Les matières provenant des fosses sont recueillies par un égout qui les transporte au loin où elles servent à l'irrigation des prairies après avoir été diluées par les eaux provenant de l'école et de la ferme.

Dépenses. — En 1898, les dépenses de l'école Roudil se sont élevées à 132.229 fr. 69, se décomposant ainsi :

Service propre de l'école	40.063 60
Exploitation	87.665 34
Gratifications et salaires des élèves	4.500 75
Total	132.229 69

Recettes. — En 1898, les recettes de l'école Roudil se sont élevées à 97.980 fr. 93, se décomposant ainsi :

Ventes de bestiaux et laine	41.634 31
Ventes de vin	23.359 46
Ventes de grains	1.307 63
Recettes diverses	982 96
Recettes d'ordre (produits du domaine consommés dans l'établissement)	30.696 57
Total	97.980 93

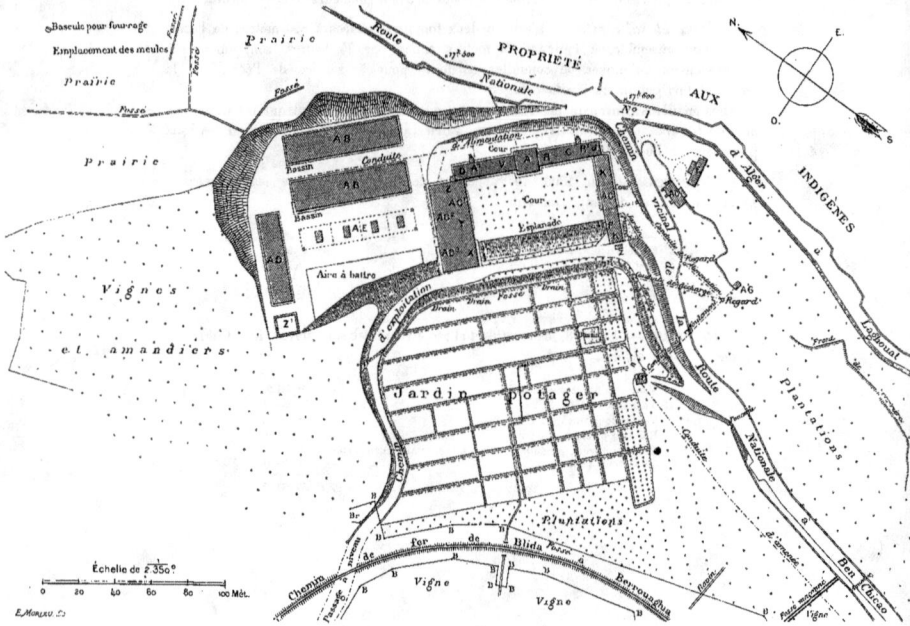

PLAN DE MASSE DE L'ÉCOLE ROUDIL.

Échelle de 2 350º

E. MOREAU sc.

REZ-DE-CHAUSSÉE

A Bureau et appartement du directeur.
A¹ Bureau de l'économe.
C Cuisine.
D Pharmacie.
E Logements du personnel.
F Bains.
J Infirmerie.
K Magasins.
R Réfectoire des enfants.
R¹ Réfectoire des employés.

V Salle de réunion.
AB Bouverie.
AC Écuries.
AC¹, AC², AC³ Remises.
AD Bergerie.
AE Basse-cour.
AF Réservoir et pompe.
AG Château d'eau.
X Salle de récréation.
Y Atelier de menuiserie.
Z Travail.
Z¹ Fosse à fumier.

PREMIER ÉTAGE

A Appartement du directeur.
A¹, C, D, K, V Dortoir des enfants.
J, R¹ Logements d'employés.

Dans le sous-sol, se trouvent des caves, des magasins, la forge et la boulangerie.

ÉCOLE MARITIME DE PORT-HALLAN

à Belle-Isle-en-Mer (Morbihan)

DIRECTEUR : M. MASSON

Historique. — L'école maritime de Port-Hallan a été fondée à Palais (Belle-Isle-en-Mer), en exécution d'une délibération du Conseil général de la Seine du 27 décembre 1893, dans le but de donner l'instruction professionnelle des métiers maritimes aux enfants assistés et moralement abandonnés, âgés de plus de 13 ans, qui, après de nombreux essais de placement, n'ont pu, en raison de leur humeur vagabonde, de leur paresse ou de leur indiscipline, s'accoutumer à aucun travail.

Cliché X...

Situation. — Située dans la partie nord de l'île, elle domine le bord de la mer d'une hauteur de 32 mètres, en face de la magnifique rade de Palais.

L'école maritime de Port-Hallan a été ouverte le 14 février 1894.

Admissions. — Les élèves sont dirigés sur l'école de Port-Hallan après décision de M. le Directeur de l'Administration de l'Assistance publique, sur la proposition du chef de la division des enfants assistés.

Son effectif maximum est de 60 élèves.

Enseignement professionnel. — L'enseignement professionnel est à la fois théorique et pratique. Il est donné par un capitaine au long cours et des surveillants marins.

Les cours de l'école de matelotage ont pour but d'initier les élèves aux travaux concernant la mer ; le travail manuel comprend : des nœuds de ride, de haubans, d'agui, etc., etc., différentes sortes d'épissures, d'estropes, d'amarrages, de tresses, de sangles, de fau-

berts, etc., etc.

L'enseignement théorique comprend la connaissance du compas (boussole) ou les trente-deux points divisionnaires de la rose des vents et leurs degrés, avec leurs termes particuliers, les corrections de route, les relèvements, la navigation à l'estime et observée, les différents feux, leur signification, les phénomènes de

LE PÉTREL

Cliché X...

marée, puis les termes se rapportant aux différentes manœuvres d'un bâtiment. Les deux trois-mâts en miniature de l'école (1) servent en cette circonstance, étant gréés d'une façon suffisamment complète pour cet usage. Un mât d'exercice, gréé au milieu de la cour, avec vergues et voiles, sert aux exercices.

Les cours théoriques alternent avec des exercices en mer. Deux chaloupes du modèle de l'État (8 m. 21 sur 2 m. 51) cubant 12 m. 631 et jaugeant 4 tonneaux 46, le *Port-Hallan* et la *Ville-de-Paris*, sont appropriés à cet effet.

Enfin, successivement, les élèves finissent leur période d'instruction sur le *Pétrel*, gréé en côtre, mesurant 16 m. 50 sur 5 m. 20. Ce bateau, qui jauge 33 tonneaux, assure aux élèves le bénéfice de l'inscription maritime.

Indépendamment de cette inscription, qui permet aux élèves d'être levés à 20 ans, un décret ministériel accorde à l'école le privilège d'en engager 10 dès l'âge de 18 ans.

Dans les sorties en mer, les élèves sont exercés à la pêche au chalut, aux filets dormants ou à sardine, selon la saison.

Statistique. — Au 31 décembre 1899, l'école comptait 51 élèves engagés, dont 42 dans la marine de l'État, savoir :

5 torpilleurs ; 3 chauffeurs ; 1 fourrier ; 11 fusiliers ; 11 canonniers ; 9 gabiers ; 2 timoniers.

Sur ce nombre, 11 sont brevetés ; 9 sont engagés dans l'armée de terre ; enfin 10 sont embarqués dans la marine marchande. Un de ces élèves, autorisé à suivre les cours de l'école d'hydrographie de Lorient, a obtenu le brevet d'officier au long cours.

Instruction primaire. — L'instruction primaire est donnée par un instituteur de la localité qui fait à l'école un cours de deux heures tous les jours.

(1) Dimensions du 1er : 2 m. 50 sur 0 m. 43 ; dimensions du 2e : 1 m. 70 sur 0 m. 38.

Personnel administratif. — 1 directeur ; 1 capitaine au long cours breveté.

Personnel médical. — Le service médical est assuré par un médecin résidant à Palais. Deux visites par semaine sont faites régulièrement et plus souvent s'il y a lieu. Une infirmerie existe à l'école pour les élèves indisposés. L'hôpital de la ville reçoit les élèves atteints de maladies graves, moyennant 1 fr. 50 par jour.

Personnel secondaire. — Le personnel secondaire se compose de 6 personnes, savoir :

1 surveillant chef ; 2 surveillants instructeurs ; 1 surveillant cuisinier et 2 surveillants attachés au *Pétrel* et restant à son bord.

2 lingères sont employées à la journée.

Dortoirs. — Les dortoirs se composent de cabines (une par élève), permettant l'isolement et une surveillance plus effective.

Eaux, salubrité. — L'école possède deux réservoirs dont l'un, alimenté par un puits et les eaux pluviales, cube 78 mètres, et l'autre par une source pouvant donner 1.500 litres par jour. Ce dernier dont l'eau est très saine est spécialement affecté aux besoins de la cuisine.

Les eaux du premier réservoir sont surtout employées au service de propreté.

Éclairage. — L'éclairage au gaz est installé dans tous les locaux de l'établissement.

Bibliothèque. — L'école possède une bibliothèque se composant de 300 volumes. Un crédit spécial est affecté à son entretien et à son augmentation.

Dépenses. — En 1898, les dépenses de l'école de Port-Hallan se sont élevées à 41.425 fr. 24, se décomposant ainsi :

Service propre de l'établissement

Dépenses effectives

Personnel	15.725 74
Frais de bureau et divers	311 65
Fournitures scolaires, récompenses	549 85
Pain	4.262 48
Vin et cidre	2.029 02
Viande	3.163 85
Comestibles divers	4.010 72
Frais médicaux	35 50
Chauffage et éclairage	1.650 05
Blanchissage	960 75
Coucher, linge, habillement	2.443 84
Mobilier	557 29
A reporter	35.700 94

Report	35.700 94
Entretien des bâtiments	77 80
Transports	245 15
Frais de loyer	180 00
Salubrité et divers	962 37

Dépenses d'ordre

Comestibles divers	302 »
TOTAL	37.468 86

Enseignement professionnel et exploitation

Entretien du matériel de navigation	3.049 76
Versements à la Caisse des Invalides de la marine	280 62
Appâts pour la pêche	626 »
TOTAL	3.956 38

Résumé général des dépenses

Service propre de l'établissement	37.468 86
Enseignement professionnel et exploitation	3.956 38
Total général des dépenses	41.425 24

Recettes. — Les recettes de l'école de Port-Hallan se sont élevées, en 1898, à 1.323 fr. 25, se décomposant de la manière suivante :

Recettes effectives. — Vente des produits d'exploitation 1.021 25
Recettes d'ordre. — Produits de l'exploitation consommés sur place. 302 »

Total des recettes. 1.323 25

Cliché X.

Échelle de $\frac{1}{400}$ᵉ

Impasse

0   5   10   15   20 Mét.

Rue

du

Moulin

Rue   Militaire

REZ-DE-CHAUSSÉE

A Bibliothèque et bureau
   du directeur.
B Salle de matelotage.
C Concierge-surveillant.
D Magasins divers.
D' Hangars.
E Cuisine.
F Vestibule-passage.
G Réfectoire des surveil-
   lants.
H Réfectoire des élèves.
I Water-closets, urinoirs.
J Salles de bains.
K Classe.
L Ancienne propriété le
   Sergent, achetée par
   l'Assistance publique
   en vue de l'agrandisse-
   ment de l'école.

PREMIER ÉTAGE

A, E, H, I, K Dortoirs.
D Logement de l'institu-
   teur, 2 chambres d'isolement, petite pharma-
   cie, infirmerie, 3 chambres de surveillant.
F Escalier, chambre de
   surveillant.
G, J Lavabos et water-
   closets.

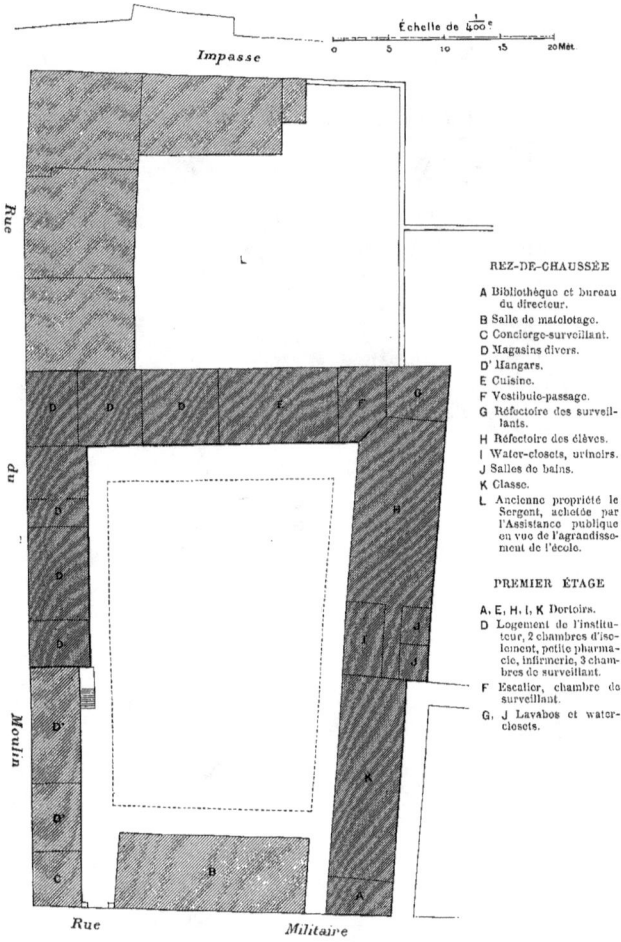

PLAN DE MASSE DE L'ÉCOLE MARITIME DE PORT-HALLAN

ORPHELINAT DOUCHIN

6, Rue de la Folie-Méricourt

Directrice : Mᵐᵉ Laurent

Situation. -- L'orphelinat Douchin est situé rue de la Folie-Méricourt, n° 66, dans le 11ᵉ arrondissement.

La surface totale du terrain est de 637ᵐᵐ16, dont 282,81 pour la surface des bâtiments et le reste pour la surface de la cour et du jardin.

Historique. — L'orphelinat Douchin a été fondé en exécution d'un legs fait à l'Assistance publique par Mᵐᵉ Vᵉ Douchin.

Aux termes de son testament olographe, en date du 18 décembre 1888, la légataire disposait que la maison qu'elle habitait, 66, rue de la Folie-Méricourt, serait affectée à un orphelinat, où seraient admises, depuis l'âge de 3 ans, des jeunes filles moralement abandonnées, prises parmi les plus pauvres et de préférence habitant le 11ᵉ arrondissement de Paris.

Le legs fait à l'Administration hospitalière, par Mᵐᵉ Douchin, comprenait en outre une maison de rapport sise rue du Faubourg-du-Temple, n° 90, dont le revenu est affecté en partie aux dépenses de l'orphelinat.

L'orphelinat Douchin a été ouvert le 1ᵉʳ juillet 1896.

Admissions. — Les admissions sont prononcées par M. le Directeur de l'Administration générale de l'Assistance publique, après avis de la Commission de surveillance des enfants moralement abandonnés.

La donatrice a stipulé un droit de présentation au profit du maire du 11ᵉ arrondissement.

Enseignement. — Les élèves de l'orphelinat Douchin suivent les cours de l'école communale de la rue de la Folie-Méricourt. En dehors des heures de classe, la directrice leur explique les devoirs et les leçons ; elle leur apprend en outre la couture et le ménage.

Population. — Le nombre des lits dont dispose l'orphelinat est de 8.

Personnel administratif. — Ce personnel se compose d'une directrice.

Personnel médical. — Le service médical est assuré par un docteur qui procède, tous les trois mois, à l'examen des élèves et leur donne des soins en cas d'indisposition.

En cas de maladie grave, les enfants sont dirigées sur l'hospice dépositaire des Enfants-Assistés.

Personnel secondaire. — Le personnel secondaire comprend : une surveillante-cuisinière et une concierge.

Personnel à la journée. — Il n'y a qu'un jardinier.

Chauffage. — Un poêle chauffe le vestibule et l'escalier ; il y a des cheminées dans les autres pièces.

Éclairage. — Le gaz fonctionne à la cuisine, dans l'escalier et chez la concierge. Dans les autres pièces, il est fait usage de lampes à l'huile.

Eaux, salubrité. — L'orphelinat Douchin est alimenté par l'eau de source. Le système du tout à l'égout y fonctionne.

Dépenses. — Les dépenses de l'orphelinat Douchin se sont élevées, pour l'année 1898, à 8.900 fr. 85, se décomposant ainsi par nature de dépense :

Personnel et frais de bureau	2.467 33		Report	6.513 41
Comestibles	1.899 12		Entretien des bâtiments, contributions, assurance	678 49
Frais médicaux	101 35			
Chauffage et éclairage	1.038 46		Divers	939 35
Blanchissage, couchage, linge, habillement, mobilier	1.007 15		Séjour des enfants à Berck (1)	769 60
A reporter	6.513 41		Total	8.900 85

(1) Pendant la durée de l'exécution des travaux du tout à l'égout, l'orphelinat a dû être évacué et les enfants ont été envoyés momentanément à Berck-sur-Mer.

Échelle de $\frac{1}{270^e}$

0   5   10   .5 Mèt.

1ᵉᴿ ÉTAGE

2ᴱ ÉTAGE

REZ-DE-CHAUSSÉE

N° 06

E. Monzu, Sc.

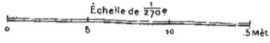

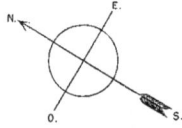

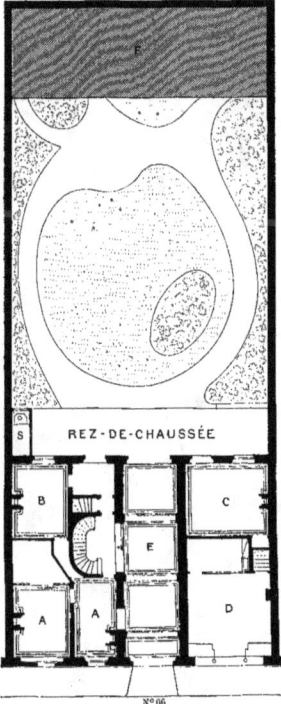

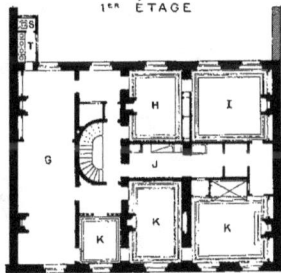

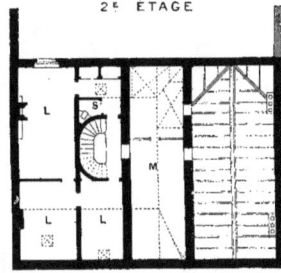

Rue   de   la   Folie - Méricourt

PLAN DE MASSE DE L'ORPHELINAT DOUCHIN

REZ-DE-CHAUSSÉE

A Loge et chambre de concierge.
B Parloir avec pièce formant petit vestibule donnant sur le jardin, escalier de la cave.
C Classe.
D Ancienne boutique avec descente au sous-sol non utilisée.
E Passage de porte cochère.
S Water-closet.

PREMIER ÉTAGE

G Dortoir des enfants.
H Bureau de la directrice.
I Réfectoire.
J Cuisine.
K Appartement de la directrice.
T Lavabo.
S Water-closet.

DEUXIÈME ÉTAGE

L Chambre de fille de service et chambre de débarras à côté sur rue ; sur cour, une grande chambre servant de salle de douches pour les enfants, cabinet garni d'armoires.
M Une grande pièce sous comble
S' Water-closet.

STATION SUBURBAINE DE CHATILLON

ANNEXE DE L'HOSPICE DES ENFANTS ASSISTÉS

à Châtillon-sous-Bagneux (Seine)

DIRECTEUR : M. MAY

Situation.— L'annexe de Châtillon-sous-Bagneux, appelée aussi station suburbaine, est limitée de face par la route stratégique du fort de Vanves ; en arrière, à droite et à gauche, elle est entourée de jardins maraîchers et de vergers.

La surface totale du terrain est de 10.331ᵐˢ, dont 2.100 pour la surface des bâtiments et 8.231 pour la surface des cours et jardins.

Historique. — La station suburbaine a été ouverte en 1893. Elle reçoit les jeunes enfants assistés reconnus incapables de supporter les fatigues d'un long voyage ou présentant des symptômes suspects de syphilis.

Ces enfants sont envoyés de l'hospice des Enfants-Assistés ; ils restent à l'établissement jusqu'au jour où leur état permet de les expédier à la campagne pour y être placés.

Nombre de lits. — L'annexe de Châtillon comprend 88 berceaux dont 72 pour les athreptiques et les syphilitiques, et 16 d'infirmerie.

Mouvement de la population. — Au 1ᵉʳ janvier 1896, on constatait la présence de 72 enfants ; pendant cette année, il en est entré 504 et sorti 390. Le nombre des morts a été de 132. Le chiffre des enfants restant au 31 décembre 1896 était de 53.

Pour cette année 1896, le nombre de journées a été de 25.015.

La mortalité a été de 25,81 pour 100.

Personnel administratif. — Le directeur de l'hospice des Enfants-Assistés est chargé de la surveillance de l'annexe. Un employé de l'hospice est logé à l'annexe et tient la comptabilité.

Personnel médical. — Le service de santé se compose d'un médecin, M. le Dr Barbillion.

Personnel secondaire. — Le personnel secondaire se compose de 76 personnes, savoir :

1 surveillante ; 1 sous-surveillante ; 5 suppléantes ; 4 premières infirmières ; 15 infirmières ; 48 nourrices ; 1 charretier ; 1 garde-magasin.

Chauffage. — Le chauffage des salles et des divers services est assuré au moyen de poêles et de cheminées dans lesquels on brûle du coke et du charbon de terre.

Éclairage. — L'établissement est entièrement éclairé au gaz.

Salubrité. — Le tout à l'égout est appliqué à Châtillon.

Un four à incinérer est installé et sert à brûler les ouates, les pansements et la menue paille d'avoine.

Blanchissage. — Le linge de la maison de Châtillon est blanchi par la Buanderie nouvelle de Laënnec.

Eaux. — La maison est alimentée par l'eau de Seine filtrée préalablement avant d'être refoulée dans le réservoir et dans les conduites de distribution.

Laiterie. — Il existe à Châtillon une étable contenant 6 vaches dont le lait sert à l'alimentation des enfants.

Une laiterie, munie d'appareils à stériliser le lait en petits flacons, a été aménagée à proximité de la vacherie.

Le surplus du lait produit est apporté deux fois par jour à l'hospice des Enfants-Assistés pour être distribué dans les services où il est stérilisé avant d'être donné aux enfants.

Dépenses. — En 1898, les dépenses de la station suburbaine de Châtillon se sont élevées à la somme de 87.012 fr. 56.

REZ-DE-CHAUSSÉE

A Administration.
C Cuisine.
F Bains.
  Service des morts.
J Lingerie.
K Hangar.
L Chantier.
M Malades.
M¹ Malades.
N Infirmerie.
R Réfectoire des nourrices
V Laiterie.
Y Réservoir.
Z, Z¹ Écuries, étables.

PREMIER ÉTAGE

A, M¹, Z Logements.

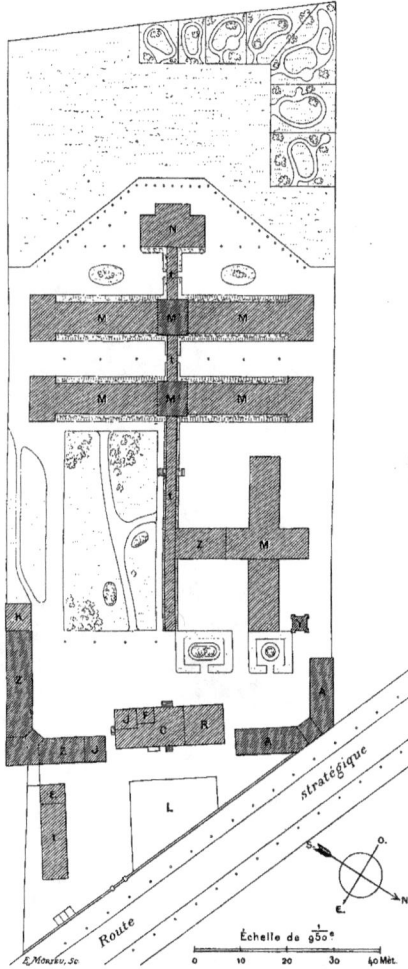

PLAN DE MASSE DE LA STATION SUBURBAINE DE CHATILLON

FONDATION VALLÉE

7, Rue Benserade, à Gentilly (Seine)

Directeur : M. Pinon

Situation. — Cet établissement est construit à mi-côte, au-dessus de la vallée de la Bièvre, à l'extrémité sud de la commune de Gentilly et à 500 mètres environ des fortifications de Paris. Le terrain a la forme d'un quadrilatère, limité comme suit : au nord-est, par la rue Benserade ; au sud-est, par la ruelle Jean-Louis ; au sud-ouest et au nord-ouest, par des propriétés privées.

La surface totale du terrain est de 13.750^{mq}, dont 2.172 pour la surface des bâtiments et de 11.578 pour celle des cours et jardins.

Historique. — La fondation Vallée, ouverte en 1890, comme asile de fillettes arriérées, était avant cette époque une institution privée, fondée depuis 43 ans par M. Vallée, ancien instituteur de Bicêtre, pour recevoir des enfants arriérés des deux sexes à titre payant. M. Vallée, qui est mort en 1885, légua, par testament, sa propriété au département de la Seine à la charge d'y entretenir et d'y élever des enfants idiots pauvres. Le département accepta le legs et réalisa le vœu du généreux testateur. La fondation Vallée est un asile départemental qui reçoit des fillettes idiotes, épileptiques, arriérées, âgées de moins de 18 ans, et qui leur fait suivre un traitement médico-pédagogique approprié à leur état.

Au point de vue administratif, cet établissement est placé sous l'autorité du directeur de l'hospice de Bicêtre. Il a pour services généraux : cuisine, cave, pharmacie, lingerie, buanderie, etc., les services généraux de l'hospice.

Consultations. — Les consultations ont lieu le mardi de chaque semaine, à 9 h. 1/2 du matin, sur convocation individuelle *(Dr Bourneville).*

Nombre de lits. — La fondation Vallée contient 200 lits réglementaires, dans lesquels sont compris 30 lits d'infirmerie.

Mouvement de la population. — Au 1er janvier 1896, on a recensé à la fondation Vallée 140 fillettes. Dans le courant de cette même année, il en est entré 53 et sorti 23. Le nombre des morts s'est élevé à 8, d'où il résulte que le chiffre des présentes au 31 décembre 1896 était de 162. Pour cette même année 1896, le nombre de journées de malades a été de 54.300.

Personnel administratif. — Le personnel administratif est le même que celui de Bicêtre.

Personnel médical. — Le service de santé comprend 2 personnes, savoir : 1 médecin (M. le Dr Bourneville) et 1 interne en médecine.

Personnel secondaire. — Ce personnel se compose de 26 personnes, savoir :

1 surveillante ; 1 sous-surveillant ; 3 sous-surveillantes ; 1 suppléante ; 2 premières infirmières ; 1 infirmier ; 17 infirmières.

Personnel à la journée. — 1 mécanicien et 2 chauffeurs (ces 2 derniers pris temporairement pendant la saison d'hiver) forment tout le personnel à la journée de la fondation Vallée.

Les *Services hospitaliers* sont constitués ainsi qu'il suit :

NATURE des SERVICES	NOM du chef de SERVICE	DÉSIGNATION des SALLES	Nombre de lits	Élève interne	Surveillante	Sous-surveillants		Suppléante	1re Infirmières	Infirmiers		Total
						H.	F.			H.	F.	
FONDATION VAL-LÉE	Dr Bourneville . .	Services détachés et surveillance	»	1	1	3	»	1	1	3	10
		Infirmerie	30	»	»	»	»	1	»	1	2
		Gâteuses	28	»	»	»	1	»	»	2	3
		Dortoirs anciens . . .	56	»	»	»	»	»	»	5	5
		Pavillon neuf	60	»	»	»	»	»	»	4	4
		Pavillon du gymnase	26	»	»	»	»	»	»	2	2
	TOTAL		200	1	1	3	1	2	1	17	26

Bains. — L'établissement possède une seule salle de bains comprenant 6 baignoires et 1 appareil à douches. Il a été donné, en 1896, 5.000 bains environ.

Chauffage. — 2 générateurs à vapeur, l'un pour le chauffage du nouveau bâtiment, l'autre pour la ventilation ; 2 calorifères construits, 6 poêles-calorifères et 14 cheminées.

Éclairage. — Toute la fondation est éclairée au gaz : cours, réfectoires, dortoirs, etc.

Salubrité. — Il est fait usage du tout à l'égout.

Eaux. — La fondation Vallée est alimentée par l'eau de rivière filtrée à Choisy-le-Roi et transportée au moyen de machines élévatoires dans les réservoirs des Hautes-Bruyères qui la renvoient directement à la fondation.

Objets d'art. — 4 tableaux, de valeur diverse, provenant de la succession de M. Vallée, ornent le cabinet du médecin.

Bibliothèque. — Dans le même cabinet se trouve une vitrine contenant 200 volumes environ, provenant également de la succession du donateur.

Dépenses. — Les dépenses sont confondues, pour tous les chapitres du budget, avec celles de l'hospice de Bicêtre. Il n'en a pas été fait d'état distinct.

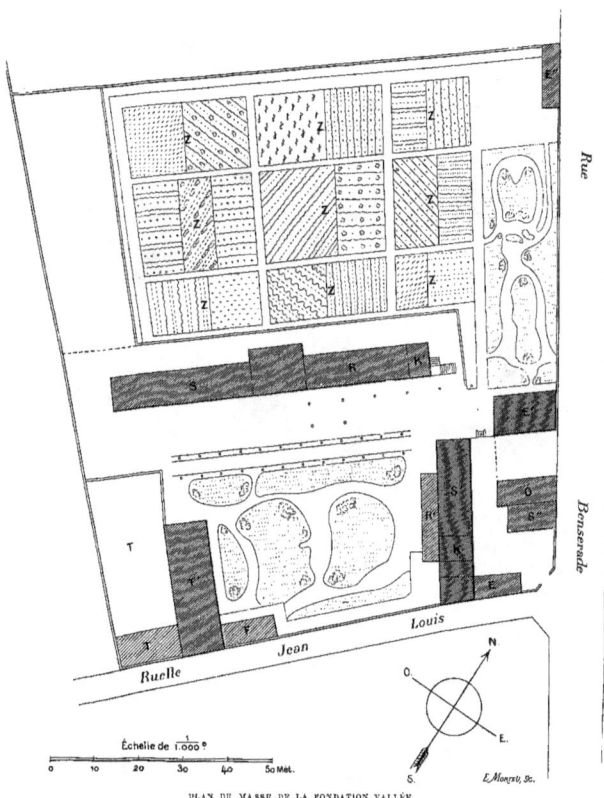

PLAN DE MASSE DE LA FONDATION VALLÉE

E.Monrou, Sc.

Échelle de 1:1.000°

0   10   20   30   40   50 Mét.

REZ-DE-CHAUSSÉE

E   Concierge.
E' Logement de la surveillante.
E" Logements du personnel.
F   Bains.
K   Atelier de repassage.
K' Atelier de couture.
O   Service des gâteuses.
R   Réfectoire.
R' Réfectoire des gâteuses.

S   Classes.
S' Classe de chant et parloir.
T   Préau.
T' Préau, salle de gymnastique.
Z   Jardin potager.

PREMIER ÉTAGE

E   Personnel et dortoirs.

E' Infirmerie.
E" Logements.
K, K', O, R, S, S', T' Dortoirs.

DEUXIÈME ÉTAGE

E', K Dortoirs.

ASILE LAMBRECHTS

46, Rue de Colombes, à Courbevoie (Seine)

DIRECTEUR-COMPTABLE : M. PAUL GAUFRÈS

Situation. — La fondation Lambrechts est située entre la rue de Colombes à l'ouest et le boulevard Bineau à l'est ; elle est entourée de jardins ou de champs au nord et au sud. Sa superficie totale est de 46.124^{mq}, dont 1.383 pour la surface des bâtiments et 44.741 pour la surface des cours et jardins.

Historique. — Dû à la générosité d'un noble belge devenu Français, le comte Charles-Mathieu-Joseph Lambrechts (ministre de la justice sous le Directoire, sénateur sous l'Empire, député sous la Restauration, mort à Paris en 1823), fondé

pour les protestants pauvres réformés et luthériens de la capitale, qui y ont des droits égaux, géré par un Comité spécial présidé par le maire du 6e arrondissement, selon les termes du testament du fondateur, et placé sous l'autorité de l'Administration générale de l'Assistance publique, cet asile occupe l'ancien château de Courbevoie, acquis en 1844 pour la somme principale de 105.050 francs et approprié à sa destination actuelle. Il fut ouvert au début de l'année 1846.

Population. — L'asile Lambrechts a le double caractère d'hospice de vieillards (20 lits d'hommes et 20 lits de femmes) et d'orphelinat de garçons (70 lits). Les enfants sont admis à l'âge de 7 ans et en sortent à l'âge de 14 ans pour être placés en apprentissage.

Les admissions de vieillards et d'enfants sont prononcées par le Comité gérant de la fondation, sur la présentation des consistoires intéressés, conformément aux intentions du fondateur et au règlement approuvé par l'Administration de l'Assistance publique. Cependant, en raison d'une donation importante faite à l'asile par la famille Dassier, cette famille jouit du droit de présentation pour 10 vieillards. Chacune des diverses catégories de pensionnaires est formée par moitié de protestants luthériens et de protestants réformés.

Personnel administratif. — Le personnel administratif ne comporte qu'un directeur-comptable logé dans l'établissement.

Personnel secondaire. — Le personnel secondaire comprend 14 personnes toutes également logées dans l'établissement, savoir :

1 cuisinière ; 2 garçons de salle qui aident à la cuisine, servent au réfectoire des adultes, sont chargés de la surveillance des deux dortoirs d'enfants, de l'entretien des cours et jardins ; 3 lingères chargées de la lingerie et du vestiaire et de la surveillance du lever et de la toilette des enfants ; 1 surveillant attaché spécialement aux enfants ; 1 infirmière à l'infirmerie ; 1 concierge, chargé en outre de la salubrité, du service des bains et de l'entretien des parterres ; 1 jardinier au potager ; 2 instituteurs ; 2 professeurs de travail manuel. Cet enseignement, réservé aux élèves qui ont atteint l'âge de 12 ans, comprend la menuiserie, l'ébénisterie, la sculpture, le tour, le modelage, l'ajustage et la forge. Pendant la première année, l'enfant parcourt le cycle entier des travaux ; pendant la seconde, il reste dans la spécialité qu'il a choisie.

Personnel médical. — Le service est assuré par un médecin de la localité.

Ressources de la fondation. — La fortune du comte Lambrechts consistait en quatre fermes situées en Belgique, près de Louvain où il avait professé le droit, et en un hôtel à Paris, rue du Cherche-Midi, où il est mort et qui porte aujourd'hui le n° 18. Ces immeubles furent successivement vendus à la mort des usufruitiers, et le produit en fut placé en rentes sur l'État.

Dans son testament, le comte Lambrechts a stipulé que la moitié seulement des revenus de sa fortune serait employée aux besoins de la fondation qu'il instituait, l'autre moitié devant être capitalisée chaque année, afin, dit-il, que le produit aille toujours en croissant, et qu'ainsi la fondation s'améliore au lieu de se détériorer. A l'ouverture de l'asile, en 1846, les revenus de la fondation s'élevaient à 36.000 francs ; ils sont aujourd'hui de 84.963 francs, dont 42.476 fr. 50 à capitaliser et 42.476 fr. 50 à verser à l'asile pour les dépenses de l'établissement.

A ce revenu de 42.476 fr. 50 viennent s'ajouter une rente de 5.157 francs du legs Dassier, 34 francs du legs Greys, 15.120 francs de pensions d'enfants versées par les consistoires, 1.200 francs de remboursement de trousseaux, et 1.980 francs de recettes éventuelles (successions, ventes diverses et produits des jardins et de la basse-cour).

Au début, les faibles revenus de la fondation Lambrechts, dont la moitié seulement, ainsi qu'il est dit plus haut, est utilisable, suffisaient à peine à l'entretien des vieillards qui ont toujours été admis gratuitement. Pour les enfants, au contraire, les consistoires versent à l'asile une pension annuelle de 400 francs pour chacun

d'eux. Depuis 12 ans, l'accroissement des revenus dus à la capitalisation a permis de dégrever chaque année les consistoires de deux pensions. Actuellement, 26 enfants jouissent de la gratuité, et le jour n'est pas éloigné où, grâce à l'augmentation constante de ses revenus, la fondation se suffira et pourra prendre une extension nouvelle.

Dépenses. — En 1899, les dépenses de la fondation Lambrechts ont été les suivantes :

Personnel administratif	6.400 »		Report	39.864 27
Impressions, frais de bureau et d'école	395 10		Comestibles	6.779 88
Personnel médical	329 75		Chauffage et éclairage	3.065 43
Personnel secondaire	9.159 88		Blanchissage	2.415 46
Réparations de bâtiments	1.941 69		Coucher, linge	5.814 75
Pharmacie	390 75		Meubles et ustensiles	1.162 76
Boulangerie	6.457 73		Frais de transport	150 25
Boucherie	10.037 37		Eaux, salubrité, dépenses diverses	1.593 09
Cave	4.752 »		Frais d'exploitation du jardin	610 75
A reporter	39.864 27		Total	61.456 64

REZ-DE-CHAUSSÉE

A Directeur et concierge.
C' Office.
G Buanderie et bains.
H Chapelle.
J Lingerie.
K Débarras.
R Réfectoire.
S Classes.
S' Ateliers.
T Préaux.
V Parloir.

PREMIER ÉTAGE

A Dortoirs et réfect. (femmes).
C' Infirmerie.
J Dortoirs (femmes).
K, R, S, V Dortoirs (enfants).
T Vestiaire.

DEUXIÈME ÉTAGE

A Dortoirs et réfect. (hommes)
C' K, R, S, T, V Logements
   des employés.
J Dortoirs (hommes).

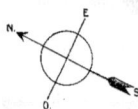

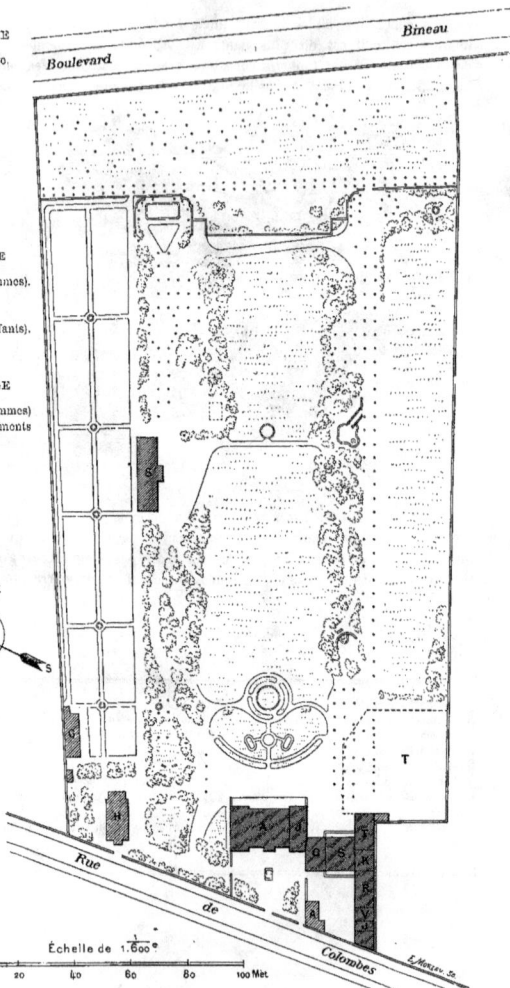

PLAN DE MASSE DE L'ASILE LAMBRECHTS

LES TROIS MATERNITÉS BOUCICAUT

Mont-Saint-Aignan, Roubaix, Chalon-sur-Saône

Dans son testament, Mme V° Boucicaut, en instituant pour sa légataire universelle l'Administration de l'Assistance publique, avait inséré la clause suivante :

« Je veux que par les soins de l'Assistance publique, en tant que ma légataire universelle et seulement si elle le demeure, mais sur l'indication, avec le concours et sous le contrôle de mes exécuteurs testamentaires, il soit fondé, aux environs des trois villes suivantes : Lille, Rouen et Chalon-sur-Saône, aux points que désigneront mes exécuteurs testamentaires, trois maisons en tout, avec terrains adjacents, aménagés pour recevoir au moment de leurs couches, et pendant le temps qui les suivra, nécessaire à leur rétablissement, des femmes non mariées, ni veuves, de nationalité française qui auront eu, pour une première fois, le malheur de se voir séduites.....

« Ces refuges seront aménagés pour contenir chacun 10 lits de malades, chacune ayant sa chambre spacieuse, aérée, isolée pour elle et son enfant.

« Le surplus de la maison sera ordonné comme il sera nécessaire, mais je spécifie que chaque refuge devra avoir une modeste chapelle consacrée au culte catholique.....

« Le service d'infirmerie élémentaire comme la tenue de la maison seront faits

MATERNITÉ BOUCICAUT, A MONT-SAINT-AIGNAN   Cliché X...

par les filles de la Charité de Saint-Vincent-de-Paul ou par des religieuses des communautés dites de Bon-Secours ou de Bon-Secours de Troyes.

« Je donne et lègue pour l'exécution de chaque type de cette fondation, savoir :

« Pour l'achat du terrain, 50.000 francs ; pour les constructions et nivellements, 150.000 francs ; pour l'ameublement 15.000 francs.

« Quant à l'entretien, la mise en activité et les dépenses annuelles d'exploitation de chacune de ces maisons, j'en estime l'importance à 30.000 francs par an.....

« Pour faire face à ces dépenses annuelles, ensemble de 90.000 francs, j'affecte et je donne et lègue, à titre particulier, à l'Administration de l'Assistance publique, en tant que ma légataire universelle, une somme de 2.000.000 de francs. »

En exécution de ces dispositions, l'Assistance publique a fait construire trois

MATERNITÉ BOUCICAUT, A CHALON-SUR-SAÔNE

maternités pour filles-mères primipares, sur des terrains choisis d'accord avec les exécuteurs testamentaires de Mme Ve Boucicaut : l'une à Mont-Saint-Aignan, à 5 kilomètres de Rouen ; la seconde à Roubaix ; la troisième enfin à Chalon-sur-Saône, dans un des faubourgs de la ville.

Pour l'étude des projets et la surveillance des travaux, l'Administration s'est adressée à des architectes locaux : pour Mont-Saint-Aignan, à M. Gosselin ; pour Roubaix, à M. Colier ; pour Chalon-sur-Saône, à M. Gondrier. La dépense totale pour les trois maternités a été de 344.600 francs, savoir :

Mont-Saint-Aignan, 116.000 francs ; Roubaix, 140.600 francs ; Chalon-sur-Saône, 128.000 francs.

La surface des terrains occupés par chacune des maternités se décompose ainsi :

Mont-Saint-Aignan, surface totale : 40.880^mq, dont 828,60 pour les bâtiments, 6.830,40 pour les cours et jardins et 33.321 pour l'herbage-verger.

Roubaix, surface totale : 4.690^mq, dont 720 pour les bâtiments et 3.970 pour les cours et jardins.

Chalon-sur-Saône, surface totale : 7.147^mq 94, dont 2.334,50 pour les bâtiments et 4.813,44 pour les cours et jardins.

Chaque maison a 10 lits en chambres particulières. — A la tête de chacune d'elles est un directeur-comptable.

Le service médical est dirigé par un médecin ayant sous ses ordres une sage-femme logée dans l'établissement.

Trois religieuses, commandées par une supérieure, sont chargées du service des malades. — Celles-ci sont admises au jugement du Directeur, du président du bureau de bienfaisance et du curé doyen de la paroisse. — A leur sortie, elles reçoivent un secours de 20 francs.

MATERNITÉ BOUCICAUT, A MONT-SAINT-AIGNAN

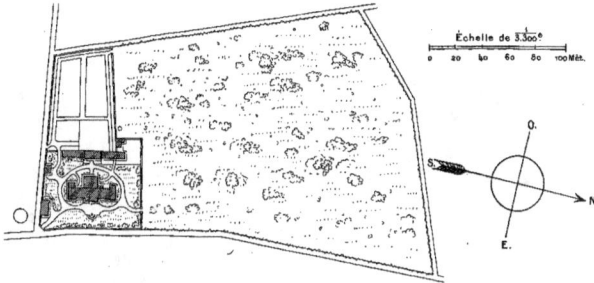

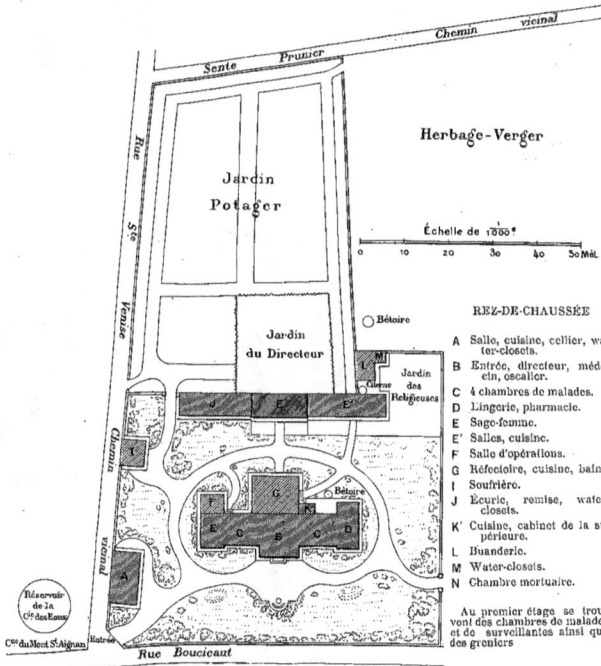

(PLAN DE MASSE)

Échelle de 3.300°

O.

S.

N.

E.

Chemin vicinal

Sente Prunier

Herbage-Verger

Rue Ste Venise

Jardin Potager

Échelle de 1/1000°

Bétoire

Jardin du Directeur

Jardin des Religieuses

Chemin vicinal

Réservoir de la C.ie des Eaux

C.ie du Mont St-Aignan

Entrée

Rue Boucicaut

REZ-DE-CHAUSSÉE

A Salle, cuisine, cellier, water-closets.
B Entrée, directeur, médecin, escalier.
C 4 chambres de malades.
D Lingerie, pharmacie.
E Sage-femme.
E' Salles, cuisine.
F Salle d'opérations.
G Réfectoire, cuisine, bains.
I Soufrière.
J Écurie, remise, water-closets.
K' Cuisine, cabinet de la supérieure.
L Buanderie.
M Water-closets.
N Chambre mortuaire.

Au premier étage se trouvent des chambres de malades et de surveillantes ainsi que des greniers.

MATERNITÉ BOUCICAUT, A ROUBAIX

(PLAN DE MASSE)

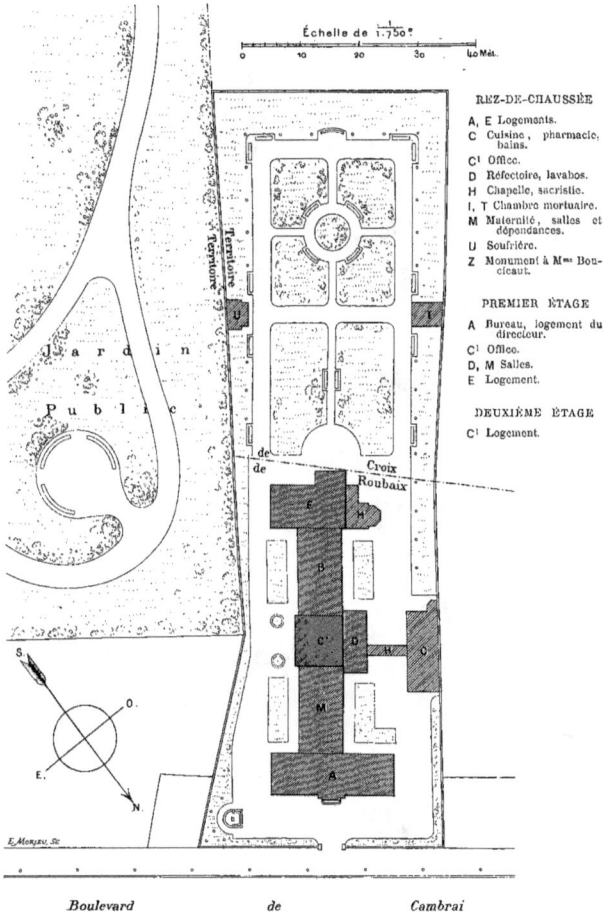

Échelle de $\frac{1}{750^e}$

REZ-DE-CHAUSSÉE

A, E Logements.
C Cuisine, pharmacie, bains.
C¹ Office.
D Réfectoire, lavabos.
H Chapelle, sacristie.
I, T Chambre mortuaire.
M Maternité, salles et dépendances.
U Soufrière.
Z Monument à Mᵐᵉ Boucicaut.

PREMIER ÉTAGE

A Bureau, logement du directeur.
C¹ Office.
D, M Salles.
E Logement.

DEUXIÈME ÉTAGE

C¹ Logement.

Jardin Public

Territoire

de de Croix Roubaix

Boulevard de Cambrai

E. Monsu, Sc.

98

MATERNITÉ BOUCICAUT, A CHALON-SUR-SAONE

(PLAN DE MASSE)

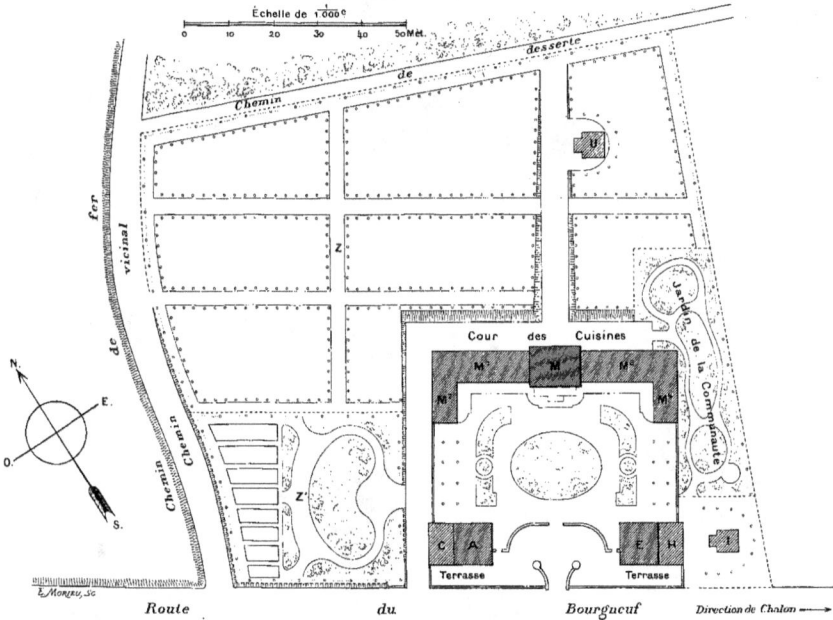

Échelle de 1/1000ᵉ

0   10   20   30   40   50 Mèt.

E. Monteu, Sc

Route   du   Bourgueuf   Direction de Chalon ⟶

REZ-DE-CHAUSSÉE

A   Bureaux et concierge.
C   Cabinet et salle à manger du directeur.
E   Communauté.
H   Chapelle.
I   Service des morts.
M, M¹, M², M³, M⁴ Malades.
U   Soufrière.
Z   Jardins.

SOUS-SOL

M   Cuisine et bains.
M¹, M², M³, M⁴ Évier, réfectoire, pharmacie, lingerie, magasins divers.

PREMIER ÉTAGE

A   Appartement du directeur.
E   Communauté.
M   Logements de la sage-femme et des infirmières.

AMPHITHÉATRE D'ANATOMIE

17, Rue du Fer - à - Moulin

DIRECTEUR : M. LE Dr QUÉNU

La construction de l'Amphithéâtre d'anatomie des hôpitaux ne fut commencée qu'en 1832 avec des fonds votés par le Conseil municipal, et les travaux n'en furent terminés qu'en 1836 ; mais, dès 1833, des salles de dissection furent ouvertes aux élèves.

Les frais de construction et d'installation se sont élevés à 300.000 francs environ, dont 41.000 francs à la charge des hospices, le reste supporté par l'État et la ville de Paris.

L'Amphithéâtre d'anatomie des hôpitaux, dont les plans sont l'œuvre de M. Huvé, est enfermé dans une enceinte de murs, dont trois donnent sur la place Scipion, la rue du Fer-à-Moulin et la rue des Fossés-Saint-Marcel. Le mur du quatrième côté est mitoyen avec des immeubles particuliers en bordure du boulevard Saint-Marcel.

L'établissement présente, à l'entrée, perpendiculairement à la rue du Fer-à-Moulin, deux pavillons parallèles séparés par une cour pavée et servant l'un et l'autre au logement du personnel. Au rez-de-chaussée du pavillon de gauche se trouve le bureau d'administration ; au rez-de-chaussée du pavillon de droite, le vestiaire des élèves et la lingerie. Le premier étage du pavillon de gauche est affecté à deux logements de sous-employés ; le premier étage du pavillon de droite constitue le logement de l'économe. Ces deux pavillons sont reliés à leur extrémité par un mur qui sépare cette première partie, réservée à l'Administration, de la partie postérieure affectée à l'enseignement.

En face de la porte cochère, aménagée dans le mur de séparation, se trouve situé, au fond du terrain, le bâtiment servant de dépôt des corps, avec les salles d'injection et de macération.

Les bâtiments affectés à l'enseignement forment sur la gauche un vaste quadrilatère, au centre duquel est un jardin qui comprend, du côté faisant face au dépôt des morts, le laboratoire d'histologie et de bactériologie ; puis, perpendiculairement, sur les deux longs côtés du rectangle, quatre pavillons de dissection, deux de chaque côté ; le quatrième côté comprend la salle de réunion des jurys de concours, appelée salle du Conseil, un petit atelier de photographie, le cabinet du chef des travaux, son laboratoire et, adossé à ce laboratoire, l'amphithéâtre des cours. Ce quatrième côté comporte, seul, un premier étage consacré tout entier au musée, dans lequel sont renfermées les collections de pièces anatomiques naturelles préparées, depuis l'origine de l'établissement, par les prosecteurs des hôpitaux et par les candidats au concours du prosectorat.

Le quadrilatère dont il vient d'être fait la description est séparé des murs de clôture par des rangées de grands arbres.

Dans l'allée qui longe la rue du Fer-à-Moulin, et presque dans l'angle de la rue des Fossés-Saint-Marcel, est situé le réservoir des eaux. A l'autre angle, se trouve l'écurie avec et au-dessus le logement du charretier.

Le long des immeubles qui séparent l'établissement du boulevard Saint-Marcel, sont aménagés 18 cages pour lapins et cobayes et un chenil pouvant contenir 10 chiens; ces animaux sont destinés aux expériences des laboratoires.

A côté et sur la même ligne, se trouvent les water-closets. Enfin, entre l'école municipale du boulevard Saint-Marcel et le dépôt des morts, il existe une buanderie destinée au blanchissage du linge ayant servi aux études anatomiques; le reste du linge est blanchi par la Salpêtrière.

Tous ces bâtiments, cours et jardins, couvrent une surface de 11.993^{ms}.

L'Amphithéâtre d'anatomie des hôpitaux est affecté à l'enseignement anatomique pour les élèves des hôpitaux qui y sont reçus sur la présentation de leurs cartes d'interne ou d'externe des hôpitaux. Un certain nombre d'étudiants en médecine, désignés nominativement par la Faculté de médecine de Paris, y sont également admis chaque année.

Le personnel enseignant se compose de :

1 chirurgien des hôpitaux, directeur, chef des travaux : M. le Dr *Quénu;*

2 prosecteurs : MM. les Drs *Robineau* et *Herbet;*

2 aides d'anatomie : MM. *Labey* et *Barbarin;*

1 chef de laboratoire : M. le Dr *Macaigne;*

1 sous-chef de laboratoire : M. le Dr *Coffin;*

1 conservateur du musée : M. *Landel;*

1 répétiteur d'anatomie : M. *Thoumire.*

Le personnel administratif se compose de :

1 économe ; 1 concierge et sa femme ; 5 garçons de pavillon (dont 2 non logés) ; 1 garçon de laboratoire (non logé) ; 1 homme de peine (non logé) ; 1 charretier.

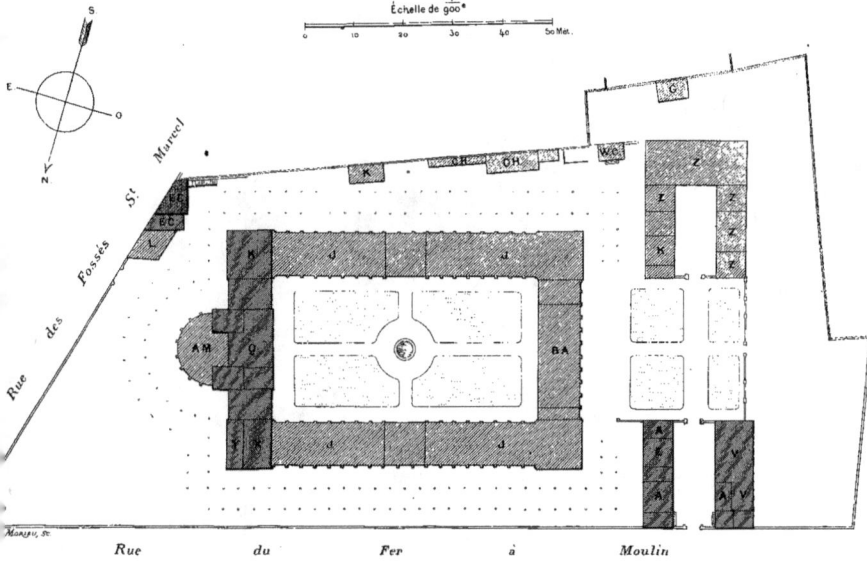

PLAN DE MASSE DE L'AMPHITHÉATRE D'ANATOMIE

REZ-DE-CHAUSSÉE

A Administration.
E Logement d'employé.
G Buanderie.
J Pavillons.
K Magasins et dépôts.
L Chantier.
Q Laboratoire de M. Quénu.
V Vestiaire.
X Salle du Conseil.

Y Salle de photographie.
Z Dépôt des morts.
AM Amphithéâtre.
BA Laboratoire de bacté-
riologie.
CH Chenil.
EC Écurie.
WC Water-closets.

PREMIER ÉTAGE

A, J Musée et logements.

BOULANGERIE CENTRALE, 13, rue Scipion, à Paris.

(PLAN DE MASSE)

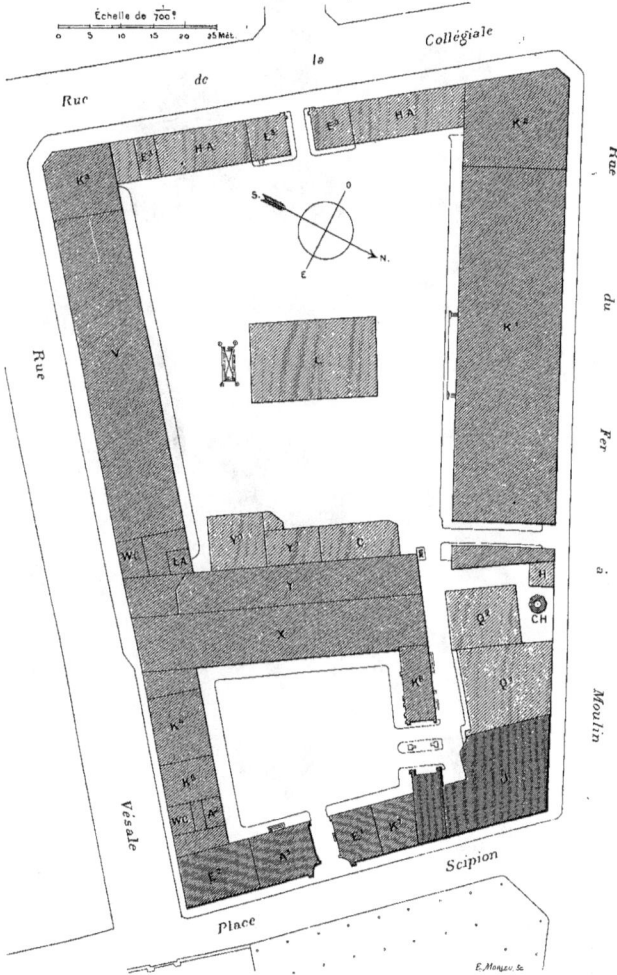

REZ-DE-CHAUSSÉE

A¹, A² Administration.
C   Buanderie.
E¹, E², E³ Logement du concierge
H   Hangar.
K¹, K², K³, K⁴ Magasins.
K⁵   Atelier du menuisier.
K⁶   Atelier du mécanicien.
K⁷   Atelier (forge).
L   Chantier couvert.
J   Moulin.
Q¹   Machine du moulin.
Q²   Machines de la boulangerie.
V   Paneterie.
X   Fournil.
Y, Y¹ Fours.
LA   Lavabos.
WC   Water-closet.
HA   Hangars.
CH   Cheminée.

Aux premier, deuxième et troisième étages, sont les logements du directeur et des employés, les magasins, etc.

MAGASIN CENTRAL, 89, boulevard de l'Hôpital, à Paris.

(PLAN DE MASSE)

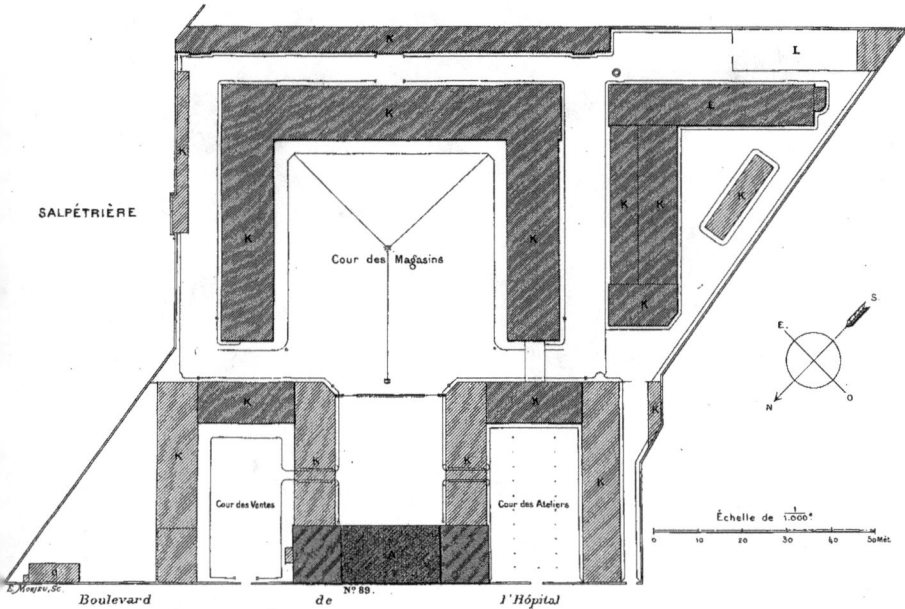

REZ-DE-CHAUSSÉE

A Loge du concierge, bureaux, logement de sous-employé.

E Machines.

H Magasins et ateliers.

L Chantier.

Q Ancienne agence.

ENTRESOL

A, H, Logements de sous-employés

PREMIER ÉTAGE

A E, Logements du directeur, de l'économe et de sous-employés.

E Garde-meubles.

H Magasins et ateliers.

DEUXIÈME ÉTAGE

A, E, Logements d'employés.

H Magasins, et, au-dessus, combles affectés à des magasins.

PHARMACIE CENTRALE, 47, quai de la Tournelle, à Paris.

PLAN DE MASSE)

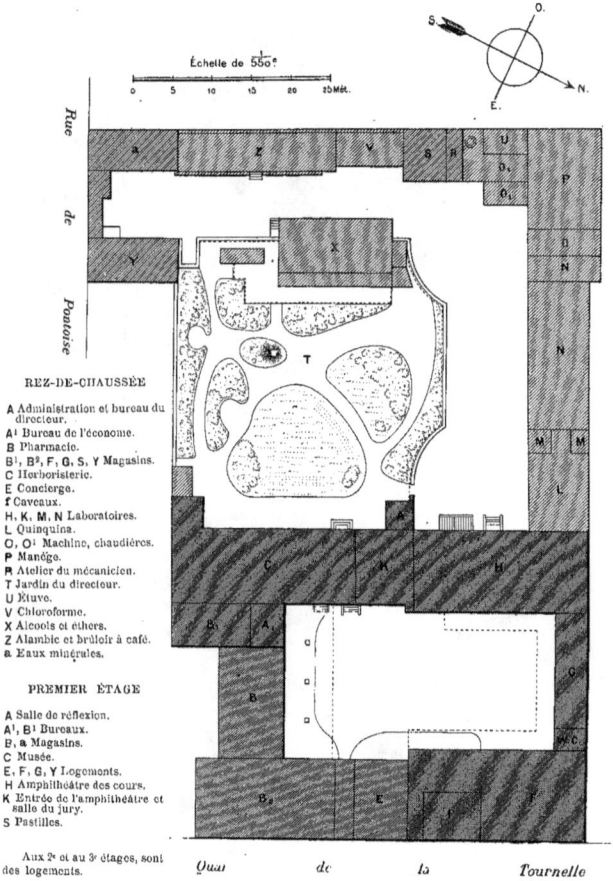

REZ-DE-CHAUSSÉE

A Administration et bureau du directeur.
A¹ Bureau de l'économe.
B Pharmacie.
B¹, B², F, G, S, Y Magasins.
C Herboristerie.
E Concierge.
f Caveaux.
H, K, M, N Laboratoires.
L Quinquina.
O, O¹ Machine, chaudières.
P Manège.
R Atelier du mécanicien.
T Jardin du directeur.
U Étuve.
V Chloroforme.
X Alcools et éthers.
Z Alambic et brûloir à café.
a Eaux minérales.

PREMIER ÉTAGE

A Salle de réflexion.
A¹, B¹ Bureaux.
B, a Magasins.
C Musée.
E, F, G, Y Logements.
H Amphithéâtre des cours.
K Entrée de l'amphithéâtre et salle du jury.
S Pastilles.

Aux 2e et au 3e étages, sont des logements.

ADMINISTRATION CENTRALE, 3, avenue Victoria, à Paris
(PLAN DE MASSE)

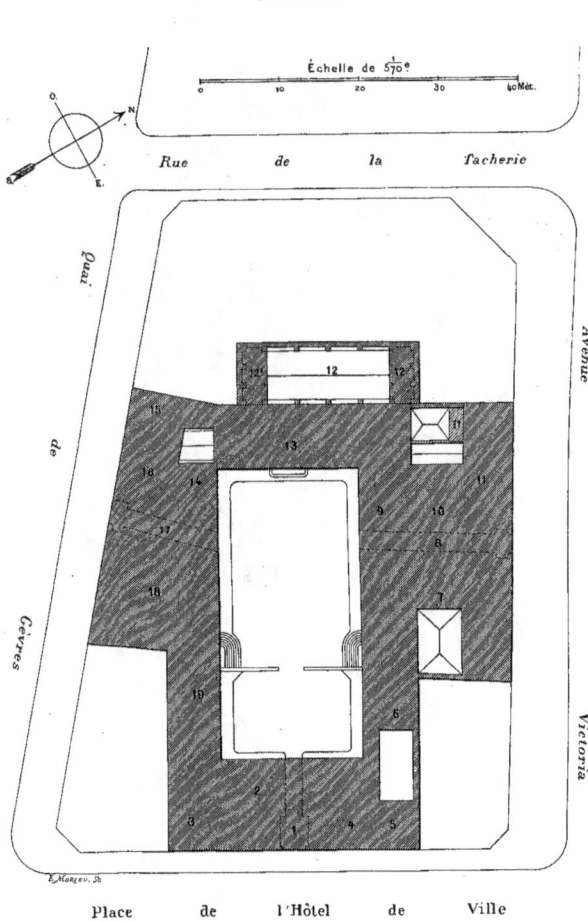

Échelle de 1/570ᵉ

O.
N.
E.

Rue   de   la   Tacherie

Quai   de   Gèvres

Avenue   Victoria

Place   de   l'Hôtel   de   Ville

E. Morreu, Sc.

REZ-DE-CHAUSSÉE

1   Vestibule d'entrée.
2, 9, 10, 16 Concierges.
3   Lingerie, compteur.
4   Chambre de cocher.
5   Remise entresolée.
6   Écurie entresolée.
7   Bureaux des secours.
8, 17 Passages de porte cochère.
11 Bureaux des hospices.
12, 12', 12" Salles des visiteurs.
13 Salle du Conseil.
14 Enquêteurs.
15 Dames déléguées.
18 Enfants assistés, 3e bureau.
19 Imprimés.

ENTRESOL

1, 2, 3, 4, 5, 6 Appartement du Directeur.
7, 8, 9, 10, 11 Bureaux de la caisse.
12, 12', 12" Appartements.
13, 14, 15 Bureaux de la comptabilité en deniers.
16, 17, 18 Bureaux du domaine.
19 Cuisine du Directeur.

PREMIER ÉTAGE

2   Bureaux de la direction.
3, 4 Salle de commisions.
6   Salle d'expertises.
7   Droit des pauvres.
8   Grand amphithéâtre.
9, 10, 11 Salle du jury et salle d'attente.
12, 12', 12" Dépendances des maisons domaniales.
13, 14, 15 Inspecteurs et contrôleurs.
16, 18 Secrétariat, 1er et 3e bureaux.
19 Télégraphie.

DEUXIÈME ÉTAGE

6, 7, 8 Logements.
8, 9, 10 Ingénieurs, architecte.
13, 14, 15 Division des hôpitaux et hospices.
18 Bureau central des travaux.

TROISIÈME ÉTAGE

2   Appartement du Secrétaire général.
6, 7, 8 Logements.
9, 10 Enfants assistés.
13, 14, 15 Division des enfants assistés.
18 Bureaux de la comptabilité en matières.
19 Cuisine du Secrétaire général.

Dans les combles sont les archives

TITRE IX

Annexes

Programme des matières du concours pour l'emploi de commis rédacteur

NOTA. — Les textes indiqués en bas de page sont donnés comme indication à titre d'exemples et de documents
ABRÉVIATIONS : A. Arrêté; C. Circulaire; D. Décret; I. Instruction; L. Loi; O. Ordonnance.

DROIT ADMINISTRATIF

ASSISTANCE PUBLIQUE

I. — Notions générales

Modes de secours de l'Assistance publique en France: assistance hospitalière, assistance à domicile.

Destination des établissements hospitaliers : hôpitaux, hospices, maisons de retraite, asiles, fondations.

Catégories d'individus secourus : indigents valides, malades, vieillards et infirmes, aliénés et enfants.

Nature et étendue de l'aptitude au secours de chacune des catégories d'indigents secourus par l'Assistance publique.

Domicile de secours (1).

II. — Attributions de l'État en matière d'assistance

Création des établissements de bienfaisance : autorisation du gouvernement ; marche à suivre pour obtenir cette autorisation (2).

Conseil supérieur de l'Assistance publique (3).

Direction de l'assistance et de l'hygiène publiques (4).

Inspection générale des établissements de bienfaisance (5).

Contribution de l'État aux dépenses d'assistance (6).

Établissements généraux de bienfaisance (7).

Répartition du produit du prélèvement fait sur le Pari mutuel en faveur des œuvres locales de bienfaisance (8).

---

(1) D. 24 vendémiaire an II ; L. 7 août 1851, art. 1 ; L. 15 juillet 1893.
(2) D. 25 mars 1852; L. 5 avril 1884, art. 70.
(3) D. 14 avril 1888 ; D. 11 mai 1888 ; D. 15 janvier 1894, D. 9 mars 1898.
(4) D. 4 novembre 1886; D. 5 janvier 1889 ; D. 22 septembre 1890.
(5) D. 15 juin 1891.
(6) L. 15 juillet 1893 ; loi de finances du 29 mars 1897, art. 43.
(7) O. 21 février 1841 ; A. 22 juin 1841 et 22 décembre 1854.
(8) L. 2 juin 1891 ; D. 7 juillet 1891 ; loi de finances du 16 avril 1895, art. 47.

III. — Attributions du département

Pouvoirs du Conseil général en matière d'assistance (1).

Contributions du département aux dépenses d'assistance (2).

Aliénés : établissements publics (Commission de surveillance et Directeur). — Établissements privés (conditions pour la fondation de ces établissements ; retrait des autorisations). — Placements volontaires. — Placements d'office. — Mesures de surveillance pendant le séjour des aliénés à l'asile. — Des sorties. — Dépenses (obligations de l'aliéné et de sa famille, des hospices, des communes et des départements). — Capacité juridique des personnes majeures et non interdites placées dans les asiles. — Administration des biens. — Organisation du service des aliénés dans le département de la Seine (3).

Enfants assistés : catégories d'enfants assistés. — Secours pour prévenir l'abandon. — Admission des enfants à l'hospice dépositaire. — Dispositions du Code pénal concernant l'exposition et l'abandon des enfants. — Service extérieur. — Mois de nourrice, pensions et indemnités diverses. — Mise en apprentissage. — Inspection et surveillance. — Recettes et dépenses. — Tutelle. — Organisation du service dans le département de la Seine (4).

Enfants moralement abandonnés : déchéance de la puissance paternelle. Organisation de la tutelle en cas de déchéance de la puissance paternelle. Restitution de la puissance paternelle. Protection des mineurs placés avec ou sans l'intervention des parents (5).

IV. — Attributions de la commune et condition civile des établissements publics de bienfaisance

Attributions du Conseil municipal en matière d'assistance (6).

Contribution de la commune aux dépenses d'assistance (7).

Individualité et capacité des établissements publics et établissements reconnus d'utilité publique.

Règles spéciales aux établissements d'assistance publique créés par les syndicats de communes (8).

V. — Assistance médicale (9)

Organisation de l'assistance médicale : domicile de secours. — Bureau et liste d'assistance. — Secours hospitaliers. — Dépenses, voies et moyens.

VI. — Hôpitaux et hospices (10)

Commission administrative : organisation (11) et attributions.

PERSONNEL. — Personnel administratif : secrétaire, économe, receveur (serment, traitement (12) du receveur). — Personnel médical : médecins et pharmaciens. — Personnel secondaire : sœurs hospitalières, infirmiers et servants. — Aumôniers.

Pensions de retraite : ressources de la Caisse des retraites. Conditions pour obtenir une pension. Détermination du chiffre de la pension. Payement des pensions. Voies de recours contre les décisions statuant sur les demandes de pensions (13).

---

(1) L. 18 juillet 1866 ; L. 10 août 1871 ; L. 15 juillet 1893.
(2) D. 5 juillet 1808 ; L. 30 juin 1838, art. 28 ; L. 23 décembre 1874 ; L. 5 mai 1869, art. 5.
(3) L. 30 juin 1838 ; O. 18 décembre 1837 ; D. 16 août 1874 ; D. 11 août 1888 ; D. 17 mars 1890.
(4) A. 30 ventôse an V ; 15 pluviôse an VIII ; D. 19 janvier 1811 ; O. 28 juin 1833 ; L. 18 juillet 1866 ; L. 6 mai 1869 ; C. 3 août 1869 ; L. 10 août 1871 ; 22 novembre 1876 ; D. 8 mars 1887 ; D. 12 juillet 1858 ; Code civil, art. 58 ; Code pénal, art. 347, 348.
(5) L. 24 juillet 1889.
(6) L. 18 juillet 1837 ; L. 24 juillet 1867 ; L. 5 avril 1884.
(7) L. 27 vendémiaire an VII ; L. 5 ventôse an VIII ; L. 30 juin 1838 ; L. 5 mai 1869 ; L. 24 juillet 1889 ; L. 15 juillet 1893.
(8) L. 22 mars 1890.
(9) L. 18 juillet 1893 ; L. 13 avril 1898, art. 58.
(10) L. 7 août 1851.
(11) L. 21 mai 1873 ; L. 5 août 1879.
(12) D. 27 juin 1876.
(13) D. 7 février 1809 ; O. 6 septembre 1820.

Hôpitaux : admission des malades.
Hospices : admission des vieillards et des infirmes.
Admission des malades et des incurables indigents des communes privées d'établissements hospitaliers.
Règlements de service intérieur : leur objet ; autorité qui les approuve (1).
Placement par les administrés à charge de rente viagère (2).
Cours cliniques des Facultés de médecine (3).
Organisation des services hospitaliers de l'armée dans les hospices civils (4).
Concours des établissements hospitaliers au service des secours à domicile (5).

VII. — Bureaux de bienfaisance (6)

Commission administrative : organisation et attributions.
Personnel : receveur et employés ; médecins, commissaires et dames de bienfaisance.
Règlements de service intérieur : leur objet ; autorité qui les approuve (7).
Distribution des secours.
Déchéance résultant de l'inscription au bureau de bienfaisance quant aux droits politiques (8).

VIII. — Administration générale de l'Assistance publique à Paris

Historique sommaire des origines de l'Administration : l'Hôtel-Dieu ; l'Hôpital général ; le Grand Bureau des pauvres. Le Conseil général des hôpitaux, hospices civils et secours de la Ville de Paris (9).
Administration générale : Directeur et Conseil de surveillance (composition, nomination et attributions) (10).
Personnel administratif, médical et secondaire : mode de recrutement, nomination et fonctions. — Emplois réservés aux anciens sous-officiers (11).
Pensions de retraite : modifications apportées au décret du 7 février 1809 par les décrets des 22 février 1875 et 11 juin 1881.
Diverses catégories d'établissements : Administration centrale. Hôpitaux généraux et spéciaux. Hospices, maisons de retraite, fondations. Établissements de service général. Bureaux de bienfaisance. Directions d'agences et écoles du service des enfants assistés et des enfants moralement abandonnés. Quartiers d'aliénés. Amphithéâtre d'anatomie. École d'accouchement. Écoles municipales d'infirmières.
Conditions d'admission dans les hospices (12) et maisons de retraite.
Budget : classification des dépenses et des recettes.
Secours à domicile : organisation des bureaux de bienfaisance. Distribution et nature des secours. Traitement à domicile. Personnel médical. Régime financier (13).

IX. — Biens et ressources des établissements de bienfaisance

BIENS MOBILIERS ET IMMOBILIERS

Distinction entre le domaine affecté au service public et le domaine productif de revenus.

---

(1) L. 7 août 1851, art. 8 ; Circ. 31 janvier 1840.
(2) D. 23 juin 1806.
(3) O. 13 octobre 1840 ; D. 20 août 1877 ; D. 15 avril 1879.
(4) L. 3 juillet 1877 ; D. 1er août 1879.
(5) L. 7 août 1851, art. 17 ; L. 21 mai 1873, art. 7.
(6) L. 9 frimaire an V ; O. 31 octobre 1821 ; O. 6 juillet 1846 ; D. 25 mars 1852 ; D. 13 avril 1861.
(7) D. 13 avril 1861, art. 6.
(8) L. 5 mai 1855, art. 9 ; L. 5 avril 1884, art. 32.
(9) Lettres patentes de Blois du 11 avril, et arrêt du Parlement du 2 mai 1505. Lettres patentes du 4 mai 1656, et arrêt du Parlement du 18 avril 1657. Lettres patentes du 5 novembre 1544. Arrêtés des Consuls du 27 nivôse et du 15 pluviôse an IX ; D. 25 novembre 1870 et 18 février 1871.
(10) L. 10 janvier 1849 ; A. 24 avril 1849 ; L. 27 février 1860, art. 8 ; D. 28 mars 1896.
(11) L. 18 mars 1889 ; L. 13 juillet 1889 ; D. 4 juillet 1890 et 28 janvier 1892.
(12) Arrêté du 27 août 1860, approuvé le 6 octobre par le Préfet.
(13) D. 15 novembre 1895.

DROITS ATTRIBUÉS

Droit des pauvres : origine de l'impôt. Taux de perception. Mode de perception. Juridiction compétente pour statuer sur les contestations (1).

Produits des concessions dans les cimetières (2).

Successions hospitalières : droit sur les effets mobiliers des administrés décédés dans les établissements hospitaliers. Droit sur les revenus et biens des enfants assistés. Droit sur les biens de congrégations de femmes qui viennent à s'éteindre (3).

Bonis et bénéfices du Mont-de-Piété (4).

Amendes et confiscations (5).

PRODUITS INTÉRIEURS

Frais de séjour : recours des établissements contre les personnes secourues, contre leur famille, contre leur commune (6).

Journées d'enfants assistés, d'aliénés, de militaires.

Produit du travail des administrés (7).

LIBÉRALITÉS

Formalités à remplir pour l'acceptation des libéralités : dons et legs (acceptation à titre conservatoire ; autorisation). Troncs, quêtes et collectes. Loteries (8).

X. — Actes de gestion et de disposition concernant le domaine mobilier et immobilier

Acquisitions et aliénations de biens. — Expropriation pour cause d'utilité publique. — Purge des hypothèques. — Emprunts (9).

Administration des biens. — Baux et locations. — Exploitation des bois (10).

Contributions : exemption d'impôts (contribution foncière ; des portes et fenêtres ; chevaux et voitures ; timbre) ; taxe des biens de mainmorte. Retenue au profit des asiles nationaux (11).

XI. — Contentieux (12)

Autorisation d'ester en justice : Comité consultatif. Conseil de Préfecture. Conseil d'État. Contestations rentrant dans la compétence des tribunaux administratifs. Contestations rentrant dans la compétence des tribunaux ordinaires.

Poursuites par voie d'états exécutoires en vertu de la loi du 7 août 1851, art. 13.

Transactions.

Mainlevées d'hypothèques et d'oppositions.

Saisies-arrêts.

XII. — Marchés de travaux et fournitures (13)

Adjudications : cahier des charges. Dépôt du cautionnement provisoire. Publicité et

---

(1) L. 7 frimaire an V ; A. 29 frimaire an V ; L. 8 thermidor an V ; A. 10 thermidor an XI ; D. 8 fructidor an XIII ; D. 9 décembre 1809 ; L. 16 juillet 1848 ; D. 6 janvier 1864 ; L. 3 août 1875, art. 23.
(2) L. 23 prairial an XII ; O. 6 décembre 1843 ; A. préfectoral du 11 mai 1887.
(3) Avis du Conseil d'État du 3 novembre 1809 ; L. 15 pluviôse an XIII ; L. 24 mai 1825.
(4) D. 8 thermidor an XIII.
(5) L. 3 mai 1844 ; L. 27 mars 1851 ; D. 31 mai 1862, art. 527 ; Code pénal, art. 180.
(6) L. 7 août 1851 ; L. 15 juillet 1893 ; L. 9 avril 1898.
(7) L. 16 messidor an VII.
(8) A. 910 et 937, C. c. ; O. 2 avril 1817 ; O. 14 janvier 1831 ; L. 30 juillet 1863 ; A. 5 prairial an XI ; D. 12 septembre 1806 ; D. 30 décembre 1809 ; L. 21 mai 1836 ; L. 1er février 1896.
(9) D. 25 mars 1852 ; C. 5 mai 1852 ; O. 9 janvier 1831 ; L. 3 mai 1841 ; D. 7 juin 1875 ; L. 24 juillet 1867 ; L. 5 avril 1884 ; L. 30 novembre 1894.
(10) L. 12 août 1807 ; Code forestier 21 mai 1827.
(11) L. 3 frimaire an VII ; L. 4 frimaire an VII ; L. 23 juillet 1872 ; L. 13 brumaire an VII ; L. 20 février 1849 ; L. 30 mars 1872 ; D. 8 mars 1855.
(12) Code de procédure ; art. 49, 59, 83, 426, 336, 481, 1032 ; L. 28 pluviôse an VIII ; A. 7 messidor an IX ; A. 21 frimaire an XII ; D. 11 thermidor an XII ; D. 18 août 1807 ; L. 12 janvier 1895.
(13) L. 16 messidor an VII ; D. 10 brumaire an XIV ; O. 14 novembre 1837 ; L. 7 août 1851, art. 8 ; D. 31 janvier 1872 ; Code pénal, art. 412.

concurrence. Restriction à la concurrence illimitée. Maximum de prix et minimum de rabais. Séance d'adjudication. Liberté des enchères. Approbation de l'adjudication. Cautionnement définitif.

Marchés de gré à gré : cas dans lesquels ils sont permis.

Contestations relatives aux adjudications et marchés : compétence des tribunaux administratifs en matière de travaux publics (1).

Conditions de travail dans les marchés passés au nom des communes et des établissements publics de bienfaisance (2).

Admissions d'associations ouvrières françaises aux marchés de travaux et fournitures à passer pour le compte des communes (3).

XIII. — Comptabilité

Comptabilité en deniers : budget : chapitres additionnels ; compte financier ; compte moral (formation et approbation de ces divers comptes). Durée de l'exercice. Spécialité des crédits. Liquidation, ordonnancement et payement des mandats. — Refus de payement. — Responsabilité des ordonnateurs et des receveurs. Surveillance exercée sur les receveurs. Écritures et comptes du receveur. Formation et jugement de ce compte. Appel contre les arrêtés de compte. Cautionnement du receveur (4). Comptabilité en deniers des économes (5).

Comptabilité en matières (6) : régime alimentaire. Cahiers de visite. Feuilles de vivres. — Écritures et livres. — Compte mensuel en denrées. Compte de gestion (formation et apurement).

MATIÈRES DIVERSES

Notions générales sur les matières ci-après :

Organisation administrative de la Ville de Paris et du département de la Seine

Préfet de la Seine, Préfet de police, maires de Paris : nominations et fonctions (7). Conseil municipal : composition et atributions (8). Conseil général : composition et attributions (9).

Organisation judiciaire

Organisation et compétence des diverses juridictions

Juridiction civile, commerciale et criminelle : justices de paix. Tribunaux d'arrondisse-

---

(1) L. 28 pluviôse an VIII, art. 4.
(2) D. 10 août 1899.
(3) D. 4 juin 1888 ; L. 29 juillet 1893.
(4) D. 7 floréal an XIII ; L. 31 mai 1862, art. 1 à 29, 487 à 568 ; D. 27 janvier 1866 ; L. 28 février 1884.
(5) Règlement du 1er mai 1895, approuvé par le Préfet de la Seine.
(6) O. 29 novembre 1831 ; Règlement du 15 janvier 1894, approuvé par le Préfet de la Seine.
(7) L. 28 pluviôse an VIII ; A. 12 messidor an VIII qui détermine les attributions du Préfet de police à Paris ; A. 3 brumaire an IX portant extension de l'autorité du Préfet de police de Paris ; L. 10 juin 1853 qui autorise le Préfet de police à exercer dans toutes les communes du département de la Seine les fonctions qui lui sont déférées par l'arrêté du 12 messidor an VIII ; D. 10 octobre 1859 relatif aux attributions du Préfet de police et du Préfet de la Seine ; D. 9 janvier 1861 rendant applicable à la ville de Paris le décret du 25 mars 1852 ; L. 2 avril 1880 ayant pour objet la suppression des sous-préfectures de Sceaux et de Saint-Denis ; L. 9 août 1882 qui permet d'augmenter le nombre des adjoints dans certains arrondissements de Paris.
(8) L. 18 juillet 1837 et 5 mai 1855 sur l'Administration municipale ; L. 24 juillet 1867 sur les Conseils municipaux ; L. 22 avril 1871 relative aux élections municipales ; L. 7 juillet 1874 sur l'électorat municipal ; L. 29 mars 1886 établissant l'unité de liste électorale à Paris.
(9) L. 22 juin 1833, titre II ; L. 10 mai 1838 ; L. 18 juillet 1866 ; L. 18 septembre 1871 qui fixe la composition du Conseil général de la Seine ; L. 19 mars 1875 sur le même objet ; L. 5 juillet 1886 sur la publicité des séances du Conseil général de la Seine et du Conseil municipal de Paris.

ment. Cours d'appel. Cour de cassation. Tribunaux de commerce. Prud'hommes. Tribunaux de simple police. Tribunaux correctionnels. Cours d'assises (1).

Juridiction administrative : Conseils de préfecture (2). Conseil d'État (3). Tribunal des conflits (4). Cour des comptes (5).

Impôts

Impôts directs : des impôts de quotité et de répartition. Demandes en décharge ou en réduction. Demandes en remise ou en modération (6).

Impôts indirects : enregistrement et timbre (7).

HYGIÈNE HOSPITALIÈRE (8)

Désinfection. — Filtrage des eaux. — Hygiène des salles d'hôpitaux : ventilation, aération, chauffage, etc. — Isolement des maladies contagieuses. — Hygiène des cabinets d'aisances.

DROIT CIVIL

Titre préliminaire

De la publication, des effets et de l'application des lois en général.

LIVRE Ier

TITRE II. — Des actes de l'état civil du domicile (art. 34 à 87 — 99 à 111 — 144 à 164).
TITRE VIII. — De l'adoption et de la tutelle officieuse.
TITRE IX. — De la puissance paternelle.
TITRE X. — De la minorité, de la tutelle et de l'émancipation.

LIVRE II

TITRE Ier. — De la distinction des biens.
TITRE II. — De l'usufruit, de l'usage, de l'habitation.

LIVRE III

TITRE II. — Des donations entre vifs et des testaments.
TITRE III. — Des contrats et des obligations conventionnelles en général (art. 1101 à 1113).

(1) L. 16-24 août 1790, titre II, art. 13; titre III, art. 1er; titre IV, art. 1er; titre XII, art. 1 et 2; L. 27 novembre et 1er décembre 1790 pour la formation du tribunal de cassation, art. 1, 2 et 3; L. 27 ventôse an VIII, sur l'organisation des tribunaux, art. 5, 7, 22, 45 et 58.— Code de commerce, art. 615, 616, 617 et 631; L. 8 décembre 1883 relative à l'élection des juges consulaires; L. 5 décembre 1876 qui modifie les articles 620 et 626 du Code de commerce. — Conseil de prud'hommes; L. 1er juin 1853; L. 10 décembre 1884, art. 1er; D. 8 mars 1900, art. 1er à 5 inclus, sans les tableaux. — Code d'instruction criminelle, art. 137 et 138, 179 et 251 à 253.
(2) 21 juin 1865; L. 22 juillet 1889; D. 17 mars 1863 et 12 novembre 1871; L. 24 mars 1878; D. 26 juillet 1881 concernant les commissaires du gouvernement près le Conseil de préfecture de la Seine.
(3) L. 24 mai 1872; 1er août 1874; L. 13 juillet 1879; D. 22 juillet 1906 et 2 novembre 1864; L. 26 octobre 1888 relative à la création d'une section temporaire du contentieux; D. 9 novembre 1888.
(4) L. 24 mai 1782, titre IV : O. 1er juin 1828 et 12 mars 1831 ; C. 26 octobre 1849 portant règlement d'administration publique sur les formes de procéder devant le tribunal des conflits; L. 4 février 1850 sur l'organisation du tribunal des conflits, art. 4 à 9.
(5) L. 16 septembre 1807 relative à l'organisation de la Cour des comptes, art. 1 à 3, 11, 12 et 13.
(6) § 1er Foncier. L. 3 frimaire an VII ; L. 8 août 1890, art. 4 à 13 inclus ; § 2. Portes et fenêtres. L. 4 frimaire an VII, art. 2, 3, 12, 13, 15; L. 21 avril 1832 portant fixation du budget des recettes, art. 24 à 27; L. 31 juillet 1885, art. 3, 4 et 5; D. 17 mars 1832, art. 10; § 3. Personnel mobilier. L. 21 avril 1832, art. 8 à 23, 31; L. 3 juillet 1846, art. 5; § 4. Patentes. L. 15 juillet 1880; L. 29 juin 1881 et 30 juillet 1885; § 5 Réclamations en matières de contributions directes. A. des Consuls 24 floréal an VIII; L. 21 avril 1832, art. 28, 29 et 30; L. 21 juillet 1887, art. 2 et 3.
(7) § 1er Enregistrement. L. 22 frimaire an VII, art. 1 à 8, 14 à 15, 20 à 25, 61, 70; L. 23 août 1871 art. 1, 4, 11 et 14; L. 28 février 1872 concernant les droits d'enregistrement; L. 21 juin 1895, art. 2 et 3; § 2 Timbre. L. 13 brumaire an VII, art. 1 à 3, 7, 12, 14, 16; L. 5 juin 1850, art. 17, 28, 31; L. 2 juillet 1862 (de finances), art. 17 et 22; L. 8 juillet 1865 (de finances), art. 4; L. 23 août 1871, art. 1, 2, 18 20 et 23.
(8) J. Arnould: Nouveaux Éléments d'hygiène, 1 vol. in-8, 3e édit, 1889, chez J.-B. Baillière.
Dr H.-L. Thoinot: Cours d'hygiène, avec préface du Dr Brouardel, 1 vol. in-12, chez Delagrave.
Dr A. Proust: Douze Conférences d'hygiène, rédigées conformément aux programmes du 12 août 1890, 1 vol. in-18, 1891, chez Masson.

Proportion pour cent de la population indigente
à la population générale (Voir pl. IV)

ARRONDISSEMENTS	POPULATION municipale d'après le dénombrement de 1895	POPULATION indigente à secourir en 1898	PROPORTION p. 100 de la population indigente à la population générale	ARRONDISSEMENTS	POPULATION municipale d'après le dénombrement de 1895	POPULATION indigente à secourir en 1898	PROPORTION p. 100 de la population indigente à la population générale
				Report . . .	986.312	14.412	1,46
1er Arrondissement .	64.537	714	1,10	11e Arrondissement .	224.325	5.508	2,45
2e — .	66.953	649	0,96	12e — .	113.527	2.723	2,39
3e — .	88.846	1.364	1,53	13e — .	110.302	4.234	3,83
4e — .	97.264	1.860	1,91	14e — .	117.490	2.996	2,55
5e — .	111.976	2.786	2,49	15e — .	132.586	2.691	2,02
6e — .	96.807	1.430	1,47	16e — .	98.841	1.196	1,21
7e — .	89.884	1.549	1,72	17e — .	183.821	2.374	1,29
8e — .	101.509	750	0,73	18e — .	227.762	5.073	2,22
9e — .	119.022	1.180	0,98	19e — .	131.738	4.329	3,21
10e — .	148.854	2.120	1,42	20e — .	151.519	5.927	3,91
A reporter . . .	986.312	14.412	1,46	TOTAL	2.481.223	51.463	2,07

LARIBOISIÈRE

Enfants assistés de la Seine : agences, écoles et placements divers (Voir pl. V)

AGENCES	DÉPARTEMENTS	POPULATION	AGENCES	DÉPARTEMENTS	POPULATION
Abbeville.....	Somme.......	» 1.106		Report....	» 26.068
Aigueperse....	Puy-de-Dôme....	» 193	Montreuil-sur-Mer .	Pas-de-Calais	» 1.124
Alençon	Orne.. 815	1.161	Moulins	Allier.......	» 1.005
	Sarthe....... 346		Moulins-Engilbert.	Nièvre.......	» 1.097
Arnay-le-Duc....	Côte-d'Or	» 1.411	Nevers	Nièvre.......	» 1.200
Arras.....	Pas-de-Calais.... 1.406	1.432	Parigné-l'Évêque ..	Sarthe	» 1.102
	Somme....... 26		Paris.......	Seine et Seine-et-Ois. 284	318
Autun	Saône-et-Loire...	» 1.357		Divers........ 34	
Avallon.....	Yonne....... 1.009	1.080	Prémery	Nièvre....... 284	» 1.159
	Nièvre...... 71			Yonne........ 735	
Béthune	Pas-de-Calais	» 1.153	Quarré-les-Tombes .	Nièvre....... 210	1.043
Bourbon-Lancy ...	Saône-et-Loire.... 619	1.058		Côte-d'Or....... 98	
	Allier........ 439		Rennes.......	Ille-et-Vilaine	» 1.284
Bourbon-l'Archamb .	Allier........	» 748		Loir-et-Cher 1.201	1.252
Château-Chinon...	Nièvre.......	» 1.287	Romorantin.....	Cher 43	
Cosne.......	Nièvre.......	» 1.083		Indre........ 8	
Cravant......	Yonne.......	» 851	Saint-Aignan...	Loir-et-Cher	» 1.084
Decize	Nièvre.......	» 1.254	St-Amand-les-Eaux.	Nord	» 705
Dol.......	Ille-et-Vilaine.... 1.073	1.086	St-Amand-Montrond.	Cher	» 841
	Manche....... 13		Saint-Calais	Sarthe 1.078	1.406
Domfront.....	Orne.......	» 1.129		Loir-et-Cher 31	
Dompierre	Allier.......	» 969	St-Pierre-le-Moutier.	Nièvre....... 681	712
Ébreuil......	Allier....... 472	1.100		Cher 31	
	Puy-de-Dôme.... 628		Saint-Pol.....	Pas-de-Calais	» 1.074
Écommoy.....	Sarthe.......	» 1.007	Saulieu......	Côte-d'Or 995	1.119
Étang-sur-Arroux .	Saône-et-Loire....	» 1.308		Nièvre........ 124	
Hesdin	Pas-de-Calais.... 1.095	1.101	Toncy	Yonne.......	» 941
	Somme........ 6			Aube........ 573	
Lormes.....	Nièvre.......	» 1.081	Troyes......	Marne........ 11	624
Luzy.......	Nièvre....... 1.042	1.139		Haute-Marne.... 31	
	Saône-et-Loire.... 97			Meurthe-et-Moselle. 9	
Montluçon....	Allier........	» 1.274	Varzy	Nièvre.......	» 1.106
	A reporter.........	26.068		TOTAL........	46.027

État des propriétés domaniales dans Paris
(Voir pl. VI)

38. Maison (louée pour école), rue Saint-Benoît, 16, 18 et 20.
39. Maison, rue du Cherche-Midi, 22.
40. — (louée pour école), rues de Fleurus, 14, et Jean-Bart, 12.
41. Maison, rue Gît-le-Cœur, 6.
42. Boutiques avec dépendances, rue des Saints-Pères, 31, 47 bis et 49.
43. Maison (louée pour école), boulevard Raspail et rue de Vaugirard, 84.
44. Terrain, rue de Rennes, 117, et boulevard Raspail.

7e arrondissement

45. Maison (louée pour école), rue Chomel.
46. — rue de la Comète, 10.
47. Propriété, rue Saint-Dominique, 90, et rue Malar.
48. Terrain (avec constructions), rue Saint-Dominique, 109 bis.
49. Propriété, rue de Grenelle, 164.
50. — rue Oudinot, 1, et rue Vaneau.
51. Terrain, rue Vaneau, 65.
52. Maison (louée pour école), rue de Varenne, 39.

8e arrondissement

53. Maison, rue du Colisée, 27.
54. — rue du Faubourg-Saint-Honoré, 8.
55. — (louée pour école), rue de Monceau, 15.
56. Maison (louée pour école), rue de la Ville-l'Évêque, 17, et rue de Surène, 18.

9e arrondissement

57. Propriété, cité Bergère, 1 bis, avec seconde entrée rue du Faubourg-Montmartre, 8.
58. Hôtel, rue Blanche, 64.
59. Maison, rue de Buffault, 2, et rue du Faubourg-Montmartre, 46.
60. Maison, rue de Buffault, 4.
61. — — 6.
62. — — 26.
63. Propriété, — 34, 36, et rue Lamartine, 7 à 11.
64. Maison, rue de la Chaussée-d'Antin, 47.
65. — rue de La Rochefoucauld, 25.
66. — rue Mogador, 9.
67. Propriété, rue Mogador, 10, avec sortie rue Saint-Lazare, 83.
68. Propriété, rue du Faubourg-Montmartre, 8.
69. Maison, — 44.
70. Propriété, rue de Provence, et rue de la Victoire, 59.

71. Maison, rue de Sèze, 16.
72. Propriété, rue de La Tour-d'Auvergne, 31, 33, rue Milton, 33, 35, 36 à 42, cité Fénelon.
73. Maison, rue de La Tour-d'Auvergne, 14.

10e arrondissement

74. Maison, rue de l'Échiquier, 38, et rue d'Enghien, 39.
75. Maison, rue du Faubourg-Saint-Martin, 148, et rue des Récollets.
76. Deux maisons, rue du Faubourg-Saint-Martin, 148 bis et 148 ter.
77. Maison, rue Saint-Maur, 179.
78. — (louée pour école), avenue Parmentier, 179.
79. Maison (louée pour école), rue des Petites-Écuries, 5.
80. Terrain, rue des Récollets, 6, et quai Valmy, 107.
81. Terrain, rue des Récollets, 6 bis.
82. Maison (louée pour école), rue des Récollets, 23, 25.
83. Terrain, quai Valmy, 109, 111.
84. — quai Valmy, 113, 115, 117, 119.

11e arrondissement

85. Propriété dite cité Beauharnais, rue des Boulets, 54, cité Beauharnais.
86. Terrain, rue des Boulets, 144, et rue de la Vacquerie, 3.
87. Terrain, rue des Boulets, 120 à 128, et rue de la Vacquerie, 7.
88. Maison (louée pour école), rue Saint-Bernard, 33, et passage Saint-Bernard, 19.
89. Terrain, rue du Chemin-Vert, 102.
90. — — 130.
91. Maison (louée pour école), rue du Chemin-Vert, 70, et avenue Parmentier, 22.
92. Terrain, rue Duranti, 8, 10, et rue Servan, 17.
93. Terrain, rue Duranti, 7, et rue Omer-Talon, 8.
94. Terrain, rue Duranti, 9, rue Omer-Talon, et rue Merlin.
96. Terrain, rue Duranti, 13 et 15.
97. Maison, rue du Faubourg-du-Temple, 90.
98. Terrain, rue de la Folie-Regnault, 3, et rue de la Vacquerie, 1.
99. Terrain, rue de la Folie-Regnault, 17 à 29, et rue Gerbier, 2 à 8.
100. Terrain, rue de la Folie-Regnault, 31, 33, et rue Gerbier, 10.
101. Terrain, rue de la Folie-Regnault, 35, 37, 39.
102. — — 45.

103. Terrain, rue de la Folie-Regnault, 47.
104. —   —   49, 51.
105. —   —   53, et rue Merlin.
106. Terrain, rue de la Folie-Regnault, 55.
107. —   —   55 bis.
108. Terrain, rue de la Folie-Regnault, 57, et rue Duranti, 10 et 12.
109. Terrain, rue de la Folie-Regnault, 59, et rue Duranti, 17.
110. Terrain, rue de la Folie-Regnault, 61 à 65, et rue Merlin.
111. Terrain, rue de la Folie-Regnault, 67.
112. —   rue Gerbier, 12.
113. —   rue Saint-Maur, 8.
114. —   —   8 bis.
115. —   —   10.
116. —   —   10 bis.
117. —   —   20, et rue Duranti, 4 et 6.
118. Terrain, rue Saint-Maur, 22, et rue Duranti, 2.
119. Terrain, rue Merlin, 5, et rue Omer-Talon, 11.
120. Terrain, rue Merlin, 5 bis.
121. —   —   12, 14, 16.
122. —   —   18.
123. —   —   20.
124. —   —   22.
125. —   rue Omer-Talon, 3.
126. —   —   5.
127. —   —   5 bis.
128. —   —   7.
129. —   —   7 bis.
130. —   —   9.
131. —   rue de la Roquette, 135, 137.
132. —   —   139, 141, et rue Servan, 1.
133. Terrain, rue de la Roquette, 158, et rue des Boulets, 130.
134. Terrain, rue de la Roquette, 160.
135. —   —   162.
136. —   —   164.
137. —   —   166, et rue de la Vacquerie.
138. Terrain, rue de la Roquette, 170, et rue Gerbier, 14.
139. Terrain, rue de la Roquette, 172.
140. —   —   174.
141. —   —   176 et 178.
142. —   —   180, et rue de la Folie-Regnault, 23.
143. Terrain, rue Servan, 1, et de 5 à 15.
144. Maison, rue Servan, 32, rue Duranti, 1 à 5, et rue Omer-Talon, 2, 4, 6.
145. Maison, rue Servan, 33 et 35, et rue Saint-Maur, 26, 20.
146. Maison, rue de la Vacquerie, 5.

12e arrondissement

147. Terrain, rue du Faubourg-Saint-Antoine, 106 à 118.
148. Maison, rue du Faubourg-Saint-Antoine, 122.
149. Propriété, boulevard de la Bastille et rue Lacuée.
150. Terrain, rue Chaligny, 21.
151. —   —   26.
152. Maison (louée pour école), rue de Cîteaux, 24, 26 et 28.
153. Terrain, rue de Lyon, 11.
154. —   —   13 et 15.
155. —   —   17.
156. Maison, rue Moreau, 24, et rue de Charenton, 40.
157. Maison (louée pour école), rue du Rendez-Vous, 53, et boulevard de Picpus.
158. Terrain, rue Traversière, 29.
159. Maison,   —   52 et 54.

13e arrondissement

160. Terrain, rue Bobillot, 23 et 25.
161. —   rue du Château-des-Rentiers, 2, boulevard Masséna et impasse Masséna.
162. Terrain, rue du Château-des-Rentiers, 40 et 41.
163. Terrain, rue du Château-des-Rentiers, 61.
164. —   avenue de Choisy, 60, et avenue d'Ivry, 75.
165. —   rue Gandon, 43.
166. Propriété, boulevard de la Gare, 61 et 63.
167. —   —   77 et 79, et rue du Chevaleret, 144 à 148.
168. Terrain, boulevard de l'Hôpital, 103 et 105.
169. —   rue des Hospices et avenue de Choisy, 26.
170. Terrain, rue des Hospices, 17 à 33.
171. —   —   1 et 3.
172. Terrain, rue Jeanne-Darc, 59.
173. Maison (louée pour école), rue Jenner.
174. Terrain, rue du Moulin-des-Prés, 9 et 13, et rue Bobillot, 16 et 18.
175. Terrain (enclavé), rue Nationale, rue de Tolbiac, rue Baudricourt, avenue d'Ivry et boulevard Masséna.
176. Terrain, place Pinel, et rue Jenner.
177. Maison (louée pour école), rue Vandrezanne, 34.

14e arrondissement

178. Terrain, rue d'Alésia, 140, et avenue Villemain.
179. Terrain, rue Beaunier, 41, et rue de la Voie-Verte, 60.

101.

180. Terrain, boulevard Brune et passages Brune et Noirot.
181. Terrain, rue Cabanis, 20.
182. Maison, rue Cassini, 4 et 6.
183. — (louée pour école), rue des Croisades, 1, rue Guilleminot et Vercingétorix, 64.
184. Terrain, rue Darcau, 5.
185. — rue Delambre, 15 et 21, et boulevard Edgar-Quinet.
186. Terrain, rue Delambre, 23.
187. — 25, 27 et 29.
188. Propriété, place Denfert-Rochereau, 2 à 10, rue Froidevaux, 1 à 7, et rue Daguerre, 16 et 18.
189. Terrain, rue Didot, 88.
190. — 100.
191. Maison (louée pour école), rue Delambre, 24.
192. Terrain, rue Didot, 102.
193. Propriété, boulevard Edgar-Quinet, 26, 28, et rue Huygens.
194. Terrain, boulevard Edgar-Quinet, 30.
195. — — 34, 36.
196. — — 38.
197. — — 40, 42.
198. — — 44, 46.
199. — — 48.
200. — — 62, et rue d'Odessa, 24.
201. Atelier, rue Sainte-Eugénie, 13 et 15.
202. Terrain, — 28.
203. — rue Sainte-Eugénie, 33, passage Léonidas et impasse des Plantes.
204. Terrain, rue de Gergovie et rue Didot.
205. Propriété, rue de Gergovie, 88, et avenue Villemain.
206. Terrain, rue du Faubourg-Saint-Jacques, 15, 17.
207. Propriété, rue du Faubourg-Saint-Jacques, 19.
208. Propriété, rue du Faubourg-Saint-Jacques, 33, 35, 37.
209. Propriété, place Saint-Jacques, 83.
210. — avenue du Maine, 92, rue de l'Ouest, 2 et suivants, et rue Vercingétorix.
211. Propriété, avenue du Maine, 96, 98, et rue de l'Ouest, 1 à 9.
212. Propriété, avenue du Maine, 100 et 102.
213. — — 104.
214. — — 106, et rue de Vanves, 2.
215. Terrain, avenue du Maine, 148.
216. — — 152.
217. — — 154 et 156.
218. — — 190 et 192.
219. — — 91, 93, et rue Froidevaux.

220. Petite maison, avenue du Maine, 95.
221. Propriété, avenue du Maine, 95 bis, rue Froidevaux et rue Auguste-Mie.
223. Terrain, avenue du Maine, 173.
224. Propriété, rue du Montparnasse, 55.
225. Terrain, — 57.
226. Maison, rue des Plantes, 6.
227. Terrain, rue des Plantes, 11.
228. Propriété, avenue et impasse Reille.
229. Terrain, rue Roger, 6.
230. — rue de la Sablière, 12 et 14.
231. — — 3, angle de la rue des Plantes.
232. Terrain, rue des Suisses.
233. Maison (louée pour école), rue de la Tombe-Issoire, 77 et 79, et avenue de Montsouris.
234. Terrain, rue de Vanves, 174.
235. — — 190, au long de la cité Blanche.
236. Terrain, rue de Vanves, 156 à 160.
237. — — 151 et 153.
238. — rue Vercingétorix.

15e arrondissement

239. Maison (louée pour école), rue des Fourneaux, 20, et rue de Vaugirard, 149.
240. Terrain, impasse du Labrador, 17.
241. Propriété, rue de la Procession, 11.
242. Terrain, rue de la Procession, 13 bis, rue Bargue et rue de la Quintinie.
243. Terrain, rues Tessier et Bargue.
244. — rue Tessier.
245. — rue Rouelle, 49.
246. Terrain, rue de Vaugirard, 195, et rue Dutot.

16e arrondissement

247. Maison (louée pour école), rue du Ranelagh, 64, 66, 68 et 70.
248. Terrain, rue Wilhem et rue Corot.
249. — rue Wilhem.
250. — rue Wilhem et rue Mirabeau.
251. — rues Wilhem, Mirabeau et Narcisse-Diaz.

17e arrondissement

252. Terrain, passage Lagille et rue Navier.
253. Maison (louée pour école), boulevard Pereire, 221.

18e arrondissement

254. Maison (louée pour école), rue des Abbesses, 16.

255. Maison (louée pour école), rues Affre, 13, Saint-Gérôme et Saint-Mathieu.
256. Terrain, passage Champ-Marie.
257. — — —
258. — angle du passage Jobert et du passage Delaruelle.
259. Terrain, passage Jobert, 10.
260. — rue Leibnitz, 62, 64.
261. — — 88.
262. — rue Jean-François-Lépine.
263. — rue Montcalm et passage des Cloys.

264. Maison (louée pour école), rue du Mont-Cenis, 77, et rue Ordener, 115 et 117.

19e arrondissement

265. Maison, rue Compans, 54.

20e arrondissement

266. Maison, boulevard de Charonne, 8.

ASILE LAMBRECHTS

État des propriétés domaniales hors Paris

(Voir pl. VII)

NUMÉROS d'ordre	NATURE	SITUATION		SUPERFICIE
		COMMUNES	DÉPARTEMENTS	
		Biens ruraux productifs de revenus (propriétés affermées)		
				h. a. c.
1	Herbages	Bonneville-sur-Touques	Calvados	21 29 21
2	Ferme	Allaines	Eure-et-Loir	167 99 15
3	—	Introville	—	189 23 49
4	Terres	—	—	105 63 23
5	—	Broué, Prouais	—	15 06 09
6	Ferme	Saint-Bon	Marne	175 16 96
7	—	Escardes	—	123 85 06
8	- -	—	—	92 55 72
9	—	Les Essarts	—	177 05 08
10	—	---	--	124 85 95
11	Terres	—	—	50 80 39
12	Ferme	La Forestière	...	127 80 11
13	Terres	Escardes	—	37 84 40
14	Ferme	Bouillancy	Oise	245 39 48
15	—	—	---	134 18 67
16	—	—	—	133 85 07
17	Terres	—	---	27 01 46
18	---	Catillon	—	19 95 12
19	- -	Chèvreville	—	7 24 59
20	—	Ève	--	78 93 85
21	—	Nourard-le-Franc	—	23 96 03
22	Ferme	Réez-Fosse-Martin	—	41 41 83
23	Terres		—	47 46
24	—	Saint-Vaast	—	28 88 94
25	—	Créteil	Seine	225 19 41
26	—	Choisy	—	13 48 00
27	—	Ivry	—	25 98 86
28	Pré	Gentilly	—	61 60
29	Terres	Montrouge	—	1 53 94
30	—	—	—	9 46
31	—	Thiais	—	38 08 18
32	—	Vanves	--	1 01 66
33	—	Vitry	—	44 43 41

| NUMÉROS D'ORDRE | NATURE | SITUATION | | SUPERFICIE |
		COMMUNES	DÉPARTEMENTS	
				h. a. c.
34	Terres	Villejuif	Seine	2 05 46
35	Terre	Nanterre	—	4 78 13
36	—	Saint-Ouen	—	16 60
37	Maison	Saint-Maur	—	36 00
38	Ferme	Barcy	Seine-et-Marne	212 53 79
39	Terres	Brie-Comte-Robert	—	100 28 86
40	Ferme	Charmentray	—	170 96 84
41	Terres	Compans	—	65 14 76
42	Ferme	Saint-Mesmes	—	37 84 54
43	Terres	Mitry	—	33 05 18
44	—	—	—	52 27 82
45	Ferme	Montévrain	—	255 31 58
46	Terres	Nantouillet	—	5 42 »
47	—	Ormeaux	—	75 53 32
48	Ferme	Pézarches	—	132 75 85
49	Terres	Touquin	—	97 60 23
50	—	Villeneuve	—	47 01 58
51	—	Vinantes	—	110 12 55
52	Ferme	Le Bellay	Seine-et-Oise	249 97 78
53	—	Charmont	—	100 39 43
54	—	Chars	—	123 11 »
55	Terre	—	—	50 40
56	Ferme	—	—	94 68 81
57	Terre	Chauvry	—	8 12 64
58	Ferme	Cléry	—	82 21 64
59	—	Draveil	—	62 32 54
60	Terres	—	—	18 26 65
61	—	Gonesse	—	124 66 10
62	—	Grigny	—	89 48 36
63	—	Marly	—	125 10 45
64	—	Massy	—	108 30 66
65	—	Mesnil	—	20 02 34
66	—	Morangis	—	77 80 63
67	—	Roissy	—	31 90 95
68	—	Rueil	—	27 49 61
69	Maison	—	—	8 80
70	Terres	Sermaise	—	114 75 34
71	Terrain	Saint-Cloud	—	5 70
72	Terres	Sarcelles	—	4 07 87
73	—	Vert-le-Grand	—	39 69 31
74	Ferme	—	—	190 01 85
75	Terres	Viarmes	—	3 14 57
76	—	Wissous	—	60 45
77	Terrain	Mougins	Alpes-Maritimes	1 02 05

NUMÉROS D'ORDRE	NATURE	SITUATION		SUPERFICIE
		COMMUNES	DÉPARTEMENTS	

Domaine général : propriétés non affermées (bois et dépendances)

				h. a. c.
78	Bois	Courgivaux	Marne	474 81 02
79	Maison	La Forestière	—	8 10 87
80	—	Les Essarts	—	5 13
81	—	Escardes	—	33 05
82	Terrain	—	—	1 93 50
83	—	—	—	16 35 43
84	Bois	La Forestière	—	1 20 05
85	Terres	Gentilly	Seine	7 19 80
86	Bois	Châtenay	—	11 55 76
87	—	Villeneuve	Seine-et-Marne	39 73 93
88	—	Montgé	—	14 51 »
89	—	Authon	Seine-et-Oise	17 34 27
90	—	Draveil	—	17 98 75
91	—	Sermaise	—	31 79 03
92	—	Val-Saint-Germain	—	18 22 71
93	Aulnaies	Chars	—	12 50 65

Domaine général : propriétés soumises à l'usufruit de tiers

94	Maison	Bellême	Orne	1 62 30
95	Terrain	Bois-Colombes	Seine	34 86
96	Maison	Boulogne	—	14 58
97	Terre	Saint-Denis	- -	2 08 82
98	Maison	Saint-Ouen	—	5 68
99	—	Villiers	Seine-et-Oise	4 15
100	—	—	—	79 »
101	Ferme	Jouac	Haute-Vienne	44 55 30

Domaine provenant de fondations (propriétés affermées)

102	Ferme	Champceuil	Seine-et-Oise	151 85 61
103	Bois	—	—	48 70 80
104	Terre	Montceaux	—	23 93 74
105	—	Ormoy	- -	8 06 25
106	Clos	Vaucresson	—	39 85 95
107	Terres	—	—	96 23
108	Terrain	—	—	86 34
109	Maison	La Teste de Buch	Gironde	8 15
110	Terrain	Civita-Vecchia	Italie	5 57 58
111	Écuries	Fontenay-aux-Roses	Seine	71 »
112	Prairie	—	—	50 »

NUMÉROS D'ORDRE	NATURE	SITUATION		SUPERFICIE
		COMMUNES	DÉPARTEMENTS	

Biens appartenant aux enfants assistés

				h. a. c.
113	Ferme	Ognes	Seine-et-Oise	93 80 31
114	Terres	Issy	Seine	59 76
115	Maison	Malakoff	—	11 54
116	Terre	Saint-Ouen	—	66 95
117	—	Claye	Seine-et-Marne	2 31 04
118	Ferme	Saint-Mesmes	—	45 75 59
119	Terre	Mitry	—	12 38 21
120	—	Montgé	—	73 44
121	—	Berrouaghia	Algérie	642 05 52
122	—	Ben-Chicao	—	342 94 40
123	—	—	—	316 12 80
124	—	—	—	240 » »
125	—	Saint-Pierre-Saint-Paul	—	893 47 12
126	—	—	—	336 26 »
127	—	Fedj-M'zala	—	2.034 50 »

LA SALPÊTRIÈRE

ÉTABLISSEMENTS DANS PARIS
1900

PLANCHE I.

ÉTABLISSEMENTS HORS PARIS
1900

E. Morieu, sc.

CIRCONSCRIPTIONS HOSPITALIÈRES
1900

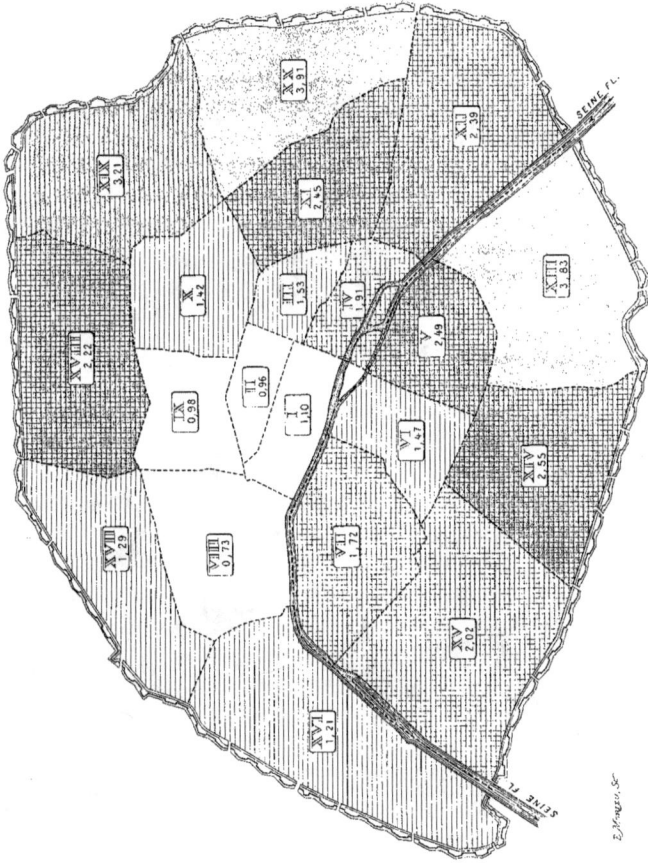

E. Mauger. Sc.

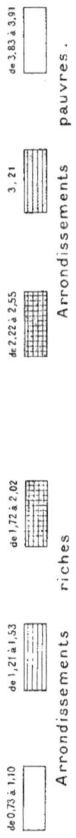

PROPORTION POUR CENT DE LA POPULATION INDIGENTE A LA POPULATION GÉNÉRALE
1900

de 0,73 à 1,10   de 1,21 à 1,53   de 1,72 à 2,02   de 2,22 à 2,55   3,21   de 3,83 à 3,91

Arrondissements   riches   Arrondissements   pauvres.

ENFANTS ASSISTÉS DE LA SEINE : Agences, Écoles et Placements divers.
1900

POPULATION
AU 1er NOVEMBRE 1899 : 46 699.

Hospice dépositaire et Station de Châtillon... 157
Écoles 495
Agences et placements divers 46.047

Total : 46.699

RÉPARTITION par DÉPARTEMENT

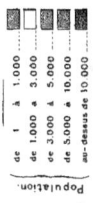

de 1 à 1.000
de 1.000 à 3.000
de 3.000 à 5.000
de 5.000 à 10.000
au-dessus de 10.000

Population

Écoles

Hospice dépositaire 118
Station de Châtillon 39

Total : 157

Agences

d'Alembert à Montévrain (S.-et-M.) ... 91
Le Nôtre à Villepreux (S.-et-O.) ... 47
Port Hallan (Morbihan) ... 46
Roudil à Ben Chicao (Alger) ... 12
d'Yzeure (Allier) ... 299

Total : 495

Agences

Aube 624
Nord 705
Puy-de-Dôme 821
Cher 915
Somme 1138
Orne 1194
Côte-d'Or 2204
Loir-et-Cher 2324
Ille-et-Vilaine 2370
Saône-et-Loire 3281
Sarthe 3525
Yonne 3536
Allier 4967
Pas-de-Calais 5852
Nièvre 11385
Placements dans divers
départements en dehors
des Agences 338

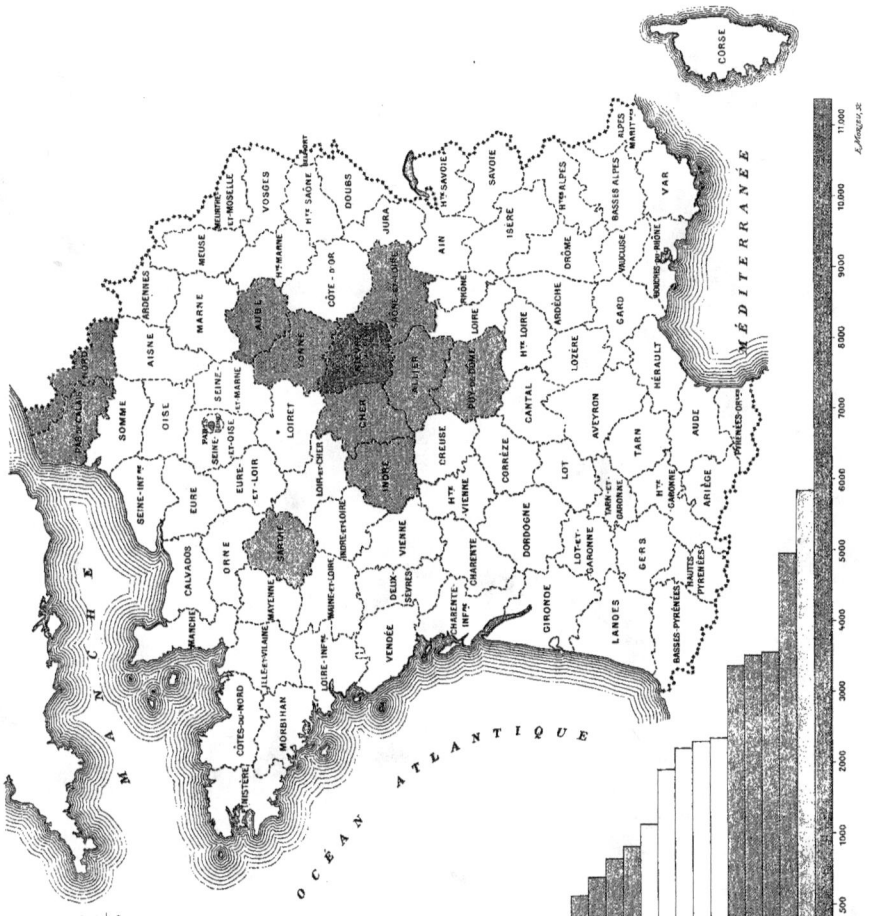

Total : 46.047

Père - Lachaise

St Ambroise La Roquette

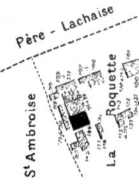

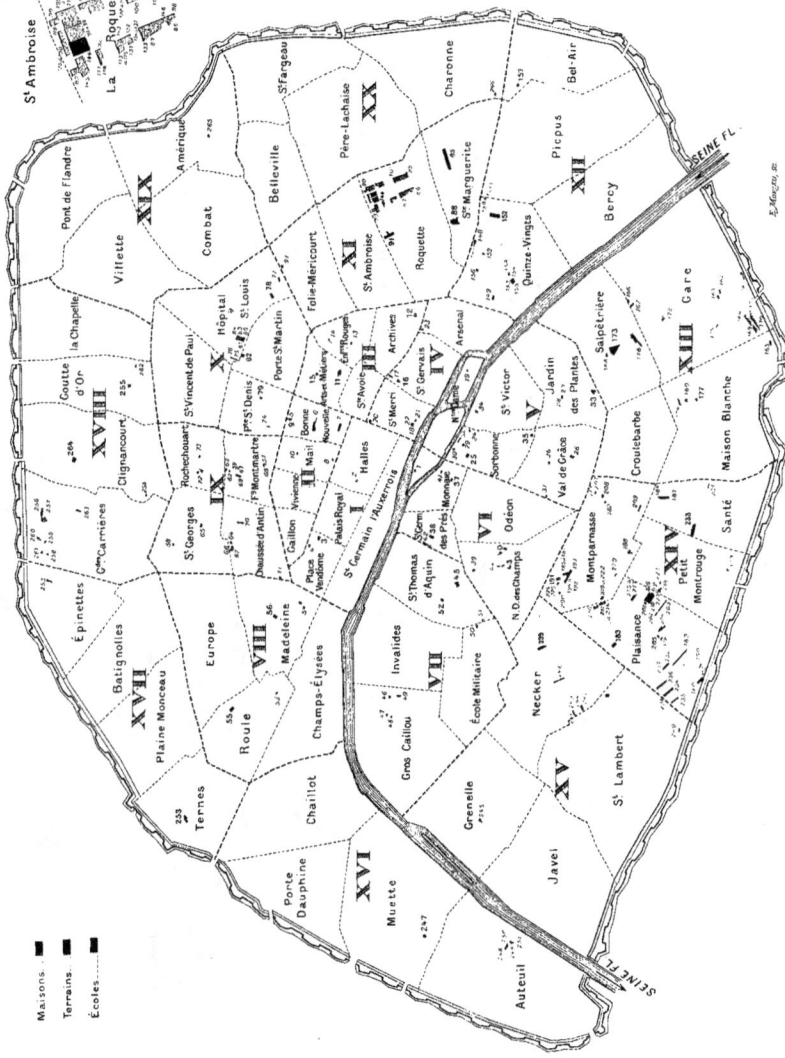

Maisons.
Terrains.
Écoles.

St Ambroise

St Fargeau
Charonne
Bel-Air
Amérique
Belleville
Père-Lachaise
Picpus
XX
Ste Marguerite
Bercy
XII
Pont de Flandre
Combat
Folie-Méricourt
XI
St Ambroise
Quinze-Vingts
Villette
St Louis
Roquette
Hôpital
St Vincent de Paul
Porte St Martin
Arsenal
St Louis
Goutte
la Chapelle
d'Or
Archives
Salpêtrière
St Gervais
Gare
XVIII
Clignancourt
St Denis
St Merri
IV
XIII
Rochechouart
Ste Avoye
St Victor
Jardin
V
des Plantes
Épinettes
St Georges
Montmartre
Faubourg Montmartre
Mail
Halles
Sorbonne
Val de Grâce
Croulebarbe
Carrières
IX
Chaussée d'Antin
II
Gaillon
Palais Royal
I
VI
Odéon
Santé
Batignolles
Europe
Madeleine
Place Vendôme
St Germain l'Auxerrois
Montparnasse
XIV
Maison Blanche
XVII
VIII
St Thomas
Montrouge
Plaine Monceau
Roule
Champs-Élysées
d'Aquin
N.D. des Champs
Petit
Invalides
VII
Plaisance
Ternes
Chaillot
Gros Caillou
École Militaire
Necker
St Lambert
Porte
Dauphine
XVI
Grenelle
Muette
Javel
Auteuil

SEINE FL.

SEINE FL.

E. Marcel, sc.

PROPRIÉTÉS DOMANIALES DANS PARIS
1900

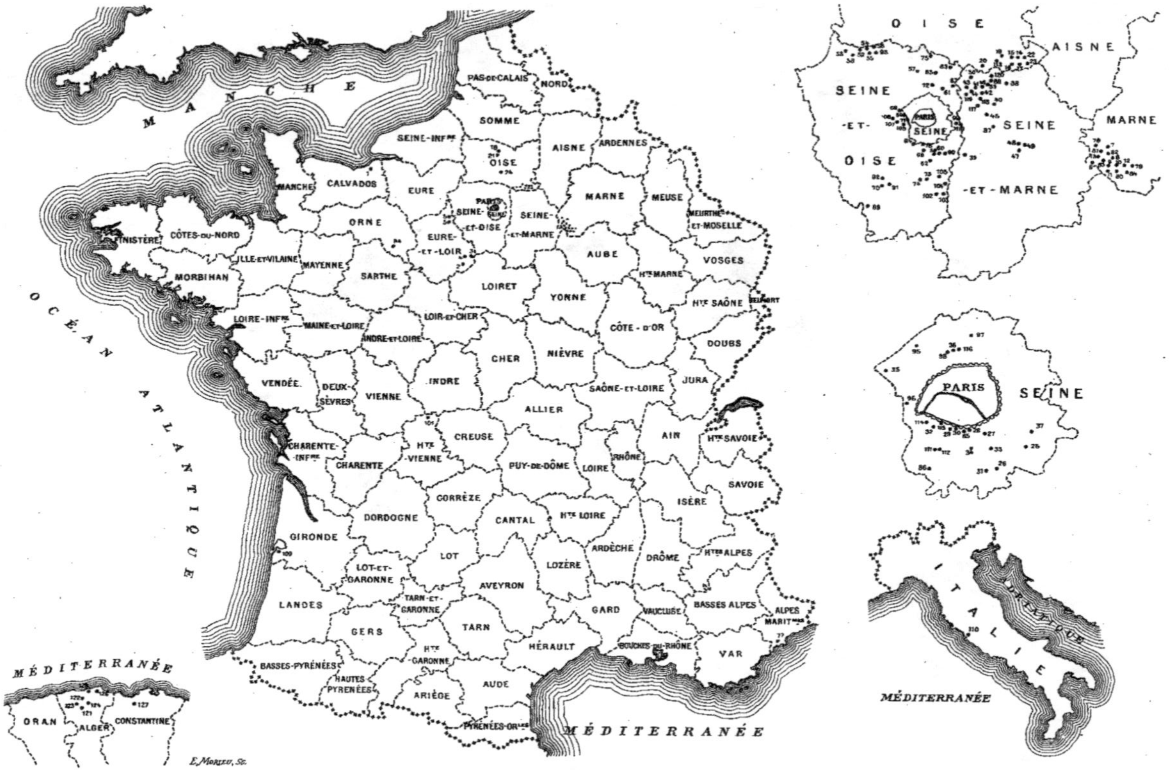

PROPRIÉTÉS DOMANIALES HORS PARIS
1900

PLANCHE VII.

TABLE DES MATIÈRES

104

TITRE IV. — Personnel

TITRE V. — Fonctionnement des services

TITRE VI. — Régime financier

TITRE VII. — Service des enfants assistés

TITRE VIII. — Monographies des établissements

TITRE IX. — Annexes

Cartes et plans

LARIBOISIÈRE

ACHEVÉ D'IMPRIMER LE 30 JUIN 1900